आर. गुप्ता® कृत

पॉपुलर मास्टर गाइड

HTET

हरियाणा शिक्षक पात्रता परीक्षा

LEVEL-II (Class 6 to 8)

For

Trained Graduate Teacher (TGT)

RPH संपादक मंडल

द्वारा संपादित

रमेश पब्लिशिंग हाउस, नई दिल्ली

प्रकाशक

ओ॰पी॰ गुप्ता, **रमेश पब्लिशिंग हाउस**

प्रशासनिक कार्यालय

12-H, न्यू दरियागंज रोड, ऑफिसर्स मेस के सामने,
नई दिल्ली-110002 ✆ 23275224, 23245124

E-mail: info@rameshpublishinghouse.com
For Online Shopping: www.rameshpublishinghouse.com

विक्रय केन्द्र

• बालाजी मार्किट, नई सड़क, दिल्ली-110006 ✆ 23282525 📱 9354373464
• 4457, नई सड़क, दिल्ली-110006

Book Code: R-1934

ISBN: 978-93-86845-69-6

मूल्यः ₹ 560

Printed by : Repro India Ltd.

अनुक्रमणिका

SUBJECT SPECIFIC

भाषा (LANGUAGES)

सामान्य अध्ययन (GENERAL STUDIES)

Scheme of Exam

Level-2: Trained Graduate Teacher (TGT) Hindi

There shall be only one paper. All questions will be Multiple Choice Questions (MCQs) each carrying one mark with four alternatives out of which one answer will be correct.

S.No.	Subjects	No. of Questions	Marks
1.	Child Development and Pedagogy	30	30
2.	**Languages** (Hindi 15 MCQs and English 15 MCQs)	30	30
3.	**General Studies** (Quantitative Aptitude 10 MCQs, Reasoning Ability 10 MCQs and Haryana G.K. and Awareness 10 MCQs)	30	30
4.	Subject Specific (Hindi)	60	60
	Total	**150**	**150**

NATURE AND STANDARD OF QUESTIONS

- The test items on Child Development and Pedagogy will focus on educational psychology of teaching and learning, relevant to the age group of 11-16 years. They will focus on understanding the characteristics, needs and psychology of diverse learners, interaction with learners and the attributes and qualities of a good facilitator of learning.
- The test items for Languages (Hindi & English) will focus on the proficiencies related to the medium of instruction relevant to the age group of 11-16 years.
- The test items for Quantitative Aptitude, Reasoning Ability and Haryana G.K. and Awareness will focus on the elements of Mental and Reasoning ability and General Knowledge regarding Haryana State.
- The test items in subject specific will focus on the concepts, problem solving abilities and pedagogical understanding of the subjects. The test items shall be evenly distributed over different divisions of the syllabus of that subject as prescribed for classes VI-X by the Board of School Education Haryana.

NEGATIVE MARKING

- There shall be no negative marking.

LANGUAGE OF QUESTION PAPERS

- All questions except those concerning language subjects, will be bilingual *i.e.* Hindi and English.

पिछले प्रश्न-पत्र

हरियाणा शिक्षक पात्रता परीक्षा (HTET)

TGT हिन्दी (Level-2), 2024

(Exam held on 31-07-2025)

भाग-I : बाल विकास व शिक्षाशास्त्र

1. किशोर बालक एवं बालिकाओं के संदर्भ में सबसे उपयुक्त समूह है :
1. आदर्शवादी, श्रेष्ठ समायोजन, आत्मसम्मान
2. अमूर्त चिन्तन, तार्किकता, निर्णय शक्ति
3. निरीक्षण, विद्रोह की भावना, दोहराने की प्रवृत्ति
4. दर्शन, सुसमायोजन, समाज-सेवा की भावना

2. किसने अधिगम के प्रयास एवं त्रुटि सिद्धांत के संदर्भ में 'बिल्ली' पर प्रयोग किया?
1. पावलोव ने 2. स्किनर ने
3. थॉर्नडाइक ने 4. गिलफोर्ड ने

3. आनुवंशिकता बड़ी भूमिका निभाती है :
1. सामाजिक विकास में 2. आध्यात्मिक विकास में
3. शारीरिक विकास में 4. सांस्कृतिक विकास में

4. निम्न में से कौन-सी व्यक्तित्व मापन की प्रक्षेपी विधि **नहीं** है?
1. साहचर्य तकनीकी 2. रचना तकनीकी
3. जीवन इतिहास 4. पूर्ति तकनीकी

5. अन्तर्दृष्टि अधिगम पद्धति के प्रतिपादक कौन थे?
1. थॉर्नडाइक 2. कोहलर
3. डेविस 4. स्किनर

6. "सीखना, आवश्यकता की पूर्ति की प्रक्रिया के द्वारा होता है"। कथन से सम्बन्धित अधिगम सिद्धांत है :
1. अन्तर्दृष्टि सिद्धांत 2. क्रियाप्रसूत अधिगम सिद्धांत
3. सम्बद्ध प्रतिक्रिया सिद्धांत 4. प्रबलन सिद्धांत

7. 'विकास के किसी भी पड़ाव पर कोई भी वस्तु सिखाई जा सकती है।" अभिव्यक्ति है :
1. आसुबेल की 2. ब्रूनर की
3. पियाजे की 4. गेने की

8. सर्जनशीलता के पोषण एवं संवर्धन हेतु मस्तिष्क उद्वेलन विधि का प्रतिपादन किसने किया?
1. मायर्स ने 2. टॉरेन्स ने
3. ऑसबर्न ने 4. गॉर्डन ने

9. सीखने के वक्र में पठार इंगित करता है :
1. कामकाजी परिस्थितियाँ अनुकूल हैं
2. कोई थकान नहीं है
3. कार्य सरल है
4. रुचि की हानि (कमी)

10. एक पारम्परिक कहावत के अनुसार, 'जब लोमड़ी सभी प्रयास करने के बाद भी अंगूरों तक नहीं पहुँच सकी, तो उसने कहा, 'अंगूर खट्टे हैं।' यह उदाहरण है :
1. प्रत्याहार का 2. यौक्तिकीकरण का
3. प्रक्षेपण का 4. प्रतिगमन का

11. सम्बद्ध प्रतिक्रिया सिद्धांत देन है :
1. पावलोव 2. स्किनर
3. थॉर्नडाइक 4. कोहलर

12. दृष्टिबाधित विद्यार्थियों की शिक्षा के लिए ___ आवश्यक **नहीं** है।
1. छोटे अक्षरों में छपी पुस्तकें
2. श्रव्य कैसेट
3. कागज पर ब्रेल पाठ्यसामग्री
4. गणित पढ़ाने के लिए अबेकस

13. सुधार विद्यालयों का सम्प्रत्यय है :
1. मानसिक मन्द बालकों के लिए
2. प्रतिभाशाली बालकों के लिए
3. विशेष अपराधी बालकों के लिए
4. सामान्य बालकों के लिए

1. 2	**2.** 3	**3.** 3	**4.** 3	**5.** 2	**6.** 4	**7.** 2
8. 3	**9.** 4	**10.** 2	**11.** 1	**12.** 1	**13.** 3	

14. स्पीयरमैन का बुद्धि सम्बन्धी सिद्धांत है :

1. एक-तत्व सिद्धांत
2. द्वि-तत्व सिद्धांत
3. त्रि-आयामी सिद्धांत
4. बहुतत्व सिद्धांत

15. टॉलमैन के सिद्धांत का संबंध है :

1. ऊर्जा शक्ति से
2. कैथेक्सेज से
3. टोपोलॉजी से
4. विकास की अवस्थाओं से

16. मैस्लो के आवश्यकता पदानुक्रम सिद्धांत के अनुसार, निचले स्तर की प्रथम आधारभूत आवश्यकता मानी गयी है :

1. संबद्धता
2. दैहिक आवश्यकता
3. आत्म-सिद्धि
4. सुरक्षा

17. एग्राफिया कहते हैं :

1. इसमें रोगी में पढ़ने की क्षमता समाप्त हो जाती है।
2. इसमें रोगी में अपने विचारों को लिखकर अभिव्यक्त करने की क्षमता नहीं होती है।
3. इसमें रोगी में साधारण जोड़-घटाव करने की क्षमता नहीं होती है।
4. इसमें रोगी में वस्तुओं का नाम लेने में अक्षमता पाई जाती है।

18. कोहलर ने सिद्ध किया कि अधिगम :

1. उद्दीपन एवं प्रतिक्रियाओं का संबंध है।
2. परिस्थिति के विभिन्न भागों का प्रत्यक्षीकरण है।
3. एक स्वायत्त यादृच्छिक गतिविधि है।
4. सम्पूर्ण परिस्थिति का प्रत्यक्षीकरण है।

19. 'सांवेगिक बुद्धि' का सम्प्रत्यय सर्वप्रथम दिया गया :

1. डैन गोलमैन द्वारा
2. जॉन मेयर तथा पीटर सेलोवे द्वारा
3. टॉलमैन द्वारा
4. टर्मन द्वारा

20. ________ के अलावा निम्नलिखित कोह्लबर्ग के नैतिक विकास के सिद्धांत की अवस्थाएँ हैं।

1. रूढ़िगत
2. प्राक्रूढ़िगत
3. संवेदी गामक
4. पश्चात् रूढ़िगत

21. "बालक का विकास सिर से आरम्भ होकर पैर की दिशा में होता है।" प्रस्तुत कथन विकास के किस सिद्धांत से सम्बन्धित है?

1. विकास दिशा का सिद्धांत
2. विकास क्रम का सिद्धांत
3. निरन्तर विकास का सिद्धांत
4. परस्पर सम्बन्ध का सिद्धांत

22. अधिगम (सीखना) के संबंध में कौन-सा उपयुक्त कथन **नहीं** है?

1. सीखना एक सार्वभौमिक प्रक्रिया है।
2. सीखना व्यवहार में परिवर्तन नहीं है।
3. सीखना समायोजन में सहायक है।
4. सीखना एक स्थिति से दूसरी स्थिति में स्थानांतरित किया जा सकता है।

23. अध्यापक को कक्षा में समावेशी वातावरण का सृजन करने के लिए :

1. विशिष्ट बालकों को शैक्षिक क्रियाकलापों से दूर रखना चाहिए।
2. विशिष्ट बालकों के अधिकार एवं सम्मान को सुरक्षित रखना चाहिए।
3. विशिष्ट बालकों को सामान्य बालकों से हीन समझना चाहिए।
4. सामान्य छात्रों के मध्य विशिष्ट बालकों को नीचा दिखाना चाहिए।

24. पियाजे के अनुसार, मूर्त संक्रियात्मक अवस्था है :

1. 0 से 2 वर्ष तक
2. 7 से 11 वर्ष तक
3. 11 से 12 वर्ष तक
4. 12 वर्ष से आगे तक

25. सतत एवं व्यापक मूल्यांकन में 'व्यापक' से तात्पर्य है :

1. सभी विषयों के मूल्यांकन से
2. केवल शैक्षिक क्षेत्र के मूल्यांकन से
3. गृहकार्य के मूल्यांकन से
4. शैक्षिक व सहशैक्षिक क्षेत्र के विकास के मूल्यांकन से

26. "आप छात्र को कक्षा में बैठा सकते हो किन्तु ज्ञान ग्रहण के लिए बाध्य नहीं कर सकते।" इस कथन की पुष्टि सीखने के किस नियम से होती है?

1. तत्परता के नियम से
2. अभ्यास के नियम से
3. अनभ्यास के नियम से
4. प्रभाव के नियम से

27. निम्नलिखित में से क्रिया को आरम्भ करने, जारी रखने और नियमित करने की प्रक्रिया कौन-सी है?

1. अभिरुचि
2. अभिधारणा
3. अभिवृत्ति
4. अभिप्रेरणा

28. निम्नलिखित में से किसमें, मूल प्रवृत्ति संबद्ध संवेग से मेल **नहीं** खाती?

1. हास्य - आमोद
2. आत्महीनता - श्रेष्ठता की भावना
3. सामूहिकता - एकाकीपन
4. निवृत्ति - घृणा

29. निम्न में से कौन मॉडलिंग सम्प्रत्यय से सम्बन्धित है?

1. सिगमण्ड फ्रायड
2. थॉर्नडाइक
3. अल्बर्ट बण्डुरा
4. गिलफोर्ड

30. एक छः साल की बालिका की मानसिक आयु 7.5 वर्ष (7 वर्ष 6 माह) है। उसकी बुद्धि लब्धि होगी :

1. 125
2. 90
3. 75
4. 140

14. 2	**15.** 3	**16.** 2	**17.** 2	**18.** 4	**19.** 2	**20.** 3	**21.** 1	**22.** 2
23. 2	**24.** 2	**25.** 4	**26.** 1	**27.** 4	**28.** 2	**29.** 3	**30.** 1	

भाग-II : भाषा - हिन्दी

31. तत्सम-तद्भव शब्दों के संदर्भ में अनुपयुक्त विकल्प चुनिए :
1. गर्त - गड्ढा 2. जृम्भिका - जवाँई
3. चर्मचटक - चमगादड़ 4. परिकूट - परकोटा

32. निम्न में से 'शिक्षण-सूत्र' **नहीं** है :
1. पूर्ण से अंश की ओर 2. प्रेरणा से तर्क की ओर
3. स्थूल से सूक्ष्म की ओर 4. उपर्युक्त सभी

33. निम्न में से **असंगत** को चुनिए :
1. अं, अः – अयोगवाह ध्वनियाँ
2. ड़, ढ़ – उत्क्षिप्त ध्वनियाँ
3. श, ष, स – स्पर्श संघर्षी
4. ऐ, औ – अर्ध संवृत

34. निम्न में से प्रक्षेपित शिक्षण सहायक सामग्री **नहीं** है :
1. दूरदर्शन 2. फिल्म स्ट्रीप
3. ओवरहेड प्रोजेक्टर 4. फिल्म

35. समस्तपद एवं समास विग्रह की दृष्टि से **असंगत** विकल्प चुनिए:
1. लोकप्रिय - अधिकरण तत्पुरुष
2. पवन से चलने वाली चक्की - पनचक्की
3. नवयुवक - नव है जो युवक
4. परीक्षाभवन - परीक्षा के लिए भवन

36. किस विकल्प में विलोम-युग्म सही **नहीं** है?
1. वैमनस्य - सौमनस्य 2. अभिमानी - निरभिमानी
3. अभ्यर्थी - प्रत्यर्थी 4. स्वार्थी - निस्स्वार्थ

37. प्रत्यय की दृष्टि से **असंगत** विकल्प चुनिए :
1. ई - द्रौपदी, जानकी, वाल्मीकि
2. य - माहात्म्य, वैधव्य, पौलस्त्य
3. तर - महत्तर, वृहत्तर, दृढतर
4. एय - भागिनेय, पाथेय, वैनतेय

38. 'पर्यायवाची' की दृष्टि से **असुमेलित** को चुनिए :
1. तरंग - ऊर्मि, वीचि, कल्लोल
2. तरणि - नौका, द्रोणी, करवाल
3. तोता - रक्ततुंड, कीर, सुग्गा
4. योनि - अपत्यपथ, जन्मवर्त्म, रतिकुहर

39. **असंगत** विकल्प चुनिए :
1. समुद्र में लगने वाली आग - दावानल
2. लोक-प्रचलित बात, जिसके वक्ता का पता न हो - किंवदन्ती
3. पशुओं द्वारा जुगाली करने की प्रक्रिया - पागुर
4. जिसके पति ने दूसरा विवाह कर लिया हो - अध्यूढा

40. किस शब्द में 'कु' उपसर्ग का प्रयोग **नहीं** हुआ है
1. कुज 2. कुमार 3. कुचो 4. कुमति

41. समश्रुत भिन्नार्थक शब्द 'मनुजात - मनुजाद' का क्रमशः **सही** अर्थ चुनिए:
1. मनुष्य को खाने वाला, मनुष्य से पैदा हुआ
2. मनु उत्पन्न हुआ, अफ्रीकी निवासी
3. मनु उत्पन्न, मनुष्य को खाने वाला
4. मनुज का पुत्र, मनुज से संबंध रखने वाला

42. यण् संधि दृष्टि से **संगत** विकल्प चुनिए :
1. जात्यमान = जाती + अभिमान
2. पर्युषण = परि + ऊषण
3. वध्विच्छा = वधु + इच्छा
4. महैन्द्रजालिक = महा + ऐन्द्रजालिक

निर्देश (प्र.सं. 43 से 45 तक): *अधोलिखित गद्यांश को पढ़कर उत्तर दीजिए :*

हमें इस बात को समझना होगा कि युद्ध की अनुपस्थिति ही शांति की परिभाषा नहीं है। बुद्ध ने जिस शांतिपूर्ण समाज की परिकल्पना की थी, उसमें समानता का वह संदेश भी शामिल था, जो हमें इस बात का अहसास कराता है कि मनुष्य को मनुष्य से पृथक् दिखाने का हर प्रयास मनुष्यता का शत्रु है। ऐसे प्रत्येक प्रयास को विफल बनाना मनुष्योचित है, एक शर्त भी है मनुष्य के रूप में जीने की। हमारी चिंता यह होनी चाहिए कि हमें स्वयं को मनुष्य कैसे बनाएँ एवं कैसे मनुष्य बनाए रखें। मनुष्य बनने का अर्थ है - अपने भीतर दूसरे की पीड़ा को समझने का अहसास जगाना, अपने भीतर करुणा का वह भाव जगाना, जो हमें दूसरे से जोड़ता है। छोटे-छोटे पुल बनाने होंगे हमें दूसरे से जुड़ने के लिए—करुणा का पुल, मैत्री का पुल, समानता का पुल, विषमता मिटाने वाला पुल _____ । ऐसा समझकर ही हम मानवोचित आचरण का मंत्र अपना सकते हैं, प्रबुद्ध बन सकते हैं।

43. लेखक के अनुसार शांति की परिभाषा **नहीं** है :
1. युद्ध की अनुपस्थिति।
2. शांतिपूर्ण समाज की परिकल्पना।
3. जिसमें समानता का संदेश सम्मिलित हो।
4. स्वयं को मनुष्य बनाना।

44. लेखक के अनुसार मनुष्य बनने का क्या अर्थ है?
1. बुद्धोपदिष्ट राह का अनुगामी।
2. मनुष्य को मनुष्य से पृथक दिखाना।
3. दूसरे की पीड़ा को समझने का भाव जगाना।
4. प्रबुद्ध मानवोचित आचरण।

45. गद्यांश में प्रयुक्त पदों की व्याकरणिक विवेचना के संदर्भ में **असंगत** कथन चुनिए।
1. अनुपस्थिति - दो उपसर्ग 2. मनुष्यता - जातिवाचक संज्ञा
3. प्रत्येक - अव्ययीभाव समास 4. विषमता - व्यंजन संधि

31. 2	**32.** 2	**33.** 4	**34.** 1	**35.** 2	**36.** 3	**37.** 1	**38.** 2
39. 1	**40.** 2	**41.** 3	**42.** 2	**43.** 1	**44.** 3	**45.** 4	

भाग-II : LANGUAGE - ENGLISH

46. Fill in the blank with the **correct** option:
Stress, intonation and rhythm can be taught through _______.
1. skimming 2. scanning
3. drills of various types 4. transcription

47. Which one of the following is **not** a teaching aid in developing listening skills?
1. Use of phonetic dictionary
2. Gramophones
3. Television
4. Film & film strips

48. Fill in the blank with the **correct** option:
Multimedia materials for teaching _______ are.
1. LSRW lesson
2. grammar, syntax and lexicon
3. text, image, audio, video and animation
4. phonetic, phonemic lessons

49. Complete the sentence with the **correct** option:
Multilinguistic resource _______.
1. will increase the level of learner participation
2. will decrease the level of learner participation
3. is poor compared to any standardized text-book
4. deprives the teacher's role as a facilitator

Directions (Qs. No. 50 to 59): *Read the following passage and answer the questions that follow:*

I worked for a brief while in a college in Delhi, and among my more uncomfortable memories is a language exercise, I gave a group of eight undergraduates: I asked them to imagine that they had already graduated and wanted them to write an application for a suitable job. Seven of the eight students wrote applications for the jobs of clerks. Even in one of the good universities, and in a college that had a reputation for it academic standard, the system has snuffed out all youthful ambition.

Even the highest youthful ambition in the prestigious colleges is to pass the competitive examination for appointments in the administrative services, and there are colleges that are more proud of the bureaucrats among their alumni than of any scholars, scientists or leaders of opinion. And these latter, understandably, are a small number. Students derive the meanness of their ambitions from the meanness of the goals that the colleges propose to themselves. And of the most ambitious, as well as of the least, among the students, it could be said that they think more of what society will do to or for them, than of what they would be able to do for and to society. This is an excellent apprenticeship for joining the ranks of hirelings or of the unemployed.

50. How long did the author work in a Delhi College?
1. long time 2. short time
3. three years 4. seven years

51. What exercise did the author give the students?
1. a comprehension passage
2. precis writing
3. expansion of a poem
4. a language exercise

52. Seven out of the eight students wanted to become ________.
1. scholars 2. bureaucrats
3. clerks 4. scientists

53. What according to the author is the highest ambition of students in good colleges?
1. to qualify for administrative services
2. to become leaders of opinion
3. to teach
4. to practice medicine

54. In the sentence "And these latter understandably are a small number", what does "these latter" refer to?
1. clerks, doctors & engineers
2. bureaucrats, scholars and clerks
3. scholars, scientists and leaders of opinion
4. only administrators

55. Fill in the blank with the **correct** option:
The thinking of the most ambitious and the least ambitious is _______.
1. uncommon 2. alike
3. dissimilar 4. for the society

56. Identify the statement which is **true**:
1. The college where the author worked in Delhi had a reputation for its academic standards.
2. The students, who were asked to do the language exercise were graduates.
3. All colleges produce scientists, scholars and leaders of opinion.
4. The language exercise is stored in the author's less comfortable memories.

46. 3	**47.** 1	**48.** 3	**49.** 1	**50.** 2	**51.** 4
52. 3	**53.** 1	**54.** 3	**55.** 2	**56.** 1	

57. Fill in the blank with the **correct** option:
Another word for "snuffed out" is ________.
1. smelled
2. instilled
3. encouraged
4. killed

58. Choose the opposite of "former" from the passage:
1. least 2. latter
3. already 4. most

59. Fill in the blank with the **correct** option:
"Alumni" in the passage means ________.
1. unsuccessful students 2. successful students
3. bureaucrats 4. old students

60. Which one of the following is the first step in teaching formal grammar?
1. comparison & generalization
2. collection and presentation of examples
3. application of rules
4. motivation and testing of previous knowledge

भाग-III : सामान्य अध्ययन

मात्रात्मक योग्यता, तार्किक अभिक्षमता तथा सामान्य ज्ञान एवं अभिज्ञान

61. $\dfrac{\left(1\frac{3}{4}\right)^4 - \left(2\frac{1}{3}\right)^4}{\left(1\frac{3}{4}\right)^2 - \left(2\frac{1}{3}\right)^2}$ का वर्गमूल बराबर है :
1. $2\frac{11}{12}$ 2. $2\frac{1}{12}$
3. $3\frac{11}{12}$ 4. $3\frac{1}{12}$

62. X एक कार्य को 6 दिन में पूर्ण कर सकता है और Y इसी कार्य को 8 दिन में पूर्ण कर सकता है। Z की सहायता से तीनों मिलकर इस कार्य को 3 दिन में पूर्ण कर देते हैं। यदि तीनों को कुल 2000 रुपये कार्य समाप्ति पर प्राप्त हुए, तो Z का भाग है :
1. 200 रुपये 2. 250 रुपये
3. 400 रुपये 4. 500 रुपये

63. असंगत को ज्ञात कीजिये :
1. आयत 2. वर्ग
3. घन 4. त्रिभुज

64. एक वस्तु को 153 रुपये में बेचने पर एक व्यक्ति को 10% की हानि होती है। 20% लाभ प्राप्त करने के लिये उसे कितनी राशि में बेचना चाहिए?
1. 204 रुपये 2. 214 रुपये
3. 220 रुपये 4. 170 रुपये

65. A, B, C, D और E एक वृत्ताकार मेज के चारों ओर केन्द्र की ओर मुँह करके बैठे हुये हैं। E और B के बीच केवल A है। D, B के एकदम बायीं ओर है। C के एकदम बायीं ओर कौन है?
1. E 2. D
3. B 4. A

66. शेखर उत्तर दिशा की ओर 10 मीटर चलता है। फिर वह दक्षिण दिशा की ओर 6 मीटर चलता है। फिर वह पूर्व दिशा की ओर 3 मीटर चलता है। वह अपने प्रारम्भिक बिन्दु से अब कितना दूर है?
1. 7 मीटर 2. 6 मीटर
3. 5 मीटर 4. 4 मीटर

67. निम्न संख्या श्रेणी का अगला पद होगा :
5, 6, 9, 15, 25, ?
1. 35 2. 37
3. 40 4. 41

68. यदि शब्द CYBERNETICS के सभी वर्णों को वर्णमाला के क्रम में पुनः व्यवस्थित किया जाता है, तो पुनः व्यवस्थित करने के बाद कौन-सा वर्ण मध्य में होगा?
1. E 2. I
3. N 4. R

69. P, Q की बहन है। R, Q की माता है। S, R का पिता है। T, S की माता है। P, S से किस प्रकार सम्बन्धित है?
1. पुत्री 2. बहन
3. दादी 4. पोती

70. यदि ZIP = 300 और ZAN = 400 हो, तो ZOO = ?
1. 250 2. 350
3. 200 4. 500

71. निम्न वर्ण श्रेणी में लुप्त पद ज्ञात कीजिये :
AYD, BVF, DRH, ?, KGL
1. FMJ 2. GMJ
3. GNJ 4. FNK

57. 4	**58.** 2	**59.** 4	**60.** 4	**61.** 1	**62.** 2	**63.** 3	**64.** 1
65. 1	**66.** 3	**67.** 3	**68.** 2	**69.** 4	**70.** 1	**71.** 2	

72. सचिन कमल से छोटा है परन्तु राम से लम्बा है। मोहन सबसे लम्बा है। अरुण, कमल से थोड़ा छोटा और सचिन से थोड़ा लम्बा है। इन पाँच व्यक्तियों में दूसरा सबसे लम्बा कौन है?

1. सचिन 2. अरुण
3. राम 4. कमल

73. $113\frac{1}{7}$ घन मीटर आयतन वाले गोले का व्यास है :

1. 3 मीटर 2. 6 मीटर
3. 7 मीटर 4. 14 मीटर

74. यदि समवृत्ताकार बेलन का व्यास 28 सेमी है और इसकी ऊँचाई 20 सेमी है, तो कुल पृष्ठीय क्षेत्रफल बराबर है :

1. 1760 सेमी^{2} 2. 1232 सेमी^{2}
3. 1496 सेमी^{2} 4. 2992 सेमी^{2}

75. एक समचतुर्भज का परिमाप 52 सेमी है। यदि इसके एक विकर्ण की लम्बाई 24 सेमी है, तो समचतुर्भुज का क्षेत्रफल बराबर है :

1. 240 सेमी^{2} 2. 120 सेमी^{2}
3. 180 सेमी^{2} 4. 90 सेमी^{2}

76. एक लंबवृत्तीय शंकु की त्रिज्या और ऊँचाई में 5 : 12 का अनुपात है। यदि इसका आयतन 314 मीटर^3 है, तो इसके आधार का व्यास बराबर है ($\pi = 3.14$):

1. 10 मीटर 2. 5 मीटर
3. 20 मीटर 4. 15 मीटर

77. $\sec(90° - A) - \cot A \cos(90° - A) \tan(90° - A)$ का मान है :

1. tan A 2. cot A
3. cos A 4. sin A

78. यदि एक मीनार की ऊँचाई $2\sqrt{3}$ मीटर है और इसकी छाया की लम्बाई 2 मीटर है, तो सूर्य का उन्नयण कोण बराबर है :

1. 30° 2. 45°
3. 60° 4. 75°

79. 20% चक्रवृद्धि ब्याज पर एक धनराशि न्यूनतम कितने पूर्ण वर्षों में दुगुना से अधिक हो जायेगी?

1. 2 2. 3 3. 4 4. 5

80. 11 से 50 तक ऐसी कितनी संख्याएँ हैं जो 7 से पूर्णतया विभाजित होती हैं परन्तु 3 से नहीं?

1. 3 2. 4 3. 5 4. 7

81. निम्नलिखित में से किसने 2023 का अर्जुन पुरस्कार प्राप्त किया है?

1. दीक्षा डागर 2. विनेश फोगाट
3. बबीता कुमारी 4. रीतिका हूडा

82. निम्नलिखित में से कौन-सा वन्य जीव अभयारण्य पंचकुला में अवस्थित है?

1. छिलछिला अभयारण्य 2. बीर शिकारगाह अभयारण्य
3. नाहर अभयारण्य 4. कपरवास अभयारण्य

83. निम्नलिखित में से कौन-सा जिला शिवालिक विकास एजेन्सी के अन्तर्गत **नहीं** आता?

1. अम्बाला 2. पंचकुला
3. यमुना नगर 4. कुरुक्षेत्र

84. स्थिर मूल्यों पर 2023-2024 में हरियाणा की प्रति व्यक्ति आय है:

1. 3,25,759 2. 1,85,490
3. 1,63,285 4. 1,04,550

85. पंजाब एवं हरियाणा उच्च न्यायालय के मुख्य न्यायाधीश हैं :

1. न्यायमूर्ति शील नागू 2. न्यायमूर्ति रविशंकर झा
3. न्यायमूर्ति ऋतु बाहरी 4. न्यायमूर्ति कृष्ण मुरारी

86. हरियाणा लोक सेवा आयोग के गठन को चिह्नित कीजिए :

1. अध्यक्ष एवं चार सदस्य 2. अध्यक्ष एवं तीन सदस्य
3. अध्यक्ष एवं पाँच सदस्य 4. अध्यक्ष एवं छः सदस्य

87. भादानकों के बारे में निम्नलिखित कथनों को पढ़िए :

(*a*) 12वीं सदी के दौरान वे गुरुग्राम एवं रेवाड़ी के क्षेत्रों पर शासन कर रहे थे।

(*b*) उन्होने चौहान शासक पृथ्वीराज-III को पराजित किया।

सही कूट का चयन कीजिए :

1. केवल कथन (*a*) सत्य है।
2. केवल कथन (*b*) सत्य है।
3. न तो कथन (*a*) न ही कथन (*b*) सत्य है।
4. दोनों कथन सत्य हैं।

88. महाभारत के अनुसार निम्नलिखित में से किसने रोहतक पर एक सैन्य अभियान का नेतृत्व किया?

1. भीष्म 2. अर्जुन
3. भीम 4. नकुल

89. हरियाणा का कौन-सा जिला हरियाणा के सात जिलों से अपनी सीमा साझा करता है?

1. अम्बाला 2. पंचकुला
3. कुरुक्षेत्र 4. जींद

90. लाडवा का सिख सरदार जो प्रथम आंग्ल-मराठा युद्ध के दौरान अंग्रेजों के विरुद्ध लड़ा :

1. गुरुदीत सिंह 2. लाल सिंह
3. भोज सिंह 4. मनोहर सिंह

72. 4	**73.** 2	**74.** 4	**75.** 2	**76.** 1	**77.** 4	**78.** 3	**79.** 3	**80.** 2	**81.** 1
82. 2	**83.** 4	**84.** 2	**85.** 1	**86.** 3	**87.** 1	**88.** 4	**89.** 4	**90.** 1	

भाग-IV : विषय ज्ञान–हिन्दी

91. 'नौकर' निबंध किस व्यक्तित्व को लेकर लिखा गया है?

1. रवीन्द्रनाथ टैगोर
2. महात्मा गाँधी
3. जवाहरलाल नेहरु
4. लालबहादुर शास्त्री

92. 'मानवीय करुणा की दिव्य चमक' संस्मरण किस पर लिखा गया है?

1. डॉ. जार्ज ग्रियर्सन
2. फ्रेडरिक पिन्कॉट
3. सर्वेश्वर दयाल सक्सेना
4. फादर कामिल बुल्के

93. 'धूप के धान' और 'शिलापंख चमकीले' रचनाओं के रचनाकार हैं :

1. अज्ञेय
2. गिरिजाकुमार माथुर
3. ऋतुराज
4. मंगलेश डबराल

94. प्रत्यय की दृष्टि से **अनुचित** विकल्प चुनिए :

1. अनीय - दर्शनीय, पठनीय, रमणीय
2. य - वैधुर्य, क्षत्रिय, पाथेय
3. इक - षाण्मासिक, नैष्ठिक, पारंपरिक
4. इ - दाशरथि, मारुति, वाल्मीकि

95. 'राधावल्लभ-संप्रदाय' के प्रवर्तक हैं:

1. हरिव्यासदेव
2. परशुरामदेव
3. गोस्वामी हितहरिवंश
4. स्वामी हरिदास

96. निम्नलिखित में से कौन-सी रचनाएँ छायावाद की **नहीं** हैं?

(*a*) पल्लव (*b*) वाणी
(*c*) परिमल (*d*) शंख ध्वनि

दिए गए विकल्पों में से **सही** उत्तर चुनिए :

1. (*a*) और (*b*)
2. (*b*) और (*c*)
3. (*b*) और (*d*)
4. (*a*) और (*d*)

97. निम्नलिखित रचनाओं को उनके रचनाकारों के साथ सुमेलित कीजिए :

सूची-I	सूची-II
(*a*) रवीन्द्रनाथ ठाकुर	(*i*) शाम - एक किसान
(*b*) सर्वेश्वर दयाल सक्सेना	(*ii*) पर्वत प्रदेश में पावस
(*c*) सुमित्रानंदन पंत	(*iii*) आत्मत्राण
(*d*) भवानीप्रसाद मिश्र	(*iv*) कठपुतली

कूट :

	(*a*)	(*b*)	(*c*)	(*d*)
1.	(*iii*)	(*iv*)	(*i*)	(*ii*)
2.	(*iii*)	(*i*)	(*ii*)	(*iv*)
3.	(*i*)	(*ii*)	(*iv*)	(*iii*)
4.	(*iv*)	(*i*)	(*ii*)	(*iii*)

98. "तुम क्या समझते हो कि वे इतने बड़े यों ही खड़े हैं। उन्हें इतना बड़ा बनाने के लिए मेरे असंख्य बंधुओं ने अपने प्राण-नाश किए हैं।"

उक्त वाक्य किस रचना का अंश है?

1. यह सबसे कठिन नहीं
2. पानी की कहानी
3. कदम मिलाकर चलना होगा
4. बस की यात्रा

99. **स्थापना (Assertion) (A):** द्विवेदी युग में प्रबन्ध रचना की प्रवृत्ति के कारण खण्डकाव्य एवं महाकाव्य अधिक लिखे गए।

तर्क (Reason) (R): इसी प्रवृत्ति के कारण 'मिलन', 'पथिक', 'स्वप्न' आदि खण्डकाव्य लिखे गए।

कूट :

1. (A) गलत, (R) गलत
2. (A) गलत, (R) सही
3. (A) सही, (R) गलत
4. (A) सही, (R) सही

100. 'नौबतखाने में इबादत' व्यक्ति चित्र किस पर लिखा गया है?

1. ज़ाकिर हुसैन
2. उस्ताद बिस्मिल्ला खाँ
3. रविशंकर
4. उस्ताद शाहिद परवेज खान

101. निम्नलिखित काव्य-पंक्तियों को रचनाकारों एवं रचनाओं से सुमेलित कीजिए :

सूची-I	सूची-II
(*a*) गाकर गीत विरह के तटिनी वेगवती बहती जाती है/दिल हलका कर लेने को उपलों से कुछ कहती जाती हैं	(*i*) हरिवंशराय 'बच्चन' अग्निपथ
(*b*) चल रहा मनुष्य है, अश्रु-स्वेद रक्त से लथपथ।	(*ii*) रामधारी सिंह 'दिनकर' गीत-अगीत
(*c*) समय बहुत कम है तुम्हारे पास/आ चला पानी ढहा आ रहा अकास/शायद पुकार ले कोई पहचाना ऊपर से देखकर	(*iii*) मैथिलीशरण गुप्त मनुष्यता
(*d*) चलो अभीष्ट मार्ग में सहर्ष खेलते हुए/विपत्ति विघ्न जो पड़े उन्हें ढकेलते हुए।	(*iv*) अरुण कमल - नए इलाके में

कूट :

	(*a*)	(*b*)	(*c*)	(*d*)
1.	(*ii*)	(*i*)	(*iv*)	(*iii*)
2.	(*iii*)	(*i*)	(*ii*)	(*iv*)
3.	(*i*)	(*ii*)	(*iii*)	(*iv*)
4.	(*ii*)	(*i*)	(*iii*)	(*iv*)

91. 2	**92.** 4	**93.** 2	**94.** 2	**95.** 3	**96.** 3
97. 2	**98.** 2	**99.** 4	**100.** 2	**101.** 1	

102. निम्नांकित पंक्तियों को संबंधित रचना से सुमेलित कीजिए :

सूची-I (पंक्ति)	**सूची-II (रचना)**
(*a*) हम जब किसी आदमी को परले दरजे का बेवकूफ कहना चाहते हैं, तो उसे गधा कहते हैं।	(*i*) एक कुत्ता और एक मैना
(*b*) देखते हो, यह यूथ भ्रष्ट है। रोज फुदकती है, ठीक यहीं आकर। मुझे इसकी चाल में एक करुण-भाव दिखाई देता है	(*ii*) दो बैलों की कथा
(*c*) हमारी कुल-देवी दुर्गा थीं। मैं उत्पन्न हुई तो मेरी बड़ी खातिर हुई और मुझे वह सब नहीं सहना पड़ा जो अन्य लड़कियों को सहना पड़ता है।	(*iii*) प्रेमचंद के फटे जूते
(*d*) तुम फोटो का महत्त्व नहीं समझते। समझते होते, तो किसी से फोटो खिंचाने के लिए जूते माँग लेते।	(*iv*) मेरे बचपन के दिन

कूट :

	(*a*)	(*b*)	(*c*)	(*d*)
1.	(*i*)	(*ii*)	(*iv*)	(*iii*)
2.	(*i*)	(*ii*)	(*iii*)	(*iv*)
3.	(*ii*)	(*i*)	(*iv*)	(*iii*)
4.	(*ii*)	(*iii*)	(*i*)	(*iv*)

103. **स्थापना (Assertion) (A):** छायावादोत्तर कविता विचार-प्रधान काव्य है।

तर्क (Reason) (R): उसमें कवि के निजी संवेदानुभवों को अभिव्यक्त होने का अवसर नहीं मिला।

कूट :

1. (A) गलत, (R) गलत
2. (A) गलत, (R) सही
3. (A) सही, (R) गलत
4. (A) सही, (R) सही

104. **स्थापना (Assertion) (A):** निराला की कविता का प्रारंभ मुक्तवृत्त से होता है। 'जुही की कली' का प्रकाशन वर्ष 1926 है और यह मुक्तवृत्त में है।

तर्क (Reason) (R): मनुष्यों की मुक्ति की तरह कविता की भी मुक्ति है। मनुष्यों की मुक्ति कर्मों के बंधन से छुटकारा पाना है, और कविता की मुक्ति है, छंदों के शासन से अलग हो जाना।

कूट :

1. (A) गलत, (R) गलत
2. (A) गलत, (R) सही
3. (A) सही, (R) गलत
4. (A) सही, (R) सही

105. कारक दृष्टि से एक विकल्प अन्य तीनों से भिन्न है। भिन्न विकल्प को चुनिए :

1. कानों सुनी बात सदैव सत्य होती है।
2. राधा ने चाकू से सब्जियाँ काटी।
3. महेश जयपुर से दिल्ली जा रहा है।
4. मैं काम से जा रही हूँ

106. रचना और रचनाकार के संबंध में कौन-सा विकल्प विषम है?

1. कैदी और कोकिला – माखनलाल चतुर्वेदी
2. त्रिधारा – सुभद्राकुमारी चौहान
3. ईश्वर की आँख – निर्मल वर्मा
4. नीम का पेड़ – राही मासूमरजा

107. प्रसाद की रचना 'आत्मकथ्य' के विषय में **असंगत** है :

1. आत्मकथा लिखने की असहमति के तर्क से 'आत्मकथ्य' कविता पैदा हुई है।
2. यह कविता पहली बार 1935 में हंस के आत्मकथा विशेषांक में प्रकाशित हुई थी।
3. इस कविता में जीवन के यथार्थ एवं अभाव पक्ष की मार्मिक अभिव्यक्ति हुई है।
4. कविता में ललित, सुंदर एवं नवीन शब्दों और बिंबों का प्रयोग किया है।

108. द्विकर्मक क्रिया के कथन में **संगत** है :

1. प्रथम कर्म अप्राणिवाचक होता है और द्वितीय कर्म प्राणिवाचक होता है।
2. प्रथम और द्वितीय कर्म प्राणिवाचक होते हैं।
3. प्रथम और द्वितीय कर्म अप्राणिवचाक होते हैं।
4. प्रथम कर्म प्राणिवाचक होता है और द्वितीय कर्म अप्राणिवाचक होता है

109. 'चाँद से थोड़ी-सी गप्पें' कविता में लड़की ने चाँद के घटने-बढ़ने का क्या कारण बताया है?

1. डर
2. बीमारी
3. पृथ्वी की परिक्रमा
4. चंचल स्वभाव

110. 'धीरंजन मालवे' के विषय में **असंगत** कथन है :

1. मालवे का जन्म 9 मार्च 1952 को हुआ।
2. मालवे ने कई भारतीय वैज्ञानिकों की संक्षिप्त जीवनियाँ लिखी हैं।
3. 'वैज्ञानिक चेतना के वाहक ...' लेख में उन्होंने अबुल कलाम आजाद के जीवन-संघर्ष को रेखांकित किया है।
4. मालवे ने रेडियो विज्ञान पत्रिका 'ज्ञान-विज्ञान' का संपादन किया है।

102. 3	**103.** 3	**104.** 4	**105.** 3	**106.** 3
107. 2	**108.** 4	**109.** 2	**110.** 3	

111. विद्यापति के संदर्भ में **अनुचित** कथन चुनिए :

1. विद्यापति की कविता का स्थापत्य श्रृंगार है। उसे आध्यात्मिक कहना खजुराहो के मंदिरों को आध्यात्मिक कहना है। – डॉ. बच्चनसिंह
2. आध्यात्मिक रंग के चश्मे आजकल बहुत सस्ते हो गए हैं। उन्हें चढ़ाकर जैसे कुछ लोगों ने गीत गोविंद के पदों को आध्यात्मिक संकेत बताया है, वैसे ही विद्यापति के इन पदों को ..... – आ. रामचंद्रशुक्ल
3. विद्यापति की पदावली पर गीत गोविंद का स्पष्ट प्रभाव है।
4. इनके पद पश्चिम बंगाल में 'नचारी' के नाम से जाने जाते हैं।

112. **स्थापना (Assertion) (A):** रीतिमुक्त धारा के कवियों ने किसी प्रकार की प्रतिबद्धता को स्वीकार नहीं किया, अपनी भावना का स्वच्छन्द प्रकाशन किया।

तर्क (Reason) (R): इस धारा के कवियों की मनोवृत्ति वियोग में अधिक रमी है, जिसमें भावप्रवण हृदय की सच्ची अनुभूति का प्रकाशन है।

कूट :

1. (A) गलत, (R) गलत
2. (A) गलत, (R) सही
3. (A) सही, (R) गलत
4. (A) सही, (R) सही

113. विश्व साहित्य की अमूल्य निधि 'तोत्तो - चान' के विषय में **असंगत** है:

(*i*) यह मूलतः चीनी भाषा में लिखी गई है।
(*ii*) इस पुस्तक का अनुवाद कई भाषाओं में हो चुका है।
(*iii*) यह एक अद्भुत पाठशाला और उसमें पढ़ने वाले बच्चों की कहानी है।
(*iv*) इस अनोखे स्कूल के संस्थापक थे श्री कोबायाशी।
(*v*) इस पुस्तक की मूल लेखिका पूर्वा याज्ञिक कुशवाहा हैं, जो स्वयं इसी स्कूल की छात्रा थी।

कूट :

1. (*i*), (*ii*) व (*iii*) असंगत हैं।
2. (*i*) व (*v*) असंगत हैं।
3. (*i*), (*iii*) व (*v*) असंगत हैं।
4. (*ii*) व (*v*) असंगत हैं।

114. उपसर्ग की दृष्टि से **अनुचित** विकल्प चुनिए :

1. परि - पर्यक, पर्यवेक्षण, पर्युत्सुक
2. उप - औपनिषदिक, औपचारिक, उपालम्भ
3. आ - आदित्य, आधिकारिक, आधिपत्य
4. अनु - अन्वेषक, अनुष्ठान, अन्वित

115. पुल्लिंग शब्दों का चयन कीजिए :

(*i*) माधुर्य (*ii*) घुड़शाला
(*iii*) मोती (*iv*) हतभागी
(*v*) दशा (*vi*) ग्रंथ

1. (*i*), (*ii*), (*iv*), (*v*)
2. (*ii*), (*iii*), (*v*), (*vi*)
3. (*i*), (*iii*), (*iv*), (*vi*)
4. (*iii*), (*iv*), (*vi*)

116. 'मेघ आए' कविता में सर्वेश्वर दयाल सक्सेना मेघों के आने की तुलना किससे करते हैं?

1. मयूर से
2. पर्वत-शृंखला से
3. पाहुन से
4. कोयल की कूक से

117. **असंगत** विकल्प का चयन कीजिए :

1. उसने आम खाया। - सकर्मक क्रिया
2. मोर नाचता है। - अकर्मक क्रिया
3. वह दुकान से आकर सो गया - पूर्वकालिक क्रिया
4. माताजी प्रतिदिन मंदिर जाया करती हैं। - प्रेरणार्थक क्रिया

118. प्रकाशन वर्ष के अनुसार निम्नलिखित कहानी संग्रहों का **सही** अनुक्रम है :

1. शतरंज के खिलाड़ी, बूढ़ी काकी, कफन, पूस की रात
2. बूढ़ी काकी, शतरंज के खिलाड़ी, पूस की रात, कफन
3. पूस की रात, शतरंज के खिलाड़ी, कफन, बूढ़ी काकी
4. बूढ़ी काकी, पूस की रात, शतरंज के खिलाड़ी, कफन

119. निम्न में से **असंगत** चुनिए :

1. 'अलंकार' संज्ञा शब्द में 'इक' प्रत्यय जुड़ने से 'आलंकारिक' विशेषण शब्द की रचना हुई है।
2. 'समकाल' संज्ञा शब्द में 'इन' प्रत्यय जुड़ने से 'समकालीन' विशेषण शब्द की रचना हुई है।
3. 'संचय' संज्ञा शब्द में 'इत' प्रत्यय जुड़ने से 'संचित' शब्द की रचना हुई है।
4. 'पुस्तक' संज्ञा शब्द में 'ईय' प्रत्यय जोड़ने से 'पुस्तकीय' शब्द की रचना हुई है।

120. निम्नलिखित में से किस वाक्य में वचन संबंधित **अशुद्धि** है?

1. मनुष्य सबसे बुद्धिमान प्राणी होता है।
2. प्रत्येक व्यक्ति ऐसा ही करता है।
3. विद्वान व्यक्ति को अनेको भाषाओं का ज्ञान होना चाहिए।
4. प्रवीण के तेवर आजकल बदल रहे हैं।

111. 4	**112.** 4	**113.** 2	**114.** 3	**115.** 3
116. 3	**117.** 4	**118.** 2	**119.** 2	**120.** 3

121. निम्नलिखित शब्दों को उनके अर्थ से सुमेलित कीजिए :

सूची-I	सूची-II
(*a*) इन्दु	(*i*) चूहा
(*b*) इन्दुर	(*ii*) चन्द्रमा
(*c*) करीष	(*iii*) गजराज
(*d*) करीश	(*iv*) सूखा गोबर

कूट :

	(*a*)	(*b*)	(*c*)	(*d*)
1.	(*ii*)	(*i*)	(*iv*)	(*iii*)
2.	(*ii*)	(*i*)	(*iii*)	(*iv*)
3.	(*iii*)	(*ii*)	(*i*)	(*iv*)
4.	(*i*)	(*ii*)	(*iii*)	(*iv*)

122. अव्ययीभाव समास के उदाहरण **नहीं** है।

1. प्रतिदिन, आजानु
2. प्रत्याशा, निर्विवाद
3. सुदर्शन, अयोग्य
4. आजीवन, अनुदान

123. निम्नलिखित रचनाओं को रचनाकारों से सुमेलित कीजिए:

सूची-I (रचना)	सूची-II (रचनाकार)
(*a*) नौबतखाने में इबादत	(*i*) यतीन्द्र मिश्र
(*b*) कुतर्कों का खंडन	(*ii*) मन्नू भंडारी
(*c*) एक कहानी यह भी	(*iii*) महावीर प्रसाद द्विवेदी
(*d*) मानवीय करुणा की दिव्य चमक	(*iv*) सर्वेश्वर दयाल सक्सेना

कूट :

	(*a*)	(*b*)	(*c*)	(*d*)
1.	(*i*)	(*iv*)	(*iii*)	(*ii*)
2.	(*i*)	(*iii*)	(*ii*)	(*iv*)
3.	(*i*)	(*iv*)	(*ii*)	(*iii*)
4.	(*ii*)	(*i*)	(*iii*)	(*iv*)

124. 'तसलीम' शब्द का अर्थ है :

1. स्वच्छता
2. सम्मान में
3. स्वर्ग में एक नदी
4. बँटवारा

125. **स्थापना (Assertion) (A):** हमारे साहित्य ने इतिहास की बहुत रक्षा की है। चारणों के रासो और ख्यातों ने तथा राजाओं द्वारा सम्मानित राज-कवियों के ऐतिहासिक काव्यों ने साहित्य के सौन्दर्य के साथ इतिहास की सामग्री भी संचित कर रखी है।

तर्क (Reason) (R): सूदन का 'सुजान चरित्र' और पद्माकर के 'हिम्मत बहादुर विरुदावली' एवं 'जगतसिंह विरुदावली' आदि ग्रन्थ इतिहास की अनेक घटनाओं पर यथेष्ट प्रकाश डालते हैं।

कूट :

1. (A) गलत, (R) गलत
2. (A) गलत, (R) सही
3. (A) सही, (R) गलत
4. (A) सही, (R) सही

126. निम्नलिखित संस्मरणों/रेखाचित्रों को उनके रचनाकारों से सुमेलित कीजिए :

सूची-I	सूची-II
(*a*) रेखाएँ बोल उठी	(*i*) माखनलाल चतुर्वेदी
(*b*) जाने अनजाने	(*ii*) रामवृक्ष बेनीपुरी
(*c*) माटी की मूरतें	(*iii*) देवेंद्र सत्यार्थी
(*d*) समय के पाँव	(*iv*) विष्णु प्रभाकर

कूट :

	(*a*)	(*b*)	(*c*)	(*d*)
1.	(*iv*)	(*iii*)	(*ii*)	(*i*)
2.	(*iii*)	(*iv*)	(*ii*)	(*i*)
3.	(*iii*)	(*iv*)	(*i*)	(*ii*)
4.	(*i*)	(*iii*)	(*ii*)	(*iv*)

127. 'अलक - उपल' क्रमशः किसके पर्याय हैं?

1. पर्वत - कपड़ा
2. केश - पाषाण
3. मृग - पत्ता
4. हंस - सर्प

128. निम्नलिखित रचनाकारों को उनकी रचनाओं के साथ सुमेलित कीजिए।

सूची-I	सूची-II
(*a*) बालमुकुंद गुप्त	(*i*) कर्जनाना
(*b*) नाथूराम शर्मा 'शंकर'	(*ii*) सरगौ नरक ठेकाना नाहि
(*c*) आचार्य महावीर प्रसाद द्विवेदी	(*iii*) गर्भरंडा-रहस्य
(*d*) रामचरित उपाध्याय	(*iv*) विचित्र विवाह

कूट :

	(*a*)	(*b*)	(*c*)	(*d*)
1.	(*i*)	(*iv*)	(*ii*)	(*iii*)
2.	(*i*)	(*iii*)	(*iv*)	(*ii*)
3.	(*i*)	(*iii*)	(*ii*)	(*iv*)
4.	(*iv*)	(*iii*)	(*i*)	(*ii*)

129. रचनाकाल की दृष्टि से निम्नलिखित आलोचनात्मक कृतियों का सही **अनुक्रम** है :

1. हिन्दी साहित्य विमर्श, हिन्दी कोविद रत्नमाला, कविता कौमुदी, हिन्दी के मुसलमान कवि
2. हिन्दी के मुसलमान कवि, कविता कौमुदी हिन्दी साहित्य विमर्श, हिन्दी कोविद रत्नमाला
3. हिन्दी कोविद रत्नमाला, कविता कौमुदी, हिन्दी साहित्य की भूमिका, हिन्दी साहित्य और संवेदना का विकास
4. कविता कौमुदी, हिन्दी साहित्य विमर्श, हिन्दी कोविद रत्नमाला, हिन्दी के मुसलमान कवि

121. 1	**122.** 2	**123.** 2	**124.** 2	**125.** 4
126. 2	**127.** 2	**128.** 3	**129.** 3	

130. आदिकाल को 'सिद्ध-सामंत-युग' नाम किसने दिया?
1. राहुल सांकृत्यायन 2. रामकुमार वर्मा
3. विश्वनाथ प्रसाद मिश्र 4. मिश्रबंधु

131. इनमें से कौन-सा विकल्प गुण स्वरसंधि युक्त शब्दों का संकुल **नहीं** है?
1. स्वरोदय, वीरोचित, चरमोत्कर्ष, पुण्योदय
2. मरणोपरान्त, जनोपयोगी, प्रेषिति, महेश्वर
3. उत्तमर्ण, महर्षि, वसंततु, देवर्षि
4. मंत्रौषधि, हितैषी, अन्वेषण, प्रत्येक

132. बालकृष्ण भट्ट के विषय में **असंगत** है :
(i) बालकृष्ण भट्ट निबंधकार, समीक्षक व नाटककार थे।
(ii) भट्ट जी ने दैनिक जीवन की घटनाओं पर और नए फैशन पर अनेक कविताएँ लिखी।
(iii) भट्ट जी ने बांग्ला नाटकों का हिन्दी में अनुवाद किया है।
(iv) 'जैसा काम वैसा परिणाम' और 'आचार विडंबन' उनके उल्लेखनीय प्रहसन हैं।
(v) 'ईश्वर भी क्या ठठोल है' उनकी महत्त्वपूर्ण कहानी है।

कूट :
1. *(i)*, *(iii)* व *(iv)* 2. *(ii)* व *(v)*
3. *(iii)* व *(v)* 4. *(ii)*, *(iii)* व *(v)*

133. निम्नांकित साहित्यिक रचनाओं को उनके रचनाकारों के साथ सुमेलित कीजिए :

सूची-I	**सूची-II**
(a) मेघना का निर्णय, चल खुसरो घर अपने	*(i)* राही मासूम रजा
(b) पाँचवाँ पहर, सब देश पराया	*(ii)* मिथिलेश्वर
(c) आधा गाँव, छोटे आदमी की बड़ी कहानी	*(iii)* गुरदयाल सिंह
(d) सेवाग्राम की डायरी, सन् बयालीस के संस्मरण	*(iv)* श्रीराम शर्मा

कूट :

	(a)	*(b)*	*(c)*	*(d)*
1.	*(iii)*	*(ii)*	*(iv)*	*(i)*
2.	*(ii)*	*(iii)*	*(i)*	*(iv)*
3.	*(i)*	*(iii)*	*(iv)*	*(ii)*
4.	*(iv)*	*(ii)*	*(iii)*	*(i)*

134. निम्न में से किस वाक्य में अनिश्चवाचक सर्वनाम का प्रयोग हुआ है?
1. इस विषय में हम किसी से कुछ नहीं कह सकते।
2. आप यहाँ आइए।
3. जिसे भी देखती हूँ, वही व्यस्त है।
4. मैं अपना काम स्वयं करती हूँ

135. किस शब्द में 'अ' प्रत्यय भाववाचक रूप में प्रयुक्त हुआ है?
1. राघव 2. लाघव
3. पांडव 4. मानव

136. 'गोबर गणेश संहिता' किस निबन्धकार का संकलन है?
1. सरदार पूर्णसिंह
2. बालमुकुन्द गुप्त
3. बदरी नारायण चौधरी 'प्रेमघन'
4. चन्द्रधर शर्मा 'गुलेरी'

137. निम्नांकित पात्रों को उनकी रचनाओं के साथ सुमेलित कीजिए :

सूची-I	**सूची-II**
(a) महंत, पुलिस इंचार्ज	*(i)* टोपी शुक्ला
(b) मास्टर प्रीतमचंद, हेडमास्टर शर्मा	*(ii)* सपनों के से वे दिन
(c) रामदुलारी, सय्यद जरगाम मुरतुज़ा	*(iii)* हरिहर काका
(d) अमीरुद्दीन, शम्सुद्दीन	*(iv)* नौबतखाने में इबादत

कूट :

	(a)	*(b)*	*(c)*	*(d)*
1.	*(iii)*	*(ii)*	*(iv)*	*(i)*
2.	*(i)*	*(iv)*	*(iii)*	*(ii)*
3.	*(iii)*	*(ii)*	*(i)*	*(iv)*
4.	*(ii)*	*(i)*	*(iii)*	*(iv)*

138. निम्नांकित शब्दों में से **सही** संधियुक्त शब्दों वाला विकल्प कौन-सा है?
1. भ्रात्रोपकार, गत्यावरोध, अभिप्सा, गुरोपदेश
2. नमस्कार, लघूत्तर, गुर्वौदार्य, विश्वामित्र
3. उतेजक, अधोपतन, नद्याम्बु, रविन्द्र
4. वारिश, तेजमय, चिदकार, नवरात्रि

139. आदिकाल की प्रवृत्तियों के विषय में **संगत** कथन है :
1. रहस्यमार्गियों की सामान्य प्रवृत्ति के अनुसार जैन कवि अपनी बानी को ऐसी पहेली के रूप में भी रखते थे, जिसे कोई बिरला ही बूझ सकता है।
2. नाथ परंपरा में जलंधरनाथ के गुरु मत्स्येन्द्रनाथ माने जाते हैं।
3. महाराष्ट्र के संत ज्ञानदेव का गोरखनाथ की शिष्य-परम्परा से कोई संबंध नहीं है।
4. जैन काव्य-ग्रंथों की दोहों-चौपाइयों की परम्परा आगे सूफियों की प्रेम-कहानियों, तुलसी के रामचरितमानस तथा छत्रप्रकाश, ब्रजविलास आदि रचनाओं में पायी जाती है।

130. 1	**131.** 4	**132.** 2	**133.** 2	**134.** 1
135. 2	**136.** 4	**137.** 3	**138.** 2	**139.** 4

140. समास की दृष्टि से कौन-सा विकल्प **असंगत** है?

1. लोकप्रिय - अधिकरण तत्पुरुष
2. कदन्न - कर्मधारय
3. अनुत्तीर्ण - अव्ययीभाव
4. फुलवाड़ी - संबंध तत्पुरुष

141. प्रकाशन के क्रम की दृष्टि से निम्नलिखित पत्रिकाओं का **सही** क्रम है :

1. जागरण, माधुरी, विशाल भारत, साहित्यसंदेश
2. विशाल भारत, माधुरी, जागरण, साहित्यसंदेश
3. माधुरी, विशाल भारत, जागरण, साहित्यसंदेश
4. माधुरी, जागरण, साहित्यसंदेश, विशाल भारत

142. 'वाक्यांश के लिए, शब्द' के विषय में **असंगत** विकल्प चुनिए :

1. नाटक के आरंभ में की जाने वाली स्तुति - नान्दी
2. जो दोनों में सम्मिलित हो - उभयनिष्ठ
3. जो क्रोध का अधिकारी हो - काकपाली
4. रात का मध्य भाग - निशीध

143. ''कबीर आदि संतों को नाथपंथियों से जिस प्रकार 'साखी' और 'बानी' शब्द मिले, उसी प्रकार 'साखी' और 'बानी' के लिए बहुत कुछ सामग्री और 'सधुक्कड़ी' भाषा भी।''

उक्त कथन किस साहित्येतिहासकार का है?

1. आचार्य रामचन्द्र शुक्ल
2. आचार्य हजारी प्रसाद द्विवेदी
3. बच्चन सिंह
4. परशुराम चतुर्वेदी

144. भिक्षु के पत्र, यदि बाबा ना होते, बहानेबाजी आदि पुस्तकों के लेखक हैं :

1. रवीन्द्रनाथ टैगोर
2. भदंत आनंद कौसल्यायन
3. यशपाल
4. स्वयं प्रकाश

145. किस विकल्प में **असंगत** विलोमार्थी प्रयुक्त हुए है?

1. अतिवृष्टि - अनावृष्टि
2. आहूति - अनाहुति
3. विहित - निषिद्ध
4. वैमनस्य - सौमनस्य

146. मानकीकृत देवनागरी लिपि व वर्तनी के अनुसार अमानक रूप है :

1. मिलाकर
2. स्थाई
3. दायित्व
4. दूधवाला

147. निम्नलिखित शब्दों को उनके विलोम रूप से सुमेलित कीजिए :

सूची-I	**सूची-II**
(*a*) यथार्थ	(*i*) घृणा
(*b*) घातक	(*ii*) आदर्श
(*c*) श्रद्धा	(*iii*) रक्षक
(*d*) कृश	(*iv*) स्थूल

कूट :

	(*a*)	(*b*)	(*c*)	(*d*)
1.	(*ii*)	(*iii*)	(*iv*)	(*i*)
2.	(*ii*)	(*iii*)	(*i*)	(*iv*)
3.	(*iii*)	(*ii*)	(*i*)	(*iv*)
4.	(*iv*)	(*ii*)	(*i*)	(*iii*)

148. निम्नलिखित नाटककारों को उनके नाटकों के साथ सुमेलित कीजिए :

सूची-I	**सूची-II**
(*a*) हरिकृष्ण प्रेमी	(*i*) अंगूर की बेटी
(*b*) राधाकृष्णदास	(*ii*) रक्षाबंधन
(*c*) गोविन्दवल्लभ पंत	(*iii*) मयंक मंजरी
(*d*) किशोरीलाल गोस्वामी	(*iv*) दुःखिनी बाला

कूट :

	(*a*)	(*b*)	(*c*)	(*d*)
1.	(*iii*)	(*ii*)	(*i*)	(*iv*)
2.	(*ii*)	(*iv*)	(*i*)	(*iii*)
3.	(*ii*)	(*iv*)	(*iii*)	(*i*)
4.	(*ii*)	(*iii*)	(*i*)	(*iv*)

149. संविधान के अनुच्छेद 343 में संघ की राजभाषा के संबंध में कौन-से प्रावधान किए गए हैं?

(*a*) भारत संघ की राजभाषा देवनागरी लिपि में हिन्दी होगी।
(*b*) संघ के सरकारी कार्यों में भारतीय अंकों के अंतर्राष्ट्रीय रूपों का प्रयोग होगा।
(*c*) उच्च न्यायालय तथा उच्चतम न्यायालय की संपूर्ण कार्रवाई अंग्रेजी भाषा में ही होगी।
(*d*) किसी राज्य के विधानमंडल को उस राज्य में हिन्दी या अन्य एक या अधिक भाषाओं को कार्यालयों में अपनाने का अधिकार है।

दिए गए विकल्पों में से **सही** उत्तर चुनिए :

1. (*a*) व (*c*)
2. (*a*) व (*b*)
3. (*a*) व (*d*)
4. (*c*) व (*d*)

150. निम्नलिखित में से **असंगत** विकल्प का चयन कीजिए :

1. तोता - कीर, शुक, माहुर, संगर
2. चाँदनी - कौमुदी, ज्योत्स्ना, जुन्हाई, चन्द्रप्रभा
3. सर्प - अहि, उरग, भुजंग, व्याल
4. मृग - हरिश, चारुलोचन, सारंग, कुरंग

140. 3	**141.** 3	**142.** 3	**143.** 1	**144.** 2	**145.** 2
146. 2	**147.** 2	**148.** 2	**149.** 2	**150.** 1	

व्याख्यात्मक उत्तर

1. किशोरावस्था में बालक और बालिकाएँ तेजी से संज्ञानात्मक विकास करते हैं। वे ठोस अनुभवों से परे जाकर अमूर्त विचारों और सिद्धांतों पर सोचने लगते हैं। उनकी तार्किक शक्ति विकसित होती है, जिससे वे तर्क-वितर्क और विश्लेषण कर सकते हैं। साथ ही, वे अपने जीवन और समाज से जुड़े निर्णय लेने की क्षमता विकसित करते हैं, जिससे यह समूह सबसे उपयुक्त माना जाता है।

2. अधिगम के प्रयास एवं त्रुटि (Trial and Error) सिद्धांत का प्रतिपादन एडवर्ड एल. थॉर्नडाइक ने किया था। उन्होंने "Puzzle Box" नामक यंत्र में बिल्लियों पर प्रयोग किए, जहाँ बिल्ली बार-बार प्रयास करती और गलती करती, जब तक कि सही उपाय न मिल जाए। इस प्रक्रिया से यह सिद्ध हुआ कि सीखना अनुभव पर आधारित है और सही प्रतिक्रिया बार-बार के प्रयासों से स्थायी हो जाती है।

3. आनुवंशिकता शारीरिक विकास में सबसे बड़ी भूमिका निभाती है। ऊँचाई, रंग, शारीरिक बनावट, अंगों की संरचना और शारीरिक क्षमता का निर्धारण माता-पिता से प्राप्त जीन द्वारा होता है। यद्यपि पर्यावरणीय कारक भी प्रभाव डालते हैं, किन्तु मूल आधार आनुवंशिकता ही प्रदान करती है।

4. व्यक्तित्व मापन में प्रक्षेपी विधियाँ (Projective Techniques) जैसे साहचर्य तकनीकी (Association Technique), रचना तकनीकी (Construction Technique), और पूर्ति तकनीकी (Completion Technique) शामिल होती हैं, जिनसे व्यक्ति की अचेतन प्रवृत्तियाँ प्रकट होती हैं। जबकि जीवन इतिहास (Life History) पद्धति आत्मकथात्मक या वर्णनात्मक होती है और इसे प्रक्षेपी विधि नहीं माना जाता।

5. अन्तर्दृष्टि अधिगम पद्धति का प्रतिपादन गेस्टाल्ट मनोवैज्ञानिक वोल्फगैंग कोहलर ने किया था। उन्होंने चिंपैंजियों पर प्रयोग किए, जिनमें बंदर अचानक समस्या का हल खोज लेते थे, जैसे डंडे जोड़कर केले तक पहुँचना। इस प्रकार सीखना अचानक समझ (Insight) के द्वारा संभव होता है, न कि केवल प्रयास और त्रुटि द्वारा।

6. सीखना, आवश्यकता की पूर्ति की प्रक्रिया के द्वारा होता है, यह कथन प्रबलन सिद्धांत से सम्बद्ध है। इस सिद्धांत में जब किसी आवश्यकता की पूर्ति होती है तो वह सकारात्मक प्रबलन के रूप में कार्य करता है, और वही व्यवहार आगे चलकर सुदृढ़ होकर सीखा जाता है। उदाहरण के लिए, भूखे जीव को भोजन मिलने पर वह वही व्यवहार दोहराना सीखता है जिसने भोजन तक पहुँचाया। अन्य सिद्धांत जैसे अन्तर्दृष्टि, क्रियाप्रसूत अधिगम और सम्बद्ध प्रतिक्रिया सीधे तौर पर आवश्यकता की पूर्ति से सम्बद्ध नहीं हैं।

7. यह अभिव्यक्ति जेरोम ब्रूनर की है। ब्रूनर के अनुसार किसी भी आयु या विकास स्तर पर उचित रूपांतरण और प्रस्तुति द्वारा किसी भी विषयवस्तु को सिखाया जा सकता है। उन्होंने 'स्पाइरल करिकुलम' की संकल्पना दी, जिसमें शिक्षण सामग्री को सरल से जटिल रूप में क्रमशः प्रस्तुत किया जाता है ताकि विद्यार्थी धीरे-धीरे गहराई से समझ सकें।

8. मस्तिष्क उद्वेलन (Brainstorming) विधि का प्रतिपादन अलेक्स ऑसबोर्न ने किया था। इसका उद्देश्य सृजनात्मकता को प्रोत्साहित करना है, जिसमें प्रतिभागी स्वतंत्र रूप से नए विचार प्रस्तुत करते हैं और आलोचना से बचते हैं। इससे मौलिकता, लचीलापन और विचारों की विविधता विकसित होती है, जो सर्जनशीलता को पोषण और संवर्धन प्रदान करती है।

9. सीखने के वक्र (Learning Curve) में पठार (Plateau) का अर्थ है कि प्रगति अस्थायी रूप से रुक जाती है और अधिगम की गति धीमी हो जाती है। यह स्थिति सामान्यतः थकान, ऊब, ध्यान की कमी या रुचि घटने के कारण उत्पन्न होती है। जब प्रेरणा या नई रणनीति अपनाई जाती है, तब पुनः प्रगति शुरू हो सकती है।

10. लोमड़ी और अंगूर की कहानी यौक्तिकीकरण (Rationalization) का उदाहरण है। जब व्यक्ति अपनी असफलता को स्वीकार नहीं कर पाता, तो वह किसी न किसी बहाने या तर्क द्वारा उसे उचित ठहराता है। लोमड़ी ने अंगूर तक न पहुँच पाने की असफलता को यह कहकर छुपाया कि "अंगूर खट्टे हैं"। यह मनोवैज्ञानिक रक्षा-तंत्र असफलता से उत्पन्न मानसिक तनाव को कम करने में मदद करता है।

11. पावलोव सम्बद्ध प्रतिक्रिया सिद्धांत (Classical Conditioning Theory) के प्रतिपादक थे। उन्होंने कुत्तों पर प्रयोग कर यह सिद्ध किया कि एक तटस्थ उद्दीपन (जैसे घंटी की आवाज) को प्राकृतिक उद्दीपन (भोजन) के साथ बार-बार प्रस्तुत करने से वह भी समान प्रतिक्रिया (लार आना) उत्पन्न कर सकता है। इससे यह स्पष्ट हुआ कि सीखना उद्दीपनों के बीच सम्बन्ध जोड़ने की प्रक्रिया है।

12. छोटे अक्षरों में छपी पुस्तकें दृष्टिबाधित विद्यार्थियों की शिक्षा के लिए उपयोगी नहीं होतीं। इनके लिए श्रव्य सामग्री, ब्रेल में पाठ्यसामग्री और गणित सिखाने के लिए अबेकस आवश्यक सहायक साधन माने जाते हैं। छोटे अक्षर दृष्टिबाधितों की आवश्यकता पूरी नहीं कर पाते और वे उनकी शिक्षा में बाधक होते हैं।

13. विशेष अपराधी बालकों के लिए सुधार विद्यालय (Reformatory Schools) बनाए जाते हैं। इनका उद्देश्य ऐसे बच्चों के व्यवहार को दण्ड नहीं बल्कि शिक्षा, परामर्श और प्रशिक्षण के माध्यम से सुधारना होता है, ताकि वे समाज के अच्छे नागरिक बन सकें। मानसिक मंद या प्रतिभाशाली बालकों के लिए अलग संस्थान होते हैं।

14. द्वि-तत्व सिद्धांत स्पीयरमैन का प्रतिपादित बुद्धि का सिद्धांत है। इसमें उन्होंने कहा कि बुद्धि दो तत्वों से बनी है - (*i*) सामान्य कारक (*g*) जो सभी प्रकार की मानसिक क्रियाओं में कार्य करता है, और (ii) विशिष्ट कारक (*s*) जो किसी विशेष कार्य या विषय से संबंधित होता है। इस प्रकार हर व्यक्ति में सामान्य बुद्धि और विशिष्ट क्षमताएँ दोनों होती हैं।

15. टोपोलॉजी से टॉलमैन के सिद्धांत का सम्बन्ध है। टॉलमैन ने संज्ञानात्मक मानचित्र (Cognitive Map) और संकेत-गेस्टाल्ट (Sign Gestalt) का विचार प्रस्तुत किया। उन्होंने माना कि जीव केवल प्रत्यक्ष प्रतिक्रिया

से नहीं बल्कि अपने वातावरण का मानसिक नक्शा बनाकर सीखता है। इस प्रकार उनका सिद्धांत टोपोलॉजिकल यानी स्थानिक संबंधों की समझ पर आधारित है।

16. दैहिक आवश्यकता मैस्लो के आवश्यकता पदानुक्रम सिद्धांत में सबसे निचले स्तर पर रखी गई है। इसमें भोजन, पानी, वायु, नींद और आवास जैसी बुनियादी जैविक आवश्यकताएँ शामिल हैं। जब तक ये पूरी नहीं होतीं, व्यक्ति उच्चतर स्तर की आवश्यकताओं जैसे सुरक्षा, प्रेम, आत्म-सम्मान और आत्म-सिद्धि की ओर नहीं बढ़ सकता।

17. इसमें रोगी में अपने विचारों को लिखकर अभिव्यक्त करने की क्षमता नहीं होती है इसे एग्राफिया (Agraphia) कहा जाता है। यह तंत्रिका संबंधी विकार है जिसमें व्यक्ति बोल सकता है और कभी-कभी पढ़ भी सकता है, लेकिन लिखकर विचार व्यक्त करने की क्षमता खो देता है। यह सामान्यतः मस्तिष्क के भाषा-नियंत्रण क्षेत्र में क्षति के कारण होता है।

18. 'अधिगम सम्पूर्ण परिस्थिति का प्रत्यक्षीकरण है' यह कोहलर द्वारा प्रतिपादित अन्तर्दृष्टि अधिगम का आधार है। उन्होंने चिपैंजियों पर प्रयोगों से सिद्ध किया कि अधिगम केवल उद्दीपन-प्रतिक्रिया का जोड़ नहीं है, बल्कि जीव सम्पूर्ण स्थिति का अवलोकन कर अचानक समाधान खोज लेता है। इसे "आहा अनुभव" भी कहा जाता है।

19. जॉन मेयर तथा पीटर सेलोवे द्वारा 'सांवेगिक बुद्धि' (Emotional Intelligence) का सम्प्रत्यय सर्वप्रथम प्रस्तुत किया गया। उन्होंने इसे अपनी भावनाओं को पहचानने, नियंत्रित करने और दूसरों की भावनाओं को समझने की क्षमता बताया। बाद में डैनियल गोलमैन ने इसे लोकप्रिय बनाया और इसके पाँच आयामों का विवरण दिया।

20. संवेदी गामक को छोड़कर शेष अवस्थाएँ कोह्लबर्ग के नैतिक विकास सिद्धांत की हैं। उन्होंने तीन स्तर और छह अवस्थाएँ बताईं-प्राक्रूढ़िगत (Pre-conventional), रूढ़िगत (Conventional) और पश्चात् रूढ़िगत (Post-conventional))। 'संवेदी गामक' (Sensory-motor) पियाजे के संज्ञानात्मक विकास सिद्धांत की अवस्था है, न कि कोह्लबर्ग की।

21. विकास दिशा का सिद्धांत के अनुसार बालक का विकास सिर से पैर की ओर (Cephalocaudal direction) होता है। पहले मस्तिष्क और गर्दन का विकास होता है, फिर हाथ और धड़ तथा अंत में पैरों का। यह सिद्धांत शारीरिक और स्नायविक विकास की दिशा को स्पष्ट करता है।

22. सीखना व्यवहार में परिवर्तन नहीं है : यह कथन उपयुक्त नहीं है। वास्तव में सीखना अनुभव के परिणामस्वरूप व्यवहार में अपेक्षाकृत स्थायी परिवर्तन है। यदि व्यवहार में कोई परिवर्तन नहीं होता तो उसे सीखना नहीं माना जा सकता। अन्य कथन सीखने की सार्वभौमिकता, समायोजन और स्थानांतरण क्षमता से जुड़े हैं जो सही हैं।

23. विशिष्ट बालकों के अधिकार एवं सम्मान को सुरक्षित रखना समावेशी वातावरण का मूल तत्व है। कक्षा में शिक्षक को सुनिश्चित करना चाहिए कि विशेष आवश्यकता वाले बालक भी समान अधिकार, सम्मान और अवसर प्राप्त करें। उन्हें सामान्य बालकों से दूर रखने या हीन समझने से समावेशन का उद्देश्य पूरा नहीं होता।

24. 7 से 11 वर्ष तक की आयु पियाजे की मूर्त संक्रियात्मक अवस्था (Concrete Operational Stage) है। इस अवस्था में बालक तार्किक सोचने लगता है, संरक्षण की संकल्पना (Concept of Conservation) समझता है और ठोस वस्तुओं से संबंधित समस्याओं का हल निकाल सकता है। लेकिन वह अभी अमूर्त चिंतन में सक्षम नहीं होता।

25. शैक्षिक व सहशैक्षिक क्षेत्र के विकास के मूल्यांकन से 'व्यापक' का तात्पर्य है। सतत एवं व्यापक मूल्यांकन (CCE) में केवल अकादमिक उपलब्धि ही नहीं, बल्कि सहशैक्षिक गतिविधियों, व्यक्तित्व, सामाजिक कौशल और भावनात्मक विकास का भी आकलन किया जाता है। इस प्रकार यह शिक्षा के समग्र विकास को मापता है।

26. तत्परता के नियम से यह कथन सम्बद्ध है। थॉर्नडाइक के अनुसार अधिगम तब प्रभावी होता है जब विद्यार्थी मानसिक और शारीरिक रूप से सीखने के लिए तैयार हो। केवल छात्र को कक्षा में बैठा देना पर्याप्त नहीं है; जब तक उसकी आंतरिक तत्परता (Readiness) नहीं होगी, वह ज्ञान ग्रहण नहीं कर पाएगा।

27. अभिप्रेरणा वह प्रक्रिया है जो किसी व्यक्ति को किसी क्रिया को प्रारम्भ करने, उसे बनाए रखने और नियन्त्रित करने में मदद करती है। यह भीतर से आने वाली प्रेरक शक्ति है, जो लक्ष्य प्राप्ति की दिशा में व्यवहार को सक्रिय और संगठित करती है।

28. आत्महीनता - श्रेष्ठता की भावना मूल प्रवृत्ति और संबद्ध संवेग का मेल इसमें सही नहीं है। मूल प्रवृत्तियाँ जन्मजात व्यवहारिक झुकाव हैं और उनसे जुड़े संवेग विशिष्ट होते हैं।

- **हास्य - आमोद :** हास्य की मूल प्रवृत्ति का संबंध आनंद और हंसी के संवेग से है।
- **सामूहिकता - एकाकीपन :** सामूहिकता की प्रवृत्ति समूह का हिस्सा बनने से संबंधित है, और एकाकीपन का संवेग तब प्रकट होता है जब यह प्रवृत्ति पूरी नहीं होती।
- **निवृत्ति - घृणा :** निवृत्ति प्रवृत्ति किसी अप्रिय वस्तु या स्थिति से बचने की है, जो घृणा के संवेग से मेल खाती है।
- **आत्महीनता - श्रेष्ठता की भावना :** आत्महीनता और श्रेष्ठता की भावना विपरीत संवेग हैं। आत्महीनता दीनता की प्रवृत्ति से संबंधित है, जबकि श्रेष्ठता की भावना हीनता से उबरने की प्रतिक्रिया हो सकती है। ये दोनों सीधे तौर पर एक ही मूल प्रवृत्ति से संबद्ध नहीं होते।

इसलिए, सही उत्तर है कि आत्महीनता और श्रेष्ठता की भावना का मेल उपयुक्त नहीं है।

29. अल्बर्ट बण्डुरा मॉडेलिंग सम्प्रत्यय (Modeling Concept) से सम्बद्ध हैं। उन्होंने प्रत्यक्षीकरण अधिगम (Observational Learning) का सिद्धांत प्रस्तुत किया, जिसके अनुसार बच्चे दूसरों के व्यवहार को देखकर और उसकी नकल करके सीखते हैं। इसे सामाजिक अधिगम सिद्धांत (Social Learning Theory) भी कहा जाता है।

30. बुद्धिलब्धि (IQ) निकालने का सूत्र है :

$$IQ = \frac{\text{मानसिक आयु}}{\text{कालानुक्रमिक आयु}} \times 100$$

यहाँ, मानसिक आयु = 7.5 वर्ष,

कालानुक्रमिक आयु = 6 वर्ष

$$IQ = \frac{7.5}{6} \times 100 = 125$$

अतः बालिका की बुद्धिलब्धि 125 होगी।

31. जृम्भिका - जवाँई अनुपयुक्त है। जृम्भिका (तत्सम) का तद्भव रूप जँभाई या जम्हाई है, जबकि जवाँई का तत्सम रूप जामातृ है। अतः यह युग्म गलत है। गर्त-गड्ढा, चर्मचटक-चमगादड़ और परिकूट-परकोटा सही मेल हैं।

32. प्रेरणा से तर्क की ओर शिक्षण-सूत्र नहीं है। शिक्षण-सूत्र जैसे "पूर्ण से अंश की ओर" और "स्थूल से सूक्ष्म की ओर" स्थापित हैं, लेकिन 'प्रेरणा से तर्क की ओर' कोई मान्य सूत्र नहीं है।

33. ऐ, औ - अर्ध संवृत असंगत है। स्वर वर्गीकरण में ऐ और औ अर्ध विवृत स्वर हैं, अर्ध संवृत नहीं। अन्य विकल्प जैसे अं, अः (अयोगवाह), ड़, ढ़ (उत्क्षिप्त), और श, ष, स (संघर्षी) संगत हैं।

34. प्रक्षेपित शिक्षण सहायक सामग्री वे होती हैं जिन्हें किसी स्क्रीन पर प्रकाश स्रोत या प्रोजेक्टर की सहायता से प्रदर्शित किया जाता है। दूरदर्शन एक इलेक्ट्रॉनिक उपकरण है जो सीधे प्रसारण (Broadcast) के आधार पर चित्र और ध्वनि प्रस्तुत करता है। इसलिए दूरदर्शन प्रक्षेपित शिक्षण सहायक सामग्री नहीं है, बल्कि स्वयं में दृश्य-श्रव्य सामग्री का प्रसारण माध्यम है।

- **फिल्म स्ट्रीप :** इसमें स्थिर छवियाँ होती हैं जिन्हें प्रोजेक्टर द्वारा स्क्रीन पर प्रक्षेपित किया जाता है।
- **ओवरहेड प्रोजेक्टर :** यह पारदर्शी शीट पर लिखी या छपी सामग्री को स्क्रीन पर प्रक्षेपित करता है।
- **फिल्म :** यह चलचित्र है जिसे प्रोजेक्टर की सहायता से परदे पर दिखाया जाता है।

अतः स्पष्ट है कि दिए गए विकल्पों में केवल दूरदर्शन अप्रक्षेपित सामग्री है।

35. पवन से चलने वाली चक्की - पनचक्की असंगत है। वास्तव में 'पनचक्की' का समास विग्रह "पानी से चलने वाली चक्की" है, न कि "पवन से चलने वाली चक्की"। अन्य विकल्प सही हैं–लोकप्रिय (लोक में प्रिय, अधिकरण तत्पुरुष), नवयुवक (नव है जो युवक, कर्मधारय), परीक्षाभवन (परीक्षा के लिए भवन, सम्प्रदान तत्पुरुष)।

36. 'अभ्यर्थी' का अर्थ है याचक या उम्मीदवार, जो किसी पद या अवसर के लिए निवेदन करता है। 'प्रत्यर्थी' का अर्थ है–प्रतिद्वंदी या विरोधी, जो उसी अवसर पर प्रतिस्पर्धा में खड़ा होता है। दोनों शब्द एक ही संदर्भ में प्रयुक्त होते हैं, पर अर्थ की दृष्टि से एक-दूसरे के विपरीत नहीं हैं, इसलिए इन्हें विलोम नहीं कहा जा सकता।

- **वैमनस्य - सौमनस्य :** वैरभाव और सद्भाव के लिए यह सही विलोम है।
- **अभिमानी - निरभिमानी :** अभिमान से युक्त और अभिमान रहित - यह भी विलोम है।
- **स्वार्थी - निस्स्वार्थ :** स्वार्थ में लिप्त और स्वार्थ से रहित - यह भी उपयुक्त विलोम है।

अतः दिए गए विकल्पों में अनुपयुक्त विलोम-युग्म अभ्यर्थी - प्रत्यर्थी है।

37. ई - द्रौपदी, जानकी, वाल्मीकि असंगत है। 'ई' प्रत्यय से स्त्रीलिंग सूचक शब्द बनते हैं, जैसे द्रौपदी, जानकी। लेकिन 'वाल्मीकि' इसमें नहीं आता, क्योंकि यह ई प्रत्यय से नहीं बना है। बाकी विकल्प - 'य', 'तर' और 'एय' - सही उदाहरणों के साथ संगत हैं।

38. तरणि - नौका, द्रोणी, करवाल असुमेलित है। 'तरणि' का अर्थ सूर्य होता है, इसका पर्यायवाची आदित्य, भानु, भास्कर आदि हैं। नौका, द्रोणी और करवाल 'नाव' के पर्याय हैं, अतः यह युग्म असंगत है।

39. समुद्र में लगने वाली आग - दावानल असंगत है। दावानल का अर्थ है वन में लगने वाली अग्नि, न कि समुद्र में। समुद्र में लगने वाली आग को 'बड़वानल' कहा जाता है। शेष विकल्प सही हैं - लोक-प्रचलित बात जिसके वक्ता का पता न हो = किंवदन्ती, पशुओं की जुगाली = पागुर, और जिसके पति ने दूसरा विवाह कर लिया हो = अध्यूढा।

40. कुमार में 'कु' उपसर्ग का प्रयोग नहीं हुआ है। कुमार शब्द संस्कृत धातु से बना है और इसमें 'कु' उपसर्ग नहीं है। जबकि कुज, कुचो और कुमति में 'कु' उपसर्ग के प्रयोग से ही शब्द निर्मित हुए हैं।

41. मनुजात का अर्थ है मनु से उत्पन्न, अर्थात् मनुष्य या मानव। मनुजाद का अर्थ है मनुष्य को खाने वाला। इसमें 'आद' प्रत्यय का अर्थ है खाने वाला। इसलिए यह युग्म सही है।

42. यह यण संधि दृष्टि से संगत विकल्प है। यहाँ 'परि + ऊषण' में 'इ + ऊ = यू' होता है, जो यण संधि का नियम है। इस प्रकार 'परि + ऊषण → पर्युषण' बनता है।

- जाती + अभिमान → जात्यभिमान (यह यण संधि है, लेकिन विकल्प में 'जात्यीमान' लिखा है, जो गलत रूप है)।
- वधु + इच्छा → वध्विच्छा (यह यण संधि है, पर विकल्प में आधार शब्द 'वधु' को सही रूप में नहीं दिया गया है)।
- महा + ऐन्द्रजालिक → महेन्द्रजालिक (यह वृद्धि संधि है, यण संधि नहीं)।

अतः सही उत्तर है पर्युषण = परि + ऊषण।

43. लेखक के अनुसार शांति की परिभाषा केवल युद्ध की अनुपस्थिति नहीं है। गद्यांश में स्पष्ट कहा गया है कि बुद्ध की परिकल्पना के अनुसार शांति का अर्थ समानता के संदेश से युक्त शांतिपूर्ण समाज है। इसलिए युद्ध का न होना मात्र शांति नहीं माना जा सकता।

44. मनुष्य बनने का अर्थ है अपने भीतर करुणा और संवेदनशीलता को विकसित करना, जिससे हम दूसरों की पीड़ा को समझ सकें और उनसे जुड़ सकें।

45. विषमता - व्यंजन संधि : यह असंगत है। 'विषमता' शब्द 'विषम' + 'ता' से बना है, जो प्रत्यय की प्रक्रिया है, संधि नहीं। शेष विकल्प - 'अनुपस्थिति' (दो उपसर्ग), 'मनुष्यता' (जातिवाचक आधार से बना भाववाचक), और 'प्रत्येक' (अव्ययीभाव समास) - सही हैं।

46. The most suitable way to teach stress, intonation, and rhythm is through different types of drills. Drills give students repeated opportunities to practice pronunciation, intonation, and rhythm, which helps them achieve naturalness in speaking.

47. A phonetic dictionary does not help in developing listening skills. It helps in understanding pronunciation and knowing the correct phonetic transcription of words, but it does not directly develop listening ability. On the other hand, gramophones, television, and films/film strips engage both listening and viewing, thereby developing listening skills.

48. The use of multimedia materials in teaching involves various media such as text, pictures, sound, video, and animation. This integrated approach makes teaching more effective, attractive, and participatory.

49. The use of multilingual resources increases student participation. When various linguistic resources are used, learners feel connected to their mother tongue and other languages, which enhances their active participation and strengthens the learning process.

50. The author worked for a short time (a brief while) in a college in Delhi. Therefore, the correct answer is *short time*.

51. The author assigned the task of writing an application for a job after graduation as a *language exercise* for students.

52. Seven out of eight students wrote job applications for the position of *clerks*.

53. According to the author, the highest ambition of students in good colleges is to pass the competitive examination for appointment to the *Administrative Services*.

54. In the sentence "And these latter, understandably, are a small number," the phrase "these latter" refers to *scholars, scientists, and leaders of opinion*, whose number is very small.

55. According to the author, the thinking of the most ambitious and the least ambitious students is *alike*.

56. The college where the author worked in Delhi had a reputation for its academic standards: This statement is true. The passage clearly mentions that the college was well-known for its academic standards.

57. "Snuffed out" means to end or to *kill*. Therefore, the correct meaning is *killed*.

58. The antonym of "former" is "latter," and this is the word used in the passage.

59. "Alumni" means *former students* or old students of an educational institution.

60. The first stage in teaching any lesson, including formal grammar, is to prepare students and connect the new topic with their prior knowledge. This stage is called *Motivation* and *Testing of Previous Knowledge*.

- **Motivation:** Creates interest and curiosity among students about the topic.
- **Testing of Previous Knowledge:** Helps the teacher find out what the students already know, so new knowledge can be built on that foundation.

After this, the sequence of the teaching process includes:

- Collection and presentation of examples,
- Comparison and generalization,
- And finally, application of rules.

Hence, the first stage is *Motivation and Testing of Previous Knowledge*.

61. प्रदत्त व्यंजक $= \sqrt{\dfrac{\left(\frac{7}{4}\right)^4 - \left(\frac{7}{3}\right)^4}{\left(\frac{7}{4}\right)^2 - \left(\frac{7}{3}\right)^2}}$

सर्वसमिका $a^4 - b^4 = (a^2 - b^2)(a^2 + b^2)$ का उपयोग करने पर, भिन्न घटकर $a^2 + b^2$ हो जाती है। $a = 7/4$, $b = 7/3$ रखने पर:

$$a^2 + b^2 = \left(\frac{7}{4}\right)^2 + \left(\frac{7}{3}\right)^2 = \frac{49}{16} + \frac{49}{9}$$

सरल करने पर, $= \dfrac{441}{144} + \dfrac{784}{144} = \dfrac{1225}{144}$

अब, $\sqrt{\dfrac{1225}{144}} = \dfrac{35}{12} = 2\dfrac{11}{12}$.

62. दरें : X=1/6, Y=1/8 (काम/दिन)।

दोनों मिलकर 3 दिन में काम पूरा करते हैं $\Rightarrow$ दर = 1/3।

$$Z = \frac{1}{3} - \left(\frac{1}{6} + \frac{1}{8}\right) = \frac{1}{24}$$

3 दिन में Z, $3 \times \dfrac{1}{24} = \dfrac{1}{8}$ काम पूरा करता है

$\Rightarrow$ Z का हिस्सा $= \dfrac{1}{8} \times 2000$ = ₹ 250

63. आयत, वर्ग और त्रिभुज समतलीय (2-D) आकृतियाँ हैं, जबकि घन त्रिविमीय (3-D) ठोस आकृति है। इसलिए यह असंगत है।

64. 10% हानि पर विक्रय मूल्य = 153, $\Rightarrow CP = \dfrac{153}{0.9} = 170.$

20% लाभ पर विक्रय मूल्य (SP) = 1.2 × 170 = ₹ 204।

65. पाँचों व्यक्ति केंद्र की ओर मुँह करके बैठे हैं।

प्रश्न में कहा गया है कि "E और B के बीच केवल A है"

$\Rightarrow$ इसका अर्थ है कि E-A-B लगातार बैठे हैं।

अगली शर्त है "D, B के एकदम बायीं ओर है।" जब सभी केंद्र की ओर बैठे हों, तो किसी भी व्यक्ति का बायाँ भाग घड़ी की दिशा में होता है। इसलिए B के तुरंत बायीं ओर D बैठा होगा।

इस प्रकार सही क्रम बनेगा: B-D-C-A।

इस क्रम से स्पष्ट है कि C के एकदम बायीं ओर E बैठा है।

अतः उत्तर E है।

66. शेखर पहले 10 मीटर उत्तर की ओर चला। फिर 6 मीटर दक्षिण की ओर चला। इसका मतलब है कि उसकी शुद्ध चाल उत्तर की ओर 10 - 6 = 4 मीटर हुई। इसके बाद वह 3 मीटर पूर्व की ओर गया। अब स्थिति यह है कि वह प्रारंभिक बिंदु से 4 मीटर उत्तर और 3 मीटर पूर्व की ओर है।

किसी बिंदु की दूरी निकालने के लिए पायथागोरस प्रमेय का प्रयोग करेंगेः

दूरी $= \sqrt{4^2 + 3^2} = \sqrt{25} = 5\,\text{m}.$

अतः वह अपने प्रारंभिक बिंदु से 5 मीटर दूर है।

67. दी गई श्रेणी है 5, 6, 9, 15, 25, ?
अब हम क्रमागत पदों के बीच का अंतर निकालते हैंः

- 6 - 5 = 1
- 9 - 6 = 3
- 15 - 9 = 6
- 25 - 15 = 10

यह अंतर 1, 3, 6, 10 हैं, जो क्रमशः त्रिभुजी संख्याएँ हैं। अगली त्रिभुजी संख्या 15 होती है। इसलिए अगले पद को निकालने के लिए 25 में 15 जोड़ते हैं : 25 + 15 = 40
इस प्रकार श्रेणी का अगला पद 40 होगा।

68. शब्द "CYBERNETICS" में कुल 11 अक्षर हैं। जब इन्हें वर्णानुक्रम में रखा जाए तो क्रम होगा :
B, C, C, E, E, I, N, R, S, T, Y
11 अक्षरों में मध्य का अक्षर (6ठा) **I** है।

69. R, Q की माँ है। चूँकि P, Q की बहन है, इसलिए R, P की माँ भी है। S, R का पिता है, अर्थात, S, P का दादा है। इस प्रकार, P, S से उसकी पोती के रूप में संबंधित है।

70. कोडिंग पैटर्नः अक्षरों के **विपरीत स्थान-मूल्य** (Reverse place value) का योग × 10। यानी A = 26, B = 25, ..., Z = 1।

- ZIP: Z = 1, I = 18, P = 11
  → योग 30 → 30 × 10 = 300.
- ZAN: Z = 1, A = 26, N = 13
  → योग 40 → 40 × 10 = 400.
- ZOO: Z = 1, O = 12, O = 12
  → योग 25 → 25 × 10 = 250.
  अब ZOO: Z = 1, O = 12, O = 12
  ⇒ योग = 25 ⇒ 25 × 10 = **250.**

71. शृंखला AYD, BVF, DRH, ?, KGL है। प्रत्येक अक्षर अपने स्वतंत्र क्रम का अनुसरण करता है।

- **पहला अक्षर (A, B, D, ?, K):**
  स्थान → A(1), B(2), D(4), ? , K(11)
  अंतर : +1, +2, +3, +4
  अतः D(4) के बाद, हमें G(7) प्राप्त होता है।
- **दूसरा अक्षर (Y, V, R, ?, G):**
  स्थान → Y(25), V(22), R(18), ?, G(7)।
  अंतर : −3, −4, −5, −6।
  R(18) के बाद, हमें M(13) प्राप्त होता है।
- **तीसरा अक्षर (D, F, H, ?, L):**
  स्थान → D(4), F(6), H(8), ?, L(12)
  अंतर : लगातार +2 H(8) के बाद, हमें J(10) प्राप्त होता है।
  इस प्रकार, लुप्त पद GMJ है।

72. हम पाँचों व्यक्तियों को ऊँचाई के अनुसार क्रमशः व्यवस्थित करते हैं।

- दिया गया है : सचिन, कमल से छोटा है लेकिन राम से लंबा है
  अब तक का क्रमः ⇒ राम < सचिन < कमल।
- मोहन सबसे लंबा है ⇒ मोहन > कमल।
- अरुण, कमल से छोटा है लेकिन सचिन से लंबा है
  ⇒ राम < सचिन < अरुण < कमल < मोहन।

इस क्रम से, मोहन सबसे लंबा है और कमल **दूसरा सबसे लंबा** है।

73. एक गोले के आयतन का सूत्र : $V = \frac{4}{3}\pi r^3$

यह दिया गया है कि आयतन 3 मीटर त्रिज्या वाले एक गोले के अनुरूप है। अतः, व्यास $= 2r = 6$ मीटर।
इस प्रकार, सही व्यास 6 मीटर है।

74. दिया गया है : व्यास = 28 सेमी.
⇒ त्रिज्या = 14 सेमी.;
ऊँचाई = 20 सेमी.
बेलन का कुल पृष्ठीय क्षेत्रफल :
$$\text{TSA} = 2\pi r(h + r)$$
प्रतिस्थापित मान :
$$\text{TSA} = 2 \times \pi \times 14 \times (20 + 14)$$
$$= 2 \times \pi \times 14 \times 34$$
$$= 952\pi = 952 \times \frac{22}{7}$$
$$= 2992 \text{ सेमी.}^2$$
अतः कुल पृष्ठीय क्षेत्रफल = 2992 वर्ग सेमी.।

75. समचतुर्भुज का परिमाप = 52 सेमी.
⇒ भुजा = 52 ÷ 4 = 13.
एक विकर्ण= 24 सेमी. ⇒ इसका आधा = 12 सेमी.
समकोण त्रिभुज में पाइथागोरस का प्रयोग करने पर,
$$\left(\frac{d_2}{2}\right)^2 + 12^2 = 13^2$$
$$\left(\frac{d_2}{2}\right)^2 + 144 = 169 \Rightarrow \left(\frac{d_2}{2}\right)^2 = 25$$
$$\Rightarrow \quad \frac{d_2}{2} = 5 \Rightarrow d_2 = 10$$
$$\text{समचतुर्भुज का क्षेत्रफल} = \frac{d_1 \times d_2}{2} = \frac{24 \times 10}{2} = 120 \text{ सेमी.}^2.$$
अतः अभीष्ट क्षेत्रफल **120 वर्ग सेमी**।

76. माना कि शंकु की त्रिज्या r और ऊँचाई h है।
दिया गया अनुपात, $r : h = 5 : 12$
⇒ $r = 5x,\ h = 12x.$
शंकु का आयतन : $V = \frac{1}{3}\pi r^2 h$

$V = 314, \pi = 3.14$: रखने पर:

$314 = 1/3 \times 3.14 \times (5x)^2 \times 12x$

$314 = 1/3 \times 3.14 \times 25x^2 \times 12x$

$314 = 314x^3 \Rightarrow x^3 = 1 \Rightarrow x = 1$

अतः, $r = 5x = 5$ मी., व्यास $= 2r = 10$ मी.।

77. व्यंजक :

$E = \sec(90° - A) - \cot A \cdot \cos(90° - A) \cdot \tan(90° - A)$

सर्वसमिकाओं का प्रयोग करें :

$\sec(90° - A) = \operatorname{cosec} A,$

$\cos(90° - A) = \sin A, \tan(90° - A) = \cot A.$

अतः, $E = \operatorname{cosec} A - \cot A \cdot \sin A \cdot \cot A$

$= \operatorname{cosec} A - \cot^2 A \sin A$

अब, $\operatorname{cosec} A = \frac{1}{\sin A} \Rightarrow \cot^2 A = \frac{\cos^2 A}{\sin^2 A}$

$$E = \frac{1}{\sin A} - \frac{\cos^2 A}{\sin^2 A}.\sin A$$

$$= \frac{1}{\sin A} - \frac{\cos^2 A}{\sin A}$$

$$= \frac{1-\cos^2 A}{\sin A} = \frac{\sin^2 A}{\sin A} = \sin A.$$

78. मीनार की ऊँचाई $= 2\sqrt{3}$ m, छाया $= 2$ m.

$$\tan\theta = \frac{\text{ऊँचाई}}{\text{छाया}} = \frac{2\sqrt{3}}{2} = \sqrt{3}$$

अतः $\theta = 60°$.

79. चक्रवृद्धि ब्याज सूत्र : $A = P\left(1+\frac{r}{100}\right)^n$

यहाँ, $r = 20\%$.

दोगुना करने पर : $(1.2)^n > 2$

मान जाँच करने पर :

$(1.2)^2 = 1.44$

$(1.2)^3 = 1.728$

$(1.2)^4 = 2.0736 > 2$

अतः न्यूनतम मान $n = 4$.

80. 11 से 50 के बीच 7 से विभाज्य संख्याएँ :

14, 21, 28, 35, 42, 49.

इनमें 3 से विभाज्य संख्याएँ : 21, 42.

शेष संख्याएँ : 14, 28, 35, 49.

कुल संख्याएँ = 4.

81. वर्ष 2023 के अर्जुन पुरस्कार विजेताओं में दीक्षा डागर (गॉल्फ) का नाम शामिल है। दिए गए अन्य विकल्प - विनेश फोगाट और बबीता कुमारी - पहले अलग वर्षों में सम्मानित हो चुकी हैं, तथा रीतिका हूडा का नाम 2023 की सूची में नहीं है। इसलिए सही विकल्प दीक्षा डागर है।

82. पंचकुला जिले में स्थित वन्यजीव अभयारण्य **बीर शिकारगाह** है। अन्य विकल्प हरियाणा के अलग जिलों से जुड़े हैं (छिलछिला-कुरुक्षेत्र/कैथल क्षेत्र से सम्बद्ध, नाहर - रेवाड़ी, परवास/खापरवास - झज्जर), इसलिए पंचकुला के संदर्भ में सही विकल्प **बीर शिकारगाह अभयारण्य** है।

83. शिवालिक विकास एजेंसी का कार्यक्षेत्र हरियाणा के शिवालिक पाद-प्रदेश वाले जिलों - **पंचकुला, अम्बाला, यमुनानगर** - में आता है। **कुरुक्षेत्र** मैदानी क्षेत्र में है और शिवालिक विकास एजेंसी के अन्तर्गत नहीं आता। अतः असंगत/न आने वाला जिला **कुरुक्षेत्र** है।

84. यह आंकड़ा स्थिर मूल्यों (Constant Prices) पर 2023-24 के लिए हरियाणा की प्रति व्यक्ति आय का अनुमानित/प्रकाशित मान है। स्थिर मूल्यों पर आय का स्तर मुद्रास्फीति-समायोजित होता है, इसलिए यह चालू मूल्यों (Current Prices) की तुलना में कम दिखाई देता है। विकल्पों में दिया 3,25,759 सामान्यतः चालू मूल्यों के करीब होता है, जबकि स्थिर मूल्यों के अनुरूप सटीक मेल 1,85,490 से होता है।

85. पंजाब एवं हरियाणा उच्च न्यायालय के मुख्य न्यायाधीश के रूप में न्यायमूर्ति शील नागू का नाम सही है। अन्य दिए विकल्पों में न्यायमूर्ति रविशंकर झा पूर्व में इस पद पर रह चुके हैं, न्यायमूर्ति ऋतु बाहरी ने कार्यवाहक/अन्य न्यायालयों में भूमिका निभाई है, और न्यायमूर्ति कृष्ण मुरारी सर्वोच्च न्यायालय से संबद्ध रहे हैं - अतः वर्तमान सन्दर्भ में सही उत्तर न्यायमूर्ति शील नागू है।

86. हरियाणा लोक सेवा आयोग का सामान्य गठन अध्यक्ष के साथ सदस्यों की एक निर्धारित संख्या पर आधारित होता है। उपलब्ध विकल्पों में प्रचलित संरचना के सबसे समीप **अध्यक्ष एवं पाँच सदस्य** का विकल्प आता है, जिससे आयोग कुल छह सदस्यों (1 + 5) का निकाय बनता है - जो राज्यों के लोक सेवा आयोगों की सामान्य संरचना से भी सामंजस्य रखता है।

87. (*a*) **सत्य** — भादनाक/भादानक 12वीं सदी में गुरुग्राम-रेवाड़ी क्षेत्र में प्रभावशाली रहे — उनका केंद्र इसी अंचल में माना जाता है।

(*b*) **असत्य** — उन्होंने चौहान शासक पृथ्वीराज तृतीय (Prithviraj-III) को पराजित नहीं किया; उलटे, ऐतिहासिक सन्दर्भों में चौहानों द्वारा इस क्षेत्र की शक्तियों को वश में करने/परास्त करने का उल्लेख मिलता है।

अतः सही कूटः **केवल (a) सत्य**।

88. महाभारत में दिग्विजय यज्ञ के समय पांडवों ने चारों दिशाओं में सैन्य अभियान भेजे थे। नकुल ने पश्चिम दिशा में अभियान का नेतृत्व किया था। इसी अभियान के दौरान उन्होंने हरियाणा के रोहतक (प्राचीन रोहितक) और उससे जुड़े क्षेत्रों को अपने अधीन किया। इस कारण रोहतक पर सैन्य अभियान का नेतृत्व नकुल ने किया था।

89. हरियाणा का जींद जिला सबसे अधिक, सात अन्य जिलों से अपनी सीमा साझा करता है। ये जिले हैं — कैथल, करनाल, पानीपत, सोनीपत, रोहतक, हिसार और फतेहाबाद।

भौगोलिक स्थिति के कारण जींद हरियाणा का केंद्रीय जिला माना जाता है और यह राज्य का एकमात्र जिला है जिसकी सीमाएँ इतनी अधिक जिलों से मिलती हैं।

90. लाडवा के सिख सरदार **गुरुदीत सिंह** प्रथम आंग्ल-मराठा युद्ध (1775-1782) के समय अंग्रेजों के विरुद्ध लड़े थे। उन्होंने मराठों का पक्ष लिया और अंग्रेजों के खिलाफ संघर्ष किया। लाडवा का यह योगदान हरियाणा के स्वतंत्रता इतिहास का एक महत्वपूर्ण प्रसंग है, जहाँ स्थानीय सिख सरदारों ने मराठों का समर्थन कर अंग्रेजों का विरोध किया।

91. 'नौकर' निबंध महात्मा गाँधी के व्यक्तित्व पर लिखा गया है। इसमें गाँधीजी के आश्रम जीवन और उनके द्वारा निजी व सार्वजनिक कार्यों को स्वयं करने की प्रवृत्ति का वर्णन मिलता है। यह उनके आत्मनिर्भरता, श्रम-प्रतिष्ठा और सेवा-भाव को दर्शाता है। इस निबंध के लेखक अनु बंद्योपाध्याय हैं।

92. 'मानवीय करुणा की दिव्य चमक' संस्मरण सर्वेश्वरदयाल सक्सेना द्वारा लिखा गया है। यह संस्मरण बेल्जियम मूल के महान विद्वान फ़ादर कामिल बुल्के पर आधारित है, जिन्होंने भारत आकर हिंदी साहित्य को समर्पित जीवन जिया। तुलसीदास और रामकथा पर उनका गहन शोध हिंदी साहित्य की धरोहर है।

93. 'धूप के धान' और 'शिलापंख चमकीले' के रचनाकार गिरिजाकुमार माथुर हैं। वे 'तारसप्तक' के महत्वपूर्ण कवि थे और उनकी काव्यधारा में आधुनिक संवेदना, प्रयोगशीलता और नवीन प्रतीक-शैली प्रमुख रही। उनकी रचनाओं में रोमांटिक भावभूमि के साथ-साथ गहरी सामाजिक चेतना भी दिखाई देती है।

94. यह विकल्प प्रत्यय की दृष्टि से अनुचित है। 'क्षत्रिय' में 'इय' प्रत्यय है, केवल 'य' नहीं। इसी प्रकार अन्य शब्द भी शुद्ध 'य' प्रत्यय से नहीं बने हैं। जबकि अन्य विकल्प सही हैं–

- **अनीय :** दर्शनीय, पठनीय, रमणीय।
- **इक :** षाण्मासिक, नैष्ठिक, पारंपरिक।
- **इ :** दाशरथि, मारुति, वाल्मीकि।

95. 'राधावल्लभ-संप्रदाय' के प्रवर्तक गोस्वामी हितहरिवंश थे। 16वीं शताब्दी में स्थापित यह संप्रदाय वृंदावन में विकसित हुआ। इसमें राधा को सर्वोपरि मानकर प्रेम-भक्ति का मार्ग अपनाया गया। राधा के प्रति गहन प्रेमभाव इसकी विशेषता है और यही इसकी केंद्रीय आध्यात्मिक धारा रही।

96. 'वाणी' और 'शंख ध्वनि' छायावाद की रचनाएँ नहीं हैं।

(*a*) **पल्लव :** यह सुमित्रानंदन पंत की प्रमुख छायावादी कृति है और छायावाद की धारा को सशक्त करती है।

(*b*) **वाणी :** इसे पंत जी की उत्तर-छायावादी या प्रगतिवादी प्रवृत्ति से जोड़ा जाता है, इसलिए यह छायावाद में नहीं आती।

(*c*) **परिमल :** सूर्यकांत त्रिपाठी 'निराला' का कविता-संग्रह है और छायावादी कृतियों में गिना जाता है।

(*d*) **शंख ध्वनि :** यह छायावाद की मान्य कृतियों में सम्मिलित नहीं है, इसे अन्य साहित्यिक धारा से जोड़ा जाता है।

इस प्रकार छायावाद की रचनाएँ न होने के कारण सही उत्तर (*b*) और (*d*) हैं।

97.
- रवीन्द्रनाथ ठाकुर → 'आत्मत्रण'
- सर्वेश्वर दयाल सक्सेना → 'शाम-एक किसान'
- सुमित्रानंदन पंत → 'पर्वत प्रदेश में पावस'
- भवानीप्रसाद मिश्र → 'कठपुतली'

इस प्रकार मिलान सही क्रम में विकल्प (2) है।

98. यह अंश 'पानी की कहानी' से लिया गया है। इसमें जल की महत्ता और उसके अस्तित्व हेतु अनेक बलिदानों का चित्रण है। जल को जीवन का आधार मानते हुए इसे प्रतीकात्मक रूप में प्रस्तुत किया गया है।

99. द्विवेदी युग में प्रबन्ध रचना की प्रवृत्ति के कारण खंडकाव्य और महाकाव्य अधिक लिखे गए। इसी प्रवृत्ति में 'मिलन', 'पथिक', 'स्वप्न' आदि खंडकाव्य रचे गए। अतः स्थापना (A) और तर्क (R) दोनों सही हैं और तर्क स्थापना का समर्थन करता है।

100. 'नौबतखाने में इबादत' व्यक्ति चित्र प्रसिद्ध शहनाई वादक भारतरत्न उस्ताद बिस्मिल्ला खाँ पर लिखा गया है। इसमें उनके संगीत साधना, गंगा-जमुनी संस्कृति के प्रति आस्था और बनारस की सांगीतिक परंपरा का चित्रण मिलता है।

101. (*a*) **गाकर गीत विरह के तटिनी...** → रामधारी सिंह 'दिनकर', रचना गीत-अगीत। इसमें नदी की वेगवती धारा और उसके प्रतीकात्मक संदेश को प्रस्तुत किया गया है।

(*b*) **चल रहा मनुष्य है, अश्रु-स्वेद रक्त से लथपथ...** → हरिवंशराय 'बच्चन', रचना अग्निपथ। यह जीवन-संघर्ष और साहस की प्रेरणा देने वाली अमर पंक्तियाँ हैं।

(*c*) **समय बहुत कम है तुम्हारे पास...** → अरुण कमल, रचना नए इलाके में। इसमें समय की कमी और बदलते यथार्थ को रूपायित किया गया है।

(*d*) **चलो अभीष्ट मार्ग में सहर्ष खेलते हुए...** → मैथिलीशरण गुप्त, रचना मनुष्यता। यह मनुष्य को अपने लक्ष्य की ओर निर्भीकता से बढ़ने का आह्वान करती है।

102. (*a*) *हम जब किसी आदमी को परले दरजे का बेवकूफ कहना चाहते हैं, तो उसे गधा कहते हैं।* → दो बैलों की कथा (प्रेमचंद)।

(*b*) *देखते हो, यह यूथ भ्रष्ट है...* → एक कुत्ता और एक मैना (हजारीप्रसाद द्विवेदी)।

(*c*) *हमारी कुल-देवी दुर्गा थीं...* → मेरे बचपन के दिन (महादेवी वर्मा)।

(*d*) *तुम फोटो का महत्त्व नहीं समझते...* → प्रेमचंद के फटे जूते (हरिशंकर परसाई)।

103. छायावादोत्तर कविता विचार-प्रधान अवश्य है, इसमें राष्ट्रीय, सामाजिक और दार्शनिक दृष्टि से गहन चिंतन हुआ। लेकिन इसमें कवि के निजी संवेदन और अनुभव भी अभिव्यक्त हुए, जैसे प्रगतिवादी और प्रयोगवादी कविताओं में। इसलिए (A) सही है, पर (R) गलत है।

104. निराला की कविता का प्रारंभ मुक्तवृत्त से हुआ। उनकी कविता जुही की कली (1926) मुक्तवृत्त में लिखी गई। निराला का मानना था कि जैसे मनुष्य कर्मबंधन से मुक्त हो सकता है, वैसे ही कविता को भी छंदबंधन से मुक्त होना चाहिए। दोनों कथन सही हैं और परस्पर पूरक हैं।

105. महेश जयपुर से दिल्ली जा रहा है।

कारक की दृष्टि से यह अन्य विकल्पों से भिन्न है।

1. **कानों सुनी बात सदैव सत्य होती है।** → *कानों से* का प्रयोग करण कारक (साधन) में हुआ है।

2. **राधा ने चाकू से सब्जियाँ काटी।** → *चाकू से* करण कारक है, क्योंकि यह क्रिया का साधन है।
3. **महेश जयपुर से दिल्ली जा रहा है।** → *जयपुर से* अपादान कारक है, जिसमें पृथक्करण/अलग होने का भाव है।
4. **मैं काम से जा रही हूँ।** → *काम से* करण कारक के रूप में प्रयुक्त है, यहाँ कारण या साधन का भाव है।

अतः अन्य तीनों में करण कारक है, जबकि केवल विकल्प 3 में अपादान कारक होने के कारण यह भिन्न है।

106. यह युग्म विषम है। *ईश्वर की आँख* निर्मल वर्मा की रचना नहीं है, बल्कि यह गोविन्द मिश्र के प्रसिद्ध कहानी-संग्रह का नाम है।

- **कैदी और कोकिला :** माखनलाल चतुर्वेदी (सही)
- **त्रिधारा :** सुभद्राकुमारी चौहान (सही, उनका कविता-संग्रह)
- **नीम का पेड़ :** राही मासूम रज़ा (सही, उपन्यास, जिस पर दूरदर्शन का धारावाहिक भी बना)

107. यह कविता पहली बार 1935 में हंस के आत्मकथा विशेषांक में प्रकाशित हुई थी। यह असंगत है। जयशंकर प्रसाद की कविता *आत्मकथ्य* पहली बार 1932 में हंस पत्रिका के आत्मकथा विशेषांक में प्रकाशित हुई थी।

(1) आत्मकथा लिखने की असहमति से यह कविता उत्पन्न हुई - संगत।

(3) जीवन के यथार्थ और अभावों की करुण अभिव्यक्ति है - संगत।

(4) ललित और सुंदर बिंबों का प्रयोग हुआ है - संगत।

108. प्रथम कर्म प्राणिवाचक होता है और द्वितीय कर्म अप्राणिवाचक होता है।

द्विकर्मक क्रिया में दो कर्म होते हैं -

- *प्रथम कर्म* (Indirect Object) प्रायः प्राणिवाचक होता है।
- *द्वितीय कर्म* (Direct Object) प्रायः अप्राणिवाचक होता है।

उदाहरणः "शिक्षक ने छात्र को (प्रथम कर्म - प्राणिवाचक) पाठ (द्वितीय कर्म - अप्राणिवाचक) पढ़ाया।"

अतः सही कथन विकल्प 4 है।

109. 'चाँद से थोड़ी-सी गप्पें' कविता में लड़की ने चाँद के घटने-बढ़ने का कारण बीमारी बताया है। उसके बाल-सुलभ दृष्टिकोण से चाँद को कभी पतला, कभी गोल होते देख वह मानती है कि चाँद बीमार होने के कारण घटता-बढ़ता है।

110. 'वैज्ञानिक चेतना के वाहक...' लेख में उन्होंने अबुल कलाम आज़ाद के जीवन-संघर्ष को रेखांकित किया है।

यह कथन असंगत है। धीरंजन मालवे का जन्म 9 मार्च 1952 को हुआ था। उन्होंने अनेक भारतीय वैज्ञानिकों की जीवनियाँ लिखीं और 'ज्ञान-विज्ञान' पत्रिका का संपादन भी किया। लेकिन उनके लेख 'वैज्ञानिक चेतना के वाहक...' में अबुल कलाम आज़ाद नहीं, बल्कि वैज्ञानिकों के जीवन और संघर्ष का विवेचन है।

111. इनके पद पश्चिम बंगाल में 'नचारी' के नाम से जाने जाते हैं।

विद्यापति की कविता मुख्यतः शृंगारपरक है और गीत गोविंद का प्रभाव भी उन पर देखा जाता है। आचार्य रामचंद्र शुक्ल और डॉ. बच्चन सिंह ने उनके पदों की आध्यात्मिक व्याख्या पर व्यंग्य किया है। किंतु उनके पद मिथिला क्षेत्र में 'वैष्णव पदावली' या 'मैथिली पद' के रूप में प्रसिद्ध हैं, न कि पश्चिम बंगाल में 'नचारी' नाम से। अतः विकल्प 4 अनुचित है।

112. रीतिमुक्त धारा के कवियों ने किसी परंपरागत प्रतिबद्धता को नहीं स्वीकारा और अपनी संवेदनाओं का स्वच्छंद प्रकाशन किया। उनकी मनोवृत्ति वियोग भाव में भी अधिक रमकर गहन आत्मानुभूति को व्यक्त करती है। इसलिए स्थापना और तर्क दोनों सही हैं और परस्पर पूरक हैं।

113. *तोत्तो-चान* जापानी भाषा में तेत्सुको कुरोयानागी द्वारा लिखी गई आत्मकथात्मक पुस्तक है, न कि चीनी भाषा में। इसके लेखक/लेखिका पूर्वा याज्ञिक कुशवाहा नहीं हैं। उन्होंने केवल हिंदी में अनुवाद किया है। पुस्तक वास्तव में एक अद्भुत पाठशाला और उसके बच्चों की कहानी है, और स्कूल के संस्थापक श्री कोबायाशी थे।

114. आ - आदित्य, आधिकारिक, आधिपत्य

यह विकल्प अनुचित है क्योंकि यहाँ दिए गए शब्दों में 'आ' उपसर्ग का प्रयोग नहीं हुआ है।

- **आदित्यः** यह 'अदिति' + 'य' (प्रत्यय) से बना है, इसमें 'आ' उपसर्ग नहीं है।
- **आधिकारिकः** मूल शब्द 'अधिकार' है, जिसमें 'अधि' उपसर्ग और 'इक' प्रत्यय है।
- **आधिपत्यः** मूल शब्द 'अधिपति' है, जिसमें 'अधि' उपसर्ग और 'य' प्रत्यय है।

शेष विकल्प उपसर्ग दृष्टि से सही हैं:

- **परिः** पर्यक (परि+अक), पर्यवेक्षण (परि+अवेक्षण), पर्युत्सुक (परि+उत्सुक)।
- **उपः** औपनिषदिक (उपनिषद्+इक), औपचारिक (उपचार+इक), उपालम्भ (उप+आलम्भ)।
- **अनुः** अन्वेषक (अनु+एषण), अनुष्ठान (अनु+स्थान), अन्वित (अनु+इत)।

अतः उपसर्ग की दृष्टि से अनुचित विकल्प **आ - आदित्य, आधिकारिक, आधिपत्य** है।

115.
- माधुर्य (पुंल्लिंग)
- मोती (पुंल्लिंग)
- हतभागी (पुंल्लिंग)
- ग्रंथ (पुंल्लिंग)

जबकि 'घुड़शाला' और 'दशा' स्त्रीलिंग शब्द हैं।

116. सर्वेश्वर दयाल सक्सेना की कविता *'मेघ आए'* में मेघों के आगमन की तुलना *पाहुन* (अतिथि/मेहमान) से की गई है। कवि ने यह संकेत किया है कि जैसे पाहुन आते हैं तो घर में उल्लास फैलता है, वैसे ही बादलों के आने से प्रकृति प्रसन्न हो उठती है।

117. माताजी प्रतिदिन मंदिर जाया करती हैं।

यहाँ क्रिया को *प्रेरणार्थक क्रिया* कहा गया है, जो गलत है। "जाया करती हैं" आदतन (habitual) या पुनरावृत्तिपरक क्रिया है, न कि प्रेरणार्थक। शेष विकल्प ठीक हैं–

- उसने आम खाया → सकर्मक क्रिया।
- मोर नाचता है → अकर्मक क्रिया।
- वह दुकान से आकर सो गया → पूर्वकालिक क्रिया।

118. बूढ़ी काकी, शतरंज के खिलाड़ी, पूस की रात, कफन

ये सभी कहानियाँ प्रेमचंद द्वारा लिखित हैं और इनके प्रकाशन वर्ष के अनुसार क्रम इस प्रकार है–

- **बूढ़ी काकी** (1921) - यह कहानी पारिवारिक उपेक्षा और मानवीय संवेदना पर आधारित है।
- **शतरंज के खिलाड़ी** (1924/1925) - अवध के नवाबी काल के विलासी जीवन का व्यंग्यात्मक चित्रण।
- **पूस की रात** (1930) - किसान जीवन की दारुण स्थिति और निर्धनता का यथार्थ वर्णन।
- **कफन** (1936) - प्रेमचंद की अंतिम कहानियों में से एक, जिसमें गरीबी और सामाजिक विडंबना का गहरा चित्रण है।

अतः सही कालानुक्रमिक अनुक्रम है: **बूढ़ी काकी → शतरंज के खिलाड़ी → पूस की रात → कफन।**

119. 'समकाल' संज्ञा शब्द में 'इन' प्रत्यय जुड़ने से 'समकालीन' विशेषण शब्द की रचना हुई है।

यह असंगत है क्योंकि *समकालीन* शब्द का निर्माण **सम+काल+ईन** से हुआ है, न कि *इन* प्रत्यय से।

- **विकल्प 1:** *अलंकार + इक → आलंकारिक*
- **विकल्प 3:** *संचय + इत → संचित*
- **विकल्प 4:** *पुस्तक + ईय → पुस्तकीय*

अतः असंगत विकल्प है 2 (**समकाल + ईन → समकालीन**)।

120. विद्वान व्यक्ति को अनेको भाषाओं का ज्ञान होना चाहिए।

यहाँ *अनेको* वचन की अशुद्धि है। सही रूप *अनेक* होना चाहिए। क्योंकि 'अनेक' पहले से ही बहुवचन सूचक है और इसके अंत में 'ओ' जोड़ना व्याकरण की दृष्टि से त्रुटिपूर्ण है।

121. (*a*) **इन्दु → चन्द्रमा** (*ii*)

संस्कृत और हिंदी काव्य में *इन्दु* शब्द का अर्थ चन्द्रमा है। कवि इसे शीतलता और सौंदर्य का प्रतीक मानते हैं।

(*b*) **इन्दुर → चूहा** (*i*)

इन्दुर शब्द का सामान्य अर्थ चूहा है, जिसका प्रयोग लोक में बहुत प्रचलित है।

(*c*) **करीष → सूखा गोबर** (*iv*)

करीष शब्द संस्कृत मूल से आया है और इसका अर्थ है सूखा गोबर। प्राचीन ग्रामीण जीवन और कृषि संस्कृति में इसका उपयोग बार-बार होता है।

(*d*) **करीश → गजराज** (*iii*)

करीश का अर्थ हाथी या गजराज है, जो बल और ऐश्वर्य का प्रतीक माना गया है।

122. ये दोनों **अव्ययीभाव समास** के उदाहरण नहीं हैं।

- **प्रत्याशाः** *प्रति+आशा* से बना है, यह उपसर्गात्मक शब्द है, समास नहीं।
- **निर्विवादः** निर्+विवाद से बना है, यह भी उपसर्ग-प्रधान रूप है।

जबकि अन्य उदाहरण अव्ययीभाव समास हैं:

- **प्रतिदिन** (प्रति+दिन = प्रत्येक दिन)
- **आजानु** (आ+जानु = घुटने तक)
- **आजीवन** (आ+जीवन = जीवन भर)
- **अनुदान** (अनु+दान = दान के अनुसार)

123. (*a*) **नौबतखाने में इबादत → यतीन्द्र मिश्र** (*i*)

यह संस्मरण भारतरत्न उस्ताद बिस्मिल्ला खाँ पर लिखा गया है, जिसमें उनकी संगीत साधना और व्यक्तित्व का चित्रण है।

(*b*) **कुतर्कों का खंडन → महावीर प्रसाद द्विवेदी** (*iii*)

द्विवेदी जी की यह रचना हिंदी आलोचना और गद्य साहित्य के सुधारवादी स्वरूप को दर्शाती है।

(*c*) **एक कहानी यह भी → मन्नू भंडारी** (*ii*)

मन्नू भंडारी का यह आत्मकथात्मक लेख उनके निजी जीवन और साहित्यिक अनुभवों से जुड़ा हुआ है।

(*d*) **मानवीय करुणा की दिव्य चमक → सर्वेश्वर दयाल सक्सेना** (*iv*)

यह संस्मरण *फ़ादर कामिल* बुल्के के मानवीय व्यक्तित्व और हिंदी-सेवा पर आधारित है।

124. 'तसलीम' शब्द का अर्थ है *आदर, अभिवादन या सम्मान में प्रणाम करना*।

- इसका प्रयोग उर्दू और फ़ारसी से हिंदी में आया है।
- जब कोई कहता है "तसलीम", तो इसका आशय आदरपूर्वक अभिवादन होता है।

125.
- **स्थापना (A):** हमारे साहित्य ने इतिहास की रक्षा की है। चारण कवियों के *रासो* और *ख्यात,* तथा राज-कवियों के ऐतिहासिक काव्य साहित्य में साहित्यिक सौंदर्य के साथ ऐतिहासिक सामग्री भी मिलती है।
- **तर्क (R):** सूदन का *सुजान चरित्र* तथा पद्माकर की *हिम्मत बहादुर विरुदावली* और *जगतसिंह विरुदावली* जैसे ग्रंथ इतिहास की घटनाओं पर पर्याप्त प्रकाश डालते हैं।

दोनों कथन बिल्कुल सही हैं और एक-दूसरे का समर्थन करते हैं।

126. (*a*) **रेखाएँ बोल उठी → देवेंद्र सत्यार्थी (iii)**

देवेंद्र सत्यार्थी लोकसाहित्य के महान अन्वेषक थे। उनकी रचना *रेखाएँ बोल उठी* संस्मरणात्मक और रेखाचित्रात्मक शैली में लिखी गई है, जिसमें आमजन के जीवन की झलक मिलती है।

(*b*) **जाने अनजाने → विष्णु प्रभाकर** (*iv*)

विष्णु प्रभाकर अपनी आत्मकथात्मक और रेखाचित्र शैली के लिए प्रसिद्ध रहे। *जाने अनजाने* में उनके जीवन के अनुभवों, विचारों और समकालीन सामाजिक परिस्थितियों का जीवंत चित्रण है।

(*c*) **माटी की मूरतें → रामवृक्ष बेनीपुरी** (*ii*)

बेनीपुरी जी स्वतंत्रता सेनानी होने के साथ साहित्यकार भी थे। *माटी की मूरतें* में ग्रामीण जीवन, किसानों की पीड़ा और भारतीय समाज का यथार्थ चित्रण मिलता है।

(*d*) **समय के पाँव → माखनलाल चतुर्वेदी (*i*)**

माखनलाल चतुर्वेदी राष्ट्रीय भावनाओं से ओत-प्रोत कवि थे। *समय के पाँव* में उन्होंने बदलते युग, समय की गति और सामाजिक परिवर्तन को रेखांकित किया।

127. • *अलक* का अर्थ है केश (बाल, लट, घुँघराले बाल)।

• *उपल* का अर्थ है पाषाण (पत्थर), कभी-कभी ओला भी।

इसलिए 'अलक-उपल' क्रमशः केश और पाषाण के पर्याय हैं।

128. (*a*) **बालमुकुंद गुप्त → कर्जनाना (*i*)**

यह गुप्त जी का व्यंग्यात्मक लेख है जिसमें लॉर्ड कर्जन की नीतियों पर कटाक्ष किया गया है। उनकी लेखनी में राजनीतिक व्यंग्य और राष्ट्रीयता प्रमुख रही।

(*b*) **नाथूराम शर्मा 'शंकर' → गर्भरंडा-रहस्य (*iii*)**

इस रचना में बाल-विवाह जैसी सामाजिक कुरीति पर गहरी चोट की गई है। नाथूराम शर्मा 'शंकर' सामाजिक सुधारवादी दृष्टिकोण के लिए प्रसिद्ध रहे।

(*c*) **आचार्य महावीर प्रसाद द्विवेदी → सरगौ नरक ठेकाना नाहि (*ii*)**

इस रचना में व्यंग्य के माध्यम से समाज में व्याप्त धार्मिक आडंबर और अंधविश्वासों को उजागर किया गया है। द्विवेदी जी हिंदी आलोचना और गद्य के महत्त्वपूर्ण पुरोधा थे।

(*d*) **रामचरित उपाध्याय → विचित्र विवाह (*iv*)**

इस रचना में विवाह संस्था के विरोधाभासों और सामाजिक वास्तविकताओं का चित्रण है। रामचरित उपाध्याय की शैली व्यंग्यपूर्ण और यथार्थपरक रही।

129. **हिन्दी कोविद रत्नमाला, कविता कौमुदी, हिन्दी साहित्य की भूमिका, हिन्दी साहित्य और संवेदना का विकास**

- **हिन्दी कोविद रत्नमाला (1909, श्यामसुंदर दास)**: प्रारंभिक आलोचनात्मक कृति, जिसमें कवियों और साहित्यकारों का परिचय है।
- **कविता कौमुदी (1917, रामनरेश त्रिपाठी)**: आधुनिक हिंदी कविता की ओर उन्मुख एक महत्वपूर्ण ग्रंथ।
- **हिन्दी साहित्य की भूमिका (1940, हजारीप्रसाद द्विवेदी)**: इसमें हिंदी साहित्य का ऐतिहासिक व आलोचनात्मक विवेचन मिलता है।
- **हिन्दी साहित्य और संवेदना का विकास (1986, रामस्वरूप चतुर्वेदी)**: आधुनिक आलोचनात्मक दृष्टिकोण से हिंदी साहित्य की संवेदना का क्रमिक विकास प्रस्तुत करता है।

इस प्रकार रचनाकाल का सही अनुक्रम यही है।

130. राहुल सांकृत्यायन ने हिंदी साहित्य के आदिकाल को **'सिद्ध-सामंत-युग'** नाम दिया।

- **सिद्धः** बौद्ध और नाथपंथी साधकों द्वारा रचित साहित्य।
- **सामंतः** राजाओं और सामंतों के आश्रय में लिखी गई कृतियाँ।

इस नामकरण द्वारा उन्होंने उस युग की साहित्यिक और सामाजिक विशेषताओं को रेखांकित किया।

131. **मंत्रौषधि, हितैषी, अन्वेषण, प्रत्येक**

ये गुणस्वरसंधि युक्त शब्दों का संकुल **नहीं** है, क्योंकि इसमें वृद्धि संधि और यण संधि के उदाहरण भी हैं।

- **गुण संधिः** अ/आ+इ/ई = ए, अ/आ+उ/ऊ = ओ, अ/आ+ ऋ = अर्।
  - उदाहरणः स्वर+उदय = **स्वरोदय**, पुण्य+उदय = **पुण्योदय**।
- **विकल्प 4 में शब्दों का विश्लेषणः**
  - *मंत्रौषधि* (मंत्र+औषधि) → वृद्धि संधि (अ+औ = औ)।
  - *हितैषी* (हित+एषी) → वृद्धि संधि (अ+ए = ऐ)।
  - *अन्वेषण* (अनु+एषण) → यण संधि (उ+ए = व्+ए)।
  - प्रत्येक (प्रति+एक) → यण संधि (इ+ए = य्+ए)।

इसलिए विकल्प 4 गुणस्वरसंधि का शुद्ध समूह नहीं है।

132. बालकृष्ण भट्ट के संदर्भ में असंगत कथन ये हैं–

- (*ii*) भट्टजी ने दैनिक जीवन की घटनाओं पर और नए फैशन पर अनेक कविताएँ लिखीं → असंगत, क्योंकि वे मुख्यतः निबंधकार, समीक्षक और नाटककार थे, कवि के रूप में उनकी विशेष पहचान नहीं रही।
- (*v*) *ईश्वर* भी क्या *ठठोल* है उनकी महत्त्वपूर्ण कहानी है → असंगत, क्योंकि भट्टजी कहानीकार नहीं थे, यह रचना उनके निबंधों में मिलती है।

अन्य कथन (*i*), (*ii*), (*iv*) सही हैं।

अतः असंगत कथन हैं: **(*ii*) और (*v*)**।

133. साहित्यिक रचनाओं और रचनाकारों का सही सुमेलन–

(*a*) **मेघना का निर्णय, चल खुसरो घर अपने → मिथिलेश्वर (*ii*)**

ये उनके प्रसिद्ध कहानी संग्रह हैं।

(*b*) **पाँचवाँ पहर, सब देश पराया → गुरदयाल सिंह (*iii*)**

पंजाबी साहित्य के महत्त्वपूर्ण कथाकार गुरदयाल सिंह के प्रसिद्ध उपन्यास।

(*c*) **आधा गाँव, छोटे आदमी की बड़ी कहानी → राही मासूम रजा (*i*)**

आधा गाँव उनका चर्चित उपन्यास है, जो भारतीय गाँव के जीवन को यथार्थ में प्रस्तुत करता है।

(*d*) **सेवाग्राम की डायरी, सन् बयालीस के संस्मरण → श्रीराम शर्मा (*iv*)**

इनकी रचनाएँ स्वतंत्रता संग्राम और गाँधीजी के सेवाग्राम जीवन पर आधारित हैं।

134. **इस विषय में हम किसी से कुछ नहीं कह सकते।**

यहाँ *किसी* शब्द अनिश्चयवाचक (Indefinite) सर्वनाम है।

- **अनिश्चयवाचक** सर्वनाम वे होते हैं, जिनसे किसी व्यक्ति/वस्तु का *अस्पष्ट* या अनिश्चित बोध होता है।
- वाक्य में "किसी से" का अर्थ है — पता नहीं कौन, कोई भी व्यक्ति। यह निश्चित नहीं है कि कौन-सा व्यक्ति।

अन्य विकल्पों का विश्लेषणः

- (2) *आप यहाँ आइए* → इसमें *आप* पुरुषवाचक सर्वनाम है।
- (3) *जिसे भी देखती हूँ, वही व्यस्त है* → इसमें *जिसे भी* संबंधवाचक सर्वनाम है।
- (4) *मैं अपना काम स्वयं करती हूँ* → इसमें *अपना* निजवाचक सर्वनाम है।

इसलिए अनिश्चयवाचक सर्वनाम का प्रयोग केवल पहले वाक्य में है।

135. यहाँ 'अ' प्रत्यय भाववाचक (Abstract noun-forming suffix) रूप में प्रयुक्त हुआ है।

- **लाघव** = *लघु (छोटा/हल्का) + अ* → लाघव।

इसका अर्थ है "हल्कापन" या "लघुता की अवस्था"। यह भाव या गुण को प्रकट करता है, इसलिए यह भाववाचक 'अ' प्रत्यय का उदाहरण है।

अन्य विकल्पों का विश्लेषणः

- (1) *राघव* = रघु+अ → अपत्यवाचक रूप (वंशसूचक, रघु का वंशज)।
- (3) *पांडव* = पांडु+अ → अपत्यवाचक रूप (पांडु के पुत्र)।
- (4) *मानव* = मन+अ → जातिवाचक रूप (मनुष्य)।

इनमें भाव का बोध नहीं होता, बल्कि वंश या जाति का।

इस प्रकार भाववाचक 'अ' प्रत्यय का प्रयोग केवल **लाघव** में हुआ है।

136. 'गोबर गणेश संहिता' निबंध-संकलन चन्द्रधर शर्मा 'गुलेरी' का है। गुलेरी जी अपने पांडित्यपूर्ण, व्यंग्यात्मक और शोधपरक निबंधों के लिए प्रसिद्ध रहे। उनकी भाषा सरल, व्यंग्यात्मक और तथ्यपरक होती थी। उन्होंने सामाजिक विसंगतियों, लोकजीवन और परंपराओं पर गहरी दृष्टि डालते हुए आलोचनात्मक निबंध लिखे, जिनमें व्यंग्य की कसक भी झलकती है। *गोबरगणेश संहिता* इन्हीं गुणों से युक्त एक महत्त्वपूर्ण निबंध-संकलन है।

137. (*a*) **महंत, पुलिस इंचार्ज → (*iii*) हरिहर काका**

मिथिलेश्वर की प्रसिद्ध कहानी *हरिहर काका* गाँव की सामाजिक-धार्मिक पृष्ठभूमि पर आधारित है। इसमें महंत और पुलिस इंचार्ज जैसे पात्र गाँव की सत्ता-संरचना और शोषण को उभारते हैं।

(*b*) **मास्टर प्रीतम चंद, हेडमास्टर शर्मा → (*ii*) सपनों के से वे दिन**

गुरदयाल सिंह की आत्मकथात्मक रचना *सपनों के से वे दिन* में बाल्यकालीन विद्यालयीन अनुभव चित्रित हैं। इसमें मास्टर प्रीतम चंद और हेडमास्टर शर्मा जैसे शिक्षक पात्र विशेष रूप से उल्लेखनीय हैं।

(*c*) **रामदुलारी, सय्यद जरगाम मुरतुजा → (*i*) टोपी शुक्ला**

राही मासूम रजा का उपन्यास *टोपी शुक्ला* साम्प्रदायिक तनाव और सामाजिक यथार्थ का सजीव चित्रण करता है। इसमें रामदुलारी और सय्यद जरगाम मुरतुजा जैसे पात्र कथा को सांप्रदायिक और पारिवारिक धरातल पर गहराई देते हैं।

(*d*) **अमीरुद्दीन, शम्सुद्दीन → (*iv*) नौबतखाने में इबादत**

यतीन्द्र मिश्र की जीवनीपरक कृति *नौबतखाने में इबादत* उस्ताद बिस्मिल्ला खाँ पर आधारित है। बचपन में बिस्मिल्ला खाँ का नाम अमीरुद्दीन था और उनके बड़े भाई शम्सुद्दीन भी इसमें वर्णित हैं।

सही कूट हैः **(a-iii), (b-ii), (c-i), (d-iv)।**

138.
- **नमस्कार** = नमः+कार → विसर्ग संधि।
- **लघूत्तर** = लघु+उत्तर → दीर्घ स्वर संधि (उ + उ = ऊ)।
- **गुर्वौदार्य** = गुरु+औदार्य → यण संधि (उ + औ = वौ)।
- **विश्वामित्र** = विश्व+अमित्र (या इन्द्र) → दीर्घ स्वर संधि (अ + अ = आ)।

ये सभी शुद्ध संधि से बने शब्द हैं।

अन्य विकल्पों में अशुद्धियाँ हैंः

- *भ्रात्रोपकार* (सहीः भ्रातृ+उपकार = भ्रात्रुपकार),
- *उतेजक* (सहीः उत्तेजक),
- *रविन्द्र* (सहीः रवीन्द्र),
- *वारिश* (सहीः वारीश),
- *तेजमय* (सहीः तेजोमय) आदि।

इसलिए सही विकल्प हैः **नमस्कार, लघूत्तर, गुर्वौदार्य, विश्वामित्र।**

139. जैन काव्य-ग्रंथों की दोहों-चौपाइयों की परम्परा आगे सूफियों की प्रेम-कहानियों, तुलसी के रामचरितमानस तथा छत्रप्रकाश, ब्रजविलास आदि रचनाओं में पायी जाती है।

यह कथन आदिकाल की प्रवृत्तियों के बारे में संगत है।

- जैन कवियों ने रहस्य और पहेलियों के रूप में भी रचनाएँ कीं, यह सही है पर सामान्य प्रवृत्ति नहीं थी।
- नाथ परंपरा में जलंधरनाथ के गुरु मत्स्येन्द्रनाथ माने जाते हैं, यह भी सही है।
- परंतु महाराष्ट्र के संत ज्ञानदेव का गोरखनाथ की शिष्य परंपरा से संबंध बताया जाता है, यहाँ नकारात्मक कथन (कोई संबंध नहीं) असंगत हो जाता है।

इसलिए सबसे सटीक और संगत कथन विकल्प 4 है।

140.
- **अनुत्तीर्ण** का विग्रह = अनुत्तीर्ण = उत्तीर्ण नहीं। यह नञ् तत्पुरुष समास का उदाहरण है, न कि अव्ययीभाव।
- **लोकप्रिय** → अधिकरण तत्पुरुष (लोक में प्रिय)।
- **कदन्न** → कर्मधारय (कड़ा अन्न)।
- **फुलवाड़ी** → संबंध तत्पुरुष (फूल की बाड़ी)।

अतः असंगत विकल्प है **अनुत्तीर्ण → अव्ययीभाव।**

141. इन पत्रिकाओं का प्रकाशन-क्रम इस प्रकार है–

- *माधुरी* का आरंभ 1922 में लखनऊ से हुआ।
- *विशाल* भारत 1928 में कलकत्ता से प्रकाशित हुई।
- *जागरण* 1932 में बनारस से शुरू हुई।
- *साहित्यसंदेश* का प्रकाशन 1937 में आगरा से हुआ।

इस प्रकार सही क्रम हैः माधुरी → विशाल भारत → जागरण → साहित्यसंदेश।

142.
- *नाटक के आरंभ में की जाने वाली स्तुति* = नान्दी, यह सही है।
- *जो दोनों में सम्मिलित हो* = उभयनिष्ठ, यह भी सही है।
- *रात का मध्य भाग* = निशीथ, यह सही है।

लेकिन *काकपाली* का अर्थ क्षणभंगुर या कौए से संबंधित होता है, न कि "जो क्रोध का अधिकारी हो।" इसलिए यह असंगत विकल्प है।

143. कबीर और संत काव्यधारा का विश्लेषण करते हुए यह कथन आचार्य रामचन्द्र शुक्ल ने दिया। उन्होंने स्पष्ट किया कि संत कवियों ने नाथपंथियों से 'साखी', 'बानी' और सधुक्कड़ी भाषा की परंपरा ग्रहण की।

144. *भिक्षु के पत्र, यदि बाबा ना होते,* और *बहानेबाजी* जैसी कृतियों के रचयिता भदंत आनंद कौसल्यायन हैं। वे बौद्ध भिक्षु और हिंदी के प्रमुख निबंधकार थे। उनकी रचनाओं में बौद्ध दर्शन, सामाजिक दृष्टि और व्यंग्यात्मक शैली का सुंदर मिश्रण मिलता है।

145.
- *अतिवृष्टि - अनावृष्टि* → सही विलोम।
- *विहित - निषिद्ध* → सही विलोम।
- *वैमनस्य - सौमनस्य* → सही विलोम।

लेकिन *आहूति* का सही विलोम "प्रत्याहूति" या "निराहूति" माना जाता है। *अनाहुति* का अर्थ "बिना बुलाया हुआ" है, जो "आहूति" का सीधा विलोम नहीं है। इसलिए यह असंगत युग्म है।

146. मानकीकृत देवनागरी वर्तनी के अनुसार सही रूप *स्थायी* है। "स्थाई" अमानक रूप है, इसलिए इसे गलत माना जाएगा।
- *मिलाकर* (मिला+कर) मानक रूप है।
- *दायित्व* (दायि+त्व) मानक रूप है, इसका प्रयोग जिम्मेदारी के अर्थ में होता है।
- *दूधवाला* (दूध+वाला) भी मानक है, जो दूध बेचने या पहुँचाने वाले को दर्शाता है।

अतः अमानक रूप **"स्थाई"** है।

147. (*a*) *यथार्थ* (सत्य, वास्तविक) का विलोम = **आदर्श (*ii*)**, जो कल्पना या आदर्श स्थिति को दर्शाता है।

(*b*) *घातक* (हानिकारक, प्राणघाती) का विलोम = **रक्षक (*iii*)**, जो सुरक्षा देने वाला होता है।

(*c*) *श्रद्धा* (आस्था, भक्ति) का विलोम = **घृणा (*i*)**, जो नफरत और वितृष्णा को दर्शाता है।

(*d*) *कृश* (दुबला-पतला) का विलोम = **स्थूल (*iv*)**, जिसका अर्थ मोटा या विशाल है।

सही संयोजनः **(*a-ii*), (*b-iii*), (*c-i*), (*d-iv*)।**

148. **(*a*) हरिकृष्ण प्रेमी → (*ii*) रक्षाबंधन**

हरिकृष्ण प्रेमी ऐतिहासिक और सामाजिक विषयों पर आधारित नाटक लिखने वाले साहित्यकार थे। *रक्षाबंधन* उनका एक महत्त्वपूर्ण नाटक है।

(*b*) राधाकृष्ण दास → (*iv*) दुःखिनी बाला

राधाकृष्ण दास भारतेंदु युग के प्रमुख नाटककारों में गिने जाते हैं। उनका नाटक *दुःखिनी बाला* सामाजिक यथार्थ को प्रस्तुत करता है।

(*c*) गोविन्द वल्लभ पंत → (*i*) अंगूर की बेटी

गोविन्द वल्लभ पंत का प्रसिद्ध नाटक *अंगूर की बेटी* 1937 में प्रकाशित हुआ, जो उनके साहित्यिक योगदान का महत्त्वपूर्ण अंग है।

(*d*) किशोरी लाल गोस्वामी → (*iii*) मयंक मंजरी

किशोरी लाल गोस्वामी, भारतेंदु युग के जाने-माने साहित्यकार थे। उनका नाटक *मयंक मंजरी* प्रेम और सामाजिक चेतना से जुड़ा हुआ है।

अतः सही कूट हैः **(*a-ii*), (*b-iv*), (*c-i*), (*d-iii*)।**

149. भारतीय संविधान का अनुच्छेद 343 स्पष्ट करता हैः

(*a*) भारत संघ की राजभाषा हिंदी होगी और उसकी लिपि देवनागरी होगी।

(*b*) अंकों का प्रयोग अंतर्राष्ट्रीय रूप (1, 2, 3....) में किया जाएगा।

(*c*) उच्चतम व उच्च न्यायालयों की कार्यवाही अंग्रेजी में होगी - यह अन्य प्रावधानों में है, अनुच्छेद 343 का भाग नहीं।

(*d*) राज्यों की भाषाएँ और उनके प्रयोग का अधिकार अनुच्छेद 345 और आगे में है, अनुच्छेद 343 में नहीं।

अतः सही उत्तर केवल **(*a*) और (*b*)** हैं।

150.
- *तोता* के मान्य पर्यायः कीर, शुक।
- लेकिन *माहुर* और *संगर* तोते के पर्याय नहीं हैं, इसलिए यह समूह असंगत है।
- *चाँदनी* के पर्याय कौमुदी, ज्योत्स्ना, जुन्हाई, चन्द्रप्रभा सभी सही हैं।
- *सर्प* के पर्याय अहि, उरग, भुजंग, व्याल सब मान्य हैं।
- *मृग* के पर्याय हरिश, चारुलोचन, सारंग, कुरंग भी सही हैं।

इसलिए असंगत समूह हैः **तोता - कीर, शुक, माहुर, संगर।**

पिछले प्रश्न-पत्र

हरियाणा शिक्षक पात्रता परीक्षा (HTET)

TGT हिन्दी (Level-2), परीक्षा 2023

(Exam held on 03-12-2023)

भाग-I : बाल विकास व शिक्षाशास्त्र

1. किस मनोवैज्ञानिक के अनुसार बच्चों के संज्ञानात्मक विकास में सामाजिक एवं सांस्कृतिक कारकों की भूमिका महत्वपूर्ण होती है?
A. वॉयगोत्स्की B. पियाजे
C. ब्रूनर D. हल

2. दृष्टिबाधित विद्यार्थियों के लिए कौन-सी शिक्षण सहायक सामग्री उपयोगी **नहीं** होगी?
A. ब्रेल सामग्री B. बोलती किताबें
C. फिल्म स्ट्रिप्स D. उभरे हुए मानचित्र

3. वह शिक्षा जो 'करके सीखने' को बढ़ावा देती है और सीखने के लिए विद्यार्थियों की उनके वातावरण के साथ अंतःक्रिया सुनिश्चित करती है, वह कहलाती है :
A. विशिष्ट शिक्षा B. प्रगतिशील शिक्षा
C. एकीकृत शिक्षा D. समावेशी शिक्षा

4. समावेशी शिक्षा से तात्पर्य है :
A. सामाजिक रूप से वंचित बच्चों के लिए शिक्षा
B. दिव्यांग बच्चों के लिए शिक्षा
C. सामान्य एवं दिव्यांग बच्चों के लिए शिक्षा
D. सभी बच्चों के लिए शिक्षा

5. सामाजिक अधिगम के सन्दर्भ में कौन-सी शिक्षण-अधिगम रणनीति विद्यार्थियों के लिए सर्वाधिक उपयोगी है?
A. क्षेत्र भ्रमण B. भाषण
C. प्रयोग D. मानसिक उद्वेलन

6. निम्नलिखित में से कौन-सा वस्तुनिष्ठ प्रकार का प्रश्न **नहीं** है?
A. मिलान प्रश्न B. विश्लेषणात्मक प्रश्न
C. बहुवैकल्पिक प्रश्न D. रिक्त स्थान प्रश्न

7. धीमी गति के अधिगमकर्ता के लिए कौन-सा शैक्षिक हस्तक्षेप उपयुक्त **नहीं** है?
A. त्वरण B. उपचारात्मक शिक्षण
C. अभ्यास कार्य D. सहकारी शिक्षण विधि

8. जब एक बच्चे द्वारा सीखा जाने वाला पाठ लंबा और कठिन हो तथा उसमें समझ की जरूरत भी अधिक हो, तो सीखने की कौन-सी विधि उपयुक्त होगी?
A. विराम विधि B. पूर्ण विधि
C. अविराम विधि D. प्रासंगिक विधि

9. किशोरावस्था में स्वीकृत सामाजिक व्यवहार पैटर्न के लिए **सही** कूट का चयन कीजिए :
(*a*) नेतृत्व कुशलता (*b*) परानुभूति
(*c*) अहं-केन्द्रितता (*d*) रूढ़िवादिता
कूट :
A. (*a*) एवं (*b*) B. (*b*) एवं (*d*)
C. (*a*), (*b*) एवं (*c*) D. (*a*), (*c*) एवं (*d*)

10. निम्नलिखित में से कौन-सा युग्म अभिप्रेरणा के सिद्धांतों एवं उनके प्रतिपादकों के संबंध में सही **नहीं** है?

	अभिप्रेरणात्मक सिद्धांत	**प्रतिपादक**
A.	मूल प्रवृत्ति सिद्धांत	एटकिंसन
B.	आवश्यकता पदानुक्रम सिद्धांत	मास्लो
C.	प्रणोद सिद्धांत	वुडवर्थ
D.	उपलब्धि अभिप्रेरणा सिद्धांत	मैक्लीलैंड

11. निम्नलिखित में से कौन-सा बुद्धि का एक क्रियात्मक परीक्षण **नहीं** है?
A. कोह् का ब्लॉक डिजाइन परीक्षण
B. एलेक्जेंडर का पास-एलाँग परीक्षण
C. सेगुइन फॉर्म बोर्ड परीक्षण
D. स्टेनफोर्ड-बिनेट परीक्षण

12. निम्नलिखित में से कौन-सा विकास का एक सिद्धांत **नहीं** है?
A. विकास आनुवंशिकता एवं पर्यावरण का उत्पाद है।
B. विकासात्मक पैटर्न पूर्वानुमेय होता है।
C. विकास रैखिक पथ का अनुसरण करता है।
D. विकास सामान्य से विशिष्ट की ओर बढ़ता है।

1. A **2.** C **3.** B **4.** D **5.** A **6.** B **7.** A **8.** A **9.** A **10.** A
11. D **12.** C

13. गैग्ने के अनुसार, एक शिक्षक द्वारा विद्यार्थियों को किस उच्चतम स्तर के अधिगम तक ले जाने का प्रयास करना चाहिए?

A. संप्रत्यय अधिगम B. समस्या समाधान अधिगम
C. नियम अधिगम D. विभेदन अधिगम

14. अधिगम को प्रभावित करने वाले निम्नलिखित कारकों के **सही** कूट का चयन कीजिए :

(*a*) अभिप्रेरणा (*b*) अभिक्षमता
(*c*) अभिरुचि (*d*) अवधान

कूट :

A. (*c*) एवं (*d*) B. (*a*), (*b*) एवं (*d*)
C. (*a*) एवं (*c*) D. (*a*), (*b*), (*c*) एवं (*d*)

15. निम्नलिखित में से कौन-सा किशोरावस्था में सामाजिक विकास की एक सामान्य विशेषता **नहीं** है?

A. माता-पिता के साथ सामंजस्यपूर्ण संबंध
B. नया सामाजिक समूहन
C. पहचान की खोज
D. वीर-पूजा

16. निम्नलिखित में से कौन-सा कारक पर्यावरणीय कारकों के अन्तर्गत बच्चों के विकास को प्रभावित **नहीं** करता?

A. पोषण
B. गर्भावस्था के दौरान माँ का मानसिक तनाव
C. दुर्घटनाएँ
D. अन्तःस्रावी ग्रंथियाँ

17. 'उपयोग का नियम' एवं 'अनुपयोग का नियम' थॉर्नडाइक के अधिगम सिद्धांत के अनुसार किस सीखने के नियम से संबंधित है?

A. तत्परता का नियम B. अभ्यास का नियम
C. प्रभाव का नियम D. बहु प्रतिक्रिया का नियम

18. निम्नलिखित में से कौन-सी विशेषता पियाजे द्वारा प्रतिपादित संज्ञानात्मक विकास सिद्धान्त की मूर्त संक्रियात्मक अवस्था से संबंधित **नहीं** है?

A. उत्क्रमणीयता (पलटाव की क्षमता)
B. क्रमबद्धता
C. जीववाद
D. संरक्षण

19. अधिगम निर्योग्य बच्चों के लिए कौन-सा शिक्षण सूत्र लाभप्रद **नहीं** होगा?

A. सरल से जटिल B. अमूर्त से मूर्त
C. प्रत्यक्ष से अप्रत्यक्ष D. ज्ञात से अज्ञात

20. कोह्लबर्ग के नैतिक विकास सिद्धांत की कौन-सी अवस्थाएँ पारम्परिक नैतिकता के स्तर से संबंधित **नहीं** हैं?

(*a*) व्यक्तिवाद एवं विनिमय
(*b*) अच्छे अन्तर्वैयक्तिक संबंध
(*c*) सामाजिक व्यवस्था बनाए रखना
(*d*) सामाजिक अनुबंध और वैयक्तिक अधिकार

सही कूट का चयन कीजिए :

कूट :

A. (*a*) एवं (*b*) B. (*b*) एवं (*c*)
C. (*a*) एवं (*d*) D. (*c*) एवं (*d*)

21. निम्नलिखित में से कौन-सा नियम आनुवंशिकता से संबंधित **नहीं** है?

A. समानता का नियम B. भिन्नता का नियम
C. प्रतिगमन का नियम D. प्रगति का नियम

22. निम्नलिखित में से कौन-सा कारक शिक्षण अधिगम प्रक्रिया को प्रभावित **नहीं** करता है?

A. शिक्षक का शारीरिक रूप B. शिक्षक का मानसिक स्वास्थ्य
C. शिक्षक का विषयवस्तु ज्ञान D. शिक्षक का संप्रेषण कौशल

23. पियाजे के नैतिक विकास सिद्धांत के अनुसार, किशोरावस्था है :

A. नैतिक यथार्थवाद की अवस्था
B. बाधिक नैतिकता की अवस्था
C. परायत्त नैतिकता की अवस्था
D. स्वायत्त नैतिकता की अवस्था

24. वैयक्तिक भिन्नताओं के सन्दर्भ में कौन-सा कथन सही **नहीं** है?

A. कोई भी दो व्यक्ति बिल्कुल एक-समान नहीं होते।
B. वैयक्तिक भिन्नताएँ विशेषताओं के संबंध में विचलन हैं।
C. वैयक्तिक भिन्नताएँ अपनी समग्रता में व्यक्तियों को अलग करती हैं।
D. वैयक्तिक भिन्नताएँ केवल आनुवंशिकता का ही परिणाम होती हैं।

25. अवधान एवं चिंतन जैसी मानसिक प्रक्रियाओं के द्वारा सीखना कहलाता है :

A. अनुकरणात्मक सीखना B. गामक सीखना
C. संज्ञानात्मक सीखना D. भावात्मक सीखना

26. निम्नलिखित में से कौन-सा प्रभावी अधिगम का एक सिद्धांत **नहीं** है?

A. अभिप्रेरणा B. वैयक्तिक पहुँच
C. निष्क्रिय उपस्थिति D. प्रतिपुष्टि

13. B **14.** D **15.** A **16.** D **17.** B **18.** C **19.** B **20.** C **21.** D **22.** A
23. D **24.** D **25.** C **26.** C

27. सतत् एवं व्यापक मूल्यांकन का सही अर्थ है :
(*a*) लगातार परीक्षाएँ लेना
(*b*) उपयुक्त अंतराल के बाद निरन्तर परीक्षाएँ लेना
(*c*) शैक्षिक तथा सह-शैक्षिक दोनों पक्षों का मूल्यांकन करना
(*d*) केवल शैक्षिक उपलब्धि मापना
सही कूट का चयन कीजिए :
कूट :
A. (*b*) एवं (*d*)
B. (*b*) एवं (*c*)
C. (*a*), (*b*) एवं (*c*)
D. (*b*), (*c*) एवं (*d*)

28. एक अधिगम कठिनाई जो बच्चे के लिए वर्णों और शब्दों में अंतर करने में समस्या उत्पन्न करती है :
A. डिस्प्लास्टिसिया B. डिस्लेक्सिया
C. डिस्ग्राफिया D. डिस्कैलकुलिया

29. स्टर्नबर्ग के त्रितंत्रीय सिद्धांत में बुद्धि के किन तीन पहलुओं पर बल दिया गया है?
(*a*) घटकीय (*b*) अनुभवजन्य
(*c*) संक्रियात्मक (*d*) संदर्भात्मक
सही कूट का चयन कीजिए :
कूट :
A. (*a*), (*b*) एवं (*c*) B. (*b*), (*c*) एवं (*d*)
C. (*a*), (*b*) एवं (*d*) D. (*a*), (*c*) एवं (*d*)

30. पावलोव के अनुबंधन सिद्धांत में स्वाभाविक एवं कृत्रिम उद्दीपकों के मध्य अनुबंधन को कौन-सा कारक धनात्मक रूप से प्रभावित नहीं करता है?
A. उद्दीपकों के प्रस्तुतीकरण का उपयुक्त समय
B. उद्दीपकों की पुनरावृत्ति
C. नियंत्रित वातावरण
D. प्रेरक की कमी

भाग-II : भाषा - हिन्दी

31. निम्न में से कौन-सा संधि शब्द अपने युग्म से सुमेलित **नहीं** है?
A. अजंत - व्यंजन संधि
B. वयोवृद्ध - विसर्ग संधि
C. महौदार्य - वृद्धि स्वर संधि
D. तेजोपुंज - गुण स्वर संधि

32. किस विकल्प के शब्दों में वार्तनिक अशुद्धि **नहीं** है?
A. सुधीजन, शताब्दी B. साधूवाद, सुरसरी
C. शूभेषी, भार्यापति D. चन्द्रमोलि, पुत्रेषणा

33. वाक्यांश के लिए एकल शब्द के संबंध में कौन-सा युग्म **असंगत** है?
A. जिसे वहन करना कठिन हो – दुर्विभाव्य
B. जिसे किसी ने न सूँघा हो – अनाघ्रात
C. कोई काम करने की इच्छा – चिकीर्षा
D. विजय प्राप्ति की तीव्र इच्छा – विजीगिषा

34. निम्न में से कौन-सा शब्द 'धनुष' का पर्यायवाची **नहीं** है?
A. चाप B. कार्मुक
C. शरासन D. कासार

35. 'नीम हकीम खतरे जान' उक्त लोकोक्ति का **सही** अर्थ है :
A. पहले स्वार्थ बाद में परमार्थ करना।
B. अल्पज्ञान खतरनाक होता है।
C. दोषी के साथ निर्दोष को सजा मिलना।
D. अत्यन्त धीरे काम चलना।

36. किस क्रमांक में 'कादंबरी-कादंबिनी' शब्द-युग्म का क्रमशः **सही** अर्थ है?
A. शराब, घटा B. कुशल, सेवक
C. विनीत, बुराई D. कुशल, पवित्र

37. संज्ञा के संबंध में कौन-सा कथन संगत **नहीं** है?
A. व्यक्तिवाचक संज्ञाओं का प्रयोग सदैव (आदरार्थक के अतिरिक्त) एकवचन में होता है।
B. देश, त्योहार, नदी उक्त व्यक्तिवाचक संज्ञा के उदाहरण हैं।
C. 'द्रव्यवाचक' तथा 'समूहवाचक', जातिवाचक संज्ञा के ही भेद माने जाते हैं।
D. 'विद्वत्ता', 'पांडित्य' उक्त यौगिक भाववाचक संज्ञा के उदाहरण हैं।

38. विलोम शब्द के संबंध में कौन-सा युग्म **असंगत** है?
A. घमण्डी - विनीत
B. चिरायु - दीर्घायु
C. तारुण्य - वार्धक्य
D. तेजस्वी - निस्तेज

39. उपसर्ग की दृष्टि से किस विकल्प का शब्द-युग्म **असंगत** है?
A. निर् - निराकरण, निरपराध
B. अनु - अनूदित, अन्वीक्षण
C. परा - परार्थ, पराश्रित
D. सु - सुदूर, सुकृत

27. B **28.** B **29.** C **30.** D **31.** D **32.** A **33.** A, D **34.** D **35.** B **36.** A
37. B **38.** B **39.** C

40. सर्वनाम के संबंध में कौन-सा युग्म संगत **नहीं** है?
A. मैंने आज व्याकरण पढ़ा - पुरुषवाचक सर्वनाम
B. कमरे में कोई हँस रहा है - अनिश्चयवाचक सर्वनाम
C. इसी ने मेरी जिंदगी बचाई थी - प्रश्नवाचक सर्वनाम
D. वह स्वयं को सुधार रहा है - निजवाचक सर्वनाम

41. तत्पुरुष समास का कौन-सा समस्तपद अपने युग्म से सही सुमेलित **नहीं** है?
A. गुरुदक्षिणा - संबंध तत्पुरुष
B. देशाटन - अधिकरण तत्पुरुष
C. रेखांकित - करण तत्पुरुष
D. देशनिर्वासित - अपादान तत्पुरुष

42. विशेषण के संबंध में कौन-सा कथन **असंगत** है?
A. जिस विकारी शब्द से संज्ञा की व्याप्ति मर्यादित होती है, उसे विशेषण कहते हैं।
B. 'भला, दानी, दुष्ट' उक्त शब्द, गुणवाचक विशेषण के उदाहरण हैं।
C. 'कक्षा में साठ छात्र पढ़ते हैं' संख्यावाचक विशेषण का उदाहरण है।
D. संकेतवाचक विशेषण में किसी वस्तु की नाप या तौल का बोध होता है।

43. निम्न में से कौन-सा शब्द 'अपत्यवाचक तद्धित प्रत्यय' से निर्मित **नहीं** है?
A. वैनतेय B. कौरव
C. वासुदेव D. वैधव्य

44. 'ग', 'ल' तथा 'ब' उक्त वर्णों का क्रमशः उच्चारण स्थान है :
A. तालु, कण्ठ, ओष्ठ B. दन्त, कण्ठ, तालु
C. कण्ठ, दन्त, ओष्ठ D. ओष्ठ, कण्ठ, तालु

45. किस विकल्प का वाक्य पूर्वकालिक क्रिया का उदाहरण **नहीं** है?
A. राम खेलकर चला गया।
B. तुम्हें ऐसा करना शोभा नहीं देता है।
C. सीता खाना बनाकर जयपुर जाएगी।
D. अध्यापक उदाहरण देकर छात्रों को पढ़ाते हैं।

PART-II : LANGUAGE – ENGLISH

46. Choose the option that gives the **correct** meaning of the given phrasal verb:

Give in
A. distribute B. deposit
C. donate D. surrender

47. Fill in the blank with the most appropriate modal auxiliary:

Your mother is seriously ill. You ______ leave for home at once. (obligation)
A. needs B. might
C. could D. must

48. Choose the **correct** preposition to fill in the blank:

He told all _______ the incident.
A. between B. among
C. beside D. about

49. Choose the most appropriate preposition to fill in the blank:

I am going home the day _______ tomorrow.
A. in B. on
C. after D. at

50. Choose the most appropriate preposition to fill in the blank:

Mohan gazed _______ the sky in the hope of rain.
A. at B. unto
C. besides D. into

51. Choose the **correct** option that gives the correct passive voice of the given sentence:

Have they done the work?
A. Have the work been done?
B. Has the work been done?
C. Had the work been done?
D. Will the work be done?

52. Choose the **correct** tense form to fill in the blank:

The Headmaster _______ to meet you.
A. want B. wants
C. is wanting D. was wanting

53. Choose the part of sentence which is **incorrect**:

(*a*) Has Sachin / (*b*) not breaked/ (*c*) the record held/ (*d*) by Bradman who made 10,000 runs in his career?
A. (*a*) B. (*b*)
C. (*c*) D. (*d*)

40. C **41.** A **42.** D **43.** D **44.** C **45.** B **46.** D **47.** D **48.** D **49.** C
50. A **51.** B **52.** B **53.** B

54. Choose the **correct** option to fill in the blank:

______ had the police reached than the thieves fled.

A. As soon as B. No sooner
C. Scarcely D. As well

55. Choose the **correct** tense form to fill in the blank:

She jumped off the train while it _______ .

A. moved B. had moved
C. has moved D. was moving

56. Change the narration to Reported speech and choose the **right** option:

I said to him, "Do you know when she will go home?"

A. I told him if he knew when she will go home?
B. I said to him that did he knew when she would go home.
C. I asked him if he knew when she would go home.
D. I said to him that did he know when will she go home?

57. Choose the **correct** option for the given one word:

Sinecure

A. one who lives by himself
B. an office with no work but high pay
C. surgery without anesthesia
D. cure by naturopathy

58. Choose the option that gives the **correct** meaning of the given phrasal verb:

Send for

A. start on a journey
B. reach to a decision
C. call someone in
D. improve

59. Choose the option that gives the **correct** meaning of the phrasal verb:

Turn out

A. to evict someone
B. to kill someone
C. to ridicule someone
D. to give legal notice to someone

60. Fill in the blank with the most appropriate meaning of the underlined idiom:

Rakesh had to deal with all his problems by himself, because he didn't want to depend on his fair weather friends.

A. Friends who come from rich family.
B. Friends who are loyal only during a time of success.
C. Friends with whom one lived in one's college time.
D. Friends who no longer live with you.

भाग-III : सामान्य अध्ययन

मात्रात्मक योग्यता, तार्किक अभिक्षमता तथा सामान्य ज्ञान एवं अभिज्ञान

61. एक परिवार में, A, X का पिता है, B, Y की माता है, तथा X व Z की बहन Y हो, तो निम्नलिखित कथनों में से कौन-सा कथन निश्चित रूप से सही **नहीं** है?

A. B, A की पत्नी है
B. B की एक पुत्री है
C. X, A का पुत्र है
D. Y, Z की बहन है

62. यदि A दक्षिण दिशा में 8 किमी. जाकर तब दाहिने तरफ मुड़कर 6 किमी. चलता है तथा पुनः उत्तर-पूर्व दिशा में मुड़कर 10 किमी. चलता है, तो A प्रारंभिक बिन्दु से कितनी दूरी पर है?

A. 0 किमी. B. 8 किमी.
C. 10 किमी. D. 12 किमी.

63. यदि 10 व्यक्ति किसी कार्य का (2/5)वाँ भाग करने में 8 दिन लगाते हैं, तो उसी कार्य के शेष कार्य को 12 दिनों में पूर्ण करने के लिए कितने व्यक्तियों की आवश्यकता होगी?

A. 6 B. 8
C. 10 D. 12

64. एक लम्ब प्रिज्म का आधार एक त्रिभुज है, जिसका परिमाप 32 सेमी. है और त्रिभुज की अंतः त्रिज्या 6 सेमी. है। यदि प्रिज्म का आयतन 576 घन सेमी. है, तो इसकी ऊँचाई है :

A. 4 सेमी. B. 5 सेमी.
C. 6 सेमी. D. 8 सेमी.

65. यदि एक नियमित बहुभुज में विकर्णों की संख्या 27 हो, तो इसकी भुजाओं की संख्या होगी :

A. 6 B. 9
C. 10 D. 12

54. B **55.** D **56.** C **57.** B **58.** C **59.** A **60.** B **61.** C **62.** A **63.** C
64. C **65.** B

66. दो मिश्र धातुओं A तथा B में, ताँबा तथा जस्ता का अनुपात क्रमशः 5 : 2 तथा 3 : 4 है, इन मिश्र धातुओं में से A का 7 किग्रा. एवं B का 21 किग्रा. मिलाकर एक नई मिश्र धातु बनाई जाती है, इस नई मिश्र धातु में ताँबे तथा जस्ता का अनुपात क्या है?
A. 1 : 2 B. 2 : 1
C. 2 : 3 D. 1 : 1

67. यदि 7 cosec θ – 3 cot θ = 7 जहाँ θ प्रथम चतुर्थांश में हो, तो 7 cot θ – 3 cosec θ का मान है :
A. 3 B. 5
C. 3/7 D. 5/7

68. यदि एक वृत्त में, एक समबाहु त्रिभुज ABC अंतर्निहित किया जाता है, त्रिभुज के शीर्षों से खींची गई स्पर्श रेखाओं से बनने वाला त्रिभुज होगा :
A. विषमबाहु त्रिभुज B. समद्विबाहु त्रिभुज
C. समबाहु त्रिभुज D. समकोणीय त्रिभुज

69. एक दुकानदार, एक वस्तु 15% लाभ पर बेचता है, अगर उसने उसे ₹ 18 अधिक में बेचा होता, तो लाभ 18% हो जाता। उस वस्तु का क्रय मूल्य (₹ में) है :
A. 600 B. 540
C. 350 D. 380

70. दी गई श्रृंखला में **गलत** संख्या है :

0, 3, 9, 12, 36, 39, 42, 120, 360
A. 12 B. 39
C. 42 D. 360

71. दो धनात्मक संख्याओं का अन्तर 3 है, यदि उनके वर्गों का योग 369 हो, तो उन संख्याओं का योग है :
A. 25 B. 27
C. 31 D. 33

72. विभाजन के एक योगफल में विभाजक, भागफल का 12 गुना तथा शेषफल का 5 गुना है, तो यदि उसमें शेषफल 36 हो, तो भाज्य है :
A. 2706 B. 2736
C. 2796 D. 2766

73. यदि A 'विभाजन को', B 'योग को', C 'घटाने को' तथा D 'गुणन को' प्रदर्शित करते हैं, तो 20 C 12 B 8 A 2 D 6 बराबर हैं :
A. 16 B. 18
C. 32 D. 36

74. एक व्यक्ति 12 किलोमीटर की दूरी 3 किमी. प्रति घंटा, 18 किलोमीटर की दूरी 9 किमी. प्रति घंटा तथा 24 किलोमीटर की दूरी 4 किमी. प्रति घंटा से तय करता है, तो सम्पूर्ण दूरी तय करने की औसत चाल है :
A. 4 किमी./घं. B. 4.2 किमी./घं.
C. 4.4 किमी./घं. D. 4.5 किमी./घं.

75. दिए गए विकल्पों में से विषम को ज्ञात कीजिए :
A. सारंगी B. वीणा
C. गिटार D. बांसुरी

76. यदि 16 – 4 = 2, 9 – 3 = 2, 81 – 3 = 4 हो, तो 64 – 4 का मान है :
A. 3 B. 2
C. 4 D. 6

77. निम्नलिखित श्रेणी का लुप्त पद है :

DBC, KIJ, QOP, __?__, ZXY
A. VUW B. USV
C. UTV D. VTU

78. यदि किसी कूट भाषा में 'PROJECT' को 'CEOPRT' तथा 'PLANE' को 'ELNP' लिखा जाता है, तो 'ORGANISED' को उसी कूट भाषा में किस प्रकार लिखा जाएगा?
A. ADEGIOSR B. ADEGIROS
C. ADEGOIRS D. ADEGIORS

79. लड़कों की एक पंक्ति में, A बायीं तरफ से 7वें तथा B दायीं तरफ से 12वें स्थान पर है, यदि उनके स्थानों में परस्पर परिवर्तन किया जाता है, तो A का बायीं तरफ से 22वाँ स्थान हो जाता है, तो पंक्ति में कुल लड़कों की संख्या है :
A. 27 B. 31
C. 33 D. 34

80. A, पूर्व दिशा से पश्चिम में 8 किमी. चलता है तथा दाएं मुड़कर 2 किमी. चलता है पुनः दाएं मुड़कर 5 किमी. चलता है, तो वह शुरूआती बिन्दु के सन्दर्भ में अब किस दिशा में स्थित है?
A. दक्षिण-पश्चिम B. उत्तर-पश्चिम
C. उत्तर-पूर्व D. दक्षिण-पूर्व

81. हरियाणा के मुख्य सूचना अधिकारी कौन हैं?
A. श्रीमती ज्योति अरोड़ा B. डॉ. जगबीर सिंह
C. श्री विजय वर्धन D. श्रीमती कमलदीप भण्डारी

82. हरियाणा में गिद्ध संरक्षण केन्द्र कहाँ स्थित है?
A. जींद B. पिंजौर
C. महेन्द्रगढ़ D. अम्बाला

83. यू.पी.एस.सी. के चेयरमैन, जो कालान्तर में हरियाणा के राज्यपाल बने हैं :
A. डॉ. ए.आर. किदवई B. श्री मुजफ्फर हुसैन बर्नी
C. श्री बी.एन. चक्रवर्ती D. श्री महाबीर प्रसाद

66. D **67.** A **68.** C **69.** A **70.** C **71.** B **72.** B **73.** C **74.** D **75.** D
76. A **77.** D **78.** D **79.** C **80.** B **81.** C **82.** B **83.** A

84. हरियाणा के किस जिले में, खेलो इंडिया महिला तीरंदाजी रैंकिंग प्रतियोगिता का आयोजन किया गया?

A. सोनीपत B. पानीपत
C. करनाल D. यमुनानगर

85. हरियाणा में कितनी तहसील हैं?

A. 95 B. 49
C. 143 D. 74

86. चावल की फसल को अधिक परम्परागत फसलों से प्रतिस्थापित करने हेतु हरियाणा सरकार द्वारा चलाई जा रही योजना है :

A. मेरी फसल मेरा ब्यौरा B. मेरी विरासत
C. मेरा पानी मेरी विरासत D. हमारा धन

87. हरियाणा में नेशनल इन्स्टिट्यूट ऑफ फैशन टेक्नोलॉजी संस्थान कहाँ स्थित है?

A. पानीपत B. अम्बाला
C. पंचकुला D. कुरुक्षेत्र

88. हरियाणा के निम्नलिखित संतों में से कौन पूरण भगत के नाम से लोकप्रिय थे?

A. बाबा मस्त नाथ
B. बाबा गोरख नाथ
C. बाबा चौरंगी नाथ
D. बाबा पूरण नाथ

89. हरियाणा की मोरनी पहाड़ियों का संबंध है :

A. अरावली शृंखला से
B. हिंदूकुश शृंखला से
C. हिमालय की बाह्य शृंखला से
D. हिमालय की आन्तरिक शृंखला से

90. 1857 के विद्रोह के दौरान, निम्नलिखित में से किसने रोहतक में ब्रिटिश ठिकानों पर आक्रमण किया?

A. तफजल हुसैन B. इमाम अली
C. मोहर सिंह D. हरसुख राय

भाग-IV : विषय ज्ञान–हिन्दी

91. 7 जून, 1955 ई. को गठित राजभाषा आयोग के अध्यक्ष थे :

A. सेठ गोविन्ददास B. श्री बाल गंगाधर खेर
C. श्री केशवचन्द्र सेन D. श्री ब्रजवासी लाल

92. कवि एवं तार सप्तक के संबंध में कौन-सा युग्म **असंगत** है?

A. नेमिचंद जैन - तार सप्तक
B. धर्मवीर भारती - दूसरा सप्तक
C. मदन वात्स्यायन - तीसरा सप्तक
D. केदारनाथ सिंह - चौथा सप्तक

93. "बतरस लालच लाल की, मुरली धरी लुकाय।
सौंह करै भौंहनि हसैं, दैन कहै नटि जाय।"

उपर्युक्त पद्यांश में अनुभाव का कौन-सा भेद प्रयुक्त हुआ है?

A. कायिक अनुभाव B. वाचिक अनुभाव
C. आहार्य अनुभाव D. सात्विक अनुभाव

94. "मैं सत्य कहता हूँ सखे! सुकुमार मत जानो मुझे।
यमराज से भी युद्ध को, प्रस्तुत सदा मानो मुझे।।"

उपर्युक्त पद्यांश में कौन-सा रस प्रयुक्त हुआ है?

A. वीर रस B. रौद्र रस
C. करुण रस D. शृंगार रस

95. सामासिक पदों की दृष्टि से कौन-सा विकल्प सुमेलित **नहीं** है?

A. हृषीकेश - बहुव्रीहि समास
B. मंदाग्नि - तत्पुरुष समास
C. उचितानुचित - द्वन्द्व समास
D. अनुरूप - अव्ययीभाव समास

96. निम्न में से क्रियात्मक अनुसंधान का सोपान **नहीं** है :

A. समस्या की पहचान करना।
B. समस्या को परिभाषित करना एवं उसकी सीमाएँ तय करना।
C. समस्या के कारणों को विश्लेषित करना।
D. क्रियात्मक अनुसंधान हेतु उपकल्पना का निर्माण नहीं करना।

97. जयशंकर प्रसाद के कृतित्व के संबंध में **अनुचित** विकल्प है :

A. इनकी प्रथम कहानी 'ग्राम' शीर्षक से प्रकाशित हुई।
B. इनकी 'आँसू' रचना विरहानुभूति का उत्कृष्ट काव्य है।
C. इनकी 'झरना' रचना को आ. नन्ददुलारे वाजपेयी ने 'छायावाद की प्रयोगशाला का प्रथम आविष्कार' माना है।
D. डॉ. बच्चन सिंह के अनुसार इनकी कामायनी रचना 'बड़ी विशद् कल्पनाओं और मार्मिक उक्तियों से परिपूर्ण है।'

98. निम्न में से कौन-सा उद्देश्य लेखन कौशल का **नहीं** है?

A. छात्रों को लिपि, शब्द, मुहावरों का ज्ञान कराना।
B. बालकों को सुन्दर, स्पष्ट और सुडौल अक्षर लिखने में निपुण बनाना।
C. बालकों को वाक्य रचना के नियमों से परिचित कराना।
D. बच्चों को रुचि के अनुसार छोटे-छोटे गीत सुनाना।

84. A **85.** A **86.** C **87.** C **88.** C **89.** C **90.** A **91.** B **92.** D **93.** B
94. A **95.** B **96.** D **97.** D **98.** D

99. निम्न वर्णों के उच्चारण स्थल के संबंध में **असंगत** युग्म है :
A. इ, च, य – कण्ठ
B. उ, प, म – ओष्ठ
C. त, ल, स – दन्त
D. ऋ, ट, ष – मूर्धा

100. आ. विश्वनाथ के मत में रस की विशेषता **नहीं** है?
A. रस सत्त्वोद्रेकमय है।
B. रस ब्रह्मानंद है।
C. रस अखण्ड है।
D. रस लोकोत्तर चमत्कार प्राण है।

101. प्रदत्त विकल्पों में से हिन्दी साहित्य के प्रथम इतिहासकार हैं :
A. आ. रामचंद्र शुक्ल
B. गार्सा द तासी
C. जॉर्ज अब्राहम ग्रियर्सन
D. मिश्रबंधु

102. निम्न में से एक श्रव्य सहायक सामग्री **नहीं** है :
A. रेडियो
B. टेप-रिकॉर्डर
C. लिंग्वा फोन
D. टेलीविजन

103. देवनागरी लिपि के संबंध में **असत्य** विकल्प चुनिए :
A. देवनागरी लिपि के उच्चारण एवं प्रयोग में समानता है।
B. इस लिपि का विकास सर्वप्रथम उत्तर भारत में हुआ।
C. 'राजा जयभट्ट' के शिलालेख में इस लिपि का सर्वप्रथम प्रयोग हुआ है।
D. आरंभ में इस लिपि के वर्णों पर शिरोरेखा नहीं लगाई जाती थी।

104. डॉ. नगेन्द्र के मत में रीति-निरूपण का आरंभिक ग्रंथ है :
A. केशवदास कृत कविप्रिया
B. सूरदास कृत साहित्य लहरी
C. कृपाराम कृत हिततरंगिणी
D. चिंतामणि कृत कविकल्पद्रूप

105. निम्न में से 'नरेन्द्रदेव समिति' का संबंध है :
A. हिन्दी को राष्ट्रभाषा बनाने से
B. नागरी लिपि में सुधार-सुझाव से
C. विद्यालयी पाठ्यक्रम निर्धारण से
D. आठवीं अनुसूची में नवीन भाषाओं को शामिल करने से

106. मौन-पठन का उद्देश्य है :
A. छात्रों में चिंतन एवं तर्क-वितर्क शक्ति का विकास करना।
B. छात्रों को तीव्र गति से पढ़ने का अभ्यास कराना।
C. परिचित शब्दावली को सक्रिय रूप देना।
D. उपर्युक्त सभी

107. निम्न में से कौन-सा कथन **अनुचित** है?
A. ब्रजभाषा को कुछ विद्वानों ने 'अन्तर्वेदी' नाम से अभिहित किया है।
B. डॉ. धीरेन्द्र वर्मा ने कन्नौजी को ब्रजभाषा की एक उपबोली माना है।
C. बुन्देली बोली को 'कोशली' नाम से भी जाना जाता है।
D. डॉ. उदयनारायण तिवारी अवधी तथा बघेली में नाममात्र का अन्तर स्वीकार करते हैं।

108. भारतेन्दु युगीन साहित्यकारों के संबंध में **अनुचित** कथन चुनिए :
A. इस युग के सबसे समर्थ निबंधकार बालकृष्ण भट्ट हैं।
B. ठाकुर जगमोहन इस युग के सर्वश्रेष्ठ प्रकृति प्रेमी साहित्यकार हैं।
C. प्रताप नारायण मिश्र के संपादकत्व में 'हिन्दी प्रदीप' पत्र का प्रकाशन होता था।
D. 'नवभक्तमाला' के रचयिता राधाचरण गोस्वामी थे।

109. 'नादान दोस्त' कहानी में केशव की बहन का नाम है :
A. अणिमा
B. मीरा
C. अप्सरा
D. श्यामा

110. "संघ की राजभाषा हिन्दी और लिपि देवनागरी होगी।" किस अनुच्छेद में वर्णित है?
A. अनुच्छेद 343
B. अनुच्छेद 344
C. अनुच्छेद 345
D. अनुच्छेद 210

111. अच्छे पाठ्यक्रम की विशेषता **नहीं** है :
A. पाठ्यक्रम शिक्षण उद्देश्यों की पूर्ति करने वाला हो।
B. पाठ्यक्रम में वैयक्तिक भिन्नता को ध्यान में न रखा गया हो।
C. पाठ्यक्रम उस स्तर के छात्रों को ग्राह्य हो।
D. पाठ्यक्रम सामाजिक एवं राष्ट्रीय चेतना जाग्रत करने में सक्षम हो।

112. भारतीय संविधान के अनुच्छेद 351 में वर्णित है :
A. हिन्दी भाषा का प्रसार - वृद्धि करना तथा उसका विकास करना।
B. उच्चतम एवं उच्च न्यायालयों आदि की भाषा व्यवस्था।
C. राजभाषा आयोग का गठन।
D. राज्यों में प्रयुक्त होने वाली भाषा।

99. A **100.** B **101.** B **102.** D **103.** B **104.** C **105.** B **106.** D **107.** C **108.** C
109. D **110.** A **111.** B **112.** A

113. 'वह चिड़िया जो' कविता में कवि ने चिड़िया की कौन-सी विशेषता **नहीं** बताई है?
A. वह अन्न से बहुत प्यार करती है।
B. वह पुराने घने वन में बेरोक गाती है।
C. वह एकांत में उदास रहती है।
D. वह साहसी है।

114. "मानुस हों तो वही रसखानि, बसौं ब्रज गोकुल गाँव कि ग्वारिन। जो पसु हौं तो कहा बसु मेरो, चरौं नित नंद कि धेनु मँझारिन।"

उपर्युक्त पद्यांश में सवैया छंद का कौन-सा भेद है?
A. मदिरा सवैया B. मालती सवैया
C. सुमुखी सवैया D. किरीट सवैया

115. छायावाद के संबंध में **असत्य** विकल्प चुनिए :
A. 'छायावाद' शब्द के प्रथम प्रयोक्ता रूपनारायण पाण्डेय हैं।
B. छायावादी काव्य अपनी लाक्षणिकता, व्यंजनात्मकता एवं प्रकृति के चैतन्यीकरण के लिए प्रसिद्ध है।
C. रामविलास शर्मा ने सूर्यकांत त्रिपाठी 'निराला' को ओज, औदात्य एवं विद्रोह का कवि कहा है।
D. सुमित्रानंदन पंत की प्रथम कविता 'गिरजे का घंटा' शीर्षक से प्रकाशित हुई।

116. शब्द प्रकृति की दृष्टि से कौन-सा युग्म **असंगत** है?
A. छाया - तत्सम शब्द
B. उलूक - तद्भव शब्द
C. हमेशा - विदेशज शब्द
D. बीहड़ - देशज शब्द

117. मैथिलीशरण गुप्त कृत 'साकेत' के संबंध में **अनुचित** विकल्प चुनिए :
A. 'साकेत' रामचरितमानस के बाद दूसरा बड़ा रामकाव्य है।
B. आ. रामचंद्र शुक्ल के अनुसार 'साकेत' के नवम एवं दशम सर्ग उर्मिला के वियोग वर्णन में लिखे गए हैं।
C. डॉ. बच्चन सिंह के मत में गुप्त जी एक साधक कवि हैं, इनकी साधना की चरमोपलब्धि 'साकेत' है।
D. गुप्त जी को 'साकेत' रचना लिखने की प्रेरणा हजारी प्रसाद द्विवेदी के लेख 'कवियों की उर्मिला विषयक उदासीनता' से मिली है।

118. किस विकल्प में संधि - कार्य **असंगत** है?
A. मनः + कामना = मनोकामना
B. यशः + भव = यशोभव
C. शिरः + मणि = शिरोमणि
D. अधः + गति = अधोगति

119. 'प्रिंसिपल ऑफ लैंग्वेज स्टडी' पुस्तक के लेखक हैं :
A. पिन्सेट महोदय B. एन.एल. गेज
C. डॉ. पिशेल D. हेराल्ड ई. पामर

120. रचना तथा रचनाकार के संबंध में **असंगत** युग्म चुनिए :
A. युगधारा - नागार्जुन
B. युग की गंगा - केदारनाथ अग्रवाल
C. वाणी की व्यथा - त्रिलोचन शास्त्री
D. अजेय खण्डर - रांगेय राघव

121. "काव्यशोभायाः कर्तारो धर्माः गुणाः तदतिशयहेतवस्त्वलंकाराः।"

अलंकार के संबंध में उपर्युक्त परिभाषा किस आचार्य की है?
A. आचार्य मम्मट B. आचार्य भामह
C. आचार्य वामन D. आचार्य दण्डी

122. 'लोकगीत' अध्याय में लेखक ने भोजपुरी के किस लोकगीत का उल्लेख किया है?
A. परदेशिया B. बिदेशिया
C. रसिया D. जंगली

123. विभिन्नताओं को दृष्टिगत रखते हुए शिक्षण कार्य करवाना चाहिए। उक्त कथन किस सिद्धान्त को परिभाषित करता है?
A. उद्देश्य एवं चयन विभाजन का सिद्धान्त
B. वैयक्तिक भिन्नता का सिद्धान्त
C. अभ्यास का सिद्धान्त
D. स्वाभाविकता का सिद्धान्त

124. प्रत्यय की दृष्टि से कौन-सा विकल्प **असंगत** है?
A. कृतिका + एय = कार्तिकेय
B. संस्कृति + आयन = सांस्कृत्यायन
C. विदेह + ई = वैदेही
D. नोका + ईला = नुकीला

125. किस विकल्प के शब्दों में **एकाधिक** उपसर्ग प्रयुक्त हुए हैं?
A. आधिकारिक B. आध्यात्मिक
C. अध्यारोप D. अध्यापन

126. **अनुचित** विकल्प का चयन कीजिए :
A. दोहा छंद के विषम चरणों में 13-13 मात्राएँ होती हैं।
B. हरिगीतिका छंद के प्रत्येक चरण में 26 मात्राएँ होती हैं।
C. रोला अर्ध सम मात्रिक छंद है, जिसके प्रत्येक चरण में 24 मात्राएँ होती हैं।
D. कवित्त छंद के प्रत्येक चरण में 31 वर्ण होते हैं तथा 16-15 वर्णों पर यति होती है।

113. C **114.** D **115.** A **116.** B **117.** D **118.** A **119.** D **120.** C **121.** C **122.** B
123. B **124.** D **125.** C **126.** B, C

127. काव्य गुण के संबंध में कौन-सा कथन **असत्य** है?
A. आ. भरतमुनि ने अपने 'नाट्यशास्त्र' ग्रंथ में काव्य गुणों की संख्या दस मानी है।
B. माधुर्य गुण में संयुक्ताक्षरों एवं लम्बे सामासिक पदों का अभाव रहता है।
C. ओज गुण में शृंगार, करुण एवं शांत रसों में क्रमशः आधिक्य से रहता है।
D. सरलता, सर्वजन सुलभता एवं सहजग्राह्यता प्रसाद गुण की मुख्य विशेषताएँ हैं।

128. "लटकि लटकि लटकतु चलत, डटतु मुकुट की छाँह।
चटक भर्यो नट मिलि गयो, अटग भटक बट माँह।।"

उपर्युक्त पद्यांश में कौन-सा काव्य दोष है?
A. श्रुतिकटुत्व दोष B. अप्रतीतत्व दोष
C. ग्राम्यत्व दोष D. क्लिष्टत्व दोष

129. अष्टछाप कवियों के संबंध में कौन-सा कथन **असंगत** है?
A. अष्टछाप कवियों में कुंभनदास 'कनिष्ठ' कवि थे।
B. नंददास कृत 'रास पंचाध्यायी' रोला छंद में रचित सर्वश्रेष्ठ रचना है।
C. आ. रामचंद्र शुक्ल ने सूरदास को 'जीवनोत्सव का कवि' नाम से पुकारा है।
D. परमानंददास ने वल्लभाचार्य से दीक्षा ग्रहण की थी।

130. अलंकार के संबंध में **असंगत** युग्म चुनिए :
A. "निरखत संतन के शीतल करत नैन।
रामचंद्र जु को मुख चंद्र सो लसतु है।"
—उपमा अलंकार
B. "बीती विभावरी जाग री।
अम्बर-पनघट में डुबा रही, तारा-घट उषा नागरी।"
—रूपक अलंकार
C. "अजरामरता अयोध्या नगरी किसे प्रिय नहीं लगती।"
—यमक अलंकार
D. "लाखन ओट करो किन घूँघट।
चंचल नैन छिपै न छिपाये।" —विभावना अलंकार

131. "बीसलदेव रासो में शृंगार की ही प्रधानता है, वीर रस का किंचित आभास मात्र है।"

उक्त कथन किस आलोचक का है?
A. रामस्वरूप चतुर्वेदी
B. डॉ. रामचंद्र वर्मा
C. डॉ. बच्चन सिंह
D. आ. रामचंद्र शुक्ल

132. प्रदत्त कथनों में से कौन-सा तुलसीदास के संबंध में **असंगत** है?
A. रामस्वरूप चतुर्वेदी – तुलसीदास ही राम साहित्य के सम्राट हैं।
B. हजारी प्रसाद द्विवेदी – तुलसीदास समन्वयकारी थे, उनका सारा काव्य समन्वय की विराट् चेष्टा है।
C. डॉ. बच्चन सिंह – कबीर का भक्ति आंदोलन विद्रोहमूलक है तो गोस्वामी का प्रतिरोधात्मक।
D. आ. रामचंद्र शुक्ल – गोस्वामी के प्रादुर्भाव को हिन्दी काव्य के क्षेत्र में एक चमत्कार समझना चाहिए।

133. निम्न में से कौन-सा कथन सत्य **नहीं** है?
A. कबीर की रचनाओं का सबसे प्रामाणिक संकलन 'बीजक' है।
B. गुरु नानक का 'नसीयतनामा' ग्रंथ खड़ी बोली में रचित है।
C. निर्गुण भक्त कवि होते हुए भी दादूदयाल ने ईश्वर के सगुण स्वरूप को मान्यता दी है।
D. संत कवियों में रज्जबदास सर्वाधिक शिक्षित थे।

134. 'एक तिनका' कविता किस कवि द्वारा रचित है?
A. शिवमंगल सिंह 'सुमन'
B. मैथिलीशरण गुप्त
C. अयोध्यासिंह उपाध्याय 'हरिऔध'
D. रामनरेश त्रिपाठी

135. **असंगत** युग्म चुनिए :

	नाटककार	**नाटक**
A.	उपेन्द्रनाथ अश्क	अंजो दीदी (1954 ई.)
B.	धर्मवीर भारती	अंधा युग (1955 ई.)
C.	डॉ. लक्ष्मीनारायण लाल	अंधा कुआँ (1955 ई.)
D.	निर्मल वर्मा	आषाढ़ का एक दिन (1958 ई.)

136. आदिकाल के नामकरण के संबंध में **असंगत** विकल्प चुनिए :
A. संधि-चारणकाल - डॉ. रामकुमार वर्मा
B. बीजवपन काल - आ. हजारी प्रसाद द्विवेदी
C. वीरकाल - विश्वनाथ प्रसाद मिश्र
D. सिद्ध-सामन्तकाल - पं. राहुल सांकृत्यायन

137. किस विकल्प के सभी शब्द वार्तनिक दृष्टि से **शुद्ध** हैं?
A. गत्यावरोध, आशिर्वाद B. शूर्पणखा, ज्योत्स्ना
C. दवाईयाँ, दुरावस्था D. मनोचिकित्सा, रचनावलि

127. C **128.** A **129.** A **130.** C **131.** D **132.** A **133.** D **134.** C **135.** D **136.** B **137.** B

138. "तरुवर फल नहिं खात है, ... पियत न पान।
कहि रहीम .... हित, संपत्ति - सचहिं सुजान।।"
उपर्युक्त दोहे में रिक्त स्थानों में क्रमशः प्रयुक्त होने वाले शब्दों का चयन कीजिए :

A. सरवर, परकाज B. सरवर, स्वकाज
C. अहित, सरवर D. परकाज, लोकहित

139. 'स्वर्ण शृंखला और लाल किरण' में रेखांकित शब्द हैं :

A. गुणवाचक विशेषण B. संख्यावाचक विशेषण
C. परिमाणवाचक विशेषण D. सार्वनामिक विशेषण

140. रीतिकाल के संबंध में **अनुचित** विकल्प चुनिए :

A. आ. रामचंद्र शुक्ल के मत में चिंतामणि रीतिकाल के प्रवर्तक हैं।
B. आ. विश्वनाथ प्रसाद मिश्र ने समूचे रीतिकालीन कवियों को तीन श्रेणियों में विभक्त किया है।
C. मतिराम कृत 'ललितललाम' छंदशास्त्र से संबंधित महत्वपूर्ण ग्रंथ है।
D. डॉ. बच्चन सिंह के मतानुसार पद्माकर रीतिकाल के अंतिम श्रेष्ठ कवि हैं।

141. 'चिड़िया की बच्ची' कहानी में उद्धृत कथन—"भोली चिड़िया–तुम कहाँ रहती हो? तुम मुझे नहीं जानती हो?" किसका है?

A. महन्तदास का B. बिहारीदास का
C. माधवदास का D. भगवन्तदास का

142. अर्थ की दृष्टि से वाक्य वर्गीकरण में कौन-सा युग्म **असंगत** है?

A. भारत एक सुंदर देश है - विधानार्थक
B. आपका बोलना उचित नहीं है - निषेधवाचक
C. हो सकता है वह आज शाम को आए - संकेतार्थक
D. यहाँ बैठ जाओ और मेरी प्रतीक्षा करो - आज्ञार्थक

143. महाकवि जायसी कृत 'पद्मावत' के संबंध में **असत्य** कथन है :

A. आ. रामचंद्र शुक्ल - पद्मावत हिन्दी का प्रथम बड़ा महाकाव्य है।
B. डॉ. नगेन्द्र - पद्मावत प्रेमाख्यान परंपरा का प्रौढ़तम काव्य है।
C. डॉ. बच्चन सिंह - पद्मावत समूची हिन्दी काव्य परंपरा का दुर्लभ रत्न है।
D. डॉ. रामकुमार वर्मा - वर्ण-विचार एवं भाव-व्यंजना की दृष्टि से पद्मावत एक अत्यंत उच्च कोटि का काव्य है।

144. कहानीकार तथा कहानी के संबंध में **असंगत** युग्म चुनिए :

A. चंद्रधर शर्मा 'गुलेरी' - बुद्धू का काँटा
B. जैनेन्द्र कुमार - नीलम देश की राजकन्या
C. भगवतीचरण वर्मा - मिठाईवाला
D. विश्वंभरनाथ 'कौशिक' - रक्षाबंधन

145. निम्न में से कौन-सा विकल्प सत्य **नहीं** है?

A. निम्बार्क संप्रदाय में निम्बार्काचार्य को 'सुदर्शन चक्र' का अवतार माना जाता है।
B. राधावल्लभ संप्रदाय के प्रवर्तक 'वल्लभाचार्य' माने जाते हैं।
C. कृष्ण काव्यधारा 'शुद्धाद्वैतवाद एवं पुष्टि मार्ग' से प्रभावित है।
D. कृष्ण काव्य में 'मीराबाई' संप्रदाय-निरपेक्ष में परिगणित हैं।

146. किस विकल्प में मुहावरे का अर्थ सही **नहीं** है?

A. कान खड़े होना - सतर्क होना
B. अंधे के हाथ बटेर लगना - बिना प्रयास के कोई चीज पा लेना
C. डेढ़ चावल की खिचड़ी पकाना - किसी के वश में होना
D. कुएँ में भाँग पड़ना - सभी की बुद्धि भ्रष्ट होना

147. प्रकाशन की दृष्टि से प्रेमचंद के निम्न उपन्यासों का **सही** अनुक्रम है :

A. सेवासदन, रंगभूमि, कायाकल्प, गबन
B. सेवासदन, गबन, कायाकल्प, रंगभूमि
C. गबन, सेवासदन, कायाकल्प, रंगभूमि
D. कायाकल्प, रंगभूमि, गबन, सेवासदन

148. निम्न में से कौन-सा विकल्प **अनुचित** है?

A. 'सामीप्य', 'कौशल' एवं 'माहात्म्य' शब्द भाववाचक संज्ञा के उदाहरण हैं।
B. सर्वनाम विकारी पद है। 'वचन' तथा 'कारक' इसके विकारक हैं।
C. वाक्य-प्रयोग के आधार पर विशेषण के दो भेद हैं—उद्देश्य विशेषण तथा विधेय विशेषण।
D. द्विकर्मक क्रिया में प्रथम कर्म अप्राणिवाचक तथा द्वितीयकर्म प्राणिवाचक होता है।

149. 'हिमालय की बेटियाँ' अध्याय में काका कालेलकर ने नदियों को किस नाम से पुकारा है?

A. अम्बिका नाम से B. पार्वती नाम से
C. जीवनदायिनी नाम से D. लोकमाता नाम से

150. 'संसार पुस्तक है' अध्याय (पत्र) मूलतः किस संग्रह से लिया गया है?

A. पुत्री के पत्र पिता के नाम B. पुत्र के पत्र माता के नाम
C. पिता के पत्र पुत्री के नाम D. भाई के पत्र बहन के नाम

138. A **139.** A **140.** C **141.** C **142.** C **143.** D **144.** C **145.** B **146.** C **147.** A **148.** D **149.** D **150.** C

व्याख्यात्मक उत्तर

1. **(A):** लेव वायगोत्स्की ने बच्चे के संज्ञानात्मक विकास में सामाजिक और सांस्कृतिक कारकों की महत्वपूर्ण भूमिका पर जोर दिया, जो उनके दृष्टिकोण को पियाजे जैसे अन्य लोगों से अलग करता है, जिन्होंने व्यक्तिगत संज्ञानात्मक चरणों पर अधिक ध्यान केंद्रित किया। वायगोत्स्की का सामाजिक-सांस्कृतिक सिद्धांत प्रस्तावित करता है कि बच्चे सक्रिय रूप से और व्यावहारिक अनुभवों के माध्यम से सीखते हैं, और उनका सीखना उन सांस्कृतिक संदर्भों से गहराई से प्रभावित होता है जिसमें वे बड़े होते हैं।

2. **(C):** फिल्म स्ट्रिप्स दृष्टिबाधित छात्रों के लिए उपयुक्त नहीं हैं क्योंकि वे दृश्य सामग्री पर बहुत अधिक निर्भर करते हैं जिसे दृष्टिबाधित छात्र नहीं देख सकते हैं। इसके विपरीत, ब्रेल सामग्री, बोलने वाली किताबें और उभरे हुए नक्शे विशेष रूप से दृष्टिबाधित लोगों के लिए सुलभ होने के लिए डिजाइन किए गए हैं, जो स्पर्श या श्रवण संबंधी जानकारी का उपयोग करते हैं।

3. **(B):** प्रगतिशील शिक्षा एक शैक्षिक आंदोलन है जो वास्तविक दुनिया के अनुभवों, समस्या-समाधान और आलोचनात्मक चिंतन पर जोर देता है। यह दृष्टिकोण 'करके सीखने' को प्रोत्साहित करता है, जहाँ छात्र सीखने को बढ़ावा देने के लिए अपने पर्यावरण के साथ सक्रिय रूप से जुड़ते हैं, जो जॉन डिवी जैसे शैक्षिक सुधारकों द्वारा निर्धारित सिद्धांतों को दर्शाता है।

4. **(D):** समावेशी शिक्षा से तात्पर्य उस शैक्षिक मॉडल से है जो सभी बच्चों को उनकी शारीरिक, बौद्धिक, सामाजिक, भावनात्मक, भाषाई या अन्य स्थितियों की परवाह किए बिना मुख्यधारा की शिक्षा प्रणाली में शामिल करने का प्रयास करता है।

   इस दृष्टिकोण का उद्देश्य सभी छात्रों के लिए समान अवसर प्रदान करना है, न कि केवल उन लोगों के लिए जो दिव्यांग या सामाजिक रूप से वंचित हैं।

5. **(A):** एक क्षेत्र भ्रमण (फील्ड ट्रिप) सामाजिक अधिगम के संदर्भ में एक प्रभावी शिक्षण-अधिगम की रणनीति है क्योंकि यह छात्रों को पर्यावरण के साथ सीधे अंतःक्रिया करने और साथियों और मार्गदर्शकों के साथ सामाजिक रूप से जुड़ने की अनुमति देता है। यह व्यावहारिक अनुभव न केवल सीखने को बढ़ाता है बल्कि वास्तविक दुनिया के संदर्भ में संचार और अवलोकन कौशल को बढ़ावा देकर सामाजिक विकास का भी समर्थन करता है। यह विधि सामाजिक अधिगम के सिद्धांत के साथ निकटता से जुड़ी हुई है, जो सामाजिक सेटिंग्स के भीतर अवलोकन और अंतःक्रिया के माध्यम से सीखने पर जोर देती है।

6. **(B):** विश्लेषणात्मक प्रश्नों के लिए विस्तृत विश्लेषण की आवश्यकता होती है और आमतौर पर इनके उत्तर निबंध या लघु-उत्तर प्रारूप में दिए जाते हैं, जिससे वे वस्तुनिष्ठ नहीं होते हैं। मिलान, बहुविकल्पीय और रिक्त स्थान वाले प्रश्नों जैसे वस्तुनिष्ठ प्रकार के प्रश्नों के लिए छात्रों को विस्तारित तर्क या स्पष्टीकरण की आवश्यकता के बिना एक विशिष्ट उत्तर चुनने या लिखने की आवश्यकता होती है।

7. **(A):** धीमी गति से सीखने वालों के लिए त्वरण उपयुक्त नहीं है क्योंकि इसमें सामान्य से अधिक तेज गति से शिक्षा के माध्यम से प्रगति करना शामिल है, जो इन छात्रों के लिए भारी पड़ सकता है। उपचारात्मक शिक्षण, अभ्यास कार्य और सहकारी शिक्षण विधियाँ अधिक लाभकारी हैं क्योंकि वे क्रमशः अतिरिक्त सहायता, अभ्यास और सहयोगी सीखने के अवसर प्रदान करती हैं।

8. **(A):** विराम विधि लंबे और कठिन पाठों को सीखने के लिए उपयुक्त है क्योंकि इसमें सीखने को लंबी अवधि में छोटे सत्रों में तोड़ना शामिल है। यह विधि सामग्री के प्रतिबिंब और आत्मसात करने के लिए समय प्रदान करके बेहतर समझ और अवधारणा की अनुमति देती है, जबकि अविराम विधि में कम समय में जानकारी को रटना शामिल है।

9. **(A):** किशोरावस्था में स्वीकृत सामाजिक व्यवहार पैटर्न में नेतृत्व कौशल और सहानुभूति शामिल हैं। नेतृत्व कौशल में दूसरों का मार्गदर्शन करना और जिम्मेदारी से निर्णय लेना शामिल है, जबकि सहानुभूति में दूसरों की भावनाओं को समझना और साझा करना शामिल है। अहं-केंद्रितता, खुद पर ध्यान केंद्रित करना और स्टीरियोटाइपिंग, व्यक्तियों पर सामान्यीकृत विश्वासों को लागू करना, आमतौर पर सकारात्मक व्यवहार के रूप में नहीं देखा जाता है।

10. **(A):** मूल सिद्धांत जॉन एटकिंसन से नहीं, बल्कि विलियम मैक्डूगल से जुड़ा है, जो विकल्प A को गलत बनाता है। एटकिंसन को प्रवृत्ति सिद्धांत पर नहीं, बल्कि अपेक्षा-मूल्य सिद्धांत पर उनके काम के लिए जाना जाता है। मास्लो की आवश्यकता पदानुक्रम सिद्धांत, वुडवर्थ की ड्राइव थ्योरी और मैक्लीलैंड की उपलब्धि अभिप्रेरणा सिद्धांत को उनके संबंधित समर्थकों के साथ सही ढंग से जोड़ा गया है।

11. **(D):** स्टैनफोर्ड-बिनेट टेस्ट बुद्धिमत्ता का क्रियात्मक परीक्षण नहीं है, बल्कि एक मानकीकृत IQ परीक्षण है जो मौखिक, मात्रात्मक और गैर-मौखिक तर्क के माध्यम से संज्ञानात्मक क्षमताओं को मापता है। कोह् के ब्लॉक डिजाइन टेस्ट, अलेक्जेंडर के पास अलॉन्ग टेस्ट और सैगुइन फॉर्म बोर्ड टेस्ट जैसे बुद्धिमत्ता के क्रियात्मक परीक्षणों में आम तौर पर सामग्रियों में हेरफेर करना शामिल होता है और न्यूनतम मौखिक निर्देश की आवश्यकता होती है, इसके बजाय व्यावहारिक समस्या-समाधान और स्थानिक तर्क को प्रदर्शित करने वाले कार्यों पर ध्यान केंद्रित किया जाता है।

12. (C): विकास आवश्यक रूप से एक रेखीय पथ का अनुसरण नहीं करता है, क्योंकि इसका अर्थ है चरणों या प्रगति का एक निश्चित क्रम जो सभी के लिए समान है। वास्तव में, विकासात्मक पैटर्न व्यक्तियों के बीच बहुत भिन्न हो सकते हैं और कई कारकों से प्रभावित हो सकते हैं, जिससे विकास सख्ती से रैखिक होने के बजाय बहु-दिशात्मक हो जाता है। अन्य सूचीबद्ध सिद्धांत, जैसे कि विकास आनुवंशिकता और पर्यावरण का उत्पाद है, और विकासात्मक पैटर्न का पूर्वानुमान योग्य होना, आम तौर पर विकासात्मक मनोविज्ञान में स्वीकार किए जाते हैं।

13. (B): रॉबर्ट गैग्ने के अनुसार, सीखने का वह उच्चतम स्तर जिस पर एक शिक्षक को छात्रों को ले जाने का प्रयास करना चाहिए, वह है समस्या-समाधान सीखना। इस स्तर में नई स्थितियों में समस्याओं को हल करने के लिए नियमों को लागू करना शामिल है, जो सरल अवधारणा या नियम सीखने से परे समझ और अनुप्रयोग को शामिल करने वाले उच्च-क्रम के संज्ञानात्मक कौशल का प्रतिनिधित्व करता है।

14. (D): सूचीबद्ध सभी कारक—प्रेरणा, योग्यता, रुचि और ध्यान—सीखने को प्रभावित करते हैं। ये तत्व महत्वपूर्ण हैं क्योंकि ये निर्धारित करते हैं कि कोई व्यक्ति शैक्षिक सामग्री के साथ कितनी प्रभावी रूप से जुड़ता है। प्रेरणा प्रयास को प्रेरित करती है, योग्यता समझने की क्षमता को प्रभावित करती है, रुचि जुड़ाव को बढ़ाती है, और प्रभावी सूचना प्रसंस्करण के लिए ध्यान आवश्यक है।

15. (A): माता-पिता के साथ सामंजस्यपूर्ण संबंध किशोरावस्था में सामाजिक विकास की एक सामान्य विशेषता नहीं है। आमतौर पर, किशोरावस्था को अधिक स्वतंत्रता की खोज द्वारा चिह्नित किया जाता है, जो अक्सर माता-पिता के साथ संघर्ष का कारण बन सकता है क्योंकि व्यक्ति एक अलग पहचान स्थापित करना चाहता है। अन्य विकल्प, जैसे कि नए सामाजिक समूह, पहचान की खोज और नायक-पूजा, आमतौर पर किशोर सामाजिक विकास से जुड़े होते हैं।

16. (D): अंतःस्रावी ग्रंथियाँ एक पर्यावरणीय नहीं बल्कि बाल विकास को प्रभावित करने वाली एक जैविक कारक हैं। ये ग्रंथियाँ हार्मोन के स्राव के माध्यम से शारीरिक और हार्मोनल विकास में महत्वपूर्ण भूमिका निभाती हैं। पर्यावरणीय कारकों में आमतौर पर पोषण, गर्भावस्था के दौरान माँ की मानसिक स्थिति और दुर्घटनाएँ जैसे तत्व शामिल होते हैं, जिनका बच्चे के विकास और वृद्धि पर बाहरी प्रभाव पड़ता है।

17. (B): 'उपयोग का नियम' और 'अनुपयोग का नियम' थॉर्नडाइक के अभ्यास के नियम से संबंधित हैं। इस नियम के अनुसार, उत्तेजनाओं और प्रतिक्रियाओं के बीच संबंध उपयोग के माध्यम से मजबूत होते हैं और अनुपयोग के माध्यम से कमजोर होते हैं, जिसका अर्थ है कि किसी कौशल का अभ्यास करने से उसमें सुधार होता है, जबकि अभ्यास न करने से उसका क्षय होता है।

18. (C): 'जीववाद' पियाजे के संज्ञानात्मक विकास के मूर्त संक्रियात्मक चरण से संबंधित विशेषता नहीं है। जीववाद, यह विश्वास कि निर्जीव वस्तुओं में जीवन और भावनाएँ होती हैं, पहले के प्रीऑपरेशनल चरण की अधिक विशेषता है। हालाँकि, मूर्त संक्रियात्मक चरण, प्रतिवर्तिता, क्रमिकीकरण और संरक्षण जैसी क्षमताओं द्वारा चिह्नित होता है, जहाँ बच्चे तार्किक संचालन को समझना शुरू करते हैं और कम अहं-केंद्रित होते हैं।

19. (B): शिक्षण सूत्र 'अमूर्त से मूर्त ' आमतौर पर सीखने में अक्षम बच्चों के लिए फायदेमंद नहीं है, जो आम तौर पर मूर्त से अमूर्त दृष्टिकोणों से अधिक लाभान्वित होते हैं। सीखने में अक्षम छात्रों को अक्सर सरल से जटिल, प्रत्यक्ष से अप्रत्यक्ष और ज्ञात से अज्ञात तक पढ़ाए जाने पर जानकारी को समझना और बनाए रखना आसान लगता है, क्योंकि ये विधियाँ मूर्त, परिचित अवधारणाओं से शुरू करके समझ की नींव बनाती हैं।

20. (C): कोह्लबर्ग के नैतिक विकास सिद्धांत में 'व्यक्तिवाद और विनिमय' और 'सामाजिक अनुबंध और व्यक्तिगत अधिकार' के चरण नैतिकता के पारंपरिक स्तर का हिस्सा नहीं हैं। ये चरण क्रमशः पूर्व-पारंपरिक और उत्तर-पारंपरिक स्तरों से संबंधित हैं। पारंपरिक स्तर में सामाजिक व्यवस्था और अच्छे पारस्परिक संबंधों को बनाए रखना शामिल है, कानूनों का पालन करने और सामाजिक मानदंडों को बनाए रखने के लिए दूसरों की अपेक्षाओं पर ध्यान केंद्रित करना।

21. (D): 'प्रगति का नियम' आमतौर पर आनुवंशिकता से जुड़ा नहीं होता है। समानता का नियम, भिन्नता का नियम और प्रतिगमन का नियम जैसे आनुवंशिक नियम इस बात से निपटते हैं कि आनुवंशिक लक्षण कैसे पारित होते हैं और व्यक्तियों के बीच भिन्न होते हैं। प्रगति का नियम एक आगे की गति या विकास का सुझाव देता है जो अधिक सामान्य है और विशेष रूप से आनुवंशिक विरासत से बंधा नहीं है।

22. (A): शिक्षक की शारीरिक बनावट शिक्षण-अधिगम प्रक्रिया को मौलिक रूप से प्रभावित नहीं करती है। जबकि शिक्षक के मानसिक स्वास्थ्य, विषय ज्ञान और संचार कौशल जैसे कारक सीधे शिक्षण और सीखने के माहौल की प्रभावशीलता को प्रभावित करते हैं, शारीरिक बनावट सीधे शैक्षिक परिणामों से संबंधित नहीं है।

23. (D): जीन पियाजे के नैतिक विकास के सिद्धांत के अनुसार, किशोरावस्था की अवधि को 'स्वायत्त नैतिकता का चरण' कहा जाता है। इस चरण में, व्यक्ति नैतिकता को आपसी सम्मान और सहयोग के आधार पर देखना शुरू करते हैं, जो पहले के चरणों से आगे है जहाँ नियमों को अपरिवर्तनीय और प्राधिकरण द्वारा लागू किया जाता है।

24. (D): यह कथन कि व्यक्तिगत अंतर केवल आनुवंशिकता का परिणाम है, गलत है। जबकि आनुवंशिकता एक महत्वपूर्ण भूमिका

निभाती है, पर्यावरणीय कारक, अनुभव और व्यक्तिगत रुचियाँ भी व्यक्तिगत अंतरों में काफी हद तक योगदान करते हैं। अन्य कथन व्यक्तिगत अंतरों की जटिलता और विशिष्टता को पहचानते हैं।

25. (C): संज्ञानात्मक सीखने में ध्यान, स्मृति और प्रतिबिंब जैसी मानसिक प्रक्रियाओं का उपयोग शामिल है। इस प्रकार का सीखना समस्या-समाधान क्षमताओं और समझ के अधिग्रहण से संबंधित है, न कि केवल क्रियाओं की यांत्रिक पुनरावृत्ति से, जो इसे अनुकरणीय, मोटर और भावात्मक सीखने से अलग करता है।

26. (C): निष्क्रिय उपस्थिति प्रभावी सीखने का सिद्धांत नहीं है। प्रभावी सीखने के सिद्धांत सक्रिय जुड़ाव, प्रेरणा, व्यक्तिगत दृष्टिकोण और प्रतिक्रिया पर जोर देते हैं, जो सीखने के अनुभव को बढ़ाने और बेहतर शैक्षिक परिणाम सुनिश्चित करने के लिए महत्वपूर्ण हैं।

27. (B): सतत और व्यापक मूल्यांकन का अर्थ है छात्र के प्रदर्शन के शैक्षणिक और सह-शैक्षणिक दोनों पहलुओं का मूल्यांकन करना, न केवल निरंतर परीक्षणों के माध्यम से, बल्कि प्रगति की व्यापक रूप से निगरानी करने के लिए उचित अंतराल पर भी। इसमें केवल अकादमिक उपलब्धियों से परे छात्र की क्षमताओं और विकास की व्यापक समझ शामिल है।

28. (B): डिस्लेक्सिया एक सीखने की कठिनाई है जो सटीक और/या धाराप्रवाह शब्द पहचान, खराब वर्तनी और डिकोडिंग क्षमताओं की समस्याओं से जुड़ी है। यह विशेष रूप से अक्षरों और शब्दों को अलग करने की क्षमता को प्रभावित करता है, जो डिस्ग्राफिया (लेखन विकार) या डिस्कैलकुलिया (गणित की कठिनाइयाँ) जैसी अन्य सीखने की कठिनाइयों से अलग है।

29. (C): स्टर्नबर्ग के बुद्धि के त्रितंत्रीय सिद्धांत के अनुसार, बुद्धि के तीन पहलू घटकीय (विश्लेषणात्मक), अनुभवात्मक (रचनात्मक) और प्रासंगिक (व्यावहारिक) हैं। इन तत्वों में क्रमशः सूचना का विश्लेषण करने, समस्याओं को हल करने के लिए रचनात्मकता का उपयोग करने और विभिन्न वातावरणों के अनुकूल होने की क्षमता शामिल है।

30. (D): पावलोव के कंडीशनिंग सिद्धांत में, प्रेरणा की कमी प्राकृतिक और कृत्रिम उत्तेजनाओं के बीच कंडीशनिंग को सकारात्मक रूप से प्रभावित नहीं करती है। प्रभावी कंडीशनिंग के लिए आम तौर पर उचित समय, उत्तेजनाओं की पुनरावृत्ति और एक मजबूत संबंध स्थापित करने के लिए नियंत्रित वातावरण की आवश्यकता होती है। वातानुकूलित प्रतिक्रिया के लिए सार्थक संबंध बनाने हेतु प्रेरणा या प्रासंगिक उत्तेजना अक्सर आवश्यक होती है।

31. (D): 'तेजोपुंज' शब्द गुण स्वर संधि का उदाहरण नहीं है। यह शब्द 'तेजस्' और 'पुंज' का समास है, न कि संधि। संधि में दो शब्दों के मिलने से उनके बीच के ध्वनियों में परिवर्तन होता है। यहाँ पर गुण स्वर संधि नहीं हुई है।

32. (A): 'सुधीजन' और 'शताब्दी' शब्दों में वर्तनी सही है। ये दोनों शब्द उचित रूप से लिखे गए हैं और इनमें किसी प्रकार की अशुद्धि नहीं है, जबकि अन्य विकल्पों में वर्तनी संबंधी गलतियाँ पाई गई हैं।

34. (D): 'कासार' शब्द 'धनुष' का पर्यायवाची नहीं है। 'धनुष' के पर्यायवाची शब्द होते हैं 'चाप', 'कार्मुक', और 'शरासन'। 'कासार' का अर्थ एक छोटा तालाब या पोखर होता है। अतः यह 'धनुष' से संबंधित नहीं है।

35. (B): 'नीम हकीम खतरे जान' लोकोक्ति का अर्थ है कि अल्पज्ञान खतरनाक होता है। यह उक्ति उन लोगों के बारे में है जिन्हें थोड़ा ज्ञान होता है और वे उसे अधिक समझते हैं, जिससे कि अक्सर गलतियां हो जाती हैं और यह खतरनाक साबित हो सकता है।

36. (A): 'कादंबरी' का अर्थ है शराब और 'कादंबिनी' का अर्थ है घटा। इस युग्म का क्रमशः सही अर्थ दिया गया है जो संस्कृत साहित्य में प्रयोग होता है। 'कादंबरी' बाणभट्ट की प्रसिद्ध कृति का नाम भी है और इसका संदर्भ शराब से है, जबकि 'कादंबिनी' बादलों की श्रृंखला या घटा को दर्शाता है।

37. (B): देश, त्योहार, नदी ये व्यक्तिवाचक संज्ञाओं के उदाहरण नहीं हैं, बल्कि ये जातिवाचक संज्ञा के उदाहरण हो सकते हैं। व्यक्तिवाचक संज्ञा विशेष व्यक्ति, स्थान, या वस्तु के नाम होते हैं जैसे कि राम, दिल्ली, गंगा आदि। इसलिए यह कथन संगत नहीं है।

38. (B): 'चिरायु' और 'दीर्घायु' दोनों का अर्थ है दीर्घ जीवन या लंबी आयु होना। इसलिए यह विलोम शब्द का युग्म नहीं है क्योंकि दोनों शब्दों के अर्थ समान हैं। विलोम शब्द का अर्थ होता है विपरीत अर्थ वाले शब्द।

39. (C): 'परा' उपसर्ग का प्रयोग 'परार्थ' और 'पराश्रित' जैसे शब्दों में गलत है जबकि अन्य उपसर्गों के शब्द-युग्म सही हैं।

40. (C): 'इसी ने मेरी जिंदगी बचाई थी' में 'इसी' एक निश्चयवाचक सर्वनाम है, न कि प्रश्नवाचक सर्वनाम। प्रश्नवाचक सर्वनाम वे होते हैं जो प्रश्न पूछने के लिए प्रयुक्त होते हैं जैसे कि कौन, क्या, कहाँ, आदि। इसलिए यह युग्म संगत नहीं है।

41. (A): 'गुरुदक्षिणा' वास्तव में कर्मधारय समास है, जहाँ 'गुरु' और 'दक्षिणा' दोनों शब्द स्वतंत्र अर्थ रखते हैं लेकिन संयुक्त रूप से एक विशेष प्रकार की दक्षिणा का बोध कराते हैं, जो गुरु को दी जाती है। यह संबंध तत्पुरुष समास नहीं है क्योंकि वहाँ उत्तरपद प्रधान होता है और पूर्वपद उसकी विशेषता बताता है।

42. (D): संकेतवाचक विशेषण में वस्तु की नाप, तौल, मात्रा का बोध नहीं होता है। यह परिभाषा वास्तव में परिमाणवाचक विशेषण के लिए उपयुक्त है। संकेतवाचक विशेषण उन शब्दों को कहते हैं जो किसी वस्तु की स्थिति, स्थान, या समय का बोध कराते हैं, जैसे कि 'यह', 'वह', 'यहाँ', 'वहाँ'।

43. (D): 'वैधव्य' अपत्यवाचक तद्धित प्रत्यय से निर्मित नहीं है। यह शब्द 'विधवा' से बना है, जो किसी व्यक्ति की स्थिति या अवस्था का बोध कराता है। अन्य शब्द जैसे 'वैनतेय', 'कौरव', और 'वासुदेव' व्यक्तियों के नामों से जुड़े हुए हैं और उनके पिता या पूर्वजों का संकेत देते हैं।

44. (C): 'ग', 'ल', और 'ब' का उच्चारण स्थान क्रमशः कण्ठ, दन्त, ओष्ठ है। 'ग' वर्ण का उच्चारण कण्ठ से होता है, 'ल' का दन्त से, और 'ब' का ओष्ठ से होता है। ये उच्चारण स्थान इन वर्णों के उत्पादन की स्थिति को सही ढंग से दर्शाते हैं।

45. (B): ''तुम्हें ऐसा करना शोभा नहीं देता है।'' यह वाक्य पूर्वकालिक क्रिया का उदाहरण नहीं है। पूर्वकालिक क्रियाएं वे होती हैं जहां एक क्रिया के पूरा होने के बाद दूसरी क्रिया होती है, जैसे कि अन्य विकल्पों में दिखाया गया है। यह वाक्य एक सामान्य निषेधात्मक वाक्य है जो किसी क्रिया के अनुचित होने का संकेत देता है।

46. (D): "Give in" as a phrasal verb means to yield or surrender under pressure, not to distribute, deposit, or donate. This expression is typically used when someone reluctantly agrees to something after a period of resistance. Thus, the correct answer that conveys this meaning is "surrender."

47. (D): The modal auxiliary "must" is used to express obligation or necessity. In the sentence provided, "Your mother is seriously ill. You must leave for home at once," it indicates that it is necessary or obligatory for the person to go home immediately due to the serious illness of their mother.

48. (D): The correct preposition to use when someone is conveying information about a topic is "about." The sentence "He told all about the incident" means that he provided information concerning the incident to everyone involved or present.

49. (C): The phrase "the day after tomorrow" is used to refer to the day that follows the next day. Therefore, the most appropriate preposition to use in the sentence "I am going home the day after tomorrow" is "after," which properly links the timing of the action to the day being referred to.

50. (A): When discussing the act of looking with focus or attention at something, "at" is the correct preposition. In the sentence "Mohan gazed at the sky in the hope of rain," "at" correctly describes Mohan's action of looking intently towards the sky.

51. (B): The passive voice of the sentence "Have they done the work?" is "Has the work been done?" This transformation from active to passive voice correctly maintains the present perfect tense and agrees in number with the singular noun "work."

52. (B): The correct form of the verb to fit the sentence "The Headmaster wants to meet you" is "wants." This form agrees with the singular subject "The Headmaster" and is in the simple present tense, which is used for stating general facts or habitual actions.

53. (B): The incorrect part of the sentence is "not breaked." The correct past participle of "break" is "broken." Thus, the sentence should read, "Has Sachin not broken the record held by Bradman who made 10,000 runs in his career?"

54. (B): The expression "No sooner had the police reached than the thieves fled" is correct for describing events that occurred almost simultaneously. "No sooner" is followed by "than" to indicate that soon after one event happens, another follows immediately.

55. (D): The correct tense form for the sentence "She jumped off the train while it was moving" is "was moving." This form indicates that the action of the train (moving) was ongoing at the time she jumped off, which is best expressed using the past continuous tense.

56. (C): The original sentence is in direct speech and asks a question. When changing to reported speech, the structure needs to reflect that it's a question being relayed indirectly. The correct transformation would be, "I asked him if he knew when she would go home." This maintains the interrogative nature inside the indirect structure and properly shifts the tense from "will go" to "would go."

57. (B): "Sinecure" refers to a position that requires little to no responsibility, effort, or actual work but still offers financial compensation. This term typically applies to jobs that are given more for patronage or reward than for the purpose of actually performing duties. This option correctly describes a job with high pay and minimal responsibilities.

58. (C): "Send for" means to request someone to come to you, typically by sending a message or calling them. It's often used in contexts where assistance or presence is needed. The correct meaning in this context is "call someone in," which implies requesting someone's arrival at a location for consultation or help.

59. (A): The phrasal verb "turn out" has several meanings depending on the context, but a common one, especially when used with "someone," is to expel or evict them from a place, which fits with the general idea of forcing someone out. Therefore, "to evict someone" is the correct interpretation in this context.

60. (B): "Fair weather friends" are those who are supportive or friendly only when it is easy or beneficial to be so, particularly during good times. When challenges arise, these friends typically disappear or are not dependable. This idiom accurately describes friends who are loyal only during a time of success.

61. (C):

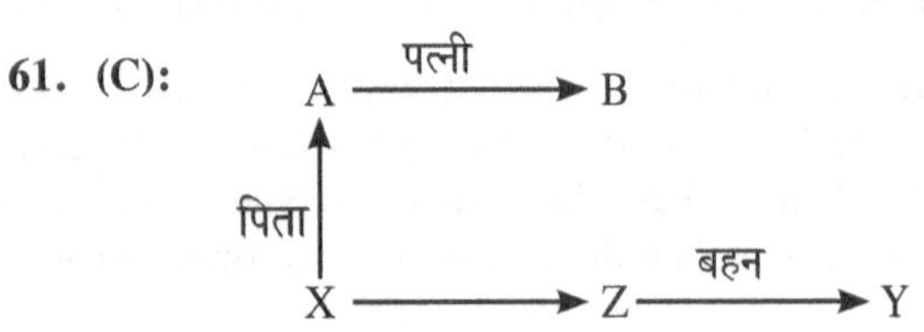

यहाँ विकल्प (C) में, X, A का पुत्र है, निश्चित रूप से सत्य नहीं है क्योंकि X पुत्री/पुत्र है, यह स्पष्ट नहीं है।

62. (A): यहाँ, P = प्रारंभिक बिंदु

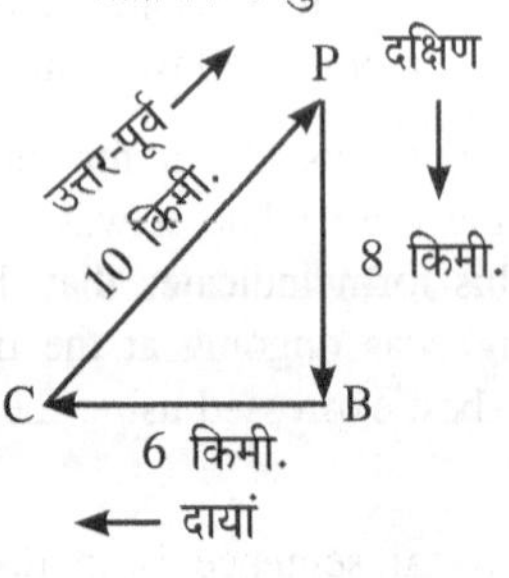

PB = 8 किमी.

BC = 6 किमी.

CP = 10 किमी.

$\because$ $$CP = \sqrt{PB^2 + BC^2} = \sqrt{8^2 + 6^2}$$

$$= \sqrt{64 + 36} = \sqrt{100} = 10 \text{ किमी.}$$

A, बिन्दु P से चलना प्रारंभ करता है और अंत में बिन्दु P पर ही पहुँच जाता है।

अतः A प्रारंभिक बिन्दु से 0 किमी. दूरी पर है।

63. (C): $\because$ $$\frac{m_1 d_1 h_1}{w_1} = \frac{m_2 d_2 h_2}{w_2}$$

$\therefore$ $$\frac{10 \times 8 \times h}{\frac{2}{5}} = \frac{m_2 \times 12 \times h}{\left(1 - \frac{2}{5}\right)}$$

$\Rightarrow$ $$\frac{10 \times 8}{\frac{2}{5}} = \frac{m_2 \times 12}{\frac{3}{5}}$$

$\Rightarrow$ $$\frac{10 \times 8}{2} = \frac{m_2 \times 12}{3}$$

$\Rightarrow$ $$40 = 4m_2$$

$\Rightarrow$ $$m_2 = 10$$

इसलिए आवश्यक व्यक्तियों की संख्या = 10.

64. (C): एक लम्ब प्रिज्म के त्रिभुजाकार आधार का परिमाप = 32 सेमी.

अर्द्ध-परिमाप, $S = \frac{32}{2} = 16$ सेमी.

त्रिभुज की अंतःत्रिज्या, $r = 6$ सेमी.

$\therefore$ प्रिज्म का क्षेत्रफल,

$A = Sr = 16 \times 6 = 96$ सेमी.^{2}

$\therefore$ प्रिज्म का आयतन = $A \times h$

(जहाँ, h = प्रिज्म की ऊँचाई)

$\Rightarrow$ 576 सेमी.^{3} = 96 सेमी.^{2} $\times h$

$\therefore$ $$h = \frac{576}{96} = 6 \text{ सेमी.}$$

अतः प्रिज्म की ऊँचाई = 6 सेमी.।

65. (B): दिया है, नियमित बहुभुज के विकर्णों की संख्या = 27

$\Rightarrow$ $$\frac{n(n-3)}{2} = 27$$

$\Rightarrow$ $$n^2 - 3n = 54$$

$\Rightarrow$ $$n^2 - 3n - 54 = 0$$

$\Rightarrow$ $$n^2 + 6n - 9n - 54 = 0$$

$\Rightarrow$ $$n(n + 6) - 9(n + 6) = 0$$

$\Rightarrow$ $$(n + 6)(n - 9) = 0$$

$\Rightarrow$ $n = -6$ या $n = 9$

$[\because n \neq -6]$

इसलिए भुजाओं की संख्या = n = 9.

66. (D): मिश्रण A = 7 किग्रा.

तांबा : जस्ता = 5 : 2

$\therefore$ A में तांबा = $7 \times \frac{5}{5+2}$ = 5 किग्रा.

A में जस्ता = $7 \times \frac{2}{7}$ = 2 किग्रा.

और मिश्रण B = 21 किग्रा.

तांबा : जस्ता = 3 : 4

$\therefore$ B में तांबा = $21 \times \frac{3}{3+4} = 21 \times \frac{3}{7}$ = 9 किग्रा.

B में जस्ता = $21 \times \frac{4}{7}$ = 12 किग्रा.

$\because$ मिश्रण A और मिश्रण B को मिलाकर एक नई मिश्र धातु बनाई जाती है।

$\therefore$ नई मिश्रधातु में कुल तांबा = 5 + 9 = 14 किग्रा.

और नई मिश्रधातु में कुल जस्ता = 2 + 12 = 14 किग्रा.

अतः नई मिश्रधातु में तांबा और जस्ता का अनुपात = 14 : 14 = 1 : 1.

67. (A): $7 \operatorname{cosec}\theta - 3\cot\theta = 7$

या $\cot\theta = \frac{7}{3}(\operatorname{cosec}\theta - 1)$

$\Rightarrow \quad 7\operatorname{cosec}\theta - 7 = 3\cot\theta$

$\Rightarrow \quad 7(\operatorname{cosec}\theta - 1) = 3\cot\theta$

दोनों ओर वर्ग करने पर,

$49(\operatorname{cosec}\theta - 1)^2 = 9\cot^2\theta$

$\Rightarrow 49(\operatorname{cosec}\theta - 1)^2 - 9(\operatorname{cosec}^2\theta - 1) = 0$

$\Rightarrow (\operatorname{cosec}\theta - 1)\,[49(\operatorname{cosec}\theta - 1) - 9(\operatorname{cosec}\theta + 1)] = 0$

$\therefore \quad \operatorname{cosec}\theta = 1$

या, $40\operatorname{cosec}\theta - 58 = 0$

$\Rightarrow \quad \operatorname{cosec}\theta = \frac{58}{40} = \frac{29}{20}$

$\therefore \quad \cot\theta = 0 \text{ or } \frac{21}{20}$

$\left[\cot\theta = \frac{7}{3}(\operatorname{cosec}\theta - 1)\right]$

यहाँ, $7\cot\theta - 3\operatorname{cosec}\theta = 0 - 3 \times 1 = -3$

तथा, $7\cot\theta - 3\operatorname{cosec}\theta = 7 \times \frac{21}{20} - 3 \times \frac{29}{20}$

$= \frac{3}{20}(49 - 29) = \frac{3}{20} \times 20 = 3$

अतः $7\cot\theta - 3\operatorname{cosec}\theta = 3$

$\therefore$ विकल्प (A) सही है।

68. (C): यदि किसी वृत्त में समबाहु त्रिभुज अंकित है, तो शीर्षों पर स्पर्शरेखाएँ भी समबाहु त्रिभुज बनाएँगी। ऐसा इसलिए होता है क्योंकि अंकित समबाहु त्रिभुज की समरूपता और समान कोण यह सुनिश्चित करते हैं कि प्रत्येक शीर्ष पर स्पर्शरेखाओं के बीच के कोण भी बराबर हों, जिससे इन स्पर्शरेखाओं द्वारा बनाया गया त्रिभुज समबाहु बनता है।

69. (A): माना एक वस्तु का क्रय मूल्य = ₹ x

तब उस वस्तु का विक्रय मूल्य $= \frac{115}{100}x$

प्रश्नानुसार,

$\frac{115}{100}x + 18 = \frac{118}{100}x$

$\Rightarrow \quad \frac{118}{100}x - \frac{115}{100}x = 18$

$\Rightarrow \quad \frac{3}{100}x = 18$

$\Rightarrow \quad x = 600$

अतः वस्तु का क्रय मूल्य = x = ₹ 600.

70. (C): 0 3 9 12 36 39 [117] 120 360

+3 ×3 +3 ×3 +3 ×3 +3 ×3

42 के स्थान पर 117 होना चाहिए।

इसलिए दी गई श्रृंखला में गलत संख्या = 42.

71. (B): माना दो धनात्मक संख्याएँ x और y हैं

तब, $x - y = 3$

और $x^2 + y^2 = 369$

$\because \quad (x - y)^2 = x^2 + y^2 - 2xy$

$\therefore \quad 3^2 = 369 - 2xy$

$\Rightarrow \quad 2xy = 369 - 9$

$\Rightarrow \quad 2xy = 360$

अब, $(x + y)^2 = x^2 + y^2 + 2xy$

$= 369 + 360$

$\Rightarrow \quad (x + y)^2 = 729 = (27)^2$

$\therefore \quad x + y = 27$

अतः उन संख्याओं का योग = 27.

72. (B): दिया हुआ शेषफल = 36

$\therefore$ भाजक = 5 × 36 = 180

और भागफल $= \frac{180}{12} = 5$

अब, भाज्य = भाजक × भागफल + शेष

= 180 × 15 + 36

$\Rightarrow$ भाज्य = 2700 + 36 = 2736

अतः भाज्य 2736 है।

73. (C): दिया है कि, A = ÷, B = +, C = –, D = ×

$\therefore$ 20 C 12 B 8 A 2 D 6

$= 20 - 12 + 8 \div 2 \times 6$

$= 20 - 12 + 4 \times 6$

$= 20 - 12 + 24$

$= 44 - 12 = 32.$

74. (D): औसत चाल $= \frac{\text{कुल दूरी}}{\text{कुल समय}} = \frac{12 + 18 + 24}{\frac{12}{3} + \frac{18}{9} + \frac{24}{4}}$

$= \frac{54}{4 + 2 + 6} = \frac{54}{12} = \frac{9}{2}$

= 4.5 किमी./घं.

75. (D): सारंगी, वीणा और गिटार तंतु वाद्य यंत्र हैं, जहाँ ध्वनि तारों के कंपन से उत्पन्न होती है। हालाँकि, बांसुरी एक लकड़ी से बना वाद्य है, जहाँ ध्वनि एक छिद्र में हवा के प्रवाह से उत्पन्न होती है। इसलिए, बांसुरी इनमें से एक बेमेल वाद्य यंत्र है।

76. (A): दिया है कि, 16 – 4 = 2

$\Rightarrow \quad 16 = 4^2$

$9 - 3 = 2$

$\Rightarrow \quad 9 = 3^2$

$81 - 3 = 4$

$\Rightarrow \quad 81 = 3^4$

$\therefore \quad 64 - 4 = 3$

$\Rightarrow \quad 64 = 4^3.$

77. (D): दिया है,

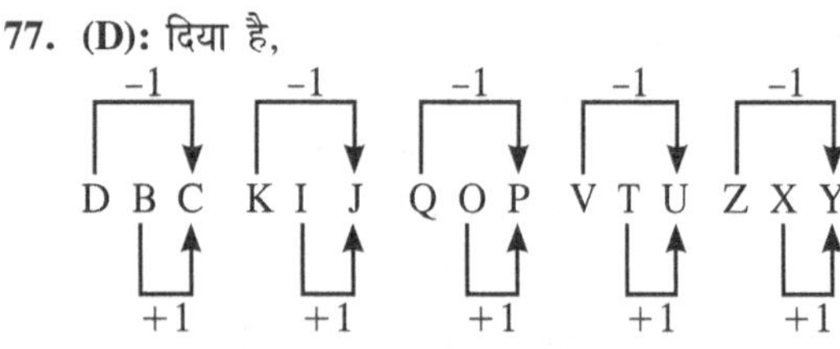

∴ ? = श्रेणी में लुप्त पद = VTU.

78. (D): दिया है,

‘P R O [J] E C T’ = ‘C E O P R T’
16 18 15 10 5 3 20 = 3 5 15 16 18 20

P L [A] N E = E L N P
16 12 1 14 5 = 5 12 14 16

दोनों कूट में, मध्य का अक्षर हटाया जाता है और शेष अक्षर को वर्णमाला के क्रम में व्यवस्थित किया जाता है।

इसी प्रकार,

O R G A [N] I S E D
15 18 7 1 14 9 19 5 4

= A D E G I O R S
1 4 5 7 9 15 18 19

इसलिए ‘ORGANISED’ को उसी कूट भाषा में ‘ADEGIORS’ लिखा जाएगा।

79. (C):

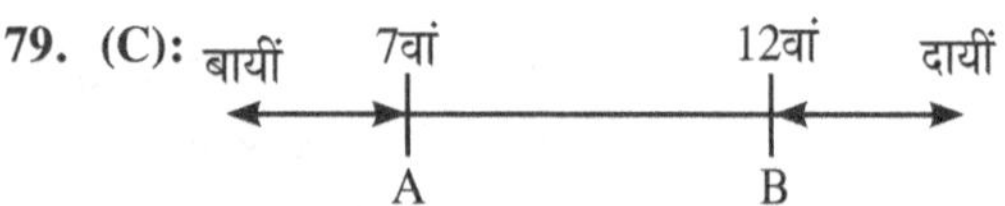

स्थानों में परस्पर परिवर्तन के बाद,

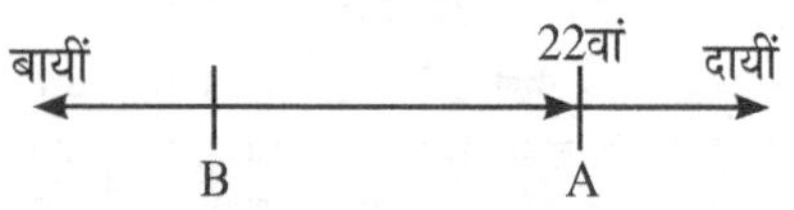

∴ पंक्ति में कुल लड़कों की संख्या = 22 + 11 = 33.

80. (B):

दाएं →
C 5 किमी. D
↑ दाएं
2 किमी.
B 8 किमी. A
← पश्चिम

यहाँ, प्रारंभिक बिन्दु = A

AB = 8 किमी.; BC = 2 किमी.

CD = 5 किमी.

इसलिए वह शुरूआती बिन्दु के संदर्भ में अब उत्तर-पश्चिम दिशा में है।

81. (C): श्री विजय वर्धन हरियाणा के वर्तमान मुख्य सूचना अधिकारी हैं, जिन्हें मुख्य सूचना आयुक्त के रूप में भी जाना जाता है। इस भूमिका में राज्य के भीतर सूचना के अधिकार अधिनियम के अनुप्रयोग की देखरेख करना, जनता के लिए सूचना की पारदर्शिता और पहुँच सुनिश्चित करना शामिल है। प्रशासनिक भूमिकाओं में अपनी पृष्ठभूमि और अनुभव के साथ विजय वर्धन को हरियाणा में शासन और सूचना प्रसार प्रक्रियाओं को बढ़ाने के लिए इस पद पर नियुक्त किया गया था।

82. (B): हरियाणा में गिद्ध संरक्षण केंद्र पिंजौर में स्थित है। यह केंद्र गिद्धों के संरक्षण और पुनर्वास में महत्वपूर्ण भूमिका निभाता है, जो गंभीर रूप से लुप्तप्राय प्रजाति है। यहाँ किए गए प्रयास इन पक्षियों को विलुप्त होने से बचाने, पर्यावरण संबंधी चिंताओं को दूर करने और जैव विविधता को बढ़ावा देने की व्यापक पहल का हिस्सा हैं।

83. (A): डॉ. ए.आर. किदवई, जिन्होंने यूपीएससी के अध्यक्ष के रूप में कार्य किया, बाद में हरियाणा के राज्यपाल बने। दोनों भूमिकाओं में उनके कार्यकाल ने लोक प्रशासन और शासन में उनके महत्वपूर्ण योगदान को उजागर किया, जो सिविल सेवा और प्रशासनिक सुधारों के प्रति उनकी प्रतिबद्धता को दर्शाता है।

84. (A): हरियाणा के सोनीपत जिले में खेलो इंडिया महिला तीरंदाजी रैंकिंग प्रतियोगिता का आयोजन किया गया। यह आयोजन खेलो इंडिया पहल का हिस्सा है, जिसका उद्देश्य खेल विकास को बढ़ावा देना और विभिन्न स्तरों पर खेलों में भागीदारी को प्रोत्साहित करना है, विशेष रूप से तीरंदाजी में महिलाओं के बीच।

85. (A): हरियाणा में कुल 95 तहसीलें हैं। यह प्रशासनिक प्रभाग स्थानीय शासन के लिए महत्वपूर्ण है और संसाधनों और विकासात्मक कार्यक्रमों के प्रबंधन को अधिक स्थानीय स्तर पर सुगम बनाता है, जिससे यह सुनिश्चित होता है कि प्रशासनिक सेवाएँ राज्य के निवासियों के लिए सुलभ हों।

86. (C): हरियाणा सरकार किसानों को पानी की अधिक खपत वाली धान की फसलों से अधिक पारंपरिक और कम पानी की खपत वाली फसलों की ओर स्थानांतरण को प्रोत्साहित करने के लिए ‘मेरा पानी मेरी विरासत’ योजना चला रही है। इस पहल का उद्देश्य टिकाऊ कृषि पद्धतियों, पानी की कमी को दूर करना और क्षेत्रीय जलवायु और मिट्टी के स्वास्थ्य के लिए बेहतर फसलों की खेती को बढ़ावा देना है।

87. (C): हरियाणा में राष्ट्रीय फैशन प्रौद्योगिकी संस्थान (NIFT) पंचकुला में स्थित है। यह संस्थान भारत भर में फैशन प्रौद्योगिकी शिक्षा केंद्रों के नेटवर्क का हिस्सा है जो फैशन उद्योग की उभरती जरूरतों के अनुरूप डिजाइन, तकनीक और प्रबंधन के क्षेत्र में पेशेवर प्रशिक्षण और शिक्षा प्रदान करता है।

88. (C): हरियाणा में पूरन भगत के नाम से जाने जाने वाले ऋषि बाबा चौरंगी नाथ थे। वे स्थानीय लोककथाओं और धार्मिक परंपराओं में पूजनीय हैं, जो इस क्षेत्र की आध्यात्मिक और सांस्कृतिक विरासत का प्रतीक हैं। उनके जीवन और शिक्षाओं का यशगान किया जाता है और स्थानीय समुदायों पर उनका स्थायी प्रभाव है।

89. (C): हरियाणा में मोरनी हिल्स हिमालय की बाहरी श्रृंखला का हिस्सा हैं। यह भौगोलिक विशेषता अपनी प्राकृतिक सुंदरता और जैव विविधता के लिए महत्वपूर्ण है, जो इसे इको-पर्यटन और प्रकृति प्रेमियों के लिए एक लोकप्रिय गंतव्य बनाती है। पहाड़ियाँ एक शांत वातावरण प्रदान करती हैं और विभिन्न प्रकार की वनस्पतियों और जीवों का घर हैं।

90. (A): 1857 के विद्रोह के दौरान, तफजल हुसैन ने हरियाणा के रोहतक में ब्रिटिश प्रतिष्ठानों पर हमलों का नेतृत्व किया। यह भागीदारी ब्रिटिश औपनिवेशिक शासन के खिलाफ व्यापक भारतीय विद्रोह का हिस्सा थी, जिसमें तफजल हुसैन जैसे स्थानीय नेताओं ने प्रतिरोध को संगठित करने और स्वतंत्रता की लड़ाई में महत्वपूर्ण भूमिका निभाई थी।

91. (B): भारत के राष्ट्रपति (राजेंद्र प्रसाद) ने भारत के संविधान के अनुच्छेद 344(1) में प्रदत्त शक्तियों का प्रयोग करते हुए 7 जून, 1955 को श्री बाल गंगाधर खेर की अध्यक्षता में राजभाषा आयोग का गठन किया। इस आयोग में 21 सदस्य थे। इस आयोग को निम्नलिखित विषयों की सिफारिशों के लिए गठित किया गया था–

(क) संघ के सरकारी कामकाज के लिए हिन्दी भाषा का क्रमशः अधिक से अधिक से प्रयोग,

(ख) संघ के सभी या कुछ सरकारी कामों के लिए अंग्रेजी भाषा के प्रयोग की मनाही,

(ग) संविधान के अनुच्छेद 348 में वर्णित सभी अथवा कुछ कार्यों के लिए किस भाषा का प्रयोग किया जाए,

(घ) संघ के किसी या किन्हीं खास कार्यों के लिए प्रयोग में आने वाले अंकों का रूप,

(ङ) एक समग्र अनुसूची तैयार करना जिसमें ये बताया जाए कि कब और किस प्रकार संघ की राजभाषा तथा संघ एवं राज्यों के बीच और एक राज्य और दूसरे राज्यों के बीच संचार की भाषा के रूप में अंग्रेजी का स्थान धीरे-धीरे हिन्दी ले।

92. (D): तार सप्तक के कवि हैं–गजानन माधव मुक्तिबोध; आचार्य नेमिचन्द्र जैन; भारत भूषण अग्रवाल; प्रभाकर माचवे; गिरिजाकुमार माथुर; रामविलास शर्मा अज्ञेय।

दूसरा सप्तक के कवि हैं–शमशेर बहादुर; भवानीप्रसाद मिश्र; शकुंतला माथुर; हरिनारायण घनश्याम व्यास; नरेश मेहता; धर्मवीर भारती; रघुवीर सहाय।

तीसरा सप्तक के कवि हैं–कुँवर नारायण; कीर्ति चौधरी; सर्वेश्वर दयाल सक्सेना; मदन वात्स्यायन; प्रयाग नारायण त्रिपाठी; केदारनाथ सिंह; विजयदेवनारायण साही।

चौथा सप्तक के कवि हैं–अवधेश कुमार; राजकुमार कुंभज; स्वदेश भारती; नंदकिशोर आचार्य; सुमन राजे; श्रीराम वर्मा; राजेंद्र किशोर।

93. (B): उपर्युक्त पद्यांश में वाचिक अनुभाव का भेद प्रयुक्त हुआ है। यहाँ 'सौंह करै भौंहनि हसैं, दैन कहै नटि जाय' में हाव-भाव और बातचीत के माध्यम से अभिनय को व्यक्त किया गया है, जो वाचिक अनुभाव की पहचान है।

94. (A): वीर रस : शत्रु की ललकार, उत्कर्ष दशा, धर्म की दुर्दशा आदि से वशीभूत हो जब हृदय में उत्साह नामक भाव उत्पन्न होता है तो वहाँ वीर रस की उत्पत्ति होती है। जंभा को छोड़कर सभी सात्विक अनुभाव इसमें आ सकते हैं।

उदाहरण–

मैं सत्य कहता हूँ सखे! सुकुमार मत जानो मुझे हूँ।
यमराज से भी युद्ध को प्रस्तुत सदा मानो मुझे।।

यहाँ स्थायी भाव उत्साह है। अभिमन्यु आश्रय है। क्षत्रिय आलंबन है। अभिमन्यु के वचन अनुभाव हैं। उग्रता, रोमांच, उत्सुकता आदि संचारी भाव हैं।

95. (B): मंदाग्नि - तत्पुरुष समास सुमेलित नहीं है क्योंकि 'मंदाग्नि' का वर्णन कमजोर पाचन शक्ति के रूप में किया गया है जो बहुव्रीहि समास का उदाहरण है।

96. (D): 'क्रियात्मक अनुसंधान' दिन-प्रतिदिन की स्वाभाविक परिस्थितियों को पहचानने, अध्ययन करने एवं समाधान खोजने के लिए प्रयुक्त होता है। प्रो. स्टीफन एम.कोरे के अनुसार, अभ्यासकर्ता द्वारा अपने निर्णयों व क्रियाओं का निर्देशन, संशोधन व मूल्यांकन की दृष्टि से अपनी समस्याओं का वैज्ञानिक ढंग से अध्ययन करने के लिए प्रयुक्त की जाने वाली प्रक्रिया को क्रियात्मक अनुसंधान कहते हैं।

क्रियात्मक अनुसंधान की प्रक्रियाएँ हैं :

(*i*) समस्या की पहचान, परिभाषित तथा सीमांकन करना

(*ii*) समस्या के कारणों का विश्लेषण

(*iii*) क्रियात्मक परिकल्पना की रचना

(*iv*) क्रियात्मक अभिकल्प का निर्माण

(*v*) परिणामों का मूल्यांकन, आदि।

97. (D): डॉ. बच्चन सिंह के अनुसार इनकी कामायनी रचना 'बड़ी विशद् कल्पनाओं और मार्मिक उक्तियों से परिपूर्ण है।' यह विकल्प अनुचित है क्योंकि डॉ. बच्चन सिंह का यह कथन किसी और कवि या आलोचक से संबंधित हो सकता है।

98. (D): बच्चों को रुचि के अनुसार छोटे-छोटे गीत सुनाना, लेखन कौशल का उद्देश्य नहीं है। लेखन कौशल में मुख्यतः लिपि, शब्द, और वाक्य रचना का ज्ञान शामिल होता है।

99. (A): इ, च, य - कण्ठ, यह युग्म असंगत है क्योंकि 'इ', 'च', और 'य' का उच्चारण स्थल तालु होता है, न कि कण्ठ।

100. (B): रस ब्रह्मानंद है, यह विशेषता आ. विश्वनाथ के मत में रस की विशेषता नहीं है। उनके अनुसार, रस लोकोत्तर चमत्कार प्राण और सत्त्वोद्रेकमय है, और यह आत्मसात करने योग्य अनुभूति प्रदान करता है।

101. (B): गार्सा-द-तासी : हिन्दी साहित्य के इतिहास लेखन परम्परा का प्रारम्भ फ्रेंच विद्वान 'गार्सा-द-तासी' ने अपनी रचना 'इस्त्वार द ला लितरेत्युर ऐन्दुई ऐन्दुस्तानी' नामक ग्रन्थ में किया है। इसका प्रकाशन उन्होंने दो भागों में किया है। इनमें प्रथम भाग का प्रकाशन इन्होंने सन् 1839 ई. में और द्वितीय भाग का प्रकाशन सन् 1847 ई. में किया। हिन्दी और उर्दू के अनेक कवियों का विवरण वर्णानुक्रम में प्रस्तुत करने वाले इस ग्रन्थ में काल विभाजन का कोई प्रयास करना, कवियों का कालानुक्रमानुसार वर्गीकरण न करना तथा युगीन परिस्थितियों का विवेचन न करना जैसी कुछ कमियाँ हैं, लेकिन इस ग्रन्थ में पहली बार हिन्दी साहित्य के इतिहास को प्रस्तुत करने का प्रयास किया गया, इसके साथ ही कवियों के रचना काल का निर्देश भी किया गया है। अतः इसे इतिहास ग्रन्थ कहने में किसी को संकोच नहीं होना चाहिए। हिन्दी एवं उर्दू के विभिन्न कवियों का वर्णानुक्रम विवरण प्रस्तुत करने वाले गार्सा-द-तासी ने अपने ग्रन्थ में काल-विभाजन का प्रयास नहीं किया है। इससे स्पष्ट होता है कि इस ग्रन्थ में भी कालानुसार विभाजन न करना एवं कालक्रम सम्बन्धी परिस्थितियों का वर्णन न करने जैसी कुछ खामियाँ हैं। फिर भी गार्सा-द-तासी के द्वारा हिन्दी साहित्य के इतिहास को प्रस्तुत करने का सर्वप्रथम प्रयास किया गया।

102. (D): टेलीविजन एक श्रव्य सहायक सामग्री नहीं है क्योंकि यह दृश्य-श्रव्य सहायक सामग्री का एक उदाहरण है। टेलीविजन आवाज और वीडियो दोनों प्रदान करता है, इसलिए यह श्रव्य और दृश्य दोनों प्रकार के मीडिया को समर्थन देता है।

103. (B): इस लिपि का विकास सर्वप्रथम उत्तर भारत में हुआ, यह विकल्प असत्य है क्योंकि देवनागरी लिपि का विकास भारतीय उपमहाद्वीप में विभिन्न भागों में हुआ था, और इसे किसी एक भौगोलिक क्षेत्र तक सीमित नहीं किया जा सकता।

104. (C): कृपाराम कृत हिततरंगिणी रीति-निरूपण का आरंभिक ग्रंथ है जैसा कि डॉ. नगेन्द्र ने बताया है। यह ग्रंथ कविता और शैली पर विस्तृत चर्चा प्रदान करता है और रीति सिद्धांत के विकास में महत्वपूर्ण योगदान देता है।

105. (B): सन् 1947 में उत्तर प्रदेश सरकार ने आचार्य नरेन्द्र देव की अध्यक्षता में एक समिति गठित की। 1949 में इस समिति ने अपनी रिपोर्ट प्रस्तुत की। इस समिति ने नागरी लिपि में सुधार से संबंधित कुछ सुझाव दिए जो इस प्रकार हैं–

- 'अ' की बारहखड़ी को (जिसमें काका कालेलकर ने सुझाया था कि 'अ' के ऊपर ही मात्राएँ लगाकर सभी स्वर लिखे जाएँ) अस्वीकार कर दिया गया।
- अनुस्वार तथा पंचम वर्ण के स्थान पर (ं) का प्रयोग किया जाए।
- किसी व्यंजन के नीचे कोई दूसरा व्यंजन न लगाया जाए।
- मुद्रण और टाइपिंग की सुविधा के लिए मात्राओं को थोड़ा हटाकर दाहिनी ओर लगाया जाए।
- शिरोरेखा लगाई जाए।
- जिन वर्णों के दो रूप मिले हैं, उनमें से अ, झ, ध, भ, ल तथा त्र को रखा जाए। दूसरों का प्रयोग न किया जाए।
- विराम चिह्न अंग्रेजी के ही स्वीकार कर लिए जाएं। केवल पूर्ण विराम खड़ी पाई (।) के रूप में लगाया जाए।
- 'श्र', ओऽम तथा ळ को विशिष्ट अक्षरों के रूप में स्थान दिया जाए।

106. (D): मौन-पठन के उद्देश्य विविध होते हैं, जिसमें छात्रों में चिंतन एवं तर्क-वितर्क शक्ति का विकास, तीव्र गति से पढ़ने का अभ्यास, और परिचित शब्दावली को सक्रिय रूप देना शामिल हैं। मौन-पठन आत्मनिर्भर पढ़ने की क्षमता को बढ़ाता है और पढ़ने की गति, समझने की क्षमता, और व्याकरणिक ज्ञान को सुदृढ़ करता है।

107. (C): बुन्देली बोली को 'कोशली' नाम से भी जाना जाता है, यह कथन अनुचित है क्योंकि बुंदेली और कोशली दो अलग-अलग बोलियाँ हैं। बुंदेली मध्य प्रदेश के बुंदेलखंड क्षेत्र में बोली जाती है और कोशली उत्तर प्रदेश के उत्तरी हिस्से में बोली जाती है।

108. (C): प्रताप नारायण मिश्र के संपादकत्व में 'हिन्दी प्रदीप' पत्र का प्रकाशन होता था, यह कथन अनुचित है। वास्तव में, प्रताप नारायण मिश्र 'हिन्दी प्रदीप' पत्रिका के संपादक नहीं थे। उन्होंने 'ब्रज भाषा प्रदीप' पत्रिका का संपादन किया था।

109. (D): प्रेमचंद हिंदी के प्रसिद्ध कहानीकार थे। उनकी कहानियों के पात्र आदर्शवादी होते हैं। वह बच्चों के गुण-दोष को अपनी कहानी में सहजता से उतार देते हैं। 'नादान दोस्त' कहानी भी ऐसे दो नादान बच्चों केशव और उसकी बहन श्यामा पर आधारित है जो चिड़िया के घोंसलें को पहली बार अपने आँगन में कार्निस पर देखते हैं। उनकी जिज्ञासा तब और भी बढ़ जाती है जब चिड़िया को वहाँ आता-जाता देखते हैं। उनके मन में असंख्य प्रश्न उमड़ते हैं–अंडे कितने बड़े होंगे? किस रंग के होंगे? कितने होंगे? आदि-आदि। इन प्रश्नों का उत्तर उन्हें न तो बाबू जी से मिल सकता था और न ही अम्मा से क्योंकि उन्हें अपने कामों से फुर्सत नहीं थी।

110. **(A): अनुच्छेद 343** के अनुसार संघ की राजभाषा हिन्दी और लिपि देवनागरी होगी। अनुच्छेद-343 (2) खण्ड (1) में किसी बात के होते हुए भी, इस संविधान के प्रारम्भ से पन्द्रह वर्ष की अवधि तक संघ के उन सभी शासकीय प्रयोजनों के लिए अंग्रेजी भाषा का प्रयोग किया जाता रहेगा, जिनके लिए उसका ऐसे प्रारम्भ से ठीक पहले प्रयोग किया जा रहा था।

अनुच्छेद 344 में यह भी कहा गया है कि राष्ट्रपति उक्त अवधि के दौरान आदेश द्वारा संघ के शासकीय प्रयोजनों में से किसी के लिए अंग्रेजी भाषा के अतिरिक्त हिंदी भाषा का और भारतीय अंकों के अंतर्राष्ट्रीय रूप के अतिरिक्त देवनागरी रूप के प्रयोग को अनुमति दे सकता है।

अनुच्छेद 345 में प्रावधानित है कि प्रत्येक राज्य को यह अधिकार होगा कि वह कार्यालय के लिए कोई भी एक या एक से अधिक भाषा का प्रयोग कर सकता है।

अनुच्छेद 210: विधानमंडल में प्रयोग की जाने वाली भाषा परंतु, यथास्थिति, विधान सभा का अध्यक्ष या विधान परिषद का सभापति अथवा उस रूप में कार्य करने वाला व्यक्ति किसी सदस्य को, जो पूर्वोक्त भाषाओं में से किसी भाषा में अपनी पर्याप्त अभिव्यक्ति नहीं कर सकता है, अपनी मातृभाषा में सदन को संबोधित करने की अनुज्ञा दे सकेगा।

111. **(B):** अच्छे पाठ्यक्रम में वैयक्तिक भिन्नता को ध्यान में न रखा गया हो, यह एक अच्छे पाठ्यक्रम की विशेषता नहीं है। अच्छे पाठ्यक्रम डिजाइन में विभिन्न छात्रों की शैक्षिक जरूरतों, रुचियों और क्षमताओं को समझना और उसे पूरा करना शामिल होता है।

112. **(A):** अनुच्छेद 351 में हिंदी भाषा के विकास और प्रसार के लिए निर्देश है। यह निर्देश दिया गया है कि हिंदी भाषा का विकास उसकी प्रकृति में हस्तक्षेप किए बिना किया जाए और उसमें आठवीं अनुसूची में विनिर्दिष्ट भारत की अन्य भाषाओं में प्रयुक्त रूप, शैली और पदों को आत्मसात करते हुए किया जाए। जब संविधान 1950 में लागू किया गया था, उसमें आठवीं अनुसूची में 14 भाषाएँ थीं। बाद में संशोधन द्वारा यह संख्या बढ़कर 22 हो गई है। ये 22 भाषाएँ हैं—1. असमिया, 2. बंगला, 3. बोडो, 4. डोगरी, 5. गुजराती, 6. हिंदी, 7. कन्नड़, 8. कश्मीरी, 9. कोंकणी, 10. मैथिली, 11. मलयालम, 12. मणिपुरी, 13. मराठी, 14. नेपाली, 15. उड़िया, 16. पंजाबी, 17. संथाली, 18. संस्कृत, 19. सिंधी, 20. तमिल, 21. तेलुगू, 22. उर्दू।

113. **(C):** 'वह चिड़िया जो' कविता में कवि ने चिड़िया की विशेषता के रूप में इसे एकांत में उदास रहने वाली के रूप में वर्णित नहीं किया है। कविता में चिड़िया की स्वतंत्रता और उसके जीवन की विशेषताओं पर जोर दिया गया है, जैसे कि उसका अन्न से प्यार और घने वन में गाना।

114. **(D):** उपर्युक्त पद्यांश में किरीट सवैया छंद का भेद है। किरीट सवैया एक विशिष्ट छंद है जिसमें प्रत्येक पंक्ति में विशेष लय और ताल होता है, और इसका उपयोग कविता में भावनात्मक प्रभाव उत्पन्न करने के लिए किया जाता है।

115. **(A):** 'छायावाद' शब्द के प्रथम प्रयोक्ता रूपनारायण पाण्डेय हैं, यह विकल्प असत्य है। वास्तव में, छायावाद शब्द के प्रथम प्रयोक्ता रामविलास शर्मा माने जाते हैं, जिन्होंने इस शब्द को प्रचलित किया और हिंदी साहित्य में इसकी पहचान स्थापित की।

116. **(B):** उलूक - तद्भव शब्द असंगत है। 'उलूक' शब्द संस्कृत के 'उलूक' से आया है और यह तत्सम शब्द है, न कि तद्भव। तद्भव शब्द वे होते हैं जो संस्कृत से अन्य भारतीय भाषाओं में आकर ध्वनि या रूप में परिवर्तित हो जाते हैं।

117. **(D):** गुप्त जी को 'साकेत' रचना लिखने की प्रेरणा हजारी प्रसाद द्विवेदी के लेख 'कवियों की उर्मिला विषयक उदासीनता' से मिली है, यह विकल्प अनुचित है। वास्तव में, इस विषय पर किसी लेख का उल्लेख नहीं है जिससे मैथिलीशरण गुप्त को 'साकेत' लिखने की प्रेरणा मिली हो।

118. **(A):** मनः + कामना = मनोकामना में संधि कार्य असंगत है। यहाँ सही संधि 'मनःकामना' होगी, जहाँ 'मनः' के अंतिम ':' (विसर्ग) को हटाकर 'क' को जोड़ा जाता है।

119. **(D):** 'प्रिंसिपल ऑफ लैंग्वेज स्टडी' पुस्तक के लेखक हेराल्ड ई. पामर हैं। इस पुस्तक में भाषा शिक्षण के मूल सिद्धांतों पर चर्चा की गई है, जो भाषा शिक्षण में एक प्रमुख कृति मानी जाती है।

120. **(C):** 'वाणी की व्यथा' के रचनाकार त्रिलोचन शास्त्री नहीं बल्कि शिवमंगल सिंह 'सुमन' हैं। शिवमंगल सिंह 'सुमन' का जन्म उत्तर प्रदेश के उन्नाव जिले के झगरपुर में 5 अगस्त सन् 1915 को हुआ। प्रारम्भिक शिक्षा भी वहीं हुई। ग्वालियर के विक्टोरिया कॉलेज से बी.ए. और काशी हिन्दू विश्वविद्यालय से एम.ए., डी.लिट् की उपाधियाँ प्राप्त की। शिवमंगल सिंह 'सुमन' का कार्यक्षेत्र अधिकांशतः शिक्षा जगत से संबद्ध रहा। वे ग्वालियर के विक्टोरिया कॉलेज में हिन्दी के व्याख्याता, माधव महाविद्यालय, उज्जैन के प्राचार्य और फिर 1968-78 के दौरान विक्रम विश्वविद्यालय, उज्जैन (म.प्र.) के कुलपति रहे।

इनके प्रमुख कविता-संग्रह हैं : हिल्लोल (1939), जीवन के गान (1942), युग का मोल (1945), प्रलय सृजन (1950), विश्वास बढ़ता ही गया (1948), विंध्य हिमालय (1960), मिट्टी की बारात (1972), वाणी की व्यथा (1980), कटे अँगूठों की वंदनवारें (1991)।

121. **(C):** अलंकार के संबंध में उपर्युक्त परिभाषा आचार्य वामन की है। इस परिभाषा में अलंकार को काव्यशोभा का कारण बताया गया है, जो गुणों और उनकी अतिशयता के माध्यम से प्रकट होता है, और यह आचार्य वामन के काव्यालंकार सिद्धांतों से मेल खाता है।

122. (B): 'लोकगीत' अध्याय में लेखक ने भोजपुरी के 'बिदेशिया' लोकगीत का उल्लेख किया है। 'बिदेशिया' भोजपुरी संगीत और नाट्य की एक प्रमुख विधा है, जिसमें प्रवासी मजदूरों की विरह और दुःख की भावनाओं को व्यक्त किया जाता है।

123. (B): विभिन्नताओं को दृष्टिगत रखते हुए शिक्षण कार्य करवाना चाहिए, यह कथन वैयक्तिक भिन्नता का सिद्धान्त को परिभाषित करता है। इस सिद्धांत के अनुसार, शिक्षण के दौरान छात्रों की व्यक्तिगत क्षमताओं, रुचियों, और शैक्षिक जरूरतों को समझना और उनके अनुसार शिक्षण विधियों का चयन करना चाहिए।

124. (D): नोका + ईला = नुकीला में प्रत्यय की दृष्टि से असंगति है। 'नोका' और 'ईला' के संयोग से 'नुकीला' शब्द नहीं बन सकता क्योंकि 'नुकीला' शब्द का गठन 'नोक' शब्द से होता है, जिसमें 'नोक' के अंत में 'ईला' प्रत्यय जोड़ने से 'नुकीला' बनता है।

125. (C): अध्यारोप में एकाधिक उपसर्ग प्रयुक्त हुए हैं। यह शब्द 'अधि' और 'आरोप' से मिलकर बना है, जहां 'अधि' और 'आ' दोनों ही उपसर्ग के रूप में कार्य कर रहे हैं, और इस प्रकार इसमें एकाधिक उपसर्ग का प्रयोग हुआ है।

127. (C): ओज गुण में शृंगार, करुण एवं शांत रसों में क्रमशः आधिक्य से रहता है, यह कथन असत्य है। ओज गुण वीर और रौद्र जैसे रसों में ज्यादा प्रभावी होता है, जहाँ भाषा में ओजपूर्णता और बल का प्रदर्शन होता है।

128. (A): उपर्युक्त पद्यांश में श्रुतिकटुत्व दोष है। इस पद्यांश में 'लटकि लटकि लटकतु चलत' और 'चटक भर्यो नट मिलि गयो' जैसे शब्द संयोजन कान को अप्रिय लग सकते हैं, जो सुनने में कठिन और जटिल प्रतीत होते हैं।

129. (A): अष्टछाप कवियों में कुंभनदास 'कनिष्ठ' कवि थे, यह कथन असंगत है। कुंभनदास को अष्टछाप के प्रमुख कवियों में गिना जाता है, और उन्हें कनिष्ठ कवि के रूप में वर्णित करना अनुचित है। वे अपनी भक्तिपूर्ण और साहित्यिक योगदान के लिए जाने जाते हैं।

130. (C): ''अजरामरता अयोध्या नगरी किसे प्रिय नहीं लगती।'' यमक अलंकार यहाँ असंगत है। यमक अलंकार तब होता है जब एक ही शब्द या लगभग समान ध्वनि वाले शब्दों की पुनरावृत्ति कविता में होती है, जिससे विशेष ध्वनि प्रभाव उत्पन्न होता है। यहाँ इस प्रकार के किसी शब्द की पुनरावृत्ति नहीं है।

131. (D): उक्त कथन आचार्य रामचंद्र शुक्ल का है। वे 'बीसलदेव रासो' के विश्लेषण में यह वर्णन करते हैं कि इस कृति में शृंगार रस की प्रधानता है और वीर रस केवल किंचित आभास के रूप में मौजूद है।

132. (A): रामस्वरूप चतुर्वेदी - तुलसीदास ही राम साहित्य के सम्राट हैं, यह कथन असंगत है। रामस्वरूप चतुर्वेदी ने इस प्रकार का कोई वक्तव्य नहीं दिया। यह वर्णन अन्य आलोचकों या विद्वानों द्वारा किया जा सकता है, लेकिन चतुर्वेदी द्वारा नहीं।

133. (D): संत कवियों में रज्जबदास सर्वाधिक शिक्षित थे, यह कथन सत्य नहीं है। वास्तव में, रज्जबदास के बारे में ऐसी कोई विशेषता दर्ज नहीं है कि वे संत कवियों में सबसे अधिक शिक्षित थे।

134. (C): 'एक तिनका' कविता के रचयिता श्री अयोध्यासिंह उपाध्याय 'हरिऔध' हैं। ये हिंदी के सुप्रसिद्ध साहित्यकार थे। इनकी रचना 'प्रिय प्रवास' हिंदी खड़ी बोली का प्रथम महाकाव्य है। 'एक तिनका' पाठ के द्वारा कवि हरिऔध यह कहना चाहते हैं कि मनुष्य को कभी घमंड नहीं करना चाहिए क्योंकि घमंड मनुष्य का सबसे बड़ा दुश्मन है। उन्होंने प्रस्तुत पाठ में दर्शाया है कि कैसे जब घमंड से वे मुंडेरे पर खड़े थे तो एक तिनका उड़कर उनकी आँख में जा गिरा और वह बेचैन हो गए। तो एक तिनका मात्र काफी था उनके घमंड को चकनाचूर करने के लिए, उनकी आँखें तिलमिला रही थीं। लोग उनकी मदद करने आए और उनकी आँखों से तिनका निकाला। इस घटना के बाद उन्होंने अहंकार त्यागा और उन्हें ज्ञात हुआ कि अहंकार करना कितना गलत होता है।

135. (D): उपेन्द्रनाथ 'अश्क' उपन्यासकार, निबन्धकार, लेखक, कहानीकार हैं। अश्क जी ने आदर्शोन्मुख, कल्पनाप्रधान अथवा कोरी रोमानी रचनाएँ की हैं।

उपन्यास : गिरती दीवारें, शहर में घूमता आईना, गर्म राख, सितारों के खेल, आदि।

कहानी संग्रह : सत्तर श्रेष्ठ कहानियां, जुदाई की शाम के गीत, काले साहब, पिंजरा, आदि।

नाटक : लौटता हुआ दिन, बड़े खिलाड़ी, जय-पराजय, स्वर्ग की झलक, भँवर, अंजो दीदी।

काव्य : एक दिन आकाश ने कहा, प्रातःप्रदीप, दीप जलेगा, बरगद की बेटी, उर्म्मियाँ, आदि।

धर्मवीर भारती आधुनिक हिन्दी साहित्य के प्रमुख लेखक, कवि, नाटककार और सामाजिक विचारक थे। वे एक समय की प्रख्यात साप्ताहिक पत्रिका धर्मयुग के प्रधान संपादक भी थे।

कहानी संग्रह : मुर्दों का गाँव (1946), स्वर्ग और पृथ्वी (1949), चाँद और टूटे हुए लोग (1955), बंद गली का आखिरी मकान (1969), साँस की कलम से।

उपन्यास : गुनाहों का देवता (1949), सूरज का सातवां घोड़ा (1952), ग्यारह सपनों का देश, प्रारंभ व समापन।

निबंध संग्रह : ठेले पर हिमालय (1958), पश्यन्ती (1969), कहनी-अनकहनी (1970), कुछ चेहरे कुछ चिन्तन (1955), शब्दिता (1977), मानव मूल्य और साहित्य (1960)।

पद्य नाटक : अंधा युग (1954)।

लक्ष्मीनारायण लाल हिन्दी नाटककार, एकांकीकार एवं समीक्षक होने के साथ-साथ कहानीकार एवं उपन्यासकार भी थे। साहित्य की अनेक विधाओं में सृजन करने के बावजूद सर्वाधिक ख्याति उन्हें नाटककार के रूप में मिली। समीक्षक के रूप में भी उनका योगदान महत्वपूर्ण है।

नाटक : अन्धा कुआँ (1956), मादा कैक्टस (1959), सुंदर रस (1959), सूखा सरोवर (1960), दर्पण (1964), सूर्यमुख (1968), कलंकी (1969), सगुन पंछी (1977), सब रंग मोहभंग (1977), राम की लड़ाई (1979)।

उपन्यास : धरती की आंखें (1951), बया का घोंसला और सांप (1951), काले फूल का पौधा (1951), रूपाजीवा (1959), हरा समंदर गोपी चंदर (1974), वसंत की प्रतीक्षा (1975), श्रृंगार (1975), देवीना (1976)।

निर्मल वर्मा हिन्दी के आधुनिक कथाकारों में एक मूर्धन्य कथाकार और पत्रकार थे। शिमला में जन्मे निर्मल वर्मा को मूर्तिदेवी पुरस्कार (1995), साहित्य अकादमी पुरस्कार (1984), उत्तर प्रदेश हिन्दी संस्थान पुरस्कार और ज्ञानपीठ पुरस्कार से सम्मानित किया जा चुका है।

उपन्यास : वे दिन (1964), लाल टीन की छत (1974), एक चिथड़ा सुख (1979), रात का रिपोर्टर (1989), अंतिम अरण्य (2000)।

कहानी संग्रह : परिंदे (1959), जलती झाड़ी (1965), पिछली गर्मियों में (1968), बीच बहस में (1973), मेरी प्रिय कहानियाँ (1973), प्रतिनिधि कहानियाँ (1988), कव्वे और काला पानी (1983), सूखा तथा अन्य कहानियाँ (1995), संपूर्ण कहानियाँ (2005)।

निबंध : शब्द और स्मृति (1976), कला का जोखिम (1981), ढलान से उतरते हुए (1985), भारत और यूरोप : प्रतिश्रुति के क्षेत्र (1991), इतिहास स्मृति आकांक्षा (1991), शताब्दी के ढलते वर्षों में (1995), अन्त और आरम्भ (2001)।

आषाढ़ का एक दिन सन 1958 में प्रकाशित और नाटककार मोहन राकेश द्वारा रचित एक हिन्दी नाटक है। कभी-कभी इस नाटक को हिन्दी नाटक के आधुनिक युग का प्रथम नाटक कहा जाता है। 1959 में इसे वर्ष का सर्वश्रेष्ठ नाटक होने के लिए 'संगीत नाटक अकादमी पुरस्कार' मिला था।

136. (B): बीजवपन काल - आ. हजारी प्रसाद द्विवेदी असंगत है। आचार्य हजारी प्रसाद द्विवेदी ने आदिकाल को 'बीजवपन काल' के रूप में वर्णित नहीं किया है। उनके द्वारा आदिकाल को इस नाम से संदर्भित करने का कोई प्रमाण नहीं है, और यह नामकरण उनके द्वारा प्रस्तावित नहीं किया गया है।

137. (B): शूर्पणखा, ज्योत्स्ना - ये दोनों शब्द वार्तनिक दृष्टि से शुद्ध हैं। 'शूर्पणखा' और 'ज्योत्स्ना' दोनों ही सही रूप से वर्तनी युक्त हैं और हिंदी भाषा में इनका प्रयोग उचित रूप में किया गया है।

138. (A): सरवर, परकाज - यही रिक्त स्थानों में प्रयुक्त होने वाले शब्द हैं। रहीम के दोहे का पूरा पाठ है : 'तरुवर फल नहिं खात हैं, सरवर पियत न पान। कहि रहीम परकाज हित, संपत्ति - सचहिं सुजान।।' जिसमें 'सरवर' का अर्थ तालाब और 'परकाज' का अर्थ परहित है।

139. (A): गुणवाचक विशेषण - 'स्वर्ण' और 'लाल' दोनों शब्द विशेषताओं का वर्णन करते हैं, जिन्हें गुणवाचक विशेषण कहा जाता है। ये शब्द उन वस्तुओं के गुण या विशेषताएं बताते हैं, जैसे कि रंग या सामग्री की प्रकृति।

140. (C): मतिराम कृत 'ललितललाम' छंदशास्त्र से संबंधित महत्वपूर्ण ग्रंथ है, यह विकल्प अनुचित है। 'ललितललाम' वास्तव में छंदशास्त्र पर नहीं, बल्कि एक छंद संग्रह है, जिसमें मतिराम ने विभिन्न प्रकार के छंदों का वर्णन किया है, लेकिन यह छंदशास्त्र की तकनीकी व्याख्या पर केंद्रित नहीं है।

141. (C): 'चिड़िया की बच्ची' कहानी में उद्धृत कथन 'भोली चिड़िया तुम कहाँ रहती हो? तुम मुझे नहीं जानती हो?' माधवदास का है। इस कथन के माध्यम से कथानायक चिड़िया से उसके ठिकाने और पहचान के बारे में पूछता है, जिससे कहानी में चरित्रों के बीच संवाद का विकास होता है।

142. (C): हो सकता है वह आज शाम को आए - संकेतार्थक, यह विकल्प असंगत है। वाक्य 'हो सकता है वह आज शाम को आए' एक संभावनार्थक वाक्य है, जो संकेतार्थक नहीं है। संकेतार्थक वाक्य वे होते हैं जो किसी विशेष स्थान, व्यक्ति, या घटना की ओर संकेत करते हैं।

143. (D): डॉ. रामकुमार वर्मा - वर्ण-विचार एवं भाव-व्यंजना की दृष्टि से पद्मावत एक अत्यंत उच्च कोटि का काव्य है, यह कथन असत्य है। डॉ. रामकुमार वर्मा ने पद्मावत को इस दृष्टिकोण से विशेष रूप से नहीं पहचाना। इस कथन में अन्य आलोचकों की भूमिका का संभावित मिश्रण हो सकता है।

144. (C): चन्द्रधर शर्मा 'गुलेरी'–उसने कहा था, बुद्ध का काँटा, सुखमय जीवन, (उसने कहा था 1915 में सरस्वती में छपी। यह हिन्दी की सर्वश्रेष्ठ कहानी है।)

जैनेंद्र कुमार : परख, अनाम स्वामी, सुनीता, त्यागपत्र, कल्याणी, जयवर्द्धन, मुक्तिबोध (उपन्यास); वातायन, एक रात, दो चिड़िया, फाँसी, नीलम देश की राजकन्या, पाजेब (कहानी-संग्रह); प्रस्तुत प्रश्न, जड़ की बात, पूर्वोदय, साहित्य का श्रेय और प्रेय, सोच-विचार, समय और हम (विचार-प्रधान निबंध-संग्रह) इनकी प्रमुख रचनाएँ हैं।

विश्वंभर नाथ शर्मा 'कौशिक' : रक्षाबंधन, कल्पमंदिर, चित्रशाला, प्रेम प्रतिज्ञा, मणि माला', कल्लोल इनकी प्रमुख रचनाएँ हैं।

मिठाईवाला कहानी के रचनाकार **भगवती प्रसाद वाजपेयी** हैं। ये छायावादी, रोमांटिक, प्रगतिवादी और यथार्थवादी कवि, साहित्यकार व उपन्यासकार थे। वाजपेयी जी की प्रकाशित कहानियों का संग्रह लगभग 350 है।

145. (B): राधावल्लभ संप्रदाय के प्रवर्तक 'वल्लभाचार्य' माने जाते हैं, यह विकल्प असत्य है। राधावल्लभ संप्रदाय के प्रवर्तक 'हरिवंश' महाप्रभु हैं, न कि वल्लभाचार्य। वल्लभाचार्य ने पुष्टिमार्ग की स्थापना की थी, जो राधावल्लभ संप्रदाय से अलग है।

146. (C): डेढ़ चावल की खिचड़ी पकाना - किसी के वश में होना, यह मुहावरे का अर्थ सही नहीं है। मुहावरा 'डेढ़ चावल की खिचड़ी पकाना' का अर्थ होता है बहुत कम संसाधनों में से कुछ करने का प्रयत्न करना, न कि किसी के वश में होना।

147. (A): सेवासदन (1918); रंगभूमि (1925); कायाकल्प (1926); तथा गबन (1928)–यह प्रेमचंद के उपन्यासों का सही अनुक्रम है।

'उपन्यास-सम्राट' एवं आधुनिक कथा साहित्य के 'जनक' प्रेमचंद का जन्म सन् 1880 में वाराणसी के निकट 'लमही' नामक गाँव में हुआ था। इनका असली नाम धनपतराय था। इनके पिता का नाम अजायबराय और माता का नाम आनंदी देवी था। छोटी उम्र में ही पिता की मृत्यु हो जाने के कारण प्रेमचंद का बाल्यकाल आर्थिक संकटों में गुजरा।

रचनाएँ :

उपन्यास : सेवासदन (1918); प्रेमाश्रम (1922); रंगभूमि (1925); निर्मला (1925); गोदान (1936); कायाकल्प (1926); गबन (1928); कर्मभूमि (1932)।

साहित्यिक निबंध : संग्राम, कर्बला, प्रेम की वेदी (नाटक)

कहानी संग्रह : मानसरोवर (आठ भाग), लगभग तीन सौ (300) कहानियाँ।

संपादन : हंस, जागरण, माधुरी, मर्यादा।

148. (D): द्विकर्मक क्रिया में प्रथम कर्म अप्राणिवाचक तथा द्वितीयकर्म प्राणिवाचक होता है, यह विकल्प अनुचित है। द्विकर्मक क्रिया में ऐसी कोई विशेष शर्त नहीं होती कि प्रथम कर्म अप्राणिवाचक और द्वितीयकर्म प्राणिवाचक होना चाहिए। द्विकर्मक क्रिया में दोनों कर्म वस्तुओं या प्राणियों पर निर्भर करते हैं।

149. (D): काका कालेलकर ने नदियों को लोकमाता का दर्जा दिया था पर लेखक ने लोकमाता के साथ नदियों को प्रेयसी का रूप भी बताया, उन्होंने नदियों को बेटी का स्वरूप और बहन का स्वरूप भी बताया है।

काका कालेलकर का जन्म सन् 1885 ई. में महाराष्ट्र के सतारा जिले के एक सम्पन्न और प्रतिष्ठित परिवार में हुआ था। इनके पिता बालकृष्ण कालेलकर कोषाधिकारी थे। मातृभाषा मराठी के अतिरिक्त इन्होंने हिन्दी, गुजराती, बांग्ला, अंग्रेजी, संस्कृत आदि भाषाओं पर स्वाध्याय से अच्छा अधिकार कर लिया था। इन्होंने बम्बई (मुम्बई) विश्वविद्यालय से बी.ए. किया और बड़ौदा (वडोदरा) के 'गंगानाथ भारतीय सार्वजनिक विद्यालय' के आचार्य नियुक्त हो गए। इनकी कार्य-पद्धति, उदात्त विचार तथा मधुर व्यवहार को देखकर इनको 'काका' का विशेषण दिया गया।

150. (C): 'संसार पुस्तक है' यह पाठ पंडित जवाहरलाल नेहरू द्वारा अपनी पुत्री को लिखा गया एक पत्र है। इस पत्र के माध्यम से दुनिया और छोटे देशों के बारे में अपनी पुत्री को बताना चाहते थे। नेहरू जी इलाहाबाद में थे और उनकी दस वर्षीय पुत्री इंदिरा गाँधी मसूरी में थीं। वे पत्रों द्वारा अपनी बेटी को दुनिया की जानकारी देना चाहते थे। वह अपने पत्रों के माध्यम से अपनी पुत्री को विभिन्न देशों के बारे में जानकारी देते थे। इसलिए उन्होंने अपने पत्र में लिखा कि इंग्लैंड छोटा-सा टापू है और हिंदुस्तान बहुत बड़ा देश है। हिंदुस्तान दुनिया का छोटा-सा हिस्सा है। इसलिए दुनिया को समझने के लिए पत्रों में बताई गई बातों को ध्यान से पढ़कर समझना कि–'सारा संसार एक है। इसमें रहने वाले सभी हमारे भाई-बहन हैं। बड़े होकर इनके बारे में जानने में तुम्हें खुशी होगी।'

पिछले प्रश्न-पत्र (हल सहित)

हरियाणा शिक्षक पात्रता परीक्षा (HTET)

TGT हिन्दी (Level-2), परीक्षा 2022

(Exam held on 04 December, 2022)

भाग-I

बाल विकास व शिक्षाशास्त्र

निर्देश : *निम्नलिखित प्रश्नों के उत्तर देने के लिए* **सबसे उचित** *विकल्प चुनिए।*

1. प्रासंगिक अन्तर्बोध परीक्षण विद्यार्थियों के ________ मापन हेतु उपयोग में लाए जाते हैं।
A. बुद्धि B. अभिक्षमता
C. अभिवृत्ति D. व्यक्तित्व

2. निम्नलिखित में से कौन-सा कथन बच्चों के विकास के बारे में **सही** है?
A. विकास मात्र आनुवंशिकता का एक उत्पाद है।
B. विकास एक यादृच्छिक प्रारूप का अनुसरण करता है।
C. विकास एक संचयी प्रक्रिया है।
D. विकास के विभिन्न आयाम अन्तर्संबंधित नहीं हैं।

3. 'त्वरण' किस प्रकार के विशिष्ट बच्चों की शिक्षा के लिए एक महत्वपूर्ण योजना है?
A. प्रतिभाशाली
B. धीमे अधिगमकर्ता
C. अधिगम असमर्थ
D. मंद बुद्धि

4. निम्नलिखित में से कौन-सा कारक शिक्षण-अधिगम प्रक्रिया को प्रभावित **नहीं** करता है?
A. शिक्षक का शिक्षण कौशल
B. शिक्षक का मानसिक स्वास्थ्य
C. शिक्षक का विषय ज्ञान
D. शिक्षक का शारीरिक रूप

5. निम्नलिखित में से कौन-सी सृजनात्मकता की विशेषता **नहीं** है?
A. मौलिकता B. लोचशीलता
C. अनम्यता D. धाराप्रवाहिता

6. निम्नलिखित में से कौन-सी व्यक्तित्व आकलन की व्यक्तिनिष्ठ विधि **नहीं** है?
A. साक्षात्कार B. अवलोकन
C. आत्मकथा D. शब्द साहचर्य

7. बुद्धि के त्रितंत्रीय सिद्धांत का प्रतिपादन किसने किया?
A. गार्डनर B. गिलफोर्ड
C. स्टर्नबर्ग D. वर्नन

8. ब्रॉनफेनब्रेनर के जैव-पारिस्थितिकी मॉडल सिद्धांत में 'परिवार एवं विद्यालय' किस पर्यावरणीय तंत्र के उदाहरण हैं?
A. मैक्रोसिस्टम B. माइक्रोसिस्टम
C. एक्जोसिस्टम D. क्रोमोसिस्टम

9. निम्नलिखित में से कौन-सा युग्म सही **नहीं** है?

सिद्धांत प्रतिपादक	**सिद्धांत**
A. पियाजे	– संज्ञानात्मक विकास सिद्धांत
B. बंडुरा	– सामाजिक अधिगम सिद्धांत
C. एरिक्सन	– मनोसामाजिक विकास सिद्धांत
D. वायगोत्स्की	– नैतिक विकास सिद्धांत

10. वह मनोरचना क्या कहलाती है, जिसके द्वारा बालक अपने स्वयं के अहम् को किसी अन्य व्यक्ति के अनुरूप परिवर्तित करने का प्रयास करता है?
A. तादात्मीकरण B. युक्तिकरण
C. मार्गान्तीकरण D. प्रक्षेपण

11. विकास के सामाजिक-सांस्कृतिक सिद्धांत को किसने विकसित किया?
A. वायगोत्स्की B. एरिक्सन
C. कोह्लबर्ग D. ब्रॉनफेनब्रेनर

12. निम्नलिखित में से कौन-सा एक बाह्य अभिप्रेरक **नहीं** है?
A. ट्रॉफी के लिए खेल प्रतिस्पर्धा करना
B. वेतन के लिए नौकरी करना
C. आत्मसंतुष्टि हेतु समाजसेवा करना
D. एक खरीदने पर एक मुफ्त पाना

13. "मानसिक स्वास्थ्य संपूर्ण व्यक्तित्व का पूर्ण और सामंजस्यपूर्ण कार्य है।" मानसिक स्वास्थ्य की यह परिभाषा किसके द्वारा दी गई है?
A. मेनिंगर B. हैडफील्ड
C. ड्रेवर D. वॉल्टिन

14. 'विकास जो अनुदैर्ध्य अक्ष (सिर से पैर) की दिशा में आगे बढ़ता है', कहलाता है :

A. सिफैलिक-कॉडल B. प्रॉक्सिमोडिस्टल
C. सर्पिल D. बृत्तीय

15. कार्यात्मक प्रतिबद्धता में अधिगमकर्ता की प्रत्येक सही अनुक्रिया को पुनर्बलित करना किस प्रकार की पुनर्बलन अनुसूची है?

A. निश्चित अंतराल B. परिवर्तनशील अंतराल
C. निश्चित अनुपात D. सतत

16. अभिप्रेरणा के 'आवश्यकता अनुक्रम सिद्धांत' का प्रतिपादन किसने किया?

A. हल B. मैस्लो
C. एटकिन्सन D. थॉमसन

17. मीनल बुद्धि में औसत, सृजनात्मकता में निम्न एवं समायोजन में उच्च स्तरीय है। यह उदाहरण है :

A. अन्तर्वैयक्तिक भिन्नताओं का
B. अन्तःवैयक्तिक भिन्नताओं का
C. अवलोकनीय भिन्नताओं का
D. अपेक्षित भिन्नताओं का

18. निम्नलिखित में से कौन-सा तत्व स्किनर के कार्यात्मक प्रतिबद्धता सिद्धांत से संबंधित **नहीं** है?

A. बहिर्गमन B. विभेदन
C. स्वतः आपूर्ति D. पुनर्बलन

19. निम्नलिखित में से कौन-सी एक समायोजित व्यक्ति की विशेषता **नहीं** है?

A. अपनी क्षमताओं एवं सीमाओं के बारे में जागरूकता
B. स्वयं एवं दूसरों का सम्मान करना
C. संतुलित आकांक्षाएँ
D. व्यवहार में अनम्यता

20. पियाजे के संज्ञानात्मक विकास सिद्धांत के अनुसार किस विकासात्मक अवस्था में 'पलटाव की क्षमता' विकसित होती है?

A. संवेदी-पेशीय B. पूर्व-संक्रियात्मक
C. मूर्त-संक्रियात्मक D. औपचारिक-संक्रियात्मक

21. निम्नलिखित मनोवैज्ञानिकों में से कौन गेस्टाल्टवाद से संबंधित **नहीं** है?

A. कोहलर B. कोफ्का
C. क्रेशमर D. वर्दीमर

22. निम्नलिखित में से कौन-सा कथन समायोजन के संदर्भ में सही **नहीं** है?

A. यह असंतुलन उत्पन्न करता है।
B. यह परिस्थिति की माँगों के अनुरूप जीवन के तरीके को बदलने के लिए प्रेरित करता है।
C. यह वातावरण की स्थितियों में वांछनीय परिवर्तन लाने की क्षमता देता है।
D. समायोजन के अभाव में व्यक्ति तनाव और चिंता से घिरा रहता है।

23. ब्रूनर ने बालकों के संज्ञानात्मक विकास हेतु किस प्रकार के पाठ्यक्रम के अनुगमन का सुझाव दिया?

A. समावेशी पाठ्यक्रम
B. विशिष्ट पाठ्यक्रम
C. सर्पिल पाठ्यक्रम
D. एकीकृत पाठ्यक्रम

24. कैटल का संस्कृति मुक्त बुद्धि परीक्षण, एक प्रकार है :

A. वैयक्तिक शाब्दिक परीक्षण का
B. सामूहिक शाब्दिक परीक्षण का
C. अशाब्दिक परीक्षण का
D. शाब्दिक एवं अशाब्दिक परीक्षण का

25. एक प्रकार का बुद्धि परीक्षण जहाँ प्रश्न कठिनाई स्तर की दृष्टि से समान होते हैं, किन्तु समय तत्व को अधिक महत्व दिया जाता है?

A. गति परीक्षण B. शक्ति परीक्षण
C. शाब्दिक परीक्षण D. निष्पादन परीक्षण

26. वृद्धि बच्चों में किस प्रकार के परिवर्तन लाती है?

A. संरचनात्मक
B. प्रकार्यात्मक
C. संरचनात्मक एवं प्रकार्यात्मक दोनों
D. इनमें से कोई नहीं

27. निम्नलिखित में से कौन-सा घटक गिलफोर्ड के बुद्धि संरचना मॉडल का अंश **नहीं** है?

A. संक्रिया B. संज्ञान
C. विषयवस्तु D. उत्पाद

28. निम्नलिखित में से कौन-सा कथन अभिवृद्धि के संदर्भ में सही **नहीं** है?

A. अभिवृत्ति में अभिप्रेरणात्मक-प्रभावोत्पादक विशेषता पाई जाती है।
B. अभिवृत्ति पूर्णतः सकारात्मकता से पूर्णतः नकारात्मक हो सकती है।
C. अभिवृत्ति में व्यक्ति-वस्तु संबंध पाया जाता है।
D. अभिवृत्ति जन्मजात एवं अर्जित दोनों होती हैं।

29. निम्नलिखित में से कौन-सा मिलान सही **नहीं** है?

	एरिक्सन के मनो-सामाजिक विकास की अवस्थाएँ	**अवस्थाओं का क्रम**
A.	पहल बनाम अपराध बोध	– तीसरी अवस्था
B.	पहचान बनाम भूमिका संभ्रांति	– पाँचवीं अवस्था
C.	स्वायत्तता बनाम लज्जा एवं शंका	– पहली अवस्था
D.	अध्यवसाय बनाम हीनता	– चौथी अवस्था

30. निम्नलिखित में से कौन-सी व्यक्तित्व आकलन की प्रक्षेपी विधि **नहीं** है?

A. शब्द-साहचर्य B. वाक्यपूर्ति
C. वर्णन गति D. समाजमिति

भाग-II

भाषा : हिन्दी

निर्देशः *निम्नलिखित प्रश्नों के उत्तर देने के लिए* ***सबसे उचित*** *विकल्प चुनिए।*

31. उच्चारण की दृष्टि से 'ग' व्यंजन की ध्वनिगत विशेषताएँ हैं :
A. कंठ्य, अघोष, महाप्राण B. कंठ्य, सघोष, महाप्राण
C. कंठ्य, सघोष, अल्पप्राण D. कंठ्य, अघोष, अल्पप्राण

32. वचन की दृष्टि से कौन-सा युग्म **सही** है?
A. दर्शन – दर्शनों
B. प्राण – प्राणों
C. नारी – नारियों
D. हस्ताक्षर – हस्ताक्षरों

33. 'गिरीश' शब्द में कौन-सी संधि है?
A. दीर्घ स्वर संधि B. गुण स्वर संधि
C. यण् स्वर संधि D. व्यंजन संधि

34. 'जाह्नवी' शब्द का पर्याय है :
A. मंदाकिनी B. कुमुदनी
C. पथगामिनी D. नलनी

35. 'सरसिज' शब्द में कौन-सा समास है?
A. कर्मधारय समास B. द्वन्द्व समास
C. अव्ययीभाव समास D. अलुक् तत्पुरुष समास

36. विलोम की दृष्टि से असंगत विकल्प चुनिए :
A. ग्रस्त – मुक्त
B. व्यष्टि – समष्टि
C. आविर्भाव – तिरोभूत
D. अर्वाचीन – प्राचीन

37. किस विकल्प में परिमाणवाचक विशेषण का प्रयोग हुआ है?
A. प्रणव पाँच किलो दूध पी गया।
B. प्रणव पाँच केले खा गया।
C. प्रणव पाँचवीं कक्षा में पढ़ता है।
D. प्रणव के साथ कुछ बच्चे खेल रहे हैं।

38. 'जिज्ञासा' का सटीक समानार्थी है :
A. उत्कंठा B. ज्ञानेप्सा
C. वांछा D. इच्छा

39. "यह आपका माहात्म्य है।" वाक्य में प्रयुक्त 'माहात्म्य' शब्द में कौन-सी संज्ञा है?
A. जातिवाचक B. भाववाचक
C. समूहवाचक D. व्यक्तिवाचक

40. "सामने जो बड़ा-सा घर दिखाई दे रहा है, वह मेरा है।" वाक्य में किस सर्वनाम का प्रयोग हुआ है?
A. पुरुषवाचक B. निजवाचक
C. निश्चयवाचक D. अनिश्चयवाचक

41. किस विकल्प में भाववाचक तद्धित प्रत्यय का प्रयोग हुआ है?
A. बुलावा B. चचेरा
C. सौजन्य D. लखेरा

42. किस शब्द में 'अन्' उपसर्ग का प्रयोग **नहीं** हुआ है?
A. अनुत्तर B. अनुपम
C. अनुद्धार D. अनुगमन

43. क्रिया की दृष्टि से असंगत विकल्प चुनिए :
A. रमेश पत्र लिखवाता है–प्रेरणार्थक क्रिया
B. बालक छत पर खड़ा है–अकर्मक क्रिया
C. अध्यापक बालक को हिंदी पढ़ा रहा है–द्विकर्मक क्रिया
D. प्रणीता जोर-जोर से हँस रही है–सकर्मक क्रिया

44. विसर्ग ध्वनि का प्रयोग किन शब्दों में होता है?
A. तत्सम शब्दों में B. देशज शब्दों में
C. तद्भव शब्दों में D. उपर्युक्त सभी शब्दों में

45. 'साध्वाचरण' शब्द का सही संधि-विच्छेद है :
A. साध्व + आचरण B. साध + आचरण
C. साधू + आचरण D. साधु + आचरण

Language : English

Directions: *Answer the following questions by selecting the* ***most appropriate*** *option.*

46. Choose the option that brings out the meaning of the underline idiom:

<u>A lion's share</u> of India's annual budget is for defence.
A. major share
B. minor amount
C. small
D. very little

47. Select the appropriate one word substitution for the following:
Former students of a school or college
A. Emblem B. Alumni
C. Expert D. Incharge

48. Select the *correct* preposition for the blank:
I shall do it ________ pleasure.
A. in B. with
C. about D. over

49. Change the Narration:

"I'm taking the children to the zoo tomorrow." She said.

A. She told that she would be taking the children to the zoo the day after
B. She said that she will take the children to the zoo the next day
C. She told that she will be taking the children to the zoo
D. She will take the children to the zoo, she said

50. Select the ***correct*** meaning of the underlined phrasal verb:

Who can say what will turn up next?

A. remember B. divide
C. end D. happen

51. Select the appropriate preposition for the blank:

He has not yet recovered _______ his illness.

A. over B. in
C. at D. from

52. Select the ***correct*** antonym of:

Gloomy

A. Praise B. Coarse
C. Cheerful D. Dismal

53. Choose the ***correct*** synonym of:

Genius

A. Happy B. Cheerful
C. Talented D. Comfort

54. Change the narration in Reported Speech. Choose the ***right*** option:

'Who has been using my typewriter?' Said Mother.

A. Mother asked who has been using her typewriter
B. Mother said who was using her typewriter
C. Mother asked who had been using her typewriter
D. Mother asked her typewriter was being used by who

55. Choose the appropriate conjunction for the blank:

I shall not go _______ I am invited.

A. and B. unless
C. but D. there

56. Choose the part of sentence that has error:

she does not (A)/ resemble to (B)/ either of (C)/ her parents (D).

A. A B. B
C. C D. D

57. Change the voice and select the ***correct*** option:

Somebody has put out the light.

A. The light has put out by somebody
B. The light has been put out by somebody
C. Somebody has been out to put light
D. The light is being put out by somebody

58. Select the ***correct*** tense form from the options given:

Peter (try) to come in quietly but his mother (hear) him

A. tried, heard
B. trying, hears
C. was trying, was hearing
D. is trying, hears

59. Select the ***correct*** tense form from the options given:

When I first (come) to this house, it (be) a very quiet area.

A. comes, is B. came, was
C. coming, is D. come, are

60. Change the voice from Active to Passive and select the ***correct*** options:

Bees make honey

A. Honey is make by bees
B. Bees are making honey
C. Honey are made by bees
D. Honey is made by bees

भाग-III

सामान्य अध्ययन : मात्रात्मक योग्यता, तार्किक अभिक्षमता तथा सामान्य ज्ञान एवं अभिज्ञान

निर्देशः *निम्नलिखित प्रश्नों के उत्तर देने के लिए* ***सबसे उचित*** *विकल्प चुनिए।*

61. $\sqrt{8+2\sqrt{8+2\sqrt{8+....}}}$ का मान ज्ञात कीजिए :

A. 8
B. 10
C. 11
D. 4

62. यदि वर्ग की प्रत्येक भुजा में 50% की वृद्धि हो जाए, तो इसके क्षेत्रफल की प्रतिशत वृद्धि ज्ञात कीजिए :

A. 50% B. 100%
C. 125% D. 150%

63. यदि – का अर्थ ×, + का अर्थ ÷, ÷ का अर्थ +, × का अर्थ – है, तो 15 – 5 ÷ 5 × 20 + 10 का मान क्या होगा?

A. 70 B. 78
C. 75 D. 73

64. किसी वस्तु को ₹ 72,000 में बेचने पर किसी व्यक्ति को 20% का लाभ होता है, तो उस वस्तु का क्रय मूल्य क्या था?
A. ₹ 60,000 B. ₹ 50,000
C. ₹ 40,000 D. ₹ 65,000

65. निम्न शृंखला में कौन-सा पद **गलत** है?
8, 13, 21, 32, 47, 63, 83
A. 13 B. 32
C. 47 D. 63

66. एक ठोस घन सभी पृष्ठों पर लाल रंग से रंगा गया है। अब इसे 64 छोटे घनों में काटा जाता है, ऐसे कितने छोटे घन होंगे जिनका कोई पृष्ठ रंगा हुआ नहीं हो?
A. 24 B. 16
C. 8 D. 4

67. निम्न अंक शृंखला का अगला पद क्या होगा?
2, 7, 24, 77, 238, ...
A. 721 B. 722
C. 723 D. 733

68. अनिल ने प्रशान्त का परिचय कराते हुए कहा, "वह मेरे पिता के पिता की पोती का पति है।" प्रशान्त अनिल से किस प्रकार सम्बन्धित है?
A. भाई B. जीजा
C. भतीजा D. पुत्र

69. अक्षरों के चार समूह नीचे दिए जा रहे हैं उनमें से तीन किसी नियम से एक जैसे हैं। एक इनसे अलग है, उस विसंगत को छाँटिए :
A. STUA B. RQPA
C. MLKA D. HGFA

70. जिस प्रकार पृथ्वी का सम्बन्ध अक्ष से है उसी प्रकार पहिये का सम्बन्ध होगा :
A. टायर से B. कार से
C. सड़क से D. धुरी से

71. निम्न वर्ग शृंखला का अगला पद ज्ञात कीजिए :
LXF, MTJ, NPN, OLR, ...
A. PHV B. PIU
C. PJW D. PKX

72. यदि A, B से 40 मीटर दक्षिण-पश्चिम में हो, C, B से 40 मीटर दक्षिण-पूर्व में हो, तो C, A से किस दिशा में होगा?
A. पूर्व B. पश्चिम
C. उत्तर-पूर्व D. दक्षिण

73. 150 विद्यार्थियों द्वारा प्राप्त औसत अंक 35 थे। यदि इनमें से उत्तीर्ण विद्यार्थियों का औसत प्राप्तांक 39 हो तथा अनुत्तीर्ण विद्यार्थियों का औसत प्राप्तांक 15 हो, तो परीक्षा में उत्तीर्ण होने वाले विद्यार्थियों की संख्या ज्ञात कीजिए।
A. 120 B. 125
C. 135 D. 140

74. यदि $a^x = b$, $b^y = c$ और $c^z = a$, तो xyz का मान क्या होगा?
A. abc B. 1
C. $\frac{1}{abc}$ D. ab

75. वह छोटी से छोटी पूर्ण वर्ग संख्या ज्ञात कीजिए जो 4, 5, 6, 15 तथा 18 से पूर्णतः विभाजित हो :
A. 800 B. 225
C. 900 D. 361

76. $\left(\sqrt{5}\right)^{-5/2} \times \left(\sqrt{5}\right)^{-3/2}$ का मान क्या होगा?
A. $\frac{1}{25}$ B. $\frac{1}{125}$
C. $\frac{1}{325}$ D. $\frac{1}{625}$

77. कोई धन चक्रवृद्धि ब्याज की दर से 15 वर्ष में दोगुना हो जाता है, तो कितने वर्षों में यह उसी ब्याज की दर से 8 गुना हो जाएगा?
A. 30 वर्ष B. 40 वर्ष
C. 60 वर्ष D. 45 वर्ष

78. यदि 25 आदमी किसी फसल को 60 दिनों में काट सकते हैं, तो 10 आदमी उसी फसल को कितने दिनों में काट सकेंगे?
A. 125 दिन B. 92 दिन
C. 100 दिन D. 150 दिन

79. यदि $x + \frac{1}{x} = 5$ हो, तो $x^3 + \frac{1}{x^3}$ का मान क्या होगा?
A. 125 B. 110
C. 115 D. 105

80. किसी निश्चित कूट में '786' का अर्थ 'Study very hard', '958' का अर्थ 'Hard work pays', '645' का अर्थ 'Study and work', तो 'very' का कोड क्या होगा?
A. 8 B. 6
C. 7 D. 5

81. हरियाणा के पंचायती राज संस्थाओं में महिलाओं के लिए आरक्षित की गई सीटों का प्रतिशत है :
A. 25% B. 33%
C. 66% D. 50%

82. वह जिला, जहाँ पहली बार हरियाणा में ई-चालान लागू किया गया है :
A. गुरुग्राम B. पंचकुला
C. हिसार D. रोहतक

83. 'ग्लोबल सिटी प्रोजेक्ट' विकसित किया जा रहा है :
A. एच.एस.आई.आई.डी.सी., हरियाणा सरकार द्वारा
B. जी.एम.डी.ए., हरियाणा सरकार द्वारा
C. एच.यू.डी.ए., हरियाणा सरकार द्वारा
D. शहरी विकास मंत्रालय, भारत सरकार द्वारा

84. वह जिला, जहाँ डोलोमाइट पाया जाता है :

A. महेन्द्रगढ़ B. गुरुग्राम
C. फरीदाबाद D. पानीपत

85. वह अवार्ड, जोकि प्रशिक्षण में उत्कृष्टता हेतु हरियाणा राज्य द्वारा खेल प्रशिक्षक को दिया जाता है :

A. द्रोणाचार्य अवार्ड B. गुरु वशिष्ठ अवार्ड
C. महाराणा प्रताप अवार्ड D. अर्जुन अवार्ड

86. क्षेत्रफल की दृष्टि से हरियाणा का भारत में स्थान है :

A. 11वाँ B. 21वाँ
C. 15वाँ D. 18वाँ

87. वह स्थान, जिसका चीनी यात्री युआन च्वांग ने भ्रमण और उल्लेख किया है :

A. अग्रोहा B. सुग
C. कुरुक्षेत्र D. पानीपत

88. हरियाणा में राज्य प्रशासन के विधितः प्रमुख हैं :

A. राज्य के मुख्यमंत्री
B. सम्भागीय आयुक्त
C. राज्य के महाधिवक्ता
D. राज्य के राज्यपाल

89. हरियाणा सरकार की किस योजना के तहत हरियाणा के समस्त परिवारों का सामाजिक-आर्थिक डेटा तैयार किया जा रहा है?

A. अंत्योदय परिवार उत्थान योजना
B. परिवार पहचान पत्र योजना
C. मुख्यमंत्री परिवार समृद्धि योजना
D. जन आधार योजना

90. क्षेत्रफल की दृष्टि से लघुतम वन्य जीव अभयारण्य है :

A. भिण्डावास B. नाहर
C. सरस्वती D. छिलछिला

भाग-IV

Subject Knowledge—हिन्दी

निर्देशः *निम्नलिखित प्रश्नों के उत्तर देने के लिए* **सबसे उचित** *विकल्प चुनिए।*

91. "मैं आपकी बात ध्यानपूर्वक सुन रहा हूँ' में 'ध्यानपूर्वक' शब्द कौन-सा क्रियाविशेषण है?

A. परिमाणवाचक
B. रीतिवाचक
C. स्थानवाचक
D. कालवाचक

92. असंगत चुनिए :

A. पहाड़ी एवं राजस्थानी उपभाषाएँ शौरसेनी अपभ्रंश से उत्पन्न हुई हैं।
B. मगही, भोजपुरी एवं अवधी पूर्वी हिन्दी की बोलियाँ हैं।
C. कौरवी आकारबहुला एवं ब्रजभाषा ओकारबहुला हैं।
D. खड़ी बोली के विकास में लल्लूलाल का महत्वपूर्ण अवदान है।

93. 'महावीर' शब्द निम्न में से क्या है?

A. तद्भव B. रूढ़
C. योगरूढ़ D. देशज

94. मानकीकृत देवनागरी लिपि के संदर्भ में **असंगत** विकल्प चुनिए :

A. हिंदी के शब्दों में उचित ढंग से चन्द्रबिन्दु का प्रयोग आवश्यक है।
B. अनुनासिक स्वरों का ध्वनिगुण है एवं इनका उच्चारण स्थल केवल नासिका है।
C. संस्कृतमूलक तत्सम शब्दों की वर्तनी को ज्यों का त्यों ग्रहण किया जाए।
D. पूर्ण विराम को छोड़कर शेष विरामादि चिह्न अंग्रेजी के ही प्रचलित होंगे।

95. विलोम शब्द-युग्म **नहीं** है?

A. संस्कृति – विकृति
B. निराशा – आशावान
C. नैसर्गिक – कृत्रिम
D. विहित – निषिद्ध

96. 'तीसरी कसम' फिल्म किस लेखक की कहानी को लेकर बनाई गई थी?

A. अमृतलाल नागर B. फणीश्वरनाथ 'रेणु'
C. भगवतीचरण वर्मा D. राही मासूम रजा

97. 'हवा हो जाना' मुहावरे का सही अर्थ बताएँ :

A. बहुत तेज दौड़ना B. बहुत उन्नति करना
C. गायब हो जाना D. धोखा देना

98. कृष्ण भक्ति काव्यधारा के संदर्भ में **संगत** कथन चुनिए :

A. कुंभनदास अष्टछापी कवियों में अधिकारी के नाम से विख्यात थे।
B. रासपंचाध्यायी के रचयिता नंददास विट्ठलनाथ के शिष्य थे तथा प्रारंभ में रामभक्ति की ओर उन्मुख थे।
C. सूरदास कृत सूरसागर की आधारभूमि 'श्रीमद्भगवद्गीता' है।
D. 'गद्दीसेवा' का संबंध हरिदासी संप्रदाय से है।

99. 'वन के मार्ग में' किस विधा की रचना है?

A. कहानी
B. उपन्यास
C. कविता
D. नाटक

100. रीतिकाल के संदर्भ में **असंगत** कथन चुनिए :

A. 'चिंतामणि' के अनुसार रीति—'रीति सुभाषा कवित्त की बरनत बुध अनुसार' है।
B. आचार्य देव अभिधा शब्द शक्ति युक्त काव्य को उत्तम काव्य कहते हैं एवं तात्पर्या नामक चौथी शब्द-शक्ति की उद्भावना करते हैं।
C. घनानन्द के काव्यभाषा की विशेषताएँ—भावजन्य वक्रता की प्रधानता, लाक्षणिकता एवं गहन पीड़ा की अभिव्यक्ति है।
D. आचार्य शुक्ल रीतिकाल को शृंगारकाल कहने के संदर्भ में पूर्णतः असहमत हैं।

101. 'कामचोर' कहानी की/के लेखिका/लेखक हैं :

A. रवीन्द्रनाथ
B. इस्मत चुगताई
C. महादेवी वर्मा
D. मन्नू भण्डारी

102. 'राजभाषा अधिनियम' कब पारित हुआ?

A. सन् 1963 में
B. सन् 1961 में
C. सन् 1964 में
D. सन् 1962 में

103. *"हम दीवानों की क्या हस्ती, आज यहाँ कल वहाँ चले"*

ये पंक्तियाँ किस कवि की हैं?

A. रामेश्वर दयाल शुक्ल
B. नरेंद्र शर्मा
C. बालकृष्ण शर्मा 'नवीन'
D. भगवतीचरण वर्मा

104. **असंगत** विकल्प चुनिए :

A. उपमा अलंकार को राजशेखर अलंकारों का 'शिरोरत्न' कहते हैं।
B. उपमेय के अन्तर्गत अप्रस्तुत वस्तु वर्णन किया जाता है।
C. *"जनम सिंधु पुनि बंधु विष दिन मलीन सकलंक।*
सिय मुख समता पाव किमि चंद बापुरो रंक।।"
में व्यतिरेक अलंकार है।
D. *"कोटि जतन कोउ करै, परै न प्रकृतिहिं बीच।*
नलबलजल ऊँचो चढ़ै, अंत नीच को नीच।।"
में अर्थान्तरन्यास अलंकार है।

105. वर्तनी की दृष्टि से किस विकल्प के सभी शब्द **शुद्ध** हैं?

A. पाणिनी, दाशरथी
B. वाल्मीकि, सारणी
C. शक्तिकरण, मंत्रीमण्डल
D. आत्मवत, प्रत्याक्षी

106. कौन-सी कहानी विद्यासागर नौटियाल द्वारा लिखी गई है?

A. नादान दोस्त
B. माटीवाली
C. नेताजी का चश्मा
D. दो कलाकार

107. किस वाक्य में परिमाणवाचक विशेषण का प्रयोग हुआ है?

A. बंदर कई केले खा गया।
B. थोड़ी-सी चाय बनाना।
C. पहले लड़के को यह पुस्तक दे दो।
D. आसमान में अनगिनत तारे हैं।

108. कुँवर नारायण को उनकी किस कृति पर 'व्यास सम्मान' प्रदान किया गया?

A. अपने-सामने
B. कोई दूसरा नहीं
C. हम-तुम
D. आत्मजयी

109. नागार्जुन का वास्तविक नाम क्या है?

A. वैद्यनाथ मिश्र
B. वैजू मिश्र
C. बलदेव प्रसाद मिश्र
D. नामदेव मिश्र

110. *"वैष्णव जन तो तेने कहिए, जे पीर पराई जाणी रे"*

गाँधी जी का यह प्रिय भजन किसके द्वारा रचित है?

A. नरसी मेहता
B. मलूकदास
C. नानक देव
D. रैदास

111. 'राष्ट्रभक्ति' में प्रयुक्त समास है :

A. कर्म तत्पुरुष
B. करण तत्पुरुष
C. संबंध तत्पुरुष
D. सम्प्रदान तत्पुरुष

112. समास की दृष्टि से **असंगत** विकल्प चुनिए :

A. आत्मविश्वास – अधिकरण तत्पुरुष
B. समाचारपत्र – सम्प्रदान तत्पुरुष
C. शिक्षणेतर – अपादान तत्पुरुष
D. गुणातीत – करण तत्पुरुष

113. निम्न में से कौन-सी रचना मतिराम की है?

A. सुजानचरित
B. कविप्रिया
C. ललितललाम
D. जगत विनोद

114. निम्न कथनों पर विचार करते हुए **असंगत** कथन छाँटिए :

A. विभावना विरोधमूलक अलंकार है।
B. 'राम नाम सुंदर करतारी, संशय बिहग उड़ावनहारी' पंक्ति में परंपरित रूपक अलंकार है।
C. 'मनो कठिन आँगन चली, ताते राते पाँव।' पंक्ति में वस्तुत्प्रेक्षा अलंकार है।
D. उपमान की अपेक्षा उपमेय के गुणोत्कर्ष वर्णन को व्यतिरेक अलंकार कहा जाता है।

115. निम्न विकल्पों में कौन-सा विकल्प सुमेलित **नहीं** है?

A. परनामी संप्रदाय – संत प्राणनाथ
B. ब्रह्म संप्रदाय – मध्वाचार्य
C. सखी संप्रदाय – हितहरिवंश गोस्वामी
D. श्री संप्रदाय – रामानुजाचार्य

116. किस शब्द में 'ई' प्रत्यय **नहीं** है?

A. जानकी B. चाँदनी
C. गांधारी D. पार्वती

117. 'अशोक के फूल' किसकी कृति है?

A. हरिशंकर परसाई
B. हजारी प्रसाद द्विवेदी
C. भगवतीचरण वर्मा
D. भगवतशरण उपाध्याय

118. प्रत्यय की दृष्टि से **संगत** विकल्प चुनिए :

A. अनुष्ठाता, अधिष्ठाता, उपभोक्ता में 'तृच्' प्रत्यययुक्त शब्द है।
B. वैनतेय, रांगेय, पौरुषेय में 'य' प्रत्यय है।
C. कात्यायन, सांस्कृत्यायन, बादरायण में 'अन' प्रत्यय है।
D. दिखाई, पिटाई, जुताई में 'ई' प्रत्यय है।

119. 'कायाकल्प' उपन्यास के लेखक हैं :

A. अमृतलाल नागर B. मोहन राकेश
C. प्रेमचंद D. उपेंद्रनाथ अश्क

120. *'छिप-छिप अश्रु बहाने वालों! मोती व्यर्थ बहाने वालों!*

कुछ सपनों के मर जाने से जीवन नहीं मरा करता है।'

कविता के कवि बताएँ :

A. अटल बिहारी वाजपेयी
B. गोपालदास 'नीरज'
C. केदारनाथ सिंह
D. शमशेर बहादुर सिंह

121. रस के संदर्भ में **असंगत** कथन चुनिए :

A. रस का आस्वाद्य लौकिक है, जबकि रस अलौकिक है।
B. अन्य ज्ञान से शून्य या रहित होना ही 'लोकोत्तर चमत्कार' है।
C. 'विभावानुभावव्यभिचारिसंयोगाद्रसनिष्पत्तिः' आचार्य भरतमुनि प्रदत्त रस-निष्पत्ति सूत्र है।
D. नाटक में शोक एवं दुख की घटनाओं के वर्णन से आनंदानुभूति होती है।

122. *'रजनी बीती, भोर भयो है, घर-घर खुले किंवारे।*

गोपी दही मथत, सुनियत हैं कंगना के झनकारे।'

किसकी पंक्तियाँ हैं?

A. सूरदास B. मीराबाई
C. घनानन्द D. केशवदास

123. 'युद्ध करने की इच्छा रखने वाले' को कहा जाता है :

A. विजीगिषु B. युयुत्सा
C. युयुत्सु D. मुमूर्षु

124. निम्न शब्दों में से किसमें 'सु' उपसर्ग का प्रयोग **नहीं** हुआ है?

A. स्वच्छ B. स्वस्ति
C. स्वस्थ D. स्वल्प

125. कौन-सी रचना महादेवी वर्मा की है?

A. मेरे बचपन के दिन B. बड़े घर की बेटी
C. माटीवाली D. अपराजिता

126. **शुद्ध** शब्द का चयन कीजिए :

A. प्रमाणिक B. आगामी
C. अभिजात्य D. दुरावस्था

127. सुमित्रानन्दन पंत को किस रचना पर ज्ञानपीठ पुरस्कार मिला?

A. वीणा B. लोकायतन
C. चिदम्बरा D. युगांत

128. *"मोको कहाँ ढूँढे रे बंदे, मैं तो तेरे पास में"*

यह पंक्ति किसकी है?

A. रहीम B. रैदास
C. दादू D. कबीर

129. 'जैसे उनके दिन फिरे' कहानी-संग्रह किसका है?

A. मन्नू भण्डारी
B. हरिशंकर परसाई
C. प्रेमचंद
D. महादेवी वर्मा

130. संधि-विच्छेद की दृष्टि से **असंगत** विकल्प चुनिए :

A. भूष्मा = भू + ऊष्मा
B. कृपाचार्य = कृप + आचार्य
C. वाण्यौचित्य = वाणि + औचित्य
D. गुर्वौदार्य = गुरु + औदार्य

131. भारतीय काव्यशास्त्र में ध्वनि सिद्धान्त के अंतर्गत 'ध्वनि' शब्द का प्रयोग मुख्यतः किस अर्थ में हुआ है?

A. स्फोट
B. प्रतीयमानार्थ
C. लक्ष्यार्थ
D. अभिधेयार्थ

132. *'अब कैसे छूटे राम-नाम रट लागी।*
प्रभुजी तुम चन्दन हम पानी,
जाकी अंग-अंग बास समानी।'

पंक्तियाँ किस कवि की हैं?

A. कबीरदास B. मलूकदास
C. रैदास D. सुंदरदास

133. कौन-सा शब्द यण् संधि का उदाहरण **नहीं** है?

A. अत्यधिक B. व्यूह
C. सदैव D. प्रत्येक

134. 'विजन' का अर्थ बताएँ :

A. दृष्टि B. खाद्य पदार्थ
C. सुनसान स्थान D. ऊसर

135. 'बाणभट्ट की आत्मकथा' उपन्यास के लेखक हैं :

A. बालकृष्ण भट्ट
B. रामचन्द्र शुक्ल
C. अयोध्या सिंह उपाध्याय
D. हजारी प्रसाद द्विवेदी

136. 'मेरे संग की औरतें' कहानी की लेखिका हैं :

A. मृदुला सिन्हा B. मृदुला गर्ग
C. मालती जोशी D. ममता कालिया

137. 'मतंग' किस शब्द का पर्याय है?

A. सूरज B. हाथी
C. हिरण D. राक्षस

138. निम्न में से किस वाक्य में कर्तृवाच्य का प्रयोग हुआ है?

A. रोगी से चला नहीं जाता है।
B. डाकिया डाक वितरित कर रहा है।
C. राम से चुप नहीं बैठा जाता।
D. सीता द्वारा गाना गाया गया।

139. निम्नांकित में पुल्लिंग है :

A. सरिता B. सविता
C. वनिता D. दुहिता

140. महाभारत काल की पृष्ठभूमि पर वर्तमान युग के परिवेश को चित्रित करने वाली कृति कौन-सी है?

A. चाँद का मुँह टेढ़ा है
B. कामायनी
C. संसद से सड़क तक
D. अंधायुग

141. कट्टर शब्द में प्रयुक्त 'ट्ट' व्यंजन गुच्छ किस श्रेणी का है?

A. द्वित्व व्यंजन B. प्रकंपित व्यंजन
C. संयुक्त व्यंजन D. संघर्षी व्यंजन

142. किस शब्द में पंचम वर्ण के स्थान पर 'अनुस्वार' का भी प्रयोग कर सकते हैं?

A. सम्मान B. अत्यन्त
C. अन्याय D. अक्षुण्ण

143. 'असलियत' शब्द स्रोत की दृष्टि से है :

A. तत्सम B. देशज
C. विदेशज D. तद्भव

144. *'हे खग मृग, हे मधुकर श्रेनी, तुम देखी सीता मृग नैनी'*

यह पंक्ति किस रस का उदाहरण है?

A. संयोग श्रृंगार B. वियोग श्रृंगार
C. हास्य D. करुण

145. मलिक मुहम्मद जायसी की रचना 'पद्मावत' किस भाषा में है?

A. खड़ी बोली
B. राजस्थानी
C. अवधी
D. ब्रज भाषा

146. 'तुम लोगों को झूठ बोलने की आदत होती है। देते होंगे सभी को दो-दो पैसे में, पर एहसान का बोझा मेरे ऊपर डालते हो।'

प्रस्तुत पंक्तियाँ किस कहानी से ली गई हैं?

A. मिठाईवाला
B. चिड़िया की बच्ची
C. नादान दोस्त
D. अकबरी लोटा

147. आदिकाल के संदर्भ में कौन-सा कथन असंगत है?

A. आदिकाल की अंतिम समय-सीमा के निर्धारण बिंदु पर सभी इतिहासकार एकमत हैं।
B. राहुल सांकृत्यायन ने इसे 'सिद्ध सामन्त युग' एवं महावीर प्रसाद द्विवेदी ने 'बीजवपनकाल' कहा है।
C. 'रिट्ठणेमिचरिउ' स्वयंभू द्वारा एवं 'णयकुमारचरिउ' पुष्पदंत द्वारा रचित कृतियाँ हैं।
D. 'लुइपा' का स्थान चौरासी सिद्धों में सबसे ऊँचा माना जाता है।

148. *'सिंहासन हिल उठे राजवंशों ने भृकुटी तानी थी,*
बूढ़े भारत में भी आई फिर से नई जवानी थी।'

पंक्तियों में कौन-सा काव्य गुण है?

A. माधुर्य B. ओज
C. प्रसाद D. समता

149. ''मुझे लगा उसे दमा है। अवस्था के साथ-साथ उसका शरीर ढल चुका था। उसके हाथों तथा माथे पर नसें उभर आई थीं।'' प्रस्तुत पंक्तियाँ किस कहानीकार की हैं?

A. प्रेमचंद
B. कामतानाथ
C. निर्मल वर्मा
D. प्रभु नारायण

150. रीतिकाल को 'श्रृंगार काल' की संज्ञा देने वाले विद्वान कौन थे?

A. रामचन्द्र शुक्ल
B. धीरेन्द्र वर्मा
C. विश्वनाथ प्रसाद मिश्र
D. मिश्र बंधु

उत्तरमाला

1. (D)	**2. (C)**	**3. (A)**
4. (D)	**5. (C)**	**6. (D)**
7. (C)	**8. (B)**	**9. (D)**
10. (A)	**11. (A)**	**12. (C)**
13. (B)	**14. (A)**	**15. (D)**
16. (B)	**17. (B)**	**18. (*)**
19. (D)	**20. (C)**	**21. (C)**
22. (A)	**23. (C)**	**24. (C)**
25. (A)	**26. (A)**	**27. (B)**
28. (D)	**29. (C)**	**30. (D)**
31. (C)	**32. (C)**	**33. (A)**
34. (A)	**35. (D)**	**36. (C)**
37. (A)	**38. (B)**	**39. (B)**
40. (C)	**41. (C)**	**42. (D)**
43. (D)	**44. (A)**	**45. (D)**
46. (A)	**47. (B)**	**48. (B)**
49. (*)	**50. (D)**	**51. (D)**
52. (C)	**53. (C)**	**54. (C)**
55. (B)	**56. (B)**	**57. (B)**
58. (A)	**59. (B)**	**60. (D)**

61. (D): माना $x = \sqrt{8+2\sqrt{8+2\sqrt{8}}}......$

$$x^2 = 8 + 2x$$

$$\Rightarrow \quad x^2 - 2x - 8 = 0$$

$$\Rightarrow \quad (x-4)(x+2) = 0$$

$$\Rightarrow \quad x = 4 \text{ या } x = -2$$

$$\therefore \quad x = 4 \; (\because x > 0)$$

62. (C): माना वर्ग की प्रत्येक भुजा = x

वर्ग का क्षेत्रफल = x^2

$$\text{भुजा में वृद्धि} = x + \frac{50x}{100}$$

$$= x + \frac{x}{2} = \frac{3x}{2}$$

$$\text{क्षेत्रफल} = \left(\frac{3x}{2}\right)^2 = \frac{9x^2}{4}$$

$$\text{क्षेत्रफल में वृद्धि} = \frac{9x^2}{4} - x^2$$

$$= \frac{5x^2}{4}$$

$$\text{क्षेत्रफल में प्रतिशत वृद्धि} = \frac{5x^2}{4 \times x^2} \times 100 = 125\%.$$

63. (B): $15 \times 5 + 5 - 20 \div 10$

$$= 75 + 5 - 2$$

$$= 80 - 2$$

$$= 78.$$

64. (A): 100 + 20 = ₹ 120

जब विक्रय मूल्य ₹ 120, तब क्रय मूल्य = ₹ 100

जब विक्रय मूल्य ₹ 72000, तब क्रय मूल्य

$$= \frac{100}{120} \times 72000$$

= ₹ 60000

अतः वस्तु का क्रय मूल्य = ₹ 60000.

65. (C):

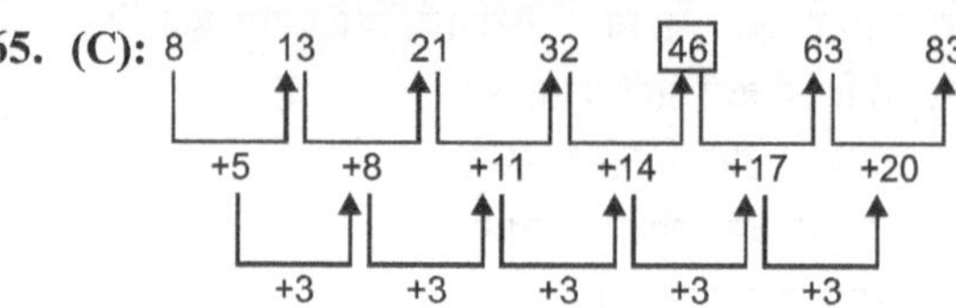

47 के स्थान पर 46 आएगा।

अतः गलत संख्या = 47.

66. (C)

67. (C): 2 7 24 77 238 723

× 3 + 1 × 3 + 3 × 3 + 5 × 3 + 7 × 3 + 9

अतः अगला पद = 723.

68. (B)

69. (A): 'STUA' में प्रथम तीन अक्षर आरोही क्रम में हैं, जबकि 'RQPA', 'MLKA' तथा 'HGFA' में क्रमशः प्रथम तीन अक्षर अवरोही क्रम में हैं।

अतः विसंगत पद 'STUA' है।

70. (D): जिस प्रकार पृथ्वी का सम्बन्ध अक्ष से है, उसी प्रकार पहिये का सम्बन्ध धुरी से होगा।

71. (A):

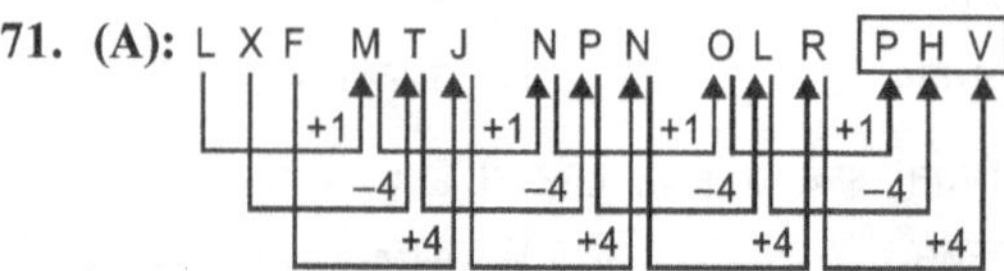

अतः अगला पद PHV होगा।

72. (A):

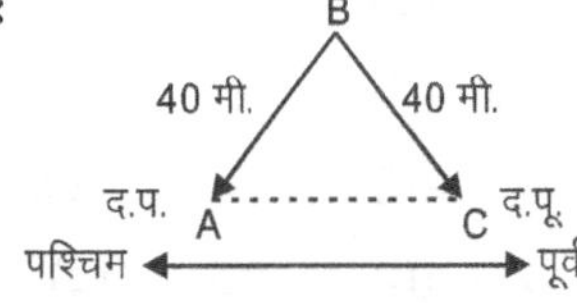

C, A से पूर्व दिशा में है।

73. (B): 150 विद्यार्थियों द्वारा प्राप्त कुल अंक

$= 150 \times 35$

$= 5250$

माना उत्तीर्ण विद्यार्थियों की संख्या = y

$\therefore$ अनुत्तीर्ण विद्यार्थियों की संख्या = $150 - y$

प्रश्नानुसार,

उत्तीर्ण विद्यार्थियों की कुल संख्या = $39y$

अनुत्तीर्ण विद्यार्थियों की कुल संख्या = $(150 - y) \times 15$

$$39y + (150 - y) \times 15 = 5250$$

$$\Rightarrow \quad 39y + 2250 - 15y = 5250$$

$$\Rightarrow \quad 24y = 3000$$

$$\Rightarrow \quad y = 125$$

अतः उत्तीर्ण विद्यार्थियों की संख्या = 125.

74. (B): $\because$ $a^x = b$

$b^y = c$

और $c^z = a$

$$\therefore \quad a^x \times b^y \times c^z = b \times c \times a$$

$$\Rightarrow \quad (abc)^{xyz} = (abc)^1$$

$$\Rightarrow \quad xyz = 1$$

अतः xyz का मान = 1.

75. (C): 4, 5, 6, 15 और 18 का ल.स. = 180

800, 180 से विभाजित नहीं है

225, 180 से विभाजित नहीं है।

900, 180 से विभाजित है।

अतः 900 वह छोटी से छोटी पूर्ण वर्ग संख्या है, जो 4, 5, 6, 15 तथा 18 से पूर्णतः विभाजित है।

76. (A): $\left(\sqrt{5}\right)^{\frac{-5}{2}} \times \left(\sqrt{5}\right)^{\frac{-3}{2}}$ का मान

$$= \left(\sqrt{5}\right)^{\frac{-8}{2}}$$

$$= \left(\sqrt{5}\right)^{-4}$$

$$= (5)^{\frac{1}{2}\times -4}$$

$$= (5)^{-2}$$

$$= \frac{1}{5^2} = \frac{1}{25}.$$

77. (D): $A = P\left(1+\frac{r}{100}\right)^t$

$$\Rightarrow \quad 2P = P\left(1+\frac{r}{100}\right)^{15}$$

$$\frac{2P}{P} = \left(1+\frac{r}{100}\right)^{15}$$

$$\Rightarrow \quad \left(1+\frac{r}{100}\right)^{15} = 2 \quad \ldots(i)$$

अब, $A = P\left(1+\frac{r}{100}\right)^t$

$$8P = P\left(1+\frac{r}{100}\right)^t$$

$$\frac{8P}{P} = \left(1+\frac{r}{100}\right)^t$$

$$8 = \left(1+\frac{r}{100}\right)^t$$

$$\Rightarrow \quad \left(1+\frac{r}{100}\right)^t = 8 = 2^3$$

$$= \left[\left(1+\frac{r}{100}\right)^{15}\right]^3$$

$$\Rightarrow \quad \left(1+\frac{r}{100}\right)^t = \left(1+\frac{r}{100}\right)^{45}$$

अतः t = 45 वर्ष।

78. (D): $\because$ 25 व्यक्ति किसी फसल को 60 दिनों में काटते हैं

$\therefore$ 1 आदमी फसल को 60×25 दिनों में काटता है

$\therefore$ 10 आदमी उसी फसल को

$$\frac{60 \times 25}{10} = 150 \text{ दिनों में काट सकेंगे।}$$

अतः 10 आदमी उसी फसल को 150 दिनों में काट सकेंगे।

79. (B): $\because$ $x + \frac{1}{x} = 5$

$$\therefore \quad x^3 + \frac{1}{x^3} = \left(x+\frac{1}{x}\right)^3 - 3x.\frac{1}{x}\left(x+\frac{1}{x}\right)$$

$$= (5)^3 - 3 \times (5)$$

$$= 125 - 15 = 110$$

अतः $x^3 + \frac{1}{x^3}$ का मान = 110.

80. (C) **81.** (D) **82.** (A)
83. (A) **84.** (A) **85.** (B)
86. (B) **87.** (B) **88.** (D)
89. (B) **90.** (D) **91.** (B)
92. (B) **93.** (C) **94.** (B)
95. (B) **96.** (B) **97.** (C)
98. (B) **99.** (C) **100.** (D)
101. (B) **102.** (A) **103.** (D)
104. (B) **105.** (B) **106.** (B)
107. (B) **108.** (D) **109.** (A)
110. (A) **111.** (D) **112.** (D)
113. (C) **114.** (C) **115.** (C)
116. (B) **117.** (B) **118.** (A)
119. (C) **120.** (B) **121.** (B)
122. (B) **123.** (C) **124.** (C)
125. (A) **126.** (B) **127.** (C)
128. (D) **129.** (B) **130.** (C)
131. (B) **132.** (C) **133.** (C)
134. (C) **135.** (D) **136.** (B)
137. (B) **138.** (B) **139.** (B)
140. (D) **141.** (A) **142.** (B)
143. (C) **144.** (B) **145.** (C)
146. (A) **147.** (A) **148.** (B)
149. (B) **150.** (C)

पिछले प्रश्न-पत्र (हल सहित)

हरियाणा शिक्षक पात्रता परीक्षा (HTET)
TGT हिन्दी (Level-2), परीक्षा 2021

(Exam held on 19 December, 2021)

भाग-I

बाल विकास व शिक्षाशास्त्र

निर्देश : *निम्नलिखित प्रश्नों के उत्तर देने के लिए* ***सबसे उचित*** *विकल्प चुनिए।*

1. निम्नलिखित में से कौन-सा एक कथन निर्देशन की विशेषताओं एवं प्रकृति के संदर्भ में गलत कथन है?

A. निर्देशन किसी व्यक्ति को खुद को समायोजित करने में सहायता करना है।

B. निर्देशन आत्म दिशा में व्यक्ति के विकास को बढ़ावा देना है।

C. निर्देशन केवल अन्य के प्रयासों के माध्यम से व्यक्ति स्वयं की मदद करना है।

D. निर्देशन किसी व्यक्ति को अपना स्थान स्वयं प्राप्त करने में सहायता करना है।

2. 'एक प्रकार का चिंतन जिसमें अनुभव के साथ संवेदना की व्याख्या की जाती है', क्या कहलाती है?

A. परावर्तक चिंतन B. अवधारणात्मक चिंतन

C. सृजनात्मक चिंतन D. आलोचनात्मक चिंतन

3. निम्नलिखित में से कौन-सा एक कथन भावनाओं की विशेषताओं के सन्दर्भ में गलत कथन है?

A. संवेग भावनाओं के आधार होते हैं।

B. भावनाएँ जन्मजात होती हैं।

C. समय के साथ भावनाएँ पुरानी पड़ जाती हैं और वे अपनी स्थिति भी बदल देती हैं।

D. ज्यादातर जानवरों में भावनाएँ नहीं होतीं क्योंकि उनके पास कोई बौद्धिक समझ नहीं होती है।

4. व्यवहार का अध्ययन करने के लिए सबसे पुरानी विधि कौन-सी है?

A. प्रयोगात्मक विधि B. नैदानिक विधि

C. मनोभौतिकी विधि D. आत्मनिरीक्षण विधि

5. निम्नलिखित में से कौन-सी एक अपराधी बालक की विशेषता ***नहीं*** है?

A. विद्यालय सम्पत्ति को नष्ट करना

B. धमकी देना एवं उपहास करना

C. सताना

D. शरीर रचना में एस्थेनिक

6. निम्नलिखित में से कौन-सा एक बण्डुरा द्वारा प्रदत्त अधिगम सिद्धान्त के अन्तर्गत अवलोकनात्मक अधिगम हेतु सही तार्किक क्रम है?

A. अवधानात्मक → धारणात्मक → अभिप्रेरणात्मक → उत्पादन

B. अवधानात्मक → अभिप्रेरणात्मक → धारणात्मक → उत्पादन

C. अभिप्रेरणात्मक → अवधानात्मक → धारणात्मक → उत्पादन

D. अवधानात्मक → धारणात्मक → उत्पादन → अभिप्रेरणात्मक

7. यह किसने कहा कि "व्यक्तित्व जन्मजात और अर्जित प्रवृत्तियों का योग है"?

A. मॉर्टिन प्रिन्स B. ऑलपोर्ट

C. वेलेनटीन D. कैटेल

8. निम्नलिखित में से कौन-सा विकास के संदर्भ में **असत्य** कथन है?

A. विकास में परिवर्तन निहित होता है।

B. विकासात्मक पैटर्न अपूर्वानुमेय होते हैं।

C. आरम्भिक विकास, पश्चवर्ती विकास की तुलना में ज्यादा संकटपूर्ण होते हैं।

D. विकास परिपक्वता एवं अधिगम का उत्पाद होता है।

9. लड़कियाँ शारीरिक रूप से लड़कों से श्रेष्ठ होती हैं :

A. शैशवावस्था में B. उत्तर बाल्यावस्था में

C. पूर्व बाल्यावस्था में D. किशोरावस्था में

10. निम्नलिखित में से कौन-सी एक विषय-वस्तु समग्रवादी मनोवैज्ञानिकों के अध्ययन क्षेत्र की है?

A. संज्ञानात्मक प्रक्रियाएँ

B. चेतना

C. सम्पूर्ण रूप से मानसिक और व्यावहारिक प्रक्रियाएँ

D. अस्तित्व के तरीके और समस्याएँ

11. लड़कियों के पितृ प्रेमभाव को फ्रायड ने किससे सम्बोधित किया है?

A. ओडीपस भावना ग्रन्थि B. इलेक्ट्रा भावना ग्रन्थि

C. स्वप्रेम भावना D. निर्भरता की भावना

12. कभी-कभी प्रतिभाशाली माता-पिता के बच्चे अपने माता-पिता की तुलना में कम बुद्धि के साथ जन्म लेते हैं अथवा इसका ठीक उल्टा होता है, यह वंशानुक्रम का कौन-सा नियम कहलाता है?

A. प्रत्यागमन का नियम

B. चयनित गुणों का सिद्धान्त
C. मातृ व पितृ पक्षों का नियम
D. संयोग का नियम

13. निम्नलिखित में से कौन-सी अंतर्मुखी सोच प्रकार व्यक्तित्व की विशेषता है?
A. यथार्थवादी और व्यावहारिक
B. अपनी बौद्धिक खोज में लीन
C. तथ्यों के साथ सिद्धान्त का समर्थन
D. अपने विचारों को आग्रह और दृढ़ता से प्रचारित करना

14. निम्नलिखित में से कौन-सी एक जेम्स लान्जे ''संवेग सिद्धान्त'' द्वारा प्रदत्त ***सही*** शृंखला है?
A. परिस्थिति → शारीरिक अशांति → मानसिक स्थिति
B. परिस्थिति → मानसिक स्थिति → शारीरिक अभिव्यक्ति
C. परिस्थिति → शारीरिक अभिव्यक्ति → मानसिक स्थिति
D. परिस्थिति → मानसिक स्थिति → शारीरिक अशांति

15. निम्नलिखित में से कौन-सी एक अन्तर्दृष्टि की विशेषता ***नहीं*** है?
A. आकस्मिकता B. नवीन परिस्थिति में अनुक्रिया
C. आदत बल D. अनुक्रिया का सहजता से होना

16. निम्नलिखित में से कौन-सी एक सृजनात्मकता की अवस्था गोर्डन ने अपनी साइनेटिक्स तकनीक में प्रतिपादित ***नहीं*** की है?
A. संलग्नता अन्तर्भाविता B. समान वस्तु की खोज
C. स्थगन D. संकल्पना निर्माण

17. निम्नलिखित में से कौन-सी एक विशेषता प्रतिभाशाली बच्चों की दृष्टि से उपयुक्त ***नहीं*** है?
A. तेजी से और आसानी से सीखते हैं।
B. कठिन मानसिक कार्यों को प्रदर्शित करते हैं।
C. बहुत प्रकार की जानकारियाँ रखते हैं जिनके बारे में ज्यादातर बच्चे जागरूक नहीं होते हैं।
D. जो कुछ उन्होंने सुना या पढ़ा है उसे बरकरार रखने के लिए उन्हें बहुत अभ्यास की आवश्यकता होती है।

18. वयःसंधि अवस्था की आयु विस्तार क्या होता है?
A. 10 से 12 वर्ष B. 6 से 12 वर्ष
C. 11 से 16 वर्ष D. 8 से 10 वर्ष

19. निम्नलिखित में से कौन-सा एक बुद्धि के निष्पादन परीक्षण का प्रकार ***नहीं*** है?
A. आर्मी अल्फा परीक्षण
B. कोह का ब्लॉक डिजाइन परीक्षण
C. घन निर्माण/रचना परीक्षण
D. पास एलॉन्ग परीक्षण

20. जीन पियाजे के अनुसार बच्चा किस आयु वर्ग में अमूर्त तर्क विकसित करता है?
A. 6 से 8 वर्ष B. 8 से 10 वर्ष
C. 7 से 9 वर्ष D. 11 से 14 वर्ष

21. यह किसने कहा था कि ''एक व्यक्ति उसी अनुपात में बुद्धिमान होता है जितना वह अमूर्त रूप से चिन्तन की क्षमता रखता है''?
A. टर्मन B. डियरबॉर्न
C. बकिंघम D. कालविन

22. बच्चों के भीतर छुपे सांवेगिक घुटन एवं शक्तियों को बाहर निकालने की प्रक्रिया को क्या कहते हैं?
A. सांवेगिक स्थिरता B. सांवेगिक संवेदनशीलता
C. सांवेगिक विरेचन D. सांवेगिक सामर्थ्य

23. निम्नलिखित में से कौन-सी एक गतिविधि ''जिज्ञासा'' मूल प्रवृत्ति को संतुष्ट करने के लिए उपयुक्त ***नहीं*** है?
A. कक्षा अथवा विद्यालय में गौरवपूर्ण स्थिति प्रदान करना
B. विद्यार्थियों के प्रश्नों के उत्तर देना
C. समस्या समाधान
D. कक्षा में विचार-विमर्श

24. रोर्शा स्याही धब्बा परीक्षण में कितने कार्ड निर्धारित हैं?
A. 12 B. 10
C. 30 D. 31

25. शैक्षिक मनोविज्ञान के पिता के रूप में किसे जाना जाता है?
A. ई.एल. थॉर्नडाइक B. पेस्तालॉजी
C. हर्बर्ट D. फ्रॉबेल

26. सोशियोमेट्रिक तकनीक का आविष्कार किसने किया था?
A. जे.ई. एण्डरसन B. जे.एल. मोरेनो
C. ई.बी. हरलॉक D. जी.एस. मार्मोर

27. एरिक्सन के अनुसार व्यक्ति के मनोसामाजिक विकास की चौथी अवस्था कौन-सी है?
A. प्रगाढ़ता बनाम अलगाव
B. पहचान बनाम भूमिका संभ्रांति
C. परिश्रम प्रियता बनाम हीनता
D. उत्पादनशीलता बनाम स्थिरता

28. 'रॉस' के अनुसार विकास की कौन-सी अवस्था को 'मिथ्या परिपक्वता' अवस्था कहा जाता है?
A. शैशवावस्था B. बाल्यावस्था
C. किशोरावस्था D. प्रौढ़ावस्था

29. जब कोई व्यक्ति अपने विचारों तथा क्रियाओं को किसी ऐसे दूसरे व्यक्ति के अनुरूप बनाना शुरू कर देता है जिसका वह अनुकरण करना चाहता है, तो इस प्रकार की क्रिया कौन-से प्रकार की रक्षा युक्ति कहलाती है?
A. तादात्मीकरण B. प्रक्षेपण
C. औचित्य स्थापना D. विस्थापन

30. निम्नलिखित में से कौन-सा बाल्यावस्था का सामान्य भाषण विकार ***नहीं*** है?
A. ऊर्जा की कमी B. तुतलाना
C. अस्पष्ट उच्चारण D. हकलाना

भाग-II

भाषा : हिन्दी

निर्देशः *निम्नलिखित प्रश्नों के उत्तर देने के लिए* ***सबसे उचित*** *विकल्प चुनिए।*

31. किस भाववाचक संज्ञा का निर्माण व्यक्तिवाचक संज्ञा से हुआ है?
A. बचपन B. कैशोर्य
C. ऐश्वर्य D. मातृत्व

32. किस विकल्प में 'संकेतार्थक' वाक्य है?
A. प्रियतम मेरा मित्र है।
B. यदि तुम आओ तो मैं चलूँ।
C. हो सकता है कल मौसम ठीक हो जाए।
D. राजेश अपना कमरा साफ करो।

33. प्रत्यय की दृष्टि से किस शब्द की रचना ***अनुचित*** है?
A. मुरेला – एला
B. कँटीला – ईला
C. विलीन – ईन
D. ससुराल – आल

34. समास-विग्रह की दृष्टि से कौन-सा विकल्प ***उचित*** है?
A. हथकरघा – हाथों से चलने वाला करघा
B. भुजग – भूमि में जन्म लेने वाला
C. देशभक्ति – देश के द्वारा भक्ति
D. पशुबलि – पशु के लिए बलि

35. निम्न में से कौन-सा शब्द 'अनु' उपसर्ग से निर्मित ***नहीं*** है?
A. आनुपातिक
B. अनुदात्त
C. अनूदित
D. अनुरंजक

36. निम्न में से किस विकल्प का कथन ***गलत*** है?
A. 'ऋ' का उच्चारण स्थान 'मूर्धा' है।
B. विसर्ग ध्वनि की गणना नासिक्य वर्णों में की जाती है।
C. 'य' और 'व' को अर्ध स्वर भी कहा जाता है।
D. 'ड़' और 'ढ़' उत्क्षिप्त वर्ण कहलाते हैं।

37. किस विकल्प के सभी शब्द विदेशज हैं?
A. लाजवाब, मशीन, पवन
B. कारीगर, अतिशयोक्ति, कहानी
C. मुमकिन, अमूमन, पक्षवार
D. किस्सा, स्कूल, हमला

38. पर्यायवाची शब्दों के संदर्भ में ***असंगत*** विकल्प चुनिए :
A. जीभ – वाचा, रसना, वाणी
B. अहंकार – दंभ, दर्प, मद
C. किरण – रश्मि, मयूख, प्रभा
D. कौआ – प्रियक, मधुदूत, अतिसौरभ

39. किस वाक्य में परिमाणवाचक विशेषण का प्रयोग हुआ है?
A. मैं नीली कमीज नहीं पहनता।
B. इस बार बारिश में बहुत ओले गिरे।
C. खेल का मैदान लम्बा है।
D. दिनेश अच्छा गायक है।

40. 'विपत्ति के समय थोड़ी सहायता भी बड़ी होती है' उक्त भाव की व्यंजक लोकोक्ति चुनिए :
A. डूबते को तिनके का सहारा
B. चुपड़ी और दो-दो
C. चार दिन की चाँदनी फिर अँधेरी रात
D. आम के आम गुठलियों के दाम

41. किस वाक्य में सर्वनाम संबंधी ***अशुद्धि*** है?
A. तुम्हारी पुस्तक यह नहीं वह है।
B. मैं अपना कार्य कर रहा हूँ।
C. जिसने भी खाया है, सराहा है।
D. मेरे को कुछ भी याद नहीं आ रहा।

42. विलोम शब्द की दृष्टि से ***अनुचित*** युग्म पहचानिए :
A. बद – नेक
B. दुश्चरित्र – निश्चरित्र
C. विस्तृत – संक्षिप्त
D. मधुर – कटु

43. क्रिया के संबंध में कौन-सा युग्म ***अनुचित*** है?
A. भिखारी सड़क पर चिल्ला रहे थे। –अकर्मक क्रिया
B. राधा श्याम को पत्र लिखती है। –द्विकर्मक क्रिया
C. बगीचे में मोर नाच रहा है। –सकर्मक क्रिया
D. वह विद्यालय से आकर खाना खाएगा। –पूर्वकालिक क्रिया

44. किस विकल्प में संधि-विच्छेद ***अनुचित*** है?
A. बहिरेकता = बहिः + एकता
B. आशीर्वचन = आशीः + वचन
C. रतिरंश = रतिः + रंश
D. तपश्चर्या = तपः + चर्या

45. निम्न में से किस मुहावरे का अर्थ संगत ***नहीं*** है?
A. नहले पर दहला मारना – करारा जवाब देना
B. बत्तीसी बंद होना – चुप हो जाना
C. सिर का पसीना पाँव तक आना – कठिन परिश्रम करना
D. थाली का बैंगन होना – सर्व सुलभ होना

Language : English

Directions: *Answer the following questions by selecting the **most appropriate** option.*

46. Choose the ***correct*** option to fill in the blank:
This pen is both good _______ cheap.
A. as well as B. as well
C. but only D. and

47. Select the ***appropriate*** preposition to fill in the blank:
His hut is _______ hotel Taj.
A. above B. out
C. besides D. beside

48. Choose the ***correct*** meaning of the underlined words:
The law and order situation will only become worse in the state due to the riots, if the government does not do something right now to nip it in the bud.
A. To plan in detail to stop a threat
B. To destroy the problem in the initial stage only
C. To arrest the culprits
D. To stop something harmful in the initial stage

49. Select the ***correct*** option (Phrasal Verb) for the underlined word:
She rejected his request to take her home.
A. turned up B. turned down
C. turned out D. turned off

50. Select the ***appropriate*** modal to fill in the blank:
Trespassers _______ be punished. (legal notice)
A. shall B. may
C. should D. ought to

51. Choose the ***appropriate*** preposition to fill in the blank:
What is the time _______ your watch?
A. in B. from
C. by D. on

52. Select the ***correct*** option (Phrasal Verb) for the blank left in the sentence:
Cholera has ______ in this village.
A. broken out B. broken down
C. broken up D. broken off

53. Choose the part of the sentence which is ***incorrect***:
The party president made (*a*)/ Rakesh (*b*)/ a M.P. candidate (*c*)/ for the coming election. (*d*)
A. (*a*) B. (*b*)
C. (*c*) D. (*d*)

54. Choose the part of the sentence which is ***incorrect***:
He did not (*a*)/ keep his words (*b*)/ to pick him up (*c*)/ from WTP. (*d*)
A. (*b*) B. (*c*)
C. (*d*) D. (*a*)

55. Choose the ***correct*** tense form to fill in the following:
I had consulted my lawyer before I ____ the complaint.
A. did lodged B. had lodged
C. lodge D. lodged

56. Choose the ***appropriate*** modal to fill in the blank:
He ______ listen to the stories of his Grand Ma before he slept. (Past habit)
A. could B. shall
C. would D. might

57. Choose the ***correct*** meaning of the underlined words:
The hostess broke the ice by introducing the strangers to each other.
A. To make people relax with each other
B. To make people perplexed with each other
C. To serve welcome drink to the guests
D. To start a game of puzzle

58. Choose the ***correct*** tense form to fill in the blank:
Municipality has decided to ____ the overhead wires.
A. did away with B. do away with
C. had done away with D. had done away wtih

59. Choose the ***correct*** option for the following:
One who wastes a lot of money is:
A. frugal B. recluse
C. prodigal D. reticent

60. Select the ***appropriate*** modal for the expression given:
Harish has annoyed his boss today.
He ______ be fired soon. (probability)
A. may B. can
C. ought to D. would

भाग-III

सामान्य अध्ययन : मात्रात्मक योग्यता, तार्किक अभिक्षमता तथा सामान्य ज्ञान एवं अभिज्ञान

निर्देशः *निम्नलिखित प्रश्नों के उत्तर देने के लिए* ***सबसे उचित*** *विकल्प चुनिए।*

61. एक तार की लम्बाई 66 मीटर है, तो इस तार से बनाए जा सकने वाले 1.32 सेमी. परिधि के वृत्तों की संख्या है :
A. 1000 B. 50
C. 500 D. 5000

62. 140 मीटर लम्बी रेलगाड़ी की चाल 60 किमी./घं. है, इसे 260 मीटर लम्बे प्लेटफॉर्म को पार करने में कितना समय लगेगा?
A. 18 सेकेण्ड B. 24 सेकेण्ड
C. 30 सेकेण्ड D. 32 सेकेण्ड

63. एक कपड़ा विक्रेता 33 मीटर कपड़ा बेचकर, 11 मीटर कपड़े के बिक्री मूल्य के बराबर लाभ प्राप्त कर लेता है, तो उसका लाभ प्रतिशत है :

A. 11% B. 22%
C. 50% D. 40%

64. यदि 4 पुरुष या 6 महिलाएँ एक कार्य को 7 घंटे प्रतिदिन कार्य करके 12 दिनों में कर सकते हैं, तो उसी कार्य से दोगुना बड़ा कार्य 10 पुरुष तथा 3 महिलाएँ 8 घंटे प्रतिदिन कार्य करके कितने दिनों में पूरा कर सकेंगे?

A. 6 B. 7
C. 8 D. 9

65. यदि $x = \frac{1}{1+\sqrt{2}}$ हो, तो $x^2 + 2x + 3$ का मान है :

A. 0 B. 1
C. 4 D. 2

66. निम्न अक्षर श्रेणी का अगला पद होगा :

CAE, HFJ, MKO, RPT, ______

A. UTY B. WUY
C. VUZ D. WUZ

67. पाँच व्यक्तियों A, B, C, D तथा E में, A, B से छोटा लेकिन E से लम्बा है, C सबसे लम्बा है, D, B से छोटा है लेकिन A से लम्बा है, तो इनमें से कौन सबसे छोटा है?

A. B B. A
C. D D. E

68. एक समचतुर्भुज का परिमाप 100 सेमी. है और उसका एक विकर्ण 40 सेमी. है, तो उसका क्षेत्रफल है :

A. 300 सेमी.^{2} B. 600 सेमी.^{2}
C. 780 सेमी.^{2} D. 900 सेमी.^{2}

69. दो मिश्रधातु ताँबे तथा टिन से बने हैं। पहली मिश्रधातु में ताँबा तथा टिन का अनुपात 1 : 3 है तथा दूसरे में अनुपात 2 : 5 है। इन दोनों मिश्रधातुओं को किस अनुपात में मिलाया जाए, ताकि नई मिश्रधातु में ताँबे तथा टिन का अनुपात 3 : 8 हो जाए?

A. 3 : 5 B. 4 : 9
C. 4 : 7 D. 3 : 8

70. A ने कहा, "वह लड़का मेरी माताजी के पति का पौत्र है, मेरा कोई भाई अथवा बहन नहीं है।" लड़का, A से किस प्रकार संबंधित है?

A. चाचा B. पुत्र
C. भतीजा D. चचेरा भाई

71. निम्न श्रेणी में ***गलत*** संख्या ज्ञात कीजिए :

135, 226, 353, 552, 739

A. 353 B. 226
C. 552 D. 739

72. ₹ 5000 पर 12% वार्षिक ब्याज की दर से 2 वर्ष के साधारण ब्याज एवं चक्रवृद्धि ब्याज में अन्तर होगा :

A. ₹ 72 B. ₹ 84
C. ₹ 96 D. ₹ 36

73. दो संख्याओं का योग 520 है, यदि उनमें से बड़ी संख्या को 4% कम कर दिया जाए और छोटी को 12% बढ़ा दिया जाए, तो प्राप्त संख्याएँ बराबर होंगी, तो उनमें से छोटी संख्या है :

A. 210 B. 240
C. 270 D. 300

74. निम्नलिखित श्रेणी में ***गलत*** पद ज्ञात कीजिए।

G4T, J9R, M20P, P41N, S90L

A. J9R B. M20P
C. P41N D. S90L

75. एक घनाभ की लम्बाई, चौड़ाई एवं गहराई का योग 19 सेमी. है, तथा इसके मुख्य विकर्ण का माप $5\sqrt{5}$ सेमी. है, तो इसका पृष्ठीय क्षेत्रफल है :

A. 361 सेमी.^{2} B. 286 सेमी.^{2}
C. 236 सेमी.^{2} D. 340 सेमी.^{2}

76. यदि एक व्यक्ति 8 किमी. दक्षिण में जाकर दायीं तरफ मुड़कर 8 किमी. जाता है, पुनः बायीं ओर मुड़कर 10 किमी. चलता है, तो वह शुरूआती बिन्दु से किस दिशा में है?

A. पूर्व-दक्षिण B. उत्तर-पूर्व
C. उत्तर-दक्षिण D. दक्षिण-पश्चिम

77. लड़कों की एक पंक्ति में, A बायीं तरफ से 15वें तथा B दायीं तरफ से चौथे स्थान पर है, एवं A तथा B के मध्य तीन लड़के हैं, C, A के एकदम बायीं ओर है, तो C की स्थिति दायीं ओर से क्या है?

A. 9वीं B. 10वीं
C. 12वीं D. 13वीं

78. एक व्यक्ति पूर्व की ओर 2 किमी. चलता है फिर वह दक्षिण दिशा में मुड़कर 1 किमी. चलता है, फिर वह पूर्व दिशा में मुड़कर 2 किमी. चलता है, उसके बाद वह उत्तर दिशा में मुड़कर 4 किमी. चलता है। अब वह प्रारम्भिक बिन्दु से कितनी दूर खड़ा है?

A. 5 किमी. B. 6 किमी.
C. 3 किमी. D. 4 किमी.

79. यदि W = 23, STRONG = 93, तो WEAK बराबर है :

A. 40 B. 41
C. 43 D. 44

80. यदि $5a + \frac{1}{3a} = 5$, तो $9a^2 + \frac{1}{25a^2}$ का मान है :

A. $\frac{51}{5}$ B. $\frac{29}{5}$
C. $\frac{52}{5}$ D. $\frac{39}{5}$

81. महिला खिलाड़ी को विवाह के अवसर पर 'मुख्यमंत्री विवाह शगुन योजना' के तहत दी जाने वाली राशि है :

A. ₹ 11,000 B. ₹ 21,000
C. ₹ 31,000 D. ₹ 51,000

82. 1857 की क्रान्ति के नायक अब्दुर्रहमान खाँ संबद्ध थे :

A. बहादुरगढ़ से B. फर्रुखनगर से
C. झज्जर से D. यमुनानगर से

83. फरवरी, 2021 में आयोजित '36वीं राष्ट्रीय जूनियर एथलेटिक्स चैम्पियनशिप' में हरियाणा राज्य ने कितने स्वर्ण पदक जीते?

A. 13 B. 18
C. 21 D. 24

84. निम्नलिखित में से कौन हरियाणा के सर्वाधिक अवधि के लिए राज्यपाल रहे हैं?

A. बी.एन. चक्रवर्ती B. ए.आर. किदवई
C. जगन्नाथ पहाड़िया D. कप्तान सिंह सोलंकी

85. हरियाणा साहित्य अकादमी के बारे में अधोलिखित कथनों को पढ़िए :

(*i*) मुख्यमंत्री अकादमी के अध्यक्ष के रूप में कार्य करते हैं।
(*ii*) 'हरिगंधा' अकादमी की पत्रिका है।

सही कूट चुनिए :

A. केवल कथन (*i*) सही है
B. केवल कथन (*ii*) सही है
C. न ही (*i*) और न ही (*ii*) सही है
D. दोनों कथन सही हैं

86. 'पंचवटी' नामक तीर्थस्थल हरियाणा में कहाँ स्थित है?

A. पलवल में B. अंबाला में
C. हथीन में D. बल्लभगढ़ में

87. 'चिंकारा प्रजनन केन्द्र' किस जिले में स्थित है?

A. कैथल B. पंचकुला
C. हिसार D. भिवानी

88. हरियाणा की मंत्री परिषद् में न्यूनतम सदस्य हो सकते हैं :

A. 10 B. 12
C. 14 D. 06

89. निम्नलिखित में से कौन-सा/कौन-से युग्म ***सही*** है/हैं?

(*i*) राज्य पशु – काला हिरण
(*ii*) सरस्वती वन्य जीव अभयारण्य – कैथल
(*iii*) नाहर वन्य जीव अभयारण्य – झज्जर

सही कूट का चयन चुनिए :

A. केवल (*i*)
B. (*i*) और (*iii*)
C. (*i*) और (*ii*)
D. केवल (*iii*)

90. निम्नलिखित को सुमेलित कीजिए :

नाम	**स्थान**
(*a*) बीरबल का रंग महल	(*i*) नारनौल
(*b*) आध्यात्मिक संग्रहालय	(*ii*) गुरुग्राम
(*c*) चोर गुम्बद	(*iii*) यमुनानगर
(*d*) सोहना का किला	(*iv*) पानीपत

कूट :

	(*a*)	(*b*)	(*c*)	(*d*)
A.	(*ii*)	(*iii*)	(*iv*)	(*i*)
B.	(*iii*)	(*iv*)	(*i*)	(*ii*)
C.	(*iv*)	(*ii*)	(*iii*)	(*i*)
D.	(*iii*)	(*ii*)	(*i*)	(*iv*)

भाग-IV

Subject Knowledge—हिन्दी

निर्देशः *निम्नलिखित प्रश्नों के उत्तर देने के लिए* ***सबसे उचित*** *विकल्प चुनिए।*

91. वर्तनी की दृष्टि से ***शुद्ध*** शब्द है :

A. सौहार्द B. विभिषिका
C. सुश्रुशा D. शिष्ठ

92. निम्नलिखित में से सात्त्विक अनुभाव ***नहीं*** है :

A. अश्रु B. औदार्य
C. कंप D. प्रलय

93. 'जठर-जरठ' शब्द-युग्म का ***सही*** अर्थ भेद है :

A. पेट-बूढ़ा B. बूढ़ा-पेट
C. संसार-लपट D. लपट-संसार

94. 'अनुष्ठान करने वाला' वाक्यांश के लिए सार्थक शब्द है :

A. अनुष्ठित B. अनुसंधायक
C. अनुष्ठाता D. अनुसंधित्सु

95. 'ल्हासा की ओर' रचना किस विधा में है?

A. रेखाचित्र B. संस्मरण
C. यात्रावृत्त D. रिपोर्ताज

96. पं. विश्वनाथ प्रसाद मिश्र ने 'उत्तर मध्यकाल' को संज्ञा दी है :

A. श्रृंगार काल B. अलंकृत काल
C. रीति काल D. कला काल

97. निम्नलिखित में से कौन-सा कथन ***असत्य*** है?
A. क् कंठ्य, अघोष एवं अल्पप्राण व्यंजन है।
B. ठ् मूर्धन्य, अघोष एवं महाप्राण व्यंजन है।
C. प् ओष्ठ्य, अघोष एवं अल्पप्राण व्यंजन है।
D. र् लुंठित, घोष एवं महाप्राण व्यंजन है।

98. ''मसि कागज छुयौ नहीं, कलम गह्यौ नहिं हाथ'' यह पंक्ति किस कवि के संबंध में है?
A. दादूदयाल B. रैदास
C. कबीर D. नानकदेव

99. किस विकल्प में कोई एक शब्द 'सूर्य' का पर्यायवाची ***नहीं*** है?
A. मार्तंड, दिनकर B. आदित्य, अर्क
C. सविता, दिवाकर D. भास्कर, अर्णव

100. निम्नलिखित में से कौन-सा विलोम-युग्म है?
A. ग्रह – अनुग्रह B. असीम – ससीम
C. अज्ञ – अनभिज्ञ D. सचेत – चेतन

101. किस विकल्प में क्रिया से बनी भाववाचक संज्ञा है?
A. पंडिताई B. चढ़ाई
C. तरुणाई D. चतुराई

102. 'प्रेमाख्यान काव्य' के संबंध में ***असंगत*** कथन है :
A. प्रेमाख्यान काव्य प्रबंधात्मक शैली में रचित हैं।
B. प्रेमाख्यान काव्य का प्रधान रस 'शांत' है।
C. प्रेमाख्यान काव्य में कथानक रूढ़ियों का प्रयोग हुआ है।
D. प्रेमाख्यान काव्य के पात्र मुख्यतः मानवीय और मानवेतर श्रेणी के हैं।

103. किस विकल्प में मुहावरे का भावार्थ ***सही*** है?
A. अंगारों पर लोटना – क्रोध प्रकट करना।
B. जान के लाले पड़ना – जान को जोखिम में डालना।
C. हाथ-पाँव मारना – अनुनय-विनय करना।
D. दाल न गलना – वश न चलना।

104. निम्नलिखित में से किस विकल्प में सभी शब्द 'तद्भव' हैं?
A. स्वप्न, लक्ष, पहर B. कपूर, ग्वाल, हल्दी
C. मुकुट, शीर्ष, पृष्ठ D. संध्या, सींग, सौभाग्य

105. निम्नलिखित में से किस वाक्य में 'अकर्मक क्रिया' ***नहीं*** है?
A. धावक सड़क पर दौड़ रहे थे।
B. महेश अध्यापक बन गया।
C. तुलसीदास जी ने रामायण लिखी।
D. वह तालाब में तैर रही है।

106. 'कठोपनिषद्' के नचिकेता प्रसंग पर आधारित प्रबंध काव्य है :
A. कनुप्रिया B. आत्मजयी
C. उत्तर जय D. एक पुरुष और

107. किस विकल्प में लोकोक्ति का भावार्थ सही ***नहीं*** है?
A. तीन में न तेरह में – जो किसी गिनती में न हो, नगण्य।
B. लाठी टूटे न सांप मरे – बिना किसी की हानि हुए स्वार्थ सिद्ध हो जाए।
C. नेकी कर और दरिया में डाल – भलाई का बदला बुराई।
D. आ बैल मुझे मार – जान-बूझकर विपत्ति में पड़ना।

108. निम्नलिखित में से किस विकल्प के सभी शब्द 'तत्सम' हैं?
A. क्षेत्र, मुक्ता, पर्ण B. पूस, मौलश्री, नैन
C. नीम, नारियल, धतूरा D. गेह, जेठ, छाँह

109. सुमेलित कीजिए :
(क) चारण काल (*i*) आचार्य हजारी प्रसाद द्विवेदी
(ख) आदिकाल (*ii*) ग्रियर्सन
(ग) वीरकाल (*iii*) आचार्य रामचन्द्र शुक्ल
(घ) वीरगाथा काल (*iv*) विश्वनाथ प्रसाद मिश्र

कूट :

	(क)	(ख)	(ग)	(घ)
A.	(*ii*)	(*i*)	(*iv*)	(*iii*)
B.	(*i*)	(*ii*)	(*iii*)	(*iv*)
C.	(*iv*)	(*iii*)	(*ii*)	(*i*)
D.	(*iii*)	(*iv*)	(*i*)	(*ii*)

110. निम्नलिखित में से ***अशुद्ध*** वाक्य है :
A. वह राम का नाम लेकर चल पड़ा।
B. उसने इन बात पर आपत्ति प्रकट की।
C. सुबह-शाम व्यायाम करना चाहिए।
D. वह बीस दिन तक अपने घर में ही कैद रहा।

111. निम्नलिखित में से 'तुलसीदास' द्वारा रचित ग्रंथ ***नहीं*** है :
A. कवितावली B. वैराग्य संदीपिनी
C. रामाज्ञा प्रश्न D. पौरुषेय रामायण

112. निम्नलिखित में से किस वाक्य में 'समुच्चय बोधक' अव्यय ***नहीं*** है?
A. ईमानदारी और परिश्रम उन्नति के लिए आवश्यक हैं।
B. राहुल तेज है, किंतु उद्यमी नहीं है।
C. परिश्रम करो, ताकि जीवन सफल हो सके।
D. पुरुषार्थ के बिना जीवन नहीं।

113. ''नाथ पंथ या नाथ संप्रदाय के सिद्धमत, सिद्धमार्ग, योग-मार्ग, योग संप्रदाय, अवधूतमत एवं अवधूत-संप्रदाय नाम भी प्रसिद्ध हैं।'' यह कथन किसका है?
A. आचार्य रामचंद्र शुक्ल B. आचार्य हजारी प्रसाद द्विवेदी
C. डॉ. धीरेन्द्र वर्मा D. डॉ. रामकुमार वर्मा

114. अर्थ भेद की दृष्टि से ''समश्रुत भिन्नार्थक'' शब्द-युग्म का कौन-सा विकल्प ***सही*** है?
A. चिर - चीर – कपड़ा - अधिक
B. नीरज - नीरज – कमल - बादल
C. मेधा - मेध – यज्ञ - बुद्धि
D. सर्व - शर्व – शिव - सब

115. किस विकल्प में सभी ध्वनियाँ 'तालव्य' हैं?
A. ष्, छ्, व् B. च्, ज्, श्
C. ज्, झ्, स् D. य्, झ्, ह्!

116. 'विप्लव-गायन' कविता का मूल-भाव है :
A. अवसरवादिता के प्रति व्यंग्य
B. जड़ता के विरुद्ध विकास एवं गतिशीलता
C. बाह्याचार के प्रति आक्रोश
D. नगरीय संस्कृति के प्रति व्यंग्य

117. निम्नलिखित में से किस विकल्प में सभी 'स्पर्श अल्पप्राण' व्यंजन हैं?
A. स्, श्, ह् B. फ्, ब्, द्
C. क्, ग्, ट् D. न्, ल्, र्

118. "पहले तुम्हें प्रकृति के अक्षर पढ़ने पड़ेंगे, तभी तुम उसकी कहानी उसके पत्थरों और चट्टानों की किताब से पढ़ सकोगी।" प्रस्तुत पंक्तियों के लेखक हैं :
A. पं. जवाहरलाल नेहरू B. महात्मा गाँधी
C. लाल बहादुर शास्त्री D. विनोबा भावे

119. निम्नलिखित में से चौथा सप्तक के कवि ***नहीं*** हैं :
A. अवधेश कुमार B. सुमनराजे
C. राजेन्द्र किशोर D. विजय देव नारायण साही

120. आचार्य भरत के रस-निष्पत्ति संबंधी सूत्र के व्याख्याकारों में से किस विद्वान की व्याख्या 'भुक्तिवाद' कहलाती है?
A. भट्ट नायक B. भट्ट लोल्लट
C. अभिनव गुप्त D. शंकुक

121. *'चंद तें लजात जलजात जग जानत है।*
आज जलजात तें लजात चंद देखौ मैं।।

प्रस्तुत पंक्तियों में अलंकार है :
A. दीपक B. विभावना
C. उत्प्रेक्षा D. वक्रोक्ति

122. 'राहुल सांकृत्यायन' के अनुसार हिन्दी के प्रथम कवि हैं :
A. पुष्य B. सरहपाद
C. कबीर D. शालिभद्र सूरि

123. 'लोकगीत' के संबंध में ***असंगत*** कथन है :
A. लोकगीत जनता का संगीत है।
B. लोकगीत गायन हेतु बेहद साधना की जरूरत होती है।
C. वास्तविक लोकगीत देश के गाँवों और देहातों में हैं।
D. लोकगीत त्योहारों और विशेष अवसरों पर गाए जाते हैं।

124. "इस प्रकार कवि की मर्मभेदी दृष्टि ने इस भाषाहीन प्राणी की करुण दृष्टि के भीतर उस विशाल मानव सत्य को देखा है, जो मनुष्य, मनुष्य के अंदर भी नहीं देख पाता।" आचार्य हजारी प्रसाद द्विवेदी का यह कथन किस कवि के प्रति है?
A. सूर्यकांत त्रिपाठी 'निराला' B. महादेवी वर्मा
C. माखनलाल चतुर्वेदी D. रवीन्द्रनाथ टैगोर

125. *'दो बात कही, दो बात सुनी;*
कुछ हँसे और फिर कुछ रोए।
छककर सुख-दुख के घूँटों को,
हम एक भाव से पिए चले।'

प्रस्तुत पंक्तियाँ किस कवि की हैं?
A. सर्वेश्वर दयाल सक्सेना B. भगवतीचरण वर्मा
C. नरेश मेहता D. कुँवर नारायण

126. निम्नलिखित में 'माधुर्य गुण' का उदाहरण है :
A. सिखा दो ना मधुपकुमारि! मुझे भी अपना मीठा गान।
कुसुम के चुने कटोरों से करा दो ना कुछ-कुछ मधुपान।।
B. वह आता।
दो टूक कलेजे के करता, पछताता पथ पर आता।
C. कंकन किंकिनि नुपुर धुनि सुनि।
कहत लखन सन राम हृदय गुनि।
मानहु मदन दुंदुभी दीनी।
मनसा बिस्व-विजय कहँ कीनी।।
D. विकसते मुरझाने को फूल, उदित होता छिपने को चंद।
शून्य होने को भरते मेघ, दीप जलता होने को मंद।
यहाँ किसका अनंत यौवन, अरे अस्थिर यौवन।

127. 'हरिगीतिका छन्द' का लक्षण ***नहीं*** है :
A. प्रत्येक चरण में 28 मात्राएँ होती हैं।
B. 16, 12 पर यति होती है।
C. अंत में लघु-गुरु (15) मात्रा होती है।
D. यह मात्रिक विषम छंद है।

128. जब प्रस्तुत (उपमेय) एवं अप्रस्तुत (उपमान) का एक धर्म कथन किया जाए, तो कौन-सा अलंकार होगा?
A. रूपक B. उपमा
C. दीपक D. दृष्टांत

129. निम्नलिखित में से किस विकल्प के सभी शब्द 'अव्ययी भाव समास' के उदाहरण हैं?
A. बेशक, मृत्युपर्यंत B. भलामानस, भरसक
C. देशांतर, हररोज D. आपबीती, प्रत्यागमन

130. सुमेलित कीजिए :

(क) श्रुतिकटुत्व दोष	*(i)* प्रेम शक्ति से चिर निरस्त्र हो जावेगी पाशवता।
(ख) क्लिष्टत्व दोष	*(ii)* कवि के कठिनतर कर्म की करते नहीं हम धृष्टता। पर क्या न विषयोत्कृष्टता करती विचारोत्कृष्टता।।
(ग) च्युत संस्कृति दोष	*(iii)* लचकती कैसी सुधर, मन हर रही यह कमर।
(घ) ग्राम्यत्व दोष	*(iv)* अहि-रिपु-पति-तिय सदन है मुख तेरो रमनीय।।

कूट :

	(क)	(ख)	(ग)	(घ)
A.	*(ii)*	*(iv)*	*(i)*	*(iii)*
B.	*(i)*	*(iii)*	*(iv)*	*(ii)*
C.	*(iv)*	*(ii)*	*(iii)*	*(i)*
D.	*(iii)*	*(i)*	*(ii)*	*(iv)*

131. निम्नलिखित में से किस शब्द में 'कृत' प्रत्यय ***नहीं*** है?
A. चाल B. पांडित्य
C. पढ़ाई D. झुकाव

132. निम्नलिखित में से किस शब्द का संधि-विच्छेद सही ***नहीं*** है?
A. मार्तण्ड – मातृ + अण्ड B. जगन्नाथ – जगत् + नाथ
C. निरुद्यम – निर् + उद्यम D. सन्मार्ग – सत् + मार्ग

133. निम्नलिखित में से किस शब्द में 'ब' उपसर्ग ***नहीं*** है?
A. बनाम B. बखैर
C. बदस्तूर D. बपौती

134. 'संघ की राजभाषा हिन्दी और लिपि देवनागरी होगी।' संविधान के किस अनुच्छेद में वर्णित है?
A. अनुच्छेद 342 B. अनुच्छेद 344
C. अनुच्छेद 351 D. अनुच्छेद 343(1)

135. *'करते अभिषेक पयोद हैं, बलिहारी इस वेष की।*
हे मातृभूमि! तू सत्य ही, सगुण मूर्ति सर्वेश की।।"
प्रस्तुत पंक्तियों में छंद है :
A. दोहा B. रोला
C. उल्लाला D. वंशस्थ

136. किस विकल्प के सभी शब्दों में 'पर' उपसर्ग ***नहीं*** है?
A. परोपकार, परजीवी B. परदेश, परतंत्र
C. पराक्रम, पराभूत D. परकीय, परसाल

137. 'प्रेमचंद के फटे जूते' निबंध में परसाई जी ने व्यंग्य किया है :
A. धार्मिक पाखंड एवं अंधविश्वास पर
B. राजनैतिक भ्रष्टाचार पर
C. दिखावे की प्रवृत्ति और अवसरवादिता पर
D. सामाजिक शोषण पर

138. निम्नलिखित में से किस भाषा/उपभाषा का संबंध 'पैशाची अपभ्रंश' से है?
A. पहाड़ी B. मराठी
C. लहँदा D. उड़िया

139. निम्नलिखित में से 'राजस्थानी' बोली ***नहीं*** है :
A. मेवाती B. मालवी
C. हाड़ौती D. मगही

140. निम्नलिखित में से **सही** संधि-विच्छेद है :
A. न्यून – नि + उन B. मतैक्य – मत + एक्य
C. महौदार्य – महा + औदार्य D. एकैक – एक + एक

141. 'देवनागरी लिपि' के संदर्भ में ***असत्य*** कथन है :
A. देवनागरी लिपि बायें से दाहिनी ओर को लिखी जाती है।
B. देवनागरी लिपि की वर्णमाला ध्वनि प्रधान है।
C. देवनागरी लिपि का प्रयोग उत्तर भारत में दसवीं शताब्दी के प्रारम्भ से मिलने लगता है।
D. देवनागरी लिपि, ब्राह्मी लिपि की उत्तर भारतीय शैली से विकसित है।

142. 'कठपुतली' कविता के रचयिता हैं :
A. ऋतुराज B. भवानीप्रसाद मिश्र
C. कुँवर नारायण D. केदारनाथ अग्रवाल

143. निम्नलिखित में से किस शब्द में 'इंदा' प्रत्यय ***नहीं*** है?
A. गोविन्दा B. शर्मिन्दा
C. बाशिंदा D. परिंदा

144. 'व्यभिचारी भाव' के संबंध में ***असंगत*** कथन है :
A. ये संचरणशील मनोविकार हैं।
B. ये स्थायी भाव के उपकारक होकर, उन्हें रस दशा तक पहुँचातेहैं।
C. स्थायी भाव से इनका संबंध सागर तथा लहर की भाँति होता है।
D. ये रस की सिद्धि तक स्थिर रहते हैं।

145. 'वज्राहत' शब्द में कौन-सा समास है?
A. कर्मधारय समास
B. अव्ययीभाव समास
C. बहुव्रीहि समास
D. तत्पुरुष समास

146. 'कैदी और कोकिला' कविता के रचयिता हैं :
A. माखनलाल चतुर्वेदी
B. रामधारी सिंह 'दिनकर'
C. सुभद्राकुमारी चौहान
D. सूर्यकांत त्रिपाठी 'निराला'

147. *'बन बितान रबि ससि दियो, फल भख सलिल-प्रवाह।*
अवनि-सेज, पंखा-पवन, अब न कछू परवाह।।"
प्रस्तुत पंक्तियों में कौन-सा रस है?
A. श्रृंगार B. हास्य
C. शांत D. करुण

148. निम्नलिखित में से 'महादेवी वर्मा' की रचना है :
A. एक कहानी यह भी B. उसने कहा था
C. मेरे बचपन के दिन D. लाख की चूड़ियाँ

149. 'पूर्वी हिन्दी' का संबंध किस अपभ्रंश से है?
A. मागधी B. अर्धमागधी
C. शौरसेनी D. पैशाची

150. सुमेलित कीजिए :
(क) आचार्य रामचन्द्र शुक्ल — (*i*) हिन्दी साहित्य का अतीत
(ख) आचार्य हजारी प्रसाद द्विवेदी — (*ii*) हिन्दी साहित्य का आलोचनात्मक इतिहास
(ग) डॉ. रामकुमार वर्मा — (*iii*) हिन्दी साहित्य की भूमिका
(घ) विश्वनाथ प्रसाद मिश्र — (*iv*) हिन्दी साहित्य का इतिहास

कूट :

	(क)	(ख)	(ग)	(घ)
A.	(*iv*)	(*iii*)	(*ii*)	(*i*)
B.	(*iv*)	(*i*)	(*iii*)	(*ii*)
C.	(*iii*)	(*ii*)	(*i*)	(*iv*)
D.	(*i*)	(*iv*)	(*ii*)	(*iii*)

उत्तरमाला

1	2	3	4	5	6	7	8	9	10
C	B	B	D	D	D	C	B	D	C
11	**12**	**13**	**14**	**15**	**16**	**17**	**18**	**19**	**20**
B	A	B	A	C	B	D	C	A	D
21	**22**	**23**	**24**	**25**	**26**	**27**	**28**	**29**	**30**
A	C	A	B	A	B	C	B	A	A
31	**32**	**33**	**34**	**35**	**36**	**37**	**38**	**39**	**40**
C	B	C	A	B	B	D	D	B	A
41	**42**	**43**	**44**	**45**	**46**	**47**	**48**	**49**	**50**
D	B	C	C	D	D	D	D	B	A
51	**52**	**53**	**54**	**55**	**56**	**57**	**58**	**59**	**60**
C	A	C	A	D	C	A	B	C	B
61	**62**	**63**	**64**	**65**	**66**	**67**	**68**	**69**	**70**
D	B	C	B	C	B	D	B	C	B
71	**72**	**73**	**74**	**75**	**76**	**77**	**78**	**79**	**80**
C	A	B	C	C	D	A	A	A	D
81	**82**	**83**	**84**	**85**	**86**	**87**	**88**	**89**	**90**
C	C	C	A	D	A	D	B	C	B
91	**92**	**93**	**94**	**95**	**96**	**97**	**98**	**99**	**100**
A	B	A	C	C	A	D	C	D	B
101	**102**	**103**	**104**	**105**	**106**	**107**	**108**	**109**	**110**
B	B	D	B	C	B	C	A	A	B
111	**112**	**113**	**114**	**115**	**116**	**117**	**118**	**119**	**120**
D	D	B	B	B	B	C	A	D	A
121	**122**	**123**	**124**	**125**	**126**	**127**	**128**	**129**	**130**
B	B	B	D	B	C	D	C	A	A
131	**132**	**133**	**134**	**135**	**136**	**137**	**138**	**139**	**140**
B	A	D	D	C	C	C	C	D	D
141	**142**	**143**	**144**	**145**	**146**	**147**	**148**	**149**	**150**
B	B	A	D	D	A	C	C	B	A

व्याख्यात्मक उत्तर

61. दिया है, तार की लंबाई = 66 मी.

= 66 × 100 सेमी. = 6600 सेमी.

∴ परिधि = 6600 सेमी.

और छोटे वृत्त की परिधि = 1.32 सेमी.

∴ अभीष्ट वृत्तों की संख्या = $\frac{6600}{1.32} = 5000.$

62. रेलगाड़ी द्वारा तय की गई दूरी = 140 + 260 = 400 मी.

और रेलगाड़ी की चाल = 60 किमी./घं.

$= 60 \times \frac{5}{18}$ मी./से. $= 10 \times \frac{5}{3} = \frac{50}{3}$ मी./से.

∴ ट्रेन द्वारा प्लेटफार्म को पार करने में लगा समय

$= \frac{400}{\frac{50}{3}} = \frac{400 \times 3}{50} = 24$ सेकेंड

63. माना 1 मीटर कपड़े का मूल्य = ₹ 1

तब, 33 मीटर कपड़े का विक्रय मूल्य = ₹ 33

∴ लाभ = 11 मीटर कपड़े का मूल्य = ₹ 11

∴ 33 मीटर कपड़े का क्रय मूल्य = 33 – 11 = ₹ 22

अतः लाभ प्रतिशत = $\frac{\text{लाभ} \times 100}{\text{क्रय मूल्य}} = \frac{11 \times 100}{22} = 50\%.$

64. यहाँ M_1 = 6 महिलाएँ, d_1 = 12 दिन, h_1 = 7 घंटे, w_1 = 1 और

$M_2 = 3 + 10 \times \frac{6}{4} = 3 + 15 = 18$ महिलाएँ

$d_2 = ?$

h_2 = 8 घंटे, $w_2 = 2$

[4 पुरुष = 6 महिलाएँ ⇒ 1 पुरुष = $\frac{6}{4}$ महिलाएँ]

$\because \quad \dfrac{M_1 d_1 h_1}{w_1} = \dfrac{M_2 d_2 h_2}{w_2}$

$\Rightarrow \quad \dfrac{6 \times 12 \times 7}{1} = \dfrac{18 \times d_2 \times 8}{2}$

$\Rightarrow \quad d_2 = \dfrac{6 \times 12 \times 7}{9 \times 8}$ = 7 दिन।

65. दिया है, $x = \dfrac{1}{1+\sqrt{2}}$

$= \dfrac{1}{1+\sqrt{2}} \times \dfrac{\sqrt{2}-1}{\sqrt{2}-1} = \dfrac{\sqrt{2}-1}{2-1} = \left(\sqrt{2}-1\right)$

$\therefore \quad x^2 = \left(\sqrt{2}-1\right)^2 = 2+1-2\sqrt{2} = 3-2\sqrt{2}$

$x^2 + 2x + 3 = 3-2\sqrt{2}+2\left(\sqrt{2}-1\right)+3$

$= 3-2\sqrt{2}+2\sqrt{2}-2+3$

$= 6 - 2 = 4.$

66.

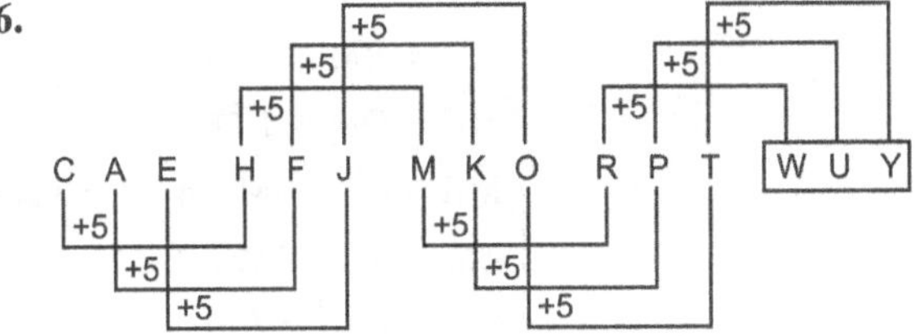

अतः पहला पद = WUY.

67. 5 व्यक्तियों में, C > B > D > A > E

अतः E इनमें सबसे छोटा है।

68. दिया है, समचतुर्भुज का परिमाप = 100 सेमी.

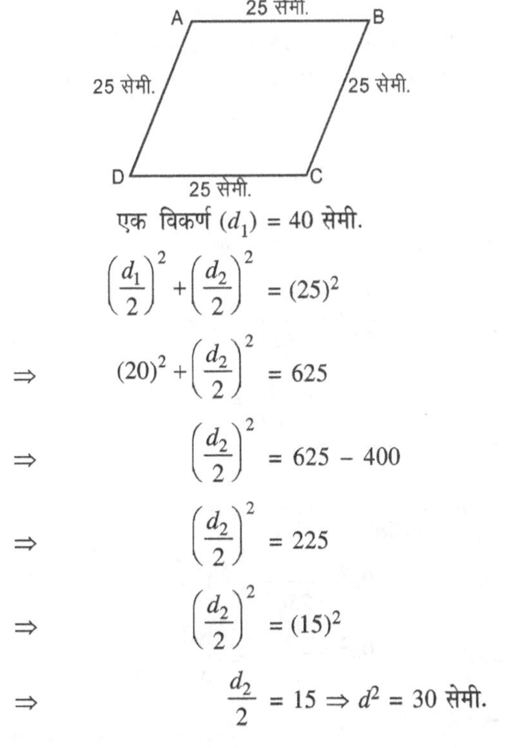

एक विकर्ण (d_1) = 40 सेमी.

$\left(\dfrac{d_1}{2}\right)^2 + \left(\dfrac{d_2}{2}\right)^2 = (25)^2$

$\Rightarrow \quad (20)^2 + \left(\dfrac{d_2}{2}\right)^2 = 625$

$\Rightarrow \quad \left(\dfrac{d_2}{2}\right)^2 = 625 - 400$

$\Rightarrow \quad \left(\dfrac{d_2}{2}\right)^2 = 225$

$\Rightarrow \quad \left(\dfrac{d_2}{2}\right)^2 = (15)^2$

$\Rightarrow \quad \dfrac{d_2}{2} = 15 \Rightarrow d^2 = 30$ सेमी.

$\therefore$ समचतुर्भुज का क्षेत्रफल $= \dfrac{1}{2}(d_1 \times d_2) = \dfrac{1}{2}(40 \times 30)$

$= \dfrac{1}{2} \times 1200 = 600$ सेमी.^{2}.

69. माना प्रत्येक मिश्रधातु से x इकाई और y इकाई मिश्र धातु लिया। तब पहली मिश्रधातु में तांबे तथा टिन $\dfrac{1}{4}x$ और $\dfrac{3}{4}x$ होगा और दूसरी मिश्रधातु में तांबे और टिन $\dfrac{2}{7}y$ और $\dfrac{5}{7}y$ होगा।

प्रश्नानुसार, $\dfrac{\frac{1}{4}x+\frac{2}{7}y}{\frac{3}{4}x+\frac{5}{7}y} = \dfrac{3}{8}$ या $\dfrac{7x+8y}{21x+20y} = \dfrac{3}{8}$

या, $56x + 64y = 63x + 60y$

या, $7x = 4y$

या, $\dfrac{x}{y} = \dfrac{4}{7}$

अतः $x : y = 4 : 7.$

70.

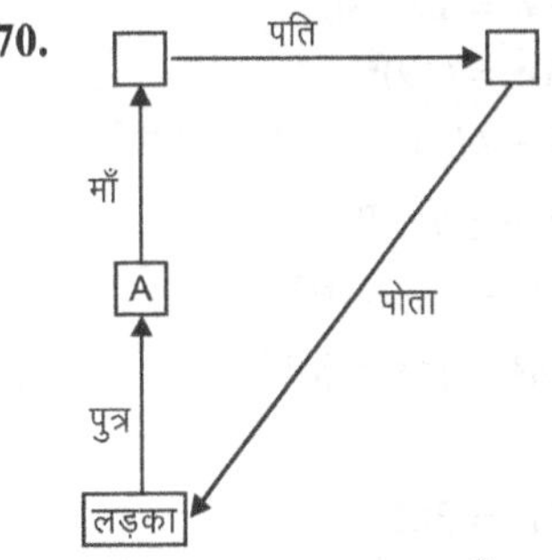

यहाँ, लड़का A का पुत्र है।

72. दिया है, P = ₹ 5000, r = 12% p.a., t = 2 वर्ष

$\therefore$ चक्रवृद्धि ब्याज $= P\left(1+\dfrac{r}{100}\right)^n - P$

$= P\left[\left(1+\dfrac{r}{100}\right)^n - 1\right] = 5000\left[\left(1+\dfrac{12}{100}\right)^2 - 1\right]$

$= 5000\left[\left(\dfrac{28}{25}\right)^2 - 1\right] = 5000\left[\dfrac{784}{625} - 1\right] = 5000\left[\dfrac{159}{625}\right]$

= 8 × 159 = ₹ 1272

और साधारण ब्याज $= \dfrac{Prt}{100} = \dfrac{5000 \times 12 \times 2}{100}$

= 50 × 24 = ₹ 1200

अतः अभीष्ट अंतर = C.I. – S.I.

= ₹ 1272 – ₹ 1200 = ₹ 72.

73. माना दो संख्याएँ x और $(520 - x)$ हैं

छोटी संख्या = x, बड़ी संख्या = $(520 - x)$

तब, $(520 - x) \times \dfrac{100-4}{100} = x \times \dfrac{100+12}{100}$

$\Rightarrow \quad 96(520 - x) = 112x$

$\Rightarrow \quad 96 \times 520 - 96x = 112x$

$\Rightarrow \quad 208x = 96 \times 520$

$\Rightarrow \quad x = \dfrac{96 \times 520}{208}$

$\Rightarrow \quad x = \dfrac{40 \times 96}{16} = 40 \times 6 = 240$

अतः छोटी संख्या $x = 240$.

74.

×2 + 1   ×2 + 1   ×2 + 1

+5   +11   +23   +47

G 4 T   J 9 R   M 20 P   P 41 N   S 90 L

43

+3   +3   +3   +3

–2   –2   –2   –2

पद P4IN में मध्य की संख्या

41 की जगह 43 होना चाहिए

अतः गलत पद P4IN है।

75. दिया है, $\quad l + b + h = 19$ सेमी.

$\Rightarrow \quad (l + b + h)^2 = (19)^2$

$\Rightarrow l^2 + b^2 + h^2 + 2(lb + bh + lh) = 361$ सेमी.^{2} ...(*i*)

और दिया है मुख्य विकर्ण = $5\sqrt{5}$ सेमी.

$\Rightarrow \quad \sqrt{l^2 + b^2 + h^2} = 5\sqrt{5}$ सेमी.

$\Rightarrow \quad l^2 + b^2 + h^2 = 125$ सेमी.^{2} ...(*ii*)

(*i*) और (*ii*) से,

$125 + 2(lb + bh + lh) = 361$

$\Rightarrow \quad 2(lb + bh + lh) = 361 - 125$

$\Rightarrow \quad 2(lb + bh + lh) = 236$ सेमी.^{2}

अतः $\quad$ पृष्ठीय क्षेत्रफल = 236 सेमी.^{2}.

76. यहाँ शुरूआती बिन्दु = A

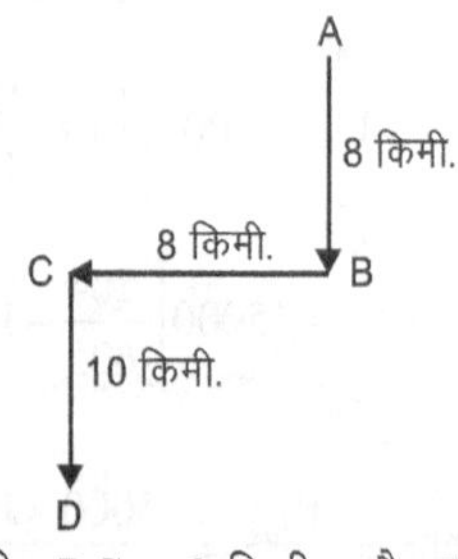

AB = 8 किमी., BC = 8 किमी. और CD = 10 किमी.

अतः वह (D), शुरूआती बिन्दु (A) से दक्षिण-पश्चिम दिशा में है।

77. दिया है, लड़कों की एक पंक्ति में

← बायें   15th   4th   ← दायें

C   A   B

A = बायें से 15वाँ

B = दायें से 4था

C = A के बायें का पहला

तथा A और B के बीच में 3 लड़के हैं।

अतः C की स्थिति दायीं ओर से = 4 + 3 + 2 = 9वीं।

78. यहाँ, प्रारंभिक बिन्दु = A

AB = 2 किमी., BC = 1 किमी., CD = 2 किमी., DE = 4 किमी.

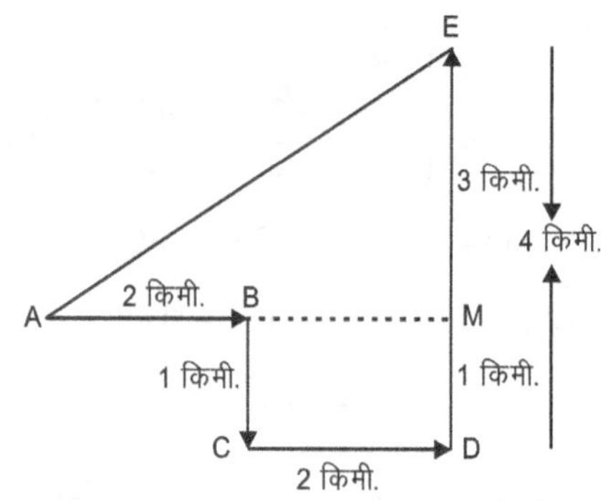

CD = BM = 2 किमी.

BC = DM = 1 किमी.

ME = DE – DM = 4 – 1 = 3 किमी.

और $\quad$ AM = AB + BM = 2 + 2 = 4 किमी.

$\because \quad EA^2 = ME^2 + AM^2$

$\therefore \quad EA^2 = 3^2 + 4^2 = 9 + 16 = 25 = 5^2$

$\Rightarrow \quad EA^2 = 5^2 \Rightarrow EA = 5$ किमी.

अतः वह (E), प्रारंभिक बिन्दु (A) से 5 किमी. दूर है।

79. दिया है, $\quad$ W = 23

STRONG = 93

$\Rightarrow 19 + 20 + 18 + 15 + 14 + 7 = 93$

इसी प्रकार, $\quad$ WEAK = 23 + 5 + 1 + 11

$\Rightarrow \quad$ WEAK = 40.

80. दिया है, $\quad 5a + \dfrac{1}{3a} = 5$

दोनों ओर $\dfrac{3}{5}$ से गुणा करने पर,

$\therefore \quad \dfrac{3}{5}\left(5a + \dfrac{1}{3a}\right) = 5 \times \dfrac{3}{5}$

$\Rightarrow \quad 3a + \dfrac{1}{5a} = 3$

दोनों ओर वर्ग करने पर,

$9a^2 + \dfrac{1}{25a^2} + 2.3a.\dfrac{1}{5a} = 9$

$\Rightarrow \quad 9a^2 + \dfrac{1}{25a^2} = 9 - \dfrac{6}{5}$

$\Rightarrow \quad 9a^2 + \dfrac{1}{25a^2} = \dfrac{39}{5}$.

पिछले प्रश्न-पत्र (हल सहित)

हरियाणा शिक्षक पात्रता परीक्षा (HTET)

TGT हिन्दी (Level-2), परीक्षा 2020

(Exam held on 3 January, 2021)

भाग-I

बाल विकास व शिक्षाशास्त्र

निर्देश : *निम्नलिखित प्रश्नों के उत्तर देने के लिए* **सबसे उचित** *विकल्प चुनिए।*

1. निम्नलिखित में से कौन-सा थॉर्नडाइक द्वारा प्रतिपादित सीखने का प्रमुख नियम ***नहीं*** है?

A. अभ्यास का नियम B. प्रभाव का नियम
C. तत्परता का नियम D. सामान्यीकरण का नियम

2. 'संवेगात्मक बुद्धि' शब्द को सर्वप्रथम किसने प्रस्तुत किया?

A. फ्रेडरिक एवं किर्क B. हेनरी एवं पीटर
C. जॉन एवं क्रॉनबैक D. मेयर एवं सलोवे

3. निम्नलिखित में से कौन-सा उपागम अधिगम अयोग्य बालकों के व्यवहार का विश्लेषण कर उनकी अधिगम न्यूनता के मूल कारणों के जानने के प्रयास पर आधारित है?

A. मनोविश्लेषणात्मक उपागम
B. व्यवहारवादी उपागम
C. वैयक्तिक अनुदेशनात्मक उपागम
D. बहुइन्द्रीय उपागम

4. 'लुप्त अधिगम' संप्रत्यय को सर्वप्रथम किसने परिचित कराया?

A. कुर्त लेविन B. ई.एल. थॉर्नडाइक
C. एडवर्ड चेस टॉलमैन D. पावलोव

5. 'प्रकार्यवाद' के प्रमुख प्रवर्तक कौन थे?

A. विलियम जेम्स B. जे.बी. वाट्सन
C. क्लार्क हल D. एडवर्ड टॉलमैन

6. निम्नलिखित में से कौन-सा जन्मजात अभिप्रेरक का उदाहरण है?

A. पुरस्कार B. भूख
C. दण्ड D. प्रोत्साहन

7. बालक के शरीर में होने वाले लैंगिक परिवर्तन, विकास की कौन-सी अवस्था में दिखाई देना प्रारंभ हो जाते हैं?

A. पूर्व बाल्यावस्था B. पश्च किशोरावस्था
C. वयस्कावस्था D. वयःसंधि काल

8. क्लासिकल अनुबंधन का अन्य नाम क्या है?

A. 'एस' प्रकार का अनुबन्धन
B. 'आर' प्रकार का अनुबन्धन
C. 'एस-आर' प्रकार का अनुबन्धन
D. 'यू' प्रकार का अनुबन्धन

9. ''परिश्रमप्रियता बनाम हीनता'' अवस्था के लिए एरिक्सन ने कौन-सा आयु समूह बताया है?

A. 6 से 11 वर्ष B. 12 से 20 वर्ष
C. 3 से 6 वर्ष D. 18 माह से 3 वर्ष

10. निम्नलिखित में से कौन-सा 'विकास' का सही सिद्धांत ***नहीं*** है?

A. सांतत्य का सिद्धांत
B. वैयक्तिक भिन्नता का सिद्धांत
C. पैटर्न की एकरूपता का सिद्धांत
D. विशिष्ट से सामान्य प्रतिक्रियाओं की कार्यवाही का सिद्धांत

11. निम्नलिखित में से कौन-सा 'मनोविज्ञान का संप्रदाय' (विचार) 'ब्लैक बॉक्स थ्योरी' के नाम से जाना जाता है?

A. व्यवहारवाद B. संरचनावाद
C. प्रकार्यवाद D. गेस्टाल्टवाद

12. निम्नलिखित में से कौन-सा अच्छे मानसिक स्वास्थ्य का लक्षण ***नहीं*** है?

A. समायोजन योग्यता B. संवेगात्मक परिपक्वता
C. आत्मविश्वास D. असहनशीलता

13. कैटल संस्कृति मुक्त बुद्धि परीक्षण की मापनी I किसके लिए बनायी गयी थी?

A. 8 से 12 वर्ष के मानसिक दोष वाले व्यक्तियों के लिए
B. 4 से 8 वर्ष के मानसिक दोष वाले व्यक्तियों के लिए
C. 12 से 15 वर्ष के मानसिक दोष वाले व्यक्तियों के लिए
D. 2 से 4 वर्ष के मानसिक दोष वाले व्यक्तियों के लिए

14. निम्नलिखित में से कौन-सा 'रचनात्मकता की प्रक्रिया' के लिए ***सही*** तार्किक क्रम है?

A. अंतर्दृष्टि → तैयारी → परिपाक → सत्यापन
B. तैयारी → अंतर्दृष्टि → परिपाक → सत्यापन
C. तैयारी → परिपाक → अंतर्दृष्टि → सत्यापन
D. तैयारी → अंतर्दृष्टि → सत्यापन → परिपाक

15. निम्नलिखित में से कौन-सा पद क्रिया-प्रसूत अनुबंध से संबंधित ***नहीं*** है?
A. अन्तर्दृष्टि B. पुनर्बलन
C. स्वतः पुनर्लाभ D. विलोपन

16. वे बच्चे जो विभिन्न प्रकार की अधिगम समस्याओं से ग्रसित रहते हैं, उनके लिए 'अधिगम अक्षम' शब्द का प्रयोग सर्वप्रथम किसने किया?
A. हेवार्ड B. सैमुअल किर्क
C. वैन रिपर D. बर्क

17. निम्नलिखित में से कौन-सा मनोवैज्ञानिक "आत्मा के विज्ञान के रूप में मनोविज्ञान" विचारधारा का समर्थक ***नहीं*** है?
A. प्लेटो B. अरस्तू
C. डेकार्टे D. वुण्ट

18. मनोविज्ञान की कौन-सी शाखा में टेलीपैथी, पुनर्जन्म जैसे क्षेत्रों का अध्ययन किया जाता है?
A. दैहिक मनोविज्ञान B. नैदानिक मनोविज्ञान
C. अतीन्द्रिय मनोविज्ञान D. विकासात्मक मनोविज्ञान

19. जीन पियाजे के अनुसार बालक कौन-सी अवस्था में परिकल्पनाओं को समझने की तथा तार्किक वाक्यों के आधार पर विचार करने की योग्यता प्राप्त कर लेता है?
A. 0 से 2 वर्ष B. 2 से 6 वर्ष
C. 6 से 11 वर्ष D. 11 से 15 वर्ष

20. निम्नलिखित में से कौन-सा मनोविज्ञान मानव के चिन्तन, स्मृति, भाषा, प्रत्यक्षीकरण इत्यादि का अध्ययन करता है?
A. मानवतावादी मनोविज्ञान B. संज्ञानात्मक मनोविज्ञान
C. असामान्य मनोविज्ञान D. नैदानिक मनोविज्ञान

21. निम्नलिखित में से कौन-सा व्यक्तित्व का प्रकार क्रेचमर द्वारा ***नहीं*** दिया गया है?
A. सुडौलकाय B. कलात्मक
C. लंबकाय D. गोलाकाय

22. जीन पियाजे के अनुसार नैतिक विकास अवस्था "परायत्तता अन्योन्यता" का आयु समूह क्या है?
A. 0 से 5 वर्ष B. 13 से 18 वर्ष
C. 5 से 8 वर्ष D. 11 से 13 वर्ष

23. निम्नलिखित में से कौन-सा अधिगम अक्षम बालकों का लक्षण ***नहीं*** है?
A. प्रत्यक्षीकरण प्रभाविता B. सांवेगिक अस्थिरता
C. अव्यवस्थित अवधान D. आवेगिता

24. गंभीर मानसिक मंदता वाले बालकों की बुद्धि लब्धि क्या होती है?
A. 50 से 60 B. 36 से 51
C. 20 से 35 D. 20 से नीचे

25. विकास की कौन-सी अवस्था में समान लिंगियों के साथ रुचि/मित्रता विकसित होती है?
A. 12 से 14 वर्ष B. 15 से 18 वर्ष
C. 10 से 12 वर्ष D. 19 से 21 वर्ष

26. निम्नलिखित में से कौन-सा यथार्थवादी चिन्तन का प्रकार ***नहीं*** है?
A. अभिसारी चिन्तन B. सृजनात्मक चिन्तन
C. आलोचनात्मक चिन्तन D. स्वलीन चिन्तन

27. निम्नलिखित में से कौन-सा मनोवैज्ञानिक 'मानवतावादी मनोविज्ञान' का समर्थक ***नहीं*** है?
A. फ्रायड B. मैस्लो
C. रोजर्स D. आर्थर कौम्बूस

28. 'संरचनावाद' के प्रवर्तक कौन थे?
A. विलियम जेम्स B. विलियम वेस्ट
C. विल्हेम वुण्ट D. विल्हेम हण्ट

29. निम्नलिखित में से कौन-सा तत्व 'अभिप्रेरणा चक्र' से संबंधित ***नहीं*** है?
A. आवश्यकता B. अन्तर्नोद
C. संवेग D. प्रोत्साहन

30. 'भय का संवेग' किस मूल प्रवृत्ति से जुड़ा हुआ है?
A. प्रतिकर्षण (Repulsion) B. युयुत्सा (Pugnacity)
C. शरणागत (Appeal) D. पलायन (Escape)

भाग-II

भाषा : हिन्दी

निर्देशः *निम्नलिखित प्रश्नों के उत्तर देने के लिए* ***सबसे उचित*** *विकल्प चुनिए।*

31. किस वाक्य में संबंधसूचक अव्यय का प्रयोग हुआ है?
A. राधा ऊपर नाचती है।
B. अनिता राधा से मधुर गाती है।
C. राम बहुत तेज चल रहा था।
D. मोहन आजकल ज्यादा बोलता है।

32. 'अक' प्रत्यय युक्त पद ***नहीं*** है :
A. विधायक B. प्रेरक
C. निंदक D. लड़ाक

33. किस विकल्प में नित्य पुल्लिंग संज्ञा है?
A. खरगोश B. गिलहरी
C. बटेर D. कोयल

34. समास विग्रह की दृष्टि से ***अनुचित*** विकल्प चुनिए :
A. मातृभक्ति = माता के लिए भक्ति
B. वाग्वीर = वाक् (वाणी) में वीर
C. इन्द्रियजय = इन्द्रियों के लिए जय
D. जीवदया = जीवों पर दया

35. ***गलत*** समास विग्रह चुनिए :
A. दूर के लिए दर्शन = दूरदर्शन
B. दूर से आगत = दूरागत
C. पाठ के लिए शाला = पाठशाला
D. सभा के लिए मण्डप = सभामण्डप

36. नामधातु क्रिया ***नहीं*** है :
A. लतियाना　　B. सजाना
C. झुठलाना　　D. गलियाना

37. वर्णोच्चारण की दृष्टि से ***बेमेल*** चुनिए :
A. ओ, औ - कंठोष्ठ　　B. व, फ - दन्तोष्ठ
C. द, ध - तालु　　D. ठ, ड - मूर्धा

38. किस विकल्प में 'अनु' उपसर्ग का प्रयोग ***नहीं*** हुआ है?
A. अनुस्वार　　B. अनुषंग
C. अनुदार　　D. अनुशास्ति

39. वार्तनिक दृष्टि से ***अशुद्ध*** शब्द चुनिए :
A. तिरपन　　B. अजमाइश
C. अन्त्याक्षरी　　D. छिपकली

40. अनिश्चयवाचक सर्वनाम वाला वाक्य चुनिए :
A. मैं कुछ पुस्तकें लाया हूँ, इन्हें तुम रख लो।
B. दाल में कुछ काला है।
C. केवल वही तुम्हारी प्रशंसा कर सकता है।
D. वह चाहता है कि तुम सदैव आगे बढ़ो।

41. 'सु' उपसर्ग-रहित पद चुनिए :
A. सुषुप्ति　　B. स्वस्थ
C. स्वल्प　　D. सौष्ठव

42. किस शब्द में व्यंजन सन्धि का प्रयोग हुआ है?
A. वागीश्वर　　B. धातूष्मा
C. अधमर्ण　　D. पूर्णोपमा

43. संधि विच्छेद की दृष्टि से ***असंगत*** चुनिए :
A. फणि + इन्द्र = फणीन्द्र　　B. सुधी + इन्द्र = सुधीन्द्र
C. अभि + इष्ट = अभीष्ट　　D. रजनी + ईश = रजनीश

44. "टहलना स्वास्थ्य के लिए लाभकारी है।" वाक्य में प्रयुक्त क्रिया है :
A. प्रेरणार्थक क्रिया　　B. संयुक्त क्रिया
C. रंजक क्रिया　　D. क्रियार्थक संज्ञा

45. प्रत्यय की दृष्टि से ***असंगत*** विकल्प चुनिए :
A. हथ + औड़ी = हथौड़ी　　B. अणु + इक = आणविक
C. साँप + ओला = सँपोला　　D. भाँग + एड़ी = भँगेंड़ी

Language : English

Directions: *Answer the following questions by selecting the **most appropriate** option.*

46. Choose the part of the sentence which is ***incorrect***:
(*a*) His/(*b*) new film/(*c*) is really worth/(*d*) to be seen.
A. (*a*)　　B. (*b*)
C. (*c*)　　D. (*d*)

47. Select the ***appropriate*** modal for the expression given:
When .... we expect you? (possibility)
A. may　　B. will
C. have to　　D. dare

48. Select the ***correct*** option (phrasal verb) for the underlined word:
Most of the patients <u>respect</u> Dr. John for his kindness.
A. pay back　　B. zest for
C. make over　　D. look up to

49. Choose the ***correct*** meaning of the underlined words:
The baby monkeys ran <u>every which way</u>.
A. up
B. straight
C. in different directions
D. down

50. Choose the ***correct*** tense form:
Nanny died last week. She .... from cancer for some time. (suffer)
A. suffering　　B. is suffering
C. had been suffering　　D. suffers

51. Select the ***appropriate*** modal for the expression given:
If you do that again you .... be punished. (threat)
A. may　　B. shall
C. can　　D. ought

52. Choose the ***correct*** option for the following:
An instrument for detecting earthquakes is:
A. A Fathometer　　B. Lithoscope
C. A Seismograph　　D. Cardiograph

53. Choose the ***correct*** meaning of the underlined words:
It's a pity you don't like football. But <u>each to their own</u>.
A. everyone has different opinions
B. everyone has similar opinions
C. each and all are same
D. each one likes football

54. Choose the ***correct*** option to fill the blank :

Immediately after the operation he could see nothing .... vague shadows.

A. as long as B. however
C. but D. notwithstanding

55. Select the ***correct*** option (phrasal verb) for the underlined word:

I don't know how we are going to cope with the cold during winters.

A. make up for
B. put up with
C. put down
D. set up

56. Select ***appropriate*** preposition to fill in the blank:

They walked .... the footpath until they came to a bridge.

A. into B. since
C. along D. in

57. Choose the ***correct*** tense form :

My car .... for the third time since I got it. (break down)

A. break down B. has broken down
C. was broke down D. has broken

58. Choose the part of the sentence which is ***incorrect*** :

(*a*) James/(*b*) is busy/(*c*) to prepare/(*d*) tonight's dinner.

A. (*a*) B. (*b*)
C. (*c*) D. (*d*)

59. Choose the ***correct*** option to fill the blank :

The room was empty .... for a chair in the corner.

A. except B. and
C. between D. behind

60. Select ***appropriate*** preposition to fill in the blank :

The programme was broadcasted ...... the world.

A. in B. off
C. onto D. across

भाग-III

सामान्य अध्ययन : मात्रात्मक योग्यता, तार्किक अभिक्षमता तथा सामान्य ज्ञान एवं अभिज्ञान

निर्देशः *निम्नलिखित प्रश्नों के उत्तर देने के लिए* **सबसे उचित** *विकल्प चुनिए।*

61. पाँच व्यक्तियों P, Q, R, S और T में, T, R और S से छोटा है। Q, T जितना लम्बा नहीं है, लेकिन एक व्यक्ति से लम्बा है। R एक व्यक्ति से छोटा है। इनमें से कौन सबसे लम्बा है?

A. R B. Q
C. S D. P

62. तीन संख्याएँ 2 : 3 : 4 के अनुपात में हैं। उनके घनों का योग 33957 हो, तो संख्याएँ हैं :

A. 14, 21, 28 B. 12, 18, 24
C. 8, 12, 16 D. 4, 6, 8

63. A, X का पिता है; B, Y की माता है। X और Z की बहन Y है। निम्न में से कौन-सा कथन आवश्यक रूप से सत्य ***नहीं*** है?

A. B, Z की माता है B. X, Z की बहन है
C. B, A की पत्नी है D. Y, A का पुत्र है

64. एक व्यक्ति पूर्व की ओर 1 किमी. चलता है, फिर वह दक्षिण दिशा में मुड़कर 5 किमी. चलता है। फिर वह पूर्व दिशा में मुड़कर 2 किमी. चलता है, उसके बाद वह उत्तर दिशा में मुड़कर 9 किमी. चलता है। अब वह प्रारम्भिक बिन्दु से कितनी दूर खड़ा है?

A. 4 किमी. B. 5 किमी.
C. 7 किमी. D. 9 किमी.

65. निम्न वर्ण श्रेणी में अगला पद ज्ञात कीजिए :

DHL, PTX, BFJ, ...

A. CGK B. KOS
C. NRV D. OVZ

66. 12 पुरुष एक कार्य को पूर्ण करने में 18 दिन लेते हैं जबकि 12 स्त्रियाँ उसी कार्य के $\frac{3}{4}$ भाग को 18 दिन में पूर्ण करती हैं। उसी कार्य को 10 पुरुष तथा 8 स्त्रियाँ साथ-साथ कार्य करते हुए कितने दिनों में पूर्ण करेंगे?

A. 6 B. $7\frac{1}{2}$
C. $13\frac{1}{2}$ D. 14

67. एक गोले की त्रिज्या के दुगुनी होने पर उसके आयतन में कितने प्रतिशत वृद्धि होगी?

A. 200% B. 450%
C. 550% D. 700%

68. एक व्यापारी एक वस्तु को ₹ 24 में बेचता है तथा वस्तु के मूल्य के बराबर प्रतिशत लाभ कमाता है, तो वस्तु का लागत मूल्य है :

A. ₹ 15 B. ₹ 17
C. ₹ 18 D. ₹ 20

69. 15 व्यक्तियों के एक समूह में, 7 हिन्दी पढ़ते हैं, 8 अंग्रेजी पढ़ते हैं और 3 कोई भी भाषा नहीं पढ़ते हैं। कितने व्यक्ति हिन्दी और अंग्रेजी दोनों पढ़ते हैं?

A. 0 B. 3
C. 4 D. 5

70. यदि p तथा q परिमेय संख्याएँ हैं तथा $\frac{3+\sqrt{5}}{3-\sqrt{5}} = p + q\sqrt{5}$, तो p तथा q के मान हैं :

A. $p=\frac{2}{7}; q=\frac{3}{2}$ B. $p=\frac{7}{2}; q=\frac{2}{7}$

C. $p=\frac{7}{2}; q=\frac{3}{2}$ D. $p=\frac{7}{2}; q=\frac{7}{2}$

71. यदि एक निश्चित राशि का 3% प्रतिवर्ष ब्याज दर से दो वर्षों का चक्रवृद्धि ब्याज ₹ 101.50 हो, तो उसी राशि का समान समय के लिए साधारण ब्याज कितना होगा?

A. ₹ 50   B. ₹ 100
C. ₹ 125   D. ₹ 147

72. निम्न वर्ण श्रेणी में ***लुप्त*** पद ज्ञात कीजिए :

A, CD, GHI, ?, UVWXY

A. LMNO   B. MNO
C. MNOP   D. NOPQ

73. एक चतुर्भुज का एक कोण 108° तथा शेष तीनों कोण बराबर हैं। तीन बराबर कोणों में प्रत्येक का मान ज्ञात कीजिए :

A. 63°   B. 74°
C. 84°   D. 96°

74. अमित, प्रकाश के पश्चिम में है और सुमित के उत्तर में है। तरुण, सुमित के पूर्व की ओर है। तरुण, अमित के संदर्भ से किस दिशा में है?

A. उत्तर-पश्चिम   B. दक्षिण
C. दक्षिण-पूर्व   D. उत्तर

75. यदि DRIVER = 12, PEDESTRIAN = 20, ACCIDENT = 16, तो CAR = ?

A. 3   B. 6
C. 8   D. 16

76. निम्न श्रेणी में ***गलत*** संख्या ज्ञात कीजिए :

69, 55, 26, 13, 5

A. 5   B. 13
C. 26   D. 55

77. यदि $2^x = 4^y = 8^z$ तथा $\frac{1}{2x}+\frac{1}{4y}+\frac{1}{4z}=4$, तो x का मान है :

A. $\frac{7}{16}$ B. $\frac{7}{17}$

C. $\frac{7}{19}$ D. $\frac{7}{23}$

78. 80 किमी. यात्रा में एक रेलगाड़ी प्रथम 60 किमी., 40 किमी. प्रति घंटा तथा शेष दूरी 20 किमी. प्रति घंटा की गति से चलती है। सम्पूर्ण यात्रा की औसत चाल है :

A. 24 किमी. प्रति घंटा   B. 30 किमी. प्रति घंटा
C. 32 किमी. प्रति घंटा   D. 36 किमी. प्रति घंटा

79. 30 मी. लम्बे तरणताल के एक सिरे पर पानी की गहराई 0.80 मी. तथा दूसरे सिरे पर 2.4 मी. है। तरणताल की लम्बाई के अनुदिश ऊर्ध्वाधर काट परिच्छेद का क्षेत्रफल है :

A. 48 मी^{2} B. 72 मी^{2}
C. 156 मी^{2} D. 192 मी^{2}

80. एक पंक्ति में अनिल बायें छोर से 16वें स्थान पर खड़ा है। विकास दायें छोर से 18वें स्थान पर है। गोपाल अनिल से दायीं ओर 11वें स्थान पर है, और विकास से दायीं छोर की ओर तीसरे स्थान पर है। इस पंक्ति में कितने व्यक्ति खड़े हुए हैं?

A. 41   B. 42
C. 48   D. 49

81. निम्नलिखित में से हाफेड (HAFED) के बारे में कौन-सा ***सही*** है?

(*i*) यह कृषि उत्पादों का संग्रह करता है।
(*ii*) यह कृषि उत्पादों का विपणन करता है।
(*iii*) यह कृषि आदानों की पूर्ति करता है।

सही कूट का चयन कीजिए :

A. (*i*) और (*ii*)   B. केवल (*i*)
C. (*i*) और (*iii*)   D. (*i*), (*ii*) और (*iii*)

82. हरियाणा में कहाँ 'नगर-वन' विकसित किया जा रहा है?

A. मुरथल   B. सोहना
C. यमुनानगर   D. हाँसी

83. 'एयर शटल सेवा' की शुरुआत हरियाणा के किस शहर में की गई है?

A. हिसार   B. करनाल
C. रोहतक   D. अम्बाला

84. 'हरियाणा साहित्य अकादमी' के अध्यक्ष हैं :

A. डॉ. कुमुद बंसल   B. श्री मनोहर लाल
C. डॉ. अशोक बत्रा   D. श्री राणा ओबराय

85. मिन्टी अग्रवाल के बारे में निम्नांकित कथनों पर विचार कीजिए :

(*a*) हरियाणा की मूल निवासी मिन्टी अग्रवाल भारतीय वायु सेना में स्क्वाड्रन लीडर हैं।
(*b*) वह युद्ध सेवा मेडल प्राप्त करने वाली पहली महिला हैं।

सही उत्तर चुनें :

A. कथन (*a*) सही है   B. कथन (*b*) सही है
C. (*a*) और (*b*) दोनों गलत हैं   D. (*a*) और (*b*) दोनों सही हैं

86. प्राचीन भवानी अंबा माता मन्दिर अवस्थित है :

A. जींद में   B. अम्बाला में
C. सोनीपत में   D. कुरुक्षेत्र में

87. जनवरी 2020 में, अधोलिखित में से कौन-सी नगरपालिका को नगर परिषद के स्तर पर क्रमोन्नत किया गया?

A. रनिया   B. झज्जर
C. बेरी   D. सिरसी

88. 1857 के विद्रोह के समय झज्जर का नवाब कौन था?
A. अब्दुर्रहमान खाँ
B. नवाब शमसुद्दीन
C. सदरुद्दीन
D. बिसारत अली

89. अशोक के टोपरा अभिलेख का मूल प्राप्ति स्थान अवस्थित है :
A. अम्बाला जिले में
B. यमुनानगर जिले में
C. कुरुक्षेत्र जिले में
D. कैथल जिले में

90. महेन्द्रगढ़ जिले से बहने वाली नदियों को पहचानिये :
(*i*) अंबुमति
(*ii*) दोहन
(*iii*) कसावटी
(*iv*) इन्दौरी

सही कूट का चयन कीजिए :
A. (*i*) और (*iii*)
B. (*ii*) और (*iii*)
C. (*i*), (*iii*) और (*iv*)
D. (*i*), (*ii*), (*iii*) और (*iv*)

भाग-IV

हिन्दी

निर्देशः *निम्नलिखित प्रश्नों के उत्तर देने के लिए* **सबसे उचित** *विकल्प चुनिए।*

91. निम्नलिखित में से 'चंद्रमा' का पर्यायवाची ***नहीं*** है :
A. शशि
B. राका
C. शीत
D. इंदु

92. निम्नलिखित में से 'माधुर्य गुण' का उदाहरण ***नहीं*** है :
A. लाली बन सरल कपोलों की,
आँखों में अंजन सी लगती।
कुंचित अलकों सी घुंघराली,
मन की मरोर बन कर जगती।
B. कंकन किंकिन नूपुर धुनि सुनि।
कहत लखन सन राम हृदय गुनि।
C. देखि सुदामा की दी दसा
करुना करि कै करुनानिधि रोये।
पानी परात को हाथ छुयो नहिं,
नैनन के जल सों पग धोये।।
D. नील सरोरुह स्याम, तरुन अरुन बारिज नयन।
करहु सो मो उर धाम, सदा क्षीर-सागर सयन।।

93. "उन्होंने 'निज भाषा' शब्द का व्यवहार किया है, 'मिली-जुली', 'आमफहम', 'राष्ट्रभाषा' आदि शब्दों का नहीं। प्रत्येक जाति की अपनी भाषा है और वह निज भाषा की उन्नति के साथ उन्नत होती है।"

आचार्य हजारी प्रसाद द्विवेदी का यह कथन किस विद्वान् के प्रति है?
A. चन्द्रधर शर्मा 'गुलेरी'
B. भारतेन्दु हरिश्चन्द्र
C. आचार्य महावीर प्रसाद द्विवेदी
D. बालकृष्ण भट्ट

94. "कितना सौभाग्यशाली है वह समुद्र जिसे पर्वतराज हिमालय की इन दो बेटियों का हाथ पकड़ने का श्रेय मिला।"

प्रस्तुत पंक्ति में निहित 'इन दो बेटियों' का वर्णन किन दो नदियों के संदर्भ में है?
A. सिंधु और ब्रह्मपुत्र
B. रावी और सतलुज
C. व्यास और चनाब
D. गंगा और यमुना

95. सुमेलित कीजिए :
(*a*) *कृपादृष्टि हो जाए तो बन जाएँ सब काम।* — (*i*) दुष्क्रमत्व दोष
(*b*) *लपटी पुष्प पराग रज, सनी स्वेद मकरंद।* — (*ii*) अक्रमत्व दोष
(*c*) *विश्व में मिलते नहीं हैं, वीर भीम समान के।* — (*iii*) अधिकपदत्व दोष
(*d*) *नृप मो को हय दीजिये, मत्त गजेन्द्र।* — (*iv*) न्यूनपदत्व दोष

कूट :

	(*a*)	(*b*)	(*c*)	(*d*)
A.	(*iii*)	(*iv*)	(*ii*)	(*i*)
B.	(*iv*)	(*iii*)	(*ii*)	(*i*)
C.	(*iv*)	(*iii*)	(*i*)	(*ii*)
D.	(*i*)	(*ii*)	(*iii*)	(*iv*)

96. 'वह चिड़िया जो' कविता के रचयिता हैं :
A. कुँवर नारायण
B. सुमित्रानंदन पंत
C. सुभद्रा कुमारी चौहान
D. केदारनाथ अग्रवाल

97. 'बिछौना' में मूल शब्द एवं प्रत्यय है :
A. बिछाना + ओना
B. बिछ + ऊना
C. बिछाना + औना
D. बिछा + ओना

98. सुमेलित कीजिए :
(*a*) *हे शरण-दायिनी देवि!*
तू करती सबका त्राण है।
तू मातृभूमि, संतान हम,
तू जननी, तू प्राण है।। — (*i*) रोला
(*b*) *चलि सखि देखत जाहिं,*
पियां अपनै को खेरी।
बाजत ताल मृदंग, और
किन्नरि की जोरी।। — (*ii*) उल्लाला

(*c*) *बाजहि जु बाजन सकल* (*iii*) दोहा
सुर नभ, पुहुप अंजलि बरवही।
थकि रहे व्योम-विमान
मुनिजन, जय सबद करि हरषहीं।

(*d*) *ए रे सुंदर साँवरे,* (*iv*) हरिगीतिका
तैं चित लियो चुराइ।
संग सखा संध्य समय,
द्वारै निकस्यो आइ।

कूट :

	(*a*)	(*b*)	(*c*)	(*d*)
A.	(*i*)	(*ii*)	(*iv*)	(*iii*)
B.	(*ii*)	(*i*)	(*iv*)	(*iii*)
C.	(*ii*)	(*i*)	(*iii*)	(*iv*)
D.	(*iv*)	(*i*)	(*ii*)	(*iii*)

99. निम्नलिखित में से किस अनुच्छेद (उपबन्ध) में यह कहा गया है कि 'संविधान प्रारम्भ के 15 वर्ष तक की अवधि के लिए संघ के शासकीय प्रयोजनों के लिए अंग्रेजी भाषा का प्रयोग किया जाता रहेगा।'?

A. अनुच्छेद 343 (1) B. अनुच्छेद 343 (2)
C. अनुच्छेद 343 (3) D. अनुच्छेद 351

100. सुमेलित कीजिए :

(*a*) *जो घनीभूत पीड़ा थी* (*i*) रूपक
मस्तक में स्मृति-सी छायी
दुर्दिन में आँसू बनकर
वह आज बरसने आयी।

(*b*) *विरह विकल बिनुही लिखी* (*ii*) श्लेष
पाती दई पठाय।
आँक विहीनीयौ सुचित,
सूने बाँचत जाय।।

(*c*) *अरुन सरोरुह कर चरण* (*iii*) असंगति
दृग खंजन मुखचन्द।
समै आय सुन्दरि सरद
काहि न करति अनंद।।

(*d*) *मेरे जीवन की उलझन* (*iv*) विभावना
बिखरी थी उनकी अलकें
पी ली मधु मदिरा किसने
थी बंद हमारी पलकें।।

कूट :

	(*a*)	(*b*)	(*c*)	(*d*)
A.	(*ii*)	(*iv*)	(*i*)	(*iii*)
B.	(*ii*)	(*i*)	(*iv*)	(*iii*)
C.	(*iii*)	(*iv*)	(*i*)	(*ii*)
D.	(*i*)	(*ii*)	(*iv*)	(*iii*)

101. *'पुष्प-पुष्प से तंद्रालस लालसा खींच लूँगा मैं,*
अपने नव जीवन का अमृत सहर्ष सींच दूँगा मैं।'

प्रस्तुत पंक्तियों के रचयिता हैं :

A. सुमित्रानन्दन पंत B. शमशेर बहादुर सिंह
C. नागार्जुन D. सूर्यकांत त्रिपाठी 'निराला'

102. निम्नलिखित में से 'काकु वक्रोक्ति' का उदाहरण ***नहीं*** है :

A. 'बल्लभ' विचारि कै सुनु री सयानी अली।
ऐसे समय नाथ परदेस तें न आएँगे।।

B. भरतभूप सियराम लखन बन सुनि सानन्द सहैंगो।
पुर परिजन अवलोकि मातु सब सुख सन्तोष लहैंगो।।

C. हैं री लाल तेरे? सखी ऐसी निधि पाई कहाँ?
हैं री खगयान? कह्यो हौं तो नहीं पाले हौं?

D. मैं सुकुमारी नाथ बन जोगू।
तुमहिं उचित तप मों कहँ भोगू।।

103. निम्नलिखित में से पश्चिमी हिंदी की बोली ***नहीं*** है :

A. ब्रजभाषा B. खड़ी बोली
C. मगही D. बुन्देली

104. 'आकाश का साफा बाँधकर, सूरज की चिलम खींचता' कौन बैठा है?

A. पहाड़ B. नदी
C. वन D. सागर

105. *हरा भरा है सब पेट जो भरा,*
सुनो, नहीं तो बस शून्य है धरा।
लगे हमारे सब काम पेट से,
बचा न कोई इसकी चपेट से।

उक्त पद्यांश में छंद है :

A. मालिनी B. सवैया
C. वंशस्थ D. कवित्त

106. निम्नलिखित में से राष्ट्रीय-सांस्कृतिक कविता के प्रतिनिधि कवियों में सम्मिलित ***नहीं*** है :

A. मैथिलीशरण गुप्त B. माखनलाल चतुर्वेदी
C. विजयदेव नारायण 'साही' D. बालकृष्ण शर्मा 'नवीन'

107. 'इक' प्रत्यय से निर्मित शब्द ***नहीं*** है :

A. दैनिक B. अधिकाधिक
C. सामाजिक D. धार्मिक

108. निम्नलिखित में से 'स' उपसर्ग से निर्मित शब्द ***नहीं*** है :

A. सपरिवार B. सदाचार
C. सजीव D. सजातीय

109. *"चलनो अब केतिक, पर्नकुटी करिहौं कित है?"* सीता द्वारा कही गई प्रस्तुत पंक्ति में राम ने उनकी कौन-सी मनोदशा को लक्षित किया?

A. चंचलता B. प्रसन्नता
C. मधुरता D. आतुरता

110. निम्नलिखित में से 'जेनेन्द्र कुमार' की रचना है :

A. पापा खो गए B. मिठाईवाला
C. चिड़िया की बच्ची D. दादी माँ

111. निम्नलिखित में से किसका संबंध 'मागधी अपभ्रंश' से ***नहीं*** है?

A. बिहारी B. असमी
C. मराठी D. बंगाली

112. निम्नलिखित में से मैथिलीशरण गुप्त की रचनाओं का ***सही*** कालक्रम है :
A. रंग में भंग, भारत-भारती, पंचवटी, साकेत
B. भारत-भारती, रंग में भंग, पंचवटी, साकेत
C. रंग में भंग, भारत-भारती, साकेत, पंचवटी
D. पंचवटी, रंग में भंग, भारत-भारती, साकेत

113. गुस्से से उबली 'कठपुतली' के मन में निम्नलिखित में से कौन-सी इच्छा ***नहीं*** जगी?
A. आगे-पीछे के धागों को तोड़ दो
B. अनचाहा नृत्य करने दो
C. मुझे मेरे पाँवों पर छोड़ दो
D. अपने मन के छंद छूने दो

114. "कैसे कहूँ कि मनुष्यता एकदम समाप्त हो गई! कैसे कहूँ कि लोगों में दया-माया रह ही नहीं गई। जीवन में जाने कितनी ऐसी घटनाएँ हुई हैं जिन्हें मैं भूल नहीं सकता।"

उक्त कथन किस रचनाकार का है?
A. हजारी प्रसाद द्विवेदी B. रामदरश मिश्र
C. हरिशंकर परसाई D. शिवप्रसाद सिंह

115. "तुम्हें बताऊँगी कि हमारे समय और तुम्हारे समय में कितनी दूरी हो चुकी है। यहाँ तक कि बचपन की दिलचस्पियाँ भी बदल गई हैं।"

प्रस्तुत पंक्तियों की लेखिका हैं :
A. उषा प्रियंवदा B. कृष्णा सोबती
C. मृदुला गर्ग D. मन्नू भण्डारी

116. 'निस्पृह' शब्द का ***सही*** अर्थ है :
A. कामना रहित B. भय रहित
C. घर रहित D. आश्रय रहित

117. *'हम स्वयं बँधे थे और स्वयं*
हम अपने बंधन तोड़ चले।'

प्रस्तुत पंक्तियों के रचयिता हैं :
A. मैथिलीशरण गुप्त B. भगवतीशरण वर्मा
C. सत्यनारायण 'कविरत्न' D. रामनरेश त्रिपाठी

118. महादेवी वर्मा कृत 'नीलकंठ' की विधा है :
A. कहानी B. एकांकी
C. रेखाचित्र D. रिपोर्ताज

119. सामासिक पदों के घटकों को अलग करने की रीति को कहते हैं :
A. समास B. विग्रह
C. निग्रह D. विच्छेद

120. *'मनुवाँ तो दहुँ दिसि फिरै,*
यह तौ सुमिरन नाहिं।'

उक्त काव्यांश किस कवि का है?
A. सूरदास B. रहीम
C. रसखान D. कबीरदास

121. निम्नलिखित में कंठोष्ठ्य ध्वनि है :
A. अ B. इ
C. ऊ D. ओ

122. निम्नलिखित में से रस की विशेषता ***नहीं*** है :
A. ब्रह्मास्वाद सहोदर B. स्वप्रकाशानंद
C. लोक चमत्कारप्राण D. अखंड

123. निम्नलिखित में से रस के चार अवयवों में सम्मिलित ***नहीं*** है :
A. संचारी भाव B. अनुभाव
C. स्थायी भाव D. विषयानंद भाव

124. सुमेलित कीजिए

तत्सम	**तद्भव**
(*a*) पौष	(*i*) सींग
(*b*) शृंग	(*ii*) बयार
(*c*) वायु	(*iii*) फरसा
(*d*) परशु	(*iv*) पूस

कूट :

	(*a*)	(*b*)	(*c*)	(*d*)
A.	(*ii*)	(*i*)	(*iv*)	(*iii*)
B.	(*i*)	(*iv*)	(*ii*)	(*iii*)
C.	(*iv*)	(*i*)	(*iii*)	(*ii*)
D.	(*iv*)	(*i*)	(*ii*)	(*iii*)

125. निम्नलिखित में से किस विद्वान् ने कहा कि 'मनोवैज्ञानिक तथ्य के अनुसार हार की मनोवृत्ति में दो बातें सम्भव हैं, या तो अपनी आध्यात्मिक श्रेष्ठता दिखाना, या भोग-विलास में पड़कर हरि को भूल जाना। भक्तिकाल में लोगों में प्रथम प्रकार की प्रवृत्ति पायी गई'?
A. आचार्य रामचन्द्र शुक्ल B. आचार्य हजारी प्रसाद द्विवेदी
C. बाबू गुलाबराय D. डॉ. रामकुमार वर्मा

126. निम्नलिखित में से देवनागरी लिपि की विशेषता ***नहीं*** है :
A. स्वरों और व्यंजनों का वैज्ञानिक क्रम
B. प्रत्येक ध्वनि के लिए अलग चिह्न
C. मात्राओं के प्रयोग में एकरूपता
D. सुंदर और सुगठित लिखावट

127. निम्नलिखित में से किस वाक्य में समुच्चय बोधक अव्यय ***नहीं*** है?
A. मैं आया और वह गया।
B. मैं जाऊँगा या वह आएगा।
C. वह बैठकर खाना खा रहा था।
D. उसने कहा तो था लेकिन इतना स्पष्ट नहीं।

128. निम्नलिखित में से किस मुहावरे का अर्थ 'अत्यन्त प्रसन्न होना' ***नहीं*** है?
A. बाग-बाग होना B. पेट फूलना
C. फूलकर कुप्पा होना D. फूला न समाना

129. निम्नलिखित में से ***सही*** शब्द-रूप है :
A. परिणति B. परिणती
C. परीणति D. परणिति

130. सुमेलित कीजिए :

(*a*) स्थित्यर्थ पूर्ण अकर्मक क्रिया (*i*) लड़का पुस्तक पढ़ता है।
(*b*) गत्यर्थक पूर्ण अकर्मक क्रिया (*ii*) रामू सो रहा है।
(*c*) एककर्मक क्रिया (*iii*) माँ बच्चे को फल देती है।
(*d*) द्विकर्मक क्रिया (*iv*) लड़का तालाब में तैर रहा है।

कूट :

	(*a*)	(*b*)	(*c*)	(*d*)
A.	(*iv*)	(*iii*)	(*ii*)	(*i*)
B.	(*iv*)	(*ii*)	(*i*)	(*iii*)
C.	(*ii*)	(*iv*)	(*i*)	(*iii*)
D.	(*ii*)	(*iv*)	(*iii*)	(*i*)

131. निम्नलिखित में से शुद्ध वाक्य-रूप ***नहीं*** है :
A. दो टोकरी कचरा फेंक दिया।
B. कूड़ा-करकट रह जाता है।
C. मेरे पास इतना कम समय है।
D. उनके उच्चारण ठीक नहीं है।

132. निम्नलिखित में से किस वाक्य में अनिश्चयवाचक सर्वनाम ***नहीं*** है?
A. कोई-न-कोई तो मेरी बात सुनेगा।
B. सब लोगों ने एक-दूसरे को अपने-अपने पते दिए।
C. किसी ने पत्थर मार दिया।
D. हमने भारत में रहकर बहुत कुछ सीखा।

133. निम्नलिखित में से रीतिकालीन काव्य की प्रवृत्ति ***नहीं*** है :
A. आचार्यत्व-प्रदर्शन
B. आलंकारिकता के प्रति विशेष आग्रह
C. नारी के आदर्श रूप का चित्रण
D. नख-शिख वर्णन

134. निम्नलिखित में से किसने 'शांत रस' को भी नाटक में अनुभव-योग्य माना है?
A. दण्डी B. उद्भट
C. भामह D. वामन

135. सुमेलित कीजिए :

(*a*) अशिष्ट (*i*) दशाबोधक गुणवाचक विशेषण
(*b*) राजस्थानी (*ii*) कालबोधक गुणवाचक विशेषण
(*c*) अस्वस्थ (*iii*) दोषबोधक गुणवाचक विशेषण
(*d*) प्राचीन (*iv*) स्थानबोधक गुणवाचक विशेषण

कूट :

	(*a*)	(*b*)	(*c*)	(*d*)
A.	(*iii*)	(*iv*)	(*ii*)	(*i*)
B.	(*i*)	(*iv*)	(*iii*)	(*ii*)
C.	(*i*)	(*ii*)	(*iii*)	(*iv*)
D.	(*iii*)	(*iv*)	(*i*)	(*ii*)

136. निम्नलिखित में से विशेषण से निर्मित भाववाचक संज्ञा है :
A. लड़कपन B. राष्ट्रीयता
C. बड़प्पन D. लिखावट

137. 'हाथ-पैर का काँपना, स्तंभ, रोमांच, मुखवैवर्ण्य, स्वर-परिवर्तन' इत्यादि किस रस के अनुभाव हैं?
A. भयानक B. वीर
C. हास्य D. करुण

138. निम्नलिखित में से किस विकल्प में उपसर्ग मूल शब्द के साथ जुड़कर विपरीत अर्थ प्रदान कर रहा है?
A. प्रबल B. अनुकरण
C. अपयश D. अधिवास

139. निम्नलिखित में से हरिवंश राय बच्चन द्वारा रचित आत्मकथा-खण्डों का शीर्षक ***नहीं*** है :
A. दिन जल्दी-जल्दी ढलता है B. नीड़ का निर्माण फिर
C. क्या भूलूँ क्या याद करूँ D. दशद्वार से सोपान तक

140. *तन चित उर मन राजा कीन्हा,*
हिय सिंहल बुधि पदमिनि चीन्हा।
गुरु सुआ जेहि पंथ देखावा,
बिनु गुरु जगत को निरगुन पावा।।

उक्त पंक्तियों में 'पद्मावत' की कौन-सी विशेषता परिलक्षित है?
A. विरह का अतिरंजित वर्णन
B. लौकिक प्रेम द्वारा अलौकिकता का संकेत
C. नारी विषयक अनुदात्त अवधारणा
D. धार्मिक असहिष्णुता

141. निम्नलिखित में से स्पर्श संघर्षी महाप्राण व्यंजन है :
A. च् B. ज्
C. छ् D. ठ्

142. छायावादी काव्य की विशेषताओं के दृष्टिकोण से, निम्नलिखित में से कौन-सा विकल्प पूर्णतः ***सही*** है?
A. आत्माभिव्यंजना तथा दुख और वेदना की विवृत्ति
B. राष्ट्र प्रेम की अभिव्यक्ति तथा अमानवतावाद
C. नारी गरिमा की प्रतिष्ठा तथा असमन्वयवाद
D. लाक्षणिकता एवं रहस्यवाद का अभाव

143. 'जो समझने योग्य न हो' वाक्यांश के लिए एक शब्द है :
A. उद्दाम B. अबूझ
C. हेय D. लोच

144. सुमेलित कीजिए :

(*a*) चंद छंद बरनन की महिमा (*i*) रामप्रसाद 'निरंजनी'
(*b*) भाषा योग वासिष्ठ (*ii*) पं. दौलतराम
(*c*) श्री पद्म पुराण जी भाषा-वचनिका (*iii*) पं. सदल मिश्र
(*d*) नासिकेतोपाख्यान (*iv*) गंग कवि

कूट :

	(*a*)	(*b*)	(*c*)	(*d*)
A.	(*iv*)	(*i*)	(*ii*)	(*iii*)
B.	(*i*)	(*iv*)	(*ii*)	(*iii*)
C.	(*ii*)	(*i*)	(*iv*)	(*iii*)
D.	(*iv*)	(*ii*)	(*iii*)	(*i*)

145. 'विपज्जाल' का ***सही*** संधि विच्छेद है :
A. विपत् + जाल B. विपद् + जाल
C. विप + जाल D. विपः + जाल

146. सुमेलित कीजिए :

(*a*) पदुमलाल पुन्नालान बख्शी	(*i*) हिंदी साहित्य की भूमिका
(*b*) अयोध्या सिंह उपाध्याय 'हरिऔध'	(*ii*) हिंदी साहित्य-विमर्श
(*c*) आचार्य हजारी प्रसाद द्विवेदी	(*iii*) हिंदी साहित्य और संवेदना का विकास
(*d*) डॉ. रामस्वरूप चतुर्वेदी	(*iv*) हिंदी भाषा और उसके साहित्य का विकास

कूट :

	(*a*)	(*b*)	(*c*)	(*d*)
A.	(*iii*)	(*iv*)	(*i*)	(*ii*)
B.	(*ii*)	(*iii*)	(*iv*)	(*i*)
C.	(*iv*)	(*i*)	(*ii*)	(*iii*)
D.	(*ii*)	(*iv*)	(*i*)	(*iii*)

147. सुमेलित कीजिए :

उपन्यास	**लेखक**
(*a*) दिल एक सादा कागज	(*i*) राही मासूम रजा
(*b*) धरती धन न अपना	(*ii*) अमृत राय
(*c*) जाग मच्छन्दर गोरख आया	(*iii*) जगदीश चन्द्र
(*d*) नागफनी का देश	(*iv*) विश्वम्भर नाथ उपाध्याय

कूट :

	(*a*)	(*b*)	(*c*)	(*d*)
A.	(*iii*)	(*i*)	(*iv*)	(*ii*)
B.	(*i*)	(*iii*)	(*iv*)	(*ii*)
C.	(*i*)	(*iii*)	(*ii*)	(*iv*)
D.	(*iii*)	(*iv*)	(*i*)	(*ii*)

148. निम्नलिखित में से ***सही*** युग्म का चयन कीजिए :

A. रसभरा – रस से भरा

B. पतितपावन – पतितों में पावन

C. रसोईघर – रसोई का घर

D. धनहीन – धन में हीन

149. सुमेलित कीजिए :

(*a*) महौदार्य	(*i*) गुण संधि
(*b*) प्रत्युपकार	(*ii*) दीर्घ संधि
(*c*) समुद्रोर्मि	(*iii*) वृद्धि संधि
(*d*) महीन्द्र	(*iv*) यण् संधि

कूट :

	(*a*)	(*b*)	(*c*)	(*d*)
A.	(*iv*)	(*iii*)	(*i*)	(*ii*)
B.	(*iii*)	(*iv*)	(*i*)	(*ii*)
C.	(*iii*)	(*iv*)	(*ii*)	(*i*)
D.	(*i*)	(*iii*)	(*ii*)	(*iv*)

150. 'आधा तीतर आधा बटेर' का भावार्थ है :

A. दो कार्यों का संयोग

B. अनमेल वस्तुओं का संयोग

C. एक से अधिक वस्तुओं का संयोग

D. अनमेल प्रवृत्ति वाले लोग साथ नहीं रहते

उत्तरमाला

1	2	3	4	5	6	7	8	9	10
D	D	C	C	A	B	D	A	A	D
11	**12**	**13**	**14**	**15**	**16**	**17**	**18**	**19**	**20**
A	D	*	C	A	B	D	C	D	B
21	**22**	**23**	**24**	**25**	**26**	**27**	**28**	**29**	**30**
B	C	A	C	C	D	A	C	C	D
31	**32**	**33**	**34**	**35**	**36**	**37**	**38**	**39**	**40**
B	D	A	C	A	B	C	C	B	B
41	**42**	**43**	**44**	**45**	**46**	**47**	**48**	**49**	**50**
B	A	A	D	A	D	A	D	C	C
51	**52**	**53**	**54**	**55**	**56**	**57**	**58**	**59**	**60**
B	C	A	C	B	C	B	C	A	D
61	**62**	**63**	**64**	**65**	**66**	**67**	**68**	**69**	**70**
C	A	D	B	C	C	D	D	B	C
71	**72**	**73**	**74**	**75**	**76**	**77**	**78**	**79**	**80**
B	C	C	C	B	A	A	C	A	A
81	**82**	**83**	**84**	**85**	**86**	**87**	**88**	**89**	**90**
D	A	A	B	D	B	B	A	B	B
91	**92**	**93**	**94**	**95**	**96**	**97**	**98**	**99**	**100**
B, C	C	B	A	B	D	C	B	B	A
101	**102**	**103**	**104**	**105**	**106**	**107**	**108**	**109**	**110**
D	C	C	A	C	C	B	B	D	C
111	**112**	**113**	**114**	**115**	**116**	**117**	**118**	**119**	**120**
C	A	B	A	B	A	B	C	B	D

121	122	123	124	125	126	127	128	129	130
D	C	D	D	C	C	C	B	A	C
131	**132**	**133**	**134**	**135**	**136**	**137**	**138**	**139**	**140**
D	B	C	B	D	C	A	C	A	B
141	**142**	**143**	**144**	**145**	**146**	**147**	**148**	**149**	**150**
C	A	B	A	A, B	D	B	A	B	B

व्याख्यात्मक उत्तर

62. माना तीन संख्याएँ $2x$, $3x$ और $4x$ हैं।

तब, $(2x)^3 + (3x)^3 + (4x)^3 = 33957$

$\therefore\ 8x^3 + 27x^3 + 64x^3 = 33957$

$\Rightarrow\quad 99x^3 = 33957$

$$x^3 = \frac{33957}{99} = 343 = (7)^3$$

$\therefore\quad x = 7$

अतः संख्याएँ $= 2x, 3x, 4x = 14, 21, 28$.

64.

A, 1 किमी., B, E, F, 5 किमी., 9 किमी., C, D, 2 किमी.

यहाँ, प्रारंभिक बिन्दु = A

AB = 1 किमी., BC = 5 किमी., CD = 2 किमी., DE = 9 किमी.

$\because$ BC = DF = 5 किमी. और CD = BF = 2 किमी.

$\therefore$ FE = DE − DF = DE − BC = 9 − 5 = 4 किमी.

AF = AB + BF = 1 + 2 = 3 किमी.

$\because\quad AE^2 = (EF)^2 + (FA)^2$

$\Rightarrow\quad = 4^2 + 3^2$

$\Rightarrow\quad = 16 + 9$

$\Rightarrow\quad = 25$

$\Rightarrow\quad = 5^2$

$\therefore$ AE = 5 किमी.

अतः वह प्रारंभिक बिन्दु से 5 किमी. दूर खड़ा है।

65.

DHL PTX BFJ NRV (+12, +12, +12)

अतः श्रेणी में अगला पद NRV होगा।

66. $\because$ 12 पुरुष 1 कार्य को 18 दिनों में पूरा करते हैं।

$\therefore$ 1 पुरुष 1 दिन में कार्य का $\frac{1}{18\times12}$ भाग पूरा करेगा।

तथा $\because$ 12 स्त्रियाँ कार्य के $\frac{3}{4}$ भाग को 18 दिनों में पूरा करती हैं।

$\therefore$ 1 स्त्री 1 दिन में कार्य का $\frac{1}{24\times12}$ भाग पूरा करेगी।

$\therefore$ 10 पुरुष तथा 8 स्त्रियों का 1 दिन का कार्य

$$= \frac{10}{18\times12} + \frac{8}{24\times12} = \frac{1}{24}\left[\frac{10}{9} + \frac{8}{12}\right]$$

$$= \frac{1}{24}\left[\frac{40+24}{36}\right] = \frac{1}{24}\left[\frac{64}{36}\right]$$

$$= \frac{8}{3\times36} = \frac{2}{3\times9} = \frac{2}{27}$$

अतः अभीष्ट समय $= \frac{27}{2}$ दिन $= 13\frac{1}{2}$ दिन।

68. माना वस्तु का लागत मूल्य = ₹ x

तब, लाभ = विक्रय मूल्य − लागत मूल्य

$\therefore$ लाभ = ₹ $24 - x$

$\therefore$ प्रतिशत लाभ = $\frac{\quad}{\quad} \times 100$

प्रश्नानुसार,

$$x = \frac{(24-x)\times100}{x}$$

$\therefore\quad x^2 = 2400x - 100x$

$\Rightarrow x^2 + 100x - 2400 = 0$

$\Rightarrow x^2 + 120x - 20x - 2400 = 0$

$\Rightarrow x(x + 120) - 20(x + 120) = 0$

$\Rightarrow (x - 20)(x + 120) = 0$

$\Rightarrow x = 20, x = -120$

अतः वस्तु का लागत मूल्य = ₹ 20

69. माना हिन्दी = H, और अंग्रेजी = E

तब, $n(H) = 7$, $n(E) = 8$

$$n(H \cup E) = 15 - 3 = 12$$

$\because n(H \cup E) = n(H) + n(E) - n(H \cap E)$

$\therefore$ 12 = 7 + 8 – $n(H \cap E)$

$\Rightarrow n(H \cap E) = 15 - 12 = 3$

अतः हिन्दी और अंग्रेजी दोनों पढ़ने वाले व्यक्तियों की संख्या $= n(H \cap E) = 3$.

71. माना राशि = ₹ P,

दिया है, $r = 3\%$, चक्रवृद्धि ब्याज = ₹ 101.50

और $n = 2$ वर्ष

$\because$ चक्रवृद्धि ब्याज $= P\left(1+\frac{r}{100}\right)^n - P$

$\Rightarrow \quad 101.50 = P\left(1+\frac{3}{100}\right)^2 - P$

$\Rightarrow \quad 101.50 = P\left[\left(\frac{103}{100}\right)^2 - 1\right]$

$\Rightarrow \quad 101.50 = P[(1.03)^2 - 1]$

$\Rightarrow \quad 101.50 = P[1.0609 - 1]$

$\Rightarrow \quad 101.50 = P[0.0609]$

$P = \frac{101.50}{0.0609} = \frac{101.5000}{0.0609} = ₹\frac{1015000}{609}$

अतः साधारण ब्याज $= \frac{p \times r \times t}{100}$

$= \frac{\frac{1015000}{609} \times 2 \times 3}{100} = \frac{10150 \times 2}{203}$

$= \frac{20300}{203} = 100$

अतः अभीष्ट साधारण ब्याज = ₹ 100.

73. माना तीन बराबर कोणों में प्रत्येक का मान $x°$ है

तब, चतुर्भुज के चार कोणों का योग = 360°

$\therefore \quad 108° + 3x = 360°$

$3x = 360 - 108$

$3x = 252$

$x = \frac{252}{3} = 84°$

74. प्रश्नानुसार,

अमित ← प. — प्रकाश

↑ उ.

सुमित — पू. → तरुण

यहाँ, तरुण, अमित के दक्षिण-पूर्व में है।

75. दिया गया है

DRIVER = 12,

PEDESTRIAN = 20

ACCIDENT = 16

$\because$ DRIVER में अक्षरों की संख्या = 6

यहाँ, अक्षरों की संख्या को 2 से गुणा किया जाता है

$\therefore \quad 6 \times 2 = 12$

इसी प्रकार,

PEDESTRIAN में अक्षरों की संख्या = 10

$\therefore \quad 10 \times 2 = 20$

ACCIDENT में अक्षरों की संख्या = 8

$\therefore \quad 8 \times 2 = 16$

इसी प्रकार, CAR में अक्षरों की संख्या = 3

$\therefore \quad 3 \times 2 = 6$

अतः CAR = 6.

77. दिया है, $2^x = 4^y = 8^z$

$\Rightarrow 2^x = 4^y = 2^{3z}$

$\Rightarrow 2^x = 4^{2y} = 2^{3z}$

$\Rightarrow x = 2y = 3z$

$\therefore 4y = 2x$ और $3z = x$

$\Rightarrow \quad 4z = \frac{4}{3}x$

$\therefore \quad \frac{1}{2x} + \frac{1}{4y} + \frac{1}{4z} = 4$

$\Rightarrow \quad \frac{1}{2x} + \frac{1}{2x} + \frac{1}{\frac{4}{3}x} = 4$

$\Rightarrow \quad \frac{1}{2x} + \frac{1}{2x} + \frac{3}{4x} = 4$

$\Rightarrow \quad \frac{1}{x} + \frac{3}{4x} = 4$

$\Rightarrow \quad \frac{4+3}{4x} = 4$

$\Rightarrow \quad \frac{7}{4x} = 4$

$\Rightarrow \quad 7 = 16x$

$\Rightarrow \quad x = \frac{7}{16}$

78. सम्पूर्ण यात्रा की औसत चाल $= \frac{80}{\frac{60}{40} + \frac{20}{20}}$ किमी./घं.

$= \frac{80}{\frac{3}{2}+1} = \frac{80}{\frac{5}{2}}$

$= 80 \times \frac{2}{5}$

$= 16 \times 2$

= 32 किमी./घं.

बाल विकास एवं शिक्षाशास्त्र
CHILD DEVELOPMENT AND PEDAGOGY

बाल विकास (प्राथमिक विद्यालय)

1. विकास की संकल्पना एवं अधिगम से इसका संबंध

- विकास नदी के जल के समान एक निरंतर प्रवाहमान प्रक्रिया है। इसमें बालक का सर्वांगीण विकास होता है। विकास की इस प्रक्रिया में बालक के स्वभाव, व्यक्तित्त्व, जीवन-मूल्य, आदत एवं रुचि आदि को शामिल किया जाता है।
- बालक के विकास की क्रिया उसके माँ के गर्भ से ही प्रारंभ हो जाती है। विकास की यह प्रक्रिया अनेक अवस्थाओं यथा– गर्भावस्था, बाल्यावस्था, किशोरावस्था एवं प्रौढ़ावस्था आदि से क्रमिक रूप से गुजरते हुए परिपक्वता की स्थिति को प्राप्त करती है।

बाल विकास के अध्ययन से संबद्ध मुख्य बातें

(*i*) जन्म से पूर्व एवं जन्म के बाद से परिपक्व होने तक बालक में होने वाले परिवर्तन की प्रकृति क्या है?

(*ii*) बालक में होने वाले परिवर्तनों का उसके आयु के साथ किस प्रकार का संबंध होता है?

(*iii*) आयु के साथ होने वाले परिवर्तनों की प्रकृति क्या है?

(*iv*) बालकों में उपर्युक्त वर्णित परिवर्तनों के लिए कौन-कौन से कारक जिम्मेदार होते हैं?

(*v*) बालक में समय-समय पर होने वाले उपर्युक्त परिवर्तन उसके व्यक्तित्त्व एवं व्यवहार को किस प्रकार प्रभावित करते हैं?

(*vi*) क्या घटित अथवा पिछले परिवर्तनों के आधार पर बालक के भविष्य में होने वाले परिमाणात्मक एवं गुणात्मक परिवर्तनों की भविष्यवाणी की जा सकती है?

(*vii*) क्या सभी बालकों में वृद्धि एवं विकास संबंधी परिवर्तनों का स्वरूप एक समान होता है अथवा व्यक्तिगत विभिन्नता के अनुसार इसमें अंतर होता है?

(*viii*) क्या बालकों में पाई जाने वाली व्यक्तिगत विभिन्नताएं उसके आनुवंशिक एवं परिवेशजन्य परिस्थिति से प्रेरित होती हैं?

(*ix*) बालक के गर्भ में आने के बाद निरंतर प्रगति होती रहती है। इस प्रगति का विभिन्न आयु एवं अवस्था के दौरान क्या स्वरूप होता है?

(*x*) बालक की आदत, रुचि, दृष्टिकोण, जीवन-मूल्य, स्वभाव तथा उच्च व्यक्तित्त्व एवं व्यवहार आदि में जन्म के समय से ही सदैव परिवर्तन आते रहते हैं। उनका विभिन्न आयु वर्ग एवं अवस्था में क्या स्वरूप होता है तथा उस परिवर्तन की प्रक्रिया की प्रकृति क्या होती है?

विकास एवं वृद्धि

विकास एवं वृद्धि शब्द का प्रयोग प्रायः समानार्थक शब्द के रूप में किया जाता है। परंतु संकल्पनात्मक रूप मे दोनों में सूक्ष्म अंतर है।

विकास एवं वृद्धि में अंतर

विकास	वृद्धि
(*i*) विकास एक निरंतर चलने वाली प्रक्रिया है तथा यह बालक के परिपक्व होने के बाद भी चलती रहती है।	(*i*) वृद्धि की प्रक्रिया आजीवन नहीं चलती, बालक के परिपक्व होने के साथ ही यह रुक जाती है।
(*ii*) विकास का व्यापक रूप में प्रयोग किया जाता है। वृद्धि इसी का एक भाग है।	(*ii*) वृद्धि विकास की प्रक्रिया का एक चरण होता है। इसका क्षेत्र सीमित होता है।
(*iii*) विकास शब्द का प्रयोग परिणात्मक परिवर्तनों के साथ-साथ व्यावहारिक परिवर्तनों, यथा– कार्य-कुशलता, कार्यक्षमता, व्यवहार में सुधार आदि के लिए भी होता है।	(*iii*) वृद्धि शब्द का प्रयोग केवल परिमाणात्मक परिवर्तनों, यथा–बालक के बड़े होने के साथ उसके आकार, लंबाई, ऊंचाई इत्यादि के लिए होता है।
(*iv*) बालक में विकास के लिए भी वृद्धि आवश्यक नहीं है।	(*iv*) बालक की शारीरिक वृद्धि हो रही है। इसका अर्थ यह नहीं है कि उसका विकास भी हो रहा है।

मानव के विकास की विभिन्न अवस्थाएं

मानव विकास एक निरंतर प्रवाहमान प्रक्रिया है। मानव का शारीरिक विकास एक निश्चित सीमा के बाद अर्थात् परिपक्वता प्राप्त करने के बाद रूक जाता है। किंतु मनोशारीरिक क्रियाओं में विकास निरंतर होता रहता है। इन मनोशारीरिक क्रियाओं के अंतर्गत्–भाषाई, मानसिक, संवेगात्मक, सामाजिक एवं चारित्रिक विकास आते हैं। इनका विकास विभिन्न आयु स्तरों में भिन्न प्रकार से होता है। इन आयु स्तरों को मानव विकास की अवस्था के नाम से जाना जाता है। मानव विकास की विभिन्न अवस्थाओं का वर्गीकरण-परंपरागत एवं आधुनिक विचारधारा के आधार पर किया जा सकता है–

परंपरागत विचारधारा

इस विचारधारा के अंतर्गत् भारतीय विद्वानों ने मानव विकास के अवस्था को सात कालों में बांटा है–

	अवस्था		काल
1.	गर्भावस्था	–	गर्भ धारण करने से जन्म तक।
2.	शैशवावस्था	–	जन्म से 5 वर्ष तक।
3.	बाल्यावस्था	–	5 से 12 वर्ष तक।
4.	किशोरावस्था	–	12 से 18 वर्ष तक।
5.	युवावस्था	–	18 से 25 वर्ष तक।
6.	प्रौढ़ावस्था	–	25 से 55 वर्ष तक।
7.	वृद्धावस्था	–	55 वर्ष से मृत्युपर्यंत।

आधुनिक विचारधारा

इस विचारधारा के अंतर्गत् अधिकतर विद्वानों ने मानव विकास के अवस्था को चार कालों में बांटा है–

	अवस्था		काल
1.	शैशवावस्था	–	जन्म से 6 वर्ष तक।
2.	बाल्यावस्था	–	6 से 12 वर्ष तक।
3.	किशोरावस्था	–	12 से 18 वर्ष तक।
4.	वयस्कावस्था	–	18 वर्ष से मृत्युपर्यंत।

शैशवावस्था की विशेषताएं

जन्म से 6 वर्ष तक की अवस्था को शैशवावस्था कहते हैं। यह मानव विकास की दूसरी अवस्था है। पहली अवस्था गर्भकाल है जिसमें शरीर पूर्णतः बनता है और शैशवावस्था में उसका विकास होता है। शैशवावस्था की मुख्य विशेषताएं निम्न हैं-

- शैशवावस्था के प्रथम तीन वर्षों में शिशु का शारीरिक विकास काफी तीव्रता से होता है। उसके भार और लम्बाई में वृद्धि होती है। तीन वर्षों के बाद विकास की गति धीमी हो जाती है। उसके इन्द्रियों, आन्तरिक अंगों, मांसपेशियों आदि का क्रमिक विकास होता है।
- शिशु की मानसिक क्रियाओं, जैसे–ध्यान, स्मृति, कल्पना, संवेदना और प्रत्यक्षीकरण आदि के विकास में पर्याप्त तीव्रता होती है। तीन वर्ष की आयु तक शिशु की लगभग सभी मानसिक शक्तियां कार्य करने लगती है।
- शिशु में जिज्ञासा की प्रवृत्ति का बाहुल्य होता है। वह अपने खिलौने का विभिन्न प्रकार से प्रयोग करता है। वह उसको फर्श पर फेंक सकता है और वह उसके भागों को अलग-अलग कर सकता है। वह ऐसा करके विभिन्न विधियों से अपने खिलौनों को रखने का प्रयत्न करता है। इस प्रकार की क्रियाओं द्वारा वह अपनी जिज्ञासा को संतुष्ट करने की चेष्टा करता है। इसके अतिरिक्त, वह विभिन्न बातों और वस्तुओं के बारे में 'क्यों और कैसे' के प्रश्न पूछता है।
- शिशु के सीखने की प्रक्रिया में बहुत तीव्रता होती है और वह अनेक आवश्यक बातों को सीख लेता है। **गेसल** के अनुसार, "बालक प्रथम 6 वर्षों में बाद के 12 वर्षों से दूना सीख लेता है।"
- जन्म के बाद शिशु कुछ समय तक बहुत असहाय स्थिति में रहता है उसे भोजन और अन्य शारीरिक आवश्यकताओं के अलावा प्रेम और सहानुभूति पाने के लिए भी दूसरों पर निर्भर रहना पड़ता है। वह मुख्यतः अपने माता-पिता और विशेष रूप से अपनी माता पर निर्भर रहता है।
- शिशु में अच्छी और बुरी, उचित और अनुचित बातों का ज्ञान नहीं होता। वह उन्हीं कार्यों को करना चाहता है, जिनमें उसको आनंद आता है, भले ही वह अवांछनीय हों। इस प्रकार नैतिकता का पूर्ण अभाव होता है।
- शिशु में अनुकरण द्वारा सीखने की प्रवृत्ति होती है। वह अपने माता-पिता, भाई-बहन आदि के कार्यों और व्यवहार का अनुकरण करता है। यदि वह ऐसा नहीं कर पाता है, तो रोकर या चिल्लाकर अपनी असमर्थता प्रकट करता है। अनुकरण द्वारा सीखने की यह प्रवृत्ति उसे अपना विकास करने में सहायता देती है।
- शिशु में पहले अकेले और फिर दूसरों के साथ खेलने की प्रवृत्ति होती है। इस प्रवृत्ति में होने वाले परिवर्तन का वर्णन करते हुए **क्रो** एवं **क्रो** ने लिखा है–"बहुत ही छोटा शिशु अकेला खेलता है। धीरे-धीरे वह दूसरे बालकों के समीप खेलने की अवस्था में से गुजरता है। अंत में, वह अपनी आयु के बालकों के साथ खेलने में महान आनंद का अनुभव करता है।"
- शिशु में दोहराने की प्रवृत्ति बहुत प्रबल होती है। उसमें शब्दों और गतियों को दोहराने की प्रवृत्ति विशेष रूप से पाई जाती है। ऐसा करने में वह विशेष आनंद का अनुभव करता है।
- शैशवावस्था के अंतिम वर्षों में शिशु में सामाजिक भावना का विकास हो जाता है। वैलेन्टाइन के अनुसार–"चार या पांच वर्ष के बालक में अपने छोटे भाइयों, बहनों या साथियों की रक्षा करने की प्रवृत्ति होती है। वह 2 से 5 वर्ष तक बच्चों के साथ खेलना पसंद करता है। वह अपनी वस्तुओं में दूसरों को

साझीदार बनाता है। वह दूसरे बच्चों के अधिकारों की रक्षा करता है और दुःख में उनको सांत्वना देने का प्रयास करता है।''

शैशवावस्था में शिक्षा की प्रकृति/स्वरूप

शैशवावस्था में सीखने की सीमा और तीव्रता, विकास की किसी और अवस्था की तुलना में बहुत अधिक होती है। अतः ऐसे में शिक्षा का आयोजन निम्नांकित तरह से किया जाना चाहिए–

- शिशु अपने विकास के लिए शांत, स्वस्थ और सुरक्षित वातावरण चाहता है। अतः घर और विद्यालय में उसे उचित प्रकार का वातावरण प्रदान किया जाना चाहिए।
- शैशवावस्था के अंतिम भाग में शिशु दूसरे बालकों के साथ मिलना-जुलना और खेलना पसंद करता है। उसे इन बातों का अवसर दिया जाना चाहिए, ताकि उसमें सामाजिक भावना का विकास हो।
- आत्म-निर्भरता से शिशु को स्वयं सीखने, काम करने और विकास करने की प्रेरणा मिलती है। अतः उसको स्वतंत्रता प्रदान करके, आत्म-निर्भर बनने का अवसर दिया जाना चाहिए।
- शिशु में आत्म-प्रदर्शन की भावना होती है। अतः उसे ऐसे कार्य करने के अवसर दिए जाने चाहिए, जिनके द्वारा वह अपनी इस भावना को व्यक्त कर सके।
- शिशु अपनी आवश्यकताओं की पूर्ति के लिए दूसरों पर निर्भर रहता है। उसके माता-पिता और शिक्षक को उसकी इस असहाय स्थिति से लाभ नहीं उठाना चाहिए। अतः उन्हें डांटना या पीटना नहीं चाहिए और न उसे भय या क्रोध दिखाना चाहिए। इसके विपरीत, उन्हें उसके प्रति सदैव प्रेम, शिष्टता और सहानुभूति का व्यवहार करना चाहिए।
- शिशु में अनेक गुण निहित होते हैं। अतः उसे इस प्रकार की शिक्षा दी जानी चाहिए, जिससे उसमें इन गुणों का विकास हो। यही कारण है कि आधुनिक युग में शिशु-शिक्षा के प्रति विशेष ध्यान दिया जा रहा है।
- शिशु के व्यवहार का आधार उसकी मूल प्रवृत्तियां होती हैं। अतः उनका दमन न करके सभी संभव विधियों से प्रोत्साहन दिया जाना चाहिए। इसका कारण यह है कि दमन करने से शिशु का विकास अवरुद्ध हो जाता है।
- शिशुओं में मानसिक क्रियाओं की तीव्रता होती है। अतः उसे सोचने-विचारने के अधिक-से-अधिक अवसर दिए जाने चाहिए।
- बालक कुछ प्रवृत्तियों के साथ जन्म लेता है, जो उसे कार्य करने के लिए प्रेरित करती है। अतः उसे उनके अनुसार कार्य करके शिक्षा प्राप्त करने की स्वतंत्रता दी जानी चाहिए।
- शिशु-कल्पना के जगत में विचरण करता है और उसी को वास्तविक संसार समझता है। अतः उसे ऐसे विषयों की शिक्षा दी जानी चाहिए, जो उसे वास्तविकता के निकट लाए। मॉण्टेसरी पद्धति में परियों की कहानियों को इसलिए स्थान नहीं दिया गया है कि क्योंकि वे बालक को वास्तविकता से दूर ले जाती है।
- शिशु की शिक्षा में कहानियों और सचित्र पुस्तकों का विशिष्ट स्थान होना चाहिए। इसके उपयोगिता के संबंध में **क्रो** एवं **क्रो** ने कहा है–''पांच वर्ष का शिशु कहानी सुनते समय उससे संबंधित चित्रों को पुस्तक में देखना पसंद करता है।''
- शिशु को खेल द्वारा शिक्षा दी जानी चाहिए। इस बात पर प्रकाश डालते हुए **स्ट्रेंग** ने लिखा है कि–''शिशु अपने एवं अपने संसार के बारे में अधिकांश बातें खेल के माध्यम से सीखता है।''

बाल्यावस्था की विशेषताएं

6 से 12 वर्ष तक की अवस्था को बाल्यावस्था कहते हैं। यह अवस्था बालक के व्यक्तित्व के निर्माण की होती है। बाल्यावस्था को मुख्यतः दो चरणों में बांटा जा सकता है–प्रथम चरण 6 वर्ष से 9 वर्ष तक और द्वितीय चरण 9 वर्ष से 12 वर्ष तक। प्रथम चरण में बालक की लंबाई एवं भार दोनों बढ़ते हैं। इस काल में बच्चे में चिंतन एवं तर्क शक्तियों का विकास हो जाता है। द्वितीय चरण में बच्चे पढ़ाई में रुचि लेने लगते हैं। बाल्यावस्था की मुख्य विशेषताएं निम्न हैं–

- इस अवस्था में बालक शैशवावस्था के काल्पनिक जगत से वास्तविक जगत में प्रवेश करता है। वह उसकी प्रत्येक वस्तु से आकर्षित होकर उसका ज्ञान प्राप्त करना चाहता है।
- इस अवस्था में बालक की रुचियों में निरंतर परिवर्तन होता रहता है। वे स्थायी रूप धारण न करके वातावरण में परिवर्तन के साथ परिवर्तित होती रहती हैं।
- बाल्यावस्था में जिज्ञासा की प्रवृत्ति प्रबल होती है। वह जिन वस्तुओं के संपर्क में आता है उनके बारे में प्रश्न पूछकर हर तरह की जानकारी प्राप्त करना चाहता है। उसके ये प्रश्न शैशवावस्था के साधारण प्रश्नों से भिन्न होते हैं। 'यह क्या है?' इसके विपरीत वह पूछता है– 'यह ऐसे क्यों है?' 'यह ऐसे कैसे हुआ है?'
- इस अवस्था के प्रारंभ में बालक में नैतिक गुणों का विकास होने लगता है। **स्ट्रेंग** के विचारानुसार–''6, 7 एवं 8 वर्ष के बालकों में अच्छे-बुरे के ज्ञान का एवं न्यायपूर्ण, व्यवहार, ईमानदारी और सामाजिक मूल्यों की भावना का विकास होने लगता है।''
- बालक में सामूहिक प्रवृत्ति बहुत प्रबल होती है। वह अपना अधिक-से-अधिक समय दूसरे बालकों के साथ व्यतीत करने का प्रयास करता है।
- बालक अपने संवेगों पर अधिकार रखना एवं अच्छी और बुरी भावनाओं में अंतर करना जान जाता है।

वह उन भावनाओं का दमन करता है, जिनको उसके माता-पिता और बड़े लोग पसंद नहीं करते हैं।

- इस अवस्था में बालकों में बिना उद्देश्य के इधर-उधर घूमने की प्रवृत्ति बहुत अधिक होती है। मनोवैज्ञानिक **बर्ट** के अनुसार, लगभग 9 वर्ष के बालकों में आवारागर्दी, बिना छुट्टी के विद्यालय से भागना और आलस्यपूर्ण जीवन व्यतीत करने आदि की प्रवृत्ति पाई जाती है।
- बालक, विद्यालय के छात्रों और अपने समूह के सदस्यों के साथ पर्याप्त समय व्यतीत करता है। ऐसे में उसमें अनेक सामाजिक गुणों का विकास होता है, यथा–सहयोग, सद्‌भावना, सहनशीलता, आज्ञाकारिता आदि।
- इस अवस्था में बालकों को सामूहिक खेलों में अत्यधिक रुचि होती है। वह 6 या 7 वर्ष की आयु में छोटे समूहों में और बहुत काफी समय तक खेलता है। खेल के समय बालिकाओं की अपेक्षा बालकों में झगड़े अधिक होते हैं। 11 या 12 वर्ष की आयु में बालक दलीय खेलों में भाग लेने लगता है।
- बाल्यावस्था में बालकों और बालिकाओं में संग्रह करने की प्रवृत्ति बहुत ज्यादा पाई जाती है। बालक विशेष रूप से कांच की गोलियों, टिकटों, मशीनों के भाग और पत्थर के टुकड़ों का संचय करते हैं। बालिकाओं में चित्रों, खिलौनों, गुड़ियों और कपड़ों के टुकड़ों को संग्रह करने की प्रवृत्ति पाई जाती है।
- 6 या 7 वर्ष की आयु के बाद बालक के शारीरिक और मानसिक विकास में स्थिरता आ जाती है। यह स्थिरता उसकी शारीरिक व मानसिक शक्तियों को सुदृढ़ता प्रदान करती है। फलतः उसका मस्तिष्क परिपक्व-सा और वह स्वयं व्यस्क-सा जान पड़ता। इसीलिए **रॉस** ने बाल्यावस्था को **'मिथ्या-परिपक्वता'** का काल बताते हुए कहा है कि–''शारीरिक और मानसिक स्थिरता बाल्यावस्था की सबसे महत्त्वपूर्ण विशेषता है।''
- इस अवस्था में बालक की मानसिक योग्यताओं में निरंतर वृद्धि होती है। उसकी संवेदना और प्रत्यक्षीकरण की शक्तियों में वृद्धि होती है। वह विभिन्न बातों के बारे में तर्क और विचार करने लगता है। वह साधारण बातों पर अधिक देर तक अपने ध्यान को केंद्रित कर सकता है। उसमें अपने पूर्व-अनुभवों को स्मरण रखने की योग्यता उत्पन्न हो जाती है।
- शैशवावस्था में बालक का व्यक्तित्व अंतर्मुखी होता है, क्योंकि वह एकांतप्रिय और केवल अपने में रुचि लेने वाला होता है। इसके विपरीत, बाल्यावस्था में उसका व्यक्तित्त्व बर्हिमुखी हो जाता है, क्योंकि बाह्य जगत् में उसकी रुचि उत्पन्न हो जाती है। अतः वह अन्य व्यक्तियों, वस्तुओं और कार्यों का अधिक-से-अधिक परिचय प्राप्त करना चाहता है।
- इस अवस्था में बालकों को रचनात्मक कार्यों में विशेष आनंद आता है। वह साधारणतः घर से बाहर किसी प्रकार का कार्य करना चाहता है, यथा–बागवानी या औजारों से लकड़ी की वस्तुएं बनाना आदि। ठीक इसके विपरीत बालिकाएं घर में ही कोई न कोई कार्य करना चाहती हैं, यथा–सिलाई, कढ़ाई एवं बुनाई आदि।

बाल्यावस्था में शिक्षा की प्रकृति/स्वरूप

इस अवस्था को शैक्षिक दृष्टि से बालक के निर्माण की अवस्था कहा जाता है। इस अवस्था में बालक अपना अलग समूह बनाने लगता है। इस अवस्था को चुस्ती का आयु भी कहा जाता है। इस अवस्था में बालक की शिक्षा का स्वरूप निश्चित करते समय निम्नांकित बातों को ध्यान में रखना चाहिए–

- इस अवस्था में बालक की रुचियों में निरंतर परिवर्तन होता रहता है। अतः पाठ्य-विषय और शिक्षण-विधि में उसकी रुचियों के अनुसार परिवर्तन किया जाना आवश्यक है। ऐसा न करने से उसमें शिक्षण के प्रति कोई आकर्षण नहीं रह जाता है। फलतः उसकी मानसिक प्रगति रूक जाती है।
- बालक के लिए कुछ ऐसे विषयों का अध्ययन आवश्यक है, जो उसकी आवश्यकताओं की पूर्ति कर सके और उसके लिए लाभप्रद भी हों। इस उद्देश्य की पूर्ति के लिए निम्न विषयों का चुनाव किया जाना चाहिए–भाषा, अंकगणित, विज्ञान, सामाजिक अध्ययन, ड्राइंग, चित्रकला, सुलेख, पत्र-लेखन और निबंध-रचना।
- बालक कठोर अनुशासन पसंद नहीं करता है। वह शारीरिक दंड, बल-प्रयोग और डांट-डपट से घृणा करता है। वह उपदेश नहीं सुनना चाहता है। वह धमकियों की चिंता नहीं करता है। अतः उसकी शिक्षा प्रेम और सहानुभूति पर आधारित होनी चाहिए।
- सभी शिक्षाशास्त्री बालक की स्वाभाविक क्रियाशीलता और खेल-प्रवृत्ति में विश्वास करते हैं। अतः उसकी शिक्षा का स्वरूप ऐसा होना चाहिए, जिससे वह स्वयं-क्रिया और खेल द्वारा ज्ञान का अर्जन करे।
- बालक में समूह में रहने को प्रबल प्रवृत्ति होती है। वह अन्य बालकों से मिलना-जुलना और उनके साथ कार्य करना या खेलना चाहता है। उसे इन सब बातों का अवसर देने के लिए विद्यालय में सामूहिक कार्यों और सामूहिक खेलों का उचित आयोजन किया जाना चाहिए।
- **कोल** एवं **ब्रूस** ने बाल्यावस्था को 'संवेगात्मक विकास का अनोखा काल' माना है। यह विकास तभी संभव है, जब बालक के संवेगों का दमन न किया जाए, क्योंकि ऐसा करने से उसमें भावना-ग्रंथियों का निर्माण हो जाता है।

- **स्ट्रंग** के अनुसार, "इस अवस्था में बालकों की भाषा में बहुत रुचि होती है।" अतः इस बात पर बल दिया जाना आवश्यक है कि बालक, भाषा का अधिक-से-अधिक ज्ञान प्राप्त करे।
- बालक की रचनात्मक कार्यों में विशेष रुचि होती है। अतः विद्यालय के स्तर पर विभिन्न प्रकार के रचनात्मक कार्यों की व्यवस्था होनी चाहिए।
- इस अवस्था में बालक की विभिन्न मानसिक रुचियों को संतुष्ट करके उसकी सुप्त शक्तियों का अधिकतम विकास किया जा सकता है। इस कार्य में सफलता प्राप्त करने के लिए विद्यालय में अधिक से अधिक पाठ्यक्रम सहभागी क्रियाओं का संचालन किया जाना चाहिए।
- **किर्कपैट्रिक** ने बाल्यावस्था को 'प्रद्विन्द्वात्मक समाजीकरण' का काल माना है। अतः विद्यालय में ऐसी क्रियाओं का अनिवार्य रूप से संगठन किया जाना चाहिए, जिनमें भाग लेकर बालक में अनुशासन, आत्म-नियंत्रण, सहानुभूति, प्रतिस्पर्द्धा, सहयोग आदि सामाजिक गुणों का अधिकतम विकास हो।
- बालकों में जिज्ञासा की प्रवृत्ति होती है। अतः उन्हें दी जाने वाली शिक्षा का स्वरूप ऐसा होना चाहिए, जिससे उसकी इस प्रवृत्ति की तुष्टि हो।
- बालकों की रुचियों में विभिन्नता और परिवर्तनशीलता होती है। अतः उसकी पुस्तकों की विषय-सामग्री में रोचकता और विभिन्नता होनी चाहिए। इस दृष्टिकोण से विषय-सामग्री का संबंध इस प्रकार से होना चाहिए–पशु, हास्य, विनोद, नाटक, वार्तालाप, वीर पुरुष, साहसी कार्य और आश्चर्यजनक बातें।
- बालकों में संचय करने की प्रवृत्ति होती है। अतः उन्हें जो वस्तु अच्छी लगती है, उसी को वे संचय कर लेते हैं। उनके माता-पिता एवं शिक्षक का कर्त्तव्य है कि वे उन्हें शिक्षाप्रद वस्तुओं का संचय करने के लिए प्रोत्साहित करें।

किशोरावस्था की विशेषताएं

बाल्यावस्था के समापन के साथ अर्थात 13वें वर्ष से किशोरावस्था की शुरुआत होती है। इस अवस्था में बालकों और बालिकाओं में क्रांतिकारी मानसिक, शारीरिक, सामाजिक एवं संवेगात्मक परिवर्तन होते हैं। इसलिए इस काल को जीवन के तूफान का काल भी कहा जाता है। इस अवस्था की मुख्य विशेषताएं निम्न हैं–

- किशोरावस्था को शारीरिक विकास का काल माना जाता है। इस काल में किशोर के शरीर में अनेक महत्त्वपूर्ण परिवर्तन होते हैं, जैसे–भार और लंबाई में तीव्र वृद्धि, मांसपेशियों और शारीरिक ढांचे में दृढ़ता, किशोर में दाढ़ी और मूंछ की रोमावालियों एवं किशोरियों में प्रथम मासिक स्राव के दर्शन।
- इस अवस्था में किशोर के मस्तिष्क का लगभग सभी दिशाओं में विकास होता है। किशोरों में इस अवस्था में पाए जाने वाले मानसिक विकास के प्रमुख गुण हैं– कल्पना एवं दिवास्वप्नों की बहुलता, बुद्धि का अधिकतम विकास, सोचने-समझने और तर्क करने की शक्ति में वृद्धि, विरोधी मानसिक दशाएं।
- किशोरों में समाज सेवा की अति तीव्र भावना होती है। इस संबंध में **रॉस** के ये शब्द उल्लेखनीय हैं–"किशोर समाज-सेवा के आदर्शों का निर्माण और पोषण करता है। उसका उदार हृदय मानव जाति के प्रेम से ओत-प्रोत होता है और वह आदर्श समाज का निर्माण करने में सहायता देने के लिए उद्विग्न रहता है।"
- किशोर जिस समूह का सदस्य होता है, उसको वह अपने परिवार और विद्यालय से अधिक महत्त्वपूर्ण समझता है। यदि उसके माता-पिता और समूह के दृष्टिकोणों में अंतर होता है, तो वह समूह के ही दृष्टिकोणों को श्रेष्ठतर समझता है और उन्हीं के अनुसार अपने व्यवहार, रुचियों, इच्छाओं आदि में परिवर्तन करता है।
- किशोरों में आवेगों और संवेगों की बहुत प्रबलता होती है। यही कारण है कि उनका विभिन्न अवसरों पर विभिन्न प्रकार का व्यवहार होता है। उदाहरणार्थ–किसी समय वह अत्यधिक क्रियाशील होता है और किसी समय अत्यधिक कायर, किसी परिस्थिति में साधारण रूप से उत्साहपूर्वक और किसी में असाधारण रूप से उत्साहहीन।
- किशोरावस्था से पूर्व बालक अच्छी और बुरी, सत्य और असत्य, नैतिक और अनैतिक बातों के बारे में अनेक प्रकार के प्रश्न पूछता है। किशोर होने पर वह स्वयं इन बातों पर विचार करने लगता है, परिणामस्वरूप अपने जीवन-दर्शन का निर्माण करता है। वह ऐसे सिद्धांतों का निर्माण करना चाहता है जिनकी सहायता से वह अपने जीवन में कुछ बातों का निर्माण कर सके। उसे इस कार्य में सहायता देने के उद्देश्य से ही आधुनिक युग में 'युवा आंदोलनों' को संगठित किया गया।
- किशोरावस्था में बालक अपने भावी व्यवसाय को चुनने के लिए चिंतित रहता है। इस संबंध में **स्ट्रंग** का मत है– "जब छात्र हाईस्कूल में होता है, तब वह किसी व्यवसाय को चुनने, उसके लिए तैयारी करने, उसमें प्रवेश करने और उसमें उन्नति के लिए अधिक ही चिंतित हो जाता है।
- किशोर में महत्त्वपूर्ण व्यक्ति बनने और प्रौढ़ों के समान निश्चित स्थिति प्राप्त करने की अत्यधिक अभिलाषा होती है। **ब्लेयर, जोन्स** एवं **सिम्पसन** के शब्दों में–"किशोर का महत्त्वपूर्ण बनना, अपने समूह में स्थिति प्राप्त

करना और श्रेष्ठ व्यक्ति के रूप में स्वीकार किया जाना चाहता है।

- **रॉस** ने किशोरावस्था को शैशवावस्था का पुरावर्तन कहा है, क्योंकि किशोर बहुत-कुछ शिशु के समान होता है। उसकी बाल्यावस्था की स्थिरता समाप्त हो जाती है और वह एक बार फिर शिशु के समान अस्थिर हो जाता है। उसके व्यवहार में इतनी उद्विग्नता आ जाती है कि वह शिशु के समान अन्य व्यक्तियों और अपने वातावरण से समायोजन नहीं कर पाता है। अतः रॉस का विचार है कि "शिशु के समान किशोर को अपने वातावरण से समायोजन करने का कार्य फिर आरंभ करना पड़ता है।"
- किशोरावस्था के आरंभ में बालकों को धर्म और ईश्वर में आस्था नहीं होती है। इनके संबंध में उनमें इतनी शंकाएं उत्पन्न होती हैं कि वे उनका समाधान नहीं कर पाते हैं। पर धीरे-धीरे उनमें धर्म में विश्वास उत्पन्न हो जाता है और वे ईश्वर की सत्ता को स्वीकार करने लगते हैं।

किशोरावस्था में शिक्षा की प्रकृति/स्वरूप

किशोरावस्था आरंभ होने के समय से ही शिक्षा को एक निश्चित स्वरूप प्रदान किया जाना अनिवार्य है। इस शिक्षा का स्वरूप निम्नांकित प्रकार से होना चाहिए–

- किशोरों की मानसिक शक्तियों का सर्वोत्तम और अधिकतम विकास के लिए शिक्षा का स्वरूप उसकी रुचियों, रूझानों, दृष्टिकोणों और योग्यताओं के अनुरूप होना चाहिए। अतः उसकी शिक्षा में निम्न बातों को स्थान दिया जाना चाहिए–
  (*i*) कला, विज्ञान, साहित्य, भूगोल, इतिहास आदि जैसे सामान्य विद्यालय-विषय,
  (*ii*) किशोर की जिज्ञासा को संतुष्ट करने और उसकी निरीक्षण-शक्ति को प्रशिक्षित करने के लिए प्राकृतिक ऐतिहासिक, आदि स्थानों का भ्रमण,
  (*iii*) उसकी रुचियों, कल्पनाओं और दिवास्वप्नों को साकार बनाने के लिए पर्यटन, वाद-विवाद, कविता, लेखन साहित्यिक गोष्ठी आदि से संबद्ध सहगामी क्रियाएं।
- किशोर अपने समूह को अत्यधिक महत्त्व देता है और उसमें आचार-व्यवहार की अनेक बातें सीखता है। अतः विद्यालय में ऐसे समूहों का संगठन किया जाना चाहिए, जिनकी सदस्यता ग्रहण करके किशोर उत्तम सामाजिक व्यवहार और संबंधों के पाठ को सीख सके। इस दिशा में सामूहिक क्रियाएं, सामूहिक खेल और स्काउटिंग अत्यधिक उपयोगी सिद्ध हो सकते हैं।
- किशोर में स्वयं परीक्षण, निरीक्षण, विचार और तर्क करने की प्रवृत्ति होती है। अतः उसे शिक्षा देने के लिए परंपरागत विधियों का प्रयोग नहीं किया जाना चाहिए। उसके लिए किस प्रकार की शिक्षण-विधियां उपयुक्त हो सकती हैं, इस संबंध में **रॉस** का विचार है कि– "विषयों का शिक्षण व्यावहारिक ढंग से किया जाना चाहिए और उनका दैनिक जीवन की बातों से प्रत्यक्ष संबंध स्थापित किया जाना चाहिए।
- किशोर में उचित महत्त्व और उचित स्थिति प्राप्त करने की प्रबल इच्छा होती है। उसकी इस इच्छा को पूर्ण करने के लिए, उसे उत्तरदायित्व के कार्य दिए जाने चाहिए। इस उद्देश्य से सामाजिक क्रियाओं, छात्र-स्वशासन और युवक-गोष्ठियों का संगठन किया जाना चाहिए।
- बालकों और बालिकाओं में विभिन्नता होनी अति आवश्यक है। इसका कारण यह है कि लिंग भेद के कारण और इस विचार से कि बालक और बालिकाओं को भावी जीवन में विभिन्न कार्य करने हैं, दोनों के पाठ्यक्रमों में विभिन्नता होनी चाहिए।
- किशोर को न तो बालक समझना चाहिए और न उसके प्रति बालक-सा व्यवहार किया जाना चाहिए। इसके विपरीत उसके प्रति व्यस्क सा व्यवहार किया जाना चाहिए।
- किशोर अपने जीवन-दर्शन का निर्माण करना चाहता है, पर उचित पथ-प्रदर्शन के अभाव में वह ऐसा करने में असमर्थ रहता है। इस कार्य का उत्तरदायित्व विद्यालय पर है कि वह उसे उचित मार्गदर्शन दे।
- किशोर अनेक प्रकार के संवेगों से संघर्ष करता है। इन संवेगों में से कुछ उत्तम और कुछ निकृष्ट होते हैं। अतः शिक्षा में इस प्रकार के विषयों और पाठ्यक्रम में सहगामी क्रियाओं को स्थान दिया जाना चाहिए, जो निकृष्ट संवेगों का दमन या मार्गान्तिरीकरण और उत्तम संवेगों का विकास करें। इस उद्देश्य से कला, विज्ञान, साहित्य, संगीत, सांस्कृतिक कार्यक्रम आदि की सुंदर व्यवस्था की जानी चाहिए।
- किशोर अपने भावी जीवन में किसी न किसी व्यवसाय में प्रवेश करने की योजना बनाता है। पर वह यह नहीं समझ पाता है कि कौन सा व्यवसाय उसके लिए सबसे अधिक उपयुक्त होगा। उसे इस बात का ज्ञान प्रदान करने के लिए विद्यालय में हुए व्यवसायों की आरंभिक शिक्षा दी जानी चाहिए। इस बात को ध्यान में रखकर हमारे देश के बहुद्देशीय विद्यालयों में व्यावसायिक विषयों की शिक्षा की व्यवस्था की गई है।
- किशोर में व्यक्तिगत विभिन्नताओं और आवश्यकताओं को सभी शिक्षाविदों ने स्वीकार किया है। अतः विद्यालयों में विभिन्न पाठ्यक्रमों की व्यवस्था की जानी चाहिए जिससे किशोरों की व्यक्तिगत मांगों को पूर्ण किया जा सके। इस बात पर बल देते हुए माध्यमिक शिक्षा आयोग ने लिखा है–'हमारे माध्यमिक विद्यालयों को छात्रों की विभिन्न प्रवृत्तियों, रुचियों और योग्यताओं को पूर्ण करने के लिए विभिन्न शैक्षिक कार्यक्रमों की व्यवस्था करनी चाहिए।'

- किशोर के मस्तिष्क में विरोधी विचारों में निरंतर द्वन्द्व होता रहता है। फलस्वरूप, वह उचित व्यवहार के संबंध में किसी निश्चित निष्कर्ष पर नहीं पहुंच पाता है। अतः उसे उदार, धार्मिक और नैतिक शिक्षा दी जानी चाहिए ताकि वह उचित और अनुचित में अंतर करके अपने व्यवहार को समाज के नैतिक मूल्यों के अनुकूल बना सके।
- किशोर बालकों और बालिकाओं की अधिकांश समस्याओं का संबंध उनकी काम-प्रवृत्ति से होता है। अतः विद्यालय में यौन शिक्षा की व्यवस्था होना अति आवश्यक है। इस शिक्षा के संबंध में **रॉस** ने लिखा है–''यौन शिक्षा की परम आवश्यकता को कोई भी अस्वीकार नहीं कर सकता है। इस बात की बहुत आवश्यकता है कि किशोर को ऐसे व्यस्क द्वारा गोपनीय शिक्षा दी जाए, जिस पर उसे पूर्ण विश्वास हो।''
- किशोर में अपराध करने की प्रवृत्ति का मुख्य कारण है– निराशा। इस कारण को दूर करके उसकी अपराध-प्रवृत्ति पर अंकुश लगाया जा सकता है। विद्यालय उसको अपनी उपयोगिता का अनुभव कराके उसकी निराशा को कम कर सकता है और इस प्रकार अपराध-प्रवृत्ति को कम कर सकता है।

2. बाल विकास के सिद्धांत

बालकों में होने वाले शारीरिक एवं मानसिक विकास कुछ विशेष प्रकार के सिद्धांतों पर आधारित होते हैं। ये सिद्धांत ही बाल विकास का सिद्धांत कहलाता है। बाल विकास से संबद्ध कुछ महत्त्वपूर्ण सिद्धांत निम्न हैं–

(i) **अंतः संबद्धता का सिद्धांत :** बाल विकास से संबद्ध विभिन्न तत्त्व यथा– सामाजिक, शारीरिक, मानसिक एवं संवेगात्मक आदि एक-दूसरे से अंतः संबद्ध हैं। इनमें से किसी एक में होने वाला विकास सभी तत्त्वों में होने वाले विकास को पूरी तरह से प्रभावित करने की क्षमता रखता है। उदाहरणार्थ– जिन बच्चों में औसत से अधिक वृद्धि होती है, वे शारीरिक और सामाजिक विकास की दृष्टि से भी काफी आगे पाए जाते हैं। दूसरी ओर एक क्षेत्र में पाई जाने वाली न्यूनता दूसरे क्षेत्र में हो रही प्रगति में बाधक सिद्ध होती है। यही कारण है कि शारीरिक विकास की दृष्टि से पिछड़े बालक संवेगात्मक, बौद्धिक एवं सामाजिक रूप से पिछड़े रह जाते हैं।

(ii) **पूर्वानुमान का सिद्धांत :** एक बालक के बुद्धि और विकास की गति को देखते हुए उसके आगे बढ़ने की दशा एवं स्वरूप के विषय में पूर्वानुमान किया जा सकता है। उदाहरणार्थ– किसी बालक की कलाई की हड्डियों का एक्स-रे (X-ray) से लिया गया चित्र यह बता सकता है कि उसका आकार-प्रकार आगे जाकर किस प्रकार का होगा। इसी तरह बालक की इस समय की मानसिक योग्यताओं के ज्ञान के सहारे उसके आगे के मानसिक विकास के बारे में पूर्वानुमान लगाया जा सकता है।

(iii) **विकास का सामान्य से विशेष की ओर का सिद्धांत :** विकास की प्रक्रिया में सबसे पहले सामान्य क्रियाओं के दर्शन होते हैं उसके बाद विशिष्ट क्रियाओं का स्थान आता है। उदाहरणार्थ– बालक अपने हाथों से कुछ चीज पकड़ने से पहले इधर-उधर यूं ही हाथ मारने या फैलाने की चेष्टा करता है। इसी प्रकार शुरू में एक नवजात शिशु के रोने और चिल्लाने में उसके सभी अंग-प्रत्यंग भाग लेते हैं, परंतु बाद में वृद्धि और विकास की प्रक्रिया के परिणामस्वरूप यह क्रियाएं उसकी आंखों और वाक्तंत्र तक सीमित हो जाती हैं। भाषा विकास के क्रम में बालक सबसे सामान्य शब्द ही सीखता है। पहले-पहल वह सभी व्यक्तियों को 'पापा' कहकर संबोधित करता है, इसके पश्चात ही वह अपने पापा को 'पापा' कहकर संबोधित करना सीखता है।

(iv) **निरंतरता का सिद्धांत :** इस सिद्धांत के अनुसार विकास एक न रूकने वाली प्रक्रिया है। यह प्रक्रिया माँ के गर्भ से शुरू होकर मृत्युपर्यंत चलती रहती है। मनुष्य का जीवन नगण्य आकार से प्रारंभ होकर व्यक्तित्व के सभी पक्षों, यथा–शारीरिक, सामाजिक एवं मानसिक आदि का संपूर्ण विकास को इसी निरंतरता के गुण के कारण भली-भांति प्राप्त करता है।

(v) **विकास की दिशा का सिद्धांत :** इस सिद्धांत के अनुसार विकास की प्रक्रिया पूर्व निश्चित दिशा में आगे बढ़ती है। विकास की प्रक्रिया की यह दिशा व्यक्ति के वंशानुगत एवं वातावरण-जन्य कारकों से प्रभावित होती है। इसके अनुसार बालक सबसे पहले अपने सिर और भुजाओं की गति पर नियंत्रण करना सीखता है और उसके बाद फिर टांगों को। इसके बाद ही वह अच्छी तरह बिना सहारे के खड़ा होना और चलना सीखता है।

(vi) **वैयक्तिक भिन्नता का सिद्धांत :** इस सिद्धांत के अनुसार बालकों का विकास और वृद्धि उनकी अपनी वैयक्तिकता के अनुरूप होती है। वे अपनी स्वाभाविक गति से ही वृद्धि और विकास के विभिन्न क्षेत्रों में आगे बढ़ते हैं और इसी कारण उनमें पर्याप्त विभिन्नताएं देखने को मिलती हैं। कोई भी एक बालक वृद्धि एवं विकास की दृष्टि से किसी अन्य बालक के समरूप नहीं होता। विकास के इस सिद्धांत के कारण ही कोई बालक अत्यंत मेधावी कोई बालक सामान्य तथा कोई बालक पिछड़ा या मंद होता है।

(*vii*) **विकास के क्रम की समरूपता का सिद्धांत :** यह सिद्धांत इस बात की ओर संकेत करता है कि विकास की गति में एक समानता न होने तथा पर्याप्त वैयक्तिक अंतर पाए जाने के बाद भी विकास के क्रम में कुछ समरूपता के दर्शन होते हैं। इस क्रम में एक ही जाति विशेष के सभी सदस्यों में कुछ एक जैसी समानताएं देखने को मिलती हैं।

(*viii*) **एकीकरण का सिद्धांत :** विकास की प्रक्रिया एकीकरण के सिद्धांत का पालन करती है। इस सिद्धांत के अनुसार बालक पहले संपूर्ण अंग को फिर अंग के भागों को चलाना सीखता है। इसके बाद वह उन भागों को एकीकृत करना सीखता है। सामान्य से विशेष की ओर बढ़ते हुए विशेष प्रतिक्रियाओं तथा चेष्टाओं को इकट्ठे रूप में प्रयोग में लाना सीखता है। उदाहरणार्थ-एक बालक पहले पूरे हाथ को, फिर अंगुलियों को एक साथ चलाना सीखता है।

(*ix*) **वृद्धि एवं विकास का सिद्धांत :** इस सिद्धांत के अनुसार वृद्धि और विकास की क्रिया वंशानुक्रम और वातावरण का संयुक्त परिणाम है। अन्य शब्दों में वृद्धि और विकास की प्रक्रिया में वंशानुक्रम जहां आधार का कार्य करता है वहां वातावरण इस आधार पर बनाए जाने वाले व्यक्तित्व संबंधी भवन के लिए आवश्यक सामग्री एवं वातावरण जुटाने में सहयोग देता है। अतः वृद्धि और विकास की प्रक्रियाओं में इन दोनों को समान महत्त्व दिया जाना आवश्यक हो जाता है।

(*x*) **वृद्धि एवं विकास की गति की दर में असमरूपता का सिद्धान्त :** विकास की प्रक्रिया जीवनपर्यंत चलती रहती हैं, किंतु इस प्रक्रिया में विकास की गति सदैव एक समान नहीं होती। शैशवावस्था के शुरू के वर्षों में यह गति कुछ तीव्र होती है, परंतु बाद के वर्षों में यह मंद पड़ जाती है। पुनः किशोरावस्था के प्रारंभ में इस गति में तेजी से वृद्धि होती है परंतु यह अधिक समय तक नहीं बनी रहती। इस प्रकार स्पष्ट है कि वृद्धि और विकास की गति में उतार-चढ़ाव आते ही रहते हैं। किसी भी अवस्था में यह एक जैसी नहीं रह पाती।

3. वंशानुक्रम एवं वातावरण का प्रभाव

बालक के विकास की प्रक्रिया में विभिन्न बाह्य और आंतरिक कारकों का महत्त्वपूर्ण योगदान होता है। बालक के विकास को प्रभावित करने वाले प्रमुख बाह्य कारक हैं– सामाजिक-आर्थिक स्थिति विशेषक एवं वातावरण-जन्य विशेषक आदि। जबकि बालक के विकास को प्रभावित करने वाले प्रमुख आंतरिक कारक हैं– शारीरिक विशेषक, बौद्धिक विशेषक, संवेगात्मक विशेषक, सामाजिक विशेषक, वंशानुगत विशेषक आदि।

वंशानुक्रम का प्रभाव

वंशानुक्रम माता-पिता से संतान को प्राप्त होने वाले गुणों का नाम है। एक व्यक्ति के वंशानुक्रम में वे सब शारीरिक बनावटें, शारीरिक विशेषताएं, क्रियाएं या क्षमताएं सम्मिलित रहती हैं जिन्हें वह माता-पिता तथा अपने पूर्वजों या प्रजाति से प्राप्त करता है। वंशानुक्रम का बालक पर प्रभाव निम्न रूप से पड़ता है–

1. **शारीरिक विशेषक :** इसके अंतर्गत् मनुष्य का शरीर, उसके अंगों का आनुपातिक गठन, स्वास्थ्य, रूप-संग, ज्ञानेन्द्रियों का दिखाई देने वाला रूप तथा कर्मेंद्रियों का गठन आदि सब आ जाते हैं। इनमें से अलग-अलग व्यक्ति अलग-अलग बातों को देखकर लोग प्रभावित होते हैं।

   बालक के रंग-रूप, आकार, शारीरिक गठन, ऊँचाई इत्यादि के निर्धारण में उसके आनुवंशिक गुणों का महत्त्वपूर्ण हाथ होता है। बालक के आनुवंशिक गुण उसके वृद्धि एवं विकास को भी प्रभावित करते हैं। यदि बालक के माता-पिता गोरे हैं तो उनका बच्चा गोरा ही होगा, किंतु यदि माता-पिता काले हैं तो उनके बच्चे काले ही होंगें। इसी तरह से माता-पिता के अन्य गुण भी बच्चे में आनुवंशिक रूप से पाए जाते हैं। इसके कारण कोई बच्चा अति प्रतिभाशाली एवं सुंदर हो सकता है एवं कोई अन्य बच्चा शारीरिक एवं मानसिक रूप से कमजोर।

   ऐसा भी प्रायः देखा जाता है कि जो बालक जन्म से ही दुबले-पतले, कमजोर, बीमार तथा किसी शारीरिक बाधा से पीड़ित रहते हैं, उनकी तुलना में सामान्य एवं स्वस्थ बच्चे का विकास अधिक होता है। शारीरिक कमियों का स्वास्थ्य ही नहीं वृद्धि एवं विकास पर भी प्रतिकूल प्रभाव पड़ता है। असंतुलित शरीर, मोटापा, कम ऊंचाई, शारीरिक कुरूपता इत्यादि बालक के असामान्य व्यवहार के कारण होते हैं। कई बार किसी दुर्घटना के कारण भी शरीर को क्षति पहुंचती है। इस क्षति का बालक के विकास पर प्रतिकूल प्रभाव पड़ता है।

2. **बौद्धिक विशेषक :** इसके अंतर्गत बालक की योग्यता, कल्पनाशक्ति, विचारशक्ति एवं तर्कशक्ति, किसी समस्या के समाधान हेतु निर्णायात्मक बुद्धि, बदलती हुई परिस्थितियों में समायोजनात्मक निर्णय, आदि सभी कुछ आ जाते हैं।

   बौद्धिक विशेषक को अधिगम अर्थात् सीखने की योग्यता, समायोजन योग्यता, निर्णय लेने की क्षमता आदि के रूप में परिभाषित किया जाता है। जिस बालक के सीखने की गति अधिक होती है, उसका मानसिक विकास भी तीव्र गति से होगा। बालक अपने परिवार, समाज एवं विद्यालय में अपने आपको किस तरह समायोजित करता है यह उसकी बुद्धि पर निर्भर करता है।

   गोडार्ड जैसे विचारकों का मत है कि मंद-बुद्धि माता-पिता की संतान मंद-बुद्धि और तीव्र-बुद्धि माता-पिता की संतान तीव्र-बुद्धि वाली होती है। मानसिक क्षमता के

अनुकूल ही बालक में संवेगात्मक क्षमता का विकास होता है। बालक में जिस प्रकार के संवेगों का जिस रूप में विकास होगा वह उसके सामाजिक, मानसिक, नैतिक शारीरिक तथा भाषा संबंधी विकास को पूरी तरह प्रभावित करने की क्षमता रखता है। यदि बालक अत्यधिक क्रोधित या भयभीत रहता है अथवा यदि उसमें ईर्ष्या एवं वैमनस्य की भावना अधिक होती है तो उसके विकास की प्रक्रिया पर इन सबका प्रतिकूल प्रभाव पड़ना स्वाभाविक ही है। संवेगात्मक रूप से असंतुलित बालक पढ़ाई में या किसी अन्य गंभीर कार्यों में ध्यान नहीं दे पाते, फलस्वरूप उनका मानसिक विकास भी प्रभावित होता है। बुद्धि की श्रेष्ठता प्रजाति के कारण भी होती है।

नैतिक/चारित्रिक विशेषक

नैतिकता के अंतर्गत् वे सभी गुण आ जाते हैं, जो स्वार्थ को छोड़कर दूसरों की भलाई का भी ध्यान रखते हैं। इनमें सच बोलना, हिंसा न करना, भ्रष्टाचार से दूर रहना, व्यभिचार को बुरा समझना, दूसरों पर दया करना आदि सभी गुण आ जाते हैं। यदि गहराई से विचार किया जाए तो मनुष्य के बाह्य रूप का दूसरों पर इतना प्रभाव नहीं पड़ता है, जितना कि उसके आंतरिक गुणों का और विशेषकर उसकी नैतिक विचारधारा का।

डगडेल नामक एक मनोवैज्ञानिक ने अपने प्रयोगों के आधार पर यह बताया है कि माता-पिता के चरित्र का प्रभाव भी उसके बच्चे पर पड़ता है। व्यक्ति के चरित्र में उसके वंशानुगत कारकों का प्रभाव स्पष्ट तौर पर देखा जाता है। इसलिए बच्चे पर वंशानुगत कारकों का प्रभाव स्वाभाविक ही है।

वातावरण का प्रभाव

वातावरण में शामिल प्रत्येक घटक व्यक्ति के जीवन को आरंभ से ही प्रभावित करते हैं। गर्भावस्था से लेकर जीवनपर्यंत अनेक प्रकार की घटनाएं व्यक्ति के व्यक्तित्त्व एवं उसके विकास को प्रभावित करती हैं। गर्भावस्था के दौरान एक स्त्री को मानसिक एवं शारीरिक स्वास्थ्य बनाए रखने के लिए इसलिए सलाह दी जाती है कि उससे न केवल गर्भ के अंदर बालक के विकास पर असर पड़ता है बल्कि आगे के विकास की बुनियाद भी मजबूत होती है। यदि माता का स्वास्थ्य अच्छा न हो तो उसके बच्चे के अच्छे स्वास्थ्य की आशा कैसे की जा सकती है? यदि बच्चे का स्वास्थ्य अच्छा न होगा तो उसके विकास पर प्रतिकूल असर पड़ना स्वाभाविक है।

जीवन में घटने वाली प्रत्येक घटनाएं किसी न किसी रूप में बालक के जीवन को प्रभावित करती हैं। यदि बालक के साथ सहज और ठीक व्यवहार हुआ है तो उसके विकास की गति सही होती है अन्यथा उसके विकास पर प्रतिकूल प्रभाव पड़ता है। प्रायः ऐसा देखा जाता है कि जो मां अपने बच्चे को बचपन में छोड़ देती है वह बच्चा मां के प्यार के लिए तड़पता है। ऐसी स्थिति में बच्चे का सर्वांगीण विकास नहीं हो पाता है। जीवन में घटने वाली कुछ घटनाओं का भी बालक के विकास पर प्रतिकूल प्रभाव पड़ता है। बालक का जन्म किस परिवेश में हुआ, वह किस परिवेश में तथा कैसे लोगों के साथ रह रहा है, इन सब का प्रभाव बालक के विकास पर पड़ता है। परिवेश, प्रदूषण, भौतिक सुविधाओं की उपलब्धता आदि से संबद्ध बातें भी बालक के विकास को प्रभावित करती हैं।

बालक के विकास पर उसके सामाजिक एवं आर्थिक कारकों का भी प्रभाव पड़ता है। गरीब परिवार के बच्चों को विकास के लिए सीमित अवसर ही उपलब्ध हो पाते हैं। उनकी आर्थिक दुर्बलता उन्हें अच्छी शिक्षा और अच्छे परिवेश से वंचित करती हैं। ऐसे में उनका संतुलित विकास नहीं हो पाता है। दूसरी ओर सामाजिक एवं आर्थिक संसाधनों की प्रचुरता के कारण शहरी बच्चों का सर्वांगीण विकास संतुलित रूप से होता है।

वातावरण और उसका प्रभाव

व्यक्ति के व्यक्तित्व के विभिन्न क्षेत्रों पर वातावरण के पड़ने वाले कुछ महत्त्वपूर्ण प्रभावों को निम्न रूप से देखा जा सकता है-

1. **शारीरिक संरचना :** व्यक्ति के शारीरिक संरचना पर वंशानुक्रम का तो प्रभाव पड़ता ही है किंतु इस पर वातावरण के प्रभाव को भी स्पष्ट रूप से देखा जा सकता है। पहाड़ी क्षेत्र के लोगों का कद प्रायः छोटा होता है जबकि मैदानी क्षेत्रों में रहने वाले लोगों का शरीर लंबा एवं गठीला होता है। इतना ही नहीं पीढ़ी दर पीढ़ी से निवास स्थलों में परिवर्तन करने वाले पहाड़ी एवं मैदानी क्षेत्र के लोगों के कद एवं रंग में अंतर भी देखने को मिलता है। यह अंतर वातावरण के प्रभाव के कारण होता है।
2. **प्रजातीय क्षेष्ठता :** कभी-कभी ऐसा देखा जाता है कि कुछ प्रजातियों में बौद्धिक श्रेष्ठता वंशानुगत न होकर वातावरण से प्रभावित होता है। ऐसा इसलिए होता है कि उनके पास श्रेष्ठ सामाजिक, शैक्षिक एवं सांस्कृतिक वातावरण उपलब्ध है। यदि किसी विद्वान एवं महान व्यक्ति के बच्चे को ऐसी जगह छोड़ दिया जाए जहां का शैक्षिक, सांस्कृतिक एवं सामाजिक वातावरण उचित न हो तो उसका अपने पिता की तरह महान बनना बहुत ही कठिन हो सकता है।
3. **व्यक्तित्त्व विकास :** किसी भी व्यक्ति के व्यक्तित्त्व निर्माण में वंशानुक्रम की अपेक्षा वातावरण का अधिक प्रभाव पड़ता है। कोई भी व्यक्ति उपयुक्त वातावरण में रहकर अपने व्यक्तित्त्व का निर्माण करके आगे बढ़ सकता है और महान बन सकता है। ऐसे अनेक उदाहरण ऐतिहासिक एवं वर्तमान जीवन में देखने को मिलते हैं जिसमें निर्धन परिवार में जन्म लिए और पले-बढ़े व्यक्तियों ने अपने परिश्रम एवं लगन से श्रेष्ठ सफलताएं प्राप्त की है।
4. **बालक का सर्वांगीण विकास :** बालक के सर्वांगीण विकास में वातावरण का बहुत योगदान होता है। बालक

के शारीरिक, मानसिक, सामाजिक एवं संवेगात्मक विकास आदि पर वातावरण का सकारात्मक प्रभाव देखने को मिलता है। इस बात की पुष्टि 'एवेरॉन के जंगली बालक' के उदाहरण से होती है। इस बालक को जन्म के बाद एक भेड़िया उठा ले गया था और उसका पालन-पोषण जंगली पशुओं के बीच में हुआ था। कुछ शिकारियों ने उसे सन् 1799 ई. में पकड़ लिया। उस समय उसकी आयु ग्यारह अथवा बारह वर्ष की थी। उसकी आकृति पशुओं-सी हो गई थी। वह उनके समान ही हाथ-पैर से चलता था। वह कच्चा मांस खाता था एवं उसमें मनुष्य के समान बोलने एवं विचारने की शक्ति नहीं थी। उसको मनुष्य के समान सभ्य और शिक्षित बनाने के सभी प्रयास विफल हुए।

5. **मानसिक विकास : गोर्डन** नामक मनोवैज्ञानिक का मत है कि उचित सामाजिक और सांस्कृतिक वातावरण मिलने पर मानसिक विकास की गति धीमी हो जाती है। उसने यह बात नदियों के किनारे रहने वाले बच्चों का अध्ययन करके सिद्ध की। इन बच्चों का वातावरण गंदा और समाज के अच्छे प्रभावों से दूर था। अध्ययन में यह बात सामने आई कि गंदे एवं समाज के अच्छे प्रभावों से दूर रहने के कारण बच्चों के मानसिक विकास पर प्रतिकूल असर पड़ा था।

वंशानुक्रम एवं वातावरण के उपर्युक्त वर्णन से स्पष्ट है कि ये एक-दूसरे के पूरक एवं सहायक हैं। जिस प्रकार स्कूटर के लिए इंजन एवं पेट्रोल का समान महत्त्व है उसी प्रकार किसी बालक के उचित विकास के लिए वंशानुक्रम एवं वातावरण का समान रूप से महत्त्व है। इस तरह दोनों एक दूसरे के सहायक एवं सहयोगी हैं। वस्तुतः बालक के संपूर्ण व्यवहार की सृष्टि, वंशानुक्रम और वातावरण की अंतःक्रिया द्वारा होती है। उपर्युक्त बातों से स्पष्ट है कि शिक्षा की किसी भी योजना में वंशानुक्रम और वातावरण को एक-दूसरे से पृथक नहीं किया जा सकता। जिस तरह आत्मा और शरीर का संबंध है, उसी तरह वंशानुक्रम और वातावरण का भी संबंध है। इस प्रकार स्पष्ट है कि बालक के सम्यक् एवं संतुलित विकास के लिए वंशानुक्रम एवं वातावरण दोनों का संयोग अनिवार्य है।

4. समाजीकरण की प्रक्रिया

समाजीकरण का अर्थ

समाजीकरण एक प्रक्रिया है जिसके द्वारा व्यक्ति सामाजिक प्राणी बनता है। अन्य शब्दों में, समाजीकरण एक ऐसी प्रक्रिया है जिसके द्वारा व्यक्ति को समाज अपनी परम्पराओं, मान्यताओं तथा आदर्शों के अनुसार बनाता है तथा स्वीकृति प्रदान करता है। इस प्रकार समाजीकरण का अर्थ उस प्रक्रिया से है जिसके द्वारा व्यक्ति अन्य व्यक्तियों से अन्तः प्रक्रिया करता हुआ सामाजिक आदतों, विश्वासों, रीति-रिवाजों तथा परम्पराओं एवं अभिवृत्तियों(Attitudes) को सीखता है। इस प्रक्रिया के द्वारा व्यक्ति जन-कल्याण की भावना से प्रेरित होते हुए अपने आपको अपने परिवार, पड़ोस तथा अन्य सामाजिक वर्गों के अनुकूल बनाने का प्रयास करता है जिससे वह समाज का एक श्रेष्ठ, उपयोगी तथा उत्तरदायी सदस्य बन जाये तथा उक्त सभी सामाजिक संस्थाएं तथा वर्ग उसकी प्रशंसा करते रहें।

समाजीकरण की परिभाषा

विभिन्न विद्वानों द्वारा दी गयी समाजीकरण की परिभाषाएं इस प्रकार हैं–

- **वाटसन (Watson):** "समाजीकरण एक सामाजिक तथा मनोवैज्ञानिक प्रक्रिया है।"
- **सोरोकिन (Sorokin):** "समाजीकरण सांस्कृतिक तथा वैचारिक कारकों के अन्तरीकरण की प्रक्रिया है।"
- **ड्रेवर (Drever):** "समाजीकरण वह प्रक्रिया है जिसके द्वारा व्यक्ति अपने सामाजिक वातावरण से समायोजन करता है और सामाजिक मान्यता प्राप्त करके वह समाज का मान्य, सहयोगी तथा कुशल सदस्य बनता है।"
- **रॉस (Ross):** "समाजीकरण सहयोग करने वाले व्यक्तियों में सामूहिक भावना का विकास करता है और उनमें एक साथ कार्य करने की इच्छा तथा क्षमता में वृद्धि करता है।"

समाजीकरण की प्रक्रिया

बालक का समाजीकरण की प्रक्रिया जन्म के कुछ दिन बाद से प्रारंभ हो जाती है। बालक के समाजीकरण की प्रक्रिया का प्रारंभ परिवार में होता है। परिवार के सदस्य के रूप में बालक परिवार के अन्य सदस्यों से अन्तः क्रियात्मक सम्बध स्थापित करता है और उनके व्यवहारों का अनुकरण करता है। इस प्रकार अनुकरण करते हुए जाने अनजाने बालक परिवार के अन्य सदस्यों की भूमिका भी अदा करने (acquisition of roles) लगता है। अनुकरण के आधार पर ही वह माता-पिता, भाई-बहन आदि की भूमिकाओं को सीखता है। उसके ये व्यवहार धीरे-धीरे स्थिर हो जाते हैं। धीरे-धीरे बालक अपने तथा पिता और अपने तथा माता के मध्य के अंतर को समझने लगता है। वह यह भी समझने लगता है कि वह स्वयं क्या है? इस प्रकार 'आत्म' (Self) का विकास होता है जो समाजीकरण का एक आवश्यक तत्त्व है। आत्म के विकास से बालक न केवल अपने व्यक्तित्व के सम्बंध में ही अपितु अपने तथा दूसरों के बीच समानता व अन्तर के विषय में जागरूक हो जाता है। इस प्रकार स्पष्ट है कि समाजीकरण की प्रक्रिया में पारिवारिक अन्तः क्रियाएं महत्त्वपूर्ण भूमिकाएं अदा करती है।

बालक का समाजीकरण करने वाले तत्त्व

बालक जन्म के समय कोरा पशु होता है। जैसे-जैसे वह समाज के अन्य व्यक्तियों तथा सामाजिक संस्थाओं के सम्पर्क में

आकर विभिन्न प्रकार की सामाजिक क्रियाओं में भाग लेता रहता है वैसे-वैसे वह अपनी पाश्विक प्रवृत्तियों पर नियंत्रण करते हुए सामाजिक आदर्शों तथा मूल्यों को सीखता रहता है। बालक के समाजीकरण की प्रक्रिया निरन्तर चलती ही रहती है। बालक में सामाजिकता का विकास करने या उसके समाजीकरण में सहायता देने वाले प्रमुख साधन या तत्त्व निम्नांकित हैं–

1. परिवार,
2. आयु समूह,
3. पड़ोस,
4. नातेदारी समूह,
5. स्कूल,
6. खेल-कूद,
7. जाति,
8. समाज,
9. भाषा समूह,
10. राजनैतिक संस्थाएं, और
11. धार्मिक संस्थाएं।

बालक के समाजीकरण में बाधक तत्त्व

मैस्लो और मिटिलमैन (Maslow and Mittleman) के अनुसार, बालक के समाजीकरण में बाधा पहुँचाने वाले तत्त्व इस प्रकार हैं–

1. **बाल्यकालीन परिस्थितियाँ–** जैसे–माता-पिता का प्यार न मिलना, माता-पिता में सदैव कलह, विधवा माँ, पक्षपात, एकाकीपन तथा अनुचित दण्ड आदि।
2. **सांस्कृतिक परिस्थितियाँ–** जैसे–जाति, वर्ग, धर्म आदि से सम्बंध रखने वाली पूर्वधारणायें आदि।
3. **तात्कालिक परिस्थितियाँ–** जैसे–निराशा, अपमान, अभ्यास, अनियमितता, कठोरता, परिहास और भाई-बहन, मित्र, पड़ोसी आदि की ईर्ष्या।
4. **अन्य परिस्थितियाँ–** जैसे–शारीरिक हीनता, निर्धरता, असफलता, शिक्षा की कमी, आत्मविश्वास का अभाव तथा आत्म-निर्भरता की कमी आदि।

समाजीकरण की प्रक्रिया में शिक्षक की भूमिका

बालक के समाजीकरण की प्रक्रिया में परिवार के बाद स्कूल और स्कूल में विशेष रूप से शिक्षक आता है। प्रत्येक समाज के कुछ विश्वास, दृष्टिकोण, मान्यताएं, कुशलताएं और परम्पराएं होती हैं, जिनको 'संस्कृति' के नाम से पुकारा जाता है। यह संस्कृति एक पीढ़ी से दूसरी पीढ़ी को हस्तान्तरित की जाती है और समाज के लोगों के आचरण को प्रभावित करती है। शिक्षक का सर्वश्रेष्ठ कार्य है–इस संस्कृति को बालक को प्रदान करना। यदि वह यह कार्य नहीं करता है तो बालक का समाजीकरण नहीं कर सकता है। शिक्षक, माता-पिता के साथ बालक के चरित्र और व्यक्तित्त्व का विकास करने में अति महत्त्वपूर्ण कार्य करता है। फिर भी, शिक्षक और माता-पिता एक-दूसरे से दूर रहते हैं और सम्पर्क में नहीं आते। परिणाम यह होता है कि शिक्षक, बालक की रुचियों, मनोवृत्तियों आदि को नहीं समझ पाता है। इसलिए वह बालक का समाजीकरण उचित दिशा में करने में असफल होता है। इसलिए यह अति आवश्यक है कि शिक्षक और माता-पिता एक-दूसरे के घनिष्ठ सम्पर्क में रहें और एक ही प्रकार के विश्वासों और दृष्टिकोणों को अपनाकर बालक का उचित दिशा में समाजीकरण करें।

कक्षा और खेल के मैदान में, साहित्यिक और सांस्कृतिक क्रियाओं में शिक्षक सामाजिक व्यवहार के आदर्श प्रस्तुत करता है। बालक अपनी अनुकरण की मूल प्रवृत्ति के कारण शिक्षक के ढंगों, कार्यों, आदतों और रीतियों का अनुकरण करता है। अतः शिक्षक को सदैव सतर्क रहना चाहिए, उसे कोई ऐसा अनुचित कार्य या व्यवहार नहीं करना चाहिए, जिसका बालक के ऊपर गलत प्रभाव पड़े। अतः बालक के समाजीकरण की प्रक्रिया को तीव्र गति प्रदान करने के लिए शिक्षक को निम्नलिखित बातों को ध्यान में रखना चाहिए–

1. **अभिभावक-शिक्षक सहयोग–** समाजीकरण की प्रक्रिया को तीव्र गति प्रदान करने के लिए शिक्षक का सर्वप्रथम कार्य यह है कि वह बालक के माता-पिता से सम्पर्क स्थापित करके उसकी रुचियों तथा मनोवृत्तियों के विषय में ज्ञान प्राप्त करे एवं उन्हीं के अनुसार उसे विकसित होने के अवसर प्रदान करे।
2. **संस्कृति का हस्तान्तरण–** कुछ परम्परायें, रीति-रिवाज, मान्यतायें, विश्वास तथा दृष्टिकोण होते हैं जिन्हें संस्कृति की संज्ञा दी जाती है। शिक्षक का कर्त्तव्य है कि बालक को भारतीय संस्कृति का ज्ञान दे जिससे उसका उचित समाजीकरण हो जाये।
3. **सामाजिक आदर्श–** शिक्षक को चाहिये कि वह कक्षा तथा खेल के मैदानों एवं सांस्कृतिक और साहित्यिक क्रियाओं में बालक के सामने सामाजिक आदर्शों को प्रस्तुत करे। इन आदर्शों का अनुकरण करके बालक का समाजीकरण शनैः शनैः हो जायेगा।
4. **स्कूल की परम्परायें–** स्कूल की परम्पराओं का बालक के समाजीकरण पर गहरा प्रभाव पड़ता है। अतः शिक्षक को चाहिये कि वह बालक का स्कूल की परम्पराओं में विश्वास उत्पन्न करे तथा उसे उन्हीं के अनुसार कार्य करने के लिए प्रोत्साहित करे।
5. **सामूहिक कार्य को प्रोत्साहन–** शिक्षक को चाहिये कि वह स्कूल में विभिन्न सामाजिक योजनाओं के द्वारा बालकों को सामूहिक क्रियाओं में सक्रिय रूप से भाग लेने के अवसर प्रदान करे। इन क्रियाओं में भाग लेने से उसका समाजीकरण स्वतः ही हो जायेगा।
6. **अन्तर-सांस्कृतिक भावना का विकास–** स्कूल में विभिन्न परिवारों के बालक शिक्षा प्राप्त करने आते हैं। इन विभिन्न परिवारों से आये हुए बालकों की संस्कृतियाँ भी अलग-अलग होती है। शिक्षक को चाहिए कि वह बालक में अन्तर-सांस्कृतिक भावना का विकास करे जिससे वह केवल अपनी संस्कृति को ही अच्छा न समझे वरन् विभिन्न संस्कृतियों का आदर करना भी सीख जाये।
7. **स्वस्थ प्रतियोगिता की भावना–** बालक के समाजीकरण में प्रतियोगिता का महत्त्वपूर्ण स्थान होता है। पर ध्यान देने की बात है कि बालक के समाजीकरण के लिए स्वस्थ प्रतियोगिता का होना ही अच्छा है। अतः शिक्षक को

बालक में स्वस्थ प्रतियोगिता की भावना विकसित करनी चाहिये।

इस प्रकार हम कह सकते हैं कि शिक्षक बालक के समाजीकरण को प्रभावित करता है। शिक्षक के स्नेह, पक्षपात, बुरे व्यवहार, दण्ड आदि का बालकों पर कुछ न कुछ प्रभाव पड़ता है और उसका सामाजिक विकास उत्तम या विकृत हो जाता है। यदि शिक्षक, मित्रता और सहयोग में विश्वास करता है तो बच्चों में भी इन गुणों का विकास होता है। यदि शिक्षक तनिक-तनिक सी बातों पर बच्चों को दण्ड देता है, तो उनके समाजीकरण में संकीर्णता आ जाती है। यदि शिक्षक अपने छात्रों के प्रति सहानुभूति रखता है, तो छात्रों का समाजीकरण सामान्य रूप से होता है।

5. प्याजे, कोहलबर्ग एवं व्यगोट्स्की

बाल विकास के वृद्धि एवं विकास का अध्ययन एवं समझ बाल शिक्षा के शिक्षण का महत्त्वपूर्ण अंग है। दो बालक एक समान नहीं होते। बाल विकास के विभिन्न प्रतिरूपों, यथा–शारीरिक, संज्ञात्मक, सामाजिक एवं संवेदनात्मक रूप से एक-दूसरे से अलग-अलग होते हैं।

विकास की विभिन्न अवस्था में बालकों में विशेष प्रकार के गुण एवं विशेषताएं देखने को मिलती है। इस संदर्भ में विभिन्न मनोवैज्ञानिकों ने विकास की विभिन्न अवस्थाओं के संबंध में अलग-अलग प्रकार के सिद्धांतों का प्रतिपादन किया है। विकास के विभिन्न अवस्थाओं से संबद्ध सिद्धांतों में जीन प्याजे (Jean Piaget), लॉरेंस कोहलबर्ग (Lawrence Kohlberg) एवं लेव व्यगोट्स्की (Lev Vygotsky) द्वारा प्रतिपादित सिद्धांत विशेष रूप से उल्लेखनीय है।

जीन प्याजे का विकास अवस्था से संबद्ध सिद्धांत

स्विट्जरलैंड निवासी जीन प्याजे ने अपने सिद्धांत के तहत मुख्यतः बालक के मानसिक विकास पर ध्यान केंद्रित किया है। उसका यह मानना है कि ज्ञानात्मक विकास की अवस्थाओं में एक क्रम होता है। हम बाद की अवस्थाओं की योग्यता समय से पूर्व प्राप्त नहीं कर सकते। उदाहरणार्थ– जैसे 5 वर्ष के बालक को M.Sc. स्तर की भौतिकी नहीं पढ़ाई जा सकती।

विकास के विभिन्न चरण/अवस्था

जीन प्याजे ने विकास के पांच अवस्थाओं का उल्लेख किया है, जो निम्नवत् हैं–

(*i*) **इन्द्रिय गामक आग्राहण की अवस्था (0-2 वर्ष):** यह अवस्था शिशु की उल्टी-सीधी हरकतों से आरंभ होती है और फिर बच्चा अभ्यास एवं संयोजन (इंद्रियजनित गामक अंगों– Sensori motor organ) द्वारा इस अवस्था तक आता है। दो वर्ष की समाप्ति पर जब बच्चा विभिन्न वस्तुओं के बीच में संयोजन करना सीख लेता है तो आरंभिक प्रत्यय का विकास होता है।

(*ii*) **सांकेतिक एवं पूर्व प्रत्ययी विचारों की अवस्था (2-4 वर्ष):** इस अवस्था में बच्चे के मस्तिष्क में विचार आने लगते हैं और चौथे वर्ष के अंत तक वह संकेतों का प्रयोग करने लगता है।

(*iii*) **स्वजनित विचारों की अवस्था (4-8 वर्ष):** इस अवधि में बालक विभिन्न प्रत्ययों को विभिन्न परिस्थितियों में प्रयोग कर सकता है अर्थात् उसके अंदर सामान्यीकरण की क्षमता आ जाती है।

(*iv*) **मूर्त क्रिया की अवस्था (8-12 वर्ष):** इस अवधि में बालक अपना ध्यान रूकी हुई अवस्था से हटा सकता है अर्थात् वह अपने वर्तमान अनुभवों के आधार पर अपने भविष्य को पहचान सकता है।

(*v*) **औपचारिक (अमूर्त) क्रिया की अवस्था (12-18 वर्ष):** इस अवस्था में बालक की चिंतन प्रक्रिया संश्लेषणात्मक तथा एकीकृत हो जाती है। बालक की चिंतन प्रक्रिया का मार्गदर्शन यथार्थ द्वारा किया जाता है। यह अवधि परिकल्पना के परीक्षण द्वारा अपने शीर्ष पर पहुंचती है।

लॉरेंस कोह्लबर्ग का नैतिक विकास अवस्था से संबद्ध सिद्धांत

बालक में चरित्र निर्माण या नैतिक विकास के संदर्भ में लॉरेंस कोह्लबर्ग ने अपने खोज एवं अनुसंधान के आधार पर यह निष्कर्ष निकाला है कि बालकों में नैतिकता के विकास की कुछ निश्चित एवं सार्वभौमिक अवस्थाएं पाई जाती हैं। ये अवस्थाएं हैं–

1. पूर्व-नैतिक अवस्था (Pre-moral stage)— 4 से 10 वर्ष तक।
2. परंपरागत नैतिक अवस्था (Conventional morality stage)— 10 से 13 वर्ष तक।
3. आत्म अंगीकृत नैतिक मूल्य अवस्था (Self accepted moral principles stage)—13 वर्ष से प्रौढ़ावस्था तक।

कोह्लबर्ग द्वारा प्रतिपादित उपर्युक्त वर्गीकरण को विस्तृत रूप से पांच वर्गों में रखा जा सकता है–

(*i*) **पूर्व नैतिक अवस्था (Amoral Stage) :** यह अवस्था जन्म से लेकर दो वर्ष की आयु तक विद्यमान रहती है। इस अवस्था में बालक से नैतिकता एवं चारित्रिक मूल्यों आदि से संबद्ध बातों के विषय में किसी तरह की आशा करना बेमानी है, क्योंकि इस अवस्था में यह बातें उसकी समझ से बाहर होती है। इस अवस्था में उसे अपनी इच्छाओं, भावनाओं एवं संवेगों पर नियंत्रण करना नहीं आता और परिणामस्वरूप वह अपनी मर्जी के अनुसार इच्छित व्यवहार करता है।

(*ii*) **स्वकेंद्रित अवस्था (Self-Centred Stage) :** यह अवस्था 3 से 6 वर्ष तक होती है। इस अवस्था में बालक की सभी व्यावहारिक क्रियाएं अपनी वैयक्तिक आवश्यकताओं और इच्छाओं की पूर्ति के चारो ओर

केंद्रित रहती हैं। उसके लिए वही नैतिक होता है जो उसके अपने कल्याण से जुड़ा होता है।

(iii) **परंपराओं को धारण करने की अवस्था (Conforming Conventional Stage) :** यह अवस्था सात वर्ष से किशोरावस्था के प्रारंभिक काल तक होती है। इस अवस्था का बालक सामाजिकता के गुणों को धारण करता है। ऐसे में उसमें समाज निर्मित नियमों एवं परंपराओं के धारण करने संबंधी नैतिकता का विकास होता है। इस अवस्था में उसे अच्छाई-बुराई का ज्ञान हो जाता है तथा वह यह समझने लगता है कि किस तरह के व्यवहार से दूसरे को हानि तथा ठेस पहुंच सकती है।

(iv) **आधारहीन आत्म चेतनावस्था (Irrational Conscientous Stage) :** यह अवस्था किशोरावस्था से जुड़ी हुई है। इस अवस्था में बालकों का सामाजिक, शारीरिक तथा मानसिक विकास अपनी चरम पर होता है तथा उसमें आत्म-चिन्तन का प्रादुर्भाव होता है। इस अवस्था में उसमें 'मैं' भावना अर्थात् मैं ऐसा व्यवहार करता हूँ, यह मेरा आचरण है आदि की उसे अनुभूति होने लगती है। साथ ही उसमें अपने आचरण, व्यवहार एवं व्यक्तिगत गुणों-अवगुणों के प्रति आलोचनात्मक प्रवृत्ति का भी विकास होता है। पूर्णता की चाह उसमें स्वयं से असंतुष्ट रहने का मार्ग प्रशस्त करती है। यह असंतुष्टि ही उसे समाज में होने वाली गलत कार्यों के प्रति विद्रोही रूख अपनाने के लिए प्रेरित करती है।

(v) **आधारयुक्त आत्मचेतना अवस्था (Rational Conscientious stage) :** यह नैतिक विकास की चरम अवस्था है। इसका विकास बालक के भली-भांति परिपक्वता ग्रहण करने के बाद होता है। इस अवस्था में जिस प्रकार के नैतिक आचरण और चारित्रिक मूल्यों की बात व्यक्ति विशेष से की जाती है उसके पीछे केवल उसकी भावनाओं का प्रवाह मात्र ही नहीं होता बल्कि वह अपनी मानसिक शक्तियों का उचित प्रयोग करते हुए अच्छी तरह सोच-समझकर किसी व्यवहार या आचरण विशेष को अपने व्यक्तिगत गुणों में शामिल करता है।

लेव व्यगोट्स्की का सामाजिक विकास से संबद्ध सिद्धांत

सोवियत रूस निवासी लेव व्यगोस्ट्स्की द्वारा प्रतिपादित इस सिद्धांत में यह बताया गया है कि बालक के सभी प्रकार के विकास में उसके सामाजिक परिवेश का विशेष योगदान होता है। व्यगोट्स्की ने बताया कि समाज से अंतः क्रिया के परिणामस्वरूप ही बालक में विभिन्न प्रकार का विकास होता है। समाज में उसे जिस तरह की सुविधाएं उपलब्ध होंगी उसका विकास भी उसी प्रकार का होगा। सभी प्रकार की सुविधाओं की अनउपलब्धता की स्थिति में उसके विकास पर प्रतिकूल असर पड़ेगा।

जन्म के समय शिशु का व्यवहार सामाजिकता से काफी दूर होता है। वह अत्यधिक स्वार्थी होता है। उसे केवल अपनी शारीरिक आवश्यकताओं की पूर्ति करने की चाहत होती है। वह दूसरों की आवश्यकताओं और हित चिंतन के विषय में एकदम नहीं सोचता है। उस आयु में वह निर्जीव पदार्थों, यथा– गुड्डे-गुड़ियों, खिलौनों, मूर्तियों तथा सजीव पदार्थों, यथा– पशु-पक्षी व मनुष्य आदि में अंतर नहीं समझ पाता। शिशुओं के सामाजिक संपर्क का दायरा बहुत ही सीमित होता है। अतः सामाजिक विकास के दृष्टिकोण से उनसे बहुत आशा नहीं की जा सकती। बाल्यावस्था में प्रवेश करने के साथ ही अधिकांश बालक विद्यालय जाना प्रारंभ कर देते हैं और अब उनका सामाजिक दायरा बहुत विस्तृत होता चला जाता है।

जब बालक बाल्यावस्था से किशोरावस्था में प्रवेश करता है तो उसमें लिंग संबंधी चेतना तीव्र हो जाती है। इस आयु में अधिकतर किशोर-किशोरियां अपने वय-समूह के सक्रिय सदस्य होते हैं। किशोरों में समूह के प्रति यह भावना अब केवल टोली या गिरोह विशेष तक ही सीमित नहीं रहती बल्कि यह विद्यालय, समुदाय, प्रांत और राष्ट्र तक व्यापक बन जाती है। इस अवस्था में सहानुभूति, सहयोग, सद्भावना। परोपकार और त्याग में अच्छा सामंजस्य देखने को मिलता है। किशोरावस्था को संवेगों की अभिव्यक्ति की अवस्था कहा जाता है। इस अवस्था में विशिष्ट रुचियों और सामाजिक संपर्कों का क्षेत्र भी अत्यधिक विस्तृत होता है। वैयक्तिक विशेषताओं के अतिरिक्त संस्कृति, परिवार की सामाजिक और आर्थिक स्थिति, यौन संबंधी स्वतंत्रता और जानकारी आदि सामाजिक रुचियों और सामाजिक संबंधों को प्रभावित करती है।

6. बालकेंद्रित शिक्षा एवं प्रगतिशील शिक्षा की अवधारणा

बालकेंद्रित शिक्षा

बालकेंद्रित शिक्षा, शिक्षा की वह विधा है जिसमें बालक के आयु और समझ को देखते हुए बालक के शिक्षा के लिए व्यवस्था की जाती है। दूसरे शब्दों में, बालक के मनोविज्ञान को समझते हुए शिक्षा की व्यवस्था करना एवं उसकी कठिनाइयों को दूर करना ही बालकेंद्रित शिक्षा है। विभिन्न कालों में शिक्षा का स्वरूप भिन्न-भिन्न रहा है। प्राचीन काल में जहां शिक्षा का उद्देश्य बालकों के मस्तिष्क में मात्र कुछ जानकारी भरना समझा जाता था वहीं आधुनिक काल में बालक का सर्वांगीण विकास शिक्षक का परम उद्देश्य बताया गया है। इस कार्य के लिए शिक्षक को बाल मनोविज्ञान की जानकारी जरूर होनी चाहिए। शिक्षक के लिए बाल मनोविज्ञान की उपयोगिता इसलिए भी जरूरी है ताकि वह इसका प्रयोग शिक्षा संबंधी विभिन्न क्षेत्रों यथा– अनुशासन, व्यवहार, जागरूकता आदि के क्षेत्र में कर सके। इससे यह स्पष्ट होता है कि एक शिक्षक को शिक्षा तथा छात्रों के प्रति क्या अभिवृति (Attitude) होनी चाहिए।

बाल-केंद्रित शिक्षा की मुख्य विशेषताएं

बाल-केंद्रित शिक्षा की प्रकृति के कुछ भिन्न होने के कारण इसकी कुछ अलग प्रकार की विशेषताएं हैं। बाल-केंद्रित शिक्षा की मुख्य विशेषताएं निम्नवत् हैं–

1. **बालकों को ठीक से समझना :** जब से मनोविज्ञान ने शिक्षा के क्षेत्र में प्रवेश किया है, शिक्षा का स्वरूप बाल-केंद्रित हो गया है। अब प्रत्येक बालक की ओर व्यक्तिगत रूप से अध्ययन-अध्यापन प्रक्रिया में ध्यान दिया जाता है। आज शिक्षा का उद्देश्य बालक के ऊपर ज्ञान थोपना नहीं वरन् उसका एकमात्र उद्देश्य बालक में निहित शक्तियों का विकास करना है। इस तरह बालक के व्यक्तित्व का सर्वांगीण विकास करना ही आज की शिक्षा का अंतिम उद्देश्य है।

   ऐसे में इस बात की आवश्यकता है कि शिक्षक को बालकों के मनोविज्ञान की जानकारी हो, अन्यथा वह उन्हें क्या सिखाएगा कहना बहुत मुश्किल है। अतः शिक्षक को बालक के व्यवहार के मूलाधारों, आवश्यकताओं, मानसिक स्तर, रुचियों, योग्यताओं, व्यक्तित्त्व आदि का विस्तृत ज्ञान होना चाहिए। व्यवहार के मूलाधारों का ज्ञान तो सबसे अधिक आवश्यक है, क्योंकि शिक्षा का उद्देश्य ही बालक के व्यवहार को परिमार्जित करना है। अतः शिक्षा बालक की प्रेरणाओं, संवेगों एवं मूल प्रवृत्तियों पर आधारित होनी चाहिए। व्यवहार के इन मूलाधारों को नई दिशा में मोड़ा जा सकता है, इनका शोधन किया जा सकता है, इनको बालक में से निकाला जा सकता है। इसलिए सफल शिक्षक उसे ही माना जाता है जो इसका शोधीकरण का प्रयास करता है। बालक जो कुछ सीखता है, उससे उसकी आवश्यकताओं का बड़ा निकट संबंध है। प्रायः ऐसा पाया गया है कि स्कूल में पिछड़े हुए समस्याग्रस्त बालकों में से अधिकतर ऐसे होते हैं, जिनकी आवश्यकताएं स्कूल में पूरी नहीं होती। इसलिए वे सड़कों पर लगे बिजली के बल्बों को फोड़ते हैं, स्कूल से भाग जाते हैं। आस-पड़ोस के लोगों को तंग करते हैं; आवारागर्दी करते हैं और मोहल्ले के बच्चों को पीटते हैं। मनोविज्ञान के ज्ञान के अभाव में शिक्षक मारपीट द्वारा बच्चों के उन दोषों को दूर करने का प्रयत्न करता है, परंतु बालकों को समझने वाला शिक्षक यह जानता है कि इन दोषों का मूल उनकी शारीरिक, सामाजिक अथवा मनोवैज्ञानिक आवश्यकताओं में ही कहीं न कहीं है।

2. **शिक्षण पद्धति :** शिक्षा शास्त्र शिक्षक को यह बताता है कि बालकों को क्या पढ़ाया जाए, परंतु असली समस्या यह है कि किस प्रकार पढ़ाया जाए। इस समस्या के समाधान में बाल मनोविज्ञान ही वह माध्यम है जो शिक्षक को सहायता करता है। बाल मनोविज्ञान सीखने की प्रक्रिया, विधियों, महत्त्वपूर्ण कारकों, लाभदायक और हानिकारक दशाओं, रुकावटों सीखने का वक्र तथा प्रशिक्षण संक्रमण आदि विभिन्न तत्त्वों से परिचित कराता है। इनसे प्राप्त ज्ञान से शिक्षक बालकों को सीखने में सहायता कर सकता है। शिक्षा मनोविज्ञान शिक्षण की विधियों का भी मनोवैज्ञानिक विश्लेषण करता है और उनमें सुधार के उपाय बतलाता है। बाल-केंद्रित शिक्षा में शिक्षण विधि को प्रयोग में लाते समय बाल-मनोविज्ञान को ही आधार बनाया जाता है।

3. **मूल्यांकन एवं परीक्षण विधि :** शिक्षण से ही शिक्षक की समस्या हल नहीं हो जाती। उसे बालकों के ज्ञान और विकास का मूल्यांकन और परीक्षण करना होता है। मूल्यांकन से परीक्षार्थी की उन्नति का पता चलता है। शिक्षा की प्रक्रिया में शिक्षक और शिक्षार्थी बराबर यह जानना चाहते हैं कि वे कहां प्रगति कर रहे हैं और यदि उनको सफलता अथवा असफलता मिली है तो क्यों और उसमें क्या परिवर्तन किए जा सकते हैं। इस तरह के सभी प्रकार के प्रश्नों के समाधान में मूल्यांकन के साथ-साथ विभिन्न प्रकार के परीक्षणों और मापों की भी आवश्यकता पड़ती है। इस तरह स्पष्ट है कि बाल-केंद्रित शिक्षा में बालक का मूल्यांकन बाल-मनोविज्ञान के माध्यम से किया जाता है।

4. **पाठ्यक्रम की प्रकृति :** समाज और व्यक्ति की आवश्यकताओं की पूर्ति को ध्यान में रखते हुए स्कूल के पाठ्यक्रम की प्रकृति व्यक्तिगत विभिन्नताओं, प्रेरणाओं, मूल्यों और सीखने के सिद्धांतों के मनोवैज्ञानिक ज्ञान पर आधारित होनी चाहिए। बालकेंद्रित शिक्षा में इस बात का विशेष ध्यान रखा जाता है कि पाठ्यक्रम की प्रकृति का विकास बालक की आवश्यकताओं उसकी आयु एवं विशेष अवस्थाओं आदि जैसे उसके विशेष गुण के अनुरूप ही हो।

5. **व्यवस्थापन एवं अनुशासन का प्रयोग :** बालकेंद्रित शिक्षा में कक्षा एवं विद्यालय में अनुशासन एवं व्यवस्था बनाए रखने के लिए भी बाल मनोविज्ञान सहायक के रूप में कार्य करता है।

प्रगतिशील शिक्षा

प्रगतिशील शिक्षा पारंपरिक शिक्षा की प्रतिक्रिया का परिणाम है। अमेरिकी मनोवैज्ञानिक **जॉन डीवी** (John Dewey) का प्रगतिशील शिक्षा के विकास में विशेष योगदान रहा है। प्रगतिशील शिक्षा का तात्पर्य शिक्षा का एकमात्र उद्देश्य बालक की शक्तियों का विकास है। वैयक्तिक विभिन्नता के अनुरूप शिक्षण प्रक्रिया में भी अंतर रखकर इस उद्देश्य को पूरा किया जा सकता है।

बालक में विभिन्न शक्तियों का विकास किस प्रकार से होगा, इसके लिए कोई सामान्य सिद्धांत निश्चित नहीं किया जा सकता, क्योंकि भिन्न-भिन्न रुचियों और योग्यताओं के बालकों में विकास भिन्न-भिन्न प्रकार से होता है। अध्यापक को बालक की योग्यताओं पर दृष्टि रखते हुए उसे निर्देश देना चाहिए।

प्रगतिशील शिक्षा इस बात का बोध कराता है कि शिक्षा बालक के लिए है न कि बालक शिक्षा के लिए। अतः शिक्षा का उद्देश्य ऐसा वातावरण तैयार करना होना चाहिए ताकि प्रत्येक बालक को सामाजिक विकास का पर्याप्त अवसर मिले। प्रगतिशील शिक्षा का मुख्य उद्देश्य लोकतंत्रीय मूल्यों की स्थापना करना है ताकि बालकों में लोकतंत्रीय मूल्यों का विकास हो सके। शिक्षा के द्वारा हम ऐसे समाज का निर्माण करना चाहते हैं जिसमें व्यक्ति-व्यक्ति में कोई भेद न हो, सभी पूर्ण स्वतंत्रता और सहयोग से काम कर सकें। प्रत्येक व्यक्ति को अपनी स्वाभाविक प्रवृत्तियों, इच्छाओं और आकांशाओं के अनुसार विकसित होने का अवसर मिले तथा सभी को समान अधिकार दिए जाएं। ऐसे समाज का निर्माण तभी हो सकता है जबकि व्यक्ति और समाज के हित में कोई मौलिक अंतर न माना जाए। शिक्षा के द्वारा मनुष्य में परस्पर सहयोग और सामंजस्य की स्थापना होनी चाहिए। इस तरह प्रगतिशील शिक्षा का मुख्य उद्देश्य बालक के व्यक्तित्व का विकास करना और शिक्षा के माध्यम से लोकतंत्र की स्थापना करना है।

प्रगतिशील शिक्षा में मुख्य जोर शिक्षण विधि की व्यावहारिकता पर दिया जाता है। इस शिक्षण विधि में बालक के स्वयं करके सीखने की प्रक्रिया पर जोर दिया जाता है। इस शिक्षण विधा में बालक के जीवन, क्रियाओं और विषयों में एकता स्थापित की जाती है। यह बालक के जीवन की क्रियाओं को समग्र रूप से विकसित करने पर जोर देता है।

इस शिक्षा पद्धति में बालक के रुचि को महत्त्व दिया जाता है। जॉन डीवी ने प्रगतिशील शिक्षा के तहत शिक्षा में दो तत्त्वों को विशेष रूप से महत्त्वपूर्ण माना है– **प्रथम** रुचि एवं **द्वितीय** प्रयास। शिक्षक को बालक की स्वाभाविक रुचियों को समझकर उसके लिए उपयोगी कार्यों की व्यवस्था करनी चाहिए। बालक को स्वयं कार्यक्रम बनाने का अवसर दिया जाना चाहिए। ताकि वे अपनी रुचियों के अनुसार कार्यक्रम बना सकें। ऐसा करने से उनमें किसी तरह का भय या दबाव नहीं रहेगा और वे कार्यक्रम को रुचि के अनुसार बना सकेंगे। फलतः स्कूल क्रिया आत्म-क्रिया बन सकेगी। जॉन डीवी के शिक्षा संबंधी इन विचारों के आधार पर ही आगे चलकर प्रोजेक्ट-प्रणाली का जन्म हुआ। प्रोजेक्ट-प्रणाली में यह उल्लेख किया गया कि बालक को ऐसे काम दिए जाने चाहिए कि उनमें स्फूर्ति, आत्म-विश्वास, आत्म-निर्भरता और मौलिकता का विकास हो सके।

प्रगतिशील शिक्षा में शिक्षक को सम्मानजनक और महत्त्वपूर्ण स्थान दिया गया है तथा इस बात का उल्लेख किया गया है कि शिक्षक समाज का सेवक है। इस शिक्षा पद्धति में शिक्षक से यह आशा की गई है कि वह विद्यालय में ऐसे वातावरण का निर्माण करे कि उसमें पल-बढ़कर बालक का सामाजिक व्यक्तित्त्व विकसित हो सके और वह लोकतंत्र का एक सफल एवं योग्य नागरिक बन सके। जॉन डीवी ने शिक्षक के महता को और ऊँचाई देते हुए उसे ईश्वर का प्रतिनिधि तक कह दिया है। विद्यालय में स्वतंत्रता और समानता के मूल्य को बनाए रखने के लिए शिक्षक को स्वयं को बालक से बड़ा नहीं समझना चाहिए। शिक्षक को कभी भी अपनी आज्ञाओं एवं उपदेशों के माध्यम से अपने विचारों और प्रवृत्तियों को बालकों पर थोपने का प्रयास नहीं करना चाहिए। उसे बालकों का भली-भांति परीक्षण करके उनकी रुचियों, योग्यताओं एवं गतिविधियों के अनुरूप कार्यों में लगाना चाहिए। इस प्रकार विद्यालय में शिक्षा बालकों की व्यक्तिगत विभिन्नताओं को ध्यान में रखकर दी जानी चाहिए। इस विधि से अध्यापन करने से विद्यालय के संचालन में कठिनाई बहुत कम होती है।

प्रगतिशील शिक्षा में अनुशासन का भी महत्त्वपूर्ण स्थान है लेकिन अनुशासन के नाम पर बालक की स्वाभाविक प्रवृत्तियों को कुंठित करने के प्रयास को अनुचित माना गया है। सही मायने में देखा जाए तो अनुशासन केवल बालक के निजी व्यक्तित्व से संबंधित न होकर उसके सामाजिक परिस्थितियों से भी घनिष्ठ रूप से जुड़ा हुआ है। सच्चा अनुशासन एक प्रकार से सामाजिक अनुशासन है और यह बालक के विद्यालय के सामूहिक कार्यों में भाग लेने से उत्पन्न होता है। विद्यालय में ऐसे वातावरण का निर्माण किया जाना चाहिए ताकि बालक परस्पर सहयोग से रहने का अभ्यास कर सकें। विद्यालय में एक से उद्देश्य लेकर शारीरिक, सामाजिक, बौद्धिक एवं नैतिक कार्यों में एक साथ भाग लेने से बालकों में अनुशासन का भाव उत्पन्न होता है और उनमें नियमित रूप से कार्य करने की आदत विकसित होती है। विद्यालयों में होने वाले कार्यक्रमों में बालक के चरित्र-निर्माण में महत्त्वपूर्ण योगदान है। बालक को प्रत्यक्ष रूप से उपदेश न देकर उसे सामाजिक परिवेश उपलब्ध कराया जाना चाहिए और उसके सामने ऐसे उदाहरण प्रस्तुत किए जाने चाहिए ताकि उसमें आत्मानुशासन उत्पन्न हो और वह सही अर्थों में सामाजिक प्राणी बन सके। यह बात बिल्कुल ठीक है कि विद्यालय में शांतिपूर्ण वातावरण होने से काम अधिक अच्छा होता है किंतु शांति एकमात्र साधन है, साध्य नहीं। शिक्षक को अपनी ओर से बालकों को उनकी प्रवृत्तियों के अनुसार विविध प्रकार के कार्यों में लगाए रखना चाहिए और यदि इस प्रक्रिया से कभी-कभी कुछ अशांति भी उत्पन्न हो तो उसे दूर करने के लिए बालक की क्रियाओं पर रोक-टोक करना अनुचित है। आत्मानुशासन उत्पन्न करने में उत्तरदायित्व की भावना का विशेष महत्त्व है। उत्तरदायित्व का भाव उत्पन्न करने के लिए विद्यालय का अधिकतर कार्य स्वयं विद्यार्थियों को सौंप दिया जाना चाहिए। इनमें भाग लेने से उनमें अनुशासन की भावना उत्पन्न होती है।

वर्तमान में शिक्षा को अनिवार्य और सार्वभौमिक बनाने पर जो जोर दिया जा रहा है वह मुख्यतः प्रगतिशील शिक्षा के सिद्धांतों के ही समान है। शिक्षा का लक्ष्य व्यक्तित्व का विकास है और प्रत्येक व्यक्ति को उसके व्यक्तित्व का विकास करने के लिए शिक्षा प्राप्त करने का अवसर दिया जाना चाहिए। आधुनिक शिक्षा में वैज्ञानिक और सामाजिक प्रवृत्ति के जो तत्त्व विद्यमान हैं उनमें प्रगतिशील शिक्षा का योगदान है। इसके अनुसार शिक्षा एक सामाजिक आवश्यकता है। इसका लक्ष्य

व्यक्ति और समाज दोनों का विकास है। इससे व्यक्ति का बौद्धिक, नैतिक, सामाजिक और शारीरिक विकास होता है।

7. बुद्धि निर्माण का समालोचनात्मक विचार

आमतौर पर बुद्धि का प्रयोग प्रज्ञा, प्रतिभा, ज्ञान एवं समझ इत्यादि जैसे अनेक अर्थों में किया जाता है। यह वह शक्ति है, जो हमें समस्याओं का समाधान करने एवं उद्देश्यों को प्राप्त करने में सक्षम बनाती है।

बुद्धि की परिभाषा को उसके लक्षणों के आधार पर मुख्यतः पांच वर्गों में बांटा गया है–

1. सीखने की योग्यता।
2. समन्वित परिभाषा।
3. समस्या समाधान की योग्यता।
4. अमूर्त चिंतन की योग्यता।
5. समायोजन की योग्यता।

1. सीखने की योग्यता

सीखने की योग्यता के आधार पर निम्न विद्वानों ने बुद्धि की परिभाषा इस प्रकार से दी है–

(*i*) **बकिंघम** के अनुसार, "सीखने की योग्यता बुद्धि है।"

(*ii*) **मैक्डूगल** के अनुसार, "बुद्धि जन्मजात प्रवृति को अतीत के अनुभव के प्रकाश में सुधारने की योग्यता है।"

(*iii*) **डियर बोर्न** के अनुसार, "बुद्धि सीखने या अनुभव का लाभ उठाने की योग्यता है।"

2. समन्वित परिभाषा

समन्वित परिभाषा के आधार पर निम्न विद्वानों ने बुद्धि की परिभाषा इस प्रकार से दी है–

(*i*) **रेक्सनाइट** के अनुसार, "बुद्धि वह मानसिक योग्यता है जिसके द्वारा हम किसी उद्देश्य की पूर्ति या किसी समस्या का समाधान करने के लिए संबंधित वस्तुओं एवं विचारों को सोचते हैं।"

(*ii*) **वेक्सलर** के अनुसार, "बुद्धि व्यक्ति की संपूर्ण शक्तियों का भोग या सार्वभौमिक योग्यता है जिसके द्वारा वह उद्देश्यपूर्ण कार्य करता है, तर्कपूर्ण ढंग से सोचता है तथा प्रभावपूर्ण ढंग से वातावरण के साथ संपर्क स्थापित करता है।"

3. समस्या समाधान की योग्यता

समस्या समाधान की योग्यता के आधार पर निम्न विद्वानों ने बुद्धि की परिभाषा इस प्रकार से दी है–

(*i*) **रेक्सनाइट** के अनुसार, "बुद्धि वह योग्यता है जो लक्ष्य की पूर्ति तथा समस्या समाधान के निमित्त हमारे मन में विचारों को जाग्रत करती है।"

(*ii*) **बर्ट** के अनुसार, "बुद्धि में अच्छी तरह निर्णय करने, समझने तथा तर्क करने की योग्यता है।"

4. अमूर्त चिंतन की योग्यता

अमूर्त चिंतन की योग्यता के आधार पर निम्न विद्वानों ने बुद्धि की परिभाषा इस प्रकार से दी है–

(*i*) **स्पीयरमैन** के अनुसार, "बुद्धि सामवर्धिक चिंतन है।"

(*ii*) **विने** के अनुसार, "किसी समस्या को समझना, उसके विषय में तर्क करना तथा किसी निश्चित निर्णय पर पहुंचना बुद्धि की आवश्यक क्रियाएं हैं।"

(*iii*) **टरमन** के अनुसार, "एक व्यक्ति उसी अनुपात में बुद्धिमान है जिसमें वह अमूर्त चिंतन करने की योग्यता रखता है।"

5. समायोजन की योग्यता

समायोजन की योग्यता के आधार पर निम्न विद्वानों ने बुद्धि की परिभाषा इस प्रकार से दी है–

(*i*) **कालविन** के अनुसार, "एक व्यक्ति उसी अनुपात में बुद्धि प्रकट करता है जिस अनुपात में वह अपने नए वातावरण में समायोजित होने की क्रिया सीख चुका है या सीख सकता है।"

(*ii*) **स्टर्न** के अनुसार, "नवीन परिस्थितियों में अपने विचारों को समायोजित करने की क्षमता बुद्धि है।"

(*iii*) **क्रूज** के अनुसार, "बुद्धि नवीन एवं विभिन्न परिस्थितियों में अच्छी तरह से समायोजन करने की योग्यता है।"

(*iv*) **बर्ट** के अनुसार, "सापेक्षतया नवीन परिस्थितियों में समायोजन करने की योग्यता को बुद्धि कहते हैं।"

विद्यालय में बुद्धि परीक्षणों के लाभ

1. **चुनाव हेतु** : विभिन्न विषयों, कारणों, छात्रवृत्तियों या सहगामी क्रियाओं में चयन के लिए बुद्धि-लब्धि (IQ) के आधार पर बुद्धि-परीक्षणों का चयन किया जाता है।
2. **मार्गदर्शन हेतु** : मार्गदर्शन बालकों को शैक्षणिक और व्यावसायिक निर्देशन के लिए बुद्धि परीक्षण की आवश्यकता होती है।
3. **बालकों का वर्गीकरण** : विद्यालयों में बालकों के वर्गीकरण के लिए इन परीक्षणों की उपयोगिता रहती है।

बुद्धि के सिद्धांत

बुद्धि से संबद्ध विभिन्न पक्षों, यथा–बुद्धि क्या है और इसका निर्माण कैसे हुआ है? आदि प्रश्नों का उत्तर मनोवैज्ञानिक खोजने के लिए सदैव तत्पर रहे हैं। फलतः बुद्धि के उन्होंने अनेक सिद्धांत प्रतिपादित किए जो बुद्धि के स्वरूप का पर्याप्त विवरण देते हैं। इनमें से कुछ प्रमुख सिद्धांत निम्न प्रकार से हैं–

1. एक खंड का सिद्धांत।

2. दो खंड का सिद्धांत।

3. तीन खंड का सिद्धांत।

4. बहुखंड का सिद्धांत।

5. मात्रा सिद्धांत।

1. एक खंड का सिद्धांत : इस सिद्धांत के प्रतिपादक टर्मन और स्टर्नने हैं। इनके अनुसार बुद्धि एक अखंड और अविभाज्य है। इस प्रकार इन्होंने बुद्धि को एक अखंड और अविभाज्य इकाई माना है।

2. दो खंड का सिद्धांत : इस सिद्धांत के प्रतिपादक स्पीयरमैन हैं। उनके अनुसार, प्रत्येक व्यक्ति में दो तरह की बुद्धि होती है–सामान्य और विशिष्ट अर्थात् बुद्धि के दो तत्व होते हैं:

(*i*) सामान्य योग्यता।

(*ii*) विशिष्ट योग्यता।

(*i*) **सामान्य योग्यता** : स्पीयरमैन के अनुसार, "सामान्य योग्यता सब व्यक्तियों में कम या अधिक मात्रा में मिलती है।" इसकी मुख्य विशेषताएं हैं–

- यह प्रत्येक व्यक्ति में भिन्न होती है।
- यह उसके सभी मानसिक कार्यों में प्रयोग की जाती है।
- यह भाषा, विज्ञान, दर्शन आदि में सामान्य सफलता प्रदान करती है।
- यह योग्यता व्यक्ति में जन्मजात होती है।
- यह उसमें सदैव एक-सी रहती है।
- यह जिस व्यक्ति में जितनी अधिक होती है उतना ही वह अधिक सफल होता है।

(*ii*) **विशिष्ट योग्यताएं** : इन योग्यताओं का संबंध व्यक्ति के विशिष्ट कार्यों से होता है। इनकी मुख्य विशेषताएं हैं:

- ये योग्यताएं विभिन्न व्यक्तियों में विभिन्न और अलग-अलग मात्रा में होती है।
- जिस व्यक्ति में जो योग्यता अधिक होती है उसी से संबंधित कुशलता में वह विशेष अर्जित करता है।
- योग्यताएं अनेक और एक-दूसरे से स्वतंत्र होती हैं।
- ये योग्यताएं भाषा, विज्ञान, दर्शन आदि में विशेष सफलता प्रदान करती है।
- विभिन्न योग्यताओं का संबंध विभिन्न कुशल कार्यों में होता है।
- ये योग्यताएं अर्जित की जा सकती हैं।

3. तीन खंड का सिद्धांत : दो खंड का सिद्धांत प्रतिपादित करने के बाद स्पीयरमैन ने बुद्धि का एक खंड और बताया। उसने इसका नाम सामूहिक खंड या तत्त्व रखा। उसने इस खंड में ऐसी योग्यताओं को स्थान दिया जो सामान्य योग्यता से श्रेष्ठ और विशिष्ट योग्यताओं से निम्न होने के कारण उनके मध्य का स्थान ग्रहण करती हैं।

4. बहुखंड : स्पीयरमैन ने बुद्धि के सिद्धांत पर आगे कार्य करके मनोवैज्ञानिकों ने 'बहुखंड का सिद्धांत' प्रतिपादित किया।

कैली ने अपनी पुस्तक में बुद्धि को निम्नलिखित खण्डों या योग्यताओं का समूह बताया है:

- शारीरिक योग्यता
- सामाजिक योग्यता
- शाब्दिक योग्यता
- संगीतात्मक योग्यता
- यांत्रिक योग्यता
- सांख्यिकीय योग्यता
- गामक योग्यता
- स्थान संबंधी विचार योग्यता
- रुचि

थर्स्टन ने अपनी पुस्तक में बुद्धि के 13 खंड या तत्त्व बताएं हैं। अन्य शब्दों में उसने बुद्धि को 13 मानसिक योग्यताओं का समूह बताया है।

5. मात्रा सिद्धांत : इस सिद्धांत के प्रतिपादक **थॉर्नडाइक** हैं। वह सामान्य मानसिक योग्यता के समान किसी तत्त्व को स्वीकार नहीं करते। उनके अनुसार मस्तिष्क का गुण स्नायु तंतुओं की मात्रा पर निर्भर करता है। इसका अभिप्राय है कि बुद्धि उतनी ही अच्छी होती है जितने अधिक मस्तिष्क और स्नायुमंडल के संबंध होते हैं।

आधुनिक विचारधारा को व्यक्त करने हेतु **हिवटमर** ने कहा है कि "यह कहने के बजाय कि व्यक्ति में बुद्धि है यह कहना अधिक उपयुक्त है कि वह अधिक बुद्धिमत्तापूर्ण व्यवहार करता है।"

बुद्धि के प्रकार

कुछ विद्वानों ने (विशेषतः थॉर्नडाइक एवं गैरिट) बुद्धि का वर्गीकरण निम्न प्रकार से किया है–

थॉर्नडाइक के अनुसार बुद्धि का वर्गीकरण

(*i*) **अमूर्त बुद्धि** : अमूर्त बुद्धि ज्ञानोपार्जन के लिए प्रयोग की जाती है। शब्दों, प्रतीकों, समस्या-समाधान आदि के रूप में अमूर्त रूप में अमूर्त बुद्धि का प्रयोग किया जाता है।

(*ii*) **सामाजिक बुद्धि** : इस बुद्धि के द्वारा व्यक्ति समाज में समायोजन करता है। विभिन्न व्यवसायों में सफलता प्राप्त करता है।

(*iii*) **मूर्त/यांत्रिक बुद्धि** : इस बुद्धि की सहायता से व्यक्ति यंत्रों तथा भौतिक वस्तुओं का परिचालन करता है। ऐसे व्यक्ति इंजीनियर, मैकेनिक, तकनीशियन आदि होते हैं।

गैरिट के अनुसार बुद्धि का वर्गीकरण

(*i*) **मूर्त/यांत्रिक बुद्धि :** इस बुद्धि का संबंध यंत्रों और मशीनों से होता है। जिस व्यक्ति में यह बुद्धि होती है वह यंत्रों और मशीनों के कार्य में विशेष रुचि लेता है। अतः इस बुद्धि के व्यक्ति अच्छे कारीगर मैकेनिक, इंजीनियर, औद्योगिक कार्यकर्त्ता आदि होते हैं।

(*ii*) **अमूर्त बुद्धि :** इस बुद्धि का संबंध पुस्तकीय ज्ञान से होता है। जिस व्यक्ति में यह बुद्धि होती है, वह ज्ञान का अर्जन करने में विशेष रुचि लेता है। अतः इस बुद्धि के व्यक्ति अच्छे वकील, डॉक्टर, दार्शनिक, चित्रकार, साहित्यकार आदि होते हैं।

(*iii*) **सामाजिक बुद्धि :** इस बुद्धि का संबंध व्यक्तिगत और सामाजिक कार्यों से होता है। जिस व्यक्ति में यह बुद्धि होती है, वह मिलनसार, सामाजिक कार्यों में रुचि लेने वाला और मानव-संबंध के ज्ञान से परिपूर्ण होता है। अतः इस बुद्धि के व्यक्ति अच्छे मंत्री, व्यवसायी, कूटनीतिज्ञ और सामाजिक कार्यकर्त्ता होते हैं।

बुद्धि-लब्धि

बुद्धि-लब्धि से बालक या व्यक्ति की सामान्य योग्यता के विकास की गति मालूम पड़ती है।

कोल एवं **ब्रूस** के अनुसार, "बुद्धि-लब्धि से यह ज्ञात होता है कि बालक या व्यक्ति की सामान्य योग्यता के विकास की गति कैसी है।"

कोल एवं **ब्रूस** के अनुसार, "बुद्धि-लब्धि से यह ज्ञात होता है कि बालक की मानसिक योग्यता में किस गति से विकास हो रहा है।

मानसिक आयु ज्ञात करने का विचार प्रारंभ करने का श्रेय **बिने** को है। **टर्मन** ने बिने के विचार को स्वीकार कर परीक्षण किया और इस निष्कर्ष पर पहुंचा कि मानसिक आयु बालक के मानसिक विकास की बुद्धि के बारे में नहीं बता सकती। इस गति को मालूम करने के लिए टर्मन ने बुद्धि-लब्धि निकालने का सूत्र दिया :

$$\text{बुद्धि-लब्धि} = \frac{\text{मानसिक आयु}}{\text{वास्तविक आयु}} \times 100$$

उदाहरण– यदि बालक की मानसिक आयु 20 वर्ष तथा वास्तविक आयु 16 वर्ष है तो उसकी बुद्धि-लब्धि 125 होगी, जैसे–

$$\text{बुद्धि-लब्धि} = \frac{20}{16} \times 100 = 125$$

टर्मन ने बुद्धि-लब्धि का वर्गीकरण निम्नलिखित प्रकार से किया है :

बुद्धि-लब्धि	बुद्धि का प्रकार
140 से अधिक	प्रतिभाशाली
120 से 140	अति श्रेष्ठ बुद्धि
110-120	श्रेष्ठ बुद्धि
90-110	सामान्य बुद्धि
80-90	मंद बुद्धि
70-80	क्षीण-बुद्धि
70 से कम	निश्चित क्षीण बुद्धि
50-70	अल्प बुद्धि
20 या 25 से 50	मूर्ख बुद्धि
20 या 25 से कम	महामूर्ख

मानसिक आयु

मानसिक आयु व्यक्ति की मानसिक परिपक्वता की ओर संकेत करती है। एक व्यक्ति की मानसिक आयु जितनी अधिक होती है तो यह माना जाता है कि उसकी विभिन्न मानसिक योग्यताओं का विकास उतना ही अधिक हुआ है अथवा परिपक्व है। उदाहरणार्थ– यदि 7 वर्ष का बच्चा 12 वर्ष के बच्चे के लिए निर्मित बुद्धि परीक्षण उतनी ही कुशलता से करता है जितना 12 वर्ष का बच्चा करता है तो 7 वर्ष के बच्चे की मानसिक आयु 12 वर्ष होगी और यदि 12 वर्ष का बच्चा 7 वर्ष के बच्चे के लिए निर्धारित परीक्षण को कर पाता है परंतु 12 वर्ष के बच्चों के लिए निर्धारित परीक्षण को नहीं कर पाता तो उसकी आयु 7 वर्ष होगी। इस प्रकार मानसिक आयु व्यक्ति के द्वारा प्राप्त विकास की सीमा की वह अभिव्यक्ति है जो एक आयु-विशेष में प्रत्याशित उसके कार्य-निष्पादन के रूप में किया जाता है।

बुद्धि परीक्षाओं का वर्गीकरण

बुद्धि परीक्षाओं को सामान्य रूप से दो वर्गों में विभाजित किया जाता है :

1. **वैयक्तिक बुद्धि परीक्षा :** यह परीक्षा एक समय में एक व्यक्ति की ली जाती है।
2. **सामूहिक बुद्धि परीक्षा :** यह परीक्षा एक समय में अनेक व्यक्तियों की ली जाती है।

बहुआयामी बुद्धि

केली एवं थर्सटन नामक मनोवैज्ञानिकों ने बताया कि बुद्धि का निर्माण प्राथमिक, मानसिक योग्यताओं के द्वारा होता है। केली के अनुसार, बुद्धि का निर्माण इन योग्यताओं से होता है–वाचिक योग्यता, गामक योग्यता, सांख्यिक योग्यता, यांत्रिक योग्यता, सामाजिक योग्यता, संगीतात्मक योग्यता, स्थानिक संबंधों के साथ उचित ढंग से व्यवहार करने की योग्यता, रुचि और शारीरिक योग्यता। थर्सटन का मत है कि बुद्धि इन प्राथमिक मानसिक योग्यताओं का समूह होता है–प्रत्यक्षीकरण संबंधी योग्यता, तार्किक व वाचिक योग्यता, सांख्यिकी योग्यता, स्थानिक या दृश्य योग्यता, समस्या समाधान की योग्यता, स्मृति संबंधी योग्यता, आगमनात्मक योग्यता और निगमनात्मक योग्यता। वैसे तो अधिकतर मनोवैज्ञानिकों ने केली एवं थर्सटन के बुद्धि के सिद्धांतों की आलोचना की, किंतु अधिकतर मनोवैज्ञानिकों ने

यह भी माना कि बुद्धि का बुहआयामी होना निश्चित तौर पर संभव है। बुहआयामी बुद्धि होने के कारण ही कुछ लोग कई प्रकार के कौशलों में निपुण होते हैं।

8. भाषा और विचार

भाषा

भाषा व्यक्ति के भावों को अभिव्यक्त करने का माध्यम है। मनुष्य पशु से श्रेष्ठ इसलिए है, क्योंकि उसके पास एक भाषा है जिसे लोग समझ सकते हैं। पशु-पक्षियों की भी भाषा होती है किंतु उसे कोई समझ नहीं पाता। गूंगे-बहरे लोग भी अपने भावों को समझाने के लिए शरीर के अंगों का सहारा लेते हैं जिसे उसकी शरीर की भाषा कहा जाता है। भाषा एक ऐसा माध्यम है जिससे मनुष्य समाज में अपना एक पृथक स्थान बनाता है जो उसके व्यक्तित्त्व के निर्माण में महत्त्वपूर्ण भूमिका निभाती है। इस तरह स्पष्ट है कि भाषा जन्म के साथ उत्पन्न होती है। बच्चा जन्म के बाद रोता है जो उसकी प्रथम भाषा है। सही अर्थों में भाषा भावों के संप्रेषण का एक माध्यम है। भाषा बौद्धिक क्षमता को भी अभिव्यक्त करती हैं।

प्रायः हम लोग वाणी एवं भाषा दोनों को एक-दूसरे का पर्यायवाची समझते हैं उसका और प्रयोग करते हैं किंतु दोनों में बहुत अंतर होता है। भाषा एवं वाणी को हरलॉक ने निम्न रूप में स्पष्ट किया है–

"भाषा में संप्रेषण के वे सभी साधन आते हैं जिसमें विचारों और भावों को प्रतीकात्मक बना दिया जाता है जिससे कि अपने विचारों और भावों को एक-दूसरे से अर्थपूर्ण ढंग से कहा जा सके।"

"वाणी भाषा का एक स्वरूप है जिसमें अर्थ को दूसरों को व्यक्त करने के लिए कुछ ध्वनियों या शब्द उच्चारित किए जाते हैं।"

इस तरह कहा जा सकता है कि वाणी भाषा का एक विशिष्ट ढंग है। यह मनोक्रियात्मक कौशल है। वाणी केवल मांसपेशियों तथा वाचिक तंत्र में सहायक ही नहीं है अपितु इसका मानसिक पात है–जिसमें कुछ अर्थ जुड़ा रहता है। सभी बच्चों की आवाज वाणी नहीं है, वाणी वह होती है जिसमें पर्याप्त नियंत्रण होता है। बिना नियंत्रण और अर्थ के बोली गई वाणी को 'तोता वाणी' कह सकते हैं। वाणी अर्थयुक्त होती है तथा जिस समाज में बोली जाए उसे सभी लोग समझ सकें। इन दोनों कसौटियों का वाणी में होना आवश्यक है। भाषा व्यापक संकल्पना है। वाणी, भाषा का माध्यम है, भाषा कोई भी हो सकती है, यथा–फ्रेंच, अरबी, अंग्रेजी एवं फारसी इत्यादि। भाषा अर्थहीन भी हो सकती है जिसमें संकेत, हाव-भाव एवं अन्य बहुत-सी चीजें आती हैं। पक्षी और पशु की भी एक भाषा है, कहा जाता है कि पशु-पक्षियों के पास वाणी नहीं होती है। इन बातों का निष्कर्ष यह है कि वाणी वह मनोक्रियात्मक माध्यम है जिससे उसके समुदाय के लोग समझते हैं और प्रभावित होते हैं। **उदाहरणार्थ–**

ऐसी वाणी बोलिए मन का आपा खोय।
औरन को शीतल करे आपहु शीतल होय।।

अर्थात् वाणी में विचार, भाव, मानसिक संचेतना आदि गुण निहित होते हैं जो किसी व्यक्ति और समाज को प्रभावित कर सकते हैं। भाषा में ही वाणी सन्निहित होती है। आदिम मानव भी अपने विचारों का आदान-प्रदान करता था उसमें शरीर का संकेत, गले की आवाज, चिल्लाना अथवा विभिन्न प्रकार की आवाजें (अलग-अलग कार्यों के लिए) करना भी एक भाषा थी लेकिन धीरे-धीरे भाषा विज्ञान का विकास हुआ इसे व्यवस्थित नियम युक्त एवं संगठित किया गया।

भाषा का महत्त्व

भाषा किसी व्यक्ति के व्यक्तित्व के आईना के समान है। व्यक्ति का जैसा व्यक्तित्व होगा उसी प्रकार की उसकी भाषा होगी। भाषा से ही व्यक्ति को समाज में सम्मान और अपमान मिलता है। इस तरह भाषा में आकर्षण एवं विकर्षण दोनों गुण होते हैं। भाषा के महत्त्व को निम्न प्रकार से स्पष्ट किया जा सकता है :

1. **शैक्षिक उपलब्धि के महत्त्व :** कक्षा में जिन बालकों की भाषा एवं उच्चारण जितना अच्छा होता है उनकी शैक्षिक उपलब्धि भी उतनी ही अच्छी होती है। भाषा के माध्यम से ही एक छात्र अपनी कक्षा से संबद्ध समस्याओं को छात्रों एवं अध्यापकों के सामने स्पष्टता से रखकर उसे समझ सकता है लेकिन जिसकी भाषा कम प्रभावशाली है उस पर कोई ध्यान नहीं देता है। प्रायः देखा जाता है कि जिसकी भाषा और लिखावट कमजोर है वे कक्षा में अन्य छात्रों से कम अंक प्राप्त करते हैं। यद्यपि उनकी बौद्धिक क्षमता में उनमें कोई कमी नहीं होती है।
2. **सामाजिक मूल्यांकन में सहजता :** बालक समाज में क्या बोलता है? कैसे बोलता है? इसका मूल्यांकन समाज के लोग सामाजिक पृष्ठभूमि में करते हैं। उसकी भाषा ही उसकी योग्यता स्तर तथा यौन उपयुक्तता की मानदण्ड होती है। इससे बालक के भावों एवं विचारों का मूल्यांकन होता है।
3. **इच्छाओं और आवश्यकताओं की पूर्ति में सहायक :** भाषा व्यक्ति को अपनी आवश्यकता, इच्छा, पीड़ा अथवा मनोभाव दूसरे के समक्ष व्यक्त करने की क्षमता प्रदान करती है जिससे दूसरा व्यक्ति सरलता से उसकी आवश्यकता को समझ कर तत्संबंधी समाधान प्रदान करता है। उदाहरणार्थ–एक बालक यदि केवल रोता है अपने मनोभावों तथा आवश्यकताओं (भूख) को दूसरे के सामने व्यक्त नहीं कर पाता है तो माता-पिता को उसे समझने में कठिनाई होती है। लेकिन वही जब अपनी जुबान से बोल कर दूध या भोजन की मांग करता है तो तुरन्त इसकी पूर्ति हो जाती है और उसे संतुष्टि मिलती है।

4. **दूसरे के विचारों को प्रभावित करने में सहायक :** जिन बच्चों की भाषा प्रिय, मधुर एवं ओजस्वी होती है वे अपने समूह, परिवार अथवा समाज के व्यक्तियों को प्रभावित करते हैं। लोग उन्हीं को अधिक महत्त्व देते हैं जिनका व्यवहार प्रभावपूर्ण होता है।
5. **ध्यान आकर्षित करने में उपयोगी :** सभी बालक चाहते हैं कि लोग उनकी ओर ध्यान दें इसलिए वे अभिभावकों से प्रश्न पूछकर, कोई समस्या प्रस्तुत करके तथा विभिन्न तरीकों का प्रयोग कर उनका ध्यान अपनी ओर खींचते हैं। जो बच्चे चुपचाप रहते हैं या बोलते नहीं उनकी कभी-कभी उपेक्षा हो जाती है।
6. **आत्म-मूल्यांकन में महत्त्व :** बालक जब समाज में बोलता है तो उसके सुनने वालों की उसके प्रति क्या प्रतिक्रिया होती है, दूसरे लोग उसके विषय में क्या समझते हैं उनकी भाषा को सुनकर बालक स्वयं का मूल्यांकन करता है कि लोग उससे प्रभावित हैं या नहीं। समाज का दृष्टिकोण उसके प्रति किस प्रकार का है।
7. **सामाजिक संबंध के लिए महत्त्व :** वाणी से अपने भावों को बालक समाज में अभिव्यक्त करता है जिससे विचारों, भावों को लोग समझते हैं। इससे समाज के बीच आपसी ताल-मेल विकसित होता है जो बच्चे खुलकर अपने विचारों एवं भावों को दूसरों के सामने रखते हैं। उन्हें समाज में सबसे अधिक स्वीकृति मिलती है। दूसरे बालक उसी बालक के साथ उठना-बैठना, खेलना तथा मित्रता करना पसंद करते हैं जिनकी अभिव्यक्ति होती है तो अंतर्मुखी होते हैं। उनके मित्र भी नहीं होते हैं। बालक अपनी भाषा के द्वारा ही समाज में अच्छा संबंध बनाता है। इसी के द्वारा वैयक्तित्त्व एवं सामाजिक समायोजन होता है।

भाषा के विकास के मुख्य सिद्धांत

मनुष्य की भाषा किस प्रकार विकसित होती है? उसकी प्रक्रिया क्या है? शब्दों का अर्थों में किस प्रकार समावेश होता है इसको जानने के लिए भाषा विकास के सिद्धांतों को समझना आवश्यक है। मनुष्य बोलने की योग्यता किस प्रकार अर्जित करता है। इस विषय पर विद्वानों ने अपने अध्ययन के आधार पर निम्न सिद्धांतों का प्रतिपादन किया है–

1. **अनुबंधन का सिद्धांत :** भाषा विकास में अनुबंधन या साहचर्य का बहुत योगदान है। शैशवावस्था में जब बच्चे शब्द सीखते हैं तो सीखना अमूर्त नहीं होता है। वरन किसी मूर्त वस्तु से जोड़कर उन्हें शब्दों की जानकारी दी जाती है। उदाहरण पेंसिल कहने के साथ उन्हें पेंसिल दिखाया जाता है, पानी या दूध कहने पर उन्हें पानी या दूध दिखाया जाता है, चाचा या ताऊ के संकेत के सहारे प्रत्यक्ष रूप से बताया जाता है। इससे बच्चे उस विशिष्ट वस्तु या व्यक्ति से साहचर्य स्थापित कर लेते हैं और अभ्यास हो जाने पर संबंधित वस्तु या व्यक्ति की उपस्थित पर संबंधित शब्द से संबोधित करते हैं। उद्दीपक और प्रतिक्रिया के बीच संबंध स्थापित होने को ही अनुबंधन कहा जाता है। इसलिए छोटी कक्षाओं में लिखवाने के लिए शिक्षा उपकरणों का प्रयोग किया जाता है। स्किनर का कहना है कि अनुबंधन द्वारा भाषा विकास की प्रक्रिया को सरल बनाया जा सकता है।
2. **चोमस्की का भाषा अर्जित करने का सिद्धांत :** चोमस्की का कहना है कि बच्चे शब्दों की निश्चित संख्या से कुछ निश्चित नियमों का अनुकरण करते हुए वाक्यों का निर्माण करना सीख जाते हैं। इन शब्दों से नए-नए वाक्यों एवं शब्दों का निर्माण होता है। इन वाक्यों का निर्माण बच्चे जिन नियमों के अंतर्गत करते हैं, उन्हें चोमस्की ने जेनेरेटिव की संज्ञा प्रदान की है।
3. **परिपक्वता का सिद्धांत :** परिपक्वता से तात्पर्य है भाषा अवयवों एवं स्वरों पर नियंत्रण होना। बोलने में जिह्वा, गला, तालू, होठ, दांत तथा स्वर यंत्र आदि जिम्मेदार होते हैं। इनमें किसी भी प्रकार की कमजोरी या कमी वाणी को प्रभावित करती है। इन सभी अंगों में जब परिपक्वता होती है तो भाषा पर नियंत्रण होता है और अभिव्यक्ति अच्छी होती है। विद्वानों के मतानुसार भाषा का विकास स्वरयंत्र की परिपक्वता पर निर्भर करती है, जिनकी स्वरयंत्र में परिपक्वता नहीं होती है, वे शब्दों का उच्चारण नहीं कर पाते हैं। गूंगे व्यक्तियों में स्वर यंत्रों का विकास नहीं होता इसलिए उनमें बोलने की क्षमता नहीं होती है।
4. **अनुकरण का सिद्धांत :** शर्ली, कर्टी, चैपिनीज तथा वैलेन्टाइन आदि मनोवैज्ञानिकों ने अनुकरण के द्वारा भाषा सीखने का अध्ययन किया है। इनका विचार है कि बालक अपने परिवारजनों तथा साथियों के भाषा का अनुसरण करके सीखता है जैसी भाषा जिस समाज या परिवार या समूह में बोली जाती है बच्चे उसी भाषा को सीखते हैं। यदि भाषा में किसी प्रकार का दोष है तो अनुकरण से बच्चे वह भी सीख लेते हैं। अतः इस बात का ध्यान रखना चाहिए कि बच्चे दोषपूर्ण भाषा न सीखने पाएं। बच्चे शिष्टाचार के साथ अश्लील एवं अशिष्ट शब्दों का भी अनुकरण कर लेते हैं। इसे सामाजिक अधिगम भी कहा जाता है। बालक समाज से ही विशाल शब्दों का भंडार सीखता है। साथ ही बोलने के तौर-तरीके भी वह समाज से ही सीखता है।

उपरोक्त बातों से स्पष्ट है कि बालक समाज, परिवार तथा विद्यालय से शब्दों एवं वाक्यों का संग्रह करते हैं। इन शब्दों को वे गठित एवं व्यवस्थित करते हैं। इनकी समझ पैदा करते हैं और अंत में इन्हीं शब्दों के आधार पर नवीन वाक्यों की रचना करते हैं।

भाषा के विकास की मुख्य अवस्थाएं

भाषा के विकास की अवस्थाओं को मुख्यतः दो वर्गों में बांटा गया है–

(*i*) भाषा का प्रारंभिक रूप–रोना, बलबलाना, हाव-भाव या संकेत आदि।

(*ii*) वास्तविक भाषा की अभिव्यक्ति–आकलन या बोध शक्ति, शब्द भंडार, वाक्य निर्माण, शुद्ध उच्चारण आदि।

भाषा के विकास को प्रभावित करने वाले मुख्य कारक

सभी बालकों में भाषायी विकास एक समान नहीं होता है। किसी में भाषायी विकास तीव्रता से तो किसी में मंदता से होता है। भाषायी विकास पर कुछ तत्त्वों का प्रभाव पड़ता है, इनमें प्रमुख तत्त्व निम्नलिखित हैं–

(*i*) **व्यक्तित्त्व :** कुछ अध्ययनों में यह पाया गया है कि जो बच्चे उत्साही होते हैं उनमें भाषायी विकास शांत स्वभाव के बच्चों से अधिक होता है। फुर्तीले, चुस्त एवं बहिर्मुखी स्वभाव वाले बच्चों का भाषा विकास तीव्र होता है।

(*ii*) **परिपक्वता :** आवश्यक परिपक्वता के अभाव में भी भाषा का विकास प्रभावित होता है। हरलॉक का कहना है कि भाषा का प्रशिक्षण देते समय इस बात का ध्यान रखना चाहिए कि बच्चों में आवश्यक परिपक्वता आ चुकी है या नहीं। भाषा विकास में फेफड़े, स्वरयंत्रों, जीभ, दांत, तालू, होठ तथा वाणी केंद्र (मस्तिष्क में स्थित होता है) का परिपक्व होना आवश्यक है। ये अंग जितने अधिक परिपक्व होते हैं भाषा विकास उतना ही अधिक होता है।

(*iii*) **सामाजिक-आर्थिक स्तर :** प्रायः ऐसा देखा जाता है कि जिन बालकों को सामाजिक-आर्थिक स्तर निम्न होता है वे देर में बोलना सीखते हैं। जरसील्ड एवं गैसिल आदि जैसे मनोवैज्ञानिकों के अध्ययन से इस बात की पुष्टि हुई कि उच्च वर्ग के शिशु जल्दी बोलना सीखते हैं, अधिक बोलते हैं तथा उनका उच्चारण भी शुद्ध होता है। डेविस, आल्सटाईन, स्कील्स आदि जैसे मनोवैज्ञानिकों ने अनाथ बच्चों के अध्ययन से पाया कि इन बच्चों में भाषायी विकास कम होता है। इनका शब्द भंडार भी कम होता है। प्रायः यह भी देखा जाता है कि ग्रामीण क्षेत्र में पढ़ने वाले बच्चों की शाब्दिक क्षमता शहरी या अन्य पब्लिक स्कूल में पढ़ने वाले बच्चों से कम होती है।

(*iv*) **स्वास्थ्य :** जिन बच्चों का स्वास्थ्य जितना अच्छा होता है उनमें भाषा विकास की गति उतनी तीव्र होती है क्योंकि सामाजिक समूहों से उन्हें अच्छी प्रेरणा मिलती है, वे बच्चे अपने समूह के साथ खेलते हैं, अंतःक्रिया करते हैं, लेकिन बीमार बच्चे समूह में खेल नहीं पाते। शारीरिक अवयवों का भी विकास बाधित होता है। स्मिथ ने बच्चों की भाषा पर बीमारी के प्रभावों का अध्ययन करके निष्कर्ष निकाला कि बीमार बच्चों में भाषायी विकास की गति धीमी होती है। इसी प्रकार का अध्ययन लॉवेल और मारकेल ने भी किया और पाया कि जो बच्चे लंबी अवधि तक बीमार रहते हैं उनमें भाषायी विकास कमजोर होता है।

(*v*) **प्रशिक्षण की विधियाँ :** अधिनायकवादी प्रशिक्षण जिसमें बच्चों की भावनाओं का ख्याल नहीं रखा जाता है एवं किसी चीज को डांट कर सिखाया जाता है तो ऐसे प्रशिक्षण में भाषा का विकास नहीं होता। जिस परिवार या विद्यालय में लोकतांत्रिक विधियों का प्रयोग होता है, बालक को स्वतंत्रता होती है, उसमें भाषा का विकास तीव्रता से होता है। भाषा सिखाने के लिए मूर्त से अमूर्त, सरल से कठिन, ज्ञात से अज्ञात की ओर चलने के सिद्धांतों का पालन करना चाहिए। उदाहरणार्थ–मातृभाषा से अंग्रेजी सिखाई जाए तो आसान होता है। एक साथ एक भाषा का प्रशिक्षण हो लेकिन यह देखा जा रहा है कि भारतवर्ष के आधुनिक पब्लिक स्कूलों में शिशुओं को एक साथ दो से अधिक भाषाएं सिखाई जाती हैं जो उचित नहीं हैं। मातृभाषा का पूर्ण ज्ञान हो जाए तो उस भाषा की सहायता से दूसरी भाषा सिखाना उचित होता है।

(*vi*) **द्वि-भाषावाद :** यदि कोई द्विभाषा-भाषी परिवार है, उदाहरणार्थ–पिता हिन्दी बोलने वाला और माता शुद्ध बांग्ला बोलने वाली हो तो ऐसे में बच्चों का भाषा विकास प्रभावित होता है क्योंकि बच्चे भ्रमित हो जाते हैं कि वे कौन-सी भाषा सीखें। वर्तमान समय में यह देखा जा रहा है कि बच्चों की भाषा क्षमता क्षीण होती जा रही है तथा उसका बड़ा ही स्पष्ट कारण है कि हिन्दी भाषा-भाषी परिवार में उत्पन्न हुए बच्चों का 3 वर्ष की आयु में अंग्रेजी स्कूलों में प्रवेश करा दिया जाता है। इन स्कूलों में अंग्रेजी के अतिरिक्त दूसरी भाषा बोली ही नहीं जाती है और जैसे ही बालक स्कूल से घर में कदम रखता है वहां हिन्दी और भोजपुरी के अतिरिक्त अंग्रेजी की पृष्ठभूमि ही नहीं है। ऐसी स्थिति में बालक कौन-सी भाषा सीखे यह उसके सामने दुविधा होती है। अंग्रेजी भाषा का विकास हिन्दी पृष्ठभूमि में नहीं हो सकता। अतः भाषा विकास अवरुद्ध हो जाता है या इसमें अपेक्षित सफलता नहीं मिलती।

(*vii*) **बहुजन्मता :** किए गए एक अध्ययन में यह पाया गया है कि यदि एक साथ अधिक संतानें उत्पन्न होती हैं तो उनमें भाषायी विकास विलंब से होता है। इसका कारण है कि बच्चे एक-दूसरे का अनुकरण करते हैं और दोनों ही अपरिपक्व होते हैं। उनमें उपयुक्त प्रतिमान नहीं मिल पाता। उदाहरणार्थ–यदि एक बच्चा गलत उच्चारण करता है तो उसकी नकल करके दूसरा भी वैसा ही उच्चारण करेगा।

(*viii*) **लिंगीय भिन्नता :** वाणी विकास में लिंग का प्रभाव भी स्पष्ट दृष्टिगोचर होता है। इरविन और चेन ने लिंगीय भेद का अध्ययन करके निष्कर्ष निकाला कि प्रथम वर्ष में बालक एवं बालिकाओं की भाषा में अंतर नहीं होता लेकिन दूसरे वर्ष से बालिकाओं की क्षमता बालकों से अधिक हो गई। बालिकाओं का भाषा प्रवाह बालकों से अच्छा रहा। बालिकाएं जल्दी बोलना भी सीखती हैं, जहां बालक छोटे-छोटे वाक्य बोलते हैं वहीं लड़कियां बड़े वाक्यों को बोलने में सक्षम हो जाती हैं। बालिकाएं बालकों की अपेक्षा शुद्ध उच्चारण करती हैं।

(*ix*) **बुद्धि :** हरलॉक के अनुसार, जिन बच्चों का बुद्धि-लब्धि (I.Q.) उच्च होता है उनमें भाषा विकास अपेक्षाकृत कम बुद्धि वालों से अच्छा होता है। इरविन और स्पाईकर के मतानुसार बुद्धि-लब्धि और भाषा संबंधी योग्यता में घनिष्ठ संबंध है। टरमैन, फिशर और यम्बा का मानना है कि तीव्र बुद्धि बालकों का उच्चारण और शब्द भंडार अधिक होता है। प्रायः देखा जाता है कि प्रतिभाशाली बालक अपनी अवस्था के बालकों से पहले बोलना सीख लेते हैं, उनके शब्द भंडार की क्षमता भी सामान्य बालकों से अधिक होती है तथा वे बहुत स्पष्ट और शुद्ध उच्चारण भी करते हैं।

(*x*) **परिवार का आकार :** अकेला बालक या छोटे परिवार में बालक की भाषा शक्ति का विकास बड़े आकर के परिवार से अच्छा होता है क्योंकि छोटे परिवार में माता-पिता बच्चे के प्रशिक्षण उनसे वार्तालाप पर अधिक ध्यान दे पाते हैं जबकि बड़े परिवार में समय कम मिलता है।

(*xi*) **संवेगात्मक तनाव :** जिन बच्चों के संवेगों का कठोरता से दमन कर दिया जाता है ऐसे बच्चों में भाषा विकास देर से होता है। उदाहरणार्थ–यदि एक वर्ष के शिशु को सौतेली मां कटु या कठोर स्वभाव की मिल जाए और बात-बात पर उसे झिड़कती, डांटती, पीटती तथा उपेक्षित करती रहे तो बालक का विकास प्रभावित हो जाता है तथा वह देर में एवं अस्पष्ट बोलता है।

भाषा दोष एवं उसके प्रकार

यदि बालक अपने स्वर यंत्रों पर नियंत्रण नहीं कर पाता है तो उसमें भाषा दोष उत्पन्न हो जाता है। ऐसे बालक समाज से कतराने लगते हैं। इनमें हीनता की भावना विकसित हो जाती है, ये अकेले में रहते हैं तथा किसी के सामने बोलने में झिझकते हैं। भाषा दोष का प्रभाव बालक के जीवन के अन्य क्षेत्रों पर भी पड़ता है। उनकी शैक्षिक उपलब्धि भी प्रभावित होती है। इन बालकों को पिछड़ा बालक कहा जाता है। भाषा के मुख्य प्रकार निम्नवत् हैं–

1. अस्पष्ट उच्चारण,
2. ध्वनि परिवर्तन,
3. तीव्र अस्पष्ट,
4. हकलाना, और
5. तुतलाना।

चिंतन/विचार

चिंतन विचार करने की वह मानसिक प्रक्रिया है, जो किसी समस्या के कारण आरंभ होती है और उसके अंत तक चलती रहती है। विभिन्न विद्वानों ने चिंतन की परिभाषा भिन्न-भिन्न प्रकार से दी है। कुछ विद्वानों द्वारा चिंतन की परिभाषा निम्न प्रकार से दी गई है–

रॉस के अनुसार, "चिंतन, मानसिक क्रिया का ज्ञानात्मक पहलू है या मन की बातों से संबंधित मानसिक क्रिया है।"

रायबर्न के अनुसार, "चिंतन, इच्छा-संबंधी प्रक्रिया है, जो किसी असंतोष के कारण आरंभ होती है और प्रयास एवं त्रुटि के आधार पर चलती हुई उस अंतिम स्थिति पर पहुंच जाती है, जो इच्छा को संतुष्ट करती है।"

वेलेण्टाइन के अनुसार, "चिंतन शब्द का प्रयोग उस क्रिया के लिए किया जाता है, जिसमें शृंखलाबद्ध विचार किसी लक्ष्य या उद्देश्य की ओर अविराम गति से प्रवाहित होते हैं।"

उपर्युक्त दी गई परिभाषाओं से स्पष्ट है कि चिंतन मानसिक क्रिया का ज्ञानात्मक पथ है। चिंतन की प्रक्रिया किसी विशेष उद्देश्य की ओर परिलक्षित होती है। इसमें इच्छा तथा असंतोष अत्यंत महत्त्वपूर्ण हैं क्योंकि इच्छा तथा असंतोष मनुष्य को चिंतन के लिए बाध्य करते हैं।

चिंतन के प्रकार

चिंतन के मुख्यतः चार प्रकार हैं–

1. **कल्पनात्मक चिंतन :** इस चिंतन का संबंध पूर्व-अनुभवों पर आधारित भविष्य से होता है। जब माता-पिता बाजार जाते हैं तब बालक कल्पना करता है कि वे वहां से लौटने पर उसके लिए टॉफी लाएंगें। इस चिंतन में भाषा और नाम का प्रयोग नहीं किया जाता है।
2. **तार्किक चिंतन :** अमेरिकी मनोवैज्ञानिक जॉन डीवी ने तार्किक चिंतन को विचारात्मक चिंतन की संज्ञा दी है। यह सबसे उच्च प्रकार का चिंतन है। इसका संबंध किसी समस्या के समाधान से होता है।
3. **प्रत्ययात्मक चिंतन :** इस चिंतन का संबंध पूर्व-निर्मित प्रत्ययों से होता है, जिनकी सहायता से भविष्य के किसी निश्चय पर पहुंचा जाता है। कुत्ते को देखकर बालक अपने मन में प्रत्यय का निर्माण कर लेता है। अतः जब वह भविष्य में कुत्ते को फिर देखता है तब वह उसकी ओर संकेत करते हुए कहता है–'कुत्ता'। इस चिंतन में भाषा और नाम का प्रयोग किया जाता है।
4. **प्रत्यक्षात्मक चिंतन :** यह निम्न स्तरीय चिंतन है। अतः यह विशेष रूप से पशुओं और बालकों में पाया जाता है। इस चिंतन का संबंध पूर्व अनुभवों पर आधारित

वर्तमान की वस्तुओं से होता है। माता-पिता के बाजार से लौटने पर यदि बालक को उनसे काफी दिनों तक टॉफी मिलती रहती है तो जब भी वे बाजार से लौटते हैं, तभी टॉफी का विचार उसके मस्तिष्क में आ जाता है और वह दौड़ता हुआ उनके पास जाता है।

चिंतन तथा कल्पना में अन्तर

चिंतन	कल्पना
1. इसकी सहायता से बालक समस्या के विभिन्न पहलुओं को समझने की कोशिश करता है, क्योंकि इन पहलुओं को समझे बिना समस्या का समाधान संभव नहीं हो सकता।	1. इसमें समस्या के समाधान की परिस्थिति को नए-नए रूपों में देखा जाता है।
2. इसमें तर्क की प्रधानता होती है। समस्या समाधान में तर्क की सहायता से सूक्ष्म पहलुओं को जाना जाता है।	2. इसमें तर्क का अभाव होता है।
3. बालक में चिंतन बहुधा समस्या की उपस्थिति पर आरंभ होता है। अर्थात् जब बालक के सामने कोई समस्या आती है तभी उसमें चिंतन की प्रक्रिया होती है, व्यर्थ में बालक चिंता नहीं करता है।	3. कल्पना के लिए परिस्थिति या समस्या की विशेष आवश्यकता नहीं होती है।
4. चिंतन में समस्या समाधान में प्रयत्न और भूल की क्रिया रहती है।	4. कल्पना में प्रयत्न और भूल का अभाव होता है।
5. यह वास्तविकता से संबंधित होता है।	5. कल्पना का संबंध वास्तविकता से भी हो सकता है और नहीं भी।

चिंतन तथा भाषा

चिंतन प्रक्रिया प्रतीक और चिन्हों के आधार पर चलती है। प्रतीक और चिन्हों का आधार भाषा होती है। चिंतन के समय बालक के अंदर आंतरिक भाषण होता है। कई बार चिंतन करते समय बालक बोलने लगता है। कुछ अध्ययनों में यह देखा गया है कि जिस बालक में भाषा की योग्यता जितनी अधिक होती है उसमें चिंतन की योग्यता भी उसी रूप में उतनी अधिक होती है क्योंकि भाषा-वृद्धि के साथ-साथ बालकों में ज्ञान-वृद्धि होती है और ज्ञान-वृद्धि से चिंतन शक्ति का भी विकास होता है। भाषा के द्वारा बालक चिंतन को व्यक्त भी कर सकता है। बालक भाषा के द्वारा अपने अथवा दूसरों के चिंतन को रेकार्ड कर सकता है। इस प्रकार वह अपने चिंतन का दूसरों को लाभ दे सकता है तथा दूसरों के चिंतन का स्वयं लाभ उठा सकता है। अतः कहा जा सकता है कि चिंतन के लिए भाषा आवश्यक ही नहीं अपितु उसे व्यक्त करने का साधन भी है। भाषा के अभाव में चिंतन को व्यक्त करना कठिन है। जहां भाषा से चिंतन का विकास होता है वहां चिंतन भाषा को भी विकसित करता है। अतः कहा जा सकता है कि चिंतन और भाषा दोनों में घनिष्ठ संबंध है।

पहले ऐसा माना जाता था कि विचार प्रतिमा रहित या सहित होते हैं। परंतु आज यह माना जाता है कि विचार दोनों प्रकार के होते हैं–प्रतिमा रहित भी और प्रतिमा सहित भी। चिंतन के लिए यद्यपि भाषा बहुत आवश्यक है परंतु भाषा के बिना भी चिंतन संभव है क्योंकि व्यक्ति उन वस्तुओं के संबंध में भी चिंतन करते देखा गया है, जिनका कि वह नाम तक नहीं जानता है। कभी-कभी चिंतन को स्पष्ट करने के लिए भाषा पर्याप्त नहीं होती है, इस अवस्था में चिंतन को चित्रों और मॉडल के द्वारा व्यक्त किया जाता है।

चिंतन का विकास

चिंतन का विकास भाषा के विकास के कुछ समय बाद प्रारंभ हो जाता है। लगभग एक-दो वर्ष की अवस्था में बालक में चिंतन का विकास प्रारंभ हो जाता है। बालक में सर्वप्रथम प्रत्यक्षात्मक चिंतन का विकास प्रारंभ होता है। बालक के चारो ओर जो मूर्त वस्तुएं और उत्तेजनाएं होती है, सर्वप्रथम वह उनके संबंध में चिंतन प्रारंभ करता है। उदाहरणार्थ–मेज, कुर्सी, खिलौने तथा परिवार के सदस्यों आदि के संबंध में वह सर्वप्रथम चिंतन प्रारंभ करता है। पियाजे का विचार है कि लगभग सात वर्ष की अवस्था तक बालक की प्रवृत्ति आत्मकेंद्रित प्रकार की होती है। अतः बालक अपने स्वयं के संबंध में ही चिंतन अधिक करता है। उसमें इस अवस्था के चिंतन में तार्किकता का अभाव होता है। लगभग पांच-छः वर्ष की अवस्था से बालक में कल्पनात्मक तथा प्रत्ययात्मक चिंतन प्रारंभ हो जाती है। वुडवर्थ ने इन दोनों प्रकार के चिंतनों को विचारात्मक चिंतन कहा है। बालक में इस अवस्था में प्रतीकों के माध्यम से भी चिंतन का अभाव होता है। लगभग सात वर्ष की अवस्था से लगभग पंद्रह वर्ष की अवस्था तक चिंतन का तीव्र गति से विकास होता है। आयु बढ़ने के साथ-साथ चिंतन में तर्क की प्रधानता भी बढ़ती जाती है।

3 से 7 वर्ष की अवस्था के बालकों के चिंतन में पियाजे ने निम्नलिखित विशेषताएं बताई हैं–

(*i*) इस समय उनके चिंतन का स्तर निम्न होता है। वे अधिकतर जीवन से संबंधित बातों पर चिंतन करते हैं।

(*ii*) उनके चिंतन में तार्किक संगति का अभाव पाया जाता है। इस आयु के बालकों में कार्य-कारण संबंध नहीं दिखाई देता है।

(*iii*) एक ही घटना के आधार पर सामान्यीकरण करना। अन्य शब्दों में, इस आयु के बालक एक घटना के आधार पर ही निष्कर्ष निकालते हैं। वह पूर्ण घटनाओं-अनुभवों का लाभ नहीं उठा पाते हैं।

(*iv*) इस आयु वर्ग के बालकों के चिंतन की प्रवृत्ति आत्म-केंद्रित प्रकार की होती है। अन्य शब्दों में, उनके चिंतन का विषय स्वयं के संबंध में होता है।

(*v*) इस आयु वर्ग का बालक अपने वातावरण के चारो ओर स्थित वस्तुओं को चाहे वह सजीव हो या निर्जीव सभी को चेतनामय या सजीव समझता है। अन्य शब्दों में, उसके चिंतन में जीववाद पाया जाता है।

क्रो और **क्रो** के अनुसार, चिंतन की योग्यता सफल जीवन के लिए आवश्यक है। अतः संरक्षकों और शिक्षकों को चाहिए कि बालकों में इस योग्यता के विकास पर ध्यान दें। चिंतन की योग्यता के विकास में निम्नलिखित उपाय सहायक हैं–

(*i*) बालकों को चिंतन के लिए प्रोत्साहित और प्रेरित करना चाहिए। बालकों के भाषा ज्ञान को उच्च करने के उपाय करने चाहिए जिससे वह समय-समय पर अपने विचारों की अभिव्यक्ति कर सके।

(*ii*) बालकों की रुचियों के विकास पर ध्यान देना चाहिए। रुचियों के अभाव में चिंतन योग्यता कठिनाई से विकसित हो पाती है।

(*iii*) शिक्षक और माता-पिता को बालकों को नवीन बातों की समय-समय पर अर्थात् उनकी आयु के अनुसार जानकारी देनी चाहिए जिससे उनमें चिंतन का विकास सुचारु रूप से चल सके।

(*iv*) बालकों को उनकी आयु के अनुसार समस्या का समाधान करना भी माता-पिता और शिक्षकों को सीखलाना चाहिए क्योंकि समस्या समाधान से भी चिंतन विकसित होता है।

(*v*) तर्क एवं वाद-विवाद की भी चिंतन योग्यता के विकास में महत्त्वपूर्ण भूमिका है, इनको भी सिखाने के अवसर देने चाहिए।

(*vi*) बालकों को ऐसा प्रेरक वातावरण समय-समय पर उपलब्ध कराना चाहिए जिससे वे चिंतन के महत्त्व को समझें और योग्यता को बढ़ाने के लिए प्रदत्त वातावरण का लाभ उठा सकें।

(*vii*) बालकों को उनकी आयु के अनुसार समय-समय पर ऐसे कार्य सौंपे जाने चाहिए जिससे उनमें उत्तरदायित्व की भावना का विकास हो सके और उत्तरदायित्व के निर्वाहन हेतु चिंतन के लिए प्रेरित हो सकें।

9. समाज निर्माण में लिंग की भूमिका

व्यक्ति एवं व्यक्ति, समुदाय एवं समुदाय, जाति एवं जाति के बीच पाई जाने वाली भिन्नता एक वैश्विक घटना है। ऐसे में एक प्रश्न उठता है कि आखिर ये भेद क्यों है एवं इसके लक्षण क्या हैं? इस प्रकार के भेदों का मापन शारीरिक तथा मनोवैज्ञानिक आधार पर किस प्रकार किया जाए?

लिंग और उसकी भूमिका

जब वर्ग भेद की चर्चा की जाती है जो उसके गुण-दोष एवं लक्षण आदि की भी चर्चा जरूरी है। इस वर्ग का कुछ आधार भी हो सकता है। यथा–व्यक्तित्त्व, सामाजिक-आर्थिक स्तर, जाति, लिंग अवस्था आदि। यदि हम इन समूहों के मध्य व्याप्त वर्गीकरण अथवा भेदों को जानने की रुचि रखते हैं तो हमें दैनिक जीवन की समस्याओं को सुलझाने में सहायता मिलती है।

वर्तमान परिदृश्य में समानता की मांग सामयिक मुद्दा है। इस समानता का तात्पर्य नकारात्मक न होकर सकारात्मक है। यहां समानता का तात्पर्य समान शैक्षिक योग्यता, समान क्षमता, समान अधिकार, समान कुशलता तथा पढ़ाई एवं कार्य के समान अवसर से है। अन्य शब्दों में कहा जा सकता है कि हम स्त्री-पुरुष में वर्ग के आधार पर लिंग भेद को मान्यता नहीं देते हैं। लिंग भेद का सिद्धांत मूलतः भेद पर ही आधारित है, अर्थात् स्त्री तथा पुरुष में कुछ भेद पाए जाते हैं भले ही हम कहें कि इनके बीच सामाजिक तथा शैक्षिक आधार पर कोई भेद नहीं है। इस भेद से एक महत्त्वपूर्ण प्रश्न उत्पन्न होता है कि क्या महिलाएं शारीरिक लक्षण, कौश्ल, जीवन मूल्य, दक्षता के आधार पर पुरुषों से कुछ भिन्न हैं अथवा नहीं? यदि इस आधार पर इनमें कोई भिन्नता नहीं पाई जाती है तो इस बात की जांच-पड़ताल आवश्यक है कि क्यों इनके साथ कुछ क्षेत्रों में भेद-भाव किया जाता है?

लैंगिक भेद-भाव

मनोविज्ञान के अध्ययन के क्षेत्र में लिंग भेद पर आधारित विषय अन्य विषयों की तुलना में काफी रुचिकर विषय हैं। शिक्षा, वैवाहिक संबंधों की सफलता, रहन-सहन तथा कार्यक्षेत्र संबंधी अनेक सामाजिक समस्याओं का संबंध इनके सफलता से संबद्ध है। अनेक शिक्षाविदों तथा शिक्षा मनोवैज्ञानिकों ने महिला तथा पुरुषों की उपलब्धि की तुलना को अपने अनुसंधान का विषय-वस्तु बनाया है। इन्होंने अपने नमूनों (samples) को दो भागों–महिला और पुरुष में बांटा है। इन शोधों से प्राप्त तथ्यों के अनुसार सामाजिक तथा शारीरिक आधार पर महिला और पुरुष में भिन्नता है। इस अनुसंधान का मुख्य लक्ष्य था महिला और पुरुष के भेद को लिंग व्यवहार के आधार पर समुचित रूप से समझना। इस अनुसंधान का आधार सामान्यतः मनोवैज्ञानिक ही था। ये तथ्य इस अवधारणा की पुष्टि करते हैं कि शारीरिक बनावट के अनुसार स्त्री-पुरुष के संवेगों में भी अंतर होता है। हालांकि इस भेद का आधार सामाजिक न होकर लक्षण विशेष पर आधारित अनुसंधान है जिसमें बाह्य कारकों तथा अन्य लक्षणों के अंतःसंबंधों के परस्पर संबंधों को भी जानने एवं समझने का प्रयत्न किया गया है।

इन वर्ग भेदों में कौन-से मुख्य हैं और कौन-से गौण यह कहना बहुत मुश्किल है। जहां तक सामान्य बुद्धि की बात है वहां महिला और पुरुष वर्गों में समानता देखने को मिलती है। इनमें भेद कुछ विशेष योग्यताओं या लक्षणों को लेकर है।

सामान्यतः पुरुषों में महिलाओं की तुलना में तर्क करने, वस्तुओं में समानता संबंधी खोज करने तथा सामान्य ज्ञान के क्षेत्र में कुछ श्रेष्ठता के संकेत पाए जाते हैं। पुरुष जहां स्थानिक संबंध की दृष्टि से भेद की सूक्ष्मता को पहचानने में अधिक सक्षम है वहां शाब्दिक अभिक्षमता तथा स्मरण शक्ति के क्षेत्र में महिलाएं अधिक सक्षम हैं। अनुसंधानों से यह बात भी सामने आयी है कि छात्राओं का भाषायी विकास छात्रों की तुलना में अल्पायु से ही अधिक होता है। अनुसंधानों से इस बात की भी पुष्टि हुई है कि विद्यालयपूर्व आयु वर्ग की बालिकाओं की शब्दावली इस आयुवर्ग के बालकों की तुलना में अधिक सक्षम होती है। इतना ही नहीं छात्राओं की पठन गति भी छात्रों से अधिक होती है। सामान्यतः दोनों वर्गों की बुद्धि अथवा शैक्षिक क्षमता में इतना भेद नहीं होता है कि वे किसी प्रदत्त कार्य को न्यूनाधिक क्षमता से सम्पन्न न करें। इन तथ्यों के आधार पर यही निष्कर्ष निकलता है कि शैक्षिक कार्यक्रम तथा पाठ्यक्रम के समायोजन के समय छात्र-छात्राओं में कोई भेदभाव नहीं बरतना चाहिए। छात्र-छात्राओं की पाठ्यचर्या में अंतर जन्मजात बौद्धिक स्तर के कारण नहीं होता है। उनमें अंतर का मुख्य कारण भावी जीवन की आवश्यकताओं के अनुसार निर्धारित होता है।

शैक्षिक अभ्यास

वर्तमान सामाजिक ढांचे में भी लड़की एवं लड़के में भिन्नता देखने को मिलती है। समाज लड़की को लड़के से कमतर आंकता है तथा उसे निश्चित रूढ़िगत कामों में लगा देता है। शिक्षण के दौरान शिक्षक भी लड़कियों पर अवांछित टिप्पणी करते हैं जो शिक्षण की नीति के प्रतिकूल है। ऐसे शिक्षकों में प्रायः यह धारणा होती है कि लड़कियों के लिए ऐसी शिक्षा व्यवस्था होनी चाहिए जो उन्हें सद्गृहिणी तथा आदर्श माता बनने के लिए प्रेरक का कार्य करे। इस प्रकार का विचार न केवल व्यक्तित्त्व की भिन्नता संबंधी गुणों की अवहेलना करता है अपितु इस तथ्य की भी उपेक्षा करता है कि बालक-बालिकाओं को कुछ समान कौशल सिखाने की भी आवश्यकता है। जैसा कि पहले भी बताया जा चुका है कि बालक तथा बालिकाएं कुछ क्षेत्रों या योग्यताओं में अवश्य भिन्न हैं और इन क्षेत्रों में ये एक-दूसरे से आगे भी निकल जाते हैं। इसी आधार पर जन्मजात योग्यताओं के अधिकतम विकास के लिए विशेष शिक्षण रीति-नीति अपनाने की आवश्यकता है तथा अभाव के क्षेत्र को भी प्रबल करने के लिए विशेष पद्धतियों का आश्रय लेने की आवश्यकता है। एक अध्यापक को अध्यापक के नाते लिंग भेद आधारित भावना के विरुद्ध साहसिक कदम उठाना चाहिए। इसके साथ-साथ लड़के-लड़कियों के बीच पाए जाने वाले वास्तविक भेदों को भी पहचानना तथा उन्हें स्वीकार करना चाहिए। साथ ही साथ अध्ययन के समय उसी प्रकार की रीति-नीति का उपयोग करना चाहिए।

आज भी लड़कियों के प्रति सामाजिक दृष्टिकोण परंपरागत ही है। इसका महत्त्वपूर्ण प्रमाण उनके प्रति अपनाए जाने वाले व्यवहार और उनकी शिक्षा-दीक्षा के संबंध में देखने को मिलता है। यद्यपि ये बातें सभी जगह लागू नहीं होती किंतु यह प्रायः देखा जाता है। इस संबंध में भी वर्ग भेद पर्याप्त रूप से देखने को मिलता है। समाज के उच्च वर्ग की अपेक्षा निम्न वर्ग से आने वाली लड़कियों के संदर्भ में इस स्तर पर और भी भेद पाया जाता है। अनुसूचित जातियों, अनुसूचित जनजातियों तथा अन्य अभावग्रस्त व सुविधाविहिन सामाजिक स्तर से आने वाली लड़कियों को कुछ अन्य टिप्पणियों से भी दो-चार होना पड़ता है, जैसे- यह कि ये अभावग्रस्त परिवारों से हैं तथा यह कि ये आर्थिक दृष्टि से पिछड़े तथा दलित हैं। ऐसे में ये बातें उन्हें शैक्षिक तथा सामाजिक दृष्टिकोण से विकसित बनने में बाधा उत्पन्न करता है। इतना ही इस समुदाय के लोग यह भी सोचते हैं कि लड़कियों की पढ़ाई पर किए जाने वाले खर्च को यदि उनके विवाह पर खर्च किया जाए तो वह अधिक लाभप्रद और उपयोगी होगा। हालांकि वर्तमान में कई राज्य सरकारों ने लड़कियों की शिक्षा के लिए अनेक कल्याणकारी योजनाओं का शुभारंभ किया है फिर भी लड़कियों की एक बड़ी आबादी अभी भी विद्यालय तक नहीं पहुंच पाई है। ऐसे में लड़कियों की शिक्षा से संबंधित विभिन्न पहलुओं, यथा–सामाजिक, शैक्षिक एवं आर्थिक पर चिंतन करना शिक्षक का महत्त्वपूर्ण दायित्व बन जाता है।

10. सीखने के लिए एवं सीखने का मूल्यांकन

चूंकि शिक्षा का संबंध बच्चे के सर्वांगीण विकास (शारीरिक, सामाजिक, बौद्धिक एवं भावनात्मक आदि) से है। इसलिए बच्चे के विकास के सभी पहलुओं को आंके जाने की आवश्यकता है। वर्तमान समय में हम बच्चे को पूरे रूप में नहीं आंकते, बल्कि विशिष्ट क्षेत्रों में केवल उसकी शैक्षिक उपलब्धियों का मूल्यांकन करते हैं। हम शिक्षार्थी का मूल्यांकन बुनियादी रूप से उसके परीक्षा परिणामों के आधार पर करते हैं। हम सीखने के लिए किए गए प्रयास, कार्य निष्पादन, अभिवृत्तियों का और जो कुछ सीखा गया है, उसका उपयोग विभिन्न स्थितियों में करने की योग्यता का मूल्यांकन नहीं करते और न ही हम उनका मूल्यांकन इस आधार पर करते हैं कि वे तकनीकें कितनी प्रभावकारी रूप से कार्य करती हैं अथवा विभिन्न सिद्धांतों का मूल्यांकन कितने विवेचनात्मक ढंग से करते हैं।

इस प्रक्रिया के स्वरूप को अधिक व्यापक बनाने के लिए महत्त्वपूर्ण है कि बच्चे की शिक्षा-प्राप्ति का निर्धारण कक्षा के अंदर और बाहर हर प्रकार की स्थितियों और वातावरण में किया जाए। यह जरूरी है कि मूल्यांकन की प्रक्रिया सूचना प्रदान करने के तरीके और उस प्रत्युत्तर (Feedback) का भाग हो कि स्कूल और अध्यापक शिक्षा के प्रत्याशित परिणाम प्राप्त करने में किस हद तक सफल हुए हैं।

विद्यालय आधारित मूल्यांकन

विद्यालय आधारित मूल्यांकन विद्यालय शिक्षा बोर्डों द्वारा ली जाने वाली परीक्षाओं के विपरीत, स्कूल स्तर पर किया जाता है। यह मूल्यांकन विद्यालय द्वारा विकसित अनुसूची और बोर्ड द्वारा

जारी किए गए मार्ग-निर्देशों के अनुसार अध्यापकों द्वारा किया जाता है। यद्यपि यह मूल्यांकन हमेशा विद्यालय के स्तर पर किया जाता रहा है, किंतु इस प्रणाली में कुछ त्रुटियां उत्पन्न हो गई हैं। इन त्रुटियों के मुख्य कारण निम्न हो सकते हैं :

(*i*) मूल्यांकन के स्थान एवं शिक्षा की प्रक्रिया में इसके महत्त्व के बारे में अध्यापकों की गलत धारणा।

(*ii*) बाह्य परीक्षा की प्रथा का अनुकरण जो सामान्य रूप से सत्र के अंत में ली जाती है।

वर्तमान दौर में मूल्यांकन की विद्यालय-आधारित प्रणाली में, मूल्यांकन के प्रयोजन का केंद्र-बिंदु बदल गया है। अब इसमें तत्परता परीक्षण, विकास की जांच परख, संज्ञानात्मक, भावात्मक और मनो-प्रेरक क्षेत्रों में कार्य निष्पादन का बार-बार सुनियोजित और प्रभावकारी तरीके से मूल्यांकन किया जाना शामिल है।

अन्य शब्दों में, विद्यालय-आधारित मूल्यांकन बाल-केंद्रित, विद्यालय-केंद्रित और बहुआयामी मूल्यांकन होता है। यह सही मायने में शिक्षार्थी के सर्वतोमुखी विकास का सूत्रपात करता है। यह विद्यालय के अंदर और विद्यालय के बाहर दोनों जगहों पर जीवन में सभी प्रकार की शिक्षा प्राप्ति को प्रोत्साहित करता है। यह बाल-केंद्रित होता है, क्योंकि यह विकास के वैयक्तिक स्वरूप की दृष्टि से विद्यार्थी को एक अद्वितीय अस्तित्व मानता है। यह अपनी शिक्षा के पहले से निर्धारित लक्ष्यों और उद्देश्यों को प्राप्त करने के लिए शिक्षार्थी का एक अलग व्यक्तित्व के रूप में, अन्य शिक्षार्थियों की तुलना में केवल उसकी स्थिति के रूप में नहीं बल्कि प्रत्येक बच्चे की अपनी वैयक्तिक योग्यताओं, प्रगति और विकास के आधार पर निर्माण करता है।

विद्यालय आधारित मूल्यांकन की विशेषताएं

I. विद्यार्थी से संबद्ध विशेषताएं

(*i*) यह पारंपरिक प्रणाली से अधिक विस्तृत, अधिक व्यापक और सतत होता है।

(*ii*) इसका मुख्य लक्ष्य शिक्षार्थी को सुनियोजित अधिगम और विकास की ओर उन्मुख करने में सहायता देना होता है।

(*iii*) यह भविष्य के जिम्मेदार नागरिक के रूप में शिक्षार्थी की आवश्यकताओं का ध्यान रखता है।

(*iv*) यह अधिक पारदर्शी, भविष्यात्मक और शिक्षार्थियों, अध्यापकों और माता-पिता के बीच सहयोजन की अधिक गुंजाइश मुहैया करानेवाला होता है।

(*v*) यह शिक्षार्थी को अपनी क्षमता का बेहतर तरीके से उपयोग करने में सहायता देता है।

II. अध्यापक से संबद्ध विशेषताएं

विद्यालय आधारित प्रणाली में अध्यापकों को अपने विद्यार्थियों के बारे में निम्नलिखित बातें जानने का अवसर मिलता है–

(*i*) वे क्या सीखते हैं?

(*ii*) वे कैसे सीखते हैं?

(*iii*) इकट्ठा सीखने में उन्हें किस प्रकार की कठिनाइयों अथवा सीमाओं का सामना करना पड़ता है?

(*iv*) बच्चे क्या सोचते हैं?

(*v*) बच्चे क्या महसूस करते हैं?

(*vi*) उनकी रुचियां और प्रवृत्तियां क्या हैं?

(*vii*) यह अध्यापकों को ऐसे तरीकों को ढूंढने के लिए पैनी दृष्टि प्रदान करता है, जो अलग-अलग शिक्षार्थियों के लिए अपनी समस्याओं और कठिनाइयों का समाधान करने में सहायक सिद्ध हो सकते हैं।

सतत् और व्यापक मूल्यांकन (CCE)

सतत् और व्यापक मूल्यांकन का तात्पर्य विद्यार्थियों के विद्यालय आधारित मूल्यांकन की उस प्रणाली के बारे में है, जिसमें विद्यार्थियों के विकास के सभी पहलुओं की ओर ध्यान दिया जाता है।

'सतत्' शब्द का उद्देश्य इस बात पर बल देना है कि बच्चों की 'संवृद्धि और विकास' के अभिज्ञात पहलुओं का मूल्यांकन एक घटना होने के बजाए एक सतत् प्रक्रिया है, जो अध्यापन-शिक्षा-प्राप्ति की संपूर्ण प्रक्रिया के अंदर निर्मित है और शैक्षिक सत्र की समूची अवधि में फैली होती है। इसका अर्थ है निर्धारण की नियमितता, यूनिट परीक्षण की आवृत्ति, शिक्षा-प्राप्ति की कमियों का निदान, सुधारात्मक उपायों का उपयोग, पुनः परीक्षण और अध्यापकों और छात्रों के स्व-मूल्यांकन के लिए उन्हें घटनाओं के प्रमाण का फीडबैक।

'व्यापक' का अर्थ है कि यह योजना विद्यार्थियों की संवृद्धि और विकास के शैक्षिक और सह-शैक्षिक दोनों क्षेत्रों को समाहित करने का प्रयास करती है। चूंकि योग्यताएं, अभिवृत्तियां और अभिरुचियां अपने आपको लिखित शब्दों से भिन्न अन्य रूपों में प्रकट करती हैं, इसलिए इस शब्द में विभिन्न प्रकार के साधनों और तकनीकों (परीक्षण और गैर-परीक्षण) के उपयोग और शिक्षा-प्राप्ति के क्षेत्रों में शिक्षार्थियों के विकास को आंकने के लक्ष्यों का उल्लेख किया गया है, यथा–

(*i*) ज्ञान, (*iv*) विश्लेषण,

(*ii*) समझना/बोध, (*v*) मूल्यांकन और

(*iii*) अनुप्रयोग, (*vi*) सृजन।

इस प्रकार स्पष्ट है कि सतत एवं व्यापक मूल्यांकन एक पाठ्यचर्या संबंधी पहल है, जिसमें परीक्षण के स्थान पर संपूर्णवादी शिक्षा प्राप्ति पर जोर दिए जाने का प्रयास किया जाता है। इसका लक्ष्य अच्छे स्वास्थ्य, उपयुक्त कौशलों और वांछनीय गुणवत्ता वाले और इसके अलावा शैक्षिक उत्कृष्टता वाले अच्छे नागरिकों का निर्माण करना है।

सतत एवं व्यापक मूल्यांकन का उद्देश्य

(*i*) संज्ञानात्मक, मनोप्रेरक (साइकोमोटर) और प्रभावकारी कौशलों का विकास करने में सहायता देना।

(*ii*) चिंतन की प्रक्रिया पर जोर देना और कंठस्थ करने पर बल न देना।

(*iii*) मूल्यांकन को अध्यापन-शिक्षा-प्राप्ति की प्रक्रिया का अभिन्न अंग बनाना।

(*iv*) मूल्यांकन का उपयोग नियमित निदान और उसके बाद उपचारात्मक अनुदेश के आधार पर विद्यार्थियों की उपलब्धियों और अध्यापन-शिक्षा-प्राप्ति की कार्यनीतियों में सुधार करने के लिए करना।

(*v*) कार्य-निष्पादन का वांछित स्तर बनाए रखने के लिए मूल्यांकन का उपयोग एक गुणवत्ता नियंत्रण साधन के रूप में करना।

(*vi*) किसी कार्यक्रम की सामाजिक उपयोगिता, वांछनीयता अथवा प्रभावकारिता निर्धारित करना और शिक्षार्थी, शिक्षा-प्राप्ति की प्रक्रिया और शिक्षा-प्राप्ति के वातावरण के बारे में उपर्युक्त निर्णय लेना।

(*vii*) अध्यापन और शिक्षा-प्राप्ति की प्रक्रिया को शिक्षार्थी-केंद्रित क्रियाकलाप बनाना।

अधिगम का मूल्यांकन

अधिगम के मूल्यांकन में उपलब्ध प्रमाणों के साथ कार्य करना शामिल है, जो स्टाफ और व्यापक मूल्यांकन समुदाय को विद्यार्थियों की प्रगति की जांच करने और इस सूचना का अनेक तरीकों से इस्तेमाल करने में समर्थ बनाता है। मूल्यांकन के दो स्तर हैं– (*i*) रचनात्मक मूल्यांकन (Formative Assessment) एवं (*ii*) सारांशात्मक मूल्यांकन (Summative Assessment)।

(*i*) **रचनात्मक मूल्यांकन :** इस मूल्यांकन को सीखने/अधिगम का मूल्यांकन भी कहा जाता है। इसका उपयोग अध्यापक द्वारा विद्यार्थी की प्रगति को एक ऐसे वातावरण में मॉनीटर करने के लिए किया जाता है, जो घबराहट पैदा करने वाला न हो और प्रोत्साहन देने वाला हो। इसमें विद्यार्थी को नियमित प्रत्युत्तर मुहैया कराना और उसे अपने कार्य-निष्पादन पर विचार करने, सलाह प्राप्त करने और उसमें सुधार करने का अवसर प्रदान करना शामिल है। इसमें विद्यार्थियों को स्व-मूल्यांकन करने अथवा अपने समकक्षों का मूल्यांकन करने की कसौटियां तय करने के एक आवश्यक भाग के रूप में शामिल किया जाता है। यदि इसे प्रभावकारी रूप से उपयोग में लाया जाए तो यह बच्चे के आत्म-सम्मान को बढ़ाते हुए और अध्यापक के कार्य भार को घटाकर, विद्यार्थी के कार्य निष्पादन में जबरदस्त सुधार कर सकता है।

इस प्रकार, रचनात्मक मूल्यांकन कार्य-संपादक अथवा शिक्षा प्रदान करने की प्रक्रियाओं और शिक्षा-प्राप्ति के क्रियाकलापों में उपयुक्त संशोधन करने के बारे में निर्णय लेने के लिए अध्यापकों और विद्यार्थियों दोनों को निरंतर प्रत्युत्तर (Feedback) मुहैया कराने के लिए शिक्षा की अवधि के दौरान किया जाता है।

रचनात्मक मूल्यांकन की विशेषताएं :

(*a*) यह नैदानिक एवं उपचारात्मक है।

(*b*) यह प्रभावकारी प्रत्युत्तर की व्यवस्था करता है।

(*c*) यह विद्यार्थियों को स्वयं अपनी शिक्षा प्राप्ति में सक्रिया रूप से शामिल होने के लिए मंच उपलब्ध कराता है।

(*d*) यह अध्यापकों को मूल्यांकन के परिणाम को ध्यान में रखते हुए उन्हें अध्यापन को समायोजित करने में समर्थ बनाता है।

(*ii*) **सारांशात्मक मूल्यांकन :** यह मूल्यांकन शिक्षा पाठ्यक्रम के समाप्त होने पर किया जाता है। सारांशात्मक मूल्यांकन यह मापता अथवा जोड़ता है कि विद्यार्थी ने पाठ्यक्रम से क्या सीखा है। यह मुख्य रूप से एक श्रेणीकृत (Graded) परीक्षण होता है, अर्थात् इसमें एक पैमाने के अनुसार अथवा ग्रेडों के एक सेट के अनुसार अंक दिए जाते हैं।

वह मूल्यांकन, जो मुख्यतः सारांशात्मक प्रकृति का होगा, अपने आप में बच्चे की संवृद्धि और उसके विकास का कोई संगत एवं युक्तिसंगत पैमाना नहीं होगा। अधिक-से-अधिक यह एक समय-विशेष पर उपलब्धि के स्तर को प्रमाणित करता है। कागज-पेंसिल परीक्षण बुनियादी रूप से निर्धारण अथवा मूल्यांकन का एक-एक बार अपनाया जाने वाला तरीका है और किसी बच्चे के विकास के बारे में केवल इसका सहारा लेना न केवल अनुचित है, बल्कि अवैज्ञानिक भी है। केवल शैक्षिक पहलुओं पर ध्यान देते हुए परीक्षा में प्राप्त अंक पर बहुत जोर देने से, बच्चे यह मान लेते हैं कि मूल्यांकन (निर्धारण) शिक्षा प्राप्ति से भिन्न है, जिसका परिणाम 'सीखो और भूल जाओ' लक्षण होता है। सारांशात्मक मूल्यांकन प्रणाली पर आवश्यकता से अधिक जोर देने से अस्वास्थ्यकर प्रतियोगिता को प्रोत्साहन मिलने के अलावा शिक्षार्थियों पर बहुत अधिक दबाव पड़ता है और उनमें चिंता उत्पन्न होती है। इसी कारण से सतत् और व्यापक विद्यालय आधारित मूल्यांकन संकल्पना का प्रादुर्भाव हुआ है।

सारांशात्मक मूल्यांकन की विशेषताएं :

(*a*) शिक्षा-प्राप्ति का निर्धारण।

(*b*) सामान्य रूप से विद्यार्थियों द्वारा किसी यूनिट अथवा सेमेस्टर के समाप्त होने पर उसका सारांश प्रदर्शित करने के लिए किया जाता है, जो उन्होंने सीखा हो अथवा न सीखा हो।

(*c*) इस मूल्यांकन के तरीके अधिकतर विद्यार्थियों के कार्य का मूल्यांकन करने के पारंपरिक तरीके होते हैं।

अधिगम के मूल्यांकन की विशेषताएं

(*i*) यह मूल्यांकन शिक्षा-प्राप्ति के बाद किया जाता है।

(*ii*) सूचना अध्यापक द्वारा एकत्र की जाती है।

(*iii*) सूचना को सामान्य रूप से अंकों अथवा ग्रेडों में रूपांतरित किया जाता है।

(*iv*) अन्य विद्यार्थियों के कार्य-निष्पादन के साथ तुलना की जाती है।

(*v*) इसके पहले प्राप्त की गई शिक्षा पर नजर डालता है।

अधिगम के अच्छे मूल्यांकन के मानदंड

(*i*) वे युक्तिसंगत होते हैं (ठोस मानदंडों पर आधारित)।

(*ii*) वे विश्वसनीय होते हैं (मूल्यांकन और पद्धति का सही होना)।

(*iii*) वे तुलनीय होते हैं (जब उनकी तुलना अन्य विभागों अथवा विद्यालयों में गई जांच-परख से की जाती है, तो वे ठीक पाए जाते हैं)।

अधिगम के मूल्यांकन के प्रयोजन/उद्देश्य

अधिगम के मूल्यांकन का सार यह है कि सारांशात्मक मूल्यांकन को किसी विशेष समय पर विषय-वस्तु के मानदंडों की तुलना में विद्यार्थी की शिक्षा को मापने का एक साधन समझा जाए।

सतत् और व्यापक मूल्यांकन की विशेषताएं

(*i*) सतत् और व्यापक मूल्यांकन में 'सतत्' पहलू के तहत मूल्यांकन के 'सतत्' और 'आवधिक' पहलू का ध्यान रखा जाता है।

(*ii*) निरंतरता का अर्थ है शिक्षा के प्रारंभ में विद्यार्थियों का निर्धारण या स्थापन मूल्यांकन और शिक्षण प्रक्रिया के दौरान रचनात्मक मूल्यांकन, जो मूल्यांकन की बहुविध तकनीकों का उपयोग करके अनौपचारिक रूप से किया जाता है।

(*iii*) नियतकालिकता का अर्थ है कार्य-निष्पादन का मूल्यांकन जो यूनिट/अवधि के समाप्त होने पर बार-बार किया जाता है (सारांशात्मक)।

(*iv*) सतत् और व्यापक मूल्यांकन का 'व्यापक' संघटक बच्चे के व्यक्तित्व के सर्वतोमुखी विकास के निर्धारण का ध्यान रखता है। इसमें विद्यार्थियों के विकास के शैक्षिक और इसके अलावा सह-शैक्षिक पहलुओं का निर्धारण शामिल है।

(*v*) शैक्षिक पहलुओं में पाठ्यक्रम के क्षेत्र अथवा विषय-सापेक्ष क्षेत्र शामिल होते हैं, जबकि सह-शैक्षिक पहलुओं में जीवन-कौशल, सह-पाठ्यचर्या अभिवृत्तियां और मूल्य शामिल होते हैं।

(*vi*) शैक्षिक क्षेत्रों में निर्धारण, निरंतर और नियतकालिक रूप में मूल्यांकन की बहुविध तकनीकों का इस्तेमाल करके अनौपचारिक और औपचारिक रूप से किया जाता है। नैदानिक मूल्यांकन यूनिट/परीक्षा के समाप्त होने पर किया जाता है। कुछ यूनिटों में घटिया कार्य निष्पादन के कारणों का पता नैदानिक परीक्षणों का उपयोग करते हुए लगाया जाता है। इसके बाद उपयुक्त रूप से हस्तक्षेप किया जाता है और कारवाई की जाती है और तत्पश्चात् पुनः परीक्षण किए जाते हैं।

(*vii*) सह-शैक्षिक क्षेत्रों में निर्धारण निर्धारित मानदंडों के आधार पर बहुविध तकनीकों का इस्तेमाल करते हुए किया जाता है, जब जीवन-कौशलों का मूल्यांकन, मूल्यांकन के सूचकों और जांच सूचियों के आधार पर किया जाता है।

सतत् और व्यापक मूल्यांकन : विचार एवं व्यवहार

अध्यापन-शिक्षा-प्राप्ति प्रक्रिया में, मूल्यांकन से शैक्षिक और सह-शैक्षिक पहलुओं का ध्यान रखने की अपेक्षा की जाती है। यदि कोई किसी क्षेत्र में कमजोर है तो नैदानिक मूल्यांकन किया जाना चाहिए और उपचारी उपाय अपनाए जाने चाहिए। सतत् मूल्यांकन समय-समय पर बच्चे, अध्यापकों और माता-पिता को उपलब्धि के बारे में जागरूक बनाने में सहायता देता है। यदि उपलब्धि में कोई कमी हुई हो तो वे उसके संभावित कारणों की जांच कर सकते हैं और शिक्षा के उस क्षेत्र में जिसमें अधिक जोर देने की आवश्यकता हो उपचारी उपाय कर सकते हैं।

बहुत बार ऐसा होता है कि कुछ वैयक्तिक कारणों, पारिवारिक समस्याओं अथवा समायोजन की समस्याओं के कारण बच्चे अपने अध्ययन की उपेक्षा करना शुरू कर देते हैं जिसके परिणामस्वरूप उनकी उपलब्धि में अचानक गिरावट आ जाती है। यदि अध्यापक, बच्चे और माता-पिता को उपलब्धि में अचानक आई गिरावट का पता न चले तो बच्चे द्वारा अपने अध्ययन की उपेक्षा लंबे समय तक की जाती रहती है और इसके परिणामस्वरूप उपलब्धि घटिया हो जाती है और बच्चे की शिक्षा-प्राप्ति में स्थायी रूप से त्रुटि रह जाती है।

सतत् और व्यापक मूल्यांकन का मुख्य जोर विद्यार्थियों की निरंतर संवृद्धि पर और उनका बौद्धिक, भावनात्मक, शारीरिक, सांस्कृतिक और सामाजिक विकास सुनिश्चित करने पर होता है और इसलिए यह विद्यार्थी की केवल शैक्षिक उपलब्धियों को आंकने तक सीमित नहीं होगा। यह मूल्यांकन का उपयोग शिक्षार्थियों को अन्य कार्यक्रमों के लिए अभिप्रेरित करने, सूचना प्रदान करने, प्रत्युत्तर (Feedback) की व्यवस्था करने और शिक्षा-प्राप्ति में सुधार करने के लिए अनुवर्ती कारवाई करने और शिक्षार्थी के विवरणों की एक व्यापक तस्वीर प्रस्तुत करने के एक साधन के रूप में करता है।

सतत् और व्यापक मूल्यांकन (CCE) के महत्त्वपूर्ण कार्य

(*i*) यह अध्यापक को प्रभावकारी कार्यनीतियां आयोजित करने में सहायता देता है।

(*ii*) सतत् और व्यापक मूल्यांकन शिक्षार्थी की प्रगति की सीमा और मात्रा को नियमित रूप से आंकने में

सहायता देता है (विशिष्ट शैक्षिक और सह-शैक्षिक क्षेत्रों के संदर्भ में योग्यता और उपलब्धि)।

(*iii*) सतत् और व्यापक मूल्यांकन कमजोरियों का निदान करने का कार्य करता है और अध्यापक को अलग-अलग शिक्षार्थियों की शक्तियों और कमजोरियों और उसकी आवश्यकताओं का पता लगाने में सहायता देता है। यह अध्यापक को तत्काल प्रत्युत्तर (Feedback) मुहैया कराता है, जो तब यह फैसला कर सकता है कि कोई विशेष यूनिट अथवा संकल्पना समूची कक्षा को फिर से पढ़ाए जाने की आवश्यकता है अथवा केवल कुछ शिक्षार्थियों को उपचारी शिक्षा की आवश्यकता है।

(*iv*) सतत् और व्यापक मूल्यांकन के द्वारा, बच्चे अपनी शक्तियों और कमजोरियों को जान सकते हैं। यह बच्चों को अध्ययन की अच्छी आदतें विकसित करने, गलतियों को सुधारने और क्रियाकलापों को वांछित लक्ष्य प्राप्त करने की दिशा में मोड़ने के लिए अभिप्रेरित कर सकता है। इससे शिक्षार्थी को शिक्षा के उन क्षेत्रों को निर्धारित करने में सहायता मिलती है, जिनमें अधिक जोर दिए जाने की आवश्यकता हो।

(*v*) सतत् और व्यापक मूल्यांकन अभिरुचियों और प्रवृत्ति वाले क्षेत्र अभिज्ञात करता है। यह अभिवृत्तियों और मूल्य प्रणालियों में होने वाले परिवर्तनों का पता लगाने में सहायता देता है।

(*vi*) यह विषयों, पाठ्यक्रमों और जीवनवृतियों (Carrier) के चुनाव के बारे में, भविष्य के लिए फैसला करने में सहायता देता है।

(*vii*) यह शैक्षिक और सह-शैक्षिक क्षेत्रों में विद्यार्थियों की प्रगति के बारे में सूचना/रिपोर्ट देता है और इस प्रकार शिक्षार्थी की भावी सफलताओं के बारे में पूर्वानुमान लगाने में सहायता देता है।

11 शिक्षार्थी के पढ़ाई स्तर के मूल्यांकन के लिए उचित प्रश्न-पत्र की आवश्यकता

किसी भी शिक्षार्थी के पढ़ाई के स्तर की जांच में एक अच्छे प्रश्न-पत्र की महत्त्वपूर्ण भूमिका होती है। इस प्रश्न-पत्र के माध्यम से ही शिक्षक शिक्षार्थियों के विकास का मूल्यांकन करता है। एक प्रश्न-पत्र के निम्न कार्य होते हैं–

(*i*) यह उच्च उपलब्धि प्राप्त छात्रों एवं निम्न उपलब्धि प्राप्त छात्रों के बीच अंतर स्पष्ट करता है।

(*ii*) यह प्राप्तांकों के आधार पर शिक्षार्थी के वर्गीकरण में सहायक होता है।

(*iii*) यह शिक्षार्थी के शैक्षिक-प्रारूप का संपूर्णता में मूल्यांकन करने का महत्त्वपूर्ण माध्यम है।

उपर्युक्त बातों से स्पष्ट है कि प्रश्न-पत्र एक शिक्षार्थी के मूल्यांकन प्रक्रिया का महत्त्वपूर्ण अंग है। प्रश्न-पत्र निर्माण में कुछ खास बातों का ध्यान आवश्यक है, यथा– प्रश्न-पत्र अपने पूर्व निर्धारित प्रकार्यों पर खरा उतरे, प्रश्न-पत्र एक सृजनात्मक कार्य है। अतः एक निर्धारित योजना के अनुसार प्रश्नों का संकलन करना चाहिए।

परंपरागत प्रश्न-पत्र के दोष

एक अच्छे प्रश्न-पत्र का निर्माण काफी श्रम-साध्य, समयबद्ध एवं सुनियोजित प्रक्रिया है। वर्तमान में अध्यापक जो प्रश्न-पत्र तैयार करते हैं वह प्रायः पारंपरिक प्रश्नों का ही अनुसरण करते हैं। इन पारंपरिक प्रश्नों में कमियां पाई जाती है। पारंपरिक प्रश्नों में निम्न प्रकार की कमियां पाई जाती है–

(*i*) पारंपरिक प्रश्न-पत्रों में घिसे-पिटे प्रश्नों की अधिकता रहती है। ये प्रश्न प्रायः निबंधात्मक एवं पाठ्य-पुस्तकोन्मुखी होते हैं। इस प्रकार के प्रश्न छात्रों की समस्याओं व उनकी वास्तविक क्षमताओं का मूल्यांकन करने में सक्षम साबित नहीं होते।

(*ii*) पारंपरिक प्रश्नों का प्रकार निबंधात्मक होने से प्रश्नों की संख्या कम होती है जिससे वे पाठ्यक्रम का अधिकांश भाग पूरा नहीं कर पाते।

(*iii*) कुछ प्रश्न ऐसे होते हैं जिनसे विद्यार्थियों में जानकारियों का स्मरण तथा कंठस्थ करने की प्रवृत्ति को बढ़ावा मिलता है। ऐसे प्रश्नों में पाठ्यक्रम समग्र रूप से समाहित नहीं होते। साथ ही ऐसे प्रश्न छात्रों की समझ और कौशल की जांच करने में समर्थ नहीं होते।

(*iv*) 'व्याख्या करें', 'स्पष्ट करें', 'आप क्या जानते हैं', 'संक्षिप्त टिप्पणी लिखिए', 'संक्षिप्त विवरण दें', विवेचना करें' आदि जैसे निर्देशक शब्द किसी भी प्रश्न-पत्र को अस्पष्ट बना देते हैं। ऐसे प्रश्नों में छात्र प्रायः यह निश्चित नहीं कर पाते कि क्या उत्तर देना है। परीक्षक स्वयं छात्रों से पूछे गए प्रश्नों के स्वरूप के बारे में असमंजस में रहते हैं। समान प्रकृति के प्रश्नों के लिए विभिन्न परीक्षकों द्वारा छात्रों को दिए गए अंकों में बहुत भिन्नता होती है। ऐसे में परीक्षा में छात्र का मूल्यांकन दोषपूर्ण हो जाता है।

(*v*) पारंपरिक प्रश्नों में प्रतीकों और आकृतियों के परिकलन (Calculation) और भौतिक कौशल पर अत्यधिक बल रहता है जबकि गणितीय ज्ञान और उनके अनुप्रयोग आदि से संबद्ध प्रश्नों पर एकदम ध्यान नहीं दिया जाता है।

(*vi*) पारंपरिक प्रश्नों में बहुधा विकल्प भी दिए जाते हैं और कहा जाता है कि सभी प्रश्नों के अंक समान तथा छात्र 10 या 12 प्रश्नों में से कोई 5 या 6 प्रश्न कर सकते हैं। इससे छात्रों में केवल चुने गए महत्त्वपूर्ण विषयों की तैयारी करने की प्रवृत्ति विकसित होती है तथा शेष को बिना किसी खतरे के छोड़ देने की स्वतंत्रता मिलती है।

प्रश्न-पत्रों के दोषों को दूर करने के उपाय

(*i*) निर्देशात्मक प्रकृति के प्रश्नों में अस्पष्टता नहीं होनी चाहिए।

(*ii*) अंक देने की प्रक्रिया वस्तुनिष्ठ होनी चाहिए। इसके लिए परीक्षकों को कुंजी (Key) तथा अंक देने की योजना भी उपलब्ध कराई जानी चाहिए।

(*iii*) प्रश्न-पत्र को इस तरह से तैयार किया जाना चाहिए कि छात्रों का विभिन्न कोणों से मूल्यांकन किया जा सके।

(*iv*) प्रश्नों को तैयार करने में उसके भाषा के सरलता तथा स्पष्टता का विशेष ध्यान रखा जाना चाहिए ताकि विद्यार्थी को यह पता चले कि प्रश्न के उत्तर में क्या लिखना है।

(*v*) प्रश्न लघु-उत्तरीय प्रकार (Short Answer Type) और अति लघु-उत्तरीय प्रकार (Very Short Answer Type) का होना चाहिए। इससे पूरे पाठ्यक्रम से प्रश्न पूछने में साहूलियत होती है और छात्रों में समग्र अध्ययन की प्रवृत्ति का विकास होता है। कुछ निबंधात्मक प्रकार (Essay Type) के प्रश्न भी पूछे जा सकते हैं।

(*vi*) निम्नलिखित में से किन्हीं 5 या 6 प्रश्न का उत्तर दीजिए जैसे प्रकार के प्रश्न पूछने से बचना चाहिए। यदि जरूरी है तो प्रश्न के भीतर ही विकल्प देना चाहिए। ऐसा करने से छात्रों में चयनात्मक अध्ययन की प्रवृत्ति का ह्रास होता है और वे समग्र अध्ययन की ओर प्रवृत्त होते हैं।

एक अच्छे प्रश्न-पत्र की विशेषताएं/गुण

(*i*) विश्वसनीयता।

(*ii*) वैधता।

(*iii*) प्रयोज्यता।

(*iv*) परिणामों की व्याख्या।

(*v*) प्रारूप।

समावेशी शिक्षा और विशेष समझ वाले बच्चों की आवश्यकताओं की अवधारणा

1. विविध पृष्ठभूमि से संबद्ध छात्र

दोषपूर्ण सामाजिक संरचना के कारण समाज के कुछ वर्गों का सामाजिक एवं शैक्षिक उत्थान नहीं हो पाया है। ऐसे लोगों में अनुसूचित जाति, अनुसूचित जनजाति एवं अन्य पिछड़े वर्ग के पृष्ठभूमि वाले छात्र आते हैं। भारत सरकार का सामाजिक न्याय एवं अधिकारिता मंत्रालय भी इनके उत्थान के लिए प्रयत्नशील है। ऐसे छात्रों को शिक्षा देते समय शिक्षक को रचनात्मक दृष्टिकोण अपनाना चाहिए।

अनुसूचित जाति वर्ग के छात्र

भारत की सामाजिक संरचना में अनुसूचित जातियां समाज के सबसे निचले पायदान पर हैं। इन्हें परंपरागत रूप से निम्न कोटि का समझा जाता है। यह वर्ग सामाजिक एवं शैक्षिक रूप से बेहद पिछड़ा हुआ है। भारतीय संविधान में इस वर्ग के जातियों के विकास के उद्देश्य से ''राज्य स्तरीय नीतियों में दिशा-निर्देशन के सिद्धांत'' द्वारा सकारात्मक कार्यक्रमों के योजना तत्त्वों को प्रस्तुत किया गया है। अनुसूचित जाति, उन जातियों को कहा जाता है जिन्हें परम्परागत रूप से भारत में अछूत समझा जाता है। इस जाति के लोग निम्नस्तरीय समझे जाने वाले कार्यों, यथा– सफाई करना, झाड़ू लगाना, मृत पशुओं को उठाना, मैला साफ करना, जूता बनाने आदि का कार्य करते हैं। ये जातियां गांवों के एक किनारे निवास करती हैं। भारतीय धार्मिक ग्रंथों में इन्हें अंत्यज, पेरियार अछूत कहा गया है।

इस जाति के लोग ऐसे पेशे से संबद्ध हैं जिन्हें ऊपर के जाति के लोग घृणित समझते हैं। इन्हें कुछ दशक पहले तक सार्वजनिक जन-सुविधाओं, यथा- तालाब, कुंआ तथा मंदिर तक जाने की अनुमति नहीं थी। यद्यपि इस स्थिति में अब काफी परिवर्तन आ चुका है। फिर भी इनकी शैक्षिक स्थिति में बहुत अधिक सुधार नहीं आ पाया है। ये आज भी सामाजिक गतिशीलता से वंचित हैं। आज भी अनुसूचित जाति के लोग परंपरागत कार्यों को छोड़कर अन्य कुशल कार्य शुरू करने अथवा अपनाने में समर्थ नहीं हो पाए हैं। फलतः यह समुदाय आज भी जीवन के लगभग प्रत्येक क्षेत्र में पिछड़ा हुआ है।

भारत में 'शिक्षा' राज्य के अनेक दायित्वों में से एक है। अनुसूचित जाति के लोगों को सामाजिक गतिशीलता प्रदान करने के लिए, राज्य स्तर पर अनेक कल्याणकारी और विकासशील योजनाओं का निर्माण किया गया है। कुछ प्रमुख योजनाएं इस प्रकार से हैं–

1. **विद्यार्थियों के लिए मैट्रिक के बाद छात्रवृत्ति :** इस योजना का उद्देश्य अनुसूचित जाति वर्ग के उन विद्यार्थियों को आर्थिक सहायता प्रदान करना है जो मैट्रिक के बाद या सेकेंडरी के बाद की शिक्षा के लिए अध्ययनरत हैं ताकि वह अपनी शिक्षा पूरी कर सकें। इस वित्तीय सहायता के अंतर्गत् विभिन्न श्रेणियों के पाठ्यक्रमों के लिए रखरखाव भत्ता, संस्थानों द्वारा वसूल की गई अनिवार्य अप्रति देय शुल्क का भुगतान, किताब बैंक और अन्य भत्ते शामिल हैं। यह छात्रवृत्ति केवल भारत में अध्ययन के लिए ही उपलब्ध है तथा यह आवेदकों से संबद्ध राज्यों एवं केंद्रशासित प्रदेशों के सरकारों की ओर से यह छात्रवृत्ति दी जाती है।
2. **विद्यार्थियों की योग्यता बढ़ाना :** इस कार्यक्रम का उद्देश्य आवासीय विद्यालयों में शिक्षा के माध्यम से चहुंमुखी विकास के लिए सुविधाएं उपलब्ध कराकर अनुसूचित जातियों के विद्यार्थियों की योग्यता बढ़ाना है। इसके तहत 9वीं से 12वीं कक्षाओं तक पढ़ रहे अनुसूचित जाति के विद्यार्थियों की योग्यता बढ़ाना है। इसके लिए निम्नलिखित उपायों को अमल में लाना प्रस्तावित है– (*i*) उनकी शैक्षणिक कमियों को दूर करना, (*ii*) उनकी योग्यता बढ़ाकर व्यावसायिक कोर्सों में प्रवेश करने हेतु प्रोत्साहन, (*iii*) उनमें आत्मबल एवं आत्म-निर्भरता का निर्माण करना।
3. **लक्षित समूह :** इस समूह के अंतर्गत् 9वीं कक्षा से 12वीं कक्षा में अध्ययन करने वाले अनुसूचित जातियों

के विद्यार्थी आते हैं। 15,000 रुपए की आर्थिक सहायता प्रतिवर्ष प्रति विद्यार्थी को उपलब्ध करवाने के मद्देनजर राज्यों और केंद्रशासित प्रदेशों से शत-प्रतिशत सहायता पैकेज के तौर पर मुहैया करवाई जाती है। अनुसूचित जाति के विकलांग विद्यार्थियों को कई विशेष भत्ते दिए जाते हैं, जैसे पाठक भत्ता, परिवहन भत्ता, मार्गरक्षण भत्ता इत्यादि।

4. **निःशुल्क कोचिंग व्यवस्था :** इस योजना का उद्देश्य विभिन्न प्रतियोगी परीक्षाओं में बैठने के इच्छुक अनुसूचित जाति वर्ग के छात्रों को परीक्षाओं के लिए तैयार करना है। इस निःशुल्क कोचिंग में संघ लोक सेवा आयोग की ग्रुप ए और ग्रुप बी की परीक्षाएं, कर्मचारी चयन आयोग, रेलवे भर्ती बोर्डों, राज्य लोक सेवा आयोग, बैंकों की अफसर ग्रेड परीक्षाओं, बीमा कंपनियां, पीएसयू (PSU) और निजी क्षेत्र में रोजगार हेतु नौकरी केंद्रित कोर्सों के लिए प्रशिक्षण दिए जाते हैं ताकि विद्यार्थी इन परीक्षाओं में सफलता के लिए दक्षता प्राप्त कर सकें।

   यह कार्यक्रम राज्य सरकारों/केंद्रशासित प्रदेशों के प्रशासकों द्वारा संचालित प्रसिद्ध कोचिंग संस्थानों और निजी क्षेत्र की संस्थानों द्वारा चलाया जाता है।

5. **बाबू जगजीवन राम छात्रावास योजना :** इस योजना का उद्देश्य अनुसूचित जाति के बालक और बालिकाओं को छात्रावास की सुविधा मुहैया कराना है जो माध्यमिक, उच्चतर माध्यमिक स्कूलों, कॉलेजों और विश्वविद्यालयों में पढ़ रहे हैं। इस योजना के तहत नए छात्रावासों के निर्माण तथा वर्तमान छात्रावासों के विस्तार के लिए राज्य विश्वविद्यालयों/संस्थानों को पात्रता के आधार पर केंद्रीय सहायता दी जाती है जबकि गैर-सरकारी संगठन (NGO) और निजी क्षेत्र के डीम्ड विश्वविद्यालयों की केवल मौजूदा छात्रावास सुविधाओं के विस्तार के लिए सहायता मिल सकती है।

अनुसूचित जनजाति वर्ग के छात्र

भारत में अनुसूचित जनजाति उन लोगों को कहा जाता है, जो प्रायः छोटे और बिखरे हुए गांवों, ठाणियों एवं जंगलों में निवास करते हैं। इस वर्ग के लोग प्रायः सामान्य पहुँच से दूर रहते हैं जिससे इन्हें प्रतिदिन की सुविधाएं, यथा– भोजन, वस्त्र, आश्रय एवं शिक्षा आदि मुहैया होने में कठिनाई होती है।

इस वर्ग के छात्रों को पढ़ाते समय शिक्षक को कुछ विभिन्न तथ्यों यथा– उनकी भाषा और समझ एवं मानसिक स्तर का विशेष ध्यान रखना चाहिए। इस वर्ग के छात्रों के शिक्षा के खराब स्तर का कारण सामाजिक एवं आर्थिक हैं। ये कारण निम्न प्रकार से हैं–

(*i*) विद्यालय में इस वर्ग के छात्रों की कम संख्या होना।

(*ii*) इस वर्ग के शिक्षा का प्रचार-प्रसार न होना।

(*iii*) इनके शिक्षण के प्रति शिक्षकों का उदासीन रवैया।

(*iv*) इस वर्ग में व्याप्त घोर गरीबी।

(*v*) पाठ्यपुस्तकों में इस वर्ग की स्थानीय बातों एवं उदाहरणों का समावेश का न होना।

(*v*) इस वर्ग का बौद्धिक रूप से पिछड़ा होना।

इस वर्ग के शैक्षिक उत्थान के लिए सरकार द्वारा निम्न कार्यक्रम चलाए जा रहे हैं :

1. **बालक-बालिकाओं के लिए छात्रावासों की योजना :** इस योजना के तहत केंद्र सरकार इस वर्ग के लिए नए छात्रावासों के निर्माण और वर्तमान छात्रावासों के विस्तार हेतु सहायता देती है। इस योजना के तहत बालकों के छात्रावास निर्माण खर्च का वहन केंद्र एवं राज्य सरकारें 50 : 50 के अनुपात में करती हैं। जबकि बालिकाओं के छात्रावास निर्माण के लिए राज्य/केंद्रशासित प्रदेशों में संपूर्ण लागत केंद्र सरकार द्वारा वहन किया जाता है। केंद्रशासित प्रदेश एवं नक्सल प्रभावित क्षेत्रों में छात्रावास निर्माण का पूरा खर्च केंद्र सरकार वहन करती है। छात्रावास के निर्माण का उत्तरदायित्व संबद्ध राज्य/केंद्रशासित प्रदेश की है। इस प्रकार के छात्रावासों में सीटों की संख्या 100 होती हैं।

2. **आश्रम विद्यालयों की स्थापना :** इस प्रकार के विद्यालयों की स्थापना जनजातीय उपयोजना (TSP) वाले क्षेत्रों में की गई है। आश्रम विद्यालय योजना का उद्देश्य अनुसूचित जनजाति के विद्यार्थियों के लिए उनके परिचित वातावरण में आवासीय विद्यालयों की स्थापना करना है ताकि जनजातीय विद्यार्थियों में साक्षरता दर बढ़ाई जा सके और उनकी साक्षरता दर देश के अन्य लोगों की साक्षरता दर के बराबर लाई जा सके। इस योजना के तहत खर्च होने वाली धनराशि में राज्य एवं केंद्र दोनों की आधी-आधी (50 : 50) भागीदारी होती है जबकि केंद्रशासित प्रदेश में पूरा खर्च केंद्र वहन करता है।

3. **विद्यार्थियों की मेरिट का उन्नयन :** इस योजना का उद्देश्य 10वीं कक्षा और 12वीं कक्षा के अनुसूचित जनजाति के विद्यार्थियों को विशेष कोचिंग उपलब्ध कराना है जिससे वे इंजीनियरिंग और मेडिकल जैसे व्यावसायिक पाठ्यक्रमों में प्रवेश के लिए तैयारी कर सकें। राज्य/केंद्रशासित प्रदेशों में यह योजना शत-प्रतिशत केंद्रीय सहायता से मुहैया कराई जा रही है।

4. **विद्यार्थियों के लिए मैट्रिक पश्चात छात्रवृत्ति :** इस योजना का उद्देश्य अनुसूचित जनजाति के छात्रों को पंजीकृत पाठ्यक्रमों में मैट्रिक के बाद अध्ययन के लिए प्रोत्साहन देना है। इस योजना में पेशेवर, तकनीकी, गैर-पेशेवर तथा गैर-तकनीकी सभी स्तर के पाठ्यक्रमों को सम्मिलित किया गया है। इसमें दूरस्थ शिक्षा के लिए पत्राचार पाठ्यक्रम को भी सम्मिलित किया गया

है। केंद्र की शत-प्रतिशत सहायता से इसका संचालन राज्यों/केंद्रशासित प्रदेशों द्वारा किया जाता है।

5. **व्यावसायिक प्रशिक्षण :** इस योजना का उद्देश्य जनजातीय युवाओं में रोजगार/स्वरोजगार के अवसर प्राप्त करने के लिए कौशल विकसित करना है। इस योजना को राज्य सरकारों, केंद्रशासित प्रदेशों के प्रशासन, संस्थाओं या संगठनों के जरिए सरकार द्वारा स्थापित स्वायत्तशासी निकाय, शैक्षिक और अन्य संस्थान जैसे स्थानीय निकाय, सहकारी समितियों और गैर-सरकारी संगठनों (NGO) द्वारा लागू किया जाता है। प्रत्येक व्यावसायिक प्रशिक्षण केंद्र की क्षमता 100 है जिसमें 50 लोगों के लिए छात्रावास की सुविधा भी शामिल है। क्षेत्र में उपलब्ध रोजगार केंद्र पांच व्यावसायिक प्रशिक्षण पाठ्यक्रम चलाता है। प्रत्येक जनजातीय बालक/बालिका को उनकी रुचि के दो कार्यों का प्रशिक्षण दिया जाता है। प्रत्येक पाठ्यक्रम की अवधि तीन महीने है। प्रशिक्षु को छह माह बाद उपनगरीय क्षेत्र के एक प्रशिक्षक शिल्पी से छह माह के लिए संबद्ध कर दिया जाता है ताकि वह प्राप्त प्रशिक्षण का व्यावहारिक प्रयोग कर सके। प्रत्येक पाठ्यक्रम के लिए यह अवधि तीन महीने की है। इसमें प्रशिक्षु को मासिक स्टाइपेंड और प्रशिक्षण सामग्री उपलब्ध कराई जाती है।

अन्य पिछड़ा वर्ग के छात्र

व्यक्तिगत स्तर पर विभिन्न कारकों के क्रियाशील होने के कारण, एक व्यक्ति में अनेक आवश्यकताएं जन्म लेती हैं। इसी प्रकार सामाजिक स्तर पर भी अनेक कारक क्रियाशील और प्रभावपूर्ण होते हैं जिनके कारण भी एक व्यक्ति/छात्र में अनेक विशेष आवश्यकताओं का जन्म होता है, जिनकी आपूर्ति निश्चय ही होनी चाहिए। यद्यपि हमारा संविधान सभी के लिए समान शिक्षा की व्यवस्था के दायित्व का निर्वहन करने हेतु प्रतिबद्ध है परंतु विद्यालय जाने की उम्र वाले सभी बच्चों को आज भी यह अवसर उपलब्ध नहीं है। स्कूली अवस्था के अनेक बच्चे पढ़ाई की सुविधा से वंचित रह जाते हैं। इसके पीछे अनेक कारण हो सकते हैं। इन कारणों में से अधिकतर सामाजिक एवं आर्थिक स्थिति से जुड़े हैं। अन्य पिछड़े वर्ग के बालकों में शिक्षा का स्तर सुधारने के लिए सरकारी स्तर पर निम्न उपाय किए जा रहे हैं–

1. **मैट्रिक पूर्व छात्रवृत्ति :** यह छात्रवृत्ति इस वर्ग के उन विद्यार्थियों को दी जाती है जिनके अभिभावकों की वार्षिक आमदनी 44,500 रुपए प्रतिवर्ष से अधिक न हो। ये छात्रवृत्तियां पहली कक्षा या मैट्रिक पूर्व किसी भी कक्षा में दिन में पढ़ने वाले विद्यार्थियों को या छात्रावासों में रहने वाले तीसरी कक्षा या मैट्रिक पूर्व किसी भी कक्षा में पढ़ने वाले विद्यार्थी को दी जाती है। छात्रवृत्ति संबद्ध राज्य सरकार/केंद्रशासित प्रदेश द्वारा मान्यता प्राप्त संस्थाओं के संदर्भ में लागू होती है। इस योजना के तहत राज्य सरकारों को 50 प्रतिशत और केंद्रशासित प्रदेशों को शत-प्रतिशत केंद्रीय सहायता उनके स्वयं द्वारा निर्धारित राशि के अतिरिक्त दी जाती है।
2. **मैट्रिक बाद की छात्रवृत्तियां :** इस योजना का उद्देश्य पीएचडी (Ph.D) उपाधि सहित मैट्रिक/माध्यमिक स्तर के बाद अन्य पिछड़े वर्ग के विद्यार्थियों को वित्तीय सहायता प्रदान करना है जिससे वे आगे की शिक्षा पूरी कर सकें। ये छात्रवृत्तियां केवल देश में शिक्षा ग्रहण करने वालों को दी जाती हैं और आवेदक से संबद्ध राज्य सरकार/केंद्रशासित प्रदेश के प्रशासनों के माध्यम से दी जाती हैं। ये छात्रवृत्तियां मान्यताप्राप्त संस्थानों में शिक्षा ग्रहण करने वालों को दी जाती हैं। जिन बेरोजगार विद्यार्थियों के माता-पिता/अभिभावकों की वार्षिक आय 44,500 रुपए प्रतिवर्ष से अधिक नहीं है, वे ऐसी छात्रवृत्ति के अधिकारी हैं। इस योजना के तहत राज्य/केंद्रशासित प्रदेशों को उनके स्वयं द्वारा निर्धारित राशि के अतिरिक्त शत-प्रतिशत केंद्रीय सहायता दी जाती है।
3. **बालक-बालिकाओं हेतु छात्रावास :** इस योजना का उद्देश्य केंद्र/राज्य/केंद्रशासित प्रदेशों द्वारा अधिसूचित (Notify) सामाजिक और शैक्षिक रूप से पिछड़े वर्गों के विद्यार्थियों को शिक्षा प्राप्ति के बेहतर अवसर मुहैया कराना है। इस योजना के तहत केंद्र सरकार छात्रावासों के निर्माण के लिए राज्यों को 50 प्रतिशत और केंद्रशासित प्रदेशों को शत-प्रतिशत सहायता उपलब्ध कराती है। ये छात्रावास माध्यमिक, उच्चतर माध्यमिक, कॉलेजों और विश्वविद्यालयों में पढ़ने वाले विद्यार्थियों के लिए बनाए जाते हैं। इनके लिए भूमि अधिग्रहण, कर्मचारियों के वेतन और रख-रखाव का खर्च संबंधित राज्य सरकारों/केंद्रशासित प्रदेशों को वहन करना होता है।

2. विशेष आवश्यकताओं वाले छात्र

विशेष या असाधारण छात्रों से संबंधित शिक्षा को विशिष्ट शिक्षा भी कहा जाता है। शिक्षा के क्षेत्र में हम अनेक छात्रों अथवा बालकों को सामान्य बालकों से उच्च तथा अनेक को निम्न स्तर का पाते हैं। ऐसे दोनों प्रकार के बालक असाधारण या विशेष बालक कहे जाते हैं। शैक्षिक दृष्टि से बालक जिनके लिए सामान्य विद्यालयों की सुविधाएं पर्याप्त हो, सामान्य बालक समझे जाते हैं। बालकों अथवा छात्रों में वैयक्तिक भिन्नताएं होती हैं। जब ये वैयक्तिक भिन्नताएं इतनी गंभीर हो जाती हैं कि वे विद्यालय के सामान्य कक्षागत शिक्षण से लाभान्वित नहीं हो पाते और उनके लिए किसी विशिष्ट शिक्षा की आवश्यकता प्रतीत हो तो ऐसे छात्र या विद्यार्थी विशेष आवश्यकताओं वाले छात्र कहलाते हैं। ऐसे छात्रों को एक सामूहिक संज्ञा, शब्दों अथवा उप-वाक्य द्वारा संबोधित किया जा

सकता है; जैसे–प्रतिभाशाली, विकलांग, मंदगति से सीखने वाला, बुद्धिमान आदि।

कक्षा में छात्रों को समान एवं विशिष्ट लक्षणों के द्वारा श्रेणीबद्ध किया जा सकता है। अध्यापक को प्रत्येक छात्र में पाए जाने वाले विशिष्ट लक्षणों की ओर ध्यान देना चाहिए, ताकि अध्यापन के दौरान अध्यापक उसकी ओर आवश्यकता के अनुसार विशेष रूप से ध्यान दे सके और ऐसे छात्र बिना किसी तनाव के सहज ढंग से शिक्षा ग्रहण कर सकें। अन्य शब्दों में, यदि आप शिक्षा को प्रत्येक व्यक्ति की सर्वश्रेष्ठ क्षमता को विकसित करने की प्रक्रिया मानते हैं, तो आवश्यकता इस बात की है कि आप क्षमता विकास के लिए निर्माण कार्य को प्रत्येक छात्र की आवश्यकतानुसार व व्यक्तिगत रूप से सुगम और निर्बाध उपलब्ध कराने का प्रयत्न करें। इस संबंध में कुछ उदाहरण निम्न प्रकार से हैं–

(*i*) कक्षा में छोटे कद वाले छात्रों को पहली पंक्ति में बैठाना चाहिए ताकि वह ब्लैक बोर्ड और अध्यापक को सरलता से देख सके।

(*ii*) जिन छात्रों में श्रवण दोष अर्थात् कम सुनने की समस्या है, उन्हें अध्यापक के निकट बैठाना चाहिए।

उपर्युक्त बातों से स्पष्ट है कि विशेष आवश्यकता वाले छात्रों में लक्षणों के आधार पर विभेदीकरण करना एक जटिल कार्य है। ऐसा इसलिए होता है क्योंकि अनेक बार वे ऊपर से कुछ और दिखाई पड़ते हैं जबकि अंदर से कुछ और होते हैं। अतः अध्यापक को प्रत्येक छात्रों का गहराई से अध्ययन करना जरूरी हो जाता है। विशेष आवश्यकता वाले छात्रों के शिक्षण से तात्पर्य है, "शिक्षा के नियमित कार्यक्रमों में ही विशेष समायोजन की व्यवस्था करके, छात्रों की शिक्षा की विशेष आवश्यकताओं को पूरा करना।"

समायोजन

मनुष्य जिन परिवेश में रह रहा है उसको उस परिवेश के अनुसार खुद को ढालना या अनुकूलित करना होता है। अतः किसी प्रतिकूल मनोभौतिक परिस्थितियों में स्वयं को अनुकूलित करना ही समायोजन (Adjustment) कहलाता है। यह समायोजन घर में माता-पिता तथा परिवार के अन्य सदस्यों के साथ समाज में मित्रों, सगे-संबंधियों आदि के साथ जरूरी है तो पाठशाला में शिक्षकों के साथ।

उपर्युक्त वर्णन के अनुसार समायोजन को इस तरह परिभाषित किया जा सकता है– "समायोजन एक अनवरत प्रक्रिया है जिसके द्वारा व्यक्ति स्वयं तथा अपने वातावरण के बीच अधिकाधिक सामंजस्य स्थापित करने की दृष्टि से अपने व्यवहार को परिवर्तित करता है।

समायोजन के विभिन्न रूप

समायोजन के मुख्यतः तीन रूप होते हैं–

1. शिक्षक एवं शिक्षार्थियों के बीच।
2. शिक्षार्थियों एवं शिक्षार्थियों के बीच।
3. शिक्षार्थियों एवं शिक्षकों का वातावरण के साथ।

समायोजन का संबंध 'मन' से है किसी शिक्षार्थी के मन में वे विभिन्न विचार उठते हैं, जैसे कक्षा का स्तर, शिक्षक, शिक्षार्थी आदि में कोई या कई वैसे नहीं हैं, जैसा शिक्षार्थी चाहता है। उसके मन में तरह-तरह के विचार उठते हैं, वह कभी कुछ सोचता है और कभी कुछ। अधिगम उपलब्धि है और कुसमायोजन मानसिक परेशानी है। परेशानी उपलब्धि को कम करती है एवं रोकती है। इस दृष्टि से अधिकतम अधिगम के लिए यह आवश्यक है कि शिक्षार्थी का वातावरण अपने साथियों, शिक्षकों आदि के साथ अधिकतम समायोजित हो।

शिक्षार्थी के सर्वक्षेत्रीय और सर्वअंगीय विकास की दृष्टि से उसका वातावरण के साथ समायोजन अत्यावश्यक है।

समायोजन का संबंध विद्यार्थी स्वयं और उसके वातावरण से होता है, जिसे निम्न प्रकार प्रदर्शित कर सकते हैं :

व्यक्ति या बालक का वातावरण

अनुकूल → समायोजन

प्रतिकूल → कुसमायोजन

समायोजन के लिए आवश्यक है कि या तो बालक स्वयं को बदले या फिर वातावरण को बदला जाए। किंतु वातावरण को परिवर्तित करना संभव नहीं है। न तो हम प्रकृति पर ही नियंत्रण कर सकते हैं और न ही अन्य लोगों को परिवर्तित कर सकते हैं। पाठशाला की स्थिति और परिस्थिति में भी परिवर्तित करना किसी के लिए संभव नहीं है। अतः विद्यार्थी को स्वयं वातावरण के अनुरूप बदलने का प्रयास करना चाहिए। स्वयं को वातावरण की परिस्थितियों के अनुरूप बदलने का कार्य तो उस विद्यार्थी का है जो स्वयं को पाठशालायी या घरेलू परिस्थितियों में समायोजित नहीं कर पा रहा है। विद्यार्थी की भावनाओं में परिवर्तन का प्रयास तो शिक्षक को ही करना चाहिए।

विभिन्न विद्वानों द्वारा समायोजन की व्याख्या

गेट्स के अनुसार, "सुसमायोजित वह व्यक्ति है जिसकी आवश्यकताएं एवं तृप्तियां सामाजिक दृष्टिकोण एवं सामाजिक उत्तरदायित्व की स्वीकृति के साथ संगठित होती हैं।"

बोरिंग, लैंगफील्ड व वैल्ड के अनुसार, "व्यक्ति के मानसिक शांति, संतुलन और संतोष बनाए रखने के लिए समायोजन अति आवश्यक है।"

विशेष शिक्षा के उद्देश्य

शिक्षा का जो उद्देश्य सामान्य छात्रों अथवा बालकों के लिए है वे ही विशेष आवश्यकताओं वाले छात्रों के लिए भी हैं। उनके कुछ विशेष उद्देश्य भी हैं। उनकी शिक्षा अध्यापक पाठ्य-सामग्री व सहायक सामग्री विशेष है। विशेष शिक्षा के लिए विशेष दर्शन, विशेष विधि, विशेष अभ्यास की आवश्यकता है। विशेष अथवा विशिष्ट शिक्षा के उद्देश्य को निम्न रूप में स्पष्ट किया जा सकता है–

(*i*) विशेष शिक्षा का उत्तरदायित्व निश्चित कर लेना चाहिए। जैसे–किसी व्यक्ति को विशेष शिक्षा के लिए इमारत,

समान, अध्यापक आदि का प्रबंध करने के लिए उत्तरदायित्व सौंपना।

(*ii*) बालकों/बालिकाओं के संरक्षकों को विशेष शिक्षा के कार्यक्रम के उद्देश्यों तथा कार्यों से परिचित कराना तथा यह बताना कि विशेष शिक्षा कोई दण्ड नहीं है।

(*iii*) स्कूल प्रशासन द्वारा बालकों का उचित ढंग से निरीक्षण करवाना तथा उचित ढंग से बैठने का प्रबंध करना। साथ ही बालकों की आवश्यकताओं का विस्तृत अध्ययन करना।

(*iv*) बालकों/बालिकाओं को विशेष कक्षा में भेजने के लिए प्रशासन द्वारा विशेष नीति का निर्माण करना।

(*v*) प्रशासन द्वारा ऐसी योजना का निर्माण करना कि विशेष कक्षा के सभी बालक औसत बालकों से संबंध स्थापित कर सकें।

(*vi*) बालकों के सामाजिक तथा व्यावसयिक सामंजस्य पर विशेष जोर देना चाहिए।

(*vii*) प्रशासन को ध्यान में रखना चाहिए कि विशेष शिक्षा का आयोजन व्यक्तिगत रुचियों व आवश्यकताओं को ध्यान में रखते हुए किया जाए।

3. प्रतिभावान, सृजनात्मक एवं विशेष रूप से अक्षम छात्र

I. प्रतिभावान बालक अथवा छात्र

प्रतिभावान/प्रतिभाशाली बालकों को विभिन्न मनोवैज्ञानिकों ने भिन्न-भिन्न दृष्टिकोण (Approach) से परिभाषित किया है। विभिन्न उपागमों/दृष्टिकोणों पर आधारित कुछ परिभाषाएं निम्नवत् हैं–

(*i*) **बुद्धि-लब्धि (I.Q.) उपागम–** इस उपागम के तहत प्रतिभाशाली बालक को बुद्धि-लब्धि की एक निश्चित क्षमता के अंतर्गत् माना जाता है। टरमैन ने प्रतिभाशाली बालकों के अध्ययन द्वारा निष्कर्ष निकाला कि ऐसे बालकों की बुद्धि-लब्धि 140 या इससे ऊपर होती है। अन्य मनोवैज्ञानिक 120 से 140 व उच्च बुद्धि-लब्धि वालों को ऐसा बालक होना मानते है।

(*ii*) **सामाजिक संभाव्यता उपागम–** इस उपागम के तहत प्रतिभावान शब्द उस बालक के लिए प्रयुक्त होता है जो अपनी आयु वर्ग में किसी एक योग्यता में श्रेष्ठ हो, जिससे वह हमारे समाज में जीवन के कल्याण व गुणवत्ता में उत्कृष्ठ योगदान करने वाला बन सके।

(*iii*) **सांख्यिकीय उपागम–** इस उपागम के अनुसार किसी बुद्धि परीक्षण में प्राप्त अंकों के आधार पर उच्चतम (Top most) 2 से 3 प्रतिशत बालकों को प्रतिभाशाली माना जाता है।

विशेषताएं

डॉ. एस. एस. चौहान ने टरमैन (Terman) द्वारा किए गए अनुसंधान के आधार पर प्रतिभाशाली बालकों की निम्न विशेषताएं बताई है जो निम्नवत् हैं–

(*i*) **शारीरिक–** ऐसे बालक अपने वर्ग या समूह में औसत बुद्धि-लब्धि (I.Q.) वाले बालकों की अपेक्षा अच्छी शारीरिक विशेषता रखते है व उनका स्वास्थ्य अच्छा होता है।

(*ii*) **मानसिक–** प्रतिभाशाली बालक पठन, भाषा, गणितीय तर्क, विज्ञान, साहित्य व कला में उत्कृष्टता प्रदर्शित करते हैं। उनमें तर्क सामान्यीकरण व बोध की क्षमता अधिक होती है।

(*iii*) **अभिरुचियां–** ऐसे बालकों की विविध अभिरुचियां होती है। वे अच्छी पुस्तकों का अधिक मात्रा में सरलता से अध्ययन करना सीख लेते हैं तथा अमूर्त विषयों में रुचि लेते हैं।

(*iv*) **सामाजिक–** ऐसे बालकों में अहंकार की भावना कम होती है। साथ ही वे विश्वसनीय व कर्त्तव्यनिष्ठ अधिक होते हैं। उनमें सामाजिक अभिवृत्तियां व चारित्रिक गुण व्यापक होता है। वे संवेगात्मक परीक्षणों में अधिक अंक प्राप्त करते हैं।

(*v*) **अन्य विशेषताएं–** प्रतिभावान बालक सामान्य बालकों की तुलना में अच्छा प्रदर्शन करते हैं। शोध अध्ययनों से इस बात की पुष्टि निम्न रूप में हुई है–

(*a*) उच्च श्रेणी प्राप्त करना।
(*b*) अधिक सकारात्मक अभिवृत्तियां रखना।
(*c*) अधिकाधिक पाठ्यक्रम एवं सहभागी क्रियाकलापों में भाग लेना।
(*d*) अमूर्त विचारों में अधिक रुचि लेना।
(*e*) खेल-कूदों में उत्कृष्टता दिखाना।
(*f*) सुसमायोजित होना।
(*g*) अपने साथी मित्रों से अच्छे संबंध होना।
(*h*) अधिक आत्मविश्वासी होना।
(*i*) अधिक अंहशक्ति (Ego-Strength)।
(*j*) अधिक पठन योग्यता।
(*k*) अधिक वैयक्तिक स्वतंत्रता की भावना।
(*l*) बाह्य पर्यावरण के प्रति परिपक्व अनुक्रिया करना

पहचान

प्रतिभाशाली बालकों की पहचान करना एक सामूहिक प्रयास होना चाहिए जिसमें माता-पिता, अध्यापक, संगी-साथी, मनोवैज्ञानिक आदि का सहयोग मिलना चाहिए। ऐसे बालकों की पहचान निम्न दो आधारों पर की जाती है :

1. **बौद्धिक व शैक्षिक रूप से प्रतिभासंपन्न बालक–** कक्षा में ऐसे बालकों की पहचान अपनी उपलब्धि, शिक्षकों द्वारा उनकी प्रगति के सूक्ष्म अवलोकन, मानकीकृत बुद्धि परीक्षणों से प्राप्त बुद्धि-लब्धि (I.Q) तथा सृजनात्मक परीक्षणों के द्वारा होती है। डी हान एवं काफ (De Haan and Kough) ने उपरोक्त आधार पर प्रतिभाशाली बालकों की पहचान की सूची इस प्रकार दी है–

(*i*) शीघ्रता एवं सरलता से सीखना व याद करना।
(*ii*) सामान्य बुद्धि व व्यावहारिक ज्ञान का अधिक उपयोग करना।
(*iii*) वस्तुओं से संबंद्ध कारणों, संबंद्धों व अर्थों को समझना।
(*iv*) अर्जित ज्ञान को अधिक समय तक याद रखना।
(*v*) अपने आयु-वर्ग के बालकों की अपेक्षा अधिक ज्ञान रखना।
(*vi*) अधिक शब्दावली का प्रयोग।
(*vii*) अपनी कक्षा से दो-तीन वर्ष आगे की कक्षाओं की पुस्तकों को पढ़ना।
(*viii*) अत्यंत कठिन मानसिक कार्यो को कर सकना।
(*ix*) अधिक प्रश्न पूछना व अभिरुचि क्षेत्र का विस्तृत होना।
(*x*) अपनी आयु से 1-2 वर्ष आगे के शैक्षणिक कार्य करना।
(*xi*) काम करने में मौलिकता दिखाना।
(*xii*) चुस्त, सूक्ष्म दृष्टि वाला एवं शीघ्र उत्तर देने वाला होना।

2. **किसी विशेष शैक्षिक क्षेत्र में उच्च स्तरीय योग्यता वाले बालक–** कुछ बालक जो बौद्धिक व शैक्षिक रूप से तो सामान्य बालकों के समान होते हैं किंतु वे अन्य किसी विशिष्ट क्षेत्र में, यथा–कला, संगीत, यांत्रिकी आदि में विशिष्ट योग्यता रखते हैं। ऐसे प्रतिभासंपन्न बालकों की पहचान अभिभावक, शिक्षक, खेल-अनुदेशक, निर्देशन विशेषज्ञ आदि निम्न विधियों से कर सकते हैं–
(*i*) विद्यालय प्रगति अभिलेख
(*ii*) शिक्षकों के अभिमत
(*iii*) कक्षागत व्यवहार का अवलोकन
(*iv*) शिक्षकों द्वारा मूल्यांकन
(*v*) बुद्धि परीक्षण
(*vi*) पुस्तकालयाध्यक्ष का अभिमत
(*vii*) साक्षात्कार
(*viii*) अभिरुचि/अभिक्षमता परीक्षण

शैक्षिक कार्यक्रम

प्रतिभावान बालकों के लिए निम्न शैक्षिक कार्यक्रम अपनाया जाना चाहिए–

(*i*) **गतिवर्द्धन–** गतिवर्द्धन का अर्थ शैक्षिक कार्यक्रमों के द्वारा बालकों को दी जाने वाली ऐसी प्रगति से है जो उसे औसत से कम आयु में प्राप्त होती है। समान आयु के बालकों के साथ कक्षा में बैठाए जाने पर यह प्रतिभाशाली बालक शिक्षक द्वारा दिए गए कार्य को आसानी व शीघ्रता से पूरा कर लेते हैं। अतः इनके स्तर का कार्य देने के लिए आवश्यक हो जाता है कि उन्हें उस कक्षा में रखा जाए जिसका कार्य वह औसत प्रतिभा वाले बालकों के समान ही पूरा कर सकें। गतिवर्द्धन का औचित्य इस बात से भी प्रकट होता है कि प्रतिभाशाली बालकों को उनकी योग्यता को अधिकतम विकास तथा चुनौतीपूर्ण कार्य करने का अवसर मिलता है। साथ ही अभिभावकों के समय, शक्ति व धन की बचत होती है। इस तरह गतिवर्द्धन द्वारा विद्यार्थियों को निम्न क्षेत्र में लाभ पहुंचाया जा सकता है–
(*a*) निर्धारित आयु से पूर्व विद्यालय में प्रवेश।
(*b*) उसकी बौद्धिक व शैक्षिक योग्यताओं के आधार पर एक ही वर्ष में दो या दो से अधिक कक्षाओं के पाठ्यक्रम का अध्ययन।
(*c*) सामान्य से कम समय एवं आयु में किसी पाठ्यक्रम को उत्तीर्ण कर सकने की अनुमति।

(*ii*) **संवर्धित पाठ्यक्रम**–कोलेनिक्स के शब्दों में–"संवर्धन का तात्पर्य बालक को अधिक उच्च स्तर के अत्यंत विविधतापूर्ण अनुभव तथा कार्यों को करने का अवसर दिया जाए।" प्रतिभाशाली बालकों को पाठ्यक्रम में आवश्यक परिवर्तन कर उच्च कठिनाई के कार्य नियोजित किए जाएं। संवर्धन दो प्रकार से किया जा सकता है–(*a*) व्यक्तिगत तथा (*b*) समूहोन्मुख।

(*iii*) **विशेष कक्षाएं तथा विद्यालय–** प्रतिभाशाली बालकों को शिक्षण से लाभान्वित करने के लिए उन्हें विशेष कक्षाओं तथा विद्यालयों में पृथक से शिक्षा देना वांछनीय है। इसके लिए विस्तृत पाठ्यक्रम, अतिरिक्त क्रियाकलाप, प्रायोगिक कार्य आदि की व्यवस्था की जाती है।

(*iv*) **अन्य कार्यक्रम–** उपरोक्त सहायता के अतिरिक्त भारतीय परिस्थितियों के अनुकूल प्रतिभाशाली बालकों को निम्न प्रकार की सहायता भी दी जा सकती है–
(*a*) प्रभावी निर्देशन कार्यक्रम।
(*b*) विद्यालय कार्यक्रमों को वैयक्तिक व नमनीय बनाना।
(*c*) योग्यता के आधार पर वर्गीकरण।
(*d*) अतिरिक्त पाठ्यक्रम को बनाकर।
(*e*) विशिष्ट विषयों के विशेष पाठ्यक्रम बनाकर।
(*f*) प्रतिभाशाली बालकों हेतु ग्रीष्मावकाश काल में विद्यालय चलाकर।
(*g*) वैकल्पिक विषयों में नमनीयता लाकर।
(*h*) ऐसे छात्रों हेतु विशिष्ट अतिरिक्त कक्षाएं आयोजित कर।

II. सृजनात्मक बालक अथवा छात्र

सृजनात्मकता के संकल्पना एवं अर्थ को विभिन्न विद्वानों ने भिन्न-भिन्न प्रकार से परिभाषित किया है। कुछ प्रमुख विद्वानों की परिभाषाएं निम्नवत् हैं–

स्टेन (Sten)– जब किसी कार्य का परिणाम उत्तम हो जो किसी निश्चित समय पर उचित या उपयोगी या संतोषप्रद स्वीकार किया जाए, वह सृजनात्मक कार्य कहलाता है।

बैरन (Baron)– पूर्व में विद्यमान पदार्थों या तत्त्वों को मिलाकर नया योग बनाने की क्षमता ही सृजनशीलता है।

जेम्स ड्रेवर (James Drever)– सृजनशीलता मूलतः नई वस्तु की रचना की योग्यता है, कल्पना के प्रयोग की योग्यता

है जबकि विचारों व बिम्बो के नूतन मिश्रण से कोई रचना आत्मप्रेरित करनी हो तथा विचार संश्लेषण की योग्यता भी है जबकि मानसिक कार्य केवल विचारों का योगमात्र न हो।

गिलफोर्ड (J.P Guilford)– सृजनात्मकता, कभी सृजना की योग्यता की, कभी सृजनात्मक उत्पादन की और कभी सृजनात्मक उत्पादनशीलता की द्योतक है।

विशेषताएं

विभिन्न विद्वानों ने सृजनात्मक बालकों की अलग-अलग विशेषताएं बताई हैं। इनमें से कुछ चुने हुए विद्वानों द्वारा दी गई विशेषताएं निम्नवत् हैं–

बैरन (Baron) के अनुसार ये विशेषताएं निम्न हैं–

(*i*) सृजनात्मक बालक किसी समस्या का निर्णय स्वयं एवं स्वतंत्र रूप से करता है।
(*ii*) एक ही समय अनेक विचारों पर केंद्रित रखने की योग्यता
(*iii*) जटिल घटनाओं को प्राथमिकता।
(*iv*) ऐसे बालक स्वयं की बात पर आग्रह अधिक करते हैं
(*v*) विभिन्न तत्त्वों के एकीकरण की योग्यता द्वारा उसमें समायोजन करने की क्षमता होती है।
(*vi*) ऐसे बालकों में उच्च मानसिक शक्ति स्तर पाया जाता है।
(*vii*) ये अवरोधों का अभाव तथा कल्पना की स्वतंत्रता प्रदर्शित करते हैं।

टोरेंस (Torrance) ने बैरन के (*ii*) एवं (*iv*) के अतिरिक्त अन्य विशेषताएं बताई हैं–

(*i*) मौलिकता
(*ii*) विनोद प्रियता
(*iii*) जिज्ञासा
(*iv*) संवेदनशीलता

गिलफोर्ड (Guilford) ने निम्न विशेषताएं बताई हैं–

(*i*) दूरदर्शिता
(*ii*) समस्या से संबद्ध तथ्यों को पुनः परिभाषित करने की योग्यता
(*iii*) दूसरों को प्रभावित करने की योग्यता
(*iv*) समन्वय करने की क्षमता

डॉ. एस. एस. चौहान ने निम्न विशेषताएं बताई हैं–

(*i*) दृढ़ विश्वास का साहस
(*ii*) अंतर्दृष्टिवान
(*iii*) काल्पनिक
(*iv*) खतरा उठाने को उत्सुक
(*v*) कार्य में निष्ठा

पहचान

गेटजल्स और मेडन्स (Gatzels and Madans) ने सृजनात्मक बालकों की पहचान विधियों को निम्न पांच भागों में बांटा है–

(*i*) उपलब्धि– अत्यंत उच्च श्रेणी की उपलब्धि सृजनात्मकता को बताती है।

(*ii*) रेटिंग– साथियों, अध्यापकों, निरीक्षकों, प्रधानाचायों अथवा मनोवैज्ञानिकों द्वारा मापनी (Rating) की सहायता से सृजनात्मक बालकों का पता लगाया जा सकता है।

(*iii*) बुद्धि– बुद्धि-लब्धि (I.Q) परीक्षण में अति उच्च बुद्धि-लब्धि सृजनात्मकता की द्योतक है।

(*iv*) व्यक्तित्त्व– सृजनात्मक व्यक्तित्त्व विशेषताओं के आधार पर सृजनात्मक बालकों की पहचान की जा सकती है।

(*v*) सृजनात्मक-परीक्षण अंक– टोरेंस, गिलफोर्ड, मेडिनिक आदि कुछ मनोवैज्ञानिकों ने सृजनात्मकता परीक्षण बनाएं हैं। भारत में पासी, बाकर मेंहदी, कौल, मजूमदार आदि ने भी इस प्रकार के परीक्षण बनाएं हैं।

शैक्षिक कार्यक्रम

सृजनात्मक बालकों के लिए निम्न शैक्षिक कार्यक्रम अपनाया जाना चाहिए–

(*i*) कक्षा-कक्ष प्रक्रिया– बालकों में सृजनात्मक चिंतन का विकास करने हेतु और सृजनात्मक बालकों के शिक्षण हेतु कक्षा-कक्ष प्रक्रिया की ओर विशेष ध्यान देना चाहिए। शिक्षक विश्वकोश (Educator's Encyclopaedia) में स्मिथ ने निम्न कक्षा-कक्ष क्रियाओं पर जोर दिया है–

(*a*) अध्यापक का कम प्रभाव,
(*b*) व्यक्ति भिन्नता को पहचानना,
(*c*) बालकों को अपनी सीमाओं के अंतर्गत् अपनी गति के अनुसार विकास करने देना,
(*d*) विद्यार्थियों की सहभागिता को प्रोत्साहन देना,
(*e*) असफलता के लिए दण्ड का भय दूर करना।

(*ii*) पाठ्यक्रम– बालकों में सृजनात्मकता को प्रोत्साहित करने हेतु पाठ्यक्रम को विशिष्ट बनाना जरूरी है। आजकल प्रचलित पाठ्यक्रम सामान्य बालकों को ध्यान में रखकर बनाया जाता है। सृजनात्मकता को ध्यान में रखकर उक्त पाठ्यक्रम में परिवर्तन करना चाहिए। पाठ्यक्रम ऐसा होना चाहिए जिससे मौलिक विचारों, धारा प्रवाहिता, लोच और अत्यधिक स्पष्टीकरण को बढ़ावा मिले। अधिक-से-अधिक सूचनाओं को पाठ्यक्रम के माध्यम से देना चाहिए, क्योंकि सूचनाओं के आधार पर ही विचार जन्म लेते हैं।

(*iii*) अवरोधक तत्त्वों को दूर करना– सृजनात्मक बालकों के शिक्षण और सृजनात्मकता के विकास के लिए अवरोधक तत्त्वों को दूर करना और शिक्षण की यथोचित विधियों और तकनीकों का प्रयोग करना उचित होगा। इन अवरोधक तत्त्वों में प्रमुख हैं–

(*a*) सामाजिक-आर्थिक
(*b*) मनोवैज्ञानिक
(*c*) चारित्रिक।

(*iv*) सहायक तत्त्वों को बढ़ावा– आलमशाह ने सृजनात्मकता को बढ़ावा देने अथवा सहायक के रूप में कार्य करने वाले निम्न चार प्रमुख तत्त्व बताएं हैं– (*a*) प्रेरणा (*b*) ग्रहणशीलता (*c*) योग्यता, (*d*) चयनात्मकता।

(*v*) **शैक्षिक साधन और सामग्री–** बालकों में सृजनात्मकता का विकास करने के लिए कुछ विशेष शैक्षिक साधन और सामग्री होनी चाहिए। इन शैक्षिक साधन और सामग्री में कार्य पुस्तकें, निर्देशन पुस्तकें तथा विचार पुस्तकें उल्लेखनीय हैं। इसके अतिरिक्त दृश्य-श्रव्य सामग्री भी इसके लिए विकसित की जा सकती है।

III. विशेष रूप से अक्षम छात्र

ऐसे छात्रों को निम्न श्रेणियों में बांटा जा सकता है :

1. मानसिक रूप से विकलांग छात्र
2. दृष्टि बाधित छात्र
3. दृष्टिहीन छात्र
4. बधिर छात्र
5. शारीरिक रूप से विकलांग छात्र

1. मानसिक रूप से विकलांग छात्र

सामान्यतः मानसिक विकलांगता वो विकलांगता है जो औसत से निम्न मानसिक कार्यक्षमता का उल्लेख करती है। इसका आरंभ बालक के विकास की अवधि में होता है और यह निम्न में से एक या अधिक से अनुकूल व्यवहार की कमी द्वारा संबंधित रहती है–

(*i*) परिपक्वता, (*ii*) अधिगम, (*iii*) सामाजिक समायोजन।

स्किनर ने मानसिक रूप से विकलांगों को अनेक नाम दिए हैं, यथा–अल्पबुद्धि (Mentally Deficient), विकल बुद्धि (Mentally Handicapped), धीमी गति से सीखने वाले (Slow Learners), पिछड़े हुए (Backward) और मूढ़ (Dull)।

मानसिक रूप से विकलांग अथवा मंदबुद्धि बालकों की कुछ परिभाषाएं

परंपरागत परिभाषा

क्रो और क्रो के अनुसार : "जिन बालकों की बुद्धि-लब्धि (I.Q) 70 से कम होती है, उन्हें मंदबुद्धि कहते हैं।"

स्किनर के अनुसार : "प्रत्येक कक्षा के छात्रों को एक वर्ष में शिक्षा का एक निश्चित कार्यक्रम पूरा करना पड़ता है। जो छात्र उसे पूरा कर लेते हैं उनको 'सामान्य छात्र' कहा जाता है। जो छात्र उसे पूरा नहीं कर पाते उनको 'मंदबुद्धि छात्रों' की संज्ञा दी जाती है। विद्यालयों में यह धारणा बहुत लंबे समय से चली आ रही है और अब भी है।"

आधुनिक परिभाषा

पोलक व पोलक के अनुसार : "मंदबुद्धि बालक को अब क्षीण बुद्धि बालकों के समूह में नहीं रखा जाता है, जिनके लिए कुछ भी नहीं किया जा सकता। अब हम यह स्वीकार करते हैं कि उनके व्यक्तित्व के उतने ही विभिन्न पहलू होते हैं, जितने सामान्य बालकों के व्यक्तित्त्व के होते हैं।"

मंदबुद्धि के प्रकार

बालक दो प्रकार के होते हैं–

(*i*) मंदितमना बालक,

(*ii*) धीमी गति से सीखने वाले बालक/सीमांत बालक।

(*i*) **मंदितमना बालक :** जिन बालकों की बुद्धि-लब्धि (I.Q.) 60 से कम होती है उन्हें अल्प मानसिक न्यूनता की श्रेणी में रखते हैं। इस श्रेणी में सामान्य से नीचे बुद्धि वाले की भी गणना करते हैं। इसमें जड़, मूढ़ व मूर्ख बुद्धि आती है। बहुत से अभिभावक यह विश्वास नहीं करते कि उनके बालक मानसिक रूप से मंद हैं। यदि बालक अच्छी प्रकार से अध्ययन नहीं कर पा रहा है तो वे सोचते हैं कि वह उतनी मेहनत से नहीं पढ़ता जितनी मेहनत से उसे पढ़ना चाहिए। अतः अध्यापक अभिभावकों को उनके बालकों के मानसिक विकास के संबंध में अवगत कराएं जिससे वे अपने बच्चों की उचित शिक्षा की व्यवस्था कर सकें। प्रतिभाशाली व साधारण बालकों की अपेक्षा मंदितमना बालकों का समायोजन कठिन व भिन्न है। इनके प्रति व्यवहार सहानुभूतिपूर्ण व धैर्यपूर्ण होना चाहिए।

(*ii*) **धीमी गति से सीखने वाले बालक/सीमांत बालक :** वे बालक जिनकी बुद्धि-लब्धि (I.Q.) 67 से ऊपर है किन्तु वे अपने सहपाठियों की तुलना में धीमी गति से सीखते हैं उन्हें धीमा सीखने वाला या सीमांत बालक कहा जाता है। धीमी गति से सीखने वालों की बुद्धि-लब्धि (I.Q.) की ऊपरी सीमा 85 होती है। 90 से कम बुद्धि-लब्धि (I.Q.) वाले बालक धीमी गति से सीखने वाले कहलाते हैं। वे जिनकी बुद्धि-लब्धि (I.Q.) औसत से कम होती है वे अपने सम आयु बालक वाले साथियों की तुलना में अपरिपक्व प्रतीत होते हैं। इनमें आत्म-विश्वास की कमी और आत्म-प्रतिष्ठा स्तर निम्न हो सकती है।

मानसिक रूप से पिछड़े बालकों की पहचान

मानसिक रूप से पिछड़े बालकों की पहचान के निम्न लक्षण हैं–

(*i*) वे प्रायः शारीरिक रूप से अयोग्य होते हैं।
(*ii*) वे संवेगात्मक रूप से अस्थिर होते हैं।
(*iii*) इनकी शैक्षिक निष्पत्ति निम्न होती है।
(*iv*) इनकी पहचान व्यक्तित्व अध्ययन से भी हो जाती है।
(*v*) इनकी पहचान निम्न बुद्धि-लब्धि (Below I.Q) द्वारा की जा सकती है।
(*vi*) निम्न शैक्षिक तथा शारीरिक आलेख भी इनकी पहचान में सहायक होते हैं।

मानसिक पिछड़ेपन के आधार

मानसिक पिछड़ेपन के मुख्यतः तीन आधार हैं–शैक्षिक, सामाजिक और व्यावहारिक।

शैक्षिक

(*i*) ऐसे बालक सूक्ष्म चिंतन के योग्य नहीं होते हैं।
(*ii*) शैक्षिक क्षमता में वह अपने आयु समूह से बहुत नीचे होते हैं।

सामाजिक

(*i*) सामाजिक व्यवहार में कुशल नहीं होते हैं।

(*ii*) व्यक्तिगत व सामाजिक उत्तरदायित्वों को वहन नहीं कर पाते हैं।

व्यावहारिक

(*i*) अधिगम की क्षमता कम होती है।

(*ii*) संवेदनात्मक दोष होते हैं।

मंदितों की विशेषताएं

विभिन्न विद्वानों ने मंदबुद्धि बालकों की भिन्न-भिन्न विशेषताओं का उल्लेख किया है-

(1) **क्रो एवं क्रो** के अनुसारः

(*i*) संवेगात्मक और सामाजिक असमायोजन।

(*ii*) विद्यालय में असफलताओं के कारण निराशा।

(*iii*) दूसरों को मित्र बनाने की अधिक इच्छा।

(*iv*) दूसरों के द्वारा मित्र बनाए जाने की कम इच्छा।

(2) **फ्रैंड्सन** के अनुसारः

(*i*) आत्मविश्वास का अभाव

(*ii*) 50 से 70 या 75 तक बुद्धि-लब्धि (I.Q.)।

(*iii*) बहुधा भावावेशपूर्ण व्यवहार।

(*iv*) विभिन्न अवसरों, यथा-प्रेम, भय, मौन, चिंता, विरोध, पृथकता या आक्रमण पर विभिन्न प्रकार का व्यवहार।

(3) **स्किनर** के अनुसार :

(*i*) सीखी हुई बात को नई परिस्थितियों में प्रयोग करने में कठिनाई।

(*ii*) व्यक्ति और घटनाओं के प्रति ठोस और विशिष्ट प्रतिक्रियाएं।

(*iii*) मान्यताओं के संबंध में अटल विश्वास।

(*iv*) दूसरों की चिंता न करके केवल अपनी चिंता।

(*v*) किसी बात का निर्णय करने में परिस्थितियों की अवहेलना।

(*vi*) कार्य और कारण के संबंध में असंगत धारणाएं।

शिक्षण की पद्धतियां

मंदबुद्धि बालक की शिक्षा का वही स्वरूप होना चाहिए, जो पिछड़े बालक की शिक्षा का है। इनकी शिक्षा के लिए निम्न व्यवस्था होनी चाहिए-

(*i*) छोटे समूहों में शिक्षा

(*ii*) अध्ययन के विषय

(*iii*) हस्तशिल्पों की शिक्षा

(*iv*) अच्छे शिक्षकों की नियुक्ति

(*v*) सांस्कृतिक विषयों की शिक्षा

(*vi*) विशिष्ट विद्यालयों की स्थापना

(*vii*) विशिष्ट कक्षाओं की स्थापना

(*viii*) विशिष्ट विद्यालयों का संगठन

(*ix*) विशेष शिक्षण विधियों का प्रयोग

(*x*) विशेष पाठ्यक्रम का निर्माण

इनके माध्यम से मंदबुद्धि बालकों की शिक्षा को व्यावहारिक रूप प्रदान कर सकते हैं जो उनको किसी कार्य में दक्ष करके जीवनयापन करने के योग्य बनाती है।

संवर्द्धन कार्यक्रम

जब बालक सामान्य स्कूल पाठ्यक्रम से किसी भी प्रकार से लाभान्वित नहीं होता तो उसे आवासीय स्कूल में भेजा जाता है जहाँ एक भली प्रकार बनाई गई निर्देशन योजना उनके सामाजिक सामंजस्य को प्रभावित करती है। इस प्रकार के बालकों के लिए शैक्षिक पाठ्यक्रम उतने ही सतर्क रूप से तैयार करना चाहिए जितना कि उन बालकों के लिए जो विशेष कक्षाओं में रखे जाते हैं।

मानसिक रूप से पिछड़े बालकों के लिए शैक्षिक व्यवस्था स्पष्ट, प्रबंधित तथा भली प्रकार निर्देशित होनी चाहिए। वहां पढ़ाई का हर समान उपस्थित होना चाहिए तथा साथ ही कक्षाओं का प्रबंध होना चाहिए।

उपचारी कार्यक्रम

मानसिक रूप से पिछड़े बालकों की आवश्यकताएं अधिकतर कानून द्वारा ऐसे अध्यापकों, मनोवैज्ञानिकों, मनोचिकित्सकों तथा व्यावसायिक सेवाओं द्वारा पूरी की जा रही है जो इस क्षेत्र में शिक्षित हैं। प्रायः सभी राज्यों ने ऐसे कानून बनाए हैं जो कि मानसिक अक्षम बालक के सुधार, उपचार तथा शिक्षा में सहायक हैं।

पिछले लगभग 50 वर्षों में मानसिक रूप से पिछड़े बालकों की उन्नति के लिए कानून, मेडीकल अनुसंधान, मनोविज्ञान तथा शैक्षिक क्षेत्र में बहुत उन्नति हुई है। इस क्षेत्र में किए गए कार्यों का वर्णन निम्नवत है-

(*i*) **मनोविज्ञान-** मानसिक पिछड़ेपन पर महत्वपूर्ण मनोवैज्ञानिक अनुसंधान हुए हैं। कुछ अनुसंधान बालकों की प्रमुख तथा गौण विशेषताओं से संबंधित हैं। बालकों की मानसिक उन्नति पर वातावरण के प्रभाव का भी अध्ययन हो रहा है। इनमें से कुछ अध्ययन फ्रीमैन, सीलस तथा शैमिट द्वारा हुए हैं।

(*ii*) **कानून-** कानून द्वारा संस्थाओं को आर्थिक सहायता दी जाती है। कानूनों द्वारा विशेष स्कूलों की व्यवस्था, उनमें भर्ती, अध्यापकों का प्रशिक्षण आदि की सुविधा रहती है।

(*iii*) **मेडीकल अनुसंधान-** इस क्षेत्र में हो रहे अनुसंधान मानसिक स्तर की उन्नति की ओर संकेत करते हैं। इस प्रकार के अध्ययन दो बातों से संबंधित हैं-(*a*) मनोवेगात्मक पिछड़ेपन पर बेनजीड्राइन उपचार (*b*) मानसिक पिछड़ेपन पर गुलूटामी एसिड का प्रभाव। मेडीकल क्षेत्र के ये दोनों अनुसंधान शैक्षिक तथा मनोवैज्ञानिक दृष्टि से बहुत महत्त्वपूर्ण हैं।

(*iv*) **शैक्षिक समस्याएं–** न्यूयॉर्क का विशेष शिक्षा विभाग 1940 से पाठ्यक्रम तथा विधियों पर अनुसंधान कर रहा है। इन अनुसंधानों के परिणामों को मानसिक रूप से पिछड़े बालकों के शैक्षिक कार्यक्रम में सुझाव के रूप में लेना चाहिए।

मंदता के कारण और रोकथाम

मानसिक मंदता के कारण

(*i*) **प्रसव-पूर्वकालिक कारण–** जन्म से पूर्व पैदा होना अर्थात् सात माह का बालक या फिर जन्मपूर्व गर्भ के रोग, जैसे–ग्रंथि विकार तथा पोलियो आदि।

(*ii*) **प्रसवोत्तर कालिक कारण–** जन्म के समय मस्तिष्क में सूजन आना, मस्तिष्क पर आघात लगना आदि। मस्तिष्क कैंसर व ट्यूमर भी मस्तिष्क कोशिकाओं में ऑक्सीजन की कमी होने के कारण मंदता उत्पन्न करते हैं।

(*iii*) **अन्य कारण–** मद्यपान, गरीबी, आपसी झगड़े आदि का दुष्प्रभाव भी मानसिक मंदता का कारण होता है। परिवार का वातावरण व आर्थिक अभाव भी इसका कारण बन जाते हैं समुचित वातावरण व वंशानुक्रम के अभाव में बालक मानसिक मंदता का शिकार हो जाता है।

मंदता के रोकथाम के उपाय

मंदबुद्धि बच्चों के लिए विशिष्ट विद्यालय हो तथा शिक्षक प्रशिक्षित हों। मंदबुद्धि बालकों को शिक्षित करने वाले शिक्षकों में निम्न विशेषताएं होनी चाहिए–

(*i*) बालकों का सम्मान करना।

(*ii*) बालकों के प्रति प्रेम, सहानुभूति और सहनशीलता का व्यवहार करना।

(*iii*) बालकों में संवेगात्मक संतुलन और सामाजिक समायोजन के गुणों का विकास करना।

(*iv*) स्वयं शारीरिक श्रम को महत्त्व देना तथा बालकों को श्रम का महत्त्व सामूहिक विधि से सिखाना।

(*v*) धीमी गति से पढ़ाना व अपने पढ़ाए हुए पाठ को बार-बार दोहराना।

(*vi*) बालकों की सहायता, परामर्श और निर्देशन देने के लिए तैयार रहना।

(*vii*) बालकों के स्वास्थ्य, समस्याओं और सामाजिक दशाओं का व्यक्तिगत रूप से ज्ञान होना व उनको हल करने का प्रयास करना।

(*viii*) शिक्षक को बालक की कमियों का पूर्ण ज्ञान हो तथा उसमें धैर्य व संकल्प के गुण हों, ताकि वह बालकों की मंदगति से हतोत्साहित न हों।

(*ix*) शिक्षण को रोचक बनाने के लिए सभी प्रकार की दृश्य-श्रव्य (Audio-Visual) सामग्री का उपयोग करना।

(*x*) बालकों को एक या दो हस्तशिल्पों की शिक्षा देने में कुशल होना।

(*xi*) मंदबुद्धि व पिछड़े बच्चों को पढ़ाने के लिए सरल विधियों, मूर्त वस्तुओं और सामूहिक क्रियाओं का प्रयोग करना।

मानसिक स्वास्थ्य विज्ञान के उपचार

मानसिक स्वास्थ्य विज्ञान के उपचार के अंतर्गत् निम्न पहलू शामिल हैं–

(1) मानसिक स्वास्थ्य विज्ञान– मानसिक आरोग्य का शाब्दिक अर्थ मानसिक क्रियाओं से संबंधित रोगहीन दशा को कायम रखने वाला विज्ञान है। जिस प्रकार शारीरिक आरोग्य शरीर को स्वस्थ रखने के नियम निकालता है उसी प्रकार मानसिक आरोग्य मन को स्वस्थ रखने के नियम तथा उपाय निकालता है। इसमें केवल मानसिक रोगों को दूर करना ही शामिल नहीं है बल्कि मानसिक रोगों की रोकथाम भी शामिल है। मानसिक आरोग्य में मानसिक चिकित्सा के साथ-साथ मानसिक स्वास्थ्य बनाए रखने के लिए उपयुक्त परिस्थितियां उत्पन्न करना भी शामिल है। इस तरह नकारात्मक पहलू में मानसिक आरोग्य का अर्थ केवल मानसिक चिकित्सा तक ही सीमित है किन्तु सकारात्मक पहलू में उसमें मानसिक स्वास्थ्य बनाए रखने के लिए सभी तरह की कोशिशें आ जाती हैं। इस प्रकार स्पष्ट है कि मानसिक आरोग्य का काम केवल मानसिक चिकित्सक के ही हाथ में नहीं है। अध्यापक, माता-पिता, सरंक्षक तथा समाज सुधारक और संत समुदाय आदि जैसे धार्मिक व्यक्तियों का भी उसमें महत्त्वपूर्ण योगदान है। सच तो यह है कि मानव मनोविज्ञान का ज्ञान उसमें अंतदृष्टि होने पर कोई भी व्यक्ति मानसिक आरोग्य में सहायक हो सकता है।

(2) मंदितों का उपचार– मानसिक मंदित अपनी समस्याओं को खुद नहीं सुलझा सकते। अतः उन्हें माता-पिता, संरक्षक, अध्यापक या मनोवैज्ञानिक से निर्देशन मिलना चाहिए। निर्देशक को बालक अथवा किशोर की कठिनाई को सहानुभूतिपूर्वक समझने की कोशिश करनी चाहिए। उनको डाटना या झिड़कना ठीक नहीं है। उनको अपनी इच्छाओं तथा मनोवृत्तियों को जाहिर करने का मौका दिया जाना चाहिए।

(3) परिवार का महत्त्व– मानसिक स्वास्थ्य बनाए रखने में परिवार का सबसे अधिक महत्व है और माता-पिता की सबसे अधिक जिम्मेदारी है। सबसे अधिक जरूरत इस बात की है कि परिवार में ऐसा स्वस्थ वातावरण बनाया जाए जिसमें बालक के व्यक्तित्व का ठीक से विकास हो सके। बालक के व्यक्तित्व पर माता-पिता के चरित्र, आपस के संबंध 'बच्चों से उनका व्यवहार' भाई-बहनों तथा परिवार के अन्य संबंधियों से बालक का संबंध आदि सभी बातों का प्रभाव पड़ता है। अतः इन सभी के स्वस्थ्य होने की जरूरत है। संक्षेप में इतना कहा जा सकता है कि माता-पिता बालक के व्यक्तित्व को उन्मुक्त रूप से विकसित होने का मौका दें। उसको गलत रास्तों से रोकें परन्तु उसको सब बातों में अपनी राय पर चलाने की कोशिश न करें। शेष बातें तो माता-पिता की बालक अथवा किशोर के मनोविज्ञान में

अंतर्दृष्टि, उनके धैर्य, परिश्रम और अनुभव पर निर्भर है।

(4) स्कूल का महत्त्व– परिवार के बाद मानसिक स्वास्थ्य बनाए रखने में स्कूल की महत्त्वपूर्ण भूमिका होती है। स्कूल में सबसे अधिक महत्त्व स्कूल के वातावरण का है। स्वास्थ्य वातावरण में बालक स्वयं अनुशासन तथा अन्य गुण ग्रहण का लेते हैं। स्कूल में कुछ बालकों को बिगड़ जाने का अधिक भय होता है। ऐसे बालकों पर विशेष ध्यान रखा जाना चाहिए। सबसे बड़ी जरूरत इस बात की है कि अलग-अलग बालक का उसके व्यक्तित्व के अनुसार उपयुक्त एवं पर्याप्त काम दिया जाए। स्कूल में विद्यार्थियों की कठिनाइयों को दूर करने के लिए विद्यार्थी कर्मचारी सेवा का प्रबंध होना चाहिए।

सार-संक्षेप

विद्यालय में शिक्षक को विद्यार्थियों का मानसिक स्वास्थ्य बनाए रखने, मानसिक अस्वस्थता को रोकने और मानसिक स्वास्थ्य की उन्नति हेतु निम्न बातों की ओर ध्यान देना चाहिए–

(i) **अनुशासन–** विद्यालय में अनुशासन का विद्यार्थियों के मानसिक स्वास्थ्य पर महत्त्वपूर्ण प्रभाव पड़ता है परन्तु यह अनुशासन कभी कठोर नहीं होना चाहिए। ऐसा होने पर उससे मानसिक अस्वस्थता बढ़ेगी। अतः अनुशासन दंड द्वारा भय दिखाकर नहीं बल्कि विद्यार्थियों में नियम पालन और उत्तरदायित्व की भावना उत्पन्न करके स्थापित किया जाना चाहिए।

(ii) **संतुलित पाठ्यक्रम–** स्कूल में पाठ्यक्रम ऐसा होना चाहिए जिससे विद्यार्थी में व्यक्तित्व के सभी पहलुओं का स्वस्थ्य विकास हो, आवश्यक ज्ञान बढ़े और मस्तिष्क पर अनावश्यक जोर न पड़े। नाना प्रकार की पाठ्यक्रमेतर क्रियाओं के द्वारा विद्यालय में विद्यार्थियों के सर्वांगीण विकास में योगदान दिया जा सकता है।

(iii) **प्रेमपूर्ण व्यवहार–** स्पष्ट है कि विद्यार्थियों के मानसिक स्वस्थ्य के लिए अध्यापक के प्रेमपूर्ण व्यवहार का कितना महत्त्व है। इससे विद्यार्थी अध्यापक की बात मानेगा, उसका आदर करेगा और ऐसा काम नहीं करेगा जिसे अध्यापक बुरा समझता हो। शिक्षक को सभी विद्यार्थियों से एक-सा प्रेमपूर्ण व्यवहार रखना चाहिए। इसमें किसी भी प्रकार का भेदभाव विद्यार्थियों के मन को आघात पहुंचाता है।

(iv) **खेल तथा मनोरंजन–** विद्यार्थियों में दमित प्रेरणाएं मानसिक अस्वस्थता उत्पन्न करती हैं। इनको स्वस्थ्य रूप में अभिव्यक्त होने का अवसर खेलों और विविध प्रकार के मनोरंजन से दिया जा सकता है। खेल और मनोरंजन नई ऊर्जा के संचार का काम करते हैं।

(v) **यौन शिक्षा–** किशोरावस्था में लड़के-लड़कियों में यौन वासना के कारण नैतिक पतन होता है अथवा उसके दमन से मानसिक अस्वस्थता बढ़ती है। शिक्षकों को चाहिए कि वे यौन-संबंध बुरी आदतों को किशारों में से निकालने के लिए मनोवैज्ञानिक उपायों का सहारा लें। इसके लिए सबसे अच्छा उपाय लड़के-लड़कियों को आवश्यक यौन शिक्षा देना है। इससे जहाँ एक ओर वे यौन प्रवृत्ति की ओर एक स्वस्थ्य दृष्टिकोण बना सकेंगे और अनेक बुरी आदतों से बचे रहेंगे वहीं दूसरी ओर उनके शारीरिक, मानसिक और संवेगात्मक विकास में भी सहायता मिलेगी और वे आगे चलकर सर्वांगपूर्ण विकसित स्त्री-पुरुष बन सकेंगे।

(vi) **शैक्षिक निर्देशन–** मानसिक स्वास्थ्य बनाए रखने के लिए यह आवश्यक है कि विद्यार्थियों को उनकी योग्यता के अनुसार विषय दिए जाएं और उनकी शिक्षा संबंधी कठिनाइयों को दूर किया जाए। इस संबंध में मनोवैज्ञानिक की निजी सलाह शैक्षिक निर्देशन कहलाती है।

(vii) **व्यक्तिगत निर्देशन–** विद्यार्थी अपनी अनेक उलझनों को स्वयं नहीं सुलझा पाते। अतः उन्हें सुलझाने के लिए उन्हें मनोवैज्ञानिक द्वारा व्यक्तिगत निर्देशन दिए जाने की आवश्यकता है।

(viii) **संतुलित गृह कार्य–** यह समझना भूल है कि विद्यार्थियों को घर पर कार्य करने के लिए बहुत-सा काम देने से उनको व्यर्थ के कामों के लिए अवकाश न मिलेगा और वे व्यस्त रहेंगे। विद्यार्थियों को अत्यधिक गृह कार्य में जुटाए रखने से उन्हें चिंता होती है और मन पर बुरा प्रभाव पड़ता है। अतः उन्हें बहुत ही संतुलित गृह कार्य दिया जाना चाहिए।

(ix) **अच्छी आदतों का निर्माण–** मानसिक स्वास्थ्य अच्छी आदतों पर निर्भर है। अतः शिक्षक को चाहिए कि वह विद्यार्थियों में नियमित जीवन, संतुलित व्यायाम और खान-पान, अच्छे व्यवहार और उच्च विचार की आदतें डालने में सहायता दें।

(x) **व्यावसायिक निर्देशन–** प्रत्येक नवयुवक को शिक्षा कार्य के बाद कोई न कोई व्यवसाय ग्रहण करना होता है जिसकी चिंता अध्ययन काल में ही उसे सताने लगती है। व्यावसायिक निर्देशन के द्वारा चतुर शिक्षक उन्हें भावी व्यवसाय के चुनाव में सहायता दे सकता है।

2. दृष्टि बाधित छात्र

दृष्टि बाधित बालक सामान्य से कम, निम्न या शून्य दृष्टि वाले होते हैं। इन बालकों की समस्या यह होती है कि वे कक्षा में श्याम-पट्ट (Black Board) पर अंकित लेख या दृश्य सहायक सामग्री को तथा अपनी पुस्तक पठन में कठिनाई का अनुभव करते हैं। ऐसे बालकों के लिए निम्न सावधानियां रखनी चाहिए–

(i) उन्हें कंजरवेशन (Conservation) कक्षाओं में पढ़ाना चाहिए जहां बड़े छापे की पुस्तकें व बड़े आकार की दृश्य सामग्री का प्रयोग किया जाता है।

(ii) ऐसे छात्रों को कक्षा में श्याम-पट्ट (Black Board) के निकट बैठना चाहिए।

(*iii*) उनकी दृष्टि की जांच कर उन्हें चश्मा लगाने की सलाह देनी चाहिए।
(*iv*) चिकित्सक से उनका उपचार कराना चाहिए।
(*v*) उनमें उचित रूप से पढ़ने-लिखने की विधि विकसित करनी चाहिए।

विशेषताएं

(*i*) ऐसे बालक जो औसत दृष्टि वाले बालकों से भिन्न हैं, परन्तु जिनका मेडिकल रूप से इलाज हो सकता है, सामान्य बालकों के साथ पढ़ सकते हैं।
(*ii*) ऐसे बालक जिनमें कि अत्यंत गंभीर दृष्टि दोष है इनका उपचार मेडिकल सहायता तथा चश्मे से करने पर भी वे सामान्य बालकों के साथ पढ़कर यथोचित लाभ नहीं उठा सकते। फिर भी उनके पास इतनी दृष्टि है कि वे उन साधनों से उचित लाभ उठा सकते हैं जो कि अन्धे बालकों को दिए जाते हैं।
(*iii*) ऐसे बालक, जो कि मेडिकल इलाज तथा चश्में की सहायता मिलने पर भी शैक्षिक तथा व्यावसायिक रूप से दृष्टिहीन हैं।

बाधित की मात्रा

दृष्टि बाधा की मात्रा के लिहाज से बहुत कम देखने वाले बालकों को चार वर्गों में बांटा गया है–

(*i*) ऐसे बालक, जिनकी दृष्टि एक्यूटी (Visual Acuity) 20/70 तथा 20/200 के बीच है।
(*ii*) ऐसे बालक जो गंभीर तथा बढ़ने वाली दृष्टि संबंधी कठिनाइयों से पीड़ित हैं।
(*iii*) ऐसे बालक जो नेत्र संबंधी रोगों से पीड़ित हैं या ऐसे रोगों से जो दृष्टि को प्रभावित करते हैं।
(*iv*) ऐसे बालक, जो कि उपरोक्त बालकों में सम्मिलित नहीं है और जिनके पास औसत मस्तिष्क है तथा जो डॉक्टरों तथा शिक्षाशास्त्रियों के अनुसार कम देखने वाले बालकों को दिए गए साधनों तथा सामान द्वारा अधिक लाभान्वित हो सकते हैं।

कारण एवं रोकथाम

(*i*) **मेडिकल परीक्षण–** इसकी सबसे अच्छी विधि है सभी बालकों का अच्छा मेडिकल परीक्षण लिया जाए। साथ ही आंखों का भी परीक्षण हो। ये परीक्षण स्कूल प्रवेश से पहले और प्रवेश के उपरांत भी लेना चाहिए।
(*ii*) **दृष्टि अनुवीक्षण–** जहाँ मेडिकल परीक्षण विधि नहीं अपनाई जा सकती, वहां पर दृष्टि अनुवीक्षण (Visual Screening) भी ली जा सकती है। यदि कार्य डॉक्टर, नर्स, अध्यापक कर सकते हैं। स्कूल स्वास्थ्य सेवा विभाग का कर्त्तव्य है कि अनुवीक्षण (Screening) की व्यवस्था कराए। इसे देखना चाहिए कि अनुवीक्षण ठीक दशाओं में हो रहा है या नहीं। चार्ट अवश्य बनाना चाहिए। बच्चे की प्रतिक्रिया भी देखनी चाहिए।
(*iii*) **चेक-अप–** माता-पिता को भी चाहिए कि वे अपने बच्चे का चेक-अप करा ले। यदि वे ऐसा नहीं करते तो स्कूल स्वास्थ्य विभाग इस ओर दिशा-निर्देश करे और बच्चों का व्यापक स्वास्थ्य परीक्षण कराए।
(*iv*) **विशेष अध्यापक–** कम देखने वाले बालकों के अध्यापकों को आंख की बनावट, सफाई, आंख की सामान्य बीमारियों तथा कठिनाइयों से परिचित होना चाहिए। उसे दवाइयों रोशनी, शारीरिक सामान तथा शैक्षिक सामान का प्रबंध करना चाहिए। उसे पढ़ाई की उचित विधि से परिचित होना चाहिए। उसे मनोवैज्ञानिक तथा शैक्षिक कठिनाइयों के साथ-साथ संवेगात्मक कठिनाइयों को पहचानना चाहिए।
(*v*) **व्यावसायिक निर्देशन–** कम देखने वाले बालकों का शैक्षिक तथा व्यावसायिक निर्देशन परस्पर संबंधित है। एक सफल शैक्षिक निर्देशन के लिए बालक के व्यक्तित्व की प्रत्येक बातें ध्यान में रखनी चाहिए।

शैक्षिक कार्यक्रम

(*i*) **विशेष कक्षाओं का आयोजन–** कम देखने वाले बालकों (दृष्टि बाधित) को शिक्षा देने का सबसे अच्छा तरीका विशेष कक्षाओं का अयोजन है। एक विद्यालय में ऐसे बालकों की संख्या 1 से 500 तक होती है। अध्यापक इस बात का निर्णय करे कि क्या उनके लिए विशेष कक्षा का आयोजन किया जाए तथा कौन-कौन सी सुविधाएं प्रदान की जाए। इस कक्षा में विभिन्न श्रेणियों के बालक हो सकते हैं। गांवों में भी आंशिक रूप से देखने वाले बालकों के लिए विशेष कक्षा का प्रबंध होना चाहिए।
(*ii*) **सहकारिता योजना–** पृथकीकरण अब आधुनिक शैक्षिक सिद्धांतों के अनुरूप नहीं है। अतः एक सहकारिता योजना का विकास किया गया है जिसके द्वारा कम देखने वाले बालक अपने कार्य एक विशेष समान से युक्त एक योग्य शिक्षक के अंतर्गत करते हैं। अन्य कार्यक्रमों के लिए वे अन्य औसत बालकों के साथ मिल जाते हैं।
(*iii*) **पाठ्यक्रम–** कम देखने वाले और औसत बालकों का पाठ्यक्रम एक-सा होता है। अध्यापकों को इस ओर ध्यान देना चाहिए कि ऐसा कोई भी कार्य अधिक न करवाया जाए जिससे आंखों पर अधिक जोर पड़े।
(*iv*) **शैक्षिक माध्यम–** एक औसत बालक के लिए किताब 10 या 12 पॉइण्ट (Point) टाइप में होती है, पर आंशिक देखने वाले बालकों के लिए किताब 18 या 24 पॉइण्ट (Point) टाइप में होती है। प्रिंट साफ तथा विस्तृत होना चाहिए। दो शब्दों के बीच जगह होनी चाहिए। सफेद कागज पर काली स्याही से लिखा होना चाहिए। हाशिया तथा चित्र एवं मानचित्र पर काली स्याही से लिखा होना चाहिए। आर्ट तथा क्राफ्ट के लिए ऐसा समान प्रयुक्त होना चाहिए कि आंखों पर अधिक जोर न पड़े। मशीनी

तरीके, जैसे–टाइपराइटर, रेडियो आदि का प्रयोग होना चाहिए। साथ ही ऐसे बालकों को टाइपराइटर के छूने की विधि बतानी चाहिए।

(*v*) **रोशनी–** प्राकृतिक तथा बनावटी दोनों प्रकार की रोशनी सभी बालकों के लिए महत्व रखती है। कम देखने वाले बालकों के लिए यह और भी अधिक महत्व रखती है। ऐसे बालकों का कमरा हर स्थान से पूर्णरूप से रोशनीयुक्त होना चाहिए तथा उनमें चमक नहीं होनी चाहिए। भूरे तथा हरे बोर्ड में प्रत्यावर्तन अधिक होता है। अतः उनका प्रयोग करना चाहिए।

(*vi*) **फर्नीचर :** एक स्थान से दूसरे स्थान तक ले जा सकने वाले फर्नीचर से बालक उसे किसी भी स्थान पर ले जाकर पढ़ सकते हैं। फर्नीचर का रंग हल्का होना चाहिए।

3. दृष्टिहीन छात्र

वे बालक जिनकी दृष्टि एक्यूटी 20/200 होती है तो उन्हें शैक्षिक कार्य के लिए नेत्रहीन समझा जाता है। इससे कम होने पर अथवा इसी प्रकार की कोई अन्य अक्षमता होने पर बालक दृष्टिहीन समझे जाते हैं। दृष्टिहीन बालक को अपनी अन्य इन्द्रियों पर निर्भर रहना पड़ता है। जिन बालकों में बहुत कम दृष्टि होती है वे रंगों का भेद कर सकते हैं। एक बालक को तभी दृष्टिहीन मानना चाहिए जबकि डॉक्टर ने उसकी ऐसी स्थिति बतायी हो। डाक्टर द्वारा बताए गए चश्में को पहनने से इनकी दृष्टि में सुधार हो सकता है समय-समय पर आंखों की परीक्षा लेना भी जरूरी है। अध्यापक को देखना चाहिए कि बालक ने चश्मा पहना है अथवा नहीं, चश्मा ठीक दशा में है अथवा नहीं। चूंकि दृष्टिहीन बालक हमेशा अपनी अन्य इंद्रियों पर निर्भर रहता है, उसकी अन्य इंद्रियों के स्वास्थ्य की परवाह करनी चाहिए।

दृष्टिहीन बालकों की समस्या अधिक विकट होती है। वे सामान्य विद्यालय व सामान्य कक्षाओं में शिक्षित होने में अधिक असुविधा का सामना करते हैं। उन्हें विद्यालय में आने-जाने, लिखने-पढ़ने जैसी क्रियाओं में दूसरों की सहायता लेनी पड़ती है। वे दूसरे व्यक्तियों के उपहास के पात्र बनते हैं जिससे उनमें हीन भावना का उदय होता है। ऐसे बालकों की शिक्षा में निम्न बिंदु उल्लेखनीय है–

(*i*) ऐसे बालकों के लिए पृथक एवं विशिष्ट विद्यालय होने चाहिए।

(*ii*) इन्हें ब्रेल (Braille) पद्धति से शिक्षित करना चाहिए, जिनमें एक मोटे कागज पर कुछ बिन्दु उभार कर उनके स्पर्श द्वारा दृष्टिहीन बालकों को अक्षर व लिपि का ज्ञान कराया जाता है।

(*iii*) उन्हें संगीत या हस्तकला में प्रशिक्षण दिया जाना चाहिए।

(*iv*) उन्हें टंकण (Typing) का प्रशिक्षण भी दिया जा सकता है।

(*v*) उन्हें समुचित सहानुभूति की अपेक्षा होती है।

दृष्टिहीन छात्रों के लिए शैक्षिक सुविधाएं

(*i*) **सामान्य विद्यालय–** एक सामान्य दृष्टिहीन बालक सामान्य स्कूल में प्रवेश कर सकता है। इस अवस्था में उसे इस योग्य होना चाहिए कि वह कपड़े आदि स्वयं पहन सके। उसे नहाना और अपनी शारीरिक आवश्यकताओं की पूर्ति करना आना चाहिए। उसे जाने पहचाने वातावरण में चलने की आदत होनी चाहिए। उसे अपने आयु-वर्ग के बालकों से बोलना और उन्हें दोस्त बनाने आना चाहिए। इस संबंध में बालकों को किण्डरगार्टन में भेजने से अच्छे परिणाम निकलने चाहिए।

(*ii*) **ब्रेल कक्षाएं–** दृष्टिहीन बालकों के लिए स्कूल जाने से तात्पर्य अंधों के स्कूल जाने से है। वहाँ ऐसे बालकों को विशेष कक्षाओं में पढ़ाया जाता है। इन्हें ब्रेल कक्षा (Braille Class) कहते हैं। ब्रेल कक्षाओं तथा दृष्टिहीन बालकों के लिए स्कूल की व्यवस्था इसलिए की जाती है ताकि वे सामाजिक वातावरण से समायोजन कर सकें। आवासीय स्कूल भी बालकों की कक्षा से दूसरी कक्षा के लिए शिक्षा देता है। ब्रेल कक्षाएं ऐसी सहायता देती हैं जिनसे सामान्य कक्षा की पढ़ाई को समझ सकें। ये दोनों ही प्रकार की पढ़ाई अपनी उद्देश्य पूर्ति में सफल हो सकती हैं। ब्रेल कक्षाओं में एक कुशल अध्यापक 10 या 12 विद्यार्थियों को वह विषय पढ़ाता है जो वे अन्य बालकों के साथ नहीं पढ़ सकते। अन्य कार्यों के लिए वे सामान्य बालकों के साथ मिल जाते हैं। उन्हें हाथ में कार्य, शारीरिक शिक्षा तथा संगीत की शिक्षा भी दी जाती है। ब्रेल कक्षाओं के लिए ब्रेल पुस्तकों की आवश्यकता होती है। अमेरिका में ये ब्रेल कक्षाएं American Printing House for the Blind से पुस्तकें प्राप्त करती हैं।

(*iii*) **विशेष विधियां–** दृष्टिहीन बालक की शिक्षा के समय यह ध्यान में रखना चाहिए कि वह एक सामान्य बालक है। अधिकतर मामलों में उसका बढ़ता हुआ ज्ञान, वृद्धि, संवेग तथा इच्छाएं अन्य बालकों की तरह है। दृष्टि दोष प्रत्येक बालक में भिन्न होता है। यदि बालक में थोड़ी दृष्टि है और अध्यापक उसे दृष्टिहीन समझता है तो इसका बालक पर प्रतिकूल प्रभाव पड़ेगा। दृष्टि एक्यूटी (Visual Acuity) सदा दृष्टि क्षमता को नहीं बताती। अक्सर कम दृष्टि वाले बालक अपनी दृष्टि का अच्छा उपयोग करते हैं। घर के वातावरण, सीखने की तत्परता एवं सीखने की क्षमता का इस पर प्रभाव पड़ता है। एक अंधे बालक की शिक्षा के लिए दो चीजों–(*i*) विशेष सामान तथा माध्यम और (*ii*) पढ़ाने के विशेष सिद्धांतों का प्रयोग आवश्यक है।

4. बधिर-छात्र

कानों के द्वारा सुनने में बाधा से उत्पन्न अयोग्यता व्यक्ति विशेष को श्रवण विकलांग बनाती है। यह विकलांगता ऐसे

बालकों की श्रवण शक्ति दोषयुक्त होने से उन्हें शब्दिक या बोलकर अभिव्यक्त करने में असमर्थ बनाती है। यही कारण है कि बहरे लोग गूंगे (Deaf) भी होते हैं। अतः सामान्य स्कूलों में शैक्षिक शिक्षण की अपेक्षा श्रवण विकलांगों की शिक्षा हेतु पृथक गूंगे-बहरों के विशिष्ट विद्यालयों की व्यवस्था की जाती है। जहां प्रशिक्षित अध्यापक विशिष्ट उपकरणों की सहायता से उनका विशिष्ट शिक्षण करते हैं।

प्रकार– बहरेपन अथवा श्रवण बाधिता को प्रायः दो प्रकारों में बांटा जाता है–

(*i*) बधिर या बहरे (Deaf), (*ii*) ऊंचा सुनने वाले (Hard of Hearing)। इन दोनों प्रकारों में भाषा को सीखने की योग्यता भिन्न-भिन्न होती है। ऊंचा सुनने वालों को श्रवण सहायक यंत्रों (Hearing Aids) की सहायता से शिक्षित किया जा सकता है किन्तु बधिरों की जिन्होंने कभी वाणी या भाषा सुनी ही नहीं, शिक्षा व्यवस्था विशिष्ट प्रकार की होती है।

विशेषताएं

(*i*) बधिर या कम सुनने वाले श्रवण क्षतियुक्त बालक वे हैं जिन्होंने बोलने से पहले ही श्रवण शक्ति खो दी है। इस प्रकार के छात्रों के लिए विशेष प्रकार के शिक्षण की आवश्यकता होती है।

(*ii*) विद्यालय में कुछ बालक ऐसे होते हैं जिन्हें किसी न किसी प्रकार का और किसी न किसी स्तर का श्रवण दोष होता है।

(*iii*) श्रवण शक्ति बालक को अध्यापक द्वारा कही गई बातें सुनाई देती है। श्रवण शक्ति मौखिक संदेशवहन, अधिगम, मानसिक विकास और भाषा विकास का सबसे सशक्त साधन है। श्रवण बधित बालक इन साधनों से लाभ नहीं उठा पाता।

(*iv*) कक्षा में बैठे श्रवण क्षतियुक्त बालकों को प्रभावशाली ढंग से उन विधियों से शिक्षा दी जा सकती है जिनसे सामान्य श्रवण योग्यता वाले बालक को देते हैं।

(*v*) बधिर बालकों की पहचान उनसे बोलने पर हो सकती है। परन्तु उनकी पहचान श्रवण यंत्रों के द्वारा करना उचित होगा।

(*vi*) श्रवण क्षतियुक्त बालकों की पहचान श्रवण यंत्रों, यथा श्रवणमापक तथा अन्य तकनीकों से की जाती है।

(*vii*) विद्यालय में श्रवण क्षतियुक्त बालक कई दिनों तक अध्यापक की दृष्टि में नहीं आता। अध्यापक को उसका पता तभी होगा जब वह बालक से अधिकतम अंतःक्रिया (Interaction) करेगा। जबकि अधिक संख्या वाली कक्षा में ऐसा होना संभव नहीं है। अतः बालकों के प्रवेश के समय ही उनका परीक्षण करवा लेना उचित है।

(*viii*) माता-पिता को बालक के जन्म के तीन महीने पश्चात् चिकित्सक द्वारा अपने बालक की श्रवण शक्ति की जांच अवश्य करा लेनी चाहिए। विद्यालय में प्रवेश दिलाते समय उन्हें अध्यापक को बालक की श्रवण स्थिति से अवगत करा देना चाहिए।

क्षति की मात्रा

ध्वनि के परिसर के अनुसार श्रवण क्षति को चार भागों में बांटा जा सकता है–

(*i*) **किंचित श्रवण क्षय**– सामान्य बातचीत का स्तर 65 डेसिबल्स होता है। किंचित श्रवण क्षय बालकों को 35-51 डेसिबल्स तक का श्रवण क्षय होता है। अर्थात् ये बालक 54 डेसिबल्स तक की ध्वनि को नहीं सुन पाते हैं। सामान्य स्तर पर बातचीत को ये बालक आसानी से नहीं सुन पाते हैं परन्तु उससे धीमे स्तर पर बोलने पर भी ये नहीं सुन पाते हैं।

(*ii*) **मंद श्रवण क्षय**–इन बालकों में 55-69 डेसिबल्स तक श्रवण क्षय होता है। अतः सामान्य स्तर, अर्थात् 65 डेसिबल्स स्तर पर बोलने पर ये बालक सुन नहीं पाते, थोड़ा ऊंचा बोलने पर ही सुन पाते हैं।

(*iii*) **गंभीर रूप से श्रवण क्षतियुक्त**–इन बालकों में 70-89 डेसिबल्स तक श्रवण क्षय होता है और ये काफी ऊंचा बोलने पर ही सुन पाते हैं जो सामान्यतः कठिन होता है।

(*iv*) **गहन श्रवण क्षतियुक्त बालक**–ऐसे बालकों में श्रवण क्षय 90 और इससे आगे डेसिबल्स स्तर तक का होता है। ये बहुत ऊंचा बोलने पर भी कुछ ही शब्द सुन पाते हैं। बधिर (Deaf) बालक कुछ भी नहीं सुन पाते।

कारण एवं रोकथाम

कारण

श्रवण बाधित होने के कारणों को मुख्यतः दो वर्गों–1. जन्म से पूर्व/जन्म के समय के कारण 2. जन्म के बाद के कारण में बांटा गया है–

1. जन्म से पूर्व/जन्म के समय के कारण– इसके अंतर्गत निम्न कारण आते हैं–

(*i*) **आनुवंशिक कारण**– श्रवण संबंधी दोषों का एक प्रमुख कारण आनुवंशिकता अथवा जननिकी (Genetic) है। आनुवंशिकता की निम्न विशेषताएं श्रवण दोष का कारण होती हैं–

(*a*) माता-पिता दोनों में विद्यमान एक अपगामी (Recessive) जीन्स।

(*b*) माता-पिता दोनों में से किसी एक में विद्यमान प्रबल (Dominant) जीन्स।

(*c*) लिंग संबंधित (Sex-linked) जीन्स जो केवल मां में होता है और केवल पुत्र को ही प्रभावित करता है।

(*ii*) **गर्भावस्था में श्रवण क्षतियुक्त**– बालक जब गर्भावस्था में होता है तब भी श्रवण दोष उत्पन्न होने की संभावना रहती है। ऐसा तब होता है जब मां कोई

जहरीले पदार्थ का सेवन कर ले, शराब का सेवन करे, असंतुलित भोजन ग्रहण करे, दूषित भोजन करे अथवा बीमार रहे।

(*iii*) **असामयिक प्रसव–** असामयिक प्रसव भी श्रवण दोष उत्पन्न करता है। यह अभी निश्चित रूप से नहीं कहा जा सकता है कि असामयिक प्रसव इसका कारण है या वे कारण हैं जो असामयिक प्रसव कराते हैं।

(*iv*) **असुरक्षित प्रसव–** यदि प्रसव के समय रक्त प्रवाह अधिक हो जाए, रक्त का विकृत संचार हो, ऑक्सीजन का अभाव हो तो बालक के श्रवण तंत्र कुप्रभावित हो सकते हैं।

2. **जन्म के बाद के कारण–** इसके अंतर्गत निम्न कारण आते हैं–

(*i*) **बीमारी–** कुछ बीमारियां, जैसे–खसरा, चेचक, टाइफॉइड तथा कुकुर खांसी आदि श्रवण दोष उत्पन्न करती हैं।

(*ii*) **दुर्घटना–** दुर्घटना भी श्रवण तंत्र को हानि पहुंचा सकती है। जिससे दोष उत्पन्न हो सकता है। किसी लकड़ी या पिन से कान का गंदगी निकालते समय बालक अनजाने में कर्ण पटल को नुकसान पहुंचा सकता है।

(*iii*) **उच्च ध्वनि–** निरंतर उच्च ध्वनि को सुनते रहने से कान उच्च ध्वनि को ही पकड़ पाते हैं। सामान्य व धीमी गति में बोले गए शब्द कान भली प्रकार नहीं सुन पाते। इस प्रकार उच्च ध्वनि श्रवण दोष उत्पन्न करती है।

(*iv*) **आयु–** वृद्धावस्था में शारीरिक तंत्र कमजोर पड़ने लगते हैं। अतः सुनाई कम पड़ता है। यह कारण बालकों पर लागू नहीं होता है क्योंकि उनका शरीर विकास करता है न कि क्षीण होता है।

(*v*) **असंतुलित आहार–** यदि बालक को संतुलित आहार नहीं मिलता तो उसकी श्रवण शक्ति काफी प्रभावित हो सकती है। बालक के श्रवण तंत्र के कोमल तंतुओं को जिन्दा रहने और विकास करने के लिए ऊर्जा नहीं मिलती।

रोकथाम

श्रवण बाधितों में निम्नांकित शैक्षिक उपायों द्वारा श्रवण शक्ति का विकास किया जा सकता है–

(*i*) **वाचन का विकास–** दृश्य सामग्री के प्रयोग व ध्वनि के कंपनों व स्पर्श द्वारा बधिरों की पहचान क्षमता का कुछ सीमा तक विकास किया जा सकता है। बधिर बालक अपने मुख में जबड़ों, जिह्वा, ओष्ठ, तालु, कंठ आदि की देशीय गतियों का अनुभव कर अपनी वाणी पर नियंत्रण करना सीखता है। आंशिक बधिर बालकों की श्रवण शक्ति का श्रवण सहायक यंत्रों की सहायता व प्रयोग से विकास किया जा सकता है।

(*ii*) **ओष्ठ द्वारा वाचन–** बधिर वाणी को नहीं सुन सकते, अतः उसका अनुकरण नहीं कर सकते। इसलिए इन्हें केवल ओष्ठ गति व मुख मुद्रा के हावभाव को देखकर ही बोले गए अंश का काल्पनिक अर्थ निकालने का प्रयास करना पड़ता है। अतः बधिर को इस प्रकार प्रशिक्षित किया जाना चाहिए कि वे ओष्ठ गति व मुख मुद्रा के भावों को पढ़कर अपने विचार व भाव को व्यक्त कर सकें।

शैक्षिक कार्यक्रम

श्रवण बाधितों के शैक्षिक कार्यक्रमों को चार वर्गों– (1) संप्रेषण तकनीकें, (2) शिक्षण तकनीकें, (3) शैक्षिक सुविधाएं तथा (4) औपचारिक सुविधाएं में बांटा गया है।

(1) **संप्रेषण तकनीकें–** श्रवण क्षतियुक्त बालक के संबंध में सबसे बड़ी कठिनाई संप्रेषण के संबंध में है। अतः उसे भली प्रकार शिक्षित करने के लिए निम्न विशेष संप्रेषण तकनीकें अपनाई जानी चाहिए–

(*i*) **चिन्ह भाषा–** बधिर और अत्यधिक ऊंचा सुनने वाले बालकों के लिए चिन्ह भाषाओं का प्रचलन है, यथा–A. चिह्नित अंग्रेजी, (*b*) अमेरिकन चिह्न भाषा, (*c*) अंगुली वर्णमाला। ये चिन्ह भाषाएं एक-दूसरे से भिन्न होती हैं।

(*ii*) **ओष्ठ पठन–** ओष्ठ पठन में बालकों को ओठों के हिलाने और गति के आधार पर वर्णों और शब्दों को पढ़ने की शिक्षा दी जाती है।

(*iii*) **संकेत भाषा–** संकेत भाषा में ओठों को पढ़ने के साथ हाथ से मुंह के पास ही संकेत दिए जाते हैं। संकेत उसी भाषा के होते हैं जिसमें कि बोला जाता है। संकेत भाषा के लाभ निम्नवत् हैं–

(*a*) इसमें उसी व्याकरण का प्रयोग होता है जो बोली जाती है।

(*b*) इससे बालक सुनने वाले लोगों के साथ आसानी से संप्रेषण कर सकता है।

(*iv*) **स्पर्श विधि–** इसमें स्पर्श द्वारा कहीं गई बात को समझने का प्रावधान होता है।

(*v*) **गतिविधि–** इसमें शरीर से विभिन्न गतियां करवाकर बधिर बालकों के संप्रेषण में सहायता दी जाती है।

(*vi*) **प्रवर्धक प्रयोग–** ध्वनि प्रवर्धक यंत्रों का प्रयोग उन बालकों के लिए उपयोगी हो सकता है जो सामान्य से थोड़ा ऊंचा सुनते हैं।

(2) **शिक्षण तकनीकें–** श्रवण क्षतियुक्त बालकों के लिए निम्न शिक्षण तकनीकें अपनाई जानी चाहिए–

(*i*) शिक्षण विषय-वस्तु को सहायक सामग्री की सहायता से पढ़ाया जाना चाहिए। आकृतियां, चित्र, संकेत, शब्द, इशारे इत्यादि सहायक सामग्री प्रयोग की जा सकती है।

(*ii*) शिक्षण के बीच-बीच में प्रश्न पूछना अनिवार्य है। इससे यह पता लग सकता है कि बालक पढ़ाई गई बात को कितना समझ रहा है।

(*iii*) विलसन के अनुसार श्रवण क्षतियुक्त बालक को एक नोट लेने वाला व्यक्ति (Note-taker) प्रदान किया जाना चाहिए।

(*iv*) श्रवण क्षतियुक्त बालकों के लिए एक विशेष अध्यापक नियुक्त किया जाना चाहिए जो प्रशिक्षण प्राप्त हो।

(*v*) श्रवण क्षतियुक्त बालकों की अधिगम कमियों की ओर विशेष ध्यान दिया जाना चाहिए ताकि यह पता चले कि वे शब्दों को ठीक लिखते और बोलते हैं अथवा नहीं।

(*vi*) श्रवण क्षतियुक्त बालकों के लिए तकनीकी कार्यक्रम बनाने चाहिए। रोचेस्टर तकनीक विज्ञान संस्थान में इस तरह के प्रोग्राम उपलब्ध हैं।

(3) **श्रवण क्षतियुक्त बालकों को शैक्षिक सुविधाएं–** श्रवण क्षतियुक्त बालकों को दिन-प्रतिदिन के क्रियाकलाप में भली प्रकार से सहायता देने के लिए निम्न सुविधाएं दी जानी चाहिए–

(*i*) दृश्य-श्रव्य (Audio-Visual) संकेत सामग्री श्रवण क्षतियुक्त बालक के लिए अत्यंत लाभदायक सिद्ध हो सकती है। टेलीफोन में ध्वनि प्रवर्धक (Sound Amplifier) लगाने से बालक टेलीफोन पर बातचीत कर सकते हैं। आजकल बालकों के लिए टेलीफोन, टाइपराटर और कंप्यूटर यंत्र बनाया गया है। इसमें टेलीफोन पर वार्ता टाइप होकर स्क्रीन में दिख जाती है। इससे बधिर बालक टेलीफोन पर वार्ता कर सकते हैं। यदि इसी प्रकार के अन्य यंत्र भी विद्यालयों में उपलब्ध कराएं जा सकें तो वे श्रवण क्षतियुक्त बालकों के लिए लाभप्रद होंगे।

(*ii*) वीडियो टेप्स का प्रयोग लाभकारी सिद्ध होता है।

(*iii*) फिल्म का प्रयोग किया जाना चाहिए।

(*iv*) उन सभी बालकों को कक्षा-कक्ष (Class-room) में समूह श्रवण सहायक (Group Hearing Aids) प्रदान किए जाने चाहिए जो किसी भी प्रकार की श्रवण क्षतियुक्तता से पीड़ित हैं।

(*v*) अध्यापक द्वारा ओवरहेड प्रोजेक्टर का प्रयोग अत्यंत अच्छा है।

(*vi*) श्रवण क्षतियुक्त बालकों को अजायबघर, ऐतिहासिक इमारतों, प्रसिद्ध स्थानों आदि जैसे सूचनाप्रद स्थलों पर भ्रमण के लिए ले जाना चाहिए।

(4) **औपचारिक सुविधाएं–** श्रवण क्षतियुक्त बालकों के लिए निम्न औपचारिक सुविधाएं होनी चाहिए–

(*i*) **पृथक कक्षाएं–** कुछ श्रवण क्षतियुक्त बालक जन्म के कुछ वर्षों बाद भाषा ज्ञान प्राप्त कर श्रवण क्षतियुक्तता का शिकार होते हैं। ऐसे बालकों को शिक्षित करना अपेक्षाकृत सरल है। ऐसे बालकों को भी शिक्षित करना सरल है जो बधिर अथवा गंभीर रूप से क्षति-युक्तता से पीड़ित हैं।

(*ii*) **पृथक विद्यालय–** जो बालक जन्म से श्रवण क्षतियुक्त हैं, बधिर हैं, उन्हें सामान्य बालकों के साथ बैठाकर शिक्षा नहीं दी जा सकती। अतः उनके लिए पृथक विद्यालय बनवाए जाने चाहिए जहां बधिरों को शिक्षित करने संबंधी सभी उपकरण, सामग्री, सुविधा और प्रशिक्षित अध्यापक हों।

(*iii*) **शिशु प्रोग्राम–** श्रवण क्षतियुक्त बालक की शिक्षा तब आरंभ होती है जब वह स्कूल में प्रवेश लेने जाता है। वास्तव में, उसकी शिक्षा तब से आरंभ होनी चाहिए जबसे वह इस कमी का शिकार हुआ है। अतः विद्यालयों के कर्त्तव्य क्षेत्र के अंतर्गत यह भी आता है कि वह शिशुओं के लिए प्रोग्राम बनाएं ताकि विद्यालय में प्रवेश के समय एकाएक समस्या उत्पन्न न हो।

(*iv*) **शैक्षिक और व्यावसायिक निर्देशन–** श्रवण क्षतियुक्त बालकों की अभिरुचि और अभियोग्यता को ध्यान में रखकर उन्हें शैक्षिक निर्देशन दिया जाना चाहिए। ऐसे बालकों के व्यवसाय की योजना पूर्व में बनाना अनिवार्य है। इन्हें ऐसे व्यवसायों की आवश्यकता है जिनमें कम-से-कम शाब्दिक संप्रेषण होता हो। अतः प्रिटिंग, बिजली संबंधी कार्य, लकड़ी आदि का कौशलयुक्त कार्य, खाना पकाने का कार्य, कलात्मक कार्य, बढ़ईगीरी आदि कार्य इनके लिए उपयुक्त होते हैं।

5. शारीरिक रूप से विकलांग छात्र

जब तक शरीर स्वस्थ्य नहीं होगा तब तक मनुष्य सामान्य रूप से कार्य नहीं कर सकता। शारीरिक स्वास्थ्य उसके कार्य व विकास को प्रभावित करता है। शारीरिक अक्षम अथवा अपंग बालक शारीरिक रूप से विकलांग कहलाते हैं। अपंग बालक चिरकालिक बीमार बालकों से संख्या में कहीं अधिक होते हैं। ऐसे बालक निरंतर असफल होते हैं और अंत में विद्यालय आना छोड़ देते हैं। अपंग और बीमार दोनों ही प्रकार के बालक विशिष्ट बालकों की श्रेणी में आते हैं। अतः वे विशेष शिक्षा के अधिकारी हैं।

विकलांगता का अर्थ व परिभाषा

महेश भार्गव एवं भावना लवनिया के शब्दों में – "शैक्षिक दृष्टि से विकलांगता किसी भी प्रकार की निर्योग्यता हो सकती है जो बालक विशेष को औसत बालकों की भांति शिक्षा ग्रहण करने में असमर्थ बनाती है। ऐसे बालक सामान्य शिक्षा पद्धति से लाभान्वित नहीं हो पाते। उनके लिए अतिरिक्त सहायता विशिष्ट शिक्षण की आवश्यकता होती है।"

बाल गोविंद तिवारी के शब्दों में – "विकलांगता एक ऐसी स्थिति है जो किसी भी व्यक्ति को किसी भी अवस्था में उसके सामान्य व्यवहार, कार्य शक्ति, विचार एवं नियमित कृत्य को न्यूनाधिक प्रभावित कर आंगिक, मानसिक, सामाजिक व भावात्मक असंतुलन उत्पन्न कर देती है।"

विकलांगता के प्रकार

(*i*) मेरुदण्ड का वक्र,
(*ii*) मेरुदण्डीय द्विशाखी,
(*iii*) मांसपेशीय डायसट्रॉफी,
(*iv*) लूले-लंगड़े, हथकटे,
(*v*) एक या इससे अधिक अंगों का लकवा,
(*vi*) पांवफिरा,
(*vii*) प्रमस्तिष्कीय पक्षाघात,
(*viii*) विकृत नितंब।

विशेषता

एक बीमार बालक वह है जो काफी लंबे समय से बीमार है कुछ बालक काफी लंबे समय तक बीमार से ग्रस्त रहते हैं। इन बीमारियों में कुछ प्रमुख हैं–(*i*) दमा, (*ii*) मिर्गी, (*iii*) हृदय रोग, (*iv*) सूखा रोग, (*v*) तपेदिक, (*vi*) रक्त-अल्पता, (*vii*) श्वेत रक्तता (*viii*) धवल रोग, (*ix*) कैंसर, (*x*) मधुमेह, (*xi*) आमवातिक ज्वर, (*xii*) कृमिकोषीय तुंतशोच, (*xiii*) हंसिया-कोशिका खून की कमी।

कुछ बीमारियों के सामान्य लक्षण

बालकों में विभिन्न प्रकार की बीमारियों के लक्षण भिन्न-भिन्न होते हैं। इनमें से कुछ सामान्य लक्षण निम्नवत् हैं–

(*i*) शरीर का पीला पड़ जाना।
(*ii*) थका-थका सा रहना।
(*iii*) अधिकतर समय थकान का अनुभव होना।
(*iv*) सांस लेने में कठिनाई का अनुभव होना।
(*v*) शैक्षिक उपलब्धि का निम्न होना।
(*vi*) स्वभाव में चिड़चिड़ापन होना।

शैक्षिक कार्यक्रम

शारीरिक विकलांग बालक, सामान्य बालक से अधिगम की सामर्थ्य की दृष्टि से कम होता है। अतः ऐसे बालकों की शिक्षा व्यवस्था भी विशिष्ट प्रकार की होनी चाहिए। इनमें से कुछ बालक तो सामान्य विद्यालयों की सामान्य कक्षाओं में शिक्षा प्राप्त करने में कठिनाई का अनुभव नहीं करते जबकि गंभीर रूप से शारीरिक विकलांग बालकों के लिए पृथक विशिष्ट कक्षाओं तथा विशिष्ट आवासीय विद्यालयों (Residential Schools) की व्यवस्था किया जाना आवश्यक होता है। शारीरिक विकलांग बालकों की शिक्षा हेतु निम्न उपाए अपनाए जाने चाहिए–

(*i*) **उपचार सुविधा–** अपंग तथा बीमार बालकों के उपचार के लिए समुचित व्यवस्था की जानी चाहिए। समय-समय पर उन्हें योग्य व कुशल चिकित्सक को दिखाना चाहिए। ऐसे बालकों के उपचार के लिए यदि अलग से कोष (Fund) की व्यवस्था की जाए तो और भी अच्छा होगा क्योंकि ऐसे बालकों को समय-समय पर चिकित्सालय में भर्ती करने की भी आवश्यकता पड़ सकती है। ऐसी स्थिति में उन्हें विद्यालय से समय-समय पर अनुपस्थित होना पड़ सकता है। अतः उपस्थिति संबंधी छूट दी जानी चाहिए। इस अनुपस्थिति का नकारात्मक प्रभाव उनके शैक्षिक ज्ञान और उपलब्धि पर पड़ सकता है। अतः ऐसे बालकों के लिए सफलता के मापदंड सामान्य बालक के समान नहीं बनाने चाहिए। ऐसे में इन बालकों के समुचित सामाजिक और संवेगात्मक विकास की ओर ध्यान देना शिक्षक का कर्त्तव्य है।

(*ii*) **विशिष्ट भ्रमणशील अध्यापक–** भ्रमणशील अध्यापकों (Visiting Teachers) में मनोविज्ञानशास्त्री, उच्चारण सुधारक, समाजसेवी, चिकित्सक आदि की सेवाएं शारीरिक विकलांगों को विद्यालयों में परामर्श व निर्देशन देने हेतु ली जानी चाहिए जो समय-समय पर इन विद्यालयों में भ्रमण कर सके।

(*iii*) **विशिष्ट कक्षाएं–** सामान्य विद्यालयों में कम विकलांग बालक/बालिकाओं हेतु पृथक कक्षा में विशिष्ट शिक्षण (Social Teaching) की व्यवस्था होनी चाहिए जिससे उनका उपचारात्मक शिक्षण (Remedial Teaching) हो सके। उन्हें विशिष्ट सहायक यंत्रों के उपयोग व प्रयोग का प्रशिक्षण भी दिया जाना चाहिए।

(*iv*) **विकलांग विद्यालय–** गंभीर रूप से विकलांग बालक-बालिकाओं हेतु पृथक विद्यालयों की व्यवस्था वांछनीय व अपरिहार्य है। ऐसे विद्यालयों में वैज्ञानिक विधि से शिक्षण, प्रशिक्षित अध्यापक, आवासीय व्यवस्था, खेल व मनोरंजन व्यवस्था, आजीविकोपयोगी उद्योगों का प्रशिक्षण, पुनर्वास, रुचिकार्य आदि का प्रावधान किया जाना चाहिए।

(*v*) **विशिष्ट पाठ्यक्रम–** विकलांग बालक/बालिकाओं की विकलांगता, सामर्थ्य, अभिरुचि व स्तर के अनुकूल विशिष्ट पाठ्यक्रम निर्मित कर उसे प्रभावी किया जाना चाहिए।

(*vi*) **अतिरिक्त कक्षा–** अतिरिक्त कक्षा उन अपंग तथा रोगी बालकों के लिए आयोजित की जा सकती है जो नियमित कक्षाओं से पूर्णतया लाभान्वित नहीं हो पाते। अतः विकलांग बालकों तथा रोगी बालकों के लिए स्कूल के उपरांत अथवा छुट्टियों के दिन भी थोड़े समय के लिए कक्षाओं का आयोजन करना चाहिए। इस प्रकार अध्यापक बालकों की व्यक्तिगत, सामाजिक तथा संवेगात्मक समस्याओं को समझा कर उन्हें हल कर सकेगा।

(*vii*) **जनमानस में अभिवृत्ति परिवर्तन–** प्रायः विकलांग बालकों को लोग हेयदृष्टि से देखते हैं। उन्हें दया योग्य, दान योग्य, भार तथा मजाक का पात्र समझा जाता है। यह भी समझा जाता है कि वे हर प्रकार के तिरस्कार को सह लेंगे। इस प्रकार की भावना विकलांग तथा रोगी

बालकों में हीन भावना व निराशा भर देती है। अतः यह आवश्यक है कि जनमानस में व्याप्त इस अभिवृत्ति में परिवर्तन लाया जाए।

(viii) **सामाजीकरण–** विकलांग और रोगी बालकों के सामाजीकरण के लिए उन्हें ऐसे अवसर प्रदान किए जाने चाहिए जिससे वे अपने हम उम्र तथा अन्य लोगों से हिल-मिल सकें। यह कार्य पाठ्येत्तर क्रियाओं द्वारा संभव हो सकता है। उनसे विभिन्न प्रकार की मनोरंजक क्रियाएं करवायी जानी चाहिए। विकलांग व रोगी बालकों के मनोरंजन के लिए कुछ विशेष कार्यक्रम, यथा–सम्मेलन, गोष्ठी, सांस्कृतिक गायन आदि आयोजित किए जा सकते हैं। इस क्षेत्र में गैर-सरकारी संगठनों (NGOs) को भी प्रयास करना चाहिए। इसके लिए शिक्षक को इन संगठनों को प्रोत्साहित करना चाहिए।

SECTION 6 अधिगम और शिक्षाशास्त्र

1. बच्चों का स्कूल में प्रदर्शन

बच्चे कैसे सोचते और सीखते हैं तथा वे कैसे और क्यों स्कूली प्रदर्शन में असफल होते हैं, यह बात अनेक कारणों पर निर्भर करती है। बच्चों के स्कूली प्रदर्शन में असफल होने के लिए अनेक कारक जिम्मेवार हैं, उन कारकों में से कुछ प्रमुख निम्नवत् हैं :

(*i*) **अभ्यास की कमी** : एक बात सर्वदा सत्य है कि अभ्यास व्यक्ति को निपुण एवं कुशल बनाता है। यह बात एक लोक प्रचलित दोहे से स्पष्ट है– **''करत-करत अभ्यास के जड़मति होत सुजान। रसरी आवत-जात ते शिल पर परत निशान।''** अर्थात् निरंतर अभ्यास करने से जड़ अर्थात् मूर्ख आदमी भी सुजान (ज्ञानी) हो जाता है ठीक उसी तरह जिस तरह कि शिल (पत्थर) पर रस्सी के निरंतर आने-जाने से उस पर निशान बन जाता है।

उपर्युक्त दोहा इस बात की ओर संकेत करता है कि यदि सीखी गई चीजों का बार-बार अभ्यास किया जाए तो सीखने वालों की स्मृति उस चीज के विषय में स्थाई, हो जाती है। स्कूल में बच्चे दिए गए कार्यों का बार-बार दुहराव या पुनरावृत्ति या पुनरावलोकन नहीं करते। परिणामतः वे कुछ समय के बाद उसे भूल जाते हैं जिसके कारण स्कूल में उनका प्रदर्शन गिर जाता है।

(*ii*) **वातावरण की अनुकूलता** : स्कूल में बच्चों के मानसिक व शारीरिक विकास के लिए अनुकूल वातावरण एक आवश्यक एवं अत्यंत महत्त्वपूर्ण कारक है। छात्रों से अच्छा प्रदर्शन तभी लिया जा सकता है जब उन्हें स्कूल में एक अच्छा वातावरण दिया जाए। यदि स्कूल में अच्छा तथा छात्रों के अनुकूल वातावरण नहीं होगा, तो उनके प्रदर्शन में गिरावट आ जाएगी।

(*iii*) **अध्यापक की शिक्षण की विधि** : अध्यापक की शिक्षण विधि का भी छात्रों पर सीधा एवं सकारात्मक प्रभाव पड़ता है। स्कूल स्तर पर शिक्षक को छात्रों को सिखाने में सरल तथा प्रयोग सिद्ध विधियों का प्रयोग करने के साथ प्रदर्शन विधि को अपनाना चाहिए जिससे कि छात्रों की स्मृति में उसका प्रभाव लंबे समय तक रह सके। यदि अध्यापक शिक्षण विधि को छात्र नहीं समझ पाते, तो वह स्कूली स्तर पर असफल हो जाते हैं तथा उनका प्रदर्शन गिर जाता है।

(*iv*) **छात्र का शारीरिक तथा मानसिक स्वास्थ्य** : स्कूल में अच्छे प्रदर्शन के लिए छात्रों का शारीरिक तथा मानसिक रूप से स्वस्थ्य होना अत्यंत आवश्यक होता है। यदि कोई छात्र शारीरिक या मानसिक रूप से पूर्ण स्वस्थ नहीं है, तो उसके स्कूली-प्रदर्शन में गिरावट आ जाती है।

(*v*) **तत्परता की कमी** : कोई भी कार्य बिना इच्छा के संभव नहीं है। ठीक यही स्थिति अधिगम के साथ है। इस तरह स्पष्ट है कि सीखने की चाह ही वास्तव में तत्परता है। स्कूली स्तर पर छात्रों में तत्परता की कमी पाई जाती है। यही कारण है कि बच्चे स्कूल में अच्छा प्रदर्शन नहीं कर पाते।

2. शिक्षण एवं अधिगम की आधारभूत प्रक्रियाएं

शिक्षण की प्रक्रिया

शिक्षण एक उद्‌देश्यपूर्ण प्रक्रिया है। उसका सीखने से घनिष्ठ संबंध है। यही कारण है कि आधुनिक युग में शिक्षण व सीखना (Teaching and Learning) को एक ही संकल्पना माना जाता है। किसी भी पाठ्यवस्तु को शिक्षक विचारहीन (Thoughtless) स्थिति से लेकर विचारपूर्ण (Thoughtful) स्थिति तक तीन स्तरों पर प्रस्तुत करता है–

1. स्मृति स्तर (Memory Level)
2. बोध स्तर (Understanding Level)
3. चिंतन स्तर (Reflective Level)

1. स्मृति स्तर

स्मृति एक विचारहीन स्थिति है। यह शिक्षण की प्रारंभिक अवस्था है। स्मृति एक मानसिक प्रक्रिया है जो प्रत्येक प्राणी में किसी न किसी मात्रा में पाई जाती है। जब व्यक्ति किसी वस्तु, पदार्थ अथवा स्थान को देखता है तो उसे वस्तु, पदार्थ अथवा स्थान की प्रतिमा अथवा चित्र उसके दिमाग में बन जाते हैं। इन संचित चिन्हों अथवा पूर्व समय में सीखी हुई बातों को याद करना ही स्मृति कहलाती है।

स्मृति के विभिन्न सोपान

(*i*) **अधिगम :** स्मृति अधिगम अथवा अनुभवों के अंकित होने पर आधारित होती है। अतः स्मृति की पहली अवस्था किसी वस्तु अथवा तथ्य के सीखने की है। सीखने का कार्य चेतन मन करता है। इसी अवस्था में जीवन के अनुभव मानसिक संस्कारों के रूप में मस्तिष्क में अंकित हो जाते हैं और आवश्यकता पड़ने पर पुनः वर्तमान चेतना में आ जाते हैं।

(*ii*) **पुनः स्मरण :** सीखे हुए अनुभवों को चेतना में लाना पुनःस्मरण कहलाता है। व्यक्ति की स्मृति का अच्छा अथवा बुरा होना उसके भूतकालीन अनुभवों को पुनःस्मरण करने पर ही निर्भर करता है कि उसने कितनी ही अच्छी तरह क्यों न सीखा हो यदि आवश्यकता पड़ने पर उसे कुछ याद नहीं आता तो वह व्यर्थ है। सीखी हुई बातों को चेतना में लाने के लिए मनोवैज्ञानिकों ने कुछ नियमों के पालन को आवश्यक बताया है, ये नियम हैं–

(*a*) समानता का नियम।
(*b*) सहचारिता का नियम।
(*c*) विरोध का नियम।
(*d*) लगातार रुचि का नियम।
(*e*) प्राथमिकता का नियम।
(*f*) नवीनता का नियम।
(*g*) प्रबलता का नियम।
(*h*) पुनरावृति का नियम।

(*iii*) **पहचान :** किसी वस्तु अथवा व्यक्ति को देखकर यह बता देना कि हमने उसे पहले भी कभी देखा है पहचान कहलाती है। पहचान एक मानसिक प्रक्रिया है जिसके द्वारा हम किसी वस्तु अथवा व्यक्ति के संपर्क में आकर यह बता देते हैं कि क्या वस्तु है अथवा कौन व्यक्ति है तथा उससे हमारा परिचय कब हुआ। पहचान और पुनःस्मरण का वही संबंध है जो मस्तिष्क का शरीर से है।

(*iv*) **धारण :** सीखे हुए पाठ्यक्रम अथवा संस्कारों को मस्तिष्क में स्थाई रूप से बनाए रखना धारण कहलाता है। धारण करने की शक्ति प्रत्येक व्यक्ति में अलग-अलग मात्रा में पाई जाती है। जो व्यक्ति किसी बात को जितने अधिक समय तक अपने मस्तिष्क में धारण करता है उसकी स्मृति उतनी ही अच्छी कहलाती है। प्रौढ़ व्यक्तियों की अपेक्षा किशोरों तथा किशोरियों की धारण शक्ति अधिक होती है। धारण शक्ति चार बातों पर निर्भर करती है–

(*a*) स्वास्थ्य, (*b*) मस्तिष्क,
(*c*) रुचि तथा (*d*) चिंतन।

अच्छी स्मृति की विशेषताएं

(*i*) **शीघ्र अधिगम**–एक अच्छी स्मृति की विशेषता यह है कि कोई भी तथ्य सरलतापूर्वक तथा शीघ्रता से याद हो जाए। अतः केवल उन विद्यार्थियों की स्मृति को अच्छा कहा जाता है जो किसी तथ्य को शीघ्रता से सीख लेते हैं।

(*ii*) **पुनःस्मरण में शीघ्रता**–जो विद्यार्थी किसी बात को याद करके उसे पुनःस्मरण करते समय अपनी चेतना में उसे आसानी से और शीघ्रता से ज्यों का त्यों ले आते हों, जैसा कि उन्होंने सीखा था, वे अच्छी स्मृति वाले विद्यार्थी माने जाते हैं।

(*iii*) **धारण का स्थायित्व**–जिन विद्यार्थियों को सीखी हुई बातें अधिक देर तक याद रहती हैं। उनकी स्मृति अच्छी कही जाती है। इसके विपरीत ऐसे विद्यार्थियों की स्मृति को अच्छा नहीं कहा जा सकता जो किसी बात को याद तो जल्दी कर लेते हों परंतु उसे मस्तिष्क में अधिक देर तक धारण करने में असमर्थ हों।

(*iv*) **उपयोगिता**–कुछ विद्यार्थी ऐसे होते हैं जिन्हें बहुत कुछ याद होता है परंतु अवसर पड़ने पर उन्हें अप्रासंगिक सामग्री याद आती रहती है। केवल उन विद्यार्थियों की स्मृति अच्छी मानी जाती है जिन्हें अवसर के अनुसार उचित सामग्री याद आ जाती है अथवा जो आवश्यकतानुसार अनुभवों तथा प्रतिभाओं को तुरंत पहचान लेते हैं।

(*v*) **व्यर्थ की बातों को भूलना**–अच्छी स्मृति होने के लिए व्यर्थ की बातों को भूलना परम आवश्यक है। परीक्षा के समय व्यर्थ की बातों के याद आने से विद्यार्थियों को लाभ नहीं होता।

2. बोध स्तर

बोध स्तर एक विचारपूर्ण स्थिति है। यह स्मृति स्तर के शिक्षण से आगे की अवस्था है। बोध स्तर के शिक्षण के लिए यह आवश्यक है कि शिक्षण पहले स्मृति स्तर पर हो चुका हो। बोध स्तर के शिक्षण में शिक्षक यह प्रयास करता है कि विद्यार्थियों के बौद्धिक व्यवहारों को विकसित करने के लिए अधिक-से-अधिक अवसर प्रदान किए जाएं। इससे उनमें सामान्यीकरण, सूझ-बूझ तथा समस्याओं को सुलझाने के लिए आवश्यक क्षमताएं विकसित हो जाती हैं। बोध स्तर का शिक्षण करते समय शिक्षक तथा विद्यार्थी दोनों ही पाठ के विकास में सक्रिय रूप से भाग लेते हैं।

बोध स्तर के शिक्षण का सोपान

बोध स्तर के शिक्षण सोपान का प्रतिपादन मौरीसन (Morrison) ने किया। अतः इसे मौरीसन के शिक्षण प्रतिमान की संज्ञा दी जाती है। मौरीसन ने इस सोपान के प्रारूप का वर्णन निम्न चार पक्षों में किया है–

(*i*) उद्देश्य
(*ii*) संरचना
(*iii*) सामाजिक प्रणाली
(*iv*) मूल्यांकन प्रणाली।

(*i*) उद्देश्य– मौरीसन के अनुसार बोध स्तर के शिक्षण का उद्देश्य यह है कि विद्यार्थी प्रत्यय (Concept) का स्वामित्व प्राप्त का ले। बोध स्तर के शिक्षण में शिक्षक पाठ्यवस्तु के स्वामित्व पर बल देता है जिससे विद्यार्थियों के व्यक्तित्व में वांछित परिवर्तन हो जाए।

(*ii*) संरचना– मौरीसन ने बोध स्तर के शिक्षण की व्यवस्था को पांच सोपानों में विभाजित किया जिनका अनुसरण करते हुए शिक्षक बोध स्तर के लिए शिक्षण तथा अधिगम की परिस्थितियां उत्पन्न कर सकता है। इस प्रतिमान के पांच सोपानों का क्रम है–
(*a*) अन्वेषण। (*b*) प्रस्तुतीकरण। (*c*) परिपाक।
(*d*) व्यवस्था। (*e*) वर्णन।

(*iii*) सामाजिक प्रणाली– बोध स्तर के शिक्षण में सामाजिक प्रणाली विभिन्न सोपानों में बदलती रहती है। प्रस्तुतीकरण सोपान में शिक्षक अधिक क्रियाशील रहते हुए विद्यार्थियों के व्यवहार को स्मृति स्तर की भांति नियंत्रित करता है तथा आवश्यक प्रेरणा भी देता है। परिपाक कालांश में शिक्षक और विद्यार्थी दोनों क्रियाशील रहते हैं। शिक्षक विद्यार्थियों को आवश्यक निर्देश देता है तथा विद्यार्थी स्वतः प्रेरित होते हुए तन्मयता के साथ कार्य करते हैं। इस प्रकार बोध स्तर के शिक्षण में बाह्य तथा आंतरिक दोनों प्रकार की प्रेरणा का प्रयोग किया जाता है।

(*iv*) मूल्यांकन प्रणाली– बोध स्तर के शिक्षण में सामाजिक प्रणाली बदलती रहती है। अभ्यास में प्रयोग करने के लिए विद्यार्थियों को प्रस्तुतीकरण की परीक्षा पास करनी पड़ती है। व्यवस्था तथा वर्णन में प्रवेश करने के लिए उन्हें अभ्यास परीक्षा पास करनी होती है। इस प्रकार बोध स्तर के शिक्षण के विभिन्न सोपानों में मौखिक तथा लिखित दोनों प्रकार की परीक्षाएं होती हैं।

बोध स्तर के शिक्षण की सीमाएं

(*i*) इसमें पाठ्यवस्तु के स्वामित्व पर बल दिया जाता है, मानवीय व्यवहार को ध्यान में नहीं रखा जाता है।
(*ii*) पाठ्यवस्तु के स्वामित्व से विद्यार्थियों के भावात्मक तथा क्रियात्मक पक्षों का विकास न होकर ज्ञानात्मक पक्ष का ही विकास हो सकता है।
(*iii*) शिक्षण के इस प्रतिमान द्वारा विद्यार्थियों को पाठ्यवस्तु का गहनता के साथ बोध कराया जा सकता है। अतः इस प्रतिमान द्वारा शुद्ध अधिगम प्राप्त होता है।
(*iv*) मौरीसन द्वारा दिया हुआ शिक्षण का यह प्रतिमान मनोवैज्ञानिक तथा व्यावहारिक दृष्टि से प्रभावात्मक प्रतिमान माना जाता है।

बोध स्तर के शिक्षण को प्रभावशाली बनाने के लिए सुझाव

(*i*) बोध स्तर के प्रत्येक सोपान का अनुसरण क्रमबद्ध रूप में समुचित ढंग से किया जाना चाहिए।
(*ii*) बोध स्तर के शिक्षण की समस्याओं पर विचार करते हुए शिक्षक को उनके समाधान हेतु उचित प्रयास करना चाहिए।
(*iii*) पाठ्य-वस्तु में तल्लीन होते हुए शिक्षक को समय-समय पर मनोवैज्ञानिक प्रेरणा भी देनी चाहिए।
(*iv*) बोध स्तर के शिक्षण में विद्यार्थियों को उस समय प्रवेश दिया जाए जब वे पहले स्मृति स्तर के शिक्षण की परीक्षा पास कर लें।

3. चिंतन स्तर

शिक्षण का अंतिम स्तर चिंतन स्तर है। इसमें स्मृति तथा बोध दोनों सम्मिलित हैं। चिंतन स्तर के शिक्षण के लिए यह आवश्यक है कि व्यवस्था स्मृति तथा बोध दोनों स्तर पर हो चुकी हो। चिंतन स्तर के शिक्षण का तात्पर्य 'समस्या केन्द्रित' शिक्षण से है। इसमें कक्षा का वातावरण खुला हुआ होता है। शिक्षक विद्यार्थियों के सामने ऐसी समस्या उत्पन्न करता है कि विद्यार्थियों में काफी मानसिक तनाव पैदा हो जाता है जिससे वे स्वयं प्रेरित होते हुए सक्रिय होकर समस्या को सुलझाने के लिए अपनी संकल्पनाएं बनाकर इसका परीक्षण करना प्रारंभ कर देते हैं। अंत में एक समय ऐसा आता है कि समस्या सुलझ जाती है। संक्षेप में चिंतन स्तर का शिक्षण विद्यार्थियों के बौद्धिक व्यवहार को विकसित करने के अवसर प्रदान करते हुए उनमें सृजनात्मक क्षमताएं विकसित करने में सहयोग प्रदान करता है।

चिंतन स्तर के शिक्षण को स्पष्ट करते हुए बिग्गी महोदय ने ठीक ही लिखा है– "चिंतन स्तर पर कक्षा में अधिक सजीव, प्रेरणादायी, सक्रिय, आत्मलोचनात्मक तथा संवेदनशील वातावरण उत्पन्न किया जाता है। यह वातावरण नवीन तथा मौलिक चिंतन को खुला अवसर प्रदान करता है। इस प्रकार का शिक्षण बोध स्तर के शिक्षण की अपेक्षा अधिक उत्पादक होता है।"

चिंतन स्तर के शिक्षण का सोपान

चिंतन स्तर के शिक्षण सोपान को प्रतिपादित करने का श्रेय हण्ट (Hunt) को है। इसलिए इस शिक्षण सोपान को 'हण्ट का शिक्षण सोपान' (Hunt's Model of Teaching) की संज्ञा दी जाती है। हण्ट के चिंतन स्तर के प्रतिमान के प्रारूप का वर्णन निम्न सोपान के तहत किया जा सकता है–

(*i*) उद्देश्य
(*ii*) संरचना
(*iii*) सामाजिक प्रणाली
(*iv*) मूल्यांकन प्रणाली।

(*i*) उद्देश्य– चिंतन स्तर के शिक्षण के निम्न तीन उद्देश्य हैं–
(*a*) विद्यार्थियों की स्वतंत्र तथा मौलिक चिंतन शक्ति को विकसित करना।

(*b*) विद्यार्थियों में समस्या समाधान की क्षमता विकसित करना।

(*c*) विद्यार्थियों में आलोचनात्मक तथा सृजनात्मक चिंतन विकसित करना।

(***ii***) **संरचना–** चिंतन स्तर के शिक्षण की संरचना का प्रारूप का वर्गीकरण व्यक्तिगत तथा सामाजिक दोनों प्रकार की प्रकृति को ध्यान में रखते हुए निम्नवत चार सोपानों में की जाती है–

(*a*) पहले में शिक्षक विद्यार्थियों के सामने समस्यात्मक परिस्थिति उत्पन्न करता है।

(*b*) दूसरे में विद्यार्थी समाधान हेतु उपकल्पना बनाते हैं। स्मरण रहे कि एक समस्या के समाधान हेतु एक से अधिक उपकल्पनाएं भी बनाई जा सकती है।

(*c*) तीसरे में विद्यार्थी उपकल्पनाओं की पुष्टि के लिए आवश्यक प्रदत्तों का संकलन करते हैं। इन प्रदत्तों के आधार पर यह निर्णय किया जाता है कि बनाई हुई उपकल्पना समस्या के समाधान में सहायता कर सकती है अथवा नहीं।

(*d*) चौथे में उपकल्पना का परीक्षण किया जाता है। इस परीक्षा के आधार पर निर्णय निकाले जाते हैं, जो विद्यार्थियों के मौलिक विचार होते हैं।

(***iii***) **सामाजिक प्रणाली–** चिंतन स्तर के शिक्षण में कक्षा का वातावरण पूर्ण रूप में स्वतंत्र और खुला हुआ होता है। ऐसे वातावरण में शिक्षक का स्थान गौण होता है तथा विद्यार्थी का मुख्य। इस स्तर पर शिक्षक के तीन प्रमुख कार्य होते हैं–

(*a*) विद्यार्थियों के सामने समस्या उत्पन्न करना।

(*b*) शिक्षण के समय वाद-विवाद तथा सेमीनार आदि का प्रयोग करना, तथा

(*c*) विद्यार्थियों के आकांक्षा स्तर को ऊंचा उठाना।

(***iv***) **मूल्यांकन प्रणाली :** चिंतन स्तर के शिक्षण की निष्पत्तियों के लिए वस्तुनिष्ठ परीक्षा उपयोगी नहीं होती। विद्यार्थियों की क्षमताओं का उचित मूल्यांकन केवल निबंधात्मक परीक्षाओं के द्वारा ठीक प्रकार से किया जा सकता है। चिंतन स्तर की परीक्षा लेते समय मुख्यतः निम्न बातों का ध्यान रखा जाना चाहिए–

(*a*) विद्यार्थियों की अभिवृत्तियों तथा विश्वासों का मूल्यांकन करना चाहिए।

(*b*) उनकी अधिगम की क्रियाओं में तल्लीनता की जांच करनी चाहिए।

(*c*) इस बात का भी मूल्यांकन करना चाहिए कि विद्यार्थियों की आलोचनात्मक तथा सृजनात्मक क्षमताओं का विकास कितना हुआ है।

हण्ट के चिंतन स्तर के शिक्षण सोपान की सीमाएं

(*i*) इस स्तर पर शिक्षण समस्या केन्द्रित होता है।

(*ii*) इस स्तर के शिक्षण में केवल सामूहिक वाद-विवाद को ही प्रभावशाली युक्ति समझा जाता है।

(*iii*) इस स्तर का शिक्षण केवल पाठ्यक्रम, पाठ्यवस्तु तथा पाठ्य पुस्तक तक ही सीमित नहीं किया जा सकता।

(*iv*) इस स्तर के शिक्षण में विद्यार्थी अपने शिक्षक की खुलकर आलोचना कर सकते हैं।

(*v*) स्मृति तथा बोध स्तरों की भांति चिंतन स्तर में किसी निश्चित कार्यक्रम का अनुसरण नहीं किया जा सकता।

(*vi*) इस स्तर के शिक्षण की व्यवस्था केवल उच्च कक्षा के विद्यार्थियों के लिए ही की जा सकती है क्योंकि चिंतन स्तर के शिक्षण में आयु तथा परिपक्वता का विशेष महत्त्व होता है।

चिंतन स्तर के शिक्षण को प्रभावशाली बनाने हेतु हण्ट के सुझाव

(*i*) शिक्षक को विद्यार्थियों के सामने ऐसी समस्यात्मक परिस्थितियां उत्पन्न करनी चाहिए कि सभी विद्यार्थियों में मौलिक तथा सृजनात्मक चिंतन विकसित हो जाए।

(*ii*) शिक्षण के समय विद्यार्थियों के सामने ऐसा स्वतंत्र तथा खुला हुआ वातावरण होना चाहिए कि वे वाद-विवाद में सक्रिय रूप से भाग लेकर समस्या को सुलझा सकें।

(*iii*) शिक्षक को विद्यार्थियों के सामने समस्या को इस प्रकार से उत्पन्न करना चाहिए कि वे इसकी अनुभूति करके आवश्यक उपकल्पनाएं बना सकें।

(*iv*) शिक्षक को चाहिए कि वह विद्यार्थियों का आकांक्षा स्तर (Level of Aspiration) को ऊंचा उठाए।

(*v*) शिक्षक को चाहिए कि वह विद्यार्थियों को चिंतन के शिक्षण स्तर में प्रवेश उसी समय दें जब वे स्मृति तथा बोध स्तर की परीक्षाओं में सफल हो चुके हों।

(*vi*) शिक्षक को इस स्तर के चारो सोपानों का अनुसरण सतर्कता के साथ करना चाहिए।

अधिगम की प्रक्रिया

क्रिया-प्रतिक्रिया निर्देशित सभी व्यवहार प्राणी में परिवर्तन तथा संशोधन लाते रहते हैं। इस तरह का व्यवहार परिवर्तन, अधिगम कहलाता है।

अधिगम में दो पूरक प्रक्रियाएं—विभेदीकरण व विशिष्टीकरण सम्मिलित होती हैं। विभेदीकरण पूर्ण को इसके खंडों या घटकों में बांटने की प्रक्रिया है तथा विशिष्टीकरण जो घटकों को संयुक्त कर समष्टि अथवा अखंड बनाने की प्रक्रिया है। उदाहरणार्थ– यदि एक सीखने वाले बालक को खिलौना दिया जाता है तो वह खिलौना के पूर्जे को खोलकर विखंडित कर देता है। इस कार्य से बच्चा खिलौना के अलग-अलग टुकड़े करके ढांचे अथवा उसकी कार्यविधियों को समझने का प्रयत्न करता है। इसके बाद बच्चा सभी टुकड़े को पुनः वापस में जोड़कर खिलौना बनाने का प्रयत्न कर सकता है।

अधिगम की मुख्य विशेषताएं

(***i***) **अधिगम की प्रकृति का व्यक्तिगत होना :** प्राय ऐसा देखा जाता है कि कुछ बच्चे बहुत शीघ्रता से सीख जाते हैं तथा कुछ धीरे-धीरे सीखते हैं। वास्तव में,

सीखने की गति प्रत्येक व्यक्ति में भिन्न-भिन्न होती है। एक कक्षा में प्रत्येक छात्र स्वयं में अद्वितीय होते हैं तथा प्रत्येक छात्र की अपनी-अपनी समस्याएं, आवश्यकताएं, लक्ष्य, आकांक्षाएं, रुचियां, पसंद-नापसंद होती हैं। व्यक्तित्व के गुणों में इन अंतरों के कारण विद्यार्थियों की सीखने की गति व मात्रा में भिन्नता होती है। अधिगम व्यक्ति की उसकी संपूर्ण परिस्थिति के साथ परस्पर संक्रिया का फल है। कोई छात्र किसी एकाकी उद्दीपन के संदर्भ में अपेक्षा संपूर्ण अधिगम परिस्थिति के प्रति अनुक्रिया द्वारा सीखता है। इसके अतिरिक्त अधिगम अवस्था में अधिगमकर्ता के व्यक्तित्व के सभी तीनों पक्षों– शारीरिक पक्ष, मानसिक पक्ष व संवेगात्मक पक्ष प्रभावित होते हैं। अतः एक अधिगम परिस्थिति का सावधानी से निर्माण करते समय एक अच्छा प्राध्यापक जहां एक ओर पर्यावरण का ध्यान रखता है वहीं दूसरी ओर उन सभी अभिप्रेरणात्मक कारकों का ध्यान रखता है जो अधिगमकर्त्ता को प्रभावित कर सकते हैं।

(*ii*) **अधिगम एक निरंतर एवं सक्रिय प्रक्रिया के रूप में :** मान लिया जाए कि एक अध्यापक अपनी कक्षा के बालकों से यह अपेक्षा करता है कि वे गणित की दो से गुणा करने की प्रक्रिया सीखने के लिए दस तक का पहाड़ा (Table) याद करें। जहां तक इस अवस्था के अधिगम के उद्देश्य का प्रश्न है हम इसे सही एवं स्पष्ट रूप से समझते हैं। ऐसी अवस्था में उद्देश्य की प्राप्ति विचारणीय मुद्दा है। संभवतः अध्यापक को एक-एक करके क्रमशः सभी पहाड़ों को बोलना चाहिए और विद्यार्थियों को उन्हें दोहराने के लिए कहना चाहिए। इस प्रक्रिया को निरंतर दुहराने से कुछ समय बाद बच्चे इन 'पहाड़ों' को कण्ठस्थ कर लेंगे। बच्चे इस प्रक्रिया में जितना अधिक प्रयत्न करेंगे उतनी ही अच्छी प्रकार से उन्हें पहाड़े याद होंगे। अर्थात् पहाड़े याद करना बच्चे के प्रयत्न पर निर्भर करता है। इस प्रकार हम पाते हैं कि अधिगम एक सक्रिय तथा निरंतर चलने वाली प्रक्रिया है।

(*iii*) **अधिगम का लक्ष्य एवं प्रयोजन केंद्रित होना :** प्रत्येक व्यक्ति अपने जीवन में किसी न किसी लक्ष्य की प्राप्ति का इच्छुक होता है। ये लक्ष्य ऐसे भी हो सकते हैं कि जो तुरंत प्राप्य हों अथवा ऐसे जो कुछ समय पश्चात् प्राप्त हो सकें। इनको हम क्रमशः अल्पावधिक लक्ष्य तथा दीर्घकालीन लक्ष्य कहते हैं। यदि इन लक्ष्यों का स्पष्ट और निश्चित रूप में कथन कर दिया जाए तो अधिगमकर्ता के लिए अधिगम अर्थपूर्ण तथा सप्रयोजन होगा।

(*iv*) **अधिगम का स्वरूप समीक्षात्मक अथवा सृजनात्मक होना :** अधिगम पूर्व प्राप्त अनुभवों का योगमात्र नहीं है अपितु यह अधिगमकर्त्ता को ज्ञान व अनुभवों का एक सृजनात्मक संश्लेषण है। इस अर्थ में अधिगम कार्य करने की एक नई विधि है और इसका उद्देश्य है उच्च स्तर का चिंतन करना जिसे सृजनात्मक अथवा समीक्षात्मक चिंतन कह सकते हैं। यहां सृजनात्मक चिंतन का प्रयोग पूर्ण तकनीकी रूप में न होकर मानसिक प्रक्रिया से संबद्ध है।

अधिगम के संबंध में **क्रो** एवं **क्रो** (Crow and Crow) ने भी मानसिक प्रक्रियाओं की ओर संकेत दिया है। उनके अनुसार समीक्षात्मक चिंतन में निम्नलिखित प्रक्रियाएं शामिल हैं–

(*i*) **दिशा :** इस प्रक्रिया में अधिगमार्थी की रुचि व उसका ध्यान एक लक्ष्य की ओर होता है।

(*ii*) **चयन :** यह वह प्रक्रिया है जिसमें अधिगमार्थी उन पूर्व अनुभूतियों का अनुस्मरण तथा चयन करता है जो उसके लिए नई अधिगम परिस्थिति को समझने में सार्थक होती है।

(*iii*) **व्याख्या :** इस प्रक्रिया के अन्तर्गत् अधिगमार्थी विभिन्न प्रकार की उपलब्ध सूचनाओं के मध्य संबंध देखने का प्रयत्न करता है।

(*iv*) **अंतर्दृष्टि :** इस प्रक्रिया के दौरान सीखने वाला अपनी नई अनुभूतियों के मध्य संबंधों की पहचान करता है।

(*v*) **समालोचना :** यह वह प्रक्रिया है जिसके अंतर्गत् नए मानसिक प्रारूपों का निर्माण या समीक्षा कर ढूंढे गए समाधान का मूल्यांकन किया जाता है।

(*vi*) **सृजन :** इसके अंतर्गत् नई मानसिक संरचनाओं का निर्माण होता है।

अधिगम को प्रभावित करने वाले बालकों से संबद्ध कारक

अधिगम एक व्यापक प्रक्रिया है। बालक जब प्रथम बार विद्यालय में प्रवेश करता है तो उस पर घर का वातावरण छाया रहता है। विद्यालय प्रांगण में आने पर उसके मन में अनेक जिज्ञासाएं उठती हैं जिनको वह शांत करना चाहता है। उसे नवीन वातावरण में समायोजन करना होता है। ऐसी स्थिति में अधिगम क्रिया अनेक कारकों से प्रभावित होती है जो निम्नवत् हैं–

(*i*) **बालक :** किसी भी क्रिया को सीखने का एक केंद्र बिंदु होता है। शिक्षा का उद्देश्य बालक का सर्वांगीण विकास करना है। इस दृष्टि से बालकों की रुचि, योग्यता, क्षमता, व्यक्तिगत भेद बुद्धि आदि के आधार पर संपन्न की गई क्रिया प्रभावशाली सिद्ध हो सकती है। बालक शिक्षण-प्रक्रिया का आधार है इसलिए उसके अभाव में अधिगम की कल्पना भी नहीं की जा सकती।

(*ii*) **शैक्षिक पृष्ठभूमि :** अधिगम पर इस बात का बहुत प्रभाव पड़ता है कि सीखने वाले की शैक्षिक योग्यता क्या है? यदि छात्र किसी विषय में पिछड़ा है तो उस विषय से संबंधित नवीन ज्ञान सीखने में उसे कठिनाई

का सामना करना पड़ेगा। यदि किसी छात्र की एक विषय में शैक्षिक योग्यता सामान्य से अधिक है तो छात्र उस विषय में नया ज्ञान सुगमता से सीख लेता है।

(iii) **सीखने की इच्छा :** बालकों को नया ज्ञान देने से पूर्व यह नितांत आवश्यक है कि उनमें सीखने के प्रति जिज्ञासा उत्पन्न की जाए क्योंकि ऐसा होने पर विद्यार्थी प्रतिकूल परिस्थितियों में भी किसी बात को सीखने में सफल हो जाता है। सीखने की इच्छा के अतिरिक्त छात्रों का आकांक्षा स्तर भी उच्च कोटि का होना चाहिए जिससे बालक कठिन तथ्यों को भी आसानी से समझ सके।

(iv) **अधिगम प्रक्रिया :** किसी क्रिया को किस प्रकार से संपादित किया जाता है, इससे भी अधिगम प्रभावित होता है। यद्यपि मनोवैज्ञानिक अधिगम की प्रक्रिया के संपादन पर एक मत नहीं हैं, फिर भी यह बात अपनी जगह सत्य है कि बालक किसी भी क्रिया को अपने ही ढंग से ग्रहण करता है, चाहे अधिगम की प्रक्रिया किसी भी ढंग से क्यों न संपादित की जाए।

(v) **परिपक्वता :** अधिगम की प्रक्रिया को बालक की शारीरिक एवं मानसिक परिपक्वता अधिक प्रभावी बनाती है। छोटी कक्षाओं में बालक की मांसपेशियों को मजबूत बनाने की ओर ध्यान दिया जाता है ताकि वे पेन, किताब आदि को पकड़ना सीख जाए। उन्हें व्याकरण एवं पहाड़े आदि का ज्ञान भी इसी दृष्टि से बाद में कराया जाता है। बहुत-सी चीजें बालक तभी सीख पाता है जब उसमें परिपक्वता आ जाती है चाहे हम उसे कितना भी प्रशिक्षण क्यों न दें।

(vi) **बुद्धि :** तीव्र बुद्धि वाला छात्र किसी भी ज्ञान को शीघ्रता एवं सरलता से सीख लेता है तथा मंदबुद्धि वाले छात्र को सामान्य बुद्धि वाले छात्र के साथ भी सीखने में बाधा रहती है। बुद्धि-लब्धि (I.Q.) शैक्षिक लब्धि में उच्च सकारात्मक सह-संबंध होता है। अधिगम प्रक्रिया का बुद्धि सबसे महत्त्वपूर्ण घटक है।

(vii) **सीखने वाले की मनोवृत्ति :** यदि किसी विषय के प्रति छात्र की नकारात्मक मनोवृत्ति है तो शिक्षक चाहे जितना परिश्रम करे छात्र के अधिगम में उन्नति होने की संभावना नहीं होती है। इसके विपरीत यदि सीखने वाले की किसी विषय के प्रति सकारात्मक मनोवृत्ति है तो वह सरलता से उस विषय को सीख जाता है। किसी विषय के प्रति सीखने वाले का रुझान बहुत महत्त्वपूर्ण होता है।

(viii) **सीखने का समय तथा अवधि :** यदि छात्र अधिक देर तक किसी क्रिया को करता रहता है तो वह थकान का अनुभव करने लगता है और थकान अनुभव होने से उसके अधिगम की प्रक्रिया में शिथिलता उत्पन्न हो जाती है। विद्यालयों में समय-सारणी (Time Table) बनाते समय इस बात का ध्यान रखा जाता है कि पहले कठिन विषय तथा बाद में सरल विषय पढ़ाया जाए। मध्यावकाश की व्यवस्था इसी उद्देश्य से की जाती है

(ix) **अभिप्रेरणा :** सीखने की प्रक्रिया में अभिप्रेरणा (Motivation) का महत्त्वपूर्ण योगदान है। यदि बालक को किसी नवीनतम ज्ञान अथवा कार्य सीखने के लिए प्रेरित नहीं किया जाता है तो वह उस प्रक्रिया में रुचि नहीं लेगा। अभिप्रेरणा से सीखने की इच्छा प्रबल हो जाती है। अभिप्रेरणा उत्पन्न करने के लिए यह आवश्यक है कि बालक को उसका लक्ष्य स्पष्ट कर दिया जाए।

(x) **शारीरिक व मानसिक स्वास्थ्य :** सीखने से पहले बालक का शारीरिक एवं मानसिक रूप से स्वस्थ्य रहना भी नितांत आवश्यक है, क्योंकि बालक के ध्यान, रुचि व एकाग्रता पर उसका प्रभाव पड़ता है। किसी भी प्रकार की मानसिक विकृति, शारीरिक रुग्णता तथा मानसिक तनाव का प्रत्यक्ष प्रभाव बालकों के अधिगम पर प्रतिकूल रूप से पड़ता है। शारीरिक एवं मानसिक रूप से अस्वस्थ बालक शीघ्र रूप से थक जाते हैं।

अधिगम को प्रभावित करने वाले शिक्षकों से संबद्ध कारक

अधिगम को प्रभावित करने वाले विभिन्न प्रकार के कारकों में से शिक्षकों से संबद्ध कारक भी महत्वपूर्ण हैं, ये कारक निम्नवत् हैं–

(i) **विषय की जानकारी :** अध्यापक का किसी विषय से संबंधित ज्ञान अनुभव एवं योग्यता आदि छात्रों के अधिगम को प्रत्यक्ष रूप से प्रभावित करते हैं। यदि अध्यापक को अपने विषय की जानकारी नहीं है तो वह छात्रों को बहुत कुछ जानकारी नहीं दे सकता। इसके विपरीत, यदि अध्यापक को अपने विषय का सटीक ज्ञान है तो वह आत्मविश्वास के साथ छात्रों को नवीन ज्ञान देने में सक्षम होगा तथा उसका शिक्षण प्रभावी होगा।

(ii) **शिक्षण विधि :** शिक्षण विधि का सीधा संबंध अधिगम प्रक्रिया से होता है। साथ ही प्रत्येक शिक्षक का पढ़ाने का तरीका भी भिन्न होता है तथा सभी छात्र एक ही विधि से नहीं सीख पाते। शिक्षण की विधि जितनी अधिक वैज्ञानिक एवं प्रभावशाली होगी उतनी ही सीखने की प्रक्रिया सरल एवं लाभप्रद होगी बच्चों के संदर्भ में खेल विधि द्वारा सिखाना, करके सिखाना, निरीक्षण द्वारा सीखाना, योजना विधि द्वारा सीखाना, खोज विधि द्वारा सीखाना आदि का अपना अलग-अलग महत्व है।

(iii) **शिक्षक का व्यवहार :** शिक्षक का व्यवहार छात्रों के सीखने को प्रत्यक्ष रूप से प्रभावित करता है। शिक्षक में एक आदर्श शिक्षक के सभी गुण होने चाहिए। उसके व्यवहार में सहानुभूति, सहयोग, समानता, शिक्षण कला

में निपुणता, मृदुभाषी, संयत आदि गुण निहित हैं तो छात्र कक्षा वातावरण में सहज रूप से सब कुछ सीख सकेंगे। लेकिन यदि शिक्षक का व्यवहार अत्यंत कठोर है तो छात्र उसके कक्षा से अनुपस्थित रहते हैं। साथ ही अध्यापक को सभी छात्रों से एक जैसा ही व्यवहार करना चाहिए ताकि छात्रों के मन में उसके प्रति दुर्भावना पैदा न हो।

(iv) **व्यक्तित्व :** शिक्षक का व्यक्तित्व सफल शिक्षण का आधार होता है। इस दृष्टि से शिक्षक का व्यक्तित्व आकर्षक एवं अत्यंत प्रभावशाली होना चाहिए। उसे अपने कार्यों एवं व्यवहार में संतुलन बनाए रखते हुए छात्रों पर एक अनूठी छाप छोड़नी चाहिए। छात्र जाने-अनजाने शिक्षक के व्यवहार से बहुत-सी बातें स्वयं ही सीख लेते हैं। कहा भी गया है कि शिक्षक छात्रों के लिए श्रेष्ठ प्रेरणा का काम करता है। इस दृष्टि से एक अध्यापक को आत्मविश्वासी दृढ़ इच्छाशक्ति वाला, कर्त्तव्यनिष्ठ, निरोगी, श्रेष्ठ रुचियों एवं अभिरुचियों वाला होना चाहिए।

(v) **व्यक्तिगत भेदों की जानकारी :** प्रत्येक छात्र की बुद्धि, रुचि, योग्यता, क्षमता, अभिवृत्ति आदि अलग-अलग होती है। इन्हीं विशेषताओं के कारण कुछ छात्र अध्यापक द्वारा प्रदत्त ज्ञान को आसानी से आत्मसात कर लेते हैं और कुछ देर से करते हैं या बिल्कुल ही नहीं कर पाते। सामान्यतः एक कक्षा में अध्यापक को तीन प्रकार के छात्रों का सामना करना होता है—मेधावी, सामान्य तथा पिछड़े हुए बालक और इन्हीं के अनुरूप उसे अपने शिक्षण की व्यवस्था करनी होती है। व्यक्तिगत भेद अध्यापक को छात्र के समझने में पूरा-पूरा सहयोग देते हैं।

(vi) **मनोविज्ञान की जानकारी :** ऐसा कहा जाता है कि एक अध्यापक को मनोविज्ञान का ज्ञान अनिवार्य है। इस संदर्भ में यह बात बिल्कुल स्पष्ट हो जाती है कि जब तक एक अध्यापक को मनोविज्ञान के सिद्धांतों का ज्ञान नहीं होता तब तक वह इन सिद्धांतों का शिक्षा में प्रयोग कर उसे प्रभावी नहीं बना सकता। उसे बाल विकास प्रक्रिया, वंशानुक्रम, व्यक्तिगत विभेद, प्रेरणा, सीखने के सिद्धांत आदि का ज्ञान ही चाहिए। निःसंदेह आधुनिक शिक्षा के मनोविज्ञान ने एक नई दिशा प्रदान की है।

(vii) **अनुशासन :** शिक्षा मनोविज्ञान के सिद्धांतों के प्रचलन के कारण आज यह धारणा गलत साबित हो गई है कि 'डण्डा हाथ से छूटा और बालक बिगड़ा'। अब यह अनुभव किया जाने लगा है कि डण्डे, मारपीट, भय एवं आतंक के बल पर कक्षा में स्थायी अनुशासन की स्थापना नहीं की जा सकती। यह हो सकता है कि छात्र तुरंत कुछ समय के लिए अनुशासित हो जाएं लेकिन कुछ समय बाद वह अपनी पुरानी प्रवृत्तियों पर पुनः लौट जाएंगे। मनोवैज्ञानिक परीक्षणों ने यह सिद्ध कर दिया है कि छात्र अपराध करने पर दण्ड से डरते नहीं। लेकिन इसका अर्थ यह नहीं कि छात्र को मनमानी करने दी जाए। उसे उसके अपराध के अनुकूल दण्ड अवश्य दिया जाना चाहिए।

(viii) **पाठ्य-सहगामी क्रियाएं :** शिक्षा के क्षेत्र में मनोविज्ञान के योगदान के रूप में आज पाठ्यक्रम में अनेक महत्त्वपूर्ण सहगामी क्रियाओं को यथोचित स्थान दिया जाता है। पहले यह समझा जाता था कि पढ़ाई के अतिरिक्त क्रियाओं का आयोजन करने से छात्र अपना बहुमूल्य समय नष्ट करते हैं। लेकिन, अब यह विचार बदल गया है। परिणामतः वाद-विवाद प्रतियोगिता, निबंध-लेखन, कहानी, कविता, अन्त्याक्षरी प्रतियोगिता, बालचर शिक्षा, भ्रमण, छात्र-संघ, खेल-कूद, अभिनय तथा नाटक, संगीत आदि इसी प्रकार की अन्य क्रियाओं को पाठ्यक्रम में स्थान देने के कारण बालकों के सर्वांगीण विकास में बहुत सहयोग मिलता है।

(ix) **बालक केंद्रित शिक्षा :** बाल मनोविज्ञान ने आज शिक्षा की धारा एवं संकल्पना को पूरी तरह से बदल दिया है। प्राचीन काल में शिक्षा का केंद्र बालक न होकर अध्यापक था। बालक की आवश्यकताओं, रुचियों, अभिरुचियों एवं दृष्टिकोणों की परवाह किए बिना ही शिक्षण का केंद्र बिंदु बालक हो गया। अतः शिक्षक के लिए यह आवश्यक है कि वह जो भी ज्ञान छात्रों को प्रदान करे वह उनकी रुचियों, क्षमताओं एवं स्तर के अनुकूल होना चाहिए।

(x) **समय-सारणी :** शिक्षा मनोविज्ञान के कारण ही विद्यालयों में समय-सारणी बनाते समय ध्यान रखा जाता है कि कौन-सा विषय पहले लिया जाए और कौन-सा बाद में। पहले बालकों की थकान, विश्राम एवं अवधान पर कोई ध्यान नहीं रखा जाता था लेकिन अब इन सभी पहलुओं पर विशेष ध्यान दिया गया है। खेल के समय तथा दूसरी विविध क्रियाओं के आयोजन की भी व्यवस्था समय-चक्र में सूक्ष्म रूप से कर ली जाती है। साथ ही समय-सारणी बनाते समय मौसम, बालकों की योग्यता, रुचि एवं व्यक्तिगत विभेदों आदि पर भी ध्यान दिया जाना चाहिए।

उपरोक्त बातों से स्पष्ट है कि जब तक शिक्षक यह नहीं जानेंगे कि पढ़ाना क्या है तथा छात्र यह नहीं जानेगा कि सीखना क्या है तब तक अधिगम प्रक्रिया को चलाना असंभव है। इन दो प्रश्नों के उत्तर में विषय-वस्तु या पाठ्यक्रम का उल्लेख अपेक्षित है। क्रिया-कलाप, उद्देश्य तथा पाठ्यक्रम का व्यवस्थापन अथवा संगठन अधिगम-प्रक्रिया की प्रकृति के निर्धारक हैं। यद्यपि कक्षा में अधिगम परिस्थितियों को व्यवस्थित करने संबंधी निर्देश शिक्षक को पाठ्यक्रम द्वारा उपलब्ध करा दिए जाते हैं, परंतु यह तो शिक्षक के चातुर्य

अथवा उपाय कौशल पर निर्भर करता है कि शिक्षक उसका कितनी बुद्धिमत्ता से उपयोग करते हैं। इस तरह शिक्षक की उपाय कुशलता एक और महत्त्वपूर्ण घटक है जो शिक्षक के विद्यार्थियों के अधिगम को प्रभावित करती है।

अधिगम/सीखने के प्रमुख तरीके

सीखना मानव के व्यवहार में परिवर्तन है और यह परिवर्तन विभिन्न नियमों के माध्यम से संभव हो पाता है। सीखने की प्रक्रिया में सामाजिक वातावरण एवं वंशानुक्रमण अपनी महत्त्वपूर्ण भूमिका निभाते हैं। सीखने के प्रमुख तरीके निम्नवत् हैं–

(i) **अनुकरण के माध्यम से सीखना :** प्रायः सभी बालकों में अनुकरण की प्रवृत्ति पाई जाती है और यह अनुकरण की प्रवृत्ति उसे सीखने की ओर प्रेरित करती है। विद्वानों का मानना है कि अनुकरण द्वारा सीखना भूल एवं प्रयास द्वारा सीखने की तुलना में उच्च कोटि का सीखना है। इस नियम द्वारा सीखने में वह दूसरों के अनुभवों का लाभ उठाता है। इस नियम द्वारा सीखने के लिए बुद्धि की आवश्यकता अधिक होती है।

हेगाटी ने अनुकरण द्वारा सीखने के विषय में एक प्रयोग किया। उसने लोहे की एक खोखली नली में केला डाल दिया और भूखे बंदर को कमरे में बंद करके उसे उस केले वाली खोखली को कमरे में डाल दिया। बंदर उस नली को बार-बार जमीन पर पटक कर उस केले को निकालने का प्रयास करने लगा किंतु उसे कामयाबी नहीं मिली। तभी बंदर ने देखा कि उसके पास एक छोटा-सा डंडा पड़ा हुआ है। उसने उस डंडे को उठाया और नली के अंदर डाल कर केला बाहर निकाल लिया और उसे खा गया। पहले बंदर द्वारा किए जा रहे प्रयास को एक दूसरे बंदर को भी दूर से दिखाया जा रहा था। थोड़ी देर बाद इसी प्रकार के नली में केला डालकर दूसरे बंदर के सामने डाला गया। दूसरे बंदर ने तुरंत ही डंडे की मदद से उस केले को बाहर निकाल कर खा लिया। इस परीक्षण से स्पष्ट हो जाता है कि पहले बंदर ने भूल एवं प्रयास के माध्यम से लक्ष्य तक पहुंचने में सफलता पाई जबकि दूसरे बंदर ने पहले बंदर का अनुकरण कर तुरंत लक्ष्य तक पहुंचने में सफलता पा ली। इस प्रकार **हेगाटी** ने स्पष्ट किया कि अनुकरण द्वारा सीखना, सीखने की एक महत्त्वपूर्ण विधि है।

(ii) **भूल एवं प्रयास के माध्यम से सीखना :** भूल एवं प्रयास के नियम का प्रतिपादक **थॉर्नडाइक** को माना जाता है। उन्होंने चूहों और बिल्लियों पर अनेक परीक्षण करने के पश्चात् यह पाया कि मानव और पशु दोनों ही भूल एवं प्रयास के तरीके से सीखते हैं। किसी कार्य को करने के लिए पहले प्रयास किया जाता है और यह आवश्यक नहीं है कि प्रथम प्रयास में ही वह कार्य पूरा हो जाए। क्योंकि उसमें कोई न कोई भूल हो जाने की संभावना रहती है और कार्य में सफलता नहीं मिलती। अब इसे दोहराया जाता है और दोबारा करते समय पहली भूल को ध्यान में रखते हुए प्रयास किया जाता है। जैसे-जैसे प्रयास किया जाता है पुरानी भूलों में कमी आती जाती है और कार्य संपन्न हो जाता है। इस प्रकार बार-बार प्रयास करने पर सीखने की प्रक्रिया पूर्ण हो जाती है और यह कार्य ठीक प्रकार से होने लगता है। प्रयास एवं भूल में मानव प्रेरणायुक्त होता है और अपने निश्चित लक्ष्य तक पहुंचने की ओर अग्रसर होता है। यद्यपि प्राणी का लक्ष्य अस्पष्ट होता वह अपने इस अस्पष्ट लक्ष्य को प्राप्त करने के लिए बार-बार प्रयास करता है। असफलता मिलने पर पुनः प्रयास करता है और अंत में अपने लक्ष्य तक पहुंच जाता है। सही लक्ष्य तक पहुंच जाना ही सीखने की प्रक्रिया को पूर्ण करता है। उदाहरणार्थ–मनुष्य का टाइप सीखना, गणित के सवाल निकालना, साइकिल चलाना सीखना आदि भूल एवं प्रयास द्वारा सीखने के कुछ ऐसे ही उदाहरण हैं।

(iii) **सूझ-बूझ के माध्यम से सीखना :** सूझ-बूझ के माध्यम से सीखने के सिद्धांत का प्रतिपादक **कोहलर** था। इस सिद्धांत के अनुसार मानव पहले परिस्थितियों का पूर्ण अवलोकन करता है। उसके बारे में सोचता है और फिर क्रियाओं के माध्यम से उसे सीखने का प्रयास करता है। कोई भी प्राणी जब किसी नवीन वातावरण में आता है तो उसका संबंध विभिन्न तत्वों के साथ स्थापित होता है। वह वातावरण को भलीभांति समझता है और फिर उसी के अनुरूप प्रतिक्रिया करता है। वातावरण को जानना एवं समझना उसकी सूझ-बूझ पर पर निर्भर करता है। सूझ-बूझ का यह सिद्धांत पशुओं की तुलना में मानवों पर अधिक लागू होता है। इस सिद्धांत को सिद्ध करने के लिए **कोहलर** ने चिम्पैंजियों पर परीक्षण किया। उसने एक चिम्पैंजी को पिंजड़े में बंद कर दिया और कुछ दूरी पर पिंजड़े से बाहर केले टांग दिए। पिंजड़े में दो बांस भी डाल दिए। केले पिंजड़े से इतनी दूरी पर थे कि चिम्पैंजी के हाथ वहां तक नहीं पहुंच पा रहे थे। चिम्पैंजी ने जब देखा कि उसके हाथ केले तक नहीं पहुंचे पा रहे हैं तो उसने एक डंडे के सहारे केलों तक पहुंचने का प्रयास किया। लेकिन चिम्पैंजी को जब उसमें भी सफलता नहीं मिली तो वह कुछ सोचता रहा और कुछ देर के बाद उसने दोनों डंडों को आपस में जोड़ा और उनकी सहायता से उसने केलों को पिंजड़े में खींच कर खा लिया। इस तरह स्पष्ट है कि सूझ-बूझ के सिद्धांत में बुद्धि का होना आवश्यक है। यह परीक्षण चिम्पैंजी पर इसलिए किया गया क्योंकि चिम्पैंजी में थोड़ी-बहुत बुद्धि होती

है। उसने अपनी सूझ-बूझ का इस्तेमाल कर केलों को खाने में सफलता प्राप्त की।

(*iv*) **आंशिक एवं पूर्ण तरीकों द्वारा सीखना :** इस विधि से छात्रों को समस्या का पूर्ण ज्ञान कराया जाता है, जिससे प्रथम बार में छात्रों को उस समस्या के बारे में कुछ न कुछ ज्ञान हो जाता है।

(*v*) **सामूहिक तरीके के माध्यम से सीखना :** मानव एक सामाजिक प्राणी है। समाज से बाहर उसका कोई अस्तित्व नहीं है। अतः वह समाज में रहते हुए समूह में बहुत कुछ सीखता है। समूहों में रहते हुए उसका ज्ञान प्राप्त करना ही सामूहिक सीखना कहलाता है। प्रोजेक्ट डाल्टन तथा बेसिक विधि, वर्कशॉप विधि, वाद-विवाद, सेमीनार विधि आदि सीखने की सामूहिक विधियों के अच्छे उदाहरण हैं।

3. बच्चा एक समस्या समाधानकर्त्ता तथा वैज्ञानिक अन्वेषक के रूप में

बच्चा एक समस्या समाधानकर्त्ता के रूप में

विद्यालय शिक्षा के दौरान एक बच्चे के समक्ष अनेक समस्याएं आती हैं तथा उसका समाधान भी उसे ही ढूंढना होता। ऐसे में बच्चों को इस स्तर के योग्य बनाने के लिए आवश्यक है कि उनके व्यक्तित्व का विकास इस प्रकार से किया जाए कि वह सभी प्रकार की परिस्थितियों का सही ढंग से सामना कर सकें। व्यक्तित्व का विकास निम्नलिखित तरीकों के माध्यम से किया जा सकता है–

(*i*) **आत्म पहचान का गुण विकसित करके :** इस तरीके के तहत बच्चों को ऐसे काम दिए जाने चाहिए जिनमें सफलता निश्चित हो। इन कामों को करने से बच्चे में आत्म-विश्वास बढ़ता है जो जिन्दगी में प्रसन्नता व सहयोग की भावना को बढ़ाता है। बच्चे का जन्मदिन मनाना चाहिए। इससे बच्चे की आत्म-अनुमोदन तथा सामाजिक अनुमोदन की भावना को संतुष्टि मिलती है समय-समय पर बच्चे के काम की प्रशंसा करनी चाहिए तथा छोटी-छोटी बातों पर भी उन्हें पुरस्कृत करना चाहिए जिससे कि वह भविष्य में अपनी समस्याओं का समाधान स्वयं कर सकें।

(*ii*) **स्वयं की कमियों को स्वीकार करना और सिखाकर दूर करना :** बच्चों में यह भावना पैदा करनी चाहिए कि कोई भी व्यक्ति संपूर्ण नहीं है। इसीलिए अपनी कमियों को मुस्कुराते हुए स्वीकार करना चाहिए तथा उन्हें दूर करने का प्रयत्न करना चाहिए। इसके लिए बच्चे को इससे संबंधित कहानियां सुनानी चाहिए। इसके अतिरिक्त कुछ रचनात्मक कार्यक्रम का भी आयोजन किया जाना चाहिए। उदाहरणार्थ–नाटक दिखाना एवं कठपुतली नृत्य आदि। बच्चे के गुणों की खुलकर प्रशंसा करनी चाहिए ताकि बच्चा अपनी कमियों को भूलकर अपनी प्रतिभा को निखार सके।

(*iii*) **स्वावलंबी बनने के लिए प्रेरित करके :** बच्चे को आत्मनिर्भर बनाने के लिए हमेशा प्रेरित करते रहना चाहिए। इसके लिए बच्चे को कहानियां सुनानी चाहिए, नाटक दिखाने चाहिए, लड़कियों को गुड़िया को कपड़े पहनाने, सफाई करने, कंघी करने जैसे काम करने देने चाहिए इससे बच्चों में आत्मनिर्भरता बढ़ती है। बच्चों को चुनौतीपूर्ण व उत्तरदायित्व वाले काम सौंपने चाहिए जिससे कि वह समस्याओं के समाधानों का हल सही दिशा में निकालने के लिए सक्षम हो सकें।

बच्चा एक वैज्ञानिक अन्वेषक के रूप में

किसी भी छात्र की समझ की सही जांच तब होती है जब वह समाज में रहकर सीखता है तथा अपने स्वयं के ज्ञान को एक अन्वेषक के रूप में प्रयोग करता है। एक बच्चे को वैज्ञानिक अन्वेषक के रूप में निम्नलिखित प्रकार से विकसित किया जा सकता है–

(*i*) किसी बच्चे को दैनिक जीवन में आने वाले व्यक्तियों के व्यवसाय के बारे में समझाने का प्रयास करना चाहिए। यथा–डॉक्टर, डाकिया, वकील, बढ़ई व सुनार आदि।

(*ii*) बच्चों को अलग-अलग जगहों पर भ्रमण के लिए ले जाना चाहिए ताकि वे भ्रमण के माध्यम से कुछ नए प्रकार के चीजों के संबंध में सोच सकें।

(*iii*) बच्चों को दुकान-दुकान आदि का खेल खेलना चाहिए ताकि वे खेल-खेल में दुकानदारी आदि के व्यवसाय आदि के बारे में जान सकें।

(*iv*) ऐसा उपाय करना चाहिए ताकि बच्चे वैज्ञानिक यंत्रों, धातुओं, वायु संचार आदि के बारे में स्वयं जानकारी प्राप्त कर सकें। ऐसा करने से उनमें (बच्चों में) एक वैज्ञानिक सोच के साथ-साथ अलग-अलग विषयों का अन्वेषण करने का गुण भी उत्पन्न होने लगता है।

4. संवेग और अभिप्रेरण

संवेग

जब हम किसी विषय के बारे में बार-बार सोचते हैं तो हमारी राग-द्वेषात्मक मनोवृत्ति और प्रबल हो उठती है। बार-बार सोचे गए विषय को या तो हम प्रेम की दृष्टि से अथवा घृणा की दृष्टि से देखने लगते हैं। हमारी यह राग-द्वेषात्मक मनोवृत्ति और प्रबल हो उठती है। बार-बार सोचे गए विषय को या तो प्रेम की दृष्टि से अथवा घृणा की दृष्टि से देखने लगते हैं। हमारी यह राग-द्वेषात्मक मनोवृत्ति संवेग (Emotion) के कारण बनती है। संवेग भावों से उत्पन्न होता है। जब तक किसी विषय के संबंध में हमारे भाव सामान्य रहते हैं, संवेगों की उत्पत्ति नहीं होती है। जब उस विषय के भाव प्रबल हो जाते हैं, तब संवेग की उत्पत्ति होती है। भाव हमारे मन पर धीर-धीरे प्रभाव डालता है। परंतु किसी प्रकार के संवेग के उत्पन्न होने पर हमारे मन में भारी उथल-पुथल हो जाती है।

संवेग की कुछ परिभाषाएं

जरशील्ड के अनुसार, "संवेग शब्द किसी भी प्रकार के आवेश में आने से भड़क उठने अथवा उत्तेजित होने की दशा को सूचित करता है।"

मैक्डूगल के अनुसार, "संवेग एक प्रकार का अनुभव है जो किसी न किसी मूल प्रवृत्तीय क्रिया से संबद्ध होता है।"

क्रो एवं क्रो के अनुसार, "संवेग, व्यक्ति के आंतरिक समायोजन, मानसिक एवं शारीरिक-भौतिक अवस्थाओं से प्रभावित होकर उसके बाह्य व्यवहार में दिखाई देने वाला प्रभावशाली अनुभव है।"

वुडवर्थ के अनुसार, "संवेग जीव की उत्तेजनायुक्त अवस्था है।

निष्कर्ष

(*i*) प्रत्येक संवेग किसी न किसी मूल प्रवृत्ति या भावना से अवश्य ही संबद्ध होता है।

(*ii*) संवेग मानव की परिवर्तित आंतरिक भावना का बाह्य रूप होता है।

(*iii*) प्रत्येक संवेग किसी न किसी क्रिया से किसी रूप में अवश्य दी संबद्ध होता है।

उपर्युक्त निष्कर्ष के आधार पर हम कह सकते हैं कि "किसी ज्ञात (प्रमुखतः) या अज्ञात (कभी-कभी) कारण से हमारी मनोदशा को प्रभावित करने वाले अस्थायी भाव, संवेग कहलाते हैं।"

संवेग की विशेषताएं/लक्षण

(*i*) प्रत्येक संवेग का संबंध किसी न किसी मूल प्रवृत्ति से होता है।

(*ii*) संवेगों का उभार सकारण होता है।

(*iii*) संवेग क्षणिक एवं अस्थायी होते हैं।

(*iv*) संवेग परिवर्तनशील होते हैं।

(*v*) संवेग सार्वभौमिक होते हैं।

(*vi*) संवेगों की तीव्रता वैयक्तिक अधिक होती है।

(*vii*) संवेगों की उत्पत्ति का कारण बाह्य जगत् से संबद्ध होता है।

(*viii*) संवेग मानव के व्यवहार को प्रभावित करते हैं।

संवेगों को प्रभावित करने वाले कारक

निम्न कारक किसी न किसी रूप में संवेगों को प्रभावित करते हैं–

(*i*) वातावरण, (*ii*) मानसिक सक्रियता, (*iii*) शारीरिक स्वास्थ्य, (*iv*) वैयक्तिक रुचियां, (*v*) अभिवृत्तियां एवं मूल्य।

संवेगों से प्रभावित होने वाले कारक

जिस प्रकार कुछ कारक संवेगों को प्रभावित करते हैं ठीक उसी प्रकार संवेग भी कुछ कारकों से प्रभावित होते हैं। ये कारक हैं–(*i*) शारीरिक स्वास्थ्य, (*ii*) मानसिक स्वास्थ्य, (*iii*) वाणी, (*iv*) सामाजिकता एवं अधिगम।

संवेग के विभिन्न प्रकार

संवेगों का संबंध मूल प्रवृत्तियों से होता है। चौदह मूल-प्रवृत्तियों के चौदह संवेग हैं, जो इस प्रकार हैं–

1. भय, 2. घृणा, 3. करुणा एवं दुःख, 4. आश्चर्य, 5. आत्माभिमान, 6. भूख, 7. कृतिभाव, 8. क्रोध, 9. वात्सल्य, 10. कामुकता, 11. आत्महीनता, 12. एकाकीपन, 13. अधिकार भावना, 14. आमोद।

संवेग एवं शिक्षा में इसका महत्व

शिक्षक, बालकों के संवेगों के प्रति ध्यान देकर उनका किस प्रकार हित कर सकते हैं, यह निम्नलिखित बातों से स्पष्ट हो जाता है–

(*i*) शिक्षक, बालकों की मानसिक शक्तियों के मार्ग को प्रशस्त करके, उन्हें अपने अध्ययन में अधिक क्रियाशील बनाने की प्रेरणा प्रदान कर सकता है।

(*ii*) शिक्षक, बालकों के संवेगों को परिष्कृत करके उनको समाज के अनुकूल व्यवहार करने की क्षमता प्रदान कर सकता है।

(*iii*) शिक्षक, बालकों के संवेगों का विकास करके, उनमें उत्तम विचारों, आदर्शों, गुणों और रुचियों का निर्माण कर सकता है।

(*iv*) शिक्षक, बालकों को अपने संवेगों पर नियंत्रण करने की विधियां बताकर उनको शिष्ट और सभ्य बना सकता है।

(*v*) शिक्षक, बालकों के संवेगों को जाग्रत करके, पाठ में उनकी रुचि उत्पन्न कर सकता है।

(*vi*) शिक्षक, बालकों के संवेगों का ज्ञान प्राप्त करके, उपयुक्त पाठ्यक्रम का निर्माण करने में सफलता प्राप्त कर सकता है।

(*vii*) शिक्षक, बालकों में उपयुक्त संवेगों को जाग्रत करके, उनको महान कार्यों को करने की प्रेरणा दे सकता है।

अभिप्रेरण

अभिप्रेरण में वे सब आंतरिक अवस्थाएं आ जाती है जो किसी क्रिया को छोड़ती है या उसको बनाए रखती है। प्रेरक (Motive) उद्दीपन (Stimulus) से भिन्न होता है, क्योंकि वह उत्तेजना के प्रकट होने के पहले से ही उपस्थित होता है। यदि आंतरिक अभिप्रेरणा न हो तो बाह्य उद्दीपन कितना भी तीव्र होने पर अनुक्रिया उत्पन्न नहीं कर सकता है।

अभिप्रेरणा एक प्रकार की शक्ति है जो छात्रों को अध्ययन तथा अन्य कार्यों को करने का जोश तथा रुचि उत्पन्न करती है। व्यक्ति जो भी कार्य करता है उसमें किसी न किसी प्रकार की अभिप्रेरणा की भूमिका आवश्यक होती है। अध्यापक के समक्ष यह बहुत बड़ी समस्या होती है कि छात्रों को किस प्रकार

अधिक-से-अधिक अभिप्रेरित किया जाए। अध्यापक इसके लिए अनेक उपाय करता है। अभिप्रेरणा अधिगम के लिए कोई आवश्यक शर्त नहीं है परंतु फिर भी यह अधिगम प्रक्रिया को गतिशीलता प्रदान करती है। इसे "सीखने का हृदय" (Heart of Learning), "सीखने का स्वर्ण पथ" (Golden Road of Learning), तथा "सीखने का मुख्य कारक" (Important Factor of Learning) कहा गया है।

अभिप्रेरणा की कुछ परिभाषाएं

स्किनर के अनुसार, "अभिप्रेरणा, अधिगम का सर्वोच्च राजमार्ग है।"

बर्नार्ड के अनुसार, "उत्प्रेरणा, शिक्षा में मनोविज्ञान की मूलभूत समस्या है।"

कैले के अनुसार, "अधिगम की कुशल कला में उत्प्रेरणा केंद्रीय कारक है।"

निष्कर्ष

(*i*) उत्प्रेरणा और अधिगम का सीधा संबंध है।

(*ii*) उत्प्रेरणा किसी आंतरिक शक्ति का उभार है।

(*iii*) प्राणी या मनुष्य के अंदर निहित वे सभी तत्व जो उसके बाह्य व्यवहार को प्रभावित करते हैं, आंतरिक तत्व या आंतरिक शक्तियां कहलाती हैं। इनमें मूल प्रवृत्तियां, मन, बुद्धि चित्त एवं अहंकार सभी आंतरिक शक्तियां हैं।

प्रेरणा के भेद

प्रेरणा के दो भेद हैं–

(*i*) **सकारात्मक प्रेरणा :** इस प्रेरणा में बालक किसी कार्य को अपनी स्वयं की इच्छा से करता है। इस कार्य को करने से उसे सुख और संतोष प्राप्त होता है। इस प्रेरणा को आंतरिक प्रेरणा भी कहते हैं।

(*ii*) **नकारात्मक प्रेरणा :** इस प्रेरणा में बालक किसी कार्य को अपनी स्वयं की इच्छा से न करके, किसी दूसरे की इच्छा या बाह्य प्रभाव के कारण करता है। इस कार्य को करने से उसे किसी वांछनीय या निश्चित लक्ष्य की प्राप्ति होती है। इस प्रेरणा को बाह्य प्रेरणा भी कहते हैं।

प्रेरणा की प्रमुख विधियां

मरसेल ने लिखा है कि प्रेरणा यह निश्चित करती है कि लोग कितनी अच्छी तरह से सीख सकते हैं और कितनी देर तक सीख सकते हैं। अतः उनको प्रेरणा प्रदान की जानी आवश्यक है। ऐसा निम्नांकित विधियों का प्रयोग करके किया जा सकता है–

(*i*) **रुचि :** प्रेरणा प्रदान करने की पहली विधि है बालकों की पाठ में रुचि उत्पन्न करना। अतः अध्यापक को पढ़ाए जाने वाले पाठ को बालक की रुचियों से संबंधित करना चाहिए। इस संबंध में प्रेसी, रॉबिन्स व हॉरक्स का कहना है कि "रुचि, छात्रों का ध्यान आकर्षित करने का प्रथम उपाय है।"

(*ii*) **सफलता :** सफलता के संबंध में फ्रैंडसन का विचार है कि सीखने के सफल अनुभव अधिक सीखने की प्रेरणा देते हैं।

(*iii*) **सामूहिक कार्य :** प्रेरणा प्रदान करने की इस विधि में बालकों को सामूहिक कार्यों में भाग लेने के लिए प्रोत्साहित किया जाता है।

(*iv*) **आवश्यकता का ज्ञान :** इस विधि के अंतर्गत् यह माना जाता है कि बालकों की मुख्य आवश्यकताएं उसके सीखने में उद्दीपन का कार्य करती हैं।

(*v*) **प्रशंसा :** उचित समय और स्थान पर प्रयोग किए जाने पर प्रशंसा, प्रेरणा का एक महत्त्वपूर्ण कारक है।

(*vi*) **कक्षा का वातावरण :** अच्छा शिक्षक प्रभावशाली प्रेरणा के लिए शिक्षण-सामग्री से संपन्न अर्थपूर्ण और निरंतर परिवर्तनशील कक्षा-कक्ष के वातावरण पर निर्भर रहता है।

(*vii*) **सामाजिक वर्गों में भाग :** यह बालकों और युवकों को प्रेरणा देने की साधारणतया सबसे प्रभावशाली विधि है। यह बालकों को उन अर्थपूर्ण सामाजिक कार्यक्रमों में रचनात्मक कार्य करने का अवसर देता है जिनकों व्यक्ति और समाज दोनों महत्त्वपूर्ण समझते हैं।

(*viii*) **प्रतिद्वन्द्विता :** इसके अनुसार शिक्षाशास्त्र के संपूर्ण इतिहास में प्रतिद्वन्द्विता को प्रेरणा प्रदान करने के लिए प्रयोग किया गया है।

(*ix*) **खेल-विधि का प्रयोग :** इस विधि के अनुसार बालकों को शिक्षा देने के लिए खेल-विधि का प्रयोग किया जाता है। अतः शिक्षक को खेल-विधि का प्रयोग करके बालकों को शिक्षा देनी चाहिए।

(*x*) **परिणाम का ज्ञान :** इस विधि के अनुसार यह माना जाता है कि प्रेरणा, परिणामों के तात्कालिक ज्ञान से प्राप्त होती है।

प्रेरणा में योगदान देने वाले मुख्य कारक

(*i*) **प्रोत्साहन :** प्रोत्साहन लक्ष्य तक पहुंचने के साधन होते हैं। इनका स्वरूप पुरस्कार के रूप में भी हो सकता है और संकेत के रूप में भी। जब ये किसी ऐसे उद्दीपक से जुड़ जाते हैं, जो इनकी उपस्थिति बताता है तो ये प्राणी को उत्तेजित कर देते हैं अर्थात् व्यक्ति के व्यवहार को उभारते हैं और उसे गति प्रदान करते हैं। हल एवं स्पेन्स मानते हैं कि यूँ तो प्राणी का व्यवहार मूलतः चालक द्वारा संचालित होता है लेकिन वे ये भी मानते हैं कि कभी-कभी आत्म-प्रोत्साहन प्रेरणा का कार्य करता है। स्कीनर कहते हैं कि पुनर्बलन ही प्रोत्साहन है, अर्थात् धनात्मक तथा ऋणात्मक पुनर्बलन

ही प्रोत्साहन का काम करते हैं। धनात्मक पुनर्बलन धनात्मक पुरस्कार होता है तथा ऋणात्मक पुनर्बलन ऋणात्मक पुरस्कार होता है।

(*ii*) **दण्ड** : दण्ड एक उद्दीपन के समान है, जिससे व्यक्ति बचने का प्रयास करता है अथवा उससे दूर भागना चाहता है। दण्ड के संबंध में विचार व्यक्त करते हुए बोम्पस स्मिथ कहते हैं कि "विद्यालयी दण्ड प्रतिशोध नहीं होता है। इसका उद्देश्य प्रशिक्षण है। सर्वप्रथम अपराधी का प्रशिक्षण। दूसरे, उसके अवलोकन से अन्य बालकों का प्रशिक्षण। साथ ही उसे तथा दूसरों को पुनः अपराध करने से बचाना है।"

(*iii*) **उत्तेजना** : यह किसी प्राणी की उत्तेजित होने की सामान्य अवस्था है। इस संबंध में डोनाल्ड हैब ने विचार व्यक्त करते हुए कहा है कि "उत्तेजना अथवा जागरूकता शक्ति प्रदान करती है लेकिन दिशा-निर्देश प्रदान नहीं करती। यह इंजन के समान है लेकिन उसका मार्ग परिवर्तित करने वाला साधन नहीं।"

उत्तेजना व्यक्ति की सक्रियता का आवश्यक कारक माना गया है। इसके तीन स्तर हैं–उच्च, मध्य एवं निम्न। व्यक्ति को यह उत्तेजना दो स्रोतों (बाह्य एवं आंतरिक) से मिलती है।

(*iv*) **आकांक्षा** : आकांक्षा का उत्तेजना स्तर से सीधा संबंध है। हम उस स्थिति में उत्तेजित हो उठते हैं जब हम देखते कुछ और हैं और देखना कुछ चाहते हैं। जो हम देख रहे होते हैं वह Perception है और जो हम देखना चाहते हैं वह Expectancy है। जब इन दोनों के मध्य अंतर (Discrepancy) हो जाता है तो हम उत्तेजित हो उठते हैं।

मैक्लेलैंड ने अपना विचार प्रकट करते हुए कहा है कि P तथा E में अंतर अधिक होने पर हमें दुःख होता है एवं अंतर कम होने पर सुख प्राप्त होता है। इसलिए अंतर (Discrepancy) का एक निश्चित स्तर घटना तथा आशाओं के बीच रखना चाहिए। पूर्व अनुमानित संतोष को हम Valance कहते हैं तथा वास्तविक संतोष को Valuel। इस प्रकार कोई व्यक्ति जिस बल से कार्य करता है वह Expectancy और Valance का गुणनफल होता है।

अर्थात् $F = E \times V$

5. अधिगम में योगदान करने वाले कारक

अधिगम में योगदान करने वाले कारकों को मुख्यतः दो वर्गों में रखा गया है–I. व्यक्तिगत कारक एवं II. वातावरणीय कारक।

I. व्यक्तिगत कारक

(*i*) **व्यक्तिगत रुचियां** : व्यक्तिगत रुचियां भी अधिगम प्रक्रिया में योगदान करने वाला एक महत्त्वपूर्ण कारक है। यदि किसी क्रियाकलाप में छात्र की रुचि उत्पन्न हो जाए तो शिक्षक उस दिशा में अधिक प्रयास कर सकते हैं। प्रयास किए बिना सीखना संभव नहीं है। यदि विद्यार्थी शिक्षक के शिक्षण एवं कक्षा के क्रियाकलापों में रुचि लेते हैं तो वे कभी भी अवरोध, थकान तथा ऊब महसूस नहीं करते। प्रायः ऐसा देखा गया है कि वास्तव में थकान अधिगम क्रियाओं में रुचि की कमी से पैदा होती है। अधिक मात्रा में तथा अच्छी गुणवत्ता से अधिगम की प्राप्ति हेतु विद्यालयों में रुचि का सहारा लेना आवश्यक है।

(*ii*) **शारीरिक क्रियाशील** : थकान मानसिक या शारीरिक होती है और थकान का अभ्यास करने वाला छात्र अधिगम की प्रक्रिया को कम कर देता है दूसरी शारीरिक क्रियाशीलता अधिगम प्रक्रिया में सहायक होती है तथा इसकी गति को तीव्र कर देती है।

(*iii*) **व्यक्तिगत अभिप्रेरणा** : अभिप्रेरणा अधिगम प्रक्रिया का मुख्य केंद्र है तथा अधिगम प्रक्रिया का एक महत्त्वपूर्ण कारक है। यह किसी व्यक्ति में किसी कार्य को करने की इच्छा जाग्रत करती है। पर्याप्त व्यक्तिगत अभिप्रेरणा विद्यार्थी को केवल किसी ऐसी क्रिया में व्यस्त ही नहीं रखती, जिसकी परिणति अधिगम में हो, बल्कि अधिगम को स्थायी बनाने तथा उसकी दिशा निर्दिष्ट करने का कार्य भी करती है। प्रायः दो प्रकार की व्यक्तिगत अभिप्रेरणाएं होती हैं–आंतरिक और बाह्य अभिप्रेरणाएं।

(*iv*) **संवेदीकरण तथा प्रत्यक्षीकरण** : विद्यार्थी के सामान्य स्वास्थ्य के अतिरिक्त संवेदना तथा प्रत्यक्षीकरण ऐसे मनोवैज्ञानिक कारक हैं जो अधिगम में सहायता करते हैं। संवेदना प्रत्यक्षीकरण के केंद्र में होती है। प्राणी में पांच संवेदी अंग होते हैं, यथा–त्वचा, कान, जिह्वा, आंखें तथा नाक। ये संवेदी अंग (ज्ञानेन्द्रियां) ज्ञान के द्वार होते हैं और वातावरण में स्थित विभिन्न उद्दीपनों के प्रत्यक्षीकरण में सहायक होते हैं। इनमें से किसी भी संवेदी अंग में किसी भी प्रकार का दोष हो जाने पर अधिगम का प्रभाव पड़ता है और अंततोगत्वा उससे ज्ञानार्जन भी प्रभावित होता है। उदाहरणार्थ–दृष्टि में दोष; जैसे मायोपिया (दूरदृष्टि दोष), हाइपरमैट्रोपिया (निकट दृष्टि दोष), स्टीकमेटिज्म (भेंगापन) इत्यादि के कारण सिर दर्द, चक्कर आना तथा अध्ययन में सामान्य रूप से अरुचि होना आदि।

(*v*) **अभिवृत्ति** : अधिगम की प्रक्रिया विद्यार्थी की अभिवृत्ति से ही प्रभावित होती है। यदि वह पढ़ाई जाने वाली वस्तु के प्रति सजग हो तथा उसके प्रति रुचि रखता हो तो वह निश्चित रूप से इसके प्रति उचित अभिवृत्ति (Attitude) रखेगा। ऐसी अभिवृत्ति उसे अधिगम परिस्थितियों को जल्दी प्रसन्नतापूर्वक कम समय में तथा प्रभावी ढंग से सीखने में सहायता करता है। इसके विपरीत यदि वह पढ़ाई जाने वाली वस्तु में ध्यान

नहीं देता या रुचि नहीं लेता तो इसकी अभिवृत्ति नाकारात्मक हो जाती है। यह सामान्य अधिगम की प्रक्रिया में अवांछनीय दबाव तथा तनाव उत्पन्न करके सहज अधिगम में बाधा डालता है।

(*vi*) **आवश्यकताएं** : विद्यार्थियों की जब तक शारीरिक आवश्यकताएं संतुष्ट न हो जाएं तब तक विद्यालयों में उनसे किसी भी प्रकार के बौद्धिक चिंतन की अपेक्षा नहीं की जा सकती है। एक गरीब विद्यार्थी जो कक्षा में भूखा है उसका ध्यान अध्ययन की अपेक्षा खाने की ओर अधिक केंद्रित होगा। इसी प्रकार कक्षा में बहुत ठंडा या गर्मी या कुर्सियों पर बैठने वाले विद्यार्थियों की संख्या अधिक होने पर अच्छे अधिगम की आशा नहीं की जा सकती है। इसी तरह से सुरक्षा और सम्मान की आवश्यकताएं अधिगम परिस्थितियों में शक्तिशाली प्रेरक के रूप में कार्य करती है। यदि एक विद्यार्थी अपने शिक्षक से डरता है या विद्यालयों में अधिक पिटाई किए जाने के कारण असुरक्षित महसूस करता है या किसी अन्य प्रकार के दण्ड से भयभीत है तो वह सीख नहीं पाता। इसी तरह यदि उसे उत्साही संवर्धन तथा स्नेह की आवश्यकता बहुत उत्तेजक होती है तो बच्चे का अधिगम प्रभावी होता है।

(*vii*) **आयु तथा परिपक्वता** : अधिगम प्रत्यक्ष रूप से आयु तथा परिपक्वता पर निर्भर करता है। जब तक व्यक्ति सीखने के प्रति पर्याप्त रूप से परिपक्व नहीं होता तब तक अधिगम निष्पन्न नहीं होता। कुछ विद्यार्थी छोटी उम्र में ही अधिक सीख लेते हैं जबकि कुछ विद्यार्थी उसी पाठ्य-वस्तु को सीखने में अधिक देर लगाते हैं। वास्तविक आयु के साथ-साथ मानसिक आयु भी बढ़ती जाती है और लगभग 16 वर्ष की आयु में यह वृद्धि रुक जाती है। आयु में वृद्धि का अभिप्राय बौद्धिक परिपक्वता से होता है। जिसके द्वारा कठिन समस्याओं का समाधान करने में सहायता मिलती है। परिपक्वन का नियम हमें इस बात की चेतावनी देता है कि विद्यार्थियों को जबरदस्ती तब तक अधिगम नहीं करवाना चाहिए जब तक कि वह विशिष्ट कौशलों के सीखने लायक परिपक्व न हो जाए। अध्यापकों को यह सिद्धांत उन अभिभावकों को भी समझाना चाहिए जो अपने बच्चों को बहुत ही जल्दी विद्यालय भेजने में अत्यधिक महत्वाकांक्षी तथा अत्यधिक उत्साही होते हैं।

(*viii*) **बुद्धि** : अधिगम प्रक्रिया में बुद्धि एक महत्वपूर्ण कारक है। बुद्धि जो बुद्धि-परीक्षा के आधार पर I.Q. के रूप में निदर्शित की गई है, सीखने से संबंधित होती है। प्रायः वे विद्यार्थी जिनका I.Q. अधिक होता है वे जल्दी सीखते हैं लेकिन विद्यार्थी का उच्च I.Q. होने मात्र से यह गारंटी नहीं होती कि उसका सीखना भी तेजी से होगा, बल्कि विद्यार्थी की आवश्यकताएं, रुचियां, अभिप्रेरणाएं तथा सिखाई जाने वाली विधियां भी महत्त्वपूर्ण होती हैं।

II. वातावरणीय कारक

वातावरण के लिए 'पर्यावरण' शब्द का भी प्रयोग किया जाता है। पर्यावरण दो शब्दों से मिलकर बना है–'परि' + 'आवरण'। 'परि' का अर्थ है चारों ओर एवं 'आवरण' का अर्थ है 'ढकने वाला'। इस प्रकार पर्यावरण या वातावरण का अर्थ चारों ओर से ढके या घेरे हुए है। अतः हम कह सकते हैं कि व्यक्ति के चारों ओर जो कुछ है, वह उसका वातावरण है। इसमें वे सब तत्व सम्मिलित किए जा सकते हैं जो व्यक्ति के जीवन और व्यवहार को प्रभावित करते हैं।

वातावरण की कुछ परिभाषाएं

बोरिंग, लैंगफील्ड व वेल्ड के अनुसार, "जीन्स के अलावा व्यक्ति को प्रभावित करने वाली वस्तु वातावरण है।"

वुडवर्थ के अनुसार, "वातावरण में वे सब बाह्य तत्व आ जाते हैं जिन्होंने व्यक्ति को जीवन आरंभ करने के समय से प्रभावित किया है।"

डगलस व हॉलैंड के अनुसार, "वातावरण शब्द का प्रयोग उन सब बाह्य शक्तियों, प्रभावों और दशाओं का सामूहिक रूप से वर्णन करने के लिए किया जाता है, जो जीवित प्राणियों के जीवन स्वभाव, व्यवहार, बुद्धि विकास एवं परिपक्वता पर प्रभाव डालते हैं।"

रॉस के अनुसार, "वातावरण वह बाहरी शक्ति है जो हमें प्रभावित करती है।"

जिस्बर्ट के अनुसार, "वातावरण वह हर वस्तु है जो किसी अन्य वस्तु को घेरे हुए है और उस पर सीधे अपना प्रभाव डालती है।"

निष्कर्ष

(*i*) वातावरण किसी एक तत्व का नहीं अपितु एक समूह तत्व का नाम है।

(*ii*) यह वह हर वस्तु है जो व्यक्ति को प्रभावित करती है।

(*iii*) इसमें बाह्य तत्व आते हैं।

(*iv*) वातावरण व्यक्ति को प्रभावित करने वाला तत्व है।

उपरोक्त बातों से स्पष्ट है कि अधिगम की प्रक्रिया में विभिन्न प्रकार के वातावरण संबंधी कारकों का योगदान होता है। गर्भकाल के समय से ही बच्चे पर वातावरण का प्रभाव पड़ता है। मां की शारीरिक, मानसिक, संवेगात्मक दशाएं मां के गर्भ में पल रहे भ्रूण के विकास को प्रभावित करती हैं। बच्चे के जन्म के बाद से बाह्य वातावरण प्रारंभ होता है। बाह्य वातावरण घर, विद्यालय तथा पास-पड़ोस के चारों ओर के वातावरण से संबंधित होता है। इन स्थानों में बच्चा परिवार के सदस्यों, अध्यापकों, साथियों सहपाठियों, पड़ोसियों के साथ अंतःक्रिया करता है तथा उनके साथ संबंध स्थापित करता है।

समाज के सदस्य तथा अपने चारों ओर के सदस्यों के साथ के संबंधों का बच्चे के विकास तथा सीखने के ढंग पर प्रभाव पड़ता है। अधिगम की प्रक्रिया में वातावरण में योगदान करने वाले महत्त्वपूर्ण कारक निम्नवत् हैं–

(*i*) **नजदीकी वातावरण :** अधिगम की प्रक्रिया में आस-पास का वातावरण बहुत महत्त्वपूर्ण योगदान देता है। वातावरण को मुख्यतः तीन रूपों प्राकृतिक, सामाजिक एवं सांस्कृतिक में बंटा गया है–

(*a*) **प्राकृतिक वातावरण :** इसके अंतर्गत जलवायु तथा वायुमंडलीय दशाएं आती हैं। ये दशाएं अधिगम को प्रत्यक्ष रूप से प्रभावित करती हैं। यह पाया गया है कि अधिक ताप तथा आर्द्रता मानसिक क्षमता को कम करते हैं जिससे अधिगम प्रक्रिया रुक जाती है। दूसरी ओर गर्म स्थानों में रहने वाले व्यक्तियों की बौद्धिक निष्पत्ति तथा सृजनात्मकता बहुत कम होती है इस तरह सुबह का समय हमेशा ही जटिल कार्यों को करने के लिए उचित माना जाता है। आर्द्रता तथा तापमान के बढ़ने के कारण मानसिक क्षमता कम हो जाती है। अतः हम कह सकते हैं कि अधिगम प्रक्रिया में प्राकृतिक वातावरण एक महत्त्वपूर्ण कारक है।

(*b*) **सामाजिक वातावरण :** घर, विद्यालय तथा बच्चे के आवासीय वातावरण से संबंधित होता है। घर की भौतिक दशाएं, यथा–बड़ा परिवार, छोटा परिवार, अपर्याप्त रोशनदान, अनुपयुक्त प्रकाश, अधिक या कम तापमान, रेडियो तथा टेलीविजन के प्रयोग के कारण शोरगुल वाला घर, शोरगुल वाला पड़ोस लगातार संबंधियों तथा मित्रों का आगमन विद्यार्थी के बौद्धिक अधिगम को प्रभावित करता है।

(*c*) **सांस्कृतिक वातावरण :** संस्कृति का प्रभाव सामाजिक तथा शैक्षिक संस्थाओं में सहज रूप से प्रतिबिंबित होता है। इसलिए बच्चे का सीखना संस्कृति की मांग तथा उपेक्षाओं के ऊपर बहुत कुछ निर्भर करता है। उदाहरणार्थ–एक कृषि आधारित समुदाय की शैक्षिक प्रक्रियाएं उन कौशलों के विकास पर केंद्रित होती हैं जो कृषि समुदाय के लिए आवश्यक होती है।

(*ii*) **अध्यापक के साथ संबंध :** अधिगम प्रक्रिया में शिक्षक एक महत्त्वपूर्ण घटक है। वह विद्यार्थी के व्यवहार निर्माण में महत्त्वपूर्ण भूमिका अदा करता है। वह जिस तरह पढ़ाता है तथा कक्षा में विद्यार्थियों की व्यवस्था जिस प्रकार करता है उसका उनके अधिगम पर प्रभाव पड़ता है। अतः यदि एक विद्यार्थी के संबंध शिक्षक से अच्छे होंगे तो इस प्रकार का वातावरण अधिगम में सहायक होगा।

(*iii*) **संचार माध्यम :** सूचनाओं के आदान-प्रदान के एक घटक के रूप में संचार माध्यम का महत्वपूर्ण स्थान है। ये अधिगम प्रक्रिया के तहत अच्छे वातावरण को तैयार करने में अपना विशेष योगदान दे सकते हैं। संचार माध्यमों से अधिगम को सुगम बनाया जा सकता है। संचार माध्यम मुख्यतः दो प्रकार के होते हैं–मुद्रित संचार माध्यम तथा अमुद्रित संचार माध्यम। मुद्रित संचार माध्यम कम खर्चीले होते हैं तथा एक अच्छे शैक्षिक वातावरण को तैयार करने में इनका योगदान प्रारंभ से लिया जा रहा है। दूसरी ओर अमुद्रित संचार माध्यम महंगे होते हैं। लेकिन अधिगम प्रक्रिया को सहज बनाने में इन्होंने काफी योगदान दिया है। उदाहरण के लिए फिल्म तथा उद्दीपनों का प्रयोग प्रायः विद्यार्थियों को वास्तविक जीवन या प्रयोगशाला जैसी अधिगम परिस्थितियां प्रस्तुत करने के लिए किया जाता है।

(*iv*) **अभिभावकों के साथ संबंध :** विद्यार्थी की अधिगम प्रक्रियाओं में माता-पिता के साथ सम्बन्ध भी महत्वपूर्ण भूमिका अदा करता है। यदि बच्चे तथा माता-पिता के संबंध आपसी सम्मान और विश्वास पर आधारित होते हैं तो वह बच्चों को अच्छा स्वस्थ वातावरण प्रदान करते हैं, जिसके फलस्वरूप बच्चा अधिक सीखता है। दूसरी ओर विघटित तथा अस्वस्थ वातावरण विद्यार्थी के अधिगम में विपरीत प्रभाव डालता है। विद्यार्थी के सीखने में ऊर्ध्वगामी गतिशीलता सीखने में प्रतिरोध उत्पन्न करती है। ऐसे परिवारों में बच्चे अपने आपको असमायोजित महसूस करते हैं। अतः अभिभावकों के साथ अच्छा संबंध एक ऐसा वातावरण तैयार करता है जो अधिगम प्रक्रिया में सहायक होता है।

(*v*) **साथियों के साथ संबंध :** मित्रों के साथ स्वस्थ संबंध भी अधिगम में एक अच्छे वातावरण के निर्माण हेतु महत्वपूर्ण भूमिका अदा करते हैं। कक्षा, विद्यालय तथा समाज में विद्यार्थी-विद्यार्थी के बीच संबंध एक विशेष प्रकार के संवेगात्मक वातावरण का निर्माण करते हैं। यह वातावरण उनके आपसी संबंधों पर निर्भर करता है। अच्छे सौहार्दपूर्ण आपसी संबंध कक्षा में अधिक सीखने तथा अधिक प्रतिस्पर्द्धा करने में तनावमुक्त वातावरण का निर्माण करते हैं।

वातावरण का महत्व

(*i*) बालक अपने परिवार, पड़ोस, मुहल्ले और खेल के मैदान में अपना पर्याप्त समय व्यतीत करता है और इससे प्रभावित होता है। शिक्षक इन स्थानों के वातावरण को ध्यान में रखकर ही बालक का उचित पथ-प्रदर्शन करता है।

(*ii*) अनुकूल वातावरण में जीवन का विकास होता है और व्यक्ति उत्कर्ष की ओर बढ़ता है। इस बात को समझने वाला शिक्षक अपने छात्रों की रुचियों, प्रवृत्तियों और

क्षमताओं के अनुकूल वातावरण प्रदान करके उनको उत्कर्ष की ओर बढ़ने में सहायता दे सकता है।

(*iii*) वातावरण बालक के विकास की दशा निश्चित करता है। वातावरण ही निश्चित करता है कि बालक बड़ा होकर अच्छा या बुरा, चरित्रवान, संयमी या व्यभिचारी, व्यापारी या साहित्यकार, देशप्रेमी या देशद्रोही बनेगा। इस तथ्य पर मनन करने वाला शिक्षक अपने छात्रों के लिए ऐसे वातावरण का सृजन कर सकता है जिससे उनका विकास उचित दिशा में हो सके।

(*iv*) वातावरण के महत्व को समझने वाला शिक्षक, विद्यालय में बालकों के लिए ऐसा वातावरण उपस्थित कर सकता है, जिससे उनमें विचारों की उचित अभिव्यक्ति, शिष्ट सामाजिक व्यवहार, कर्त्तव्यों और अधिकारों का ज्ञान, स्वाभाविक प्रवृत्तियों पर नियंत्रण आदि गुणों का अधिकतम विकास हो।

(*v*) **रुथ बैंडिक्ट के अनुसार,** व्यक्ति जन्म से ही एक निश्चित सांस्कृतिक वातावरण में रहता है और उसके आदर्शों के अनुरूप ही आचरण करता है। इस तथ्य को जानने वाला शिक्षक बालक को अपना सांस्कृतिक विकास करने में योगदान दे सकता है।

(*vi*) **सोरेन्सन के अनुसार,** शिक्षक का उत्तम वातावरण बालकों की बुद्धि और ज्ञान की वृद्धि में प्रशंसनीय योग देता है। इस बात की जानकारी रखने वाला शिक्षक अपने छात्रों के लिए उत्तम शैक्षिक वातावरण प्रदान करने की चेष्टा कर सकता है।

(*vii*) प्रत्येक समाज का एक विशिष्ट वातावरण होता है। बालक को इसी समाज के वातावरण से अपना अनुकूलन करना पड़ता है। इस बात से भलीभांति परिचित होने वाला शिक्षक, विद्यालय को लघु समाज का रूप प्रदान करके बालकों को अपने वृहत् समाज के वातावरण से अनुकूलन करने की शिक्षा दे सकता है।

(*viii*) यूनेस्को (UNESCO) के कुछ विशेषज्ञों का कथन है कि वातावरण का बालकों की भावनाओं पर व्यापक प्रभाव पड़ता है और इससे उनके चरित्र का निर्माण भी होता है। इस कथन में विश्वास करके शिक्षक बालकों के लिए ऐसे वातावरण का निर्माण कर सकता है, जिससे न केवल उनकी भावनाओं का संतुलित विकास हो, बल्कि उनके चरित्र का भी निर्माण हो।

अभ्यास प्रश्न

1. शिक्षा का शब्दिक अर्थ है :
A. पालन-पोषण करना B. सामने लाना
C. नेतृत्व देना D. इनमें से सभी

2. सीखने की प्रक्रिया के अन्तर्गत शिक्षा मनोविज्ञान अध्ययन करता है :
A. प्रेरणा व पुनर्बलन के प्रभाव का अध्ययन
B. वंशानुक्रम व वातावरण का अध्ययन
C. ध्यान व रुचि का अध्ययन
D. वैयक्तिक भेदों का अध्ययन

3. आंकड़ों का व्यवस्थापन करने हेतु संकलित आंकड़ों के सम्बन्ध में निम्नलिखित कार्य करना होता है :
A. वर्गीकरण B. सारणीयन
C. आलेखी निरूपण D. इनमें से सभी

4. शिक्षा मनोविज्ञान का सम्बन्ध है :
A. मात्र शिक्षा से B. मात्र दर्शन से
C. मात्र मनोविज्ञान से D. इनमें से सभी

5. शिक्षा मनोविज्ञान एक विज्ञान है :
A. मानव व्यवहार का
B. मानव सिद्धान्तों का
C. शैक्षिक सिद्धान्तों का
D. मानव की व्यक्तिगत विभिन्नताओं का

6. बालक के व्यक्तिगत अध्ययन की मनोवैज्ञानिक विधि है :
A. रेटिंग स्केल B. प्रश्नावली विधि
C. केस स्टेडी D. प्रायोगिक विधि

7. एक समूह की बनावट का अध्ययन करने में प्रयुक्त होती है :
A. प्रश्नावली विधि B. साक्षात्कार विधि
C. व्यक्ति इतिहास विधि D. समाजमिति विधि

8. शिक्षा-मनोविज्ञान अध्ययन का उद्देश्य है :
A. विद्यार्थियों द्वारा किसी बात के सीखे जाने को प्रभावित करना।
B. शिक्षा के उद्देश्यों की पूर्ति में सहायक न होना।
C. छात्र की योग्यताओं एवं क्षमताओं को ध्यान में न रखना।
D. उपर्युक्त में से कोई नहीं

9. शैशवावस्था में बालक में पाया जाता है :
A. अनुकरण करना B. सहयोग लेना
C. आश्रितता D. इनमें से सभी

10. मूल्यांकन का क्षेत्र है :
A. सीमित B. असीमित
C. संकुचित D. व्यापक

11. शिक्षण प्रक्रिया के अंग हैं :
A. शिक्षण के उद्देश्य
B. शिक्षण को सार्थक बनाने वाले ज्ञानानुभव
C. शिक्षण का मूल्यांकन
D. उपर्युक्त सभी

12. शिक्षा का सम्बन्ध है :
A. शिक्षा के उद्देश्यों से
B. शिक्षार्थी व शिक्षक से
C. कक्षा पर्यावरण व वातावरण से
D. उपर्युक्त सभी से

13. वस्तुनिष्ठ परीक्षण के निर्माण में समय लगता है :
A. अधिक B. कम
C. कठिन D. सरल

14. बालक के निजी व्यवहार का अंकन करने में कौन-सी विधिक सहायक होती है?
A. नियन्त्रण निरीक्षण विधि B. मनोभौतिकी विधि
C. चिकित्सालय विधि D. आत्मनिष्ठ अंकन विधि

15. किस विधि में एक ही बालक का अध्ययन किया जाता है?
A. क्षैतिज विधि
B. लम्बात्मक विधि
C. सांख्यिकीय विधि
D. प्रयोगात्मक विधि

16. किस विधि में उद्दीपन, अनुक्रिया के मध्य होने वाले सम्बन्धों का अध्ययन किया जाता है?
A. प्रश्नकर्ता विधि B. मनोभौतिकी विधि
C. आत्मनिष्ठ अंकन विधि D. प्रयोगात्मक विधि

17. बाल्यावस्था में मस्तिष्क का विकास हो जाता है?
A. 60% B. 80%
C. 90% D. 50%

18. बालक को आनन्ददायक सरल कहानियों द्वारा नैतिक शिक्षा प्रदान करनी चाहिए यह कथन है :

A. स्ट्रेंग का B. पियाजे का
C. ब्रूनर का D. कोलेसेनिक का

19. विकास के सन्दर्भ में मैक्डूगल ने :

A. व्यक्तित्व का विश्लेषण किया
B. मूल प्रवृत्त्यात्मक व्यवहार का विश्लेषण किया
C. बालक के शारीरिक विकास का विश्लेषण किया
D. उपर्युक्त में से कोई नहीं

20. संवेगात्मक विकास में किस अवस्था में तीव्र परिवर्तन होता है?

A. शिशु अवस्था B. युवावस्था
C. बाल्यावस्था D. किशोरावस्था

21. वृद्धि और विकास है :

A. एक-दूसरे के विरोधी B. एक-दूसरे से समान
C. एक-दूसरे के पूरक D. इनमें से कोई नहीं

22. एक बालक की बुद्धि-लब्धि 150 है तो वह बालक कहलायेगा :

A. मन्दबुद्धि B. पिछड़ा
C. प्रतिभाशाली D. असंतुलित

23. सृजनशील बालकों का लक्षण है :

A. समस्याओं के प्रति सजगता का अभाव
B. गतिशील चिन्तन का अभाव
C. अनमनीयता
D. जिज्ञासा

24. विकासात्मक पद्धति को कहते हैं :

A. उपचारात्मक विधि B. सांख्यिकीय विधि
C. उत्पत्तिमूलक विधि D. जीवन इतिहास पद्धति

25. वातावरण के अन्तर्गत आते हैं :

A. हवा B. प्रकाश
C. जल D. इनमें से सभी

26. शिशु का विकास प्रारम्भ होता है :

A. जन्म के पश्चात् B. किशोरावस्था में
C. बाल्यकाल में D. गर्भकाल में

27. सामाजिक स्थिति वंशानुक्रमणीय :

A. होती है B. नहीं होती
C. कुछ होती है D. बिल्कुल नहीं होती

28. वंश का बुद्धि पर प्रभाव देखने के लिए सैनिकों के वंशज का अध्ययन किया :

A. स्पियरमैन ने B. गोडार्ड ने
C. न्यूमैन ने D. शेल्डन ने

29. मूल प्रवृत्ति का प्रभाव शक्ति प्रदान करता है :

A. बालक के व्यवहार को
B. बालक के विकास को
C. व्यक्ति के विकास को
D. व्यक्ति के व्यवहार को

30. मूल प्रवृत्ति का प्रतीक होता है :

A. वेग B. संवेग
C. वंश D. प्रवृत्तियां

31. बुद्धि-लब्धि (IQ) का संबंध है :

A. ज्ञान से B. विवेक से
C. तर्क से D. बुद्धि से

32. किसके विचार से शैशवावस्था में बालक प्रेम की भावना, काम प्रवृत्ति पर आधारित होती है?

A. फ्रायड B. स्किनर
C. वाटसन D. इनमें से कोई नहीं

33. बुद्धि-लब्धि (IQ) को ज्ञात करने का सूत्र किस मनोवैज्ञानिक ने दिया है?

A. थर्स्टन B. स्टर्न
C. स्पीयरमैन D. बिने

35. सामान्य बुद्धि बालक प्रायः किस अवस्था में बोलना सीख जाते हैं?

A. 11 माह B. 16 माह
C. 34 माह D. 51 माह

36. बुद्धि-लब्धि (IQ) निकालने का सही फार्मूला है :

A. $\frac{\text{वास्तविक आयु}}{\text{मानसिक आयु}} \times 100$

B. $\frac{\text{मानसिक आयु}}{\text{वास्तविक आयु}} \times 100$

C. $\frac{\text{मानसिक आयु}}{100} \times \text{वास्तविक आयु}$

D. $\frac{\text{वास्तविक आयु}}{\text{मानसिक आयु}}$

37. वह खेल जिसमें बालक स्वयं कुछ बनाता है :

A. रचनात्मक B. काल्पनिक
C. स्वतन्त्र D. इनमें से कोई नहीं

38. भाषा विकास के क्रम में अंतिम क्रम (सोपान) है :

A. ध्वनि पहचानना
B. ध्वनि उच्चारण
C. शब्दोच्चारण
D. भाषा विकास की पूर्णावस्था

39. शिक्षा का कार्य है :

A. अर्जित रुचियों को स्वाभाविक बनाना
B. जन्मजात रुचियों को बदलना
C. जन्मजात व अर्जित रुचियों को अलग करना
D. जन्मजात व अर्जित रुचियों को मिलाना

40. रक्त प्रधान व्यक्ति :

A. प्रसन्नचित्त होते हैं B. चंचल होते हैं
C. क्रियाशील होते हैं D. इनमें से सभी

41. सीखने के मुख्य नियमों के अतिरिक्त गौण नियम भी हैं जो मुख्य नियमों को विस्तार देते हैं। गौण नियम हैं :
A. प्रयत्न व भूल का नियम
B. बहुप्रतिक्रिया नियम
C. अभ्यास का नियम
D. प्रभाव का नियम

42. निम्न में से जो अधिगम के स्थानान्तरण का सिद्धान्त नहीं है, वह है :
A. समान अंशों का सिद्धान्त
B. असमान अंशों का सिद्धान्त
C. सामान्यीकरण का सिद्धान्त
D. द्विपक्षीय सिद्धान्त

43. सीखना प्रभावित होता है :
A. मन B. आत्मा
C. वृद्धि D. प्रेरणा

44. मोटीवेशन शब्द की उत्पत्ति हुई है, लैटिन भाषा के :
A. मी धातु से B. मोट धातु से
C. मोटम धातु से D. मोम धातु से

45. अभिप्रेरणा को प्रभावित करने वाले कारक हैं :
A. आवश्यकताएं B. आकांक्षा स्तर एवं रुचि
C. संवेगात्मक स्थिति D. इनमें से सभी

46. दृष्टिहीन बालकों को शिक्षण दिया जाता है :
A. दृश्य-श्रव्य सामग्री द्वारा B. टंकण द्वारा
C. ब्रेल पद्धति द्वारा D. गाने-बजाने द्वारा

47. वंचित वर्ग के बालकों के अन्तर्गत आते हैं :
A. दृष्टिहीन व अपंग बालक
B. मन्दबुद्धि व हकलाने वाले बालक
C. पूर्ण बधिर या आंशिक बधिर बालक
D. उपर्युक्त सभी

48. प्रतिभाशाली बालक जो होते हैं :
A. जन्मजात B. बाद में
C. आनुवंशिक D. इनमें से कोई नहीं

49. विकलांग बालकों के अन्तर्गत आते हैं :
A. नेत्रहीन बालक
B. शारीरिक विकलांग बालक
C. गूंगे तथा बहरे बालक
D. इनमें से सभी

50. मानसिक रूप से पिछड़े बालकों की विशेषता होती है :
A. संवेगात्मक रूप से अस्थिर
B. सीमित रुचि वाले
C. निरन्तर अव्यवस्था का होना
D. उपर्युक्त सभी

51. "गुरु-ब्रह्मा गुरु विष्णु गुरु देवो महेश्वरः।
गुरु साक्षात परं ब्रह्म तस्मे श्री गुरुवे नमः।।
शिष्य के लिए गुरु की उपरोक्त मान्यता किस शिक्षा दर्शन के अनुसार है?
A. प्रकृतिवाद B. मार्क्सवाद
C. यथार्थवाद D. आदर्शवाद

52. यथार्थवादी शिक्षा निम्नांकित पर केन्द्रित है–
A. वर्तमान काल B. भूतकाल
C. भविष्य काल D. उपरोक्त तीनों पर

53. गीता दर्शन के अनुसार, शिक्षा का उद्देश्य व्यक्ति को इस ओर प्रवृत्त करना है–
A. इच्छा न कर कर्म में प्रवृत्त करना
B. चार आर्य सत्यों का ज्ञान करना
C. सतुजीवन की ओर
D. मोक्षप्राप्ति

54. भारतीय दृष्टिकोण के अनुसार 'आदर्शवाद' (Idealism) का रूप निम्नांकित है–
A. आध्यात्मवाद B. यथार्थवाद
C. प्रयोजनवाद D. प्रकृतिवाद

55. "शिक्षा उस सन्निहित पूर्णता का प्रकाश है, जो मनुष्य में पहले से ही विद्यमान है।" यह कथन किस भारतीय चिंतक के शिक्षा-दर्शन को व्यक्त करता है?
A. स्वामी दयानंद सरस्वती
B. महात्मा गांधी
C. महर्षि अरविन्द
D. स्वामी विवेकानन्द

56. बुनियादी शिक्षा योजना के आधारभूत सिद्धान्त थे–
A. शिक्षा स्वावलम्बी हो
B. उद्योग से सम्वायित कर सभी विषय पढ़ाये जायें
C. शिक्षा का माध्यम मातृ-भाषा हो
D. उपरोक्त सभी

57. नालन्दा बौद्ध-शिक्षा केन्द्र में "द्वार-पण्डित" का क्या कार्य था?
A. कुलपति का कार्य करना
B. शिक्षार्थियों के आने-जाने को नियंत्रित करता था
C. प्रवेश हेतु परीक्षा लेता था
D. चौकीदारी करता था

58. भारतीय संविधान में कौन-से भारतीय मूल्यों का प्रावधान है?
A. धर्म निरपेक्षता B. समाजवादी समाज
C. लोकतंत्रात्मक मूल्य D. उपरोक्त सभी

59. महात्मा गांधी की बुनियादी शिक्षा योजना का भारतीय शिक्षा में क्या योगदान था?
A. 7 से 14 वर्ष की शिक्षा निःशुल्क अनिवार्य हो
B. शिक्षा का औद्योगिकीकरण
C. शिक्षा का राजनीतिकरण
D. शिक्षा का पूर्ण आत्मनिर्भरीकरण

60. "शिक्षक एक दार्शनिक, मित्र तथा पथ प्रदर्शक (Philosopher, friend and guide) है, जो बालक को अपने ढंग के अनुसार होने हेतु प्रदान होने हेतु प्रदान करता है।" ये शब्द निम्नांकित चिंतक के थे–

A. महर्षि अरविन्द B. महात्मा गांधी
C. स्वामी विवेकानन्द D. स्वामी दयानन्द सरस्वती

61. राष्ट्रीय शिक्षा नीति (1986) में ग्रामीण क्षेत्रों को अच्छी शिक्षा उपलब्ध कराने हेतु निम्नांकित विद्यालयों का प्रावधान है–
A. सैनिक विद्यालय B. नवोदय विद्यालय
C. केन्द्रीय विद्यालय D. बुनियादी शिक्षा विद्यालय

62. निम्नांकित शिक्षा-दर्शन में से कौन-सा शिक्षक को महत्त्व न देकर प्रकृति को बालक का गुरु मानता है?
A. मार्क्सवाद B. आदर्शवाद
C. अस्तित्ववाद D. प्रकृतिवाद

63. विज्ञान की शिक्षा को पाठ्यचर्या (Curriculum) में कौन-सा शिक्षा-दर्शन प्रधानता देता है?
A. प्रकृतिवाद B. प्रयोजनवाद
C. आदर्शवाद D. अस्तित्ववाद

64. कोठारी शिक्षा आयोग ने बुनियादी शिक्षा के कार्य को शिक्षा में किस रूप में स्वीकार किया?
A. अग्रगामी दृष्टि (Forward Looking)
B. उत्पादक कार्य (Productive Work)
C. रुचि कार्य (Hobby)
D. कार्यानुभव (Work Experience)

65. भारतीय शिक्षा चिंतकों में निम्नांकित उल्लेखनीय थे–
A. रवीन्द्रनाथ टैगोर
B. बाल गंगाधर तिलक
C. पं. जवाहर लाल नेहरू
D. उपरोक्त सभी

66. वैदिक काल में स्त्री-शिक्षा के प्रमाण स्वरूप निम्नांकित विदुषी महिला के नाम उल्लेखनीय है–
A. अपाला B. गार्गी
C. घोषा D. उपरोक्त सभी

67. वैदिक काल में शिक्षा केन्द्र क्या कहलाते थे?
A. विद्यालय B. गुरुकुल
C. गुरुगृह D. चटशासा

68. अच्छी शिक्षा-प्रणाली में निम्नांकित अनुशासन श्रेष्ठ होता है–
A. कठोर अनुशासन
B. आत्मानुशासन
C. स्वतंत्र अनुशासन
D. उपरोक्त में से कोई नहीं

69. स्वामी विवेकानन्द शिक्षा की किस पद्धति के समर्थक थे?
A. परंपरागत प्रणाली B. पाश्चात्य पद्धति
C. गुरुकुल प्रणाली D. इनमें से कोई नहीं

70. "सर्वोत्तम शिक्षा वह है जो हमारे जीवन और समस्त सृष्टि के बीच समरसता स्थापित करती है।"–यह कथन किस भारतीय शिक्षाविद् का है?
A. महर्षि अरविन्द
B. स्वामी विवेकानन्द
C. महात्मा गांधी
D. रविन्द्रनाथ टैगोर

71. प्रकृतिवाद के समर्थकों में रूसों के अतिरिक्त निम्नांकित विद्वान थे–
A. हर्बर्ट स्पेंसर (Herbert Spencer)
B. कॉमेनियस (Comenius)
C. बेकन (Bacon)
D. उपरोक्त सभी

72. "शिक्षा सम्बन्धी सभी प्रश्न वास्तव में दर्शन सम्बन्धी प्रश्न ही हैं।"–यह मत किस शिक्षाविद का है?
A. टैगोर (Tagore) B. एडम्स (Adams)
C. रूसो (Rousseau) D. रॉस (Ross)

73. महात्मा गांधी ने 1937 में अपने शिक्षा सम्बन्धी विचार किस पत्रिका में प्रकाशित किये थे?
A. केसरी B. हरिजन
C. यंग इंडिया D. यंग इंडियन

74. गीता के शिक्षा दर्शन के अनुसार शिक्षण विधि शिक्षार्थी के निम्नांकित के अनुकूल होनी चाहिए–
A. स्वधर्म
B. स्वभाव
C. उपरोक्त A. और B. दोनों
D. इनमें से कोई नहीं

75. यथार्थवादी दृष्टि में अनुशासन शिक्षार्थी को–
A. यथार्थ जगत से समायोजित करना है
B. बंधनों से मुक्त करना है
C. आदर्श की ओर प्रेरित करना है
D. उपरोक्त में से कोई नहीं

76. शिक्षा दर्शन में प्रकृतिवाद किसकी देन था?
A. कॉमेनियस B. बेकन
C. पेस्तालाजी D. रूसो

77. प्रकृतिवादी शिक्षा दर्शन में शिक्षक का योगदान क्या है?
A. निर्देशक B. अनुशासक
C. नेता D. माली

78. शिक्षा में खेल प्रणाली किसका आविष्कार है?
A. आदर्शवाद B. यथार्थवाद
C. प्रकृतिवाद D. प्रयोजनवाद

79. टैगोर का शिक्षा जगत को क्या योगदान है?
A. विदेशी भाषा के माध्यम से शिक्षा
B. शिक्षा का व्यापक अर्थ
C. ललित कलाओं शैक्षिक महत्व
D. विश्व-भारती की स्थापना

80. रवीन्द्रनाथ के अनुसार शिक्षा का लक्ष्य क्या है?
A. आत्म-साक्षात्कार B. जीविकोपार्जन
C. चरित्र-विकास D. शारीरिक विकास

81. शिक्षा में रवीन्द्रनाथ किस परिवेश पर जोर देते हैं?
A. प्राकृतिक परिवेश B. सामाजिक परिवेश
C. सांस्कृतिक परिवेश D. उपरोक्त सभी

82. शैक्षिक समाजशास्त्र निम्नांकित परिवर्तनशीलता का अध्ययन करना है–
A. शिक्षा द्वारा समाज में परिवर्तन
B. सामाजिक परिवर्तन द्वारा शिक्षा में परिवर्तन
C. केवल शिक्षा और समाज पर राज्य का नियंत्रण
D. उपरोक्त A और B

83. समुदाय में प्रचलित व्यवसाय व उद्योग से बालक क्या सीखते हैं?
A. व्यापार करना
B. कारखानों में काम करना
C. खेतों पर कृषि कार्य
D. व्यावसायिक कार्य

84. सांस्कृतिक विलम्बना के निराकरण में शिक्षा किस प्रकार सहायक हो सकती है?
A. शिक्षा पुरातन मूल्यों का संरक्षण करती है
B. शिक्षा भौतिक संस्कृति में परिवर्तन करती है
C. शिक्षा से नवीन मूल्य अपनाने में सहायता मिलती है
D. उपरोक्त में से कोई नहीं

85. ''सामाजिक नियंत्रण'' (Social Control) के अवधारणा में निम्नांकित बिंदु उल्लेखनीय है–
A. यह निर्धारित लक्ष्यों को प्राप्त करने का साधन है
B. यह समाज द्वारा अपने सदस्यों के व्यवहारों को नियंत्रित करता है
C. यह समाज द्वारा मान्य व्यवहार प्रतिमानों के अनुरूप व्यक्तियों के व्यवहार को ढालने का साधन है
D. उपरोक्त सभी

86. सामाजिक गतिशीलता (Social Mobility) में सम्मिलित है
A. उच्च स्थिति प्राप्त करना
B. निम्न स्थिति में चला जाना
C. ऊपर उठना
D. उपरोक्त सभी

87. निम्नांकित में सामाजिक नियंत्रण (Social Control) का साधन नहीं है–
A. परम्परायें B. नैतिकता
C. विकास D. धर्म

88. संविधान की किस धारा में अस्पृश्यता के निषेध का प्रावधान है?
A. अनु-16 B. अनु-17
C. अनु-18 D. अनु-19

89. सामाजिक नियंत्रण का उद्देश्य है–
A. सामाजिक स्थिरता
B. सामूहिक एकरूपता
C. स्वेच्छाचारिता पर रोक लगाना
D. उपरोक्त सभी

90. सामाजिक परिवर्तन का कारक (Factor) है–
A. धर्म B. शिक्षा
C. विकास D. समाज

91. सामाजिक न्याय (Social Justice) निम्नांकित है–
A. समाज में सभी को समानता
B. स्वतंत्रता
C. अधिकार
D. उपरोक्त सभी

92. सामाजिक गतिशीलता के निम्नांकित क्षेत्र (Dimensions) है–
A. व्यावसायिक स्तरीकरण (Occupational Ranking)
B. सामाजिक वर्ग (Social Class)
C. उपभोग स्तरीकरण (Consumption Ranking)
D. उपरोक्त सभी

93. शिक्षा को विनियोग मानने में निम्नांकित कठिनाईयां है–
A. यह लम्बी अवधि का विनियोग है
B. शिक्षा स्वयं साधन नहीं है
C. शिक्षा व आर्थिक विकास का धनात्मक सम्बन्ध समझने में भ्रम
D. उपरोक्त सभी

94. समाज शास्त्र, शिक्षा के स्वरूप को निश्चत करती है तथा शिक्षा–
A. समाज शास्त्र द्वारा प्रभावित होती है
B. सामाजिक विकास की आधारशिला है
C. सामाजिक विकास शिक्षा का निर्माण करता है
D. उपरोक्त में से कोई नहीं

95. विद्यालय सामाजीकरण के क्षेत्र में न केवल इसका अभिकरण है (Agency) अपितु वह समाज की सांस्कृति प्रगति का है–
A. संरक्षक B. संशोधक
C. आलोचक D. समर्थक

96. समाजशास्त्र अर्थात 'सोसियोलोजी' (Sociology) शब्द लैटिन भाषा के शब्द 'सोसिस' (Socius) तथा ग्रीक भाषा के निम्नांकित शब्द से बना है–
A. Logy B. Ology
C. Logi D. Logius

97. बच्चे का समाजीकरण तब होता है जब वह समाज के व्यवहार-प्रतिमानों (Behavioural Pattern) को–
A. स्वीकार करें B. उनसे समायोजन कर लें
C. उपरोक्त A और B D. उपरोक्त में से कोई नहीं

98. बालक के समाजीकरण (Socialization) हेतु शिक्षा का यह कार्य है–
A. शिक्षक अभिभावक सहयोग विकसित करना
B. संस्कृति का हस्तान्तरण (Transmission of Culture) का प्रयास करना
C. वैज्ञानिक व तकनीकी प्रगति से अवगत कराना
D. उपरोक्त A और B

99. "सांस्कृतिक परिवर्तन, सामाजिक परिवर्तन का एक महत्वपूर्ण रूप है तथा इनमें कोई अन्तर नहीं है।" ब्राउन (Brown) के इस कथन का क्या आशय है?
A. सामाजिक व सांस्कृतिक परिवर्तन एक सिक्के के दो पहलू है
B. सांस्कृतिक परिवर्तन सामाजिक परिवर्तन का ही एक अंग है
C. सामाजिक के बाद सांस्कृतिक परिवर्तन होना आवश्यक है
D. उपरोक्त सभी

100. विकलांगों (Handicapped) को शिक्षा के समान अवसर देने हेतु निम्नांकित उपयोगी है–
A. सामान्य शिक्षा प्रणाली में विशेष प्रयास किय जाये
B. विशिष्ट विद्यालयों में उन्हें पृथक शिक्षा दी जाये
C. उपरोक्त A और B
D. उपरोक्त में से कोई नहीं

101. "ऑपरेशन ब्लैक बोर्ड" (Operation Black Board) कार्यक्रम का उद्देश्य प्राथमिक शिक्षा का निम्नांकित पक्ष सबल करना है–
A. गुणवता (Quality)
B. परिणाम (Quantity)
C. शिक्षण सामग्री (Teaching Aids)
D. उपरोक्त सभी

102. समुदाय शिक्षा का इस प्रकार का अभिकरण होता है–
A. अनौपचारिक B. औपचारिक
C. निरोपचारिक D. इनमें से कोई नहीं

103. बालकों में सामाजीकरण की प्रक्रिया तीव्र करने हेतु निम्नांकित उपाय प्रभावी होते हैं–
A. अनुशासनहीन बालकों को दण्ड देना
B. अनुशासनहीन बालकों का सामाजिक बहिष्कार करना
C. शिक्षक अभिभावक सहयोग
D. उपरोक्त सभी

104. शिक्षा के वैयक्तिक एवं सामाजिक उद्देश्यों में यह होना वांछनीय है–
A. प्रतिद्वंद्विता B. प्रतियोगिता
C. समन्वय D. उपरोक्त सभी

105. "सर्वशिक्षा अभियान" का यह उद्देश्य है–
A. सार्वभौमिक शाला में नामांकन
B. नगरीय क्षेत्र में सार्वभौमिक प्राथमिक शिक्षा
C. सार्वभौमिक प्राथमिक शिक्षा
D. उपरोक्त सभी

106. "शिक्षा युवक पीढ़ी का विधिवत् सामाजीकरण है।" यह परिभाषा किसने दी है?
A. बोगार्डस (Bogardus)
B. बैण्डिस (Bandis)
C. स्मिथ (Smith)
D. दुर्खीम (Durkheim)

107. वे विद्यालय बालकों के सामाजीकरण में असफल रहते हैं जो–
A. धर्म विशेष के आधार पर संचालित है
B. जाति विशेष के आधार पर संचालित है
C. भाषा विशेष के शिक्षण पर जोर देते है
D. उपरोक्त सभी

108. बालक के सामाजीकरण के विद्यालय का यह पक्ष विशेष प्रभावी होता है–
A. खेल-कूद की सुविधा
B. अनुकूल पर्यावरण (Environment)
C. शाला-भवन
D. शाला-उपकरण

109. राष्ट्रीयता की शिक्षा के क्या लाभ हैं?
A. राजनीतिक एकता
B. सामाजिक तथा आर्थिक उन्नति
C. राष्ट्रीय भावना का विकास
D. उपरोक्त सभी

110. निम्नलिखित में से कौन-सी सामाजिक संस्था बालक को मातृभाषा सिखाती है?
A. परिवार B. पड़ोस
C. विद्यालय D. सामाजिक वर्ग

111. अभिप्रेरणा (Motivation) का स्रोत निम्नांकित होता है–
A. पर्यावरणीय (Environmental)
B. आंतरिक (Intrinsic)
C. बाह्य (Extrinsic)
D. उपरोक्त B और C

112. अधिगम हेतु अभिप्रेरित करने में शिक्षार्थी की निन्दा की अपेक्षा प्रंशसा करना अधिक प्रभावी होता है क्योंकि निंदा उसे
A. भयभीत कर देती है
B. हतोत्साहित कर देती है
C. अपमानित कर देती है
D. उपरोक्त सभी

113. अधिगम में शिक्षार्थी को उसके परिणामों से अवगत कराने से उसे इसके द्वारा अभिप्रेरण (Motivation) मिलता है–
A. असफलता की सूचना
B. सफलता की सूचना
C. प्रतिपुष्टि (Feedback) द्वारा पुनर्बलन (Reinforcement)
D. निंदा व प्रशंसा

114. अधिगम के सिद्धान्तों (Theory of Learning) में निम्नांकित प्रमुख है–
A. साहचर्यवाद (Association)
B. शास्त्रीय अनुबन्ध (Classical Conditioning)

C. क्रियाप्रसूत अनुबन्ध (Operant Conditioning)
D. उपरोक्त सभी

115. "सापेक्ष तथा नीवन परिस्थितियों के साथ-साथ समायोजन करने की क्षमता को बुद्धि कहते हैं" जैव वैज्ञानिक उपागम (Biological Approach) की दृष्टि से बुद्धि (Intelligence) की यह परिभाषा निम्नांकित ने दी है–
A. विलियम स्टर्न (William Stern)
B. बर्ट (Burt)
C. काल्विन (Calvin)
D. फ्रीमैन (Freeman)

116. व्यक्तित्व के निर्माण का फ्रायड (Freud) के अनुसार कौन सा सिद्धान्त है–
A. मनोविश्लेषण सिद्धान्त (Psychoanalytic Theory)
B. प्रारूप सिद्धान्त (Type Theory)
C. विशेषक सिद्धान्त (Trait Theory)
D. उपरोक्त सभी

117. विशेषक सिद्धान्त (Trait Theory) को निम्नांकित ने व्यक्तित्व के निर्धारण हेतु प्रवर्तित किया–
A. जुंग (Jung) B. फ्रायड (Freud)
C. आलपोर्ट (Allport) D. वुडवर्थ (Woodworth)

118. मन्द-बुद्धि बालकों के तादात्मीकरण या निदान की (Diagnosis) विधियाँ हैं–
A. उपलब्धि-परीक्षण (Achievement Tests)
B. मानवीकृत नैदानिक परीक्षण (Standardized)
C. उपरोक्त A. और B.
D. उपरोक्त में से कोई नहीं

119. "व्यक्तित्व, व्यक्ति के व्यवहार का समग्र गुण है।" व्यक्तित्व (Personality) की यह परिभाषा निम्नांकित ने दी है–
A. वुडवर्थ (Woodworth) B. वैलेन्टिन (Valentine)
C. बोरिंग (Boring) D. वारेन (Warran)

120. थार्नडाइक का "समान तत्व सिद्धान्त" निम्नांकित अधिगम के इस का सिद्धान्त है–
A. स्थिरीकरण B. अंतरण
C. पुनर्बलन D. परिवर्तन

121. सामूहिक बुद्धि-परीक्षणों का विकास 1917 में किस नाम से हुआ?
A. आर्मी बीटा (Army Bita)
B. आर्मी गामा (Army Gama)
C. आर्मी अल्फा (Army Alfa)
D. आर्मी ओमेगा (Army Omega)

122. "विद्यालय कार्य में स्थानान्तरण (Transfer) की सर्वोत्तम विधि है–स्थानान्तरण की शिक्षा देना" यह किसका कथन है?
A. सोरेन्स B. केरेट
C. भाटिया D. क्रो व क्रो

123. समायोजन द्वारा निम्नांकित से उत्पन्न (Tension) तनाव कम होता है–
A. कुंठा B. द्वन्द्व
C. विरोध D. उपरोक्त सभी

124. अभिरुचि, अभिवृत्ति, उपलब्धि तथा लैंगिक कौन-सी विभिन्नताओं के क्षेत्र हैं?
A. व्यक्ति की आंतरिक विभिन्नताएँ
B. सामाजिक विभिन्नताएँ
C. वैयक्तिक विभिन्नताएँ
D. चारित्रिक विभिन्नताएँ

125. व्यक्तिगत शिक्षण (Individual Teaching) क्यों आवश्यक होता है?
A. व्यक्तिगत भेदों के कारण
B. वंशानुक्रम के कारण
C. पर्यावरण के कारण
D. उपरोक्त सभी

126. शिक्षा-मनोविज्ञान, शिक्षा के क्षेत्र में मनोविज्ञान की किस प्रकार की शाखा है?
A. अंतरंग (Intimate)
B. प्रयोगात्मक (Practical)
C. अनुप्रयुक्त (Applied)
D. सैद्धान्तिक (Theoretical)

127. बालक के विकास की कौन-सी अवस्था में उचित यौन शिक्षा की आवश्यकता होती है?
A. शिशु अवस्था B. बाल्यावस्था
C. किशोरावस्था D. प्रौढ़ावस्था

128. "द्वि-तत्व सिद्धान्त" (Two Factor Theory) किससे सम्बन्धित सिद्धान्त है?
A. व्यक्तित्व B. अभिवृत्ति
C. बुद्धि D. अभिरुचि

129. प्रतिभाशाली बालकों को निम्नांकित सहायता भी दी जा सकती है–
A. विशिष्ट कक्षा या विद्यालय में शिक्षा
B. प्रभावी निर्देशन (Guidance)
C. वैयक्तिक (Individualize) शिक्षण
D. उपरोक्त सभी

130. पियाजे के अनुसार बौद्धिक विकास में आत्मसात्करण (Assimilation) एवं कौन-सी अन्य प्रक्रिया महत्वपूर्ण हैं?
A. आत्म-संज्ञान (Self-cognition)
B. समंजन (Accommodation)
C. कल्पना (Imagination)
D. प्रत्यक्षीकरण (Perception)

131. कोहलर ने अपना प्रसिद्ध प्रयोग किस पर किया था?
A. बन्दर पर
B. वनमानुष (Chimpanzee) पर

C. कुत्ते पर
D. बिल्ली पर

132. गेस्टाल्टवादियों ने किस पर विशेष बल दिया है?
A. अभ्यास B. पुरस्कार
C. संवेग D. प्रत्यक्षीकरण

133. निम्नलिखित में से किस मनोवैज्ञानिक ने प्रेरणा का मनोविश्लेषण सिद्धान्त प्रस्तुत किया?
A. एल्फ्रेड एडलर B. सिगमंड फ्रायड
C. सी. जी. युंग D. विलियम मैक्डुगल

134. मनोवैज्ञानिक दृष्टि से सबसे अधिक व्यक्ति निम्नलिखित में से किस व्यक्तित्व प्रकार में आते हैं?
A. अर्न्तमुखी B. बहिर्मुखी
C. उभयमुखी D. उपरोक्त नहीं

135. वेश-भूषा, रहन-सहन, आहार, धर्म, भाषा, तथा रीति-रिवाज इत्यादि व्यक्तित्व के कैसे निर्धारक हैं?
A. जैविक B. सांस्कृतिक
C. सामाजिक D. मनोवैज्ञानिक

136. ज्ञान प्राप्त करने की जो विधियाँ मानी जाती है, उसमें से निम्न में जो विधि नहीं है, वह है–
A. सत्ता B. व्यक्तिगत अनुभव
C. निगमन विधि D. ज्ञान

137. विश्वसनीयता तथा वैधता में मुख्य अन्तर यह है कि
A. विश्वसनीयता परीक्षण का एक वांछनीय गुण होता है जबकि वैधता परीक्षण का एक अवांछनीय गुण है
B. विश्वसनीयता परीक्षण का किसी बाह्य कसौटी के साथ सहसंबंध होता है जबकि वैधता का आत्म संबंध होता है
C. विश्वसनीयता परीक्षण का आत्म संबंध होता है जबकि परीक्षण का किसी बाह्य कसौटी के साथ सह संबंध होता है
D. विश्वसनीयता परीक्षण प्राप्तांकों का गुण होता है जबकि वैधता परीक्षण का

138. किसी की शोध समस्या के निर्णय हेतु बुनियादी आवश्यकता है–
A. केवल समस्या
B. केवल आवश्यकता
C. संसाधन
D. समस्या, आवश्यकता व संसाधन

139. विविक्तकर वैधता (discriminant validity) किसे कहते हैं?
A. जब परीक्षण करने सभी प्रत्याशित प्रसंगों (expected refronts) के साथ सहसंबंधित होता है
B. जब परीक्षण के एकांशों में आपसी विभिन्नता अधिक होती है
C. जब परीक्षण उन प्रत्याशित प्रसंगों (expected referents) के साथ सह संबंधित चाहिए
D. जब परीक्षण विभिन्न उप प्रत्याशित कसौटियों के बीच अन्तर कर सकने में समर्थ होता है

140. प्रतिदर्श वैधता (Sampling Validity) किसे कहते हैं?
A. परीक्षण जिस सीमा तक सम्पूर्ण अन्तर्विषयी क्षेत्र (content) का प्रतिनिधित्व ठीक ढ़ग से कर पाता है, उसे प्रतिदर्श वैधता कहा जाता है
B. परीक्षण किस सीमा तक यह बतला पाता है कि एकांशों द्वारा संबद्ध अर्न्तविषयी क्षेत्र (intended content areas) का प्रतिनिधित्व हो पाता है
C. परीक्षण किस सीमा तक उत्तम प्रतिदर्श तथा घटिया (inferior) एकांशों के प्रतिदर्श में अन्तर कर पाता है
D. परीक्षण जिस सीमा तक यह बदला पाता है कि एकांशों द्वारा संबद्ध अर्न्तविषयी क्षेत्र (intended content areas) का प्रतिनिधित्व हो पाता है

141. जब जनसंख्या विजातीय हो तो एक सैम्पल को चुनने की उचित पद्धति क्या होगी?
A. कलस्टर सैम्पलिंग B. रैन्डम सैम्पलिंग
C. परपाजिव सैम्पलिंग D. स्ट्रेटिफाइड सैम्पलिंग

142. शून्य (Null) परिकल्पना है–
A. नकारात्मक रूप में कही गई
B. सभी प्रयोगात्मक अध्ययन में कही गई
C. सभी शोध अध्ययन में निर्मित
D. सांख्यिकी रूप में टैस्ट की हुई

143. चरों का नियंत्रण (Manipulation) किया जाता है–
A. सह संबंध अध्ययन में
B. प्रयोगिक अनुसंधान में
C. क्षेत्रीय अध्ययन में
D. कार्योतर (एक्स पोस्ट फैक्टो) शोध में

144. अप्राचलिक (Non Parametric) परीक्षण किसके लिए उपयोगी है?
A. भविष्य कथन B. अनुमान
C. वर्णन और अनुमान D. वर्णन

145. अनुप्रयोगात्मक (Applied) अनुसंधान का परिणाम होता है–
A. खोज B. आविष्कार
C. समस्या समाधान D. नई नीतियाँ

146. गुणांक अल्फा (Coefficient alpha) क्या है?
A. परीक्षण की विश्वसनीयता ज्ञात करने की एक विधि है
B. परीक्षण की वैधता ज्ञात करने की एक विधि है
C. एकांश विश्लेषण (item analysis) की एक विधि है
D. एक तरह का मानक (norms) है जिसका प्रयोग केवल उपलब्धि परीक्षण (achievement) में होता है

147. प्राप्तांक लेखक विश्वसनीयता (Scorer Reliability) से तात्पर्य होता है–
A. प्राप्तांक लेखन करने वाली व्यक्तियों के निर्णयों में संगतता से

B. प्राप्तांक लेखन करने वाले व्यक्तियों के निर्णयों में असंगतता से
C. प्राप्तांक लेखन करने वाले व्यक्तियों के निर्णयों में पूर्वाग्रहों से
D. उपयुर्क्त में से किसी भी तथ्य से नहीं

148. लिकर्ट विधि द्वारा तैयार मनोवृति मापनी में एकांशों की संख्या लगभग होती है–
A. 20 से 25 B. 30 से 35
C. 10 से 15 D. 40 से 45

149. यादृच्छिक न्यादर्श विधि में किसने संख्या सारिणी का प्रयोग किया है–
A. टियेट ने
B. टियेट तथा फिशर दोनों में
C. बकिंघम ने
D. फिशर ने

150. मनोविज्ञान और शिक्षा के क्षेत्र में अध्ययन हेतु न्यादर्श का कौनसा रूप प्रयुक्त होता है?
A. विषमजातीय B. समजातीय
C. कोई भी रूप नहीं D. उपरोक्त सभी

151. प्राथमिक स्तर पर एक शिक्षक में निम्न में से किसे सबसे महत्त्वपूर्ण विशेषता मानना चाहिए?
A. धैर्य और दृढ़ता
B. शिक्षण-पद्धतियों और विषयों के ज्ञान में दक्षता
C. अति मानक भाषा में पढ़ाने में दक्षता
D. पढ़ाने की उत्सुकता

152. एक शिक्षक अपने लोकतांत्रिक स्वभाव के कारण विद्यार्थियों को पूरी कक्षा में कहीं भी बैठने की अनुमति देता है। कुछ शिक्षार्थी एक-साथ बैठते हैं और चर्चा करते हैं या सामूहिक पठन करते हैं। कुछ चुपचाप बैठकर अपने-आप पढ़ते हैं। एक अभिभावक को यह पसंद नहीं आता। इस स्थिति से निबटने का निम्न में से कौन-सा तरीका सबसे बेहतर हो सकता है?
A. अभिभावकों को प्रधानाचार्य से अनुरोध करना चाहिए कि वे उनके बच्चे का अनुभाग बदल दें
B. अभिभावकों को शिक्षक पर विश्वास व्यक्त करना चाहिए और शिक्षक के साथ समस्या पर चर्चा करनी चाहिए
C. अभिभावकों को उस विद्यालय से अपने बच्चे को निकाल लेना चाहिए
D. अभिभावकों को प्रधानाचार्य से शिक्षक की शिकायत करनी चाहिए

153. वह अवस्था जब बच्चा तार्किक रूप से वस्तुओं व घटनाओं के विषय में चिंतन प्रारंभ करता है, है–
A. औपचारिक-संक्रियात्मक अवस्था
B. पूर्व-संक्रियात्मक अवस्था
C. मूर्त-संक्रियात्मक अवस्था
D. संवेदी-प्रेरक अवस्था

154. 'मन का मानचित्रण' संबंधित है–
A. साहसिक कार्यों की क्रिया-योजना से
B. मन का चित्र बनाने से
C. मन की क्रियाशीलता पर अनुसंधान से
D. बोध (समझ) बढ़ाने की तकनीक से

155. विशेष रूप से प्राथमिक स्तर पर विद्यार्थियों की सीखने सम्बन्धी समस्याओं को संबोधित करने का सबसे बेहतर तरीका है–
A. महँगी और चमकदार सहायक सामग्री का प्रयोग करना
B. सरल और रोचक पाठ्य-पुस्तकों का प्रयोग करना
C. कहानी-कथन पद्धति का प्रयोग करना
D. अक्षमता के अनुरूप विभिन्न शिक्षण-पद्धतियों का प्रयोग करना

156. निम्न में से कौन-सा शिक्षार्थियों में सृजनात्मकता का पोषण करता है?
A. प्रत्येक शिक्षार्थी की अंतर्जात प्रतिभाओं का पोषण करने एवं प्रश्न करने के अवसर उपलब्ध कराना
B. विद्यालयी जीवन के प्रारंभ से उपलब्धि के लक्ष्यों पर बल देना
C. परीक्षा में अच्छे अंकों के लिए विद्यार्थियों की कोचिंग करना
D. अच्छी शिक्षा के व्यावहारिक मूल्यों के लिए विद्यार्थियों का शिक्षण

157. पियाजे के अनुसार, निम्नलिखित में से कौन-सी अवस्था में बच्चा अमूर्त संकल्पनाओं के विषय में तार्किक चिंतन करना आरंभ करता है?
A. औपचारिक-संक्रियात्मक अवस्था (11 वर्ष एवं ऊपर)
B. संवेदी-प्रेरक अवस्था (जन्म-02 वर्ष)
C. पूर्व-संक्रियात्मक अवस्था (02-07 वर्ष)
D. मूर्त-संक्रियात्मक अवस्था (07-11 वर्ष)

158. सीखना समृद्ध हो सकता है यदि–
A. कक्षा में अधिक-से-अधिक शिक्षण-सामग्री का प्रयोग किया जाए
B. शिक्षक विभिन्न प्रकार के व्याख्यान और स्पष्टीकरण का प्रयोग करें
C. कक्षा में आवधिक परीक्षाओं पर अपेक्षित ध्यान दिया जाए
D. वास्तविक दुनिया से उदाहरणों को कक्षा में लाया जाए जिसमें विद्यार्थी एक-दूसरे से अंतःक्रिया करें और शिक्षक उस प्रक्रिया को सुगम बनाए

159. निम्न में से कौन-से कथन को सीखने की प्रक्रिया की विशेषता ***नहीं*** मानना चाहिए?
A. सीखना एक व्यापक प्रक्रिया है
B. सीखना लक्ष्योन्मुखी होता है

C. अन-अधिगम भी सीखने की प्रक्रिया है
D. शैक्षिक संस्थान ही एकमात्र स्थान है जहाँ अधिगम प्राप्त होता है

160. पाँचवीं कक्षा के 'दृष्टिबाधित' विद्यार्थी–
A. के माता-पिता और मित्रों द्वारा उसे दैनिक कार्यों को करने में सहायता की जानी चाहिए
B. के साथ कक्षा में सामान्य रूप से व्यवहार किया जाना चाहिए और श्रव्य सी.डी. के माध्यम से सहायता उपलब्ध कराई जानी चाहिए
C. के साथ कक्षा में विशेष व्यवहार किया जाना चाहिए
D. को निचले स्तर के कार्य करने की छूट मिलनी चाहिए

161. निम्न में से कौन-सा बच्चे की सामाजिक-मनोवैज्ञानिक आवश्यकताओं के साथ संबद्ध ***नहीं*** है?
A. संवेगात्मक सुरक्षा की आवश्यकता
B. शरीर से अपशिष्ट पदार्थों का नियमित रूप से बाहर निकलना
C. सान्निध्य (संगति) की आवश्यकता
D. सामाजिक अनुमोदन अथवा सराहना की आवश्यकता

162. वह कौन-सा कथन है जहाँ बच्चे के 'संज्ञानात्मक' विकास को सबसे बेहतर तरीके से परिभाषित किया जा सकता है?
A. विद्यालय एवं कक्षा पर्यावरण
B. सभागार
C. घर
D. खेल का मैदान

163. ....को एक अभिप्रेरित शिक्षण का संकेतक माना जाताहै।
A. शिक्षक द्वारा दिया गया उपचारात्मक कार्य–
B. विद्यार्थियों द्वारा प्रश्न पूछना
C. कक्षा में एकदम खामोशी
D. कक्षा में अधिकतम उपस्थिति

164. निम्न में से कौन-सा बुद्धिमान बच्चे का लक्षण ***नहीं*** है?
A. वह जो प्रवाहपूर्ण एवं उचित तरीके से संप्रेषण करने की क्षमता रखता है–
B. वह जो अमूर्त रूप से सोचता रहता है
C. वह जो नए परिवेश में स्वयं को समायोजित कर सकता है
D. वह जो लंबे निबंधों को बहुत जल्दी रटने की क्षमता रखता है

165. "बच्चे दुनिया के बारे में अपनी समझ का सृजन करते हैं।" इसका श्रेय .... को जाता है।
A. पैवलॉव B. कोहूलबर्ग
C. स्किनर D. पियाजे

166. कृतिका अक्सर घर में ज्यादा बात ***नहीं*** करती, लेकिन विद्यालय में वह काफी बात करती है। यह दर्शाता है कि-
A. शिक्षकों की यह मांग होती है कि बच्चे विद्यालय में खूब बात करें
B. कृतिका को अपना घर बिल्कुल पसंद नहीं है
C. उसके विचारों को विद्यालय में मान्यता मिलती है
D. विद्यालय हर समय बच्चों को खूब बात करने का अवसर देता है

167. एक शिक्षक को अपने विद्यार्थियों की क्षमताओं को समझने का प्रयास करना चाहिए। निम्नलिखित में से कौन-सा क्षेत्र इस उद्देश्य के साथ संबद्ध है?
A. सामाजिक दर्शन B. मीडिया-मनोविज्ञान
C. शिक्षा-मनोविज्ञान D. शिक्षा-समाजशास्त्र

168. सीखने की प्रक्रिया में, अभिप्रेरणा–
A. पिछले सीखे हुए को नए अधिगम से अलग करती है
B. शिक्षार्थियों को एक दिशा में सोचने के योग्य बनाती है
C. शिक्षार्थियों में सीखने के प्रति रुचि का विकास करती है
D. शिक्षार्थियों की स्मरण-शक्ति को पैना बनाती है

169. शिक्षा के क्षेत्र में 'पाठ्यचर्या' शब्दावली .... की ओर संकेत करती है।
A. विद्यालय का संपूर्ण कार्यक्रम जिसमें विद्यार्थी प्रतिदिन अनुभव प्राप्त करते हैं
B. मूल्यांकन-प्रक्रिया
C. कक्षा में प्रयुक्त की जाने वाली पाठ्य सामग्री
D. शिक्षण-पद्धति एवं पढ़ाई जाने वाली विषय-वस्तु

170. निचली कक्षाओं में शिक्षण की खेल-पद्धति मूल रूप से आधारित है–
A. शिक्षण-पद्धतियों के सिद्धांतों पर
B. विकास एवं वृद्धि के मनोवैज्ञानिक सिद्धांतों पर
C. शिक्षण के समाजशास्त्रीय सिद्धांतों पर
D. शारीरिक शिक्षा कार्यक्रमों के सिद्धांत पर

171. "एक बच्चा अतीत की समान परिस्थिति में की गई अनुक्रियाओं के आधार पर नई स्थिति के प्रति अनुक्रिया करता है।" यह किससे सम्बन्धित है?
A. सीखने का 'प्रभाव-नियम'
B. सीखने की प्रक्रिया का 'अभिवृत्ति-नियम'
C. सीखने का 'तत्परता-नियम'
D. सीखने का 'सादृश्यता-नियम'

172. .... 'प्रतिभाशाली' होने का संकेत ***नहीं*** है।
A. दूसरों के साथ झगड़ना
B. अभिव्यक्ति में नवीनता
C. जिज्ञासा
D. सृजनात्मक विचार

173. विशेष आवश्यकता वाले बच्चों को शिक्षा उपलब्ध कराई जानी चाहिए
A. विशेष विद्यालयों में विशेष बच्चों के लिए विकसित पद्धतियों द्वारा

B. विशेष विद्यालयों में
C. विशेष विद्यालयों में विशेष शिक्षकों द्वारा
D. अन्य सामान्य बच्चों के साथ

174. आकलन को 'उपयोगी और रोचक' प्रक्रिया बनाने के लिए .... के प्रति सचेत होना चाहिए।
A. विद्यार्थियों को बुद्धिमान या औसत शिक्षार्थी की उपाधि देना
B. शैक्षिक और सह-शैक्षिक क्षेत्रों में विद्यार्थी के सीखने के बारे में जानकारी प्राप्त करने के लिए विविध तरीकों का प्रयोग करना
C. प्रतिपुष्टि (फीडबैक) देने के लिए तकनीकी भाषा का प्रयोग करना
D. अलग-अलग विद्यार्थियों में तुलना करना

175. 'डिस्लेक्सिया' किससे सम्बन्धित है?
A. गणितीय विकार
B. पठन विकार
C. व्यवहार-सम्बन्धी विकार
D. मानसिक विकार

176. पियाजे के अनुसार विकास की पहली अवस्था (जन्म से लगभग 2 वर्ष आयु) के दौरान बच्चा .... सबसे बेहतर सीखता है।
A. अमूर्त तरीके से चिंतन द्वारा
B. भाषा के नए अर्जित ज्ञान के अनुप्रयोग द्वारा
C. इंद्रियों के प्रयोग द्वारा
D. निष्क्रिय (neutral) शब्दों को समझने के द्वारा

177. सबसे अधिक गहन और जटिल समाजीकरण होता है
A. पूर्व बाल्यावस्था के दौरान
B. प्रौढ़ावस्था के दौरान
C. व्यक्ति के पूरे जीवन में
D. किशोरावस्था के दौरान

178. आनुवंशिकता को .... सामाजिक संरचना माना जाता है।
A. गत्यात्मक
B. स्थिर
C. प्राथमिक
D. गौण

179. सीखने का वह सिद्धांत जो पूर्ण रूप से और केवल '*अवलोकनीय व्यवहार*' पर आधारित है, सीखने के .... सिद्धांत से सम्बद्ध है।
A. व्यवहारवादी
B. रचनावादी
C. संज्ञानवादी
D. विकासवादी

180. निम्नलिखित में से कौन-सा 'समझ के लिए शिक्षण' को प्रदर्शित ***नहीं*** करता?
A. समानता और अंतर देखने और सादृश्यता स्थापित करने के लिए विद्यार्थियों की सहायता करना
B. विद्यार्थियों को एकाकी तथ्यों और प्रक्रियाओं को याद करने के योग्य बनाना
C. परिघटना या अवधारणा को अपने शब्दों में अभिव्यक्त करने के लिए विद्यार्थियों को कहना
D. नियम कैसे काम करता है इसे स्पष्ट करने हेतु उदाहरण उपलब्ध कराने के लिए विद्यार्थियों को पढ़ाना

181. निम्नलिखित में से कौन-सी विशेषता आंतरिक रूप से अभिप्रेरित बच्चों के लिए सही ***नहीं*** है?
A. वे कार्य करते समय उच्च स्तर की ऊर्जा प्रदर्शित करते हैं
B. वे चुनौती भरे कार्यों को पसंद करते हैं
C. वे हमेशा सफल होते हैं
D. उन्हें कार्य करने में आनंद आता है

182. एक शिक्षिका अपनी कक्षा के प्रतिभाशाली बच्चों की योग्यताओं (potential) की उपलब्धि चाहती है। अपने उद्देश्य की प्राप्ति के लिए उसे निम्नलिखित में से क्या ***नहीं*** करना चाहिए?
A. विशेष ध्यान के लिए उन्हें उनके समकक्षियों से अलग करना
B. उनकी सृजनात्मकता को समृद्ध करने के लिए उन्हें चुनौती देना
C. गैर-शैक्षणिक गतिविधियों में आनंद लेना सिखाना
D. तनाव को नियंत्रित करना सिखाना

183. छोटे शिक्षार्थियों में निम्नलिखित में से कौन-सा लक्षण 'पठन-कठिनाई' का ***नहीं*** है?
A. शब्दों और विचारों को समझने में कठिनाई
B. सुसंगत वर्तनी में कठिनाई
C. वर्ण एवं शब्द पहचान में कठिनाई
D. पठन-गति और प्रवाह में कठिनाई

184. शिक्षार्थियों का 'आत्म-निजयमन' .... की ओर संकेत करता है।
A. विद्यार्थी-निकाय द्वारा बनाए गए नियम-विनियम
B. स्व-अनुशासन और नियंत्रण
C. अपने सीखने का स्वयं पर्यवेक्षण करने की उनकी योग्यता
D. विद्यार्थियों के व्यवहार के लिए विनियम बनाना

185. निम्नलिखित में से किस कथन को 'सीखने' के लक्षण के रूप में ***नहीं*** माना जा सकता?
A. व्यवहार का अध्ययन सीखना है
B. अन-अधिगम (unlearning) भी सीखने का एक हिस्सा है
C. सीखना एक प्रक्रिया है जो व्यवहार में मध्यस्थता करती है
D. सीखना कुछ ऐसी चीज है जो कुछ अनुभवों के परिणामस्वरूप घटित होती है

186. सिद्धांत के रूप में रचनावाद
A. सूचनाओं को याद करने और पुनःस्मरण द्वारा जाँच करने पर बल देता है
B. शिक्षक की प्रभुत्वशाली भूमिका पर बल देता है
C. अनुकरण की भूमिका पर केन्द्रित है

D. दुनिया के बारे में अपना दृष्टिकोण निर्मित करने में शिक्षार्थी की भूमिका पर बल देता है

187. सृजनात्मक शिक्षार्थी वह है जो

A. परीक्षा में हर बार अच्छे अंक प्राप्त करने के योग्य है

B. पार्श्व (लेट्रल) चिंतन और समस्या-समाधान में अच्छा है

C. ड्राइंग और पेंटिंग में बहुत विलक्षण है

D. बहुत बुद्धिमान् है

188. अवधारणाओं का विकास मुख्य रूप से .... का हिस्सा है।

A. शारीरिक विकास B. सामाजिक विकास

C. संवेगात्मक विकास D. बौद्धिक विकास

189. व्यक्तिगत शिक्षार्थी एक-दूसरे से ...... में भिन्न होते हैं

A. विकास-क्रम

B. विकास की सामान्य क्षमता

C. वृद्धि एवं विकास के सिद्धांतों

D. विकास की दर

190. 'बच्चे के उचित विकास को सुनिश्चित करने के लिए उसका स्वस्थ शारीरिक विकास एक महत्त्वपूर्ण पूर्व आवश्यकता है।' यह कथन

A. सही है, क्योंकि विकास-क्रम में शारीरिक विकास सबसे पहले स्थान पर आता है

B. सही है, क्योंकि शारीरिक विकास, विकास के अन्य पक्षों के साथ अंतःसम्बन्धित है

C. गलत है, क्योंकि शारीरिक विकास, विकास के अन्य पक्षों को किसी भी प्रकार से प्रभावित नहीं करता

D. गलत हो सकता है, क्योंकि विकास नितांत व्यक्तिगत मामला है

191. इरफान खिलौनों को तोड़ता है और उसके पुर्जों को देखने के लिए उन्हें अलग-अलग कर देता है। आप क्या करेंगे?

A. उसके जिज्ञासु स्वभाव को प्रोत्साहित करेंगे और उसकी ऊर्जा को सही दिशा में संचरित करेंगे

B. उसे समझाएंगे कि खिलौनों को तोड़ना नहीं चाहिए

C. इरफान को खिलौनों से कभी भी नहीं खेलने देंगे

D. उस पर हमेशा नजर रखेंगे

192. बच्चे के विकास के सिद्धांतों को समझना शिक्षक की सहायता करता है

A. शिक्षार्थियों को क्यों पढ़ाना चाहिए– यह औचित्य स्थापित करने में

B. शिक्षार्थियों की भिन्न अधिगम-शैलियों को प्रभावी रूप में संबोधित करने में

C. शिक्षार्थी के सामाजिक स्तर को पहचानने में

D. शिक्षार्थी की आर्थिक पृष्ठभूमि को पहचानने में

193. प्रत्येक शिक्षार्थी स्वयं में विशिष्ट है। इसका अर्थ है कि

A. सभी शिक्षार्थियों के लिए एकसमान पाठ्यचर्या संभव नहीं है

B. एक विषमरूपी कक्षा में शिक्षार्थियों की क्षमताओं को विकसित करना असंभव है

C. कोई भी दो शिक्षार्थी अपनी योग्यताओं, रुचियों और प्रतिभाओं में एकसमान नहीं होते

D. शिक्षार्थियों में न तो कोई समान विशेषताएँ होती हैं और न ही उनके लक्ष्य समान होते हैं

194. 'पुरुष स्त्रियों की अपेक्षा ज्यादा बुद्धिमान् होते हैं।' यह कथन

A. लैंगिक पूर्वाग्रह को प्रदर्शित करता है

B. बुद्धि के भिन्न पक्षों के लिए सही है

C. सही है

D. सही हो सकता है

195. क्रिस्टिना अपनी कक्षा को क्षेत्र-भ्रमण पर ले जाती है और वापस आने पर अपने विद्यार्थियों के साथ भ्रमण पर चर्चा करती है। यह .... की ओर संकेत करता है।

A. आकलन के लिए सीखना

B. आकलन का सीखना

C. सीखने का आकलन

D. सीखने के लिए आकलन

196. मानव विकास कुछ विशेष सिद्धांतों पर आधारित है। निम्नलिखित में से कौन-सा मानव विकास का सिद्धांत ***नहीं*** है?

A. सामान्य से विशिष्ट B. प्रतिवर्ती

C. निरंतरता D. आनुक्रमिकता

197. निःशक्त बच्चों के लिए समेकित शिक्षा की केंद्रीय प्रायोजित योजना का उद्देश्य है .... में निःशक्त बच्चों को शैक्षिक अवसर उपलब्ध कराना।

A. मुक्त विद्यालयों

B. 'ब्लाइंड रिलीफ एसोसिएशन' के विद्यालयों

C. नियमित विद्यालयों

D. विशेष विद्यालयों

198. निम्नलिखित में से कौन-सा कथन 'सीखने' के बारे में सही है?

A. सीखने के किसी भी चरण पर सीखना संवेगात्मक कारकों से प्रभावित नहीं होता।

B. सीखना मूल रूप से मानसिक क्रिया है।

C. बच्चों द्वारा की गई त्रुटियाँ यह संकेत करती है कि किसी तरह का सीखना नहीं हुआ।

D. सीखना उस वातावरण में प्रभावी होता है जो संवेगात्मक रूप से सकारात्मक हो और शिक्षार्थियों को संतुष्ट करने वाला हो।

199. मूल्यांकन (assessment) का मुख्य उद्देश्य होना चाहिए

A. यह निर्णय लेना कि क्या विद्यार्थी को अगली कक्षा में प्रोन्नत किया जाना चाहिए

B. सीखने में होने वाली कमियों का निदान और उपचार करना
C. शिक्षार्थियों की त्रुटियाँ निकालना
D. शिक्षार्थियों की उपलब्धि को मापना

200. शिक्षार्थी जो पहले सीख चुके हैं उसकी पुनरावृत्ति और प्रत्यास्मरण में शिक्षार्थियों की मदद करना महत्त्वपूर्ण है क्योंकि
A. पूर्व पाठों को दोहराने का यह एक प्रभावी तरीका है
B. यह शिक्षार्थियों की स्मृति को बढ़ाता है जिससे सीखना सुदृढ़ होता है
C. यह किसी भी कक्षा-अनुदेशन के लिए एक सुविधाजनक शुरुआत है
D. नई जानकारी को पूर्व जानकारी से जोड़ना सीखने को समृद्ध बनाता है

201. सृजनात्मक उत्तरों के लिए आवश्यक है
A. मुक्त-उत्तर वाले प्रश्न
B. एक अत्यंत अनुशासित कक्षा
C. प्रत्यक्ष शिक्षण एवं प्रत्यक्ष प्रश्न
D. विषय-वस्तु आधारित प्रश्न

202. शिक्षार्थियों को .... के लिए प्रोत्साहित ***नहीं*** करना चाहिए।
A. अधिक-से-अधिक पाठ्य-सहगामी क्रियाओं में हिस्सा लेने
B. शिक्षक जो पूछ सकते हैं उन सभी प्रश्नों के उत्तर याद करने
C. कक्षा के अंदर और बाहर अधिक-से-अधिक प्रश्न पूछने
D. समूह कार्य में दूसरे शिक्षार्थियों के साथ सक्रिय रूप से अंतःक्रिया करने

203. निम्नलिखित में से कौन-सा रचनात्मक आकलन (Formative Assessment) के लिए उचित उपकरण ***नहीं*** है?
A. सत्र परीक्षा B. प्रश्नोत्तरी और खेल
C. दत्त कार्य D. मौखिक प्रश्न

204. विद्यार्थियों के सीखने में जो रिक्तियाँ रह जाती हैं उनके निदान के बाद .... होना चाहिए।
A. सभी पाठों को व्यवस्थित रूप से दोहराना
B. शिक्षार्थियों और अभिभावकों को उपलब्धि के बारे में बताना
C. समुचित उपचारात्मक कार्य
D. सघन अभ्यास कार्य

205. भारतीय समाज की बहुभाषिक विशेषता को .... देखा जाना चाहिए।
A. विद्यार्थियों को सीखने के लिए अभिप्रेरित करने हेतु शिक्षक-योग्यता की चुनौती के रूप में
B. शिक्षार्थियों के लिए विद्यालयी जीवन को एक जटिल अनुभव के रूप में बनाने के एक कारक के रूप में
C. शिक्षण-अधिगम प्रक्रिया में बाधा के रूप में
D. विद्यालयी जीवन को समृद्ध बनाने के संसाधन के रूप में

206. बच्चों की सीखने की प्रक्रिया में माता-पिता को .... भूमिका निभानी चाहिए।
A. अग्रोन्मुखी B. सहानुभूतिपूर्ण
C. तटस्थ D. नकारात्मक

207. "विकास कभी न समाप्त होने वाली प्रक्रिया है।" यह विचार किससे सम्बन्धित है?
A. निरंतरता का सिद्धांत
B. एकीकरण का सिद्धांत
C. अंतःक्रिया का सिद्धांत
D. अंतःसम्बन्ध का सिद्धांत

208. 'सीखने के अंतःदृष्टि सिद्धांत' को किसने बढ़ावा दिया?
A. पैवलॉव B. जीन पियाजे
C. वाइगोत्स्की D. 'गेस्टाल्ट' सिद्धांतवादी

209. निम्नलिखित में से किस अवस्था में बच्चे अपने समवयस्क समूह के सक्रिय सदस्य हो जाते हैं?
A. प्रौढ़ावस्था B. पूर्व बाल्यावस्था
C. बाल्यावस्था D. किशोरावस्था

210. बच्चों के बौद्धिक विकास की चार विशिष्ट अवस्थाओं की पहचान की गई
A. एरिकसन द्वारा B. स्किनर द्वारा
C. पियाजे द्वारा D. कोह्लबर्ग द्वारा

211. गणवेश (यूनीफार्म) का विद्यालयों में प्रचलन इसलिए होता है ताकिः
A. बालक सुन्दर दिखते हैं
B. विद्यालय को आर्थिक लाभ होता है
C. छात्रों के गुम होने की सम्भावना नहीं होती है
D. छात्रों में एकात्मकता झलकती है

212. किसी सहयोगी से विवाद होने पर आप क्या करेंगे?
A. प्रधानाचार्य से उसकी शिकायत करेंगे
B. दूसरे सहयोगियों से सहायता लेंगे
C. दूसरे सहयोगी से शान्तिपूर्वक बात करेंगे
D. दूसरे सहयागियों के सामने उसे दोषी साबित करेंगे

213. शिक्षण व्यवसाय में उन्हें ही जाना चाहिए जोः
A. ज्ञानवान हों B. बालकों में रुचि लेते हों
C. व्यवहार में अच्छे हों D. दानी हों

214. छात्रों को उनकी प्रगति के विषय में जानकारी देने से, छात्रः
A. प्रसन्न हो जाते हैं B. अच्छा कार्य करते हैं
C. हतोत्साहित हो जाते हैं D. नियमित हो जाते हैं

215. यदि एक विद्यार्थी किसी अध्यापक के लिए अशुद्ध भाषा का प्रयोग करता है, तो मैंः
A. विद्यार्थी को उसकी गलती का आभास कराऊँगा
B. विद्यार्थी की ओर ध्यान नहीं दूँगा
C. अध्यापक से उसकी शिकायत करूँगा
D. विद्यार्थी को दण्डित करूँगा

216. शिक्षण में छात्रों के अनुभवों के स्थायित्व के लिए, अध्यापन में प्रयोग किया जाना चाहिएः
A. व्याख्यान का
B. विद्यार्थियों की सहभागिता का
C. विद्यार्थियों के क्रियाकलाप का
D. प्रदर्शन का

217. बच्चों की शिक्षा प्रारम्भ होती हैः
A. प्राथमिक विद्यालय से B. बालवाड़ी से
C. घर से D. समाज से

218. विद्यार्थी के अधिगम का मूल्यांकन प्रमुख रूप से होना चाहिएः
A. सतत एवं व्यापक प्रक्रिया से
B. प्रत्येक सत्र के अन्त में
C. प्रत्येक पाठ के अन्त में
D. वार्षिक प्रक्रिया से

219. मैं एक प्रभावी शिक्षक उसे मानता हूँ जो बच्चों की सहायता कर सकता हैः
A. सर्वांगीण विकास में
B. समस्याओं के समाधान में
C. क्रीड़ा के लिए अवसर प्रदान करने में
D. उच्च अंक प्राप्त करने में

220. परीक्षा में नकल की बढ़ती प्रवृत्ति का प्रमुख कारण हैः
A. वर्तमान परीक्षा पद्धति
B. शिक्षकों की उदासीनता
C. छात्रों की अपर्याप्त तैयारी
D. अनुशासनहीनता

221. सहायक सामग्री का उपयोग करते समय मैं अधिक महत्त्व देता हूँः
A. विद्यार्थी की रुचि पर B. अधिगम की सुविधा पर
C. आकर्षण पर D. मूल्य पर

222. मैं चाहता हूँ प्राथमिक कक्षा में सभी विद्यार्थीः
A. अध्यापक की तरफ ध्यान दें
B. पठन अथवा लेखन करें
C. अध्यापक से अन्तर्क्रिया करें
D. शान्तिपूर्वक अपना कार्य करें

223. यदि विद्यार्थी से प्रश्न पूछने पर, वह उत्तर नहीं देता है तो अध्यापक को चाहिएः
A. उत्तर न देने पर विद्यार्थी को दण्ड देना
B. सही उत्तर के लिए किसी और विद्यार्थी से पूछना
C. सही उत्तर के लिए विद्यार्थी को प्रोत्साहित करना
D. किसी भी प्रकार के उत्तर के लिए प्रतीक्षा करना

224. अच्छी नागरिकता की शिक्षा प्राप्त होती हैः
A. परिवार से B. विद्यालय से
C. समाज से D. उपरोक्त सभी से

225. एक छात्र की शिक्षण-अधिगम में सक्रिय भागीदारी होती है यदि वहः
A. सम्बन्धित प्रश्न पूछता है
B. शिक्षक के प्रश्नों के उत्तर देता है
C. दूसरों के विचारों पर प्रतिक्रिया व्यक्त करता है
D. उपर्युक्त सभी करता है

226. यदि शिक्षक एक छात्र का गृह-कार्य असावधानीपूर्वक जाँचे तो छात्र के माता-पिता को क्या करना चाहिए?
A. अध्यापक से झगड़ा करना
B. प्रधानाचार्य से शिकायत करना
C. त्रुटियों का स्वयं सुधार करना
D. अध्यापक से विचार-विमर्श करना

227. विद्यालय के प्रधानाध्यापक से विवाद होने पर आप क्या करेंगे?
A. पढ़ाये बिना हड़ताल करेंगे
B. पढ़ाने के बाद जलूस निकालेंगे
C. पढ़ाने के बाद धरना देंगे
D. बिना पढ़ाये धरना देंगे

228. छुट्टी के बाद एक छात्र दूसरे छात्र को कमरे में बंद करके चला गया तो आप क्या करेंगे?
A. अपराधी बच्चे को विद्यालय से निकाल देंगे
B. अपराधी बच्चे के माता-पिता से शिकायत करेंगे
C. कारण जानकर उसे समझायेंगे
D. उसे अपराध के लिए शारीरिक दण्ड देंगे

229. शिक्षा को स्वावलम्बी बनाना चाहिए क्योंकि तबः
A. छात्र शिक्षा को गम्भीरता से लेंगे
B. अवांछित छात्र प्रवेश नहीं लेंगे
C. कालेजों में भीड़ कम होगी
D. राजस्व की बचत होगी

230. वर्तमान समय में शिक्षा और सूचना हेतु सर्वाधिक सशक्त माध्यम हैः
A. दूरदर्शन B. रेडियो
C. समाचारपत्र D. सिनेमा

231. यदि छात्र पूछे गये प्रश्न का उत्तर न दे सके तो–
A. अध्यापक को खुद उत्तर देना चाहिए
B. दूसरे छात्रों से पूछना चाहिए
C. छात्र को उत्तर देने के लिए प्रोत्साहित करना चाहिए
D. छात्र को सजा देनी चाहिए

232. विद्यालय में छात्रों के लिए शैक्षिक भ्रमण क्यों आवश्यक है?

A. छात्रों का घूमने में मन लगता है
B. छात्रों पर पढ़ाई का बोझ न पड़े
C. छात्रों को प्रत्यक्ष संपर्क से स्थाई ज्ञान होता है
D. छात्र का मनोरंजन होता है

233. छात्रों को गृहकार्य दिया जाता है क्यों?
A. छात्र घर पर पढ़ाई कर सके
B. छात्रों के विकास के लिए
C. छात्रों को पढ़ाये गए पाठ कितना समझ में आया उसकी जांच के लिए
D. लेखन-कौशल विकसित करने के लिए

234. छात्रों को नियमित क्रियाकलाप कराने का उद्देश्य क्या है?
A. उसमें विषय रुचि पैदा करना
B. उसे अध्ययन में नियमित बनाना
C. विषय की बेहतर जानकारी के लिए
D. उपरोक्त सभी

235. वर्तमान में छात्रों में शिक्षा रुचि नहीं है क्योंकि–
A. व्यवसाय में बहुत अधिक पैसा है
B. शिक्षा में बहुत ज्यादा निवेश है
C. उन्हें शिक्षा का कोई भविष्य नहीं दिखता
D. शिक्षा का पाठ्यक्रम एवं प्रारूप ठीक नहीं

236. छात्रों के शिक्षण में नैतिक शिक्षा का क्या महत्त्व है?
A. नैतिक शिक्षा वर्तमान-परिवेश में आवश्यक है
B. नैतिक शिक्षा छात्रों में उत्सुकता पैदा करती है
C. नैतिक शिक्षा चरित्र विकास के लिए आवश्यक है
D. नैतिक शिक्षा से मनुष्य महापुरुष बनता है

237. निबन्धात्मक प्रश्नों के स्थान पर वास्तुनिष्ठ प्रश्न विद्यालयों में क्यों पूछे जाते हैं?
A. छात्रों को समय का महत्त्व दर्शाने के लिए
B. कम समय में ज्यादा काम करने के लिए
C. ज्यादा प्रश्नों का उत्तर जानने के लिए
D. उत्तर-पुस्तिका हल करने में आसानी होती है

238. छात्रों का शैक्षणिक भ्रमण कराया जाता है
A. बच्चे पढ़ाई को एक बोझ न समझें
B. छात्रों के माता-पिता को संतुष्ट करने के लिए
C. छात्रों को प्रत्यक्ष सम्पर्क से ज्ञान हासिल कराने के लिए
D. छात्रों को मनोरंजन कराने के लिए

239. कक्षा में छात्र अगर आपके प्रश्न का उत्तर न दे सके तो–
A. शिक्षक को स्वयं उस उत्तर को बताना चाहिए
B. उसी प्रश्न को फिर अलग ढंग से पूछना चाहिए
C. उसी प्रश्न को कक्षा में बार-बार पूछना चाहिए
D. स्वयं उत्तर देकर छात्र से याद करवाना चाहिए

240. ई.ल. थोनडी ने विकास के सिद्धांत पर क्या विचार दिये हैं?
A. बच्चों में विकास उम्र के साथ-साथ बढ़ता रहता है
B. अच्छे बच्चों में ज्यादा विकास होता है
C. उचित महौल में सभी बच्चे विकास करते हैं
D. उम्र बढ़ने के साथ-साथ विकास घटने लगता है

उत्तरमाला

1	**2**	**3**	**4**	**5**	**6**	**7**	**8**	**9**	**10**
D	A	D	D	A	C	D	A	D	A
11	**12**	**13**	**14**	**15**	**16**	**17**	**18**	**19**	**20**
D	D	A	A	B	B	C	D	B	D
21	**22**	**23**	**24**	**25**	**26**	**27**	**28**	**29**	**30**
C	B	D	C	B	D	A	B	D	B
31	**32**	**33**	**34**	**35**	**36**	**37**	**38**	**39**	**40**
D	A	B	D	A	B	A	D	A	D
41	**42**	**43**	**44**	**45**	**46**	**47**	**48**	**49**	**50**
B	B	D	C	D	C	D	A	D	D
51	**52**	**53**	**54**	**55**	**56**	**57**	**58**	**59**	**60**
D	A	A	A	D	D	C	D	A	C
61	**62**	**63**	**64**	**65**	**66**	**67**	**68**	**69**	**70**
D	D	A	D	A	D	B	B	C	D
71	**72**	**73**	**74**	**75**	**76**	**77**	**78**	**79**	**80**
D	D	B	C	A	A	D	C	D	A
81	**82**	**83**	**84**	**85**	**86**	**87**	**88**	**89**	**90**
D	D	D	C	D	D	C	B	D	B
91	**92**	**93**	**94**	**95**	**96**	**97**	**98**	**99**	**100**
A	D	D	B	A	D	C	D	D	C
101	**102**	**103**	**104**	**105**	**106**	**107**	**108**	**109**	**110**
A	A	C	C	C	D	D	B	D	A
111	**112**	**113**	**114**	**115**	**116**	**117**	**118**	**119**	**120**
D	D	C	D	B	A	C	C	A	B
121	**122**	**123**	**124**	**125**	**126**	**127**	**128**	**129**	**130**
C	A	D	C	A	C	C	C	D	B
131	**132**	**133**	**134**	**135**	**136**	**137**	**138**	**139**	**140**
B	D	C	C	B	D	C	D	C	A
141	**142**	**143**	**144**	**145**	**146**	**147**	**148**	**149**	**150**
D	D	B	B	C	A	A	A	B	A
151	**152**	**153**	**154**	**155**	**156**	**157**	**158**	**159**	**160**
A	B	C	C	D	A	D	D	D	B
161	**162**	**163**	**164**	**165**	**166**	**167**	**168**	**169**	**170**
B	A	B	D	D	C	C	C	A	B
171	**172**	**173**	**174**	**175**	**176**	**177**	**178**	**179**	**180**
A	A	D	B	B	C	D	B	A	B
181	**182**	**183**	**184**	**185**	**186**	**187**	**188**	**189**	**190**
C	A	A	C	A	D	B	D	D	B
191	**192**	**193**	**194**	**195**	**196**	**197**	**198**	**199**	**200**
A	B	C	A	C	B	C	D	D	D
201	**202**	**203**	**204**	**205**	**206**	**207**	**208**	**209**	**210**
A	B	A	C	D	A	A	D	D	C
211	**212**	**213**	**214**	**215**	**216**	**217**	**218**	**219**	**220**
D	C	A	B	A	C	C	D	A	C
221	**222**	**223**	**224**	**225**	**226**	**227**	**228**	**229**	**230**
B	C	C	D	D	D	C	C	A	C
231	**232**	**233**	**234**	**235**	**236**	**237**	**238**	**239**	**240**
C	C	C	D	D	C	C	C	D	A

शब्दावली

अंतर्दृष्टि (Insight) : नयी परिस्थितियों का प्रभावशाली ढंग से सामना कर सकने की योग्यता।

अधिगम (Learning) : अनुभव के कारण प्राणी के व्यवहार में होने वाला अपेक्षाकृत स्थायी परिवर्तन।

अनुबंधन (Conditioning) : एक व्यवस्थित प्रक्रिया जिसके माध्यम से उद्दीपक के प्रति नयी अनुक्रियाएँ सीखी जाती हैं।

अनुबंधित अनुक्रिया (Conditioned response, CR) : प्राचीन अनुबंधन में एक अनुबंधित उद्दीपक के प्रति सीखी गई या अर्जित अनुक्रिया।

अनुबंधित उद्दीपक (Conditioned stimulus, CS) : एक तटस्थ उद्दीपक, अननुबंधित उद्दीपक के साथ बार-बार के साहचर्य से, अनुबंधित अनुक्रिया प्राप्त करने में समर्थ हो जाता है।

अननुबंधित अनुक्रिया (Unconditioned response, UR): किसी अननुबंधित उद्दीपक के प्रति बगैर सीखी हुई या अनैच्छिक अनुक्रिया।

अननुबंधित उद्दीपक (Unconditioned stimulus, US) : एक उद्दीपक जो सामान्यतः एक अनैच्छिक, मापनयोग्य अनुक्रिया उत्पन्न करता है।

अपसारी चिंतन (Divergent thinking) : ऐसा चिंतन जो मौलिक, आविष्कारशील और लचीला है। ऐसे प्रश्न जिनके कई उत्तर हो सकते हैं, उन सभी प्रकार के उत्तरों को खोजने के लिए विभिन्न दिशाओं में चिंतन उन्मुख होता है और जो सर्जनात्मकता की विशेषता है।

अभिक्षमता (Aptitude) : ऐसी विशेषताओं का संयोग जो व्यक्ति की प्रशिक्षण द्वारा कुछ विशिष्ट कौशलों को अर्जित करने की समर्थता का सूचक होता है।

अभिप्रेरण (Motivation) : एक आवश्यकता अथवा इच्छा जो व्यवहार को शक्ति देती है और उसे निर्देशित करती है।

अभिवृत्तियाँ (Attitudes) : किसी विषय पर मन, विचारों या प्रत्ययों की वे स्थितियाँ जिनमें संज्ञानात्मक, भावात्मक और व्यवहारात्मक घटक होते हैं।

अभिसारी चिंतन (Convergent thinking) : ऐसा चिंतन जो समस्या के एक सही समाधान की ओर निर्देशित होता है।

अल्पकालिक स्मृति (Short term memory, STM) : हम उन सभी सूचनाओं पर ध्यान नहीं देते जो हमारे संवेदी ग्राहकों को प्रभावित करती हैं। जिन सूचनाओं पर हम ध्यान देते हैं वे हमारी द्वितीय स्मृति भंडार में प्रवेश करती हैं जिसे अल्पकालिक स्मृति कहा जाता है, जो थोड़ी सूचना को थोड़े समय तक (सामान्यतः 30 सेकण्ड या उससे कम) ही रख पाती है।

अहंकेन्द्रवाद (Egocentrism) : पूर्व-संक्रियात्मक चिंतन की एक प्रमुख विशेषता जो किसी व्यक्ति द्वारा अपने परिप्रेक्ष्य और किसी दूसरे के परिप्रेक्ष्य के बीच भेद न कर पाने की अयोग्यता की ओर संकेत करती है।

आत्म-सम्मान (Self-esteem) : आत्म या स्व का व्यापक मूल्यांकन आयाम।

आत्मसिद्धि (Self-actualisation) : यह स्व-पूर्ति की एक अवस्था है जिसमें व्यक्ति अपनी उच्चतम क्षमताओं को विशिष्ट प्रकार से अनुभव करते हैं।

आवश्यकता (Need) : शरीरक्रियात्मक (आंतरिक) अथवा पर्यावरणी (बाह्य) संबंधी असंतुलन जो किसी अंतर्नोद को जन्म देता है।

उद्दीपक (Stimulus) : पर्यावरण में स्थित कोई सुपरिभाषित तत्व जो प्राणी को प्रभावित करता हो तथा जो प्रकट अथवा अप्रकट अनुक्रिया को जन्म देता हो।

उपलब्धि की आवश्यकता (Achievement need) : सफल होना, अग्रगण्य होना, दूसरों से अच्छा कार्य निष्पादन करने की आवश्यकता, ऐसे चुनौतीपूर्ण कार्यों को करना जो व्यक्ति की योग्यता का प्रदर्शन करें।

कूट संकेतन (Encoding) : स्मृति तंत्र में पहली बार आने वाली सूचनाओं का अभिलेखन करने की प्रक्रिया।

कृत्रिम बुद्धि (Artificial intelligence, AI) : यह क्षेत्र मशीनों की निर्मिति (जैसे-कंप्यूटर) से संबद्ध है, जो कि जटिल काम कर सकती हैं, जिसके लिए पहले मानव बुद्धि की आवश्यकता समझी जाती थी।

क्रियाप्रसूत अनुबंधन (Operant conditioning) : ऐसा अधिगम जिसमें ऐच्छिक अनुक्रियाएँ उनके परिणामों द्वारा नियंत्रित होती है।

कार्यकारी स्मृति (Working memory) : स्मृति की प्रक्रिया जो प्रत्यक्षण की गई नवीन घटनाओं और अनुभवों को

परिरक्षित रखती है, इसे अल्पकालिक स्मृति भी कहा जाता है।

गुणारोपण (Attribution) : बाह्य कारकों (संकेतों) के प्रत्यक्षण के आधार पर किसी व्यक्ति की आंतरिक स्थिति के बारे में अनुमान।

गेस्टाल्ट मनोविज्ञान (Gestalt psychology) : मनोविज्ञान की एक शाखा जिसमें व्यवहार को, इसके अपने भागों के कुल योग की अपेक्षा, अधिक व्यापक और एकीकृत साकल्य माना जाता है।

घटनापरक स्मृति (Episodic memory) : एक प्रकार की दीर्घकालिक स्मृति जो आत्मगत या निजी सूचनाएँ धारण करती है और जिसे विगत घटनाओं के लिए विशेष कालावधि में संदर्भ हेतु कोड दिया जाता है।

दंड (Punishment) : व्यवहार के दमन के लिए एक अप्रिय अथवा हानिकर उद्दीपक का अनुप्रयोग।

दीर्घकालिक स्मृति (Long term memory, LTM) : ऐसी सामग्री, जो अल्पकालिक स्मृति की क्षमता एवं धारण अवधि की सीमाओं को पार कर जाती है, वह दीर्घकालिक स्मृति में प्रवेश करती है जिसकी क्षमता व्यापक है। यह स्मृति का ऐसा स्थायी भंडार है जहाँ सूचनाएँ, चाहे वह कितनी भी नयी क्यों न हों, जैसे आपने कल क्या नाश्ता किया था? से लेकर इतनी पुरानी, जैसे आपने अपना छठा जन्मदिन कैसे मनाया था? सभी संचित होती हैं।

धनात्मक प्रबलन (Positive reinforcement) : कोई उद्दीपक अथवा घटना, जब इसके प्रारंभ को एक विशेष अनुक्रिया पर निर्भर बनाया जाता है, तो वह उस अनुक्रिया के घटित होने की संभावना में वृद्धि करती है।

परसंस्कृतिग्रहण (Acculturation) : दो भिन्न सांस्कृतिक समूहों में प्रथम एवं सतत संपर्क के परिणामस्वरूप उत्पन्न होने वाले सांस्कृतिक एवं मनोवैज्ञानिक परिवर्तन।

प्रबलन (Reinforcement) : एक अनुक्रिया का अनुसरण करती घटना जो अनुक्रिया के घटित होने की प्रवृत्ति को शक्ति देती है।

पूर्व-संक्रियात्मक अवस्था (Pre-operational stage) : पियाजे (Piaget) का दूसरा चरण जिसमें बच्चे संसार को शब्दों, प्रतिमाओं और रेखांकन से प्रस्तुत करते हैं किंतु तार्किक रूप से संक्रिया नहीं कर सकते।

प्राचीन अनुबंधन (Classical conditioning) : अधिगम का एक प्रकार जिसमें कोई जीव उद्दीपकों को संबद्ध करना सीखता है। इसमें मुख्य लक्षण यह है कि मूलभूत रूप से तटस्थ लेकिन अनुबंधित उद्दीपक (CS) अननुबंधित उद्दीपक (US) के साथ बार-बार युग्मित किए जाने पर वही अनुक्रिया अर्जित कर लेता है जो किसी भी अननुबंधित उद्दीपक के लिए की जाती है।

बुद्धि (Intelligence) : चुनौतियों का सामना करते समय संसाधनों का प्रभावपूर्ण ढंग से उपयोग करने, सविवेक चिंतन करने और जगत को समझने की क्षमता।

बुद्धि लब्धि (Intelligence quotient, IQ) : कालानुक्रमिक आयु से मानसिक आयु का अनुपात इंगित करने वाला मानकीकृत बुद्धि परीक्षणों से प्राप्त एक सूचकांक।

मनोरोग-चिकित्सा (Psychotherapy) : मानसिक/मनोवैज्ञानिक विकार या कुसमायोजन के उपचार में किसी मनोवैज्ञानिक तकनीक का उपयोग।

मानसिक आयु (Mental age, MA) : आयु के रूप में अभिव्यक्त बौद्धिक कार्यशीलता का मापक।

यौवनारंभ (Puberty) : तीव्र रूप से घटित होने वाली कंकालीय एवं लैंगिक परिपक्वता जो मुख्यत: किशोरावस्था में घटित होती है।

व्यवहारवाद (Behaviourism) : एक विचारधारा जो वस्तुनिष्ठता, प्रेक्षणीय व्यवहारात्मक अनुक्रियाओं, पर्यावरणी निर्धारकों और सीखने पर बल देती है।

व्यवहार चिकित्सा (Behaviour therapy) : ऐसी उपचार पद्धति जो दुरनुकूलक व्यवहार को परिवर्तित करने के लिए व्यवहारवादी अधिगम सिद्धांतों के नियमों पर आधारित होती है।

वाचिक अधिगम (Verbal learning) : वाचिक उद्दीपक के प्रति वाचक रूप से अनुक्रिया करने की अधिगम की प्रक्रिया। इसमें प्रतीक, निरर्थक पद, शब्दों की सूचियाँ आदि होते हैं।

सर्जनात्मकता (Creativity) : अभिनव और असाधारण तरीके से सोचने की योग्यता और समस्याओं को अनन्य ढंग से हल करना।

संप्रत्यय (Concept) : विचारों, वस्तुओं, व्यक्तियों अथवा अनुभवों की एक सामान्य श्रेणी जिसके सदस्यों में कुछ सामान गुण विद्यमान होते हैं।

समंजन (Accommodation) : लेंस की आकृति को बदलने के लिए पक्ष्माभिकी पेशी की चाक्षुष क्रिया।

सम्मान संबंधी आवश्यकताएँ (Esteem needs) : मैस्लो के सिद्धांत में प्रतिष्ठा, सफलता और आत्म-सम्मान की आवश्यकताएँ। आत्मीयता और प्रेम संबंधी आवश्यकताओं के तुष्ट होने के बाद इन्हें पूरा किया जा सकता है।

संवेग तर्क चिकित्सा (Rational emotive therapy, RET) : अल्बर्ट एलिस द्वारा विकसित एक चिकित्सा पद्धति। यह तर्कहीन, समस्या-उत्पादक दृष्टिकोणों के स्थान पर अधिक यथार्थवादी दृष्टिकोणों को प्रतिस्थापित करने का प्रयास करती है।

संस्कृति (Culture) : एक समुदाय में व्यापक रूप से सहभाजित रीति-रिवाज, विश्वास, मूल्य, मानव, संगठन एवं अन्य उत्पाद जो पीढ़ियों में सामाजिक रूप से संचारित होते हैं।

सहचारी अधिगम (Associative learning) : ऐसा अधिगम जिसमें कुछ घटनाएँ साथ-साथ घटित होती हैं। ये घटनाएँ दो उद्दीपक हो सकती हैं (जैसा कि प्राचीन अनुबंधन में) या एक अनुक्रिया और उसका परिणाम (जैसाकि क्रियाप्रसूत अनुबंधन में) हो सकती हैं।

संज्ञान (Cognition) : जानने के साथ जुड़ी सभी मानसिक प्रक्रियाएँ, यथा-प्रत्यक्षण करना, चिंतन करना और याद करना इत्यादि। यह सूचना के प्रक्रमण, समझ एवं संप्रेषण से संबंधित है।

संज्ञानात्मक अधिगम (Cognitive learning) : वैसा अधिगम जिसमें प्रत्यक्षण, ज्ञान एवं विचार की पुनर्व्यवस्था अंतर्निहित होती है।

संज्ञानात्मक उपागम (Cognitive approach) : वह दृष्टिकोण जो कि मानव चिंतन और जानने की सभी प्रक्रियाओं को मनोविज्ञान के अध्ययन के केंद्र में रखने पर बल देता है।

संज्ञानात्मक प्रक्रियाएँ (Cognitive processes) : व्यक्ति के चिंतन, बुद्धि और भाषा को संलग्न करने वाली मानसिक प्रक्रियाएँ।

संज्ञानात्मक मूल्यांकन प्रणाली (Cognitive assessment system) : परीक्षणों की एक माला जिसका निर्माण चार आधारभूत पास (PASS) प्रक्रियाओं (योजना-अवधान-सहकालिक-आनुक्रमिक) का मापन करने के लिए किया गया है।

संज्ञानात्मक लाघव (Cognitive economy) : संप्रत्ययों के श्रेणीबद्ध संगठन द्वारा दीर्घकालिक स्मृति का अधिकाधिक एवं प्रभावकारी उपयोग बताने के लिए एक पारिभाषिक शब्द।

संज्ञानात्मक शैली (Cognitive style) : संज्ञानात्मक शैली का संबंध अपने पर्यावरण के साथ संगत तरीके से व्यवहार करने से है। हम जिस तरह पर्यावरण का प्रत्यक्षण करते हैं उसे यह सार्थक रूप से प्रभावित करती है। अपने पर्यावरण का प्रत्यक्षण करने में लोग विभिन्न संज्ञानात्मक शैली का उपयोग करते हैं।

सुव्यक्त स्मृति (Explicit memory) : तथ्यों और अनुभवों की स्मृति जिसे कोई चेतन रूप से जानता है और उसे घोषित कर सकता है (इसे घोषणात्मक स्मृति भी कह सकते हैं)।

सूचना-प्रक्रमण उपागम (Information-processing approach) : एक उपागम जिसका इन बातों से संबंध है : व्यक्ति अपने जीवन-संसार के बारे में सूचनाएँ किस तरह प्रक्रमित करता है, किस प्रकार सूचनाएँ हमारे मन में प्रवेश करती हैं और रूपांतरित होती हैं, तथा किसी कार्य को करने, किसी समस्या का हल ढूँढ़ने और तर्कना के लिए इन्हें पुनः कैसे प्राप्त किया जाता है।

समाकृति या स्कीमा (Schema) : एक संज्ञानात्मक संरचना; संयोजनों का एक संजाल जो किसी व्यक्ति के प्रत्यक्षण को संगठित और निर्देशित करता है।

संवेदी स्मृति (Sensory memory) : प्रारंभिक प्रक्रिया जो उद्दीपक के संक्षिप्त प्रभावों को संरक्षित रखती है, इसे संवेदी पंजिका भी कहा जाता है।

संवेदी तंत्रिका कोशिका (Sensory neurons) : इन्हें अभिवाही तंत्रिका कोशिका भी कहते हैं। ये संवेदी ग्राहक कोशिकाओं से संदेशों को केंद्रीय तंत्रिका तंत्र तक ले जाती हैं।

सामाजिक सुकरीकरण (Social facilitation) : अन्य लोगों या श्रोतागण की उपस्थिति में अपने निष्पादन में सुधार करने को लोगों की प्रवृत्ति।

SUBJECT SPECIFIC

हिन्दी साहित्य

हिन्दी भाषा और उसका विकास

भाषाई आधार पर यदि संसार की जातियों का वर्गीकरण किया जाए तो कहा जा सकता है कि एक तो आर्य जातियाँ हैं और दूसरी अनार्य जातियाँ, आर्य भाषा बोलने वाले देशों में भारत, पाकिस्तान, श्री लंका, कनाडा, संयुक्त राज्य अमेरिका, दक्षिणी अमेरिका, ऑस्ट्रेलिया, न्यूजीलैंड, दक्षिणी अफ्रीका, संपूर्ण यूरोप, ईरान, अफगानिस्तान एवं भारतीय उपमहाद्वीप प्रमुखता रखते हैं। आर्य परिवार की भाषा या यूरोपीय भाषा के कारण इन क्षेत्रों की मूल भाषाएँ अस्तित्वहीन हो गईं। विद्वानों ने इस वृहत् परिवार का नाम भारत-यूरोपीय (भारोपीय) किया है। संसार का सबसे विशाल भाषा-परिवार यही है।

★ मोटे तौर पर आर्य भाषा के दो वर्ग हैं–

1. यूरोपीय आर्य भाषाएं,
2. भारत-ईरानी आर्य भाषाएं।

★ भारत-ईरानी वर्ग की तीन भाषाएं बताई जाती हैं–

1. इराकी/ईरान और अफगानिस्तान की भाषाएं।
2. दरद/कश्मीर और पामीर के पूर्व-दक्षिण की भाषाएं
3. भारतीय आर्य भाषाएं।
   संसार का प्राचीनतम ग्रंथ - ऋग्वेद इसी आर्य भाषा में है।

★ भारतीय आर्य भाषा

ऐतिहासिक विकासक्रम के आधार पर भारतीय आर्यभाषा को तीन काल खंडों में विभक्त किया जाता है।

1. **प्राचीन (वैदिक संस्कृत और लौकिक संस्कृत)** : 5000 ई॰ पूर्व से 2000 ई॰ पूर्व तक।
2. **मध्यकालीन (पालि, प्राकृत, अपभ्रंश, अवहट्ट)** : 500 ई॰ पूर्व से 1000 ई॰ तक।
3. **आधुनिक (हिन्दी और हिन्दी से इतर भाषाएं)** : उड़िया, बंगाली, मराठी, गुजराती, असमी, सिंधी, पंजाबी)।

मध्यकालीन आर्यभाषा को तीन कालखंडों में विभक्त किया जाता है–

1. पालि (500 ई॰ पूर्व से एक ई॰ तक)
2. प्राकृत (एक ई॰ से 500 ई॰ तक)
3. अपभ्रंश तथा अवहट्ट (500 ई॰ से 1000 ई॰ तक)

अपभ्रंश

अपभ्रंश मध्यकालीन आर्यभाषा की तीसरी अवस्था का नाम है। व्यादि और महाभाष्य के रचयिता पतंजलि ने संस्कृत के मानक शब्दों से इतर संस्कारच्युत, भ्रष्ट और अशुद्ध शब्दों को अपभ्रंश नाम दिया। बाणभट्ट और आचार्य हेमचंद्र ने अपभ्रंश को ग्राम भाषा कहा है। कुछ विद्वानों ने अपभ्रंश भाषा को देशी भाषा कहा है। दण्डी ने इस भाषा को आभीरादि की भाषा कहा। आभीर, जाट, गुर्जर आदि अनेक जातियों ने पश्चिमी भारत को हस्तगत किया। इनकी भाषा भारतीय संस्कृति में संस्कृत नहीं थी। इसीलिए इनकी भाषा को अपभ्रष्ट समझा जाता था। जैसे-जैसे इनकी राज्य सीमा का विस्तार हुआ वैसे-वैसे अपभ्रंश का भी विस्तार होता गया। राजसत्ताधिकारियों के प्रयोगों के कारण अपभ्रंश राजभाषा बनी। तत्पश्चात् यह साहित्यिक भाषा एवं देशभाषा बनी। सातवीं शती से लेकर ग्यारहवीं शती के अंत तक इस भाषा में सृजन धर्मियों ने सृजना की। मार्कण्डेय और इतर आचार्यों ने अपभ्रंश के कुल तीन भेद बताये हैं– 1. नागर (गुजरात की बोली); 2. उपनागर (राजस्थान की बोली); 3. व्राचड़ (सिंध की बोली)। राजस्थानी को अपभ्रंश की जेठी बेटी माना जाता है।

कालिदास के नाटकों में कुछ पात्रों के कथन, सिद्धों के चर्यापदों, शिलालेखों आदि में अपभ्रंश का वर्णन है।

★ अपभ्रंश की प्रमुख विशेषताएं

1. अ, इ उ, ए, ओं, ह्रस्व एवं आ, ई, ऊ, ए, ओ दीर्घ स्वर थे।
2. ऋ लिखा तो जाता था, पर इसका उच्चारण 'रि' होता था।
3. ऋ के इतर सभी स्वर आनुनासिक रूप में प्रयुक्त होते थे।
4. उकार बहुला भाषा थी। जैसे - मनु (मन), कारणु (कारण), अंगु (अंग)।
5. स्वर लोप एवं आगम की प्रवृत्ति बढ़ गई।
6. व्यंजनों में क, कृह, ण्ह, न्ह, रृह, म्ह् और ल्ह् उल्लेखनीय है। शेष संस्कृत के थे।
7. तद्भव शब्दों की संख्या अधिक।

अवहट्ट

भाषा सतत् परिवर्तनशील होती है। कोई भी भाषा जब साहित्यालम्ब होकर प्रतिष्ठित होती है तो वह व्याकरण के नियमों की शृंखलाबद्ध होने लगती है और धीरे-धीरे जनभाषा से उसका अलगाव होने लगता है। अपभ्रंश के ही उत्तरकालीन या परवर्ती रूप को 'अवहट्ट' नाम दिया गया है। ग्यारहवीं से लेकर चौदहवीं शती के अपभ्रंश रचनाकारों ने अपनी भाषा को अवहट्ट कहा। 'अवहट्ट' शब्द का सर्वप्रथम प्रयोग ज्योतिरीश्वर ठाकुर ने अपने 'वर्ण रत्नाकर' में किया। प्राकृत पैंगलम' के टीकाकार वंशीधर ने अवहट्ट माना। संदेश राशक, मैथिल कोकिल कृत' कीर्तिलता की भाषा को, अद्दहमान और विद्यापति ने अवहट्ट माना। अवहट्ट को अपभ्रंश और पुरानी हिन्दी के बीच की कड़ी माना जाता है। पुरातन प्रबंध संग्रह की कतिपय अनु-श्रुतियों, नाथ और सिद्ध साहित्य, नेमिनाथ चौपाई, बाहुबलि रास, थूलिमद्द फाग आदि के अलावा संत ज्ञानेश्वर की 'ज्ञानेश्वरी' और रोडाकृत राउलबेल की भाषा को भी अवहट्ट माना गया।

★ अपभ्रंश और पुरानी हिन्दी का संबंध

सन् 1000 ई॰ के आसपास रचित अपभ्रंश-साहित्य में देशी शब्दों का प्रयोग इतना अधिक होने लगा था कि हेमचंद्र ने उन्हें 'देशी नाममाला' में संग्रह

करना उचित समझा। हिन्दी शब्दों की इसी अधिकता को लक्ष्य कर महापंडित राहुल साँकृत्यायन और चंद्रधर शर्मा 'गुलेरी' प्रभृति विद्वानों ने इस भाषा को 'पुरानी हिन्दी' के नाम से संबोधित किया। अतः हम कह सकते हैं कि सन् 1000 ई॰ के लगभग साहित्य में हिन्दी का प्रयोग होने लगा। यह हिन्दी अपभ्रंश या अवहट्ट थी। तदुन्नतर यही साहित्य की भाषा बनी। पुरानी हिन्दी अर्थात अपभ्रंश या अवहट्ट से ही हिन्दी का विकास माना जाता रहा है।

★ काव्य भाषा के रूप में अवधी का उदय

अवधी भाषा का आरंभिक रूप हमें कबीरादि संतों की सधुक्कड़ी भाषा में मिलता है, जो वाराणसी के आस-पास जीवनयापन करते थे। यह अवधी का असांस्कृतिक और अपरिमार्जित रूप था। तदुनन्तर जायसी आदि प्रेमाख्यानक कवियों ने इसे अपने साहित्य का माध्यम् बनाकर इसके रूप को कुछ संस्कृत किया। तुलसीदास ने अवधी भाषा को प्रौढ़ता प्रदान की। रामचरित मानस इसका उत्कृष्ट निदर्शन है। सूफियों की अवधी को ठेठ अवधी अर्थात् व्यवहार की अवधी कहा जाता था। जबकि तुलसी की अवधी प्रांजल और परिमार्जित थी। वह संस्कृतनिष्ठ थी। इस भाषा में प्रबंध-रचना की बहुलता है। पद्मावत, मृगावती, ज्ञानद्वीप, इन्द्रावती श्रेष्ठ प्रबंध काव्य है। 19वीं सदी के बाद अवधी भाषा में कोई श्रेष्ठ रचना दिखाई नहीं पड़ती। तुलसी के उपरान्त अवधी में रचना होने के बावजूद आधुनिक युग के द्वारिका प्रसाद मिश्र रचित 'कृष्णायन' के अतिरिक्त कोई महत्त्वपूर्ण रचना नहीं बन सकी। साहित्य में अवधी भाषा को जायसी-तुलसी ने ही परवान चढ़ाया और लगभग उन्हीं के काल में लुप्त सी होती गई।

★ काव्य भाषा के रूप में ब्रजभाषा का उदय

डॉ॰ धीरेन्द्र वर्मा के अनुसार, "अवधी और ब्रजभाषा के दो मुख्य साहित्यिक रूपों का विकास 16वीं सदी में ही प्रारंभ हुआ। इन दोनों में ब्रजभाषा तो समस्त हिन्दी-प्रदेश की साहित्यिक भाषा हो गई, किन्तु अवधी में लिखे गये 'रामचरितमानस' का हिन्दी जनता में सबसे अधिक प्रचार होने पर भी साहित्य के क्षेत्र में अवधी भाषा का प्रचार नहीं हो सका।" कृष्ण भक्ति की प्रधानता के फलस्वरूप ब्रजभाषा साहित्य में प्रतिष्ठित हुई। शृंगाराधिक रचना होना इसकी लोकप्रियता का कारण बना। सूरदास ने 16वीं सदी के आरंभ में इस भाषा को साहित्यिक रूप दिया। इसके पश्चात् ब्रजभाषा साहित्य में अविरल रूप से प्रवाहित होती रही। सूरदास के अलावा नंददास, कुंभनदास, हितहरिवंश, तुलसी की कुछ रचनाएं, परमानंद, हरिराय व्यास, आदि कवियों ने ब्रज भाषा को उन्नति प्रदान की। रसखान आदि मुसलमान कवियों ने भी ब्रज भाषा में साहित्यिक-सृजना कर अपने सरस उद्गारों को वाणी प्रदान की। कृष्ण भक्ति के विस्तार के साथ-साथ यह धीरे-धीरे समस्त उत्तर भारत में व्याप्त हो गई। दीर्घकालीन कवियों की कविता इसका प्रमाण है। बंगाल में 'ब्रजबुलि' इसी का रूप है।

★ साहित्यिक हिन्दी के रूप में खड़ी बोली का उदय और विकास

प्राचीन अपभ्रंश की कविता में खड़ी बोली का रूप दिखाई देने लगा था। अवधी और ब्रज के समान प्राचीन होने पर भी उसे मध्य कालीन साहित्य में उचित स्थान नहीं मिला। कारण चाहे इसे भक्ति का अवलम्वता का ही क्यों न हो। खड़ी बोली सामान्यतः एक बहुत बड़े क्षेत्र की व्यावहारिक बोलचाल की भाषा थी। दक्षिणाचार्य चिनहोद्योतन के ग्रंथ 'कुवलयमाला कथा' में इसके रूप की झलक प्रथमतः मिलती है। खड़ी बोली का सबसे शुद्ध और परिष्कृत रूप अमीर खुसरो की कविता में मिलता है। खुसरो का समय 1255-1315 ई॰ के मध्य माना जाता है। खुसरो से इतर कबीरादि निर्गुणी संतों की रचना में खड़ी बोली के दर्शन होते हैं। अकबर कालीन कवि गंग भाट ने 'चंद छंद बरनन की महिमा' नामक एक गद्य-ग्रंथ लिखा था। आरंभ में इस भाषा को हिन्दी की भाषा कहा जाता था। संवत् 1738 में राम प्रसाद निरंजनी कृत 'भाषा योग-वशिष्ठ' मानक ग्रंथ बहुत साफ-सुथरी खड़ी बोली में लिखा हुआ है। पंडित दौलतराम ने 'पदम पुराण' का खड़ी बोली में अनुवाद किया। इसके लगभग पचास वर्ष उपरांत हिन्दी के क्षेत्र में लल्लू लाल, इन्शा अल्ला-खाँ आदि ने कहानियाँ लिखीं।

★ खड़ी बोली : जनता की भाषा

यदि मध्य-युग की धार्मिक परिस्थिति ब्रज भाषा के उत्कर्ष में सहायक हुई, तो राजनैतिक परिस्थिति ने खड़ी बोली को प्रोत्साहित किया। मुस्लिम वर्ग के साथ, उर्दू के साथ, यह चारों तरफ व्याप्त हो गई। राजनीति के क्षेत्र में ब्रजभाषा का साहित्यिक महत्त्व घटने लगा। आधुनिक काल में खड़ी बोली की इतनी आशातीत उन्नति का प्रधान कारण - उसका गद्य रहा। क्योंकि खड़ी बोली एक विशाल प्रदेश की संपर्क-भाषा पहले से थी, इसलिए इसके गद्य को तीव्र गति से फैलने में अधिक समय नहीं लगा। इस काल का साहित्य जन-साधारण की वस्तु बन गया। साहित्य जन समाज के मानस में अवस्थित हुआ। रूढ़िग्रस्त भाषाओं का पराभव हुआ।

★ खड़ी बोली-गद्य का प्रचार

अंग्रेजों के शासनाधीन होने के पश्चात् सन् 1856 के बाद मध्यदेश की भाषा खड़ी बोली पर शासन परिवर्तन का प्रभाव पड़ा। खड़ी बोली की प्रचुरता बढ़ने लगी। ब्रजभाषा का महत्त्व घटा।

- शासन कार्य के सुचारू संचालन हेतु अंग्रेजों को गद्य की आवश्यकता प्रतीत हुई। फलस्वरूप फोर्ट विलियम कॉलेज के अंग्रेज अधिकारियों की प्रेरणा से लल्लू लाल जी ने खड़ी बोली का तथाकथित सर्वप्रथम प्रयोग 'प्रेमसागर' लिखकर किया।
- खड़ी बोली की सशक्तता इतनी अधिक थी कि उस समय यह समूचे उत्तर भारत की लोक भाषा बन गई।
- साहित्यिक क्षेत्र में भारतेन्दु के प्रभाव से और धार्मिक क्षेत्र में स्वामी दयानंद सरस्वती के प्रभाव से खड़ी बोली गद्य का प्रचार प्रसार हुआ। 19वीं सदी के अंत तक हिन्दी काव्य की भाषा 'ब्रज' एवं गद्य की भाषा 'खड़ी बोली'।
- शिक्षा, प्रसार, मुद्रणकाल और पत्र-पत्रिकाओं के प्रचार से काव्य-भाषा 'ब्रज' और नागरिक जनता की भाषा 'खड़ी बोली' के बीच का यह अंतर जनता को असह्य हो उठा। फलस्वरूप महावीर प्रसाद द्विवेदी एवं अयोध्या प्रसाद खत्री ने ब्रजभाषा के विरुद्ध विद्रोह का स्वर उठाया।
- ब्रजभाषा का अभिव्यक्त-क्षेत्र अत्यंत सीमित और संकुचित था। शृंगार ही शृंगार के कोमल मधुर भाव! नवजागरण के साथ अनेक सामाजिक, सांस्कृतिक और राजनैतिक समस्याएं खड़ी हो गईं, जिनकी अभिव्यक्ति हेतु ब्रजभाषा में कोई परम्परा नहीं थी।

★ खड़ी बोली के प्रसार में मुख्य योगदान

पूर्व हरिश्चंद्र युग

– फोर्ट विलियम कॉलेज, कलकत्ता (1799 स्थापना) जॉन गिलक्रिस्ट ने भारतीय भाषाओं का अध्ययन किया।
– इंशा अल्ला खाँ - रानी केतकी की कहानी - हिन्दुस्तानी में रचना।
– लल्लू लाल - 'प्रेमसागर' सहित चौदह रचनाएं।
– सदलमिश्र - नासिकेतोपाख्यान (1803 ई॰), अध्यात्म रामायण, रामचरित्र
– सदासुखलाल नियाज - सुखसागर
– पत्र-पत्रिकाएं, हिन्दी का पहला समाचार पत्र - उदंत मार्तण्ड (1826) बंगदूत, बनारस अखबार, समाचार सुधावर्षण, ज्ञान प्रदायिनी, आदि।

★ मानक हिन्दी का भाषा वैज्ञानिक विवरण (रूपगत)

शिक्षित वर्ग द्वारा, शिक्षित वर्ग के लिए भाषा का जो सामान्यी कृत आदर्श तैयार होता है उसे भाषा का मानक रूप कहते हैं। यह स्वरूप, शिक्षा, संचार माध्यमों और सरकारी कामकाज में प्रतिष्ठित होता है। मानक भाषा को व्यापक रूप से सामाजिक मान्यता प्राप्त होती है। इस का क्षेत्र बोली के क्षेत्र से बड़ा होता है। यह किसी एक बोली के आधार पर विकसित किया जाता है। परन्तु अपने विकास में अनेक बोलियों का मिश्रण हो जाता है और क्रमशः अपनी मूल बोली से भी अंशों में दूर हो जाता है। इस तरह इसका स्वतंत्र अस्तित्व बन जाता है। उदाहरणस्वरूप खड़ी बोली का क्षेत्र मेरठ और बिजनौर का रहा। किन्तु व्यापकता के कारण अक्षर योजन एवं व्याकरण में परिवर्तन हुआ।

– देवनागरी लिपि का यह गुण है कि वह उच्चारण के अनुसार हिन्दी भाषा को अंकित करने में पूर्णतया समर्थ है। इससे उच्चारणगत एकरूपता लाने में सहायता मिलती है साथ ही स्थिरता एवं सुव्यवस्था आ गई।
– व्याकरण का भाषा के मानकीकरण में आवश्यक योगदान होता है। महावीर प्रसाद द्विवेदी की प्रेरणा से कामता प्रसाद गुरू ने व्याकरण का निर्माण किया।
– केन्द्रीय हिन्दी निदेशालय ने नागरीलिपि और अंकों में एकरूपता लाने हेतु उपयोगी सुझाव प्रसारित किये हैं। शिक्षा के क्षेत्र में विश्वविद्यालयों का योगदान भी सराहनीय रहा। वैज्ञानिक और तकनीकी शब्दावली आयोग ने विज्ञान, आयुर्विज्ञान, अभियांत्रिकी, मानविकी आदि विश्वविद्यालीय विषयों पर अनेक शब्दावलियों को प्रकाशित करके उच्चतम् शिक्षा में हिन्दी के प्रयोग में भारी सहायता पहुंचाई है – गैर सरकारी स्तर पर हिन्दी के मानकीकरण में सिनेमा, रेडियो, पत्र-पत्रिकाओं, छापेखानों और उनसे निकलने वाली असंख्य पुस्तकों ने सहायता पहुंचाई।
– वर्तनी का मानकीकरण किया गया।
– शब्दावली का मानकीकरण किया।
– व्याकरण निश्चित किया।

★ हिन्दी की बोलियाँ – वर्गीकरण तथा क्षेत्र

हिन्दी की बोलियों को अपभ्रंश से उद्भूत होने के आधार पर पाँच भागों में बाँटा जाता है।

1. शौरसेनी अपभ्रंश से उद्भूत पश्चिमी हिंदी
2. अर्द्धमागधी अपभ्रंश से उद्भूत पूर्वी हिंदी
3. शौरसेनी अपभ्रंश से उद्भूत राजस्थानी
4. मागधी अपभ्रंश से उद्भूत बिहारी
5. खस अपभ्रंश से उद्भूत पहाड़ी

★ **शौरसेनी अपभ्रंश से उद्भूत पश्चिमी हिन्दी :** 5 बोलियाँ इसके अंतर्गत आती हैं।

क. कौरवी या खड़ी बोली – दिल्ली एवं मेरठ के आसपास के क्षेत्रों में बोली जाने वाली लोक बोली कहलाई। इसका विकास शौरसेनी अपभ्रंश के उत्तरी रूप से हुआ है। इस बोली में केवल लोक साहित्य ही मिलता है। खड़ी बोली को हिन्दी भाषा के आधार रूप में ग्रहण किया गया है। इसका क्षेत्र देहरादून का मैदानी भाग, सहारनपुर, मुजफ्फर नगर, मेरठ, दिल्ली नगर, गाजियाबाद, बिजनौर, रामपुर और मुरादाबाद तक विस्तृत है।

ख. ब्रजभाषा – ब्रज का विकास शौरसेनी अपभ्रंश के मध्यवर्ती रूप से हुआ। मध्यकाल में ब्रज साहित्य की भाषा रही। ब्रज में प्रचुर साहित्य रचा गया। सूरदास, नंददास, बिहारी आदि इसके प्रसिद्ध साहित्यकार हैं। यह मथुरा, आगरा, अलीगढ़, धौलपुर, मैनपुरी, एटा, बदायूँ, बरेली तथा आसपास के क्षेत्रों में बोली जाती है।

ग. हरियाणवी या बांगरू – पूरे हरियाणा प्रदेश एवं दिल्ली के देहाती भागों में बोली जाने वाली बोली को हरियाणवी या बांगरू कहा गया। इसका विकास शौरसेनी अपभ्रंश के पश्चिमी रूप से हुआ। इस बोली में केवल लोकसाहित्य मिलता है।

घ. बुंदेली – उत्तरप्रदेश एवं मध्यप्रदेश की सीमा से लगते क्षेत्र बुंदेलखंड में बोली जाने वाली बोली को बुंदेली कहा गया। यह झांसी, जालौन, हमीरपुर, ग्वालियर, ओरछा, सागर, नृसिम्हापुर, सितनी, होशंगाबाद तथा आसपास के क्षेत्रों तक विस्तृत है। 'आल्हा' इसी बोली की शैली 'बनाफरी' में रचा गया। बुंदेली में केवल लोक साहित्य मिलता है।

ङ कन्नौजी – इस बोली का केन्द्र कन्नौज (कान्य कुब्ज) होने के कारण इसका नाम कन्नौजी पड़ा। ब्रज से यह बहुत प्रभावित है वरन् कुछ हद तक ब्रज के समान है। यह इटावा, फर्रुखाबाद, शाहजहाँपुर, हरदोई, पीलीभीत आदि में बोली जाती है। कन्नौजी में मात्र लोक साहित्य ही मिलता है।

★ **अर्द्धमागधी अपभ्रंश से उद्भूत पूर्वी हिन्दी :** तीन बोलियाँ इसके अंतर्गत आती हैं।

क. अवधी – उत्तर प्रदेश के मध्यवर्ती भाग (अवध क्षेत्र) में बोली जाने के कारण इस क्षेत्र की बोली को अवधी कहा गया। इसका विकास अर्धमागधी अपभ्रंश से हुआ। अवध, ब्रज की भाँति मध्यकाल में साहित्य की भाषा रही। रामचरित मानस, पद्मावत आदि लोकप्रिय रचनाएं इसी बोली में सृजित है। तुलसीदास, जायसी आदि कवियों ने अवधी को लोकप्रिय बनाया। यह उत्तर प्रदेश के लखनऊ, इलाहाबाद, फतेहपुर, मिर्जापुर, उन्नाव, रायबरेली, सीतापुर, फैजाबाद, गोंडा, बस्ती, बहराइच, सुलतानपुर, प्रतापगढ़, बाराबंकी आदि क्षेत्रों तक विस्तृत है।

ख. **बघेली** – मध्य प्रदेश के (उत्तर प्रदेश के सीमावर्ती) बघेलघंड़ क्षेत्र में बोली जाने वाली बोली को बघेली कहा गया। इसमें केवल लोकसाहित्य मिलता हैं। यह रीवां, नागोद, शहडोल, सतना, मैहर तथा आसपास के क्षेत्रों में बोली जाती है।

ग. **छत्तीसगढ़ी** – अवधी, बघेली के अतिरिक्त छत्तीसगढ़ी भी अर्धमागधी अपभ्रंश से विकसित हुई हैं। छत्तीसगढ़ी, छत्तीसगढ़ राज्य के सरगुजा, कोरिया, बिलासपुर, रायगढ़, खैरागढ़, रायपुर, दुर्ग, नंदगाँव, कांकेर आदि में बोली जाती है। छत्तीसगढ़ी में भी लोक साहित्य ही मिलता है।

★ शौरसेनी अपभ्रंश से उद्‌भूत राजस्थानी-चार बोलियाँ

क. **मारवाड़ी** – राजस्थान के पश्चिमी क्षेत्रों (मारवाड़) में (शौरसेनी अपभ्रंश से) विकसित बोली को मारवाड़ी नाम दिया। राजस्थान के चारणों ने इसमें प्रचुर मात्रा में अपनी रचनाएं रची। प्रसिद्ध कृष्ण भक्त कवयित्री मीराबाई ने मारवाड़ी में पद गाए। राजस्थान की यह प्रतिनिधि बोली है। इसका क्षेत्र जोधपुर, अजमेर, जैसलमेर, बीकानेर, मेवाड़, सिरोही आदि तक विस्तृत है।

ख. **मेवाती** – उत्तरी राजस्थान के मेव बहुल क्षेत्र में बोली जाने वाली बोली को मेवाती कहा गया। यह अलवर, भरतपुर के कुछ भागों, गुड़गाँव के फिरोजपुर, नुंह आदि क्षेत्रों में बोली जाती है। महेन्द्रगढ़, नारनौल, रेवाड़ी, बहरोह से मुंड़ावर के क्षेत्रों में मेवाती की अहीरवाटी शैली का प्रयोग होता है।

ग. **दूंढाणी** – राजस्थान के पूर्वी भागों जयपुर, अजमेर, किशनगढ़ आदि में बोली जाने वाली बोली को दूंढाणी कहा जाता है। दादूपंथ का साहित्य दूंढाणी में ही है।

घ. **मालवी** – मध्य प्रदेश एवं राजस्थान की सीमा से लगते मालव प्रदेश में बोली जाने के कारण इसका नाम मालवी पड़ा। यह झालावाड़, इंदौर, उज्जैन, रतलाम, देवास, भोपाल, होशंगाबाद आदि क्षेत्रों में बोली जाती है।

★ मागधी अपभ्रंश से उद्‌भूत बिहारी : तीन बोलियाँ

क. **भोजपुरी** – मागधी अपभ्रंश से विकसित भोजपुरी बोली उत्तर प्रदेश के पूर्वी एवं बिहार के पश्चिमी क्षेत्रों मिर्जापुर, गोरखपुर, बनारस, रांची, देवरिया, छपरा, सीवान, गोपालगंज, गाजीपुर, बलिया, भोजपुर, पलामू आदि क्षेत्रों तक विस्तृत है। भोजपुरी सिनेमा काफी लोकप्रिय रहा है।

ख. **मगही** – बिहार के मगध क्षेत्र में बोली जाने वाली बोली को मगही कहा गया। यह गया, पटना, हजारीबाग, मुंगेर तथा पलामू में बोली जाती है।

ग. **मैथिली** – बिहार के उत्तरी भाग में पूर्वी चंपारन, मुजफ्फरपुर, मुंगेर, भागलपुर, दरभंगा, पूर्णिया आदि क्षेत्रों में बोली जाने वाली बोली मैथिली कही गयी। विद्यापति ने अपनी पदावली की रचना मैथिली में की थी। यह उड़िया और बंगाली से प्रभावित है।

★ खस अपभ्रंश से उद्‌भूत पहाड़ी : दो बोलियां

क. **उत्तरी पश्चिमी पहाड़ी** – हिमाचल प्रदेश के चंबा, चमोली आदि क्षेत्रों में बोली जाने वाली पहाड़ी बोली को पश्चिमी पहाड़ी कहा गया।

ख. **मध्यवर्ती** – गढ़वाल एवं कुमायूं क्षेत्र में बोली जाने वाली पहाड़ी बोली को मध्यवर्ती पहाड़ी कहा गया। इसके अतिरिक्त दार्जिलिंग क्षेत्र में बोली जाने वाली बोली को पूर्वी पहाड़ी कहा गया। ये पहाड़ी बोलियाँ खस अपभ्रंश से विकसित हुई हैं।

★ नागरी लिपि का विकास और उसका मानकीकरण

भारत की पुरातन लिपियों में सिंधु घाटी की लिपि, खरोष्ठी और ब्राह्मी लिपि प्रसिद्ध है। सिंधु घाटी सभ्यता की लिपि कुछ चित्राक्षर थी और कुछ ध्वन्याक्षर। सन् 400 ई॰पू॰ से पूर्व इस भाषा को भारत के उत्तर-पश्चिमी प्रदेश में व्यवहृत किया जाता था। खरोष्ठी लिपि का प्रचलन उत्तर-पश्चिमी भारत में एक हजार वर्ष तक रहा। यह दाहिनें से बायें ओर चलती हुई लिखी जाती थी। इन दोनों लिपियों का देवनागरी से कोई प्रत्यक्ष सम्बंध नहीं रहा। व्यवहार में ब्राह्मी लिपि की प्रचलितता प्रमाणित होती है। डा॰ राजबली पाण्डेय का मत है कि ब्राह्मी का आविष्कार ब्रह्म या वेद की रक्षा के लिए हुआ था। ब्राह्मी लिपि के बहुत से अक्षर सिंधु घाटी की लिपि से मिलते-जुलते हैं।

देवनागरी का सर्वप्रथम प्रयोग गुजरात के राजा जयभट्ट (7वीं-8वीं शती ई.) के एक शिलालेख में हुआ है। राष्ट्रकूट नरेशों और विजयनगर के राजाओं के राज्यकाल में इसका भरपूर प्रसार हुआ। इस समय यह लिपि हिन्दी प्रदेश के अतिरिक्त महाराष्ट्र और नेपाल में प्रचलित है। इसका वैदिक और संस्कृत वाङ्मय देवनागरी लिपि में उपलब्ध है।

मानकीकरण

सन् 1996 में 'मानक देवनागरी वर्णमाला' प्रकाशित की गई। इसके अनुसार देवनागरी के जो वर्ग एक से अधिक रूपों में लिखे जाते थे, उनके स्थान पर प्रत्येक वर्ण का एक ही मानक रूप निर्धारित किया गया।

- 1967 में 'हिन्दी वर्तनी' का मानकीकरण' नामक पुस्तिका प्रकाशित की।
- 1983 में केन्द्रीय हिन्दी निदेशालय की ओर से देवनागरी लिपि तथा हिन्दी वर्तनी का मानकीकरण का प्रकाशन हुआ।

हिन्दी प्रसार के आंदोलन

भारत के संविधान में स्वीकृत भाषाओं की संख्या अठारह है, जिनमें संघ की राजभाषा हिन्दी है, जिसकी लिपि देवनागरी है। इसके साथ ही, अनुच्छेद-351 के अनुसार हिन्दी भाषा का प्रसार करना, उसका विकास करना ताकि वह भारत की सामाजिक संस्कृति के तत्वों की अभिव्यक्ति का माध्यम् हो सके, भारतीय भाषाओं के रूप, शैली और पदावली को आत्मसात करते हुए, जहाँ आवश्यक या वांछनीय हो वहाँ, उसके शब्द भंडार के लिए मुख्यतः संस्कृत से तथा गौणतः अन्य भाषाओं से शब्द ग्रहण करते हुये उसकी समृद्धि सुनिश्चित करना संघ का कर्तव्य होगा।

पहला शिक्षा आयोग सन् 1941 ई॰ में डॉ॰ सर्वपल्ली राधाकृष्णन की अध्यक्षता में 'विश्वविद्यालय आयोग' के नाम से नियुक्त हुआ। उसे 'राधाकृष्ण आयोग' के नाम से भी अभिहित किया गया। इस आयोग ने उच्चशिक्षा का माध्यम् मातृभाषा हो इस पर विचार किया।

डा॰ ताराचंद की अध्यक्षता में एक उच्चस्तरीय समिति गठित की गई, जो संघीय राजभाषा के माध्यम् पर विचार करने के लिए बनायी गई। इस समिति ने मातृभाषा के अतिरिक्त संघीय भाषा हिन्दी को उच्च बेसिक स्तर पर अनिवार्य करने की सिफारिश की।

– सन् 1952 में 'माध्यमिक शिक्षा आयोग' बना जिसके अध्यक्ष डॉ॰ लक्ष्मण स्वामी मुदलियार थे। मातृभाषा या क्षेत्रीय भाषा के प्रयोग पर इस समिति ने बल दिया।
– सन् 1956 में केन्द्रीय शिक्षा परामर्शदात्री परिषद् ने त्रिभाषा-सूत्र का आविष्कार किया। मातृभाषा हिन्दी और अंग्रेजी पर बल दिया।
– गुजरात का सरदार पटेल विश्वविद्यालय (वल्लभ विद्यानगर) सबसे पहला विश्वविद्यालय था जिसने हिन्दी को उच्चस्तरीय शिक्षा का माध्यम् बनाया था।
  भारत में पुनर्जागरण की लहर बंगाल में तदंनतर उत्तर भारत में आयी। बंगाल में राजा राजमोहन राय इसके कर्णधार बने और स्वभाषा प्रचार का कार्य किया।
– उत्तर भारत में पुनर्जागरण का श्रेय स्वामी दयानंद सरस्वती को है। स्वामी जी ने अपनी मातृभाषा गुजराती और प्रत्यल्लब्ध संस्कृत को छोड़कर हिन्दी द्वारा सुधार-आंदोलन चलाया और दर्जनों ग्रंथों का हिन्दी में प्रचलन किया। पुनर्जागरण की उस लहर में भारतेंदु हरिश्चंद्र युग के लेखक पूरी तरह से योगदान देते रहे। महावीर प्रसाद द्विवेदी, प्रेमचन्द, मैथिलीशरण गुप्त, श्रीधर पाठक आदि इसी युग की देन हैं।
– इटली के भाषाविद् जान टी. प्लेट्स ने अपने व्याकरण में उर्दू को स्वतंत्र भाषा न मानकर हिंदुस्तानी ही माना है। इन विद्वानों के अतिरिक्त हिन्दी भाषा और साहित्य पर विचार करने वाले जॉन शेक्सपीयर, विलियम प्राइस, विलियम परे, जेम्स आर. वैलटाइन, सैड फोर्ट आनर्ट आदि हैं। इन सभी ने हिन्दी को स्वतंत्र भाषा मानते हुये उसे माध्यम के रूप में प्रचालित करने की सिफारिश की है। 'भाषा भास्कर' लिखने वाले रेवरैंड विलियम ऐथरिंगटन थे।
  श्री राजगोपालाचारी दक्षिणी हिन्दी प्रचार सभा, मद्रास के संस्थापकों में थे।

★ हिन्दी के प्रचार में संलग्न प्रमुख संस्थायें

1. अखिल भारतीय हिन्दी संस्था संघ, दिल्ली – 5 अगस्त, 1964
2. नागरी प्रचारणी सभा, काशी – 1893
3. दक्षिण भारत हिन्दी प्रचार सभा, मद्रास – 1918
4. केन्द्रीय सचिवालय हिन्दी परिषद् नई दिल्ली – 3 मई, 1980
5. महाराष्ट्र राष्ट्रभाषा सभा, पूना –1937
6. गुजरात विद्यापीठ, अहमदाबाद
7. राष्ट्रभाषा प्रचार समिति, बर्धा – 1936
8. केरल हिन्दी प्रचार सभा, तिरूअनन्तपुरम – 1934
9. बिहार राष्ट्रभाषा परिषद्, पटना – 1947
10. असम राष्ट्रभाषा प्रसार समिति, गुवाहाटी – 1954
11. मणिपुर हिन्दी परिषद्, इम्फाल – 1953
12. प्रगतिशील लेखक संघ, लखनऊ – 1936
13. हिन्दी साहित्य सम्मेलन, प्रयाग –1910
14. सरस्वती पत्रिका – चिंतामणि घोष द्वारा संस्थापित – 1900
15. परिमल – 1935
16. दक्षिण भारत हिन्दी प्रचार संस्था, मद्रास में – गांधी जी द्वारा स्थापित – 1915
17. संगीत नाटक अकादमी – 1953
18. राष्ट्रीय नाटक अकादमी – 1959
19. साहित्य अकादमी – 1955
20. IPTA (Indian Peoples Theatre Association) 1942
21. हिन्दी भाषा संवर्द्धनी सभा, अलीगढ़
22. अखिल भारतीय संगीत परिषद् – 1919
23. फोर्ट विलियम कॉलेज –1801 ई॰

★ राजभाषा के रूप में हिन्दी

राजकाज संचालन हेतु किसी न किसी भाषा की आवश्यकता पड़ती है। स्वतंत्रता के बाद राजसत्ता जनता के हाथ में आ गई। लोकतांत्रिक व्यवस्था में यह आवश्यक हो गया कि देश का राजकाज, लोक की भाषा में हो, अतः राजभाषा के रूप में हिन्दी को स्वीकार किया गया। 14 सितम्बर, 1949 ई॰ को भारत के संविधान में हिन्दी को मान्यता प्रदान की गई।

संविधान की धारा 120 के अनुरूप संसद का कार्य हिन्दी में या अंग्रेजी में किया जाता है।

धारा 210 के अंतर्गत राज्यों के विधानमंडलों का कार्य अपने-अपने राज्य की राजभाषा या हिन्दी में या अंग्रेजी में किया जा सकता है।

धारा 343 – संघ की राजभाषा हिन्दी और लिपि देवनागरी होगी और अंकों रूप भारतीय अंकों का अंतर्राष्ट्रीय रूप होगा।

धारा 344 – राष्ट्रपति द्वारा निर्धारित किया जाएगा कि कौन-2 से शासकीय कार्यों हेतु हिन्दी का प्रयोग अधिकाधिक किया जाये। 345, 346, 347, 348, 349, 350, 351 आदि सभी में राजभाषा के विकास और प्रसार का वर्णन है।

राजभाषा और राष्ट्रभाषा

राजभाषा का अर्थ है राजा या राज्य की भाषा – वह भाषा जिसमें शासक या शासन का काम होता है और राष्ट्रभाषा वह है जिसका व्यवहार राष्ट्र के सामान्य जन करते हैं। राजभाषा का क्षेत्र सीमित होता है। राष्ट्रभाषा सारे देश की संपर्क भाषा है। राष्ट्रभाषा के साथ जनता का भावात्मक लगाव रहता है क्योंकि उसके साथ जनसाधारण की सांस्कृतिक परम्परायें जुड़ी रहती हैं। राजभाषा के प्रति वैसा सम्मान हो तो सकता है, लेकिन नहीं भी हो सकता है, क्योंकि वह अपने देश की भी हो सकती है। किसी गैर देश से आए शासक की भी हो सकती है।

——❖——❖——❖——

हिन्दी साहित्य का इतिहास

★ हिन्दी साहित्य का इतिहास दर्शन –

किसी भी साहित्येतिहास दर्शन में इतिहास के सम्बन्ध में प्रयुक्त और व्यवहृत विभिन्न दृष्टिकोणों, धारणाओं एवं विचारों का अध्ययन किया जाता है। इतिहास संबंधी इन्हीं विचारों या धारणाओं को समूह रूप में 'इतिहास दर्शन' कहते हैं।

साहित्य के इतिहास दर्शन की धारणा को व्यवस्थित सिद्धांत-रूप में व्यवहृत करने का श्रेय फ्रेंच विद्वान तेन को है। उन्होंने अपने अंग्रेजी साहित्य के इतिहास में प्रतिपादित किया कि साहित्येतिहास को समझने हेतु तीन तत्त्व सक्रिय रहते हैं–

1. जाति 2. वातावरण 3. क्षण विशेष।

तेन के उपर्युक्त सिद्धांत की आलोचना करते हुए हडसन ने कहा कि तेन ने साहित्यकार काव्य सृजक के व्यक्तित्व एवं उसकी प्रतिभा की उपेक्षा की है। वस्तुतः साहित्येतिहास दर्शन में सृजक के व्यक्तित्व एवं उसकी प्रतिभा का योगदान होता है।

इन साहित्येतिहास दर्शनों से इतर जर्मन के इतिहास नेताओं ने तद्‌युगीन चेतना को तथा मार्क्सवादियों ने द्वन्द्वात्मक भौतिक विकासवाद, वर्गसंघर्ष एवं आर्थिक परिस्थितियों के संदर्भ में साहित्य के इतिहास दर्शन की प्रक्रिया को सुस्पष्ट किया।

★ हिन्दी साहित्य के प्रमुख इतिहास ग्रंथ –

यद्यपि 19वीं सदी से पूर्व ही विभिन्न कवियों और लेखकों द्वारा अनेक ऐसे ग्रंथों का प्रणयन किया जा चुका था जिनमें हिन्दी के सृजकों के व्यक्तित्व एवं कृतित्व का वर्णन किया गया। जिनमें चौरासी वैष्णवों की वार्ता, दो सौ बावन वैष्णवों की वार्ता, भक्त माल कविमाल, कालिदास हजारा। किन्तु इनमें कालक्रम सन् संवत् आदि का प्रायः अभाव दर्शित होता है। इन कविकृत संग्रहों को इतिहास की संज्ञा से भी अभिहित नहीं किया जा सकता।

★ इतिहास ग्रन्थों की सूची (हिन्दी साहित्य)

1. इस्तवार दाला लितरे-त्यूर ऐन्दुई ऐन्दुस्तानी – फ्रेंच विद्वान गार्सा दातासी, फ्रेंच भाषा में 1839 ई॰ में प्रथमतः प्रकाशित।
2. द माडर्न वर्नाक्यूलर लिटरेचर ऑफ हिन्दुस्तान – जार्ज ग्रियर्सन, सन् 1888
3. मिश्रबंधु विनोद-मिश्रबंधु-प्रथम तीन भाग 1913 में चतुर्थ भाग – 1934 में
4. शिवसिंह सरोज-शिवसिंह सेंगर – 1873
5. हिन्दी साहित्य का इतिहास – आ॰ रामचंद्र शुक्ल-1929 ना.प्र.स. वाराणसी
6. हिन्दी साहित्य की भूमिका – आ॰ हजारी प्रसाद द्विवेदी
7. हिन्दी साहित्यः उद्‌भव और विकास – हजारी प्रसाद द्विवेदी
8. हिन्दी साहित्य का आदिकाल – हजारी प्रसाद द्विवेदी
9. हिन्दी साहित्य का आलोचनात्मक इतिहास – डॉ॰ रामकुमार वर्मा – 1938
10. हिन्दी साहित्य का वृहत् इतिहास – नागरी प्रचारिणी सभा, 1961
11. हिन्दी साहित्य – डॉ॰ धीरेन्द्र वर्मा
12. हिन्दी साहित्य का इतिहास – सं॰ नगेन्द्र
13. राजस्थानी साहित्य की रूपरेखा–मोतीलाल मेनारिया, 1939
14. जैन इतिहास की पूर्व पीठिका तथा हमारा अभ्युत्थान् – हीरालाल जैन, 1939
15. Modern Hindi Literature–डॉ॰ इन्द्रनाथ मदान, 1939
16. A Scatch of Hindi Lit. – Adwin Greeks, 1917
17. A History of Hindi Lit. – एफ. इ. के. महोदय, 1920
18. हिन्दी भाषा और साहित्य – श्यामसुंदर दास, 1930
19. हिन्दी भाषा और उसके साहित्य का विकास – अयोध्या सिंह उपाध्याय, 1930
20. हिन्दी साहित्य का विवेचनात्मक इतिहास – सूर्यकांत शास्त्री, 1930
21. हिन्दी साहित्य का इतिहास–रमाशंकर शुक्ल रसाल, 1931
22. आधुनिक हिन्दी साहित्य का इतिहास – कृष्ण शंकर शुक्ल, 1934
23. हिन्दी साहित्य का अतीत – डॉ॰ विश्वनाथ प्रसाद मिश्र, 1960
24. हिन्दी साहित्य का संक्षिप्त इतिहास – डॉ. विश्वनाथ त्रिपाठी, 1985
25. हिन्दी साहित्य और संवेदना का विकास – रामस्वरूप चतुर्वेदी
26. हिन्दी साहित्य का दूसरा इतिहास – बच्चन सिंह

आदिकाल

अपभ्रंश साहित्य और हिन्दी साहित्य के बीच सम्बन्ध पर्याप्त विवाद का विषय है। इस पर मतभेद की तीन कोटियां हैं–

1. चन्द्रधर शर्मा गुलेरी ने 1921 की नागरी प्रचारिणी पत्रिका में 'पुरानी हिन्दी' शीर्षक से एक लेखमाला की शुरुआत की, जिसमें उन्होंने सर्वप्रथम उत्तर अपभ्रंश को पुरानी हिन्दी बताया। उनके अनुसार अपभ्रंश साहित्य हिन्दी साहित्य के इतिहास का अनिवार्य अंग है। राहुल और आचार्य शुक्ल इसी मत के समर्थक हैं। शुक्ल जी ने पुरानी हिन्दी को ही 'प्राकृताभास हिन्दी' या 'अपभ्रंश' भी कहा है।
2. आचार्य हजारी प्रसाद द्विवेदी के अनुसार उत्तर अपभ्रंश हिन्दी नहीं है, परन्तु हिन्दी के अत्यन्त निकट है। अतः उसके साहित्य को हिन्दी के आदिकालीन साहित्य में सम्मिलित करना चाहिए।
3. रामविलास शर्मा के अनुसार, अपभ्रंश का व्याकरण हिन्दी के व्याकरण से पूर्णतः भिन्न है, इसलिए अपभ्रंश साहित्य को हिन्दी साहित्य के इतिहास में सम्मिलित नहीं किया जा सकता।

राहुल जी तथा अन्य अनेक विद्वान आदिकाल का आरम्भ सरहपा (हिन्दी के प्रथम कवि, 769 ई॰) से मानते हैं जिसे मानना उचित भी है। अपभ्रंश की साहित्यिक परम्परा पहले से ही चली आ रही थी और

आदिकाल में हिन्दी के समान्तर लम्बे समय तक चलती रही। हम इस अध्याय में आदिकाल की समय-सीमा में रची गयी प्रमुख अपभ्रंश-रचनाओं का भी परिचय देंगे।

★ **प्राकृत-/संस्कृत-/अपभ्रंश के लेखक –**

1. **हेमचन्द्र (1088-1197)** – ने प्राकृत का व्याकरण 'सिद्ध हेमचन्द्र शब्दानुशासन' नाम से रचा। इसमें अपभ्रंश-रचनाओं से दोहे उद्धृत किये गये हैं। हेमचन्द्र जैन मुनि थे। इनकी अन्य रचनाएं हैं – 'कुमारपालचरित' तथा 'देशीनाम माला'।
2. **जैनाचार्य मेरूतुंग** – ने 'प्रबन्धचिन्तामणि' की रचना संस्कृत में की।
3. **सोमप्रभ सूरि** – की रचना है 'कुमारपाल प्रतिबोध'।
4. **प्राकृत पैंगलम्** – का रचनाकार अज्ञात है। इसमें प्राकृत और अपभ्रंश की स्फुट रचनाएं संग्रहित हैं। यह छंदशास्त्र संबंधी पुस्तक है। आचार्य शुक्ल ने इसमें मिले आठ छंदों के आधार पर ही 'हम्मीर रासो' के अस्तित्व का पता लगाया था तथा उसका रचियता शार्डगंधर को बताया था। राहुल जी ने 'हम्मीर रासो' को जज्वल कवि की रचना बताया; परन्तु शुक्ल जी का मत ही सही लगता है।

★ **अपभ्रंश साहित्य के प्रमुख कवि/रचनाएं –**

वैय्याकरण ने 'अपभ्रंश भाषा' शब्द का उल्लेख किया था। आदि काल की समय सीमा में आने वाले अपभ्रंश भाषा के प्रमुख कवि नीचे दिये जा रहे हैं:

1. **कवि स्वयंभू (कर्नाटक, 783 ई॰ लगभग)** – की रचना 'पउमचरिउ' में राम के चरित्र का विस्तार से वर्णन है। इनकी अन्य कृतियां हैं – 'रिट्ठणेमि चरिउ', 'पंचमी चरिउ', 'स्वयंभू छन्द', 'हरिवंश पुराण'।
2. **पुष्पदंत** (10वीं सदी) शैव थे, बाद में जैन हो गये। इनकी रचना 'महापुराण' में 63 महापुरुषों का चरित्र है। अन्य रचनाएं हैं – 'णयकुमारचरिउ', 'जसहरचरिउ', 'हरवंशपुराण'।
3. **धनपाल** (10वीं सदी) की रचना 'भविसयत कहा' में एक वणिक की कथा में मनुष्य के हृदय की मार्मिक अभिव्यक्ति है।
4. **अद्दहमाण या अब्दुर्रहमान** की श्रृंगारिक रचना 'संदेशरासक' (खण्डकाव्य) में विक्रमपुर की एक वियोगिन की विरह कथा है।
5. **जिनदत्त सूरि** का 'उपदेशरसायन रास' एक नृत्यगीत (रासलीला) काव्य है।
6. **जोइन्दु कवि** की रचनाएं 'परमात्म प्रकाश' तथा 'योगसार' से अपभ्रंश में 'दोहा-काव्य' आरम्भ होता है।
7. **रामसिंह** (11वीं सदी) की रचना 'पाहुड दोहा' में इन्द्रियनिग्रह, त्याग एवं ज्ञान आदि की चर्चा है।
8. **कनकामर मुनि** की रचना है 'करकंडचरिउ'।
9. **विनय चन्द्र सूरि** की रचना 'नेमिनाथ चउपई' में पहली बार बारहमासा मिलता है।
10. **हरिभद्र सूरि** 'नेमिनाथ चरिउ'।

स्मरणीय है कि अपभ्रंश में रामकथा 'पउमचरिउ', 'पउचरियम्' या 'पउमपुराण' जैसे नाम वाले ग्रन्थों में कही गयी है जबकि कृष्णकथा 'हरिवंश पुराण' में।

हिन्दी साहित्य

1. सिद्ध साहित्य : सिद्धों की संख्या 84 बतायी जाती है जिनका समय 8वीं से 12वीं सदी तक फैला है। सिद्ध बौद्धधर्म के परवर्ती स्वरूप में वज्रयानी शाखा से सम्बन्धित थे, जिसका स्वरूप आगे गुह्य और विकृत होता चला गया। सिद्धों ने ही 'महासुखवाद' का प्रर्वतन किया।

प्रथम सिद्ध सरहपाद हिन्दी के प्रथम कवि माने जाते हैं (राहुल जी के अनुसार)। इनके अन्य नाम हैं – सरहपा, सरोरूहपाद, सरोजवज्र। सरहपा ने सहजयान का प्रर्वतन किया। इनका समय राहुलजी ने 769 ई॰ माना है।

सिद्धों ने नैरात्म्य भावना, कायासाधना, सहज, शून्य तथा समाधि की भिन्न-भिन्न अवस्थाओं का वर्णन किया है। इन्होंने ब्राह्मणवाद, जाति-पाति तथा झूठे आचारों का तीव्र खंडन किया है।

सिद्धों की भाषा संधा-भाषा है जिसमें प्रतीकों के माध्यम से अंतस्साधनात्मक अनुभूतियों का संकेत होता है। सिद्धों ने चर्यापद (अनुष्ठान गीत) तथा दोहे रचे हैं। अन्य प्रमुख सिद्ध हैं – कण्हपा, लुईपा, शबरपा, डोम्भिपा। (रचनाएं 'डोम्बि-गीतिका तथा अक्षरद्विकोपदेश')।

म॰म॰ हरप्रसाद शास्त्री ने कुछ सिद्धों के चर्यागीतों और दोहाकोशों का 'बौद्धगान ओ दोहा' नाम से सन् 1917 में संपादन किया। प्रबोधचन्द्र बागची ने 'दोहाकोश' नाम से सिद्धों के दोहों को छपवाया। राहुल जी ने भी 'हिन्दी काव्यधारा' शीर्षक से चर्यापदों और दोहों का एक संकलन संपादित किया।

2. नाथ साहित्य – सिद्धों तथा नाथों में बहुत समानता है और केवल थोड़ा सा अन्तर। नाथ ब्रह्मचर्य और योगाभ्यास पर बल देते थे, जबकि सिद्ध कायासाधना पर। नाथों की संख्या 9 मानी जाती है। नाथ साहित्य के प्रारम्भकर्ता गोरखनाथ हैं जिनकें गुरु मछंदरनाथ (मत्स्येन्द्रनाथ) एक सिद्ध थे। गोरखनाथ ने पतंजलि के योग को आधार बनाकर 'हठयोग' का प्रवर्तन किया।

राहुल जी तथा हजारी प्रसाद द्विवेदी गोरखनाथ को दसवीं सदी का मानते हैं जबकि शुक्ल जी 13वीं सदी का। शुक्ल जी ने गोरखनाथ की दस हिन्दी पुस्तकों का उल्लेख किया है। डा॰ पीताम्बर दत्त बडथ्वाल ने गोरखनाथ की 40 रचनाएं मानी हैं। प्रमुख हैं– 'सबदी', 'पद', 'प्राणसंकली'। डा॰ बडथ्वाल ने सर्वप्रथम गोरख की बानियों का संग्रह 'गोरखबानी' (1930) नाम से छपवाया।

3. जैन साहित्य – जैन साहित्य मूलतः धार्मिक काव्य है, परन्तु उसमें काव्यत्व भी है। जैन साहित्य की रचना में आचार, रास, फागु, चरित आदि विभिन्न शैलियां मिलती हैं। हिन्दी में रचित जैन साहित्य की प्रमुख रचनाएं ये हैं–

क. श्रावकाचार (933 ई॰) – एक ग्रन्थ के रूप में हिन्दी की प्रथम रचना है। इसमें 250 दोहों में 'देवसेन' ने श्रावक-धर्म का प्रतिपादन किया है। देवसेन की अन्य रचनाएं हैं – 'दब्ब–सहाव–पयास' (= द्रव्यस्वभावप्रकाश; अपभ्रंश में रचित), लघुनयचक्र, (हिन्दी) 'दर्शनसार' (हिन्दी)।

ख. भरतेश्वर-बाहुबली रास – शालिभद्र सूरि रचित 205 छन्दों का खण्डकाव्य है। मुनि जिनविजय ने इसे जैनधर्म की रास परम्परा का पहला ग्रन्थ माना है। इसमें भरतेश्वर और बाहुबली का चरित वर्णन है।

ग. चन्दनबाला रास – में आसुग, कवि ने चन्दनबाला का चरितवर्णन किया है। इनकी अन्य रचनाएं हैं : 'जीवदया रास'।

घ. स्थूलिभद्र रास – में जिन धर्म सूरि ने स्थूलिभद्र और कोशा वेश्या की कथा कही है।

ङ. रेवन्तगिरि रास – में विजयसेन सूरि ने तीर्थंकर नेमिनाथ की प्रतिमा तथा रेवंतगिरि तीर्थ का वर्णन किया है।

च. नेमिनाथ रास – में सुमति गणि ने 58 छन्दों में नेमिनाथ का चरित वर्णन किया है।

4. रासो-साहित्य – 'रासो' शब्द की उत्पत्ति आचार्य शुक्ल 'रसायण' से तथा हजारी प्रसाद द्विवेदी 'रासक' से मानते हैं।

क. खुम्माण रासो – रचयिता 'दलपति विजय'।

ख. रणमल्ल छंद (1397 ई॰) – रचयिता 'श्रीधर'।
(अनेक विद्वान् इसे आदिकाल में रचित न मानकर परवर्ती मानते हैं)

ग. विजयपाल रासो – का रचयिता 'नल्ल सिंह' नामक कवि है। इसमें विजयपाल के पंग राजा से हुए युद्ध का वर्णन है। मिश्रबन्धुओं ने इसे यद्यपि 14वीं सदी की रचना कहा है लेकिन प्रायः सभी विद्वान् इसे आदिकाल से परवर्ती रचना मानते हैं।

घ. बीसलदेव रासो – इसमें भोज परमार की पुत्री राजमती और अजमेर के चौहान राजा बीसलदेव तृतीय के विवाह, वियोग और पुनर्मिलन की कथा है। इसकी भाषा राजस्थानी हिन्दी है। रचयिता का नाम 'नरपति नाल्ह' है।

ङ. परमाल रासो – इसे आल्ह खंड भी कहते हैं। इसके रचयिता 'जगनिक' कवि हैं। यह मौखिक परम्परा में इतना लोकप्रिय है कि 'आल्हा' लोकगीत की एक शैली बन गया है। यह पूरा का पूरा 'वीर' छन्द में है।

च. पृथ्वीराज रासो – राजस्थानी पिंगल (डिंगल मिश्रित पिंगल) शैली में लगभग 68 प्रकार के छन्दों में रचित यह ग्रन्थ हिन्दी का प्रथम महाकाव्य है। इस तरह 'चन्द' हिन्दी के प्रथम महाकवि ठहरते हैं। इसके साथ ही यह ग्रन्थ प्रामाणिकता के मामले में सर्वाधिक दुर्भाग्यपूर्ण भी है। इसके चार संस्करण मिलते हैं –

संस्करण	छन्द संख्या	संग्रहालय/प्रकाशन
वृहत्तम	69 समय (खण्ड)/16306 छंद	उदयपुर/ना.प्र. सभा काशी, 1585
दूसरा	7000 छंद	अबोहर, बीकानेर/ अप्रकाशित
तीसरा	19 समय/3500 छंद	बीकानेर
लघुतम्	1300 छंद	(माताप्रसाद गुप्त एवं दशरथ शर्मा इसे ही मूल रासो मानते हैं।)

हजारी प्रसाद द्विवेदी मूल रासो को शुक-शुकी संवाद के रूप में मानते हैं। रासो को प्रामाणिक सिद्ध करने के लिए मोहनलाल विष्णुलाल पाण्ड्या ने आनंद संवत् तक की कल्पना कर डाली। रासो की भाषा भी पर्याप्त विवाद का विषय है। मुनि जिनविजय ने 'पुरातन प्रबन्ध संग्रह' से चार छप्पय उद्धृत कर मूल रासो की भाषा अपभ्रंश बतायी है।

पृथ्वीराज रासो की प्रामाणिकता–

कर्नल टॉड ने रासो के सौन्दर्य पर रीझकर इसके अनेक छन्दों का अंग्रेजी में अनुवाद किया था। सन् 1875 ई॰ में सर्वप्रथम डॉ॰ बूलर ने 'पृथ्वीराज विजय' (रचनाकार – 'जयानक' कवि) ग्रन्थ की प्राप्त अधूरी प्रति के साक्ष्य से रासो को जाली घोषित कर दिया। इसकी प्रामाणिकता के सम्बन्ध में चार मत हैं–

क. प्रामाणिक मानने वाले – श्यामसुन्दर दास, मोहनलाल विष्णुलाल पाण्ड्या, मिश्रबंधु, कर्नल टॉड (सभा के संस्करण को), दशरथ शर्मा, माताप्रसाद गुप्त (लघुतम संस्करण को)।

ख. अप्रामाणिक मानने वाले – कवि राजा श्यामलदास, मुरारीदास, गौरीशंकर हीराचन्द्र ओझा, रामचन्द्र शुक्ल, मुंशी देवीप्रसाद, डॉ॰ बूलर।

ग. प्रामाणिक प्रति अनुपलब्ध मानने वाले – मुनि जिनविजय, सुनीति कुमार चटर्जी, हजारी प्रसाद द्विवेदी।

घ. रासो को मूलतः मुक्तक काव्य मानने वाले – केवल 'नरोत्तम स्वामी' हैं।

5. लौकिक साहित्य –

क. ढोला-मारु-रा दूहा – कल्लोल कवि (कुशललाभ) द्वारा रचित यह ग्रन्थ शृंगारकाव्य है। कुछ लोग इसे आदि काल की समय सीमा (11वीं सदी) में रचित मानते हैं और कुछ लोग परवर्ती (भक्तिकाल में)। इसमें नरवर देश के राजकुमार ढोला (दूल्हा) और पूगल देश की राजकुमारी मारवणी के विवाहोत्तर प्रेम और विरह का मार्मिक निरुपण है। भाषा पुरानी राजस्थानी है तथा पूरी रचना दोहा, छन्द में है।

ख. बसन्त विलास – इसके रचयिता का पता नहीं चल सका है। इसमें 84 दोहों में प्रकृति और नारी पर बसन्त के मादक प्रभाव का मनोहारी चित्रण है। सर्वप्रथम 1952 में हाजी मुहम्मद स्मारक से यह रचना प्रकाशित हुई। केशवलाल हर्षदराय ध्रुव इसके प्रथम संपादक थे।

ग. 'जयचन्द प्रकाश' एवं 'जयमयंक जसचंन्द्रिका' – 'जयचन्द प्रकाश' का रचयिता 'भट्ट केदार' हैं तथा 'जयमयंक जसचन्द्रिका' का रचयिता 'मधुकर' कवि। दोनों ही रचनाएं अप्राप्त हैं तथा दोनों का उल्लेख सिंघायच दयाल दास कृत 'राठौडॉ री ख्यात' में मिलता है। दोनों में पृथ्वीराज के शत्रु राजा जयचन्द की महिमा का वर्णन है।

घ. खड़ी बोली हिन्दी के प्रथम कवि 'अमीर खुसरो' (1253-1325) – खुसरो के गुरु ख्वाजा निजामुद्दीन औलिया थे। अमीर खुसरो ने फारसी और खड़ी बोली दोनों में प्रभूत मात्रा में रचना की है। इनके ग्रन्थों में 'खालिकबारी', 'पहेलियाँ', 'मुकरियाँ', 'गज़ल' एवं 'दो सुखने' प्रसिद्ध हैं।

ङ. मैथिल कोकिल 'विद्यापति (1360-1448) – विद्यापति का जन्म मिथिला के जिला दरभंगा (ग्राम बिपसी) में हुआ था। तिरहत के राजा शिवसिंह के आश्रय में यह रहे। विद्यापति ने जयदेव

(प॰ बंगाल) तथा चण्डीदास (बंगाल) की परम्परा में राधा-कृष्ण प्रेम की सरस अवतारणा की। उन्होंने संस्कृत, अपभ्रंश और मैथिली तीनों में रचना की है।

संस्कृत – शैवसर्वस्वसार, गंगावाक्यावली, भूपरिक्रमा, पुरुष परीक्षा, विभागसार, गोरक्षविजय नाटक आदि।

देशभाषा मिश्रित अपभ्रंश – कीर्तिलता, कीर्तिपताका

मैथिली – पदावली, लिखनावली।

6. **गद्य साहित्य** –

क. राउलवेल – यह शिलांकित कृति है। इसके रचयिता 'रोडा' नामक कवि माने जाते हैं। यह चम्पूकाव्य की प्राचीनतम हिन्दी कृति है। इसमें राउल नायिका का नखशिख-सौन्दर्य-वर्णन किया गया है। यह हिन्दी का पहला नख-शिख वर्णन का काव्य है। इसका पाठ बम्बई के प्रिंस ऑफ वेल्स संग्रहालय से उपलब्ध कराकर प्रकाशित कराया गया है। भाषा अपभ्रंश है।

ख. उक्तिव्यक्ति प्रकरण – का रचयिता 'दामोदर भट्ट' है। सुनीति कुमार चटर्जी ने इसकी भाषा को प्राचीन कोसली (अवधी) कहा है।

ग. वर्णरत्नाकर – यह मैथिली की पहली गद्य रचना है। इसके लेखक ज्योतिरीश्वर ठाकुर हैं। यह ग्रन्थ आठ कल्लोलों (अध्यायों) में विभक्त है।

महत्त्वपूर्ण वाक्य/उद्धरण/कथन : (अध्याय-परिशिष्ट)

- 'जोइ-जोइ पिण्डे सोई ब्रह्मण्डे' – गोरखनाथ
- 'गोरख जगायो जोग, भगति भगायो लोग' – गोस्वामी तुलसी दास
- गोरक्षसिद्धान्त संग्रह (संपादक - गोपीनाथ कविराज) में नवनाथ गिनाये गये हैं– नागार्जुन, जडभरत, हरिश्चन्द्र, सत्यनाथ, भीमनाथ, गोरक्षनाथ, चर्पट, जलंधर और मलयार्जुन; तथा गोरखपंथ की संस्कृत पुस्तकें हैं– 'सिद्ध-सिद्धान्त पद्धति', 'विवेक मार्तंड', 'शक्ति-संगम-तंत्र', 'निरंजन पुराण', 'वैराट पुराण'

  बारह से बहोत्तरा मझारि। जैठबदी नवमी बुधवारि।
  नाल्ह रसायण आरंभइ। सारदा तूठी ब्रह्मकुमारि।।

  – बीसल देव रासो

- 'पुस्तक जल्हण हत्थ दै चलि गज्जन नृपकाज।'
  'रघुनाथ चरित हनुमंतकृप भूप भोज उद्धरिय जिमि।'
  पृथिराज सुजस कवि चंद कृत चंदनंद उद्धरिय तिमि।।
  'एकादस सै पंचदह विक्रम साक अनंद।
  तिहि रिपुजय पुरहरन को भए पृथिराज नरिंद।।'
  एकादस सै पंचदह विक्रम जिस ध्रुमसुत्त।
  प्रतिय साक पृथिराज कौ लष्यौ विप्र गुन गुत्त।।'

  – पृथ्वीराज रासो

- रासो के आरम्भ में चंद भाषा के बारे में कहता है–
  'उक्ति धर्म विशालस्य। राजनीति नवरसं।
  खट् भाषा पुराणं च। कुरानं कथितं मया।।'उ

तथा रासो का समापन इस छंद से होता है–

- 'रासउ असंभु नवरस सरस छंदु चंदु किअ अमिअ सम।
  श्रृंगार वीर करूणा बिभछ भव अदभुत्तह संत सम।।'
- 'बालचंद बिज्जवाई भाषा। दुहु नहिं लग्गइ दुज्जन हासा।।'
  'देसिल बअना सबजन मिट्ठा। तें तैंसन जंपओ अवहट्ठा।।'

  – कीर्तिलता

- 'मैं हिन्दुस्तान की तूती हूँ, अगर तुम वास्तव में मुझसे कुछ पूछना चाहते हो तो हिन्दवी में पूछो'

'जे हाल मिस्कीं मकुन तगाफुल दुराए नैना बनाए बतियां।
किताबें-हिजरॉ न दारम-ए-जॉ, न लहियो काहे लगाय छतियॉ।।

शबाने-हिजरॉ दराज वो चूँ जुल्फ रोजे बसलत चूँ उम्र कोतह।
सखी पिया को जो मै न देखूँ तो कैसे काटूँ अँधेरी रतियाँ।।

– अमीर खुसरो

- 'जि कुछ दियउ कयमासहि अप्यनउ सु पायउ।'
  'दीनमान दिन पाइइ।' – पृथ्वीराज रासो
- 'दव का दाधा हो कूपल लेई।
  जीभ का दाधा न पाल्हवइ।' – बीसलदेव रासो
- 'पुरुष कहानी हौं कहौं जसु पत्थावै प्रुव्रु।' – कीर्तिलता

—— ❖ —— ❖ —— ❖ ——

भक्तिकाल

(1318 ई॰ – 1643 ई॰ आचार्य शुक्ल के अनुसार)

भक्ति की सैद्धान्तिक पृष्ठभूमि :

1. **शंकराचार्य : (अद्वैतवाद की स्थापना) :** इस सिद्धान्त में ब्रह्म और आत्मा, ब्रह्म सत्य है जगत मिथ्या है। इस मिथ्या प्रतीत का कारण माया अथवा अविद्या है। ब्रह्म विशेषण रहित तथा इसलिए अनिर्वचनीय है। इसीलिए शंकर के यहां ब्रह्म को कोई नाम नहीं दे सकते। उसकी सत्ता को सूचित करने वाले सारे विशेषण निषेधात्मक हैं– अव्यय, अनादि, अनिर्वच आदि।
2. **आचार्य नाथमुनि :** ये तमिलनाडु में नवीं शताब्दी के उत्तरार्द्ध में हुए थे। ये शंकराचार्य के सिद्धान्त का विरोध करने वाले पहले वैष्णव आचार्य थे। इन्होंने वैष्णव सिद्धान्तों की दार्शनिक व्याख्या की तथा आलवार भक्तों के भक्ति-भावपूर्ण पदों को 'प्रबन्धम्' शीर्षक से चार भागों में संकलित किया। नाथमुनि 'श्री सम्प्रदाय' के प्रथम आचार्य माने जाते हैं। इनकी 'न्यायतत्व' एक प्रसिद्ध पुस्तक है।
3. **यामुनाचार्य :** 'श्री सम्प्रदाय' के चतुर्थ आचार्य थे। अपने पाश्चात्य के सिद्धान्तों विशेषकर 'शरणागति' का विशद् विवेचन किया।
4. **आचार्य रामानुज (विशिष्टाद्वैत की स्थापना - 1017- 1137 ई॰) :** ''ब्रह्म की अद्वैत सत्ता को स्वीकार करते हुए भी (ब्रह्म ही एकमात्र सत्य है) जीव को और ब्रह्म को अभिन्न माना जाता है। विशिष्टता का अर्थ है विशिष्ट का विशिष्ट रूप से अद्वैत। अद्वितीय ब्रह्म विशिष्ट है। जीव और प्रकृति उसके विशेषण। इस विशिष्ट रूप में ब्रह्म ही एकमात्र तत्व है।''
आचार्य ने 'श्री' सम्प्रदाय की स्थापना की। इसमें विष्णु के अर्थावतार राम उपास्मदेव हैं। भक्ति-जीव की मुक्ति का एकमात्र साधन है। तत्वमसि का अर्थ है – 'उनका तू सेवक है।'
5. **मध्वाचार्य (द्वैतवाद) :** 'भगवान और भक्त के बीच पार्थक्य पहली शर्त है। श्री हरि अनन्त गुणों से परिपूर्ण है। जगत सत्य और जीव श्रीहरि का फिकर है। वेद के समस्त तात्पर्य भगवान विष्णु आठ गुणों से युक्त सर्वोच्च तत्व है। अल्पज्ञ जीव की मुक्ति का सर्वश्रेष्ठ साधन अमला (दोषरहित) भक्ति है।'
आचार्य मध्व (स्वामी आनन्दतीर्थ) ने ब्रह्म का प्रवर्तन किया।
6. **निम्बकाचार्य (द्वैताद्वैतवाद या भेदाभेदवाद) :** 'जीव जगत तथा ईश्वर की पृथक सत्ता स्वीकार करते हुए भी इन्होंने इस बात पर बल दिया कि जीव जगत का अस्तित्व एवं व्यापार ईश्वर की इच्छा पर ही अवलम्बित रहता है। जीवात्मा अवस्था भेद से ब्रह्म के साथ भिन्न भी है और अभिन्न भी। ईश्वर की कृपा से ही जीव को अपनी प्रकृति का ज्ञान होता है।' लक्ष्मी तथा विष्णु के बजाय राधा-कृष्ण युगलोपासना का विधान है। सम्प्रदाय में राधा का स्वकीया रूप स्वीकृत है। भक्ति के पाँच रूपों में उज्ज्वल भक्ति (दाम्पत्य भक्ति) को श्रेष्ठ माना गया है। निम्बार्क द्वारा प्रवर्तित सम्प्रदाय 'हंस सम्प्रदाय' या 'सनक सम्प्रदाय' कहलाता है, क्योंकि साम्प्रदायिक आचार्यों के अनुसार इस के आदि उपदेष्टा श्री हंस भगवान हैं। उसने सनकादि से नारद को तथा नारद से 'आरूणि' को (निम्बार्क) इसका उपदेश मिला।
7. **विष्णुस्वामी :** ब्रह्म मायारहित शुद्ध सच्चिदानन्द स्वरूप हैं। माया उनके अधीन रहती है। ईश्वर का प्रधान अवतार नृसिंह है। इन्होंने 'रूद्र सम्प्रदाय' का प्रवर्तन किया।
8. **चैतन्य (अचिन्त्य भेदाभेदवाद) :** महाप्रभु चैतन्य ने 'गौडीय सम्प्रदाय' का प्रवर्तन किया। उनका 'चैतन्य मत' बिना चलाए ही चल पड़ा। इस सम्प्रदाय का शास्त्रीय आधार षडगोस्वामियों (रूपगोस्वामी, जीवगोस्वामी, सनातन गोस्वामी, आदि) द्वारा वृन्दावन में तैयार हुआ। ''भगवान में स्वरूपा आदि शक्तियों के अभिन्न होने के कारण विचार करना शक्य न होने से भेद (प्रतीत होता) हैं और भिन्न होने के कारण विचार करना शक्य होने से अभेद (प्रतीत होता) है। इसलिए भेदाभेद स्वीकार है – वे दोनों अचिन्त्य है। इसलिए इस मत को 'अचिन्त्य भेदाभेद' नाम दिया गया है।''
9. **आचार्य वल्लभ (शुद्धाद्वैतवाद) :** वल्लभ सम्प्रदाय का मूल सम्बन्ध विष्णुस्वामी सम्प्रदाय से स्थिर किया जाता है। शुद्धाद्वैतवाद इसका दार्शनिक आधार है।

''श्रीकृष्ण ही पूर्णानन्दस्वरूप पूर्ण पुरुषोत्तम परब्रह्म है। उनकी लीलाओं का कोई प्रयोजन नहीं है – स्वयं लीला ही उनका प्रयोजन है। साधना और व्यवहार के क्षेत्र में शुद्धाद्वैत दर्शन के साथ पुष्टिमार्गी भक्ति को स्थान प्राप्त है।''

कुछ आचार्यों / सम्प्रदाय - व्याख्याकारों के ग्रन्थ

1. यामुनाचार्य - सिद्धित्रय, आगम, प्रमाणूय, गीतार्थ संग्रह
2. आचार्य रामानुज - वेदांत सार, वेदार्थ संग्रह, वेदांत दीप, गीता आष्टा,
3. विष्णुस्वामी - सर्वज्ञसूक्त
4. राघवानन्द - सिद्धान्त पंचमात्र
5. आचार्य वल्लभ - अणुभाष्य, सुबोधिनी टीका, तत्वदीप निबंध
6. स्वामी रामानन्द - वैष्णवमताद भास्कर, श्रीरामार्चन पद्धति रामरक्षा स्रोत
7. निम्बार्क - वेदांत परिजात सौरभ, दशश्लोकी, श्रीकृष्णस्तवराज, मन्त्ररहस्य षोडशी, प्रपन्नकल्पवल्ली
8. बलदेव विद्याभूषण - (चैतन्य सम्प्र॰ व्याख्याकार) : गोविन्दभाष्य
9. रूप गोस्वामी - (चैतन्य सम्प्र॰ व्याख्याकार) : उज्ज्वलनीलमणि, हरिभक्तिरसामृति सिन्धु
10. जीव गोस्वामी - (चैतन्य सम्प्र॰ व्याख्याकार) : भगवत्संदर्भ
11. सनातन गोस्वामी - (चैतन्य सम्प्र॰ व्याख्याकार) : षट्संदर्भ

अन्य भाषाओं के भक्त / कवि एवं सम्प्रदाय : संक्षिप्त परिचय

1. आलवार और नायनार संत : कबीर ने कहा है 'भक्ति द्राविड उपजी'। भक्ति का प्रथम प्रस्फुटन तमिल (दक्षिण) के आलवार भक्तों की वाणी से हुआ। आलवार एवं नायनार संतों के माध्यम से सर्वप्रथम तमिल जाति बनी।

आलवार संख्या में बारह थे। आलवारों की पहली रचना है –'तिरूवायमोलि'। अन्य प्रसिद्ध रचनाएं हैं - तिरूविरूतमु, विरूवर्गशरियेम, परियतिरूवन्दादि।

आलवारों में काण्कोप, नाम्मालवार या शष्कोप तथा सातवें केरल के राजा कुलशेखर प्रसिद्ध हैं। एकमात्र महिला आलवार भक्त आंडाल थी। कुलशेखर की रचना है–प्रेरूमाल तिरूभोवि। इन्हीं आलवारों के पदों को 'श्री सम्प्रदाय' के प्रथम आचार्य श्रीरंगनाथ मुनि ने 'प्रबन्धमू' शीर्षक से संकलित किया।

2. संत बसवेश्वर (कर्नाटक) : कर्नाटक में वीरशैव और लिंगायत सम्प्रदाय की स्थापना हुई। संत बासव ने कन्नड भाषा के पद्य के स्थान पर गद्य का प्रचलन आरम्भ किया। साहित्य और शिक्षा माध्यम को उन्होंने कन्नड़ में बदलकर देशभाषा के रूप में स्थापित किया। कन्नड़ के एक अन्य महाकवि भी हैं – 'पंप' जिनकी प्रसिद्ध रचनाएं हैं – 'आदिपुराण' और 'रत्न'।
3. चण्डीदास (बंगाल) : बंगाल में जयदेव (12वीं सदी) के 'गीत गोविन्द' में ही इस आन्दोलन की नींव पड़ चुकी थी। चण्डीदास के गीत भी सूर से पहले के हैं। बंगाल के गौडीस वैष्णव सम्प्रदाय में अनेक प्रमुख कवि हुए। धर्मठाकुर, सत्यवीर, कर्ताभाजा, बादल तथा सहजिया सम्प्रदाय बंगाल में ही बने।
4. नरसी मेहता (1414-1480 गुजरात) : गुजरात में कृष्णभक्ति आन्दोलन नरसी मेहता ने शुरू किया। आखा नामक एक निर्गुण भक्त भी हुए।
5. शंकरदेव (असम)
6. लल्लदेव (कश्मीर)
7. नुंचत रामानुज (केरल) : मलयालम के भक्त कवि थे। केरल में 'शास्त्रपूजक' सम्प्र॰ का जन्म हुआ था।
8. अन्नय्या (तेलगू) : तेलगू के प्रमुख भक्त कवि हैं – अन्नय्या, तिकन्ना, यर्रेन्न, आस्कर पोतन्न, पोतराज तथा नाचर सोम्य्या।
9. एकनाथ (मराठी) : मराठी भाषा के कई संत कवि हुए। प्रमुख हैं – समर्थ गुरू रामदास, संत एकनाथ, तुकाराम। मराठी के पहले भक्त कवि 'मुकुन्दराज' हैं। गुरूराम दास की रचनाएं हैं – ओवीबद्ध (इसमें ओवी छंद में रामकथा वर्णित है।), उस्मानी सुल्तानी, परचक्रनिरूपण, दासबोध, मनाचेश्लोक।

   संत तुकाराम के अभंग प्रसिद्ध हैं। इनके बारे में बहिणाबाई ने कहा है –

   'तुकोबा के पद अद्वैत प्रसिद्ध
   उनका अनुवाद चिन्तमोही।।'

   मराठी क्षेत्र में ही संत चक्रधर ने 'महानुभाव सम्प्र.' तथा सन्त पुण्डरीक ने 'वारकरी सम्प्र.' की स्थापना की।
10. पंचपुराण सम्प्र॰ का जन्म उड़ीसा में तथा रामावत सम्प्र॰ का उत्तर प्रदेश में हुआ था।

भक्तिकाल में काव्य रचना की विविध धारायें

A. संत काव्य B. प्रेम काव्य / सूफी काव्य
C. रामकाव्य D. कृष्णकाव्य
E. फुटकल रचनाएं

संतकाव्य / निर्गुण भक्तिकाव्य

प्रवर्तक : कबीरदास (1397 – 1518 ई॰)

आचार्य रामानन्द : भक्तमाल के अनुसार यह आचार्य रामानुज की शिष्य-परम्परा में चतुर्थ शिष्य थे। इनके दीक्षा गुरु स्वामी राघवानन्द हैं। भक्तमाल में रामानन्दजी के बारह शिष्य गिनाये गये हैं। अनंतानंद, सुखानंद, सुरसुरानन्द, नरहर्यानन्द, भावानन्द, पीपा, कबीर, सेन, धन्ना, रैदास, पद्मावती और सुरसरी।

"अनंतानंद, कबीर, सुखा, सुरसुरा, पदमावति, नरहरि।
पीपा, भवानन्द, रैदास, धना, सेन, सुरसर की घरहरि।।"

– भक्तमाल

रामानन्द जी ने रामावत सम्प्रदाय का प्रवर्तन किया, जो आगे चलकर श्री सम्प्रदाय से मिलकर एक जैसा हो गया। वस्तुतः दोनों में अन्तर है – श्री सम्प्रदाय के आराध्य नारायण (विष्णु) हैं। जबकि रामावत सम्प्रदाय के राम। इस सम्प्रदाय का मूलमंत्र 'राम' या सीताराम' है। रामानन्द जी के संस्कृत ग्रन्थ प्रसिद्ध हैं – 'वैष्णव मतादभास्कर' तथा 'श्री रामार्चन पद्धति'। इस शाखा का नामकरण विभिन्न विद्वानों ने इस प्रकार किया है। निर्गुण ज्ञानाश्रयी (रामचन्द्र शुक्ल), निर्गुण भक्तिधारा साहित्य (हजारी प्रसाद द्विवेदी) संतकाव्य परम्परा (डा॰ रामकुमार वर्मा) संत काव्य धारा के आरम्भिक कवि हैं – नामदेव, त्रिलोचन, सदना, बेनी, धन्ना, पीपा, सेन तथा रैदास।

नामदेव के अनेक पद हिन्दी में हैं। मराठी में अनेक अभंग प्रसिद्ध हैं। नामदेव के गुरु 'विसोबा खंचर' थे।

1. **संत कबीर -** कबीर से संबंधित साम्प्रदायिक सामग्री के स्रोत : श्रीपीपा की वाणी (पीपा), भवतारण (धरम दास), भक्तमाल (नाभादास), कबीर-परिचई (अनंतदास), दविस्तान (मोहसिन फानी), प्रसंग परिजात (चेतनदास), कबीर- चरित्र बोध (इसमें सर्वप्रथम जन्मकाल का उल्लेख है।) श्री गुरू ग्रन्थसाहिब सटीक भक्तमाल (प्रियादास), कबीर चरित (मुकुन्ददास), भक्तमाल (राघोदास) तथा कबीरपंथ के दो ग्रन्थ निर्भयज्ञान और 'आशासागर'।

   ऐतिहासिक ग्रन्थ - आइन-ए-अकबरी (अबुल फजल) तथा दविस्ताने मजहिग (मोहसिन फानी)।

   कबीर वाणी के मुख्य संकलनकर्ता हैं–

   सत्यकबीर की साखी (युगलानंद), सिखों का दशम ग्रन्थ, कबीर-ग्रन्थावली (श्याम सुन्दरदास), बीजक (धर्मदास), संत कबीर (राम कुमार वर्मा) कबीर-रचनावली (हरिऔध), कबीर के पद (क्षितिमोहन सेन)।

   कबीर की रचना 'बीजक' के तीन भाग हैं –साखी, सबद और रमैनी। रमैनी और सबद ब्रजभाषा में है तथा साखियों में पूर्वी प्रयोग अधिक हैं। कबीर तथा अन्य संतों की उलटबासियाँ प्रसिद्ध अंतस्साधनात्मक अनुभूतियों को असामान्य प्रतीकों में प्रकट करती है। जिनका पूर्वरूप हमें सिद्धों की 'संघाभाषा' में मिलता है।
2. **रैदास -** रैदास से संबंधित साम्प्रदायिक सामग्री के स्रोत - रैदास की परिचई (अनन्तदास-जन्मकाल का उल्लेख नहीं है) भक्तमाल (नाभादास) सटीक भक्तमाल (प्रियादास) कहते हैं कि मीराबाई रैदास की शिष्या थी। रैदास के 40 पद 'गुरू ग्रन्थ साहिब' में तथा कुछ फुटकलपद 'संतबानी में संकलित हैं।'

3. **गुरूनानक देव** (1469-1531 ई॰) - सिख धर्म के प्रवर्तक नानकदेव ने सिखों के दशम ग्रन्थ में 'कबीर की वाणी' का संकलन किया था। उनके अपने अनेक पद आदि गुरू ग्रन्थ साहिब के 'महला' प्रकरण में संकलित हैं।
'जपुजी' नानक दर्शन का सारतत्व है। उनकी रचनाओं में सबद और श्लोक मिलते हैं। गुरुनानक की रचनाएं हैं। जपुजी, असा दीवार, रहिरास और सोहिला (पंजाबी में)। उनकी रचना 'नसीहतनामा' में खड़ी बोली का भाषिक रूप स्पष्ट है। नानकदेव के पुत्र 'श्रीचंद' भी प्रसिद्ध संत हुए जिन्होंने 'उदासी सम्प्र॰' का प्रवर्तन किया।
4. **दादूदयाल** - इनके अनुसार स्थापित 'ब्रह्म सम्प्रदाय' आगे चलकर 'परब्रह्म सम्प्र॰' से हो गया तथा कालान्तर में उसे 'दादूपन्थ' की संज्ञा प्राप्त हुई। इनके शिष्य रज्जब, सुन्दरदास, प्रागदास आदि थे।
इनके दो शिष्यों सन्तदास और जगन्नाथदास ने 'हरडेवाणी' शीर्षक से इनकी रचनाओं का संकलन प्रस्तुत किया। 'अंगवधू' इनका प्रसिद्ध काव्य संग्रह है, जिनका संकलन इनके प्रमुख शिष्य रज्जब ने किया इनकी रचनाओं का एक संकलन परशुराम चतुर्वेदी द्वारा सम्पादित 'दादूदयाल' में सुलभ है।
5. **सुन्दर दास** - संतों में महाकाव्य के शास्त्रीय पक्ष के मर्मज्ञ दादूदयाल के शिष्य 'सुन्दरदास' एकमात्र संत हैं। इन्होंने 42 ग्रन्थ प्रणीत किए जिनमें 'ज्ञानसमुद्र' एवं 'सुन्दरविलास' प्रसिद्ध हैं इन्होंने परिष्कृत ब्रजभाषा में विविध छन्दों का प्रयोग किया है।
6. **मलूकदास** - ने अवधी और ब्रजभाषा में काव्यरचना की है। इनके दो ग्रन्थ अतिप्रसिद्ध हैं – 'ज्ञानबोध', 'रामावतारलीला'। अन्य ग्रन्थ हैं–'रतनखान', 'भक्तवच्छावली', 'ज्ञानपरोछि', 'ब्रजलीला', ध्रुवचरित', 'सुखसागर' तथा 'भक्तिविवेक'।
7. **रज्जब** - दादू के प्रधान शिष्य हैं। इनके ग्रन्थ का नाम 'छप्पय' है। इन्होंने एक अन्य रचना 'संब्बंगी' में अपनी तथा दूसरे संतों की रचनायें संकलित की हैं। अन्य रचनाएं 'रज्जब बोनी' में संग्रहीत हैं।
8. **धर्मदास** - कबीर के प्रधान शिष्य हैं। इन्होंने 'बीजक' में कबीर की रचनाएं संकलित की हैं। इनकी रचनायें 'धनी धर्मदास की बानी' में संकलित हैं।
9. **गुरु अर्जुनदेव** - की प्रसिद्ध रचनायें हैं – सुखमनी, बावना अखरी, बारहमासा। ग्रन्थ साहिब में इनके 6000 पद हैं।
10. **जम्भनाथ** - ने 'विश्नोई सम्प्रदाय' की स्थापना की थी। यह नाथपंथ से विशेष प्रभावित थे।
इनके प्रमुख शिष्य हैं –
हावली पावजी, लोहा पागल, दत्तनाथ औल मालदेव।
11. **वीरभान** - ने 'साधो सम्प्र॰' का प्रवर्तन किया। ये उदयमान के शिष्य थे। 'निर्वान ग्रन्थ' तथा 'बानी में इनके पद हैं।
12. **हरिदास निरंजनी** - सन्त हरिदास निरंजनी सम्प्र॰ के कवि थे जिसका मूल स्रोत नाथपंथ है। इसके प्रवर्तक निरंजन स्वामी अनुश्रूत हैं। दादूपंथी राघोदास के भक्तमाल में इसका प्रवर्तक जगन (जगन्नाथदास) को बताया गया है। यह मत भी प्रचलित है कि इसके प्रवर्तक संत हरिदास निरंजनी थे। आचार्य क्षितिमोहन सेन ने अपने ग्रन्थ मेडेवियल मिस्टिसिज्म में इसका प्रारम्भ उड़ीसा से दिखाया गया है। पुरोहित हरिनारायण द्वारा सम्पादित 'सुन्दरग्रन्थावली' की भूमिका में इनका उल्लेख है। हरिदास की भाषा सरल ब्रजभाषा है। प्रमुख ग्रन्थ हैं - ब्रह्मस्तुति, हंस प्रबोधग्रन्थ, समाधिजोग ग्रन्थ, निरपखमूल ग्रन्थ।
13. **संत सींगा** - की काव्य भाषा नीमाडी है।
14. **लालदास** - 'लालपन्थ' के प्रवर्तक लालदास मेव (मुसलमान) थे। लालपंथ का प्रचार अलवर की सीमाओं में ही हो सका है। इनकी रचनाएं 'लालदास की चेतावनी' में संग्रहीत हैं।
15. **बाबालाल** - बड़ौदा में इनका मठ है जिसे बाबा लाल का शैल कहते हैं। बाबा लाल तथा दाराशिकोह का वार्तालाप 'असरारे मार्फत' में संग्रहीत है। 'नादिरून्नितकात' में उनके कुछ विचारों का संग्रह है।
16. **अन्य संत** - अक्षर अनन्य (1653 ई॰) बावरी साहिबा (बावरी पंथ की एक संत), निपट निरंजन स्वामी (निरंजनी सम्प्रदाय के संत, इनके ग्रन्थ हैं - 'शान्त सरसी' एवं 'निरंजन संग्रह')।
17. नामदेव, सेन, संदना, धन्ना, पीपा, कबीर, रैदास, आदि का भक्तकाल में उल्लेख है। आदि ग्रन्थ पहला ग्रन्थ है जिसमें संकलित पद विभिन्न राग-रागनियों में बांटे गए हैं।

प्रेमाख्यानक काव्य / सूफी काव्य (निर्गुण भक्ति काव्य)

सूफी काव्यधारा के प्रवर्तक – मुल्ला दाउद (रचना चन्दायन)

परिचय : हमारे यहां लोक में प्रेमकथाओं के कहने की लंबी परम्परा मिलती है। कालिदास ने भी मेघदूत में 'उदयनकथाकोविद ग्रामवृद्धों' का जिक्र किया है। जिस तरह आदिकाल में जैन कवियों ने इन्हें साम्प्रदायिक रंग में रंगकर 'भविस्सयत्त कहा' जैसी रचनाएं कीं, उसी तरह भक्तिकाल में सूफी कवियों ने लोकप्रचलित कथाओं को सूफी ढाँचों में कसा हो ऐसा नहीं है। सूफी काव्य के समान्तर लौकिक-प्रेम काव्य भी रचे जाते रहे। इनमें ईश्वर दास की सत्यवती कथा, ढोला मारू रा दूहा, माधवानल-कामकंदला (कुशललाभ और आलम) सारंगा सदावृक्ष पर लिखी गयी प्रेमकाव्य रचनाएं गिनी जा सकती हैं।

सूफी रचनाएं प्रतीकात्मक हैं तथा दोहरा अर्थ (लौकिक के साथ अलौकिक के साथ भी संकेत) देने लगती है। चंदायन पहली सूफी रचना है। सभी भारतीय प्रेमाख्यानों एवं सूफी काव्यों में कथानक रूढ़ियों का प्रायः प्रयोग किया गया है। कथानक रूढ़ि से तात्पर्य किसी ऐसी घटना प्रसंगादि से है जो एक बार प्रयोग में आने के बाद परवर्ती प्रेमाख्यानों में बार-बार दोहराई जाती है तथा इस तरह रूढिगत हो जाती है। जैसे नायक और नायिका का पहली बार किसी मंदिर या फुलवारी में मिलन।

सूफीकाव्य परम्परा : इस्लाम धर्म में शरा (सनातनी) और बेशरा (मस्तमौला फकीर) दो कोटियां हैं। बेशरा साधक मलामती कहलाते हैं। भारतीय सूफी पुष्पतः बेशरा सम्प्रदाय के हैं। इनके प्रमुख उप सम्प्रदाय हैं – चिश्ती, कादिरी, सहरवर्दी, नक्शाबंदी और सत्तारी। 'सूफी' शब्द की व्युत्पति जिन विभिन्न शब्दों से की गयी है, वे हैं – 'सुफ्फा (चबूतरा)' 'सफ्फ (अगली पंक्ति)', 'सफा (पवित्र जीवन बिताने वाला साधु)', सोफिस्त (ज्ञानी)', सूफा (अरबों की जाति विशेष)', 'सुफ्फाह (भक्त विशेष)', 'सूफ (सादा ऊन)'।

इस 'सूफ (सादा ऊन)' शब्द पर अधिकांश विद्वान आज असहमत हैं तथा 'इन्साइक्लोपीडिया ब्रिटानिका' एवं 'इनसाइक्लोपीडिय आव इस्लाम' में भी इसी की पुष्टि है। सूफी मत का आदि स्रोत शायी मत में मिलता है। सूफियों का प्रमुख तत्त्व प्रेम यहीं से आया है। इसके अतिरिक्त सूफी

मत के विकास में मानी मत तथा प्लेटिनस के चिन्तन का भी प्रभाव पड़ा है। सूफी मत का प्रभाव भक्तिकाल की प्रायः सभी धाराओं पर कुछ न कुछ पड़ा है। पर प्रेमाख्यानक काव्यधारा पर यह सर्वाधिक है। सूफी मत का अपना विश्व तत्व ज्ञान है किन्तु कथा प्रबंधन में तत्व ज्ञान का आग्रह घुलमिल गया है। इन्होंने परम-सत्ता के मधुर दाम्पत्य-भाव ही जोड़ा है, अन्य कोई भाव नहीं। संसार में उसी की प्रतिछवि हैं यह प्रतिछवि में उसका प्रतीक है। सूफह इस प्रतीक को प्रतीकार्य (परम-सत्ता) का साधन मानते हैं। इसलिए उनके यहां प्रेम और उसमें भी विरह की प्रधानता है। सूफी 'प्रेम की पीर' के कवि कहे जाते हैं। इन्होंने प्रबंधकाव्य ही लिखे हैं। अवधी भाषा में दोहा-चौपाई में कड़वक बद्ध हैं। केवल 'अनुराग बांसुरी' में दोहे की जगह बैरवे का प्रयोग है। सूफी प्रबंधकाव्य मसनवी-शैली में रचित है। अर्थात सर्गबद्ध नहीं है, काव्य को घटनाओं के शीर्षक में विभाजित किया गया है।

सूफियों के अनुसार, इश्क मजाजी (लौकिक प्रेम) इश्क हकीकी (अलौकिक प्रेम) का पहला सोपान है। उन्होंने स्वयं को पुरुष तथा परम्परा को नारी रूप में चित्रित किया है, जिससे प्रेम की तीव्रता व्यंजित होती है। आत्मा या साधक परमात्मा रूप नारी अलौकिक सौन्दर्य पर मुग्ध होकर प्रेम के मार्ग पर निरन्तर आगे बढ़ता जाता है। भारतीय सूफियों ने सूफी मार्ग की चार अवस्थाओं का उल्लेख किया है। साधक क्रम से इन उच्चतर शरीअत को पार करता है। ये हैं— शरीअत (नासूत), तरीकत (मलकूत), मारिफत (जबरूत), हकीकत (लाहूत)।

नासूत : यह साधना की सबसे निचली अवस्था है जिसमें साधक शरीअत (कुरान) में प्रतिपादित विधि-निषेधों का पालन करता है।

मलकूत : इसमें साधक भौतिक जगत से ऊपर उठकर पवित्र हो जाता है। इस अवस्था में वह तरीकत (पवित्रता) अपनाने में समर्थ होता है।

जबरूत : इस अवस्था में मार्ग की सभी बाधाएं दूर हो जाती हैं तथा साधक में परमात्मा से मिलने की सामर्थ्य (मारिफत) आ जाती है।

हकीकत : यही परमसत्य है। इसमें साधक लाहूत की अवस्था प्राप्त करता है। वह अनलहक (अहं ब्रह्मास्मि) का अनुभव करने लग जाता है। इसके अतिरिक्त हाहूत आदि चार उच्चतर सोपानों की कल्पना की गयी है जिन्हें मुकामात की संज्ञा दी गयी है। शैतान साधक के मार्ग में बाधाएं उपस्थित करता है। इस्लाम में शैतान खुदा का विरोधी है लेकिन सूफी उसे खुदा का परम भक्त मानते हैं। सूफियों के अनुसार, खुदा ने शैतान की सृष्टि साधक की परीक्षा के लिए की है, जिससे साधक को केवल गुरू ही बचा सकता है। मानव शरीर में जड़ तथा आध्यात्मिक दोनों ही प्रकार के अंश हैं। नफस (जड़ आत्मा) मनुष्य को पाप की ओर ले जाती है तथा रूह (आत्मा) ईश्वर की ओर। नफस को मारना ही जीवन का परम कर्तव्य है।

चिश्ती सम्प्रदाय – की सातवीं पीढ़ी में ख्वाजा मुईनुद्दीन हुए। इस सम्प्र॰ में कुतुबुद्दीन, काकी तथा फरीदुद्दीन हुए।

सुहरावर्ती सम्प्र॰ – का भारत में प्रचार बहाउद्दीन जकारिया ने किया।

कादरी सम्प्र॰–प्रवर्तक–अब्दुल कादिर अन्य सूफी सैयद मुहम्मद गौस।

नक्शबंदी सम्प्र॰ – का प्रचार 'अहमउद फारूखी' ने किया।

राबिया एक प्रसिद्ध सूफी महिला साधक हो गयी।

भारतीय प्रेमाख्यान (कथाकाव्य) परम्परा

चाहे शुद्धरूप से लौकिक प्रेमाख्यान हों या सूफी काव्य, दोनों ही काव्यरूप की दृष्टि से प्राकृत अपभ्रंश परम्परा के रोमांचक आख्यानों से जुड़े हैं। मध्यकालीन प्रेमाख्यानों/कथाकाव्यों की यह परम्परा हमें प्रारम्भ से ही मिलती है। ऋग्वेद के उर्वशी-पुरूरवा आख्यान से यह परम्परा शुरू होती है, परन्तु महाभारत से उसका अविच्छिन्न क्रम मिलता है। संस्कृत में वासवदत्ता (सुबन्ध), कादम्बरी (बाण), दशकुमारचरित (दण्डी), नल दमयन्ती प्रसंग (महाभारत), अन्य पुराणों के आख्यान तथा जैन कवियों के प्राकृत एवं अपभ्रंश में अनेक चरितकाव्य मिलते हैं। हिन्दी प्रेमाख्यान परम्परा की पहली कृति चन्दायन मानी जाती है, परन्तु कुछ विद्वानों ने अलग मत भी दिया है–

कृति	मानने वाले आलोचक
मृगावती (कुतुबन)	आचार्य रामचन्द्र शुक्ल
सत्यवती कथा (ईश्वरदास)	आचार्य रामचन्द्र शुक्ल
हंसावली (असाइत)	मोतीलाल मेनारिया
चन्दायन (मुल्ला दाऊद)	रामकुमार वर्मा

कालक्रम से इनका क्रम इस प्रकार है – हंसावली, चन्दायन, सत्यवती कथा तथा मृगावती। हंसावली की भाषा राजस्थानी हिन्दी है, परन्तु गुजराती विद्वान इसे शुद्ध रूप से गुजराती मानते हैं। आजकल प्रायः सभी आलोचक सूफी काव्यधारा की पहली कृति चन्दायन को ही मानते हैं।

1. **चन्दायन :** इससे हिन्दी में सूफी काव्य/प्रेमाख्यान काव्य परम्परा का सूत्रपात होता है। इसकी रचना मुल्ला दाऊद ने 1379 ई. में की थी। इसका मूलनाम माताप्रसाद गुप्त 'लोर कहा' या 'लोर कथा' मानते हैं। परन्तु अब चन्दायन (माता प्रसाद) या चन्दायन (परमेश्वरीलाल गुप्त) नाम ही प्रसिद्ध है। नायक लोक (लोरिक) तथा नायिका (चन्दा) का प्रणय वर्णन इसका कथ्य है।
2. **लखनसेन-पद्मावती कथा :** इसकी रचना दामोदर कवि ने की थी तथा इसे 'वीर कथा' कहा गया। परन्तु वास्तव में यह रोमानी शैली का शुद्ध प्रेमकाव्य है।
   छंद – चौपाई, दोहा, सोरठा आदि, भाषा – राजस्थानी हिन्दी।
3. **सत्यवती कथा (1501) :** के रचयिता ईश्वरदास सगुणोपासक भक्त थे। इसके कथानक का संबंध राजकुमारी सत्यवती तथा राजकुमार ऋतुपर्ण के प्रथम दर्शनजन्य प्रेम-प्रसंग हैं।
   छंद योजना–दोहा-चौपाई, शैली, भाषा-अवधी।
4. **मृगावती (1503) :** के रचयिता कुतुबन ने इसमें प्रथम दर्शन जन्य प्रेम का निरूपण अत्यन्त भावात्मक शैली में किया है। कथा की परिणति अपभ्रंश के जैन काव्यों की परम्परा के अनुसार शान्तरस में होती है।
   छन्द योजना - 'दोहा-चौपाई शैली', भाषा-अवधी।
5. **माधवानल-कामकंदला :** के रचयिता 'गणपति' ने नायक माधव एवं नृत्यविशारदा कामकन्दकला के प्रेम को निरूपण किया है। काव्य के आरम्भ में अपना परिचय देने से पहले कवि ने कामदेव की स्तुति की है। इसकी भाषा राजस्थानी है तथा दोहा छन्द का प्रयोग है।
6. **पद्मावत (1540) :** 57 खण्डों (अध्यायों) में जायसी रचित 'पद्मावत' इस परम्परा का प्रौढ़तम् कथा काव्य है। यह एक रूपक काव्य (एलिगोरी) है। आचार्य शुक्ल इसे सूफी रचना मानते हैं। अनेक विद्वान इससे असहमत भी हैं। साही ने लिखा है ''जायसी यदि सूफी है तो कुजात सूफी है।''
   पद्मावत में प्रतीक योजना का निर्वाह हो पाया या नहीं। यह बात विवाद का विषय हो सकती है, परन्तु प्रतीकों का प्रयोग निर्विवाद है।

इसमें चित्तौड़ के राजा रत्नसेन तथा सिंहल की राजकुमारी पद्मावती के प्रेम, विवाह, एवं विवाहोत्तर जीवन का मार्मिक चित्रण हुआ है।
छंद योजना - कडवकबद्ध पद्धति (दोहा-चौपाई), भाषा-ठेठ अवधी।
अन्य रचनाएं - अखरावट, चित्ररेखा, कहरानामा, मसलानामा, आखिरी कलाम (1528) फारसी में छपा है।

7. **मधुमालती :** मंझनकृत 'मधुमालती' में नायक-नायिका के प्रथम दर्शन जन्य प्रेम के साथ-साथ पूर्वजन्म के प्रणय संस्कारों की भी महत्ता दिखाई गयी है।
छंद योजना - कडवक पद्धति (दोहा-चौपाई), भाषा अवधी।
8. **ढोला-मारू रा दूहा :** इसके रचयिता कुशल-लाभ माने जाते हैं। डॉ॰ मोती लाल मेनारिया ने अंतसाक्ष्यों के आधार पर इसे आदि काल की रचना न मानकर इसे भक्तिकाल के अंतर्गत रखा जाता है। कुशललाभ (कल्लोल कवि) द्वारा रचित यह ग्रन्थ नरवर देश के राजकुमार ढोला (दूल्हा) तथा पूगल देश की राजकुमारी मारवणी के विवाहोत्तर प्रेम और विरह की मार्मिक कथा कहता है।
छंद योजना - दोहा, भाषा पुरानी राजस्थानी।
9. **माधवानल-कामकन्दकला चौपाई :** के रचयिता कुशल-लाभ ने नायक-नायिका के अनेक जन्मों की कथा का वर्णन किया है।
छंद योजना - प्रधानतः चौपाई तथा दोहा और सोरठा एवं गाथा का भी प्रयोग।
भाषा - राजस्थानी।
10. **रूपमंजरी :** अष्टछाप के प्रसिद्ध कवि नन्ददास द्वारा रचित 'रूपमंजरी' में विवाहिता रूपमंजरी और कृष्ण-प्रेम का चित्रण हुआ है। कवि ने इसमें पहली बार उत्पत्ति रस (नारी का परपुरूष से प्रेम) की स्थापना की है।
11. **प्रेमविलास-प्रेमलता की कथा :** रचनाकार जैन श्रावक 'जटमल' हैं। नायक-नायिका का प्रेम प्रत्यक्ष दर्शन से उत्पन्न होता है। तथा दोनों गुप्तरूप से विवाह कर के भाग जाते हैं।
छंद योजना - दोहा चौपाई।
12. **छिताई-वार्ता :** के रचयिता 'नारायणदास' ने इतिहास और कल्पना के मिश्रण से 'छिताई देवगिरी' के राजा रामदेव की कन्या तथा 'ढोल समुद्रगढ' के राजकुमार के प्रणय का वर्णन किया है। इसका कथानक अनेक दृष्टियों से पद्मावत से प्रभावित है।
छंदयोजना - दोहा-चौपाई, भाषा - राजस्थानी मिश्रित ब्रज।
13. **माधवानल-कामकन्दकला (1584) :** आलम कृत इस प्रेमाख्यान में नायक-नायिका के कई जन्मों की कथा न कहकर केवल एक जन्म की ही कथा का स्वाभाविक एवं सरस वर्णन है। छन्द स्वाभाविक एवं सरस वर्णन है।
छन्द योजना - कडवक (5 अर्द्धालियों पर एक दोहा या सोरठा) भाषा-अवधी।
14. **चित्रावली (1613) :** के रचयिता उसमान ने इसमें सुजान तथा चित्रावली के प्रेम का वर्णन किया गया है। छन्द योजना कडवक (7 अर्द्धालियों पर एक दोहा) भाषा - अवधी।
15. रसरत्न : इसमें पुहकर कवि ने राजकुमारी रम्भा तथा सोम के प्रेम का चित्रण किया है।
छंद योजना - 'दोहा-चौपाई' भाषा - अवधी।
16. ज्ञानदीप - रचनाकार 'शेख नबी'
छंद - दोहा-चौपाई, भाषा - अवधी।

इसी परम्परा में रीतिकाल में कासिमशाह (हसं-जवाहिर), नुर मुहम्मद (इन्द्रावती, अनुराग बाँसुरी), शेख निसार (युसुफ जुलेखा) आदि कवि हुए जिनका परिचय रीति काल के अन्तर्गत दिया जाएगा।

अन्य :

17. **जान कवि :** ने सर्वाधिक (29) प्रेमाख्यानों की रचना की है। इनकी भाषा राजस्थानी प्रभावित ब्रज है। इनमें प्रमुख प्रेमाख्यान हैं – कथा कनकावती, तथा रत्नावती, कथा कंवलावती, कथा मोहिनी, कथा नल-दमयन्ती, कथा रूपमंजरी, कथा कलन्दर, कथा पिजरवां साहिजादै वा देवलदे, ग्रन्थ लै लै मजनूं।
18. नल-दमयन्ती (नरपति व्यास), कनक मंजरी काशीराम, नलचरित्र (मुकुन्दसिंह), पद्मिनी-चरित्र (लालचंद या लक्षोदय)।

सगुण भक्ति काव्य

रामकाव्य : (आचार्य रामानुज, आलवार संत, रामानन्द, तुलसी तथा अन्य, प्राकृत-अपभ्रंश में राम काव्य परम्परा, हिन्दी रामकाव्य)

कृष्णकाव्य : (निम्बार्क, वल्लभ, हितहरिवंश, चैतन्य, सूर तथा अन्य कवि, विभिन्न सम्प्र॰ प्राकृत अपभ्रंश तथा हिन्दी कृष्णकाव्य)

मध्कालीन भक्ति आन्दोलन : मध्यकालीन भक्ति आन्दोलन अखिल भारतीय था। इसकी सबसे बड़ी देन यही रही कि प्राकृत अपभ्रंश की परम्परा से पूरी तरह पल्ला छूटा तथा देश भाषाएं स्थापित हुई। भक्तिकालीन हिन्दी काव्य की प्रमुख भाषा ब्रजभाषा है जो ब्रजभूमि के बाहर भी काव्यभाषा के रूप में स्वीकृत हुई। इसीलिए भिरणीरीदास ने बाद में कहा है - 'ब्रजभाषा हेतु ब्रजभास ही न अनुमानौ।' बंगाल-असम से ब्रजभाषा प्रभावित बंगला-असमियां को 'ब्रजबुलि' कहा गया। भक्तिकाल की दूसरी भाषा अवधी है। भक्ति साहित्य अनेक विधाओं और छंदों में रचा गया है। गेय पद और दोहा-चौपाई में निबद्ध कडवक उसके प्रधान रचना रूप है। गेयपदों की परम्परा हिन्दी में सिद्धों से शुरू होती है। कडवक की परम्परा भी सरहपा से मिलने लगती है, किन्तु सरहपा ने कोई प्रबन्ध काव्य नहीं लिखा। अवधी में प्रबंधकाव्यों की परम्परा मिलती है–भीमकवि का 'दंगवै पुराण', सूरज की 'एकादशी कथा', पुरूषोत्तम का 'जैमिनी पुराण', ईश्वर दास की 'सत्यवती कथा', जायसी का 'पद्मावत', तुलसी का 'रामचरित मानस', आदि।

दोहे की परम्परा अपभ्रंश में मिलने लगती है। सरहपा का 'दोहाकोश' प्रसिद्ध है। दोहा नाम से आदिकाल में 'ढोला मारू रा दूहा' जैसा प्रबन्धकाव्य भी मिलता है। कबीर ने 'साखी' तथा तुलसी ने 'दोहावाली' दोहा छंद में लिखी। दोहे का ही एक रूप सोरठा है।

छप्पय, सवैया, कवित्त, भुजंग प्रभात, बैरवे, हरिगीतिका आदि भक्तिकाव्य के बहुप्रयुक्त छन्द है। सवैया, कवित्त हिन्दी के अपने (जातीय) छंद है जो भक्तिकाल में मिलते हैं, इनकी स्पष्ट परम्परा पहले नहीं मिलती। तुलसी ने नहछू, कलेऊ, सोहर, मंगलकाव्य जैसे काव्यरूपों का भी उपयोग किया है। मध्यकालीन भक्ति आन्दोलनों के अन्तर्गत सगुण और निगुर्ण दोनों धाराएं आती हैं। हम यहां सगुण काव्यधारा की साम्प्रदायिक पृष्ठभूमि की संक्षिप्त चर्चा करेंगे।

धार्मिक पृष्ठभूमि : हिन्दू धर्म के अन्तर्गत शैव, शाक्त, सौर स्मार्त्त और गणपत्य की गणना की जाती थी। शैव धर्म के अन्तर्गत मध्यकाल में पाशुपत, वीरशैव, लिंगायत, कश्मीरी सम्प्र. विख्यात थे। वैष्णव धर्म के भागवत सम्प्रदाय से सगुण भक्तिकाव्य का सूत्रपात हुआ। वैष्णव धर्म के उपसम्प्रदायों में हैं–रावत, शास्तापूजक, धर्मठाकुर, सहजिया, सत्यपीर।

भागवत धर्म के प्रतिपादक तीन प्रमुख सम्प्रदाय हैं – नारायणी, सात्वत तथा पांचरात्र। भागवत धर्म अत्यन्त प्राचीन है। इसने विष्णु तथा वासुदेव में एक्य स्थापित किया। इसके पश्चात् सात्वत धर्म का स्थान आता है जिसके प्रवर्तक वासुदेव ही माने जाते हैं। 'वासुदेव' तथा 'सात्वत' शब्द पर्याय रूप में भी उपलब्ध हैं। उपर्युक्त दोनों के बाद 'पांचरात्र' धर्म का स्थान आता है जो अधिक व्यापक शास्त्रीय आधार रखता है। 'पांचरात्र' शब्द में 'रात्र' का अर्थ है 'ज्ञान'। पंचवधि ज्ञान-वचन (परमत्व, मुक्ति, भुक्ति, योग, विषय या संसार) को पांचरात्रा माना जाता है तथा उनके समवेत् ग्रहण को पांचरात्र धर्म कहते हैं। भागवत धर्म में नवधा भक्ति मान्य हैं –

"श्रवणं, कीर्तनं, विष्णो, स्मरणां, पादसेवनम्।
अर्चनं, वदनं, दास्यम्, सख्यम्, आत्मनिवेदनम्।।"

नवधा भक्ति कहलाती है। मध्यकाल में प्रेम को भक्ति माना गया।

वैष्णव भक्ति के प्रधान आचार्य

1. आचार्य रामानुज (श्री सम्प्रदाय) : रंगनाथ मुनि वैष्णव भक्ति के प्रथम आचार्य थे। वह श्री सम्प्र. के प्रथम आचार्य माने जाते हैं। मुनि ने आलवार भक्तों के पदों के 'दिव्यप्रबंधम्' शीर्षक से संकलित किया। श्री सम्प्र. के परवर्ती आचार्य पुण्डरीकाक्ष, राममिश्र तथा यमुनाचार्य हैं, जिन्होंने रामभक्ति का विशेष पोषण किया। इस आचार्य परम्परा में आचार्य रामानुज का स्थान अप्रतिम है। उन्होंने श्री सम्प्र. को व्यापक शास्त्रीय आधार दिया तथा विशिष्टाद्वैत सिद्धान्त की स्थापना की। श्री कांचीपूर्ण रामानुज के शूद्र गुरू थे।

2. मध्वाचार्य (ब्रह्म सम्प्र.) : आचार्य ने द्वैतवाद की स्थापना की तथा ब्रह्म सम्प्र. का प्रवर्तन किया।

3. विष्णुस्वामी (रूद्र सम्प्र.) : आचार्य ने 'सर्वज्ञसूक्त' नामक ग्रन्थ की रचना की तथा रूद्र सम्प्र. का प्रवर्तन किया।

4. आचार्य निम्बार्क (सनक सम्प्रदाय) : आचार्य ने द्वैताद्वैतवाद की स्थापना की जो प्राचीन भेदाभेदवाद का ही एक रूप है। सनक या हंस सम्प्र. का प्रवर्तन किया।

उपरोक्त में से श्री एवं ब्रह्म सम्प्र. से रामभक्ति को विशेष पोषण मिला।

रामकाव्य

संस्कृत, पालि, प्राकृत एवं अपभ्रंश में रामकाव्य :

– वाल्मीकी रामायण (तीसरी सदी ईसा पूर्व) को रामकथा का आदिकाव्य माना जाता है। इसके तीन पाइ दक्षिणात्य, गौडीय, तथा पश्चिमोत्तरीय प्राप्त होते हैं।

– इसके पश्चात् उपनिषदों एवं पुराणों में रामकथा का वर्णन है।

– बौद्ध जातक कथाओं में राम 'दशरथजातक', 'अनामर्तजातक' तथा चीनी त्रिपिटिक के अन्तर्गत दशरथ कथानक में प्राप्त है।

– जैन ग्रन्थों में अपेक्षाकृत विस्तारपूर्वक रामकथा वर्णित है–पउमचरिउ (विमलसूरि), सियाचरियम्, राम चरियम् (भुवनतुंगसूरि), पद्मचरित (रविषेण), अत्तरपुराण (गुण भद्र), कथाकोष (हरिकोष), पदमचरिउ (स्वयंभू-अपभ्रंश), महापुराण (पुष्पदंत्त-अपभ्रंश)।

– वासुदेव हिण्डी (संघदास गणिवाचय), में कृष्णकथा (विस्तार से) तथा राम कथा (संक्षिप्त), दोनों हैं। यह जैन (प्राकृत) ग्रन्थ है।

– राम कथा पर आधारित संस्कृत नाटकों में कालक्रमानुसार प्रथम स्थान भास रचित 'प्रतिभा' एवं 'अभिषेक' नाटकों का है। 'प्रतिभा' नाटक की रचना सात अंकों में हुई है। इसमें सीता को लक्ष्मी का अवतार माना गया है। 'अभिषेक' में राम के विष्णुत्व की सांकेतिक अभिव्यक्ति हुई है।

– कालिदास प्रणीत 'रधुवंशम' में दसवें से पहन्द्रवें सर्ग तक रामकथा वर्णित है।

– प्रवरसेन रचित 'रावण-वध' महाकाव्य (प्राकृत भाषा 15 सर्ग) राम-रावण युद्ध पर आधारित है।

– छठी-सातवीं सदी के लगभग संस्कृत में 'महाकाव्य' अथवा 'रावणवध' शीर्षक से एक महाकाव्य (रचनाकार अज्ञात) मिलता हैं जिसमें कवि ने रामकथा के माध्यम से व्याकरण के नियम स्पष्ट किए हैं इसमें 22 सर्ग हैं।

– भवभूति ने 'उत्तररामचरित' में रामकथा का वर्णन किया है। इनकी एक अन्य रचना 'महावीरचरित' (7 अंक) है।

– अनंग हर्ष मातृराज रचित 'उत्तरराघव' नाटक (8वीं सदी) में छह अंकों में वनवास से अयोध्या वापस आने तक की कथा है।

– रामकथा से संबंधित अन्य प्रमुख रचनाएं हैं–
महाकाव्य– जानकी हरण (कुमारदास), रामायणमंजरी (क्षेमेन्द्र), दशावतार-चरितम् (क्षेमेन्द्र), उदारराघव (साक्यमज), राघवोल्लास (अद्वैत)।
नाटक– कुन्दमाला (दिङ्नाग), प्रसन्नराघव (जयदेव), उल्लास राघव (सोमेश्वर)।

उपरोक्त समस्त साहित्य आठवीं सदी तक का है। इसमें मूलतः कवि की दृष्टि से रामचरित को प्रस्तुत किया गया है, भक्त की दृष्टि से नहीं। राम को अवतार मानकर उनकी उपासना का सूत्रपात कब से हुआ यह बताना कठिन है, परन्तु जहां तक रामभक्ति के साम्प्रदायिक स्वरूप का प्रश्न है, वह आठवीं शताब्दी के पश्चात् प्रारम्भ हुआ। गुप्त साम्राज्य के पतन के बाद उत्तर भारत में भागवत धर्म का ह्रास होने लगा। वैष्णव साधना का गढ़ उत्तर भारत से दक्षिण में चला गया। जहां आलवारों ने रामभक्ति को अक्षुण्ण बनाए रखा। आलवारों का समय 800 ई.- 1100 ई. के आसपास तक है। रंगनाथ मुनि (824-924 ई.) ने इनके पदों का 'प्रबन्धम्' शीर्षक से संग्रह किया। 1100-1400 ई. में रंगनाथ मुनि (श्री सम्प्र.) के परवर्ती आचार्यों पुण्डरीकाक्ष, रामानुज तथा राघवानन्द आदि का युग आता है, जिन्होंने रामभक्ति के दार्शनिक आधार को प्रतिष्ठित किया। चौदहवीं सदी के आरम्भ में रामानन्द ने भक्ति का पुनः उत्तर में प्रचार किया। इस संदर्भ के कबीर का कथन है – 'भक्ति द्राविडी उपजी लाए रामानन्द।'

अन्य भारतीय भाषाओं में प्रमुख रामकाव्य-रचनाएं –

'कृत्तिवासी'	–	कृत्तिवास	–	बंगला
'कम्ब रामायण'	–	कम्ब	–	तमिल
'भावार्थ रामायण'	–	संत एकनाथ	–	मराठी
'ओवीबद्ध'	–	समर्थ गुरू रामदास	–	मराठी
'रामायण'	–	वेणाबाई देशपाण्डे	–	मराठी
'रामचरित'	–	राजाश्रीराम	–	मलयालम
'रामायण'	–	नामचन्द्र	–	कन्नड़
'रंग रामायण',				
'भास्कर रामायण	–	------	–	तेलुगू

हिन्दी रामकाव्य परम्परा : हिन्दी रामकाव्य परम्परा में कुछ जैन कवियों की रचनाएं प्रारम्भ में आती हैं। रावण-मन्दोदरी संवाद (मुनि लावण्य), रामचरित या रामरास (ब्रह्मनिदास), हनुमन्तरास (ब्रह्मजिनदास), हनुमन्तगामी कथा (ग्रह्मराममल्ल), हनुमान चरित (सुन्दरदास)।

स्वामी रामानन्द : 'श्री सम्प्र.' के आचार्य राघवानन्द के शिष्य, स्वामी रामानन्द रामानुज के शिष्य परम्परा में आते हैं। भक्तमाल के अनुसार वह रामानुज के शिष्य परम्परा में चतुर्थ शिष्य थे जबकि श्री रामाचर्नपद्धति के अनुसार चौहदवें। भक्तमाल में रामानन्द के बारह शिष्यों का उल्लेख है। स्वामी जी ने 'रामावत सम्प्रदाय' का गठन किया। इस सम्प्रदाय का मूलमंत्र 'राम' या 'सीताराम' हैं। इन्होंने 'रामतारक' मंत्र देकर मुसलमानों को भी हिन्दू बनाया। स्वामी जी ने काशी में वैरागी दल का भी गठन किया था। जो आज भी 'वैरागी' नाम से ही प्रसिद्ध है। इसी वैरागी परम्परा में एक शाखा में योगसाधना का समावेश हुआ जो 'तपसी शाखा' कहलायी। 'कील्हदास' तथा उनके शिष्य 'द्वारकादास' इसी शाखा के साधक थे। इनके अन्य ग्रन्थ रामरक्षा स्तोत्र को आचार्य शुक्ल इनके द्वारा रचित नहीं मानते।

रामकथा के हिन्दी कवि :

1. **ईश्वरदास :** रामचरित से संबंधित हिन्दी का प्रथम प्रबंधकाव्य संभवतः ईश्वरदास 'भारतविलाप' (16वीं सदी का आरम्भिक काल) है। 'अंगदपैज' भी रामकथा से संबंधित रचना है। इनकी एक अन्य प्रेमाख्यान रचना 'सत्यवती कथा (1501 ई॰)' है। स्वर्गराहिणी कथा तथा रामजन्म भी इनकी ही रचनाएं हैं।
2. **अग्रदास :** रामानन्द जी के शिष्य अनन्तानन्द और अनंतानंद के शिष्य कृष्णदास पयहारी थे। इन्हीं कृष्णदास पयहारी के शिष्य अग्रदास जी थे। इन्हीं पयहारी जी ने जयपुर के समीप गलता नामक स्थान में अपनी गद्दी स्थापित की। रामभक्ति परम्परा में रसिक भावना के समावेश का श्रेय इन्हीं के शिष्य अग्रदास को है। अग्रदास ने रामभक्ति काव्य में रसिक सम्प्रदाय का प्रवर्तन किया, जिसका आधारभूत ग्रन्थ है – अग्रदास कृत 'ध्यानमंजरी'। यह स्वयं को जानकी जी की सखी मानकर 'अग्रअली' लिखते थे। अग्रदासी 'गोस्वामी जी' के लगभग समकालीन (जन्म कुछ पूर्व) थे। अतः गोस्वामी जी के मर्यादावाद के सामने यह रसिकभावना दबी रही परन्तु 100 वर्ष बाद यह अपने पूरे वेग से बही। कृपा निवास ने 'रामायत सखी सम्प्रदाय' की स्थापना की। 'रामस्नेही पंथ' के संस्थापक महंत रामचरण दास ने 'स्वसुखी शाखा' (पति-पत्नी भाव) का तथा जीवाराम ने 'तत्सुखी शाखा' (सखी भाव) का प्रवर्तन किया।

   अग्रदास के ग्रन्थ ब्रजभाषा में है। प्रमुख रचनाएं है। अष्टयाम (या रामाष्टयाम), ध्यानमंजरी, रामभजनमंजरी, उपासना वाबली तथा पदावली।
3. **गोस्वामी तुलसीदास :** गोस्वामी के गुरू बाबा नरहरि दास थे। ये रामानन्द जी की शिष्य परम्परा में आते हैं। 'भक्तमाल' में यह क्रम इस प्रकार हैं।

   रामानन्द – अनंतानंद – श्रीरंग – नरहरिदास – तुलसीदास
   परन्तु अन्य ग्रन्थों से इस संदर्भ में मतभेद भी मिलते हैं।

   जन्मतिथि एवं स्थान से संबद्ध अंतस्साक्ष्य : गोस्वामी के दो शिष्यों बेनीमाधवदास तथा महात्मा रघुबरदास की रचनाओं में अंतः साक्ष्य मिलते हैं। ये रचनाएं हैं—मूलगोंसाईचरित (बेनीमाधवदास), तुलसीचरित (महात्मा रघुबरदास), दोनों में इनका जन्मस्थान राजापुर, जन्मसंवत् 1554 (मूलगोसाई चरित में जन्मतिथि श्रावण शुक्ला सप्तमी भी दी है।) माना गया है। तथा इन्हें सरयूपारीय ब्राह्मण माना गया है। शिवसिंह सरोज ने जन्मसंवत् 1583 तथा जार्ज ग्रियर्सन एवं पंडित रामगुलाम द्विवेदी ने 1589 ई॰ (1532 ई॰ यही मान्य है।) माना है।

जनश्रुतियाँ :

- 'तुलसी परासर गोत दूबे पतिऔजा के'
- 'मै पुनि निज गुरू सुनि, कथा सो सूकरखेत'
- 'संवत् सोलह सौ असी, असी गंग के तीर।
  श्रावण शुक्ला सप्तमी, तुलसी तज्यों शरीर।।

अंतःसाक्ष्य :

- 'मातु पिता जग जाई तज्यौ विधिहू न लिख्यौ कुछ भाल-भलाई'
  – कवितावली
- 'जनक' जननी तज्यौ जनमि, करम बिनु विधिहू सू ज्यों अवडेरे।'
  – विनयपत्रिका
- 'तनुजन्यो कुटिल कीट ज्यों, तज्या मातु-पिता हूँ।' – विनयपत्रिका
- 'संवत् सोलह सौ असी, असी गंग के तीर।
  श्रावण कृष्णा तीज शनि, तुलसी तज्यो शरीर।।'

आचार्य शुक्ल ने तुलसी के बारह ग्रन्थ गिनाए हैं :
रामचरितमानस, कवितावली, विनयपत्रिका, दोहावली, गीतावली, रामाज्ञा प्रश्नावली, रामलला नहछू, पार्वती मंगल, जानकी मंगल, बरवै रामायण, वैराग्य संदीपनी, कृष्णगीतावली।

शिवसिंह सरोज ने दस और ग्रन्थ गिनाए हैं :
हनुमान बाहुक, रामसतसई, संकटमोचन, रामशलाका, छन्दावली, छप्पय रामायण, कडखा रामायण, रोला रामायण, झूलना रामायण, कुण्डिलिया रामायण।

अवधी : रामचरित मानस, जानकी मंगल, पार्वती मंगल, बरवै रामायण, रामलला नहछू।

ब्रज : गीतावली, कृष्णगीतावली, कवितावली (साहित्यिक ब्रज) विनयपत्रिका।

प्रबन्धकाव्य : रामचरित मानस, रामलला नहछू, पार्वती मंगल, जानकी मंगल।

गीतिकाव्य : विनयपत्रिका, गीतावली, कृष्णगीतावली।

मुक्तककाव्य : कवितावली, दोहावली, वैराग्य संदीपनी, हनुमान बाहुक, बरवै रामायण, रामाज्ञा प्रश्नावली।

तुलसी की एक अन्य रचना कलिधर्माधर्म निरूपण बताई गई जिसे डॉ॰ रामकुमार वर्मा तथा कुछ अन्य विद्वान् ही प्रमाणिक मानते हैं।

4. **नाभादास :** नाभा दास अग्रदास जी के शिष्य थे। इन्होंने हिन्दी में 'भक्तमाल' परम्परा का सूत्रपात किया। अद्यावधि उपलब्ध भक्तमालों में इन्हीं का भक्तमाल सर्वश्रेष्ठ माना जाता है। इनकी एक अन्य रचना 'अष्टयाम' है।

5. **केशवदास :** ओरछानरेश महाराज रामसिंह के भाई इन्द्रजीत के दरबार में थे। इनके रचित सात ग्रन्थ हैं :
रामचन्द्रिका, कविप्रिया, रसिकप्रिया, वीरसिंहचरित, विज्ञान गीता, रतनबावनी, जहांगीर जसचंद्रिका। दो अन्य रचनाएं भी बताई गयी हैं – नखशिख तथा छन्दमाला। कविप्रिया (अलंकार ग्रन्थ) तथा रसिकप्रिया (रस ग्रंथ) दोनों ही सोलह (16) प्रकाशों में विभक्त हैं।
रामचन्द्रिका, वीरसिंहदेव चरित, विज्ञानगीता, जहांगीर जसचंद्रिका तथा रतनबावनी प्रबन्धकाव्य हैं।
रामचंद्रिका : यह प्रबन्धकाव्य 39 प्रकाशों में विभक्त हैं, जिसमें लगभग 125 प्रकार के छन्दों का प्रयोग है। इसे कुछ आलोचकों ने 'छन्दों का अजायबघर' कहा है। आचार्य शुक्ल ने तो केशव को 'कठिन काव्य के प्रेत' तक की संज्ञा दे डाली है। केशव की भाषा देशज प्रभावित ब्रज है जिसमें संस्कृत की क्लिष्ट पदावलियां गुम्फितहैं।

6. **सेनापति :** इनका काव्य ऋतु वर्णन, श्लेष-चमत्कार तथा गर्वोक्तियों के लिए प्रसिद्ध है। ये गंगाधर के पुत्र, परशुराम के पौत्र तथा हीरामणि दीक्षित के शिष्य थे। 'कवित्त रत्नाकर' (पाँच तरंगों में विभक्त) इनका प्रसिद्ध ग्रन्थ है। एक अन्य रचना भी बताई जाती है–'काव्यकल्पद्रुम'। भाषा ब्रजभाषा है।

7. **अन्य**

रामभक्ति काव्य	रचनाकार
रामायण महानाटक (प्रबन्धकाव्य)	प्राणचन्द चौहान
रामरासो, अध्यात्मरामायण	माधवदास
हनुमन्नाटक	हृदयराम
पौरूषेय, रामायण	नरहरि बारहट
अवध विलास	लालदास
रामायण (गुरूमुखी)	कपूर चन्द्र त्रिखा (ब्रज)
रघुनाथ चरित, दशावतार चरित	परशुराम देव
रघुनाथ लीला	माधवदास जगन्नाथी
हनुमानचरित्र	राममल्ल पाँडे

कृष्णकाव्य

कुछ तथ्य :

– डॉ॰ भण्डारकर तथा लोकमान्य तिलक वैदिक ऋषि आंगिरस कृष्ण तथा गीता के उपदेष्टा महाभारत कालीन कृष्ण को पृथक्-पृथक् मानते हैं। ऋग्वेद के प्रथम, अष्ट्म तथा दशम मंडल में भी कृष्ण का उल्लेख है। डॉ॰ भण्डारकर गोपाल कृष्ण को गीता का उपदेष्टा महाभारतकालीन कृष्ण से भिन्न मानते हैं।
– ग्रियर्सन, कैनेडी, वेबर आदि पाश्चात्य विद्वान् कृष्ण की बाललीलाओं को क्राइस्ट के चरित का अनुकरण मानते हैं। कृष्ण की लीलाओं के भक्त के लिए प्रसाद की प्राप्ति परमध्येय है। इसे उन्होंने लवफीस्ट कहा है।
– श्रीकृष्ण विषयक प्रमुख पुराण भागवत (इसकी रचना दक्षिण भारत में हुई थी।) में राधा को वह महत्वपूर्ण स्थान प्राप्त नहीं है जो हरिवंश, ब्रह्मवैवर्त आदि पुराणों में है। रास पंचाध्यायी में तो रासलीला का मोहक वर्णन होते हुए भी राधा का स्पष्ट नामोल्लेख तक नहीं है।
– रामभक्ति के लिए प्रसिद्ध दक्षिण के आलवार भक्तों में से कई कृष्ण के भी उपासक थे।
– माधुर्य कृष्ण का वर्णन पुराणों से प्रारम्भ होता है। इसके पूर्व महाभारत में षडैश्वर्यशाली कृष्ण (ज्ञान, शक्ति, बल, ऐश्वर्य, वीर्य तथा तेज) का ही वर्णन है।
– सहजिया सम्प्रदाय में कृष्ण और राधा को 'रस' और 'रति' नाम से पुकारते हैं।

संस्कृत/प्राकृत/अपभ्रंश साहित्य में कृष्णकथा

– कृष्णलीलाओं का संस्कृत काव्यों में सबसे पहले उल्लेख अश्वघोष के 'ब्रह्मचरित' काव्य में मिलता है।
– कृष्णकथा की कुछ मुख्य रचनाएं हैं–
गाहा सतसई (हालकवि), वेणीसंहार (नाटक), नाट्यदर्पण, अलंकार कौसतुभ, कंदर्प मंजरी, कृष्ण कथामृत, श्रीकृष्ण लीलामृत तथा गीत गोविन्द (जयदेव)।
– 12वीं से 15वीं सदी के मध्य की प्रमुख रचनाएं हैं–
हरिलीला (बोपदेव), यादवाभ्युदय (वेदान्त देशिक), हरिचरित काव्य, गोपलीला, कंसनिधन महाकाव्य, ब्रजबिहारी, गोपालचरित, मुरारिविजय नाटक हरविलास।
16वीं सदी में कृष्ण चैतन्य (चैतम्य महाप्रभु) के शिष्य षट्गोस्वामियों ने कृष्णभक्ति साहित्य को साहित्यशास्त्र की रस-परिघाटी पर स्थापित किया। इन्होंने संस्कृत में दो ग्रन्थ रचे– उज्जवल नीलमणि (रूपगोस्वामी), हरिभक्तिरसामृत सिन्ध (रूपगोस्वामी), षटसंदर्भ (सनातन गोस्वामी), भगवत्संर्भ (जीवगोस्वामी)।
– आदिकाल और भक्तिकाल की संधि रेखा पर विद्यापति का कृष्णकाव्य आता है। इसकी चर्चा हम आदिकाल के अंतर्गत कर चुके हैं।

हिन्दी कृष्णकाव्य के सम्प्रदाय प्रवर्तक प्रमुख आचार्य

1. **वल्लभाचार्य (1479-1530 ई॰) :** वल्लभ सम्प्र॰ के प्रवर्तक आचार्य वल्लभ तेलुगू प्रदेश के निवासी विष्णुस्वामी मतावलम्बी भक्त लक्ष्मण भट्ट के पुत्र थे। आचार्य ने 'अणु-भाष्य', 'सुबोधिनी' (टीका), 'तत्वनिबन्ध', 'जैमिनीय पूर्वमीमांसा-सूत्रभाष्य' तथा 16 लघु प्रकरण ग्रन्थों (कृष्णाश्रय, पुष्टि प्रवाह मर्यादा आदि) की रचना की।
वल्लभ सम्प्र॰ सिद्धान्त पक्ष (दार्शनिक मत) को शुद्धाद्वैत तथा साधना पक्ष (भक्तिमार्ग) को पुष्टिमार्ग कहा जाता है। 'पुष्टि' शब्द भागवत पुराण के 'पोषणं तदनुग्रह' से लिया गया है। भगवत अनुग्रह या कृपा को 'पुष्ट' कहा जाता है। इस प्रकार पुष्टिमार्ग भगवान की अहैतु की कृपा का मार्ग है।
"पुष्टिं किं? में पोषणामू किं ? तदनुग्रहः। भगवत्कृपा।"
पुष्टिमार्गी भक्ति रागानुरागी भक्ति है। इसमें भक्त ईश्वर को पाने के लिए कोई प्रयत्न नहीं करता बल्कि भगवदनुग्रह पर भरोसा करके

समस्त प्रयत्नों का विसर्जन कर देता है और नित्यलीला में प्रवेश पाता है। पुष्टिमार्गी दीक्षा के समय गुरूमंत्र दिया जाता है–

''श्रीकृष्णः शरणं मम।''

आचार्य वल्लभ के पुत्र गोस्वामी विटठ्लनाथ ने वल्लभ के चार शिष्यों - सूरदास, कुम्भनदास, परमानन्ददास तथा कृष्णदास एवं अपने चार शिष्यों - नन्ददास, गोविन्दस्वामी, छीतस्वामी तथा चतुर्भुज दास को लेकर अष्टछाप की स्थापना की। अष्टछाप के कवियों ने ही मुख्यतः पुष्टिमार्ग भक्ति का पल्लवन किया।

वल्लभाचार्य के भक्त 'पूरणमल खत्री' ने गोवर्धन पहाड़ी पर श्रीनाथ जी का मंदिर बनवाया था। अष्टछाप के भक्त इन्हीं 'श्रीनाथ जी' की नित्यलीला में अंतरंग सखाओं के रूप में सदैव रहने के कारण 'अष्टसखा' कहलाते हैं। वल्लभ सम्प्र० में सेवानिधि का सांगोपांग विधान है। अष्टयाम की इस सेवा-मंगलाचरण, शृंगार, ग्वाल, राजयोग, उत्थापन, भोग, सन्ध्या आरती तथा शयन का नियमतः पालन किया जाता है।

2. **आचार्य निम्बार्क (12-13वीं सदी) :** (द्वैताद्वैतवाद का प्रवर्तन, हंसा या सनक सम्प्रदाय)।

साम्प्रदायिक आचार्यो के अनुसार, इस सम्प्रदाय के आदि उपदेष्टा श्री हंस भगवान हैं। उनसे सनत-सनकादि को उपदेश मिला। नारद मुनि ने इस उपदेश को ग्रहण कर इसे आचार्य निम्बार्क को दिया। निम्बार्क का प्रारम्भ नाम आरूणि था। डॉ० भण्डारकर के अनुसार, निम्बार्क का समय 1162 के आस-पास है। इनका शैशव का नाम नियमानन्द था। निम्बार्क के चार प्रधान शिष्य श्री निवासाचार्य, श्री औदुम्बराचार्य, श्री गौरमुखाचार्य, तथा श्री लक्ष्मण भट्ट हैं। श्री निवासाचार्य का ग्रन्थ 'वेदान्तकौस्तुभ' अत्यन्त प्रसिद्ध है। निम्बार्क को भगवान कृष्ण के सुदर्शन चक्र का अवतार माना जाता है। कुछ विद्वानों के अनुसार, अत्यन्त सुंदर होने के कारण इन्हें सुदर्शन कहते थे। निम्बार्क ने सिद्धान्त स्थापना के लिए पांच ग्रन्थों का प्रणयन किया। वेदान्तपारिजात सौरभ, दश लोकी, श्रीकृष्णस्तवराज, मन्त्ररहस्यषोडशी, प्रपन्नकल्पवल्ली। इस सम्प्र० में भक्ति का 'राधा-कृष्ण' युगलभाव ही स्वीकृत हैं। राधा का स्वकीया रूप स्वीकृत हैं तथा भक्ति के पांच रूपों में उज्जवल भक्ति (दाम्पत्य भक्ति) को सर्वश्रेष्ठ माना गया है। राजस्थान के सलेमाबाद में इस सम्प्र० की सबसे बड़ी गद्दी है।

3. **आचार्य हितहरिवंश (राधावल्लभ सम्प्रदाय) :** इस सम्प्रदाय का प्रवर्तन आचार्य हितहरिवंश गोस्वामी ने 1534 ई० में वृन्दावन में किया। इस सम्प्रदाय में प्रेम को ही भक्ति तथा सम्प्रदाय का मूलाधार माना जाता है। नित्यविहार दर्शन ही सहचरी (जीवात्मा) का उपास्य भाव है। जिसकी प्राप्ति केवल प्रेम से ही होती है। नित्यविहार के विधायक चार तत्व हैं – कृष्ण, राधा, सहचरी तथा वृन्दावन। राधा और कृष्ण नित्यविहारी हैं और जीवात्मा सखी भाव से उनके विहार दर्शन को परमसुखी मानती है। प्रेम में नित्यमिलन और विरह दोनों का इस सम्प्रदायमें विचित्र रीति से समाहार कर दिया गया है। हितहरिवंश ने इसे सारस अथवा चकई-चकवा के प्रणय द्वारा स्पष्ट किया है। प्रेम में 'तत्सुखीभाव' को स्थान देने की जैसी सफल चेष्टा इस सम्प्रदाय में लक्षित होती है, वैसी अन्यत्र नहीं।

इस सम्प्रदाय में उपासना का आधार रस माना जाता है, अतः वाह्यनिधिनिषेध को स्थान नहीं दिया जाता। राधा को कृष्ण से भी उच्च स्थान पर रखकर उपास्य माना जाता है। कृष्ण की उपासना आनुवांशिक रूप से होती है। राधा स्वयं आनन्द रूपा नित्यभाव है, इसीलिए उपासना को 'रसोपासना' कहा जाता है। इस सम्प्र० के मंदिरों में राधा का विग्रह कृष्ण के साथ नहीं होता। श्रीकृष्ण के वामभोग में एक वस्त्रनिर्मित गद्दी होती है। जिसके ऊपर स्वर्णपत्र पर 'श्रीराधा' शब्द अंकित रहता है। इसे 'गद्दी सेवा' कहते हैं। इस सम्प्रदाय का तिलक भाल प्रदेश के नासिका भाग से ऊर्ध्व भाग तक अर्थात् त्रिकुटी तक रहता है। बीच में काली बिन्दी रहती है। तिलक की सीधी रेखाओं को कृष्ण और काली बिन्दी को राधा माना जाता है। 'निजमन्त्र' ग्रहण करने पर दो लड़ी कण्ठी, जिसमें तुलसी के मनके रहते हैं, पहनना अनिवार्य है।

4. **स्वामी हरिदास ('सखी' सम्प्रदाय) :** 'सखी सम्प्रदाय' के प्रवर्तक स्वामी हरिदास से 200 वर्ष के पश्चात् होने वाले इसी सम्प्रदाय के 'ललितमोहिनीजी' वृन्दावन में बाँस की टट्टियों का घर बनाकर रहते थे। जिससे इसका एक नाम 'टट्टी सम्प्रदाय' भी हो गया। सर्वप्रथम मिश्रबन्धुओं ने इसे टट्टी सम्प्रदाय कहने की शुरूआत की। इस सम्प्रदाय के एक श्रेष्ठ वाणीकार भगवत रसिकजी ने सम्प्रदाय को वादमुक्त बताते हुए कहा है–

''नाहीं द्वैताद्वैत हरि, नहीं विशिष्टाद्वैत।
बंधे नहीं मतवाद में ईश्वर इच्छाद्वैत।।''

तथा सम्प्रदाय का रूप इस तरह स्पष्ट किया है –

''आचारज ललिता सखी, रसिक हमारी छाप।
नित्यकिशोर उपासना, युगलमंत्र कौं जाय।।
युगलमंत्र कौं जाय, वेद रसिकन की बानी।
श्री वृन्दावनधाम, इष्ट स्यामा महारानी।।
प्रेम देवता मिले बिना, सिद्ध होय न कारज।
भावत सब सुखदानि प्रगट भये रसिकाचारज।।''

सखी सम्प्रदाय का उपास्य 'प्रेम' नामक तत्व है। यह प्रेम नित्य है और अपनी क्रीडा के लिए राधा-हरि इन दो रूपों में नित्य-प्रकटित है। यह प्रेम का तीसरा रूप सखीजन है जो इस प्रेमलीला की प्रायोजिका और भोक्ता भी है। नित्यधाम वृन्दावन उसी प्रेम का चिद्घन रूप है। अन्य सम्प्रदायों में वर्णित कृष्णलीला तथा स्वामी हरिदास जी की निकुंजलीला में तारतम्य का भारी भेद है। अन्यत्र अवतार रूप श्रीकृष्ण की अराधना की जाती है। परन्तु स्वामीजी की राधा वृषभानुकुमारी नहीं है। ब्रज की लीला नैमित्तिकी लीला है, क्योंकि अवतार किसी न किसी निमित्त से नहीं होता है। अवतार के कर्त्तव्य, कर्म और लोकचरित्र से उनके नित्यविहार में बाधा पड़ती है। स्वामी हरिदासजी के उपास्य तो प्रेम के मूलस्वरूप नित्यनिकुंज बिहारी हैं, जिनको सृष्टिनिर्माण आदि से कोई मतलब नहीं है। यह कार्य तो उनकी पदनखछरा के अंश ज्योतिरूप-नारायण करते रहते हैं। वृन्दावन की नित्यलीला सदा एकरस और अखण्ड रहने वाली है। इस रास लीला में नारायण का प्रदेश भी नहीं है। देव-पितर की कौन कहे, ब्रज के राधाकृष्ण भी उस रास के लिए ललचाते रहते हैं।

5. **कृष्ण चैतन्य (अचित्य भेदाभेदवाद, गौडीय सम्प्रदाय या चैतन्य मत)** : गौडीय सम्प्रदाय के प्रवर्तक कृष्ण चैतन्य का जन्म बंगाल के नवद्वीप नामक स्थान में हुआ था। इनके बचपन का नाम विशम्भर था। घर में विभाई नाम से भी इन्हें पुकारते थे और रूप सौन्दर्य की अतिशयता के कारण गौर या गौरांग नाम से भी प्रचलित हो गए थे। दीक्षा-गुरू केशवभारती ने उनका नाम बदलकर कृष्णचैतन्य अथवा चैतन्य रखा। चैतन्य की भक्तिभावना के आधार बिन्दु थे - प्रेम, ममता और भावुकता। उनका चैतन्य मत बिना चलाए ही चल पड़ा। अचिंत्य भेदाभेदवाद की व्यापक धरातल पर प्रतिष्ठा बलदेव विद्याभूषण ने 'गोविन्द भाष्य' में की है।

कृष्णकथा के हिन्दी कवि

क. अष्टछाप के कवि :

सूरदास : सूरदास के जीवनवृत्त से सम्बद्ध साक्ष्य चौरासी वैष्णवन की वार्ता (गोकुलनाथ), भक्तमाल (नाभाजी), वल्लभदिग्विजय (यदुनाथ), भावप्रकाश (हरिराम) तथा निजवार्ता में मिलते हैं। सूर सारावली तथा साहित्य लहरी से भी अनेक पंक्ति खोजी गयी हैं। सूरदास (1474-1538 ई.) का गऊघाट निवासी होना चौरासी वैष्णवन की वार्ता से प्राप्त होता है। उसी से यह भी ज्ञात होता है कि इनकी मृत्यु पर गोस्वामी विट्ठलनाथ ने शोकार्त होकर कहा था– "पुष्टिमारग को जहाज जात हैं, जो जाको कुछ लेना होय सो लेहु।"

सूर की कृतियां हैं – सूरसागर (द्वादश स्कन्ध)।

सूरसारावली तथा साहित्यलहरी की प्रामाणिकता पर विवाद भी है। साहित्यलहरी दृष्टिकूट पदों का संग्रह है। अर्थ गोपन शैली तथा अलंकार निरूपण की दृष्टि से भी यह महत्वपूर्ण है।

नन्ददास : 'दो सौ बावन वैष्णवन की वार्ता' और 'अष्टसखान की वार्ता' में इन्हें तुलसीदास का चचेरा भाई बताया गया है। जिसे आचार्य शुक्ल ने प्रामाणिक नहीं माना है। ध्रुवदास जी की 'भक्तनामावली' में भी प्रशंसा के अलावा कोई संकेत नहीं है। नाभादास जी के भक्तमाल में इन पर एक छप्पय है–

'चन्द्रहस अग्रज सहृद परमप्रेम पथ में पगे।'

इनके संबंध में प्रसिद्ध कहावत है–

'और कवि गढ़िया, नन्ददास जडिया।'

जिसका कारण इनका सुन्दर शब्द चयन एवं सुष्ठु प्रयोग हैं। इनकी प्रसिद्ध पुस्तक 'रास-पंचाध्यायी' रोला छंद में है। अन्य रचनाएं हैं – भंवरगीत, गोवर्धनलीला, अनेकार्ष मंजरी, मानमंजरी,रसमंजरी, रूपमंजरी, विरहमंजरी, सुदामाचरित, रूक्मिणीमंगल, सिद्धान्त पंचाध्यायी, दशस्कन्ध भाषा, नन्ददास पदावली, प्रेमबारहखडी, श्यामसगाई, दानशीलता, मानलीला। अनेकार्थमंजरी तथा अनेकार्थ नाममाला इनके द्वारा रचित कोश ग्रन्थ है।

कुंभनदास : साक्ष्य 'चौरासी वैष्णवन की वार्ता' तथा 'भाव प्रकाश' (हरिराय) में मिलते हैं। भक्तमाल की टीकाओं में इनका खास उल्लेख नहीं मिलता। अकबर के समक्ष गाया गया इनका यह पद बहुत प्रसिद्ध है –

'संतन को कहा सीकरी सो काम।'

परमानन्द दास : 'परमानन्द सागर', 'परमानन्द के पद' तथा 'वल्लभ सम्प्रदायी कीर्तन संग्रह' नामों से इनके पदों के संकलन हुए हैं।

कृष्णदास : श्रीनाथ जी के मंदिर के प्रधान प्रबन्धक थे। इनका वृत्त 'चौरासी वैष्णवन' की वार्ता' तथा 'दो सौ बावन वैष्णवन की वार्ता' में मिलता है। कहते हैं श्रीनाथ मंदिर की वेश्या नर्तकी तथा कृष्णदास दोनों ने इस पद के (कृष्णदास रचित) गाने के साथ अपने प्राण छोड़े थे–

'मो मन गिरिधर छवि पर अटक्यो।'

गोविन्द स्वामी : किंवदन्ती है कि अकबरी दरबार के प्रसिद्ध गायक 'तानसेन' ने इनसे पद गायन की शिक्षा ली थी। सम्प्रति इनके पदों का एक संकलन 'गोविन्द स्वामी के पद' शीर्षक से उपलब्ध है।

छीतस्वामी : मथुरा के प्रसिद्ध पंडा थे, तथा राजा बीरबल जैसे लोग इनके जजमान थे। इनका एक प्रसिद्ध पद हैं–

'हे विधवा तोसों अचरा पसारि मॉगों, जनम-जनम दी जौ माही
याही ब्रज बसिबौं।'

चतुर्भुजदास : ये कुंभनदास के सात पुत्रों में से सबसे छोटे पुत्र थे।

ख. निम्बार्क सम्प्रदाय के कवि

श्रीभट्ट : भक्तमाल (श्रीनारायण जी नाभा) तथा हरिव्याशामृत (रूप रसिकदेव) में इनका वृत्त साक्ष्य मिलता है। श्रीभट्ट जी का ब्रजभाषा में लिखा एक ही ग्रन्थ है– "युगलशतक"। युगलोपासना में श्री राधा जी का प्राधान्य दृष्टिगोचर होता है। इस ग्रन्थ का भाव 'गोपीभाव' या 'सखी भाव' है। श्रीभट्ट को सम्प्रदाय में 'हितू सखी' का अवतार माना जाता है। यह पद गाते हुए इन्हें राधाकृष्ण की स्पष्ट झलक मिली थी–

'भींजत कब देखौं इन नैना।'

युगलशतक के रचनाकाल संबंधी एक दोहा उसी में है–

"नयन बान पुनि राग ससि, गनां अंक गति बात।
युगलशतक पूरन भयौ, संवत अति अभिराम।।"

– युगलशतक

युगलशतक का ही एक अन्य नाम 'आदिबानी' भी है।

हरिव्यास देव : भक्तमाल में इन्हें श्रीभट्ट का शिष्य बताया गया है। इनके प्रमुख बारह शिष्य बताये गये हैं। इन्होंने चार संस्कृत – सिद्धान्त रत्नाउज्जलि, निम्बार्कार्षोत्तरशतनाम्, तत्वार्थचंक (अप्राप्त) पंचसंस्कार निरूपण (अप्राप्त), तथा एक ब्रजभाषा –'महावाणी' ग्रन्थ रचे।।

'निम्बार्कार्षोत्तरशतनाम' विटठलनाथ जी की कृति 'सर्वोत्तमस्रोत्र' की छाया पर लिखित है। 'किशोरी अलिजी की वाणी' में हरिव्यासदेव जी के शिष्य रूपरसिक को 'महावाणी' का कर्ता बताया गया है।

'रूपरसिक से हम रसिकवर।'
'दिव्य महाबानी रससानी पगटर करन, प्रगटे अवनी पर।'

– किशोरी अलिजी की वाणी

परशुराम देव : हरिव्यास देव जी के प्रमुख शिष्य थे। यह ही सम्प्रदाय की गद्दी को ब्रज से सलेमाबाद ले गए। इनकी प्रसिद्ध रचना है – 'परशुराम सागर'।

ग. राधावल्लभ सम्प्रदाय के कवि

हितहरिवंश : वंशी के अवतार हितहरिवंश जी के गुरू रूप में श्रीराधा जी को स्वीकार किया जाता है। इनके रचित दो हिन्दी ग्रन्थ – हितचौरासी, स्फुटवाणी तथा दो संस्कृतग्रन्थ – राधा सुधानिधि, यमुनाष्टक प्राप्त होते हैं। राधावल्लभ सम्प्रदाय के प्रवर्तक हितहरिवंश जी के ग्रन्थ 'हित चौरासी को इस सम्प्रदाय का मूलाधार माना जाता है। श्री हरीराम व्यास ने इनकी मृत्यु पर अत्यन्त मार्मिक पद लिखा है– 'हुतो रस रसकिन को आधार।'

दामोदर दास (सेवक जी) : सेवक चरित्र (प्रियादास) में वृत्तसाक्ष्य उपलब्ध है। व्यास जी विशाखा सखी के अवतार माने जाते हैं। विशाखा राधा-मानव मिलन में सहयोग देकर राधा का अनुगमन करती है। इनकी रचनाओं में 'व्यास वाणी' तथा 'रागमाला' प्रमुख हैं।

चतुर्भुज दासः राधावल्लभीय चतुर्भुजदास 'अष्टछाप' के चतुर्भुजदास से भिन्न है। जिन्हें सबसे पहले मिश्रबन्धुओं ने तथा फिर आचार्य शुक्ल ने एवं डा॰ रामकुमार वर्मा ने भ्रमवश अपने इतिहासों में मिलाकर एक कर दिया है। इस भ्रम के निराकरण का श्रेय डॉ॰ दीनदयाल गुप्त को है।

राधावल्लभय 'चतुर्भुजदास' की प्रमुख रचनायें हैं– द्वादशयश, भक्तिप्रताप, हितजू को मंगल।

ध्रुवदास : इनके ग्रन्थों की संख्या 42 है। कुछ समय पहले तक इस पर थोड़ा विवाद था। ब्रजमाधुरीसार (वियोगी हरि), में 40 हिन्दी साहित्य का इतिहास (रामचन्द्र शुक्ल) में 37 तथा मिश्रबंधुविनोद में 43 ग्रन्थ गिनाये गये है। प्रमुख रचनाएं हैं–

हितश्रृंगारलीला, सिंगारसत, नेहमंजरी, भजनसत, दानलीला, मानलीला आदि।

'भक्तनामावली' में इन्होंने नाभाजी के अनुकरण पर कई भक्तों का उल्लेख किया है। ये हित हरिवंश जी के स्वप्न-शिष्य हुए थे।

नेहीनागरीदास : 'अनन्यर सिकमाल' (भगवतमुदित) में इनका वृत्त साक्ष्य प्राप्त है। नेहीनागरीदस जी की हितवाणी और नित्यविहार में अनन्यनिष्ठा थी इनका एक प्रसिद्ध पद है, जिसका सम्प्रदाय में बहुत मान है। यह पद 'राधाष्टक' नाम से प्रसिद्ध है, जिसमें राधा और हरिवंश को छोड़कर और किसको कुछ भी स्वीकार नहीं किया गया है।

घ. सखी-सम्प्रदाय के कवि

स्वामी हरिदास : निजमत सिद्धान्त (किशोरदास), भक्तमाल (नाभादास), में वृत्त साक्ष्य उपलब्ध है। हरिदास जी अपने समय के महान संगीतज्ञ तथा ध्रुपद गायक थे। इनकी भाषा तद्भवप्रधान बोलचाल के अतिनिकट है। अकबरी दरबार के गायक तानसेन इन्ही के शिष्य थे। स्वामी हरिदास की केवल दो रचनाएं प्राप्त हैं – 'सिद्धान्त के पद' तथा 'केलिमाल'।

बीठल बिपुल : निजमत सिद्धान्त (किशोरदास), भक्तमाल (नाभाजी) तथा सटीक भक्तमाल (प्रियादास) में इनका उल्लेख है। नाभादास जी ने इन्हें 'रससागर' की उपाधि दी है।

बिहारिन दास : बिहारीदास या बिहारिन दास इस सम्प्रदाय के श्रेष्ठ कवि तथा सिद्धान्त व्याख्याता हुए है। सम्प्रदाय में ये 'गुरूदेव' नाम से प्रसिद्ध हैं। यह हरिदासी उपासना के लिए प्रमाण कोटि में ग्रहीत है। इनकी रचनाएं 'बिहारिनदास की वाणी' नाम से प्रसिद्ध है। यह बीठलबिपुलजी के शिष्य थे। इन्होंने अपने मत को वैदिक सिद्ध करते हुए कहा है–

'वेदन कह्यो सो हम कियौ, औरन के मत छोरि।
कहत बिहारिन दास यह, अनन्य सभा में डोरि।।'

जगन्नाथ गोस्वामी : स्वामी हरिदास के भाई थे। इनकी रचना है – 'अनन्य सेवानिधि'। बिहार-रसामृत (सन्तदास) में सम्प्रदाय के आराध्य श्रीबिहारी जी तथा हरिदास जी के बाद इनकी भी वंदना की गयी है।

नागरीदास : ये बिहारिनदास जी के प्रमुख शिष्य थे। निजमत सिद्धान्त (किशोरदास) में इनका वृत्त प्राप्त हैं। ध्रुवदास ने एक दोहे में इनके मृदुल स्वभाव की प्रशंसा की है। नागरीदास के छोटे भाई सरसदास भी इसी सम्प्रदाय के भक्त कवि हैं। सरसदास जी के 66 पद 'अष्टाचार्यों की वाणी' में संकलित हैं।

ङ. गौड़ीय सम्प्रदाय के कवि

रामराय : इनका उल्लेख 'भक्तमाल' (नाभा जी) तथा 'दो सौ बावन वैष्णवन की वार्ता' (गो॰ विट्ठलनाथ) में हुआ। इनके अनेक पदों में 'भगवान हितरामराय' की छाप मिलती है। ब्रज में इन्होंने श्रीनित्यानंद से दीक्षा ग्रहण की। इसके पूर्व यह गो॰ विट्ठलनाथ के शिष्य थे। रामराय जी संस्कृत तथा ब्रजभाषा दोनों के ही पण्डित थे। ब्रजभाषा में-'आदिवासी' तथा 'गीत गोविन्दभाषा' तथा संस्कृत में 'गौरविनोदिनी', वृत्ति गौर भाष्य, स्तवपंचकम् तथा गोविन्द तत्व दीपिका ग्रन्थों का इन्होंने प्रणयन किया। आदिवाणी से यह विशुद्ध गौड़ीय ज्ञात होते हैं।

सूरदास : भक्तमाल (नाभाजी) में इनके काव्य की प्रशंसा की है। यह श्री सनातन गोस्वामियों के शिष्य थे। सहदबानी (बाबा कृष्णदास) में इनके 105 पद संग्रहीत हैं।

यह अकबर के दीवान थे और संडीले में नियुक्त थे। एक बार इन्होंने खजाने में आयी तेरह लाख मुद्रायें साधुओं के खिलाने-पिलाने पर खर्च कर दी तथा स्वयं वृन्दावन भाग गए। खजाने के विवरण में लिख भेजा –

'तेरह लाख संडीले उपजे, सब साधुन मिलि गटके।
सूरदास मदनमोहन, वृन्दावन को सटके।।'

गदाधर भट्ट : यह ब्रज भाषा के सुप्रसिद्ध कवि तथा भागवत के श्रेष्ठ वक्ता थे। इनकी प्रशंसा ध्रुवदास (भक्तानामावली), नागरीदास, भगवतरसिक, प्रियादास आदि ने की है। इनके बारे में भ्रान्ति है कि ये महाप्रभु चैतन्य के शिष्य थे और उन्हें भागवत सुनाया करते थे। इसी आधार पर आचार्य शुक्ल ने इन्हें सूर-पूर्व मान लिया है। वस्तुतः चैतन्य ने किसी को अपना शिष्य नहीं बनाया। उनको भागवत सुनाने वाले गदाधर पण्डित थे, गदाधर भट्ट नहीं।

चन्द्रगोपाल : रामराय जी के अनुज थे। इनकी संस्कृत रचनाएं हैं– श्रीराधामाधवाष्टक, श्रीराधामाधवभाष्य तथा गायत्रीभाज्य। ब्रजभाषा के इनके ग्रन्थ हैं– चन्द्रचौरासी, अष्टायाम सेवासुधा, गौरांग अष्टाया ऋतुबिहार तथा राधाविरह।

माधवदास माधुरी : 'श्रीमाधुरीवाणी' में इनकी कई रचनाएं संकलित की गयी हैं। ये रचनायें है– केलिमाधुरी, वंशीवट माधुरी, वृन्दावन माधुरी, उत्कण्ठामाधुरी, दानमाधुरी, मानमाधुरी, होरी माधुरी तथा प्रियाजी की बधाई।

भगवतमुदित : ये भक्तवर माधव मुदित के पुत्र थे जिनका उल्लेख प्रियादास ने 'भक्तिरस बोधिनी' में किया है। भगवत मुदित जी की दो रचनाएं हैं – 'वृन्दावनशत' तथा 'रसिक अनन्यमाल'। इनके अतिरिक्त 'हितचरित्र' तथा 'सेवक चरित्र' भी इन्हीं के रचित बताये जाते हैं, परन्तु ऐसा है नहीं। 'हितचरित्र' उत्तमदास की रचना है तथा सेवक चरित्र रसिक अनन्यमाल का ही एक अंश है।

'वृन्दावनशत' श्री प्रबोधानन्द सरस्वती के 'वृन्दावनमहिमामृत' नामक सरस संस्कृत ग्रन्थ के एक शतक का ब्रजभाषा में छायानुवाद है।

भगवानदास : 'दो सौ बावन वैष्णव की वार्ता' में इनका उल्लेख है। इनके पद रामराय जी के पदों में बड़ी संख्या में घुलमिल गये हैं। इनके पदों में भी 'भगवान हित रामराय' की छाप मिलती है।

च. सम्प्रदाय निरपेक्ष कवि

मीराबाई : ये मेड़तिया के राठौड़ रत्नसिंह की पुत्री, राव दादूजी की पौत्री तथा जोधपुर को बसाने वाले प्रसिद्ध राव जोधाजी की प्रपौत्री थी। मेड़ता के समीपवर्ती गांव कुडकी में ही इनका जन्म हुआ। जन्म के दो वर्ष बाद ही इनकी माता का देहान्त हो गया। मीरा का विवाह उदयपुर (चित्तौड़) के राणा सांगा के ज्येष्ठ पुत्र भोजराज के साथ हुआ। कृष्ण की पति रूप में भक्ति के कारण इनके परिजन इनके चरित्र पर कीचड़ उछालते तथा आतंकित करते थे। इन्होंने तुलसी को एक बार एक पद 'स्वस्ति श्री तुलसी कुलभूषण दूषनहरन गोसाई' करके भेजा था।

इनके अनुसार गोस्वामी ने 'विनयपत्रिका' का यह पद लिखकर भेजा था–

'जाके प्रिय न राम वैदेही'

विभिन्न भक्तमालों एवं वार्ताग्रन्थों में मीरा से संबंधित कई पदों के साक्ष्य मिलते हैं। राणा सांगा की मृत्यु के बाद विक्रम सिंह (भोजराज की मृत्यु भी विवाह के 7 वर्ष बाद हो गई थी) ने अनेक कष्ट दिए। मीरा घर छोड़कर वृन्दावन में रहती रही, जहां से कुछ काल के बाद द्वारिका चली गयी। वहीं रणछोड़ जी के मंदिर में शेष जीवन यापन किया। मीरा की कुल 11 रचनाएं हैं–

नरसीजी का माहेरो (मायरा), नरसी मेहता की हुण्डी, चरीत, रूक्मिणी मंगल, गीत गोविन्द का टीका, राग सोरठ के पद, मलार राग, राग गोविन्द, मीरा की गरबी।

रसखान :

'देखी गदरहित साहिबी, दिल्ली नगर मसान।
छिनहिं बादसा बंस की, ठसक छोरि रसखान।।
प्रेमनिकेतन श्री बनहिं, आइ गोबरधन धाम।
लह्यो सरन चित चाहकै, जुगल स्वरूप सलाम।।
तोरि मानिली तें हियो फोरि मोहिनी मान।
प्रेमदेव की छबिहिं लखि भए मियां रसखान।।'

– प्रेमवाटिका

गोस्वामी विट्ठलनाथ से इन्होंने वल्लभ सम्प्रदाय के अन्तर्गत दीक्षा ली थी। 'दो सौ बावन वैष्णव की वार्ता' में भी इन्हें वल्लभमतानुयायी कहा गया है। मूलगोसांईचरित (बेनी माधवदास) में गो॰ तुलसी दास द्वारा रचित 'रामचरित मानस' की कथा सर्वप्रथम रसखान को सुनाने का उल्लेख है–

'जमुनातट पै त्रयवत्सर लौं, रसखानहिं जाई सुनावत भौं।'

रसखान का असली नाम 'सैयद इब्राहीम' था। इनकी प्रमुख रचनाएं हैं– सुजान रसखान (कवित्त/सवैया), प्रेमवाटिका (दोहे), दानलीला और अष्टयाम। 'अष्टयाम' कल्याण के 'सन्तवाणी' अंक में छपी थी। रसखान स्वच्छन्दवृत्ति के रचनाकार थे। आचार्य शुक्ल ने लिखा है– "शुद्ध ब्रजभाषा का जो चलतापन और सफाई इनकी और घनानंद की रचनाओं में है, वह अन्यत्र दुर्लभ है।"

फुटकल कवि

अन्य धाराओं के कवियों द्वारा प्रणीत रामकाव्य/कृष्णकाव्य

1. सूरसागर के पहले और नवें स्कंध में (नवें सर्ग में 158 पदों में) रामकथा वर्णित है।
2. परशुराम (निम्बार्क सम्प्रदाय) ने 'रसिक शाखा' का प्रवर्तन किया। रघुनाथचरित दशावतारचरित इनकी रचनायें हैं।
3. रामकाव्य में 'सखी सम्प्रदाय' चलाने वाले हरी राम व्यास के पिता माधवदास जगन्नाथी द्वारा रचित 'रघुनाथ लीला' शीर्षक से एक रचना मिलती है।
4. तुलसीदास की 'कृष्णगीतावली' भगवान कृष्ण पर है।

वीरकाव्य : श्रीधर (रणमल्ल छंद), नल्हसिंह (विजयपाल रासो), दुरसाजी आढा (विरूद छितहरी), दयाराम या दयालकवि (राणा रासो), कुम्भकर्ण (रतन रासो), न्यामत खां जान (क्याम खां रासो), किसी अज्ञान कवि द्वारा रचित 'राउ जैतसी रासों'।

प्रबन्धात्मक चरितकाव्य : सधारू अग्रवाल कृत 'प्रद्युम्न चरित' इस परम्परा का पहला ग्रन्थ ठहरता है अन्य रचनायें हैं– जाखू मणियार (हरिचन्द पुराण), शालिभद्र सूरि 'द्वितीय' (पंच माण्डव चरित रास), किसी अज्ञात कवि का 'गौतम रास', देवप्रभ (कुमारपाल रासो), पदमूनाभ (कान्हड दे प्रबन्ध), विष्णुदास (महाभारत कथा, रूक्मणीमंगल, स्वर्गारोहण, स्वर्गारोहण पर्व, स्नेहलीला) प्रिथीराज (बेलि क्रिसन रूकमणी री)।

जैन (रास) परम्परा के काव्य : देल्हण (गयासुकुमाल रास) (जिनपद्य सूरि पट्टाभिषेकरास), उदयवन्त (गौतम स्वामी रास), रयण (भयणरेहरासु)।

नीतिकाव्य तथा अन्य तरह का काव्य : पद्मनाभ (डूंगरबानी), ठाकुर सी (कृपण चरित्र, पंचेन्द्रीवेलि), छीहल (छीहल बावनी), रत्नावली (रत्नावली दोहा संग्रह), देवीदास (राजनीति के कवित्त), कवि जमाल (जमाल दोहावली), उदैराज (उदैराज को दूहा गुण बावनी), कवि बान (कलि चरित्र), छीहल (पंच सहेली की बात, पंथी गीत), वाजिद (ग्रन्थ गुण उत्पत्तिनाम, ग्रन्थ प्रेम नामा, ग्रन्थ गरज नामा, साखी वाजिद ज्ञात है कि वाजिद दादू दयाल के शिष्य थे।) बनारसीदास (अर्धकथानक : यह हिन्दी की पहली आत्मकथा है। नवरसपद्यावलि, समयसारनाटक, बनारसीबिलास, भाषासूक्तिमुक्तावली), राजसमुद्र (शालिभद्र चौपाई गजसुकुमाल चौपाई प्रश्नोत्तररलमाल, कर्म बत्तीसी, शील बत्तीसी, बालावबोध) कुशलवीर (भौज-चौपाई, सीलवतीरास, कर्मचौपाई, वर्णन संपुट, उद्दिमकर्म-संवाद)।

अकबरी-दरबार का काव्य : (अकबर के दरबारी कवि तथा अधीनस्थ शासक)

राजाआसकरण : 'आइने-अकबरी' में इनका उल्लेख मिलता है। इनके पद 'दो सौ बावन वैष्णव की वार्ता' तथा 'कीर्ति संग्रह' में मिले हैं।

कवि पृथ्वीराज : की रचनाएं हैं – बेलिक्रिसन रूकमणि री, पृथ्वीराज कथी श्यामलता, दशरयरावउत, वसुदेव रावउत, गंगा लहरी

मनोहर कवि : 'शत प्रश्नोत्तरी'।

महापात्र नरहरि बंदीजन : की रचनाए हैं – 'रूक्मिणीमंगल', 'छप्पयनीति', 'कवित्त संग्रहं'। इनके एक प्रसिद्ध छप्पय 'अरिहु दंत तिन धरै, ताहिनहि मारि सकत' कोई पर अकबर ने गोवध बंद करा दिया था।

बीरबल 'ब्रह्म' : का मूलनाम 'महेशदास भट्ट' था। इनका परिचय देते हुए भूषण ने एक पद लिखा है। इन्होंने लगभग 200 स्फुट पद रचे हैं।

इनकी मृत्यु पर अकबर ने कहा था –

''दीन देखि सब दीन, एक न दीन्हीं दुसह दुःख।
सो अब हम कहं दीन, कछु नहिं राख्यो बीरबल।।

कवि गंग : (मूलनाम 'गंगाप्रसाद')

'तुलसी गंग दुवौ भए सुकविन के सरदार' – भिखारीदास

इन्हें नूरजहां ने हाथी से कुचलवा कर मरवा डाला था, जिसके पर्याप्त साक्ष्य प्राप्त हैं–

'कबहुं न भड़ुवा रन चढै, कबहुं न बाजी बंब।
सकल सभाहि प्रनाम करि, विदा होत कवि गंग।।' –गंग

'एक भए प्रेत, एक मींजि मारे हाथी' –देव

'गंग ऐसे गुनी को गयंद सो चिराइए' – लोकप्रचलित

'सब देवन को दरबार जुरयो, तहं पिंगल छंद बनाई कै गायो।
जब काहू ते अर्थ कह्यो न गयो, तब नारद एक प्रसंग चलायो।।
मृतलोक में है नर एक गुनी कवि गंग को नाम सभा में बतायो।
सुनिचाह भई परमेसर को, तब गंग को लेन गनेस पठायो।।'

– लोक प्रचलित

इनकी तीन अन्य रचनाएं प्रसिद्ध हैं– 'गंग पदावली', 'गंग पच्चीसी', 'गंग रत्नावली'। सम्प्रति गंग–कवित्त शीर्षक से इनके 400 छंद संकलित हैं। एक बार रहीम खानखाना ने इस छप्पय पर इन्हें 36 लाख रुपये दे डाले थे– 'चकित भंवर रहि गयो, गम नही करत कमलवन।'

तानसेन : (बचपन का नाम तन्नू)। ग्वालियर निवासी 'मकरन्द पाण्डेय' के पुत्र थे। रचनाएं हैं – संगीतकार, रागमाला तथा गणेश स्त्रोत

तानसेन ध्रुपद शैली के श्रेष्ठ गायक तथा संगीतकार थे।

रहीम : की रचनाएं हैं – दोहावली, नगरशोभा, बरवैनायिका भेद, मदनाष्टक, श्रृंगार सोरठा। इनकी 'दोहावली' को रहीम 'सतसई' भी कहते हैं। इनका एक ज्योतिष ग्रन्थ 'खेलकौतुकम्' भी है।

मनोहर कवि : (उपनाम 'तौसनी') : की रचना है 'शतप्रश्नोत्तरी'।

होलराय : हरिवंशराय के आश्रित थे। कभी-कभार शाही दरबार भी जाते थे। एकबार तुलसी ने इन्हें अपना लोटा दिया तो इस पर उन्होंने कहा–

'लोटा तुलसीदास को लाख टका को मोल।'

जवाब मिला–

'मोल-तोल कुछ है नहीं लेहु राय तुम होल।।'

अकबर की प्रशंसा में इनका यह कवित्त प्रसिद्ध हैं जिसमें पूरे दरबार की प्रशंसा करते हुए अंत में कहा है–

''नवौ खंड सात दीप; सात हूँ समुद्र पार,
ह्वैहै ना जलालुद्दीन साह अकबर तें।'

टोडरमल तथा अकबर : स्वयं भी कवि थे तथा ब्रजभाषा में कविता करते थे।

अन्य कवि : लालचदास (हरिचरित, भागवत दशमस्कंधं भाषा), नरोत्तमदास (सुदामाचरित), जमाल (फुटकल दोहे मिलते हैं।)। 'कादिर' की यह पंक्ति प्रसिद्ध है–

'गुनना हिरानो गुनगाहक हिरानो है।'

रीतिकाव्य का प्रस्फुटन

रूपगोस्वामी : 'उज्ज्वलनीलमणि', 'भक्तिसामृतसिंधु' (संस्कृत)।

कृपाराम : की रचना है– 'हिततरंगिणी'। इसका निर्माण काल कवि ने लिखा है–

'सिधि निधि सिव मुख चन्द्र लखि माघ सुद्दि तृतियासु'
हिततरंगिनी हौं रूची कवि हित परमप्रकासु।।

सूरदास : साहित्य लहरी (दृष्टिकूट शैली, चित्रकाव्य है।)।

नन्ददास : रसमंजरी (नायिका भेद)।

केशवदास : रसिक प्रिया (रसविवेचन –16 प्रकाश), कविप्रिया (अलंकार विवेचन-16 प्रकाश), छन्दमाला (छन्दो विवेचन)।

रहीमदास : नायिका भेद (बरवै छन्द), नगरशोभा (नायिका भेदः सामाजिक वर्णों के अनुसार)।

सुन्दर कविराय : सुन्दर श्रृंगार (नायिका भेद)।

न्यामत खां जान : जानकवि मुख्यतः प्रेमाख्यानकार हैं। अन्य रचनाएं हैं – रसकोश कवि वल्लभ, सिंगारतिलक, रसमंजरी।

बलभद्र मिश्र : शिखन, बलभद्री व्याकरण, गोवर्धन सतसई टीका, हनुमन्नाटक, दूषणविचार।

मुबारक : तिलशतक, अलकशतक

मोहनलाल मिश्र : श्रृंगारसागर (अप्राप्य)।

सेनापति : काव्यकल्पद्रुम

गद्यसाहित्य

ब्रजभाषा :

'चौरासी अपराध' या 'मार्ग सिद्धान्त' (वल्लभाचार्य), श्रृंगारमंडल, विद्वन्मंडन, यमुनाष्टक, नवरत्नसटीक (गो॰ विट्ठलनाथ), षडऋतुवार्ता (हरिराय), सिद्धान्त विचार (ध्रुवदास), अष्टायाम (नाभादास), बैसाख महानतम्, अगहन महातम (वैकुण्ठमणि शुक्ल), वचनामृत (गो॰ विट्ठलनाथ तथा उनके पुत्र गोकुलनाथ एवं अन्य। यह पुष्टि सम्प्रदाय का ग्रन्थ है।) सिंगार सुतुक, शालिहोत्र (रचनाकार अज्ञात)।

खड़ी बोली गद्य :

की पहली रचना है 'चंद छंद बरनन की महिमा' (गंग कवि), गोरा बाल की

कथा (जटमल), कुतुबशतक, भोगुलुपुराना, सकुनावली, गणेस गोसठ, पोथी सचुषंडु (रचनाकार)।

राजस्थानी गद्य :

षडावश्क बालावबोध (तरूणप्रभु सूरि), पृथ्वीचन्द्र चरित्र (माणिक्य सुन्दर सूरि), राठोड़ाँ वंशावाली (रचनाकाल अज्ञात), बेलिक्रिसन रूकमणी दी टीका (कुशलधीर), समयसार कलश टीका (राजमल्ल पाण्डे), राठोडाँ री ख्याब (सिंघामय दयालदास)।

दक्खिनी गद्य :

मेराजुल आशिकीन (गेसूदराज बन्दानवाज), हिदायतनामा, शिकारनामा, तर्जुमावजूदुल आरिफीन (गेसूदराज वन्दानवाज), कल्मितुल हकायक (बुरहानुद्दीन जानम), अहकामुस्सलात (मौला अब्दुल्ला), सबरस (मुल्ला वजही), तफसीरी बहाव (अब्दुस्समद)।

भक्तिकालः संक्षिप्त परिचय

छात्रों के लिए यह अत्यंत उपयोगी होगा कि वे कबीर, सूर, तुलसी, जायसी, मीरा तथा रसखान की प्रिय लगने वाली पंक्तियों को कष्ठस्थ कर लें। अनुमान के आधार पर नीचे हम कुछ पंक्तियां दे रहे हैं–

कबीर :

1. संस्कीरत है कूपजल भाखा बहता नीर।
2. संतो, भक्ति सतगुरू आनी।
3. भक्ति द्राविड़ी उपजी लाए रामानन्द।
4. ए अंखियां अलसानी, पिया हो सेज चलो।
5. पण्डित और मसालची दोनों सूझे नाहिं।
6. गुरू परसादी जैदेव नामा। भक्ति कै प्रेम इन्ही है जाना।
7. मै कहता हूँ आंखिन देखी। तू कहता कागद की लेखी।
8. मसि, कागद छूयौ नहीं, कलम गह्यो नहिं हाथ।
9. जाति-पांति पूछै नहीं कोई, हरि का भजै सो हरि का होई।।
10. तुम जिन जानौ गीत है, यहु निज ब्रह्म विचार।
11. एकै साखी सौ सिर खण्डै।'

मलूकदास :

1. अजगर करे न चाकरी पंछी करै न काम।
2. अब तो अजपा जपु मन मेरे।

मंझन :

1. 'कथा जगत जेती कवि आई। पुरूष मारि ब्रज सती कराई'
   – मधुमालती

जायसी :

1. 'भा अवतार मोर नौ सदी। तीस बरस ऊपर कवि बदी।'
   – आखिरी कलाम
2. 'सन् नौ से सत्ताइस अहा। कथा आरम्भ बैन कवि कहा।'
   – पद्मावत
3. 'आदि अंत गाथा अहै। लिखि भाषा चौपाई कहै। – पद्मावत
4. 'औ मन जानि कबित अस कीन्हा। मकु यह रहै जगत महँ चीन्हा'
   – पद्मावत
5. 'जो यह वढै कहानी हम्ह संवरे दूइ बोल।' – पद्मावत
6. 'प्रेम कथा एहि भांति विचारहु।' – पद्मावत
7. 'कवि वियास रस कौलां। दूरिह नियर नियर भा दूरी।' – पद्मावत

उसमान :

1. 'जाकी बुद्धि होय अधिकाई। आन कथा एक कहै बनाई।'
   – चित्रावली

कुतुबन :

1. 'पहले ही ये दुई कथा अही।' – मृगावती
2. 'पुनि हम खोलि अरथ सब कहा।' – मृगावती

आलम :

1. 'कथा संस्कृत सुनि कुछ थोरी। भाषा बांधि चौपाई जोरी।।'
   –माधवानला
2. 'कामी पुरिष रसिक जै सुनही। ते या रैन दिन गुनही।।'
   – कामकन्दला
3. 'कहौ बात सुनै बस लोग। कथा-कथा सिंगार वियोग।।'
   – कामकन्दला
4. 'सकल सिंगार विरह की रीत। माधौ कामकनूदला प्रीत।।'
   – कामकन्दला
5. 'सन् नौ से इक्कानवे आही। करौ कथ औ बोलौं ताही।।'
   – कामकन्दला

मुल्ला दाऊद :

1. 'वीर कहा मई थहि खंड गावँऊ। कथा काल कई लोग सुनावऊँ। कथा काल कई लोग सुनावऊँ।।' –चन्दायन

तथ्य :

1. दक्षिण के एक शायर 'नुसरती' ने (दक्खिनी) में 'गुलशन ए इश्क' नाम से एक प्रेमकथा लिखी थी।
2. 'पद्मावत' का एक अंश बंगला अनुवाद 'आगे उजाला' नामक कवि ने किया था।
3. जैन कवि बनारसी दास ने अपने आत्मचरित 'अर्धकथानक' (संवत् 1660 के आस-पास) में लिखा है–

   'तब घर में बैठे रहैं, नाहिन हाट बजार।
   मधुमालति, मिरगावती पोथी दारेय उचार।।'

तुलसी :

1. सुरतिय, नरतिय, नागतिय, यह चाहत सब कोय।
2. 'जाके प्रिय न राम वैदेही' – विनयपत्रिका
3. 'संवत् सोलह सै इकतीसा। करौं कथा हरियद धारि सीसा। नौमी भौमवार मधुमासा। अवधपुरी यह चरित प्रकासा।।'
   – रामचरितमानस
4. 'उपजहिं अनत-अनत छवि लहहीं। – रामचरितमानस
5. 'कीन्हे प्राकृतजन गुन गाना। सिर धुनि गिरा लागे पछताना।'
   –रामचरितमानस
6. 'नाम रूप दुइ ईस उपाधी।' –रामचरितमानस
7. 'अगुन-सगुन बिच नाम सुखानी। उभय प्रबोधक चतु दुभानी।'
   – रामचरितमानस
8. 'अगुनहिं सगुनहिं नहीं कुछ भेदा।' – रामचरितमानस
9. 'खेती न किसान को भिखारी को भीख।' –कवितावली
10. 'गोरख जगायो जोग, भगति भगायो भोग।' –कवितावली
11. 'झूठो, झूठो, झूठो है सदा जगु संत कहंत जे अंत लहा है।'
    – कवितावली

12. 'अन्तरजामिनहु ते बड बाहिरजामी है। राम जे नाम लिए ते।'
— कवितावली
13. 'केसव कहि न जाई का कहिए' — विनयपत्रिका
14. 'रामराज भयो सगुन सुभ, राजा राम जगत विजयी हैं।'
— विनयपत्रिका
15. 'सुनु सीतापति सील सुभाउ।' — विनयपत्रिका

केशवदास :

1. 'रामचन्द्र की चन्द्रिका बरनत हौं बहु छन्द' — रामचन्द्रिका
2. 'भाषा बोलि न जानहीं जिनके कुल के दास।
   भाषाकवि सो मन्दमति हि कुल के केशवदास।।' — कविप्रिया
3. 'जदपि सुजाति, सुलच्छनी, सुबरन सरस सुवृन्त।
   भूषन बिनु न बिराजई कविता, बनिता मित्त। — कविप्रिया
4. केसव केसनि अस करी बैरिहु जस न कराहिं।
   चंद्रबदनी मृगलोचनी 'बाबा' कहिं कहि जाहिं।। — कविप्रिया
5. 'टोडरमल तुम मित्र मरे सब ही सुख सोयौ।
   मोरे हित बरबीर बिना, टकु दीनन रायौ।' — वीरसिंह देवचरित

तुलसी :

'का भाषा का संस्कृत, प्रेम चाहिए सांच।
का सु जो आवै कामरी, का लै करअ कुमांच।।'

तुलसी के बारे में :

'कविता कर के तुलसी न लसे, कविता लसी या तुलसी की कला।'
— हरिऔध

मीराबाई :

1. मन रे परस हरि के चरन।
2. जग सुहाग मिथ्या री सजनी होवा हो मिट जासी।
3. बिहारिन बावरी सी भई।
4. भजमन चरण कमल अविनासी।
5. हरि तुम हरौ जन की भीर
6. हे री! मैं तो प्रेम दिवानी, मेरो दरद न जाणै कोय।
7. मैं तो सांवरी के संग रांची।
8. सावन मा उमग्यो म्हारो हियरा भणक सुण्या हरि आवण री।
9. अंसुवन जल सीचिं–सींचि प्रेम बेल बोई।

रसखान :

1. आजु भई हुती भोर हौं रसखानि रई वहि नंद के भौनहिं।
2. धूरि भरे अति सोभित स्याम जु तैसी बनी सिर सुन्दर चोटी
3. कोऊ न काहि की कानि करै कुछ चेटक सो जु कियो जदुरैया।
   गाईगौ तान, जमाई गौ नेह, रिझाई गौ प्रान, चराई गौ गैया।
4. जा दिन ते वह नन्द का छोहरा, या वन धेनु चराइ गयो है।
   कोऊ न काहि कि कानि करै, सिगरो ब्रज बीर बिकाई गयो है।।
5. कान्ह भये बस बांसुरी के अब कौन सखी हम को चहिहैं।
   मिलि आओ सबै सखी भागि चलैं अब तो ब्रज में बांसुरि रहि है।।
6. मोरपखा सिर ऊपर धारिहौं, गुंज की माल गरे पहिरौंगी।
7. या लकुटी अरू कामरिया पर राज तिहूं पुर को तजि डारौं।
8. ब्रह्म मैं ढूंढ्यो पुरातन गानन, वेदरिचा सुनी चौगुनी चायन।
   देख्यो दुरयो वह कुंज कुटीर में बैठो पलोटत राधिका पायन।।
9. सेस, महेश, गनेस, सुरेसहु जाहि निरन्तर ध्यान लगावें।
   ताहि अहीर की छोहरियां छछिया भर छाछ पे नाच नचावै।।
10. कीन्हौं नही प्यार, नही सेयौ दरबार, चितचाह्यौ
    न निहार्‍यौ जो पै नन्द के कुमार को।

रहीम :

1. गोद लिए हुलसी फिरै तुलसी सो सुत होय।
2. 'चित्रकूट में रमि रहे रहिमन अवध नरेश।
   जापर विपदा परति है सो आवत यहि देस।।'
3. 'तबहीं लौं जीबो भलो देबौ होय न धीम।
   जग में रहिबो कुंचित गति उचित न होय रहीम।'
4. 'ये रहीम दर-दर फिरहिं, मांहि मधुकर खांहि।
   यारो यारी छाँडिए, वे रहीम अब नाहिं।।

जायसी :

1. 'मानसु प्रेम भयेउँ बैकुण्ठी। न त काह छार भरि मूठी।' — पद्मावत
2. 'छार उठाइ लीन्ह एक मूठी। दीन्ह उडाइ पिरथमी झूठी।'
   — पद्मावत

—— ❖ —— ❖ —— ❖ ——

रीतिकाल

(1643 ई॰ - 1843 ई॰ आचार्य शुक्ल के अनुसार)

रीति कालीन लक्षण / लक्ष्य ग्रन्थों के प्रमुख आधार ग्रन्थ निम्नलिखित हैं–

	रचना	रचयिता
1.	रसमंजरी, रससामग्री, रस तरंगिणी	भानु दत्त मिश्र
2.	चन्द्रलोक	जयदेव
3.	कुवलयानन्द	अप्पय दीक्षित
4.	काव्य प्रकाश	मम्मट
5.	साहित्य दर्पण	विश्वनाथ
6.	वर्णरत्नाकर	भट्टकेदार
7.	छन्दोमंजरी, प्राकृतपैंगलम्	गंगादास
8.	गाथा सप्तशती	हाल
9.	अमरूकशतक	अमरूक
10.	आर्यासप्तशती	गोवर्द्धन
11.	शृंगारतिलक, घटकपर	कालिदास
12.	शृंगारशतक	भर्तृहरि
13.	चौरपंचाशिका	किल्हण
14.	कामसूत्र	वात्स्यायन
15.	रतिरहस्य	कोक्कन
16.	रतिमंजरी	जयदेव
17.	अनंगरंग	कल्याणमल्ल
18.	दशरूपक	धनन्जय
19.	शृंगारमंजरी	अकबरशाह
20.	शृंगारतिलक	रूद्रभट्ट
21.	रवार्णवसुधाकर	शिंगभूपाल

परिचय : रीतिकाल में दो तरह की रचना शैलियां रही हैं– एक वे रचनाएं हैं जो लक्षण-लक्ष्य की परम्परा में आती हैं। इन्हें रीतिपरक रचनाएं कहते हैं। दूसरी वे रचनाएं हैं जो इस परम्परा से पूर्णतः या अधिकांशतः मुक्त हैं। ये रचनाएं रीतिमुक्त रचनाएं कही जाती हैं। काव्यशास्त्र की परिपाटी पर की गयी काव्य रचना को 'लक्ष्य ग्रन्थ' कहते हैं तथा इन लक्ष्यों को लिखने हेतु निर्मित काव्यशास्त्र 'लक्षण ग्रन्थ' कहलाते हैं। शास्त्र को सुगम बनाने के लिए लक्षणों के साथ प्रायः उदाहरण के रूप भी मिलते हैं जबकि 'लक्ष्य ग्रन्थों में केवल लक्षणों के आधार पर रचा गया काव्य न कि लक्षण'। लक्षण ग्रन्थों को रचने वाले आचार्य कहलाते हैं। विश्वनाथ प्रसाद मिश्र ने इन्हें रीतिबद्ध कवि कहा है तथा डा॰ नगेन्द्र ने रीतिसिद्ध कवि। हम सीधे-सीधे 'लक्षण ग्रन्थकार' एवं 'लक्ष्यग्रंथकार' कह कर ही उनका परिचय देंगे।

लक्षणग्रन्थकार : केशव, चिन्तामणि, कुलपति मिश्र, देव, मतिराम, भिखारीदास, जसवंतसिंह, तोष, सुरति मिश्र, श्रीपति, जनराज, कुमारमणि, सोमनाथ, याकूब खां, रामसिंह, सेवादास, बेनीप्रवीन, पद्माकर, उदयनाथ, कृष्णकवि, कालिदास, भूषण, गोप, दलपतिराम, रघुनाथ, दूलह, बैरीसाल, सुखदेव मिश्र, माखन, जयकृष्ण, भुजंगदास, दशरथ, रामसहाय आदि।

लक्ष्यग्रन्थकार : सेनापति, बिहारी, रसनिधि, वृंद आदि।

रीतिमुक्त कवि : घनानन्द, आलम, ठाकुर बोधा, द्विजदेव।

नीचे हम रचनाकारों के क्रम से रचनाओं का परिचय दे रहे हैं। रीतिकवियों के अंतर्गत 'लक्षणग्रन्थकार' तथा 'लक्ष्यग्रन्थकार' दोनों ही आते हैं। लक्ष्यग्रन्थों के आगे कुछ नहीं लिखा गया है, जबकि लक्षणग्रन्थों के आगे कोष्ठक में इस काव्यतत्त्व का नाम है जिसके लिये उसमें निर्मित किये गये संक्षिप्त रूप इस प्रकार हैं–

1. सर्वांग निरूपक	–	स. नि.
2. रस निरूपक	–	र. नि.
3. शृंगार रस निरूपक	–	शृं. नि.
4. अलंकार निरूपक	–	अ. नि.
5. छन्दो निरूपक	–	छ. नि.
6. नायक नायिकाभेद निरूपक	–	ना. नि.

रीतिकाव्य-आचार्य

हिन्दी में रीतिपरम्परा की शुरुआत आचार्य शुक्ल ने चिन्तामणि त्रिपाठी से मानी है।

1. **चिन्तामणि :** की रचनाएं हैं–
   'कवि कुलकल्पतरू (स. नि.)', पिंगल
2. **जसवंत सिंह :** की रचनाएं हैं–
   'भाषाभूषण' (अ.नि., ना.नि.)।
3. **भिखादी दास :** की रचनाएं हैं– 'रस सारांश' (र. नि.), 'छंदार्णव पिंगल' (छ. नि.), 'काव्यनिर्णय' (स. नि.), 'शृंगार निर्णय (ना.नि.)।
4. **प्रताप सिंह :** की रचना है– 'व्यंग्यार्थ कौमुदी', (ना. वि. तथा ध्वनि सं प्र. संबंधी), अन्य रचनाएं हैं– अलंकार चिन्तामणि, जयसिंह प्रकाश, काव्यविनोद तथा शृंगारशिरोमणि।
5. **ग्वाल :** की रचनाएं हैं– 'अलंकार भ्रम भंजन' (अ. नि.), 'रसरंग' (र.नि.), कवि हृदयविनोद, रसिकानन्द, नेहनिबा, हम्मीरहठ, कुब्जानाटक, इश्कलहरदरियाव, नखशिख, दूषणदर्पण, राधामाधव मिलन।
6. **कुलपति :** की रचना है– 'रसरहस्य' (स. नि.)।
7. **सुखदेव :** की रचनाएं हैं– 'रसार्णव' (र. नि.), 'वृत्त विचार' (छ. नि.) 'छंदविचार'।
8. **कालिदास :** की रचनाएं हैं– 'कालिदास हजारा', 'वारवधूविनोद' (ना.नि.), 'राधामाधवबुधमिलनविनोद' (ना.नि.)।
9. **तोष :** 'सुधानिधि' (र. नि.), 'नखशिख', विनयशतक।
10. **सोमनाथ :** 'रसपीयूषनिधि' (स. नि.), 'शृंगारविलास' (शृं.नि.), 'सुजान विलास', 'माधवविनोद'।
11. **दूलह :** 'कविकुलकण्ठाभरण' (अ. नि.)।
12. **रसिक सुमति :** 'अलंकार चन्द्रोय' (अ.नि.)।
13. **कुमारमणि :** 'रसिक रंजन' (शृं. नि.), 'रसिकरसाल'।
14. **देव :** 'शब्द रसायन' या 'काव्यरसायन' (स.नि.), 'भावविलास' (र.नि., अ.नि.) अष्टयाम।

अन्य रचनाएं हैं– जातिविलास, सुजान विनोद, सुखसागर तरंग आदि।

15. **रसिक गोविन्द :** 'रसिकगोविन्दाघन' (शृं. नि.), 'युगलरसमाधुरी'।
16. **अमीरदास :** 'सभा मंडन' (स.नि.), दूषण उल्लास, व्रतचन्दोदय।
17. **रसलीन :** 'रस प्रबोध' (र. नि.), अंगदर्पण (नखशिख वर्णन की पुस्तक है)।
18. **पद्माकर :** 'जगद्विनोद' (र. नि.), 'पद्माभरण' (अ.नि.), हिम्मतबहादुर विरूदावली, गंगालहरी, प्रतापसिंह विरूदावली, कलिपच्चीसी, प्रबोधपचासा।
19. **बेनी प्रवीन :** 'नवरसतरंग' (र. नि.), 'शृंगार भूषण' (शृं. नि.)।
20. **याकूब खां :** 'रसभूषण' (र. नि., अ. नि.)।
21. **उजियारे :** 'रसचन्द्रिका' (र.नि.), 'जुगलरस प्रकाश' (र. नि.)।
22. **रामसिंह :** 'अलंकार दर्पण' (अ.नि.), 'रसनिवास' (र.नि.), 'रस शिरोमणि' (शृं. नि.), 'जुगलविलास' (र.नि.)।
23. **चन्द्रशेखर वाजपेई :** 'रसिक विनोद' (र.नि.), 'हम्मीरहठ' (प्र॰का॰), नखशिख।
24. **मतिराम :** 'रसराज' (ना.नि.), 'ललितराम' (अ.नि.), 'अलंकारपंचाशिका' (अ.नि.) 'वृत्तकौमुदी' या छन्द सार (छ.नि.), 'सतसई'।
25. **कृष्ण भट्टिदेव 'ऋषि' :** 'शृंगाररस माधुरी' (ना.नि.), अलंकारकला निधिमाधुरी (अ.नि.)।
26. **भूषण :** 'शिवराज भूषण' (अ.नि.), शिवाबावनी, छत्रसालदशक। शिवसिंहि सेंगर ने ये रचनाएं और गिनाई हैं – 'भूषण हजारा', 'भूषण उल्ला', तथा दूषण उल्लास।
27. **गोप :** 'रामालंकार (अ.नि.), 'रामचन्द्रभूषण' (अ.नि.), 'रामचन्द्राभरण' (अ.नि.)।
28. **रघुनाथ बन्दीजन :** 'रसिक मोहन' (अ.नि.), 'काव्यकलाधर', 'रसरहस्य', 'सभासार', इश्कमहोत्सव।
29. **रसरूप :** 'तुलसीभूषण' (अ.नि.)।
30. **सेवादास :** 'रघुनाथ अलंकार' (अ.नि.), रसदर्पण (र.नि), अलबेले लालजू को नखशिख, अलबेले लालजू को छप्पय।
31. **गिरधर दास :** 'भारती भूषण' (अ.नि.)।
32. **मुरलीधर 'भूषण' :** छन्दोहृदय प्रकाश (छ.नि.), अलंकारप्रकाश (अ.नि.)।
33. **रामसहाय :** 'वृत्ततरंगिणी' (छ.नि.) वाणी भूषण, शृंगार सतसई, रामसतसई।
34. **माखन :** 'श्रीनाथपिंगल' अथवा 'छन्दविलास' (छ.नि.) विनोदशतक, सुदामाचरित।
35. **दशरथ :** वृत्तविचार (छ.नि.)।
36. **जनराज :** 'कविता रसविनोद' (स.नि.)।
37. **समनेस :** 'रसिकविलास' (र.नि.)।
38. **उजियारे :** 'रसचन्द्रिका' (र.नि.)।
39. **नवीन :** 'सतरंग' (र.नि.), सुधाकर।
40. **दलपतिराम :** 'अलंकाररत्नाकर' (अ.नि.)।
41. **गोविन्द :** 'कर्णाभरण' (अ.नि.)।
42. **बैरीसाल :** 'भाषाभरण' (अ.नि.)।
43. **नन्दकिशोर :** 'पिंगलप्रकाश' (छ.नि.)।
44. **श्रीपति :** 'काव्य सरोज' (स.नि.)।

नीचे दिए गये कवियों ने केवल लक्ष्यग्रन्थों की ही रचना की है। लक्षण नहीं लिखे।

इनमें विश्वनाथ प्रसाद मिश्र रीतिसिद्ध कवि हैं, जबकि डॉ॰ नगेन्द्र रीतिबद्ध कवि। मिश्र जी की मान्यता ही प्रचलित है।

45. **बिहारीलाल :** सतसई या 'बिहारी सतसई' (1606 ई॰ – 1666 ई॰)।
46. **रसनिधि :** 'रतनहजारा', हिंडोला', 'अरिल्ल', 'बारहमासा'।
47. **वृन्द :** 'भावपंचाशिका', 'बारहमासा', 'नयन पचीसी', 'वृन्द सतसई'।
48. **नृप शम्भू :** 'नायिका भेद', 'नखशिख'।
49. **नेवाज :** 'शकुन्तलानाटक'।
50. **हठीजी :** 'श्री राधासुधाशतक'।
51. **विक्रमादित्य :** 'विक्रमसतसई'।
52. **पजनेस :** 'नखशिख'।
53. **मण्डन :** 'रसविलास', 'नखशिख', 'नैनपचासा', 'रसरत्नावली'।
54. **उदयनाथ कवीन्द्र :** 'रसचन्द्रोदय', 'विनोदचन्द्रिका'।
55. **जयकृष्ण भुजंग :** 'पिंगलरूपदीपभाषा'।
56. **चन्दन :** 'प्राज्ञविलास', 'कल्लोलतरंगिणी', 'शृंगार सागर', 'काव्याभरण'।
57. **ब्रजवासीदास :** 'ब्रजविलास'।
58. **यदुनाथ :** 'रसविलास'।

रीतिमुक्त कवि

1. **घनानन्द (1689-1739) :** 'कृपासागर' या 'सुजानहित', 'विरहलीला', 'कोकसार', 'कृपाकाण्ड', 'वियोगबेलि', 'इश्कलता', तथा 'प्रेम सरोवर' घनानन्द की प्रमुख रचनाएं हैं।
2. **आलम :** ये प्रेमाख्यानकर्ता 'आलम' से भिन्न हैं। इनकी रचनाएं हैं– 'आलमकेलि', 'स्यामस्नेही' तथा 'सुदामाचरित'।
3. **ठाकुर :** 'ठाकुर ठसक' (संपादक - लाला भगवानदीन), 'ठाकुरशतक' इनकी रचनाएं हैं।
4. **बोधा :** 'विरहवारीश' और 'इश्कनामा' इनकी रचनाएं हैं।
5. **द्विजदेव :** 'शृंगार तिलक' और 'शृंगार बत्तीसी' इनकी रचनाएं हैं।

रीतिकाल में रचित प्रबन्धकाव्य और नाटक

1. **चिन्तामणि :** रामायण, कृष्णचरित
2. **गोविन्दसिंह :** चण्डीचरित्र
3. **मंडन :** जानकी जू ब्याह, पुरन्दरमाया
4. **छत्रसिंह :** विजयमुक्तावली
5. **देवीदत्त :** बैतालपच्चीसी
6. **हरनारायण :** माधवानल-कामकान्दला
7. **गोकुलनाथ :** महाभारत
8. **कुलपति मिश्र :** द्रोणपर्व या संग्रामसार
9. **लालकवि :** छत्र प्रकाश
10. **सूरति मिश्र :** रामचरित श्री कृष्णचरित
11. **श्रीधर :** जंगनामा
12. **सोमनाथ :** पंचाध्यायी सुजानविलास
13. **रघुनाथ :** जगतमोहन
14. **गुमानमिश्र :** नैषधचरित या काव्यकला निधि, कृष्णचंद्रिका
15. **सूदन :** सुजानचरित

16. **रामसिंह** : जुगलविलास
17. **चन्दन** : सीतबसन्त, कृष्णकाव्य
18. **पद्माकर** : हिम्मतबहादुर विरूदावली, रामरसायन
19. **रसिक गोविन्द** : रामायण सूचनिका
20. **ग्वाल** : हम्मीर हठ, विजय विनोद, गोपीपच्चीसी
21. **जोधराज** : हम्मीररासो
22. **खुमाण** : नृसिंह चरित

नाटक

1. **जसवन्तसिंह**	:	प्रबोधचन्द्रोदय नाटक
2. **राम**	:	हनुमन्नाटक
3. **नेवाज**	:	शकुन्तला नाटक
4. **सोमनाथ**	:	माधवविनोद नाटक
5. **देव**	:	देवमायाप्रपंच नाटक
6. **ब्रजवासीदास**	:	प्रबोधचन्द्रोदय नाटक

रीतिकाल की अन्य काव्य प्रवृत्तियां

संतकाव्य–

प्रमुख सन्त : यारी साहब, दरिया साहब, जगजीवनदास, पलटूसाहब, चरनदास, शिवनारायण, तुलसी साहब, गुरु तेगबहादुर, आनन्दघन (जैन), अक्षर अक्षन्य, प्राणनाथ, धरणीदास, बूला साहब, गरीबदास, दयाबाई एवं सहजोबाई।

सम्प्रदाय-प्रवर्तक : सतनामी सम्प्रदाय (जगजीवनदास), चरनदासी सम्प्रदाय (चरनदास), साहबपन्थ (तुलसी साहब), गरीबदास सम्प्रदाय (गरीबदास), राधास्वामी सत्संग (स्वामी शिवदयाल)।

प्रमुख रचनाएं : ज्ञानदीपक (दरिया साहब), गुरु अन्यास (शिवनारायण), घटरामायण (तुलसी साहब), प्रेम प्रगास (धरणीदास), रत्नावली (धरणीदास), शब्दसागर (बूला साहब), सहज प्रकाश (सहजोबाई), ककहरा, शब्द, रमैनी (महाराज विश्वनाथ सिंह)।

सूफी/प्रेमाख्यान काव्य

प्रमुख कवि : कासिमशाह, नूरमुहम्मद, शेख निसार, सूरदास, दुखहरनदास, दामोदर, हंस, बोधा, केसि तथा अन्य।

प्रमुख रचनाएं :

1. **हंस-जवाहिर** : रचनाकार 'कासिमशाह'। भाषा-अशुद्ध अवधी, छन्द योजना, कडवक (7 अर्द्धाली पर एक दोहा)।
2. **इन्द्रावती** : रचनाकार 'नूर मुहम्मद'। भाषा-जनपदीय अवधी, छन्द योजना कडवक (5 अर्द्धाली पर एक दोहा)।
3. **अनुराग-बांसुरी** : रचनाकार 'नूर मुहम्मद'। कट्टर साम्प्रदायिक रचना है। भाषा-अवधी। छन्द योजना कडवक (एकमात्र उपवाद, जिसमें 'दोहा-चौपाई' या 'सोरठा-चौपाई' की प्रचलित पद्धति छोड़कर 'बरवै-चौपाई को अपनाया गया है')।
4. **यूसुफ-जुलेखा** : रचनाकार 'शेख निसार' भाषा-'जनपदीय अवधी', छन्द योजना-कडवक (9 अर्द्धालियों पर एक दोहा)।
5. **नलदमन** : सूरदास
6. **पुहुपावती** : रचनाकार 'दुखहरनदास'। भाषा-जनपदीय अवधी तथा हल्का सा ब्रज का पुट, छन्द योजना-दोहा, कवित्त, कवि।
7. **माधवानल नाटक** : रचनाकार 'केसि'। भाषा-अवधी, छन्दयोजना-दोहा-चौपाई
8. **माधवालन कथा** : रचनाकार 'दामोदर' कवि।
9. **चन्द्रकुंवर री वात** : रचनाकार 'हंस' कवि। भाषा-राजस्थानी
10. **सारंगा-सदावृक्ष रा दूहा** : रचनाकार अज्ञात है।
11. **विरहवागीश** : रचनाकार 'बोधा'
12. **उषाचरित** : रचनाकार 'जनकुंज'
13. **मधुमालती** : रचनाकार 'चतुर्भुजदास'
14. **नलदमयंती चरित्र** : रचनाकार 'सेवाराम'
15. **उषा-अनिरूद्ध** : 'जीवनदास नागर'
16. **उषा-अनिरूद्ध** : 'मुरलीदास'
17. **उषा-अनिरूद्ध** : 'रामदास'

रामकाव्यधारा

प्रमुखकवि : सेनापति, लालदास, गुरुगोविन्द सिंह, जानकीरसिकशरण, भगवन्तराम खींची, जनकराजकिशोरीशरण, नवलसिंह कायस्थ, विश्वनाथसिंह, रामप्रियाशरणदासजी, रसिकअली, सरजूराम पण्डित, कृपानिवास, मधुसूदन, जानकीशरणजी, बाल अजीजू, गोकुलनाथ, मनियार सिंह, ललकदास, गणेश, प्रेमसखी, रामचरणदास, जीवाराम, युगनान्यशरण।

रचनाएं :

1. **सेनापति** – कवित्तरत्नाकर
2. **लालदास** – अवधविलास
3. **गुरु गोविन्दसिंह** – गोविन्दरामायण
4. **जानकीरसिक शरण** – अवधसागर
5. **भगवन्तराम खींची** – हनुमत्पच्चीसी
6. **महंत जनकराजकिशोरीशरण जी** – सीताराम सिद्धान्त मुक्तावली, जानकीकरूणाभरण, रघुवरकरूणाभरण, सीताराम रसतरंगिणी
7. **नवलसिंह कायस्थ** – आल्हा रामायण, रामचन्द्र विलास, अध्यात्मरामायण, रूपकरामायण, नामरामायण।
8. **महाराज विश्वनाथ सिंह** – 'आनन्द रघुनन्दन नाटक' (यह हिन्दी का पहला नाटक माना जाता है।)
9. **महन्त रामप्रियाशरणदासजी** – 'सीतायन'
10. **रसिकअली** – षड्ऋतुपदावली, होरी मिथिलाविहार, अष्टयाम
11. **सरजूराम पण्डित** – जैमिनीपुराण भाषा
12. **कृपानिवास** – (रामायत 'सखी सम्प्र०' के प्रवर्तक), भावनापच्चीसी, माधुरीप्रकाश, समयप्रबन्ध, जानकी सहस्रनाम।
13. मधुसूदन – रामाश्वमेघ
14. जानकीशरणजी – सियाराम रसमंजरी
15. बालअजीजू – नेहप्रकाश
16. गोकुलनाथ – सीतारामगुणार्णव
17. मनियार सिंह – हनुमतछब्बीसी, सौन्दर्यलहरी, सुन्दरकाण्ड
18. ललकदास – सत्योपाख्यान
19. बख्शी हंसराज श्रीवास्तव 'प्रेमसखी' – श्रीराम तथा सीताजी का नखशिख

20. रामशरणदास – रामस्नेही पंथ की स्थापना की तथा 'स्वसुखी' शाखा का प्रवर्तन किया।
21. जीवाराम – तत्सुखी शाखा का प्रवर्तन किया
22. युगलानन्दशरण – सखी भाव की उपासना का प्रचार किया।

कृष्णकाव्यधारा

प्रमुखकवि : गुमान मिश्र, ब्रजवासीदासी, मंचित कवि, रूपरसिकदेव, नागरीदास, अलबेली अलि, चाचा हितवृन्दावनदास, भगवतरसिक, वृन्दावनदेव, पीताम्बरदास, सुन्दरी कुंवरिबाई, प्रेमसखीजी, सहचरिसरनदास, मंजरीदास, कृष्णदास, रत्नकुंवरि, दामोदर चौधरी 'उरदाम' भोला भण्डारडी, बणी-ठणी जी।

रचनाएं :

1. **गुमानमिश्र** – 'कृष्णचन्द्रिका' (प्रबन्ध काव्य)
2. **ब्रजवासीदास** – 'ब्रजविलास' (प्रबन्ध काव्य)
3. **मंचित कवि** – 'कृष्णायन' (प्रबन्ध काव्य), 'सुरभि-दानलीला' (प्रबन्ध काव्य)
4. **रूपरसिकदेव** – (निम्बार्क सम्प्रदाय) : लीलाविशंति, हरिव्यासयशामृत, नित्यविहारपदावली, वृहदोत्सव मणिमाल।
5. **नागरीदास** – (सखी सम्प्रदाय) : इश्कचमन, जुगलरस माधुरी, फागविलासी, रासरसलता, फागविहार, भक्तिसार, रसिकरत्नावली, वर्षा के कवित्त, कृष्णजन्मोत्सव कवित्त, प्रियाजन्मोत्सव कवित्त, गोवर्द्धन धरण के कवित्त।
6. **अलबेलि** – 'विष्णुस्वामी सम्प्रदाय'
7. **चाचाहितवृन्दावनदास** – **(राधावल्लभ सम्प्रदाय)** : जुगल स्नेह पत्रिका, लाडसागर, ब्रजप्रेमानन्द, कृपा अभिलाष की बेली भ्रमरगीत।
8. **भगवतरसिक** – **(सखी सम्प्रदाय)** : महात्मा ललित मोहिनीदास के शिष्य थे इनकी रचनाओं का संकलन है– 'भगवतरसिक की वीणा'।
9. **वृन्दावन देव (निम्बार्क सम्प्रदाय)** – घनानन्द के गुरु थे। इनकी रचना है 'कृष्णामृत गंगा' या 'गीतामृतगीता'।
10. **पीताम्बरदास (सखी सम्प्रदाय)** – किशोरदास के गुरु थे। इनकी रचनाएं हैं– केलिमाल की टीका, समय प्रबन्ध, सिद्धान्त और रस की साखी, सिद्धान्त और रस के पद।
11. **सुन्दरीकुवांरीबाई (राधावल्लभ सम्प्रदाय)** – नेहनिधि, वृन्दावन गोपी महात्म्य, संकेत युगल, रसपुँज, प्रेमसम्पुट, सारसंग्रह, रंगझर, भावनाप्रकाश, रासरहस्य
12. **बख्शी हंसराज श्रीवास्तव 'प्रेमसखी' (सखी सम्प्र०)** – इनके गुरु विजयसखी वैष्णव थे। इनकी रचनाएं हैं – स्नेहसागर, विरहविलास, कृष्णजू की पाती, बारहमास, विरहपत्रिका, चुरिहारिनलीला, फागतरंगिनी
13. **सहचरिसरनदास (सखी सम्प्रदाय)** – 'ललित प्रकाश', 'सरस मंत्रावली'
14. **मंजरी दास (चैतन्य सम्प्रदाय)** – ....
15. **कृष्णदास** – माधुर्य महरी, भागवतभाषा पद्य, भागवत महात्म्य
16. **रत्नकुंवरि** – 'प्रेमरत्न' (प्रबंध काव्य)। ये राजा शिवप्रसाद 'सितारे हिन्द' की दादी थी।
17. **दामोदर चौधरी 'उरदाम'** – उरदाम प्रकाश, कूबरीकिलोल, कान्हा का बंसी, मनमौजसागर, कोरदार बतीसी।

वीरकाव्य प्रबंध : छत्रप्रकाश (लालकवि), हिम्मतबहादुर विरुदावली (पद्माकर), सुजानचरित (सूदन), नृसिंह (खुमाण), हम्मीर रासो (जोधराम), हम्मीर हठ (चन्द्रशेखर वाजपेयी)।

मुक्तक : शिवराज भूषण, शिवाबावनी, छत्रसाल दशक (भूषण), सूर छत्तीसी, वीरविनोद (बांकीदास)।

नीतिकाव्य

वृन्द (वन्द सतसई), गिरिधर कविराय (कुण्डलियां : लिखी हैं जिनमें 'गिरधर कविराय' की छाप है), बैताल ('विक्रम' को सम्बोधित करके कुण्डलियां लिखी हैं।)। सम्मन (दोहे लिखे हैं), रामसहायदास (राम सतसई, ककहरा), दीनदयाल गिरि (अन्योक्तिकल्पद्रुम)।

स्फुट प्रवृत्तियां

1. **सबलसिंह चौहान** : (महाभारत, 'दोहा-चौपाई' में अनुवाद), ऋतुसंहार (अनुवाद), रूपविलास।
2. **ब्रजनिधि** : रास का रेखता, रेखता संग्रह (खड़ी बोली की रचना में है।), प्रीतिलता, फांगरंग, स्नेहबहार, ब्रजनिधि, हरिपद संग्रह प्रेमपन्थ (ब्रजभाषा की रचनाएं हैं।)।
3. **बेनी बन्दीजन** : भडौवा संग्रह, रसविलास, टिकैतराय प्रकाश।
4. **अली मुहिब खां 'प्रीतम'** : खटमल बाईसी।
5. **गिरिधर दास** : बाबू गोपाल चन्द्र 'गिरिधरदास' भारतेन्दु के पिता थे। इनकी प्रमुख रचनाएं हैं – जरासंघवध महाकाव्य, भारतीभूषण, (अलंकार ग्रन्थ), भाषाव्याकरण (छन्द निरूपक), नहुष (नाटक)।

रीतिकालीन गद्य साहित्य

ब्रजभाषा गद्य : चौरासी वैष्णवन की वार्ता (गोकुलनाथ), दो सौ बावन वैष्णव की वार्ता, (गोकुलनाथ), हरतालिका कथा, (मीनराज प्रधान, 17वीं सदी), अष्टांग योग (अक्षरअनन्य 17वीं सदी), भावना संज्ञक टिप्पणी वाले वल्लभ सम्प्रदायी ग्रन्थ जैसे 'निजवार्ताभावना', 'भावभावना', आदि (हरिराय 18वीं सदी), पुष्टि प्रवाह मर्यादा (हरिराय), सेवक जू कोचरिग (प्रियादास), बैताल पच्चीसी (सूरति मिश्र), हितोपदेश ग्रन्थ महाप्रबोधिनी (देवीचन्द), स्वप्न प्रसंग (अनन्य अली), राजनीति (लल्लू लाल 19वीं सदी), ग्रन्थसजीवन (आलम 19वीं सदी)।

काव्यशास्त्रीय ग्रन्थ जिनमें टिप्पणी ब्रजभाषा गद्य प्रयुक्त है–

शृंगार मंजरी (चिन्तामणि), कविकल्पतरू (चिन्तामणि), रसरहस्य (कुलपति), काव्यनिर्णय (भिखारीदास), अलंकार रत्नाकर (दलपतिराय), रसपीयूषनिधि (सोमनाथ), अलंकार शिरोमणि (बेनी कवि), रसिक गोविन्दानन्दघन (रसिकगोविन्द), पिंगल (सुखदेव मिश्र), वृत्ततरंगिणी (रामसहाय दास), बलभद्रप्रकाश (करनेस), व्यंग्यार्थ कौमुदी (प्रतापसिंह), काव्यविलास (प्रतापसिंह), अलंकार भ्रमभंजन (ग्वाल), पद प्रसंगमाला (नागरीदास), अणभौविलास (रामचरणदास), प्रबोधचन्द्रोदय (जसवन्त सिंह), माधोविलास (लल्लू लाल)।

खड़ी बोली गद्य : 'फर्सनामा' या 'पोथीसलोत्री की' (रचनाकार अज्ञात), सुरासुर निर्णय (मुंशी सदा सुख लाल), मोक्ष मार्ग प्रकाश (टोडरमल जैन), चिद्विलास (दीप चन्द्र जैन), वार्तिक (मुंशी सदा सुख लाल), भाषा योग वशिष्ठ (रामप्रसाद निरंजनी), भाषा पद्पुराण या 'पदमपुराण वचनिका'

(दौलतराम जैन), सुदृष्टि तरंगिणी वचनिका (टेकचन्द जैन), गीतानुवाद (बीरबल), सूर्य सिद्धान्त (पं. कामोदानन्द मिर अनूदित)।

फोर्ट विलियम कॉलेज : नासिकेतोपाख्यान (सदलमिश्र – कठोपनिषद् के नचिकेता प्रसंग पर), प्रेम सागर (लल्लूलाल), रानी केतकी की कहानी या उदयभान चरित (इंशा अल्ला खां), सुखसागर (मुंशीसदा सुख लाल नियाज), रामचरित्र (सदल मिश्र), सिंहासन बत्तीसी (लल्लूलाल), बैताल पच्चीसी (लल्लूलाल)।

दक्खिनी गद्य : रिसाले बजूदिया (शाह बुरहानुद्दीन कादिरी), गंजमखफी (मोहम्मद शरीफ)।

राजस्थानी गद्य : मौलिक गद्य रूप हैं – बात, ख्यात, वचनिका, वर्णन, दशवैत, सलोका, पत्र, वंशावली, पदावली, विगत, पीढी। अनूदित गद्य रूप हैं – बालाबोध, टीका, टिप्पण, भाषा।

भोजपुरी : गद्य रूप हैं – पत्र, दस्तावेज, सनद, पंचनामा आदि।

अवधी गद्य : रसविनोद (भानुमिश्र), उड्डील (नित्यनाथ), 'मानस' टीका (रामचरण), सगुनावली (गौतम ऋषि), व्यवहारदास (प्रियादास), कबीरदास टीका (विश्वनाथ), परमधर्मनिर्णय (विश्वनाथ सिंह)।

स्मरणीय कथन / उद्धरण / प्रसंग

भिखारी दास :

1. 'काव्य की रीति सिखी सुकबीन सों, देखी सुनी बहुलोक की बातें।'
2. 'ब्रजभाषा हेतु ब्रजवास ही न अनुमानौ, ऐसे-ऐसे कविन की बानी हूँ सों जानिए।'
3. 'तुलसी, गंग दुऔ भए सुकविन के सरदार।'
4. 'एक लहै तपपुंजन के फल ज्यों तुलसी अरू सूर गोसाई।'
5. 'अब तो बिहारी के वे बानक गए री, तेरी तन दुति केसर को नैन कसमीर भी।'
6. सुकवि रीझिहैं तो कविताई।

मतिराम :

1. 'ज्यों-ज्यों निहारिये तेरे ह्वै नैननि त्यों-त्यों खरी निखरै सी निकाई।'
2. आंखिन ते गिरे आंसू के बूंद सुहास गयो उडि हंस की नाई।'
3. 'ह्वै बनमाल हिये लगिये अरू ह्वै मुरली अधरा रस पीजै।'

देव :

1. 'अभिधा उत्तमकाव्य है, मध्य लक्षणा लीन।
अधम व्यंजना रसविरस, उल्टी कहत नवीन।।'
2. 'बानी को सार बखान्यो सिंगार, सिंगार को सार किसोर किसोरी।'
3. 'भरि रही भनक-भनक तारताननि की तनक-तनक तामें झनक चुरीन की।'

सेनापति :

1. 'सेवक सियापति को, सेनापति कवि सोई
जाकी द्वै अरथ कविताई निरबाह की।'
2. 'फरि एक बैठि कहूं फामै बितकति है।'
3. 'नाहीं-नाहीं करै थोरी मॉगे सब दैन कहैं।'

पद्माकर :

1. और रस, औरे रीति, औरे राग, औरे रंग, औरे तन, औरे मन, औरे बन ह्वै गयों'
2. 'नैन नचाइ कही मुसकाइ लला फिरि आइयौ खेलन होरी।
3. 'एरी मेरी बीर जैसे-तैसे इन आंखिन तें, कठिगो अबीर पै अहीर तौ कढै नही।

घनानन्द :

1. 'लोग हैं लागि कवित्त बनावत, मोहिं तौ मेरो कवित्त बनावत।'
2. 'कबहूं वा बिसासी सुजान के आंगन, मो अंसुवानिहू लै बरसौ।
3. 'मो गति बूझि परै तबहीं जब होहु घरीक हूं आप तें न्यारे।'
4. 'ह्वै घनानन्द सोच महा मरिबो अनमीच बिना जिय जीबो।'
5. 'चाहै प्रान चातक सुजान घनआनन्द कों
दैया कहूं काहू कौं परै न काम कूर सौं।'
6. 'अधर लगे हैं आनि करि कै पयान प्रान, चाहत चलन ये संदेसो ले सुजान को।'
7. 'ह्वैं सोऊ धरी भाग उघरी।
8. 'उजरिन बसी है हमारी अंखियानि देखौ।'
9. 'कान्ह परे बहुतायत में इकलैन की बदेन जानौ कहा तुम।'
10. 'आनन्द विधान सुखयानि-दुखियानि दैं।'
11. 'रीझ सुजान सची पररानी, बची बुधि बापुरी ह्वै करि दासी।'
12. 'अरसनि गही वह बानि कछू, सरसानि सो आनि निहोरत है।'
13. 'उधरो जग, छाप रहे घनआनन्द, चातक ज्यों तकिए अब तौ'
14. 'कहिए सु कहा, अब मौन अली, नहीं खोवते जौ हमें पावते जू।'
15. 'झूठ की सचाई छाक्यौ, त्यौं हित कचाई पाक्यौ, ताके गुनगन घनआंनद कहा गनौ।'
16. 'गति सुनि हारी, देखि थकनि मै चली जाति, थिर चर दसा कैसी ढकी उघरति है।'
17. 'तेरे ज्यौं न लेखौं, मोहि मारत परेखो महा, जान घनआनन्द पै खोयणे लहत है।'
18. 'ऐ रे बीर पोन! तेरो सबै और गौन, बारि।
तों सों और कौन मैन ढरको ही बानि दै।।'
19. 'अति सूधो सनेह को मारग है, जहां नैकु सयानप बांक नहीं।'
20. 'पाऊं कहां हरि हाय तुम्हैं, धरती मैं धंसों कि अकासहिं चीरौं।'
21. 'जब तें निहारे घनआनन्द सुजान प्यारे,
तबहें अनोखी आगि लागि रही चाह की।'
22. 'तब हार पहार से लगत हे, अब आनि कै बीच पहार परे।'
23. 'सो घनआनन्द जान अजान लौं, टूक कियौ पर बांचि न देख्यौ'
24. 'या मन की जु दसा घनआनन्द जीव की जीवनि जान ही जानै।'
25. 'रावरे रूप कौ रीति अनूप नयौ-नयौ लागत ज्यों-ज्यों निहारिये।'

घनानन्द की ब्रजनाथ कृत प्रशस्ति :

1. 'चाह प्रवाह अथाह परे नहिं ही आप विचछन जानै।
पूंछ विषान बिना पसु जो सु कहा घनआनंद बानी बरवानै।
2. नेही महा ब्रजभाषा-प्रवीन और सुन्दरतानि के भेद को जानै।
जोग वियोग की रीति में कोविद भावना-भेद स्वरूप को ठानै।
चाह के रंग में भीड्या हियरे बिछुरे मिलें प्रीतम सांति न मानै।
भाषा प्रवीन सुछंद सदा दहै सो घनजी की कवित्त बीवाने।
3. जग की कविताई के धोखे रहें, हूयां प्रवीनन की मति जाति छकी।
समुझें कविता घनआनंद की हिय आंखिन नेह की पीर तकी।

ठाकुर :

1. चोजिन के चोजी महा, मैजिन के महाराज,
   हम कविराज हैं, वे चाकर चतुर के।
2. ढेल सो बनाम आय मेलत सभा के बीच लोगन,
   कवित्त कीबो खेल करि जाने है।
3. सखी कारी घटा बरसे बरसाने पै गोरी घटा नंदगांव पै री।
4. वा निरमोहिन रूप की रासि जऊ उर हेतु न आनति ह्वैहै।
5. 'सीखि लीनों मीन मृग खंजन कमल नै।'
6. 'विधि के बनाए जीव जेते हैं जहां के तहां,
   खेलत फिरत तिन्हैं खेलन-फिरन देव।'
7. 'हाल चवाइन की दुहचाल कि लाल तुम्हैं खेलन दिखात कि नाही।'

आलम :

1. 'जा थल कीन्हे विहार अनेकन ता थल कांकरी बैठि चुन्यो करै।'
2. 'देखन के अंखियान महासुख जो अंसुनानि सों देखन देखन पांऊ।'
3. आलम ने शेख रंगरेजिन को लिख का भेजा–
   'कनक छरी सी कामिनी कटि काहे को छीन।'
   तो उसने जवाब लिखा–
   'कटि को कंचन काटि विधि कुचन मध्य धरि दीन।'
4. 'आप को न चाहै ताके बाप को न चाहिए।'

मतिराम :

1. कोऊ कितेक उपायकरो कहुं होत है आपनो पीउ पराये।
2. केलि के राम अघाने नहीं दिनहू में लला पुनि घात लगाई।

देव :

1. डारि द्रुम पलना, बिछौना नवपल्लव के,
   सुमन झँगूला साहै तब छबि के भारी दै।
2. बडे-बडे नैनन सों आंसू भरि-भरि ढरि
   गारो-गारो मुख आज ओरो सो बिलानो जात।
3. सांसन ही में समीर गयो अरू आंसून ही बन नीर गयो हरि।

पद्माकर :

1. 'हौं तौ स्याम रंग में चोराइ चित चोराचोरी
   बोरत तो बोरयौ पै निचोरत बनै नहीं।'
2. 'बिरह बनायो तौ न पावस बनाउतो,
   जौ पासव बनायो तौ न बिरह बनाउतौ।
3. बनन में बागन में बगरयो बसन्त है
4. किंसुक गुलाब कचनार और अनारन की
   डास पै डोलत अंगास के पुंज है।
5. गोरिउ के रंग भीजिगो, सांउरो के रंग भजिगो गोरी।

सेनापति :

1. 'आने हैं पहार मानौ काजर के ढोइ कै।'
2. राम कैसो जस अध-ऊरध गगन है

नूर मुहम्मद :

1. जानत है वह सिरजनहारा, जो किछु है मन मरम हमारा।
   हिन्दू मग पर पांव न राखेऊं, का जो बहुतै हिन्दी भखिऊं।
   कामयाब कह कौन जगावा, फिर हिन्दी भाखै पर आवा।
   छांडि फारसी कंद नवातैं, अरूझाना हिन्दी रस बातै।

——❖——❖——❖——

आधुनिक काल

खण्ड एक

आधुनिक काल (1850 ई॰)

खण्ड 1.	खण्ड 2.
पूर्वाभास (1843-1868)	**प्रगतिवादी युग** (1936-1943)
भारतेन्दु युग (1868-1900)	**प्रयोगवादी युग** (1943-1954)
द्विवेदी युग (1900-1920)	**नयी कविता / नव लेखन** (1954-1972)
छायावादी युग (1920-1936)	**अद्यतन युवा लेखन** (1972)

खण्ड 1.

पूर्वाभास काल (1843-1868) : जैसा कि हम देखते आये हैं, किसी साहित्यिक युग की समाप्ति के साथ ही उस युग की प्रधान रचना प्रवृत्ति पूरी तरह निर्मूल नहीं हो जाती। भक्तिकाल में वीरगाथापरक तथा रीतिकाल में भक्तिपरक रचनायें भी गौण रूप से होती रहीं। इसी तरह आधुनिक काल में भी रीतिपरक प्रवृत्तियों के अवशेष काफी समय तक रचनाशील रहे। हम इनका परिचय यहाँ संक्षेप में देने के बाद उन सामाजिक हलचलों की संक्षिप्त चर्चा करेंगे, जिनके गर्भ से 'आधुनिक' काल ने जन्म लिया तथा 'गद्य' रचना की प्रवृत्ति विकसित हुई।

1. **रीवा नरेश महाराजा 'रघुराज सिंह' : (भक्त कवि) -** सुन्दरशतक, पत्रिका, आनन्दाम्बुनिधि, रूक्मिणी परिणय, श्रीमद् भागवत महात्म्य, रामस्वयंवर (प्रबंध), रामाष्टयाम।
2. **महन्त रघुनाथ दास रामस्नेही (भक्त कवि):** विश्राम सागर।
3. **सरदार कवि :-** रामलीला प्रकाश, रामरत्लाकर, षडऋतु, साहित्य सरसी, श्रृंगार संग्रह, तुलसीभूषण, साहित्य सुधाकर, वागृविलास।
4. **बाबू गोपाल चन्द्र गिरधारी दास (भारतेन्दु के पिता) :** जरासन्ध वध महाकाव्य, राधास्तोत्र, गोपाल स्तोत्र, बलराम कथामृत, रामकथामृत, भारती भूषण (अलंकार ग्रन्थ), छन्दोवर्णन।
5. **साह कुन्दनलाल (ललित किशोरी) तथा साह कुन्दनलाल (ललित माधुरी) :** स्फुट रचनायें।
6. **चन्द्रशेखर बाजपेई :** हम्मीर हठ (1845), नखशिख, रसिक विनोद (1846)।
7. **शंकर कवि :** (ये ठाकुर के पोत्र थे) :- स्फुट छंद
8. **रामदास :** कविकल्पद्रुम (ध्वनि सिद्धान्त संबंधी रचना है।)।
9. **ग्वाल :** रसरंग (1847)।
10. **सेवक :** वागृविलास (नायिका भेद संबंधी), नखशिख।
11. **बैजनाथ द्विवेदी :** सीतारामाभरणमंजरी, रामरस्य, वृत्तनिदोषकदम्ब, वामाविलास, उद्दीपन श्रृंगार, अनुभव उल्लास, चित्राभरण।
12. **नवनीत चतुर्वेदी :** कुब्जापच्चीसी।

भारतेन्दु युग के रीति-निरूपक कवि :

भारतेन्दु ने 'सुन्दरी तिलक' में रीतिकालीन मुक्तकों का संकलन किया।

13. **लछिराम भट्ट :** महेश्वर विलास, रामचन्द्रभूषण, रावणेश्वर कल्पतरू, मानसिंहाष्टक, प्रताप रत्लाकर, लक्ष्मीश्वर रत्लाकार, कमलानन्द कल्पतरू।
14. **कविराजा मुरारिदान :** जसवन्त जसोभूषण
15. **बालगोविन्द मिश्र :** भाषाछन्द प्रकाश
16. **प्रताप नारायण सिंह :** रस कुसुमाकर (गद्य का प्रयोग)
17. **कन्हैयालाल पोद्दार :** अलंकार प्रकाश (गद्य का प्रयोग)
18. गोविन्द मिल्लाभाई तथा नवनीत चौबे भी ब्रजभाषा के अच्छे कवि थे।

ब्रजभाषा काव्य की परम्परा :

रीतिकाल के समापन के समय ब्रजभाषा अपने सशक्त रूप में थी। खड़ी बोली आधुनिक युग की अनिवार्यता के रूप में उभरी। ब्रजभाषा तथा खड़ी बोली का लंबे समय तक संघर्ष चला जो छायावादी युग में जाकर निर्मूल हुआ। भारतेन्दु युग में यह विचित्र अन्तर्विरोध था कि हर कवि खड़ी बोली में एक ओर तो आधुनिक बोध वाली रचनायें कर रहा था, दूसरी ओर ब्रजभाषा में रीतिपरक, श्रृंगारी तथा भक्तिपरक काव्य रचनायें भी। द्विवेदी युग के अंत तक ब्रजभाषा में सुन्दर रचनायें हुई। हम प्रमुख कवियों तथा उनकी रचनाओं का नीचे परिचय दे रहे हैं।

भारतेन्दु युग :

इस युग का हर कवि खड़ी बोली तथा ब्रजभाषा दोनों में रचनायें कर रहा था। परन्तु इस काल में ब्रजभाषा की कोई उल्लेखनीय रचना नहीं मिलती। हम उनका परिचय भारतेन्दु युग के अन्तर्गत खड़ी बोली रचनाओं के साथ ही देंगे।

द्विवेदी युग :

श्रीधर पाठक (कश्मीर सुषमा), हरिऔध (रसकलश), सत्यनारायण 'कविरत्न' (प्रेमकली, भ्रमरदूत), श्रीधर पाठक (ऋतुसंहार : अनुवाद), बाबू जगन्नाथदास 'रत्नाकार' (हिंडोला, कल-काशी, हरिशचन्द्र, गंगावतरण, उद्धवशतक), 'जंकी' उपनाम से उर्दू कविता भी करते थे।

ब्रजभाषा में अनुवाद :

सत्यनारायण कविरत्न (भवभूति के नाटकों 'उत्तररामचरित' तथा 'मालतीमाधव', मैकाले के खण्डकाव्य 'होरेशस' का), बाबू जगन्नाथदास 'रत्नाकर' (पोप के 'एस्से आन क्रिटिसिज्म' का 'समालोचनादर्श' नाम से पद्यात्मक अनुवाद, रोला छंद में तथा 'बिहारी रत्नाकर' का सम्पादन)।

छायावादोत्तर काल :

1. हरदयाल सिंह ('दैत्यवंश' - यह ब्रजभाषा में रचित महाकाव्य है।)।
2. द्वारकाप्रसाद मिश्र ('कृष्णायन' - यह अवधी में रचित महाकाव्य है।)।

आधुनिक काल की सामाजिक हलचल (1842-1868):

- 1800 में वार्ड कैरे और मार्शमैन ने श्रीरामपुर (कलकत्ता) में "डैनिश मिशन" की स्थापना की। कैरे ने 1803 में देवनागरी अक्षरों की ढलाई की तथा मिशन की एक प्रेस खोली। श्रीरामपुर मिशन के प्रेस से ये दो पत्र प्रकाशित हुए—'समाचार दर्पण' तथा 'दिग्दर्शन'।
- राजा राममोहन राय ने 1821 में 'संवाद कौमुदी' नाम से एक बंगला साप्ताहिक निकाला। यह पहला पत्र था, जिसमें अपने देश का सन्दर्भ रहता था । उन्होंने ब्रमैनिकल मैगजीन (अंग्रेजी), जाए-ए-जहाँ-नुमा (फारसी) पत्र भी निकाले।
- 'बाम्बे समाचार' नाम से एक गुजराती पत्र, 1922 में गुजराती प्रेस बम्बई से छपना शुरू हुआ ।
- हिन्दी का पहला पत्र सन् 1826 में पण्डित जुगलकिशोर ने 'उदन्त मार्तण्ड' नाम से कलकत्ता से निकाला। इसके बाद अनेक पत्र निकाले। नीचे महत्वपूर्ण हिन्दी पत्रों की सूची दी जा रही है-

पत्र	स्थान/वर्ष	सम्पादक
1. उदन्त मार्तण्ड (साप्ताहिक)	कलकत्ता (1826)	पण्डित जुगलकिशोर शुक्ल
2. बंगदूत (")	कलकत्ता (1829)	राजा राममोहन राय
3. प्रजामित्र (")	कलकत्ता (1834)	राजा राममोहन राय
4. बनारस अखबार (")	बनारस (1845)	राजा शिवप्रसाद 'सितारेहिन्द'
5. मालवा अखबार (")	मालवा (1849)	राजा शिवप्रसाद 'सितारेहिन्द'
6. सुधाकर (")	बनारस (1850)	तारामोहन मिश्र
7. बुद्धिप्रकाश (")	आगरा (1952)	मुंशी सदासुख लाल
8. समाचार सुधावर्षण (दैनिक)	1854	श्यामसुन्दर सेन
9. प्रजाहितैषी (साप्ताहिक)	आगरा (1860)	राजा लक्ष्मण सिंह
10. लोकमित्रा (")	आगरा (1863)	राजा लक्ष्मण सिंह
11. तत्वबोधिनी पत्रिका (")	बरेली (1865)	राजा लक्ष्मण सिंह
12. ज्ञानप्रदायिनी पत्रिका (मासिक)	लाहौर (1867)	नवीनचन्द्र
13. कवि सुधा (सा., पा., मा.)	काशी (1868)	भारतेन्दु हरिश्चन्द्र

- कलकता जर्नल (सम्पा. बकिंघम) नामक अंग्रेजी पत्र भारतीयों की वैचारिक स्वतंत्रता के समर्थन तथा अंग्रेज सरकार के विरोध के कारण 1823 में बंद हुआ।
- 18वीं सदी के उत्तरार्द्ध में कम्पनी सरकार ने 'कलकत्ता मदरसा' तथा बनारस में 'संस्कृत कालेज' खोला। पहले में अरबी-फारसी में पढ़ाई होती थी तथा दूसरे में संस्कृत में। सन् 1823 में कलकत्ता में 'लोकशिक्षा समिति' की स्थापना की गई। सन् 1835 में मैकाले ने अंग्रेजी शिक्षा के पक्ष में एक प्रारूप तैयार किया। सन् 1857 में कलकत्ता, मद्रास तथा बम्बई में अंग्रेजी माध्यम के विश्वविद्यालय खुल गए।
- राजा राममोहन राय ने 1828 में बंगाल में 'ब्रह्म समाज' की स्थापना कर समाज सुधार की प्रक्रिया को शुरू किया और फिर धीरे-धीरे पूरे भारत में सुधार की यह लहर फैल गई। प्रमुख 'सुधार-समाजों / सभाओं' की सूची नीचे दी जा रही है—

समाज सुधारसभा	स्थान/वर्ष	संस्थापक/अन्य जानकारी
1. ब्रह्म समाज	बंगाल (1828)	राजा राममोहन राय (सहयोगी देवेन्द्रनाथ टैगोर, केशवचन्द्र सेन)
2. प्रार्थना समाज		महाराष्ट्र (1867) महादेव गोविन्द रानाडे (स्थापना केशवचन्द्र सेन के प्रभाव से हुई।)
3. रामकृष्ण मिशन	बंगाल	विवेकानन्द (शिकागो भाषण- 1893)।
4. आर्य समाज	उत्तर भारत (1875)	स्वामी दयानन्द सरस्वती (रचना 'सत्यार्थ प्रकाश' - सन् 1875)
5. 'थियोसोफिकल सोसाइटी' की शाखा	अड्यार (मद्रास, 1882)	एनीबेसेण्ट (मदाम ब्लावअूस्की ओल्कार्ट, न्यूयार्क में 'थियोसोफिकल सोसाइटी' की स्थापना की थी, जिसकी शाखा मद्रास में खुली।
6. अखिल भारतीय संगीत परिषद्	1919	विष्णुनारायण भातखण्डे
तटीय समाज	1873	भारतेन्दु

अन्य सुधार आन्दोलन / समाज :

कायस्थ सभा (उ. प्र.), सरीन सभा (पंजाब), सत्यशोधक समाज (महात्मा ज्योतिबा फुले, महाराष्ट्र), श्रीनारायण धर्मपरिपालन सभा (नारायण गुरू केरल), अहमदिया और अलीगढ़ आन्दोलन (मुसलमानों का था), सिंह सभा (सिखों से संबंधित), रहनुमाई मजदेयासान सभा (पारसी)।

खड़ी-बोली का आरम्भिक संघर्ष :

1. **फोर्ट विलियम कॉलेज :** की स्थापना सन् 1800 ई॰ में हुई। 1800 ई॰ में कॉलेज के प्रिंसिपल जॉन गिलक्राइस्ट ने हिन्दी / हिन्दुस्तानी (हिन्दी एवं उर्दू गद्य) में पुस्तकें लिखवाई। इस कॉलेज से सम्बद्ध खड़ी बोली के लेखक लल्लूलाल तथा सदल मिश्र हैं।
2. **मुंशी सदासुखलाल 'नियाज' :** सुखसागर, 'सुरसागर निर्णय' (यह सदासुखजी का एक निबंध है जो लाला भगवानदीन तथा रामदास गौड द्वारा सम्पादित 'हिन्दी भाषा सार' में संकलित है।)
3. **इंशा अल्ला खाँ :** 'उदयभान चरित' या 'रानी केतकी की कहानी'।
4. **लल्लूलाल जी :** फोर्ट विलियम कालेज के अध्यापक थे। खडी बोली गद्य में इनकी रचना है—'प्रेमसागर' (1803)।
5. **सदल मिश्र :** फोर्ट विलियम कालेज के अध्यापक थे। इनकी रचना है-'नासिकेतोपाख्यान' (1803)
6. **हिन्दू कॉलेज :** की स्थापना 1817 ई॰ में हुई थी। फोर्टविलियम के बाद यह दूसरा कलकत्ता का ही कॉलेज था, जिसने खड़ी बोली गद्य के विकास में योगदान दिया।
7. **स्कूल बुक सोसाइटी (आगरा) :** की स्थापना 1833 ई॰ में हुई। इससे मार्शमैन के 'प्राचीन इतिहास' का अनुवाद 'कथासागर' नाम से छपा। 1840 में 'भूगोलसार' तथा 1847 में 'रसायनप्रकाश' छपा। कथासागर (ले॰-रतनलाल), भूगोलसार (पंडित भट्ट), रसायनप्रकाश (बद्रीलाल शर्मा)।

8. **अदालती भाषा** : संयुक्त प्रान्त एवं पश्चिमोत्तर प्रदेश की अदालती भाषा 'फारसी' चली आ रही थी, सन् 1836 में कंपनी सरकार ने जनता की कठिनाइयों को देखते हुए अदालतों में देशी भाषाओं के प्रयोग की अनुमति दे दी । अतः फारसी लिपि के साथ नागरी लिपि का भी प्रचलन हो गया। परन्तु गार्सा द तॉसी एवं सर सैयद अहमद ने मजहबी प्रश्न घुसेड़ कर उर्दू का बहुत समर्थन किया। साम्प्रदायिक आग्रहवश 1837 ई॰ में उर्दू संयुक्त प्रान्त की अदालती भाषा कर दी गयी।

राजा शिवप्रसाद 'सितारेहिन्द' ने हिन्दी भाषा तथा नागरी लिपि के संबंध में सन् 1868 में सरकार के पास एक आवेदन भेजा। वह एक आमफहम भाषा (उर्दू की ओर झुकी हुई हिन्दी) के समर्थक थे। हिन्दी के पक्ष में उद्योग करने वालों में 'फ्रेडरिक पिन्काट' का नाम अविस्मरणीय है। सन् 1881 में फारसी लिपि अदालतों से हटा दी गई। नागरी के प्रचार के लिए सन् 1893 में नागरी प्रचारिणी सभा (काशी) की स्थापना की गई । सन् 1900 में नागरी लिपि को भी कचहरी में प्रवेश की अनुमति मिल गई । परन्तु हिन्दी फारसी-उर्दू विवाद अभी चलता रहा। पंजाब के पं. श्रद्धाराम फुल्लौरी ने हिन्दी को जगह-जगह व्याख्यान एवं भाषण देकर मजबूत किया। इनकी रचनायें है- 'सत्यामृतप्रवाह', 'तत्वदीपक', 'धर्मरक्षा', 'उपदेश संग्रह', 'शतोपदेश' तथा सामाजिक उपन्यास 'भाग्यवती'। हिन्दी के विकास के लिए सन् 1910 में **'हिन्दी साहित्य सम्मेलन'** (प्रयाग) की स्थापना हुई।

फ्रेडरिक पिन्काट साहब की दो रचनायें हैं - बालदीपक, विक्टोरिया चरित्र। हिन्दी का हितसाधन करने के लिए बाबू तोताराम (भारतेन्दु युग) ने **'भाषा सम्वर्धिनी सभा'** (अलीगढ़) स्थापित की थी। ऐसी ही एक सभा सन् 1884 में **'हिन्दी उद्धारिणी प्रतिनिधि मध्य सभा'** नाम से प्रयाग में बनी थी। सरकारी दफ्तरों में नागरी को प्रवेश कराने में यद्यपि भारतेन्दु को सफलता न मिल सकी, पर उद्योग बराबर चलता रहा।

नागरी प्रचारिणी सभा (संस्थापक - श्यामसुन्दरदास, रामनारायण मिश्र, ठा॰ शिवकुमार सिंह) के पहले सभापति बाबू राधाकृष्णदास थे। सभा के कार्यो (नागरी लिपि का प्रचार तथा हिन्दी साहित्य समृद्धि) में खड्गविलास प्रेस के स्वामी 'रामदीन सिंह', 'भारतजीवन' के अध्यक्ष बाबू राधाकृष्णवर्मा, बाबू गदाधर सिंह तथा कार्तिकप्रसाद खत्री के नाम अविस्मरणीय हैं। पंडित रविदत्त शुक्ल ने 'देवाक्षरचरित्रा' प्रहसन में उर्दू लिपि की गड़बड़ी के बडे विनोदपूर्ण दृश्य दिखाए गए थे।

'नागरी प्रचार' के लिये सर्वाधिक त्याग पंडित गौरीदत्त शुक्ल (द्विवेदी युग) ने किया। जिन्होंने सारी जायदाद नागरी प्रचार के लिए रजिस्ट्री करके झंडा हाथ में लेकर आजीवन नागरी प्रचार किया। 'गौरी नागरी कोश' इन्हीं का है। लोग नमस्कार में इनसे 'जय नागरी की' कहते थे। इन्होंने एक सामाजिक उपन्यास 'देवरानी जेठानी' लिखा।

नागरी प्रचारिणी सभा की स्थापना के तीन वर्ष के अन्दर नागरी प्रचार पत्रिका निकली। इसमें महावीर प्रसाद द्विवेदी की एक कविता 'नागरी तेरी यह दशा' छपी थी। जैसा कि आन्दोलन पंडित गौरीदत्त ने नागरी प्रचार के लिए किया, लगभग उसी समय ब्रजभाषा की जगह, कविता में खड़ी बोली प्रयोग के लिए 'अयोध्याप्रसाद खत्री' ने किया ।

9. **'सितारे हिन्द' तथा राजा लक्ष्मण सिंह** : राजा शिवप्रसाद ने पाठ्यक्रम के लिए उपयोगी कई कहानियाँ हिन्दी में लिखीं। जैसे- राजा भोज का सपना, वीरसिंह का वृतान्त, आलसियों को कोड़ा इत्यादि। राजा शिवप्रसाद 'सितारेहिन्द' के रचित हिन्दी ग्रन्थ हैं–

मानवधर्मसार, योगवशिष्ठ के चुने हुए श्लोक, उपनिषद्सार, भूगोल हस्तामलक, वामामनरंजन (कहानी) तथा 'इतिहासतिमिरनाशक' (इस रचना का झुकाव कुछ अरबी-फारसी से लदी उर्दू की तरफ है।)

- राजा लक्ष्मण सिंह ने 'अभिज्ञानशाकुन्तलम्' (खड़ी बोली 1862), तथा 'मेघदूत', रघुवंश (ब्रजभाषा अनुवाद) हिन्दी में लिखे।

भारतेन्दु युग (1868-1900 ई॰) प्रमुख रचनाकारः

1. भारतेन्दु हरिश्चन्द्र (1850-1885) : नाटक

(अ) **मौलिक** : वैदिकी हिंसा न भवति, चंद्रावली, विषस्य विषमौषधम्, भारत दुर्दशा (1876), नीलदेवी, प्रेमजोगनी और सती प्रताप (अधूरा), अंधेर नगरी (1881), सत्यवादीहरिश्चन्द्र तथा भारत जननी।

(ब) **अनूदित** : विद्यासुंदर, पाखंड-विडम्बन, धनंजय-विजय, कर्पूरमंजरी, मुद्रा राक्षस, रत्नावली, दुर्लभ बंधु।

निबंध : कार्तिक-कर्म-विधि, माघ-स्नान-विधि, अथ अंग्रेज स्तोत्र लिख्यते, पाँचवां पैगम्बर, वैष्णवता और भारतवर्ष आदि। चरितावली (जीवनियां), उदयपुरोदय (जीवनी), बूँदी का राजवंश (जीवनी), बादशाह दर्पण (इतिहास), कश्मीर कुसुम (इतिहास), जयदेव का जीवनवृन्त।

उपन्यास : पूर्णप्रकाश और चन्द्रप्रभा (बंगाली से अनुवाद)।

आलोचना : नाटक (निबंध) - यह सैद्धान्तिक आलोचना की पहली हिन्दी रचना है।

कहानी : 'एक कहानी कुछ आपबीती कुछ जगबीती'।

पत्र-पत्रिकायें : कवि वचनसुधा (1868), हरिश्चन्द्र मैगजीन (मासिक, 1873), 1874 में 'हरिश्चन्द्र मैगजीन' का नाम बदल कर 'हरिश्चन्द्र चन्द्रिका' हो गया। 'बालाबोधिनी' (1874, स्त्री शिक्षा संबंधी)।

अन्य जानकारियां :

- 'कालचक्र' नाम की अपनी पुस्तक में भारतेन्दु ने नोट किया है- 'हिन्दी नये चाल में ढली' सन् 1873 ई॰।
- 'कालचक्र' में ही उन्होंने 'नहुष' (बाबू गोपाल चन्द्रगिरिधरदास) को हिन्दी का प्रथम, 'शकुन्तला' (राजा लक्ष्मण सिंह) को द्वितीय और 'विद्यासुन्दर' को तृतीय नाटक कहा है। वस्तुतः नहुष, ब्रजभाषा में है।
- भारतेन्दु ने समस्यापूर्ति के एक मंच 'कवितावर्धिनी सभा' (काशी) की स्थापना की। 'भारत दुर्दशा' नाटक की टेक है–"अंग्रेज राज सुख साज सजे सब भारी। पै धन बिदेस चलि जात इहै अति ख्वारी।।"

  'निजभाषा उन्नति अहै सब उन्नति को मूल'–भारतेन्दु की पंक्ति है।

  'कहाँ है करूणानिधि केसव सोए'–नीलदेवी नाटक।

कविता :

भारतेन्दु बाबू ने ब्रजभाषा में प्रभूतमात्रा में काव्यरचना की। प्रमुख हैं- प्रेममालिका, प्रेम सरोवर, गीतगोविन्दानन्द, वर्षाविनोद, विनय प्रेमपचासा, प्रेममाधुरी, प्रेमफुलवारी, वेणु-गीत आदि।

भारतेन्दु उर्दू में 'रसा' उपनाम से कविता करते थे। उन्होंने पहेलियां, मुकरियां, व्यंग्यगीत (पैरोडी, स्याया, गाली), समस्यापूर्तियाँ तथा खड़ी बोली में देश की स्थिति पर कवितायें रचीं। प्रमुख हैं-

– अमानत के नाटक 'इन्दर सभा' की पैरोडी - 'बन्दर सभा'
– उर्दू की स्यापा (है है उर्दू हाय-हाय / कहाँ सिधारी हाय-हाय)
– समस्यापूर्ति (पिय प्यारे तिहारे निहारे बिना)
– खड़ी बोली की प्रसिद्ध कवितायें - विजयिनी विजय वैजयन्ती, भरतभिक्षा, विजयवल्लरी, रिपनाष्टक, प्रबोधिनी, बसन्त होली, प्रात समीरन (यह बंगला के पयार छंद में है।) आदि हैं।

पंक्तियाँ :

– सखा प्यारे कृष्ण के गुलाम राधारानी के।
– मेरे तो साधन एक ही है, जग नन्दलला वृषभानु -दुलारी।
– डूबत भारत नाथ बेगि जागो अब जागो।
– भीतर-भीतर सब रस चूसे, हँसि-हँसि के तन-मन-धन मूसै।
  जाहिर-बातन में अति तेज, क्यों सखि साजन ! नहिं अंगरेज।
– अंधाधुंध मच्यौ सब देसा। मानह राजा रहत बिदेसा।।

काव्यानुवाद :

तदीय सर्वस्व (नारद भक्तिसूत्र का अनुवाद)
भक्तिसूत्र वैजयन्ती (शाण्डिलय भक्तिसूत्र का अनुवाद)

2. बाल कृष्ण भट्ट :

आचार्य रामचन्द्र शुक्ल ने बालकृष्ण भट्ट और प्रताप नारायण मिश्र को हिन्दी का 'स्टील' और 'एडीसन' कहा है।

नाटक : कविराज की सभा, रेल का विकट खेल, दमयन्ती स्वयंवर, बाल विवाह, चन्द्रसेन शर्मिन्दा, वृहभला, वेणुसंहार और जैसा काम वैसा परिणाम आदि।

निबंध : भय, दृढ़ता, प्रेम, भक्ति, चन्द्रोदय, रुचि, ईश्वर भी क्या ठठोल है, चली सो चली, देवताओं से हमारी बातचीत, नये तरह का जुनून, खटका, बाल विवाह आदि।

उपन्यास : नूतन ब्रह्मचारी, सौ अजान एक सुजान।

आलोचना : सच्ची समालोचना (1886 : लाला श्रीनिवासदास के नाटक 'संयोगिता स्वयंवर' की 'हिन्दी प्रदीप' में समीक्षा, जहाँ से व्यावहारिक समीक्षा की हिन्दी में शुरुआत होती है।), रणधीर प्रेममोहिनी, नीलदेवी, परीक्षा गुरु तथा एकान्तवासी योगी की 'हिन्दी-प्रदीप' में आलोचनायें छपी।

3. प्रताप नारायण मिश्र :-

नाटक : भारतदुर्दशा, कलिकौतुक रूपक, संगीत शाकुन्तल, हठी हमीर, गोसंकट, जुआरी-खुआरी, कलि प्रभाव।

निबंध : प्रायः 200 निबंध लिखे । कुछ हैं - धोखा, खुशामद, आप, बात, दांत, भौं, मुच्छ, नारी, परीक्षा, हद, मनोयोग, समझदार की मौत आदि।

उपन्यास : बंकिम चंद्र चटर्जी के चार उपन्यासों 'राजसिंह', 'इन्दिरा', 'राधारानी' तथा 'युगलांगुरीय' का अनुवाद।

पत्र-पत्रिकायें : ब्राह्मण (मासिक 1883, कानपुर) ; इस पत्र को चलाते रहने के लिए प्रताप नारायण मिश्र को एक बार इन शब्दों में चन्दा माँगना पड़ा था।

"आठ मास बीते जजमान। अब तो करौ दच्छिना दान।।"

कविता :

प्रेम पुष्पावली, मन की लहर, लोकोक्ति शतक, तृप्यन्ताम्, शृंगार विलास आदि। मिश्र जी कसीदा, शेर, मरसिया भी लिखते थे तथा लोकशैलियों लावनी, कजली, आल्हा का प्रयोग भी करते थे। उनकी एक समस्यापूर्ति 'पपीहा जब पूछिहै पीव कहाँ' बहुत प्रसिद्ध है। वह कानपुर के समस्या पूर्ति मंच 'रसिक समाज' के प्रधान कार्यकर्ता थे ।

4. बदरीनारायण चौधरी 'प्रेमघन' :-

उर्दू में 'अब्र' उपनाम से कविता करते थे।

नाटक : भारत सौभाग्य, प्रयाग रामागमन, वीरांगना रहस्य, बुद्ध विलाप।

आलोचना : 'संयोगिता स्वयंवर' (लाला श्रीनिवासदास) तथा बाबू गदाधर सिंह के अनुवाद बंगविजेता की 'आनंद कादम्बिनी' में समीक्षा।

पत्र-पत्रिकायें : 'नागरी नीरद' तथा 'आनंद कादम्बिनी' (मासिक, 1881 मिर्जापुर)

कविता : जीर्ण जनपद (प्रबंधकाव्य), अलौकिक लीला (प्रबंधकाव्य), मयंक महिमा (प्रबंध अपूर्व) जैसे - आनन्द अरूणोदय, हार्दिक हर्षादर्श, वर्षाबिन्दु आदि इनकी एक समस्यापूर्ति प्रसिद्ध है -

'चरचा चलिबे की चलाइए ना'।

5. लाला श्रीनिवासदास :

नाटक : प्रह्लाद चरित्र, तप्तासंवरण, रणधीर प्रेममोहिनी, संयोगिता स्वयंवर (1885)।

उपन्यास : परीक्षागुरू (1882, हिन्दी का पहला मौलिक उपन्यास है।)

पत्र-पत्रिकायें : सदादर्श (1874, दिल्ली)।

प्रमुख रचनायें : नाटक : हिन्दी का प्रथम नाटक 'आनन्दरघुनन्दन नाटक' (महाराजा विश्वनाथ सिंह रीतिकाल), खड़ी बोली हिन्दी का प्रथम नाटक 'शकुन्तला नाटक' (राजा लक्ष्मण सिंह अनुवाद, पूर्वाभास काल), 'नहुष' (बाबू गोपालचन्द्र गिरधर दास, पूर्वाभास काल)।

भारतेन्दु युग :- विद्यासुन्दर (1868 अनूदित, भारतेन्दु का पहला नाटक), सत्य हरिश्चन्द्र, नीलदेवी, भारतदुर्दशा तथा अन्धेर नगरी (भारतेन्दु हरिश्चन्द्र), जानकीमंगल (शीतला प्रसाद), संयोगिता स्वयंवर, रणधीर प्रेममोहिनी, तप्ता संवरण (रोमानी, लाला श्रीनिवास दास), प्रह्लाद चरित्र (लाला श्रीनिवास दास), प्रद्युमन विजय, रूक्मिणी परिणय (हरिऔध), नल दमयन्ती स्वयंवर, नई रोशनी का विष, जैसा काम वैसा परिणाम, आचार विडम्बन (बालकृष्ण भट्ट), महाराणा प्रताप, महारानी पद्मावती (ऐतिहासिक, राधाकृष्णदास), दुःखिनी बाला (सामयिक, राधाकृष्णदास), बूढे मुँह मुहाँसे, तन मन धन गोसाई जी को अर्पण (राधाचरण गोस्वामी), अमर सिंह राठौर (ऐतिहासिक, राधाचरण गोस्वामी), भारत आरत (खड्गबहादुर मल्ल), रतिकुसुमायुध (रोमानी, खड्गबहादुर मल्ल), गोसंकट, भारत सौभाग्य (अम्बिकादत्त व्यास), देश दशा (गोपालराम गहमरी), विधवा विवाह (काशीनाथ खत्री), सिन्धु देश की राजकुमारियाँ, गुन्नौर की रानी (ऐतिहासिक काशीनाथ खत्री), उषाहरण (कार्तिक प्रसाद खत्री), प्रणयिनी-प्रणय, मयंक मंजरी महानाटक (रोमानी, किशोरीलाल गोस्वामी), कीर्तिकेतु (बाबू तोताराम), चोपटचपेट (किशोरीलाल गोस्वामी)।

भवभूति नाटक

संस्कृत में अनूदित :

भवभूति : उत्तर रामचरित (लाला सीताराम), मालती माधव (लाला शालिग्राम, लाला सीताराम), महावीरचरित (लाला सीताराम)।

कालिदास : अभिज्ञान शाकुन्तलम् (नन्दलाल विश्वनाथ दुबे), मालविकाग्निमित्रा (लाला सीताराम)।

कृष्णमित्र : प्रबोधचन्द्रोदय (शीतला प्रसाद, अयोध्या प्रसाद चौधरी)।

शूद्रक : मृच्छकटिकम् (गदाधर भट्ट, लाला सीताराम)।

श्रीहर्ष : रत्नावली (देवदत्त तिवारी, बालमुकुंद सिंह)।

भट्टनारायण : वेणीसंहार (ज्वालाप्रसाद मिश्र)।

रवीन्द्रबाबू : चित्रांगदा (गोपालराम गहमरी), अचलायतन (रूपनारायण पाण्डे)।

बंगला से अनूदित :

द्विजेन्द्रलाल राय : उस पार, शाहजहाँ, दुर्गादास, ताराबाई (रूपनारायण पाण्डे)।

माइकेल मधुसूदन दत्त : पद्मावती (बालकृष्ण भट्ट), शर्मिष्ठा (रामचरण शुक्ल), कृष्णाकुमारी (रामकृष्ण वर्मा)।

मोहन बसु : सती (उदितनारायण लाल)

राजकिशोर दे : पद्मावती (रामकृष्ण वर्मा)

द्वारिकानाथ गांगुली : वीरनारी (रामकृष्ण वर्मा)

अंग्रेजी से अनूदित :

शेक्सपियर : मरचेन्ट आफ वेनिस (दुर्लभ बंधु- भारतेन्दु, वेनिस का व्यापारी - आयी), द कामेडी आफ एटर्स (भ्रमजालक - मुंशी इमदाद अली, भूलभुलैया - लाला सीताराम), ऐज यू लाइक इट (मन भावना - पुरोहित गोपीनाथ), रोमियो जूलियट (प्रेमलीला - पुरोहित गोपीनाथ), मैकबेथ (सहसेन्द्र साहस - मथुराप्रसाद उपाध्याय)।

जोजेफ एडीसन : केटो (वृतान्त - बाबू तोताराम),

उपन्यास : 'देवरानी जेठानी की कहानी' (गौरीदत्त शुक्ल), भाग्यवती (1871, श्रद्धाराम फिल्लौरी), परीक्षागुरू (1882 लाला श्रीनिवास दास), परीक्षागुरू हिन्दी का पहला मौलिक अंग्रेजी छन्द का उपन्यास है। भाग्यवती हिन्दी का पहला उपन्यास है।

उपदेश प्रधान सामाजिक उपन्यास : पूर्ण प्रकाश और चन्द्रप्रभा (भारतेन्दु), भाग्यवती (श्रद्धाराम फिल्लौरी), परीक्षागुरू (लाला श्रीनिवास दास), नूतन ब्रह्मचारी, सौ अजान एक सुजान (बालकृष्णभट्ट), निस्सहाय हिन्दू (राधाकृष्णदास), विधवा विवाह (राधाकृष्ण गोस्वामी तथा देवी प्रसाद शर्मा), जया (कार्तिक प्रसाद खत्री), लवंग लतिका, कुसुम कुमारी, लीलावती वा आदर्श सती, पुर्नजन्मवा सौतिया डाह, अंगूठी का नगीना, त्रिवेणी वा सौभाग्य श्रेणी, हृदाहारिणी वा आदर्श रमणी (किशोरी लाल गोस्वामी), सास पतोहू, बडा भाई, नये बाबू (गोपालराम गहमरी), धूर्त रसिकलाल, स्वतंत्र रमा और परतंत्र लक्ष्मी चक्र हिन्दी गृहस्थ, आदर्श दम्पति, बिगडों का सुधार, सुशीला विधवा, आदर्श हिन्दू (मेहता लज्जाराम शर्मा), अधखिला फूल, ठेठ हिन्दी का ठाठ (हरिऔंध), सौन्दर्योपासक, राधाकान्त (ब्रजनन्दन सहाय), रामलाल (मन्नन दुबे), वनजीवन वा प्रेमलहरी (राधिकारमण प्रसाद सिंह), वीरमणि (1917, मिश्रबंधु) - कोष्ठक के अन्दर की रचनायें द्विवेदी युग की हैं।

ऐतिहासिक उपन्यास : हृदयहारिणी वा आदर्शरमणी (1890), लवंगलता वा आदर्श बाला, तारा (1902), राजकुमारी (1902), कनक कुसुम वा मस्तानी (1903), लखनऊ की कब्र वा शाही महलसरा (1906), रजिया बेगम, प्रणयिनी परिणय, त्रिवेणी, चपला, मल्लिका देवी वा बंग सरोजनी, अंगूठी का नगीना (किशोरी लाल गोस्वामी)।

रोमानी उपन्यास : ठाकुर जगमोहन सिंह का 'श्यामा स्वप्न' आश्चर्य वृतान्त (अम्बिका दत्त व्यास)।

तिलस्मी-ऐयारी उपन्यास : चन्द्रकान्ता (1891), चन्द्रकान्ता सन्तति, नरेन्द्र मोहिनी, वीरेन्द्र वीर अथवा कटोरा भर खून, कुसुम कुमारी, काजर की कोठरी, अनूठी बेगम, गुप्त गोदना, भूतनाथ : छह भाग (देवकीनन्दन खत्री), कुसुमलता, मयंकमोहिनी या मायामहल, कमल कुमारी, निराला नकाबपोश, भयानक खून (हरिकृष्ण जौहर), तिलस्मी शीशमहल (किशोरीलाल गोस्वामी), पुतलीमहल (रामलाल वर्मा), भूतनाथ के शेष भाग (दुर्गाप्रसाद खत्री)।

जासूसी उपन्यास : अद्‌भुत लाश, बेकसूर की फाँसी, गुप्तचर, सरकती लाश, खूनी कौन, बेगुनाह का खून, जासूस की भूल, अद्‌भुत खून, खूनी का भेद, गुप्त भेद (गोपालराम गहमरी)।

अनूदित उपन्यास : बंगविजेता (गदाधर सिंह, बंगला), दुर्गेशनन्दिनी (गदाधर सिंह, बंगला), मृण्मयी (राधाचरण गोस्वामी, बंगला), आँखों की किरकिरी (रवीन्द्र नाथ टैगोर), वृतान्तमाला (रामकृष्ण वर्मा, उर्दू), पूना में हलचल (गंगाप्रसाद गुप्त, उर्दू), छत्रसाल (रामचन्द्र मराठी), स्वर्णलता, मरता क्या न करता (राधाकृष्णदास, बंगला), दीपनिर्वाण (मुंशी उदित नारायण लाल), इला प्रमिला, जया, मधुमालती (कार्तिक प्रसाद खत्री), चतुरचंचला, भानमती, नये बाबू (गोपालराम गहमरी), वीरेन्द्र (पुरोहित गोपीनाथ), गुप्तचर (गोपालराम गहमरी), संसार दर्पण अमला वृतान्तमाला, ठग वृतान्तमाला, पुलिस वृतान्तमाला (रामकृष्ण वर्मा), बिरजा जावित्री (राधाचरण गोस्वामी, बंगला)।

यात्रावृत्त : सरयू पार की यात्रा, लखनऊ की यात्रा (भारतेन्दु), गया यात्रा (बालकृष्ण भट्ट), विलायत यात्रा (प्रतापनारायण मिश्र), लन्दन यात्रा (श्रीमती हरदेवी), लन्दन का यात्री (भगवान दास वर्मा), मेरी पूर्व दिग्यात्रा, मेरी दक्षिण दिग्यात्रा (दामोदर शास्त्री), ब्रजविनोद (तोताराम वर्मा), बदरी-केदार यात्रा (कल्याण चन्द्र), ब्रजयात्रा (देवीप्रसाद)।

अन्य : इतिहास तिमिरनाशक, भूगोल हस्तामलक (सितारेहिन्द), अवध समाचार (पूरनचन्द्र मुंशी), बूँदी का राजवंश, बादशाह दर्पण, उदयपुरोदय, कश्मीर कुसुम, चरितावली (भारतेन्दु), आमेर के राजे (देवी प्रसाद मुंसिफ), मारवाड के प्राचीन लेख (देवी प्रसाद मुंसिफ), इतिहास बुंदेलखण्ड (महाराज सिंह), राजनीति (श्रीनिवासदास), राजनीति (देवीदास)।

पत्र-पत्रिकायें : कवि वचन सुधा (1868, काशी), हरिश्चन्द्र मैगजीन (1873, काशी), बालाबोधिनी (1874 काशी), हरिश्चन्द्र चंद्रिका (1874, काशी) भारतेन्दु, हिन्दी प्रदीप (1877, प्रयाग) बालकृष्ण भट्ट, हिन्दी दीप्तिप्रकाश (कलकत्ता, कार्तिक प्रसाद खत्री), सदार्दश (दिल्ली, लाला श्रीनिवास दास), भारतबंधु (अलीगढ, तोताराम), भारतमित्र (कलकत्ता, रूददत्त), आनंदकादंबिनी (मिर्जापुर, 1881), नागरी नीरद प्रेमघन, ब्राह्मण (कानपुर, 1883), प्रतापनारायण मिश्र, शुभचिंतक (लाला सीताराम), हिंदोस्थान (इंग्लैण्ड, 1883) राजा रामपाल सिंह, पीयूष प्रवाह काशी, अंबिका दत्त व्यास, भारत जीवन रामकृष्ण वर्मा, काशी, भारतेन्दु वृंदावन, 1884, राधाचरण गोस्वामी, प्रेमविलासिनी (पत्रिका, कार्तिकप्रसाद खत्री), मित्रविलास (लाहौर, पं॰ गोपीनाथ), उचितवक्ता (कलकत्ता, पं॰ दुर्गाप्रसाद मिश्र),

सारसुधानिधि (कलकत्ता, सदानंद मिश्र), बिहार बन्धु (केशवराम भट्ट), आर्यसिद्धान्त (पं॰ भीमसेन शर्मा), उपन्यास (मासिक 1898, काशी, किशोरीलाल गोस्वामी), जासूस (गोपालराम गहमरी), उपन्यास लहरी (देवकीनन्दन खत्री), उपन्यास बहार (जयरामदास गुप्त), दारोगा दतर (रामलाल वर्मा)।

कविता : भारतेन्दु प्रेमघन तथा प्रतापनारायण मिश्र की प्रमुख रचनायें पीछे दी जा चुकी है। शेष हैं -

अम्बिकादत्त व्यास : पावसपचासा, सुकवि सतसई, हो-हो-होरी, बिहारी-विहार (यह बिहारी के दोहों का कुण्डलियां छंद में विस्तार है।) कंसवध यह अपूर्ण है तथा खडी बोली मे है अतुकान्त छन्द है।)

जगमोहन सिंह : प्रेमसम्पतिलता, श्यामलता, श्यामा सरोजनी देवीयानी

राधाकृष्णदास : भारत बारहमासा, देश दशा

अनूदित काव्य :

मूल कृति	अनुवाद	अनुवादक
1. रघुवंशम्, मेघदूतम् (कालिदास)	रघुवंश, मेघदूत	राजा लक्ष्मण सिंह
2. नारद भक्ति सूत्र	तदीय सर्वस्व	भारतेन्दु
3. शाण्डिल्य भक्ति सूत्र	भक्तिसूत्र वैजयन्ती	भारतेन्दु
4. वाल्मीकि रामायण ऋतुसंहार, मेघदूतम् (कालिदास)	रामरामायण ऋतुसंहार, मेघदूत	बाबू तोताराम ठा. जगमोहन सिंह
6. मेघदूतम्, कुमारसंभव, ऋतुसंहार, रघुवंशम्	मेघदूत, कुमारसंभव ऋतुसंहार, रघुवंश	लाला सीताराम 'भूष'
7. द हरमिट (गोल्डस्मिथ)	एकान्तवासी योगी (1886)	श्रीधर पाठक
8. द डेजर्टेड विलेज (गोल्डस्मिथ)	ऊजडग्राम (1884)	श्रीधर पाठक
9. द ट्रैवलर (गोल्डस्मिथ)	श्रान्त पथिक	श्रीधर पाठक

समस्यापूर्तियों के मंच :

कवितावर्धिनी सभा (संस्थापक - भारतेन्दु, बनारस), रसिक समाज (राय प्रसाद पूर्ण, कानपुर), कविराज (बाबा सुमेर सिंह, आजमगढ़), पत्रिकायें-समस्यापूर्ति (बांकीपुर), रसिक पत्रिका (कानपुर)।

प्रसिद्ध समस्यापूर्तियां :

– प्रिय प्यारे तिहारे न्यारे बिना, अँखियाँ दुखियाँ नहिं मानती है। - भारतेन्दु
– मरेहू पै आँखें ये खुली ही रहि जायँगी। - भारतेन्दु
– काशी के कवि समाज की ओर से 'समस्यापूर्ति प्रकाश' नामक अखबार भी निकलता था।

द्विवेदी युग (1900-1920) प्रमुख रचनाकार :

(1) **आचार्य महावीर प्रसाद द्विवेदी (1864-1938)**

मौलिक काव्य ग्रन्थ : काव्य मंजूषा, सुमन, कान्यकुब्ज, अबला-विलाप

अनूदित कविता : कुमारसंभवसार, कविता कलाप, गंगालहरी, ऋतुतरंगिणी।

विविध गद्य : सम्पत्तिशास्त्र (1908), हिन्दी महाभारत, बेकन विचार रत्नावली (अनुवाद)।

निबंध : रसज्ञ रंजन, लेखांजलि, कवि कर्त्तव्य, क्या हिन्दी नाम की कोई भाषा ही नहीं आदि।

समालोचना : हिन्दी भाषा की उत्पत्ति, कालिदास की निरंकुशता, कालिदास और उनकी कविता, सुकवि संकीर्तन, साहित्य संदर्भ, आलोचनांजलि, साहित्य सीकर, समालोचना समुच्चय (1930), विक्रमांक देव चरित चर्चा, नैषध चर्चा।

पत्र-पत्रिकायें : सरस्वती(1903-1920) सन् 1900 में 'सरस्वती' मासिक पत्रिका का प्रकाशन शुरू हुआ था। चिन्तामणि घोष ने इसे प्रकाशित करने के लिए एक संपादक मंडल बनाया। घोष जी इंडियन प्रेस, प्रयाग में स्वत्वाधिकारी थे। प्रारम्भ में सरस्वती के सम्पादक मंडल में श्यामसुन्दरदास, राधाकृष्णदास, जगन्नाथ दास, कार्तिक प्रसाद और किशोरीलाल गोस्वामी थे। सन् 1901 में वे भी सम्पादन कार्य से अलग हो गए। सन् 1903 से द्विवेदी जी ने कार्य सम्पादन संभाला।

पंक्तियाँ : ज्ञानराशि के संचित कोश ही का नाम साहित्य है।

– शुक्लजी ने इनके निबंधों को 'बातों का संग्रह' कहा है।
– ''गद्य की भाषा पर द्विवेदी जी के इस शुभ प्रभाव का स्मरण जब तक भाषा के लिए शुद्धता आवश्यक समझी जायेगी, तब तक बना रहेगा।'' - हिन्दी साहित्य का इतिहास (रामचन्द्र शुक्ल)।

(2) **श्रीधर पाठक :**

कवितायें : जगत सच्चाई सार, कश्मीर सुषमा, जार्ज वंदना, श्रीगोखले प्रशस्ति, सांध्य अटन, गुनवंत हेमंत, भारतगीत, स्वर्गीय वीणा।

अनूदित : 'गोल्डस्मिथ' के 'हरमिट', 'डेजर्टेड विलेज' तथा 'ट्रैवलर' के अनुवाद क्रमशः एकान्तवासी योगी (1886, खडी बोली), ऊजड ग्राम (ब्रजभाषा), श्रांतपथिक (खडी बोली) नाम से। कालिदास के 'ऋतुसंहार' का अनुवाद इसी नाम से।

पंक्तियाँ :- 'जगत है सच्चा तनिक न कच्चा, समझो बच्चा ! इसका भेद।'

– 'लिखो, न करो लेखनी बंद। श्रीधर सम सब कवि स्वच्छन्द।'
– 'प्रकृति यहाँ एकांत बैठि निज रूप संवारति।'
– 'विजन वन-प्रांत था, प्रकृति मुख शांत था,
अटन का समय था, रजनि का उदय था।'

(3) **रामनरेश त्रिपाठी :**

काव्य : मिलन, पथिक (1920), स्वप्न (1939), मानसी

अन्य : बाल साहित्य, कविता कौमुदी (संकलन : इसके एक भाग में ग्रामगीत संकलित है जो हिन्दी में पहला प्रयास है।)

आलोचना : तुलसीदास और उनकी कविता

संस्मरण : तीस दिन : मालावीय जी के साथ (1942)

(4) **अयोध्या सिंह उपाध्याय 'हरिऔध' :** दो बार 'हिंदी साहित्य सम्मेलन' के सभापति रहे।

काव्य संग्रह : प्रियप्रवास (यह खडी बोली हिन्दी का पहला महाकाव्य है। इस पर मंगलाप्रसाद पारितोषिक मिला। वैदेही वनवास (खडी बोली, प्रबंधकाव्य), रसकलश (ब्रजभाषा), चोखे-चौपदे, चुभते चौपदे, पद्यप्रसून, बोलचाल।

नाटक : प्रद्युमन विजय व्यायोग, रूक्मिणी परिणय नाटक

उपन्यास : ठेठ हिन्दी का ठाठ (1899), अखखिला फूल (1907), वेनिस का बाँका (पहली गद्य पुस्तक)।

पंक्तियाँ : 'दिवस का अवसान समीप था। गगन था कुछ लोहित हो चला।'

– प्रियप्रवास की आरम्भिक पंक्ति है।
– 'लख अपार-प्रसार गिरीन्द्र में , ब्रज धराधिय के प्रिय-पुत्र का।
सकल लोग लगे कहने, उसे, रख लिया है उँगली पर श्याम ने।'
– प्रियप्रवास

– 'रूपोद्यान प्रफुल्लप्राय कलिका राकेन्दु बिम्बानना।
श्रीराधा मृदुभाषिणी मृददृगी माधुर्य्य सन्मूर्ति थी।।' – प्रियप्रवास

– 'क्यों पले पीस कर किसी को !
है बहुत पालिस बुरी तेरी।
हम रहे चाहते पटाना ही,
पेट तुझसे पटी नही मेरी।' – चोखे चौपदे

(5) **मैथिलीशरण गुप्त (1886-1964) :**

गुप्तजी की पहली कविता 'हेमन्त' 1905 की सरस्वती में छपी। आरम्भिक रचनायें 'वैश्योपकारक' (कलकत्ता) से छपती थी।

काव्य ग्रन्थ : रंग में भंग (खण्डकाव्य, 1909), जयद्रथ-बध, भारत-भारती (1912), पंचवटी, साकेत (1932) महाकाव्य है। लक्ष्मण की पत्नी उर्मिला को नायिका बनाकर रामकथा कही गयी है। यशोधरा (1932) महाकाव्य है। नायिका गौतम बुद्ध की पत्नी यशोधरा है। नहुष, जयभारत (1952), विष्णुप्रिया (1957 महाकाव्य), विकट भट, गुरूकुल, किसान, सिद्धराज, जयिनी (यह मार्क्स की पत्नी जैनी पर रचित रचना है।), शकुन्तला, त्रिपथगा, झंकार, काबा और कर्बला, मंगलघट, स्वदेश संगीत, कुणाल गीत, अजित, द्वापर, वैतालिक।

अनुवाद : प्लासी का युद्ध, मेघनाद वध, वृत्त संहार।

नाटक : तिलोत्तमा, चन्द्रहास, अनघ (गीतिनाट्य)।

पंक्तियाँ : 'नारी निकले तो असती है, नर यती कहाकर चले निकले।' –विष्णुप्रिया

('जयभारत' और 'विष्णुप्रिया' छायावादोत्तर काल के प्रमुख प्रबंधकाव्यों में से है। जय भारत 'महाभारत' का हिन्दी रूपान्तर है जबकि विष्णुप्रिया में चैतन्य की पत्नी विष्णुप्रिया की कथा है।)

– 'सहने के लिए बनी है, सह तू दुखिया नारी।' –विष्णुप्रिया
– 'अबला जीवन हाय, तुम्हारी यही कहानी, आँचल में है दूध और आँखों में पानी।' –साकेत
– 'राम तुम मानव हो, ईश्वर नहीं हो क्या? तब मैं नारीश्वर हूँ, ईश्वर क्षमा करे।' –साकेत
– 'संदेश नहीं मै यहां स्वर्ग का लाया, इस धरती को ही स्वर्ग बनाने आया' –साकेत

(6) **बालमुकुंद गुप्त :**

निबंध : शिवशंभु के चिट्ठे (1905), चिट्ठे और खत

कविता : ब्रज और खड़ी बोली में स्फुट रचनायें

अनुवाद : मडेल भगिनी (1892, बंगला उपन्यास का अनुवाद), रत्नावली (हर्ष की नाटिका का अनुवाद)।

समाचार पत्र संपादन : उर्दू : अखबारे चुनार, कोहेनूर

हिन्दी : हिन्दोस्थान (1889-91), हिन्दी बंगवासी, भारत मित्र (1899-1907)।

(7) **श्यामसुन्दर दास (1875-1945) :**

आलोचना : साहित्यालोचन (1922), रूपक रहस्य, भाषा विज्ञान, हिन्दी भाषा और साहित्य।

जीवनी : हिन्दी कोविद रत्नमाला : पहला भाग 1909, दूसरा भाग 1914

आत्मकथा : मेरी आत्मकहानी (1941)

पत्रकारिता : सरस्वती (1900-1902)

संपादन : हिन्दी शब्द सागर (1929), हस्तलिखित ग्रन्थों के खोज विवरण, रामचरितमानस, पृथ्वीराज रासो, कबीर ग्रन्थावली, द्विवेदी अभिनन्दन ग्रन्थ (1933)।

प्रमुख रचनायें : काव्य ग्रन्थ

नाथूराम शर्मा 'शंकर' : अनुराग रत्न, शंकर-सरोज, गर्भरण्डा रहस्य, शंकर सर्वस्व।

राय देवीप्रसाद पूर्ण : बसन्त वियोग, स्वदेशी कुण्डल, मृत्युंजय।

रामचरित उपाध्याय : रामचरित चिन्तामणि (महाकाव्य), राष्ट्रभारती, देवसभा, देवदूत, विचित्र विवाह।

गया प्रसाद शुक्ल 'सनेही' : ('सुकवि' पत्रिका के सम्पादक भी थे।) कृषक-क्रन्दन, प्रेम पचीसी, कुसुमांजलि, करूणा कादम्बिनी, राष्ट्रीय मंत्र, राष्ट्रीय वीणा, त्रिशूल तरंग (यह 'त्रिशूल' उपनाम से कविता करते थे।)

रूपनारायण पाण्डेय : पराग, वनवैभव

मुकुटधर पाण्डेय : पूजा-फूल, कानन कुसुम (द्विवेदी युग के सर्वश्रेष्ठ प्रगीतकार थे।)

रामचन्द्र शुक्ल : 'हृदय का मधुरभार', बुद्धचरित (लाइट ऑफ एशिया का ब्रजभाषा में अनुवाद), कल्पना का आनन्द (एडिसन के 'एस्से ऑन इमेजिनेशन' का अनुवाद)।

लाला भगवानदीन : वीर क्षत्राणी, वीर बालक, वीर पंचरत्न, नवीन बीन

सैयद अमीर अली मीर : अलाहनापंचक, अन्योक्तिशतक

लोचनप्रसाद पाण्डेय : प्रवासी, मेवाड़गाथा, महानदी, पद्यपुष्पांजलि, मृगी दुःखमोचन

ठाकुर गोपालशरण सिंह : माधवी, मानवी, संचिता, ज्योतिष्मती

कामताप्रसाद गुरु : भौमासुर वध (ब्रजभाषा), विनयपचासा (ब्रजभाषा), पद्य पुष्पावली (खड़ी बोली) : इनका एक प्रसिद्ध व्याकरण ग्रन्थ भी है।

निबंध :

सरदार पूर्णसिंह : 'सच्ची वीरता', 'कन्यादान', 'नयनों की गंगा', 'पवित्रता', 'आचरण की सभ्यता', 'मजदूरी और प्रेम', 'अमरीका का मस्त जोगी वाल्ट ह्विटमैन' नामक छह निबंध।

चन्द्रधर शर्मा 'गुलेरी' : 'पुरानी हिन्दी', 'काशी', 'जय जमुना मैया जी', 'कछुवा धरम', 'मारेसि मोंहि कुठाँव'। चर्चित कहानी 'उसने कहा था'।

महावीर प्रसाद द्विवेदी : म्युनिसपैलिटी के कारनामे, आत्मनिवेदन, प्रभात, सुतापराधे जनकस्य दण्ड, रसज्ञ रंजन, लेखांजलि, कवि कर्त्तव्य, 'क्या हिन्दी नाम की कोई भाषा ही नहीं' आदि।

माधव प्रसाद मिश्र :- पुष्पांजलि (1916, संकलन)।

जगन्नाथ प्रसाद चतुर्वेदी : ब की बहार, पिक्चरपूजा, अनुप्रास का अन्वेषण।

गंगा प्रसाद अग्निहोत्री : निबंधमालादर्श (चिपलूणकर के मराठी निबंधों का अनुवाद।)

नाटक :

मौलिक : वेणुसंहार (बालकृष्ण भट्ट), करूणालय, राज्यश्री (जयशंकर प्रसाद), कृष्णार्जुन युद्ध (माखनलाल चतुर्वेदी), सेनापति उदल (वृन्दावल लाल वर्मा), भारत दुर्दशा (प्रताप नारायण मिश्र), चुंगी की उम्मीदवारी (बदरीनाथ भट्ट), अलट फेर, नोंक झोंक (जी. पी. श्रीवास्तव), चौपट चपट, मयंक मंजरी (किशोरी लाल गोस्वामी), रूक्मिणी परिणय, प्रद्युमन विजय व्यायोग (हरिऔध), सुदामा (शिवनंदन सहाय), चंद्रकला भानुकुमार (राय देवीप्रसाद 'पूर्ण'), कुरूवनदन (बदरीनाथ भट्ट)।

– जी. पी. श्रीवास्तव तथा बदरीनाथ ने हास्य व्यंग्यपूर्ण नाटक एवं कहानियाँ लिखी। पारसी नाटक मंडलियों के लिए लिखने वालों में

आगा 'हश्र', नारायण प्रसाद बेताब तथा राधेश्याम कथावाचक प्रमुख हैं।

– पारसी नाटक मंडलियों के साथ स्पर्धा में अव्यावसायिक नाटक मण्डलियाँ सामने आयी। ये हैं- श्रीरामलीला नाटक मण्डली (प्रयाग), नागरी नाटक-मण्डली, भारतेन्दु नाटक मण्डली (काशी), हिन्दी नाट्य परिषद (कलकत्ता)।

उपन्यास : काजर की कोठरी (1902), अनूठी बेगम, गुप्त गोदना, भूतनाथ : छह भाग (देवकीनन्दन खत्री), मयंक मोहिनी या मायामहल (1901), कमलकुमारी, निराला नकाबपोश, भयानक खून (हरे कृष्ण जौहर), तिलस्मी शीशमहल (किशोरी लाल गोस्वामी), पुतली महल (1908) (रामलाल वर्मा), सरकटी लाश, चक्करदार चोरी (1901), जासूस की भूल, जासूस पर जासूसी (1904), जासूस चक्कर में, इन्द्रजालिक जासूस, गुप्त भेद, जासूस की ऐयारी (1914) (गोपालराम गहमरी), प्रेम का फल या मिस जौहरा (निहालचन्द वर्मा), अद्भुत भूत (1916) (दुर्गाप्रसाद खत्री), नवजीवन वा प्रेमलहरी (राधिकारमण प्रसाद सिंह) : प्रेमा (1907), रूठी रानी (1907), सेवासदन (1918) (प्रेमचन्द)।

तारा, चपला, नव्य समाजचित्र, तरूण तपस्विनी, कुटीर वासिनी, रजिया बेगम या रंगमहल में हलाहल, लीलावती का आदर्श, राजकुमारी, लवंगलता व आदर्शबाला, हीराबाई या बेहयाई का बारका, लखनऊ की कब्र या शाही महलसरा (किशोरीलाल गोस्वामी), भोजपुर का ठग, बडा भाई, देवरानी जेठानी, दो बहिन, तीन पतोहू, सास पतोहू (गोपालराम गहमरी, अनूदित) मेहता लज्जाराम शर्मा, किशोरी लाल गोस्वामी, ब्रजनन्दन सहाय, मन्नन द्विवेदी भारतेन्दु युग से प्रारम्भ करके इस युग में लिखने वाले उपन्यासकार हैं। इनकी अनेक रचनायें इस युग में ही प्रकाशित हुईं, जो पहले (भारतेन्दु युग) में ही दे दी गयी है क्योंकि इनका लेखन प्रकृति से भारतेन्दु युग के ही अनुरूप बना रहा। एक जगह पर रचनायें इकट्ठी कर देने से छात्रों को स्मरण रखने में सुविधा होगी।

कहानी :- किशोरीलाल गोस्वामी की कहानी 'इन्दुमति' (1900 ई.) को आचार्य शुक्ल ने हिन्दी की पहली कहानी माना है। यह शेक्सपियर के 'टेम्पेस्ट' की छाया पर लिखित बताई जाती है।

कुछ महत्वपूर्ण कहानियाँ	प्रकाशन वर्ष	पत्र (जिसमें छपीं)	लेखक
1. इन्दुमती	1900	सरस्वती	किशोरीलाल गोस्वामी
2. मन की चंचलता	1900	सुदर्शन	माधव प्रसाद मिश्र
3. प्लेग की चुडैल	1902	सरस्वती	लाला भगवानदास
4. ग्यारह वर्ष का समय	1903	सरस्वती	रामचन्द्र शुक्ल
5. दुलाईवाली	1907	सरस्वती	बंग महिला (राजेन्द्र बाला घोष)
6. राखीबन्द भाई	1909	सरस्वती	वृन्दावन लाल वर्मा
7. छाया (संग्रह)	1912	इन्दु	जयशंकर प्रसाद
8. कानों में कंगना	1913	इन्दु	राधिकारमणप्रसादसिंह
9. उसने कहा था	1915	सरस्वती	गुलेरी
10. पंचपरमेश्वर	1916	सरस्वती	प्रेमचन्द
11. मिलन	1915	सरस्वती	ज्वालादत्त शर्मा
12. रक्षाबंधन	1916	सरस्वती	कौशिक
13. झलमला	1917	सरस्वती	पदुमलाल पुन्ना लाल बख्शी

– 1918 में काशी से 'हिन्दी गल्पमाला' नामक मासिक पत्रिका छपना शुरू हुई। इसी में प्रसाद की कहानियाँ नियमित रूप से तथा इलाचन्द्र जोशी की प्रारंभिक कहानियाँ छपती थी ।

– 'उसने कहा था' हिन्दी की पहली कलात्मक कहानी मानी जाती है। इसमें फ्लैशबैक पद्धति का प्रयोग है।

अन्य महत्वपूर्ण कहानियाँ :- गुलबहार (किशोरीलाल गोस्वामी), पंडित और पंडितानी (गिरिजा दत्त), ग्राम (1911, जयशंकर प्रसाद की पहली कहानी), रसिया बालम (बालम), सौत (1815, प्रेमचंद), बडे घर की बेटी (1916, प्रेमचन्द), टोकरी भर मिट्टी (1901, माधवराव सप्रे), 'इन्दुमती' या 'प्रणयिनी-परिणय' (1900 किशोरीलाल गोस्वामी), सज्जनता का दंड (1916), ईश्वरीय न्याय (1917), दुर्गा का मंदिर (1917) (प्रेमचन्द), रानी सारंधा (प्रेमचन्द)।

आलोचना : 'अलंकार मंजूषा' - लाला भगवानदीन

– तुलनात्मक समीक्षा इस युग की प्रधान प्रवृत्ति रही, जिसका सूत्रपात पद्मसिंह शर्मा ने 1907 में बिहारी और सादी की तुलना द्वारा किया। 'हिन्दी नवरत्न' (मिश्र बंधु) में भी इसे स्थान मिला।

– कृष्णबिहारी मिश्र ने पद्मसिंह शर्मा की पुस्तक 'बिहारी सतसई का तुलनात्मक अध्ययन' के उत्तर में 'देव और बिहारी' नामक पुस्तक लिखी। इसमें देव को श्रेष्ठ दिखाया गया है। इसके जवाब में लाला भगवानदीन ने 'बिहारी और देव' लिख डाली।

– शुक्ल के आरम्भिक मनोवैज्ञानिक निबंध इसी काल में (ना. प्र. पत्रिका) में प्रकाशित हुए। उनके साहित्य (1904) तथा 'कविता क्या है' (1909) सरस्वती में प्रकाशित हुए।

पत्र-पत्रिकायें : श्याम सुन्दरदास, राधाकृष्ण दास, रत्नाकर और सुधाकर द्विवेदी - चारों लोग आरम्भ में ना. प्र. पत्रिका से सम्बद्ध रहे।

पत्र-पत्रिकायें	सन्/ स्थान	सम्पादक
1. नागरी प्रचारिणी पत्रिका	1896 (काशी)	वेणी प्रसाद (श्यामसुन्दर दास, रत्नाकर, सुधाकर द्विवेदी इससे सम्बद्ध रहे।)
2. सरस्वती	1900 (काशी)	महावीर प्रसाद द्विवेदी (1903 से 1920 तक)
3. हिन्द केसरी	1908	तिलक
4. नृसिंह (साप्ताहिक)	1908	अम्बिका प्रसाद बाजपेई
5. अभ्युदय (साप्ताहिक)	प्रयाग	मदन मोहन मालवीय
6. प्रताप (साप्ताहिक)	कानपुर	गणेश शंकर विद्यार्थी
7. प्रभा (मासिक)	1913 (खण्डवा)	कालूराम
8. सुदर्शन (मासिक)	1900 (काशी)	माधव प्रसाद मिश्र
9. समालोचक (मासिक)	1902 (जयपुर)	गुलेरी (प्रथम), कृष्णबिहारी मिश्र (परवर्ती)
10. देवनागर (मासिक)	1909 (काशी)	उमापति दत्त शर्मा तथा यशोदा नंदन अखौरी
11. इन्दु (मासिक)	1909 (काशी)	अम्बिका प्रसाद गुप्त, जयशंकर प्रसाद
12. भारतमित्र (मासिक)	कलकत्ता	रूद्रदत्त (प्रथम), बालमुकुंद गुप्त (1899-1907), अम्बिका प्रसाद बाजपेई
13. श्री वेंकटेश्वर समाचार	1903 (बम्बई)	मेहता लज्जाराम शर्मा

जीवन चरित एवं अन्य जानकारी :

– माधवप्रसाद मिश्र (विशुद्ध चरितावली), बाबू शिवनंदन सहाय (हरिश्चन्द्र का जीवन चरित, गोस्वामी तुलसीदास का जीवन चरित, 'जीवनचरित' (चैतन्य महाप्रभु का))।

– 'अनस्थिरता' शब्द के प्रयोग को लेकर आचार्य महावीर प्रसाद द्विवेदी एवं बाबू बालमुकुंद के बीच लम्बी बहस चली थी। गुप्त जी के व्यंग्य के प्रत्युत्तर में द्विवेदी जी ने 'सरगों नरक ठेकाना नाहिं' नाम से 'कल्लू अल्हैत' का आल्हा छापा था।

छायावादी युग (1920-1936)

ब्रजभाषा काव्य परम्परा : (संक्षिप्त नजर)

भारतेन्दु / द्विवेदी युग :

– ठाकुर जगमोहन सिंह ('मेघदूत' का अनुवाद, प्रेमसम्पत्तिलता), श्यामलता, श्यामासरोजिनी।

– लाला सीता 'भूप' ('रघुवंश' का दोहा-चौपाई में अनुवाद, 'मेघदूत' का घनाक्षरी में)

– हरिऔध (रस - नायिकाभेद संबंधी)

– श्रीधर पाठक (ऋतुसंहार का अनुवाद, कश्मीर सुषमा, 'उजड ग्राम' अनुवाद)

– रत्नाकर (हिंडोला, कलकाशी, हरिश्चन्द्र, गंगावतरण, उद्धवशतक, 'बिहारी रत्नाकर' का सम्पादन, पोप के 'एसे आन क्रिटिसिज्म' का 'समालोचनादर्श' नाम से रोला छंद में अनुवाद) 'जंकी' उपनाम से उर्दू कविता भी करते थे।

– सत्यनारायण कविरत्न (भवभूति के नाटकों 'उत्तररामचरित' तथा 'मालतीमाधव' का अनुवाद, मैकाले के खण्डकाव्य 'होरेशस' का अनुवाद), प्रेमकली, भ्रमरदूत।

– राय देवीप्रसाद 'पूर्ण' ('रसिकवाटिका' नाम की पत्रिका भी निकाली। 'मेघदूत' का अनुवाद 'धाराधरधावन' नाम से किया)

– श्रीवियोगी हरि (प्रेमशतक, प्रेमपथिक, प्रेमांजलि, चरखास्त्रोत्र, असहयोगवीणा, 'वीरसतसई' : मंगलाप्रसाद पारितोषक इस रचना पर मिला)

– श्री दुलारे लाल भार्गव (दुलारे दोहावली : देव पुरस्कार मिल)

– पं. रामनाथ ज्योतिषी (रामचंद्रोय काव्य : देव पुरस्कार मिला)

छायावादी काव्य :

– रामचन्द्र शुक्ल ('बुद्धचरित' : लाइट ऑफ एशिया का ब्रजाभाषानुवाद)

– केसरीसिंह बारहठ (प्रतापचरित्र)

– राय कृष्णदास (ब्रजरज)

– उमाशंकर बाजपेई 'उमेश' (ब्रजभारती)

छायावादोत्तर काल :

अमृतलाल चतुर्वेदी (श्यामसंदेसौ), डॉ॰ बलदेवप्रसाद मिश्र (श्यामशतक), डॉ॰ रसाल (उद्धव-शतक), हृषिकेश चतुर्वेदी (रामकृष्ण काव्य),लक्ष्मीनारायण सिंह 'ईश' (लंकादहन), हरदयालु सिंह (दैत्यवंश : महाकाव्य है), द्वारिका प्रसाद मिश्र (कृष्णायन : 'अवधी' में महाकाव्य है)

छायावादी काल :

– मुकुटधर पाण्डेय ने 1920 में 'श्रीशारदा' पत्रिका (जबलपुर) में 'हिन्दी में छायावाद' शीर्षक से चार निबंधों की एक लेखमाला छपवाई थी, जो छायावाद संबंधी सर्वप्रथम लेख है।

– 'सरस्वती' में छायावाद का सर्वप्रथम उल्लेख जून 1921 के अंक में मिलता है। इसमें किन्हीं सुशीलकुमार ने 'हिन्दी में छायावाद' शीर्षक संवादात्मक निबंध लिखा है।

– आचार्य महावीर प्रसाद द्विवेदी ने 1927 की 'सरस्वती' में 'सुकवि किंकर' छद्मनाम से 'आजकल के हिन्दी कवि और कविता' लिखा। इसमें उन्होंने लिखा था-
''छायावाद से लोगों का क्या मतलब है, कुछ समझ में नहीं आता। शायद उनका मतलब है कि किसी कविता के भावों की छाया यदि कहीं अन्यत्र जाकर पड़े, तो उसे छायावादी कविता कहना चाहिए।''

– सन् 1929 में आचार्य रामचन्द्र शुक्ल का 'काव्य में रहस्यवाद' निबंध पुस्तकाकार निकाला। इसमें उन्होने ईसाई 'फैंटसमाटा' तथा 'छायावाद' के बीच बंगला कड़ी की कल्पना करी। उनकी इस कल्पना को हजारी प्रसाद द्विवेदी ने बाद में निर्मूल सिद्ध किया।

– आचार्य शुक्ल छायावाद को केवल 'शैली' के रूप देखते थे। पंतजी ने 'पल्लव' की भूमिका में इसके लिए 'चित्रभाषा पद्धति' शब्द का प्रयोग किया था।

– नन्ददुलारे वाजपेई ने 'हिन्दी साहित्य : बीसवीं शताब्दी' पुस्तक में इसे 'आध्यात्मिक छाया का भान' कहा। उनके अनुसार वह 'सांसारिक वस्तुओं में दिव्य सौन्दर्य का प्रत्यय है।' नगेन्द्र ने इसे 'स्थूल के प्रति सूक्ष्म का विद्रोह' कहा।

प्रमुख रचनाकार

1. **जयशंकर प्रसाद (1890-1937):**

काव्य : चित्राधर (1918, ब्रजनाथ), यह प्रसाद का पहला काव्य संग्रह है। इसमें एक साथ 10 ग्रन्थ संकलित थे। कानन कुसुम, प्रेमपथिक, महाराणा का महत्व, करूणालय, सम्राट चंद्रगुप्त मौर्य, छाया, उर्वशी (चंपू), राज्यश्री, प्रायश्चित और कल्याणी परिणय। पहले चार इसमें से कविता संग्रह है। कानन कुसुम (1912, खड़ी बोली तथा ब्रजभाषा), प्रेमपथिक (1909 ब्रजभाषा, 1914 खडी बोली), करूणालय (1913), महाराणा का महत्व (1914), झरना (1918), आँसू (1925), लहर (1935), तथा कामायनी (1937, पांडुलिपि संस्करण 1971)।

आँसू (1925) : इसका दूसरा संस्करण कुछ परिवर्तन-परिवर्धन के साथ 1933 में निकला। आँसू को लोग खण्डकाव्य कहते है, परन्तु वास्तव में यह एक लम्बा प्रगीत है। यह मानवीय विरह का काव्य है। 'सखी' छंद का प्रयोग है।

लहर (1933) : यह श्रेष्ठ प्रगीतों का संकलन है।

कामायनी (1937) : यह आधुनिक युग का महाकाव्य है। इसे एकार्थ काव्यरूप कह सकते हैं। इसमें कुल पन्द्रह सर्ग हैं। कामायनी का छंद विधान इस प्रकार है :

आल्हा छंद : चिन्ता सर्ग (31 मात्रा), आशा सर्ग (30 मात्रा), स्वप्न सर्ग (30 मात्रा), निर्वेद सर्ग (30 मात्रा)

लावनी छंद : रहस्य सर्ग (32 मात्रा), इडा, श्रद्धा, काम, लज्जा सर्ग (32 मात्रा)

रोला छंद : संघर्ष सर्ग ; सखी छंद : आनंद सर्ग, रूपमाला छंद : वासना सर्ग कामायनी में आदिपुरूष 'मनु' और 'श्रद्धा' के माध्यम से सभ्यता के निर्माण, विकास और भविष्य की कथा कही गयी है।

नाटक : सज्जन कल्याणी-परिणय, प्रायश्चित, करूणालय, राज्यश्री, विशाख, अजातशत्रु (1922), कामना (अन्यापदेशिक नाटक या महानाटक), जनमेजय का नागयज्ञ, स्कन्दगुप्त (1928), चन्द्रगुप्त मौर्य (1831), ध्रुवस्वामिनी (1933), एक घूँट (एकांकी), अग्निमित्र (1980)।

उपन्यास : कंकाल (1929), तितली (1934), इरावती (अपूर्ण, 1940)

निबंध : काव्य और कला तथा अन्य निबंध (1939)

कहानियाँ : ग्राम (1911), पुरस्कार, आकाशदीप, मधुवा, गुंडा, सालवती आदि।

'ग्राम' प्रसाद की पहली कहानी थी। उनके कहानी संग्रह है - छाया, प्रतिध्वनि, आकाशदीप, आँधी, इन्द्रजाल।

पंक्तियाँ तथा अन्य जानकारियाँ :

- आँसू की आरम्भिक पंक्ति है—'इस करूणा कलित हृदय में क्यों विकल रागिनी बजती' तथा अंतिम पंक्ति है—'सब का निचोड़ लेकर तुम, सुख से सूखे जीवन में बरसो प्रभात हिमकन-सा, आँसू इस विश्व सदन में।'
- ''श्रद्धा और इड़ा इत्यादि अपना ऐतिहासिक अस्तित्व रखते हुए सांकेतिक अर्थ की भी अभिव्यक्ति करें, तो मुझे कोई आपत्ति नहीं।'' - 'कामायनी' का आमुख।
- कामायनी की पहली पंक्ति है—'हिमगिरि के उत्तुंग शिखर पर बैठ शिला की शीतल छाँह' तथा अंतिम पंक्ति है - 'चेतनता एक विलसती आनन्द अखण्ड घना था।'
- शेरसिंह का शस्त्र समर्पण, पेशोला की प्रतिध्वनि, प्रलय की छाया और अशोक की चिन्ता लहर में एक संकलित प्रगीत है।
- कामायनी पर किये गए प्रमुख अध्ययन :
  जयशंकर प्रसाद (नन्ददुलारे बाजपेई), कामायनी : एक पुनर्विचार (मुक्तिबोध), कामायनी : एक पुनर्मूल्यांकन (रामस्वरूप चतुर्वेदी)
- ''छोटे से जीवन की कैसे बडी कथायें आज कहूँ ? क्या यह अच्छा नहीं कि औरों की सुनता मैं मौन रहूँ ?''
- प्रसाद (प्रेमचंद को लिखे एक पत्र में)
- ''हृदय ही तुम्हें दान कर दिया। क्षुद्र था, उसने गर्व किया।। तुम्हें पाया अगाध गंभीर। कहाँ जल बिन्दु, कहाँ निधि क्षीर।।''
  - 'झरना' को समर्पण
- 'तुम सुनकर सुख पाओगे, देखोगे यह गागर रीती' तथा
  'जिसके अरूण कपोलों की मतवाली सुंदर छाया में
  अनुरागिनी उषा लेती थी निज सुहाग मधुमाया में
  उसकी स्मृति पाथेय बनी है थके पथिक की पंथा की
  सीवन को उधेड़कर देखोगे क्यों मेरी कथा की।'
- प्रसाद ('हंस' के आत्मकथा विशेषांक के लिए लिखित)

2. **सूर्यकान्त त्रिपाठी 'निराला' (1899-1961 ई०) :**

काव्यग्रन्थ : अनामिका (1923, प्राचीन), परिमल (1929), गीतिका (1936), तुलसीदास (1938), अनामिका (1938, नवीन), कुकुरमुत्ता (1942), अणिमा (1943), बेला (1946), नये पत्ते (1946), अर्चना (1950), आराधना (1953), गीतकुंज (1954), सांध्यकाकली (1969)।

उपन्यास : अप्सरा (1931), अलका (1933), प्रभावती (1936), निरूपमा (1937), चोटी की पकड़ (1946), काले कारनामे (1950)।

कहानी : लिली (1930), सुकुल की बीबी (1941) आदि।

संस्मरण : कुल्ली भाट (1939), बिल्लेसुर बकरिहा (1942)

समीक्षा : रवीन्द्र कविता कानन, पन्त और पल्लव (1928)

अन्य जानकारियाँ : निराला की अत्यधिक प्रसिद्ध कवितायें निम्नलिखित हैं - जूही की कली (परिमल, 1916,यह उनकी पहली रचना है।), रेखा, शेफालिका, जागो फिर एक बार, कवि, पंचवटी प्रसंग, जागरण, बादल राग, महाराज शिवाजी का पत्र (परिमल); वर दे वीणावादिनि वर दे (गीतिका), नव-बेला, सरोज-स्मृति, राम की शक्तिपूजा (अनामिका), सम्राट अष्टम एडवर्ड के प्रति, तोडती पत्थर (अनामिका), कुकुरमुत्ता (नये पत्ते) तथा तुलसीदास।

3. **सुमित्रानन्दन पन्त (1900-1977 ई०) :**

काव्य ग्रन्थ : पहली कविता 'गिरजे का घण्टा' (1916), ग्रन्थि, पल्लव (1926), वीणा (1927), गुंजन (1932), युगांत (1936), युगवाणी (1939), ग्राम्या (1940), स्वर्णकिरण (1947), स्वर्णधूलि (1947), युगपथ (1949), उत्तरा (1949), अतिमा (1955), वाणी (1958), पतझर, कला और बूढा चाँद (1959), लोकायतन (1964, महाकाव्य), सत्यकाम (1975)।

काव्यनाटक : ज्योत्स्ना (1934), रजत शिखर (1952), शिल्पी (1952)

उपन्यास : हार (1960)

आलोचना : गद्यपथ (1953), शिल्प और दर्शन (1961), छायावाद : पुनर्मूल्यांकन (1965)

आत्मकथा : साठ वर्ष एक रेखांकन (1960)

अन्य जानकारियाँ : पन्त जी की अत्यधिक प्रसिद्ध कवितायें ये हैं - उच्छ्वास, आँसू की बालिका, पर्वत प्रदेश में पावस, बादल, छाया, परिवर्तन, एक तारा, नौकाविहार, मधुस्मिति, भावी पत्नी के प्रति, अनंग, चाँदनी, अप्सरा आदि।

4. **महादेवी वर्मा (1907-1987 ई०)**

काव्य ग्रन्थ : नीहार (1930), रश्मि (1932), नीरजा (1934), सांध्यगीत (1936), यामा (इसमें ऊपर की चारों काव्य रचनाओं को एक साथ संकलित कर दिया गया), दीपशिखा (1942)।

रेखाचित्र संस्मरण : अतीत के चलचित्र (1941), स्मृति की रेखायें (1943), पथ के साथी (1956)।

निबंध : शृंखला की कड़ियाँ (1942), क्षणदा (1956)।

आलोचना : साहित्यकार की आस्था तथा अन्य निबंध (1962, सम्पादक - गंगाप्रसाद पाण्डेय)।

5. **प्रेमचन्द (1880-1936 ई०) :** पहले नवाबराय नाम से लिखते थे। प्रेमचन्द का लेखन उर्दू में 1905 से तथा हिन्दी में 1918 से 'सेवासदन' के साथ शुरू होता है।

उपन्यास : सेवासदन (1918, प्रमुख पात्र - सुमन, दरोगा कृष्णचन्द्र, वेश्या जीवन की समस्या पर रचित), वरदान (1921, पहले उर्दू में लिखा जा चुका था, बाद में हिन्दी में आया), प्रेमाश्रम (1921, प्रमुख पात्र - प्रेमशंकर, किसान जीवन पर रचित), रंगभूमि (1924, प्रमुख पात्र - सूरदास, विनय और सोफिया, सुभागी; राष्ट्र की बहुआयामी परिस्थितियों तथा चेतना पर लिखा गया एक राष्ट्रीय उपन्यास), कायाकल्प (1926, प्रमुख पात्र - चक्रधर-मनोरमा, शंखधर-देवप्रिया हिन्दू-मुस्लिम दंगा तथा पुनर्जन्म के साथ अनेक चीजें जैसे समाज-सेवा, राजसी विलास आदि समेटने की कोशिश की गयी है।), निर्मला (1927,

निर्मला-तोताराम, रूक्मिणी, मंशाराम, जियाराम और सियाराम दहेज और अनमेल विवाह की समस्या पर रचित), प्रतिज्ञा (1929, उर्दू में पहले ही रचा जा चुका था), गबन (1930, रमानाथ-जालपा, मनोवैज्ञानिक छवि से भरपूर मध्यवर्गीय जीवनयथार्थ पर केन्द्रित रचना है), कर्मभूमि (1932, अमरकान्त-सकीना, सुखदा, डॉ॰ शान्तिकुमार, एक बहुआयामी उपन्यास जिसमें राजनीतिक, सामाजिक तथा आर्थिक चेतना के स्वर गुथे हुए हैं), गोदान (1936, पात्र- होरी, धनिया, गोबर, सिलिया, रायसाहब, मालती तथा मेहता आदि, किसान जीवन पर की समानान्तर कथा), मंगलसूत्र (अपूर्ण, मरणोपरान्त प्रकाशन 1948)।

कहानी : सप्तसरोज (संकलन : 1917), मानसरोवर : आठ भाग। कुछ अधिक प्रसिद्ध कहानियाँ हैं-
बूढी काकी, शतरंज के खिलाड़ी, इस्तीफा, पूस की रात, तावान, कफन, ईदगाह, आत्माराम, पंच परमेश्वर, नमक का दरोगा, नशा आदि।

- प्रेमचन्द के उर्दू कहानी संग्रह 'सोजेवतन' को अंग्रेज सरकार ने जब्त कर लिया था।
- सेवासदन उपन्यास, उर्दू उपन्यास 'बाजारे हुस्न' का हिन्दी अनुवाद है, जिसे पहले ही उन्होंने लिख लिया था। कायाकल्प पहला उपन्यास है, जिसकी पाण्डुलिपि हिन्दी में है।

नाटक : संग्राम (1932), कर्बला (1934)
पत्रकारिता : माधुरी (1928-1931), हंस (1930), जागरण (1932)
आलोचना : साहित्य का उद्देश्य (1954)

6. **रामचन्द्र शुक्ल (1884-1941 ई॰) :**

निबंध : आचार्य शुक्ल का निबंध 'कविता क्या है' (1909) पहली बार सरस्वती में छपा। उनके मनोविकार संबंधी निबंध हैं - भाव या मनोविकार, उत्साह, श्रद्धा-भक्ति, करूणा, लज्जा और ग्लानि, लोभ और प्रीति, ईर्ष्या, भय और क्रोध। अन्य महत्वपूर्ण निबंध हैं - मानस की धर्मभूमि, काव्य में लोकमंगल की साधनावस्था, साधारणीकरण और व्यक्ति वैचित्र्यवाद तथा रसात्मक बोध के विविधरूप।
संकलन : चिंतामणि, भाग-1 (1939), भाग-2(1945)।
कहानी : ग्यारह वर्ष का समय (1930 'सरस्वती' में छपी)।
कविता : मधुस्रोत (1971, संकलन)
आलोचना : गोस्वामी तुलसीदास (1923), जायसी ग्रन्थावली की भूमिका (1924), भ्रमरगीत सार (1925), रस मीमांसा (1949)।
इतिहास : हिन्दी साहित्य का इतिहास (मूल रूप 'हिन्दी शब्द सागर' की प्रस्तावना के रूप में) 1939, संशोधित-संवर्धित रूप 1940।
अनुवाद : प्रमुख हैं—विश्व प्रपंच (रिड्ल ऑफ दि यूनीवर्स का अनुवाद 1920), शशांक (राखालदास बंद्योपाध्याय के उपन्यास का अनुवाद 1922), बुद्धचरित ('लाइट आफ एशिया' का अनुवाद 'काव्यभाषा' शीर्षक मौलिक भूमिका सहित 1922)।
सम्पादन : हिन्दी शब्द सागर 1929 ।

प्रमुख रचनायें

उपन्यास :

1. **विश्वम्भर नाथ 'कौशिक' :** भिखारिणी (1929), माँ (1929)
2. **जयशंकर प्रसाद :** कंकाल (1929, पात्र : निरंजन, वाथम आदि, धार्मिक विसंगतियों एवं वासनात्मक सांसारिक मनोवृत्तियों पर केन्द्रित), तितली (पात्र : मधुआ, इन्द्रदेव-शैला, नंदरानी, तितली आदि प्रसाद की भारतीय दृष्टि और कृषि सभ्यता की गहरी पहचान का उपन्यास), इरावती।
3. **पाण्डेय बेचन शर्मा 'उग्र' :** उग्र की सामाजिक यथार्थ दृष्टि कुछ अंश में प्रकृतिवाद की ओर उन्मुख है। उनके प्रधान उपन्यास हैं - चन्द हसीनों के खतूत (1927, पत्रात्मक शैली का पहला उपन्यास, हिन्दू युवक और मुसलमान युवती के प्रेम की कहानी), 'बुधुवा की बेटी' या 'मनुष्यानन्द' (1928, पात्र - भंगी बुधुवा, रधिया, अघोरी मनुष्यानन्द, अछूत समस्या के आर्थिक सामाजिक पहलुओं पर रचित), शराबी, घंटा, दिल्ली का दलाल, सरकार तुम्हारी आँखों में, जीजी जी, कढी में कोयला और फागुन के दिन चार।
4. **मन्नन द्विवेदी :** कल्याणी, रामलाल
5. **दुर्गाप्रसाद :** लालपंजा
6. **मदारीलाल गुप्त :** सखाराम
7. **चतुरसेन शास्त्री :** हृदय की प्यास, 'अमर अभिलाषा' या 'बहते आँसू' हृदय की परख, आत्मदाह
8. **ऋषभचरण जैन :** भाई, मंदिरदीप, सत्याग्रह, दिल्ली का कलंक, दिल्ली का व्यभिचार, वेश्यापुत्र, रहस्यमयी
9. **वृन्दावन लाल वर्मा :** लगन, संगम, प्रत्यागत, कुंडली चक्र, प्रेम की भेंट
10. **राधिकारमण प्रसादसिंह :** राम-रहीम
11. **प्रताप नारायण श्रीवास्तव :** विदा, विजय, विकास
12. **चंडीप्रसाद 'हृदयेश' :** मनोरमा, मंगलप्रभात
13. **सियाराम शरण 'गुप्त' :** गोद, अंतिम आकांक्षा
14. **शिवपूजन सहाय :** देहाती दुनिया (1926)
15. **अनूपलाल मंडल :** समाज की वेदी, रूपरेखा (दोनों उपन्यासों में पत्रात्मक प्रविधि का प्रयोग)।

नाटक

ऐतिहासिक-सांस्कृतिक नाटक :

1. **मिश्रबन्धु :** पूर्व भारत (1922), उत्तर भारत (1923)
2. **बदरीनाथ भट्ट :** कुरूवन दहन (1912), वेन चरित, तुलसीदास, चन्द्रगुप्त, दुर्गावती
3. **कौशिक :** भीष्म
4. **माखनलाल चतुर्वेदी :** कृष्णार्जुन युद्ध (1918)
5. **वियोगी हरि :** छद्मयोगिनी (1923)
6. **सियाराम शरणगुप्त :** पुण्य पर्व (1933)
7. **ब्रजनन्दन सहाय :** सत्यभामा (1930)
8. **जगन्नाथ प्रसाद मिलिन्द :** प्रताप प्रतिमा (1928)

एकांकी :
जयशंकर प्रसाद (एक घूँट - प्रथम एकांकी है), उग्र (चार बेचारेः संग्रह), भुवनेश्वर प्रसाद (कारवाँ : संग्रह), रामकुमार वर्मा (बादल की मृत्यु : आधुनिक ढंग की पहली एकांकी), जगदीश चन्द्र माथुर (भोर का तारा), भगवतीचरण वर्मा (सबसे बडा आदमी), भुवनेश्वर प्रसाद (स्ट्रइक), अश्क (लक्ष्मी का स्वागत)।

हास्य प्रहसन :

1. **बदरीनाथ भट्ट :** चुंगी की उम्मीदवारी (1919), चबड़घोंघों (1926), विवाह का विज्ञापन (1927), मिस अमेरिका (1929)
2. **जी. पी. श्रीवास्तव :** गडबडझाला (1912), दुमदार आदमी (1917), उलटफेर (1918), मर्दानी औरत, न घर का न घाट का, भूलचूक (1926), साहित्य का सपूत
3. **सुदर्शन :** माई हेड (1926)

सामाजिक समस्या प्रधान नाटक :-

1. **प्रेमचन्द :** संग्राम (1922), कर्बला (1924), प्रेम की बेदी (1933)
2. **सुदर्शन :** ऑनरेरी मजिस्ट्रेट (1927)
3. **रूपनारायण पाण्डेय :** प्रायश्चित (1928)
4. **रामनरेश त्रिपाठी :** वफाती चाचा (1927)
5. **लक्ष्मण सिंह 'चौहान' :** कुली प्रथा (1913), गुलामी का नशा (1924), उत्सर्ग, एक ही समाधि।

कहानी :

1. **गुलेरी :** उसने कहा था (1915), सुखमय जीवन (1911), बुद्धू का काँटा।
2. **प्रेमचन्द :** पंचपरमेश्वर, नमक का दरोगा, बड़े घर की बेटी, रानी सारंधा, सारंगा सदावृक्ष, सवा सेर गेहू, दो बैलों की कथा, दतरी, जुलूस, दीक्षा, लाटरी, माता का हृदय, मैकू, शंखनाथ, अलग्योझा, बूढी काकी, आत्माराम, गरीब की हाय, दुर्गा का मंदिर, ब्रजपात, सेवामार्ग, आभूषण, ठाकुर का कुआँ, शतंरज के खिलाडी, दिल की रानी, मैकू, दो बैलों की कथा, रामलीला, ईदगाह, बडे भाई साहब, नशा, मिस पद्मा, पूस की रात, मोटेराम शास्त्री, इस्तीफा, तावान, कजाकी, कफन, दामुल का कैदी (इस कहानी में पुनर्जन्म का कथा में प्रयोग है।)
3. **'कौशिक' :** रक्षाबंधन, ताई, पगली, उद्धार
   कहानी संग्रह - चित्रशाला, मणिमाला, कल्पमंदिर, कल्लोल
4. **विश्वम्भरनाथ 'जिज्जा' :** संग्रह है - 'घूँघट वाली'
5. **सुदर्शन :** हार की जीत, कवि की स्त्री, एथेंस का सत्यार्थी, कमल की बेटी।
   संग्रह है - सुदर्शन सुधा, तीर्थयात्रा, पुष्पलता, गल्पमंजरी, सुप्रभात, परिवर्तन, पनघट
6. **उग्र :** देशभक्त
   संकलन - चिनगारियां, शैतान मंडली, इन्द्रधनुष, बलात्कार, चाकलेट, दोजख की आग, निर्लज्जा
7. **रायकृष्णदास :** अंतःपुर का आरम्भ, रमणों का रहस्य
8. **चतुरसेन शास्त्री :** दुखवा मै कासो कहूँ मोरी सजनी (हरिसाधन मुखोपाध्याय की कहानी 'सेलिसमा बेगम' का रूपांतर), अंबपालिका, प्रबुद्ध, भिक्षुराज, बावर्चिन, हल्दीघाटी में, बाणवधू।
9. **जयशंकर प्रसाद :** आकाशदीप, देवदासी, रसिया बालम, आँधी, मधुआ, पुरस्कार, ममता, इन्द्रजाल, सालवती, गुंडा।

निबंध :

1. **बाबू गुलाबराय :** ठलुआ क्लब, फिर निराशा क्यों, मेरी असफलताएं, कुछ उथले कुछ गहरे
2. **रघुवीर सिंह :** निबंध संग्रह हैं 'शेष स्मृतियाँ'
3. **शिवपूजन सहाय :** निबंध संग्रह है 'कुछ'
4. **निराला :** संग्रह है : प्रबंध प्रतिमा, चयन, चाबुक
5. **पदुमलाल पुन्नालाल बख्शी :** संग्रह हैं - 'पंचपात्र'। एक प्रसिद्ध निबंध है- 'क्या लिखूँ'
6. **गुलेरी :** विक्रमोवर्शी की मूल कथा, अमंगल के स्थान में मंगलशब्द।

आलोचना :

विश्वनाथ प्रसाद मिश्र : बिहारी की वाग्विभूति, वाङ्मय विमर्श, हिन्दी का समसामयिक साहित्य, हिन्दी नाट्य-साहित्य का विकास, हिन्दी साहित्य का अतीत

सम्पादन : घनआनंद ग्रन्थावली, पद्माकर ग्रन्थावली, केशव ग्रन्थावली, भिखारीदास ग्रन्थावली, रामचरितमानस, लक्ष्मीनारायण सुधांशु (काव्य में अभिव्यंजनावाद), डॉ॰ रसाल आलोचनादर्श, रामकुमार वर्मा (साहित्य समालोचना), पद्मसिंह शर्मा (बिहारी सतसई की भूमिका), जनार्दन प्रसाद झा 'द्विज' (प्रेमचन्द की उपन्यास कला), कृष्णशंकर शुक्ल (केशव की काव्यकला, कविवर रत्नाकर), रामकुमार वर्मा (कबीर का रहस्यवाद)।

आत्मकथा :

हिन्दी की पहली पद्य आत्मकथा 'मुझमें देवजीवन का विकास' (सत्यानन्द अग्निहोत्री) ।
स्मरणीय है कि पहली आत्मकथा 'अर्धकथानक' (बनारसीदास) पद्य में है।

यात्रावृत्त :

सत्यदेव परिव्राजक : मेरी जर्मन यात्रा, यात्री मित्र, योरप की सुखद स्मृतियां, राहुल सांकृत्यायन : तिब्बत में सवा वर्ष, मेरी यूरोप यात्रा, मेरी तिब्बत यात्रा।

संस्मरण :

महादेवी : रामा, बिन्दा, बिट्टो, फीसा (सभी संकलन हैं)
श्रीराम : बोलती प्रतिमा (रेखाचित्र), भाई जगन्नाथ (संस्मरण)

गद्यकाव्य :

रायकृष्णदास : संग्रह हैं - साधना, संलाप, प्रवाल, प्रवाह, छायापथ
वियोगी हरि : संग्रह हैं - तरंगिणी, अन्तर्नाद, भावना, प्रार्थना
भँवरलाल सिंधी : वेदना

कविता :

ठाकुर गोपालशरण सिंह (माधवी, मानवी, संचिता, ज्योतिषमती, कादंबिनी), अनूप शर्मा (सुमनांजलि, जीवनमरण, 'सुनाल'-खंण्डकाव्य है, 'सिद्धार्थ'-महाकाव्य है), जगदंबा प्रसाद हितैषी (कल्लोलिनी, नवोदिता), श्यामनारायण पाण्डेय (त्रेता के दो वीर, माधव, रिमझिम, 'हल्दीघाटी' —महाकाव्य है), पुरोहित प्रतापनारायण ('नलनरेश'-महाकाव्य है रोला, हरिगीतिका आदि छंदों में, मन के मोती, नव निकुंज, काव्य कानन), तुलसीराम शर्मा 'दिनेश' (पुरुषोत्तम श्रीकृष्ण के जीवन चरित पर एक बडा काव्य ग्रन्थ रचा।), सुभद्राकुमारी चौहान (त्रिधारा, मुकुल), गया प्रसाद शुक्ल 'सनेही' (राष्ट्रीय मंत्र), दिनकर (रेणुका), माखनलाल चतुर्वेदी (हिमकिरीटनी, हिमतरंगिणी), राम कुमार वर्मा (रूपराशि, निशीथ, चित्ररेखा, आकाशगंगा।)

पत्र-पत्रिकायें :

पत्र-पत्रिकायें	प्रकाशन वर्ष/ स्थान	सम्पादक/ अन्य जानकारी
1. मर्यादा	1923	कृष्णकान्त मालवीय (प्रथम), सम्पूर्णानंद, प्रेमचंद (परवर्ती)
2. स्त्री दर्पण	प्रयाग	रामेश्वरी नेहरू
3. चांद	1920 (सा.), 1923 (मासिक) प्रयाग	मासिक चाँद के सम्पादक रामशरण सहगल तथा चण्डी प्रसाद हृदयेश
4. प्रभा	कानपुर	बालकृष्ण शर्मा 'नवीन' (प्रथम), माखन लाल चतुर्वेदी (परवर्ती)। (इसी पत्रिका में 'भावों की भिडंत' शीर्षक प्रसिद्ध लेख छपा था, जिसमें निराला को टैगोर का नकलची सिद्ध किया गया था।)
5. माधुरी	1922 (लखनऊ)	दुलारे लाल भार्गव (प्रथम), रूपनारायण पाण्डेय, कृष्णबिहारी मिश्र (सहयोगी), प्रेमचन्द (परवर्ती 1928-31)।
6. सुधा	लखनऊ	निराला (परवर्ती)
7. कल्याण	1925	——
8. विशाल भारत	1928 (कलकत्ता)	बनारसीदास चतुर्वेदी (प्रथम), अज्ञेय (परवर्ती) (इसी पत्र अग्र के कथा साहित्य को 'घासलेटी' कहकर उनके खिलाफ साहित्यिक आन्दोलन खडा किया गया था।)
9. हंस	1930 (बनारस)	प्रेमचन्द (प्रथम), शिवदान सिंह चौहान अमृतराय (परवर्ती)
10. 'आदर्श' तथा	कलकत्ता	शिवपूजन सहाय 'मौजी'
11. समन्वय	1922 (रामकृष्ण मिशन)	स्वामी माधवानन्द (प्रथम), निराला (परवर्ती)
12. सरोज	1928 (कलकत्ता)	नवजादिकलाल श्रीवास्तव
13. साहित्य संदेश	आगरा	बाबू गुलाब राय
14. मतवाला	1923	महादेव प्रसाद सेठ (प्रधान), शिवपूजन सहाय, नवजादिकलाल श्रीवास्तव तथा निराला (सहयोगी)
15. जागरण	बनारस	शिवपूजन सहाय (प्रथम), प्रेमचन्द (1932 परवर्ती)
16. भारत	इलाहाबाद	नन्द दुलारे बाजपेई
17. हिन्दी नवजीवन	अहमदाबाद	महात्मा गाँधी
18. देश	पटना	राजेन्द्र प्रसाद
19. कर्मवीर	जबलपुर	माखनलाल चतुर्वेदी
20. श्रीकृष्णसंदेश	कलकत्ता	लक्ष्मीनारायण गर्दे
21. भारतमित्र (दैनिक)	कलकत्ता	लक्ष्मण नारायण गर्दे (इसके पहले यह साप्ताहिक था। यह हिन्दी का पहला सुसंगठित दैनिक पत्र है।)
22. दैनिक विश्वमित्र	1916	———
23. कलकत्ता समाचार	कलकत्ता	अमृतलाल चक्रवर्ती
24. आज	1920	श्रीप्रकाश, बाबूराव विष्णराव पराडकर, (वाराणसी) कमलापति त्रिपाठी
25. स्वतंत्र	1920	अम्बिकाप्रसाद बाजपेई

प्रमुख प्रसंग /उद्धरण/ अन्य संबंधित जानकारियाँ -

– 'आदर्शोन्मुख यथार्थ' - प्रेमचन्द

– 'आधुनिक कहानी मनोवैज्ञानिक विश्लेषण और जीवन के यर्याथ चित्रण को अपना ध्येय समझती है।'–प्रेमचन्द

– आरम्भिक काल में छायावाद का विरोध करने वाले पत्र थे–सुधा, सरस्वती, विशाल भारत, प्रभा एवं छायावाद के समर्थक पत्र थे - मतवाला, जागरण, भारत

– आचार्य शुक्ल ने आलोचना के अनेक बीजशब्दों का निर्माण किया है। विभिन्न कवियों के संदर्भ में उनके द्वारा प्रयुक्त बीजाशब्द कथन इस प्रकार हैं -

कवि	बीजशब्द/ वाक्य
• तुलसी	लोकमंगल या लोकधर्म
• सूरदास	जीवनोत्सव (भ्रमरगीत सार की भूमिका)
• जायसी	प्रेम की पीर
• घनानन्द	साक्षात् रसमूर्ति, जबाँदानी का दावा रखने वाला अन्यतम् कवि
• केशव	कठिन काव्य के प्रेत
• जयशंकर प्रसाद	मधुचर्या, कल्पना की मधुमती भूमिका

– शुक्ल जी के अन्य बीजशब्द हैं। जैसे - मानस में चित्रकूट की सभा के लिए 'आध्यात्मिक घटना' का प्रयोग, संश्लिष्ट चित्रण, विरुद्धों का सामंजस्य, कर्म-सौन्दर्य, कल्प-प्रबंध, प्रसंग-गर्भत्व, शीलदशा आदि।

– शुक्ल जी के कुछ बीज वाक्य हैं -
- वैर क्रोध का अचार या मुरब्बा है।
- नाद-सौन्दर्य से कविता की आयु बढ़ती है।
- लोक हृदय में लीन होने की दशा का नाम रस दशा है।

– 'अधिकार-सुख कितना मादक और सारहीन है।' स्कन्दगुप्त (प्रसाद) नाटक की पहली पंक्ति

– 'लहर' (प्रसाद) के प्रगीतों की कुछ पंक्तियाँ :
- उठ-उठ री लघु-लघु बोल लहर
- उस दिन जब जीवन के पथ में
- मेरा अनुराग दो नभ के अभिनव कलरव
- मुझको न मिला रे कभी प्यार
- इस पथ का उद्देश्य नहीं है श्रान्त भवन में टिक रहना
- जीवन धन इस जले जगत को वृन्दावन बन जाने दो
- ले चल मुझे भुलावा देकर मेरे नाविक धीरे-धीरे
किन्तु पहुँचाना उस सीमा पर जिसके आगे राह नहीं
- अपलक जगती हो एक रात

– बाले तेरे बाल-जाल में कैसे उलझा दूँ लोचन –पन्त

– 'शक्ति की करो मौलिक कल्पना'-निराला (राम की शक्तिपूजा)

– 'माँ की कुल शिक्षा मैंने दी,
पुष्प सेज तेरी स्वयं रची।' –निराला (सरोजस्मृति)

– 'दुख ही जीवन की कथा रही,
क्या कहूँ, आज जो नहीं कही। –निराला (सरोजस्मृति)

– धिक् जीवन जो पाता ही आया है विरोध
धिक् साधन जिसके लिए सदा ही किया शोध।'
- निराला (राम की शक्तिपूजा)

– 'स्नेह निर्झर बह गया' –निराला

– 'काव्य में 'रहस्य' कोई 'वाद' है न ऐसा, जिसे लेकर निराला कोई पंथ ही खड़ा करें।'

× × ×

'खलेगा 'प्रकाशवाद' जिनको हमारा यह
कहेंगे कुवाद वे जो लेगें हम सारे सह।'
—रामचन्द्र शुक्ल (पाखंड प्रतिबेध कविता)

- 'रहने दो हे देव ! अरे, यह मेरा मिटने का अधिकार' —महादेवी
- 'वर्तमान सुख-दुख में पकड़ हर्ष, विवाद मनाता जो
  उपन्यास लेखक हैं वह, परिणाम-स्थिति ही सच्ची है।'
- प्रेमपथिक (जयशंकर प्रसाद)
- 'तोड़ दो यह क्षितिज मैं भी देख लूँ उस ओर क्या है।' —महादेवी
- 'रात के उर में दिवस की चाह का शर हूँ' —महादेवी
- 'मिलन का मत ले नाम मै बिरह में चिर हूँ' —महादेवी
- 'अर्द्ध विकच इस हृदय कमल में आ तू,
  प्रिये ! छोड बंधनमय छंदो की छोटी राह' —निराला
- प्रथम रश्मि का आना रंगिणी, तूने कैसे पहचाना —पन्त
- 'मै नीर भरी दुख की बदली' —महादेवी
- 'बालिका मेरी मनोरम मित्र थी' —पन्त
- 'पावस ऋतु थी, पर्वत प्रदेश। पल-पल परिवर्तित प्रकृति वेश' —पन्त
- 'देवि, माँ, सहचरी, प्राण!!' —पन्त
- 'मैंने मैं शैली अपनाई' —निराला
- 'किस अनंत का नीला हिला-हिलाकर
  आती हो तुम मंडलाकर !' —निराला
- 'वह उस शाखा का वन विहंग
  उड गया मुक्त नभ निस्तरंग।' —निराला (तुलसीदास)
- 'तृण-वीरूध लहलहे हो रहे किसके रस से सिंचे हुए' —प्रसाद
- 'कल्पना के कानन की रानी' —निराला
- 'कल्पना के से विह्वल बाल' —पन्त
- 'नूपुर के सुट मंद रहे, जब तक न चरण स्वच्छंद रहे' —निराला
- 'अर्धेक मानवी तुमि, अर्धेक कल्पना' —रवीन्द्रनाथ टैगोर
- निराला ने हिन्दी में 'मुक्त छन्द' का प्रवर्तन किया।
- 'चन्द्रगुप्त' (जयशंकर प्रसाद) नाटक का समापन वाक्य है
  —'चलो, अब हम लोग चलें।'
- 'इस जनम में तो कोई आशा नही है, भाई ! हम राज नहीं चाहते, भोग-विलास नहीं चाहते, खाली मोटा-झोटा पहनना, और मोटो-झोटा खाना और मरजाद के साथ रहना चाहते हैं। वह भी नहीं सधता।
  —गोदान (प्रेमचन्द)
- 'हम कौन थे, क्या हो गये हैं और क्या होंगे अभी' आओ, विचारें आज मिलकर ये समस्यायें सभी।' —भारतभारती
- 'कहाँ करूणानिधि केसव सोए !' —भारतेन्दु

खण्ड दो

कालक्रम : प्रगतिवाद (1936-1943)/ प्रयोगवाद (1943–1954)
+ नयी कविता / नवलेखन काल (1954–1972)
+ अद्यतन लेखन (1972 से वर्तमान युग तक)

कविता :- प्रगति प्रयोग काल के समानान्तर अन्य कई तरह की काव्य रचनायें भी होती रहीं। इनका मुख्य स्वर या तो गाँधीवादी है या फिर विप्लव अथवा मस्ती का। हम पहले इन्हीं का परिचय यहाँ पर दे रहे हैं।

1. **हरिवंशराय बच्चन :** मधुशाला (1935), मधुबाला (1936), मधुकलश (1937), निशा-निमन्त्रण (1938), एकांत संगीत (1939), आकुल अंतर (1943), सतरंगिणी, मिलनयामिनी तथा प्रणय पत्रिका।
   अंतिम चरण में बच्चन ने सामाजिक-राजनीतिक कवितायें लिखीं। ये हैं—बंगाल का अकाल, खादी के फूल, सूत की माला, धार के इधर-उधर, आरती और अंगारे, बुद्ध और नाचघर, त्रिभंगिमा, चार खेमे चौंसठ खूँटे, दो चट्टानें, जाल समेटा।
   बच्चन ने उमर खैय्याम की रूबाइयों का अनुवाद 1935 में 'खैय्याम की मधुशाला' नाम से किया।
2. **रामकुमार वर्मा :** रूपराशि, निशीथ, चित्ररेखा, आकाशगंगा, अंजलि, चन्द्रकिरण, एकलव्य (वर्मा जी छायावादी ढंग की ही कविता करते थे।)
3. **माखनलाल चतुर्वेदी :** हिमकिरीटिनी, हिमतंरगिणी, वेणु लो गूँजे धरा, माता, युगचरण, मरणज्वार, बिजुली काजल आँज रही, समर्पण। इनकी कविता 'पुष्प की अभिलाषा' अत्यंत प्रसिद्ध है।
4. **सियारामशरण गुप्त :** इनकी कविता 'एक फूल की चाह' बहुत प्रसिद्ध है। प्रमुख काव्य ग्रन्थ हैं—मौर्य विजय, अनाथ, दूर्वादल, विषाद, आर्द्रा, आत्मोत्सर्ग, पाथेय, मृण्मयी, बापू, उन्मुख, दैनिकी, नकुल, नोआखाली, गोपिका।
   प्रबंधकाव्य : उन्मुक्त (युद्ध की विभीषिका और मानवीय करुणा पर रचित ; अत्याचारी लौह द्वीप के लोग शान्तिप्रिय कुसुमद्वीप को युद्ध पर मजबूर कर देते हैं।)
5. **बालकृष्ण शर्मा 'नवीन' :** इनकी 'साकी' कविता अत्यन्त प्रसिद्ध है। 'आज खड्ग की धार कुंठिता' और 'कवि कुछ ऐसी तान सुनाओ' भी प्रसिद्ध कवितायें हैं। इनके काव्यग्रंथ है- उर्मिला (प्रबन्धकाव्य), कुंकुम (पहला काव्य संग्रह है), रश्मिरेखा और अपलक, विनोबास्तवन, क्वासि, हम विषपायी जन्म के।
6. **भगवती चरण वर्मा :** 'हम दीवानों की क्या हस्ती, हैं आज यहां कल वहां चले।' तथा 'चली आ रही भैंसागाडी' भी इनकी एक चर्चित कविता है। इनके काव्यग्रन्थ हैं—मधुकण, प्रेमसंगीत तथा मानव।
7. **सुभद्राकुमारी चौहान :** झाँसी की रानी, जलियाँवाला बाग में वसंत आदि कवितायें।

8. **रामधारीसिंह 'दिनकर'** : रेणुका (1935), हुंकार, सामधेनी, रसवन्ती, द्वन्द्वगीत, यशोधरा, कुरूक्षेत्र (युद्ध की समस्या पर रचित प्रबंधकाव्य है, जो मुख्यतः भीष्म-युधिष्ठिर संवाद पर आधारित है।), उर्वशी (ज्ञानपीठ पुरस्कार से सम्मानित प्रबंधकाव्य, जिसका उपजीव्य 'उर्वशी-पुरूरवा प्रेमाख्यान' है।), रश्मिरथी (महाभारत के 'कर्ण' को नायक बनाकर रचित प्रबंधकाव्य है।), आत्मा की आँखें, परशुराम की प्रतीक्षा (प्रबंधकाव्य) है। इतिहास के आँसू, धूप और धुआँ, दिल्ली, नीम के पत्ते तथा हारे को हरिनाम। 'संचयिता' हाल में किया गया संकलन है।
9. **नरेन्द्र शर्मा** : शूल-फूल, कर्णफूल, प्रभातफेरी, प्रवासी के गीत, पलाशवन, ग्राम्या, मिट्टी के फूल, हंसमाला, रक्तचंदन, अग्निशस्त्र, कदलीवन, उत्तरजय (प्रबंधकाव्य, युधिष्ठिर तथा अश्वत्थामा के खण्डित और पीड़ाभोगी व्यक्तियों की गाथा), द्रौपदी (महाभारत में 'द्रौपदी' के चरित्र पर आधारित खंडकाव्य।)
10. **रामेश्वर शुक्ल 'अंचल'** : मधुलिका, अपराजिता, लाल चूनर, किरणबेला, करील और वर्षान्त के बादल, अपराधिता (प्रबंधकाव्य)।
11. **सोहन लाल द्विवेदी** : कुणाल, चित्रा, युगाधार।
12. **श्यामनारायण पाण्डेय** : हल्दीघाटी, जौहर।
13. **उदयशंकर भट्ट** : विसर्जन, मानसी, अमृत और विष, युगदीप, यथार्थ और कल्पना, एकला चलो रे, विजयपथ।
14. **जानकी बल्लभ शास्त्री** : रूप-अरूप, शिप्रा, मेघगीत, अवन्तिका।
15. **गुरूभक्तसिंह 'भक्त'** : विक्रमादित्य (प्रबंधकाव्य, कथानक विशाखदत्त के 'देवी चन्द्रगुप्त' नाटक पर आधारित), नूरजहाँ (प्रबन्धकाव्य)।
16. **मोहनलाल महतो 'वियोगी'** : आर्यावर्त (पृथ्वीराज चौहान-गौरी युद्ध पर रचित प्रबन्धकाव्य)
17. **केदारनाथ मिश्र 'प्रभात'** : कैकयी (प्रबंधकाव्य), कर्ण (खण्डकाव्य), शुभ्रा (गीतिकाव्य), बैठो मेरे पास तथा ऋतम्बरा प्रबंधकाव्य है। प्रलयवर्णन से प्रारम्भ होकर मानव-सृष्टि के भविष्य पर रचित।
18. **ठाकुर प्रसादसिंह** : महामानव (प्रबंधकाव्य : गाँधी जी के जीवन पर।)

प्रगतिवादी काव्य

सन् 1935 ई॰ में एम॰ फार्स्टर के सभापतित्व में पेरिस में 'प्रोग्रेसिव राइटर्स एसोसियेशन' नामक अन्तर्राष्ट्रीय संस्था का प्रथम अधिवेशन हुआ। सन् 1936 में सज्जाद जहीर और डॉ॰ मुल्कराज आनन्द के प्रयत्नों से भारतवर्ष में भी इस 'प्रगतिशील लेखक संघ' का पहला अधिवेशन हुआ।

यद्यपि प्रगतिवादी काव्य रचना की शुरुआत निराला की अनेक परवर्ती कविताओं 'गर्म पकौड़ी', 'खजोहरा', 'नये पत्ते', 'कुकुरमुत्ता', 'मास्को डायलॉग्स' तथा 'तोड़ती पत्थर' आदि से ही हो जाती है, लेकिन व्यवस्थित रूप से प्रगतिवादी कवियों के अन्तर्गत नागार्जुन, केदारनाथ अग्रवाल, त्रिलोचन तथा शिवमंगल सिंह 'सुमन' आते हैं।

'प्रगतिशील लेखक संघ' के पहले सभापति प्रेमचन्द थे। बाद में रवीन्द्रनाथ टैगोर, जवाहर लाल नेहरू तथा श्रीपाद अमृत डाँगे जैसे लोग भी इसके सभापति बने। 1937 ई॰ के 'विशाल भारत' में शिवदान सिंह चौहान का एक लेख 'भारत में प्रगतिशील साहित्य की आवश्यकता' छपा।

नीचे हम प्रगतिवादी कवियों की रचनाओं का परिचय दे रहे हैं-

1. **नागार्जुन** : (वास्तविक नाम वैद्यनाथ मिश्र) इन्होंने 'यात्री' नाम से मैथिली में भी कवितायें रची है। प्रमुख कविता-संग्रह हैं– सतरंगे पंखों वाली, प्यासी पथरायी आँखें, युगधारा, ऐसे भी हम क्या, ऐसे भी तुम क्या, आखिर ऐसा क्या कह दिया मैंने, पुरानी जूतियों का कोरस, रत्नगर्भ, तालाब की मछलियां, तुमने कहा था, खिचडी विप्लव देखा हमने, हजार-हजार बाँहों वाली, पका है यह कटहल, भूमिजा (खण्डकाव्य)। नागार्जुन की बहुत प्रसिद्ध कविताओं में से कुछ हैं–
   बादल को घिरते देखा है, पाषाणी, चन्दना, रवीन्द्र के प्रति, सिंदूर तिलकित भाल, तुम्हारी दंतुरित मुस्कान, ओ जन-मन के सजग चितेरे (यह केदारनाथ अग्रवाल पर लिखी गई है।), गुलाबी चूड़ियाँ, तन गयी रीढ़, यह तुम थी, जोत की फाँक, भादों की तलैया, प्रेत का बयान, मास्टर तथा अकाल।
2. **केदारनाथ अग्रवाल** : संग्रह है–युग की गंगा, फूल नहीं रंग बोलते हैं, पंख और पतवार, गुलमेंहदी, कहे केदार खरी-खरी, अपूर्वा, आत्मगंध, नींद के बादल, लोक तथा आलोक। केदार की प्रसिद्ध कवितायें हैं–
   बसंती हवा, चन्द्रगहना से लौटती बेर, आज नदी बिल्कुल उदास थी, केन किनारे पाल्थी मारे, केन हमारी तड़प रही है आदि।
3. **रांगेय राघव** : अजेय खंडहर, मेधावी, पांचाली (खंडकाव्य), पिघलते पत्थर, राह के दीपक (संकलन)।
4. **त्रिलोचन** : संग्रह है–धरती, मिट्टी की बारात, ताप के ताये हुए दिन, फूल नाम है एक, शब्द, उस जनपद का कवि हूँ, गुलाब और बुलबुल, दिगंत, अरघान, तुम्हें सौंपता हूँ, सबका अपना आकाश तथा अनकहनी भी कुछ कहनी है। त्रिलोचन का प्रिय छंद 'सॉनेट' है।
5. **'सुमन'** : संग्रह है–जीवन के गान, प्रलय-सृजन, हिल्लोल।
6. **रामविलास शर्मा** : ने भी कतिपय काव्य रचना की है, जो प्रगतिवादी काव्य के अंतर्गत ही आती है। इनके संग्रह का नाम है–'रूपतरंग'।

प्रयोगवादी काव्य

प्रयोगवाद का आरम्भ अज्ञेय के संपादकत्व में प्रकाशित 'तार सप्तक' (1943) से माना जाता है। अज्ञेय ने सभी कवियों को (जो इसमें संकलित थे) 'राहों के अन्वेषी' कहा। तार सप्तक में संकलित कवि हैं–अज्ञेय, मुक्तिबोध, रामविलास शर्मा, नेमिचन्द्र जैन, गिरिजाकुमार माथुर, भारतभूषण अग्रवाल तथा प्रभाकर माचवे।

तार सप्तक के पाँच कवि अपने को मार्क्सवादी घोषित करते हैं। उन्होंने अपने लिये 'प्रयोगशील' और 'प्रयोग' शब्दों का उल्लेख किया है, प्रयोगवाद का नहीं। 'प्रयोगवाद' शब्द का सर्वप्रथम प्रयोग आचार्य नन्ददुलारे वाजपेयी ने एक निबंध प्रयोगवादी रचनाओं में किया। अज्ञेय ने दूसरा सप्तक (1951) की भूमिका में इसका खंडन किया। 1952 ई॰ में पटना रेडियो से उन्होंने 'नयी कविता' नाम की घोषणा की। सन् 1954 में जगदीश गुप्त के सम्पादकत्व में 'नयी कविता' पत्रिका का प्रकाशन भी होने लगा।

'दूसरा सप्तक' (1951) में संकलित कवि हैं–शमशेर बहादुर सिंह, भवानीप्रसाद मिश्र, शकुन्तला माथुर, हरिनारायण व्यास, नरेश मेहता, रघुवीर सहाय और धर्मवीर भारती।

सन् 1956 में नकेन के 'प्रपद्यवाद' का प्रकाशन हुआ। उन्होंने (नरेश मेहता, केसरी कुमार, नलिन विलोचन शर्मा) कहा कि असली प्रयोगवादी 'नकेन' ही है। वस्तुतः वे रूपवादी थे।

'तीसरा सप्तक' (1959) की भूमिका में अज्ञेय ने नकेनवादियों को आड़े हाथ लिया। 'तीसरा सप्तक' के कवि हैं–प्रयागनारायण त्रिपाठी, कीर्ति चौधरी, मदन वात्स्यायन, केदारनाथ सिंह, कुँवरनारायण, विजयदेवनारायण साही तथा सर्वेश्वर दयाल सक्सेना।

तीनों सप्तकों के संपादक 'अज्ञेय' ही हैं। सन् 1979 ई॰ में अज्ञेय ने चौथा सप्तक भी निकाला।

हम यहां प्रयोगवादी/नयी कविता के प्रधान कवियों का परिचय दे रहे हैं।

अज्ञेय (1911-1987 ई॰) : के कविता संग्रह हैं–भग्नदूत (1933), चिंता (1942), इत्यलम् (1946), हरी घास पर क्षण भर (1949), बावरा अहेरी (1954), इंद्रधनुष रौंदे हुए (1957), अरी ओ करूणा प्रभामय (1959), आँगन के पार द्वार (1961), कितनी नावों में कितनी बार (1967), क्योंकि मैं उसे जानता हूँ (1970), सागर मुद्रा (1970), पहले मैं सन्नाटा बुनता हूँ (1974), महावृक्ष के नीचे (1977), नदी की बाँक पर छाया (1981), प्रिजन डेज एण्ड अदर पोएम्स (अंग्रेजी, 1946)। चारों सप्तकों का संपादन।

अज्ञेय की अत्यधिक प्रसिद्ध कवितायें हैं–नदी के द्वीप (संग्रह- हरी घास पर क्षण भर), असाध्य वीणा (आँगन के पार द्वार : संग्रह)। यह दीप अकेला, पूर्वा, सुनहरे शैवाल आदि।

मुक्तिबोध (1917-1964) : के दो काव्य संग्रह हैं–चाँद का मुँह टेढ़ा है (1964), भूरि-भूरि खाक धूल (1980)। अत्यधिक प्रसिद्ध कवितायें हैं - एक आत्मवक्तव्य, चाँद का मुँह टेढ़ा है, चकमक की चिंगारियाँ, भूल-गलती, दिमागी गुहान्धकार, ब्रह्मराक्षस तथा अँधेरे में।

शमशेरबहादुर सिंह (1911-1993) : के काव्यसंग्रह हैं - सुकून की तलाश में, कुछ कविताएं, कुछ और कविताएं, चुका भी हूँ नहीं मैं, इतने अपने पास, बात बोलेगी, काल तुझसे होड़ है मेरी, टूटी हुई बिखरी हुई, विविध-शमशेर, कहीं बहुत दूर से सुन रहा हूँ। शमशेर की कुछ अत्यधिक प्रसिद्ध कविताएं हैं–'वाम, वाम, वाम दिशा', अमनराग, उदिता, चुका भी हूँ नहीं मैं, टूटी हुई बिखरी हुई, एक पीली शाम, सलोना जिस्म आओ न तथा 'अभिव्यक्ति का संघर्ष'।

भवानीप्रसाद मिश्र : कमल के फूल, वाणी की दीनता, टूटने का सुख, सतपुड़ा के जंगल, सन्नाटा, गीतफरोश, असाधारण, स्नेह शपथ, आदि कवितायें दूसरा सप्तक में संग्रहीत हैं। 'सतपुड़ा के जंगल' में प्रबंधत्व की विशेषता है।

काव्य संग्रह हैं–अनाम तुम आते हो, त्रिकाल संध्या, परिवर्तन जिए, मानसरोवर दिन, बुनी हुई रस्सी, खुशबू के शिलालेख। कालजयी (प्रबन्धकाव्य है)।

नरेश मेहता : के काव्य ग्रन्थ हैं–बनपाखी सुनो (1957), बोलने दो चीड़ को (1962), संशय की एक रात (1962), उत्सवा, मेरा समर्पित एकांत (1953), महाप्रस्थान (1975), शबरी (1977), प्रवाद पर्व (1977), 'समय देवता' इनकी एक प्रसिद्ध लंबी कविता है, जो 'मेरा समर्पित एकांत' में संकलित हैं।

संशय की एक रात, महाप्रस्थान, शबरी तथा प्रवाद-पर्व इनकी महत्वपूर्ण काव्य रचनायें हैं। 'संशय की एक रात' एक पौराणिक काव्य रूपक (नाट्य शैली में रचित लम्बी कविता) है, जिसमें राम-रावण युद्ध से पूर्व राम के मन का संशय चित्रित हुआ है। 'महाप्रस्थान' भी पौराणिक काव्य-रूपक है जिसमें पांडवों के हिमालय में गलने की प्रसिद्ध कथा वर्णित है। 'प्रवाद-पर्व' सीता-वनवास के करूण प्रसंग पर आधारित खण्डकाव्य है। 'शबरी' प्रबंधकाव्य में शबरी (राम कथा से सम्बद्ध) की कथा है। 'चैत्या' हाल में किया गया संग्रह है।

धर्मवीर भारती : की रचनायें हैं–ठंडा लोहा (काव्य संग्रह, 1952), अंधा युग (1955, प्रतीकवादी काव्य नाटक है, जिसमें महाभारत के अंतिम दिन के युद्ध से लेकर कृष्ण के गोलोकवास तक की घटनाओं को समेटा गया है।), सात गीत वर्ष (1959, 'प्रथुम्य गाथा' इस संग्रह की प्रसिद्ध लम्बी कविता है।), कनुप्रिया (1959, युद्ध और इतिहास की व्यर्थता को संकेतित करता, राधाकृष्ण-प्रेम पर रचित काव्य ग्रन्थ), संकलन : मेरी वाणी गैरिक वासना।

नेमिचन्द जैन : का कविता संग्रह है 'एकांत', 'अचानक हम फिर'।

कुँवरनारायण : की रचनायें हैं–चक्रव्यूह (काव्यसंग्रह), परिवेशः हम तुम (काव्य संग्रह), आत्मजयी (कठोपनिषद के 'नचिकेता-प्रसंग' पर आधारित चिंतनपरक प्रबंधकाव्य है), अपने सामने (काव्य संग्रह), कोई दूसरा नहीं (काव्य संग्रह)।

सर्वेश्वरदयाल सक्सेना : के कविता संग्रह हैं - काठ की घंटियाँ, बाँस का पुल, एक सूनी नाव में, कुआनों नदी, जंगल का दर्द, खूँटियों पर टंगे लोग। बाद में 'कवितायें-1' तथा 'कवितायें-2' नाम से दो भागों में कुछ रचनायें प्रकाशित हुई हैं।

रघुवीर सहाय (1929-1990) ई॰ : के कविता-संग्रह है - सीढ़ियों पर धूप में (1960), आत्महत्या के विरुद्ध (1967), हँसो हँसो जल्दी हँसो (1975), लोग भूल गये हैं (1982), कुछ पते कुछ चिट्ठियाँ (1989)। रामदास की हत्या इनकी प्रमुख राजनीतिक कविता है।

केदारनाथ सिंह : के कविता संग्रह हैं : अभी बिल्कुल अभी (1960), जमीन पक रही है (1980), यहाँ से देखो, अकाल में सारस, उत्तर कबीर, 'बाघ' प्रसिद्ध लम्बी कविता है।

विजयदेवनारायण साही : कविता संग्रह है - 'मछलीघर', 'साखी', तथा 'छठवाँ दशक'। हाल में किया गया संग्रह है 'संवाद तुमसे'।

गिरिजाकुमार माथुर : के काव्य संग्रह हैं - मंजीर (1941), नाश और निर्माण (1946), धूप के धान (1955), शिलापंख चमकीले (1961), छाया मत छूना मन, भीतरी नदी की यात्रा, साक्षी रहे वर्तमान, कल्पांतर, अभी कुछ और, मैं वक्त के हूँ सामने, 'पृथ्वीकल्प', मुझे और अभी कहना है।

भारत-भूषण अग्रवाल : के काव्य संग्रह हैं - अनुपस्थित लोग, कागज के फूल, छवि के बन्धन, मुक्तिमार्ग, जागते रहो, ओ अप्रस्तुत मन, उतना वह सूरज है।

प्रबन्ध काव्य - 'अग्निलीक' (सीता की अग्निपरीक्षा पर रचित)।

प्रभाकर माचवे : के काव्य संग्रह हैं - स्वप्नभंग, मेपल, क्षणभंगुर।

देवराज : दो प्रबंधकाव्य रचे - 'आहत आत्माएं', 'इला और अमिताभ'। काव्य संग्रह हैं -धरती और स्वर्ग, उर्वशी ने कहा।

जगदीश गुप्त : काव्य-संग्रह है - 'नाव के पांव', 'हिमदंश' तथा 'आदिम एकान्त'। प्रबन्धकाव्य 'शंबूक'।

लक्ष्मीकान्त वर्मा : काव्य संग्रह है - अतुकांत, तीसरा पक्ष तथा 'आधुनिक कवि - 15'।

इनकी कुछ कवितायें हैं - अपना-अपना जूता, सिर पर जूता पैर में टोपी। चित्रकूट चरित (खंडकाव्य)।

विभिन्न काव्यान्दोलन : 'अकविता' अमरीका की बीट पीढ़ी की उपज है। 1962-63 में अमरीकी कवि गिन्सबर्ग भारत आये तथा बनारस में स्थायी रूप से रहे। उनका 'हाउल' नामक कविता संग्रह युवा कवियों का आदर्श बना। श्याम परमार ने सन् 1965 में 'अकविता' पत्रिका का संपादन शुरू किया। हिन्दी में 'अकविता आन्दोलन' के पुरस्कर्ता राजकमल चौधरी है। सन् 1963 में 'प्रारम्भ' शीर्षक से जगदीश चतुर्वेदी ने चौदह कवियों की रचनाओं का एक संग्रह प्रस्तुत किया। इसके बाद कुछ कवि अकविता पत्रिका के सम्पादन से सम्बद्ध हो गये तथा कुछ अकविता आन्दोलन से। 'अकविता आन्दोलन' के उल्लेखनीय कवि हैं—धूमिल तथा राजकमल चौधरी।

- 'वाम कविता' आन्दोलन के प्रवर्तक हैं - शलभ श्री रामसिंह। इन्होंने 'युयुत्सा' पत्रिका का सम्पादन भी किया।
- 'आज की कविता' के प्रवर्तक हैं - हरीश मादानी। इन्होंने 'वातायन' पत्रिका का सम्पादन किया।
- 'सनातन सूर्योदयी आन्दोलन' के प्रवर्तक हैं - वीरेन्द्र कुमार जैन। इन्होंने 'भारती' पत्रिका का प्रकाशन किया।
- 'सहज कविता' आन्दोलन के प्रवर्तक हैं - रवीन्द्र भ्रमर (1964 ई॰)। इसके प्रमुख कवि हैं—परमानन्द श्रीवास्तव, रामदरश मिश्र तथा विश्वनाथ त्रिपाठी।
- डॉ॰ महीप सिंह ने 'सचेतन कविता' का प्रवर्तन किया। 'सचेतन' पत्रिका का भी महीपसिंह और नरेन्द्र मोहन ने सम्पादन किया।
- 'समकालीन कविता' आन्दोलन के प्रवर्तक हैं - डॉ॰ विश्वम्भरनाथ उपाध्याय। इन्होंने 'समकालीन कविता की भूमिका' नामक पुस्तक भी लिखी।

इन काव्यान्दोलनों का इनके समय की रचनाशीलता से कोई गहरा संबंध नहीं दिखाई पडता है। 'अकविता' को छोड़कर शेष को तो आन्दोलन कहने में भी संकोच लगता है। हम नीचे प्रमुख कवियों का परिचय दे रहे हैं। आन्दोलनों का परिचय सिर्फ नामों की जानकारी के उद्देश्य से ऊपर दिया जा चुका है।

विपिनकुमार अग्रवाल : नंगे पैर (लंबी कविता)

वीरेन्द्रकुमार जैन : अनागता की आँखें, यातना का सूर्य पुरुष, शून्य पुरुष और वस्तुएं

राजकमल चौधरी : मुक्तिप्रसंग, कंकावती (दोनों लम्बी कवितायें हैं)

सौमित्र मोहन : लुकमान अली

जगदीश चतुर्वेदी : इतिहासहन्ता, सूर्यपुत्रा

कैलाश बाजपेयी : संक्रान्त, भविष्य घट रहा है, महास्वप्न का मध्यांतर (प्रबंधकाव्य)

श्रीकान्त वर्मा : दिनारंभ, मायादर्पण, जलसागर, मगध

दूधनाथ सिंह : अपनी शताब्दी के नाम

श्रीराम वर्मा : शब्दों की शताब्दी, कालपात्र

अशोक बाजपेयी : एक पतंग अनन्त में, तत्पुरुष, शहर अब भी संभावना है, कहीं नहीं वहीं, बहुरि अकेला, अमर मेरी काया ('शहर अब भी संभावना है' का ही एक खंड है।), थोड़ी सी जगह, अभी कुछ और।

धूमिल : संसद से सड़क तक (1972), कल सुनना मुझे, सुदामा पांडे का प्रजातंत्र संकलन है। 'मोचीराम' इनकी एक बहुत प्रसिद्ध कविता है।

लीलधर जगूड़ी : नाटक जारी है, इस यात्रा में, रात अब भी मौजूद है, बची हुई पृथ्वी, घबराये हुए शब्द, भय भी शक्ति देता है, ईश्वर की अध्यक्षता में, अनुभव के आकाश में चाँद।

इनकी कुछ प्रसिद्ध कवितायें हैं—इस व्यवस्था में, अंतर्देशीय चिड़िया-2।

चन्द्रकान्त देवताले : हड्डियों में छिपा ज्वर, दीवार पर खून से, लकड़बग्घा हँस रहा है, रोशनी के मैदान की तरफ, पत्थर की बेंच।

विनोदकुमार शुक्ल : 'वह आदमी नया गरम कोट पहनकर विचार की तरह चला गया।'

रामदरश मिश्र : बैरंग बेनाम चिट्ठियाँ, पक गयी है धूप, कंधे पर सूरज, दिन एक नदी बन गया।

डॉ॰ विनय : एक पुरुष और (प्रबंधकाव्य ; विश्वामित्र और उर्वशी की पुराकथा नवीन अर्थ-संदर्भ में), कविता संग्रह है - कई अंतराल, दूसरा राग, पुनर्वास का दंड (प्रबंधकाव्य)।

नरेन्द्रमोहन : इस हादसे में, सामना होने पर

विजेन्द्र : त्रास, चैत की लाल टहनी, ऋतु का पहला फूल

ठाकुर प्रसाद सिंह : हारी हुई लड़ाई लड़ते हुए

अजीत कुमार : अंकित होने दो, अकेले कंठ की पुकार

बालस्वरूप राही : जो नितान्त मेरी है

उदयप्रकाश : अबूतर-कबूतर, सुनो कारीगर, रात में हारमोनियम

बलदेव बंशी : कोई आवाज नहीं, काला इतिहास (सम्पादन), बच्चे की वापसी (सम्पादन)

मणिमधुकर : बलराम के हजारों हाथ

ऋतुराज : एक मरणधर्मा और अन्य

कन्हैयालाल नंदन : मुझे मालूम है

कुमारेन्द्र पारसनाथ सिंह : इतिहास का संवाद

आलोक धन्वा : दुनियां रोज बनती है

देवेन्द्र कुमार : बहस जरूरी है

राजेश जोशी : एक दिन बोलेंगे पेड़, दो पंक्तियों के बीच

मलयज : ज़ख़्म पर धूल

मंगलेश डबराल : पहाड़ पर लालटेन, घर का रास्ता, हम जो देखते हैं, आवाज भी एक जगह है

स्नेहमयी चौधरी : पूरा गलत पाठ, अपने खिलाफ

सोमदत्त : किस्से अरबों हैं

सुनीता जैन : हो जाने दो मुक्त

श्याम विमल : इतना जो मिला

रणजीत : झुलसा हुआ रक्तकमल, इतिहास का दर्द, प्रगतिशील कविता के मील के पत्थर (सम्पादन)

पंकज चतुर्वेदी : एक सम्पूर्णता के लिए
गिरधर राठी : बाहर-भीतर, निमित्त, उनींदे की लोरी
शैलेश जैदी : अब किसे बनवास दोगे (प्रबंधकाव्य)
पी॰ डी॰ निर्मल : विधुरा (प्रबंधकाव्य)
कुमार विकल : एक छोटी सी लड़ाई, रंग खतरे में हैं, विपाशा की हार (लम्बी कविता है) निरूपमादत्त मैं बहुत उदास हूँ।
अरूण कमल : अपनी केवल धार, सबूत, नये इलाके में
असद जैदी : बहनें तथा अन्य कविताएं, कविता का जीवन
विष्णु खरे : सबकी आवाज़ के पर्दे में, पिछला बाकी
प्रकाश मनु : छूटता हुआ घर
शिरीष ढोबले : प्रदक्षिणा है यह
नरेन्द्र जैन : उदाहरण के लिए
लीलाधर मंडलोई : मगर एक आवाज, रात बिरात
कुमार अंबुज : किवाड़ क्रूरता, अनंतिम
शील : लाल पंखों वाली चिड़िया
नीलाभ : चीज़ें उपस्थित हैं
ज्ञानेन्द्रपति : गंगातट
भगवत रावत : सच पूछो तो
गोरख पाण्डेय : स्वर्ग से विदाई, जागते रहो सोनेवालो
गोविन्द मिश्र : ओ प्रकृति माँ
विष्णुदत्त राकेश : देवरात (खण्डकाव्य)
वेणु गोपालकृष्ण : मरूताई

नवगीतकार

गीत लिखने की परम्परा हिन्दी में बड़ी प्राचीन है। 'नयी कविता' आन्दोलन के समय सामान्यतः गीत लिखना बंद हो गया। नई कविता के वज़न पर नवगीत नाम से इसे जिलाए रखने की कोशिश हुई। नवगीत परम्परा की घोषणा वीरेन्द्र मिश्र (1957) ने की। प्रमुख नवगीतकार नीचे दिये जा रहे हैं–

शंभूनाथ सिंह : रूपरश्मि, छायालोक, उदयाचल, दिवालोक, समय की शिला पर, मन्वन्तर, दर्द जहां नीला है, सम्पादनः नवगीत दशक 1, 2, 3 तथा नवगीत अर्धशती
जगदीशगुप्त : नाव के पांव, हिमदंश, हिमविद्ध
गोपालदास 'नीरज' : संघर्ष, अंतर्ध्वनि, विभावरी, बादर बरस गयो, गीत भी अगीत भी
रवीन्द्र भ्रमर : सोन मछरी मन बंसी, रवीन्द्र भ्रमरगीत
राजेन्द्र प्रसाद सिंह : भूमिका, संजीवनी कहाँ, भरी सड़क पर, आओ खुली बयार, गोतांगिनी, सम्पादन : 'आइना' पत्रिका
उमाकांत मालवीय : मेंहदी और महावर, सुबह रक्तपलाश की
ठाकुर प्रसाद सिंह : वंशी और मादल, हारी हुई लड़ाई लड़ते हुए
रमेश रंजक : मिट्टी बोलती है, इतिहास दुबारा लिखो, दरिया का पानी। रमेश रंजक के लोकगीत
रामदरश मिश्र : कंधे पर सूरज, मेरे प्रिय गीत, बेरंग बेनाम चिट्ठियां, पक गयी है धूप, दिन एक नदी बन गया, बाजार को निकले हैं लोग (गजल संग्रह)
जगदीश श्रीवास्तव : तारीखें
आरसीप्रसाद सिंह : कलापी, पांचजन्य
गोपालसिंह 'नेपाली' : पंछी, रागिनी
दुष्यन्त कुमार : एक कंठ विषपायी, साये में धूप (गजल संग्रह), सूर्य का स्वागत, आवाजों के घेरे
वीरेन्द्र मिश्र : गीतम, झुलसा है छायावट धूप में
चन्द्रदेव सिंह : पाँच जोड़ बाँसुरी
अनूप अशेष : लौट आयेंगे सगुन पंछी
कुंवर बेचैन : भीतर सांकल बाहर सांकल, शामियानेकाकरे (गजल संग्रह)
देवेन्द्र शर्मा 'इन्द्र' : पंख कटी मेहराबें, सम्पादन : यात्रा में साथ-साथ
नईम : पथराई आँखें
नचिकेता : आदमकद खबरें
राजेन्द्र गौतम : गति पर्व क्या है

छायावादोत्तर काल के प्रबंधकाव्य

महाकाव्य/खण्डकाव्य : यद्यपि 'कामायनी' के बाद कोई महत्वपूर्ण महाकाव्य रचा नहीं गया,लेकिन परिपाटी के तौर पर जिन महाकाव्यों/ खण्डकाव्यों की रचना हुई, उनकी संक्षिप्त सूची नीचे दी जा रही है -
प्रणभंग, कुरूक्षेत्र, उर्वशी (दिनकर), नलनरेश (प्रतापनारायण), कृष्णायन (द्वारिका प्रसाद मिश्र, अवधी में), साकेत संत (बलदेव प्रसाद मिश्र; भरत के चरित्र पर आधारित), नूरजहाँ, विक्रमादित्य (गुरूभक्त सिंह 'भक्त'), सिद्धार्थ, बर्द्धमान (अनूप शर्मा), हल्दी घाटी (श्यामनारायण पाण्डेय), आर्यावर्त (मोहनलाल महतो 'वियोगी'), दैत्यवंश, रावण (हरदयाल सिंह), महामानव (ठाकुर प्रसाद सिंह), जननायक (रघुवीरशरण मित्र), जगदालोक (ठाकुर गोपालशरण सिंह), अंगराज (आनन्द कुमार), एकलव्य (रामकुमार वर्मा), देवार्चन (करील), मीरा (परमेश्वर द्विरेफ), युगसृष्टा प्रेमचन्द (द्विरेफ), झाँसी की रानी (श्यामनारायण प्रसाद), तांत्या टोपे (लक्ष्मीनारायण कुशवाहा), पार्वती (रामानन्द तिवारी), उर्मिला (नवीन), तारक वध (गिरिजादत्त शुक्ल गिरीश), गाँधीमानस (नटवरलाल सनेही), चन्द्रगुप्त मौर्य (राम खेलावन), रामराज्य (बलदेव प्रसाद मिश्र), अग्नि परीक्षा (आचार्य तुलसी), महाभारती (अरूण पोद्दार), दिग्विजय (कमलेश), सुनंदा, गोपिका, उन्मुक्त (सियारामशरण गुप्त), इतिहास पुरूष (देवराज), शम्बूक (जगदीश गुप्त), भस्मांकुर, भूमिजा (नागार्जुन), सुवर्णा (नरेन्द्र शर्मा), निष्कासिता (परमानन्द), युगपुरूष चाणक्य (लक्ष्मीकान्त विद्याभूषण), उत्तरामायण (रामकुमार वर्मा), तुलसीदास (कृष्णकुमार 'कौशिक'), सत्यकाम (सुमित्रा नन्दन पंत), अभिशप्त (मोहन अवस्थी), सारथी (रामगोपाल शर्मा), प्रियदर्शी (आनन्द मिश्र), पुरूषोत्तम राम, मुक्ति यज्ञ (गोविन्द वल्लभ पंत), श्री गाँधीचरितमानस (बी॰ डी॰ महाजन, अवधी में रचित) पुरूषोत्तम (तुलसीराम शर्मा, कृष्ण के जीवन पर), अमिताभ (प्रभागचंद्र), चाँदनी रात, अजगर ('अश्क'), स्वतंत्रता की बलिवेदी (जगन्नाथ प्रसाद 'मिलिंद'), माँ (उमाकान्त मालवीय)।

ऐसी रचनायें जिनका कथ्य आधुनिक तथा ढाँचामात्र कथातत्व का है, पीछे ही कवियों के साथ दी जा चुकी हैं।

महत्त्वपूर्ण पंक्तियाँ

– अज्ञेय निजता की सुरक्षा के कवि हैं।
– 'किन्तु हम हैं द्वीप, हम धारा नहीं है।' स्थिर समपर्ण है हमारा। हम सदा से द्वीप हैं स्रोतस्विनी के। किन्तु हम बहते नहीं हैं। क्योंकि बहना रेत होना है।' –अज्ञेय
– ये उपमान मैले हो गए हैं। देवता इन प्रतीकों से कर गए हैं कूच। कभी बासन अधिक घिसने से मुलम्मा छूट जाता है। –अज्ञेय
– 'मौन भी अभिव्यंजना है। जितना तुम्हारा सच है उतना ही कहो।' –अज्ञेय
– 'नहीं होती कहीं भी खत्म कविता नहीं होती' –मुक्तिबोध
– 'ज्ञानात्मक संवेदन और संवेदनात्मक ज्ञान सूत्रा के प्रयोक्ता' –मुक्तिबोध
– 'फेन्टेंसी को आभ्यन्तरीकरण के रूप में व्याख्यायित करने वाले' –मुक्तिबोध
– 'जायसी यदि सूफ़ी है तो कुजात सूफ़ी है' –साही (पद्मावत)
– 'लघुमानव' शब्द की नयी कविता में प्रचलन करने वाले –लक्ष्मीकान्त वर्मा
– 'राष्ट्रगीत में भला कौन वह भारतभाग्य विधाता है। फटा सुथन्ना पहने जिसका गुन हरचरना गाता है।' –रघुवीर सहाय
– 'मैंने गोद में बच्चा लिए स्त्री को बस में चढ़ते देखा और मेरे मन में दूर तक कुछ फिसलता-सा चला गया।' –रघुवीर सहाय ('रामदास की हत्या' कविता से)

उपन्यास :

प्रेमचन्द के बाद उपन्यास कई धाराओं में बँट गया। विभिन्न धाराओं को अलग-अलग देने के पहले हम यहां पर प्रेमचन्द के समकालीन अन्य उपन्यासकारों की रचनाओं की सूची संक्षेप में दे रहे हैं -

- **जयशंकर प्रसाद :** कंकाल (धार्मिक पाखण्डों पर केन्द्रित), तितली (प्रमुख पात्र - मधुवन और तितली, इन्द्रदेव और शैल), इरावती (अपूर्ण, पुष्यमित्र के पुत्र अग्निमित्र शुंग और इरावती की प्रेमकथा)।
- **'कौशिक' :** माँ, भिखारिनी
- **चण्डीप्रसाद शर्मा 'हृदयेश' :** मनोरमा, मंगलप्रभात
- **शिवपूजन सहाय :** देहाती दुनिया
- **सियारामशरण गुप्त :** गोद, अंतिम आकांक्षा, नारी
- **पाण्डेय बेचन शर्मा 'उग्र' :** चन्द हसीनों के ख़तूत (हिन्दी में पत्रात्मक प्रविधि का पहला उपन्यास, 1927), 'बुधुआ की बेटी' या 'मनुष्यानन्द', शराबी, घंटा, दिल्ली का दलाल, सरकार तुम्हारी आँखों में, जीजी जी, कढ़ी में कोयला, फागुन के दिन चार।
- **वृन्दावनलाल वर्मा :** लगन, संगम, प्रत्यागत, कुण्ड्लीचक्र, प्रेम की भेंट (1931), लोककथा पर आधारित - सोना (1950) तथा अमरबेल (1952)।
- **चतुरसेन शास्त्री :** हृदय की परख (1931), अमर अभिलाषा, आत्मदाह (1934), बहते आँसू ; परवर्ती उप॰ - 'पत्थर युग के दो बुत' (1960, बंबई के नानावरी काण्ड पर)।
- **राजा-राधिकारमण प्रसाद सिंह :** राम-रहीम (1936), पुरूष और नारी (1939), सूरदास, संस्कार, पूरब और पश्चिम।
- **भगवतीप्रसाद बाजपेयी :** मीठी चुटकी, पतिता की साधना, पिपासा, निमंत्रण
- **प्रतापनारायण 'श्रीवास्तव' :** विदा, विनाश के बादल, बेकसी का मज़ार
- **उषादेवी 'मित्रा' :** वचन का मोल, जीवन की मुस्कान, पिया, पथचारी
- **भगवतीचरण वर्मा :** चित्रलेखा (1934, पाप और पुण्य की समस्या पर रचित, प्रमुख पात्र - कुमारगिरि, चाणक्य, बीजगुप्त, चित्रलेखा और चन्द्रगुप्त ।
- **रामेश्वर शुक्ल 'अंचल' :** चढ़ती धूप, नयी इमारत, उल्का, मरूप्रदीप

हिन्दी के परवर्ती उपन्यासों की मुख्य धारायें -

1. मनोवैज्ञानिक मनोविश्लेषणात्मक उपन्यास
2. समाजवादी और सामाजिक उपन्यास
3. ऐतिहासिक उपन्यास
4. आंचलिक उपन्यास

नीचे हम महत्त्वपूर्ण प्रेमचंदोत्तर उपन्यासकारों का परिचय दे रहे हैं। उपन्यासों के बारे में उनके आगे कोष्ठक में संक्षिप्त जानकारी दी गई है।

- **जैनेन्द्र कुमार : (मनोवैज्ञानिक** उपन्यासकार) : परख (पात्रा : कट्टो), सुनीता (पात्रा : श्रीकान्त, सुनीता और हरिप्रसन्न), त्याग पत्र (पात्र : मृणाल), जयवर्द्धन, कल्याणी, मुक्तिबोध, दशार्क, सुखदा, विवर्त, व्यतीत, अनंतर, अनामस्वामी।
- **इलाचन्द्र जोशी (मनो॰ उपन्यासकार) :** सन्यासी (1941, पात्रा('रामदास की हत्या' कविता से) नन्दकिशोर) पर्दे की रानी (पात्र : निरंजना, मनमोहन तथा इन्द्रमोहन), प्रेतछाया (पात्र : पारसनाथ), निर्वासित (पात्रः महीप), जिप्सी (पात्र : रंजन, मनिया, शोभना), जहाज का पंछी, लज्जा, मुक्तिपथ, सुबह के भूले, भूत का भविष्य, ऋतुचक्र, घृणामयी (पात्रा : लज्जा)
- **'अज्ञेय' (मनो॰ उपन्यासकार) :** शेखर : एक जीवनी (दो भाग 1941-44, पात्र : शशि, शेखर), नदी के द्वीप (1951 : पात्र : भुवन, रेखा, गौरा और चन्द्रमोहन), अपने-अपने अजनबी (1961; पात्र : योटके, सेल्मा, अनेक आलोचक इसे अस्तित्ववादी उपन्यास भी मानते हैं।)
- **देवराज (मनो॰ उपन्यासकार) :** अजय की डायरी, पथ की खोज, बाहर-भीतर, रोड़े और पत्थर, मै वे और आप, न भेजे गए पत्र।
- **मन्मथनाथ गुप्त :** बहता पानी, शहीद और शोहदे
- **यशपाल (प्रगतिवादी उपन्यासकार) :** अमिता, दिव्या (ऐतिहासिक उपन्यास; पात्रा : दिव्या, पृथुसेन, मारिश, रूद्रधीर तथा देवी मल्लिका), दादा कॉमरेड (पात्रा : शैला, हरीश), पार्टी कॉमरेड, देशद्रोही, मनुष्य के रूप, झूठा-सच (देश विभाजन), मेरी तेरी उसकी बात, बारह घंटे, अप्सरा का श्राप, क्यों फँसे।
- **अमृतलाल नागर (सामाजिक यथार्थ-वादी उपन्यासकार) :** महाकाल ('बंगाल के अकाल' पर ; 1946), सेठ बांकेमल, बूँद और समुद्र, शतरंज के मोहरे, सुहाग के नुपूर, अमृत और विष, सात घूँघट वाला मुखड़ा, एकदा नैमिषारण्ये, नाच्यो बहुत गोपाल, खंजन नयन, बिखरे तिनके, अग्निगर्भा, करवट, पीढ़ियाँ, मानस का हंस, नवाबी मसनद।
- **उपेन्द्रनाथ 'अश्क' (सामाजिक यर्थाथवादी उपन्यासकार) :** सितारों के खेल, गिरती दीवारें (1947 : पात्र चेतन), गर्म राख, बड़ी-बड़ी आँखें, पत्थर-अल-पत्थर, निमिषा, शहर में घूमता आईना, एक नन्हीं कन्दील, बाँधो न नाव इस ठाँव (दो भाग- 1974), पलटती धारा।

- **भगवती चरण वर्मा (सामाजिक यर्थाथवादी उपन्यासकार)** : पतन, धुप्पल (आत्मकथात्मक उपन्यास), चित्रलेखा (ऐतिहासिक उपन्यास), तीन वर्ष, टेढ़े-मेढ़े रास्ते, भूले बिसरे चित्र, सामर्थ्य और सीमा, रेखा, सीधी सच्ची बातें, सबहिं नचावत राम गोसाईं, प्रश्न और मरीचिका, आखिरी दाँव, युवराज चूण्डा, चाणक्य, अपने खिलौने।
- **धर्मवीर भारती (मनो॰ उपन्यासकार)** : गुनाहों का देवता (पात्र : चन्दर, सुधा, पम्मी, गेसू, विनती), सूरज का सातवाँ घोड़ा (धर्म कथा शैली में रचित, पात्रा : किस्सागो 'मणिक मुल्ला', यह एक प्रयोगधर्मी रचना है।)
- **वृन्दावन लाल वर्मा (ऐतिहासिक उपन्यासकार)** : गढ़कुण्डार (बुन्देलों और अंगारों पर ; पात्र : नागदेव, अग्निदत्त, हेमवती, मानवती), विराटा की पद्मिनी (पात्र : कुमुद, कुंजर), झाँसी की रानी, मृगनयनी (पात्र : राजा मानसिंह, मृगनयनी, अटल, लाखी), माधवजी, सिंधिया, टूटे कांटे (पात्र : मस्तानी), कीचड़ और कमल (पात्र : पद्मावती), कचनार, भुवनविक्रम (पात्र : रोमक, विक्रम, नील, फणिश, हिमानी), मुसाहिबजू, अचल मेरा कोई, अमरबेल, लगन, प्रत्यागत, प्रेम की भेंट, कुण्डली चक्र, संगम, सोना, अहिल्याबाई, आहत, उदयकिरण।
- **राहुल सांकृत्यायन (प्रगतिवादी उपन्यासकार)** : जीने के लिए (सामाजिक उपन्यास), सिंह सेनापति (ऐति. उप. ; लिच्छवि सेनापति, रोहिणी, आचार्य बाहुलाश्व, भामा आदि मुख्य पात्र हैं।) मधुर स्वप्न, जय यौधेय, विस्मृत यात्री, दिवोदास।
- **चतुरसेन शास्त्री (ऐतिहासिक उपन्यासकार)** : वैशाली की नगरबधू (दो भाग, पात्रा : अम्बपाली, बिम्बसार, सोम, बुद्ध आदि), वयं रक्षामः, सोमनाथ, आलमगीर, गोली, सोना और खून, धर्मपुत्र, मोती।
- **हजारीप्रसाद द्विवेदी (ऐतिहासिक उपन्यासकार)** : बाणभट्ट की आत्मकथा (1944, बाण, भट्टिनी, निपुणिका), चारूचन्द्रलेखा (सीदीमौला, राजा सातवाहन, चन्द्रलेखा), पुनर्नवा (समुद्रगुप्त, आर्थक, देवरात, सुमेर काका, चन्द्रा, लोरिक-चन्दा की कथा इसी में नियोजित की गई है।) अनामदास का पोथा।
- **रांगेय राघव (प्रगतिवादी उपन्यासकार)** : घरौंदे, विषादमठ, हुजूर, सीधा-साधा रास्ता, राई और पर्वत, छोटी सी बात, प्रतिदान, उबाल शहरी जीवन से सम्बन्धित उपन्यास है।

  पथ का पाप, आखिरी आवाज ग्राम जीवन से सम्बन्धित आवाज है।

  कब तक पुकारूं (1957), धरती मेरा घर आंचलिक उपन्यास है।

  ऐतिहासिक उपन्यास है -

  मुर्दों का टीला (1948, मोहन जोदडो की पृष्ठभूमि में आर्य-आक्रमण को लेकर) चीवर, अंधेरे के जुगनू, पक्षी और आकाश, राह न रूकी जीवनचरितात्मक उपन्यास है - देवकी का बेटा, यशोधरा जीत गयी, लोई का ताना, रत्ना की बात, भारती का सपूत, लखिमा की आँखें, धूनी का धुँआ।
- **शिवप्रसाद मिश्र 'रूद्र'** : बहती गंगा (ऐतिहासिक उपन्यास)
- **नागार्जुन** (प्रगतिवादी उपन्यासकार) : इनके उपन्यासों में आंचलिकता के तत्व मिलते हैं, परन्तु वे पूरी तरह आंचलिक नहीं हैं। इनके उपन्यास रतिनाथ की चाची (1948), बलचनमा (1952), नई पौध, बाबा बटेसरनाथ (1954), दुखमोचन (1956), वरूण के बेटे (1957), कुंभीपाक, हीरक जयन्ती, उग्रतारा, इमरतिया, जमनिया के बाबा, चेहरे नए पुराने।
- **फणीश्वरनाथ रेणु (आंचलिक उपन्यासकार)** : मैला आंचल (1954; मिथिला के पूर्णिमा जिले के मेरीगंज गाँव पर केन्द्रित प्रमुख पात्र : बालदेव, कालीचरण, लक्ष्मी, बावनदास, कमली तथा डॉक्टर) ; परती परिकथा, जुलूस, दीर्घतया, पल्टू बाबू रोड, कितने चौराहे, कलंकमुक्ति।
- **उदयशंकर भट्ट (आंचलिक उपन्यासकार)** : वह जो मैंने देखा, नये मोड़, लोक-परलोक, सागर लहरें और मनुष्य, (1956, बम्बई की मछुवा बस्ती बरसोवा पर केन्द्रित, पात्र : रत्ना, माणिक, डॉक्टर पांडुरंग), एक नीड़ दो पंछी, शेष-अशेष।
- **लक्ष्मीनारायण लाल (प्रयोगशील उपन्यासकार)** : धरती की आँखें, बया का घोंसला और साँप, रूपाजीवा, प्रेम एक पवित्र नदी, काले-काले फूलों का पौधा, बसन्त की प्रतीक्षा, देवीना, मन वृन्दावन, बडी चम्पा-छोटी चम्पा।
- **विष्णुप्रभाकर** : ढलती रात, निशिकांत, तट के बंधन, स्वप्नमयी, दर्पण का व्यक्ति, कोई तो, अर्द्धनारीश्वर, संकल्प (तीन उपन्यासों का संकलन)।
- **भैरवप्रसाद गुप्त (प्रगतिवादी उपन्यासकार)** : शोले, मशाल, गंगा मैया, जंजीरें और नया आदमी, सत्ती मैया का चौरा, धरती, आशा, कालिन्दी, रंभा, बांदी, नौ जबान, भाग्यदेवता, अंतिम अध्याय (व्यंग्य उपन्यास), नौजवान, आदमी और जंजीरें।
- **अमृतराय (प्रगतिवादी उपन्यासकार)** : बीज, हाथी के दांत, नागफनी का देश, धुआँ, सुख-दुख, भटियाली, जंगल।
- **भीष्मसाहनी (प्रगतिवादी उपन्यासकार)** : झरोखे, कड़ियाँ, तमस (1973), बसन्ती, मय्यादास की माड़ी, कुंतो।

महत्त्वपूर्ण स्वातन्त्रोत्तर हिन्दी उपन्यासः नई पीढ़ी के लेखक

आंचलिक उपन्यास

राही मासूम रजा	:	आधा गाँव, (गाजीपुर के एक गाँव गंगोली पर केन्द्रित), टोपी शुक्ला, हिम्मत जौनपुरी, ओस की बूँद, दिल एक सादा कागज, सीन - 75, कटरा बी-आर्जू
रामदरश मिश्र	:	पानी के प्राचीर, जल टूटता हुआ, सूखता हुआ तालाब
विवेकी राय	:	बबूल, पुरुष पुराण, लोकऋण, श्वेत पत्रा, सोनामाटी, समर शेष है, मंगल भवन
शैलेश मटियानी	:	हौलदार, चिट्ठी रसैन, चौथी मुट्ठी, मुख सरोवर के हंस
राजेन्द्र अवस्थी	:	सूरज किरण की छाँव, जंगल के फूल
सच्चिदानन्द धूमकेतू	:	माटी की महक
उदयराज सिंह	:	अँधेरे के विरुद्ध
हिमांशु जोशी	:	कगार की आग, बुराँश फूलते तो हैं, समय साक्षी है
जगदीश चन्द्र	:	धरती धन न अपना
हिमांशु श्रीवास्तव	:	रथ के पहिए
ठाकुरप्रसाद सिंह	:	सात घरों का गाँव

आंचलिकता का दौर कुछ अरसे के बाद खत्म हो गया। महत्वपूर्ण आंचलिक उपन्यास ऊपर दिए जा चुके हैं। अब हम नीचे स्वातन्त्रोत्तर काल से लेकर अब तक के सभी महत्वपूर्ण हिन्दी उपन्यासकारों का संक्षिप्त कृतित्व दे रहें हैं -

उपन्यास और रचनाकार

- **प्रभाकर माचवे** (प्रयोगधर्मी रचनाकार) : साँचा, परन्तु, जो, द्वाभा, किसलिए, द्यूत, दर्द के पैबंद, तीस-चालीस-पचास।
- **गिरिधर गोपाल** (प्रयोगधर्मी रचनाकार) : चाँदनी रात के खण्डहर, कंदील और कुहासे।
- **लक्ष्मीकान्त वर्मा** (प्रयोगधर्मी रचनाकार) : खाली कुर्सी की आत्मा, टेरीकोटा, एक कटी हुई जिन्दगी, एक कटा हुआ कागज।
- **भारतभूषण अग्रवाल** (प्रयोगधर्मी रचनाकार) : लौटती लहरों की बाँसुरी।
- **सर्वेश्वर दयाल सक्सेना** (प्रयोगधर्मी रचनाकार) : सोया हुआ जल, पागल कुत्तों का मसीहा, कच्ची सडक, उडते हुए रंग, अंधेरे पर अन्धेरा।
- **रामदरश मिश्र :** बीच का समय, अपने लोग, रात का सफर, आकाश की छत, बिना दरवाजे का मकान, दूसरा घर।
- **शैलेश मटियानी :** बोरीवली से बोरीबंदर तक (रिपोर्ताज शैली में रचित), आकाश कितना अनन्त है, बावन नदियों का संगम, जलतरंग, छोटे-छोटे पक्षी, मुठभेड़, किस्सा नर्मदाबेन गंगूबाई।
- **राजेन्द्र अवस्थी :** बीमार शहर, जाने कितनी आँखें, मछली बाजार।
- **कृष्णचन्द्र शर्मा 'भिक्खु'** : लाल ढांग, मौत की सराय (ऐतिहासिक उपन्यास)।
- **विश्वंभरनाथ उपाध्याय :** रीछ, जोगी मत जा।
- **नरेश मेहता :** डूबते मस्तूल, यह पथ बंधु था, धूमकेतु : एक श्रुति, उत्तरकथा, दो एकान्त, नदी यशस्वी है।
- **चन्द्रकिरण सोनरिक्सा :** चंदन चांदनी।
- **आनन्द प्रकाश जैन** (ऐति० उपन्यासकार) : कुड़ाल की आँखें, ताँबे के पैसे।
- **नरेन्द्र कोहली :** अवसर, युद्ध की ओर, युद्ध, अभिज्ञान, दीक्षा (इसमें रामकथा को वर्तमान परिप्रेक्ष्य में देखा गया है। तथा अनेक राष्ट्रीय, अन्तर्राष्ट्रीय तथा मानवीय पक्षों से जोडा गया है।), जंगल की कहानी, साथ सहा गया दुख, टप्पर गाड़ी, शंखनाद, क्षमा करना जीजी।
- **वीरेन्द्रकुमार जैन :** अनुत्तर योगी (तीन खंड, ऐतिहासिक उप०, भगवान महावीर के जीवन पर), मुक्तिदूत।
- **कन्हैया लाल ओझा** : मकड़ी का जाल, अर्थान्तर, सिन्धु-सीमान्त, सर्वनाम, सम्भवामि (ऐति० उपन्यास है, हड़प्पा सभ्यता पर केन्द्रित)।
- **राजीव सक्सेना :** पणिपुत्री सोमा (ऐतिहासिक उपन्यास)।
- **मुक्तिबोध :** विपात्र।
- **कृष्णबलदेव वैद :** उसका बचपन, गुज़रा हुआ ज़माना, नसरीन, विमल उर्फ जाएँ तो कहाँ, दर्द-ला-दवा, काला-कोलॉज, नर-नारी।
- **मोहनराकेश :** अँधेरे बन्द कमरे, न आने वाला कल, अन्तराल।
- **राजेन्द्र यादव :** उखड़े हुए लोग, सारा आकाश, मंत्रविद्ध, एक इंच मुस्कान, प्रेत बोलते हैं, अनदेखे अनजाने पुल, शह और मात।
- **शानी :** काला जल, कस्तूरी, साँप और सीढ़ी, पत्थरों में बंद आवाज, नदी और सीपियाँ।
- **निर्मल वर्मा :** वे दिन (पात्र : मैं, रायना) लाल टीन की छत, एक चिथड़ा सुख, रात का रिपोर्टर।
- **गिरिराज किशोर :** लोग, जुगलबंदी, यथा प्रस्तावित यात्रायें, चिड़ियाघर, पहला गिरमिटिया (गाँधी जी के अफ्रीका प्रवास काल पर), दो, परिशिष्ट, अंतर्ध्वंस ढाई घर, इंद्रसुनें, दावेदार, तीसरी सत्ता।
- **गिरीश अस्थाना :** धूप छाहीं रंग, धूलभरे चेहरे।
- **जगदम्बा प्रसाद दीक्षित** (महानगरीय बोध के उपन्यासकार) : मुरदाघर, कटा हुआ आसमान, अकाल।
- **गोपाल उपाध्याय :** एक टुकड़ा इतिहास।
- **महीपसिंह** (महानगरीय बोध के उपन्यासकार) : यह भी नहीं।
- **श्रीकान्त वर्मा :** दूसरी बार।
- **शिवसागर मिश्र :** अक्षत, दूब जनम आयी, जनमेजय बचो, मगध की जय, अजन्मा वह, राज तिलक।
- **गंगाप्रसाद विमल :** मृगांतक, मरीचिका, कहीं कुछ और, अपने से अलग
- **ख्वाज़ा बदी उज्जमा :** एक चूहे की मौत (महानगरीय जीवन पर), छठा तन्त्र, सभापर्व, छाको की वापसी।
- **कमलेश्वर :** एक सड़क सत्तावन गलियाँ, काली आँधी, समुद्र में खोया हुआ आदमी, डाक बँगला, आगामी अतीत, लौटे हुए मुसाफिर, तीसरा आदमी, कितने पाकिस्तान (साहित्य अकादमी द्वारा पुरस्कृत)।
- **ठाकुरप्रसाद सिंह :** कुब्जा सुन्दरी।
- **देवेश ठाकुर :** भ्रमभंग, प्रिय शबनम।
- **योगेश गुप्त :** उनका फैसला।
- **मनोहर श्याम जोशी :** कुरू कुरू स्वाहा (व्यंग्य उप०), कसप, ट-टा-प्रोफेसर, हरिया हरकुलिस की कहानी, हमजाद, नेता जी कहिन।
- **गोविन्द मिश्र :** लाल-पीली जमीन, हुजूर दरबार, वह अपना चेहरा, उतरती हुई धूप, तुम्हारी रोशनी में, धीर-समीर, पाँच आंगनों वाला घर, फूल इमारतें और बंदर।
- **हरिशंकर परिसांई :** रानी नागफनी की कहानी (व्यंग्य उप०)।
- **श्रीलाल शुक्ल** (व्यंग्य उपन्यासकार) : अज्ञातवास, रागदरबारी (1968, रिपोर्ताज शैली का प्रयोग), पहला पड़ाव, मकान, सीमाएं टूटती हैं, आदमी का जहर, बिस्रामपुर का संत।
- **अमरकान्त :** सूखा पत्ता, ग्राम सेविका, कंटीली राह के फूल, काल उजले दिन, दीवार और आँगन।
- **राजकमल चौधरी :** नदी बहती थी, मछली मरी हुई, एक अनारः एक बीमार, देहगाथा, बीस रानियों का बाईस्कोप, अग्निस्नान, शहर था शहर नहीं था, ताश के पत्तों का शहर।
- **केवल सूद :** मुर्गीखाना।
- **महेन्द्र भल्ला :** एक पति के नोट्स, दूसरी तरफ, उड़ने से पेश्तर, दो देश और तीसरी उदासी।
- **रमेश बक्षी :** अठारह सूरज के पौधे, बैसाखियों वाली इमारत, खुले आम, चलता हुआ लावा, एक घिसा हुआ चेहरा, हम तिनके।
- **शिवप्रसाद सिंह :** अलग-अलग वैतरणी, गली आगे मुड़ती है, शैलूष, औरत, मंजुशिमा, वैश्वानर, नीला चाँद, कुहरे में युद्ध, दिल्ली दूर है।
- **मार्कण्डेय :** अग्निबीज, सानेल का फूल।

- **हृदयेश** : हत्या, एक कहानी अंतहीन, सफेद घोड़ा काला सवार, सांड़, पुनर्जन्म, दंडनायक, पगली घंटी, गांठ।
- **जगदीश चन्द्र** : यादों का पहाड़, आधा पुल, मुट्ठी भर काँकर, कभी न छोड़ें खेत, टुण्डा लाट, धरती धन न अपना, नरक कुण्ड में वास, घासगोदाम।
- **काशीनाथ सिंह** : अपना मोर्चा (छात्र-आन्दोलन पर)।
- **सतीश जमाली** : प्रतिबद्ध।
- **दुष्यन्त कुमार** : आँगन में एक वृक्ष।
- **रमाकान्त** : जुलूस वाला आदमी, तीसरा देश, प्यारा फर्जी अदब, छोटे-छोटे महायुद्ध।
- **स्वयंप्रकाश** : बीच में विनय।
- **रमेश उपाध्याय** : दण्डद्वीप, स्वप्नजीवी, हरे फूल की खुशबू।
- **कामतानाथ** : समुद्र तट पर खुलने वाली खिड़की, एक और हिन्दुस्तान, तुम्हारे नाम, कालकथा।
- **पंकज बिष्ट** : लेकिन दरवाजा (महानगरीय जीवन पर), उस चिड़िया का नाम।
- **मंजूर एहतेशाम** : सूखा बरगद, दास्तान-ए-लापता।
- **अब्दुल बिस्मिल्लाह** : झीनी-झीनी बीनी चदरिया, मुखड़ा क्या देखे।
- **रमेशचन्द्र शाह** : गोबर गणेश, किस्सा गुलाम, आखिरी दिन, पुनर्वास।
- **संजीव** : किसनगढ़ के अहेरी, सर्कस, सावधान ! नीचे आग है, धार, जंगल जहाँ से शुरू होता है।
- **वीरेन्द्र जैन** : डूब, पार, पंचनामा।
- **सुरेन्द्र वर्मा** : अंधेरे से परे, मुझे चाँद चाहिए (1993, पात्र : यशोदा, वर्षा वशिष्ठ (नायिक), दिव्या कात्याल, हर्ष (नायक)), दो मुर्दों के लिए गुलदस्ता।
- **सुरेश कांत** : धम्मं शरणम्।
- **कमलाकान्त त्रिपाठी** : पाहीघर (1857 के स्वाधीनता संग्राम की पृष्ठभूमि में अवध की जनता में मानसिक उद्वेलन की कथा), बेदखल।
- **अजगर बजाहत** : सात आसमान।
- **विनोद कुमार शुक्ल** : नौकर की कमीज (1979), खिलेगें तो देखेंगे (1996), दीवार में एक खिडकी रहती थी (1997)।
- **हिमांशु श्रीवास्तव** : कथा सूर्य की नयी यात्रा।
- **मणि मधुकर** : सफेद मेमने, पिंजरे में पन्ना।
- **रामकुमार भ्रमर** : कांचघर।
- **शमशेरसिंह नरूला** : एक पंखड़ी की तेज धार।
- **प्रयाग शुक्ल** : गठरी, लौटकर आने वाला दिन।
- **श्याम व्यास** : एक प्यासा तालाब।
- **ओमप्रकाश दीपक** : कुछ जिन्दगानियाँ बेमतलब।
- **हरिप्रकाश त्यागी** : दूसरा आदमी लाओ।
- **सुरेन्द्र तिवारी** : फिर भी कुछ।
- **रवीन्द्र कालिया** : खुदा सही सलामत है।
- **यादवेन्द्र शर्माचन्द्र** : हजार घोडों का सवार, ढ़ोलन कुंजकली।
- **सुदर्शन चोपडा** : सम्मोहन।
- **द्रोणवीर** : टूटे हुए सूर्य।
- **अनिरूद्ध पाण्डेय** : पन्ना पुखराज।
- **मुद्राराक्षस** : हम सब मंसाराम, दण्डविधान।
- **पानू खोलिया** : बिम्ब।
- **भगवानसिंह** : अपने-अपने राम, महाभीषण।
- **रवीन्द्र वर्मा** : निन्यानबे।
- **दूधनाथ सिंह** : नमो अन्धकार।
- **प्रकाश मनु** : पापा के जाने के बाद।
- **मायानंद मिश्र** : पुरोहित।
- **हिमांशु जोशी** : कगार की आग, छाया मत छूना मन।
- **प्रियंवद** : परछांई नाच।
- **रामविलास शर्मा** : चार दिन।
- **भगवानदास मोरवाल** : काला पहाड़।
- **रघुवंश** : अर्थहीन।
- **जगदीश चतुर्वेदी** : कनॉट प्लेस।

महिला उपन्यासकार

- **कृष्णासोबती** : मित्रो मरजानी (लंबी कहानी के रूप में चर्चित), डार से बिछुड़ी (1958), सूरजमुखी अँधेरे के (1972 पात्रा : रती), जिंदगीनामा (1979, की पंजाब की विभाजन पूर्व स्थिति पर), दिल-ओ दानिश (1993), यारों के यार, आदमीनामा, ए-लड़की!
- **उषा प्रियंवदा** : पचपन खंभे लाल दीवारें (सुषमा (नायिका)), रुकोगी नहीं .... राधिका ?, जय यात्रा।
- **मन्नू भण्डारी** : आपका बंटी (पात्र : शकुन और जय), महाभोज (राजनीतिक विसंगतियों पर रचित, पात्र : दा साहब, बिसेसर, बिंदा)
- **शशिप्रभा शास्त्री** : अमलतास, नावें, सीढ़ियां, उम्र एक गलियारे की, मीनारें।
- **ममता कालिया** : बेघर, नरक दर नरक, प्रेम कहानी, एक पत्नी के नोट्स, साँची।
- **मृदुला गर्ग** : उसके हिस्से की धूप, चित्तकोबरा, अनित्य, मैं और मैं, कठगुलाब, वंशज।
- **राजी सेठ** : तत्सम्, निष्कवच।
- **निरूपमा सेवती** : पतझड़ की आवाजें, बंटता हुआ आदमी, मेरा नरक अपना है।
- **मृणाल पाण्डेय** : विरुद्ध, पटरंगपुर पुराण, देवी, रास्तों पर भटकते हुए।
- **मंजुल भगत** : अनारो, लेडी क्लब।
- **कमल कुमार** : अपार्थ।
- **कुसुम कुमार** : हीरामन हाईस्कूल।
- **चित्रा मुद्गल** : एक जमीन अपनी।
- **इला डालमियां** : छत पर अपर्णा।
- **नासिरा शर्मा** : सात नदियाँ : एक समुन्दर, शाल्मली, जिंदा मुहावरे, ठीकर की मंगनी।
- **प्रभा खेतान** : आओ, पेपे घर चलें, छिन्नमस्ता (पात्र : प्रिया), अपने अपने चेहरे, पीली आँधी।
- **मैत्रेयी पुष्पा** : बेतवा बहती रही, इदन्नमम् (नायिका : मंदा), चाक, झूला नट, स्मृतिदंश, विजन, अग्नपांखी, अल्मा कबूतरी।
- **मेहरून्निसा परवेज** : उसका घर, आँखों की दहलीज।
- **सुनीता जैन** : बिन्दु।

- **सूर्यबाला** : मेरे सन्धिपत्रा।
- **कुसुम अंसल** : अपनी-अपनी यात्रा।
- **अलका सरावगी** : कलिकथा : वाया बाईपास, शेष कादम्बरी।
- **शिवानी** : चौदह फेरे, कृष्णकली।
- **कृष्णा अग्निहोत्री** : टपरेवाले।
- **मालती लफकर** : इन्नी।
- **रजनी पणिक्कर** : महानगर की गीता, दूरियाँ।
- **मालती जोशी** : पाषाण युग।
- **मीनाक्षी पुरी** : जाने पहचाने अजनबी।
- **कांता भारती** : रेत की मछली।
- **मैत्रेयी देवी** : झिपय्या, न हन्यते।
- **पद्मा सचदेवा** : भटको नही धनंजय।
- **ऋता शुक्ल** : अग्निपर्व।
- **प्रतिभा डावर** : वह मेरा चाँद।

नाटकः

'प्रसादजी' के समकालीन नाटककारों में से प्रमुख लेखकों की सूची नीचे दी जा रही है। इसके बाद हम प्रसादोत्तर नाटककारों पर एक संक्षिप्त नजर डालेंगे।

ऐतिहासिक-सांस्कृतिक नाटकः

पूर्व भारत, उत्तर भारत (मिश्र बंधु), कुरूवन दहन, वेनचरित, तुलसीदास, चन्द्रगुप्त, दुर्गावती (बद्रीनाथ भट्ट), भीष्म (कौशिक), कृष्णार्जुन युद्ध (माखनलाल चतुर्वेदी), छद्मयोगिनी (वियोगी हरि), पुण्र्य पर्व (सियारामशरण गुप्त), सत्यभामा (ब्रजनंदन सहाय), प्रताप प्रतिज्ञा (जगन्नाथ प्रसाद मिलिन्द), समर्पण, गौतम नन्द (जगन्नाथ प्रसाद मिलिन्द)।

हास्य व्यंग्य नाटक :

चुंगी की उम्मीदवारी, चबड़घोंघों, विवाह विज्ञापन, मिस अमेरिकन (बद्रीनाथ भट्ट), गड़बड़झाला, दुमदार आदमी, उलटफेर, मर्दानी औरत, न घर का न घाट का, भूलचूक, साहित्य का सपूत (जी.पी. श्रीवास्तव), माई हैड (सुदर्शन)।

सामाजिक समस्या प्रधान नाटकः

संग्राम, कर्बला, प्रेम की बेदी (प्रेमचन्द), ऑनरेरी मजिस्ट्रेट (सुदर्शन), प्रायश्चित (रूपनारायण पाण्डेय), वफाती चाचा (रामनरेश त्रिपाठी), कली प्रथा, गुलामी का नशा, उत्सर्ग, एक ही समाधि (लक्ष्मण)।

प्रसादोत्तर हिन्दी नाटकः

- **लक्ष्मीनारायण मिश्र** (समस्यामूलक नाटककार) : अशोक, संन्यासी, राक्षस का मंदिर, मुक्ति का रहस्य, राजयोग, सिन्दूर की होली, आधीरात, गरूड़ध्वज, नारद की वीणा, वत्सराज, दशाश्वमेघ, कवि भारतेन्दु, वितस्ता की लहरें, चक्रव्यूह, वैशाली में वसन्त, जगतगुरू, अपराजिता, धरती का हृदय, चित्रकूट, मृत्युंजय।
- **हरिकृष्ण प्रेमी** : रक्षाबन्धन, शिवसाधना, प्रतिशोध, आहुति, स्वप्नभंग, मित्र, विषपान, प्रथम जौहर, शतरंज के खिलाड़ी, प्रकाशस्तम्भ, भग्नप्राचीर, विदा, साँपों की सृष्टि, रक्तदान, सोहिनी-महिवाल, अमरगान, सीमा संरक्षण, अमर बलिदान, शक्तिसाधना, अमृतपुत्री, स्वर्णविहान, पातालविजय, आन का मान, जौहर, छाया उद्धार, बन्धन।
- **पाण्डेय बेचन शर्मा 'उग्र'** : गंगा का बेटा, माधव महाराज, महात्मा ईसा
- **गोविन्द वल्लभ 'पंत'** : वरमाला, अंत:पुर का छिद्र, ययाति, अप्सरा, तुलसीदास, काशी का जुलाहा, कंजूसी की खोपड़ी, अंगूर की बेटी, राजमुकुट, सिंदूर की बिंदी, सुहागबिंदी।
- **वृन्दावनलाल वर्मा** : सेनापति ऊदल, फूलों की बोरी, हंस मयूर, पूर्व की ओर, ललित विक्रम, झाँसी की रानी, बीरबल।
- **आचार्य चतुरसेन शास्त्री** : उत्सर्ग, अमर राठौर, मेघनाद, श्रीराम, अजीत सिंह, पग ध्वनि, छत्रसाल, गांधारी शशि गुप्त, सन्तोष कहाँ।
- **सेठ गोविन्ददास** : कुलीनता, शेरशाह, कर्ण, कर्तव्य, सिंहल द्वीप, रहीम, कवि भारतेन्दु महाप्रभु, वल्लभाचार्य, अशोक, भिक्षु से गृहस्थ, गृहस्थ से भिक्षु, स्नेह या स्वर्ग (गीतिनाट्य)।
- **रामवृक्ष बेनीपुरी** : अम्बपाली, तथागत, विजेता चाणक्य, सीता की माँ।
- **चन्द्रगुप्त विद्यालंकार** : अशोक, रेखा, देव और दानव, न्याय की रात
- **परिपूर्णानन्द वर्मा** : नाना फड़नवीस, सन् सत्तावन की क्रान्ति, वाजिद अलीशाह।
- **उदयशंकर भट्ट** : सागर विजय, विक्रमादित्य, विद्रोहिणी, अम्बा, कमला, मुक्तिदूत, शक विजय, अंतहीन अंत, क्रान्तिकारी, नया समाज, पार्वती, यह स्वतंत्रता का युग है, दाहर अथवा सिन्ध पतन; इनके सात काव्य नाटक हैं—विश्वामित्र, मत्स्यगंधा, राधा, अशोक वननंदिनी, कालिदास, नहुषनिपात, एकला चलो रे।
- **सिद्धनाथ कुमार** : सृष्टि की साँझ और अन्य काव्य नाटक।
- **बलराज साहनी** : मशाल, जादू की कुर्सी।
- **रामकुमार वर्मा** : कौमुदी महोत्सव, विजय पर्व, अशोक का शोक, नौहर की ज्योति, नाना फड़नवीस, महाराणा प्रताप, जय आदित्य, जय बांग्ला, अग्निशिखा, पृथ्वी का स्वर्ग, संत तुलसीदास, समुद्रगुप्त पराक्रमांक, भगवान बुद्ध, अहिल्याबाई, स्वयंवरा, अनुशासन पर्व, सम्राट कनिष्क, कुन्ती का परिताप, सरजा शिवाजी, कर्मवीर कर्ण।
- **राधिकारमण प्रसाद सिंह** : धर्म की धुरी, अपना पराया।
- **रांगेयराघव** : स्वर्गभूमि का यात्री, रामानुज, विरूढ़क।
- **भगवती चरण वर्मा** : कर्ण, सबसे बडा आदमी, रूपया तुम्हें खा गया, वसीयत, तारा (काव्यनाटक)।
- **उपेन्द्रनाथ अश्क** : जय पराजय, अंधीगली, उड़ान, छटा बेटा, पैंतरे, कैद, अलग अलग रास्ते, बड़े खिलाडी, अंजोदीदी, तूफान से पहले, स्वर्ग की झलक, पड़ोसिन का कोट, भँवर, आपस का समझौता, पर्दा उठाओ पर्दा गिराओ, लौटता हुआ दिन।
- **जगदीश चन्द्र माथुर** : कोणार्क, शारदीया, पहला राजा, दशरथनन्दन, रघुकुल रीति, कुँवरसिंह की टेक।
- **भुवनेश्वर** : ऊसर (1938, एकांकी), ताँबे के कीड़े (1946), एकाकी, कारवां (संकलन)।
- **विष्णुप्रभाकर** : डॉक्टर, नव-प्रभात, समाधि, युगे-युगे क्रान्ति, टूटते परिवेश, कुहासा और किरण, सत्ता के आर-पार, अब और नहीं, गांधार की भिक्षुणी, श्वेतकमल, बंदिनी (प्रभात कुमार मुखोपाध्याय के 'देवी' का नाट्यानुवाद)।
- **हंसकुमार तिवारी** : कच-देवयानी।
- **केदारनाथ मिश्र 'प्रभात'** : अंगुलिमाल।
- **देवराज दिनेश** : मानव प्रताप, यशस्वी भोज।

- **धर्मवीर भारती :** अंधा युग।
- **गिरिजाकुमार माथुर :** इन्दुमती, पृथ्वीकल्प, रोटी और कमल।
- **भारतभूषण अग्रवाल :** पलायन, सेतुबंधन, अग्निलीक।
- **दुष्यन्त कुमार :** एक कंठ विषपायी, मसीहा मर गया।
- **अज्ञेय :** उत्तर प्रियदर्शी।
- **अमृतलाल नागर :** युगावतार, उतार-चढ़ाव, बात की बात, चंदन वन, चक्करदार सीढ़ियाँ और अन्धेरा, चुक्कड़ पर।
- **नरेश मेहता :** खण्डित यात्राएं, संशय की एक रात, अपराधी कौन, सरोवर के फूल, महाप्रस्थान, सुबहे के घण्टे।
- **भीष्मसाहनी :** हानुश, कबिरा खडा बाजार में, माधवी, मुआवजे।
- **कमलेश्वर :** अधूरी आवाज, चारूलता।
- **शिवप्रसाद सिंह :** घाटियाँ गूँजती हैं, चिरंजीत, तस्वीर उसकी।
- **रमेश बक्शी :** देवयानी का कहना है, तीसरा हाथी, बामाचार, कसे हुए तीर।
- **ख्वाजा अहमद अब्बास :** मैं कौन हूँ।
- **शील :** बेकारी, संघर्ष।
- **गिरिराज किशोर :** प्रजा ही रहने दो, घास और घोड़ा, चेहरे-चेहरे किसके चेहरे, नरमेध, केवल मेरा नाम लो, जुर्म आयद।
- **मृणाल पाण्डेय :** मौजूदा हालात को देखते हुए, जो राम रचि राखा, काजर की कोठरी, आदमी जो मछुवारा नहीं था, चोर निकल के भागा।
- **नरेन्द्र कोहली :** शम्बूक की हत्या।
- **सुदर्शन चोपड़ा :** अपनी पहचान।
- **मन्नू भण्डारी :** बिना दीवारों के घर, महाभोज (उपन्यास का नाट्य रूपान्तर)।
- **भैरव प्रसाद गुप्त :** चन्दवरदायी।
- **सुरेन्द्र तिवारी :** दीवारें।
- **अमृत नाहटा :** किस्सा कुरसी का।
- **प्रियदर्शी प्रकाश :** सभ्य साँप।
- **गंगाप्रसाद विमल :** आज नहीं कल।
- **कृष्णबलदेव वैद :** हाय हाय क्या।
- **ममता कालिया :** आप न बदलेंगे।
- **रमेशचन्द्र शाह :** मारा जाई खुसरो।
- **विभुकुमार :** तालों में बंद प्रजातंत्र, कहें ईसा सुनें मूसा।
- **आशीष सिन्हा :** एक उदास शाम।
- **जगदीश चतुर्वेदी :** पीली दोपहर।
- **सुदर्शन नारंग :** शवयात्रा।
- **विश्वेश्वर :** बहिष्कार।
- **राजेश जोशी :** जादू जंगल।
- **मधुकर सिंह :** सुबह के लिए।
- **मोहन राकेश :** आषाढ़ का एक दिन, लहरों के राजहंस, आधे-अधूरे, पैर तले की जमीन, छतरियाँ, रात बीतने तक (ध्वनि नाटक), पाँच परदे।
- **लक्ष्मीनारायण लाल :** अंधा कुआँ, सुन्दर रस, मादा कैक्टस, रातरानी, दर्पन, सूर्यमुख, कलंकी, मि. अभिमन्यु, कर्फ्यू, अब्दुल्ला दीवाना, रक्तकमल, गंगाद्वार, व्यक्तिगत, खेल नहीं नाटक, यक्ष प्रश्न, चतुर्भुज राक्षस, एक सत्य हरिश्चन्द्र, संस्कार ध्वज, सगुन पंछी, गंगा माटी, पंच पुरुष, सूखा सरोवर, उत्तर युद्ध, नरसिंह कथा, राम की लड़ाई।
- **दयाप्रकाश सिन्हा :** साँझ सबेरा, भँवर, दुश्मन, इतिहास चक्र, ओह अमरीका, कथा एक कंस की, सादर आपका, मेरे भाई मेरे दोस्त, सीढ़ियाँ।
- **ललित सहगल :** हत्या एक आकार की, वरदान, गुफावासी।
- **नागबोडस :** खूबसूरत बहू।
- **अमृतराय :** चिन्दियों की झालर, शताब्दी, हम लोग।
- **ललितमोहन थपलियाल :** मछलियों का तालाब, सुबह होती है शाम होती है, काला राजा, चिमटे वाले बाबा, अलग-अलग राहें।
- **ज्ञानदेव अग्निहोत्री :** नेफा की एक शाम, वतन की आबरू, चिराग जल उठा, शुतुरमुर्ग, अनुष्ठान, माटी जागी रे।
- **विपिन कुमार अग्रवाल :** तीन अपाहिज, ऊँची-नीची टाँग का जंधिया, उत्तर प्रश्न, उल्टा-सीधा स्वेटर, रेल कब आयेगी, यह पूरा नाटक एक शब्द है, कूड़े का पीपा, लोटन, खोये हुए आदमी की खोज।
- **शंकर शेष :** मूर्तिकार, नयी सभ्यता के नये नमूने, रत्नगर्भा, विवाह मण्डप, बेटों वाला बाप, तिल का ताड़, बिन बाती के दीप, बंधन अपने अपने, फन्दी, खजुराहो का शिल्पी, एक और द्रोणाचार्य, घरौंदा, अरे मायावी सरोवर, रत्नगर्भा आधी रात के बाद, बाढ़ का पानी।
- **मृदुला गर्ग :** एक और अजनबी, तुम लौट जाओ, जादू का कालीन।
- **असगर वजाहत :** इन्ना की आवाज, वीरगति, फिरंगी लौट आये, सबसे सस्ता गोश्त (संकलन), पाँच नाटक (संकलन), जिस लाहौर नही देखया वो जन्मेई नई।
- **बृजमोहन शाह :** त्रिशंकु, शह ये मात, युद्धमन, अलगोजा।
- **मुद्राराक्षस :** तिलचट्टा, योर्स फेथफुली, मरजीना, तेंदुआ, गुफाँए, सन्तोला, आला अफसर (अनुवाद : गोगोल के 'द गर्वनमेन्ट ऑफीसर' का)।
- **हमीदुल्ला :** समय संदर्भ, एक और युद्ध, उलझी आकृतियाँ, दरिन्दे, घरवन्द, दूसरा पक्ष, अपना अपना दर्द, उत्तर उर्वशी, हर बार।
- **सुशील कुमार सिंह :** बापू की हत्या हजारहवीं बार, सूरज जल धरती पर, अँधेरे के राही, सिंहासन खाली है, चार यारों की यार, नागपाश, गुडबाई स्वामी, नारी की सलीब।
- **सर्वेश्वर दयाल सक्सेना :** बकरी, लड़ाई, कल भात आयेगा, अब गरीबी हटाओ।
- **सुरेन्द्र वर्मा :** सेतुबंध, 'नायक, खलनायक और विदूषक', द्रौपदी, सूर्य की अन्तिम किरण से सूर्य की पहली किरण तक, आठवाँ सर्ग, नींद क्यों रात भर नहीं आती, वे नाक से बोलते हैं, मरणोपरान्त, हरी घास पर घण्टे भर, शनिवार को दो बजे, छोटे सैयद बडे सैयद, शकुन्तला की अंगूठी, एक दूनी एक, कैद-ए-हयात।
- **मणि मधुकर :** रस गंधर्व, बुलबुल सराय, दुलारी बाई, खेला पोलमपुर, इकतारे की आँख, सारे सर्वनाम, इलायची बेंगम, सुने बोधिवृक्ष, छत्रभंग (संगीत), फूले मंदे (काव्यनाटिका), सलवटों में संवाद (एकांकी संग्रह)।
- **कुसुम कुमार :** ओम क्रान्ति-क्रान्ति, सुनो शेफाली, दिल्ली ऊँची सुनती है, सुनती है, संस्कार को नमस्कार, रावणलीला, मरसिया, पवन चतुर्वेदी की डायरी, मादा मिट्टी।
- **चिरंजीत (हास्यनाटककार) :** बेकारी, संघर्ष।
- **बलराज पण्डित :** पाँचवां सवार, लोग उदासी, एक और तथागत, जनाने दाँत का अस्पताल।
- **प्रभाकर श्रोतिय :** इला, फिर से जहाँपनाह।

- **शरद जोशी :** अंधों का हाथी, एक था गधा उर्फ अलादाद खाँ।
- **शंकर पुण्ताम्बेकर :** बचाओ मुझे डॉक्टरों से बचाओ, शीशे के टुकड़े।
- **विलास गुप्ते :** आदमी का गोश्त, आपके कर कमलों से।
- **सतीशजमाली :** आदमी आजाद है।
- **आलोक शर्मा :** चेहरों का जंगल।
- **लक्ष्मीकान्त वर्मा :** आदमी का जहर, अपना अपना जूता।
- **सत्यव्रत सिन्हा :** अमृतपुत्र।
- **विनोद रस्तोगी :** आजादी के बाद, नया हाथ, बर्फ की मीनार।
- **डॉ॰ विनय :** एक प्रश्न मृत्यु, पहला विद्रोही।
- **सन्तोषकुमार नौटियाल :** चाय पार्टियाँ।
- **कणद ऋषि 'भटनागर' :** जहर, जनता का सेवक।
- **रमेश उपाध्याय :** पेपर वेट।
- **हबीब तनवीर :** आगरा बाजार, राज चम्बा और चार भाई, गाँव के नॉव ससुरार मोर नॉव दामाद, ख्याल ठाकुर पृथ्वीपालसिंह, चरनदास चोर।
- **सत्यप्रकाश संगर :** दीप से दीप जले।
- **रेवतीशरण शर्मा :** अपनी धरती।
- **रामकुमार वर्मा :** जग बंग्ला।
- **रघुवीर सहाय :** बरनम वन।
- **रामविलास शर्मा :** पाप के पुजारी।
- **काशीनाथ सिंह :** घोआस।
- **दूधनाथ सिंह :** यमगाथा।
- **शीला भाटिया :** दर्द आएगा दबे पाँव (फैज के जीवन पर)।
- **बलवन्त गार्गी :** चाकू।
- **राजेश जैन :** कोयल चली हंस की चाल।
- **शंभूनाथ सिंह :** दीवार की वापसी।
- **सुरेन्द्र गुलारी (हास्य नाटककार) :** दाल में काला, शाबास अनारकली।

काव्य-नाटक :

करूणालय (प्रसाद) हिन्दी का पहला काव्यनाटक माना जाता है। महत्वपूर्ण काव्य नाटक हैं–

कृष्णा, उन्मुक्त (सियाराम शरण गुप्त), अनघ, चन्द्रहास, लीला (मैथिलीशरण गुप्त), स्वर्ण विहान (हरिकृष्ण प्रेमी), तारा, शक्ति, द्रौपदी, महाकाल (भगवती चरण वर्मा), ज्योत्सना, राजशिखर,शिल्पी, सौवर्ण (पंत), राधा, मत्स्यगंधा, अशोक वन-वंदिनी, कालिदास, नहुष निपात, एकला चलो रे, विश्वामित्र (उदयशंकर भट्ट), संवर्त, कालदान, स्वर्णोदय (केदारनाथ मिश्र प्रभात), स्नेह या स्वर्ग (सेठ गोविन्ददास), मांस का विद्रोह (रामसिंहासन राय), सृष्टि की साँझ (सिद्धनाथ कुमार), पुनरावृति (हंसकुमार तिवारी), अन्धायुग (धर्मवीर भारती), संशय की एक रात, महाप्रस्थान (नरेश मेहता), उर्वशी (दिनकर), इन्दुमती, पृथ्वीकल्प (गिरिजा कुमार माथुर), सूखा सरोवर (लक्ष्मीनारायण लाल), सूरदास (वीरेन्द्रनारायण), एक कण्ठ विषपायी (दुष्यन्त कुमार), उत्तर प्रियदर्शी (अज्ञेय), समाधान, अपराजेय निराला (रामेश्वर सिंह कश्यप), दुष्यंत प्रिया (मजुला गुप्ता), सेतुबंधन, अग्निलीक (भारत भूषण अग्रवाल), रंगब्रहम, एक प्रश्न मृत्यु (डॉ॰ विनय), शम्बूक (जगदीश गुप्त), काठमहल (प्रभात कुमार भट्टाचार्य), प्रतिश्रुति, अश्वत्थामा (लक्ष्मीनारायण भारद्वाज), शिवधनुष रोशनी के सेतुबंध (डॉ॰ चन्द्रशेखर), दंशित आस्थाएं (पारसनाथ गोवर्द्धन), सूतपुत्र (विनोद रस्तोगी), बाहुबली (कथा जैन), कालचक्र (पोद्दार रामावतार अरूण), जटायु (कुमार प्रशान्त)।

एब्सर्ड नाटक : भुवनेश्वर के संग्रह 'कारवाँ' से एब्सर्ड नाटकों की शुरूआत होती है। महत्वपूर्ण एब्सर्ड नाटक हैं–

ऊसर, ताँबे की कीड़े (भुवनेश्वर), तीन अपाहिज (ग्यारह नाटकों का संग्रह), लोटन, ऊँची-नीची टाँग का जंघिया (विपिन कुमार अग्रवाल), पैर तले की जमीन (मोहन राकेश), शुतुरमुर्ग (ज्ञान देव अग्निहोत्री), भग्नस्तूप का एक अक्षय स्तम्भ (राजकमल चौधरी), त्रिशंकु, शह ये मात (ब्रजमोहन शाह), समय संदर्भ, एक और युद्ध, उलझी आकृतियां, दरिन्दे (हमीदुल्ला), तिलचट्टा, मरजीवा, योर्स फेथफुली, तेंन्दुआ, संतोला (मुद्रा राक्षस), रस गर्धव (मणि मधुकर), पाँचवां सवार (बलराज पंडित)।

एकांकी : जय शंकर प्रसाद के 'एक घूँट' को हिन्दी का पहला एकांकी माना जाता है। परन्तु आधुनिक ढंग का पहला एकांकी 'बादल की मृत्यु' (डॉ॰ राम कुमार वर्मा) को माना जाता है। प्रमुख एकांकी संग्रह निम्नलिखित हैं :

चार बेचारे (संग्रह , उग्र), कारवाँ (संग्रह : भुवनेश्वर), भोर का तारा (जगदीश चन्द्र माथुर), सबसे बड़ा आदमी, वसीयत (भगवती चरण वर्मा), स्ट्राइक, आजादी की नींद, सिकन्दर (भुवनेश्वर), पृथ्वीराज की आँखें, औरंगजेब की आखिरी रात, रेशमी टाई, चारू मित्रा, विभूति, सप्तकिरण, रूपरंग, रजत रश्मि, दीपदान, ऋतुराज, रिमझिम, इन्द्र धनुष, पांचजन्य, कौमुदी महोत्सव, मयुरपंख, जूही के फूल (संग्रह : डॉ॰ राम कुमार वर्मा), वापसी, अभिनव एकांकी, स्त्री का हृदय, चार एकांकी (संग्रह), समस्या का अन्त, धूमशिखा, नये मेहमान, अन्धकार और प्रकाश, आदिम युग परदे के पीछे, आज का आदमी, सात प्रहसन (संग्रह), नेता, उन्नीस और पैंतीस, वर निर्वाचन, बड़े आदमी की मृत्यु, आदिम युग, प्रथम विवाह, गिरती दीवारें, वैवस्वत मनु (उदयशंकर भट्ट), देवताओं की छाया में, चरवाहे, पक्का गाना, तौलिए, परदा उठाओ परदा गिराओ, अंधी गली, साहब को जुकाम है, पच्चीस श्रेष्ठ एकांकी (संग्रह), तौलिये, लक्ष्मी का स्वागत, पायी, सूखा डाली, जोंक, आपस का समझौता, विवाह के दिन (उपेन्द्र नाथ अश्क), सच्चाधर्म, सप्तरश्मि, ईद और होली, एकादशी, पंचभूत, चतुष्पथ (संकलन : सेठ गोविन्ददास), मातृ मंदिर, राष्ट्रमन्दिर, मानमंदिर, न्याय मंदिर, वाणी मन्दिर, (संग्रह : हरि कृष्णप्रेमी), भोर का तारा, खण्डहर, घोंसले, ओ मेरे सपने (जगदीशचन्द्र माथुर), प्रकाश और परछाईं, इन्सान, बारह एकांकी, सीमारेखा (विष्णुप्रभाकर), नदी प्यासी थी (धर्मवीर भारती), अंडे के छिलके (मोहन राकेश), उमर कैद (गिरिजाकुमार माथुर), ताजमहल के आँसू, पर्वत के पीछे, नाटक बहुरंगी, दूसरा दरवाजा (लक्ष्मीनारायण लाल), बहू की विदा (विनोद रस्तोगी)।

कहानी

उषादेवी मित्रा	: पिंड कहाँ
राहुल सांकृत्यायन	: सतमी के बच्चे, वोल्गा से गंगा
भगवती चरण वर्मा	: दो बाँके, मुगलों ने सल्तनत बख्श दी, इन्स्टालमेंन्ट, प्रायश्चित, राख और चिंगारी, प्रजेन्ट्स
राधिकारमण प्रसाद सिंह	: दरिद्रनारायण, पैसे की घुघनी
भगवती प्रसाद बाजपेयी	: मिठाई वाला, निंदिया लागी
सुभद्राकुमारी चौहान	: बिखरे मोती, उन्मादिनी, पापी पेट

'उग्र' : देशभक्त, खुदाराम, चिन्गारियां, इन्द्रधनुष, चाकलेट, दोजख की आग, बलात्कार

अमृतलाल नागर : गरीब की हाय, नवाबी चक्कर, गोरखधन्धा, कालदण्ड की चोरी

उपेन्द्रनाथ 'अश्क' : गोखरू, अंकुर, चट्टान, डाची, पिंजरा, मेमने, काले साहब, कैप्टेन रशीद, टेबुल लैण्ड, जादुई शासन की गति, (संग्रह), कांगड़ा का तेली

जैनेन्द्र कुमार : तत्सत्, जानह्वी, हत्या, खेल, वातायन, अपना-अपना भाग्य, बाहुबली, ध्रुवतारा, नीलम देश की राजकन्या, कः पन्थः, फाँसी, एक रात, पाजेब, स्पर्धा, दो चिड़ियाँ, एक दिन, पत्नी

'अज्ञेय' : अमरवल्लरी, शरणार्थी, विपथगा, परम्परा, कोठरी की बात, जयदोल, पठार का धीरज, गैंग्रीन, ये तेरे प्रतिरूप, रोज, मेजर चौधरी की वापसी, शत्रु, हिली बोन की बतखें, पुलिस की सीट, कड़ियाँ, मैना, सिगनिलर, रेल की सीटी, हरसिंगार

'मुक्तिबोध' : काठ का सपना, क्लाड ईथरली, विपात्र, सतह से उठता आदमी

यशपाल : परदा, मक्रील, कुछ न समझ सका, सूखी गण्डेरी, ज्ञानदान, अभिशप्त, तर्क का तूफान, भस्मावृत चिनगारी, वो दुनियाँ, फूलों का कुर्ता, धर्मयुद्ध, उत्तराधिकारी, उत्तमी की माँ, तुमने क्यों कहा कि मै सुन्दर हूँ, पिंजरे की उड़ान, चित्र का शीर्षक, दो मुँह की बात, पाप का कीचड़, सच बोलने की भूल।

नयी कहानी : नयी कहानी आन्दोलन 1956 के आसपास शुरू होता है, जिसमें मुख्य रूप से तीन कहानी कार - मोहन राकेश, राजेन्द्र यादव तथा कमलेश्वर, दो आलोचक - नामवरसिंह, देवीशंकर अवस्थी तथा एक कहानी -पत्रिकाओं ('कहानी', 'उपन्यास') के सम्पादक - भैरवप्रसाद गुप्त भाग लेते हैं। कुछ अन्य कहानीकार भी आरम्भ में इस आन्दोलन से जुड़े - मार्कण्डेय, शिवप्रसाद सिंह, निर्मल वर्मा। निर्मल वर्मा की कहानी 'परिन्दे' से नयी कहानी की शुरुआत होती है।

कहानी सम्बन्धी विभिन्न आन्दोलन : सन् 1964 में 'आधार' पत्रिका 'संचेतना' के सम्पादक डॉ॰ महीप सिंह ने 'सचेतन कहानी' का प्रर्वतन किया।

सातवें तथा आठवें दशक में प्रवर्तित आन्दोलन हैं : सहज कहानी (अमृतराय), समकालीन कहानी (गंगाप्रसाद विमल), अकहानी (जगदीश चतुर्वेदी), समानान्तर कहानी (कमलेश्वर), सक्रिय कहानी (राकेश वत्स) 1971 ई॰ में कमलेश्वर ने 'समानान्तर कहानी' का प्रवर्तन किया। 'धर्मयुद्ध' में 'ऐय्याश प्रेतों का विद्रोह' नाम से इनका एक लेख छपा। इस आन्दोलन की मुख्य वाहिका 'सादिकी' पत्रिका बनी।

नीचे हम 'नयी कहानी' से लेकर अब तक के प्रमुख कहानीकारों की उत्कृष्ट कहानियों की सूची दे रहे हैं :

विद्यालंकार : एक और हिन्दुस्तानी का जन्म हुआ, हूक

विष्णुप्रभाकर : धरती अब भी घूम रही है

कमल जोशी : शीराजी, पत्थर की आँखें

निर्मल वर्मा : परिन्दे, दहलीज, लंदन की एक रात, कुत्ते की मौत, जलती झाड़ी, बीच बहस में, हिल स्टेशन, लवर्स, एक दिन का मेहमान, पिछली गर्मियों में, कव्वे और कालापानी

राजेन्द्र यादव : शहर के बीच एक वृक्ष, किनारे से किनारे तक, मेहमान, टूटना, अभिमन्यु की आत्महत्या, देवताओं की मूर्तियां, जहाँ लक्ष्मी कैद है, छोटे-छोटे ताजमहल, प्रतीक्षा, ढोल और अपने पार, एक दुनिया : समानान्तर (संग्रह), वहां तक पहुँचने की दौड़

मोहन राकेश : कई एक अकेले, पाँचवें माले का लैट, मिस पाल, मलबे मालिक, सेफ्टीपिन, एक और जिन्दगी, जख्म, ठहरा हुआ चाकू, जानवर और जानवर, मवाली

भीष्मसाहनी : चीफ की दावत, इन्द्रजाल, वांगचू, पहला पाठ, भटकी राख, शोभायात्रा, निशाचरी

कमलेश्वर : राजा निरबंसिया, खोया हुआ आदमी, तलाश, पीला गुलाब, खोई हुए दिशाएं, एक अश्लील कहानी, नीली झील, मांस का दरिया, इतने अच्छे दिन, देवा की माँ, कस्बे का राजा, हमपेशा

अमरकान्त : जिन्दगी और जोंक, बहादुर, दोपहर का भोजन, डिप्टी कलक्टरी, खलनायक, हत्यारे, बस्ती, मूस, सप्ताहांत, मकान

फणीश्वरनाथ रेणु : तीसरी कसम, लाल पान की बेगम, ठुमरी

कमलाकान्त वर्मा : खंडहर, तकली, पगडण्डी

शैलेश मटियानी : प्यास, घोड़े, हारा हुआ

मन्नू भण्डारी : क्षण, यही सच है, आकाश के आईने में, कृषक, मै हार गयी, तीन निगाहों की एक तस्वीर, एक लैट सैलाब, आँखों देखा झूठ, रेत की दीवार, त्रिशंकु, अलगाव, तीसरा आदमी, एखाने आकाश नेई

शिवानी : सती, करिये छिमा

नरेश मेहता : चाँदनी, अनबीता व्यतीत, तथापि, निशाजी, एक समर्पित महिला

श्रीकान्त वर्मा : टेरसो, टुकड़ों में बँटी जिन्दगी ठंड

सुरेश सिन्हा : पानी की मीनारें, नीली धुंध के आरपार, कई कुहरे, एक अपरिचित दायरा

मार्कण्डेय : हंसा जाई अकेला, आदर्शों का नायक, बीच लोग, भूदान, माही, गुलरा के बाबा, महुए का पेड़, पानफूल

ज्ञानरंजन : फेस के इधर और उधर, घण्ट, बहिर्गमन, एक और अनुभव, पिता, संबंध, रचनाप्रक्रिया, यात्रा, शेष होते हुए, सपना नहीं

शेखर जोशी : दाज्यू, कोसी का घटवार, शुभो दीदी, प्रश्नवाचक आकृतियाँ, मेंटल, बोझ, बच्चे का सपना, गाइड, प्रथम साक्षात्कार, नौरंगी, बीमार है, विडुवा, संवादहीन, किस्सागो, बिरादरी, नेकलेस, निर्णय, आर्शीवचन, डांगरीवाले, बदबू, हलवाहा

भैरव प्रसाद गुप्त : चाय का प्याला, मंगली की टिकुली, चुपचाप, ज्योतिष, झण्डा बाबा, लोहे की दीवार, सोने का पिंजडा, एक खामोश मौत, अपरिचय का घेरा, यही जिन्दगी है, कदम के नीचे, घुरघुआ, फूल एक मकान एक मौत, आप क्या कर रहे हैं, आँख की पट्टी, चरम बिन्दु

रांगेय राघव : पंच परमेश्वर, गदल

सतीश जमाली : प्रथम पुरुष, सहपाठी, निर्णय, चुनौती

काशीनाथ सिंह : सुधीर घोषाल, कहानी सराय मोहन की, अपना रास्ता लो बाबा, चाय घर में मृत्यु चोट, हस्तक्षेप, सूचना, कविता की नई तारीख, लालकिले का बाज

रमेश उपाध्याय : किसी बहाने

गिरिराज किशोर : नया, चार मोती, बेआब, नीम के फूल, पेपरवेट, रिश्ता

भुवनेश्वर : सूर्यपूजा, भेड़िये

इलाचन्द्र जोशी : खंडहर की आत्माएं, डायरी के नीरस पृष्ठ, आहुति, दीवाली और होली

भगवानदास मोरबाल : पहली हत्या, ललिहार, जीने के लिए, सूर्यास्त से पहले

उदयप्रकाश : डिबिया, तिरिछ, हीरालाल का भूत, दद्‌दू तिवारी, रामसजीवन की प्रेमकथा, टेपचू, वारेन हेस्टिंग्स का साँड, पॉलगोमरा का स्कूटर, दरियाई घोड़ा और अंत में प्रार्थना, पीली छतरी वाली लड़की, दिल्ली की दीवार

दूधनाथ सिंह : गुप्त दान, रीछ, इंतजार, दुःस्वप्न, आइसबर्ग, सपाट चेहरे वाला आदमी, माई का शोकगीत, सुखांत, ममी तुम उदास क्यों हो, प्रतिशोध, रक्तपात

रवीन्द्र कालिया : कहानी अधूरी ही है, छाया मद्ध

जितेन्द्र भादिया : शहादतनामा

मधुकर सिंह : तीसरी सांस, शिकस्त

नीरज सिंह : मोहभंग, उसकी वापसी, जमीन, एक होते हुए, तिलचट्टा

विवेकानन्द : गुंजन शर्मा बीमार है, देर से आई बारात, लाल लकीर, शरीफ लोग, शिवालिंगम्, चोंचले, मटुआ छाया

रघुवीर सहाय : रास्ता इधर से है, जो आदमी हम बना रहे हैं, सीढ़ियों पर धूप में (कहानी, कविता, संस्मरण आदि का संग्रह)

धर्मवीर सहाय : गुलकी बन्नो, सावित्री नम्बर-2, बंद गली का आखिरी मकान, चाँद और टूटते हुए लोग, स्पर्श और पृथ्वी

रामदरश मिश्र : खाली घर, एक वह, दिनचर्या, सर्पदंश, सड़क

मृदुला गर्ग : कितनी कैदें, टुकड़ा-टुकड़ा आदमी उर्फ सैम, डैफोडिल जल रहे हैं, ग्लेशियर से, शहर के राम, दुनिया का कायदा, उसका विद्रोह

मैत्रीयी पुष्पा : चिन्टार, ललमलियाँ

कृष्णा सोबती : मित्रो मरजानी, डार से बिछुड़ी, यारों की यार, तीन पहाड़, नामपट्टिका का, से लड़की (लंबी कहानियाँ हैं।), बादलों के घेरे (संग्रह)

शिवप्रसाद सिंह : खैरा पीपल कभी न डोले, नन्हो, आरपार की माला, मुर्दासराय, इन्हें इतजार है, दादी माँ, बिन्दा महाराज

उषा प्रियंवदा : वापसी, जिंदगी और गुलाब के फूल, एक कोई दूसरा, फिर बसंत आया

गंगाप्रसाद विमल : प्रश्नचिन्ह, एक और विदाई

हरिशंकर परसाई : भोलाराम का जीव

अमृतराय : ओर से पहले

मुद्राराक्षस : मुठभेड़

अखिलेश : जलडमरूमध्य, शापग्रस्त

महेन्द्र भल्ला : तीन चार दिन

प्रकाश : अंधेरे के सिलसिले (संग्रह)

गोविन्द्र मिश्र : गिद्ध, आसमान कितना नीला, हताबाज

इसराइल : अर्थहीन

योगेश गुप्त : एन्क्लोजर

वेद राही : हर रोज

अजगर वजाहत : केक

अमितेश्वर : हुक्कापाली, तीलियाँ

दिनेश पालीवाल : तोताचश्य, स्वीकारोक्ति, गिरता जटायु

मंजुल भगत : सफेद कौआ, मृत्यु की ओर, बूँद, गुलमोहर के गुच्छे

रमेश बत्तरा : थप्पड़, लड़ाई

सुरेन्द्रतिवारी : वार्ड नम्बर टू

यादवेन्द्र शर्मा 'चन्द्र' : स्वयं के निगलते हुए, महापुरुष

मंजूर एहतेशाम : तसबीह

विनोदकुमार शुक्ल : महाविद्यालय

अलका सरावगी : कहानी की तलाश में, दूसरी कहानी

मृणाल पाण्डेय : चार दिन की जवानी तेरी, यानि कि एक बात थी, बचुली चौकीदारिन

नाग बोडस : पाजामे में आदमी

कुँवरनारायण : अकारों के आसपास

संजीव : आप यहां हैं

विकल गौतम : शापित गंधर्व

नासिरा शर्मा : खुदा की वापसी

राजी सेठ : यह कहानी नहीं, पुल

विजयमोहन सिंह : शेरपुर 15 मील, एक बंगला बने न्यारा, गमे हस्ती का हो किसके

त्रिलोचन : देशकाल
शानी : इमारत ढहाने वाले
अब्दुल बिस्मिल्लाह : सुलह

निबन्ध

गुलाबराय : ठलुवा क्लब, फिर निराशा क्यों, मेरी असफलताएं, कुछ उथल कुछ गहरे, मन की बातें, मेरे निबन्ध
निराला : प्रबंध प्रतिमा, चाबुक, चयन, संग्रह
रघुवीर सिंह : शेष कहानियाँ
पदुमलाल पुन्नालाल बख्शी : पंचपात्र
जयशंकर प्रसाद : काव्य कला और अन्य निबंध
महादेवी वर्मा : शृंखला की कड़ियाँ, क्षणदा, साहित्यकार की आस्था और अन्य निबंध
प्रेमचन्द : साहित्य का उद्देश्य
गुलेरी : विक्रमादित्य की मूल कथा, अमंगल के स्थान में मंगल शब्द
'अज्ञेय' : आत्मनेपद, भवन्ती, त्रिशंकु, आलावाल, लिखि कागद कोरे, हिन्दी साहित्य, एक आधुनिक परिदृश्य, केन्द्र और परिधि अद्यतन, स्रोत और सेतु, युगसंधियों पर घाट के किनारे, सर्जना और संदर्भ, जाग लिखी, अन्तरा, सब रंग कुछ राग (कुट्टिचातन नाम से)
नन्ददुलारे : जयशंकर प्रसाद, आधुनिक साहित्य, नया साहित्य : प्रश्न
हजारी प्रसाद द्विवेदी (ललित निबंधकार) : नाखून क्यों बढ़ते हैं, ठाकुर की बटोर, कालिदास की लालित्य योजना, अशोक के फूल, विचार और वितर्क, कल्पना, विचार-प्रवाह, कुटज, मध्यकालीन धर्मसाधना, आलोकपर्व, शिरीष का फूल, बसंत आ गया, देवदारू, आम फिर बौरा गये आदि।
जैनेन्द्र कुमार : पूर्वोदय, मंथन, समय और हम, जड़ की बात, साहित्य का श्रेय और प्रेम, सोच-विचार, ये और वे इतस्ततः
शान्तिप्रिय द्विवेदी : संचारिणी, युग और साहित्य, सामयिकी, धरातल, प्रतिष्ठान, आधान, वृन्त और विकास, साकल्य।
दिनकर : अर्द्धनारीश्वर, मिट्टी की ओर, रेती के फूल, हमारी सांस्कृतिक एकता, पंत, प्रसाद और मैथिलीशरण, संस्कृति के चार अध्याय, शुद्ध कविता की खोज, राष्ट्रभाषा और राष्ट्रीय साहित्य
नगेन्द्र : यौवन के द्वार पर, चेतना के बिम्ब, आस्था के चरण, आलोचक की आस्था
रामवृक्ष बेनीपुरी : गेहूँ और गुलाब, बन्दे वाणी विनायकौ
देवेन्द्र सत्यार्थी : धरती गाती है, एक युग एक प्रतीक, रेखायें बोल उठी
भरन्त आनन्द कोसल्यायन : जो भूल न सका
वासुदेवशरण अग्रवाल : पृथ्वीराज, कला और संस्कृति
यशपाल : चक्कर क्लब, देखा सोचा समझ गया, बात बात में बात, गाँधी की शव परीक्षा, न्याय का संघर्ष
बनारसीदास चतुर्वेदी : साहित्य और जीवन, हमारे आराध्य
माखनलाल चतुर्वेदी : अमीर इरादे : गरीब इरादे
कन्हैयालाल मिश्र 'प्रभाकर' : जिन्दगी मुस्कराई, बाजे पायलिया के घुंघरू, कारवां आगे बढ़ गये, जिन्दगी लहलहायी, माटी हो गयी सोना, महके आँगन चहके द्वार
भगवतशरण 'उपाध्याय' : ठूँठा आम
'अश्क' : मंटो : मेरा दुश्मन
प्रभाकर माचवे : खरगोश के सींग
विद्यानिवास मिश्र (ललित निबंधकार) : तुम चन्दन हम पानी, मेरे राम का मुकुट भीग रहा है, जीवन अलभ्य है, जीवन सौभाग्य है, शिरीष की याद आयी, चितवन की छाँह, आँगन का पंछी और बनजारा मन, मैने सिल पहुँचाई
धर्मवीर भारती : ठेले पर हिमालय, कहनी-अनकहनी, पश्यन्ती
शिवप्रसाद सिंह : शिखरों के सेतु
कुबेरनाथ राय (ललित निबंधकार) : प्रिया नीलकण्ठी, रस आखेटक, गन्धमादन, निषाद बाँसुरी, विषाद योग, दृष्टि अभिसार, कामधेनु
विद्यानिवास मिश्र : हिन्दू धर्म : जीवन में सनातन की खोज, परम्परा बन्धन नहीं, बसन्त आ गया पर उत्कण्ठा नहीं, कँटीले तारों के आर पार, संचारिणी, कौन तू फुलवा बीननहारी, अस्मिता के लिये, भ्रमरानन्द के पत्र, अंगद की नियति, कदम की फूली डाल साहित्य की चेतना, महाभारत का काव्यार्थ, लागौ रंग हरी, अग्निरथ, देश-धर्म और साहित्य, तमाल के झरोखे से, व्यक्ति व्यंजना
मुक्तिबोध : नयी कविता का आत्मसंघर्ष, नये साहित्य का सौन्दर्यशास्त्र, समीक्षा की समस्या, एक साहित्यिक की डायरी
विजयदेव नारायण 'साही' : लघुमानव के बहाने हिन्दी कविता पर एक बहस, शमशेर की काव्यानुभूति की बनावट, अपनी-अपनी ढपली अपना-अपना राग, हस्ताक्षर, ठलुवा बुद्धिजीवी, हँसना मना है अतिथि की मूर्खता पर
निर्मल वर्मा : शब्द और स्मृति, कला का जोखिम, हर बारिश में, शताब्दी के ढलते वर्षों में, दूसरे शब्दों में
नेमिचन्द्र जैन : अधूरे साक्षात्कार, रंगदर्शन, बदलते परिप्रेक्ष्य, जनान्तिक
रमेश कुन्तल मेघ : क्योंकि समय एक शब्द है, अथातो सौन्दर्य जिज्ञासा, साक्षी है सौन्दर्य प्राश्निक
राहुल सांकृत्यायन : घुमक्कड़शास्त्र, अथातो घुमक्कड़ जिज्ञासा
रामविलास शर्मा : आस्था और सौन्दर्य, भाषा साहित्य और संस्कृति, विराम चिन्ह, मार्क्सवाद और प्रगतिशील साहित्य,

		परम्परा का मूल्यांकन, मानव सभ्यता का विकास, भाषा युगबोध और कविता, कथा-विवेचना और गद्यशिल्प, भारत में अंग्रेजीराज और मार्क्सवाद, मार्क्स और पिछड़े हुए समाज
विवेकीराय	:	बबूल, फिर बैतलवा डाल पर, जलूस रुका है, गंवई पाँव की गंध में
रवीन्द्रनाथ त्यागी	:	शोकसभा, देवदार के पेड, अतिथिकक्ष
हरिशंकर परसाई (व्यंग्यकार)	:	भूत के पाँव पीछे, विन्दारस, सदाचार का ताबीज, निठल्ले की डायरी, जैसे उनके दिन फिरे
शरद जोशी (व्यंग्यकार)	:	तिलस्म, जीप पर सवार इल्लिया, यथासंभव, श्रीगणेशाय नमः, भैसन्ह मांह रहता नित, बकुला, हम भ्रष्टन के भ्रष्ट हमारे, सरकार का जादू, बिल्लियों का अर्थशास्त्र, दूतावासों के चक्कर, हर फूल दिल्लीमुख, बंसी वाले का पुजारी, साहित्य का महाबली, बुद्धिजीवी, अर्थब्रहम, नदी में खड़ा कवि, प्रभु हमें डॉक्ट्रेट से बचा, अब मैं रीतिकाल की ओर लौट रहा हूँ, मधुबाला से टीवी बाला तक, नये मेघदूत यत्र-तत्र सर्वत्र
भवानी प्रसाद मिश्र	:	जिन्होंने मुझे रचा, कुछ नीति कुछ राजनीति
रघुवीर सहाय	:	लिखने का कारण, दिल्ली मेरा परदेश, अर्थात्, और होंगे जो मारे जायेंगे, ऊबे हुए सुखी, 'सीढ़ियों पर धूप में' के कुछ निबंध हैं (ये हैं - लेखक के चारों ओर, दिल्ली-बसंत, आदि दिल्ली के एक सम्पादक से भेंट आदि)
श्रीकान्त वर्मा	:	जिरह
जगदीश चतुर्वेदी	:	दस्तावेज
अशोक वाजपेयी	:	फिलहाल, कवि कह गया है
रमेशचन्द्र शाह	:	समानान्तर, बागार्थ, शैतान के बहाने, साहित्य में आज का गतिरोध, समकालीन रचना में स्वतंत्रता का अर्थ
विष्णु प्रभाकर	:	हम जिनके ऋणी
जानकी वल्लभ शास्त्री	:	मन की बात, जो न बिक सकी
कृष्णदत्त पालीवाल	:	नया सृजन नया बोध
दूधनाथ सिंह	:	लौट आ ओ धार
गोविन्द मिश्र	:	परतों के बीच
श्रीनारायण चतुर्वेदी	:	राजभवन की सिगरेटदानी
लक्ष्मीचन्द्र	:	कागज की किश्तियां
लक्ष्मीकान्त	:	मैंने कहा
केदारनाथ अग्रवाल	:	समय-समय पर
नामवर सिंह	:	बकलमखुद
कृष्णबिहारी मिश्र	:	बेहया का जंगल, चुनाव जी गया, गाँव हार गया
विष्णुकान्त शास्त्री	:	कुछ चन्दन की कुछ कपूर की
मृदुला गर्ग	:	रंग ढंग
नन्दकिशोर नवल	:	कविता की मुक्ति, प्रेमचंद का सौन्दर्यशास्त्र, शब्द जहाँ सक्रिया हैं, दृश्यालेख

जीवनी साहित्य	लेखक	जिस व्यक्ति की जीवनी लिखी गयी
पराडकर जी और पत्रकारिता	लक्ष्मीशंकर व्यास	बा. पि. पराडकर
महात्मा गाँधीः विश्व के अद्वितीय पुरुष	रोमां रोला (हिन्दी अनुवाद)	महात्मा गाँधी
बापू	धनश्यामदास बिड़ला	महात्मा गाँधी
महायोगी	रामचन्द्र दिवाकर	श्री अरविन्द
उत्तरयोगी	शिवप्रसाद सिंह	श्री अरविन्द प्रेमचन्द
घर में	शिवरानी देवी	प्रेमचन्द
कलम का सिपाही	अमृतराय	प्रेमचन्द
कलम का मजदूर	मदनगोपाल	प्रेमचन्द
महाप्राण निराला	गंगाप्रसाद पाण्डेय	निराला
निराला की साहित्य साधना (तीन खण्ड)	रामविलास शर्मा	निराला
नीलकंठ गोर्की	बनारसीदास चतुर्वेदी	गोर्की
गोर्की	ओंकार शदर	गोर्की
मिला तेज से तेज	सुधा चौहान	सुभद्राकुमारी चौहान
आचार्य रामचन्द्र शुक्ल : जीवनी और कृतित्व	चन्द्रशेखर शुक्ल	रामचन्द्र शुक्ल
सुमित्रानन्दन पन्त : जीवनी और साहित्य	शान्ति जोशी	पन्त
आवारा मसीहा	विष्णु प्रभाकर	शरतचंद्र
अग्निसेतु	विष्णुचन्द्र शर्मा	काजी नजरूल इस्लाम
शिखर से सागर तक	रामकमल राय	अज्ञेय
कुल्लीभाट	निराला	अज्ञेय
बिल्लेसुर बकरिहा	निराला	अज्ञेय
भारतेन्दु की जीवनी	ब्रजरत्नदास	भारतेन्दु
मुक्तिबोध की जीवनी	विष्णुचन्द्र शर्मा	मुक्तिबोध
मुक्तिबोध की आत्मकथा	विष्णुचन्द्र शर्मा	मुक्बिोध
माखनलाल चतुर्वेदी : जीवनी	बरूआ	माखनलाल चतुर्वेदी

आत्मकथा : हिन्दी की पहली आत्मकथा - 'अर्द्धकथानक' (बनारसीदास) पद्य में है। पहली गद्य आत्मकथा - 'एक कहानी कुछ आपबीती कुछ जगबीती' (भारतेन्दु)

आत्मकथा	लेखक
मेरी आत्मकहनी (पहली पूर्ण गद्य आत्मकथा)	श्यामसुन्दरदास
आत्मकथा	राजेन्द्र प्रसाद
मेरी असफलताएं	बाबू गुलाबाराय
मेरी जीवनयात्रा	राहुल सांकृत्यायन
आत्मनिरीक्षण	सेठ गोविन्द दास
मेरा जीवन प्रवाह	वियोगी हरि
साधना के पथ पर	हरिभाऊ उपाध्याय
पत्रकार की आत्मकथा	मूलचंद अग्रवाल
मैं क्रान्तिकारी कैसे बना	रामविलास शर्मा
अर्ध कथा	नगेन्द्र
प्रवासी की आत्मकथा	भवानीदयाल सन्यासी
जीवन की झाँकियाँ	इंद्र विद्यावाचस्पति
सिंहावलोकन	यशपाल
स्वतंत्रता की खोज में	सत्यदेव परिव्राजक
परिव्राजक की कथा	शान्तिप्रिय द्विवेदी
चांद सूरज के बीरन	देवेन्द्र सत्यार्थी
नील यक्षिणी	देवेन्द्र सत्यार्थी

आत्मकथा	लेखक
जीवन चक्र	गंगाप्रसाद उपाध्याय
साठ वर्ष : एक रेखांकन	सुमित्रानन्दन पंत
मेरा जीवन साथी	प्रेमचन्द
क्या भूलूँ क्या याद करूँ	हरिवंशराय बच्चन
नीड़ का निर्माण फिर	हरिवंशराय बच्चन
बसेरे से दूर	हरिवंशराय बच्चन
दशद्वार से सोपान तक	हरिवंशराय बच्चन
प्रवासी की डायरी	हरिवंशराय बच्चन
अपनी खबर	उग्र
आपबीती जगबीती	नरदेश शास्त्री
मेरा जीवन	शिवपूजन सहाय
आत्मचरित	स्वामी दयानंद
सेवाग्राम की डायरी	श्रीराम शर्मा
राज से लपटें	पी.डी. टंडन
मेरी जीवन रेखा	महावीर प्रसाद द्विवेदी
यादों की परछाइयाँ	चतुरसेन शास्त्री
मेरी आत्मकहानी	चतुरसेन शास्त्री
मेरी अपनी कथा	प. पु. बख्शी
अपनी कहानी	वृन्दावनलाल वर्मा
मैं जहाँ खड़ा हूँ	रामदरश मिश्र
मेरे सात जन्म	हंसराज रहबर
आत्मकथा	राजेन्द्र प्रसाद
आपबीती	परमानंद
मुझमें देवजीवन का विकास	सत्यानंद अग्निहोत्री
संस्मरण	बनारसीदास चतुर्वेदी
जिन्दगी का सफर	बलराज मधोक
कल्याण मार्ग का पथिक	स्वामी श्रद्धानन्द

★ **रेखाचित्र/संस्मरण** : हंस के रेखाचित्र विशेषांक मार्च 1939 (सं॰ - श्रीषतराय)-मधुकर का रेखाचित्र विशेषांक 1946 (सं॰ बनारसीदास चतुर्वेदी)

रेखाचित्र/संस्मरण	लेखक
पद्मपराग (रेखाचित्र), प्रबंधमंजरी (संस्मरण)	पद्मसिंह शर्मा (संस्मरण तथा रेखाचित्र के प्रवर्तक)
हमारे आराध्य (सं.), संस्मरण, रेखाचित्र, सेतुबन्ध (रे.)	बनारसीदास चतुर्वेदी
प्राणों में सौदा, जंगल के जीव, बोलती प्रतिमा	श्रीराम शर्मा
लाल तारा, माटी की मूरतें, गेहूँ और गुलाब	रामवृक्ष बेनीपुरी
मील के पत्थर	रामवृक्ष बेनीपुरी
अतीत के चलचित्र, स्मृति की रेखायें, पथ के साथी, स्मरिका, मेरा परिवार	महादेवी वर्मा
पुरानी स्मृतियाँ (सं.), रेखाचित्र	प्रकाशचन्द्र गुप्त
मौलवी साहब, देवी बाबा (संस्मरण)	राजा राधिकारमणप्रसाद सिंह
रेखा और रंग (रे.)	विनय मोहन शर्मा
जिन्दगी मुस्कराई (सं.)	कन्हैयालाल मिश्र प्रभाकर
माटी हो गयी सोना, दीप जले शंख बजे (रे.)	कन्हैयालाल मिश्र प्रभाकर
वे दिन वे लोग (रे.)	शिवपूजन सहाय
रेखाएँ बोल उठीं	देवेन्द्र सत्यार्थी
स्मृतियां और कृतियाँ	शान्तिप्रिय द्विवेदी
रेखाएँ और चित्र, मंटो : मेरा दुश्मन (सं.)	उपेन्द्रनाथ अश्क
ज्यादा अपनी कम परायी	उपेन्द्रनाथ अश्क
बचपन की स्मृतियाँ, जिनका मैं कृतज्ञ, मेरे असहयोग के साथी	राहुल सांकृत्यायन
चेतना के बिम्ब (सं.)	नगेन्द्र
नए पुराने झरोखे	हरिवंशराय बच्चन
हम हशमत	कृष्णासोबती
इन लोगों के मध्य	विष्णुचन्द्र शर्मा
दस तस्वीर	जगदीश चन्द्र माथुर
लीक-अलीक	भारतभूषण अग्रवाल
मेरे अग्रज : मेरे मीत	विष्णुप्रभाकर
वन तुलसी की गंध	रेणु
रस गगन गुफा में	भगवतीशरण सिंह
निराला : जीवन और संघर्ष के मूर्तिमान रूप	मे॰पी॰ चेलीशेव
लेखक की हैसियत से	शैलेश मटियानी
स्मृतिलेखा	अज्ञेय
छायावाद युगीन स्मृतियाँ	रामनाथ सुमन
दूर वन में	अजीत कुमार
समय सारथी (सं.)	मोहन राकेश
पंचरत्न (सं.)	रामविलाश शर्मा

यात्रावृत्त :

यात्रावृत्त	लेखक
वो दुनिया, सागर की लहरों पर	भगवतीशरण उपाध्याय
दिल्ली से मास्को	महेशप्रसाद श्रीवास्तव
रूस में पच्चीस मास, घुमक्कड़शास्त्र	राहुल सांकृत्यायन
तंत्रलोक से यंत्रलोक तक, अप्रवासी की यात्राएं	नगेन्द्र
यात्रा के पन्ने	राहुल सांकृत्यायन
सुदूर दक्षिण पूर्व, पृथ्वी की परिक्रमा	सेठ गोविन्द दास
पैरों में पंख बाँधकर	रामवृक्ष बेनीपुरी
राह बीती, लोहे की दीवार के दोनों ओर	रामवृक्ष बेनीपुरी
गोरी नजरों में हम	प्रभाकर माचवे
चीड़ों पर चाँदनी	निर्मल वर्मा
हंसते निर्झर : दहकती भट्टी	विष्णु प्रभाकर
सैलानी की डायरी	राजेन्द्र अवस्थी
किन्नर देश में, मेरी चीन यात्रा	राहुल सांकृत्यायन
अरे यायावर रहेगा याद, एक बूँद सहसा उछली	अज्ञेय
आखिरी चट्टान तक	मोहन राकेश
खण्डहरों का वैभव, खोज की पगडंडियाँ	मुनि कान्ता सागर
हरी घास	डॉ॰ रघुवंश
ए पार बंग्ला ओ पार बंग्ला	(बंग्ला शंकर से अनुवाद)
पार उतरि कहँ जइहौ, धूप में सोई नदी	प्रभाकर द्विवेदी
सफरी झोले में	अजीत कुमार
मैं कहती हूँ आँखिन देखी	पद्मा सचदेव

गद्यकाव्य : श्रद्धाकण (वियोगी हरि), मरी खाल की हाय, जवाहर (चतुरसेन शास्त्री), शारदीया, दुपहरिया के फूल, उन्मन, स्पन्दन (दिनेश नन्दिनी चौरड्या), चिन्ता (कुछ रचनायें), (अज्ञेय), शुभ्रा (रामप्रसाद विद्यार्थी), साहित्य देवता (माखनलाल चतुर्वेदी), शेष स्मृतियाँ (रघुवीर सिंह), निशीथ, आँसू भरी धरती, उदीची (ब्रह्मदेव), तरंगित हृदय (देवशर्मा)।

रिपोर्ताज :	**लेखक**
लक्ष्मीपुरा	शिवदानसिंह चौहान
तूफानों के बीच (बंगाल के अकाल पर)	रांगेय राघव
बंगाल का अकाल	प्रकाशचन्द्र गुप्त
रेखायें और चित्र, पहाड़ों में प्रेममय संगीत	अश्क
नववर्षांक समारोह में	रामनारायण उपाध्याय
देश की मिट्टी बुलाती है	भदन्त आनन्द कौसल्यायन
क्षण बोले कण मुस्कायें	कन्हैयालाल मिश्र 'प्रभाकर'
ऋणजल धनजल, एकलव्य के नोट्स	फणीश्वरनाथ रेणु
खून के छींटे	भगवतीशरण उपाध्याय
बाढ़!! बाढ़!! बाढ़!!	विवेकीराय
धरती के लिए	कैलाश नारद
क्या हमने कोई यंत्र रचा था	सतीकुमार
मुक्तिफौज	श्रीकान्त वर्मा
क्रान्ति करते हुए आदमी का देखना	कमलेश्वर
अपने ही घर में सरस्वती का अपमान (इंटरव्यू, निराला पर)	नरोत्तम नागर
लाल धरती	अमृतराय
इतिहास के पन्नों पर खून के धब्बे	भगवतीशरण उपाध्याय
प्लाट का मोर्चा	शमशेर

व्याकरण : हिन्दी शब्दानुशासन : किशोरीदास वाजपेयी

पत्र साहित्य एवं अन्य : चेखव : एक इण्टरव्यू (राजेन्द्र प्रसाद), भगवान महावीर एक इण्टरव्यू (लक्ष्मीनारायण जैन), शिव शंभु के चिट्ठे (बाल मुकुंद गुप्त), दुबे जी (विश्वम्भर नाथ शर्मा कौशिक), सरस्वती के संपादक 'श्री नारायण चतुर्वेदी' को 'भ्रमरानन्द' उपनाम से विद्यानिवास मिश्र द्वारा लिखित पत्र (इन्हीं में से एक पत्र है - पत्र इंटेलेक्चुअल भैया के नाम परम्परा जीजी का), अंकित होने दो (रेखाचित्र/ संस्मरण/ डायरी/ यात्रावृत का संकलन ; अजित कुमार), अमेरिका प्रवास की मेरी अद्भुत कहानी (सत्यदेव परिव्राजक), मितवाघर, दीवानखाना (साक्षात्कारः पद्मा सचदेव), संवाद अनायास (गोविन्द मिश्र : पत्र), मेरी कॉलेज डायरी (धीरेन्द्र वर्मा), डायरी के पन्ने (घनश्यामदास बिडला) पद्म सिंह शर्मा के पत्र (बनारसीदास चतुर्वेदी), निराला के पत्र (जानकीवल्लभ शास्त्री), पंत के दो सौ पत्र बच्चन के नाम (हरिवंश राय बच्चन), सेवाग्राम डायरी (श्रीराम शर्मा)

संपादन :

निराला की रचनावली	–	नंदकिशोर नवल
मुक्तिबोध रचनावली	–	नेमिचन्द्र जैन
रूद्र समग्र	–	नंदकिशोर नवल
भिक्षु के पत्र	–	भदंत आनंद कोसल्यायन
यशपाल के पत्र	–	मधुरेश
एक बार आयोवा	–	मंगलेश डाबराल, डायरी

आलोचना : महत्वपूर्ण शुक्लोत्तर आलोचक तथा उनकी आलोचना कृतियाँ नीचे दी जा रही हैं :

नंददुलारे वाजपेयी : आधुनिक साहित्य, नया साहित्य-नये प्रश्न, कवि निराला, जयशंकर प्रसाद, राष्ट्रीय साहित्य, प्रकीर्णिका, हिन्दी साहित्य-बीसवीं शताब्दी, महाकवि सूरदास, आधुनिक काव्यः रचना और विचार,

सम्पादन - सूरसागर, रामचरितमानस

रत्नाकर के काव्य के बारे में बाजपेयी जी की यह टिप्पणी प्रसिद्ध है–

'जो काव्य अनिवार्य नहीं, उसे महान नहीं कह सकते।'

शान्तिप्रिय द्विवेदी (प्रभाववादी समीक्षा के जनक) : साहित्यकी, कवि और काव्य, सामयिकी, संचारिणी, युग और साहित्य, ज्योति विहग (सुमित्रानन्दन पन्त पर), हमारे साहित्य निर्माता

आचार्य हजारी प्रसाद द्विवेदी (1907-1979 ई०) : हिन्दी साहित्य की भूमिका (1940), सूर-साहित्य, कबीर (1942), हिन्दी साहित्य का आदिकाल (1952), मध्यकालीन बोध का स्वरूप (1970), मेघदूत एक कहानी, कालिदास की लालित्य योजना, भाषा साहित्य और देश, हिन्दी साहित्य का उद्भव और विकास, संदेश रासक (आलोचना)

डॉ० नगेन्द्र (1915-2000 ई०) : सुमित्रानन्दन पन्त (1938), साकेत : एक अध्ययन (1939), शोध और सिद्धान्त, काव्यबिम्ब, हिन्दी साहित्य की प्रवृतियां, विचार और अनुभूति, रीतिकाव्य की भूमिका, देव और उनकी कविता, रस सिद्धान्त (1964), मिथक और साहित्य, आधुनिक हिन्दी नाटक, कामायनी के अध्ययन की समस्यायें, नयी समीक्षा : नये संदर्भ, साहित्य का समाजशास्त्र, भारतीय सौन्दर्य की भूमिका, आधुनिक हिन्दी कविता की मुख्य प्रवृत्तियां, शैली विज्ञान, भारतीय समीक्षा और आचार्य शुक्ल की काव्य दृष्टि

अनुवाद : अभिनव भारती, वक्रोक्ति जीवत, ध्वन्यालोक तथा नाट्यदर्पण (नगेन्द्र की देख-रेख में आचार्य विश्वम्भर ने किया) अरस्तू का काव्यशास्त्र, काव्य में उदान्त तत्व (द सब्लाइम-लोंजाइनिस), काव्य कला (आर्स पोएतिका - होरेस), पाश्चात्य काव्यशास्त्र की परम्परा (लोसाई क्रिटिकाई - सेन्ट्सबरी)

निराला	: रवीन्द्र कविता कानन, पन्त और पल्लव
सुमित्रानन्दन पन्त	: गद्यपथ, शिल्प और दर्शन, छायावाद पुनर्मूल्यांकन
प्रेमचंद	: साहित्य का उद्देश्य
दिनकर	: पंत, प्रसाद और मैथिलीशरण, शुद्ध कविता की खोज
गुलाबराय	: सिद्धान्त और अध्ययन, काव्य के रूप, अध्ययन और आस्वाद, नवरस
विश्वनाथ प्रसाद मिश्र	: वाङमय विमर्श, बिहारी की वाग्विभूति, हिन्दी साहित्य का अतीत, हिन्दी का सम सामयिक साहित्य, हिन्दी नाट्य साहित्य का विकास

संपादन : घनआनंद ग्रंथावली, पद्माकर ग्रन्थावली, केशव ग्रन्थावली, भिखारीदास ग्रन्थावली, रामचरित मानस

- **पं० कृष्णशंकर शुक्ल :** केशव की काव्यकला, कविवर रत्नाकर
- **लक्ष्मीनारायण सुधांशु :** काव्य में अभिव्यंजनावाद, जीवन के तत्व और काव्य के सिद्धान्त
- **रामकुमार वर्मा :** साहित्य समालोचना, कबीर का रहस्यवाद, हिन्दी साहित्य का आलोचनात्मक इतिहास
- **जनार्दन प्रसाद झा 'द्विज' :** प्रेमचंद की उपन्यास कला
- **गिरिजादत्त शुक्ल गिरीश :** महाकवि हरिऔध, गुप्त की काव्य धारा
- **रामनाथ सुमन :** प्रसाद की काव्य कला
- **सत्येन्द्र :** गुप्तजी की कला

- **शिवदानसिंह चौहान** (पहले मार्क्सवादी आलोचक) : 1937 ई॰ के 'विशाल भारत' में चौहान जी का एक महत्वपूर्ण लेख 'भारत में प्रगतिशील साहित्य की आवश्यकता' छपा था। इनकी प्रमुख पुस्तकें है : प्रगतिवाद, साहित्य की परख, आलोचना के मान, साहित्य की समस्याएं, साहित्यनुशीलन
- **प्रकाशचंद्र गुप्त** (मार्क्सवादी आलोचक) : नया हिन्दी साहित्य, आधुनिक हिंदी साहित्य, हिन्दी सहित्य की जनवादी परम्परा
- **रामविलास शर्मा** (प्रगतिशील आलोचक) : प्राचीन भारत के भाषा-परिवार, मार्क्स और पिछड़े हुए समाज, प्रगति और परम्परा, प्रगतिशील साहित्य की समस्याएं, आस्था और सौंन्दर्य, भाषा साहित्य और संस्कृति, मार्क्सवाद और प्राचानी साहित्य का मूल्यांकन, आचार्य रामचन्द्र शुक्ल और हिन्दी आलोचना, महावीर प्रसाद द्विवेदी और हिन्दी नवजागरण, निराला की साहित्य साधना, लोकजागरण और हिन्दी साहित्य, नयी कविता और अस्तित्ववाद, भारतेन्दु हरिश्चन्द्र, भारतेन्दु युग और हिन्दी भाषा की विकास परम्परा, भाषा और समाज, परम्परा का मूल्यांकन, भारतीय इतिहास की समस्याएं, मार्क्सवाद और प्रगतिशील साहित्य, स्वाधीनता और राष्ट्रीय साहित्य, कथा विवेचन और गद्य शिल्प, मार्क्स, त्रातस्की और एशियाई समाज, प्रगतिशील विचारधारा और केदारनाथ अग्रवाल, भारतीय इतिहास और ऐतिहासिक भौतिकवाद, निराला, भारत में अंग्रेजी राज्य और मार्क्सवाद, प्रेमचन्द और उनका युग
- **अमृतराय** (मार्क्सवादी आलोचक) : नयी समीक्षा
- **नामवरसिंह** (प्रगतिशील) : इतिहास और आलोचना, आधुनिक साहित्य की प्रवृत्तियां, छायावाद, कहानी : नई कहानी, कविता के नये प्रतिमान, दूसरी परम्परा की खोज, कला के विकास में अपभ्रंश का योग, वाद विवाद संवाद, काल मार्क्स : कला और साहित्यचिंतन, पृथ्वीराज रासो : भाषा और साहित्य
- **चन्द्रबली सिंह** (प्रगतिशील आलोचक) : लोकदृष्टि और साहित्य
- **'अज्ञेय'** : त्रिशंकु, आत्मनेपद, अद्यतन, संवतसर, कवि-दृष्टि, हिन्दी साहित्य : एक आधुनिक परिदृश्य, लिखि कागद कोरे, सर्जन और संदर्भ, जोग लिखी
- **पं॰ देवराज** : छायावाद का पतन, साहित्य चिन्ता, आधुनिक समीक्षा प्रतिक्रियाएं
- **इलाचन्द्र जोशी** : साहित्य सर्जना, विवेचना, साहित्य सन्तरण, विशेषण, साहित्य चिन्तन
- **देवराज उपाध्याय** : आधुनिक हिन्दी कथा साहित्य और मनोविज्ञान
- **मुक्तिबोध** : कामायनी : एक पुनर्विचार, एक साहित्यिक की डायरी, नयी कविता का आत्म संघर्ष, नये साहित्य का सौन्दर्यशास्त्र, भारत : इतिहास और संस्कृति (प्रतिबंधित)
- **विजयदेवनारायण साही** के आलोचनात्मक निबंध हैं : लघुमानव के बहाने हिन्दी कविता पर एक बहस, शमशेर की काव्यानुभूति की बनावट, इतिहास और परम्परा, गोदान, राजनीति और साहित्य, जनवादी साहित्य, साहित्य क्यों, धर्मसापेक्ष और धर्मनिरपेक्ष तत्वों की तलाश हिन्दी साहित्य और उसके आसपास

  पुस्तक : 'पद्मावत' (जायसी की रचना 'पद्मावत' की समीक्षा है)
- **रमेशचन्द्र शाह** : छायावाद की प्रासंगिकता, जयशंकर प्रसाद, वागर्थ, समानान्तर भारतीय साहित्य के निर्माता, अज्ञेय : भागर्थ का वैभव
- **रमेशकुन्तल मेघ** : आधुनिकताबोध और आधुनिकीकरण, मध्ययुगीन रसदर्शन, अथातो सौन्दर्य जिज्ञासा, क्योंकि समय एक शब्द है, साक्षी है सौन्दर्य प्राश्निक
- **नेमिचन्द्र जैन** : अधूरे साक्षात्कार, रंगदर्शन, बदलते, परिप्रेक्ष्य, जनान्तिक
- **मैनेजर पाण्डेय** : साहित्य का समाजशास्त्र, साहित्य और इतिहास दृष्टि, भक्ति आंदोलन और सूरदास का काव्य, शब्द और कर्म अनभै साँचा। (निबंध)
- **रामस्वरूप चतुर्वेदी** : मध्ययुगीन हिन्दी काव्यभाषा, नवलेखन, भाषा और संवेदना, अज्ञेयः आधुनिक रचना की समस्या, कामायनीः पुनर्मूल्यांकन, हिन्दी साहित्य और संवेदना का विकास, समकालीन हिन्दी साहित्य : विविध परिदृश्य
- **लक्ष्मीकान्त वर्मा** : नयी कविता के प्रतिमान, नये प्रतिमान पुराने निकष
- **रवीन्द्रनाथ श्रीवास्तव** : शैलीविज्ञान की भूमिका, संरचनात्मक शैली विज्ञान, शैली विज्ञान और हिन्दी का समाजशास्त्र, हिन्दी भाषा के संरचना के विविध आयाम, आलोचना की नयी भूमिका, भाषा विज्ञान : सैद्धान्तिक चिन्तन
- **धर्मवीर भारती** : साहित्य और मानव मूल्य, पश्यन्ती
- **रघुवंश** : साहित्य का नया परिप्रेक्ष्य, आधुनिक साहित्य का परिप्रेक्ष्य
- **देवीशंकर अवस्थी** : विवेक के रंग, नयी कहानी : संदर्भ और प्रकृति, साहित्य विधाओं की प्रकृति
- **इन्द्रनाथ मदान** : प्रेमचन्द : एक विवेचन, आलोचना और काव्य, आधुनिक कविता का मूल्यांकन, आज का हिन्दी उपन्यास, आधुनिकता और हिन्दी आलोचना, महादेवी, कामायनी : मूल्यांकन और मूल्यांकन
- **बलदेव उपाध्याय** : भारतीय साहित्यशास्त्र
- **रामदहिन मिश्र** : काव्य दर्पण, काव्य विमर्श
- **बच्चनसिंह** : समकालीन साहित्य : आलोचना को चुनौती, आलोचक और आलोचना, आधुनिक हिन्दी आलोचना के बीजशब्द, साहित्य का समाजशास्त्र और रूपवाद, आधुनिक हिन्दी साहित्य का इतिहास, हिन्दी साहित्य का दूसरा इतिहास, हिन्दी नाटक
- **निर्मला जैन** : पाश्चात्य साहित्य चिन्तन, इतिहास और आलोचना के वस्तुवादी सरोकार, अंतस्थल का पूरा विप्लव : अंधेरे में, हिन्दी आलोचना की बीसवीं सदी, कविता का प्रतिसंसार, नयी समीक्षा के प्रतिमान, रस सिद्धान्त और सौन्दर्यशास्त्र, आधुनिक साहित्य : मूल्य और मूल्यांकन
- **विद्यानिवास मिश्र** : रीतिविज्ञान, नयी कविता की मुक्तधारा, साहित्य का प्रयोजन
- **परमानन्द श्रीवास्तव** : समकालीन कविता का व्याकरण, शेखर एक जीवनी का महत्व, काव्य शास्त्र
- **भगीरथ मिश्र** : हिन्दी काव्यशास्त्र का इतिहास, हिन्दी रीतिसाहित्य, भारतीय काव्यशास्त्र
- **आनन्दप्रकाश दीक्षित** : रस सिद्धान्त : स्वरूप और विश्लेषण, रस चिन्तन के विविध आयाम
- **रामानन्द तिवारी** : सत्यं शिवम् सुन्दरम्
- **सुरेशचन्द गुप्त** : आधुनिक हिन्दी कवियों के काव्यसिद्धान्त
- **गिरिजाकुमार माथुर** : नयी कविता : सीमायें और संभावनायें
- **भोलानाथ तिवारी** : अभिव्यक्ति विज्ञान
- **गंगाप्रसाद विमल** : समकालीन कहानी का रचना विधान
- **रामचन्द्र तिवारी** : आचार्य रामचन्द्र शुक्ल
- **कृष्णदत्त पालीवाल** : आचार्य रामचन्द्र शुक्ल का चिन्तन जगत्
- **गिरिजाकुमार माथुर** : नयी कविता : सीमायें और सम्भावनायें
- **जगदीश गुप्त** : नयी कविता : शक्ति और सीमा, नयी कविताः स्वरूप और समस्यायें

- **जगदीशकुमार :** शमशेर का काव्यलोक
- **प्रभाकर श्रोतिय :** संवाद, रचना एक यातना है, कालयात्री है कविता, मेघदूत : एक अन्तर्यात्रा, जयशंकर प्रसाद की प्रासंगिकता
- **नरेन्द्र मोहन :** लंबी कविता का रचना विधान
- **केदारनाथ सिंह :** आधुनिक हिन्दी कविता में बिम्बविधान, मेरे समय के शब्द
- **मलयज :** कविता से साक्षात्कार
- **दूधनाथ सिंह :** निराला : आत्महंता आस्था
- **अशोक बाजपेयी :** फिलहाल, कविता का गल्प, कविता का जनपद, कवि कह गया है, कुछ पूर्वाग्रह
- **विश्वनाथ त्रिपाठी :** लोकवादी तुलसीदास, हिंदी आलोचना
- **नन्दकिशोर नवल :** निराला और मुक्तिबोध : चार लंबी कवितायें, हिन्दी आलोचना का विकास, महावीर प्रसाद द्विवेदी, मुक्तिबोध : ज्ञान और संवेदना, समकालीन हिन्दी कवि
- **राममूर्ति त्रिपाठी :** भारतीय काव्यशास्त्र : नव मूल्यांकन
- **मार्कण्डेय :** कहानी की बात
- **मधुरेश :** आज की हिन्दी कहानी : विचार और प्रतिक्रिया, **सिलसिला :** समकालीन कहानी की पहचान, हिन्दी कहानी : अस्मिता की तलाश, हिन्दी कहानी का विकास, हिन्दी उपन्यास का विकास, यशपाल : एक समर्पित व्यक्तित्व, राहुल का कथाकर्म
- **रामदरश मिश्र :** हिन्दी उपन्यास : एक अन्तर्यात्रा
- **सुनीति कुमारी चटर्जी :** भारतीय आर्यभाषा और हिन्दी
- **हरदेव बाहरी :** भाषा विज्ञान
- **कुमार विमल :** सौंन्दर्यशास्त्र के तत्व, कला विवेचन
- **चंद्रभूषण तिवारी :** आलोचना की धार
- **विजयमोहन सिंह :** कथा समय
- **देवेन्द्रनाथ शर्मा :** भाषा विज्ञान की भूमिका, पाश्चात्य काव्यशास्त्र, काव्य के तत्व
- **प्रेमशंकर :** प्रसाद का काव्य, भक्ति काव्य का समाजशास्त्र, भक्तिकाव्य की भूमिका, हिन्दी स्वच्छंदतावादी काव्य
- **विजयेन्द्र स्नातक :** कबीर
- **मन्नू भण्डारी :** संकल्प का सौन्दर्यशास्त्र
- **शेफालिका :** रेणु का कथा संसार
- **रेखा खरे :** निराला की कवितायें और काव्य भाषा
- **गोपालराम :** हिन्दी उपन्यास कोश
- **अशोक चक्रधर :** मुक्तिबोध की कविताई, मुक्तिबोध की समीक्षाई
- **रामचन्द्र तिवारी :** हिन्दी गद्य साहित्य
- **नलिन विलोचन शर्मा :** साहित्य का इतिहास-दर्शन
- **निर्मल वर्मा :** शब्द और स्मृति
- **विपिन कुमार अग्रवाल :** आधुनिकता के पहलू

पत्र / पत्रिकायें

पत्र/ पत्रिकायें	सम्पादक
हिमालय, बालक मतवाला	शिवपूजन सहाय
रूपाभ	पंत, नरेन्द्र शर्मा
कहानी, नई कहानियाँ, उपन्यास (मासिक) (सहयोगी-श्रीपदराय)	भैरवप्रसाद गुप्त
दिनमान, प्रतीक (दिल्ली)	अज्ञेय
आलोचना	(प्रथम सम्पा॰- शिवदानसिंह चौहान वर्तमान नामवर सिंह) समालोचक (आगरा) रामविलास शर्मा (कुछ समय बाद बन्द हो गयी)
नटरंग (नाट्य समीक्षा पर)	नेमिचन्द जैन
विशाल भारत (कलकत्ता)	(प्रथम सं॰ : बनारसीदास चतुर्वेदी परवर्ती : ब्रजमोहन वर्मा, मोहनसिंह सेंगर, श्रीराम शर्मा, अज्ञेय)
माधुरी, लखनऊ, जागरण (काशी)	प्रेमचन्द
हंस (काशी)	(प्रथम सं. : प्रेमचंद वर्तमान सं. : राजेन्द्र यादव)
इंदु (काशी)	जयशंकर प्रसाद
मतवाला	निराला
चाँद (प्रयाग)	महादेवी वर्मा
विश्वमित्र (कलकत्ता)	हेमचन्द्र जोशी
प्रभा (कानपुर)	(प्रथम सं. : माखनलाल चतुर्वेदी परवर्ती : बालकृष्ण शर्मा नवीन)
सरस्वती (प्रयाग)	महावीर प्रसाद द्विवेदी के बाद– श्रीनाथ सिंह, पदुमलाल पुन्नालाल बख्शी, देवीदत्त शुक्ल, हरिभाऊ उपाध्याय, गणेश शंकर विद्यार्थी, ठाकुर दत्त मिश्र, देवीप्रसाद शुक्ल, उमेशचन्द्र मिश्र, देवीदयाल चतुर्वेदी, श्रीनारायण चतुर्वेदी
संगम (प्रयाग)	इलाचन्द्र जोशी
माध्यम (प्रयाग)	बालकृष्ण राव
कल्पना (हैदराबाद)	आर्येन्द्र शर्मा
मर्यादा, अभ्युदय (प्रयाग)	कृष्णकांत मालवीय, पद्मकांत मालवीय
माया	श्रीकृष्णदास
नयी कविता (1954, प्रयाग)	जगदीश गुप्त, रामस्वरूप चतुर्वेदी
वीणा (इन्दौर)	शान्तिप्रिय द्विवेदी
धर्मयुग (बम्बई)	धर्मवीर भारती, गणेश मंत्री
निकष	धर्मवीर भारती, लक्ष्मीकान्त वर्मा
नये पत्ते	लक्ष्मीकान्त वर्मा, रामस्वरूप चतुर्वेदी
क, ख, ग	(रघुवंश, लक्ष्मीकान्त वर्मा, रामस्वरूप चतुर्वेदी, विपिन कुमार अग्रवाल, कृष्णनाथ)
कृत्ति	नरेश मेहता, श्रीकान्त वर्मा
पूर्वग्रह, समास (भोपाल)	अशोक वाजपेयी
कवि	विष्णुचन्द्र शर्मा
युगचेतना/ युगसाक्षी	(देवराज, कुँवरनारायण, प्रेमशंकर, कृष्णनारायण कक्कड़, प्रतापनारायण टंडन)
लहर	प्रकाश जैन, मनमोहिनी
नया प्रतीक	अज्ञेय, इला डालमिया
दस्तावेज	विश्वनाथप्रसाद तिवारी
पहल	ज्ञानरंजन
अभिप्राय	राजेन्द्रकुमार
साक्षात्कार (भोपाल)	सोमदत्त, प्रभात त्रिपाठी, ध्रुव शुक्ल
समकालीन भारतीय साहित्य	इन्द्रनाथ चौधरी/ शानी/ गिरधारी राठी (साहित्य अकादमी से छपती है)

विप्लव (लखनऊ)	यशपाल
कादम्बिनी (दिल्ली)	विष्णु नागर
सारिका	अवधनारायण मुद्गल, गिरिजा शंकर त्रिपाठी
गंगा	कमलेश्वर
वागर्थ	प्रभाकर श्रोत्रिय
हिन्दुस्तान (दैनिक)	विश्वामित्र उपाध्याय
नवभारत टाइम्स (दैनिक)	राजेन्द्र माथुर
स्वतंत्र भारत (दैनिक)	अशोक जी
जागरण (दैनिक)	पूरनचन्द, नरेन्द्र मोहन
जनसत्ता (दैनिक)	प्रभाष जोशी
हिन्दुस्तान	मृणाल पाण्डे
दिनमान	घनश्याम पंकज
रविवार	उदयन शर्मा
वामा	विमला पाटिल
पराग (बाल साहित्य)	हरिकृष्ण देवसरे
नन्दन (बाल साहित्य)	जयप्रकाश भारती

'आलोचना' पत्रिका के संपादक मण्डल में ये लोग रहे—शिवदानसिंह चौहान (प्रथम सं.), धर्मवीर भारती, रघुवंश, ब्रजेश्वर वर्मा, साही, नंददुलारे बाजपेयी तथा नामवर सिंह।

'सरस्वती' के संस्थापक	–	चिन्तामणि घोष
'विशाल भारत' के संस्थापक	–	रामानंद चटर्जी
'मतवाला' के संस्थापक	–	महादेवप्रसाद सेठ
'सुधा' के संस्थापक	–	दुलारे लाल भार्गव
'कल्पना' के संस्थापक	–	बदरी विशाल पिन्तर

रंगमंच :

- बम्बई में सन् 1853 में पेस्तन जी घनजी भाई मास्टर ने 'पारसी नाटक मण्डली' की स्थापना की ।
- हिन्दी रंगमंच का प्रारम्भ 1868 ई॰ में बनारस थियेटर में मंचित 'जानकीमंगल' नाटक से माना जाता है।
- अव्यावसायिक नाटक मंडलियों में से प्रयाग की 'हिन्दी नाट्य समिति' सबसे प्राचीन है।
- पहले इसका नाम 'रामलीला नाटक मंडली' (1889, संस्थापक - माधव शुक्ल) था। 1908 से माधव शुक्ल ने नाम बदल कर 'हिन्दी नाट्य समिति' कर दिया। प्रमुख रंगमंच सम्बंधी संस्थायें हैं—

काशी : कविता वर्द्धिनी सभा (1870), भारतेन्दु नाटक मण्डली (1908), रत्नाकर रसिक मंडल (1933), नटराज (1954), प्रगति (1968)
प्रयाग : नीटा, आर्य नाट्य सभा, रंगशाला, रंगवाणी,अभिनय
लखनऊ : हिन्दी नाट्य समिति (1915), राष्ट्रीय नाट्य परिषद्, उदयन
कानपुर : नाट्यभारती, दर्पण, कला संगम
दिल्ली : संगीत नाटक अकादमी (1953), लिटिल थियेटर ग्रुप, दिशान्तर, यात्रिक
कलकत्ता : अनामिका (1955), संगीत कला मंदिर, अदाकर
बम्बई : थियेटर यूनिट

- सन् 1944 में नारायणप्रसाद बेताब के कहने पर पृथ्वीराज कपूर ने 'पृथ्वी थियेटर' की स्थापना की।
- भारतीय जननाट्य संघ (इप्टा) - 1942 ई. (संस्थापक- कमला देवी चट्टोपाध्याय)
- कमलादेवी चट्टोपाध्याय के प्रयास से 1945 ई. में दिल्ली में 'एशियन थियेटर इन्स्टीट्यूट' की स्थापना हुई जिसका नाम 1959 ई. में बदलकर राष्ट्रीय विद्यालय कर दिया गया।
- रंगमंच से सम्बद्ध प्रमुख पत्रिकायें हैं—नटरंग, रंगयोग, रंगायन, नाट्यवाणी, अभिनय संवाद, रंगभारती, नाटयपत्र, छायानद।
- संस्थाओं से जुड़े व्यक्ति : इब्राहिम अल्का जी, शांता गाँधी, सत्यदेव दुबे (थियेटर यूनिट, बम्बई), श्यामानन्द जालान (अनामिका, कलकत्ता), सत्यव्रत सिन्हा (प्रयाग रंगमंच, प्रयाग)।

अन्य भारतीय भाषाओं के प्रमुख साहित्यकार, जिनकी रचनायें हिन्दी में अनूदित हुईं :

रचना	रचनाकार
आग का दरिया (उप॰, उर्दू)	कुर्रतुल ऐन हैदर
आवारा सिजदे (उर्दू)	कैफी आजमी
दीवाने गालिब (उर्दू)	मिर्जा गालिब
सोजे वतन (उर्दू, प्रतिबन्धित हुई)	प्रेमचन्द
एक गधे की वापसी (कहानी, उर्दू)	कृश्नचंदर
एक गधे की सर्गुजश्त, हवाई किले (उर्दू)	कृश्नचंदर
अब्बू खाँ की बकरी (कहानी, उर्दू)	जाकिर हुसैन
लिहाफ (कहानी, उर्दू)	इस्मत चुगताई
हयवदन, तुगलक, रक्तकल्याण	गिरीश कर्नाड (नाटक, कन्नड़)
नाकुतन्ति (कन्नड)	द॰रा॰ बेन्द्रे
संस्कार (कन्नड)	यू॰आर॰ अनंतमूर्ति
ययाति (उप॰, मराठी)	वि॰स॰ खाण्डेकर
घासीराम कोतवाल (नाटक, मराठी)	विजय तेंन्दुलकर
सखाराम बाइन्डर (उप॰, मराठी)	विजय तेंन्दुलकर
कोसला (उप॰, मराठी)	भालचन्द्र नेमाड़े
कागज ते कैनवास (पंजाबी)	अमृता प्रीतम
मढी का दीवा (उप॰, पंजाबी)	गुरदयालसिंह
प्रथम प्रतिश्रुति (उप॰, बंगला)	आशापूर्णा देवी
गणदेवता (उप॰, बंगला)	ताराशंकर बंद्योपाध्याय
पद्मा नदी का मांझी (उप॰, बंगला)	मानिक बंद्योपाध्याय
अमृत संतान (उप॰, उडिया)	गोपीनाथ महंती
गुजरात के नाथ (उप॰, गुजराती)	कन्हैया लाल मणिकलाल मुंशी
मछुवारे (उप॰, तमिल) (मूलनाम : चेम्मीन)	तकषी शिवशंकर पिल्लै
दूदामा ना यामा (उप॰, हिन्दी)	मैत्रैयी पुष्पा
आगरा बाजार (नाटक, नजीर के जीवन पर)	हबीब तनवीर
हंसिनी, चैरी का बगीचा (नाटक)	चेखव
जीभ दिखाना (गुंटर ग्रास की पुस्तक का हिन्दी अनुवाद)	विष्णुखरे (अनुवाद)

——❖——❖——❖——

कथा साहित्य

मध्यवर्ग का उदय और उपन्यास

सामन्तवादी व्यवस्था के ह्रास और पूंजीवाद के उन्नयन के बाद समाज में मध्यवर्ग का उदय हुआ। मध्यवर्ग का उदय प्रथमतः यूरोप के देशों में हुआ। यूरोप के विशाल सांस्कृतिक पुनर्जागरण के (15वीं शती) बाद समाज में प्रचलित अनेकशः रूढ़ियाँ तिरोहित हुई एवं नवीन विचारों का प्रादुर्भाव हुआ। धर्म की सत्ता का नियंत्रण कम हुआ। शैक्षिक गतिविधियों का प्रभाव बढ़ा। वैज्ञानिकता के साथ साथ औद्योगिक धंधों का आविर्भाव हुआ। समाज में आए इन क्रान्तिकारी परिवर्तनों के कारण दास अथवा निम्न वर्ग और पूंजीपति वर्ग के मध्य मध्यवर्ग का आविर्भाव हुआ। वैसे तो मध्यकालीन समाज में एक वर्ग था जो कवियों, कलाकारों और छोटे राज्यव्यवस्था के कर्मचारी का था, लेकिन ये लोग संख्या में नगण्य थे। औद्योगिकरण के पश्चात् शिक्षित लोगों का समुदाय अपनी उपस्थिति दर्ज कराने में सक्षम हुआ।

हिंदुस्तान में ईस्ट इंडिया कंपनी के आने के बाद मध्यवर्ग का उदय होता है। दुभाषियों एवं दलालों को मध्यवर्गी समाज का पूर्वज माना जाता है। सन् 1757 में प्लासी के युद्धोपरान्त अनेक क्षेत्रों में कंपनी का आधिपत्य होने लगा। भारतीय जनमानस अंग्रेजी शैली की शिक्षा एवं पाश्चात्य संस्कृति से प्रभावित हुआ। व्यापार हेतु यूरोपीयन लोगों को बुलाया गया। बंगालियों को एजेण्ट नियुक्त किया गया। 1765 ई॰ के बाद इस प्रकार बंगाल में एक शिक्षित मध्यवर्ग का विकास हुआ। 1770 ई. के अकाल ने भी इस वर्ग के उदय में विशेष योगदान किया। समाज सुधार, रूढ़ियों से मुक्ति, अंधविश्वास, बाल विवाह, विधवा विवाह आदि के विरुद्ध आर्य समाज, ब्रह्म समाज आदि संस्थाओं के सकारात्मक प्रयास से समाज में शिक्षा के विकास को बल मिला। वैज्ञानिक शिक्षा का पक्ष लिया गया। नवजागरण की लहर फैली। स्वाभिमान की रक्षा के साथ-साथ पाश्चात्य शिक्षा का समर्थन भी हुआ।

सन् 1835 ई॰ में लार्ड मैकाले ने स्पष्ट कहा कि, "हमें इस समय एक ऐसे वर्ग की रचना के लिए भरसक कोशिश करनी चाहिए जो हम तथा हमारे करोड़ों शासितों के मध्य दुभाषिये की भूमिका निभा सके अर्थात् व्यक्तियों का एक ऐसा वर्ग जो रक्त तथा त्वचा के रंग में तो भारतीय हो, लेकिन, रूचि, अभिमत, नैतिक मानदण्डों और प्रतिभा में अंग्रेज हो।"

देश के स्वाधीनता-संग्राम में बाद में मध्यवर्ग से निकले बुद्धिजीवियों ने ही नेतृत्व की जिम्मेदारी संभाली। वैसे भारत में वास्तविक रूप में मध्यवर्ग का उदय 1857 ई॰ के स्वाधीनता संग्राम के उपरांत माना जाता है। संचार, डाक-तार, रेल से जनमानस, जनसाधारण प्रभावित हुआ। आधुनिक बोध की विवृत्ति करने वाली अनेक शिक्षण-संस्थाओं को खोला गया।

सत्रहवीं शती का 'राबिन्सन क्रूसो', 'डेनियल डिफो' पूंजीवादी वर्ग की साहसिकता और आशावाद को व्यक्त करने वाला उपन्यास है। परवर्ती उपन्यास में – पामेला (Recherdson), जोनाथन वाइल्ड (Henary Fielding), एमार (Jen Austin) आदि में मध्यवर्गीय समाज का चित्रण किया गया है। आ॰ नंद दुलारे वाजपेयी की सम्मति में "मध्ययुग के सामंती समाज का अंत होने पर जब नवीन औद्योगिक सभ्यता का आविर्भाव हो रहा था और नगरों में नवीन मध्यवर्ग की सत्ता स्थापित हो रही थी, उस समय उपन्यास का आविर्भाव हुआ। इस प्रकार उपन्यास एक ओर गद्य-साहित्य के निर्माण और विकास का समकालीन था तो दूसरी ओर मध्यवर्ग के उत्थान का समसामयिक है।"

डॉ॰ सत्यकाम ने लिखा है कि भारतीय रंगमंच पर उपन्यास का उदय अठारहवीं शती के उत्तरार्द्ध में ही हो पाया, हालांकि इसके लिए परिस्थितियाँ पिछले पचास वर्षों से तैयार हो रही थीं। हिन्दी में उपन्यास पद का प्रयोग सबसे पहले 'हरिश्चंद्र चंद्रिका' में 1875 ई. में प्रकाशित कहानी के लिए हुआ। उपन्यास नाम से लिखित हिन्दी की पहली पुस्तक 'निस्सहाय हिन्दू' है। डॉ॰ गोपाल राय देवरानी-जेठानी की कहानी जो 1870 ई॰ में छपी थी, को प्रथम उपन्यास-कृति मानते हैं। शुक्ल जी ने परीक्षा गुरू (1882 ई॰) को अंग्रेजी शैली का पहला उपन्यास माना। ये सभी प्रारंभिक कृतियां मध्यवर्गी जीवन पर केन्द्रित हैं।

उपन्यास और यथार्थ तथा उसके विविध रूप

जब हक्सले ने उपन्यास को 'वासनायुक्त प्रेम, लोभ, भय, महत्त्वाकांक्षा, कर्त्तव्य और ममता से संबंधित तथ्यों का एक वृहत् संग्रह मात्र कहकर उपेक्षित करना चाहा था तो वे प्रकारान्तर से उसके यथार्थ-चित्रण के आग्रह को रेखांकित कर रहे थे। कला जगत में यथार्थवाद के उदय की दो तिथियों का वर्णन किया जाता है। सन् 1855 ई॰ में कोर्वे द्वारा अपने चित्रों के संदर्भ में Realism का प्रयोग और सन् 1856 ई॰ में फ्लाबेयर के उपन्यास 'मादाम बावेरी' का प्रकाशन-यथार्थवाद के आविर्भाव की घोषणाएँ हैं। यथार्थ के प्रति उपन्यास का रुझान पुरातन है। जैसा कि डॉ. त्रिभुवन सिंह ने कहा है कि, "यथार्थ और यथार्थवाद के बीच कोई भेदक रेखा नहीं है। 'यथार्थ' यथार्थवाद का अनगढ़ रूप है, इसका रॉ मेटीरियल है।"

कजामियाँ ने चेताया था कि यथार्थवाद कोई शैली न होकर एक प्रवृत्ति है। लेकिन यथार्थवाद की चर्चा एक शैली के रूप में अधिक हुई और इसका एक रूप 'प्रकृतवाद' यथार्थवाद का पर्याय समझा जाने लगा। यहाँ तक कि प्रेमचंद भी इस भ्रम के शिकार रहे। प्रेमचंद यथार्थवाद को आँखें खोलने वाले के अलावा 'पेसिमिस्ट' भी बताते रहे। गोदान : नया परिपेक्ष्य में डॉ॰ गोपाल राय ने कहा है कि, प्रेमचंद ने जिस यथार्थवाद को नकारा है, वह पाश्चात्य साहित्य का नेचुरलिज्म है। वास्तविकता यह है कि प्रकृतवाद से पहले जो यथार्थवाद उभरा था, उसकी प्रकृति आलोचनात्मक और विश्लेषणपरक थी। उसका विकास आदर्शोन्मुख यथार्थवाद और आलोचनात्मक यथार्थवाद आदि के रूप में कालान्तर में हुआ। वास्तविक यथार्थवादी साहित्य की विशेषता बताते हुये जार्ज ल्युकाक्स ने लिखा है कि यथार्थवादी लेखक वह है जो बिना किसी भय के या पक्षपात के जो कुछ अपने पास देखे उसका चित्रण करे। कुछ आलोचक यथार्थवाद को एक शैली विशेष मानते हैं। आर.एल. स्टीवेन्सन ने इसका सम्बन्ध रचना की कलात्मक शैली मात्र से माना है। वस्तुतः यथार्थवाद का संबंध–कथन और शिल्प दोनों से है। उपन्यास में

यथार्थवाद के निम्न रूप प्रचलित हैं। 1. प्रकृतवाद, 2. अतियथार्थवाद, 3. आदर्शोन्मुख यथार्थवाद, 4. आलोचनात्मक यथार्थवाद, 5. समाजवादी यथार्थवाद, 6. जादुई यथार्थवाद।

रोमांटिक यथार्थवाद, ऐतिहासिक यथार्थवाद, आँचलिक यथार्थवाद आदि का नामोल्लेख भी होता रहा है। वस्तुतः 'यथार्थवाद' एक मानवीय जीवनदृष्टि है, जिसकी उपेक्षा करके कोई सार्थक उपन्यास नहीं रचा जा सकता। लेकिन केवल यथार्थवाद किसी रचना को महत्वपूर्ण नहीं बना सकता था। हावर्ड फास्ट ने कहा कि, "प्रतिभा की कमी और कला के अभाव को यथार्थवाद के आवरण से नहीं ढँका जा सकता है।

उपन्यास में इतिहास, कल्पना और आधुनिकता

साहित्यिक विद्वानों ने कथा सृजन के दो रूप माने हैं– ऐतिहासिक और कल्पित। ऐतिहासिक कथा संसार के किसी विशेष काल खंड एवं स्थान पर घटित होती है। उपन्यास में कल्पित कथा के साथ-साथ अनेकशः सृजकगण घटित कथा का भी सृजन करते हैं। उपन्यास और इतिहास एक जैसे नहीं हैं। इतिहास में घटित कथा भी सृजक की तूलिका से इतिहास के गर्त को छोड़कर मैदान पर दिखाई पड़ने लगती है। डॉ॰ सत्यकाम के अनुसार, "इतिहास तथ्य प्रधान होता है जबकि उपन्यास कल्पना प्रसूत। इतिहास की प्रत्येक घटना का कोई साक्ष्य या प्रमाण होता है जबकि उपन्यास के क्रिया-व्यापार हेतु किसी तथ्य या प्रमाण की आवश्यकता नहीं पड़ती। निदर्शनार्थ महात्मा गांधी का दक्षिण अफ्रीका में साम्राज्यवादी शक्तियों से संघर्ष के इतिहास को गिरिराज किशोर ने 'पहला गिरमिटिया' उपन्यास का कथ्य बनाया। इसमें कल्पनाशीलता का सहारा लिया गया है। रवीन्द्रनाथ ठाकुर, वृंदावनलाल वर्मा, हजारी प्रसाद द्विवेदी, चतुरसेन शास्त्री आदि ने ऐतिहासिक संदर्भ के उपन्यासों की रचना कल्पना के सहारे की। बाणभट्ट की आत्मकथा, चारू चंद्रलेख, गोरा, वैशाली की नगर वधू, मृगनयनी, आदि में लेखकों ने तत्कालीन इतिहास की घटित घटना में युगीन परिदृश्य की समस्याओं, सवालों का प्रक्षेपण किया है। सामाजिक उपन्यासों में इतिहास तो नहीं होता लेकिन देश-काल की उपस्थिति ऐतिहासिकता का बोध करा देती है। जिसे हम गोदान, मैला आँचल आदि में देख सकते हैं।

डॉ॰ त्रिभुवन सिंह ने कल्पनाशक्ति का रचनात्मकता से गहरा संबंध बताते हुए लिखा है कि, "कल्पना उपन्यासकार की रचनात्मक प्रतिभा को आगे बढ़ाकर कार्य करने की भूमि प्रस्तुत करती है। उपन्यासकार कल्पना के द्वारा ही ऐसे प्रसंगों तथा मार्मिक स्थलों एवं घटनाओं की सृष्टि करने में सफल हो पाता है जो उसकी कृति को कलात्मक पूर्णता प्रदान करने के लिए आवश्यक होती है। कल्पनात्मकता के सहारे सृजक देश-काल, वातावरण के साथ-साथ चरित्र-चित्रण भी निरूपित करता है। रंगभूमि का सूरदास, बाणभट्ट की आत्मकथा का 'बाण' आदि लेखक का कल्पना प्रसूत चरित्र रखते हैं। लेखक की वैचारिकता इसमें कार्य करती है।

लेखक द्वारा प्रसूत इतिहास या कल्पना का 'आधुनिक सरोकारों से संपृक्त होना आवश्यक समझा जाता है। रचना में रचनाकार अपनी लेखनी से गड़े मुर्दे उखाड़ने के पीछे अपना उद्देश्य रखता है। इसीलिए वह औचित्यपूर्ण तथा सार्थक होती है। आधुनिकता को हर सृजक सक्रिय और जागरूक रूप से स्वीकारता है। विवादास्पद आधुनिकता के संदर्भ में डॉ॰ गंगा प्रसाद विमल कहते हैं कि, "वह केवल नगरीकरण ही नहीं है। नगरीकरण उसकी एक वृत्ति है, जो व्यापार रूप से प्रसारित होती है। मशीन की स्थापना जहाँ भी होती है, वह अपने साथ जिस प्रकार का तामझाम ले आती है, उसका अपना एक अनुशासन होता है, जिसे भ्रम से नगर बोध मान लिया जाता है, 'आधुनिकता मध्यकालीनता से छुटकारा है अर्थात् उन रूढ़ियों और अंधविश्वासों से मुक्ति है जो मनुष्य पर बरबस लादी जा रही थी। आधुनिकता विज्ञान और प्रौद्योगिकी के माध्यम् से एक नयी जीवन-पद्धति है जो नवल विचारों और मूल्यों को व्यक्त करती है। भ्रम वश अनेक विद्वान इसे नगर बोध का पर्याय मान लेते हैं। डार्विन, मार्क्स, फ्रॉयड आदि विचारकों और विद्वानों ने गत सदी में सोचने-समझने की शैली को बदल दिया। मनुष्य को ही लक्ष्य किया जाने लगा। ईश्वर की सत्ता पर प्रश्न चिह्न लगा। सार्त्र, सीमोन, गाँधी, मिल, अंबेडकर, प्रेमचंद, इलियट आदि ने अपनी तरह से विश्व को आधुनिक बनाने का प्रयास किया। हिन्दी साहित्य के भारतेन्दु काल में ही आधुनिकता के दर्शन होने लगते हैं। जाति, वर्ण, व्यवस्था के मूल्यों का अवमूल्यन होता है। प्रेमचंद पूर्व ही अनेकशः रचनाकारों ने इसमें शिरकत की। प्रेमचंद में इसका पूर्ण रूप ग्राह्य है। आधुनिकता का दूसरा पहलू अस्तित्ववादियों का आया। जिसके फलस्वरूप नदी के द्वीप, अंधेरे बंद कमरे जैसी रचनाएँ हुईं। यह व्यक्ति-केन्द्रितता को दर्शाती है। अन्य दूसरे पक्ष पर यशपाल आदि रचनाकार दिखाई देते हैं जो प्रगतिशील विचार को अपनाते हैं। इसमें मानव मात्र की मुक्ति केन्द्रस्थ है।

आधुनिकता, उत्तर आधुनिकता की चर्चा बहसों के केन्द्र में है। सुधीश पचौरी सदृश लेखकों ने इसे जीवंत बना रखा है। मनोहर श्याम जोशी ने 'हरिया हरकुलिस की हैरानी' जैसे उपन्यास की सृजना की।

प्रेमचंद पूर्व हिन्दी उपन्यास

हिन्दी साहित्य के आधुनिक काल को गद्यकाल भी कह सकते हैं। इस गद्य काल की सबसे सशक्त विधा उपन्यास है। रामदरश मिश्र ने प्रेमचंद-पूर्व युग के उपन्यास-साहित्य को उद्देश्य की दृष्टि से दो भागों में विभक्त किया है। 1. कोरा मनोरंजन 2. मनोरंजन के साथ सुधारवादी भावना। वे आगे कहते हैं कि वास्तव में इन दोनों वृत्तियों का संबंध अपने यहाँ की परम्परागत कहानियों से है। भारत वर्ष में कथा साहित्य की धारा अनादिकाल से बहती हुई आ रही है। वेदों, ब्राह्मणों, रामायण, महाभारत, पुराणों, जैन गाथाओं, जातक गाथाओं, हितोपदेश, वीरतागर्भित रोमानी कविताओं, पंचतंत्र, आदि में कथा का अनंत भंडार भरा हुआ है।

हिन्दी के उपन्यास साहित्य का आरंभिक उपन्यास कौन-सा है? इस विषय को लेकर अनेक मत दृष्टव्य हैं। आ॰ रामचंद्रशुक्ल ने श्रीनिवास दासकृत 'परीक्षा गुरु' (1882 ई॰) को अंग्रेजी ढंग का पहला उपन्यास माना है। 'उपन्यास' पद का पहला प्रयोग 'हरिश्चंद्र चंद्रिका' में प्रकाशित कहानी के लिए 1875 ई॰ में हो चुका था। रहस्य कथा उपन्यास शीर्षक बालकृष्ण भट्ट की एक रचना 'हिन्दी प्रदीप' पत्र में नवम्बर 1879 ई॰ प्रकाशित होनी शुरू हुई। किन्तु, इस उपन्यास से पूर्व उपन्यास नाम से राधाकृष्णदासकृत 'निस्सहाय हिन्दू' 1890 ई॰ में प्रकाशित हुई। श्री निवासदास ने तो अपने उपन्यास 'परीक्षा गुरू' को उपन्यास न मानकर अनुभव द्वारा उपदेश मिलने की एक संसार वार्ता कहा है। हम इस समग्र विवाद को दृष्टि में रखकर निष्कर्षतः कह सकते हैं कि हिन्दी का पहला उपन्यास पं॰ गौरीदत्त विरचित 'देवरानी-जेठानी की कहानी' है, जो कि 1870 ई॰ में प्रकाशित हुआ। यह यथार्थवादी पीठिका पर सृजित है।

प्रेमचंद पूर्व उपन्यासों की सबसे प्रमुख और सामान्य विशेषता है उनका घटना प्रधान होना। यानी ये उपन्यास घटना-चमत्कार का प्रदर्शन कर या तो मात्र मनोरंजन करना चाहते हैं या कोई उपदेश देना चाहते हैं। हम देख पायेंगे की प्रेमचंद के पूर्व जासूसी, तिलस्मी, ऐयारी, ऐतिहासिक, सामाजिक सभी तरह के उपन्यास लिखे गये किन्तु ये सभी घटना चमत्कार पर आधारित हैं। घटना चमत्कार पर आधारित उपन्यास जीवन यथार्थ की चिन्ता कम करता है। इसमें पात्रों की योजना चारित्रिक विशिष्टताओं, मानसिक सत्यों की निगूढ़ताओं, सामाजिक परिवेश के साथ उनके विभिन्न सम्बन्धों के चित्रण के लिए नहीं होती, घटनाएं भी गहन जीवन संदर्भों और पात्रों की पारस्परिक क्रिया-प्रतिक्रियाओं से प्रभावित नहीं होतीं, वे जीवन के विभिन्न प्रश्नों, समस्याओं और आकांक्षाओं की जटिलता से उलझी नहीं होती। सनसनी पैदा करने वाली, कौतूहल वर्धक करने वाली या किसी विशेष सुधारवादी अंत तक पाठक को पहुंचाने वाली घटनाओं को लेखक अपने ढंग से सजाता चलता है। (हिन्दी उपन्यासः एक अंतर्यात्रा रामदरश मिश्र) इस तरह से प्रेमचंद के पूर्व के उपन्यास विधा के अधिकांशतः सृजकों ने घटनाओं को बिना नियोजित किये शब्दबद्ध किया है। इस घटना प्रधान कथाओं में पात्रों की कोई निजी विशेषता नहीं होती, वे टाइप होते हैं।"

प्रेमचंद से पूर्व हिन्दी साहित्येतिहास में कोई महत्त्वपूर्ण उपन्यास लक्षित नहीं होता। कहा जा चुका है कि हिन्दी के आरंभिक उपन्यासों में शुद्ध मनोरंजनात्मक उपन्यासों के अतिरिक्त उपदेश-प्रधान उपन्यास भी लिखे गये और कुछ ऐतिहासिक पृष्ठभूमि पर आधारित उपन्यासों की भी रचना हुई। इसका मूल कारण उनका युग एवं युग की परिस्थितियां थीं। भारतेन्दु युग के लेखक एक अपने देश और काल की चेतना से जाग्रत थे। प्रेमचंद युग के पूर्व तीन तरह की उपन्यास रचना रामदरश मिश्र ने बतायी है।

1. **शुद्ध मनोरंजन प्रधान–तिलस्मी ऐमारी :** लेखक-देवकी नंदन खत्री, किशोरीलाल गोस्वामी, देवी प्रसाद शर्मा, जगन्नाथ प्रसाद चतुर्वेदी, हरे कृष्ण जौहर। **जासूसी :** लेखक-गोपालराम गहमरी, शिवनारायण द्विवेदी, शेरसिंह, रूद्रदत्त शर्मा, जयरामदास गुप्त आदि।
2. **उपदेश प्रधान सामाजिक उपन्यास**–श्री निवासदास, बालकृष्णभट्ट, राधाकृष्ण, राघवचरण गोस्वामी, देवीप्रसाद शर्मा, किशोरीलाल गोस्वामी, लज्जाराम मेहता आदि।
3. **ऐतिहासिक उपन्यास**–किशोरीलाल गोस्वामी, बलदेव प्रसाद मिश्र, कृष्ण प्रकाश सिंह, अखौरी, ब्रजनंदन सहाय, मिश्र बंधु आदि।

इन तीनों प्रवृत्तियों को रोमांच बहुल, रोमांस बहुल एवं उपदेश बहुल उपन्यास कहते हैं। शुद्ध मनोरंजन प्रधान या रोमांचकारी उपन्यासों में विस्मयकारी घटनाओं का ताना-बाना है। इसमें तिलस्म और ऐयारी के बड़े विचित्र कारनामें दृष्टव्य हैं। घटनाओं के बगैर कार्य-कारण संबंध का वर्णन किया जाता है जिससे कथा प्रवाह तीव्र बना रहता है। कौतूहल वृत्ति हमेशा बनी रहती है। चोरी डकैतियों और अन्य प्रकार की आपराधिक खोजों की जाँच जासूसी उपन्यास में होती है। जासूसी उपन्यास तिलस्मी, ऐयारी उपन्यासों की अपेक्षा अधिक विश्वसनीय होते हैं। जहाँ तिलस्मी, ऐयारी में जादुई तत्वों का प्रयोग होता है वहाँ जासूसी उपन्यासों में बुद्धि कौशल और वैज्ञानिक साधनों का प्रयोग होता है। यानी कि जासूसी उपन्यासों में कार्यकारण की श्रृंखला होती है और वे अविश्वसनीय नहीं होते।

देवकी नंदन खत्री के उपन्यास चंद्रकांता (1891 ई॰), चंद्रकांता संतति नरेन्द्र मोहिनी (1893 ई॰), वीरेन्द्रवीर (1895 ई॰), कुसुम कुमारी (1899), काजर की कोठरी (1902 ई॰), अनूठी बेगम (1905 ई॰), गुप्त गोदना (1906 ई॰), भूतनाथ आदि रोमांच बहुल उपन्यास हैं। इनके अलावा हरे कृष्ण जौहर कृत कुसुमलता, मयंक मोहिनी या मायामहल (1901 ई॰), कमल कुमारी (1902 ई॰), निराला नकाबपोश (1902 ई॰), भयानक खून (1903ई॰), किशोरीलाल गोस्वामीकृत तिलस्मी शीशमहल (1905 ई॰) रामलाल वर्मा रचित 'पुतली महल' (1908) उपन्यास आते हैं।

गोपालराम गहमरी ने जासूसी उपन्यासों की रचना की जिनमें अद्‌भुत लाश, बेकसूर की फाँसी, सरकती लाश, खूनी कौन, बेगुनाह का खून, जासूस की भूल, खून, खूनी का भेद, गुप्त भेद इनके उपन्यास हैं।

अपने समय और समाज के सवालों पर आधारित इस युग के उपन्यासों में 'उपदेशात्मक' स्वर बहुत तीक्ष्ण हैं, आरंभ में रचित अधिकतर सामाजिक उपन्यास उपदेशात्मक हैं। 'परीक्षा गुरू' में कुसंगति से मुक्त होने का उपदेश है और 'देवरानी-जेठानी की कहानी' में स्त्रियों के शिक्षित होने पर जोर दिया गया है। इन उपन्यासकारों का राष्ट्रीय अभिमान अधिक मुखर नहीं हो सका। किन्तु सामाजिक, धार्मिक पक्ष की विकृतियों को चित्रित करने में कोई विशेष अड़चन नहीं थी। राष्ट्रीय जागरण के साथ सामाजिक जागरण का स्वर उद्‌घोषित है। भारतेन्दु हरिश्चंद्र के 'पूर्ण प्रकाश' और 'चंद्रप्रभा' सामाजिक उपन्यास हैं। भाग्यवती (श्रद्धाराम फिल्लौरी, 1877), नूतन ब्रह्मचारी, सौ अजान : एक सूजान (बालकृष्ण भट्ट), निस्सहाय हिन्दू (राधाकृष्ण दास), विधवा विवाह) राधाचरण गोस्वामी और देवी प्रसाद शर्मा। इनके अलावा श्यामा स्पप्न, जया, लवंग लतिका, कुसुमकुमारी, लीलावती का आदर्शसती, पुनर्जन्म, सौतिया डाह, अंगूठी का नगीना, धूर्त रसिकलाल, स्वतंत्र रमा और परतंत्र लक्ष्मी, अधखिला फूल, ठेठ हिन्दी का ठाठ, सास पतोहू, सौन्दर्योपासक, राधाकांत, रामलाल, वनजीवन-वन प्रेम लहरी आदि के नाम अग्रगण्य हैं।

ऐतिहासिक उपन्यासों की श्रृंखला में किशोरीलाल गोस्वामीकृत हृदयहारिणी व आदर्श रमणी (1890), लवंगलता का आदर्शवाला (1890), तारा (1902), राजकुमारी (1902), कनक कुमारी वा मस्तानी (1903), लखनऊ की कब्र वा शाही महलसरा (1906), रजिया बेगम आदि, गंगा प्रसाद गुप्त-कृत, पृथ्वी राज चौहान (1902), कुमारसिंह सेनापति (1903), हम्मीर (1904), श्याम सुंदर वैद्य कृत, पंजाब पतनः कृष्ण प्रसाद सिंह आखौरीकृत वीर चूड़ामणि, मथुरा प्रसाद शर्माकृत, नूरजहाँ, ब्रजनंदनसहायकृत 'लालचीन' (1916), मिश्रबंधु कृत वीर मणि (1917) आदि उपन्यास इस काल के ऐतिहासिक कहे जाने वाले उपन्यास हैं।

इस प्रकार प्रेमचंद के युग के पूर्व में उपन्यासों में राष्ट्रीयता के साथ सामाजिकता, मनोरंजन के साथ उपदेशात्मकता के भाव लक्षित होते हैं।

हिन्दी उपन्यास और स्वाधीनता आंदोलन

हिन्दुस्तान के इतिहास में स्वाधीनता-आंदोलन का काल विशेष स्थान रखता है। यह काल राष्ट्रीय और सामाजिक उथल-पुथल का काल था। रामदरश मिश्र की सम्मति में यह संक्रान्ति काल– दो प्रकार की संस्कृतियों का, दो प्रकार के मूल्यों का, साथ ही साथ संघर्षकाल था–साम्राज्यवाद से राष्ट्रवाद का, सामंती सभ्यता से महाजनी सभ्यता का एवं सामंती और महाजनी दोनों सभ्यताओं से शोषित किसानों और मजदूरों की शक्तियों का था। राजनीतिक क्षेत्र में उथल-पुथल मची थी। पराधीन भारत साम्राज्यवादी ब्रिटिश राज्य से मुक्त होने के लिए तड़प रहा था।'' 1857 ई॰ से सतत शुरू हुए विद्रोह के

स्वर, मुक्ति के स्वर साम्राज्यवादी शक्तियों के प्रबल होने के बावजूद भी सक्रिय रहे। प्रतिरोध का क्रम टूटा नहीं। प्रथमतः तिलक, गोखले और लाला लाजपत राय एवं बाद में महात्मा गाँधी का नेतृत्व, सुभाष चंद्र बोस और भगत सिंह की शहादत ने इस मुक्ति संग्राम में आग में घी का काम किया। सन् 1942 से स्वाधीनता हेतु अंग्रेजों के विरुद्ध यहाँ की जनता ने भारत छोड़ो आंदोलन का उद्घोष किया। 'करो या मरो' के नारे के आगे यहाँ की अंग्रेज शासन-सत्ता को अंततः मुक्ति देनी ही पड़ी। लेकिन उनकी नीति जाते-जाते भी देश को विभाजित कर गई।

हिन्दी उपन्यासों पर स्वाधीनता आंदोलन का दो प्रकार से प्रभाव पड़ा। कुछेक उपन्यासकार तो गाँधी जी के प्रभाव से, स्वदेशी के प्रभाव और अंग्रेज सरकार द्वारा प्रदत्त सरकारी सेवाओं को त्यागकर आजादी की जंग में शिरकत करने लगे। जैसे प्रेमचंद ने गाँधी जी के आह्वान पर स्वयं नौकरी छोड़ दी और 'सोजेवतन' सदृश कहानी संकलन पर शासक-सत्ता का कोपभाजन झेलना पड़ा। जैनेन्द्र, विष्णु प्रभाकर आदि उपन्यास सर्जकों ने असहयोग आंदोलन आदि में सकारात्मक रूप से भाग लिया। यशपाल, मन्मथनाथ गुप्त आदि सशस्त्र क्रांतिकारियों के संगठन के सदस्य थे। उन्हें कई वर्षों तक सलाखों के पीछे रहना पड़ा। अज्ञेय का उपनाम 'अज्ञेय' जेल में ही पड़ा। फणीश्वरनाथ रेणु तथा विवेकी राय भी स्वाधीनता-संग्राम से संबद्ध रहे। इसके अलावा अन्य सर्जक कर्मियों ने प्रत्याक्षाप्रत्यक्ष स्वाधीनता आंदोलन को अभिव्यक्ति दी और आजादी की लड़ाई को अपनी सर्जना का उपजीव्य बनाया।

प्रेमचंद के उपन्यास कर्मभूमि, रंगभूमि और गबन में मुक्ति संग्राम के दौरान जनसहयोग, नेतृत्व क्षमता और शासकों की भेदनीति आदि का यथोचित प्रामाणिक वर्णन है। 'कर्मभूमि' में बीसवीं शती के तीसरे-चौथे दशक का यथार्थ है। 'रंगभूमि' संघर्ष के दौरान अहिंसा की ताकत का बयान है। इस उपन्यास में सूरदास का अंत उसी प्रकार दिखाया गया है जिस प्रकार महात्मा गांधी का हुआ। 'गबन' में देशभक्तों के विरुद्ध उपनिवेशवादियों के षड्यंत्र को विषय बनाया गया है। इस उपन्यास में प्रेमचंद ने दोनों स्तरों पर मुक्ति की बात की है– देशी सामंतवाद से एवं विदेशी साम्राज्यवाद से। उन्होंने कहा कि जॉन की जगह गोविन्द को गद्दी पर बैठाने से जनता की मुश्किलें हल नहीं हो जाएंगी। जनता को स्वतंत्रता तभी मिल सकती है जब वे व्यवस्था की कमियों को लेकर उसका प्रतिरोध, प्रतिकार करें। जनता को इससे मतलब नहीं है कि शासक जॉन है या गोविन्द। तुलसीदास ने जनता के मन की आवाज को लेकर कहा कि, "कोउ नृप होइ हमें का हानी।"

जैनेन्द्र व्यक्ति के मानस के रचनाकार हैं। उनके उपन्यासों में स्वाधीनता संघर्ष का विशद् एवं बाह्य चित्रण नहीं हुआ है। उनके उपन्यास सामाजिक जीवन की असंगतियों, विसंगतियों, गिरते मानव-मूल्यों, स्त्री की स्थिति आदि को लेकर चलते हैं।

यशपाल और अज्ञेय की उपन्यास सृजना में क्रांतिकारी जीवन के अनुभवों की अभिव्यंजना है। अज्ञेय द्वारा रचित 'शेखर : एक जीवनी में' शेखर को राजद्रोह के अपराध में फाँसी की सजा मिलती है। वह कारावास की कोठरी में बैठकर अपने अनुभव को व्यक्त करता है। स्वतंत्रता को लेकर वह कहता है कि, "मुक्ति, स्वराज, स्वतंत्रता–कितने सुंदर शब्द हैं। किन्तु कहाँ हैं इनके पनपने के लिए खंडित और खाद् युक्त मिट्टी, जनता ....।" यशपाल ने उपन्यास में आजादी को 'झूठा सच' कहकर व्यक्त किया है। 'देशद्रोही', 'दादा कॉमरेड' आदि में वे शुरू से ही आजादी के संघर्ष के पदच्युत होने से चिंतित हैं, लेकिन आजादी मिल जाने के बाद की उनकी निराशा 'झूठा सच' (भाग-2) में व्यक्त हुई। 'झूठा सच' इस कड़वी सच्चाई को उकेरता है कि अंग्रेजों के शासन में सांप्रदायिकता की जो बेल फली-फूली वह स्वतंत्रता प्राप्ति के बाद अधिक विकराल रूप में सबके गले में फाँस बन गई। 'तमस' के लेखक भीष्म साहनी ने भी आजादी मिलने के समय के संक्रमणकालीन यथार्थ को व्यक्त किया है। साम्राज्यवाद, सांप्रदायिकता, विभाजन की त्रासदी आदि पर इन्होंने कलम चलाई।

हिन्दी के अन्य अनेकों उपन्यास स्वतंत्रता प्राप्ति की सूचना और उसके साथ जुड़े भले-बुरे परिवर्तनों के उल्लेख के साथ समाप्त हुए हैं। इनमें स्वाधीनता संघर्ष के दौरान शासकों एवं शासितों के मध्य के संघर्ष को विवृति मिली है विस्तृत विवरण के साथ। 'मैला आँचल' में बावनदास, चोला उतारने वाला, मुखौटा बदलने वाला पात्र है। रामदरश मिश्र के उपन्यास 'पानी के प्राचीर' में आजादी किसको मिली है, का वर्णन है। आम आदमी की आजादी को लेकर प्रश्नाकुलता है। 'आधा गाँव' में मुस्लिम सामंती शक्तियों की चर्चा है।

कुछ-एक और उपन्यास हैं जिनमें 1942 के भारत छोड़ो आंदोलन की अनुगूंज सुनाई पड़ती है। 'बयालीस' (प्रतापनारायण), 'श्वेत पत्र (विवेकीराय), 'देशद्रोही', 'मेरी तेरी उसकी बात' (यशपाल), 'बीज' (अमृतराय), 'जिच' (मन्मथनाथ गुप्त), 'बलिदान' (रघुवीर शरण मिश्रा), 'सीधी सच्ची बातें' (भगवती चरण वर्मा) आदि ने इस विद्रोह को दिखाया है। इनके अलावा तत्कालीन बाणभट्ट की आत्मकथा एवं गिरिराज किशोर का पहला गिरमिटिया भी इसी उपजीव्य को लेकर सृजित है। पाहीघर, परछांई नाच, कालकथा, आदि मुक्ति संग्राम को व्यक्त करते हैं।

स्वाधीन भारत के प्रमुख उपन्यास

हिन्दी साहित्य का आधुनिक काल गद्यकाल भी कहलाता है। लेकिन गद्य से इतर पद्यात्मक रचनाएं भी इस युग में होती रहीं। कविता का क्षेत्र जीवंत रहा। स्वातंत्र्योतर भारत में कविता की अधिकता इसका प्रमाण है। कविता को लेकर इतने आंदोलन, काल चले उतने उपन्यास या कहानी विधा को लेकर नहीं। लेकिन स्वातंत्र्योतर भारत में ऐसा नहीं है कि उपन्यास सृजना में विविधतापन नहीं दिखाई दी। विषय को लेकर कहें तो विविध विषय इस हेतु अपनाये गये। मुक्ति विमर्श के संपूर्ण आख्यान हेतु उपन्यास ही प्रबल विधा है। कथाकार अपने संपूर्ण संचित अनुभव को भली-भाँति इसी विधान्तर्गत अभिव्यंजित कर सकते हैं और किया भी है। कविता की भाँति उपन्यास की रचना पर किसी विशेष प्रकार का आवरण नहीं डाला जाता है। उपन्यास मध्यवर्गीय जीवन, समाज का दस्तावेज होता है। मध्यवर्ग की जिन्दगी को व्यक्त करने का सशक्त साधन। महाकाव्यात्मक पीड़ा को इसी के जरिये व्यक्त कर सकते हैं।

स्वातंत्र्योतर भारत में अनेकों मनः स्थितियों के सर्जकों ने उपन्यास सृजन का कार्य किया। लेकिन उपन्यास कहानी या कविता की तरह नएपन की उद्घोषणा किए हुए सतत यात्रा पथ पर रहा। कविता-कहानी नयी-पुरानी हुई लेकिन उपन्यास आंचलिक जरूर हुआ इसके अलावा विचारधारा विशेष को मध्य में रखकर उसे संज्ञा प्राप्त होती। फलाँ आदर्शोन्मुख यथार्थवाद, फलाँ स्त्री विमर्श का तो फलाँ दलित विमर्श। बहरहाल! डॉ॰ विजय मोहन सिंह के शब्दों में, "इस शताब्दी का आखिरी दशक औपन्यासिक दृष्टि से अधिक समृद्ध माना जायेगा कविता और कहानी दोनों की अपेक्षा।"

स्वाधीन भारत के उपन्यासों पर विचार करें तो विविध प्रवृत्तियों के कारण, विशेषताओं के कारण अनेक उपन्यास अपनी ओर आकर्षित करेंगे। कुछ कथ्य को लेकर तो कुछ शैली या शिल्प को लेकर। आजाद हिन्द के प्रमुख उपन्यासों में ग्रामांचल की कथा को स्रोत में लिखा गया है। इन उपन्यासकारों ने अविकसित पिछड़े अंचलों को उनके बदलते यथार्थ को बगैर किसी आग्रह या पूर्वाग्रह के अंकित किया है। इस प्रकार की रचनाओं में रेणु, नागार्जुन, रांगेय राघव, राहीमासूम रजा, यादवेन्द्र शर्मा चंद्र, रामदरश मिश्र, शिव प्रसार सिंह, श्री लालशुक्ल, मेत्रेयी पुष्पा, नीलकांत, संजीव, मन्नु भंडारी प्रमुख स्थान रखते हैं। 'मैला आँचल', 'परती परिकथा' (रेणु), बलचनमा', 'बाबा बटेसर नाथ', 'वरूण के बेटे' (नागार्जुन), 'कब तक पुकारूँ, (रांगेय राघव), 'पानी के प्राचीर', 'जल टूटता हुआ' (रामदरश मिश्र) 'आधा गाँव' (रजा), 'अलग-अलग वैतरणीं' (शिव प्रसाद सिंह), 'राग दरबारी' (श्रीलाल शुक्ल), इदन्मम, चाक, झूलानट, अल्मा कबूतरी (मैत्रेयी पुष्पा), जंगल जहाँ से शुरु होता है (संजीव), गगन घटा धहरानी (मदन मोहन पाठक), जहाँ बाँस फूलते हैं (श्री प्रकाश मिश्र), महाभोज (मन्नु भंडारी) आदि उपन्यास उल्लेखनीय हैं।

महानगरीय जीवन पद्धति पर आधारित अनेकों उपन्यासों की रचना हुई। अंधेरे बंद कमरे (मोहन राकेश), उखड़े हुए लोग (राजेन्द्र यादव), अमृत और विष, बूंद और समुद्र, (अमृत लाल नागर), भूले बिसरे चित्र (भगवती चरण वर्मा), गिरती दीवारें (उपेन्द्र नाथ अश्क), यह पंथ बंधुथा (नरेश मेहता), नरक यात्रा (ज्ञान चतुर्वेदी), पमली घंटा (हृदयेश) उल्लेखनीय हैं।

इनके अतिरिक्त ऐतिहासिक उपन्यास हैं। पाहीघर (कमलाकांत त्रिपाठी), पहला गिरमिटिया (गिरिराज किशोर), कालकथा (कामता नाथ) प्रमुख हैं। इतिहास की सामग्री से विश्लेषण करने वाले, सांप्रदायिकता पर प्रहार करने वाले उपन्यास हैं– झूठा सच, तमस, जहाँ वे कैद हैं, जिंदा मुहावरे, सूखा बरगद, कितने पाकिस्तान!

नारी जीवन की स्थिति और उस विडंबना को शब्द दिये हैं–इदन्नमम, पचपन खंभे लाल दीवार, मित्रो मरजानी, सूरजमुखी अंधेरे के, रेखा, सागर लहरें और मनुष्य, मुझे चाँद चाहिए, छिन्न मस्ता, यामिनी कथा, अर्द्धनारीश्वर, एक जमीन अपनी, आवाँ आदि।

कथागत मौलिकता के लिए शेखर एक जीवनी, वे दिन, नदी के द्वीप, आपका बंटी, सावधान नीचे आग है। वहीं दलित जीवन पर हजार घोड़ों का सवार, जूठन, छप्पर, नाच्यौ बहुत गुपाल, आदि प्रमुख हैं। भाषा शिल्प की सजगता के लिए, सूरज का सातवाँ घोड़ा, एक चूहे की मौत, बहती गंगा, कलिकथा वाया, बाईपास प्रमुख उपन्यास हैं।

इसके अलावा वर्तमान में अनेकों उपन्यासकार लिख रहे हैं। जिनकी अभिव्यक्ति एवं भाव ग्रहण शैली विशेष हैं।

हिन्दी उपन्यास में शिल्पगत प्रयोग

किसी भी सृजन में 'कथ्य' और 'शिल्प' दो स्वतंत्र आयाम हैं। वे संश्लिष्ट रूप में उपस्थित होते हैं तभी रचना प्रभावी और साधारणीकरण हेतु बनती है। सशक्त उपजीव्य (कथ्य) की शिथिल प्रस्तुति या कमजोर कथ्य की प्रभावशाली प्रस्तुति से बात नहीं बनती। भगवतीशरण वर्मा ने अज्ञेय के 'नदी के द्वीप' के उपन्यास को 'पके फल में कीड़े' कहा था। पके फल अर्थात् सशक्त, परिपक्व शिल्प और कीड़े अर्थात् विकृत कथ्य! कलावादी रचनाकार रचना के भावपक्ष पर अधिक बल न देकर रचना के शिल्प पक्ष पर अधिक ध्यान केन्द्रित करते हैं।

हिन्दी उपन्यास के उद्भव-उन्नयन काल से ही रचनाकार सबल-सरल भाषा और सहज-कथन-पद्धति का महत्व जान कर, रचना करते थे। आरंभिक मनोरंजन प्रधान उपन्यासों-तिलस्मी-ऐयारी-जासूसी उपन्यासों में लेखकों ने लगभग किस्सागोई की परम्परा का पालन किया है। इसी किस्सागोई शैली का सुधरा एवं सुथरा रूप प्रेमचंद के उपन्यास 'सेवासदन', 'प्रेमाश्रम' में दिखाई पड़ता है। प्रेमचंद के यहाँ घटनाओं के चित्रण में विश्लेषण परकता झलकती है। गोदान में प्रेमचंद दो कथाओं को जोड़ने में ग्रामकथा और शहर की कथा में विशेष शिल्प एवं भाषा का प्रयोग करते हैं। प्रेमचंद परिस्थिति एवं पात्रों के अनुसार भाषा का चयन करते हैं। भाषा में शिथिलता नहीं आने देते। किसी ने कहा भी है कि शिथिल भाषा समाज को शिथिलता प्रदान करती है। इसीलिए भाषा एवं शिल्प दोनों को जीवंत बनाए रखना चाहिए ताकि सामाजिक शिथिलता के भाव का अवमूल्यन न हो।

मनोवैज्ञानिक उपन्यासकारों ने बाह्य जगत का घटनाक्रम कम वर्णित कर आंतरिक जगत की उथल-पुथल को प्रश्रय अधिक दिया। जिसके परिणामस्वरूप उपन्यास लघु कलेवर में, लघु शिल्प में आने लगा। ये लोग शिल्प-सृजन में सजग रहते थे। जैनेन्द्र के उपन्यास इस प्रवृत्ति को परिलक्षित करते हैं। ये शिल्प सृजन में प्रायः ऐसा कथ्य लेते हैं जिसमें एक स्त्री और दो पुरुषों के प्रेम-त्रिकोण को बनाकर प्रेम-विवाह से संबंधित नैतिकता पर विचार करते हैं। 'जयवर्द्धन' का शिल्प प्रतीकात्मक है। जैनेन्द्र की भाषा अपूर्ण वाक्यों, सूक्ष्म संकेतों, अटपटे कथनों से बुनी गई है। अतः प्रायः संवेदनीयता की समस्या सिर उठाती है। पाश्चात्य शिल्प का प्रभाव अज्ञेय की सृजनधर्मिता पर सबसे ज्यादा दृष्टव्य है। प्रयोगधर्मी लेखक ने 'शेखर : एक जीवनी' का ताना-बाना इसी आधार पर बुना है। फ्लैशबैक शैली पर रचित इस जीवनी में शेखर कारागार में अवस्थित होने के पश्चात् चिन्तनशील एवं फाँसी की प्रतीक्षारत अपने अतीत की पर्तों को मनोविश्लेषण के आधार पर उधेड़ता है। इसमें चेतना प्रवाही पद्धति को देखा जा सकता है।

स्मृति चित्रों को देखने के लिए 'वेदित' – लाल-टीन की छत (निर्मल वर्मा) आदि को देखा जा सकता है। इनमें भाषा का रूप बिम्बात्मक है और प्रायः प्रथम पाठ में रचना खुलती नहीं है। प्रेमचंद की परम्परा के अमृतलाल नागर भी किस्सागो हैं लेकिन 'अमृत और विष' के शिल्पगत प्रयोग हेतु स्मरणीय है। ये उपन्यास के भीतर उपन्यास समाहित करने में कुशल माने जाते हैं। ऐसा ही विवेकी राय का 'मंगल भवन' उपन्यास है। जो पूर्वांचल के मूल्य संक्रमण के साथ-साथ भारत-चीन युद्ध को भी व्यक्त करता है।

'बहती गंगा' और 'सूरज का सातवाँ घोड़ा' में लगभग समान शिल्प हैं। कहानियों के संकलन होने के साथ-साथ अगर इन कहानियों को क्रमशः पढ़ा जाए तो उपन्यास का-सा शिल्प लगता है। शिल्प इनके कथ्य को और प्रभावशाली बना देता है।

आत्मकथात्मक शिल्प में सृजित 'बाणभट्ट की आत्मकथा' अद्‌भुत शिल्प एवं अपूर्व भाषा-विधान का निदर्शन है। सृजक ने ऐसा शिल्प बनाया है कि लगता है जैसे बाणभट्ट की ही आत्मकथा हो। वह 1944 ई॰ की कृति लगती ही नहीं है। राहुल सांकृत्यायनकृत 'सिंह सेनापति' की भूमिका में वर्णित किया गया है कि कथा खुदाई में प्राप्त ईंटों पर लिखी गई हैं, वे ईंटें पटना संग्रहालय में सुरक्षित हैं।

आंचलिक उपन्यास अपने विलक्षण शिल्प हेतु जाने जाते हैं। इस सृजन में कहीं फ्लैशबैक तो कहीं किंवदंतियों, लोकगीतों, आंचलिक शब्दावली, व्यंजनाओं का मिला-जुला स्वर है। उपन्यास बाह्य रूप से निर्बन्ध-सा लगता है लेकिन आंतरिक रूप में अन्विति बरकरार रहती है। मैला आंचल, परती परिकथा, आधा गाँव, बाबा बटेसर नाथ इसके उदाहरण हैं।

प्रयोगात्मक शिल्प-शैली में सृजित उपन्यासों में राजेन्द्र यादव व मन्नु भंडारी का नाम आता है। उनका उपन्यास 'एक इंच मुस्कान' जिसमें पुरुष पात्र वाला भाग राजेन्द्र यादव ने तो स्त्री पात्र की कथा को मन्नु भंडारी ने लिखी है। Scenario Technique (सिनेरियो टेकनीक) में लिखा गया सर्वेश्वरदयाल सक्सेना का 'सोया हुआ जल' है। फैंटेसी के रूप में बदी उज्मा का 'एक चूहे की मौत' उपन्यास आता है। 'बाइसवीं सदी' (राहुल जी) यूटोपिया शिल्प में है। 'कितने पाकिस्तान' (कमलेश्वर) व्यापक फैंटेसी शिल्प में सृजित की गई रचना है। प्रतीकात्मक-बिम्बात्मक शैली में 'हरिया हरिकुलिस की हैरानी' (मनोहर श्याम जोशी) का नाम आता है।

'रागदरबारी' की तर्ज पर व्यंग्य का उपयोग-प्रयोग करने वाले उपन्यास दसवें दशक में छपे। इससे पूर्व हरिशंकर परसाईकृत उपन्यास 'रानी नागफनी की कहानी' पैरोड़ी शैली में सृजित किया जिसका आधार इंशा अल्लाखां की 'रानी केतकी की कहानी' है। बजरंगा, नरकयात्रा आदि व्यंग्यात्मक शैली की रचनाएं हैं।

इस प्रकार हिन्दी साहित्य में उपन्यास विधा हेतु विविध प्रकार के शिल्प का सृजन किया गया। भावों के अनुसार भाषा एवं शिल्प रचना शिल्प सौन्दर्य के उत्कर्ष को दर्शाती है।

गोदान और भारतीय किसान

"कानून कहता है कि हम-तुम आदमी हैं। हममें आदमियत कहाँ? आदमी वह है, जिसके पास धन है, अख्तियार है, इलम है। हम तो बैल हैं और जुतने के लिए पैदा हुए हैं।" – गोदान-प्रेमचंद, पृष्ठ 2

प्रेमचंद ने गोदान में भारतीय किसान के बैल जैसे रूप की कारुणिक तस्वीर उकेरी है जो कि यथार्थ है। सारी उम्र इसी बैल के से जीवन बिताने के बाद भारतीय किसान सही से अपने तन पर कपड़ा तक नहीं डाल सकता। यही किसान जीवन की त्रासदी है। प्रेमचंद के किसान जीवन के वर्णन के संदर्भ में पूरन चंद्र जोशी ने कहा कि, "गाँधी और प्रेमचंद दोनों ने ही उन औपनिवेशिक शासकों और शोषकों पर ही अपना ध्यान केन्द्रित किया जिन्होंने देशी आभिजात्य को भ्रष्ट किया और जिन्होंने देशी शासकों को पुरूषत्वहीन बनाकर श्रेष्ठवर्गीय भूपतियों और किसान जनता के बीच गहरी खाई और तनाव पैदा किया।"

प्रेमचंद ने भारतीय किसान के प्रतीक होरी से गोदान की कथा का आरंभ कर भारतीय किसान की मृत्यु तक इस कथा को सृजित किया है। उन्होंने दिखाया है कि एक किसान महाजनी सभ्यता, पुरातन विचारों, अंधविश्वास, रूढ़ियों, मर्यादावाद आदि के जंजाल में इस तरह फंसा हुआ है कि वह चाहकर भी इनको नहीं तोड़ सकता। नैतिकता और धार्मिकता के बंधन भारतीय किसान के पैरों में बेड़ियाँ डालने का कार्य करते हैं। इसी व्यवस्था में घुटते हुए एक किसान अपनी जिन्दगी बसर करता है। प्रेमचन्द 'गोदान' में किसानों की समस्या का समाधान संपत्तिशाली और शक्तिशाली वर्गों के हृदय-परिवर्तन के माध्यम् से नहीं खोजते। उनके ध्यान का मुख्य केन्द्र अब प्रबुद्ध भू-स्वामी नहीं; उनका ध्यान अब किसानों की जागृति की ओर, चेतना के उच्चतर स्तर तक पहुंचता है। गोदान होरी की कहानी है। एक ऐसे किसान की कहानी, जो पाँच बीघा जमीन को जोतते हुए वर्ष-भर किराया, ब्याज, टैक्स और बेगार के असह्य बोझ के कारण कभी किसान और कभी मजदूर बना चक्कर काटता रहता है। होरी की एकमात्र छोटी-सी आकांक्षा एक छोटे से जमीन के टुकड़े और एक गाय को पाने की है और वह अपनी इस छोटी-सी आकांक्षा को प्राप्त करने के लिए सभी आवश्यक समझौते करता है, लेकिन उसका यह सपना पूरा नहीं होता, बल्कि एक वर्गीय समाज की क्रूर ताकतों द्वारा छिन्न-भिन्न कर दिया जाता है।

प्रेमचन्द ने भारतीय किसान की आर्थिक विपन्नता का वर्णन गोदान में किया है। गोपाल राय के शब्दों में, 'प्रेमचंद ने किसानों की आर्थिक दुरवस्था का बहुत ही प्रामाणिक और मार्मिक चित्र प्रस्तुत किया है; तत्कालीन कृषक समाज, विदेशी सरकार, जमींदार और महाजन के तिहरे शोषण-चक्र में पिस रहा था। प्रेमचंद ने शोषकों के प्रतिनिधि के रूप में लाला पटेश्वरी और दारोगा रायसाहब और दुलारी सहुआइन, मंगरू शाह और पं. दातादीन को प्रस्तुत किया है। बेलारी गाँव के समस्त किसान, जिनके दुर्भाग्य की कहानी प्रेमचंद ने कही है, इन शोषकों द्वारा शोषण, दमन और अत्याचार के शिकार हैं। बेलारी के जिस परिवार को प्रेमचंद ने अपने कथा-संसार के केन्द्र में अवस्थित किया है, वह होरी का परिवार है। उपन्यास के प्रथम पृष्ठ में ही लेखक ने इस परिवार की विपन्नता का चित्र धनिया के स्वगत चिंतन के रूप में प्रस्तुत किया है : ....तीन लड़के बचपन में ही मर गये। उसका मन आज भी कहता था, अगर उनकी दवा-दारू होती तो वे बच जाते; पर वह एक धेले की दवा भी न मँगवा सकी थी। उसकी उम्र ही अभी क्या थी। छत्तीसवाँ साल तो था, पर सारे बाल पक गये थे, चेहरे पर झुर्रियाँ पड़ी थीं। सारी देह ढल गई थी, वह सुंदर गेहुँआ रंग सांवला हो गया था और आँखों से कम सूझने लगा था।'' अन्यत्र होरी को चिलम पीते हुए चिंतन करते दिखाया है कि, "इस फसल में सब कुछ खलिहान में तौल देने पर भी अभी उस पर कोई तीन सौ कर्ज थे, जिस पर कोई सौ रुपये सूद के बढ़ते जाते थे। लगान के भी अभी पच्चीस रुपये बाकी पड़े हुए थे और दशहरे के दिन सगुन के रुपयों का भी कोई प्रबंध करना था।" गोदान के होरी की कहानी उसके दिन प्रतिदिन विपन्न और असहाय होते जाने की कहानी है, जो वस्तुतः भारतीय किसान जीवन की भी कहानी है। जीवन की एक महत्त्वाकांक्षा के लिए वह किसान से मजदूर बनता है। लेकिन फिर भी पुरोहितवादी शक्तियाँ, महाजनी सभ्यता उस इच्छा, अभिलाषा को पूर्ण नहीं होने देती। गोपाल राय कहते हैं कि, "ग्रामीण जीवन की विपन्नता और विवशता का इससे अधिक यथार्थ चित्रण और नहीं हो सकता। प्रेमचंद ने जिस सूक्ष्मदृष्टि और सहानुभूति से, ग्राम जीवन का अवलोकन किया है वह अद्वितीय है।" इस प्रकार अंततः कह सकते हैं कि गोदान कृषक जीवन का महाकाव्य है। इसका मूल विषय ग्रामीण कृषक की आर्थिक एवं सामाजिक समस्या का यथार्थवादी चित्रण है।

गोदान में गाँव और शहर

प्रेमचंद द्वारा 1936 में सृजित उपन्यास गोदान 36 अनुच्छेदों में विभक्त है। इस उपन्यास को प्रेमचंद के गोदान काल का उपन्यास भी कह सकते हैं। प्रेमचंद ने अपने समग्र जीवन का बोध, सार इस उपन्यास में वर्णित किया है। चाहे वह नगर जीवन का बोध हो या फिर ग्राम्य जीवन का बोध। इसीलिए प्रेमचंद ने कृषक की करूण कथा के साथ-साथ नगर के नागरिकों

की कथा को भी इसमें सम्मिलित किया है। दोनों तरफ के खोखलेपन को प्रेमचंद ने जाँचा-परखा और वर्णित किया है। ग्राम्य कथा की प्रमुख कहानी होरी की है तो शहरी कथा में रायसाहब की। दोनों अपनी-अपनी मर्यादा और मरजाद के लिए समाज के व्यूह में फँसे हुए हैं। शोषक का भी शोषण सामंतवादी, साम्राज्यवादी शक्तियों के द्वारा होता है प्रेमचंद यह दिखाना चाहते हैं। महासागरीय उपन्यास गोदान के संदर्भ में गोपालराय कहते हैं कि, "गोदान में नगर जीवन का चित्रण गौण रूप में हुआ है। प्रायः आलोचकों ने गोदान की नगर-कथा को बहुत जरूरी नहीं माना है। लेकिन आचार्य नलिन विलोचन शर्मा को प्रतीत होता है कि असम्पृक्त-सी लगने वाली कहानियाँ एक-दूसरे की पूरक हैं। इनके माध्यम् से सकल भारतीय समाज एवं जीवन को अभिव्यक्ति मिली है—"गोदान की असंबद्ध-सी दीख पड़ने वाली दोनों कहानियों के बीच से भारतीय जीवन की विशालधारा बहती चली जाती है। भारतीय जनजीवन का, जो एक ओर नागरिक है और दूसरी ओर ग्रामीण और जो एक साथ अत्यंत प्राचीन भी है जागरण के लिए छटपटा भी रहा है, इतने बड़े पैमाने पर इतना यथार्थ चित्रण हिन्दी में ही क्यों, किसी भी भारतीय भाषा के किसी उपन्यास में नहीं हुआ है।"

गोदान की ग्राम कथा का वर्णन : शिवकुमार मिश्र कहते हैं कि, "गोदान की ग्राम कथा, जो वस्तुतः एक किसान के क्रमशः तबाह और बरबाद होकर किसान से मजदूर बनते जाने की त्रासदी को हमारे सामने प्रस्तुत करती है, किसान के उस जीवन-चक्र को हमारे सामने उजागर करती है। यह त्रासदी जिसकी परिणति है। वस्तुतः यह हिन्दुस्तान के किसान के बुनियादी चरित्र की कथा है, जो सदियों से उसके त्रासद जीवन का भार ढोती रही है, अंग्रेजी राज में जो अपनी सारी धनता और उग्रता के साथ हमें अपनी पहचान कराता है।" किसानों की दुर्वह स्थिति का वर्णन तुलसीदास ने भी किया है लेकिन राजतंत्र में किसानों की स्थिति इतनी बुरी नहीं थी जितनी की अंग्रेजी शासन में। "अंग्रेज भारत को आधुनिक बनाने के बड़े-बड़े दावे करते हुए भारत की राजसत्ता पर काबिज हुए और राजसत्ता पर काबिज होते ही आधुनिकता और औद्योगिकीकरण के बदले चले आते हुए सामंतवाद से भी ज्यादा घातक सामंतवाद उन्होंने स्थापित किया। भारत की आत्मनिर्भर ग्राम्य-व्यवस्था को उन्होंने पूर्णतया ध्वस्त कर दिया। जो सबसे घातक कर्म उन्होंने किया वह यह कि किसान की बजाय भारत की, समूची भूमि के मालिक वे स्वयं बन गए। बिचोलिए के रूप में जमींदार वर्ग का उदय हुआ। इसके परिणामस्वरूप किसानों को जमींदारों के रहमो-करम पर निर्भर होना पड़ता था। जमींदार को इतने अधिक अधिकार अंग्रेज सरकार ने दिये कि वह येन-केन प्रकारेण किसानों से लगान वसूल करे।" किसान जीवन की त्रासदी की कथा इस उपन्यास में उभरी है। डॉ॰ राम विलास शर्मा और हंसराज 'रहबर' दोनों ही समीक्षकों ने लिखा है कि जिस समय प्रेमचंद 'गोदान' की रचना कर रहे थे, वे स्वतः कर्ज की समस्या से अपने निजी जीवन में जूझ रहे थे। कदाचित इस नाते भी यह वह समस्या अपनी समूची उग्रता, व्याप्ति, परिणाम और प्रभाव के साथ गोदान में उभरी है। ग्राम्य किसान की ग्रहण की समस्या का संबंध महज उसकी जमीन से ही नहीं, उसके समूचे जीवन चक्र से है। अज्ञान, अशिक्षा, चले आ रहे समाज और धर्म के रूढ़िगत संस्कार, बिरादरी, जायदाद और मर्यादा को बनाए रखना, उसे कर्ज लेने हेतु मजबूर करती है। मर्यादा और बिरादरी से जुड़े रहने का मोह भारतीय किसान में संस्कारबद्ध है। किसी भी कीमत पर वह इनकी रक्षा करना चाहता है। अपनी बरबादी तथा समूचे घर-परिवार की तबाही की कीमत पर भी। गोबर-झुनिया प्रसंग, रूपा की शादी में वह बेटी का सौदा करता है। ग्राम्य जीवन में किसान होरी के बारे में लिखा है कि, "हारे हुए महीप की भाँति उसने अपने को इस तीन बीघे के किले में बंद कर लिया था और उसे प्राणों की तरह बचा रहा था। फाके सहे, बदनाम हुआ, मजदूरी की, पर किले को हाथ से न जाने दिया।"

शिवकुमार शर्मा कहते हैं कि, "तात्पर्य यह कि ऋण के दुश्चक्र, उससे जुड़ी मानसिकता और उसके त्रासद परिणामों को 'गोदान' में प्रेमचंद ने मुख्यता के साथ चित्रित किया है। ग्राम केन्द्रित 'गोदान' की कथा में अनुवांशिक रूप से ग्रामीण जीवन के अनेक प्रश्न भले ही विन्यस्त हों, ऋण या कर्ज अथवा महाजनी-दुश्चक्र की समस्या ही 'गोदान' की केन्द्रीय समस्या है, जिसे प्रेमचंद ने उसकी पूरी सघनता और प्रभाव के साथ 'गोदान' में चित्रित किया है।"

गोदान की नगर कथा : गोदान की केन्द्रीय ग्रामकथा के समानान्तर उसमें एक नगर-कथा भी है जो उपन्यास के आदि से अंत तक बरकरार रहती है। इस नगर-कथा का संबंध अवध-अंचल के नवाबों के प्रसिद्ध शहर लखनऊ से है। सवाल है कि एक ग्राम को केन्द्र में रखकर रचे गये उपन्यास में नगर की इस कथा का औचित्य क्या है? शिवकुमार मिश्र के अनुसार, "गोदान प्रेमचंद की अंतिम रचना है, जो सन् 1956 में प्रकाशित हुई। प्रेमचंद का रचनाकार-मानव सदी के इस चौथे दशक के काफी कुछ पहले से 'गोदान' में समायोजित होने वाली अंतर्वस्तु और उससे जुड़े सवालों के प्रति चिंताशील होगा, यह कहने की बात नहीं है। ऐसा लगता है कि प्रेमचंद गोदान के रचना-पट को इतना विस्तार देना चाहते थे कि उसमें एक बड़े परिप्रेक्ष्य को लेकर वे अपने समय के बिगड़ते-बनते चेहरे को उसकी विद्यमान वास्तविकता तथा भावी संभावनाओं के साथ बुन सकें। भारतीय संदर्भ में यह समय चली आ रही सामंती व्यवस्था अथवा सामंतवाद के ढहने और औद्योगिक-पूंजीवादी व्यवस्था के उदय होने और क्रमशः मजबूत होने का समय था। गाँव हर दृष्टि से तबाह-बरबाद हो रहे थे, कृषि तंत्र ढीला और जर्जर होता जा रहा था और उसके स्थान पर औद्योगिक-पूंजीवादी सभ्यता उभर रही थी, नगरों को आबाद और रोशन कर रही थी। प्रेमचंद कदाचित इसी परिदृश्य को अपने इस अंतिम उपन्यास में समेटना चाहते थे। ... गोदान में किसान के क्रमशः मजदूर बनने की जो त्रासदी चित्रित हुई, नगर को कथा की परिधि में समेटे बिना वह पूरी नहीं हो सकती थी। शहर किस तरह गांव पर हावी हो रहा है, गोदान में इसके प्रभूत चित्र हैं, संकेत हैं।

गोदान में गाँव एवं शहर की कथा के अन्तरायोजन के संदर्भ में नन्द दुलारे वाजपेयी ने वर्णित किया है कि, "गोदान उपन्यास के नागरिक और ग्रामीण पात्र एक बड़े मकान के दो खंडों में रहने वाले दो परिवारों के समान हैं जिनका एक दूसरे के जीवन-क्रम से बहुत कम संपर्क है। वे कभी आते जाते मिल लेते हैं और कभी किसी बात पर झगड़ा भी कर लेते हैं परन्तु न तो उनके मिलने में और न उनके झगड़े में ही कोई ऐसा सम्बन्ध स्थापित होता है जिसे स्थायी कहा जा सके।" वाजपेयी जी ने तो पात्रों की स्थिति को लेकर बात की। नंदकिशोर नवल 'गोदान' के महाकाव्यात्मक चरित्र के पक्ष में सबल तर्क देते हुए भी उसके विधि-विधान पर टिप्पणी करते हैं कि—"उसमें बहुत कुछ ऐसा है जो अप्रमाणिक अनुभव के कारण कलात्मक रूपान्तरण नहीं ग्रहण कर सका है। गाँव की कथा के साथ ही शहरी कथा एक बड़ी सीमा तक निष्प्राण है। सिर्फ इसलिए नहीं कि उसमें लेखक की 'आदर्शमूलक जीवन-दृष्टि का अवशेष' है, बल्कि इस कारण की वह बहुत कुछ बनावटी-सी जान पड़ती है।"

शिवकुमार मिश्र ने कहा कि, "वस्तुतः गोदान' की ग्राम-कथा और नगर-कथा में समायोजन की कमी है। ग्राम-कथा अपने ढंग से अपनी गति से चलती है और नगर-कथा उससे अलग-अलग अपने ढंग से, और अपनी गति से। दो या तीन प्रसंग ही समूचे उपन्यास में ऐसे हैं जहाँ गाँव और नगर परस्पर मिलते हैं।"

निष्कर्षतः कह सकते हैं, "ग्राम-कथा प्रभाव के साथ और सघनता से प्रेमचंद के मूलवर्ती संवेदनात्मक उद्‌देश्य को पाठक के सामने रख सकी है। जिस नाते उसका विधान किया गया वह उस विधान में खरी उतरी है। उसमें न केवल हमारे समय का एक त्रासद यथार्थ पूरी सजीवता से मूर्त हुआ है, उसके बीच से ऐसे कुछ 'टाइप' उभर सके हैं जो हिन्दी कथा-साहित्य को प्रेमचंद की महान् देन के रूप में सदा ही याद किए जाएंगे।

महाकाव्यात्मक उपन्यास की परिकल्पना और गोदान

"विश्व की कल्पना प्रसूत संस्कृति को बुर्जुआ अथवा पूंजीवादी सभ्यता की सबसे महत्त्वपूर्ण देन उपन्यास है। उपन्यास उसकी एक महान खोज है।"

— रॉल्फ फोक्स

"उपन्यास ईश्वर विहीन दुनिया का महाकाव्य है।" — जॉर्ज लुकाच उपन्यास के जन्म की चर्चा करते हुए रिचर्ड चर्च ने जहाँ उसे 'कविता' की संतान कहा है, वहाँ बेकर ने उपन्यास का उत्स 'प्रबंध काव्य' से माना है। जे.टी. शिप्ले के विचार से उपन्यास के विकास का इतिहास एक ओर वीर आख्यान को स्पर्श करता है तो दूसरी ओर आधुनिक पत्रकारिता को। महाकवि गेटे उपन्यास को 'आत्मपरक महाकाव्य' कहने के पक्ष में हैं।

उपन्यास विधा को आधुनिक काल में मध्यवर्ग का महाकाव्य कहा गया है। यदि उपन्यास को यूरोपीय विधा के रूप में देखें तो यह एक सार्थक अवधारणा है। मध्यवर्ग के उदय का अर्थ था एक नये व्यक्ति का जन्म। दूसरे शब्दों में एक नये यथार्थ का जन्म। कुछेक लोगों की यह धारणा है कि प्रेमचंद ने उपन्यास में यूरोपीय ढाँचे को जस का तस स्वीकार किया है, वे विद्वान ये समझ पाने में असमर्थ हैं कि प्रेमचंद किस तरह भारतीय उपन्यास की एक नयी पहचान बना रहे थे और ग्रामीण चेतना या किसान चेतना को स्वाधीनता संघर्ष की चेतना के साथ नया परिप्रेक्ष्य देने की कोशिश कर रहे थे और इस कोशिश में, वे अकेले भारतीय उपन्यासकार नहीं थे। 'गोदान' को यदि किसान चेतना का महाकाव्य कहा जाता है, तो उस पृष्ठभूमि को समझने की जरूरत है। यह अनुशीलन-परिशीलन करने की बात है कि यूरोप में उपन्यास का जन्म जिन परिस्थितियों में हुआ, वैसी परिस्थितियाँ हमारे यहाँ पर नहीं थीं। भारतीय मध्यवर्ग का चरित्र यूरोपीय मध्यवर्ग के चरित्र से भिन्न था। उपनिवेशवाद के कारण सुविधा भोगी विलासी जमींदार वर्ग का उदय हुआ; वहीं अंग्रेजी शिक्षा-सभ्यता के प्रभाव से जड़हीन मध्यवर्ग का भी उदय हुआ।

'गोदान' में गाँव और नगर दोनों की कथाएं हैं और प्रयोजनवत हैं। निश्चित रूप से होरी ही केन्द्रीय है, नायक की तमाम परंपरित अवधारणाओं को बदलकर, अपनी तमाम दुर्बलताओं के साथ होरी ही गोदान का नायक है। गोदान होरी के संघर्ष की, होरी की त्रासदी की महागाथा है। किन्तु प्रेमचंद का प्रयोजन उस दूसरी कथा के बगैर पूरा नहीं होता जिसमें मेहता मालती नई नैतिकता के लिए प्रयत्नरत दिखाई देते हैं। तदोपरान्त भी गोदान-कृषक चेतना का महाकाव्यात्मक उपन्यास है। रामविलास शर्मा ने कहा है कि, "उदात्त का सृजन केवल योद्धाओं के चित्रण से नहीं होता अपितु सामान्य जनों के चित्रण से भी उसका सृजन संभव है।

महाकाव्य की अवधारणा को ताक पर रखकर गोदान महाकाव्यात्मक उपन्यास है। महाकाव्य के तत्त्व भी मौजूद हैं और वह ट्रेजेडी भी, जिन्हें साधारण के मर्म का बोध नहीं है, जो क्लासिक की एक स्थिर-सी पहचान बनाकर संतुष्ट हैं, जो सामंती संस्कारों से मुक्त न होकर नयी सामाजिक हलचल से उदासीन हैं, जिन्हें—शास्त्र की बद्ध धारणा नये यथार्थ को समझने के विवेक से वंचित रखती है, उनके लिए "गोदान में न तो महाकाव्य के औदात्य और उत्कर्ष का समारंभ आया है और न ही गहनतम उच्छ्वास तन्मयता आदि प्रभाव व्यक्त हुआ है। नंद दुलारे वाजपेयी गोदान को महाकाव्यात्मक उपन्यास मानने से इंकार करते हैं क्योंकि इसमें कोई बड़ी घटना, बड़ा संघर्ष नहीं है, राष्ट्रीय संघर्ष या राष्ट्रीय चेतना का कोई बड़ा स्वप्न नहीं है। उन्हीं के शब्दों में, "महाकाव्य का संपूर्ण वातावरण वीर-भावना से ओत-प्रोत होने के कारण ही उसे राष्ट्रीय जीवन और आदर्शों का प्रतिबिम्ब या मुकुट कहा जा सकता है 'गोदान' में इस प्रकार की वीर भावना का अभाव है।" दूसरी तरफ रामविलास शर्मा होरी के जीवन की सब दुर्बलताएं —समझौता, झूठ, छल, स्वार्थ, अंधविश्वास, खुशामद की प्रवृत्ति, झूठी मर्यादा का मोह-गिने जाते हैं पर अंत में लिखते हैं—होरी का चरित्र भारत के अजेय किसान का चरित्र है। 'गोदान' उसके भगीरथ प्रयत्न की गाथा है। परमानंद श्रीवास्तव के शब्दों में, "अंत में महाकाव्यात्मक उपन्यास के रूप में गोदान का महत्व निर्विवाद है। ढीले-ढाले कथा बंध के कलेवर में वह एक अधिक गहरे अंतर्गठन का उदाहरण है। दुर्बलताओं से घिरे अनायक जैसे चरित्र (होरी) में वह एक नये नायकत्व का संकेत है। किसान-चेतना का महाकाव्य होते हुए भी वह स्त्री-चेतना की अभिव्यक्ति के लिए नया स्पेश रचने वाला उपन्यास है। भारतीय मध्यवर्ग, शिक्षित और संपन्न मध्यवर्ग की कमजोरियों को संक्रमणकालीन विडम्बनाओं के साथ प्रत्यक्ष करने वाला उपन्यास है।... गोदान में भारतीय समाज के एक तरह के उद्वेलन का आभास तो है ही, यहाँ व्यक्तिवाद भी, मुक्तिबोध के शब्दों में एक वेदना के रूप में सामाजिक गर्भितार्थ लिए हुए है।"

शेखर : एक जीवनी

शेखर : एक जीवनी में शेखर के चरित्र का वैशिष्ट्य

शेखर : एक जीवनी उपन्यास सृजन में अज्ञेय ने आद्यंत शेखर को प्रतिभाशाली एवं असाधारण व्यक्तित्व के रूप में उकेरा है। कथा का केन्द्र भी शेखर ही है। इस संदर्भ में आचार्य नन्द दुलारे वाजपेयी ने वर्णित किया है कि, "जीवनी की मूलभूत प्रेरणा क्रान्तिकारी या विद्रोहात्मक है। क्रान्ति और विद्रोह किसके प्रति जीवनी क्रान्ति और विद्रोह स्वयं अपना लक्ष्य है। यह एक मनोवृत्ति ही नहीं, स्वतंत्र जीवन दर्शन है। विद्रोह किसी वस्तु या स्थिति के प्रति नहीं, संपूर्ण वस्तुओं और सारी स्थितियों के प्रति। सृष्टि के प्रति, क्योंकि वह अधूरी या अपूर्ण है। समाज के प्रति क्योंकि वह संकीर्ण है और विकास का विघातक है। सभी संस्थाओं के प्रति, समस्त रीतियों के प्रति, जीवन मात्र के प्रति विद्रोह क्रान्तिकारी की स्वाभाविक प्रवृत्ति है। विद्रोह के पश्चात् कुछ नहीं, क्योंकि निर्माण भी विद्रोह ही है, विद्रोह में ही नियम है। इसलिए शेखर के विद्रोह-व्यक्तित्व के प्रति लेखक को इतनी निष्ठा है। प्रकृति की अपूर्णता के विरुद्ध संघर्ष तथा समाज के बंधनों के

विरुद्ध संघर्ष शेखर की क्रान्तिकारी जीवनी की यही धारा है। इस विद्रोह का परिणाम अति भयानक है जो शेखर के चरित्र को अत्यधिक आसक्तिपूर्ण, व्यक्तिवादी और यातनामय ही नहीं बनाता, उसे एक असामाजिक, नृशंस और घातक व्यक्ति के रूप में भी उपस्थित करता है।"

डॉ॰ लक्ष्मीसागर वार्ष्णेय के शब्दों में, "शेखरः एक जीवनी जैसा कि उपन्यास के नाम से ही स्पष्ट है, में शेखर की प्रधानता है। उपन्यास की संपूर्ण क्रियाएं (एक्शंस) उसी को केन्द्र मानकर घूमती हैं। इस में शेखर के जन्म से लेकर उनके निकट खड़ी मृत्यु तक के काल का विवरण ही इस उपन्यास का विषय है। वस्तुतः 'शेखर : एक जीवनी' में कई पात्रों की योजना हुई है, किन्तु गम्भीरतापूर्वक अध्ययन किया जाये तो स्पष्ट हो जाता है कि अन्य पात्रों का नियोजन भी शेखर के लिए ही किया गया है और उपन्यासकार अज्ञेय जी ने शेखर हेतु ही संपूर्ण कथा कही है। किन्तु यह कथा 'कथा' के लिए न होकर उसके चरित्र के रेखांकन के लिए ही मुख्यतः गढ़ी गई है।

शेखर के चरित्र का विश्लेषण करते हुए डॉ॰ त्रिभुवनपति सिंह ने सम्मति में कहा कि, अज्ञेय जी ने शेखर का निर्माण वैयक्तिकता के धरातल पर किया है। वे संपूर्ण समाज को उसके वास्तविक रूप में चित्रित करने की अपेक्षा एक व्यक्ति को विभिन्न परिस्थितियों में रखकर उसके वास्तविक जीवन की सूक्ष्मातिसूक्ष्म छानबीन करना अधिक श्रेयस्कर समझते हैं। शेखर ऐसा ही एक व्यक्ति है जो जीवन भर विद्रोह करता है। विद्रोहों के बीच निर्मित होने के कारण शेखर के व्यक्तित्व में एक ऐसा लोच आ गया है कि जिसके कारण उसका जीवन विविध आयामों में विभक्त हो गया है। रुचि, अरुचि और परिस्थितियों के संदर्भ में ही वह कोई निर्णय लेता है। जीवन की भावुकता से वह कोसों दूर चला गया है। किसी वस्तु के सम्बन्ध में मत स्थिर करने से पूर्व वह अपने व्यक्तिगत अनुभवों का सहारा लेता है। सामाजिक आदर्शों और वैयक्तिक आदर्शों में भिन्नता का होना स्वाभाविक है। यही कारण है कि शेखर की गतिविधियों के बारे में किसी भी प्रकार की पूर्व घोषणा नहीं की जा सकती। शेखर के व्यक्तित्व का यही पक्ष उसे गूढ़ अथवा (राउंड) चरित्र की कोटि में ले आता है। शेखर की जीवन सरिता का पाट इतना चौड़ा है कि इसके अंदर देशकाल सम्बन्धी राजनीतिक, सामाजिक, धार्मिक तथा नैतिक समस्याएं सिमट कर आ गई हैं। अन्यथा लेखक का एकमात्र लक्ष्य नायक की वैयक्तिकता का चित्रण मात्र ही है।"

शेखर के जन्म से ही विद्रोही होने का पता हमें उपन्यास के प्रथम भाग से ही चल जाता है। श्री ओम प्रभाकर के मत से, "शेखर का चरित्र अद्वितीय है। अज्ञेय जी ने अपने चरित्रों को भारतीय जीवन के एक विशेष वर्ग में से, जिसका अभिजात्य बौद्धिकता, अहं, व्यष्टिवादिता, कुंठा, संवेदनशीलता आदि चारित्रिक विशेषताएं चुना है। अज्ञेय की रूचि व्यक्ति चरित्रों की रचना में रही है, टाइप चरित्रों में नहीं।"

शेखर एक व्यक्तिपात्र होने के बावजूद हमारे समक्ष व्यक्ति मात्र की अंतश्चेतना के प्रतीक के रूप में प्रत्यक्ष होता है। इस सम्बन्ध में डॉ॰ लक्ष्मी सागर वार्ष्णेय ने कहा है कि, "इस चरित्र प्रधान उपन्यास में शेखर के अनुभवों के जो वृतांत आए हैं, वे वैयक्तिक होते हुए भी नितांत व्यक्तिगत नहीं हैं और उनकी सामाजिकता में कोई संदेह नहीं प्रकट किया जा सकता।"

शेखर के चरित्र में विविधता विद्यमान है। इसलिए आलोचकों ने शेखर के विषय में अनेक विचार व्यक्त किये हैं। विश्वम्भर मानव ने शेखर को एक जन्मजात विद्रोही व्यक्ति मानते हुए उसके अहं की भावना को आत्म-विश्वास में परिणत होता हुआ बताया है। जिसके बिना मनुष्य राख के अतिरिक्त और कुछ नहीं होता। डॉ॰ प्रभाकर माचवे ने शेखर को उद्धत अहंवादी माना है।

कतिपय आलोचकों के मतानुसार, शेखर जैसे प्रभावशाली व्यक्तियों की देश-विदेश के साहित्य में इतनी आवृत्ति हो चुकी है कि वह 'टाइप' से बढ़कर 'स्टीरियो टाइप' बन गया है। कुल मिलाकर देखा जाय तो उसका दायित्व खण्डित है। यही कारण है कि भिन्न-भिन्न दृश्य खंडों में विभाजित होकर उसे वर्णन शील की आदर्श प्रतिभा भी नहीं बनाते।" इस संदर्भ में डॉ॰ बेचन लिखते हैं कि, "शेखर का विकासशील चरित्र है।" उसकी विद्रोह वृत्ति उसमें मानवता की भावना का पोषण करती है और मानवता की भावना अपनी पूर्ति के लिए उसे समाज और राजनीति में घसीट लेती है।"

अज्ञेय ने शेखर के व्यक्तित्व-सृजन की प्रेरणा रोम्यां रोलां के उपन्यास, 'ज्यॉ क्रिस्तोफ (जान क्रिस्टोफर) से ग्रहण की है और अपने औपन्यासिक नायक के विषय में स्वयं रोलां ने 'ज्यॉ क्रिस्तोफ' की भूमिका में लिखा है कि, मैं एकाकी था। एक ऐसे संसार में मेरा दम घुट रहा था जो पावन हृदय हो और निर्मल दृष्टि हो, जिसकी आत्मा इतनी अकलुषित हो जिससे उसे बोलने का अधिकार मिल सके और जिसकी वाणी इतनी सशक्त हो जिसे सुनने के लिए बाधित होना पड़े। मैंने धैर्यपूर्वक इस नायक का सृजन किया है। इससे पूर्व कि मैं इसे शब्द-बद्ध करूं, यह रचना अनेक वर्ष मेरी परिकल्पना में पनपती रही।" क्रिस्तोफ से प्रेरित होकर अज्ञेय ने शेखर के व्यक्तित्व को भी नवीनता से ओत-प्रोत कहा है। शेखर की नवीनता के संदर्भ में डॉ॰ सुषमाधन कहती हैं कि, "शेखर का जीवन दर्शन आधुनिक युग के जीवन दर्शन से मेल खाता है। शेखर आधुनिक युग का प्रतीक है। उपन्यास में एक व्यक्ति के निजी जीवन की वेदना एवं यातना का चित्रण होते हुए उसमें युग का बौद्दिक संघर्ष भी प्रतिबिम्बित होता है जिसके फलस्वरूप व्यक्ति का विकास होता है।" शेखर की बाल्यावस्था पर फ्रायडवादी प्रभाव को मानते हुए सत्यपाल चुघ लिखते हैं कि, "बाल-जीवन के चित्रण में शेखर की जिज्ञासाओं, व्यवहारों आदि का वर्णन फ्रिटज का अनुकरण मात्र नहीं, उसकी अपनी परिस्थितियों का परिणाम है। हम इस मत से सहमत हैं और हमारा तो यही कहना है कि शिशु के मन में जो सहज संवेदनाएं होती हैं, नई बातों और वस्तुओं, जैसे ईश्वर सम्बन्धी, जन्म सम्बन्धी तथा माता-पिता के यौन-प्रणय-व्यापार सम्बन्धी जो जिज्ञासा एक सामान्य शिशु में होती है, शेखर में उसी तीव्र जिज्ञासा भाव का आवर्तन-प्रत्यावर्तन अहर्निश रूप में होता हुआ दिखाई पड़ता है।"

निष्कर्षतः कह सकते हैं कि अज्ञेय ने शेखर के चरित्र को विशिष्ट बनाने हेतु अहंवादी, भयग्रस्तता, जिज्ञासु वृत्ति, अनास्थावादी भाव, अधोमुखी क्रियाएं, घृणाभावना, अनुशासन बद्धता, आत्मनिर्भरता की भावना, विद्रोह-धर्मिता, आत्म-पीड़ा आदि विशेष प्रवृत्तियों को उसमें पिरोया है। इन सभी प्रवृत्तियों से उसका चरित्र विशिष्ट बनाया गया है।

उपन्यास और काव्यात्मकता

'शेखर : एक जीवनी' दो भागों में प्रकाशित एक व्यक्तित्व के विकास का, विकास में अंतर्निहित जीवन-सूत्रों के अन्वेषण का, व्यक्ति के समाज और युग से सम्बन्ध की स्पष्ट पहचान का एक प्रयास है। दो भागों में अनुस्यूत

सूत्र के समान होने पर भी और दोनों के प्रेरक बिन्दुओं की एकतानता के बावजूद दो भाग अलग-अलग भी हैं।" (डॉ॰ चन्द्रकांत म॰ बांदिवडेकर)

शेखर एक जीवनी में मुख्यकथा के साथ में अनेक सहकथाएं चली हैं। इसका विवरण निम्न है।

मुख्य या केन्द्रित कथा—शेखर के समग्र जीवन की कथा है। जो उसको बाल्यकाल से प्रौढ़ावस्था में फाँसी तक चलती है। सहायक कथा—शेखर और शशि की कथा सहायक है जो मुख्य कथा के समानान्तर चलती है।

अन्य प्रमुख कथा सूत्र निम्नोक्त हैं— जो औपन्यासिक कथानक सागर का विकास करते हैं और नायक एवं नायिका के चरित्र को स्पष्ट करने हेतु प्रकाश डालते हैं— (अ) सरस्वती का कथा-सूत्र (आ) शेखर के माता-पिता का कथा-सूत्र (इ) शारदा का कथा-सूत्र (ई) रामेश्वर का कथा-सूत्र (उ) सदाशिव की कथा (ऊ) बाबा मदनसिंह की कथा (ए) मोहसिन की कथा और (ऐ) राम जी की कथा।

प्रासंगिक कथाएं—ये कथाएं कथा को अप्रत्यक्ष रूप से प्रभावित करती हैं और कुछ कथा-प्रसंग प्रत्यक्षतः भी कथा को प्रभावित करते हैं। ये सभी प्रसंग उपन्यासकार ने शेखर के चरित्र के पल्लवन के सहायक के रूप में रखे हैं।

1. अन्ती का प्रसंग 2. शीला का प्रसंग 3. शांति का प्रसंग 4. गोपी का प्रसंग 5. कुमार का प्रसंग 6. राघवन का प्रसंग 7. हरिजन बुढ़िया का प्रसंग 8. मणिका प्रसंग 9. विद्या-भूषण प्रसंग 10. विद्यावती का प्रसंग 11. कांग्रेस कैम्प 12. सम्पादक-प्रकाशक प्रसंग 13. अमोलक राम का प्रसंग 14. क्रान्तिकारी दादा का प्रसंग 15. रसोइये का प्रसंग।

शेखर : एक जीवनी की कथा-वस्तु में मौलिकता, रोचकता, स्वाभाविकता, समयबद्धता आदि एक सफल कथा साहित्य के समस्त गुण हैं।

पात्र-योजना और चरित्र-चित्रण की दृष्टि से 'शेखर : एक जीवनी' उपन्यास बहुत सफल है। इसमें चरित्र-चित्रण उदप्त स्वाभाविक एवं प्रवाहपूर्ण है। प्रायः सभी चरित्र संश्लिष्ट हैं और अपने-अपने वर्गों का पूर्ण प्रतिनिधित्व करते हैं।

शेखर : शेखर युवा वर्ग का प्रतीक है। जो स्वभाव से विद्रोही किन्तु अपने व्यक्तित्व की खोज के लिए आंतरिक और बाह्य स्तर पर संघर्षरत् हैं।

शशि : शशि उस नारी वर्ग का प्रतीक है जो अपनी ससुराल वालों की अज्ञानता एवं अत्याचारों का शिकार बनती है, किन्तु एक आदर्श नारी के रूप में भटकते हुए पुरुषों का मार्ग दर्शन करती है, उसे नयी संचेतना, वैचारिकता और शक्ति प्रदान करती है तथा अपने संपूर्ण समर्पण द्वारा नारी-जाति का गौरव बढ़ाती है।

हरिदत्त : हरिदत्त आधुनिक भारतीय परिवार के सामान्य पिता हैं। वे अपनी संतान के प्रति अपना महत्व रखते हुए भी अपनी अतिशय सामाजिकता के प्रति-सचेष्ट होने के कारण निरंकुश और दंभी दिखाई पड़ते हैं। वे अपनी विशिष्टताओं और दुर्बलताओं के कारण परिस्थितियों से समझौता करने को विवश हो जाते हैं।

आलोच्य उपन्यास के पात्र सजीव भी हैं और सामान्य भी। वे यथार्थ-सत्य के प्रतीक हैं।

आलोच्य उपन्यास में कथोपकथन योजना या मनोविज्ञान के प्रस्तुतीकरण के लिए की गई है या वैचारिक धरातलों के उद्घाटन के लिए की गई है। शेखर और सरस्वती के संवाद उस बाल मानसिकता को प्रदर्शित करते हैं जिसमें अपार जिज्ञासा तो होती ही है साथ ही अपने बोध के लिए पर्याप्त आश्वासन भी होता है। यहाँ शेखर की प्रश्नाकुलता और सरस्वती के उत्तर बाल सुलभ मानसिकता को ही अभिव्यक्त करते हैं। शेखर ने सरस्वती से पूछा— 'मरते कैसे हो'

मर जाते हैं और क्या?

मर कर क्या होता है?

"पागल जान नहीं रहती, चल-फिर, बोल नहीं सकते, तब ले जाकर जला देते हैं।

डूबने से ऐसे ही मर जाते हैं?

हाँ।

क्यों मरते हैं?

साँस बंद हो जाती है, तब जान निकल जाती है।

शेखर थोड़ी देर इस बात को सोचता रहा, फिर एकाएक उससे पूछा, जान क्या होती है?

होती है बस।

उसने फिर आग्रह किया क्या होती है?

'शेखर : एक जीवनी' उपन्यास में अज्ञेय जी की भाषा विषयक दृष्टि सृजनात्मक है। इसमें भाषा की बारीक-से-बारीक, उलझी-से-उलझी मनः स्थितियों और नूतन तथा सूक्ष्म ध्वनियों का प्रयोग किया गया है। भाषा की मितव्ययिता वैचारिक बिम्बों को सहज रूप में प्रस्तुत कर देती है। इस उपन्यास की भाषा सभी प्रकार के भाषिक गुणों से सम्पन्न है। सरलता, रोचकता, प्रवाहपूर्णता, प्रसंगानुकूलता, व्यंग्य, चित्रात्मकता, पात्रानुकूलता और मार्मिकतादि इस उपन्यास की भाषा की प्रमुख प्रवृत्तियाँ हैं।

आलोच्य उपन्यास में लेखक ने काव्यात्मकता उत्पन्न करने हेतु नाटकीय शैली वर्णनात्मक शैली, आत्मकथात्मक शैली, निबंध शैली, अंतर्विवाद शैली और स्मृत्यालोचन शैली का प्रयोग किया है। उपन्यास में काव्यात्मकता लाने हेतु लेखक ने मार्मिक प्रसंगों की उद्भावना की है।

शेखर एक जीवनी : मनोवैज्ञानिक आयाम

मनोवैज्ञानिक उपन्यास का स्वरूप-मनोवैज्ञानिक उपन्यासों में पात्रों की आंतरिक दशा को ही अधिक महत्व प्रदान किया जाता है। उनकी मनः स्थिति को सूक्ष्मता से चित्रित करने का प्रयास किया जाता है। डॉ॰ गोपालराय ने मनोवैज्ञानिक उपन्यास के संदर्भ में लिखा है कि, "आधुनिक मनोवैज्ञानिक उपन्यास का जन्म बीसवीं शताब्दी के द्वितीय दशक में मार्शल प्रूस्त, डोराथी रिचर्डसन और जेम्स ज्वायस की कृतियों से माना जाता है। मार्शल प्रूस्त ने 1913 ई॰ में अपने आठ भागों में समाप्त उपन्यास, 'जिनके अंग्रेजी अनुवाद का विषय (बीती बातों की याद) है, दो भाग प्रकाशित कराये। जब ये भाग अभी मुद्रणाधीन थे डोरोथी मिलर रिचर्डसन ने अपना द्वादश खण्डीय उपन्यास (तीर्थ यात्रा) लिखना शुरू कर दिया था। इसका पहला खंड 1915 में निकला और अंतिम 1938 ई॰ में। ठीक उसी समय आयरलैण्ड निवासी जेम्स ज्वायस ने, जो Triests के Berlitz स्कूल में अंग्रेजी का शिक्षक था, 1914 में (जवान आदमी के रूप में कलाकार का एक व्यक्ति चित्र) नामक उपन्यास क्रमशः प्रकाशित करना शुरू किया। इस प्रकार 1913 ई॰ और 1915 ई॰ के बीच आधुनिक

मनोवैज्ञानिक उपन्यास का जन्म हुआ था जिसे हम अंग्रेजी में चेतना प्रवाही "उपन्यास" मौन का उपन्यास, अन्तरालाप और फ्रेंच में आधुनिक विश्लेषणात्मक उपन्यास, के नाम से पुकारते हैं।

इन सभी उपन्यासकारों ने एक साथ उपन्यास को बाहरी यथार्थ से भीतरी यथार्थ की ओर, बाहरी संसार से जिसे एक शताब्दी पूर्व बाल जाक ने चित्रित किया था, फैन्टेसी और दिवास्वप्न की तरफ अग्रसरित किया।

डॉ॰ नंदकुमार राय पात्रों की मनोवैज्ञानिकता के संदर्भ में लिखते हैं कि, "शेखर के व्यक्तित्व का विकास सिगमण्ड फ्रायड के यौन-सिद्धांत के अनुरूप ही होता है। उसके संपूर्ण जीवन में यौन-भाव (सैक्स) किसी न किसी रूप में व्याप्त होता है जिससे सम्बद्ध एवं उद्भूत समस्याओं तथा मनोभावों का सूक्ष्म विश्लेषण उपन्यासकार अज्ञेय जी ने अपने इस उपन्यास में किया है, जहाँ कहीं शेखर किसी अनुचित अथवा वर्जित दृश्य को देखता है, तत्क्षण उसका मन यौन-भाव (सैक्स) से आंदोलित हो उठता है। मनोविज्ञान का यह परीक्षित सत्य है कि मनुष्य विशेषकर, बच्चे निषिद्ध तथा वर्जनाओं के प्रति अधिकाधिक मात्रा में प्रवृत्त जिज्ञासु होते हैं। जिस मात्रा में वर्जन होती है, उसी अनुपात में बच्चे के मन में रहस्य की गहराई में प्रविष्ट होने की तीव्र उत्कंठा, लालसा और बलवती होती है। जाग्रत इच्छा शेखर के संदर्भ में यह मनोवैज्ञानिक सिद्धांत सौ फीसदी सही प्रतीत होती है। मध्यवर्गीय परिवारों की ही भाँति उसके परिवार में भी यौन सम्बन्धों की चर्चा वर्जित है। अतः उसका यौन भाव भी उसके अहम् भाव का अंग बनकर व्यक्त होता है। एक ओर वह अपने संपर्क में आने वाले समस्त पुरुषों से सम्मान की आकांक्षा करता है और दूसरी ओर स्त्रियों से प्रणय और प्यार। इस संदर्भ में एक और बात यह ध्यान रखने की है कि वह केवल आदान चाहता है। प्रदान नहीं। वह कहता है, मुझे मूर्ति उतनी नहीं चाहिए, मुझे मूर्तिपूजक चाहिए। मुझे कोई ऐसा उतना नहीं चाहिए जिसकी तरफ मैं देखूँ, मुझे वह चाहिए जो मेरी तरफ देखे। यही नहीं कि मुझे आदर्श पुरुष नहीं चाहिए, पर मैं उन्हें स्वयं बना सकता हूँ। मुझे चाहिए आदर्श का उपासक, क्योंकि मैं वह नहीं बना सकता। अपने लिए ईश्वर रचना मेरे वश में है, लेकिन मेरी ईश्वरता का पुजारी वह नहीं। जिस किसी से भी वह उसका स्नेह अथवा प्रणय सम्बन्ध स्थापित होता है, उस पर वह संपूर्ण रूप से अपना आधिपत्य चाहता है, जो मनोविज्ञान समर्थित है।

इस सम्बन्ध में डॉ॰ देवराज सम्मति देते हुए कहते हैं कि, "अज्ञेय जी का शेखर हिन्दी का प्रथम उपन्यास है जिसमें शिशु मानव को (फ्रायड के शब्दों में) आनंद प्रधान जीवन की झाँकियों को, उसके कौतूहल और जिज्ञासाओं को तथा उसकी स्वाभाविक प्रवृत्तियों पर समाज तथा माता-पिता के व्यवहार अथवा यों कहिए कि Reality Principle के संपर्क से उत्पन्न दमन की मानसिक ग्रंथियों को तथा उनके जीवन-व्यापी प्रभाव को कथा क्षेत्र में लाने का प्रयास किया है।" अज्ञेयकृत शेखर : एक जीवनी उपन्यास की अन्य मनोवैज्ञानिक उपन्यासों से तुलना करते हुए डॉ॰ सत्यपाल चुघ कहते हैं कि, उनके सभी उपन्यास मनुष्य की सहजात या मूल वृत्तियों के लिए चित्रण विश्लेषण पर आधारित हैं और मूल वृत्तियां देशीय या विदेशीय नहीं मानवीय है, सर्वव्यापक हैं। यों तो जैनेन्द्र और इला चंद्र जोशी मनोवैज्ञानिक उपन्यासों की परम्परा का प्रवर्तन कर चुके थे और उनमें मूल वृत्तियों की किसी न किसी रूप में चर्चा तथा चित्रण भी है किन्तु सर्वप्रथम अज्ञेय ने ही, शेखर से इनके क्रमिक विकास का मनोविज्ञान सम्मत सम्यक् अध्ययन प्रस्तुत किया है और इस दृष्टि से हिन्दी उपन्यासों में 'शेखर' अकेला उपन्यास है। इन्हीं मूलवृत्तियों के व्यवस्थित अध्ययन के प्रयत्न के फलस्वरूप हिन्दी में बाल-जीवन के चित्रण को भी सर्वप्रथम इतना महत्त्व मिला। इस दृष्टि से भी 'शेखर' निरूपम उपन्यास है। अज्ञेय ने बालक शेखर में भय, अहम और सैक्स-इन तीन मूल प्रवृत्तियों को लिया है।" डॉ॰ नगेन्द्र का कहना है कि, "हिन्दी की एक महत्त्वपूर्ण वस्तु-मनोगुम्फी की तह में इतना गहरा घुसने वाला कलाकार हिन्दी ने दूसरा पैदा नहीं किया।"

मनोवैज्ञानिक उपन्यास में पात्रों के विचारों को गत्यात्मक रूप में प्रलेखित किया जाता है क्योंकि मस्तिष्क में विचार प्रायः अक्रमिक एवं असम्बद्ध रूप में उपजते हैं, इसीलिए चेतना-प्रवाह प्रविधि को महत्त्व मिला। चेतना को उसके मूल प्रवाह में पकड़ना और चित्रित करना। शेखर : एक जीवनी में इस प्रविधि का प्रयोग हुआ है किन्तु आद्योपांत इस प्रविधि का प्रयोग नहीं हुआ है। उदाहरणार्थ–प्रथम खंड का 'प्रवेश' इसी प्रविधि में रचित है। अन्यत्र भी कहीं-कहीं इस प्रविधि को अपनाया गया है।

"मुक्त आसंग और प्रतीकात्मक पद्धति भी मनोविश्लेषणवाद की ही देन है। वयः संधिकाल में शेखर की मानसिकता के चित्रण में युक्तिसंगत पद्धति का ही प्रयोग हुआ है। इस पद्धति के अंतर्गत पात्रों के असंगत एवं उलझे हुये विचारों का चित्रण किया जाता है। यथा– "उसे लगता, उसके शरीर में कोई परिवर्तन हो रहा है। उसे लगता वह बीमार है, उसे लगता, उसमें बहुत शक्ति और स्फूर्ति आ गयी है...." तब उसने देखा Melancholia भी उसे है। उसके बाद hypocontria पर पहुँचा और उसके लक्षण पढ़ते हुए उसने पढ़ा... शेखर ने कहा, अरे, यही तो मुझे है।" किन्तु समूचे उपन्यास में इस पद्धति का प्रयोग कम हुआ है।"

अज्ञेय ने संपूर्ण उपन्यास में प्रतीकात्मक पद्धति का प्रयोग किया है। अवचेतन प्रायः प्रतीकों के माध्यम् से ही अपनी अभिव्यक्ति करता है, सामाजिक-विधि निषेधों के कारण मनुष्य अपनी बहुत सारी इच्छाओं का दमन करता है इसलिए ये इच्छाएं अपने प्रकृत स्वरूप में ही अवचेतन में चली जाती है और "चेतन" पर अंकुश होने के कारण अपनी बात प्रतीकों के माध्यम् से कहती हैं। स्वप्न अवचेतन का प्रतीकात्मक भाष्य ही होता है। शेखर के व्यवहार, बातचीत एवं क्रिया में अवचेतन प्रायः प्रतीकात्मक रूप में विद्यमान होता है; यथा उसका लेटरबाक्स की सवारी करना उसके अहंता का प्रतीक है, सरस्वती को सरस कहना, वायलिन का रिकार्ड सुनना, रोजेरी आदि की प्रेमपरक कवितायें पढ़ना, शारदा का मस्तक चूमना, शांति को छूना आदि उसके अवचेतन में निहित 'काम' का प्रतीक है।

चूँकि मनोविज्ञान चेतन से अधिक अचेतन को महत्त्व देता है; इसलिए मनोवैज्ञानिक उपन्यासों में चेतन की अपेक्षाकृत अचेतन प्रक्रमों का दर्शन होना चाहिए किन्तु 'शेखर : एक जीवनी' में बहुत कुछ चेतन धरातल पर से ही कहा गया है। अतीत, वर्तमान के चेतना-फलक पर जगमगाता है, यद्यपि वह तो जुगनू की तरह चमकता है किन्तु चमकने और चमकाने के मध्य सृजक की प्रविधि है और वही चूक जाती है। डॉ॰ राजेन्द्र कुमार का कहना है– फ्रायड ने अचेतन मानसिक प्रक्रमों की अनिवार्यता स्वीकार करके चलने का जो सुझाव दिया है, अज्ञेय उस पर अधिक अमल नहीं करते। .. कारण यह है कि यदि 'शेखर : एक जीवनी' में अहंता, भय, सेक्स को अवचेतन मानसिक प्रक्रमों वाली फ्रायडीय व्याख्या के तहत निरूपित किया गया होता, तब तो मनोवैज्ञानिक रूप में शेखर को एक 'ग्रंथिग्रस्त' व्यक्तित्व के तौर पर ग्रहण करना लेखक की विवशता हो जाती, यह विवशता लेखक की औपन्यासिक प्रतिज्ञा को ही उलट देती है। यानि तब

शेखर की "स्वतंत्र व्यक्तित्व खोजी छवि" ही विपर्यस्त हो जाती" किन्तु ध्यातव्य है कि कुछेक प्रसंगों को छोड़कर अचेतन और चेतन की संगति आद्योपान्त दिखाई पड़ती है। जहाँ कहीं शेखर अधिक बाह्योन्मुख होने की कोशिश करता है, वहाँ प्रथमतया तो "अचेतन के दबाव के कारण उसकी सीमाएं स्पष्ट होने लगती हैं और दूसरा लेखक तदनुरूप "परिवेश" नहीं गढ़ पाता है, इसलिए "आकाश भाषित सामाजिक परिवेश में" उसका जीवंत विद्रोह भी अव्यवहारिक प्रतीत होने लगता है। यही कारण है कि शेखर का "एन्टीगोनम क्लब" निर्जीव प्रतीत होता है, जहाँ-जहाँ भाषणबाजी है, वहाँ-वहाँ अचेतन व चेतन की संगति टूट गयी है, जबकि अन्य घटनाओं-व्यवहारों, विचारों में जब भी हम उसे 'चेतन' के धरातल पर पाते हैं, तो देखते हैं कि अचेतन अपनी द्वंद्वात्मक एवं प्रतिक्रियात्मक' शक्ति के साथ चेतन धरातल पर मौजूद है, —"प्यार एक आकर्षण है, एक शक्ति है जिससे जीवन की स्थितिशीलता विचलित हो जाती है, ये विचलन ही समस्या है क्योंकि यह व्यापक है, मौलिक है, जीवन के "तलवार की धार पर" असंख्य धारों पर!... सधे हुये समतोल के डगमगा जाती है..."

शेखर : एक जीवनी में उपन्यासकार ने शेखर के चरित्र-सृजन में मनोविश्लेषण के अहं, भय एवं सेक्स को महत्त्व दिया है। शेखर के चरित्र के मनोविश्लेषणात्मक पहलु निम्न हैं—

1. शेखर में भय
2. शेखर में अहम की भावना
3. काम-वासना का प्रस्फुटन एवं विकास
4. व्यक्तित्व की भावना
5. व्यक्ति स्वातन्त्रय
6. जिज्ञासा एवं बंधन
7. अनास्थाजन्य विद्रोह-धर्मिता
8. एकाकीपन
9. अवचेतन मन की स्वप्नाभिव्यक्ति
10. आत्मविश्वास की भावना

अंततः 'शेखर : एक जीवनी' के मनोवैज्ञानिक रचाव में लेखक की तमाम सीमायें स्पष्ट हैं, इसके बावजूद इस तथ्य से इंकार नहीं किया जा सकता है कि अज्ञेय कृत इस उपन्यास के माध्यम् से हिन्दी मनोवैज्ञानिक उपन्यास को उस ऊँचाई तक समृद्ध किया है, जो कम से कम अभी तक अनछुई है।

बाणभट्ट की आत्मकथा

इतिहास और कल्पना

लेखक द्वारा किसी विशेष की घटनाओं, परिस्थितियों और उन सभी घटनाओं से संदर्भित तत्कालीन समाज के चरित्रों का शब्दबद्ध स्वरूप ही इतिहास है। ऐतिहासिक उपन्यासकार जब इतिहास के पृष्ठों को अपने उपन्यास में उतारता है तब उसके पास उपकरण तो वही होते हैं जो एक इतिहासकार के पास होते हैं, किंतु ऐतिहासिक उपन्यासों का सम्बन्ध इतिहास की संपूर्णता से न होकर ऐतिहासिक काल-विशेष, घटना-विशेष और फल-विशेष से होता है। मूलतः इतिहास एवं पुराण दोनों ही ऐतिहासिक उपन्यासों के लिए सामग्री है। ऐतिहासिक उपन्यासों का साधारण उद्देश्य मनुष्य का सार्वभौम विकास है। पाश्चात्य विद्वान मैकमिलन के अनुसार, "ऐतिहासिक उपन्यासकार का प्रमुख उद्देश्य उपन्यास के जीवन और उसके देशकाल की चुनी हुई घटनाओं एवं परिस्थितियों की ठीक-ठाक एवं कलात्मक अभिव्यक्ति है जो एक-दूसरे से इस प्रकार संबद्ध है कि मानवता और उसके भविष्य पर नया प्रकाश पड़ सके।"

लेखक ऐतिहासिक परिवेश में ही अपनी कथावस्तु की सृष्टि करता है। पर लेखक इतिहासकार नहीं होता; अर्थात् काव्य में समस्त ऐतिहासिक घटनाओं का यथातथ्य चित्रण करना न तो वांछित ही होता है और न उपयोगी ही; इसीलिए लेखक ऐतिहासिक कथावस्तु में भी अपनी कल्पना प्रयोग करता है। रामदरश मिश्र ने ऐतिहासिक सामग्री का उपयोग समकालीन समाज के आधार पर ग्रहण करने को लेकर कहा कि, "जीवंत साहित्य सदैव अपने युग और समाज से रस ग्रहण करता है। कथावस्तु पुरानी हो या नई, जीवंत साहित्य में उसका संयोजन नवीन दृष्टि से किया जाता है। वह दृष्टि आधुनिक युग-बोध से निर्मित होती है। आधुनिक युग बोध के बिना प्राचीन और नवीन सामग्रियाँ किसी व्यापक या गहरे सत्य के सूत्र से समन्वित नहीं हो पातीं। आधुनिक बोध वाला साहित्यकार इतिहास की सामग्रियों को नये संदर्भों में स्वीकार करता है। ये नये संदर्भ इतिहास की मृत सामग्री को नया स्वर प्रदान कर उन्हें वर्तमान का जीवन देते हैं, उन्हें इतिहास के गह्वर से निकालकर गतिमान जीवन के मैदानों में ला खड़ा कर देते हैं।" जिस प्रकार समस्त साहित्य का कार्य मानवता के विकास में योग देना है, उसी प्रकार उसका एक अंग मानव के अतीत से प्रेरणा लेकर वर्तमान की आलोचना और भविष्य की रूपरेखा प्रस्तुत करता है।

उपन्यासकार के लिए यहाँ एक विवशता भी है और वह यह है कि उसे अपने ऐतिहासिक उपन्यास में काल विशेष की पृष्ठभूमि का ध्यान अपरिहार्य रूप में रखना पड़ता है। जिस काल खंड को लेकर उपन्यास की रचना की गई हो, उस काल का बातावरण उसमें अवश्य होना चाहिए। तत्कालीन सभ्यता, संस्कृति, रहन-सहन, वेशभूषा, सामाजिक परिस्थिति, धार्मिक परिस्थिति एवं राजनीतिक परिस्थितियों का अंकन होना चाहिए। इसी से ऐतिहासिक वातावरण का निर्माण होता है। इस समग्र वस्तु को उपन्यासकार या लेखक/साहित्यकार इस प्रकार अपनी कल्पना से व्यवस्थित करे जिससे उपर्युक्त वातावरण जीवंत हो सके।

आचार्य हजारी प्रसाद द्विवेदी हिन्दी एवं संस्कृत के प्रकाण्ड विद्वान, समालोचक एवं सृष्टा हैं। यह द्विवेदी जी जैसे प्रतिभावान के लिए ही सम्भव था कि वह बाणभट्ट जैसे प्रखर उद्भट विद्वान रचनाकार के जीवन को अपने उपन्यास का उपजीव्य बनाये। बाणभट्ट के कादम्बरी को संस्कृत के क्लिष्टतम ग्रंथों में से एक माना जाता है और विविध व्याख्याएं उसमें होती रही हैं, उसके रचयिता का जीवन वैसा रहा होगा, कल्पना योग्य है, विचारणीय है। कुछेक विद्वान बाणभट्ट की आत्मकथा को इतिहास के पर्दे में काल्पनिक रोमांस की संज्ञा देते हैं। मैं इससे सहमत भी हूँ किन्तु इतिहास के पर्दे में ऐसे रोमांस हिन्दी साहित्य में कितने लिखे गये हैं? इस उपन्यास में द्विवेदी जी ने तत्कालीन युग और उसकी विविध परिस्थितियों का ही गहन अवगाहन नहीं किया है वरन् एक कवि का बेबाक दर्शन भी व्याख्यापित किया है।

द्विवेदी जी अपने उपन्यास के माध्यम से एक कवि के मन की उलझनों, उसकी आकांक्षाओं, नारी के प्रति उसके विचारों एवं उसके स्वाभिमानी व्यक्तित्व और प्रकारान्तर से उसकी अस्मिता-बोध को वर्णित करना चाहते हैं। उनके लिए इतिहास एक उपकरण मात्र है जिसका उपयोग उन्होंने अपने कथ्य को अधिक परिपुष्ट एवं प्रभावशाली बनाने के लिए ही

किया है। इतिहास उनके लिए साध्य ना होकर साधन मात्र था। इसीलिए किसी ने कहा है कि उनकी मूल निष्ठा अपने कथ्य के प्रति है, ऐतिहासिक घटनाओं या चरित्रों के प्रति नहीं। यही कारण है कि "हर्षवर्धन जैसे सशक्त चरित्र को उन्होंने उतना महत्त्व नहीं दिया जितना कुमार कृष्णवर्द्धन को और निपुणिका तथा भट्टनी जैसे काल्पनिक चरित्र को जो स्वयं अपना इतिहास अपने हाथों से लिख गये हैं। 'बाणभट्ट की आत्मकथा' इतिहास और कल्पना का अद्भुत समुच्चय है। इसमें एक ओर तो सातवीं शताब्दी की भारतीय राजनीतिक, सामाजिक आदि परिस्थितियों, सत्ताधीशों के वैभव, उनके केलि विलास, बाह्य आक्रमणों की स्थितियों और धार्मिक विविधताएं सांगोपांग रूप में वर्णित हुई हैं, दूसरी ओर मानव-मन की उदात्त भावनाओं एवं आस्थाओं का जीवंत परिदर्शन इसमें उपलब्ध है।"

सांस्कृतिक पृष्ठभूमि

बाणभट्ट की आत्मकथा में भारतीय संस्कृति के स्वरूप की चर्चा भी अनेक प्रसंगों में आयी है। भारतीय संस्कृति का एक गुण माना जाता है समन्वयात्मकता। वैदिक समय से लेकर अद्यतन काल तक भारतीय संस्कृति परस्पर द्वंद्वात्मक विचारों के घात-प्रतिघात से अपना रूप ग्रहण करती रही है। ब्राह्मण और श्रमण संस्कृतियां इस देश में पुरातन काल से साथ चली आ रही हैं। दोनों में विरोधात्मकता की जगह समन्वयात्मक प्रवृत्ति अधिक परिलक्षित होती है। "बौद्ध और जैन धर्म के अनेक तत्व ब्राह्मण संस्कृति ने अपनाए जरूर हैं, लेकिन समानता, स्वतंत्रता और न्याय, जो कि बौद्ध और जैन धर्म के मूलभूत तत्त्व हैं, हिन्दू धर्म और ब्राह्मण संस्कृति ने कभी भी नहीं अपनाए। आज भी स्वतंत्र भारत में जन्म के आधार पर ही इंसान की जाति का निर्धारण होता है और उसके आधार पर समाज में सामाजिक, आर्थिक, सांस्कृतिक स्थिति भी तय होती है। हिन्दू धर्म जिस असमानता, भेदभाव और जाति व्यवस्था में विश्वास करता है, उससे समन्वयात्मक संस्कृति का निर्माण होने में आज भी बाधाएं उत्पन्न हो रही हैं। समन्वय ही भारतीय संस्कृति की धरोहर रही है और जहाँ कहीं इस समन्वयात्मक विचारों में दरार आई है, जन-जीवन को दुःखों और संकटों का सामना करना पड़ा है। बाणभट्ट की आत्मकथा में भारतीय संस्कृति के इस पक्ष को केन्द्रीय महत्व दिया गया है।"

आ॰ हजारी प्रसाद द्विवेदी भारतीय संस्कृति के आख्याता और सजीव रूप हैं। बाणभट्ट की आत्मकथा में उन्होंने हर्षयुग का चित्रण प्रस्तुत किया है। उपन्यास में वर्णित सांस्कृतिक पृष्ठभूमि को निम्न बिन्दुओं के आधार पर विश्लेषित करेंगेः

सामाजिक अवस्था

उपन्यास को हृदयंगम करने के पश्चात ज्ञात होता है कि तत्कालीन समय की सामाजिक व्यवस्था सुव्यवस्थित नहीं थी। समाज अनेक तबकों में विभक्त था, उच्चता एवं निम्नता का भाव समाज में विराजमान था। जो वर्ग राज-कृपा को प्राप्त कर लेता था वह समाज में प्रतिष्ठेय हो जाता था। निपुणिका के परिचय से यह स्पष्ट हो जाता है, "निपुणिका आजकल की उन जातियों में से एक की संतान है, जो किसी समय अस्पृश्य समझी जाती थी, परंतु जिनके पूर्व पुरुषों को सौभाग्यवश गुप्त सम्राटों की नौकरी मिल गई थी। नौकरी मिलने से उनकी सामाजिक मर्यादा कुछ ऊपर उठ गई हैं। वे आजकल अपने को पवित्र वैश्य वंश में गिनने लगी हैं और ब्राह्मण-क्षत्रियों में प्रचलित-प्रथाओं का अनुकरण करने लगी हैं।"

तत्कालीन समाज में बालविवाह का प्रचलन एवं विधवा विवाह का अप्रचलन था। निपुणिका और सुचरिता दोनों को इस घृणित पीड़ादायक कुरीतियों का मुकाबला करना पड़ता है। नारियों की स्थिति अच्छी नहीं थी। उन्हें मात्र काम-पुतलिका समझा जाता था और उनकी इच्छा के विरुद्ध भी उन्हें बलात् अंतःपुर में अपहृत कर बंदी बना लिया जाता था। विवाह से सम्बद्ध उनकी भावनाओं की कोई कद्र न थी– यही कारण है कि भट्टिनी को छोटे राजकुल के रंगमहल में बंदी होना पड़ा और महामाया को ग्रहवर्मा के साथ विवाह करना पड़ा। कुछ नारियाँ अपनी परिस्थितियों पर काबू न पा सकने के कारण वेश्या बन जाती थी। गणिका का तत्कालीन समाज में आदर होता था। चारूस्मिता का जीवन इसका उदाहरण है।

हर्षकालीन समाज में राजकीय उत्सवों का आयोजन बड़े ठाठ-बाट से होता था। साधारणजन से इतर अंतः पुर से सम्बन्धित सभी जन इसमें भाग लेते थे। कुमार कृष्णवर्धन के पुत्र के जन्म के अवसर का दृश्य द्विवेदी जी ने बड़ा ही भव्य और अद्भुत उकेरा है। गणिकाओं के आयोजन में भी जनता पर्याप्त संख्या में हिस्सा लेती थी। इसका कारण यह था कि उन दिनों लोगों की रूचि कला की ओर बहुत अधिक थी। चारूस्मिता के संदर्भ में कहे गये ये शब्द, "धावक ने कहा कि चारूस्मिता का नृत्य कान्यकुब्ज की विद्रोही जनता को वश में ले आने का अस्त्र है। यह क्या सत्य है?... चारूस्मिता का वंश मैंने सुना है, उनके गुण आज धावक ने बताये हैं, हाय कितनी गुण-संपत्ति है और कितने नीच उद्देश्य से उसका उपभोग हो रहा है।"

उन दिनों जनता द्वारा भी अनेक उत्सव आयोजित किये जाते थे। मदनोत्सव का यह दृश्य– सारा नगर पुर वासियों की करतल-ध्वनि, मधु-संगीत, और मृदंग के घोष से गूंज उठा था। मदमत्त नगर विलासिनियों के सामने जो भी पुरुष पड़ जाता उस पर ऋंमक (पिचकारी) के रंगीन जल की बौछार हो जाती थी।

राजा को देवपद प्राप्त था। राजा अत्यंत वैभवशाली तरीके से दिन व्यतीत करता था। महाराज हर्षवर्धन की राजसभा का वर्णन आचार्य द्विवेदी ने इसी प्रकार से किया है।

उन दिनों समाज में ब्राह्मणों का सर्वोच्च स्थान माना जाता था। ज्ञान प्रसार का कार्य उन्हीं के जिम्मे था। बाण के पिता चित्रभानु के संदर्भ में कहा गया है कि, "यदि मैं कहूँ कि सरस्वती स्वयं आकर अपने पाणि-पल्लवों से मेरे पितृदेव के होम कालीन श्रमसीकरों को पोंछा करती थीं तो इसमें कुछ अत्युक्ति नहीं होगी; क्योंकि उस काल से लेकर सूर्योदय के दो मुहूर्तों तक निरंतर हवन करने के बाद जब मेरे पिता पसीने से तर होकर उठते थे तो सीधे अध्यापन के कुशासन पर जा बैठते थे। यही उनका विश्राम था।"

ब्राह्मण ही धर्म और व्यवस्था की व्याख्या करने वाला होता था। शास्त्रार्थ पद्धति प्रचलित थी। धर्म का आधार शास्त्रार्थ होता था। शास्त्रार्थ में चुना हुआ धर्म राजा-प्रजा द्वारा मान्य होता था। राजाश्रय का प्रचलन था। पंडित, कवि दरबार में ही रहते थे। स्तरानुकूल लोग वेश-भूषा पहनते थे। भाषा का प्रयोग भी ऐसा ही था।

धार्मिक अवस्था

हर्षकालीन समाज में अनेक प्रकार के धर्मों का प्रचलन था। राजा का धार्मिक दृष्टि से किसी पर भी कोई नियंत्रण नहीं था। व्यक्तिगत रूप के आधार पर स्वतंत्रतापूर्वक व्यक्ति साधना मार्ग या धर्म को ग्रहण कर सकते थे। इस कालान्तर्गत बौद्ध संप्रदाय और अवधूत संप्रदाय प्रमुख थे। बौद्ध संप्रदायी बौद्ध विहारों में निवास करते थे और पीले रंग का चीवर धारण

करते थे। इनकी तमाम चर्याएं इन विहारों में ही होती थीं। शास्त्रार्थ भी होता था। आचार्यगण शंका समाधान करते थे।

अवधूत संप्रदाय के लोग किसी एक स्थान पर न ठहरकर प्रायः भ्रमण करते रहते थे। ये लोग अधिकांशतः चमत्कारिक प्रयोग दिखाकर जनता को चमत्कृत कर अपने संप्रदाय में दीक्षित करते थे। स्त्रियाँ भी उनके संप्रदाय में दीक्षित हो सकती थीं। ये शिवोपासक थे।

इस समय धार्मिक क्षेत्र में कुछ लोग आडम्बरी, लोभी और कामुक भी होते थे। कहने को तो वे देवी के पुजारी होते थे, किन्तु प्रच्छन्न रूप से अनेक प्रकार के विषयों में फँसे रहते थे। बलि-पूजा का भी इन दिनों रिवाज था। लोग मनुष्य की बलि देखकर अपनी आराध्या को प्रसन्न करते थे। धार्मिक क्षेत्रों के लोग राजनैतिक भागीदारी भी निभाते थे। यही कारण था कि इनका सम्बन्ध राजकुल से होता था। आचार्य सुगतभद्र कुमार कृष्णवर्धन को अपना शिष्य बनाये हुये हैं। महामाया खुल्लमखुल्ला जनता को विद्रोह करने के लिए प्रेरित करती है, भर्वुपाद अपने पत्र से समूचे आर्यावर्त को म्लेच्छों के भावी आक्रमण से सचेत करता है।

आर्थिक अवस्था

उक्त आलोच्य उपन्यास का क्षेत्र नगर संस्कृति तक ही सीमित रहा है। ग्राम्य संस्कृति में लेखक नहीं घुसा है। अतः यह बताना कठिन है कि उस काल में जनसाधारण की आर्थिक अवस्था कैसी थी। नगर खुशहाल एवं समृद्ध थे।

राजनैतिक स्थिति

हर्षयुग व्यस्तता का युग रहा है। हर्ष को महाराजाधिराज माना जाता था, किन्तु अनेक सामंत ऐसे थे, जो मन ही मन उससे नाराज थे। बाण से कहे हुये लोरिक देव के ये शब्द,"देखो भट्ट, मेरी शिराओं में गुप्तों के अन्न से बना हुआ रक्त है। अठ्‌ारह वर्ष की अवस्था से गुप्त-सेना का सैनिक रहा हूँ। मैंने सिंधु और कुंभा के उस पार तक समुद्रगुप्त के गरूड़ ध्वज को फहराया है। मेरी अवस्था इस समय साठ से ऊपर हो गई।... कान्य कुब्ज के राजा को मैं चरणाद्रि दुर्ग के पूर्व किसी प्रकार नहीं आने दूंगा।" महामाया का शेख भरा भाषण भी इसी ओर इंगित करता है।

इस विवेचन के आधार पर कह सकते हैं कि 'बाणभट्ट की आत्मकथा' में सांस्कृतिक तत्वों का निरुपण किया गया है। लेखक संस्कृति में आ रहे उतार-चढ़ाव को दिखाना चाहता है।

बाणभट्ट की आत्मकथा : आधुनिकता

"बाणभट्ट की आत्मकथा एक Classical Romantic उपन्यास है। अर्थात् अपने बंध, चित्रण, वर्णन, शिल्प, शैली में यह क्लासिकल है और प्राणगत ऊष्मा में रोमैंटिक। ये दोनों तत्त्व एक दूसरे से मिलकर एक अविभाज्य टेक्सचर बन जाते हैं। इस क्लासिकल विन्यास में अपेक्षित रोमैंटिक सूत्रों की कमी नहीं है और रोमैंटिक आवेग को Classical संयम बांधे हुये हैं। क्लासिक में एक ओर औदात्य होता है और दूसरी ओर जड़ता। लेखक ने औदात्य तत्व को लेते हुये रोमांस के सन्निवेश-द्वारा जड़त्व का सहज ही परिहार कर लिया है। एक जड़त्व जीवन और परिवेश के स्तर पर भी है। लेखक उस पर गहरा प्रहार करता है और समस्त उपन्यास में स्पंद चेतना का नवोन्मेष फूट पड़ता है।" (बच्चन सिंह) स्पंद चेतना का फूट पड़ना ही आधुनिकता है। लेखक ने स्पंद चेतना को जिस काव्यात्मक पैटर्न के द्वारा प्रस्तुत किया है वह भी अद्वितीय है। यह अद्वितीयता वस्तु और रूप दोनों में है क्योंकि जो वस्तु है वही रूप है, जो व्यक्ति है वही परिवेश है। इस प्रकार की अवयवगत संपूर्णता काव्य में ही सम्भव है। इसीलिए इसके पैटर्न को मैंने कलात्मक कहा है। काव्य का अनुवाद नहीं हो सकता, इसलिए बाणभट्ट की आत्मकथा का भी अनुवाद नहीं हो सकता। इसके एक तार को छू देने पर समस्त तार एक साथ झंकृत हो उठते हैं। झंकृति ही स्पंद चेतना है।

आचार्य द्विवेदी ने बाणभट्ट की आत्मकथा में सातवीं शताब्दी के प्रख्यात संस्कृत कवि बाणभट्ट को कथा नायक बनाकर उन्होंने उस समय के जीवन, आचार-व्यवहार, रीति-नीति, समाज, धर्म एवं राजनीति के साथ ही व्यक्ति के प्रेम व्यापार, उसकी आभिजात्यता तथा जीवन के अनुभवों को युगीन परिवेश-सापेक्षता के साथ अंकित किया है कहीं दूसरी ओर भारतीय समाज की कुछ सामयिक समस्याओं, मानव-मात्र के कल्याण से सम्बन्धित कुछ सार्वजनीन संदर्भों पर भी मार्मिक प्रहार करने की कुशल चेष्टा की है। लेखक ने आधुनिक समाज के जलते प्रसंगों को कला में इस प्रकार अनुस्यूत किया है कि न तो उससे युग परिवेश में बाधा पहुंची है और न ही कथा की जीवंतता ही आघातित हुई है। इस उपन्यास में 1. विधवा विवाह : पुरुषप्रधान समाज में छटपटाती नारी की मुक्ति हेतु अभिव्यक्ति है, बाल-विवाह जो ह्रासोन्मुखी समाज-संस्कृति को दर्शाता है का वर्णन है। नारी के शक्ति रूप को अबला बनाये रखने को वर्णित किया गया है। गणिका, नारी-अपहरण, सामाजिक-स्तर-भेद जैसी सामाजिक बातेंजो आधुनिक समाज में भी विद्यमान हैं, के साथ-साथ स्वाधीनता संग्राम को भी व्यक्त करता है। महामाया का विद्रोही आक्रोश इसका प्रमाण है। द्विवेदी जी की ऐतिहासिक चेतना आधुनिक है।

इस उपन्यास में अनेक जगहों पर प्रतीकात्मकता को दर्शाया गया है। बच्चनसिंह ने कुछ-एक प्रतीकों के संदर्भ में कहा कि महावराह उस स्पंद चेतना का प्रतीक है। इस पौराणिकमिथ का दुहरा उपयोग है। एक ओर तो यह उस अटूट अवस्था का प्रतीक है जो 'जलौघामना सचराचरा धरा' का उद्धार करने में समर्थ है, दूसरी ओर यह मनुष्य की निमित्तता और अकिंचनता का प्रतीक है।"

यथास्थितिवाद को तोड़ने का कार्य बाण करता है। "सचराचर धरा जल में मग्न है। सारा समाज एक प्रकार के अवरोध में है। भट्टिनी, महामाया, निपुणिका, सुचरिता यहाँ तक कि बाणभट्ट भी अवरूद्ध है। संपूर्ण मध्यकाल में गतिशून्यता भरी हुई है। राजनीति, संस्कृति, धर्म आदि बँधे घाटों के जल की तरह अविरल हैं, सोचने का बंधा हुआ तरीका है। धर्म एक बंधी-बंधायी परिपाटी है, सब लकीर के फकीर हैं। बाण को लगा, "न जाने क्यों मुझे ऐसा लग रहा था कि नीचे से ऊपर तक सारी प्रकृति में एक अवग अवसाद की जड़ता छायी हुई है। इस उपन्यास में जड़ता को तोड़ने का रचनात्मक प्रयास है।"

अंततः जड़ता को तोड़ना, यथास्थितिवाद के खिलाफ बोलना, स्व के प्रति, अस्तित्व के प्रति चेतन होना आधुनिकता है। बाणभट्ट की आत्मकथा में ये भाव सर्वत्र प्रत्यक्षाप्रत्यक्ष वर्णित है। आधुनिक समाज की तस्वीर ऐतिहासिक पीठिका पर दर्शायी गई है।

निपुणिका और नारी-मुक्ति की आकांक्षा

नारी मुक्ति की आकांक्षा को अपने जीवन में लिए, भारतीय समाज एवं संस्कृति की विधवा नारी निपुणिका, बाणभट्ट की आत्मकथा का सबसे सशक्त, प्रभावशाली एवं काल्पनिक पात्र है। इतिहास भी निपुणिका के संदर्भ में मौन है। इतिहास आभिजात्यों का होता है जनसामान्य का नहीं। निपुणिका साधारण होने के बाद भी एक असाधारण नारी थी। उत्कट जीजिविषा थी उसमें। इसलिए समाज की श्रृंखलाओं को लांघकर अनेकों स्थलों पर जीवनयापन करती है। नारी की मुक्ति के लिए अपने जीवन का सर्वस्व लगा देती है। प्रभावान्विति के आधार पर देखा जाए तो उपन्यास की नायिका निपुणिका ही है। निपुणिका मृत समान बाण में भी जीवन का संचार करती है। अभिशप्त वर्ग की निपुणिका उच्च संस्कारों से सम्पन्न होते हुए भी उसके दुर्भाग्य ने उसको कदम-कदम पर छला है। निपुणिका का परिचय उपन्यास में इस प्रकार है, ''निपुणिका आजकल की उन संतानों में से एक की संतान है जो, किसी समय अस्पृश्य समझी जाती थीं परंतु जिनके पूर्व-पुरुषों को सौभाग्यवश गुप्त-सम्राटों की नौकरी मिल गयी थी। नौकरी मिलने से उसकी सामाजिक मर्यादा कुछ ऊपर उठ गयी थी। वह आजकल अपने को पवित्र वैश्य-वंश में गिनने लगी है और ब्राह्मण-क्षत्रियों में प्रचलित प्रथाओं का अनुकरण करने लगी है। उसमें विधवा-विवाह का चलन हाल में ही बंद हुआ है। निपुणिका का विवाह किसी कादम्बिक वैश्य के साथ हुआ, जो भड़भूजे से ऊपर उठकर सेठ बना था। विवाह के बाद एक वर्ष भी बीतने नहीं पाया था कि निपुणिका विधवा हो गयी।'' इसके पश्चात् निपुणिका घर से भाग कर बाणभट्ट की नाट्य-मंडली में शामिल हो गयी। उस समय उसकी आयु सोलह वर्ष की थी। वह अधिक सुंदर नहीं थी। फिर भी उसकी आँखें और अंगुलियां अधिक सुंदर थीं। निपुणिका बाण से प्रेम करती थी किन्तु जब उसने देखा कि बाण ने उसकी उपेक्षा की है तो वह नाट्य मंडली छोड़कर उज्जयिनी से भाग निकली और छः वर्ष पश्चात् स्थाण्वीश्वर में बाण उसको पुनः मिल जाता है। उसी के सहयोग से बाण भट्टिनी को मुक्त कराने में सफल होता है।

लेखक ने उसे हतभाग्या चित्रित किया है। नियति ने उसे छला है। वह जिधर भी जाती उसे झंझावातों का सामना करना पड़ता है, थपेड़े ही थपेड़े यही जैसे उसकी नियति है। अपना प्राप्य उसे कभी नहीं मिला। हाँ भट्ट! मेरे भाग आने का कारण तुम्हीं थे, परन्तु दोष तुम्हारा नहीं है, दोष मेरा ही है। तुम्हारे ऊपर मुझे मोह था। निपुणिका का जीवन संघर्षरत रहने के कारण वह साहस की प्रतिमूर्ति झलकती है। विषम परिस्थितियों को भी उसने झेला है। नारी होते हुए भी उसमें जो जीवट है, वह दर्शनीय ही नहीं श्लाघ्य भी है। छोटे राजकुल जैसे विलासियों के अंतः पुर से, जहां पग-पग पर सुरक्षा का कड़ा प्रबंध था, जिस प्रकार बाणभट्ट को ले जाकर (नारी वेश में) भट्टिनी का उद्धार कर पाने में, उसी के साहस की बात है। चण्डी मण्डली के धूर्तपुजारी को उल्लू बनाकर और अपने नारीत्व को दांव पर लगाने की बात कहकर वह भट्टिनी के टिकने की व्यवस्था करती है। महामाया इसके संदर्भ में कहती है, "मगर अद्‌भुत शक्ति है निपुणिका की नाड़ियों में। एक बात बताऊं बेटी, निपुणिका महामाया-स्वरूप है, उसे सामान्य नारी न समझ।"

निपुणिका का प्रेम भक्ति में बदल गया। वह स्वयं कहती है कि, "छः वर्षों तक इस कुटिल दुनिया में मारी-मारी फिरी और अब मेरा मोह भक्ति में बदल गया है। भट्ट, तुम गुरु हो, तुमने मुझे स्त्री-धर्म सिखाया।"

परदुःख कातरता के कारण भट्ट के द्वारा भट्टिनी का उद्धार होता है। वह कोमला नारी है। अपने दुःखों की उसने कभी परवाह नहीं की। वह भट्टिनी को मुक्त कराने हेतु प्रयत्न करती है, उसकी रक्षा एवं स्वाभिमान हेतु स्वयं रक्षक बनती है। पर दुःख कातरता के साथ उदप्त अद्वितीय प्रेमिका है।

अंततः निपुणिका बाणभट्ट की आत्मकथा का केन्द्रस्थ पात्र है। वह आरंभ से अंत तक मुक्ति की कामना हेतु तत्पर रहती है। परोपकार, सेवाभाव, दया, करुणा की वह सरला सागर है। निस्वार्थता हर जगह परिलक्षित होती है। उसकी मृत्यु पर भट्टिनी कहती है कि, "हाय भट्ट, अभागिनी का अभिनय आज समाप्त हो गया। उसने प्रेम की दो शिराओं को एक सूत्र कर दिया और पछाड़ खाकर निपुणिका के मृत शरीर पर लोट पड़ी। अभिनय करके बाण ने जिसे पाया था, अभिनय करके ही उसे खो दिया।" चारूस्मिता भी निपुणिका की मृत्यु पर सफेद साड़ी पहनने को विवश हो जाती है, चलो आर्य, इस नश्वर जगत में यही एक शाश्वत सत्य है। निपुणिका स्त्री-जाति का शृंगार थी, सतीत्व की मर्यादा थी, हमारी जैसी उन्मार्गगामिनी नारियों की मार्ग दर्शिका थी।....दुनिया केवल प्रस्तर प्रतिमाओं पर रोती है।"

आत्मकथा का तात्पर्य

आत्मकथा हिन्दी साहित्य की नूतन विधाओं में से एक है। पश्चिम के प्रभाव से यह विधा भी हिन्दी में पल्लवित हुई। स्वयं के द्वारा लिखी अपनी जीवनी आत्मकथा कहलाती है। दूसरे शब्दों में यों कहेंगे कि जब कोई व्यक्ति कलात्मक, साहित्यिक ढंग से अपनी जीवनी स्वयं लिखता है तब उसे आत्मकथा कहते हैं। लेखक अपने जीवन में घटित घटनाओं का क्रमिक ढंग से वर्णन कर, उन्हें सजीवता प्रदान करता है। ऐसा करने से उसके जीवन को प्रेरणा देने वाले उपादानों का भान होता है।

आत्मकथा से अतीत के चित्रण के साथ परिवेश की अभिव्यक्ति होती है। जो क्षण वह जी चुका है, उसका पुनः सृजन वह आत्मकथा के माध्यम से करता है। यहाँ लेखक स्रष्टा भी होता है और सामग्री भी। उसे साध्य और साधन दोनों कहा जा सकता है। ऐसे हालात में कभी सृजक कथ्य पर तो कभी कथ्य सृजक पर हावी हो जाता है।

जीवन यात्रा में प्राप्त हुए अपने अनुभवों को दूसरों के समक्ष रखना-मानवीय-प्रवृत्ति है। इस स्वाभाविक प्रवृत्ति के अतिरिक्त और अनेक कारण होते हैं जिनकी वजह से आत्मकथा लिखी जाती है। मनुष्य चाहता है कि उसके अनुभवों से अन्य लोग लाभ उठायें। ''बुरे कार्यों का पश्चाताप करने के लिए आत्मकथा लिखी जाती है। आत्मकथाकार के लिए अपने चरित्र का उद्‌घाटन और विश्लेषण करना बहुत कठिन होता है। गुण-निरूपण से आत्म प्रशंसक होने का खतरा होता है, तो दोष दर्शाने से यह भय होता है कि लोग उसे बुरा समझेंगे। आत्मकथा में वैयक्तिक जीवन का उल्लेख होता है। यह ज़रूरी नहीं कि लेखक अपने जीवन की संपूर्ण घटनाओं का वर्णन करे। आत्मकथा में अतीत और वर्तमान का गहरा सम्बन्ध है। वर्तमान के निर्माण में जो स्थितियाँ सहायक या बाधक रही हैं, उनकी जाँच-पड़ताल वर्तमान के साथ मिलाकर होती है। उसी के आधार पर वह अपने जीवन का निरीक्षण करता है। साहित्य की अन्य विधाओं के समान आत्मकथा भी लेखक की सर्जनात्मकता की प्रतीक है।'' आत्मकथा शब्द में कथात्मकता का तत्व होने के कारण इस साहित्य विधा में वे सभी विशेषताएं होनी

चाहिए जो कथा-साहित्य में होती हैं, आत्मकथा में कथा-साहित्य के गुण होते हुए भी देखे और भोगे जीवन का अंकन होता है। लेखक सत्य के प्रति निष्ठावान होता है, निष्पक्ष होकर आत्मोद्घाटन करते हुये भोगे हुये क्षणों को अभिव्यक्त करता है। जीवन-गाथा की अभिव्यक्ति करते हुये लेखक के लिए कौशल और संयम ज़रूरी होता है। तटस्थ और संतुलित चित्रण के लिए न तो वह चरित्र के उज्जवल पक्ष का बढ़ा चढ़ाकर वर्णन करता है न ही दुर्बलता को छिपाता है।

लेखक जीवन मूल्यों के सम्बन्ध में आत्मकथा के माध्यम से विशिष्ट व्याख्या भी प्रस्तुत करता है। उससे उसके व्यक्तित्व और चरित्र का पता चलता है। आत्मकथा दो प्रकार की होती है—वास्तविक और कल्पित। वास्तविक आत्मकथा निज संदर्भ में होती है जबकि काल्पनिक दूसरों के संबंध में जैसे—पेड़ की आत्मकथा, सड़क की आत्मकथा, ताजमहल की आत्मकथा आदि।

मैला आंचल–आंचलिक उपन्यास की अवधारणा

हिन्दी उपन्यास के अतीत में आंचलिक उपन्यास की अवधारणा मैला आंचल के प्रकाशन के बाद ही विकसित हुई। इस पद का प्रयोग प्रथमतः, संभवतः, रेणु ने ही मैला आँचल की भूमिका में किया है। "यह है 'मैला आंचल' एक आंचलिक उपन्यास। कथांचल है पूर्णिया। पूर्णिया बिहार राज्य का एक जिला है।...मैंने इसके एक हिस्से के एक ही गाँव को— पिछड़े गाँवों को प्रतीक मानकर इस किताब का कथा क्षेत्र बनाया है।" इस उदाहरण से दो तथ्यों पर विशेष बल हैः एक कथाक्षेत्र का पिछड़ापन और गाँव से उसका अनिवार्य सम्बन्ध। शिवकुमार मिश्र के शब्दों में, "ग्राम जीवन पर आधारित प्रत्येक उपन्यास आंचलिक उपन्यास नहीं होता, यह बात प्रायः सर्वस्वीकृत है। दूसरी बात को, पूरी तरह सहमत न होते हुए भी, फिलहाल हम मान लेते हैं कि और वह यह कि ग्रामांचल से संबंधित उपन्यासों को ही आंचलिक उपन्यास कहा जाना चाहिए, नगरों के अपने विशिष्ट जीवन का चित्रण करने वाले उपन्यास आंचलिक उपन्यास नहीं माने जाने चाहिए। ऐसी स्थिति में हमारे सामने ग्रामजीवन को केन्द्र में रखकर लिखे गये दो प्रकार के उपन्यास विचारार्थ प्रस्तुत होते हैं। एक, जो आंचलिक उपन्यास नहीं कहे जा सकते; दूसरे, जिन्हें आंचलिक उपन्यास की संज्ञा दी जाती है। प्रेमचंद और रेणु के उपन्यासों का साक्ष्य लेकर हम अपनी बात साफ कर सकते हैं। ग्रामजीवन-केन्द्रित उपन्यास लिखने के बावजूद जहाँ प्रेमचंद को आंचलिक उपन्यासकार और उनके ऐसे उपन्यासों को आंचलिक उपन्यास नहीं कहा जाता, वहाँ रेणु न केवल आंचलिक उपन्यासकार के रूप में ख्यात हैंबल्कि उनके उपन्यासों को हिन्दी में आंचलिक उपन्यासों के प्रवर्तन का श्रेय भी प्राप्त है।"

वेद प्रकाश अमिताभ के अनुसार, "वस्तुतः आंचलिकता संकीर्ण अवधारणा नहीं है। इसे स्वातंत्र्योत्तर भारतीय परिवेश में उभरने का अवसर मिला है, लेकिन इसके लिए वातावरण पहले से बन चुका था। विदेशी कथा-साहित्य ने इसके अंकुरण और पल्लवन में महत्त्वपूर्ण भूमिका निभाई है। मारिया एजवर्द, हार्डी और अनेक रूसी उपन्यासकारों ने "आँचलिकता" के उदय को प्रेरणा दी है। "आँचलिकता" के पीछे सांस्कृतिक पुनर्जागरण की विश्वव्यापी मानसिकता सक्रिय है। डॉ॰ विवेकी राय के शब्दों में—"जिस तरह हार्डी में इंग्लैंड का वेसेम्स अंचल, फाकनर में अमेरिका के दक्षिणी अंचल अपने समस्त रसगंधों के साथ उभरते हैं, उसी प्रकार रेणु में पूर्णिया अंचल, गणेश नारायण दाण्डेकर (मराठी) में बराड़ अंचल, सतिनाथ भादुड़ी में बंग अंचल और झबेर चंद्र धाणी (गुजराती) में सौराष्ट अंचल उजागर होता है। यूरोप सहित विश्व और भारत के बीच आंचलिक साहित्य के निर्माणारम्भ के बीच यद्यपि पूरी एक शताब्दी का अंतराल है तथापि आश्चर्यजनक रूप से सर्वत्र प्रवृत्तियों में एकरूपता पाते हैं।" कतिपय आलोचकों ने "आँचलिकता के उदय के पीछे जनपदीय आंदोलन, बंगाली साहित्य के कल्लोल आंदोलन और प्रगतिशील लेखक संघ की स्थापना आदि आंतरिक कारणों की चर्चा की है। हिन्दी उपन्यास लेखकों को कल्लोल आंदोलन के अनजान और पिछड़े अंचलों की ओर मुड़ने की प्रेरणा मिली है। लेकिन अधिक संभावना यह है कि स्वाधीनता के बाद भी गाँवों की स्थिति जस की तस रह जाने से संवेदनशील कथाकारों को क्षुब्ध और आहत किया होगा जैसा कि प्रभाकर माचवे ने लिखा है, "भारतीय जनमानस में गाँव के प्रति एक विशिष्ट प्रकार का भाव है। यह भाव हार्डी के गाँव के दुखड़े का नियतिवाद नहीं है।"

आंचलिक उपन्यास की पहचान के आधार

नायक-रेणु हिन्दी के पहले उपन्यासकार हैं जिन्होंने उपन्यास से नायक को लगभग निष्कासित कर दिया और उसके स्थान पर पूरे गाँव को बिठा दिया। नामकरण और व्यक्तित्व रचना के आधार पर, क्षेत्र विशेष की आर्थिक, राजनीतिक, सामाजिक, सांस्कृतिक परिस्थितियों के चित्रण के आधार पर, भाषा के आधार पर, क्षेत्र के जीवन-यथार्थ का पूरे खुलेपन से वर्णन करने के आधार पर, लोकगीत के आधार, अपभ्रष्ट शब्दों के आधार पर हम आंचलिक उपन्यास को देख परख सकते हैं।

मैला आंचल–लोक संस्कृति और भाषा

"जिस तरह कुछ साधु-संतों के पास बैठकर ही असीम कृतज्ञता का अहसास होता है, हम अपने भीतर धुल जाते हैं, स्वच्छ हो जाते हैं, रेणु की मूक उपस्थिति हिन्दी साहित्य में कुछ ऐसी ही पवित्रता का बोध कराती थी।"

— निर्मल वर्मा

"स्वातंत्र्योत्तर हिन्दी-साहित्य की कोई एक सबसे बड़ी उपलब्धि पूछें कि क्या है?— तो निस्संदेह यह कहा जा सकता है कि आधुनिक हिन्दी कथा-साहित्य में रेणु (रेणु के साहित्य) की उपस्थिति एक अद्भुत बात है। रेणु इस मायने में आधुनिक हिन्दी साहित्य के दुर्लभ लेखक हैं कि इनके साहित्य में सबसे अधिक लोक-जीवन की विभिन्न छवियों, रूपों, चरित्रों और भंगिमाओं की अभिव्यक्ति हुई है। रेणु इस मायने में बड़े लेखक हैं कि इनको लोक जीवन, संस्कृति की गहरी पकड़ है। आधुनिक हिन्दी में शायद पहली बार रेणु ने ही अपने साहित्य में लोक जीवन की विभिन्न समस्याएं, चरित्रों, कलाओं, बोलियों और मुहावरों को बेहद आत्मीयता एवं उसके स्वाभाविक सौन्दर्य के साथ प्रस्तुत किया है। रेणु की रचनाओं में लोक-चरित्र, लोक समस्याएं, लोक-परम्पराएं, लोक-भाषा, लोक-गीत और लोक मनोदशाएं चित्रित हैं, वह हमारे देश के किसी भी ग्राम्य समाज में कमोबेश दिख सकती है। रेणु के समकालीन निर्मल वर्मा कहते हैं कि, "रेणु का महत्व उनकी आंचलिकता में नहीं, आंचलिकता के अतिक्रमण में निहित है।"

रेणु की लोक संस्कृति में भाषा का उतार-चढ़ाव अधिक नहीं है। पूर्णिया जिले की ठेठ भाषा है। यहाँ सामाजिक स्तर पर भेदभाव तो है लेकिन भाषागत आधार पर नहीं। क्योंकि जो क्षेत्र जितना ज्यादा पिछड़ा होगा उस क्षेत्र के वासी एक समान भाषा का व्यवहार करेंगे। रामस्वरूप चतुर्वेदी के

अनुसार, अंचल से ध्वनि निकलती है कि उसके निवासी अपने रहन-सहन, रूढ़ि-संस्कारों में एक दूसरे के बहुत निकट हैं। तब यह स्पष्ट है कि एक अंचल के सदस्यों में एक-दूसरे से सादृश्य जितना अधिक है उतना ही एक अंचल दूसरे अंचल से भिन्न होगा। प्रसिद्ध भाषा वैज्ञानिक यास्पर्सन्न ने एक जगह लिखा है कि, "लोग जितना पिछड़े हुए होंगे उतना ही अधिक समानता एक जाति के विविध सदस्यों के मध्य परस्पर होगी, और उतनी असमानता एक जाति तथा दूसरी जाति के बीच होगी। इसके विपरीत लोग जितना सभ्य होंगे उतना ही व्यक्तियों के बीच असमानता अधिक होगी और एक जनसमुदाय तथा दूसरे जनसमुदायों के बीच समानता के बिन्दु अधिक होंगे। सभ्यता व्यक्तिगत अंतरों को बढ़ाती है जबकि अपरिष्कृत लोग अपने परिवेश पर पूरी तरह निर्भर होते हैं और परंपरागत ढंग के चिन्तन से बंधे हुए रहते हैं।"

रेणु जब मैला आंचल में प्राकृतिक छटा का सौन्दर्यांकन करते हैं तब उसकी भाषा तत्सम शब्दावली से युक्त और सहज अलंकारों से दीप्त मनोहर हो जाती है। यथा-भारत माता ग्राम वासिनी/खेतों में फैला है—श्यामल/धूल भरा मैला-सा आंचल।

मैला आंचल में डॉ॰ प्रशांत का सृजन बिल्कुल अलग तरीके से करते हैं। कथाकार की तरह से नहीं। यथा—

"मैला आंचल! लेकिन धरती माता अभी स्वर्णांचल है। गेहूँ की सुनहली बालियों से भरे हुए खेतों में पुरवैया हवा लहरें पैदा करती हैं।"

इस भाषा का इस्तेमाल प्रत्येक स्थल पर नहीं किया जाता है। जहाँ धुर निरक्षर ग्रामीणों का चित्र उपस्थित होता है वहाँ 'नोटर' की भाषा परिनिष्ठित साहित्यिक हिन्दी से खिसक कर आम बोल की परिनिष्ठित हिन्दी पर उतर आती है। यथा, महँगूदास के घूर के पास होने वाली सारंगा सदा-ब्रिज की कथा में औरतों के झगड़े से कोई बाधा नहीं पहुँचती है। औरतों के झगड़े पर यदि लोग आँख-कान देने लगें तो हुआ! औरतों के झगड़े का क्या?

रेणु की भाषा लोक संस्कृति के और नजदीक जाती है निरक्षर ग्रामीणों के पास जाकर रेणु-एकाकार हो जाते हैं।

"अचारज गुरु काशी जी से आये हैं। सभी मठ के जमींदार है, आचरज गुरु साथ में तीना मुरती है।"

इसपिताल के सभी घर बनकर तैयार हो गये हैं। सिर्फ मिट्टी सारन बाकी है, इस प्रकार रेणु ने लोक संस्कृति में रहन-सहन, लोक व्यवहार, रीति रिवाज, खेल-खलिहान, डॉक्टर-पेशेवर वर्ग, किसान-मजदूर, लोकगीत-एवं अन्य सभी प्रकार के व्यवहार में लायी जाने वाली भाषा का सर्जनात्मक प्रयोग किया। भाषा लोक संस्कृति के अनुकूल है और भाषा पूर्णिया जिले की संस्कृति को जीवंत बना देती है। यहाँ तक की ढोल की थाप को भी शब्दबद्ध किया है,

ढ़िना, ढ़िन्ना, ढ़िन्ना, ढ़िन्ना
चरधा, गिरधा, चरधा, गिरधा
धगिड़ धागि धागिड़ धागिन्धनगिड़धागि

ग्राम जीवन में होने वाले आर्थिक-राजनैतिक परिवर्तन और सामाजिक गतिशीलता का चित्रण

स्वतंत्रता प्राप्ति के सात वर्षों बाद 'मैला आंचल' छपा। इस समयान्तराल में कुल मिलाकर देश में एक ही काम हुआ, विकास-क्षितिज का उद्घाटन। इस उपन्यास ने ग्राम चेतना को जिस रूप में प्रभावित किया और जिस दिशा में प्रेरित किया, उसका जीवंत और समग्र अंकन "मैला आंचल" की उपलब्धि है।

डॉ॰ चमनलाल ने कहा कि, "मैला आंचल" उपन्यास का आरंभ ही राजनीतिक पर्यावरण की सृष्टि से होता है और उपन्यास का अंत भी राजनीतिक घटनाक्रम के दुखांत मोड़ से उपस्थित होता है। उपन्यास के बीच राजनीतिक घटनाक्रम की अनेक परतें व अनेक स्तर चित्रित हुये हैं।...

मोटे रूप में राजनीतिक संदर्भ में उपन्यास में ये स्थितियाँ चित्रित हुई हैं:

- ब्रिटिश औपनिवेशिक शासन व्यवस्था।
- भारतीय स्वतंत्रता के राष्ट्रीय आंदोलन में सक्रिय विभिन्न दल व प्रवृत्तियां।
- भारतीय राष्ट्रीय कांग्रेस का एक राजनैतिक दल व एक शासक के रूप में चित्रण।
- भारतीय ग्रामीण समाज के वर्ग व वर्ण अंतर्विरोधों का चित्रण।
- स्वतंत्रतापूर्व व स्वातंत्र्योत्तर भारत का चित्रण।

15 अगस्त 1947 के विभाजन व सत्ता परिवर्तन के उपरांत ब्रिटिश औपनिवेशिक शासन के प्रत्यक्षतः दूर हट जाने, किन्तु शासन व्यवस्था उसी ब्रिटिश व्यवस्था के रूप में बनी रहने की स्थिति में स्वातंत्र्योत्तर शासन व्यवस्था का सूत्रपात हुआ। दोनों ही स्थितियाँ संक्रमण कालीन समय एवं समाज की अभिव्यक्ति हैं और वह स्थिति हमारे देश की राजनीति के व्यवस्थागत रूप को स्पष्ट करने वाली स्थिति है। प्रेमचंद ने जैसा कि कहा है कि जॉन की जगह गोविन्द सत्ता पर बैठ जायेंगे। हुआ भी वैसा ही अंग्रेजी उपनिवेशवाद के जाने के पश्चात् अंग्रेज तो चले गये लेकिन व्यवस्था वही बनी रही। शोषण के तरीके वही रहे। आर्थिक-शोषण एवं आर्थिक ढाँचे में कोई परिवर्तन नहीं आया। रेणु ने स्वाधीनता प्राप्त भारत के सशक्त जलते सवालों की अभिव्यक्ति मैला आंचल में की है। "देश न सिर्फ आर्थिक स्तर पर एक नव-औपनिवेशिक परतंत्रता की ओर बढ़ रहा है, वरन् देश की तथाकथित जनतांत्रिक व्यवस्था की पोल भी खुलती नजर आ रही है।" रामदरश मिश्र ने कहा कि, रेणु ने एक गाँव की मर्यादा को भीतर समेट कर तत्कालीन राजनीतिक दलों के आपसी टकराव और अतिवादियों को बड़ी मार्मिकता से चित्रित किया है। व्यंग्य की शक्ति ने एक ओर लेखक को किसी दल का पक्षधर और कटु होने से बचा लिया है, दूसरी ओर प्रवाह में बड़ी तीव्रता भर दी है। लेखक की व्यंग्य शक्ति प्राचीन और नवीन के संघर्षों, प्राचीन-प्राचीन के संघर्षों, नवीन-नवीन के संघर्षों, राजनीति, धर्म और समाज की नयी-पुरानी मर्यादाओं के आपसी संघर्षों तथा इन सबके बीच उलझते-सुलझते तीव्र अंतर्विरोधों को बड़ी कुशलता से चित्रित किया है।

नित्यानंद तिवारी 'मैला आँचल' की अपनी विषय-वस्तु की जीवनधर्मी प्रक्रिया, पद्धति और दृष्टि के कारण प्रौढ़ और संभावना गर्भित मानते हैं। वे आगे कहते हैं कि, "मैला आंचल की कुछ और महत्वपूर्ण विशेषताएं हैं जिन पर अब तक विचार नहीं हुआ है। उसकी ठेठ देशीयता (आंचलिकता) विश्वनागरिकतावादी विचारधारा के सामने चुनौती की तरह खड़ी है। वह चाहे जितनी पिछड़ी हुई हो, उसकी जड़ें, परंपराएं और सांस्कृतिक समृद्धि हैं। इन्हीं कारणों से वह सजीव तथा भिन्न है। यह भिन्नता ठोस मानवीय वास्तविकता है। मैला आँचल की आँचलिकता स्वाधीनता आंदोलन की संतान है। स्वाधीनता आंदोलन मुख्य रूप से राजनीतिक होते हुए भी सांस्कृतिक, साहित्यिक, सामाजिक, आर्थिक — सभी क्षेत्रों में अलग-अलग

तरह के लोगों द्वारा अपनी-अपनी तरह लड़ा जा रहा था। मेरीगंज के लोग भी पूरी लड़ाई लड़ रहे हैं– सभी क्षेत्रों में अपनी तरह से। उन्हें मानवतावादी होने के लिए अनिवार्यतः परिवर्तन और क्रान्तिकारी प्रक्रिया के भीतर से गुजरना ही है। स्वाधीनता आंदोलन यदि राष्ट्रवादी और मानवतावादी है तो "मैला आँचल" की आँचलिकता में भी स्वातंत्र्योत्तर राष्ट्रवाद और मानवतावाद के नये प्रसंग, आवेश और उद्वेग की प्रस्तावना है।"

अंततः रेणु ने मैला आँचल में ग्राम्य जीवन की झांकी प्रस्तुत की है। स्वराज्य प्राप्ति से पूर्व एवं परवर्ती काल में आये बदलावों को उन्होंने रेखांकित किया है। आर्थिक स्थिति डाँवाडोल होना, राजनीति में स्वार्थपरता का प्रवेश एवं सामाजिक मूल्यों के ह्रास को उन्होंने चित्रित किया। "आजादी को झूठा" ही माना। दमन एवं शोषण समाज में होता है और हो रहा है, का चित्रण किया है।

प्रेमचन्द की कहानी कला

प्रेमचन्द की कहानी कला को हम तीन अवस्थाओं में देख सकते हैं। उनकी प्रारंभिक कहानियाँ घटना बहुलता के कारण आकर्षक हैं। उनमें पात्र नहीं उभर पाये और कलेवर लंबा हो गया। आगे चलकर कहानियाँ अपेक्षाकृत छोटी हो गई तथा जीवन का मार्मिक अंश ग्रहण किया जाने लगा। तीसरी अवस्था में कथानक छोटा हो गया तथा व्यंग्य और प्रभाव की प्रधानता हो गई।

उनकी काफी कहानियाँ घटना-बहुल हैं। कभी-कभी तो उपन्यास के बराबर की घटनाएं कहानी में आ सिमटती हैं। उन कहानियों में संयोग और असाधारण रूप से सरलीकृत ढंग से हृदय परिवर्तन का आग्रह भी देखा जा सकता है। जैसे पंच परमेश्वर, बड़े घर की बेटी आदि।

उनकी कहानियां विशाल चित्रपट को समेटे हुए हैं। उनमें किसान-जमींदार, अमीर-गरीब, ब्राह्मण-शूद्र, मजदूर-उद्योगपति, नौकर-मालिक, परवारी-उद्योगपति, हिन्दू-मुस्लिम, आस्तिक-नास्तिक, स्त्री-पुरूष सभी के यथार्थ चित्र देखे जा सकते हैं।

प्रेमचन्द उपन्यास को 'मानव-चरित्र का चित्र' मानते हैं, यह बात कहानी पर भी लागू होती है। प्रेमचन्द ने अपने मानव पात्रों को परिस्थितियों और घटनाओं की टकराहट के बीच खड़ा कर उनके आंतरिक रहस्यों को खोलना चाहा है। इसलिए उनकी सभी कहानियों तथा विशेषतः परवर्ती कहानियों में मनोवैज्ञानिक उद्घाटन हुआ है। उनके शब्दों में, "मेरी 'सुजान आगत', 'मुक्तिमार्ग', 'पंचपरमेश्वर', 'शतरंज के खिलाड़ी', और महातीर्थ नामक सभी कहानियों में एक न एक मनोवैज्ञानिक रहस्य को खोलने की चेष्टा की गई है।

प्रसाद की कहानी कला

प्रसाद की कहानियों का संसार भावात्मक है। वस्तु जगत की क्रूरताओं, विषमताओं और भौतिक जगत के घात-प्रतिघातों की सच्चाई की तस्वीर प्रस्तुत करना और इस प्रकार अपनी युग-चेतना को प्राथमिक रूप से पेश करना प्रसाद का उद्देश्य नहीं है। प्रसाद की स्वच्छंद काव्यदृष्टि सामाजिक-आर्थिक विषमताओं के तीव्र दबाव को महसूस नहीं करती।

प्रसाद का भावजगत मूलतः प्रेम का जगत है। पात्र प्रायः मानसिक द्वंद ग्रस्त रहते हैं। 'पुरस्कार' में प्रेम का द्वंद्व है। प्रसाद की कल्पना का प्रेम पृथ्वी से दूर ऐसा जल-राज्य है जहाँ कठोरता नहीं केवल शीतल, तरल, कोमल आलिंगन है, प्रवंचना नहीं सीधा आत्मविश्वास है; वैभव नहीं सरल सौंदर्य है।

प्रसाद ने ऐतिहासिक कहानियों में प्रचुर कल्पना का योग दिया। उन्होंने संस्कृति, समाज, साहित्य आदि विविध क्षेत्रों से कथानक ग्रहण किए। जहाँ ऐतिहासिक कहानियों में भारतीय संस्कृति की उत्कृष्टता का निदर्शन किया। वहीं सामाजिक कहानियों में आदर्श का आग्रह न करके अपने असपास के वातावरण और सामाजिक समस्याओं को भी सूक्ष्मदृष्टि से देखा। जैसे आंधी, घीसू, इन्द्रजाल आदि।

प्रसाद के पात्रों में वैयक्तिक संवेदना की बहुलता है। शायद ही हम इनके पात्रों को वर्गगत या जातिगत चरित्रों के अन्तर्गत रख सकते हैं। सौंदर्यप्रिय प्रसाद के सभी पात्र सुंदर, मृदुभाषी, भावुक तथा कोमल हृदय हैं।

अधिकांश कहानियाँ, प्राकृतिक दृश्य उपस्थित कर वातावरण की सृष्टि करती हैं जैसे 'पुरस्कार', बनजारा, वैरागी आदि। नाटकीयता प्रसाद की कहानियों का विशेष गुण है। कवि होने के कारण कथोपकथन काव्यात्मकता से परिपूर्ण है। लोकोक्ति, मुहावरे, सूक्तियों, प्रतीकों आदि का विलक्षण प्रयोग है। भाषा परिष्कृत और तत्सम पदावली युक्त है। बोलचाल की सामान्य भाषा का प्रयोग कम हुआ है। चित्रात्मकता के साथसाथ अलंकरण भी दृष्टव्य है।

प्रेमचन्दोत्तर हिन्दी कहानी

सन् 36 के बाद हिन्दी कहानी में दो धाराएँ स्पष्ट दिखाई देती हैं–*(i)* सामाजिक यथार्थवादी; *(ii)* व्यक्तिवादी (मनोविश्लेषणात्मक)।

सामाजिक यथार्थवादी के प्रवक्ताओं में यशपाल, उपेन्द्रनाथ 'अश्क', रांगेय राघव, विष्णु प्रभाकर, भगवती चरण वर्मा, उग्र आदि। यशपाल ने प्रेमचन्द की परंपरा को आगे बढ़ाया तथा मानव-जीवन के यथार्थ की कहानियों की रचना की। उन्होंने कौतूहल और जिज्ञासा उत्पन्न करने वाली वेग के साथ बहा ले जाने वाली कथावस्तु की रचना की और अंत के बिन्दु पर वेग के साथ कहानी के मर्म का उद्घाटन किया।

यशपाल की कहानी का अंतिम बिंदु प्रेमचंद की तरह आदर्शवादी नहीं होता, वह तीखा व्यंग्य होता है जो सामाजिक विसंगति को उजागर करता है। उनकी कहानियां बड़ी ही कटी-छटी, साफ सुथरी और वेगवान होती हैं। उनमें न तो आवश्यक परिवेश चित्रण होता है और न ही फालतू विवरण। उनमें काव्य भाषा का सर्वथा अभाव है। यशपाल पुराण एवं इतिहास का उपयोग भी जीवन की संपूर्णता के संदर्भ में करते हैं, जैसे राजा, ज्ञानदान, दासधर्म, शंबूक आदि।

उपेन्द्रनाथ 'अश्क' कथाविन्यास में मनोवैज्ञानिक कहानीकारों तथा नये कहानीकारों के अत्यंत निकट दिखते हैं। अश्क की कहानियों में कथा लोक-परिवेश में मंद-मंद रमती चलती है और वह घटित होते हुए के प्रतिसहज विश्वसनीयता जगाती चलती है। 'डाची' में एक सच्चाई का अपने परिवेश में मंद-मंद फैलाव है। 'आकाशचारी' में एक अहंकारी व्यक्ति की चारित्रिक गुत्थियों का सुलझाव है। रांगेय राघव ने 'गदल' में एक गुर्जर स्त्री की उद्दाम जिजीविषा, खरापन और पुरुष व्यक्तित्व का चित्र उकेरा है। उग्र की जल्लाद, चाँदनी, उसकी माँ आदि में विसंगतियाँ दृष्टव्य है।भगवती चरण वर्मा की 'दो बांके' और 'मुगलों ने सल्तनत बख्श दी' में चिंतन और व्यंग्य की अन्तर्धारा एक साथ विकसित हुई।

मनोविश्लेषणवादी कवियों में जैनेन्द्र, इलाचन्द्र जोशी, भगवती प्रसाद वाजपेयी, अज्ञेय आदि प्रमुख हैं। यह कहानी आंदोलन यूरोप में फ्रायड के बढ़ते प्रभाव तथा वर्जिनिया वुल्फ के असर के कारण दृष्टव्य है। सन् 1929 में जैनेन्द्र 'फाँसी' को लेकर आए जिसका स्वागत प्रेमचन्द ने किया। थोड़ा आगे चलकर अज्ञेय क्रांतिकारी पात्रों के उत्सर्ग को लेकर 'विपथगा' की कहानियाँ लाए।

जैनेन्द्र ने अपना रास्ता प्रेमचन्द से अलग चुना। उन्होंने एक दार्शनिक मुद्रा के साथ व्यक्ति की संक्रांत मनःस्थिति को उजागर करना चाहा, वहाँ मानसिक परिवेश ही प्रधान रहा। उस मानसिक परिवेश के मनोवैज्ञानिक सत्यों की पहचान करना-कराना ही इनकी कहानियों का उद्देश्य है। 'पत्नी' में पति के लिए त्याग का चित्रण है। 'जाह्नवी' में एक प्रेम में टूटी हुई स्त्री की सामाजिक अभिव्यक्ति का चित्रण है जो एक अनुकूल परिवेश-बिंब के माध्यम् से है। 'चोर' में बच्चे के मन में अंकित भय और उत्पन्न परिस्थितियों का सुंदर चित्र है। वास्तविक चोर से साक्षात्कार उस भय को समाप्त कर देता है।

अज्ञेय की कहानियों में व्यक्ति मन की दुनियावाली कहानियों का गरिष्ठ बौद्धिक विकास हुआ। उनकी कहानियाँ उनकी संवेदनाओं का ही नहीं, उनके अध्ययन-मनन और एक बौद्धिक दृष्टि का भी परिचय देती है। अज्ञेय की कहानियों में एक बौद्धिक दृष्टि, अनुभव-वैशिष्य, अध्ययन संपन्नता और मित भाषिता में सतत सावधानी दिखाई पड़ती है। 'गैंग्रीन' कविप्रिया आदि में स्त्री की कुंठित और असहाय स्थिति का चित्रण है। बँटवारे से उत्पन्न सांप्रदायिक आग में झुलसते मानवों की कथा शरणदाता, लेटरबाक्स, बदला, मुस्लिम-मुस्लिम भाई-भाई आदि में है।

भगवती प्रसाद वाजपेयी की कहानियों का मूल विषय दमित यौन-वासना हैं निंदिया लागी, सीढ़ियाँ, टिकुली, खाली बोतल, आदि यौन-संदर्भों की विशिष्ट कहानियाँ हैं। 'मिठाईवाला' में दर्द का उदात्तीकरण वात्सल्य के संदर्भों को लेकर है।

इलाचन्द्र जोशी ने अपनी कहानियों में मनोवैज्ञानिक केस-हिस्ट्री पिरोयी है। उनकी कहानियों में अधिकतर किताबी मूरतें, किताबी स्थितियाँ और ग्रंथियाँ पल्लवित हैं इसलिए वे एकदम नीरस, असंवेदनशील और अपठनीय हो गयी हैं।

नई कहानी : संवेदना

''नई कहानी में तलाश पात्रों की नहीं यथार्थ की है, पात्रों के माध्यम् से यथार्थ की अभिव्यक्ति होती है। पहले कहानी मूल्यों को लेकर लिखी जाती थी, अब जीवन-मूल्यों को। कहानी में 'नयी' से अभिप्राय उस नयी संचेतना से है जो आज के समूचे जीवन की विडंबना को ग्रहण कर उसे रचना के स्तर तक पहुँचाने में समर्थ है।'' (कमलेश्वर)

नयी कहानी ने कल्पना का सहारा छोड़कर यथार्थपरक चित्रण किया। नये कहानीकार ने अनुभूत और भोगे हुए क्षणों को यथार्थ के रंगों में प्रस्तुत किया। नीति, संस्कृति, सत्य, पुण्य और पवित्र आज शब्द मात्र हैं जिनका कोई अर्थ नहीं है। एक ओर मूल्यों का ध्वंस है, दूसरी ओर मूल्यों के निर्माण का संघर्ष भी है। जीवन में घोर अनास्था और निराशा का कारण समाज और राजनीति में व्याप्त भ्रष्टाचार, अवसरवादिता, धूर्तता और स्वार्थ ने प्रजातांत्रिक-व्यवस्था को विकृत किया है। परमात्मा का कुत्ता, जानवर और जानवर, चीफ की दावत आदि इसके उदाहरण हैं।

महानगरीय बोध वाले कहानीकारों ने महानगरीय बोध की कहानियाँ लिखीं, ग्राम्य कहानीकारों ने ग्राम्य यथार्थ की कहानियाँ लिखीं। स्वाधीनता प्राप्ति के बाद अपने-अपने परिवेश में शहर और गाँव के संबंध बढ़ते हैं, टूटे हैं, संक्रांतियाँ आई हैं, दृष्टियाँ बदली हैं। नये कहानीकारों ने अपने आस-पास के परिवेश को ही जीवंतता तथा प्रामाणिकता से प्रस्तुत किया। उन्होंने दिल्ली में बैठकर शेम या रूस का अंकन नहीं किया जैसे सावित्री नं. 2, मिस पाल, खोई हुई दिशाएँ, तीसरी कसम, प्रेत मुक्ति आदि।

नया कहानीकार सहज संवेदना और सहज मान्ती के ऊपर परत की परत विधी हुई विवशताओं और चेतना का विश्लेषण कर मूल संवेदनाओं की झलक दिखाता है। वह अपने और जीवन के प्रति बेहद ईमानदार है। वह अनुभवहीन क्षेत्र में दार्शनिक मुद्रा में प्रविष्ट नहीं होता, वह आज की जिंदगी के संक्रांत बोधों को उजागर करता है।

नये कहानीकार ने युगीन संक्रमण के अधिकाधिक दबाव को अनुभूत किया और फलस्वरूप तनाव, मूल्यों की तलाश और विविध संदर्भों में कहानियाँ लिखीं। अकेलापन आज की जिंदगी की नियति बन गया है। नागरिक परिवेश के दबाव में वह अनेक प्रकार की मानसिक विकृतियों, ग्रंथियों तथा असंगतियों का शिकार बन जाता है, उसकी शंकालु बुद्धिवादी वृत्ति अनेक स्थापित मूल्यों, विश्वासों और संबंधों को नकारती हुई चलती हैं।

नई कहानी : शिल्प

"नयी कहानी एक कलात्मक निर्माण होती है जो जीवन के लिए महत्वपूर्ण और उपयोगी होने के साथ जीवन के किसी नये पहलू को उद्घाटित करती है या जीवन सत्यों को एकदम नयी दृष्टि से दिखाने में समर्थ होती है।" (मोहन राकेश)

उपरोक्त कथन से स्पष्ट है कि नई कहानी में शिल्प संवेदना को अभिन्न तथा अपृथूक रूप में किसी विच्छिन फाँक की भाँति नहीं अपितु उसी में से उद्भूत प्रतीत होता है। नई कहानी ने संपूर्णता को महत्व दिया, टुकड़ों को नहीं। इसीलिए नई कहानी की तत्त्वों के आधार पर समीक्षा नहीं की जा सकती। वह एक पूर्णान्विति है। उसमें कहानी के सभी तत्त्व हो सकते हैं।

कथानक का मांसल आधार लुप्त हो गया। जीवन के किसी भी सत्य स्फुलिंग को लेकर कहानीकार उसके अंतरतम में बैठ जाता है और आवश्यक वातावरण की सृष्टि कर वह संवेदनाओं और विचारों की मिली-जुली गहराई में पाठकों को उतारता है। घटना-प्रवाह वहाँ लक्षित नहीं होता। नामवर सिंह के शब्दों में– "कोई लघु प्रसंग या विचार ही कथानक बन गया है।"

काव्य के उपकरणों का प्रयोग खूब हुआ। चूँकि नई कहानी विचारों के आरोपन का विरोध करती है, इसलिए अभिव्यक्ति में संयम और 'अंडरप्ले' का विशेष महत्व है। कम कहकर यह काम आसानी से किया जा सकता है। ब्यौरों या वर्णन की अपेक्षा बिंबों और प्रतीकों के उपयोग के प्रति आग्रह बढ़ा। शिल्प रूपों के प्रति नये कहानीकार काफी उदार हैं। किसी विशिष्ट शैली के प्रति पूर्वाग्रह नहीं है। पहले की सपाट या सीधी शैली की जगह सांकेतिक चित्रात्मकता का प्रयोग किया गया है।

व्यंग्य का प्रयोग कर यथार्थ को गहराई से पकड़ा गया है। नयी कहानी का रचनात्मक परिदृश्य हताशा, मोहभंग, देश की राजनीति के प्रति गहरी वितृष्णा से भरा है। उसमें उत्पन्न खीझ, चिड़ आदि को व्यंग्य के सहारे कुरेदा गया जैसे भोलाराम का जीव, भेड़ें और भेड़िये, जैसे उनके दिन फिरे आदि।

प्रतीकों के माध्यम् से ग्रंथिल संबंधों को समझाने का प्रयास किया गया है। भाषा में ताजापन है। स्थानीय, देशज तथा विदेशी सार्थक शब्दों का प्रयोग है। नये मुहावरों का प्रयोग है। निरर्थक शब्द-जाल नहीं है। भाषा के पीछे दृष्टि की गहराई भी है।

—— ❖ —— ❖ —— ❖ ——

काव्यशास्त्र

साधारणीकरण

अभिप्राय: आचार्य शुक्ल के शब्दों में "साधारणीकरण का अभिप्राय यह है कि पाठक या श्रोता के मन में जो व्यक्ति विशेष या वस्तु विशेष आती है वह जैसे काव्य में वर्णित 'आश्रय' के भाव का आलम्बन होती है, वैसे ही सहृदय पाठक या श्रोताओं के भाव का आलम्बन होती है।" इसमें काव्य के मनन द्वारा पाठक या श्रोता भाव की सामान्य भूमि पर आ जाता है। जब तक कोई भाव इस रूप में नहीं लाया जाता है कि सामान्यतः सबके उसी भाव का आलम्बन हो सके तब तक उसमें रसोदबोधन की शक्ति नहीं आ जाती। विषय का इसी रूप में लाया जाना हमारे यहाँ साधारणीकरण कहलाता है। दूसरे शब्दों में इस दशा में आये हुये विषय का कवि द्वारा इस रूप में वर्णन करना जो सामान्य लोकाश्रय को भी रस दशा में ला दे, साधारणीकरण की अवस्था होती है अर्थात् पाठक, दर्शक या श्रोता आत्मविस्मृत हो कवि द्वारा अद्‌भुत रस का पूर्ण अनुभव करने लगे। इसे उदाहरण द्वारा स्पष्ट किया जा सकता है।

पाठक या दर्शक द्वारा दुष्यंत और शकुंतला के रति का भाव न रखते हुये भाव की उस अवस्था पर पहुँच जाना जहाँ यह रति शकुंतला के प्रति दुष्यंत की रति न रहकर पुरुष का स्त्री के प्रति, साधारण रति मात्र रह जाती है। अर्थात् जो भी पाठक या दर्शक दुष्यंत-शकुंतला के इस दृश्य से मुखातिब होता है तब अपने हृदय में स्थित रति का अनुभव करने लगता है।

साधारणीकरण से शुक्ल जी का आशय

आलंबन का साधारणीकरण : जब आलंबन का साधारणीकरण हो जायेगा तो आश्रय के साथ उनका तादात्म्य हो जाना स्वाभाविक है। यह शुक्ल जी का अपना विचार है। विश्वनाथ ने भी इसी ओर संकेत किया है। किन्तु भट्ट नायक और अभिनव गुप्त का मत उससे भी आगे बढ़ जाता है। उन दोनों ने स्थायी भाव तथा विभाव आदि सभी का साधारणीकरण माना है। भट्ट नायक और अभिनव गुप्त का कहना है कि शकुन्तला, सीता, राधा आदि पूज्य व्यक्तियों में सदृश्य हेतु रति भाव रखना अनुचित होगा।

आलम्बन कौन? शुक्ल जी आलंबन का साधारणीकरण मानते हैं। क्योंकि इनमें पात्र विशेष का बिम्ब उपस्थित किया जा सकता है। परंतु इतने पर भी हमारी पहले वाली शंका का समाधान नहीं हो पाता कि हमारा (पाठक या श्रोता) पूज्य व्यक्ति, अपना वही आलम्बन हर अवस्था में किस प्रकार हो सकता है, सीता के प्रति हमारे मातृ एवं पूज्य भाव हैं, किन्तु पुष्प वाटिका में जब राम सीता को देखकर लक्ष्मण से अपने रतिभाव व्यक्त करते हैं तो यदि राम के समान ही सीता के प्रति सबका मन रति से परिपूर्ण होने लगा तो अनर्थ ही हो जायेगा। मर्यादा का अतिक्रमण बड़े भयंकर रूप में हो जायेगा और पूज्य भावना को गहरा आघात लगेगा। ऐसी अवस्था में शुक्ल जी एक मार्ग दिखलाते हैं किन्तु वह भी संदेहावस्था में है।

शुक्ल जी का मत है कि ऐसी अवस्था में उनकी कल्पना में उसकी स्वयं की प्रेयसी की मूर्ति ही आयेगी। यहाँ आलम्बन सीता न रहकर उसकी अपनी प्रेमिका हो जायेगी। यहाँ पर यदि पाठक या श्रोता की कोई प्रेमिका ही नहीं हो तो कोई कल्पना मूर्ति ही उसकी कल्पना में बन जायेगी, किन्तु यह कल्पित मूर्ति भी विशेष की होगी, सामान्य की नहीं। शुक्ल जी का उक्त विचार अधिक उपर्युक्त प्रतीत नहीं होता। भट्टनायक और अभिनवगुप्त भी ऐसा मत नहीं रखते थे।

एक ही पात्र सबका आलंबन नही हो सकता : यहां एक प्रश्न और उठ खड़ा होता है कि एक ही आलम्बन भिन्न-भिन्न व्यक्तियों जैसे बालक, युवा, वृद्ध का आलंबन किस प्रकार बन सकता है। जिस समय काव्य का आलम्बन एक युवती हो और दर्शकगणों में सभी वय के व्यक्ति हों और विचारणीय तो तब होगा जब प्रेक्षकों में स्त्रियाँ भी हों; ऐसी स्थिति में युवती सबका आलंबन हो ही नहीं सकती।

उपर्युक्त विवेचन अनेक जिज्ञासाओं को जन्म देता है। जैसे– साधारणीकरण किसका होता है? साधारणीकरण कौन करता है? कैसे करता है? क्या साधारणीकरण का विभाजन होता है? वस्तुतः शुक्ल जी ने इन सबको समझने में भूल की है।

तादात्म्य कवि के भाव के साथ होता है या कवि की अनुभूति का साधारणीकरण होता है। सफल कवि या लेखक वही है जो अपने अंतर के भावों को इस प्रकार व्यक्त करे कि वे पाठक या श्रोता के कोमल भावों से जा टकरायें और सच्चा साहित्य वही है जो कवि या लेखक के अभिव्यक्त भावों को पाठक या श्रोता के भाव बना दे। इससे परिणाम यह निकलता है कि पाठक या श्रोता का संबंध कवि, काव्य या लेखक से है न कि काव्य में वर्णित नायक से। पाठक की नायक के प्रति वही धारणा बन जाती है जो कवि बनवाता है। हर दशा में कवि के साथ तादात्म्य करने से सभी शंकाएं स्वतः समाप्त हो जाती हैं। यदि समाज में रहने वाला एक प्राणी है, उसके भाव भी नहीं होने चाहिए जो समाज के अन्य व्यक्तियों के हैं तब ही साधारणीकरण संभव होगा।

हम देखते हैं कि विभिन्न कवियों ने एक ही नायक को भिन्न-भिन्न व्यक्तित्व में रचा है। इसीलिए तो सूर के राधा-कृष्ण से बिहारी के राधा-कृष्ण भिन्न हैं। विद्यापति के कृष्ण-राधिका इनसे भी भिन्न हैं तो आधुनिक हरिऔध के राधाकृष्ण सबसे अलग-थलग हैं। हम किस कवि को बुरा कहें, किन राधाकृष्ण को बुरा कहें? उत्तर होगा किसी को भी नहीं। सब अपने समाज की परिस्थितियों के अनुकूल सृजित हैं। अतः हमें कहना पड़ेगा कि तादात्म्य कवि के साथ ही होता है।

यदि हम तुलसी के काव्य की नायिका सीता से रतिभाव रखते हैं तो कोई आपत्ति नहीं है क्योंकि काव्य की नायिका सीता कोई व्यक्ति नहीं है। वह कवि की अपनी मानवी सृष्टि है। अर्थात् वह कवि की अनुभूति का प्रतीक है न कि रक्त मांस की बनी हुई नारी। अतः हम जिसे आलम्बन कहते हैं, वह कवि की अपनी अनुभूति मात्र है। इसलिए संवेद्य रूप में साधारणीकरण का अर्थ होता है कवि की अनुभूति का साधारणीकरण।

कवि की अनुभूति सबकी अनुभूति होती है। इसलिए साधारणीकरण केवल कवि का होता है कवि वही होता है जो अपनी अनुभूति को सबकी अनुभूति से मिलाकर एक कर दे।

कवि की अनुभूति का साधारणीकरण कैसे होता है? :

इस संदर्भ में विद्वानों और आचार्यों के दो मत हैं, एक पक्ष कहता है कि साधारणीकरण का होना भाषा की शक्ति पर आधारित है और दूसरे पक्ष का कहना है कि साधारणीकरण मूलाधार मानव सुलभ सहानुभूति है जो सभी व्यक्तियों के हृदय में एक ही समान व्याप्त है। पर देखा जाए तो दोनों ही बातें एक दूसरे की पूरक हैं। साधारणीकरण के लिए कवि, सहृदय एवं सहानुभूतिपूर्ण पाठक या श्रोता और माध्यम या साधन स्वरूप भाषा की आवश्यकता है। जब ये तीनों पूरक बन जाते हैं तभी काव्य का साधारणीकरण संभव है।

साधारणीकरण और संस्कृत आचार्य : भरत मुनि ने रस की व्याख्या हेतु 'विभावानुभाव व्यभिचारि संयोगाद्रसनिष्पत्ति' नामक सूत्र दिया। इस पर विभिन्न विद्वान भट्‌ट लोलट, शंकुक, भट्‌टनायक, अभिनवगुप्त ने अपने-अपने विचार प्रस्तुत किये हैं। इस पर विवेचन करते हुये सर्वप्रथम भट्‌टनायक ने ही साधारणीकरण को जन्म दिया। भट्‌ट लोलट और शंकुक के भरतमुनि के सूत्र पर आरोप लगाया कि कवि निर्मित पात्रों से श्रोता या पाठक रसास्वादन किस प्रकार करता है?

इसी प्रकार के समाधान हेतु भट्टनायक ने इस साधारणीकरण सिद्धांत की स्थापना की। उनका कथन है कि, दर्शक पहले अभिधा शक्ति द्वारा नायक नायिका के संवादों का अर्थ ग्रहण करते हैं। फिर भावकत्व व्यापार द्वारा काव्य सौन्दर्य जो गुण आदि से उद्‌दीप्त होता है उसे ग्रहण करता है। भावकत्व व्यापार द्वारा विभाव, अनुभाव, संचारी भाव का साधारणीकरण हो जाता है।

"भावकत्वं साधारणीकरणं" कहकर भावकत्व को ही साधारणीकरण कहा है। साधारणीकरण के बाद सीता आदि विशेष आलम्बन न रहकर सामान्य हो जाते हैं, अपने पराये का सम्बन्ध भी नष्ट हो जाता है।

अभिनव गुप्त : इन्होंने भट्‌टनायक के संक्षिप्त कथन का सुव्यवस्थित विस्तार किया है। इनके अनुसार साधारणीकरण द्वारा कवि निर्मित पात्र व्यक्ति विशेष न रहकर सामान्य प्राणी मात्र बन जाता है, वह देशकाल से निरपेक्ष होकर सार्वजनिक हो जाता है क्योंकि कवि और उसका काव्य एक देशीय नहीं लोकव्यापी हो जाते हैं। नायक-नायिका के समस्त भाव प्रेक्षक या श्रोता के हृदय में साधारणीकृत हो जाते हैं। 'अभिज्ञान शाकुंतलम' पढ़ते समय प्रत्येक पाठक को शंकुतला स्त्री मात्र लगेगी और दुष्यंत पुरुष मात्र। इनकी रति साधारण स्त्री-पुरुष की रति होगी, जिससे किसी मर्यादा को ठेस नहीं पहुंच सकती।

धनंजय : अभिनवगुप्त के बाद धनंजय ने साधारणीकरण के दो सोपानों को महत्त्व दिया। प्रथमः नायक चाहे कितना ही प्रशांत या धीरोदात्त हो, काव्य में उसका चित्रण कवि की निज कल्पना द्वारा होता है। द्वितीय-पहली बार धनंजय ने कवित्व का उल्लेख करते हुये स्पष्ट किया है कि काव्यगत पात्र अपने रामत्व, सीतात्व (विशेष व्यक्तित्व) को त्यागकर सामान्य पुरुष और स्त्री बन जाते हैं। इससे ही सहृदय रसास्वादन कर लेता है। राम-सीता का पूर्वसंस्कारजन्य रूप साधारणीकृत होकर तिरोहित हो जाता है।

आचार्य मम्मट : इन्होंने साधारणीकरण तेरे-मेरे मित्र-शत्रु के भावों से विलगाकर अनुभूति को ही माना है। जब पाठक भूल जाते हैं कि राम-सीता न तेरे हैं न मेरे, सम्बन्ध नष्ट हो जाता है वही साधारणीकरण है।

आचार्य विश्वनाथ : साहित्य दर्पणकार का भी यही मत प्रतीत होता है। उनका कथन है श्रोता या पाठक का काव्य में निबद्ध विभावादि के साथ तादात्म्य हो जाना।

आधुनिक हिन्दी के आचार्य

डॉ॰ श्यामसुंदर दास : इनके मतानुसार, साधारणीकरण कवि अथवा भावक की चित्तवृत्ति से सम्बन्ध रखता है। चित्त के एकाग्र और साधारणीकरण होने पर सभी कुछ साधारण प्रतीत होने लगता है वस्तुतः हमारा हृदय ही साधारणीकरण करता है। इन्होंने साधारणीकरण की स्थिति को योग की 'मधुमति' भूमिका के समान कहा है जो अनुचित है, क्योंकि योग में रागात्मक सरसता नहीं होती।

आ॰ रामचंद्र शुक्ल : शुक्ल जी ने अपने निबंध साधारणीकरण और व्यक्ति-वैचित्र्य वाद में इसका वर्णन किया है। यथा–

– नाटक में जो पात्र दूसरे पात्र का आलम्बन बनता है वही श्रोता और पाठक का भी आलम्बन बन जाता है। जैसे– शकुंतला-दुष्यंत के लिए।

– शकुंतला के प्रति दुष्यंत की रति देखकर पाठक या श्रोता के मन में भी रति भाव जाग्रत होता है जो उसकी प्रेयसी पर आरोपित हो जाता है, पर किसी की प्रेयसी नहीं होती तो कोई कल्पना रूपी प्रेयसी ही उसके मानस में आलंबन बन जाती है।

– साधारणीकरण आलम्बन धर्म का होता है। व्यक्ति तो विशेष ही रहता है किन्तु उसमें सामान्य धर्म की प्रतिष्ठा हो जाती है।

– रस दशा के कारण कभी-कभी श्रोता आलंबन के साथ तादात्म्य नहीं कर पाता-कभी कर लेता है। अतः यह रस दशा मध्यम् व उच्च कोटि की कहलाती है।

इस प्रकार शुक्ल जी ने सर्वाधिक बल आलम्बन के साधारणीकरण पर दिया है कवि या श्रोता आलंबन के माध्यम से अपनी अनुभूति साधारणीकृत करता है। शुक्ल जी आलम्बन के लोकधर्मी स्वरूप पर बल देते हैं।

डॉ॰ नगेन्द्र और साधारणीकरण

आधुनिक हिन्दी आलोचकों में डॉ॰ नगेन्द्र का मत सर्वमान्य है। उन्होंने उसी रसात्मकता को आम और श्रेष्ठ बताया है जिसे शुक्ल जी ने मध्यम कोटि का बताया। वे कहते हैं कि साधारणीकरण आश्रय का होता है आलम्बन का नहीं। साधारणीकरण तो कवि की अनुभूति का ही होता है। इसलिए जब तुलसी के राम रावण की भर्त्सना करते हैं तब हम घृणा से भर उठते हैं, क्योंकि कवि भी यही चाहता था। इसके विपरीत 'माइकेल मधुसूदन दत्त' के मेघनाथ वध में रावण और मेघनाथ के प्रति सहानुभूति का हम अनुभव करते हैं। यह कवि की निजी सहानुभूति है, जिसके साधारणीकृत होने से हम भी उसके प्रति सहानुभूति रखते हैं।

डॉ॰ नगेन्द्र आलम्बन को कवि की सहानुभूति मानते हैं जिसे हम आलम्बन कहते हैं, वह वास्तव में कवि की अपनी अनुभूति का संवेद्य है। उन्होंने कहा कि, जब तक कवि की अनुभूति काव्य का आकार नहीं धारण करेगी, तब सहृदय उसे जान ही नहीं सकता, अतः रसास्वादन के लिए कवि की अनुभूति के साथ विभावादि का भी साधारणीकरण आवश्यक है, निष्कर्षतः साधारणीकरण त्रिपक्षीय है–प्रथम कवि की अपनी अनुभूति व्यक्त करता है। द्वितीय सहृदय जो कवितादि पढ़कर, सुनकर या नाटक देखकर कवि की अनुभूति को साधारणीकरण द्वारा अपने हृदय में जगाता है। तृतीय कवि का अभिव्यंजना कौशल जो कवि की अनुभूति को गहरी और लोकव्यापी बनाता है। इस प्रकार कवि, सहृदय और अभिव्यंजना कौशल साधारणीकरण के तीन पक्ष होते हैं। वस्तुतः साधारणीकरण कवि के

भावों का होता है जो किसी व्यक्ति विशेष का न रहकर सर्वसाधारण का हो जाता है। देश का न होकर लोक व्यापी हो जाता है। साधारणीकरण से नायक-नायिका परम्परित रूप में न रहकर साधारण स्त्री पुरुष बन जाते हैं।

रस सिद्धांत

भारतीय काव्यशास्त्रीय परम्परा में रस अति महत्त्वपूर्ण है। भारतीय काव्यशास्त्र में ही नहीं, प्राचीन भारतीय चिकित्सा पद्धतियों में भी और आधुनिक रसायन शास्त्र में भी रस अति महत्त्वपूर्ण है।

काव्यशास्त्रीय संदर्भों में रस को आनंद प्रदायी गुण माना जाता है। पाठक या श्रोता के मन में रस कैसे निष्पन्न होता है? कैसे वह कविता के आंतरिक भावों से जुड़कर आनंद की प्राप्ति करता है। समग्रतः रस की निष्पत्ति की प्रक्रिया क्या है, इस विषय पर सर्वप्रथम नाट्यशास्त्र के प्रणेता आचार्य भरत ने एक सूत्र "विभावानुभावव्यभिचारीसंयोगाद्रसनिष्पतिः" में रस निष्पत्ति की प्रक्रिया को समझाते हुये, जो धारणा व्यक्त की है उसी के विस्तार विवेचन से भारतीय काव्यशास्त्र में रस सिद्धांत के विश्लेषण की या रस निष्पत्ति की प्रक्रिया के उद्घाटन की परम्परा विकसित हुई। भरत के परवर्ती सभी आचार्यों ने अपने-अपने विवेक के विश्लेषण के माध्यम से रस निष्पत्ति को विश्लेषित करने का प्रयास किया है।

भरतमुनि के सूत्र की व्याख्या करने पर स्पष्ट होता है कि उनके द्वारा निर्दिष्ट रस निष्पत्ति की प्रक्रिया पूर्णतः जैविक धरातल पर आधारित है। उन्होंने जिन विभावों, अनुभावों और संचारी भावों की बात की है, वह पूर्णतः मनुष्य के भौतिक शरीर में घटने वाली अंतः और बहिर्क्रियाएं हैं। आचार्य अभिनव गुप्त ने सबसे पहले रस निष्पत्ति की इस भौतिक और जैविक परम्परा को अध्यात्म और ईश्वरीय अंधकार में धकेलने की कोशिश की। उन्होंने कविता के आस्वादन से उत्पन्न रस को 'ब्रह्मानंद सहोदर' कहकर उसे आध्यात्मिक, अलौकिक बना दिया है, दैवीय बना दिया है।

उन्होंने कविता के आनंद को जनजीवन से काटकर मनुष्य की आशाओं और आकांक्षाओं से दूर कर उसे मनुष्य के कर्ममय सौन्दर्य से काटकर परलोक की वस्तु बना दिया जबकि भरत मुनि ने स्पष्ट लिखा है कि रस निष्पत्ति की प्रक्रिया मनुष्य के मन और शरीर पर घटने वाली समस्त क्रियाओं का समुच्चय है। उनके सूत्र की व्याख्या करने से ये भली प्रकार स्पष्ट हो जायेगा।

विभाव– आलम्बन विभाव : नायक-नायिका।
उद्दीप्पन विभाव : वाद्ययंत्र, वीणा, बाँसुरी, मलय समीर, पुष्पित वन, नव पल्लवित वल्लरियां।

अनुभाव–कटाक्ष, नेत्रों का झुकना, अश्रु-श्वेद, कंपन, समस्त शारीरिक विकार और नायक नायिकाओं की ऐसी चेष्टायें जो रतिभाव के उद्दीप्पन में सहायक होती हैं।

व्यभिचारी भाव– यों तो साहित्य शास्त्र में असंख्य संचारीभावों की गणना की गई है, लेकिन भरत मुनि ने तैंतीस संचारी भाव मुख्यतः माने हैं।

भरत मुनि के इस सिद्धांत की व्याख्या से जो बात मुख्य रूप से सामने आती है, वह इस सूत्र के 'संयोग और निष्पत्ति' ही विवाद का केन्द्र बन जाती है, इन्हीं दो शब्दों पर परवर्ती आचार्यों के सिद्धांत निरूपित हुये हैं। प्रश्न यह उठता है कि भरत मुनि का संयोग और निष्पत्ति से क्या तात्पर्य था। इसी तात्पर्य की खोज में चार प्रमुख संस्कृत-आचार्य सामने आए। आचार्य भट्टट लोलट, उनके ही समान धर्मी आ॰ शंकुक, फिर आ॰ भट्टट नायक और अंतिम आचार्य के रूप में अभिनव गुप्त। 19वीं सदी के अंतिम दौर में कुछ हिन्दी आचार्यों ने भी रस निष्पत्ति में योगदान दिया, बाबू श्याम सुंदर दास, बाबू गुलाब राय, आ॰ रामचंद्र शुक्ल, आ॰ नगेन्द्र।

भट्टट लोलट का उत्पत्ति या आरोपवाद

भरत मुनि के सिद्धांत की सर्वप्रथम व्याख्या मीमांसा शास्त्र के प्रौढ़ आचार्य भट्टट लोलट ने की। 'मीमांसा दर्शन' के एक सिद्धांत उत्पत्तिवाद का आश्रय लेकर इन्होंने निष्पत्ति शब्द को उत्पत्ति के अर्थ में ग्रहण किया और संयोग का अर्थ लिया; कार्य-कारण संबंध से।

कार्य-कारण संबंध से तात्पर्य : कार्य—स्थायीभाव द्वारा रस की प्राप्ति। कारण—विभाव (आलम्बन और उद्दीप्पन) और संचारी भाव।

(क) स्थायी भाव आलम्बन द्वारा उत्पन्न होकर, उद्दीपन द्वारा उद्दीप्त होकर संचारी भावों द्वारा पुष्ट होकर और अन्यभावों द्वारा व्यक्त होकर (प्रतीतियोग्य बनकर) अनुकार्य (मूलपात्र) में रस रूप में रहता है। अर्थात् स्थायी भाव उत्पन्न होता है जो रसरूप में सामने आता है। रस को उत्पन्न करने वाले कारण विभाव, अनुभाव और संचारीभाव हैं जो उसे प्रतीति योग्य बनाते हैं।

(ख) रसरूप, स्थायी भाव नर में उत्पन्न नहीं होता। हम नट में अभिनय और वेश-भूषा द्वारा उनका आरोपण कर लेते हैं।

(ग) स्थायी भाव तो प्रेक्षक या दर्शक में भी नहीं रहता, वह तो इस का नट पर आरोप करके चमत्कृत होता है और निष्कर्ष यह है कि रस अनुकार्य (मूलपात्र) में ही रहता है नट में चमत्कार आनंद रूप में परिवर्तित हो जाता है।

(घ) अभिनेता (अनुकर्ता) उसकी प्रतीति करवाने का माध्यम् है और प्रेक्षक गौण है।

(ङ) उपर्युक्त विवेचन के आधार पर भट्टट लोलट के रस विवेचन को तीन भागों द्वारा संबोधित किया जा सकता है–

(1) उत्पत्तिवाद– मूलनायक (अनुकार्य) के कारण
(2) आरोपवाद– नट (अनुकर्ता) के कारण
(3) चमत्कारवाद– प्रेक्षक (दर्शक) के कारण

भट्टट लोलट के सिद्धांत पर जो आपत्तियां लगायी जाती हैं या दोष बताये जाते हैं उनको हम निम्न प्रकार से अभिव्यक्त कर सकते हैं।

(1) **रस या स्थायीभाव संबंधी दोष** – भरत मुनि ने अपने सूत्र में कहीं भी स्थायी भाव का उल्लेख नहीं किया है। स्थायी भाव रस से भिन्न नहीं हो सकता और न ही इसे अलग से स्पष्ट किया जा सकता है अगर इसे मान भी ले तो फिर पुष्टि किस चीज की होती है।

(2) **कार्य कारण संबंधी** – इसमें भी महत्वपूर्ण है कार्य। भट्टट लोलट ने अपने विवेचन में स्थायी भाव या रस को कार्य मान लिया है जो उचित नहीं है क्योंकि रस तो विभाव और अनुभाव के बाद भी मन में विद्यमान रहता है। यदि रस कार्य है तो कारण (विभाव, अनुभाव) के बाद भी क्यों रहता है।

(3) भट्टट लोलट उत्पत्तिवाद के मानने वाले हैं अतः उनके अनुसार यह सिद्ध होता है कि रस वर्तमान नहीं होता अर्थात् वे यह नहीं मानते की रस पहले से विद्यमान होता है वे तो बस इतना मानते हैं कि रस उत्पन्न होता है। उनका यह मानना नितांत अनुचित है।

(4) नट संबंधी अवधारणा में भी भट्ट लोलट ने गंभीरता से काम नहीं लिया है। उन्होंने यह माना है कि अनुकर्ता (नर, अभिनेता) अनुकार्य (मूत्रपात्र) का अनुभवजन्य अनुकरण करता है। अनुकरण चाहें गौण ही क्यों न हो नहीं किया जा सकता। एक नट मूल पात्र राम, कृष्ण या दुष्यंत का अभिनय करते हुये उनके रति भाव का अनुभव कैसे कर सकता है।

(5) प्रेक्षक संबंधी उनकी स्थापना भी भ्रामक है भट्ट लोलट रस की उत्पत्ति मानते हैं यदि मान लेते हैं कि रस उत्पन्न होता है तो फिर दर्शक को कैसे आनंद मिलेगा, क्योंकि जहाँ रति होगी वहाँ रस भी होगा किन्तु वास्तविकता यह है कि दर्शकों के बीच रति आदि भावों की कोई क्रिया नहीं होती तो फिर वहां रस कैसे होगा। जहां रति नहीं है, जहाँ रस नहीं है तो फिर वहां आनंद ही कैसे प्राप्त हो सकता है। क्या दूसरों के भोजन से अपनी भूख तृप्ति संभव है।

(6) यदि हम नट के अभिनय को ही अनुकरण की सफलता मान लें तो बिना कार्य को देखे सफलता का पता किस प्रकार लगाया जा सकता है।

(7) आरोपित रस द्वारा दर्शकों में उत्पन्न हुआ चमत्कार मिथ्या भावना से रहित किस प्रकार हो सकता है। रस को अलौकिक आनंदमयी बताया गया है पर अनुकर्ता में रस सीमित रहता है तो वह सीमित हो जायेगा। तो फिर प्रेक्षक को रस अलौकिक आनंद की अनुभूति कैसे करा सकता है। विद्वान कहते हैं कि कार्य-कारण संबंधों के बीच किसी न किसी इकाई के रूप में समय का अंतर तो होता ही है लेकिन भट्ट लोलट की मान्यता के अनुसार नट के अभिनय करने और श्रोताओं के आनंदित होने की क्रिया में समय नहीं लगना बताया गया है।

आचार्य शंकुक का अनुमितिवाद या अनुभाववाद

भरत मुनि के सूत्र की व्याख्या के दूसरे चरण में जब आ० शंकुक ने भट्ट लोलट के सिद्धांतों की समीक्षा की तब उन्होंने न्यायदर्शन के अनुयायी होने के कारण भरत के सूत्र की व्याख्या न्याय सम्मत अनुमितिवाद सिद्धांत के आधार पर की। उन्होंने भट्ट लोलट के संबंध में उठी हुई समस्त आपत्तियों का निराकरण करने के लिए अपना अनुमितिवाद स्थापित किया।

अनुमिति का अर्थ है कि नर के कुशल अभिनय के कारण दर्शक नट में नायकत्व (अनुकार्यत्व) का अनुमान कर लेता है और उसे नायक समझकर "चित्रतुरंग न्याय" द्वारा उसके अभिनय के द्वारा व्यक्त किये गये अनुभावों में आनंद पाता है जिससे चमत्कार का अनुभव होता है और वही अनुभव आनन्दजन्य होता है, दूसरे शब्दों में कहें तो आचार्य शंकुक ने रस की निष्पत्ति गम्य-गमक भाव से मानी। इस गम्य-गमक का अर्थ भी भट्ट लोल्लट के कार्यकारण संबंध जैसा ही है। इसी कार्यकारण संबंध को आचार्य शंकुक के द्वारा गम्य-गमक भाव कहा गया है।

गमक–कारक या विभावादि का अनुमान करने वाले।

गम्य–कार्य या रस का अनुमान किये जाने वाले या मुख्य विषय या अनुभव।

अनुमान्य–(माध्यम) नट जिसके द्वारा या जिसमें रस का अनुमान कर लिया जाता है।

अनुमानक–दर्शक, प्रेक्षक, गौण।

अनुकार्य–मुख्य नायक। इसके अनुसार भी रस न तो नट में रहता है और न ही प्रेक्षक में केवल नट में उसके अनुमान के माध्यम से प्रेक्षक को चमत्कार होता है जिससे उसको आनंद प्राप्त होता है।

शंकुक के अनुमितिवाद की आपत्तियां : शंकुक ने दो बातों पर अत्यंत बल दिया है पहला अनुकरण दूसरा अनुमान, किंतु जो कठिनाइयाँ भट्ट लोलट के संबंध में उठी थी वे यहां भी विद्यमान हैं।

(क) अनुकरण न तो स्थायी भावों का हो सकता है और न ही सहकारी भावों का, नट केवल वेश-भूषा मात्र का अनुकरण कर सकता है।

(ख) अनुमान सत्य नहीं है फिर असत्य या मिथ्या के आधार पर सत्य की प्रतीति कैसे हो सकती है। प्रत्यक्ष ज्ञान से जो चमत्कार पूर्ण आनंद मिल सकता है वह अनुमान से कभी नहीं मिलता। "चित्र तुरंग न्याय" से चित्र का घोड़ा तो दिखाई दे सकता है किन्तु उस पर चढ़कर वह वास्तविक आनंद नहीं लिया जा सकता जो वास्तव में एक घोड़े की सवारी में मिलता है। वास्तव में रस या भाव सीधे अनुभव द्वारा ही भावना के विषय बन सकते हैं, अनुमान द्वारा नहीं और उत्पत्तिवाद और अनुमितिवाद दोनों में ही दोनों की सत्ता प्रेक्षक में गौण रूप में मानी गई है। तो फिर प्रश्न यह सामने आता है कि दूसरे के भावों को उसने किस प्रकार अपनाया।

(ग) यदि ऐसा मान लें कि रस की सत्ता गौण या प्रमुख रूप से प्रेक्षक में ही रहती है जैसा कि भट्ट लोलट और शंकुक मानते हैं तो फिर यह समस्या सामने आती है कि प्रेक्षक का हृदय यदि कल्पित नायकत्व से छा जाता है अर्थात् प्रेक्षक स्वयं पर मूल नायक का आरोपण कर लेता है या खुद को ही मूल नायक मान लेता है तो यह बात देवी-देवता और अन्य पूज्य व्यक्तियों के संदर्भ में कैसे लागू हो सकेगी। सीता के विषय में राम की रति का प्रेक्षक के हृदय में आना निःसंदेह दोषपूर्ण है और लोकमर्यादा के विपरीत है और फिर नायक के शौर्य एवं पराक्रम के असंख्य कार्य जिसकी कल्पना भी नहीं की जा सकती; प्रेक्षक के मन में किस प्रकार आ सकेंगे। क्या प्रेक्षक हनुमान जी की तरह उड़कर समुद्र लाँघ सकता है?

एक महत्वपूर्ण सवाल और उठता है कि नायक के दुख, शोक इत्यादि भाव प्रेक्षक को आनंद कैसे दे सकते हैं। जब नायक दुःखी होगा तो जाहिर है दर्शक भी रसानुभूति के कारण दुःखी होंगे। ऐसी स्थिति में प्रेक्षक का आनंद प्राप्त करना कैसे संभव है।

भट्ट नायक का भुक्तिवाद

भट्ट नायक सांख्य दर्शन के अनुयायी थे, इन्होंने अतः इन्होंने सांख्य दर्शन के केन्द्रीय सिद्धांतों के आधार पर भुक्तिवाद के सिद्धांत का प्रवर्तन किया। भुक्तिवाद से यहां तात्पर्य रस निष्पत्ति से है। इन्होंने अपने सिद्धांतों में यह स्थापना की कि रस की न तो प्रतीति होती है जैसा आ० शंकुक मानते हैं और न ही उत्पत्ति होती है जैसा आ० भट्ट लोल्लट मानते हैं। अभिनवगुप्त के समसामयिक होने के कारण और दोनों का रस विवेचन एक ही समय में सामने आने के कारण यह भी अस्वीकार किया कि रस की अभिव्यक्ति होती है। उन्होंने यह भी कहा कि अनुभव और स्मृति के बिना रस की प्रतीति किसी भी प्रकार नहीं हो सकती इसका कारण यह है कि इन सबसे दर्शक या पाठक बड़ी कठिनाई में पड़ जाता है यदि वह अनुकार्य तथा

मूलनायक से तादात्म्य करता है तब उसे औचित्य की सीमा पार करके लज्जा का अनुभव करना पड़ेगा और यदि वह अपने को इस सारी प्रक्रिया से भिन्न रखता है तो वह प्रश्न एकदम समक्ष आता है कि दूसरे की रति से उसे क्या सरोकार है। इस प्रकार पाठक, दर्शक या श्रोता यह समझ नहीं पाता कि वास्तव में वह अपने को कहाँ स्थित करे, किसके साथ रखने का प्रयत्न करे।

भट्टनायक ने पूर्व के रस विवेचन की कठिनाइयों को बड़ी सरलता से दूर करने का प्रयत्न किया है। उन्होंने रस निष्पत्ति पर विस्तारपूर्वक अध्ययन करते हुये रसनिष्पत्ति की तीन क्रियाएं मानी।

1. **अभिधा–** जिसके द्वारा शब्दार्थ का ज्ञान होता है।
2. **भावकत्व–** जिसके द्वारा विभावादि तथा रति आदि स्थायी भाव साधारणीकृत होकर सर्वसाधारण के भाव बनने की प्रक्रिया साधारणीकरण कहलाता है। मेरे या पराये, शत्रु के या मित्र के ऐसे बंधनों से मुक्त होकर उपभोग्य बन जाते हैं।
3. **भोजकत्व–** वह स्थायीभाव जो साधारणीकृत होकर उपभोग किया जाता है। भोजकत्व में नायक के रजोगुण, तमोगुण, सतोगुण युक्त लौकिक भाव भोजकत्व व्यापार द्वारा रज, तम रहित शुद्ध सतोगुणमय हो जाने के कारण अत्यंत विशिष्ट हो जाते हैं। इस प्रकार वह सर्वजन के उपभोग्य बन जाते हैं।

   इस प्रकार भट्ट नायक ने संयोग का अर्थ भोज्य और भोजकत्व का भाव और निष्पत्ति का भुक्ति माना है।

भट्ट नायक के मत की आलोचना

अभिनवगुप्त ने भट्ट के विषय में कहा है कि उन्होंने काव्य में दो ऐसे नये व्यापारों को स्थान दिया है जिनके लिए शास्त्र में कहीं भी कोई प्रमाण नहीं मिलता। अभिनवगुप्त के अनुसार उन दो क्रियाओं, भावकत्व और भोजकत्व का काम व्यंजना और ध्वनि से चल सकता है। भोजकत्व स्वयं ही रस निष्पत्ति है वास्तव में रस वही है जिसका आस्वादन किया जा सके। अतः भोग का अर्थ स्वयं रस के साथ है। फिर भट्ट नायक द्वारा भोजकत्व को पृथक शक्ति मानने का कोई उचित कारण नहीं था क्योंकि वह तो ध्वनि के द्वारा स्वयं ही संपन्न हो जाता है। अतः संयोग का अर्थ ध्वनित तथा व्यंजित होना और निष्पत्ति का अर्थ आनंदभाव से प्रकाशित होना निकलताहै।

आचार्य अभिनवगुप्त का अभिव्यक्तिवाद

आ॰ अभिनवगुप्त ने भरत से लेकर भट्टनायक तक के रस विवेचन संबंधी मूल्यों का गंभीर विवेचन करते हुये अपने मतों का प्रतिपादन किया है। उनकी दृष्टि मूलतः उपर्युक्त तीनों आचार्यों के मतों का अध्ययन कर उसे व्यवस्था प्रदान करना रही है यह उनकी उपलब्धि समझी जानी चाहिए। रस सिद्धांत के क्षेत्र में उनकी सबसे बड़ी सीमा यह रही कि उन्होंने रस के आनंद को इस लोक के जीवनानुभव और प्रत्यक्षानुभव से काटकर परलोक की वस्तु बना दिया। उसका ब्रह्मनंदीकरण कर दिया। फिर भी उनके सिद्धांतों में एक व्यवस्था है एक मौलिक सोच है जिसे अनदेखा नहीं किया जा सकता।

अभिनवगुप्त का मानना है कि मनुष्य समय-समय पर भिन्न-भिन्न परिस्थितियों में पड़कर जिन-जिन भावों का अनुभव करता है वे सभी भाव वासना रूप या संस्कार रूप में उसके हृदय पर स्थिर होते जाते हैं। कहने का आशय यह है कि स्थायी भाव पहले से ही संस्कार या वासना रूप में मनुष्य के हृदय में स्थिर होता है। किन्तु सामान्य अवस्था में स्वाभाविकता के कारण उसका अनुभव मनुष्य को नहीं हो पाता। इसे अज्ञानता की अवस्था भी कहा जाता है और हृदय की प्रकृत अवस्था भी कहा जाता है किन्तु विशेष घटना, विशेष अभिनय या विशेष परिस्थिति में विभाव आदि भावों के प्रदर्शन के कारण वे समस्त सुप्त भाव व्यक्तावस्था में आ जाते हैं। इससे यही स्पष्ट होता है कि रस की अभिव्यक्ति केवल वासनाजन्य संस्कारों में या मानवीय मनोविकारों में होती है।

यदि वे संस्कार नहीं हैं तो रस की अभिव्यक्ति भी नहीं हो सकती। इस आधार पर उन्हीं व्यक्तियों को सहृदय कहा जाता है जिनके मन में संस्कार रूप में ये समस्त वासनाजन्य मनोविकार विद्यमान रहते हैं। जो मनुष्य वासना शून्य होता है (इच्छाओं से रहित) उसे साहित्य दर्पणकार ने लकड़ी की कुल्हाड़ी या पत्थर के समान संवेदना कहा है। मनुष्य के हृदय को संवेदनशील बनाने के लिए, मानव मात्र को सहृदय बनाने हेतु अभिनवगुप्त ने तीन प्रक्रियाओं का उल्लेख किया है। पहली प्रक्रिया में मनुष्य के सांसारिक अनुभव होते हैं, दूसरी प्रक्रिया में पूर्वजन्म के संस्कार होते हैं और अंतिम रूप से अपने अभ्यास से मनुष्य सहृदय बन सकता है। यह भी एक सच्चाई है कि अभिनवगुप्त ने शास्त्रकारों, मीमांसकों और वैयाकरणों को सहृदय मनुष्यों की कोटि मे नहीं रखा है।

अभिनवगुप्त के सिद्धांत में यह बात मुख्य रूप से सामने आती है कि यह संस्कार रूप में सामाजिकता में पहले से विद्यमान रहता है। इस बात को उन्होंने मिट्टी और बरसात की पहली बूंदों से अभिव्यक्त किया है। मिट्टी के भीतर एक सौंधी महक हर समय विद्यमान रहती है लेकिन उसका अनुभव मनुष्य को साधारण अवस्था में नहीं हो पाता। जैसे ही पावस ऋतु की पहली फुहार पड़ती है, मिट्टी के भीतर स्थित वह सौंधी सुगंध प्रकट हो जाती है।

अभिनवगुप्त के मत की विशेषताएं

1. रस की उत्पत्ति सामाजिक के हृदय में मानते हैं।
2. सामाजिक के भीतर स्थायी भाव वासना रूप में सदैव विद्यमान रहता है किन्तु उद्बुद्धावस्था में साधारणीकृत विभावादि भावों के कारण उनके संयोग के कारण अव्यक्तावस्था से व्यक्तावस्था में उपस्थित हो जाते हैं जैसे मिट्टी और जल का संदर्भ दिखाया गया है।
3. सफल अभिनय से केवल सहृदय दर्शक ही तन्मय होते हैं और उन्हें ब्रह्मानंद सहोदर अखंड आनंद की प्राप्ति होती है।
4. संयोग का अर्थ व्यंजना और निष्पत्ति का अर्थ अभिव्यक्ति प्रकट होता है।

आलोचना: यह पूर्व में कहा जा चुका है कि रस निष्पत्ति की प्रक्रिया की अनुसंधान प्रविधि में अभिनवगुप्त ने जो प्रयोग किये वह एकदम सटीक और तार्किक है। उनके सिद्धांत पर सबसे बड़ी आपत्ति यह है कि उन्होंने रस के आनंद को ब्रह्म के आनंद के समकक्ष बताया है जो विभाव, अनुभाव आदि समस्त रस के अवयवों की लौकिक अभिव्यक्ति पर प्रश्न चिह्न लगा देता है। जब रस निष्पत्ति की प्रक्रिया का सबसे बड़ा केन्द्र मानव मन और मानव शरीर है, उसके हाव-भाव, सुख-दुःख रस निष्पत्ति की प्रक्रिया के मूल सोपान है तो फिर उससे उत्पन्न होने वाला आनंद परलोक की वस्तु कैसे हो सकता है। ब्रह्मानंद सहोदर कैसे हो सकता है।

मनुष्य तो अपने प्रत्यक्षानुभव और जीवनानुभव द्वारा उसे इसी लोक में महसूस करता है, भोगता है।

रसनिष्पत्ति की इस प्रक्रिया में आ॰ भरत, आ॰ भट्ट लोलट, आ॰ शंकुक और आ॰ भट्टनायक का रस विवेचन संयोग और निष्पत्ति शब्दों पर केन्द्रित रहा। तीनों आचार्यों ने अपने-अपने ढंग से रस और निष्पत्ति शब्दों की व्याख्या की।

भरत सहित इन चारों आचार्यों का मूल चिंतन इस बात पर है कि अनुभाव, विभाव, स्थायी भाव और संचारी भाव सब मनुष्य के इस लोक के अनुभवों पर आधारित है लेकिन अभिनवगुप्त ने पहली बार इसे परलोक की वस्तु बना दिया। 'दसरूपककार धनंजय' ने बाद में रस विवेचन किया। लेकिन कुछ फेरबदल करने के बाद उन्होंने अभिनवगुप्त के मतों को ही स्पष्ट किया है।

आ॰ विश्वनाथ और पंडितराज जगन्नाथ ने भी कालांतर में रस विवेचन किया और आधुनिक हिन्दी के आचार्यों में श्यामसुंदर दास, बाबू गुलाबराय, आ॰ विश्वनाथ प्रसाद मिश्र, आ॰ रामचंद्र शुक्ल और आ॰ नगेन्द्र ने रस विवेचन किया है। पूरी रस प्रक्रिया को वैज्ञानिक पद्धति से देखा जाये तो हमें यही मानना होगा कि रस निष्पत्ति की प्रक्रिया का मूल स्रोत सामाजिक, प्रेक्षक, श्रोता, दर्शक, पाठक, अनुभावक, सहृदय है, यानि रस की निष्पत्ति उसी के मन में पहले से स्थित वासनारूप मनोविकार अर्थात् स्थायी भावों द्वारा होती है। यह भी एक सच्चाई है कि पाठक, श्रोता के साथ-साथ अनुकर्ता अर्थात नट भी अभिनय करते समय कुछ हद तक रसास्वादन करता है और सृष्टा अर्थात कवि या लेखक भी सृजन के क्षणों में रसास्वादन करता है। कहा भी गया है कि एक सर्जक के लिए अपनी रचना का सृजन प्रसवपीड़ा से कम नहीं होता। अतः हम रस निष्पत्ति प्रक्रिया से सर्जक को अलग नहीं कर सकते।

अलंकार संप्रदाय

"काव्य शोभाकरान् धर्मानलंकारान् प्रचक्षते।" आचार्य दण्डी

प्रवर्तक भामह– प्राचीनता की दृष्टि से भारतीय काव्य संप्रदायों में रस सिद्धान्त के प्रवर्तन के बाद अलंकार संप्रदाय का ही स्थान माना जाता है। इस काव्य संप्रदाय के आदि प्रवर्तक 'भामह' हैं। उन्होंने ही सर्वप्रथम अपने ग्रंथ 'काव्यालंकार' की रचना कर 'अलंकार' को काव्य की आत्मा घोषित किया। इस प्रकार अलंकार संप्रदाय की स्थापना की। भामह का समय ईसा की छठी शताब्दी माना गया है। इनसे पूर्व भरतमुनि ने भी उपमा, दीपक, रूपक, यमक अलंकारों को स्वीकार किया था, इसलिए उन्हें ही अलंकार संप्रदाय का प्रवर्तक माना जाता है।

इन्होंने 'शब्दार्थों सहितो काव्यम्' कहकर शब्दालंकार और अर्थालंकार के दो भेद किए थे। इनका परवर्ती अलंकारवादियों पर इतना व्यापक प्रभाव पड़ा कि उन्होंने काव्य वस्तु की सर्वथा उपेक्षा कर अलंकार को ही काव्य का सर्वस्व मान उसे काव्य की आत्मा घोषित कर दिया।

1. **अलंकार संप्रदाय की परम्परा–** भारतीय काव्य संप्रदायों में रस के अतिरिक्त शेष सम्प्रदायों में सबसे पुराना अलंकार संप्रदाय ही है। वैसे तो 'भरतमुनि' ने अपने 'नाट्यशास्त्र' में चार अलंकारों उपमा, रूपक, दीपक तथा यमक का उल्लेख किया था, पर उन्होंने इन्हें महत्व नहीं दिया था।
2. **भामह–** का अलंकार शास्त्र (काव्यालंकार) 6 परिच्छेदों में विभक्त है। जिसमें क्रमशः काव्यशरीर, निर्णय, अलंकृति निर्णय, दोष निर्णय, न्याय निर्णय और शब्द शुद्धि पर विचार किया गया है। 'भामह' ने वक्रोक्ति को ही समस्त अलंकारों का मूल मानते हुये, उनकी संख्या 38 निर्धारित की है। इस प्रकार भामह ने काव्य का प्राणतत्व अलंकार बताते हुए, अलंकार का प्राणतत्व 'वक्रोक्ति' को बताया है।
3. **आ॰ दण्डी–** ये अलंकार सम्प्रदाय के पोषक माने जाते हैं। इन्होंने अपने सूत्र "काव्य शोभाकरान् धर्मानलंकारान् प्रचक्षते।" द्वारा अलंकार को काव्य की शोभा बढ़ाने वाला धर्म कहा है। इससे स्पष्ट है कि काव्य की शोभा केवल अलंकार पर ही आश्रित है। अतः अलंकार काव्य का शाश्वत् धर्म है। इन्होंने अलंकारों का वैज्ञानिक विवेचन करके उनकी संख्या 35 ही स्वीकार की है। इन्होंने यमक, निबंध और प्रहेलिका आदि का विस्तृत विवेचन किया है। तथा शब्दालंकार को विशेष महत्त्व प्रदान किया है। 'दण्डी' ने भामह की वक्रोक्ति के स्थान पर 'अतिशय' को अलंकार की आत्मा स्वीकार किया है। किन्तु वास्तव में दोनों का तात्पर्य एक ही है, केवल शब्द भेद ही दिखाई देता है, दण्डी ने तीन प्रकार के भाव परक अलंकार माने हैं–
   (क) प्रेमस–जो शृंगार से संबंधित है।
   (ख) रसवत– यह किसी भी रस से संबंध बना सकता है।
   (ग) ऊर्जस्वित– इसमें वीर, रौद्र रस का समावेश होता है।
4. **आचार्य उदभट्–** दण्डी के पश्चात इस सम्प्रदाय में उद्भट् का पदार्पण हुआ। इन्होंने 'काव्यालंकार' सार संग्रह की रचना की। इनका समस्त विवेचन 'भामह' का ही समर्थन करता है, पर उन्होंने जो विवेचन किया है वह सूक्ष्म और सटीक है। उन्होंने दृष्टांत, काव्यलिंग और पुनरूक्तिवाद भास अलंकार की सर्वथा नई उद्भावना की तथा अनुप्रास के भेदों में बढ़ोत्तरी की। इस प्रकार उद्भट् ने भामह के 38 अलंकारों की शृंखला को बढ़ाकर 41 कर दिया। उन्होंने श्लेष अलंकार के दो भेद-शब्द और अर्थ श्लेष किये हैं तथा दोनों को ही अर्थालंकार माना है। बाद में 'मम्मट' आदि ने इसकी आलोचना की।
5. **आचार्य रूद्रट–** इन्होंने 'काव्यालंकार सार' ग्रंथ की रचना की। अलंकार संप्रदाय में इनका अत्यंत महत्त्वपूर्ण स्थान है। इन्होंने अलंकारों का अत्यंत व्यापक और उदार दृष्टि से निरुपण किया। डॉ काणे के अनुसार, "रूद्रट अलंकारों का वर्गीकरण वैज्ञानिक रूप से करने वाले प्रथम आचार्य हैं। इन्होंने सर्वाधिक अलंकारों की उद्भावना की। इनके अलंकार चार वर्गों में विभक्त हैं। इनका वर्गीकरण वास्तवोपम्य, अतिशय और श्लेष पर आधारित है।"
6. **आचार्य मम्मट–** अलंकार संप्रदाय की पूर्ण प्रतिष्ठा करने वाले आचार्य मम्मट ही थे। ये समन्वयवादी विचारक एवं ध्वनिवादी आचार्य थे। इनकी रचना 'काव्य प्रकाश' है। इसके नवम् व दशम् उल्लासों में अलंकारों का विवेचन है। इनकी विशिष्ट बात यह है कि इन्होंने अलंकारों को काव्य के लिए आवश्यक नहीं माना है। इन्होंने सहायक तत्वों के रूप में ही अलंकारों को स्वीकार किया है। मम्मट के अनुसार, ''अलंकार काव्य के अंग अर्थात शब्दार्थ रूपी शरीर की शोभा बढ़ाते हुये काव्य का उपकार करते हैं।'' अलंकार को ये काव्य का अस्थिर धर्म मानते हैं।
7. **आचार्य वामन–** ने सौन्दर्य को ही अलंकार माना है। ये रीति संप्रदाय के प्रवर्तक आचार्य हैं। इन्होंने अलंकारों को काव्य के लिए महत्त्वपूर्ण माना है, पर काव्य की आत्मा नहीं माना।

8. **आ० जयदेव**–इन्होंने अपनी 'चन्द्रालोक' नामक कृति में अलंकारों का विवेचन किया है। इन्होंने खण्डन मण्डन रहित विवेचन किया है। अग्नि का रूपक देकर काव्य और अलंकार का संबंध बताया है। अग्नि और ऊष्णता का जो संबंध है वहां काव्य और अलंकार का है।
9. **विश्वनाथ**–'साहित्यदर्पणकार' ने साहित्यदर्पण के दशमू स्कंध में अलंकारों का विवेचन करते हुये दो नवीन अलंकार निश्चय और अनुकूल की उद्‌भावना की।

रीतिकालीन हिन्दी कवियों का मत

रीतिकालीन सैंकड़ों आचार्यो ने संस्कृत के आचार्यों का अनुसरण करके, अलंकार का काव्य में महत्त्व निर्धारित किया। ये अपना कोई नवीन मत नहीं दे सके। इन्होंने संस्कृत आचार्यों के मतों को दोहराया है। केशवदास ने भामह के सूत्र का छायानुवाद करते हुये लिखा है–

"जदपि सुजाति सुलच्छणि, सुबरन सरस सुवृत।
भूषण बिनुनविराजहि कविता, बनिता मित्त।।

आधुनिक काल में हिन्दी आचार्य : आचार्य रामचन्द्र शुक्ल और डॉ० नगेन्द्र प्रमुख आचार्य हैं, जिन्होंने अलंकार का विवेचन किया। इनके अलावा मुरारीदास, भगवान दीन, कन्हैयालाल पौद्दार, रामदहीन मिश्र आदि ने खड़ी बोली में अलंकारों का विवेचन किया है।

अलंकार: परिभाषा एवं स्वरूप–अलंकार दो शब्दों अलन+कार के योग से बना है। जिसका अर्थ है आभूषण या जो अलंकृत या सुशोभित करे वह अलंकार है। जिस प्रकार आभूषण मानव शरीर के अंग नहीं होते, ऊपरी आवरणमात्र हैं, जो शैली से संबंधित तत्व माने जाते हैं, पर अलंकारवादी आचार्य अलंकार को काव्य की आत्मा स्वीकारते हैं। यहां हम कुछेक परिभाषाओं पर विचार करेंगे।

1. "शब्द या अर्थ का वैचित्र्य ही अलंकार है जिस प्रकार स्त्री का सुन्दर मुख भी बिना आभूषण के नहीं सजता, उसी प्रकार अलंकार के बिना कविता कामिनी की शोभा नहीं बढ़ती।" –आचार्य भामह
2. "काव्य शोभाकरान् धर्मान्‌लंकारान् प्रचक्षते।"
   काव्य की शोभा बढ़ाने वाले धर्म ही अलंकार हैं।" –आचार्य दण्डी
3. "अभिधान पुकार विशेषा एवं चालंकाराः"
   "कवि प्रतिभा से सृजित विशेष कथन ही अलंकार है।"
   –आचार्य रूद्रट
4. "ऊष्णता का जो संबंध अग्नि से है वही संबंध अलंकार का काव्य से है।" –आचार्य जयदेव
5. "काव्य की शोभा बढ़ाने में कभी-कभी सहायक हुए धर्मों को ही अलंकार कहा जाता है।" –आचार्य रामचन्द्र शुक्ल

काव्य में अलंकारों का महत्त्व: एक सफल कवि की सफल कृति के पीछे अलंकारों का महत्त्वपूर्ण योगदान होता है। जिस प्रकार एक सुन्दर कामिनी ने अपने अंगों को अलंकारों से सुशोभित किया हो तो उसकी सुन्दरता पर चार चाँद लग जायेंगे उसी प्रकार अलंकार अनुभूति को जैव बनाते हैं तथा कवि की मनोवृत्तियों का विस्तार करते हैं। इसी तथ्य को जानकर अलंकारवादियों ने अलंकार को काव्यात्मा माना है। हालांकि इस विषय में काफी मतभेद है। आधुनिक आचार्यों ने अलंकार को बाह्य उपकरण या कवच के समान अलंकारों का महत्त्व माना है। अलंकार का प्रयोग कवि की प्रतिभा पर निर्भर करता है। अलंकार वे ही उचित और सार्थक हैं जो सहानुभूति में सहायक होते हैं। इस प्रकार अलंकार का प्रयोग दो प्रकार का होता है–एक बाह्य शोभाकार, दूसरा सहायक, आन्तरिक रूप में। चाहे जो हो अलंकार को बाह्य उपादान या आन्तरिक धर्म, काव्य में अलंकारों के महत्त्व को मुक्त होकर स्वीकारना पड़ेगा।

मनोवैज्ञानिक दृष्टि से अलंकारों का महत्व: भावोद्वेलन के अवसर पर हमारे मुख से जो शब्द निकलते हैं वे साधारण अवसरों पर कहे गये शब्दों से भिन्न होते हैं तथा उनके अर्थ में भी एक भिन्नता होती है, रोमांचकता आ जाती है। शब्द और अर्थ की यही भिन्नता अलंकारों को जन्म देती है। इसलिए सिद्ध कवियों की रचना में भावावेग के अवसरों पर स्वतः ही अलंकार स्वाभाविक रूप से आ जाते हैं और अपनी उपस्थिति से रचना के सौन्दर्य को बढ़ा देते हैं। पर कवि जब मात्र चमत्कार उत्पन्न करने के लिए अलंकारों का प्रयोग करता है तो भाषा में कृत्रिमता और अस्वाभाविकता आ जाती है। अतः साहित्य मनीषी अलंकारों के स्वाभाविक प्रयोग को उचित मानते हैं न कि बलात् प्रयोग को। यदि कवि अलंकार शास्त्र के ज्ञानानुसार अलंकारों का प्रयोग करता है तो उसकी रचना श्रेष्ठ बन जाएगी। इसके लिए शास्त्र का ज्ञान और अभ्यास आवश्यक है।

प्राचीन आचार्यों ने आवृति, सादृश्य, अतिशयोक्ति क्रम आदि को ही अलंकारों का आधार माना है। आवृत्ति चमत्कार उत्पन्न करती है चाहे वह ध्वनि की हो या शब्द की। यही ध्वनि की आवृत्ति काव्य में अनुप्रास के नाम से जानी जाती है। अर्थालंकारों में उपमा, रूपक आदि ऐसे ही अलंकार हैं। अतिशयोक्ति भी चमत्कार द्वारा सौन्दर्य उत्पन्न करती है। क्रम अलंकार का भी अपना महत्त्व है। सिद्ध है कि बिखरी वस्तुएं जब क्रम में सजा दी जाती हैं तो सौन्दर्य निखरेगा ही। प्राचीन आचार्यों ने इसी आधार पर अलंकारों का विवेचन किया है।

वस्तुतः अलंकार, (1) मन का विस्तार करते हैं, (2) अलंकार कवि की मनोवृत्ति से संबद्ध हैं।

अतः महाकवि केशवदास का यह सूत्र अलंकारों का काव्य में महत्व सिद्ध करता है–

"जदपि सुजाति सुलच्छनी, सुबरन सरस सुवृत।
भूषण बिनु न विराजहि, कविता बनिता मित्त।"

अलंकार काव्य रूपी दुर्वा पर बिखरे हुये तुहिन कणों के समान है।

ध्वनि संप्रदाय

ध्वनि संप्रदाय के प्रतिष्ठाता आचार्य आनन्दवर्द्धन माने जाते हैं। इन्होंने सन 875 ई० के आस-पास अपने प्रसिद्ध ग्रंथ 'ध्वन्यालोक' द्वारा इस नवीन काव्य संप्रदाय की स्थापना कर ध्वनि को काव्य की आत्मा घोषित किया। आनन्दवर्द्धन के 'ध्वन्यालोक' से पूर्व ध्वनि संप्रदाय के अस्तित्व का कोई निश्चित प्रमाण अभी तक नहीं मिल सका है। परन्तु इस ग्रन्थ में ध्वनि संप्रदाय की जैसी विशद और पूर्ण विवेचना की गई है। उसे देखते हुये इस बात पर विश्वास करने को बाध्य होना पड़ता है कि इसकी पूर्ववर्ती कोई परम्परा अवश्य रही होगी। 'ध्वन्यालोक' की पहली कारिका में कहा गया है–

"काव्यस्यात्मा ध्वनिरिति बुधैर्यः संभाम्नातपूर्व।"

अर्थात काव्य की आत्मा ध्वनि है। जिसे बुद्धिमान लोग पहले से कहते आये हैं, ध्वनि संप्रदाय संस्कृत काव्यशास्त्र का अत्यंत महत्त्वपूर्ण और प्रौढ़ संप्रदाय माना जाता है। वस्तुतः 'ध्वन्यालोक' ही 'ध्वनि' संप्रदाय का जनक है।

ध्वनि क्या है? स्वरूप : आनन्दवर्द्धन प्राचीन आचार्यों के संदर्भ में ध्वनि पर प्रकाश डालते हुए कहते हैं जिसका सार है–

(1) व्यंजक शब्द जो ध्वनित करे या कराये।

(2) वह व्यंजक अर्थ जो ध्वनित करे या कराये।

(3) वह (अर्थात् रस, वस्तु और अलंकार) जिसकी व्यंजना करायी जाए।

(4) वह (शब्द-शक्ति व्यंजना) जिसके द्वारा व्यंजना करायी जाए।

(5) वह काव्य जिसमें रस, वस्तु, अलंकार ध्वनित होते हैं।

अतः ध्वनि शब्द-व्यंजक शब्द, व्यंजक अर्थ, व्यंजना-व्यापार तथा व्यंग्य काव्य के अर्थों में प्रयुक्त होता है। स्पष्टतः ये पांचों अर्थ एक दूसरे से घनिष्ठ संबंध रखते हैं।

'हिन्दी साहित्य-कोश' में ध्वनि की व्याख्या इस प्रकार की गई है–

"सामान्य व्यवहार में कानों को सुनाई पड़ने वाले नाद को 'ध्वनि' कहते हैं।"

ध्वनि की परिभाषा : काव्य सिद्धान्त के रूप में 'ध्वनि' शब्द का सर्वप्रथम प्रयोग 'ध्वन्यालोक' में किया गया है।

"यत्रार्थः शब्दो वा तमर्थमुप सर्जनी कृत स्वार्थौ।
व्यंजक्तः काव्य-विशेषः स ध्वनिरिति सुरिभिः कथितः।।"

अर्थात विद्वान उस काव्य को ध्वनि कहते हैं जिसमें कथित शब्द और अर्थ अपने को अप्रधान बनाकर व्यंग्यार्थ को अभिव्यक्त करते हैं। परन्तु प्रत्येक व्यंग्यार्थ को काव्य नहीं किया जा सकता-चमत्कारी व्यंग्य ही काव्य के रूप में समादृत हो सकता है।"

व्यंग्यार्थ ही काव्य है : शब्द की तीन शक्तियां मानी गई हैं- अभिधा, लक्षणा और व्यंजना। इनमें से ध्वनिवादी केवल व्यंजना को ही वास्तविक और उत्कृष्ट काव्य का मूलाधार मानते हैं। व्यंजना ही काव्य में निहित अकथित अर्थात् छिपे हुये अर्थ को स्पष्ट करने में समर्थ होती है, अभिधा और लक्षणा नहीं। 'ध्वनि सिद्धांत' वैयाकरणों के स्फोटवाद सिद्धान्त पर आधारित है। स्फोटवाद के अनुसार शब्द के दो रूप होते हैं। "शब्द का स्थूल उच्चारित रूप उच्चारण भेद के अनुसार बदलता रहता है। यह शब्द का विकृत रूप माना जाता है और उसे अनित्य माना गया है। इसके अतिरिक्त शब्द का सूक्ष्म प्रतिरूप भी होता है। जो मानव मन में विद्यमान रहता है-वह नित्य और अविभाज्य है। इसी सूक्ष्म एवं नित्य ध्वनि-बिंब को शब्द के स्फोट की संज्ञा दी गई है।

अलंकार शास्त्रियों ने इसी स्फोटवाद के आधार पर ध्वनि सिद्धांत की स्थापना की है। काव्य का ज्ञान व्यंजना शक्ति ही करा सकती है अतः व्यंजना का ध्वनि से अटूट बंधन है। व्यंजना काव्य में निहित जिस प्रच्छन्न अर्थ का बोध कराती है वस्तुतः उसी अर्थ में काव्य का संपूर्ण सौन्दर्य निहित है। उन्होंने व्यंजना शब्द शक्ति कोध्वनि सिद्धान्त की आधार शिला माना है।

ध्वनि के भेद (प्रकार)

आनन्दवर्द्धन ने ध्वनि काव्य के प्रधान दो ही भेद किए हैं जो इस प्रकार हैं–

1. अभिधा मूलक ध्वनि – (विवक्षितान्यपर वाच्य ध्वनि)
2. लक्षणा मूलक ध्वनि – (अविवाक्षित वाच्य-ध्वनि)

अभिधामूलक ध्वनि के दो उपभेद हैं–

असंलक्ष्य क्रम ध्वनि : जहां वाच्यार्थ के साथ-साथ व्यंग्यार्थ ध्वनित हो जाता है, दोनों के मध्य कोई अन्तर प्रतीत नहीं होता, वहां असंलक्ष्य क्रम ध्वनि होती है।

जैसे– **"अरे! घी तो यहां रूपये का दो छटांक मिलता है।"**

इसका व्यंग्यार्थ है कि यहां महंगाई बहुत है।

संलक्ष्य क्रम ध्वनि : जहां पहले वाच्यार्थ और फिर व्यंग्यार्थ का बोध हो वहां संलक्ष्य क्रम ध्वनि होती है। इसे (अनुराग) अनुरंजन ध्वनि भी कहते हैं, क्योंकि घण्टे पर चोट पड़ने के कारण टंकार के बाद झंकार की सूक्ष्म लहरें भी सुनाई पड़ती हैं, उसी प्रकार ध्वनि में वाच्यार्थ से व्यंग्यार्थ स्पष्ट हो जाता है।

"माली आवत देखकै, कलियन करे पुकार।
फूले-फूले चुनि लिए, कालि हमारी बार।।"

यहाँ माली के स्थान पर काल या मृत्यु से संबंधित जिस अर्थ का बोध होता है, वहीं व्यंग्यार्थ है। व्यंग्यार्थ वाच्यार्थ की अनुभूति से किंचित बाद में प्रतीत होता है।

लक्षणामूला या अविवक्षित वाच्य ध्वनि

आनंदवर्द्धन ने 'ध्वन्यालोक' में लक्षणा मूला ध्वनि के दो उपभेद किये हैं–

1. अर्थान्तर संक्रमित वाच्य
2. अत्यन्त तिरस्कृत वाच्य ध्वनि

1. अर्थान्तर संक्रमित वाच्य : जिस ध्वनि में वाच्यार्थ अपना पूर्ण विलय न करके अपना निजी अर्थ रखते हुये भी अन्य अर्थ में संक्रमण करता है, वह अर्थान्तर संक्रमित वाच्य ध्वनि होती है यथा–

"मैं हूं बहिन पर भाई नहीं है
सजी है राखी पर कलाई नहीं है।"

यहां कलाई का व्यंग्यार्थ है भाई की कलाई या वह भाई जिस को राखी बांधी जा सके। एक अन्य निदर्शन दृष्टव्य है–

"यह घर अच्छा है।"

यहां पर घर अच्छा होने के साथ व्यंग्यार्थ यह भी है कि कुल और संपदा, प्रतिष्ठा भी अच्छी है।

2. अत्यंत तिरस्कृत वाच्य ध्वनि : इसमें वाच्यार्थ का सर्वथा तिरस्कार हो जाता है तथा व्यंग्यार्थ कुछ और ही प्रकट होता है जैसे–

"पेट में चूहे दौड़ रहे हैं।"

यहां चूहे से तात्पर्य भूख से है। चूहे का वाच्यार्थ लोप होने पर ही व्यंग्यार्थ भूख स्पष्ट होगा।

निष्कर्षतः हम यह कह सकते हैं कि ध्वनि सिद्धान्त के प्रथम प्रामाणिक आचार्य प्रवर्तक (प्रतिष्ठाता) 'ध्वन्यालोककार' आनन्दवर्द्धन हैं। उनसे पूर्व इस सिद्धान्त का उल्लेख तो मिलता है। जैसा ध्वनि सिद्धांत में आनन्दवर्द्धन भी मानते हैं, पर इसका प्रभाव नहीं मिलता। अतः आनन्दवर्द्धन को ही ध्वनि सिद्धान्त का जनक मानना न्याय संगत होगा।

संभवतः इस सिद्धांत का प्रवर्तन तो आनन्दवर्द्धन से पूर्व भी था, इसका स्वरूप भी स्पष्ट था। इसके प्रमुख भेदों के साथ सैकड़ों उपभेद भी हैं। ध्वनि सिद्धान्त के प्राण शब्द शक्तियां हैं और शब्द शक्तियों में भी व्यंजना शब्द शक्ति इसका पोषण करती हैं। अन्य संप्रदायों की भांति ध्वनि संप्रदाय में भी त्रुटियां और असंगतियां हैं। फिर भी वाक्य में ध्वनि का स्थान महत्त्वपूर्ण है। हमें यह कहने में तनिक भी संकोच नहीं है कि वस्तुतः काव्य की आत्मा वह चारूता या सौन्दर्य ही है, जिसका उल्लेख बार-बार ध्वन्यालोककार द्वारा हुआ है तथा ध्वनि, अलंकार, रीति आदि में सब उसी चारूता की उपलब्धि के साधन मात्र हैं। ध्वनि का स्थान इन साधनों में महत्वपूर्ण है।

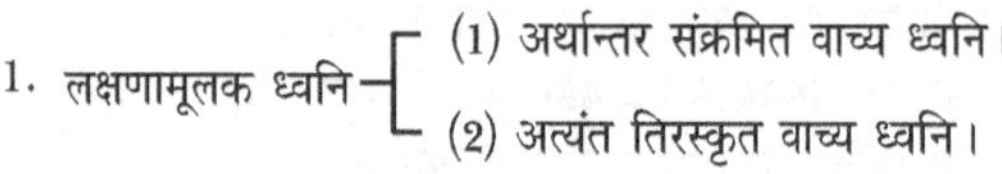

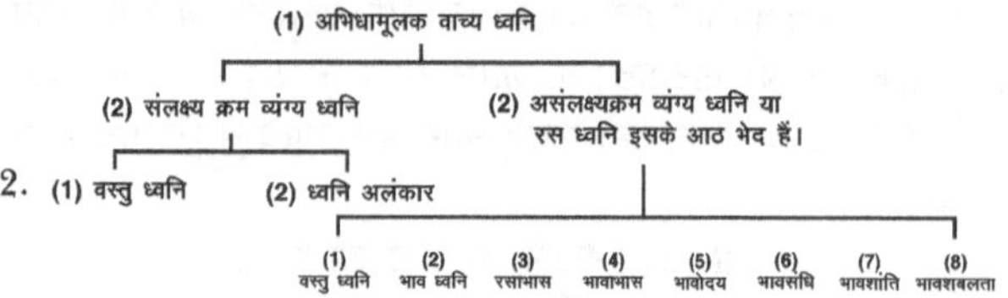

"वक्रोक्तिरेव वैदग्ध भंगी भणिति रुच्यतेः"—आचार्य कुन्तक

"वक्रोक्ति काव्य जीवितम्"

"सदृश्या लक्षणावक्रोक्ति।"—आचार्य वामन

वक्रोक्ति क्या है? स्वरूप एवं परिभाषा

वक्रोक्ति संप्रदाय की परम्परा : 'वक्रोक्ति जीवितम्' नामक ग्रंथ के रचयिता कुन्तक को ही वक्रोक्ति सिद्धान्त का वास्तविक प्रवर्तक माना जाता है। इनसे पूर्व काव्यशास्त्र के क्षेत्र में रस, अलंकार, रीति और ध्वनि संप्रदाय प्रतिष्ठित हो चुके थे। वक्रोक्ति को यद्यपि कुन्तक ने ही काव्य का मूलाधार घोषित किया था, परन्तु उससे पूर्व भी विद्वानों ने गौरवपूर्ण स्थान प्रदान कर रखा था। वक्रोक्ति का इतिहास भी अलंकार सिद्धान्त की भांति काफी पुराना है। कुन्तक का समय 10वीं सदी था, पर उनसे 400 वर्ष पूर्व भामह ने (छठी शती) वक्रोक्ति का प्रयोग कुन्तक के समान व्यापक रूप में कर उसे मूल अलंकार मान, संपूर्ण अलंकारों की जननी घोषित किया था। यहां हम वक्रोक्ति संप्रदाय की (विधिवत्) परम्परा का उल्लेख करेंगे।

1. **आचार्य भामह :** आचार्य भामह का समय छठी सदी है। वे अलंकार संप्रदाय के प्रवर्तक माने जाते हैं। भामह अलंकारवादी थे। उन्होंने वक्रोक्ति को अतिशयोक्ति का पर्याय मानकर अतिशयोक्ति (वक्रोक्ति) को समस्त अलंकारों की जननी माना है। भामह के अनुसार, "वक्रोक्ति रहित काव्य, काव्य न रहकर वार्ता मात्र रह जाता है।"
2. **आचार्य दण्डी :** भामह के उपरान्त दण्डी ने भी वक्रोक्ति को वही महत्त्व दिया जो भामह ने दिया था। अर्थात इनके अनुसार भी वक्रोक्ति काव्य की आत्मा थी। इन्होंने अपने 'काव्यादर्श' में वक्रोक्ति का विशद विवेचन किया है। उन्होंने भामह की तरह वक्रोक्ति एवं स्वाभावोक्ति को एक ही नहीं माना। स्वाभावोक्ति को भिन्न मानकर वक्रोक्ति की तुलना में उसका महत्व स्वीकार करते हैं। इस तरह रस को भी वक्रोक्ति से पृथक कर दिया गया, जिससे वक्रोक्ति की सीमा संकुचित होती गई और वह मात्र अलंकार बन गई।
3. **आचार्य वामन :** आचार्य वामन ने वक्रोक्ति को विशिष्ट अर्थालंकार मानकर, इसके क्षेत्र को संकुचित कर दिया। उन्होंने लिखा, "सादृश्यालक्षणा वक्रोक्ति।" अर्थात सादृश्य पर आधारित लक्षणा ही वक्रोक्ति है, कह कर उन्होंने वक्रोक्ति को अलंकार विशेष बना दिया।
4. **रूद्रट :** ये वामन के समकालीन थे। इनके समय तक आते-आते वक्रोक्ति केवल अलंकार रह गयी जो मात्र वाक् छल पर ही आश्रित हो उठी। रूद्रट ने वक्रोक्ति को केवल शब्दालंकार ही माना। इस तरह भामह से रूद्रट तक वक्रोक्ति का निरंतर ह्रास होता रहा।
5. **आचार्य भोजराज :** सरस्वती कंठाभरण में भोजराज ने वक्रोक्ति में रसोक्ति को महत्त्व देकर पुनः रस की प्रतिष्ठा करने का प्रयास किया।

   "वक्रोक्तिश्च रसोक्तिश्च, स्वाभावोक्तिश्च वाङमय।"

   इनका प्रभाव आनंदवर्द्धन ने ग्रहण किया तथा अपने 'ध्वन्यालोक' में वक्रोक्ति को नवजीवन दिया।
6. **आनन्दवर्द्धन :** ध्वनि संप्रदाय के अधिष्ठाता आचार्य आनन्दवर्द्धन ने वक्रोक्ति को उसकी सीमितकारा से मुक्त कर पुनः स्पष्ट महत्व प्रदान किया। आनन्दवर्द्धन ने इसे एक विशिष्ट अलंकार मानकर इसके सामान्य तथा व्यापक रूप को स्वीकार किया। उन्होंने वक्रोक्ति के संबंध में कहा, वक्रोक्ति के द्वारा अर्थ में एक अद्‌भुत चमक उत्पन्न हो उठती है, इसलिए कवियों को इसमें विशेष प्रयत्न करना चाहिए। आनंदवर्द्धन ने भामह के अनुसार ही अतिशयोक्ति और वक्रोक्ति को पर्याय माना। सभी अलंकारों को अतिशयोक्ति गर्भित स्वीकार किया। "इस प्रकार आनंदवर्द्धन ने वक्रोक्ति का पुनरुद्धार कर उसे गौरव प्रदान किया था। कुन्तक ने बाद में आनन्दवर्द्धन के वक्रोक्ति संबंधी विवेचना से प्रभावित होकर ही ध्वनि सिद्धान्त के विरोध में वक्रोक्ति को व्यापकता प्रदान कर उसे ही काव्य की आत्मा घोषित किया"

   —राजनाथ शर्मा।

आचार्य कुन्तक का परवर्ती वक्रोक्ति का रूप

कुन्तक के 'वक्रोक्ति काव्य जीवितम्' सिद्धान्त से यह स्पष्ट हो जाता है कि इस वक्रोक्ति संप्रदाय के वास्तविक (जनक) प्रवर्तक, आचार्य कुन्तक ही हैं। इन्होंने ही वक्रोक्ति को काव्य की आत्मा सर्वप्रथम घोषित किया। कुन्तक ने ही वक्रोक्ति की विस्तृत और प्रौढ़ व्याख्या तथा विवेचन किया।

कुन्तक का वक्रोक्ति संप्रदाय आनन्दवर्द्धन के ध्वनि संप्रदाय के विरोध में ही उत्पन्न हुआ। कुन्तक ने वक्रोक्ति की परिभाषा एवं व्याख्या इस सूत्र द्वारा स्पष्ट की।

"वक्रोक्ति रैव वैदग्ध भंगी भणिति रूच्यते।"

अर्थात् कथन की विचित्रता ही वक्रोक्ति है। यह कवि प्रतिभा पर निर्भर करती है।

उपर्युक्त विवेचन द्वारा हमने देखा कि अलंकारवादी भामह ने वक्रोक्ति को महत्व प्रदान किया था तथा उसे संपूर्ण अलंकारों की जननी घोषित किया। परन्तु भामह के उपरान्त इसका महत्त्व गिरता चला गया और आनंदवर्द्धन (ध्वनिवादी) ने इसका पुनः उद्धार किया। बाद में कुन्तक ने इसे अत्यंत व्यापकता प्रदान कर, इसे काव्य की आत्मा घोषित किया। इस प्रकार वक्रोक्ति संप्रदाय की स्थापना हुई। परन्तु कुन्तक के बाद इसका पराभव होने लगा और यह एक अलंकार मात्र रह गया। इस प्रकार संस्कृत काव्यशास्त्रीय समीक्षा में वक्रोक्ति को अधिक सम्मान नहीं मिल सका।

—राजनाथ शर्मा

—डॉ॰ जगदीश चन्द्र गुप्त

वक्रोक्ति के भेद

आचार्य कुन्तक ने वक्रोक्ति का विस्तार से विवेचन करते हुये उसके अनेक भेदोपभेद निश्चित किये हैं। उन्होंने प्रमुख रूप से वक्रोक्ति के छः भेद माने—

1. वर्ण विन्यास वक्रता
2. पद परार्द्ध वक्रता
3. पद पूर्वार्द्ध वक्रता
4. प्रकरण वक्रता
5. प्रबन्ध वक्रता
6. वाक्य वक्रता

संक्षिप्त विवेचन : वक्रोक्ति के भेदोपभेदों का

1. **वर्ण विन्यास वक्रता :** आचार्य कुन्तक के शब्दों में, जिसमें एक या दो या बहुत से वर्ण थोड़े-थोड़े अन्तर में बार-बार रचित हों, वह वर्ण विन्यास वक्रता अथवा वर्ण रचना की वक्रता कही जाती है। यहां वर्ण का तात्पर्य व्यंजन से लिया गया है। व्यंजनों की यही आवृति अलंकार संप्रदाय में अनुप्रास मानी गई है। कुन्तक ने इसके 3 भेद किये हैं–
   (क) वर्णान्त से युक्त स्पर्श अर्थात 'क' से 'म' तक व्यंजनों का योग।
   (ख) तलनाद्य-अर्थात् त, ल, न वर्ण की द्वित आवृति हो।
   (ग) इन दोनों से युक्त तीसरा भेद यह है कि जहां 'र' का बार-बार प्रयोग हो। वस्तुतः यह संप्रदाय रीति, गुणों, माधुर्य, ओज, प्रसाद के समन्वय से किए गये हैं। यथा–

"तुम तुंग हिमालय शृंग,
और मैं चंचल गति सुर सरिता।
तुम विमल हृदय उच्छवास,
मैं कान्त कामिनी कविता।।"

2. **पद पूर्वार्द्ध वक्रता :** संस्कृत में इसे प्रवृत्ति कहा जाता है। इससे शब्दों की वक्रता पर ही विचार किया जाता है। इसके भी प्रमुख 10 उपभेद माने गये हैं, जो निम्न हैं।
   (क) रूढ़िवैचित्र्य वक्रता : जब कवि अपनी प्रतिभा के बल पर किसी शब्द के रूढ़ या वाच्य अर्थ को इस प्रकार परिवर्तित करके जिससे उक्ति में चमत्कार आ जाये तो रूढ़ि वैचित्र्य वक्रता होगी।
   (ख) पर्याय वक्रता : अनेक पर्यायवाची शब्दों में ही कवि अपनी प्रतिभा के आधार पर एक ऐसा शब्द चुनता है, जो उक्ति में सौन्दर्य उत्पन्न कर देता है, जैसे–

"अबला जीवन हाय तुम्हारी यही कहानी,
आँचल में है दूध और आँखों में पानी।"

   (ग) उपचार वक्रता : जहां भेद होते हुये भी अभेदता का अनुभव किया जाये वहां उपचार वक्रता है।

"पत्तों के आनन अधरों पर,
सो गया निखिल वन का मर-मर।"

   (घ) विशेषण वक्रता : जहां विशेषण के प्रयोग के कारण उक्ति में सौन्दर्य उत्पन्न हो, वहां विशेषण वक्रता होती है, यथा–

"तुम पूर्ण इकाई जीवन की, जिसमें असार भव सिंधुलीन।"
'पंत'

गांधी जी के व्यक्तित्व के लिए 'पूर्ण इकाई' का प्रयोग है।

   (ङ) संवृत्ति वक्रता : जब सौन्दर्य का वैचित्र्य के प्रतिपादन के लिए सर्वनाम आदि के द्वारा वस्तु का संवरण या गोपन किया जाए, तब संवृत्ति वक्रता होगी। उदाहरण–

"धिक-धिक ऐसे प्रेम को कहा कहहुँ मैं नाथ।"

   (च) वृत्ति वक्रता : जहां उक्ति में समास, तद्धित आदि हों वहाँ वृत्ति वक्रता होती है–

"कौघटि ए वृष भानुजा, वे हलधर के बीर।"

   (छ) लिंग वैचित्र्य वक्रता : जहां लिंग के चमत्कार पूर्ण प्रयोग से उक्ति में सौन्दर्य की सृष्टि हो–

"कौन हो तुम बसन्त के दूत, विरह पतझड़ में सुकुमार।' 'प्रसाद'
"सिखा दो ऐ ना मधुप कुमारी, मुझे भी अपने मीठे गान।' 'पंत'

   (ज) क्रिया वैचित्र्य वक्रता : इसमें क्रिया के वैचित्र्य प्रयोग से सौन्दर्य में सृष्टि की जाती है।

"तिर रही अतृप्ति जलधि में नीलम की नाद निराली।"

   (झ) भाववैचिक्रय वक्रता :
   (ञ) प्रत्यय वक्रता :

3. **पदपरार्ध वक्रता :** इसका संबंध शब्द के उत्तरार्द्ध अंश या प्रत्यय आदि से है। इसके 6 (छः) उपभेद हैं।

"पिय सो कहहु सन्देसड़ा है भोरा हे काग।"

उपभेद–1. कालवैचित्र्य वक्रता चुग की चिड़ कलियां, 2. कारक वक्रता, 3. संख्या वक्रता, 4. पुरुष वक्रता, 5. उपग्रह वक्रता, 6. प्रत्यय वक्रता।

4. **वाक्य वक्रता :** यहां वाक्य वक्रता का आधार भूत वाक्य ही होता है। जहां चमत्कार द्वारा वाक्य में सौन्दर्य उत्पन्न किया जाये। इसमें उपमा, रूपक आदि अर्थालंकारों का बहुतायत प्रयोग "शशि मुख पर घूंघट डाले।" इसके दो उपभेद हैं– 1. स्वभावोक्ति। 2. अर्थालंकार।
5. **प्रकरण वक्रता :** अनेक वाक्यों के समूह या प्रबंध के देश या अंश या सर्ग को प्रकरण कहते हैं। वस्तुतः इसमें प्रसंग को ही प्रकरण नाम से अभिहित किया गया। जब कवि अपनी प्रतिभा से इस प्रकार के प्रकरण का चमत्कारपूर्ण वर्णन करता है तो प्रकरण वक्रता होती है। कुन्तक ने प्रकरण वक्रता के छः उपभेद किये हैं– 1. भावपूर्ण स्थिति की उद्भावना, 2. प्रसंग की मौलिकता, 3. पूर्व प्रचलित प्रसंग में संशोधन, 4. रोचक प्रसंगों का विस्तृत वर्णन, 5. प्रधान उद्देश्य की सिद्धि के लिए उप प्रधान प्रसंग की उद्भावना, 6. विशिष्ट प्रकरण की अतिरंजना।
6. **प्रबंध वक्रता :** इसके छः उपभेद किए गये हैं। प्रबंध वक्रता के अन्तर्गत महाकाव्य, खण्डकाव्य, एवं नाटक का समस्त वस्तु कौशल आ जाता है। इसमें प्रबन्ध कल्पना की समस्त वक्रता अन्तर्निहित है। कुन्तक ने इसके छः उपभेद बताए हैं–
   (क) मूल रस परिवर्तन : कथा के मूल रस में परिवर्तन करके नवीन रस की सृष्टि करना। जैसे उत्तर रामायण में 'शान्त' की जगह 'करूणरस' है।
   (ख) नाटक के चरित्र में संशोधन : 'किरातार्जुनीयम' नाटक में अर्जुन को शिव द्वारा परास्त करना तथा 'पाशुपतास्त्र' प्राप्त करना।
   (ग) कथा के माध्यम से किसी ऐसे कल की प्राप्ति जिसके प्रधान कार्य में सुविधा हो, जैसे शिशुपाल वध महाकाव्य में शिशुपाल का पहले ही मृत्यु को प्राप्त होना।
   (घ) नायक द्वारा मुख्य फल के साथ अनेक फलों की प्राप्ति : 'नागानंद' नाटक के नायक के पिता की खोज में जाते हुये रास्ते में मलयावती से मिलन, प्रेम होना, विवाह होना, शंखचूक नाग की प्राण रक्षा में आहूति आदि फल प्राप्त होते हैं।

(ङ) प्रबंध का नामकरण प्रधान घटना का सूचक : मुद्राराक्षस, शिशुपाल वध, साकेत, कामायनी आदि।

(च) एक ही कथा पर आश्रित प्रबंधों की मूल कथा का वैचित्र्य वैविध्य है। उदाहरण– रामायण की रामकथा पर आधारित रघुवंश, भट्टी काव्य, उत्तर रामचरित, रामचरितमानस, रामचन्द्रिका, साकेत।

निष्कर्ष : छठी शताब्दी में भामह ने वक्रोक्ति का विस्तार से वर्णन किया था पर इन्होंने इसे कोई विशेष महत्त्व नहीं दिया। इनके बाद आ॰ कुन्तक ने 'वक्रोक्ति काव्य जीवितम्' ग्रंथ रचकर इसका वास्तविक प्रवर्तन किया। अतः कुन्तक ही वक्रोक्ति संप्रदाय के प्रवर्तक माने जाते हैं। कुन्तक के बाद वक्रोक्ति का महत्त्व निरन्तर कम होता गया। रूद्रट और रूय्यक ने वक्रोक्ति को अलंकार विशेष कहकर इसके महत्त्व को संकुचित कर दिया पर ध्वन्यालोककार आनन्दवर्द्धन ने वक्रोक्ति को नव जीवन दिया। उन्होंने इसे काव्य की आत्मा स्वीकार किया पर फिर भी वक्रोक्ति संप्रदाय आज बहुत अधिक महत्त्व नहीं पा सका। यह एक अलंकार मात्र बनकर रह गया।

कुंतक के द्वारा वक्रोक्ति के जो भेद दिये गये हैं, उनसे स्पष्ट हो जाता है कि उन्होंने वक्रोक्ति को कितना व्यापक स्वरूप प्रदान किया था। इन्होंने इसे व्यापक बनाकर काव्य के सभी अंगों और क्षेत्रों से सम्बद्ध कर दिया।

प्रश्न : वक्रोक्ति का स्वरूप स्पष्ट करते हुये वक्रोक्ति एवं क्रोंचे के अभिव्यंजनावाद की तुलना कीजिये।

उत्तरः 'वक्रोक्ति रेव वैदग्ध भंगी भणिति रूच्यते'। –आचार्य कुन्तक

'वक्रोक्ति जीवितम्' नामक ग्रंथ के रचयिता आचार्य कुन्तक को वक्रोक्ति संप्रदाय का प्रवर्तक माना जाता है। कुन्तक से पूर्व भारतीय काव्य शास्त्र के क्षेत्र में रस, अलंकार, रीति और ध्वनि संप्रदाय प्रतिष्ठित हो चुके थे। जब आचार्य ने ध्वनि को ही सर्वोपरी मान लिया तो ध्वनि का खण्डन करने वाले आचार्यों ध्वनि के दोषों को स्पष्ट करने लगे। ऐसे समय में कुन्तक ने अपने वक्रोक्तिवाद की स्थापना कर दूसरा मार्ग अपनाया। कुन्तक ध्वनि विरोधी थे। इन्होंने ध्वनि का विरोध करके एक प्रकार से रस सिद्धान्त का ही विरोध किया था। अपने विरोध की पुष्टि के लिए उन्होंने वक्रोक्ति सिद्धान्त की स्थापना की।

वक्रोक्ति : अर्थ और स्वरूप

वक्रोक्ति का अर्थ है विलक्षण या लोकातिक्रान्त कथन। इससे अभिप्रायः है कथन भंगिमा। वक्रोक्ति का मूल अभिप्राय है कहने का विचित्र या चमत्कारी ढंग, वक्रोक्ति शब्द की संधि करने पर उसके दो पद हो जाते हैं– वक्र+उक्ति।

वक्र का अर्थ है कुटिल या बांका या विलक्षण। उक्ति का अर्थ है कथन, अतः वक्रोक्ति का अर्थ हुआ बाँकपन या विलक्षणता से भरा हुआ कहने का ढंग। वक्रता या विलक्षणता शब्द रूपिणी भी हो सकती है अर्थ रूपिणी भी। कुन्तक इन दोनों का काव्य में स्थान मानते हैं और वक्रोक्ति को ही काव्य की आत्मा घोषित करते हैं।

इस प्रकार कुन्तक विषय और उसकी अभिव्यक्ति दोनों को ही सुन्दर होना स्वीकार के अनुभूति और अभिव्यक्ति के सुचारू समन्वय का विधान करते हैं, परन्तु महत्त्व अधिक अभिव्यक्ति को ही देते हैं, इससे स्पष्ट है कि वक्रोक्ति काव्य की आत्मा भले ही न हो, काव्य का आवश्यक गुण अवश्य है। यह भी अलंकार की तरह महत्त्वपूर्ण है पर तथ्य यह भी है कि कुछ संस्कृत आचार्यों के साथ आधुनिक हिन्दी आचार्यों ने इसे एक अलंकार विशेष कहकर इसका क्षेत्र सीमित कर दिया है।

वक्रोक्ति एवं क्रोचे के अभिव्यंजनावाद की तुलना

कुन्तक की वक्रोक्ति भारतीय काव्यशास्त्र परम्परा का वह चमत्कारिक सिद्धान्त है, जिसमें कर्ता या कृति पर विशेष दृष्टि रखकर काव्य के समस्त उपादानों का विवेचन किया जाता है। अभिव्यंजनावाद यूरोपीय सौंदर्यशास्त्र का महत्त्वपूर्ण कलात्मक पक्ष है, इसके प्रवर्तक आचार्य क्रोंचे कला को वस्तु जगत से हटाकर सर्वथा मानस व्यापार में पर्यवसित कर दिया तथा उसे केवल अभिव्यंजना माना, परन्तु वक्रोक्तिवादी आचार्य कुन्तक उस कृति को काव्य की संज्ञा देने में भी संकोच करते हैं, जिसमें अभिव्यंजना ही सब कुछ हो, अभिव्यंज्य कुछ भी न हो। इन्हीं बातों को लेकर विद्वानों ने वक्रोक्ति एवं अभिव्यंजनावाद में समानताओं और असमानताओं का विवेचन किया, सर्वप्रथम आचार्य रामचन्द्र शुक्ल ने अपने इन्दौर में दिये गये भाषण में दोनों ही वादों को समान बतलाया। इसके बाद डॉ॰ नगेन्द्र ने उनके तर्कों का विवेचन करके कुछ नवीन मतों की स्थापना कर समानताओं का प्रदर्शन किया। यद्यपि डॉ॰ नगेन्द्र ने (पश्चात्) इसमें विषमताएं ही अधिक निरूपित की हैं।

वस्तुतः दोनों सिद्धान्तों में समानताएं होने के अनन्तर असमानताएं अधिक हैं, इनका विवेचन अग्रांकित है।

समानताएं : आचार्य रामचंद्र शुक्ल के इन्दौर भाषण और अपने विवेचनाधार पर डॉ॰ नगेन्द्र ने निम्न समानताएं प्रतिपादित की हैं–

1. क्रोंचे और कुन्तक दोनों ने ही कला या कविता को आत्मा की क्रिया माना है, जो अनिर्वचनीय है।
2. दोनों ही काव्य में कल्पना तत्त्व की प्रमुखता स्वीकारते हैं।
3. दोनों ही मूलतः उक्ति को अखण्ड, अविभाज्य और अद्वितीय मानते हैं, क्रोंचे की भांति कुन्तक ने भी अलंकार और अलंकार्य का भेद नहीं माना है।
4. क्रोंचे ने सौंदर्य अथवा कला के अन्तर्गत कोटि क्रम स्वीकार नहीं किया है। कुन्तक ने भी कोटि क्रम की उपेक्षा करते हुए रीतियों के उत्तम, मध्यम् व अधम भेद को नहीं माना। वस्तुतः दोनों ही सफल अभिव्यंजना और सौन्दर्य अभिव्यंजना में श्रेणियां नहीं मानते।

असमानताएं: दोनों सिद्धान्तों में समानताएं कम असमानताएं ही अधिक हैं। डॉ॰ नगेन्द्र ने अपने विवेक एवं आचार्यत्व से जहाँ इसमें समानताएं देखी हैं, वहां उनमें असमानताएं भी स्पष्ट कर दी हैं।

डॉ॰ गोविन्द त्रिगुणायत ने अपनी कृति, 'शास्त्रीय समीक्षा के सिद्धान्त' में दोनों ही सिद्धान्तों में असमानताएं उजागर करते हैं।

आचार्य सीताराम चतुर्वेदी भी वक्रोक्ति और अभिव्यंजना में किसी प्रकार का सीधा संबंध स्वीकार नहीं करते। डॉ॰ नगेन्द्र समस्त विद्वानों की विषमताओं का सूक्ष्म विवेचन करने के बाद निम्न तर्क प्रस्तुत करते हैं। इनके ये विषमता सूचक शब्द सभी को स्वीकार है।

1. वक्रोक्तिवाद का संबंध उक्ति वक्रता से है, जबकि अभिव्यंजनावाद का संबंध केवल उक्ति से है। वक्रोक्तिवाद एक साहित्यिकवाद है जबकि अभिव्यंजनावाद एक दर्शन शास्त्रीय दृष्टि है। वक्रोक्तिवाद जहाँ एक कवि कौशल प्रक्रिया है, वहां अभिव्यंजनावाद एक आध्यात्मिक आवश्यकता है।

2. वक्रोक्ति में अलंकार को आवश्यक अंग स्वीकार किया गया है, जबकि अभिव्यंजना में अलंकार की सत्ता ही अमान्य है। अभिव्यंजनावाद में अलंकार आ भी जाता है तो उसे अलंकार रूप में ग्रहण न करके स्वाभावोक्ति (सहज उक्ति) के रूप में ग्रहण किया जाता है।
3. वक्रोक्तिवाद में वस्तु की उक्ति (कवि कौशल) से पृथक सत्ता मानी गई है। उनकी दृष्टि में वस्तु तथा उक्ति में भेद या अन्तर है। परन्तु अभिव्यंजनावाद में वस्तु और उक्ति को एक ही माना गया है। उनमें द्वैत का भाव नहीं है।
4. वक्रोक्तिवाद में बाह्य या शाब्दिक अभिव्यक्ति को ही प्रमुख माना गया है। कुंतक मानसिक अभिव्यक्ति की कल्पना तक पहुंचते ही नहीं थे। क्रोंचे ने बाह्य अभिव्यक्ति को गौण माना है। वह मानसिक या सूक्ष्म आध्यात्मिक क्रिया को ही सब कुछ मानता है।
5. क्रोंचे का अभिव्यंजनावाद सहजानुभूति अर्थात् भाव झंकृतियों पर आधारित है, अतएव रस (भाव) से उसका संबंध अन्तरंग और सात्विक है परन्तु वक्रोक्ति कवि कौशल पर आधारित है। अतः इसमें रस से संबंध बहिरंग और औपाधिक है। अभिव्यंजनावाद का तत्त्व रूप से कोई विरोध हो ही नहीं सकता।

निष्कर्षतः इस प्रकार स्पष्ट है कि अपने मूल स्वरूप में वक्रोक्तिवाद और अभिव्यंजनावाद दो पृथक सिद्धान्त हैं। कुंतक उक्ति वैचित्र्य पर बल देते हैं, क्रोंचे मात्र उक्ति पर। इस प्रकार क्रोंचे सफल अभिव्यक्ति को ही कला मानते हैं, उसमें काव्य भी आ जाता है, पर कुंतक वैचित्र्य प्रधान काव्योक्ति को ही वक्रोक्ति कहते हैं जबकि वक्रोक्ति एक मात्र साहित्यिकवाद है और अभिव्यंजनावाद एक दर्शन संबंधित सिद्धान्त है। (डॉ॰ सुरेश चन्द अग्रवाल एवं डॉ॰ जगदीश शर्मा भारतीय एवं पाश्चात्य काव्य शास्त्र) इस प्रकार स्पष्ट हो जाता है कि मूलभूत स्वरूपगत और सैद्धान्तिक रूप में दोनों में कोई समानता नहीं है।

वर्ड्सवर्थः- काव्य भाषा सिद्धान्त

वर्ड्सवर्थ ने ग्रामीण जीवन को काव्य विषय बनाने के संबंध में कुछ बातें कहीं—कि ग्रामीण जीवन में

(i) मानव हृदय के भावों के उपचय की अनुकूल भूमि मिलती है।
(ii) हमारे प्रारंभिक भावों, की सहस्थिति सरलतर रूप में पाई जाती है।
(iii) प्रकृति के सरलतम, रमणीय और स्थायी रूपों के साथ मानवीय भावों का अधिक समंजन संभव है।
(iv) आचार-व्यवहार ऐसे नैसर्गिक अनुभवों से पैदा होते हैं जो आसानी से संवेद्य बन सके।
(v) ग्रामीण जीवन में मनुष्य के भाव सरल निष्कपट सच्चे होते हैं तथा प्रकृति के निरंतर सम्पर्क से विकसित होते हैं इसलिए उनमें तादात्म्य सुगम होता है।

इन भावों से प्रभावित होने के कारण वर्ड्सवर्थ में ग्रामीण जीवन के प्रति प्रबल आकर्षण तथा गहरी अनुरक्ति थी। वर्डसवर्थ की सम्पूर्ण काव्य-साधना की केन्द्र बिन्दु थी प्रकृति, जो निष्क्रिय और निश्पंद नहीं थी। वह सजीव और प्रेरक थी। उनके अनुसार ग्रामीण भाषा में सच्चाई और भावों के संप्रेषण की शक्ति होती है जो कृत्रिम भाषा में नहीं होती।

वर्ड्सवर्थ के पूर्व दाँते ने काव्य में ग्रामीण भाषा के प्रयोग को हेय माना था। बाद के कवियों ने भी इसका समर्थन किया। अभिजात्य भाषा और बोल-चाल की भाषा का यह द्वन्द्व पुराना है। इस द्वन्द्व को वर्डसवर्थ ने 'लिरिकल बैलेड्स' (Lyrical Ballads) के द्वारा पुनः विचारों का केन्द्र बनाया।

18वीं सदी के नव अभिजात्यवाद (Neo-Classicism) में भाषा के दो रूप प्रचलित थे। उच्च भाषा जिसे संस्कृत जनों की भाषा कहते थे तथा दूसरी निम्न भाषा जो साधारण जनों की भाषा थी। कालान्तर में उच्च भाषा कृत्रिम और दुर्बोध होती चली गई। इसीलिए भाषा के त्याग और ग्रामीण भाषा के प्रयोग पर वर्ड्सवर्थ ने बल दिया।
वर्ड्सवर्थ ने कहा-

(i) काव्य में ग्रामीणों की दैनिक भाषा का प्रयोग होना चाहिए।
(ii) गद्य और पद्य की भाषा में तात्विक भेद नहीं होता।
(iii) प्राचीन कवियों का भावाबोध जितना सरल था, उनकी भाषा उतनी ही सहज थी। भाषिक कृत्रिमता और आडंबर बाद के कवियों की देन है।

अब हम इन तीन बिन्दुओं पर विस्तार से विचार करेंगे-

वर्ड्सवर्थ जब कहते हैं कि ग्रामीण भाषा का प्रयोग इसीलिए किया जाना चाहिए कि ग्रामीण हर समय प्रकृति के सम्पर्क में रहते हैं। भाषा का उत्तमांश उनसे ही प्रसूत है।

समाज में उपेक्षित होने के कारण अपने सीमित क्षेत्र के कारण तथा पारस्परिक व्यवहार के कारण ग्रामीण जन अपने भावों को स्वाभाविक रूप से व्यक्त कर पाते हैं। वे बाहरी प्रभावों से अछूते रहते हैं। इसीलिए वे केवल अपने व्यक्तिगत अनुभवों को ही संप्रेषित करते हैं। उनकी वाणी में ईमानदारी और सच्चाई होती है जो कृत्रिम भाषा में संभव नहीं। विषय और अभिव्यक्ति का समन्वय आवश्यक है और वांछनीय भी। अतः उनकी भाषा काव्य-भाषा का आदर्श प्रस्तुत करती है।

वर्ड्सवर्थ कहते हैं कि अच्छे गद्य और अच्छे पद्य में तत्वतः कोई भेद नहीं होता। इस मान्यता का प्रत्यक्ष और परम्परा से ही विरोध नहीं है बल्कि वर्ड्सवर्थ की अच्छी कविता ही स्वयं इसका अपवाद है। वर्ड्सवर्थ का यह कहना कि गद्य और काव्य में भेद छन्द के कारण होता है एक अतिवादी दृष्टिकोण है। गद्य और काव्य का अन्तर केवल छन्द के कारण नहीं बल्कि शब्द चयन, वाक्य विन्यास आदि के कारण होता है। काव्य भाषा के इस बिन्दु पर कॉलरिज ने भी इस मान्यता की खूब आलोचना की है।

वर्ड्सवर्थ कहते हैं कि यदि कवि के हृदय में भाव का प्रबल उन्मेष है तथा विषय का चयन उचित हुआ है तो उसकी भाषा अनायास ही भव्य, सजीव और चित्र प्रधान होती है। क्लिष्ट भाषा उत्तरवर्ती अपकृष्ट कवियों के कारण होती है। सभी देशों के प्राचीन कवियों के वास्तविक घटनाओं से प्रेरित भावों का आधार लेकर काव्य रचना की। इसीलिए उनकी भाषा प्रभावी और अलंकृत हो गई है। प्राचीन कवियों के अलंकार सच्चे भावावेश से उत्पन्न हुए हैं, जबकि बाद के कवियों के काव्यालंकरण में यांत्रिकता है। इस क्रम में अचानक ऐसी भाषा उत्पन्न हो गई जिसकी कृत्रिम भाषा क्रमशः जटिल आडंबरपूर्ण होती चली गई-भावोद्दीपन क्षमता समाप्त होती गई।

वर्ड्सवर्थ ने बार-बार Real Language of man, in a selection of Language really used by man, the very language of man—आदि शब्दों का प्रयोग किया। —प्रत्येक जगह man से उनका तात्पर्य ग्रामीण मनुष्य से ही है।

आई॰ए॰ रिचर्ड्स
मूल्य सिद्धांत, काव्य-भाषा सिद्धान्त

आई॰ ए॰ रिचर्ड्स के अनुसार, आलोचना के दो आधार स्तम्भ हैं–

(*i*) मूल्य का लेखा (Account of Value)

(*ii*) संप्रेषण का लेखा (Account of Communication).

मूल्य की परिभाषा करते हुए वे कहते हैं कि मूल्य किसी वस्तु का वह गुण है जिसमें उसका परिशंसन (appreciation) तथा रुचि (interest) निहित होता है-अर्थात् कोई वस्तु हमें रुचिकर प्रतीत होती है तो वह हमारे लिए मूल्यवान है। ऐसी रुचि या प्रवृति का संबंध प्रथमतः अनुभूति से और अन्ततः इच्छा तथा प्रवृति (Tendency) से है। अर्थात् किसी वस्तु की इच्छा हुई फिर उसे प्राप्त करने की प्रवृति हुई—प्राप्त होने पर रुचिकर या अरुचिकर होने की अनुभूति हुई—रुचिकर होने से वह हमारे लिए मूल्यवान हो गई।

तात्पर्य यह है कि मूल्य और मूल्य की अनुभूति पर्याय है। मूल्य और अनुभूति में कोई भेद नहीं है। इसी आधार पर विकसित मूल्य सिद्धान्त को मनोवैज्ञानिक मूल्य सिद्धान्त कहा गया। मूल्य अनेक प्रकार के हो सकते हैं—आर्थिक, नैतिक, धार्मिक, राजनीतिक आदि।

रिचर्ड्स आलोचना को मनोविज्ञान की एक शाखा मानते हैं। स्वभावतः मूल्य सिद्धान्त की उनकी सारी संकल्पना मनोविज्ञान पर ही आश्रित हैं।

काव्यानुभूति के संबंध में रिचर्डस मानव-मन की क्रियाओं, प्रक्रियाओं की व्याख्या करते हैं। मानव-मन आवेगों का तंत्र है। आवेग वह प्रक्रिया है जिसमें कोई मानसिक घटना घटित होती है। इस प्रक्रिया का आरंभ उद्दीपन से तथा अवसान किसी कार्य में होता है। उद्दीपनों का क्रम कभी अवरुद्ध नहीं होता। अतः आवेगों की उत्पत्ति भी कभी अवरुद्ध नहीं होती। चेतनावस्था में आवेगों की उत्पत्ति चलती रहती है।

रिचर्ड्स ने आवेगों के दो भेद किए हैं–

आवेग

इच्छा प्रवृतिमूलक आवेगद्वेष (निवृतिमूलक आवेग)

इसीलिए मनुष्य अपनी इच्छापूर्ति के लिए प्रवृत्त रहता है और द्वेष की निवृति के लिए उतना ही प्रयत्नशील रहता है।

रिचर्ड्स का मूल्य सिद्धान्त इच्छाओं की संतुष्टि से संबंधित है।

आवेगों की अनेकता से मन में दुविधा पैदा होती है और आवेगों का आपसी संघर्ष तब तक जारी रहता है जब तक कि किसी कार्य विशेष के पक्ष में निर्णय न हो जाए। किन्तु निर्णय होते ही नए संघर्ष शुरू हो जाते हैं– कारण है नई अनुभूतियाँ। अतः आवेगों की हलचल शान्त नहीं हो पाती तथा मन की प्रसन्नता असंभव लगती है अतः यह काव्य का प्रयास है कि अधिकतम आवेग संतुष्ट हो तथा न्यूनतम कुंठित हो।

कभी-कभी उद्दीपन के प्रति आवेगों की अनुक्रिया इतनी सुगठित तथा इतनी तीव्र होती है कि क्षणिक अनुभूति में ही युगों की अनुभूति समाहित हो जाती है। इस प्रकार की मनःस्थिति में उद्भूत कला भावक की मनःस्थिति को भी उसी रंग में रंग देती है और आवेगों के संघर्ष से भावक को परम शान्ति और विश्रांति की अनुभूति होती है।

रिचर्ड्स ने अपनी पुस्तक 'प्रिंसीपल' में पृष्ठ 47 तथा 48 में तीन बार मूल्य (Value) की परिभाषा दी है। पर तीनों का अभिप्राय एक ही है (*i*) कोई वस्तु जो इच्छा को संतुष्ट करे, वह मूल्यवान है (*ii*) विभिन्न जटिल रूपों में भावना और इच्छा की संतुष्टि क्षमता मूल्य है (*iii*) ऐसी कोई भी वस्तु मूल्यवान है, जो समान या अधिक महत्वपूर्ण इच्छा को कुंठित किए बिना इच्छा को संतुष्ट करती है।

इन परिभाषाओं में दो बातों पर बल दिया गया है– (*i*) इच्छा की तुष्टि; (*ii*) जिस इच्छा की तुष्टि हो रही है उससे महत्वपूर्ण इच्छा का दमन न हो।

इच्छाओं की तुष्टि को आधार मान लेने पर रिचर्ड्स ने नैतिकता को सिर्फ दुनियादारी माना है। रिचर्ड्स यह भी मानते हैं कि काव्यानुभूति के क्षणों में ऐसी मादकता छा जाती है कि आवेग अपना युद्ध बन करके बैठ जाते हैं और रचना पूरी होने पर विक्षोभ पुनः आरंभ हो जाता है। आवेगों की विश्रांति में ही काव्य की महत्ता है—मूल्यवत्ता है।

मूल्य-सिद्धान्त की असंगतियाँ

(*i*) रिचर्ड्स का विज्ञान के प्रति अतिरिक्त आग्रह मनोविज्ञान से पूरा नहीं होता। मनोविज्ञान सच्चे अर्थों में विज्ञान नहीं है अतः इसके निष्कर्ष की सत्यता का दावा नहीं कर सकते।

(*ii*) मानसिक आवेगों के कार्य व्यापार की रहस्यमयता स्वीकार करने के बाद अचेतन के अगम्य गह्वरों का अनुमान ही संभव है। निश्चयात्मक वचन संभव नहीं है।

(*iii*) रिचर्ड्स आनन्द के लिए काव्य-पाठन को हास्यास्पद मानते हैं। कविता को आनन्द के लिए पढ़ना, वे कविता के प्रति अपूर्ण अभिवृत्ति का परिचायक मानते हैं। रिचर्ड्स की यह मान्यता सही नहीं है। यदि आवेगों की संतुष्टि ही काव्य प्रयोजन है तो वह बाजार में उपलब्ध अनेक वस्तुओं से संभव है—काव्य की फिर क्या उपादेयता?

काव्य-भाषा

रिचर्ड्स ने भाषा के दो भेद माने हैं–

(*i*) वैज्ञानिक भाषा (Scientific Language)

(*ii*) रागात्मक भाषा (Emotive Language)

वैज्ञानिक भाषा में निरूपण निर्देश अभिमत रहता है जबकि रागात्मक भाषा में भाव का उद्बोधन रहता है। एक में भाषा सीधी, सपाट तो दूसरी में रमणीयता सम्पन्न होती है। वैज्ञानिक भाषा का लक्ष्य है तथ्य को यथावत् प्रस्तुत करना। न उसमें कुछ जोड़ना और न उसमें कुछ घटाना। इस भाषा में कल्पना से काम लेने की अनुमति नहीं होती। यदि तथ्य के निरूपण में अंतर आता है तो वैज्ञानिक भाषा की असफलता मानी जाएगी।

किन्तु रागात्मक भाषा में तथ्य विषय, भेद या असंगति का भी महत्व नहीं होता। उस भाषा की सफलता भावबोध में ही है। असत्य होने पर भी वह भाषा भाव जागृति में समर्थ होने के कारण सफल कही जा सकती है इस भाषा का उद्देश्य तथ्य निरूपण करना नहीं है।

वैज्ञानिक भाषा के प्रयोग की सफलता के लिए निर्देशों का सही होना ही काफी नहीं बल्कि उनका परस्पर संबंध और संयोजन तार्किक होना चाहिए। यह जरूरी है कि वे एक दूसरे के बाधक न हों तथा आगे के निर्देशों में अवरोध न आने पाए। इसके विपरीत रागात्मक भाषा में तार्किकता की अनिवार्यता नहीं होती। बल्कि इतना ही वांछित होता है कि उत्पन्न मनोवृत्तियों के बीच भावात्मक अन्तः संबंध न हो।

शब्दों के क्रमभंग से, तथ्य निरूपक भाषा की स्पष्टता भी बाधित होती है। जबकि रागात्मक भाषा भावोद्‌बोधन के लिए क्रमभंग होना भी स्वीकार कर लेती है।

रिचर्ड्स ने जो भेद किए हैं वह भाषा-शास्त्रीय दृष्टि से पूर्णतः अतार्किक है। सामान्य भाषा से रागात्मक भाषा का शब्द भंडार भिन्न नहीं होता। रिचर्ड्स स्वयं कहते हैं कि "शब्द" अपने आप में न तो सुन्दर होता है न ही असुन्दर, न तो आह्लाद होता है न ही अनाह्लादक।

रागात्मक भाषा के होने के कुछ साधन होते हैं जिनसे रागात्मक भाषा सिद्ध होती है।

"The Meaning of Meaning" के अन्तिम अध्याय में इसकी कुछ चर्चा की गई है। वे लिखते हैं–"भाषा में रागात्मक तत्व की उत्पत्ति का प्रथम साधन है शब्द विन्यास। शब्द साक्षात् ध्वनि के रूप में साथ ही साहचर्य आदि के रूप में भी भाव जगाते हैं। शब्दों के ध्वनि गुणों का साक्षात् और प्रत्यक्ष प्रभाव तो कम ही पड़ता है किन्तु लय और तुक से जो संचित तथा सम्मोहक प्रभावोत्पन्न होता है वह अधिक महत्वपूर्ण होता है।

तात्पर्य यह है कि शब्द-विन्यास, लय, तुक भाषा को रागात्मक बनाने के साधन हैं। परोक्ष साधनों में बिम्ब विधान, लक्षणा आदि का भी उल्लेख रिचर्ड्स करते हैं।"

रिचर्ड्स के अनुसार शब्द से उत्पन्न होने वाला प्रभाव साक्षात् साधन है तथा अर्थ से होने वाला प्रभाव अप्रत्यक्ष (Indirect) साधन है।

"The Meaning of Meaning" में रिचर्ड्स ने अर्थमीमांसा की है। इसकी संक्षिप्त चर्चा "PRACTICAL CRITICISM" में भी है।

"प्रैक्टिकल क्रिटिसिज्म" में जो अर्थमीमांसा है वह काव्यालोचना की पृष्ठभूमि के रूप में है क्योंकि जब तक अर्थबोध न हो तब तक काव्य का आस्वाद संभव नहीं। बोध और आस्वाद की अनुपस्थिति में आलोचना भी संभव नहीं।

रिचर्ड्स आलोचना के चार प्रकार्य (Function) मानते हैं–

मुख्यार्थ, भावना, वचनभंगी, तथा उद्देश्य (Sense, feeling, tone and intention)।

1. **मुख्यार्थ**–हम जब भी बोलते हैं तो कुछ कहने के लिए और जब सुनते हैं तो इस आशा से कि कुछ कहा गया है। शब्दों का प्रयोग तीन बातों के लिए किया जाता है-
   (a) श्रोता का ध्यानाकर्षण करने के लिए
   (b) श्रोता के विचारार्थ कोई विषय प्रस्तुत करने के लिए
   (c) इन विषयों के संबंध में कोई विचार जागृत करने के लिए
2. **भावना**–इन कार्यों के संबंध में हमारी कुछ भावनाएँ होती हैं। भाषा का प्रयोग इन भावनाओं की अभिव्यक्ति के लिए होता है। बोलने और सुनने के समय यह प्रक्रिया काम आती है।
3. **वचनभंगी**–श्रोता के अनुसार ही शब्दों का चयन होता है। बच्चों, वयस्कों तथा गुरुजनों को ध्यान में रखकर शब्दों के चयन से हमारी वचनभंगी (TONE) में अंतर आता है।
4. **उद्देश्य**–अन्ततः भाषा के प्रयोग में जाने-अनजाने वक्ता का उद्देश्य प्रकट होता है। हमारे उद्देश्य के अनुसार ही हमारी भाषा तय होती हैं।

टी०एस० इलियट का निर्वैयक्तिकता सिद्धान्त, परम्परा की अवधारणा

"ट्रैडीशन एंड दि इंडिविजुअल टैलेंट" नामक लेख इलियट की समस्त आलोचना का आधार है अतः उसका विश्लेषण यहाँ प्रस्तुत किया जा रहा है।

इलियट का कहना है कि प्रत्येक राष्ट्र की, प्रत्येक प्रजाति (नस्ल-race) की अपनी सर्जनात्मकता ही नहीं बल्कि अपनी एक विशिष्ट आलोचनात्मक मनोवृत्ति भी होती है जिसमें उसकी समस्त विशेषताएँ प्रतिफलित होती हैं।

श्वसन की तरह आलोचना भी एक अनिवार्य और प्राकृतिक प्रक्रिया है। कुछ भी पढ़ते या सुनते या देखते समय उसके गुण-दोषों की विवेचना मन के अन्दर सहज भाव से चलती रहती है, जिसे भावक कभी अभिव्यक्त कर देता है तो कभी अभिव्यक्त नहीं करता।

किसी कवि की प्रशंसा या मूल्यांकन करते समय हम उस कवि की वैयक्तिक विशेषताएँ देखने का प्रयास करते हैं कि दूसरे कवियों से वह किन मामलों में अनूठा है–भिन्न है और इसी तथ्य से हम आनन्द प्राप्त करना चाहते हैं। किन्तु यदि हम रचना को ध्यानपूर्वक नहीं जो कवि का वैयक्तिक है बल्कि वह अंश ज्यादा महत्वपूर्ण तथा प्रभावी है जिनमें पूर्ववर्ती दिवंगत कवियों का प्रभाव जोरदार ढंग से व्यक्त हुआ। इलियट का मानना है कि वैयक्तिक प्रज्ञा परम्परा से असंबद्ध, निरपेक्ष या विच्छिन्न नहीं होती बल्कि परम्परा से जुड़कर ही रचनाकार अपनी प्रतिभा की रमणीयता को उजागर कर सकता है।

परम्परा के प्रति आसक्ति का अर्थ अंधानुकरण कतई नहीं। इलियट ने परम्परा को एक व्यापक अर्थ में ग्रहण किया है। वे कहते हैं कि परम्परा को एक दाय के रूप प्राप्त नहीं किया जा सकता, बल्कि इसके लिए कठोर परिश्रम ज़रूरी है। इसके लिए सबसे जरूरी चीज है–इतिहास बोध। वे कहते हैं कि इतिहास बोध का अर्थ अतीत के अतीत्व का बोध ही नहीं बल्कि उसके वर्त्तमानत्व का बोध भी है। केवल अपनी पीढ़ी की अनुभूति लेकर लिखना इतिहास-बोध नहीं। उस इतिहास बोध में होमर से लेकर पूरे यूरोप के साहित्य का, साथ ही अपने देश के सम्पूर्ण साहित्य का तथा समस्त युग का बोध निहित होता है। यह इतिहास बोध कालातीत तथा कालिक (Timeless and temporal) का अलग-अलग तथा उनका समग्र बोध होता है जो लेखक को उसकी सम्पूर्ण परम्परा से जोड़ता है।

इलियट कहते हैं कि परम्परा कोई मृत या अनुपयोगी चीज नहीं। परम्परा तो अविच्छिन्न प्रवाह है–जो अतीत के साहित्य-सांस्कृतिक दाय के उत्तमांश से वर्त्तमान को समृद्ध एवं सार्थक बनाती है और भविष्य का पथ प्रशस्त करती है। परम्परा देश और काल तक व्याप्त होती है।

इलियट किसी कवि की पूर्ण सार्थकता केवल उसकी निजता में नहीं मानते। उसकी सार्थकता तथा परिशंसा दिवंगत कलाकारों की सापेक्षता में ही होती है। उसका अकेला मूल्यांकन भी नहीं हो सकता। साम्य और वैषम्य के लिए उसे दिवंगत कवियों के साथ रखना आवश्यक है। परम्परा की एक बड़ी अच्छी व्याख्या इलियट करते हैं। नई कला-कृति के आविर्भाव के पहले विद्यमान महत्वपूर्ण कृतियों की एक स्थिर व्यवस्था होती है जो नवीन कृति के आने के कारण थोड़ा बहुत परिवर्त्तित हो जाया करती है जैसे रेल के डिब्बे में किसी नए यात्री के प्रविष्ट होने पर पहले से विराजमान यात्री कुछ-कुछ खिसककर नवागन्तुक के लिए जगह बनाते हैं।

परम्परा की आगे व्याख्या करते हुए वे कहते हैं कि कलाकार को परम्परा के भार से आक्रान्त नहीं होना चाहिए। इस भार के कारण या अत्यधिक ज्ञान के कारण काव्य संवेदना अस्त-व्यस्त हो जाती है। कवि को अतीत की चेतना को आजीवन विकसित करना होगा।

कलाकार की प्रगति सतत् आत्मोत्सर्ग है, व्यक्तित्व का सतत् निर्वापण (extinction) है। व्यक्तित्व के इसी निर्वैयक्तिकरण के कारण कला विज्ञान की स्थिति में पहुँच सकती है।

आगे इलियट निर्वैयक्तिकता की व्याख्या रचना की प्रक्रिया, रचनाकार के साथ रचना के संबंध आदि का विचार है।

इलियट कहते हैं–प्रौढ़ और अप्रौढ़ कवि में मौलिक अन्तर यह है कि प्रौढ़ कवि ऐसा सूक्ष्म और पूर्ण माध्यम् है जिसमें विविध या विशिष्ट संवेदन स्वच्छंदता पूर्वक नए रूप में संयोजित हो सकते हैं। ऑक्सीजन और सल्फरडॉय ऑक्साइड के किसी कक्ष में यदि प्लेटिनम का एक सूक्ष्म तार डाल दिया जाए तो ऑक्सीजन और सल्फर डायऑक्साइड की प्रतिक्रिया स्वरूप सल्फ्यूरस एसिड का निर्माण होता है। यह संयोजन प्लेटिनम की उपस्थिति के बिना संभव नहीं। साथ ही प्रतिफल के रूप में प्राप्त सल्फ्यूरस एसिड पर प्लैटिनम का कोई चिन्ह् नहीं दिखाई पड़ता है। प्लेटिनम इस पूरी प्रक्रिया में तटस्थ रहता है–प्रतिक्रिया में निष्क्रिय रहता है। इलियट कहते हैं कि कवि का मन प्लेटिनम का तार है। उसके सम्पर्क से विभिन्न अनुभूतियाँ नए-से-नए भाव ग्रहण करते हैं- किन्तु कवि इस पूरी प्रक्रिया में अछूता रहता है।

इलियट कहते हैं कि कलाकार जितना ही उत्कृष्ट होगा उसमें भोक्ता और स्रष्टा का अन्तर उतना ही स्पष्ट होगा अर्थात् उसके स्वानुभूत संवेदनों और भावों से काव्य में अभिव्यक्त संवेदना और भावों में सदा भिन्नता। इसके प्रतिकूल एक अप्रौढ़ और अपरिपक्व कवि अपने ही भावों और संवेदनों को व्यक्त करता है। फलतः उसका काव्य एक निम्न काव्य बनकर रह जाता है।

इलियट कहते हैं कि कवि के व्यक्तित्व की अभिव्यक्ति का प्रश्न बेमानी है क्योंकि उसे व्यक्तित्व की अभिव्यक्ति तो करनी ही नहीं है। वह तो केवल माध्यम्-मात्र है, अभिव्यक्ति का माध्यम् मात्र। संभव है कि कवि के जीवन में जो अनुभूतियाँ महत्वपूर्ण हैं, उनका कवि के काव्य में कोई स्थान न हो। कवि का दायित्व नए भावों को ढूंढ़ना नहीं बल्कि साधारण भावों का उपयोग करके काव्य रूप देने की प्रक्रिया में उनसे ऐसे संवेदन को व्यक्त करना है जो वास्तविक भावों में अनुपस्थित थे।

आलोचना पर विचार करते हुए इलियट ने आलोचक के दायित्व पर भी विचार किया। उनके अनुसार आलोचक का कर्त्तव्य परम्परा को कायम रखना, साहित्य को स्थिर और अखंड रूप में देखना यानि उसे काल द्वारा नियंत्रित रूप में न देखकर कालातीत रूप में देखना है।

टी॰एस॰ इलियट : परम्परा का सिद्धान्त

For Lancelot Andrews (1928 ई॰) की भूमिका में इलियट ने स्वयं को 'साहित्य में परम्परावादी राजनीति में रॉयलिस्ट (Royalist) तथा धर्म में एंग्लो कैथोलिक कहा है'। उसके अनुसार कवि कल्पना की शक्ति के द्वारा अपने वैयक्तिक (Highly Individualized) मस्तिष्क से काव्य रचना करता है। इलियट ने कला को कलाकार के आत्मप्रकाशन मानने वालों की कड़ी आलोचना की है। उन्होंने प्रभाववाद को अस्वीकार किया और 'मिडल्टन मरे' जो वर्तमान (गत) शताब्दी के प्रमुख सौन्दर्यवादी, प्रभाववादी एवं आनंदवादी समीक्षक हैं, का विरोध किया। वैयक्तिकता का विरोध करते हुये उन्होंने परम्परा का सिद्धांत सामने रखा, उन्होंने कहा कि परम्परा का काव्य-रचना में प्रमुख स्थान है और कवि अभिव्यक्ति का माध्यम् मात्र रहा है।

वैयक्तिक प्रतिभा (Talent) के स्थान पर इलियट ने परम्परा (Tradition) को महत्त्व दिया। मस्तिष्क को सक्रिय शक्ति न मानकर उन्होंने उसे प्रभावों को ग्रहण करने वाली निष्क्रिय शक्ति (Passive receplate of Impressions) माना। काव्य को कवि के व्यक्तित्व की सीधी अभिव्यक्ति न मानकर उन्होंने व्यक्तित्व से पलायन की बात कही। परम्परा से उनका अभिप्राय पुरानी पीढ़ी या पीढ़ियों की काव्य-प्रवृत्तियों का निष्क्रिय अनुगमन नहीं। परंपरा हेतु ऐतिहासिक बोध का अर्थ केवल और केवल उसके अतीत में देखना नहीं है, उसे उसके वर्तमान रूप में भी देखना है। इलियट के अनुसार परम्परा और इतिहासबोध, काव्य का आधार बनता है। उनके समस्त काव्य चिंतन का प्रस्थान बिन्दु भी यही है। काव्य और परम्परा के वांछनीय और अनिवार्य संबंध पर उन्होंने अपने निबंध 'परम्परा और वैयक्तिक प्रतिभा (Tradition and Individual talent) में विस्तार से प्रकाश डाला है। इलियट वास्तव में परम्परा को ही संस्कृति के रूप में ग्रहण करते हैं। यह परंपरा किसी विशिष्ट जाति एवं समाज की समग्र सांस्कृतिक विरासत है। संस्कृति समाज के जीवन का एक विशिष्ट रूप या ढंग है, जो पूरे समाज के विचारों और रीति-रिवाजों को स्पष्ट करती है। वह अनेक रूपों में होती हुई भी समग्रता में एक है। इसी के परिज्ञान से काव्य के अंतर्गत कवि विभिन्नताओं का समाहार कर अनेकता में एकता की स्थापना करता है। इससे कलाकार और कवि एक समान लक्ष्य और इतिहास-बोध के सूत्र में बंध पाते हैं।

'After Strange Gods' में वर्णित किया है कि, "परम्परा से तात्पर्य उन सभी स्वाभाविक कार्यों, रीति-रिवाजों, धार्मिक कृत्यों से है, जो एक स्थान पर रहने वाले एक समुदाय के व्यक्तियों के रक्त संबंध को व्यक्त करती है। इसका स्पष्ट आशय यह है कि परम्परा का सम्बन्ध संस्कृति से है। वह अपनी प्रगति में जातीय जीवन, कला, दर्शन और साहित्य के उत्कृष्ट अंशों को सन्निविष्ट करती आती है। अर्थात् उसकी अविच्छिन्न धारा प्रवाहित होती रहती है जिसमें अतीत, वर्तमान और भविष्य परस्पर संबद्ध हैं। परम्परा दाय के रूप में स्वयं उपलब्ध नहीं होती, उसे प्राप्त करने के लिए सचेष्ट प्रयत्न किये जाते हैं। कोई भी कलाकार, चाहे वह कितना ही महान क्यों न हो, परम्परा से सम्बद्ध होने पर ही महत्त्वपूर्ण बनता है। तुलसी के समक्ष रामकाव्य की एक लम्बी शृंखला थी। जिससे उन्होंने बहुत कुछ ग्रहण किया। परम्परा वैयक्तिक प्रस्फुटन में साधक होती है, बाधक नहीं। प्राचीन कवियों के कृतित्व के आलोक में यदि वर्तमान का मूल्यांकन होना चाहिए, तो वर्तमान कलाकार की रचनाएं हमें प्राचीन कलाकारों को सही परिप्रेक्ष्य में देखने में सहायक होती हैं। इस प्रकार अतीत दिशा-निर्देश देता है। इस दृष्टि से परम्परा स्थिर न होकर गतिमान (dynamic) शक्ति है।

इलियट की एक महत्वपूर्ण स्थापना यह है कि समस्त साहित्य अखंड है, उसमें परम्परा की अखंड और अबाध अभिव्यक्ति होती रहती है। परम्परा के भीतर अतीत बोध भी है और वर्तमान बोध भी। वह शाश्वत होते हुये भी परिवर्तनशील है। उसकी गतिमय धारा निरंतर प्रवाहित होती रहती है तथा जातीय और सामाजिक जीवन के उत्कृष्ट रूपों को संजोती

रहती है। जीवन के सामान्य और महत्त्वहीन अंश छूटते जाते हैं और नष्ट होते रहते हैं।

इस प्रकार इलियट के विचार से परम्परा का काव्य-रचना में महत्वपूर्ण स्थान है। वह परम्परा का अंधानुकरण नहीं, वरन् उसका वास्तविक बोध आवश्यक है। इतिहास बोध से उनका तात्पर्य अतीत को वर्तमान में देखने से है। वर्तमान के परिप्रेक्ष्य में अतीत का इतिहास-बोध काव्य में नयी दृष्टि भरता है, इलियट का यह सिद्धांत मौलिक दृष्टिकोण प्रस्तुत करता है।

वस्तुनिष्ठ समीकरण या "वस्तुनिष्ठ पारस्परिकता"

इलियट के अनुसार मूर्तविधान का सिद्धांत—अमूर्त का संप्रेषण नहीं हो सकता, यह सिद्ध है। ऐसी स्थिति में एक ही उपाय है कि किसी मूर्त वस्तु की सहायता से अमूर्त को संप्रेषित किया जाये।

"कला के रूप में भाव को अभिव्यक्त करने का एक ही उपाय है और वह है किसी सह संबंधी वस्तु (objective-corelative) जैसे वस्तु-समुदाय, परिस्थिति, घटना, शृंखला को ढूंढ़ निकालना जो उस विशिष्ट भाव का सूत्र हो, ऐसा सूत्र कि जब वे बाह्य वस्तुएं प्रस्तुत की जाएं तो ऐन्द्रिय अनुभूति में अवसित होकर वे भाव को सद्यः उद्‌बुध कर दें।"

इलियट के सूत्र की व्याख्या

1. भाव अमूर्त होता है। अतः उसकी अभिव्यक्ति किसी मूर्त वस्तु की सहायता से ही संभव है।
2. जिस किसी वस्तु से जिस किसी भाव की अभिव्यक्ति नहीं हो सकती; अभिव्यंज्य भाव और अभिव्यंजक वस्तु में ऐसा संबंध होना चाहिए कि उस वस्तु से वह भाव अभिव्यक्त हो सके। यहाँ वस्तु शब्द से वैसी वस्तु अभिप्रेत है जो एक ओर तो कवि का भाव अभिव्यक्त करे और दूसरी ओर भावक के मन में तत्सदृश भाव उत्पन्न करे।
3. इस तरह की मूर्त-विधान का कोई निश्चित रूप या प्रकार नहीं है। या तो प्रकृत भाव से संबद्ध कोई वस्तु समुदाय हो सकता है, या कोई परिस्थिति हो सकती है, या कोई घटना शृंखला हो सकती है।
4. बाह्य वस्तुओं की सहायता से भावक के मन में वैसे ही भाव उद्‌बुध होते हैं जैसे कवि के मन में उत्पन्न हुये थे। तात्पर्य है कि बाह्य वस्तुएं कवि एवं भावक के बीच भाव तादात्म्य स्थापित करने में माध्यम् का काम करती हैं।

"वस्तुनिष्ठ परस्परिकता का तात्पर्य है कि मनोभाव का निर्माण करने वाली वस्तुएं, जैसे कोई पदार्थ-समूह, परिस्थिति, घटना, शृंखला जैसे ही प्रस्तुत की जाये, ऐन्द्रिक अनुभूति से तिरोहित होकर, वह तुरंत मनोभाव को जाग्रत कर दे।

इलियट इसे और स्पष्ट करते हुए कहते हैं कि कविता एक ऐसी वाचिक संरचना होती है जिसके माध्यम से उन मनोभावों का संप्रेषण होता है जो कवि को अभीष्ट है। कवि, क्योंकि अपने मनोभावों को सीधे पाठक तक उसी तीव्रता के साथ नहीं पहुंचा सकता, अतः वह किसी प्रकार के माध्यम् का सहारा लेता है— यही वस्तुओं, स्थितियों और घटना-शृंखला के रूप में आता है और इसी माध्यम के कारण कवि जो कुछ कहना चाहता है, वह निजी न रहकर, वस्तुनिष्ठ हो जाता है। यह वस्तुनिष्ठ पारस्परिकता का सिद्धांत, फ्रांस के प्रतीकवादी साहित्यचिंतकों से प्रभावित है, जो कवि और कविता के पारस्परिक अविच्छिन्न संबंध को स्वीकार नहीं करते हैं। उनका मत है कि कवि अपनी कविता के माध्यम से भावों को सीधे अभिव्यक्त नहीं करता, वरन् प्रतीकों के माध्यम से उन्हें जाग्रत करता है।

इलियट कहता है कि कवि अपने व्यक्तित्व को नहीं, एक माध्यम को अभिव्यक्त करता है जिसमें उसके अनुभव और प्रभाव एक विलक्षण एवं अप्रत्याशित ढंग से संयुक्त हो जाते हैं। जो प्रभाव और अनुभव मनुष्य के लिए महत्त्वपूर्ण होते हैं, वे कविता में स्थान पाये यह आवश्यक नहीं और जो कविता में महत्त्वपूर्ण होकर आये हैं, वे मनुष्य और उसके व्यक्तित्व में नितांत उपेक्षणीय हो सकते हैं। इलियट ने 'हैमलेट' की कलात्मक असफलता का सबसे बड़ा उदाहरण कहा है और उसी प्रसंगाधार पर 'वस्तुमूलक प्रतिरूपण' का सिद्धांत प्रतिपादित किया। इलियट के इस वस्तुनिष्ठ-समीकरण के सिद्धांत को विभाजन-व्यापार कह सकते हैं। यह विभाव-विधान ऐसा होना चाहिए कि सामाजिकों में नाटककार के मानस-भाव जाग्रत कर सके।

कॉलरिज – कल्पना

समालोचना की दुनिया में कॉलरिज का एक अत्यंत महत्त्वपूर्ण योगदान उनके द्वारा कल्पनाशक्ति का विवेचन है। काव्य तथा दर्शन से कल्पना को बहुत पहले से जोड़ा जाता रहा है किंतु कॉलरिज ने इसका विस्तार से विवेचन-विश्लेषण किया और इसे मुख्य तथा गौण कल्पना में वर्गीकृत किया। कल्पना (Imagination) तथा ललित कल्पना (Fantacy) में अंतर दिखलाकर दोनों की भिन्न-भिन्न विशेषताओं पर भी इन्होंने प्रकाश डाला। कल्पना वह शक्ति है जो मस्तिष्क में संवेदनों से प्राप्त अनुभवों के बिम्ब बनाती है और उन बिम्बों का यथातथ्य नहीं, बल्कि अपने तरीके से नया और अनूठा संयोजन कर सकती है।

कल्पना को कॉलरिज ने ईश्वरीय शक्ति माना है जिसका गुण है सृजन। कल्पना सृजन के साथ-साथ समन्वय का कार्य भी करती है। कॉलरिज कविता में समन्वय का बहुत महत्त्व मानता है। जर्मन दर्शन के प्रभावस्वरूप वे रचना में आवयविक अन्विति को बेहद महत्त्व देते थे। श्रेष्ठ कविता में यह सामंजस्य कल्पना के माध्यम से आता था। इसीलिए कविता बाह्य सृष्टि का प्रतिबिम्ब या अनुकरण मात्र न रहकर उससे कहीं ऊँची, कहीं श्रेष्ठ तथा भव्य सिद्ध होती है। विचार तथा भाव को कल्पना द्वारा समन्वय श्रेष्ठ कविता को मूर्तरूप देता है। कल्पना पदार्थ और चेतना का विचार तथा भाव का समन्वय करती है। इसीलिए कॉलरिज ने इसे 'समन्वयकारिणी शक्ति' कहा है।

सारांश रूप में देखा जाये तो कॉलरिज कल्पना को व्यक्ति के आत्म (Subject) तथा बाह्य प्रकृति और वस्तु (Object) के बीच समन्वय स्थापित करने वाली शक्ति के रूप में देखते हैं। कॉलरिज तथा वर्ड्सवर्थ की कविता में प्रकृति तथा मानव-जीवन का बाह्य तथा आंतरिक संसार इस प्रकार घुला-मिला था कि उन्हें अलग करके देखना संभव नहीं था। वर्ड्सवर्थ तथा कॉलरिज के कल्पना संबंधी विचारों में कुछ बिंदुओं पर अंतर जरूर है पर दोनों ने ही कल्पना को सामान्यतः विपरीत या विरूद्ध माने जाने वाले इन तत्वों का समंजन तथा संलयन करने वाली शक्ति के रूप में देखा है।

मुख्य कल्पना तथा गौण कल्पना

मुख्य कल्पना–(Primary Imagination) : कॉलरिज के मत से, "समस्त मानवीय प्रत्यक्ष बोध की आद्य अभिकर्ता तथा जीवंत शक्ति है।

यह सीमित मस्तिष्क में असीम अहमाहिन (मैं हूँ) के चिरंतन सर्जन कार्य का दोहराव है।"

गौण कल्पना– गौण कल्पना मुख्य कल्पना की 'प्रतिध्वनि' है। यह सचेत इच्छा के साथ चलती है। यह भी अभिकर्तृत्व का ही एक प्रकार है और गुण की दृष्टि से यह मुख्य कल्पना के समान है। दोनों में अंतर केवल परिमाण तथा कार्य प्रणाली के स्तर पर होता है। गौण कल्पना पुनर्रचना की खातिर (सामग्री को) बिखराती, फैलाती और पिघलाती है। जहाँ यह संभव नहीं होता, वहाँ भी यह प्रत्यक्षीकरण तथा एकत्व-स्थापन की चेष्टा करती है। यह शक्ति तत्वतः जीवंत होती है।

इस प्रकार मुख्य तथा गौण कल्पना दो अलग-अलग शक्तियां नहीं बल्कि एक ही शक्ति के दो रूप हैं जिनमें गुण का नहीं, मात्र परिमाण का अंतर है। कॉलरिज मुख्य कल्पना को 'समझ' (Understanding) से तथा गौण कल्पना को 'तर्क' (Reason) से जोड़ते और इनमें एक उच्चताक्रम मानते हैं। मुख्य कल्पना की अपेक्षा ये गौण कल्पना को ऊँचा समझते हैं। मुख्य कल्पना जनसामान्य के मस्तिष्क में उपस्थित होती है जबकि गौण कल्पना मुख्यतः दार्शनिक तथा कलाकार की विशेषता है। मुख्य कल्पना का संबंध मुख्यतः भौतिक जगत से होता है, जबकि गौण कल्पना मनुष्य को उच्चतर आध्यात्मिक जगत का साक्षात्कार कराने में भी सक्षम है। वह अंतर्जगत के तथ्यों को गौण कल्पना प्रतीकों के माध्यम से व्यक्त करती है। मुख्य कल्पना सृजन है तो गौण कल्पना पुनः सृजन।

फैंटेसी (ललित कल्पना)

ललित कल्पना (फैंटेसी) पर विस्तार से विचार करते हुए Imagination या कल्पना से भिन्नता दिखाना सौन्दर्य शास्त्र के क्षेत्र में कॉलरिज का मौलिक योगदान है। "इमैजिनेशन का स्रोत लैटिन-शब्द 'इमैजिनेशिओ'(Imaginatio) है और फैंटेसी का स्रोत ग्रीक शब्द 'फैंटेसिआ' (Phantasia) है। शायद अलग-अलग भाषाओं के होने के कारण इन्हें एक ही अवधारणा का द्योतक माना जाता है।

कॉलरिज स्पष्ट करते हैं कि ललित कल्पना को भ्रमवश गौण कल्पना का समानांतर मान लिया जाता है क्योंकि दोनों ही कल्पना द्वारा प्रस्तुत तथ्यों को लेकर आगे बढ़ती हैं किन्तु वास्तव में दोनों में स्पष्ट अंतर है। गौण कल्पना तथ्यों की गहराई में जाकर रचना करती है जबकि ललित कल्पना तथ्यों का मात्र संयोजन करती है। कॉलरिज ने ललित कल्पना को स्मृति का ही एक रूप माना है जो देश और काल के क्रम से मुक्त होता है।

रूसी रूपवाद

रूसी रूपवादी समीक्षा 19वीं शती के उत्तरार्द्ध से शुरू होकर बीसवीं शती के दूसरे दशक तक विद्यमान रही। सन् 1930 में राजनीतिक कारणों से इसकी समाप्ति करनी पड़ी। किन्तु रूस के बाहर इसके प्रभाव का विस्तार 1965 ई॰ के पश्चात् हो पाया। इसी वर्ष तोदोरोव ने रूसीवादियों की समीक्षाओं का एक संकलन फ्रांसीसी भाषा में अनुदित किया। इसका प्रभाव पश्चिम की रूपवादी प्रणाली पर पड़ा। शैली विज्ञान, संरचनावाद आदि ने उससे प्रेरणा ग्रहण की। बोरिस एकेनवाम, विक्टर स्कोलोवस्की, रोमन जैकोब्सन, बोरिस तोमस्जेवस्की आदि इसके प्रमुख प्रवक्ता थे। कुछ भाषाविद् थे, कुछ साहित्य के इतिहासकार।

रूसी रूपवादी आंदोलन का आधार फ्रांसीसियों का प्रतीकवादी आंदोलन है। प्रतीकवाद में रूप पर ऐकांतिक बल दिया जाता है। परन्तु उसमें आत्मदर्शन और सपनों का समावेश रहता है। रूपवादियों ने काव्य को वैयक्तिकता और सौन्दर्यशास्त्र से मुक्त कर वैज्ञानिक बनाने की कोशिश की। उनका कहना था कि वे काव्यगत तथ्यों का वैज्ञानिक अनुसंधान करते हैं। इसे वे रूपात्मक अभिगम नाम देते हैं।

इनका मूल सरोकार साहित्यिक संरचना से है अर्थात् साहित्य सृजन में होने वाली समस्त तकनीकों से है। अन्य किसी से नहीं। श्लोवस्की के शब्दों में, "कला हमेशा जिन्दगी से मुक्त होती है। इसका ध्वज शहर की चारदीवारी पर फहराते हुए झंडे के रंग को प्रतिबिम्बित नहीं करता। कला-रूपों का विवेचन कला-नियमों द्वारा ही होना चाहिए।" साहित्य की साहित्यिकता पर रोमन जैकोब्सन काफी बल देता है। कवि उसके लिए अविवेच्य है, विवेच्य है तो कविता। कविता भाषा से बनती है। उसकी विवेचना की परिधि में काव्य भाषा ही आती है। काव्य-भाषा भाषा का विशिष्ट प्रयोग है। इस प्रयोग की विशिष्टता उसके बिम्बों, अलंकारों, रूपकों, प्रतीकों आदि में नहीहै क्योंकि इनका प्रयोग तो सामान्य भाषा में भी होता है। वे सारी वस्तुएं जो साहित्य की साहित्यिकता में सहायक हैं यही आलोच्य हैं, विवेच्य हैं।

श्लोवस्की अजनबीकरण (Making Strange) की बात करता है। इसमें परिचित अपरिचित हो जाता है। परिचित को रचनात्मक स्तर पर निरूपित करना उसका लक्ष्य होता है। प्रश्न होता है कि विरूपीकरण की प्रक्रिया द्वारा जो नयी दृष्टि मिलती है वह अर्थ की दृष्टि से और क्या होगी। ये रूपवादी नये यथार्थ का भी उल्लेख करते हैं जो पुराने यथार्थ से भिन्न होता है पर अंततोगत्वा वे डिजाइन और रूप तक ही अपने को सीमित कर लेते हैं। संस्कृत के आचार्यों ने 'चमत्कार', 'विचित्र अभिधा', 'लोकातिक्रांत गोचर' आदि शब्दों का प्रयोग विरूपीकरण के लिए ही किया है।

श्लोवस्की प्रगीतों और उपन्यासों पर एक ही प्रतिमान लागू करते हैं। यद्यपि प्रगीत और उपन्यास रचना की संरचना में काफी भेद है। प्रगीत की विषय वस्तु स्थिर होती है, इसका प्रभाव तात्कालिक होता है, उसे एक ही इकाई के रूप में आयत्त किया जाता है। उपन्यास में एक कथा होती है। वह एक कालावधि में गतिशील रहता है। अतः वह गत्यात्मक और क्रियात्मक होता है। श्लोवस्की को इसकी जानकारी थी। उपन्यासों पर किये गये उसके विचारों से ही औपन्यासिक सिद्धांतों की शुरुआत होती है। उपन्यास के काव्यशास्त्र का वह पहला प्रणेता है।"

रूपवादी समीक्षक-विचारक वस्तु को स्थगित करके रूप के पूर्ण आधिपत्य की वकालत करता है। उसका संबंध जैसा कहा जा चुका है सिर्फ साहित्यिकता से है जो अपने आप में पूर्ण इकाई है। रूपवाद की शक्ति कला की क्रियात्मक तकनीक पर निर्भर है। कला में तकनीक को आवृत भी किया जाता है और अनावृत भी। जहाँ तकनीक होती है वहां साहित्यिक पदार्थ का विकास अलक्षित रह जाता है।

जैकोब्सन का कहना है कि कवि भाषा का इस्तेमाल उसी तरह से करता है जिस तरह से चित्रकला रंगों का। ऐसी स्थिति में भाषा की संज्ञाहीनता या संवेदनाशून्यता से वह बचना चाहता है और बचता है। "जाहिर है कि रूपवादियों के लिए साहित्यिकता का मतलब है कवि-विशिष्ट भाषा-प्रयोग। जैकोब्सन के मतानुसार इसमें संकेत संकेतिक में रूपांतरित हो जाता है। इसके अपने नियम होते हैं जिनके तहत संरचना की प्रकृति उजागर होती है। छंद, लय, अलंकार आदि कविता के भीतर किसी यथार्थ का बोध

नहीं करते। ब्रिक जैसे रूपवादी कविता को आंतरिक और आत्मानुशासिक संरचना मानते हैं जिसमें छंद और रूप का समान दर्जा होता है। जैकोब्सन का कहना है कि कविता सामान्य भाषा का सचेत विरूपीकरण है। सामान्य भाषा के खिलाफ एक संघटित आक्रमण।

"वास्तविक रूप में रूपवाद कलावाद का ही दूसरा नाम है।" इस कलावाद ने समीक्षा के क्षेत्र में काफी कहर ढाया है। साहित्य को जीवन से अलग करके सिर्फ संरचना तक ही अपने को सीमित कर लेना प्रतिक्रियावादी मनोवृति की चरम सीमा है। साहित्य के आस्वाद से भी कुछ लेना-देना नहीं है। जिस संवेदन-शून्य भाषा यानि रोजमर्रा की भाषा को संवेदनपूर्ण बनाने की चेष्टा की जाती है उसमें संवेदना क्या है? रूपवाद इस पर भी विचार नहीं करता।

सामाजिक परिवर्तन से इसका कोई सम्बन्ध नहीं है। साहित्यिक परिवर्तन अपने-आप होता रहता है—यह परिवर्तन सिर्फ पुरानेपन को अपदस्थ करने के लिए होता है। इसमें सिर्फ भौगोलिक परिवर्तन होता है यानी बिम्बों, प्रतीकों आदि की सीमा कभी बड़ी हो जाती है और कभी संकुचित। इतिहास से इनका कोई सरोकार नहीं होता। भाषा संबंधी उनके विचारों को अपनाया जा सकता है, आंशिक रूप में ही सही।

नयी समीक्षा

बीसवीं शती के आरंभ में परंपरागत कलामूल्यों, साहित्यिक अभिरुचि, कविता काव्यभाषा सम्बन्धी धारणा में मौलिक परिवर्तन हुआ। स्वच्छंदतावादी युग से भिन्न अब कविता को व्यक्तिगत राग-द्वेष और विचार, कवि की अनुभूति और उसके भावावेगों की सहज अभिव्यक्ति मात्र न मानकर प्रमुख रूप से कलात्मक माना गया। इलियट ने कहा कि, "Poetry is not a truing loose of emotion but an escape from emotion, it is not the expression of personality but an escape from personality." हूल्मे ने कहा कि, "Poetry is a matter of images and metalhoss– not personal expression but craft."

"बीसवीं शती आँग्ल-अमेरिकी साहित्य में आलोचना का युग है। सन् 1930-60 तक के समय को जॉन हॉलावे ने ''साहित्यिक आलोचना में क्रान्ति" का युग कहा है। कहना न होगा कि इस समय की सबसे महत्त्वपूर्ण और समृद्ध आलोचनात्मक प्रवृत्ति नयी समीक्षा है।'' प्रवृत्ति विशेष हेतु यह नाम 1941 ई॰ में छपी 'जॉन क्रो रैंसम' की इसी शीर्षक रचना से हुआ। रैंसम की इस रचना में चार समसामयिक आलोचकों के अध्ययन के उपरांत एक 'औतरोलॉजिकल क्रिटिक' की वकालत की गयी है। नयी समीक्षा के जनक T.S. Iliot ने 1956 ई॰ में प्रकाशित अपने लेखा समीक्षा के सीमांत में मुक्त प्रयोग के विरुद्ध सावधान करते हुये कहा है कि, "लोग नयी समीक्षा शब्द का प्रयोग अक्सर यह बिना समझे करते हैं कि इस शब्द में कितनी विविधता का समावेश है परंतु इस शब्द का प्रचलन इस तथ्य को प्रमाणित करता है कि इस युग के अधिक प्रतिष्ठित आलोचकों में परस्पर कितना भी व्यापक अंतर क्यों न हो, वे सब के सब अपने से पहले की पीढ़ी के आलोचकों से किसी न किसी महत्त्वपूर्ण बात में भिन्न हैं।"

Colombiya University में तुलनात्मक साहित्य के प्रोफेसर स्पिनगार्न ने सन् 1910 ई॰ इस पदबंध का प्रयोग अपने एक निबंध में किया। नयी समीक्षा का आरंभ निश्चित रूप से किस समय और किस रचना से हुआ, यह निष्कर्षतः चाहे नहीं कहा जा सके किन्तु उसकी प्रमुख प्रवृतियाँ और लक्षण टी॰एस॰इलियट की सेक्रेड वुड (1920), मिडल्टन मरे की 'The Problems of Styles' और आई॰ए॰ रिचर्ड्स की 'Principles of Literary Criticism' (1924), जैसी रचनाओं में मिलने लगी थी। एफ॰आर॰ लीविस ने रिवेल्युएशंस में कहा कि काव्यालोचन परंपरा में उस नये दृष्टिकोण का अनुसरण कर रहे हैं जिसका शिलान्यास एजरा पाउंड, टी॰एस॰ इलियट और रिचर्डस ने किया था।"

नयी समीक्षा का आविर्भाव जिस समय हुआ, वह वैज्ञानिक विकास और औद्योगीकरण की तीव्र प्रगति का युग था। काव्य की महत्ता प्रमाणित करना इस युग में दुसाध्य हो गया। इस निराशा एवं आत्मघात की ओर प्रवृत युग में यूरोपीय सभ्यता की केन्द्रीय परम्परा को नकारने की प्रवृत्ति बल पकड़ रही थी। लायनल ट्रिलिंग ने द मॉडर्न एलिमेंट इन मॉडर्न लिटरेचर में इस मानसिकता को भटकन, अजनबीपन और निराशा का बोध कहा है। मनुष्य की इस दुरवस्था का वर्णन अनेक लेखकों ने अनेक रूपों में किया है। उसे समूह मानव, अ-मानवीकृत मानव, संकटकाल का मानव या दायवंचित मानव कुछ भी कहा जाये, पर बात लगभग वही है। यूजीन देलाक्रुआ ने मानव की इस नियति की व्याख्या करते हुये प्रश्न किया है कि, "क्या यह स्पष्ट नहीं हो चुका कि शुभ या अशुभ, अच्छी या बुरी दिशा में प्रगति ने समाज को एक ऐसे अतल के कगार पर ला खड़ा किया है जिसमें उसे गिरना ही होगा ताकि पूर्ण बर्बरता की स्थिति के लिए मार्ग साफ हो जाये"।

जीवन के स्थायी मूल्य जब धुंधले हो जायें या नाशोन्मुख हों तो मानवता की, समाज की रक्षा हेतु उनकी पुनः स्थापना या पुनःशोध और भी जरूरी हो जाता है। यही कारण था कि इस युग के लेखक ने उस परंपरा के विरोध की गहरी आवश्यकता अनुभव की जिसमें साहित्य को बैठे-ठाले का निरर्थक काम समझा जाता था। जब Mathew Arnold ने साहित्य को धर्म के स्थानापन्न का पद दिया था तो उसका मुख्य तर्क था कि डार्विन, मिल, स्पेंसर, हक्सले ओर कोंत के युग में धर्म का विनाश हो चुका है।

नयी समीक्षा के विद्वान आलोचकों ने अपने समय के समाज के महत्त्वपूर्ण दायित्व का वहन करने का प्रयत्न किया। एक ओर स्वच्छंदतावादी प्रवृतियों का विरोध करते हुए इन समीक्षकों ने उन सबका तिरस्कार किया। जो पलायनवादी अव्यवस्थित, दुरुह, क्षीण और इस सबके साथ भावुक भी था। दूसरी तरफ इन विद्वानों ने अपनी नवीन दृष्टि से विक्टोरियन साहित्य का विरोध भी किया।

ज्ञान की नई तकनीकि विधियों एवं साधनों के द्वारा इन विद्वान समीक्षकों ने साहित्य के पुनर्मूल्यांकन का साहस किया और परंपरा के संदर्भ में जीवन के मूल्यों पर पुनर्विचार किया। इनके सामने विज्ञान के समक्ष जीवन में कलाओं की उपयोगिता सिद्ध करने की चुनौती थी। जीवन में धर्म जैसी किसी केन्द्रीय शक्ति के अभाव में मनुष्य की संवेदनशीलता क्षीण हो चुकी थी, और वह अपनी पहचान भूलने लगा था। आधुनिक मानव के इस विकेन्द्रित जीवन का संप्रेषण कल्पना की क्रियाओं से ही किया जा सकता था। Science and Poetry में रिचर्डस ने मानव जीवन में मोह भंग करने वाले स्वरूप को स्पष्ट किया। Iliot ने After Strange guards में उसी प्रश्न पर ईसाई दृष्टि से विचार किया। उन्होंने कहा कि, "आधुनिक लेखकों ने प्रतिनिधि धर्मों या मिथकों का प्रयोग कलाकार के रूप में अपनी निजी समस्याओं को सुलझाने के लिए किया। निर्मला जैन ने कहा कि, "नयी

समीक्षा का उदय स्वच्छंदतावाद के विरोध भर से नहीं हुआ। 19वीं शती के उत्तरार्द्ध और 20वीं शती के आरंभ में ज्ञान-विज्ञान की विविध भाषाओं के व्यापक और तीव्र प्रसार ने भी कलाकृति की प्रकृति और कार्य के संबंध में नयी समीक्षा को अंतरदृष्टि प्रदान की। इतिहास, दर्शन, समाजशास्त्र, मनोविज्ञान, नृविज्ञान, सौंदर्यशास्त्र और अर्थ विज्ञान आदि ने कलाकृति की प्रकृति पर एक नया प्रकाश डाला।"

आधुनिक समाज के आलोचकों ने बल दिया कि साहित्यिक रचना एक भाषिक कृति या मासिक संरचना है और अपने इस रूप में वह मूलतः संप्रेषण की एक विधि है। संप्रेषण के माध्यम् से भाषा की प्रकृति की पहचान पर इस समय के अनेक लेखकों ने बल दिया। सतत् रूप से भ्रष्ट एवं जड़ होती हुई भाषा को साहित्यिक संप्रेषण हेतु पुनः जीवित और प्रतिष्ठापित करे।

नयी समीक्षा में कृति की समझ हेतु साहित्य की पृष्ठभूमि और ऐतिहासिक वातावरण पर अतिरिक्त बल देने का भी विरोध किया गया और कृति से हटकर कृतिकार पर ध्यान देने का भी। रिचर्डस ने कविता के सही मूल्यांकन हेतु कविता को प्रतिक्रियाओं के लिए एक गुमनाम रचना के रूप में पेश किया। ये विद्वान समीक्षक कृति को स्वतंत्र रूप में आलोचना विषय बनाने के पक्ष में थे।

नये समीक्षकों ने कलावादियों के द्वारा प्रतिपादित स्वायतत्ता से अलगाकर इस विधि को प्रतिपादित करने का प्रयास किया। इसमें मानव और सभ्यता के प्रति गहरी चिंता है। कविता को ये एक स्वायत्त निरपेक्ष इकाई या रूप मानते थे। इस प्रकार नयी समीक्षा ने आलोचना में कविता के विस्तृत विश्लेषण और घनिष्ठ पाठ की परम्परा कायम की। परिणामतः पाठों की सूक्ष्म व्याख्याएं आने लगी।

मार्क शोरर ने नयी समीक्षा की उपलब्धियों का जिक्र करते हुये लिखा है कि, "साहित्यिक कृतियों के श्रम साध्य परीक्षण के द्वारा आधुनिक आलोचना ने निर्णयात्मक रूप से यह सिद्ध कर दिया है कि कला में सत्य और सौन्दर्य एक अविभाज्य इकाई है। यदि हम सौंदर्य के बजाय रूप का, और सत्य के बजाय कथ्य का प्रयोग करें तो इन शब्दों को कीट्स के द्वारा प्रदान की गयी अधिव्यंजनाएं कुछ कम हो सकती हैं और एक पुराने असमंजस का हल मिल सकता है। बिना किसी क्षति का खतरा मोल लिये हम उनको और सीमित करके प्रविधि और विषय-वस्तु की बात कर सकते हैं। आधुनिक आलोचना ने हमें दिखा दिया है कि केवल कथ्य की बात करने का मतलब एकदम कला की बात न करके अनुभव की बात करना है। जब हम सिद्ध कथ्य के रूप की अर्थात् कलाकृति के रूप में कलाकृति की बात करते हैं, तभी हम सही मानों में आलोचकों की तरह बात करते हैं। कथ्य और अनुभव तथा सिद्ध कथ्य अथवा कला के बीच जो बचा रहता है वह प्रविधि है।

जब हम प्रविधि की बात करते हैं तो लगभग सर्वस्व की बात करते हैं। क्योंकि प्रविधि ही वह माध्यम है जिसके द्वारा लेखक का अनुभव जो उसकी विषय-वस्तु है, उसे अपनी तरफ ध्यान देने के लिए मजबूर करती है, प्रविधि वह एकमात्र माध्यम है जिसके द्वारा वह अपने विषय की खोज, छानबीन और विकास करता है; जिसके द्वारा वह विषय में अंतर्निहित अर्थ का संप्रेषण करता है, और अंततः उसका मूल्यांकन करता है।"

कल्पना और फैंटेसी

कॉलरिज स्वच्छंदतावादी आन्दोलन के प्रवर्त्तकों में गिने जाते हैं। उनकी समालोचना का केन्द्र सर्जन-प्रक्रिया है। उनका मानना है कि परिनिष्ठित रचना के विवेचन की अपेक्षा उसकी सर्जन-प्रक्रिया का विवेचन समालोचना का मुख्य प्रयोजन होना चाहिए।

कॉलरिज का श्रेय दो बातों में है—एक तो कल्पना के स्वरूप-निरूपण में और दूसरे रम्य-कल्पना (Fancy) से कल्पना (Imagination) के भेद निरूपण में।

रम्य कल्पना (फैंसी) तथा कल्पना का विवाद काफी पुराना है—इस विवाद को समाप्त करने का श्रेय कॉलरिज को है।

"फैंसी" शब्द ग्रीक के फांतासिया (Phantasia) से बना है और "इमेजिनेशन" लैटिन के इमेजिनातियो (Imagination) से। ग्रीक में फंतासिया का लगभग वही अर्थ है जो लैटिन में "इमेजिनातियो" का। किन्तु आलोचनाशास्त्र में पारिभाषिक शब्द के रूप में इनका प्रयोग होने लगा। तब इसका अर्थ निश्चित किया जाना अनिवार्य हो गया। कॉलरिज ने पाया कि कल्पना तथा फैंसी—ये दो भिन्न शक्तियाँ हैं और वह भिन्नता इन दोनों शक्तियों के लक्षणों, व्यापारों तथा परिणामों में विद्यमान है।

कॉलरिज कल्पना के दो भेद करते हैं—(1) मुख्य कल्पना (2) गौण कल्पना।

मुख्य कल्पना वह शक्ति है जिसकी सहायता से दृश्य जगत का व्यवस्थित और स्पष्ट ज्ञान होता है। हमारी ज्ञानेन्द्रियों के समक्ष विविध वस्तुएँ आती रहती है; जिनको ग्रहण करने में वे सदा लगी रहती हैं। एक साथ हमारे सामने अनेक वस्तुएँ आती हैं पर ये सभी वस्तुएँ बिना किसी भेद-भाव के मन पर प्रतिबिम्बित हों तो मन की हालत बड़ी अराजक हो जाएगी। सब कुछ अव्यवस्थित, अस्त-व्यस्त, एक दूसरे में मिला हुआ—अस्पष्ट। समस्त जागतिक प्रपंच को व्यवस्थित रूप में ग्रहण कराने वाली शक्ति को कॉलरिज ने मुख्य कल्पना का नाम दिया है। मुख्य कल्पना जगत के नाना विध रूपों में स्पष्टता लाती है—एक-एक वस्तु को ठीक-ठिकाने पर अंकित करती है।

संजीवना क्रियाशीलता में मुख्य कल्पना के समान ही होती है। गौण-कल्पना भी ऐन्द्रिक संवेदनों को व्यवस्थित करती है पर दोनों ही प्रकार की कल्पनाओं में अन्तर यह है कि मुख्य कल्पना का काम अनजाने रूप से चलता है और गौण कल्पना अपना काम सचेत रूप से ज्ञान-पूर्वक व इच्छापूर्वक करती है। गौण कल्पना मुख्य कल्पना की तरह अनजाने, अनचाहे काम नहीं करती बल्कि उसका सारा व्यापार इच्छा और ज्ञान से परिचालित है। दूसरी महत्वपूर्ण चीज यह है कि मुख्य कल्पना केवल प्रत्यक्षाश्रित है किन्तु गौण कल्पना आत्मा, बुद्धि, इच्छज्ञ-भाव, ज्ञानेन्द्रिय पंचक-इन सब की सहायता लेती है। मुख्य कल्पना के द्वारा जो भी प्रत्यक्ष ज्ञान प्राप्त होता है उसे गौण कल्पना गला कर, घुला-मिलाकर बिल्कुल नया घोल तैयार करती है तथा कलाकार की रूचि तथा इच्छा के मुताबिक एक नया रूप प्रदान करती है।

कॉलरिज ने कल्पना को जादुई शक्ति कहा।

कॉलरिज ने फैंटेसी की निम्नलिखित विशेषताएँ बताई-रम्य कल्पना देश काल से मुक्त एक प्रकार की स्मृति है जो अपने उपयोग की सामग्री

साहचर्य-नियम से ग्रहण करती है तथा इसकी उपयोग्य सामग्री स्थिर और निश्चित होती है।

कॉलरिज ने फैंटेसी को स्मृति का ही एक रूप माना है पर सामान्य स्मृति के विपरीत फैंटेसी देश-काल के बंधन से मुक्त रहती है।

कल्पना और रम्य कल्पना में अंतर

मुख्य कल्पना और गौण कल्पना में केवल मात्रात्मक अंतर है, गुणात्मक अंतर नहीं है। जबकि कल्पना और फैंसी का अंतर मात्रात्मक और गुणात्मक दोनो ही हैं। फैंसी बिम्बों को केवल पास-पास रख देती है उनमें कोई परिवर्तन नहीं लाती, किन्तु कल्पना उन्हें विगलित करके नए रूप में ढाल देती हैं।

कल्पना भावोद्दीपन को ध्यान में रखकर बिम्बों में एक आंतरिक सामंजस्य लाती है किन्तु फैंसी उन बिम्बों को केवल एकत्र करती है।

कल्पना का स्रोत अन्तःप्रेरणा और प्रत्यक्षादि हैं जबकि फैंसी प्रधानतः स्मृति पर ही निर्भर करती है।

कल्पना की कार्यपद्धति सजीव जैसी होती है पर फैंसी की कार्यपद्धति यांत्रिक होती है।

कल्पना प्रतिभा (Genius) की उपज है जबकि फैंसी प्रज्ञा (Talent) की उपज है।

रामचन्द्र शुक्ल : रसदृष्टि तथा लोकमंगल की अवधारणा

आ॰ रामचन्द्र शुक्ल के पहले की आलोचना पर ध्यान दें तो हम पाएंगे कि शुक्ल पूर्व आलोचना केवल बहिरंग संदर्भों यथा, भाषा के गुण दोष, अलंकारादि विवेचन तक ही सीमित थी। कवि की संवेदना उसके युगबोध आदि विषय शुक्ल पूर्व आलोचना में उपेक्षित थे। शुक्ल जी ने पहली बार व्यापक स्तर पर अन्तः प्रवृत्ति का अन्वेषण किया।

इसीलिए यह कहना सार्थक है कि हिन्दी साहित्य की कोई भी विधा किसी एक आदमी से उतनी समृद्ध नहीं हुई जितनी आ॰ शुक्ल के आलोचना से।

आ॰ शुक्ल ने साहित्यालोचक होने की भीषण तैयारी की थी। हैकेल के "रिडल ऑफ यूनिवर्स" का उन्होंने "विश्व प्रपंच" नाम से अनुवाद किया। इस अनुदित कृति की भूमिका उन्होंने लिखी जिसमें उन्होंने पौराणिकता के बरअक्स वैज्ञानिकता को स्थापित करते हुए धर्म की इहलौकिक और विकासवादी व्याख्या की। इस भूमिका से आ॰ शुक्ल की विद्वता, पांडित्य और आलोचक दृष्टि का भी पता चलता है। ऐसा लगता है कि उन्होंने चार्वाक, सांख्य, चरक, नैयायिक गीता आदि भारतीय विचारों के साथ पश्चिम के भौतिक-दर्शन, मनोविज्ञान, लार्ड केलविन, डारविन, हक्सले, हर्बर्ट स्पेन्सर, स्पिनोजा, डेकार्ट, कान्ट, बर्कले, शेलिंग, हीगेल, शॉपेनहावर ह्यूम और प्लां॰ आदि का सामंजस्य प्रस्तुत किया है। विश्व-प्रपंच की भूमिका के आधार पर ही डॉ॰ राम विलास शर्मा ने आ॰ शुक्ल को भौतिकवादी माना है किन्तु वे भौतिकवादी होते हुए भी भूतवादी नहीं हैं। वे धर्म आस्था और लोक-मानस के अन्तः संबंधों को पहचानते हैं और लोक-जागरण में धर्म की सकारात्मक भूमिका को रेखांकित करते हैं।

अपने वैज्ञानिक दृष्टिकोण तथा धर्म की इहलौकिक व्याख्या के ही कारण आ॰ शुक्ल अध्यात्मवाद का विरोध करते हैं तथा तुलसी को लोक धर्म का संस्थापक सिद्ध करते हैं। वे कहते हैं कि रहस्यवाद की कविताओं में सबसे अधिक विरक्तिजनक दो बातें होती हैं—भावों में सच्चाई का अभाव और व्यंजना की कृत्रिमता। उसमें व्यंजित भावों का हृदय से सच्चा संबंध नहीं होता।

आ॰ शुक्ल कहते हैं—साहित्य का कार्य क्षेत्र मानव हृदय है तथा कविता की साधना को उन्होंने भाव योग कहा है। इसी के सहारे मनुष्य अपने संकुचित क्षेत्र से ऊपर उठकर लोक सामान्य की भाव-भूमि पर आसीन होता है। स्वार्थ संबंधों के संकुचित क्षेत्र से लोकोत्तर की नहीं लोक सामान्य भूमि की यात्रा भाव योग के सहारे होती है। इसी आधार पर वे रहस्यानुभूति तथा रीतिकालीन भाव-बोध को एक सिरे से खारिज कर देते हैं।

भावों और मनोविकारों की व्याख्या वे भाववादी होकर नहीं करते बल्कि वैज्ञानिक व विकासवादी विधान से करते हैं। यहाँ वे आई॰ ए॰ रिचर्ड्स से प्रभावित प्रतीत होते हैं।

जैसा कि हम जानते हैं कि शुक्ल जी का साहित्यिक सिद्धान्त रसवाद है लेकिन यह रसवाद संस्कृत आचार्यों का रसवाद नहीं। आ॰ शुक्ल ने रसवाद को एक पूर्ण और प्रगतिशील आधार प्रदान किया। वे कहते हैं कि रसानुभूति प्रत्यक्ष या वास्तविक अनुभूति से पृथक कोई अन्तर्वृति नहीं बल्कि उसी का एक उदात्त और अवदात्त रूप है।

आचार्य शुक्ल लोक हृदय में लीन होने की दशा को रसदशा कहते हैं तथा इस संदर्भ में हृदय की मुक्तावस्था को प्राथमिकता देते हैं।

शुक्ल जी की आलोचना में प्रेम का महत्वपूर्ण स्थान है। प्रेम की प्रकृति के अनुसार, वे विभेद करते हैं और व्यापक सीमा विहीन लोक सामान्य भूमि पर किए गए प्रेम को सर्वोच्च मानते हैं—प्रकारान्तर में स्थूल प्रेम का निषेध करते हैं।

शुक्ल जी ने प्रेम के दो पक्ष माने हैं—रंजन और पालन। रंजन का संबंध शृंगार से और पालन का संबंध वात्सल्य से है। सूरदास की प्रशंसा वे इसी कारण करते हैं कि उनकी रचनाओं में रंजन और पालन, इन दोनों का सम्यक् समावेश हुआ है।

साधनावस्था और सिद्धावस्था का अंतर बताते हुए वे कहते हैं कि साधनावस्था को लेकर चलने वाली रचनाओं में बीजभाव करूणा होती है जबकि सिद्धावस्था या उपभोग पक्ष को लेकर चलने वाले काव्यों में बीज रूप प्रेम होता है। प्रेम रंजन और पालन जबकि करूण लोकरक्षा की भावना द्वारा अनुप्राणित होता है।

शुक्ल जी काव्य और विश्व में अंतर नहीं मानते। वे कहते हैं कि प्रकृति के नाना-विविध रूपों में निमग्न होने पर काव्य जैसी अनुभूति मिलती है। इसीलिए वे 'विश्वकाव्य' शब्द का प्रयोग करते हैं तथा विश्व को एक महाकाव्य की संज्ञा देते हैं।

शुक्ल जी ने रूप विधान पर भी विचार किया है। इसकी संख्या उन्होंने तीन बताई है—प्रत्यक्ष रूप विधान, स्मृत रूप विधान तथा संभावित या कल्पित रूप विधान।

भक्ति का मूल वे ज्ञान मानते हैं। वे कहते हैं कि कोरा ज्ञानी शुष्क होता है जबकि भक्ति सरस होती है। वे मानते हैं कि भक्ति की अनुभूति और काव्य की अनुभूति में एक साम्य है वह यह कि दोनों की अनुभूति का आधार ज्ञात जीवन और जगत् है। दोनों ही लोक सामान्य की भूमि पर अवलंबित रहते हैं। सूरदास की आलोचना करते हुए वे इन्हें सिद्धावस्था के

अन्तर्गत मानते हैं। सूरदास के वात्सल्य वर्णन को उन्होंने विश्व-साहित्य में अद्वितीय कहा है। कृष्ण की लीला का क्षेत्र घर का कोई कोना नहीं बल्कि पूरी प्रकृति है उनका सारा कार्य क्षेत्र है जिसमें ग्वाल-बाल, यमुना, क्रीड़ा, दुग्ध, दही आदि सबका समावेश करके सूर ने गोकुल का अद्वितीय वर्णन किया है।

सच्चा प्रेम साहचर्य जनित होता है। यह आकस्मिक या दुर्घटना के रूप में नहीं घटता। यह लीला से जन्मा साहचर्य और उस साहचर्य से जन्मे प्रेम के कारण ही शुक्ल जी इसे जीवनोत्सव कहते हैं। सूरदास द्वारा वर्णित विरह-वर्णन की प्रशंसा करते हुए वे कहते हैं कि विरह वर्णन भी घर के किसी कोने में या कोपभवन में न होकर प्रकृति के साथ यमुना के कछारों या वन स्थलियों तक फैला हुआ है।

तुलसी आ॰ शुक्ल के प्रिय कवि हैं। यह विचार करना कठिन प्रतीत होता है कि तुलसी ने उनके आलोचनात्मक प्रतिमानों का विकास किया कि तुलसी इन प्रतिमानों पर खरे उतरे।

शुक्ल जी प्रबंध काव्य को मुक्तक से ऊपर स्थान देते हैं क्योंकि मुक्तक में बीज-भाव के पल्लवित होने का अवकाश नहीं होता।

प्रबंधकार कवि की कसौटी होती है कि वह कथा के मार्मिक स्थलों की पहचान कर सका है कि नहीं। राम का वन-गमन, अयोध्या-त्याग, भरत मिलाप, शबरी का आतिथ्य, लक्ष्मण को शक्ति लगने पर राम का विलाप आदि मार्मिक स्थलों की पहचान करने के ही कारण "रामचरितमानस" और गोस्वामी तुलसीदास उनके सर्वप्रिय ग्रन्थ और कवि हैं। श्री राम अनन्तशील सौन्दर्य समन्वित हैं जिनके कंधों पर लोक रक्षा का दायित्व है। जायसी को वे एकेश्वरवादी नहीं अद्वैतवादी मानते हैं। एकेश्वरवाद और अद्वैतवाद के बीच फर्क है। एकेश्वरवाद स्थूल एक देववाद और अद्वैतवाद सूक्ष्म आत्मवाद या ब्रह्मवाद। इसीलिए वे सूफियों को अद्वैतवाद के करीब मानते हैं।

वे कहते हैं कि सूफी प्रेम की पीर की व्यंजना करते हैं जो समाज में समन्वय का एक प्रयास था। सूफियों ने दिखा दिया कि एक ही प्रेम का तार सबके हृदय से होकर जाता है।

पद्मावत को भी आ॰ शुक्ल इसीलिए पसंद करते हैं कि कवि ने इसमें मार्मिक स्थलों की पहचान की है।

कबीर और जायसी के रहस्यवाद में अन्तर बताते हुए, वे कहते हैं कि कबीर का रहस्यवाद वेदान्त और हठयोग की पारिभाषिक शब्दावली के आधार पर विकसित है जबकि जायसी का रहस्यवाद बड़ा ही स्वाभाविक और मर्मस्पर्शी है।

प्रकृति चित्रण के कारण भी शुक्ल जी ने जायसी की प्रशंसा की है।

नागमती के विरह वर्णन को उन्होंने हिन्दी साहित्य में अद्वितीय कहा है। कारण है नागमती का रानीत्व त्याग और लोकभूमि पर आगमन।

शुक्लजी के आलोचना पद्धति तथा विचाराधारा की कुछ सीमाएँ थीं। जिनके कारण उन्होंने भक्तिकाल के उदय के कारण को इस्लाम की प्रतिक्रिया माना तथा कबीर आदि निर्गुण परम्परा के कवियों का सम्यक् मूल्यांकन नहीं किया। छायावादी कवियों में निराला के साथ भी ऐसा ही हुआ।

बावजूद इसके आ॰ शुक्ल हिन्दी साहित्य के महानूतम आलोचकों में अग्रणी हैं।

आलोचना : डॉ॰ राम विलास शर्मा – मार्क्सवादी समीक्षा

सन् 1925 ई॰ में भारतीय कम्युनिस्ट पार्टी की स्थापना से मजदूरों, किसानों तथा प्रगतिशील बुद्धिजीवियों का एक मंच अस्तित्व में आया। भारतीय स्वाधीनता आन्दोलन तथा उस युग के बौद्धिक जगत् की हलचलों को इस मंच ने एक क्रांतिकारी स्वर प्रदान किया। स्वाधीनता आन्दोलन तथा व्यापक जनसंघर्ष को वर्ग-चेतना से संपृक्त करने के कारण यह मंच एक ऐतिहासिक भूमिका निभाता रहा।

इसी प्रगतिशील और क्रांतिकारी परम्परा में डॉ॰ राम विलास शर्मा का नाम विशेष सम्मान के साथ लिया जाता है। उन्होंने आ॰ रामचन्द्र शुक्ल की आलोचना परम्परा को वैज्ञानिक ढंग से विकसित किया।

शुक्ल जी की आलोचना पद्धति में व्याप्त कुछ त्रुटियों तथा असंगतियों का परिष्कार करते हुए डॉ॰ राम विलास शर्मा ने मार्क्सवाद के रूप में एक सुसंगत और वैज्ञानिक विचारधारा को अपनी आलोचना पद्धति के रूप में अपनाया।

मार्क्सवादी आलोचक के रूप में डॉ॰ शर्मा ने साहित्य से संबंधित अनेक प्रश्नों का सामना किया और एक गंभीर चिंतन प्रस्तुत किया। प्रगति-विरोधी विचारक प्रायः जनता को अशिक्षित भीड़ की संज्ञा देते हैं। डॉ॰ शर्मा ने इस विचार का विरोध करते हुए बताया कि जनता और कला में कोई वैर नहीं। वैर भाव उन लोगों के मन में उठता है जिनके लिए जनता एक कल्पना है अर्थात् जो जनता से संघर्ष करती-आगे बढ़ती या फिर जीतती या हारती हुई पहचान को छोड़कर उसे अशिक्षित, कुसंस्कृत, अराजक, कलाहीन आदि पर्यायवाची शब्दों से पुकारते हैं। ये आलोचक जनता के संघर्षशील स्वरूप की सदा उपेक्षा करते हैं। डॉ॰ शर्मा ने मध्यकालीन भक्त कवियों की प्रगतिशीलता, लोकधर्मिता और कलात्मकता का उदाहरण प्रस्तुत करके अपने पक्ष को बड़े ही जोरदार ढंग से रखा है। आगे डॉ॰ शर्मा यथार्थवाद को और भी स्पष्ट करते हुए कहते हैं कि साहित्यकार को जनता को देखते हुए उसके जीवन के विभिन्न पक्षों में निहित संबंध को भी देखना चाहिए और उसका चित्र फोटोग्राफिक नहीं होना चाहिए। वे लिखते हैं—"बिना सम्बद्धता का विचार किए हुए जो साहित्यकार यथार्थवाद के नाम पर सामाजिक क्रियाओं का असम्बद्ध चित्रण करेगा, उसका चित्रण ऊपर से सच्चा प्रतीत होते हुए भी अवास्तविक होगा। इससे कला में अराजकता उत्पन्न होगी।"

कलाकार की पात्रता के विषय पर वे लिखते हैं कि "सामाजिक विकास के नियमों को जानने से लेखक को वह पतवार मिल जाती है जिसके सहारे वह जनता के विशाल सागर में अपनी नाव खे सकता है। लेखक चाहे कितनी ही छोटी घटना का चित्रण करे, वह सफल कलात्मक चित्रण तभी कर सकेगा, जब वह उस घटना की सामाजिक पृष्ठभूमि को समझे तथा वह उस घटना के तत्कालीन भावी प्रभाव और महत्व से आँक सके।"

इस प्रकार डॉ॰ शर्मा ने यथार्थवाद पर लगाए गए आरोपों का जोरदार खंडन किया तथा यथार्थवाद और युगबोध के अन्तर्सम्बन्धों को व्याख्यायित किया। उन्होंने यथार्थवाद के बारे में फैलाई गई भ्रान्तियों का पर्दाफाश किया तथा यथार्थवाद को यथातथ्यवाद समझने वाले आलोचकों की खिंचाई की।

आ॰ शुक्ल मध्यकालीन भक्त कवियों की परम्परा यथा जायसी, सूर और तुलसी की प्रगतिशील परम्परा का अनुसंधान करते हैं वहीं डॉ॰ शर्मा आधुनिक काल की प्रगतिशील परम्परा का अनुसंधान करते हैं। उन्होंने प्रेमचंद, भारतेन्दु, निराला, रामचन्द शुक्ल और महावीर प्रसाद द्विवेदी पर आलोचनात्मक पुस्तकें लिखकर हिन्दी आलोचना को समृद्ध किया। प्रेमचंद पर डॉ॰ शर्मा ने दो पुस्तकें लिखी "प्रेमचन्द" 1941 ई॰ तथा "प्रेमचन्द और उनका युग" 1952 ई॰।

"प्रेमचंद" (1941 ई॰) नामक अपनी पुस्तक में उन्होंने प्रेमचंद की रचनाओं में आए शोषक वर्ग, उसकी सामाजिक पृष्ठभूमि, प्रेमचंद की प्रगतिशीलता आदि का विश्लेषण किया है। वे लिखते हैं–"निर्धनता और अंधविश्वास परन्तु इसके साथ सहनशीलता और सहृदयता किसानों के इस सरल सुखी संसार में नवीन सभ्यता आकर पुराने चक्र में जैसे बिजली डाल देती है और ये किसान छिन्न-भिन्न होकर इधर-उधर बिखर जाते हैं। प्रेमचंद हमें निराश नहीं करते। आत्मबल पर विश्वास कर, संगठित होकर सामाजिक यन्त्र पर आघात करने का हमें संदेश देते हैं। परन्तु उनकी आशा उथली नहीं है। उसके नीचे परिस्थिति की भयंकरता का पूरा ज्ञान है।" वे प्रेमचंद की रचनाओं के समानान्तर भारतीय स्वाधीनता आन्दोलन को रखते हैं तथा दिखाते हैं कि प्रेमचंद भारतीय स्वाधीनता युग की प्रगतिशील क्रांतिकारी विचारधारा को पहचानने की पूरी क्षमता रखते हैं।

गोदान में डॉ॰ शर्मा पूँजीवादी शोषण चक्र तथा महाजनी सभ्यता की क्रूर सच्चाईयों का उद्घाटन करते हैं। शोषण का बदला हुआ स्वरूप, उपनिवेशवाद और राजनीतिक चेतना, जातिवाद, आदि सामाजिक यथार्थ को डॉ॰ शर्मा ने बड़े ही महत्वपूर्ण ढंग से रेखांकित किया।

"प्रेमचंद और उनका युग" में प्रेमचंद का रचनाकार व्यक्तित्व, उनका सम्पादकीय व्यक्तित्व, युगीन परिस्थितियों और उनसे प्रभावित उनकी रचनाओं का विशद् वर्णन किया गया है।

1953 में प्रकाशित "भारतेन्दु हरिश्चन्द्र" तथा 1943 ई॰ में प्रकाशित "भारतेन्दु युग"। इन दोनों पुस्तकों में उन्होंने 19वीं सदी के उत्तरार्द्ध के बौद्धिक सांस्कृतिक परिवेश को पहचानने का प्रयास किया है।

"भारतेन्दु युग और हिन्दी भाषा की विकास परम्परा" (1975 ई॰) में उन्होंने भारतेन्दु की स्थिति और आधुनिक समस्याओं के अन्तःसंबंधों पर विचार किया है। भारतेन्दु की रचना दृष्टि के अन्तर्विरोधों की पहचान करते हुए वे कहते हैं कि भारतेन्दु-युग में एक ओर राजभक्ति मिलती है तो दूसरी ओर देशभक्ति। इसका कारण वे महारानी के घोषणा पत्र को मानते हैं जिसके कारण बुद्धि जीवी वर्ग में एक आशा की किरण झलकी। भारतेन्दु की राजभक्ति का कारण डॉ॰ शर्मा बेहतरी, विकास, न्याय और समान अवसर की आशा को मानते हैं। डॉ॰ शर्मा भारतेन्दु युग के रचनाकारों की प्रगतिशीलता को रेखांकित करते हुए उसे प्रगतिशील साहित्य की श्रेणी में रखते हैं। भारतेन्दु युग में नाटक, सभा-समितियों के गठन, तथा लेखकों का जनता से प्रगाढ़ तथा आत्मीय संबंध को भी वे रेखांकित करते हैं।

1946 ई॰ में "निराला" तथा 1972 ई॰ में ''निराला की साहित्य साधना'' नामक पुस्तक का द्वितीय खंड प्रकाशित हुआ। इन पुस्तकों में डॉ॰ शर्मा ने निराला के सम्पूर्ण साहित्य गद्य और पद्य दोनों की व्याख्या और उसका मूल्यांकन प्रस्तुत किया है।

''निराला'' नामक पुस्तक का हिन्दी आलोचना में महत्वपूर्ण स्थान है। पुस्तक की भूमिका में छायावादी कवियों की प्रगतिशीलता के मूल्यांकन पर बल देते हुए डॉ॰ शर्मा ने लिखा है कि "इस पुस्तक को लिखने का मूल उद्देश्य यह है कि साधारण पाठकों तक निराला साहित्य पहुँचे।" वे आगे लिखते हैं कि नए कवियों (छायावादी) ने व्यक्ति के पूर्ण विकास के लिए उस सामाजिक स्वाधीनता की मांग की जिसे पिछले युग के बंधन दबाकर रखना चाहते थे और छन्द और भाषा के नए प्रयोग करके उन्होंने रीतिकालीन आचार्यों को बता दिया कि हिन्दी में एक नए युग का आरंभ हो गया है।

निराला के "तुलसीदास" और ''राम की शक्तिपूजा'' नामक दो कविताओं में अंतर बताते हुए वे कहते हैं कि 'तुलसीदास' में कवि एक हद तक तटस्थ है, पर 'राम की शक्तिपूजा' एक नाटकीय कविता है जिसमें कवि अपने प्रति इतना तटस्थ हो गया है कि इस कविता में मुख्यपात्र से उसके तादात्म्य को हम समझ नहीं पाते। दूसरी बात यह है कि इस कविता में राम-संघर्ष का चित्र जितना प्रभावशाली है उतना उनकी विजय का नहीं।

"राम की शक्तिपूजा", "सरोज स्मृति" वनबेला, अनामिका को डॉ॰ शर्मा संक्रमण काल की कविता मानते हैं। डॉ॰ शर्मा निराला की यथार्थवादी प्रगतिवादी दृष्टि को उनकी गद्य रचनाओं में भी खोजते हैं।

अपने एक निबंध में डॉ॰ शर्मा लिखते हैं–बींसवीं सदी में हिन्दी भाषी जनता ने तीन महान् साहित्यिक विभूतियों को जन्म दिया। कथा साहित्य में प्रेमचन्द, "आलोचना में रामचन्द्र शुक्ल और कविता में सूर्यकान्त त्रिपाठी निराला। ये तीनों विभूतियाँ एक दूसरे की पूरक हैं।" वे आगे आ॰ शुक्ल की आलोचना दृष्टि पर एक पूरी पुस्तक "आचार्य रामचन्द्र शुक्ल और हिन्दी आलोचना" (1955 ई॰) लिखते हैं। इस पुस्तक में वे आ॰ शुक्ल की आलोचना दृष्टि, उनकी प्रगतिशीलता तथा लोक हृदय से उनकी आत्मीयता को रेखांकित किया है। इस सिद्धान्त की लौकिक व्याख्या करने के कारण शुक्ल जी को डॉ॰ शर्मा भौतिकवाद से प्रभावित भी करते हैं। तुलसीदास के संदर्भ में डॉ॰ शर्मा लिखते हैं–"शुक्ल जी ने तुलसी के इस प्रेम को पहचाना और इसे केशव-बिहारी के प्रेम से एकदम भिन्न माना। यही उन्हें हिन्दी का महान् आलोचक बनाता है।" डॉ॰ शर्मा लिखते हैं–शुक्ल जी ने केशव की वास्तविकता प्रकट करके आलोचना के पुराने सामंती मानदंडों को बदलने में बड़ी सहायता की। शुक्ल जी द्वारा केशव की आलोचना ने लाला भगवानदीन और राव राजा श्याम बिहारी मिश्र आदि का युग समाप्त कर दिया और हिन्दी आलोचना के एक नए युग का सूत्रपात किया।

डॉ॰ शर्मा मुक्तिबोध और शमशेर के काव्य का सम्यक् मूल्यांकन नहीं कर पाए। शमशेर के आधार पर उन्हें सामंती या रीतिकालीन उर्दू साहित्य की परम्परा से जोड़ते दिखाई देते हैं। वहीं मुक्तिबोध की असुरक्षा की भावना को अस्तित्ववाद से प्रभावित बताते हैं। अज्ञेय, यशपाल और रेणु के साथ डॉ॰ शर्मा ने ऐसा ही किया और उसके साहित्य को एक सिरे से खारिज कर दिया।

डॉ॰ शर्मा की आलोचना गंभीर, भाषा सरल, शैली ध्वंसात्मक है। इस प्रकार उन्होंने हिन्दी की प्रगतिशील परम्परा को और भी समृद्ध बनाया।

आ॰ हजारी प्रसाद द्विवेदी

शुक्ल जी साहित्य को जनता की चित्तवृत्ति का प्रतिबिम्ब मानते हैं किन्तु साहित्येतिहास लेखन के समय साहित्य का अध्ययन शिक्षित जनता अर्थात् मुख्यधारा में शामिल जनता की प्रवृत्तियों के आधार पर किया है।

जनता और शिक्षित जनता के बीच फर्क होता है। शुक्ल जी के भक्तिकाल संबंधी दृष्टिकोण के निर्धारण में यह अंतर एक निर्णायक भूमिका अदा करता है।

नाथ, सिद्ध वज्रयानी शाखा के निर्गुण कवियों पर चर्चा करते समय यह भेद महत्वपूर्ण हो जाता है। इन्हीं कवियों के अध्ययन के दौरान आ॰ शुक्ल ने शिक्षित जनता तथा अशिक्षित जनता जैसे शब्दों का प्रयोग किया है।

उदाहरण के लिए कबीर को ही लें। आचार्य शुक्ल ने कबीर को हिन्दू-मुस्लिम ऐक्य विधायक, शुष्क ज्ञानमीमांसक तथा ज्ञान का आडंबर

करने वाले व्यक्ति के रूप में पहचाना। उन्हें रहस्यवादी तक घोषित कर दिया। यह सही है कि कबीर की कई रचनाएँ अन्तस्साधनात्मक हैं पर उनकी रचनाओं की मार्मिकता भी निःसंदेह है।

कबीर की साधना की ऐतिहासिक जाँच आ॰ द्विवेदी ने की। कबीर की जाति, निर्गुण साधना की परम्परा, उनकी साधना की विशेषताओं, इस्लाम का उन पर प्रभाव—इत्यादि कई प्रमाणिक सूचनाएँ आ॰ हजारी प्रसाद द्विवेदी ने दी हैं। उनका मानना है कि किसी भी रचना को समझने के लिए लेखक के साथ उसके जीवन और समुदाय के साथ सहानुभूतिपूर्ण संबंध होना अनिवार्य है। आलोचना परम्परा और ऐतिहासिक सन्दर्भों को काट कर नहीं की जा सकती।

आ॰ द्विवेदी ने "सूर साहित्य" भी इसी दृष्टिकोण से लिखा है। कृष्ण और राधा के पौराणिक ऐतिहासिक और साहित्यिक स्वरूपों की खोज करते हुए आ॰ द्विवेदी सूर की राधा का चंडीदास की राधा और विद्यापति की राधा के साथ तुलनात्मक विश्लेषण करते हैं।

द्विवेदी जी ने कबीर को कई किंवदन्तियों के जाल से निकाला जैसे "वे हिन्दू थे", "वे मुसलमान थे", "वे ब्राह्मणी के पुत्र थे" आदि-आदि।

आ॰ द्विवेदी ने वचनजीवी जातियों का समाजशास्त्रीय व नृवंशशास्त्रीय अध्ययन करके दिखाया कि ये जातियाँ नाथ-पंथ को मानती थीं और जाति-भेद और ब्राह्मण श्रेष्ठता तथा अवतारवाद में इनकी कोई आस्था नहीं थी। मुसलमानों के आने के बाद इनका सामूहिक धर्मान्तरण हुआ। कबीरदास इन्हीं नवधर्मान्तरित लोगों के बीच पालित थे।

कबीर के शब्दावली का अन्वेषण करके उनकी शब्दावली का इतिहास तथा उसकी परम्परा का अन्वेषण आ॰ द्विवेदी ने किया। जैसे खसम अरबी भाषा का शब्द है और एक खसम शब्द सरहपा की रचनाओं में भी आया है इसका अर्थ ख-सम अर्थात् गगन सम है जबकि अरबी शब्द खसम का अर्थ पति है—कबीर इन दोनों ही अर्थों में इस शब्द का प्रयोग करते हैं।

शुक्ल जी ने बताया कि कबीर मूर्तिपूजा का खंडन मुसलमानी जोश के साथ करते हैं। जबकि आ॰ द्विवेदी ने कहा कि मूर्तिपूजा का विरोध तो नाथ पंथ की (कबीर की पूर्ववर्ती) परम्परा में पहले से ही अनुस्यूत है।

शुक्ल जी ने भक्तिकाल के उदय का कारण इस्लामी आक्रमण की प्रतिक्रिया माना है। मुसलमानों के आगमन तथा अत्याचार से उपजी हताशा को वे भक्ति साहित्य का प्रेरक मानते हैं जबकि आ॰ द्विवेदी इस भक्ति काव्य को भारतीय परम्परा का ही स्वाभाविक विकास माना है। वे कहते हैं कि यदि मुसलमान नहीं भी आए होते, तो भक्ति काव्य का बारह आना वैसा ही होता जैसा अभी है। उनके अनुसार भक्तिकाव्य निराश और हताश पौरूष का काव्य नहीं है।

आ॰ द्विवेदी की आलोचना बहुत ही सरल और सहज होती है। गहरी आत्मीयता का यह स्वरूप दो पक्षीय होता है—एक ओर वे कवि से आत्मीयता स्थापित करते हैं तो दूसरी तरफ पाठक के प्रति आत्मीयता भी स्थापित होती है।

भाव विभोर होकर जब वे आलोचना करते हैं तब शुक्ल जी की तरह बौद्धिकता की प्रधानता न होकर मार्मिकता की प्रधानता हो जाती है। आ॰ शुक्ल इस तरह की प्रभाववादी आलोचना के विरोधी थे पर द्विवेदी जी कहते हैं कि काव्यालोचना कितनी ही बौद्धिक क्यों न हो अन्ततः वह भावों के समझने का ही प्रयास है। द्विवेदी जी की आलोचना कथित रूचियों का निषेध करती है अतः उनका मानवतावादी रूप निखर सामने आता है। वे साहित्य को संस्कृति और समाज से जोड़कर देखते हैं। यही कारण है कि आ॰ द्विवेदी काव्य को मुक्ति की कामना कहते हैं। द्विवेदी जी हिन्दी आलोचना में संभवतः पहले प्रगतिशील आलोचक हैं। प्रगतिशील आन्दोलन के साथ उनका सहानुभूतिपूर्ण संबंध था।

"कालिदास की लालित्य योजना" नामक पुस्तक में उन्होंने कालिदास की रचनाओं से ही कालिदास का शास्त्र ग्रहण किया है। इसी बहाने भारतीय सौन्दर्य-शास्त्र पर भी विचार किया है।

द्विवेदी जी कभी भी आलोचना का शास्त्र नहीं बनाते। वे रचना के अन्तर्गत ही सूत्र की तलाश करते हैं तथा रचना के परिवेश और रचनाकार के व्यक्तित्व से मिले सूत्रों से उसका तादात्म्य स्थापित करते हैं।

पंडित नंददुलारे वाजपेयी

पं॰ नंददुलारे वाजपेयी के आलोचना ग्रंथ—हिन्दी आलोचना : बीसवीं शताब्दी, में इन्होंने आचार्य शुक्ल पर तीन लेख संकलित किये हैं। जिनमें उनकी महत्ता, देन एवं उनकी समीक्षा की सीमाएं बताई हैं। वाजपेयी जी के अनुसार : स्थूल व्यवहारवाद को निस्सीम बतलाकर और रहस्यवाद की कनकौए से तुलना कर विद्वान शुक्ल जी ने नवीन कविता के साथ अन्याय किया। सच्चाई तो यह है कि रहस्यवाद की हिमायत करने वाले वाजपेयी जी उसका उतना विश्लेषण नहीं करते जितना रहस्यवाद को 'कनकौआ' कहने वाले शुक्ल जी।

इसमें संदेह नहीं है कि छायावाद की भावभूमि को वाजपेयी जी ने पहचाना है। छायावाद का सामाजिक संदर्भ जितनी स्पष्टता के साथ वाजपेयी ने बताया है उतना उनके समय के अन्य किसी आलोचक ने नहीं बताया। उन्होंने कहा कि, "जिस प्रकार मध्ययुग का जीवन भक्तिभाव में व्यक्त हुआ उसी प्रकार आधुनिक जीवन की अभिव्यक्ति इस काव्य में हुई।

वाजपेयी जी छायावाद की आध्यात्मिकता पर बल देते हैं। छायावाद के भौतिक संदर्भ का संकेत देते हुये जयशंकर प्रसाद की 'कामायनी' और 'कंकाल' उपन्यास के माध्यम् से यह वर्णित करते हैं। ये करूणा एवं दुखांत में व्यंग्य भाव ढूँढ़ते हैं। समाज एवं साहित्य के अंतर्सम्बन्धों की छानबीन एवं गहरे पैठ कर सकते हैं। इन्होंने अपनी कुशल दृष्टि से साहित्य में बौद्धिकता तथा सामाजिकता के दबाव को पहचाना।

वाजपेयी जी प्रेमचंद की प्रगतिशीलता को साहित्य का शाश्वत लक्षण मानते हैं। प्रेमचंद ने पूना अधिवेशन में कहा कि, "अगर प्रोपेगण्डा न हो तो संसार में साहित्य की जरूरत न हो। जो प्रोपेगण्डा नहीं कर सकता, वह विचार शून्य है और उसे कलम हाथ में लेने का कोई अधिकार नहीं। मैं उस प्रोपेगण्डा को बड़े गर्व से स्वीकार करता हूँ। साहित्य के सभी नए आंदोलन एक अर्थ में प्रगतिशील कहे जा सकते हैं क्योंकि किसी न किसी नवीन विचारधारा के सहचर हुआ करते हैं।" अतः प्रेमचंद की ही भाँति वाजपेयी जी भी कहते हैं कि, किसी विशिष्ट साहित्य आंदोलन को ही प्रगतिशील कहने से भ्रम होता है, हमारे पहले के आंदोलन प्रगतिशील नहीं थे।

पंडित वाजपेयी ने जीवोन्मुख और उसकी उद्देश्ययुक्त नियोजना को प्रगतिशीलता का लक्षण माना है। उनके विश्लेषण से ऐसा लगता है कि वे प्रगतिशीलता को काव्य हेतु अनिवार्य मानते हैं। प्रगतिशीलता समय सापेक्ष्य है। भूत एवं भविष्य को वर्तमान के व्यवहार से समझकर। "साहित्य जीवन के संघर्षों के बीच रहकर रचा जाता है और उसका उद्देश्य जीवन को समृद्ध और सम्पन्न बनाना है।"

इन्होंने साहित्य सृजन के लिए सामयिक जीवन के महत्त्व पर पुनः बल दिया तथा प्रयोगवादी रचनाओं पर भी विचार किया। उन्होंने तारसप्तक के संकलनकर्ता और संपादक अज्ञेय के वक्तव्य की आलोचनात्मक छानबीन की है। हिन्दी साहित्य-बीसवीं शताब्दी में आ॰ द्विवेदी, मैथिलीशरण गुप्त, रत्नाकर आदि पर निबंध सृजित कर आलोचकीय गंभीरता और दायित्व का परिचय दिया।

वाजपेयी का साहित्यिक व्यक्तित्व अपने युग की राष्ट्रीय आशाओं, आकांक्षाओं का प्रतिनिधित्व करता है। उनके पुरुष व्यक्तित्व ने यदि खड़ी बोली हिन्दी को गठित, व्यवस्थित और एकरूपता दी तो प्रेरणादायक व्यक्तित्व ने हिन्दी को मैथिलीशरणगुप्त जैसा कवि दिया। छायावाद को द्विवेदी युग का विद्रोह स्वर तो बहुत जोर-शोर से कहा जाता है, लेकिन यह आंकने का प्रयास कम किया जाता है कि द्विवेदी युग को लांघकर हिन्दी में छायावाद नहीं आ सकता था। छायावाद द्विवेदी युग का विद्रोह कम और विकास अधिक है। हमारे देश की प्रगति का द्विवेदी युग के साहित्य ने साथ दिया। इसे वाजपेयी जी ने लक्षित किया है और वर्णित किया है कि, "हीनता और दरिद्रता के प्रति सहानुभूति समय की सामाजिक और राजनीतिक प्रगति का साथ देना, शृंगार के विलास-वैभव का निषेध, ये सब द्विवेदी युग के आदर्श हैं। मध्य वर्ग की राष्ट्रीय भावना जो अकीरों के आतंक से छूट नहीं पायी थी, द्विवेदी युग की आधारशिला है।"

वाजपेयी जी ने रत्नाकर के काव्य की जाँच विकास की द्वंद्वात्मक गति की शैली के आधार पर की और वे कहते हैं, कि, "गत युग के संस्कारों की स्थापना नव्यतर युग में करना निसर्गतः एक कृत्रिम प्रयास है। वह काव्य सुशोभन और गौरवास्पद हो सकता है किन्तु वह युग का अनिवार्य काम नहीं हो सकता। उत्कृष्ट साहित्य सदैव अनिवार्य हुआ करता है।"

कुशल और मर्मभेदी आलोचना 'जयद्रथ वध' जैसी रचनाओं के विश्लेषण करते समय स्पष्ट होती है। राष्ट्रीय चेतना का उत्कर्ष, पुराने कथानक में आधुनिकता की पहचान करना इनकी विशेषता है।

इनकी समीक्ष्यकृतियों को देखने के उपरांत लगता है कि ये शुक्ल जी की परंपरा के आलोचक हैं। उनकी सामर्थ्य शुक्ल जी का विरोध करने में नहीं बल्कि उनका समर्थन करने या उनके द्वारा निकाली गई समीक्षा पद्धति पर चलने में प्रकट हुई। वाजपेयी जी ने शुक्ल जी का विस्तार किया है, तर्क असंगत नहीं है।

उत्तर-संरचनावाद

उत्तर-संरचनावाद संरचनावाद का ही अगला चरण है। इन दोनों को उस तरह अलगाया नहीं जा सकता। जिस प्रकार आधुनिकतावाद और उत्तर-आधुनिकतावाद को अलगाने का प्रचलन है। संरचनावाद कुछ विशिष्ट विचारों का गुंफ है जो कई अनुशासनों – इतिहास, नृतत्वशास्त्र, मनोविज्ञान, साहित्य आदि पर लागू किया जा सकता है। नौवें दशक में इसका पराभव आरंभ हुआ। इसका स्थान उत्तर-संरचनावाद ने लिया। यद्यपि बहुत से मत-मतांत्तरों की तरह इसका (संरचनावाद) जन्म-स्थान फ्रांस है, फिर भी कुछ अन्य देशों के विद्वानों ने इसमें महत्वपूर्ण योगदान किया है। सस्योर, रोमन जेकोब्सन, माइकेल बाख्ति, पियरे, एडवर्ड सुधीर, नोम चाम्सकी, आदि। संरचनावादियों ने इनसे बहुत कुछ सीखा। संरचनावाद को स्थापित करने का श्रेय फ्रांस के पांच विद्वानों को दिया जाता है—क्लाडे लेविस स्त्रोस (नृतत्वशास्त्री), माइकेल (विचारों का इतिहासकार), रोलॉवार्थ (साहित्य-आलोचक), लुई अलथ्युसर (राजनीतिक वैज्ञानिक) और जैकिपस लकिन (मनौवैज्ञानिक)।

इनका कोई स्कूल नहीं है, प्रत्येक का अपना अनुशासन और व्यक्तित्व है। पर उनकी पद्धतियों में कुछ ऐसा साम्य भी है कि वे संरचनावादी कहे जाते हैं। इनमें लेविस स्त्रोस अकेला व्यक्ति है जो इसके साथ नौवें दशक के मध्य तक जुड़ा रहा। बार्थ और फूको आंशिक रूप से ही संरचनावादी हैं। संरचनावाद भाषिकी पद्धति है। उत्तर-संरचनावाद इसी का अगला चरण है।

सातवें दशक में जैकि एस दरिदा ने उत्तर-संरचनावाद का प्रवर्तन किया। उसके अमरीकी अनुयायी पाल डीमन ने उसे और भी पुष्ट किया। संरचनावादी पद्धति में भाषा को मॉडल के रूप में लिया जाता है। उत्तर-संरचनावाद में संरचनावाद की अपेक्षा इस पर कहीं अधिक जोर दिया जाता है। वह सस्योर के भाषा सम्बन्धी सिद्धांतों से प्रभावित है पर उसे एक सीमा के बाद उलट देता है। सस्योर के मतानुसार भाषा अर्थ को सम्मिलित करती है, दरिदा को यह मान्य नहीं है। अर्थेनमीलन का अभिप्राय है कि अर्थ शब्द के पहले रहता है। दरिदा का कहना है कि भाषा अर्थ की सृष्टि करती है। भाषा के बाहर कुछ भी नहीं है। उसकी पद्धति को विनिर्मिति, विघटन कहा जाता है। सस्योर भाषिक चिह्न को प्रकृत्या भिन्नतामूलक मानता है। यानि वह जो कुछ है, वह इसलिए है कि जो वह नहीं है और भाषा द्वारा जो कुछ दिखाई पड़ता है उसमें बहुत कुछ अप्रस्तुत या अनुपस्थित रहता है। इस अनुपस्थिति को कुछ लोग गहन संरचना भी कहते हैं। भाषिक चिह्न में जो नहीं है उसे 'ट्रेस' के रूप में खोजा जा सकता है, क्योंकि बुनियादी तौर पर वह होता ही है। आलोचना का काम इसी अनुपस्थिति को खोजना है। अतः सारा जोर रचना के पाठ पर दिया जाता है, पाठ के बाहर कुछ नहीं होता। आलोचना के प्रतिमान रचना की संरचना में ही होते हैं।

उत्तर-संरचनावादी रचनाकार और आलोचक में बुनियादी भेद नहीं मानता। दोनों ही भाषा का खेल खेलते हैं। दोनों रचना करते हैं। जहाँ रचयिता समाप्त करता है वहाँ से आलोचक और जहाँ आलोचक समाप्त करता है वहाँ से पाठक शुरू करता है। रचयिता को पाठ या टैक्स्ट से बाहर कर दिया जाता है। पाठ ही सृजक है। इसमें लेखक की मृत्यु (रोलॉबार्थ) हो जाती है। काव्य-सत्य अपने आप में सत्य नहीं होता, वह पाठक या आलोचक का सत्य होता है। उसके अनेक रूप हो सकते हैं। उत्तर-संरचनावाद में पाठ के अंधस्थलों का बहुत महत्व है। यह लेखक के दृष्टि पथ में, ज्ञान में, नहीं होता। किन्तु आलोचक हेतु ज्योति का कार्य करता है। संरचनावाद एवं उत्तर-संरचनावाद दोनों में एक अंतर यह भी है कि पहले ये वैयक्तिकता हेतु कुछ जगह पर दूसरे में नहीं।

आधुनिकतावाद

आधुनिकतावाद एक जटिल पश्चिमी प्रत्यय है। इसकी अनेक व्याख्याएं और अंतर्विरोधी विवेचन होते रहे हैं, और हो रहे हैं। फिर भी इसके उलझाव को समाप्त नहीं किया जा सका है। किन्तु आलोचना, साहित्यिक इतिहास और सिद्धांतों के विवेचन हेतु यह अनिवार्य हो गया है। पूर्व वर्षों में यह प्रत्यय आंग्ल-अमरीकी और स्कैंडेविया की सीमाओं में ही सिमटा रहा है। आज भी जर्मन और फ्रांसीसी आलोचनाओं में कम ही प्रयुक्त होता है। कुछ-एक विद्वान् उत्तर-आधुनिकता को इसका अगला चरण मानते हैं। इसके प्रवर्तन

काल को लेकर विवाद रहा है। डी.एच. लारेंस की दृष्टि में इसकी शुरुआत 1915 में और जान गॉस के मतानुसार 1920 ई॰ में होती है। इस आंदोलन को परम्परा, इतिहास, देश-काल से मुक्ति का कहा जाता है, इसे किसी परम्परा से जोड़ना भारी भ्रम है। लूकाच इसे अमूर्त, इतिहास-निरपेक्ष, तर्केतर और मिथकीय कहता है। T.S. Eliot अपने समय को व्यर्थता और अराजकता का परिदृश्य कहता है। यह एक ऐसा तार था जो आधुनिकतावाद के अनेक सिद्धांतों, स्वरों को अलंकृत कर गया।

हिन्दी में आधुनिकतावादी गतिविधियों के आविर्भाव का वर्ष 1941 हो सकता है। इसी वर्ष अज्ञेय की 'शेखर : एक जीवनी' का प्रकाशन हुआ जो पारंपरिक रूप और नैतिक मान्यताओं को बुरी तरह ध्वस्त करता है। परन्तु सही अर्थ में इसकी शुरुआत का सिलसिला सन् 60 से चलता है और वह एक आंदोलन का रूप ग्रहण कर लेता है।

पश्चिम का आधुनिकतावाद एशिया का आधुनिकतावाद नहीं हो सकता। जापान और कोरिया को छोड़ दें तो एशिया के अन्य देश विकसनशील अवस्था में हैं। साहित्य अभी गाँव में संयुक्त है, अपनी संस्कृति के प्रति जागरूक है पर आधुनिक के अभिशाप की छाया से अछूता नहीं है। इसकी मुख्य विशेषताएं हैं—इतिहास और परम्परा से विच्छेद, गहन स्वात्म-चेतना, तटस्थता और अप्रतिबद्धता, व्यक्ति स्वातंत्र्य, रूप और प्रयोग, अपने आप में बंद दुनिया, अपारदर्शी भाषा।

उत्तर-आधुनिकतावाद

आधुनिकतावाद की तरह उत्तर-आधुनिकतावाद एक जटिल प्रत्यय है जिसकी रूपरेखा को स्पष्ट नहीं किया जा सकता। पश्चिमी विचारकों में मुख्यतः अमेरिकी विचारकों ने इसे विश्लेषित करने का प्रयास किया है। यह आधुनिकता से एकदम भिन्न है अथवा उसका विकास या अगला कदम? उत्तर-संरचनावाद, उत्तर-प्रौद्योगिकी, आवॉगार्द आदि से इसका क्या संबंध है? इसके अपने गुण-लक्षण क्या हैं? मानवीय समाज, संस्कृति और संवेदना को यह कहाँ, किस दिशा में ले जा रहा है? तीसरी दुनिया के विकसनशील देशों में इसका प्रभाव क्या रहा?

उत्तर-आधुनिकतावाद का प्रचलन एक-दो दशक पूर्व से होने लगा है। 20वीं शती के सातवें और आठवें दशक में। प्रथमः वास्तुकला के क्षेत्र में इसके दर्शन होते हैं। इसे लोकप्रिय बनाने का श्रेय राबर्ट बेंतुरी और जेम्स स्टर्लिंग को जाता है। उन्होंने इसका विरोध वास्तुकला की अंतर्राष्ट्रीय शैली के विरोध में किया। इसी क्षेत्र में आधुनिकता की मृत्यु की घोषणा की गई। इसे फ्रांसीसी उत्तर-संरचनावादियों—देल्यूज, दरिदा, माइकेल फुको—से अधिक बल मिला। ये लोग आठवें दशक में क्रियाशील थे। वे अनेक अर्थों में एक-दूसरे के विरोधी होते हुए भी कई अर्थों में एक-दूसरे से मिलते-जुलते थे, समान थे। वे यथार्थ के खंडित, परस्पर विरोधी और विजातीय तथा बहुवाची थे या अनेकांतवादी चरित्र के समर्थक थे। वह यह नहीं मानते थे कि मनुष्य किसी वस्तुनिष्ठ यथार्थ तक पहुँच सकता है। पर वे उस समय को कला और दर्शन तथा सामाजिक परिवर्तन को दृष्टि में रखते थे।

लियोतार्द आधुनिकतावाद का सम्बन्ध 'ग्रैंड नरेखि' से जोड़ता है, जिसमें एक सिलसिला होता है, समग्रता होती है, आध्यात्मिकता का द्वन्द होता है। उत्तर-आधुनिकता 'ग्रैंड-नरेखि' के विरुद्ध है। इसकी कला में संगति नहीं है, रोटैलिटी नहीं है, अन्विति की जगह बिखराव है।

उत्तर-आधुनिकतावाद में, कम्प्युटर युग, दूर-संचार माध्यम, टेक्नोलॉजी के कारण जो नई स्थितियाँ पैदा हुई हैं उन्हीं से उत्तर-आधुनिकतावादी चेतना का विकास हुआ है। इसमें तर्क, रूप, यथार्थ, इतिहास सबका नकार है। यह एक अराजकतावादी निहलिस्ट प्रवृति है। इसे एक प्रकार के नकारात्मक सौन्दर्य बोध का आह्लाद कहा जा सकता है।

विखंडन (विनिर्मितिवाद) (डी-कान्स्ट्रक्शन)

यह पश्चिम की समीक्षा का नवीनतम आविष्कार है। फ्रांस के दार्शनिक, भाषाविद् और आलोचक दरिदा इसके जनक हैं। यह उत्तर-संरचनावाद का सर्वाधिक सशक्त अकादमीय आंदोलन है। अपने देश में भी इसकी धमक सुनाई पड़ने लगी है। इसके संबंध में विद्वान् दो खेमों में बंटे हैं। एक खेमे में इसे क्रांतिकारी कहा जाता है तो दूसरे शिविर में अर्थहीन और आतंकवादी।

दरिदा की पुस्तक ग्रामैंरोलॉजी इसकी बाइबिल है। वह भाषा में उच्चारण के स्थान पर लेखन को महत्त्व देते हैं।

निशान, पदचिह्न या ट्रेस कुछ है जिससे अनुपस्थिति तक पहुँचा जा सकता है। वह कहता है काव्य में भाषा का नहीं, निशान या ट्रेस तथा अनुपस्थिति का महत्त्व है। भाषा का मौन, अंतराल निशान ट्रेस ही है। पर निशान को अदृश्य प्रेत-छाया कहना कुछ भी संकेतित नहीं करता।

—— ❖ —— ❖ —— ❖ ——

विविध

A. संस्थाएं

(1) **साहित्य अकादमी : (दिल्ली) :**

- क्षेत्रीय कार्यालय : मुम्बई, कलकत्ता, चेन्नई
- स्थापना वर्ष : 1954
- पहला अध्यक्ष : जवाहर लाल नेहरू
- साहित्य अकादमी पुरस्कार स्थापना वर्ष : 1955
- भाषाएँ : प्रतिवर्ष अंग्रेजी सहित 22 भारतीय भाषाओं में दिया जाता है।
- अकादमी की स्थापना का उद्देश्य : सभी भारतीय भाषाओं का विकास तथा उनमें पारस्परिक समन्वय स्थापित करके सांस्कृतिक एकता का पोषण!
- अकादमी के प्रमुख कार्य :
  1. भारतीय भाषाओं में साहित्यिक कृतियों के परस्पर अनुवाद तथा अभारतीय भाषाओं से भारतीय भाषाओं में अनुवाद कार्य
  2. साहित्य के इतिहास तथा आलोचना-ग्रन्थों का प्रकाशन
  3. ग्रन्थसूचियों तथा आत्मकथाओं जैसी संदर्भ पुस्तकों एवं देवनागरी और अन्य भारतीय लिपियों में पुस्तकों का प्रकाशन

जनसामान्य में साहित्य के अध्ययन को लोकप्रिय बनाना

पत्र/पत्रिकार्ये/पुस्तकमाला प्रकाशन

अंग्रेजी द्वैमासिक	:	इण्डियन लिटरेचर
हिन्दी त्रैमासिक	:	समकालीन साहित्य
संस्कृत षट्मासिक	:	संस्कृत प्रतिभा

'भारत की विभिन्न भाषाओं के साहित्य का इतिहास' तथा 'भारतीय साहित्य के निर्माता' - दो पुस्तक मालायें

- भारतीय साहित्य के एक विस्तृत विश्वकोष का निर्माण
- साहित्य अकादमी पुरस्कार गत पाँच वर्ष के अंदर प्रकाशित रचनाओं पर मिलता है। वर्तमान में इसकी राशि रु. 1,00,000 है। हिन्दी में पिछले कुछ वर्षों में यह पुरस्कार निम्नलिखित लोगों को मिला है–

वर्ष	कृति	रचनाकार
1995	दूसरा कोई नहीं (का. सं.)	कुँवरनारायण
1996	मुझे चाँद चाहिए (उपन्यास)	सुरेन्द्र वर्मा
1997	अनुभव के आकाश में चाँद (का. सं.)	लीलाधर जगूड़ी
1998	नये इलाके में (का. सं.)	अरूण कमल
1999	दीवार में एक खिड़की रहती थी (उप.)	विनोदकुमार शुक्ल
2000	हम जो देखते हैं (का. सं.)	मंगलेश डबराल
2001	काली-कथा : विया बाइपास (उप.)	अलका सरोकी
2002	दो पंक्तियों के बीच (कविता)	राजेश जोशी
2003	कितने पाकिस्तान	कमलेश्वर
2004	दुश्चक्र में श्रेष्ठ (का. सं.)	विरन दनकवाल
2005	क्याप (उप.)	मनोहर श्याम जोशी
2006	संश्यात्मा (का. सं.)	ज्ञानेन्द्रपति
2007	इन्हीं हथियारों से (उप.)	अमर कांत

सबसे पहला साहित्य अकादमी पुरस्कार 1955 में माखनलाल चतुर्वेदी को उनके काव्य संग्रह 'हिमतरंगिणी' के लिए प्रदान किया गया था।

(2) **संगीत नाटक अकादमी (दिल्ली) :**

- स्थापना वर्ष : 1953
- स्थापना का उद्देश्य : देश-विदेश में भारतीय नृत्य, संगीत का प्रचार-प्रसार एवं नाट्यकला का विकास
- संगीत नाटक अकादमी पुरस्कार : राशि रु. 50,000; स्थापना वर्ष 1952, नृत्य, संगीत एवं नाट्यलेखन के क्षेत्र में।

(3) **भारतीय ज्ञानपीठ परिषद् :**

- स्थापना वर्ष : 1944
- संस्थापक : साहू शान्तिप्रसाद जैन एवं उनकी पत्नी रमा जैन
- ज्ञानपीठ पुरस्कार : देश की मान्यताप्राप्त किसी भी भारतीय भाषा में उत्कृष्ट साहित्य
- सृजन पर; स्थापना वर्ष 1965; राशि : रु. 2.5 लाख मात्र (1998 तक) रु. 5 लाख मात्र (1998 से)
- हिन्दी में ज्ञानपीठ पुरस्कार प्राप्त करने वाले प्रमुख साहित्यकार निम्नलिखित हैं–
  सुमित्रानन्दन पन्त (चिदम्बरा), दिनकर (उर्वशी), अज्ञेय (कितनी नावों में कितनी बार), महादेवी वर्मा (यामा), नरेश मेहता (सम्पूर्ण कृतित्व पर), लीलाधर जगूड़ी (अनुभव के आकाश में चाँद : काव्य संग्रह, वर्ष 1997), निर्मल वर्मा (शताब्दी के ढलते वर्षों में : निबन्ध संग्रह , वर्ष 1999), वर्ष 1998 में ज्ञानपीठ पुरस्कार गिरीश कर्नाड़ (कन्नड़ नाटककार) को तथा वर्ष 1999 में निर्मल वर्मा एवं गुरूदयाल सिंह (पंजाबी उपन्यासकार) को सम्मिलित रूप से दिया गया। वर्ष 2000 इंदिरा गोस्वामी (असमी); वर्ष 2001 राजेन्द्र केशव लाल शाह (गुजराती); 2002 डॉ. जयकान्तन (तमिल); 2003 विन्दा करन्दीकर (मराठी); 2004 रहमान राही (कश्मीरी) तथा 2005 कुंवर नारायण (हिन्दी); 2006 रवीन्द्र केलकर (कोंकणी), सत्यव्रत शास्त्री (संस्कृत); 2007 ओ.एन.वी. कुरूप (मलयालम); 2008 अखलाक खान शहरयार (उर्दू); 2009 अमरकांत एवं श्रीलाल शुक्ल (दोनों हिन्दी); 2010 चन्द्रशेखर कंवर (कन्नड़); 2011 डॉ. प्रतिभा राय (ओडिया); 2012 डॉ. राबुरी भारद्वाज (तेलुगू); 2013 केदारनाथ सिंह (हिन्दी); 2014 भालचन्द्र नेमाड़े (मराठी); 2015 रघुवीर चौधरी (गुजराती); 2016 शंखघोष (बांग्ला); 2017 कृष्णा सोबती (हिन्दी)।

(4) **नागरी प्रचारिणी सभा (वाराणसी) :**

- स्थापना वर्ष : 1893
- संस्थापक : श्यामसुन्दर दास, राम नारायण मिश्र, डॉ. शिवकुमार सिंह
- स्थापना का उद्देश्य : हिन्दी भाषा एवं नागरी लिपि का प्रचार-प्रसार

- प्रमुख कार्य :
  - सन् 1898 में कचहरियों में नागरी लिपि को प्रवेश दिलाना
  - आर्यभाषा पुस्तकालय की स्थापना
  - सन् 1945 में रामचन्द्र शुक्ल के सम्पादन में 'हिन्दी शब्द सागर' का निर्माण तथा एक राजकीय कोष का निर्माण
  - अठारह भागों के विशाल ग्रन्थ 'हिन्दी साहित्य का वृहद् इतिहास' का प्रकाशन
  - नागरी प्रचारिणी पत्रिका का प्रकाशन (प्रकाशन वर्ष : 1896, प्रथम सम्पादक : श्री वेणी प्रसाद)

(5) हिन्दी साहित्य सम्मेलन (प्रयाग) :

- स्थापना वर्ष : 1910
- संस्थापक : राजर्षि पुरुषोत्तम टण्डन
- स्थापना में सहयोगी कार्यकर्ता : श्यामसुन्दर दास, मालवीय जी, सेठ गोविन्ददास, तथा श्रीनारायण चतुर्वेदी
- प्रमुख कार्य : हिन्दी में अनेक परीक्षाओं का आयोजन तथा उपाधियों का वितरण (1913 से)
- अन्य जानकारी : प्रथम हिन्दी साहित्य सम्मेलन (इंदौर) के अध्यक्ष गाँधी जी थे। यह 1918 ई॰ में सम्पन्न हुआ। इसी वर्ष (1918) 'सम्मेलन' की एक शाखा मद्रास में खुली जिसे 1927 में स्वतंत्र करके 'दक्षिण भारत हिन्दी प्रचार सभा' मद्रास की संज्ञा दी गयी।

(6) राजभाषा आयोग :

- स्थापना वर्ष: 1955
- प्रथम अध्यक्ष : बी॰जी॰ खेर
- 14 सितम्बर 1949 को भारत के संविधान में हिन्दी को मान्यता प्रदान की गयी। राजभाषा अधिनियम 1963 में लगाया गया। इसमें 9 धारायें थीं। 1967 में अधिनियम का संशोधन किया गया।
- राजभाषा नियम 1976 में 12 नियम निर्धारित किये गये। इन्हीं के आधार पर आज भी हिन्दी भाषा संबंधी नीति का अनुपालन हो रहा है।

(7) अन्य संस्थाएं :

- हिन्दुस्तानी अकेडमी (प्रयाग) : स्थापना वर्ष 1927
- विश्वविद्यालय अनुदान आयोग (दिल्ली) : स्थापना वर्ष 1956;
- ललित कला अकादमी : स्थापना वर्ष 1954 ; वर्तमान अध्यक्ष : कृष्णा शेट्टी

(8) व्यास सम्मान (राशि 2.5 लाख रु॰) : रामविलास शर्मा (1991), शिवप्रसाद सिंह (1992), गिरिजा कुमार माथुर (1993), धर्मवीर भारती (1994)।

वर्ष	कृति	रचनाकार
1995	कोई दूसरा नहीं (काव्य संग्रह)	कुँवरनारायण
1996	हिन्दी साहित्य और संवेदना का विकास (आलोचना)	रामस्वरूप चतुर्वेदी
1997	उत्तर कबीर	केदारनाथ सिंह
1998	पाँच आँगनों वाला घर (उप.)	गोविन्द मिश्र
1999	बिश्रामपुर का संत (उप.)	श्रीलाल शुक्ल
2000	पहला गिरमिटिया (उप.)	गिरिराज किशोर
2001	पहला गिरिमिटिया (उप.)	गिरिराज किशोर
2002	पृथ्वी का कृष्ण पक्ष (उप.)	कैलाश वाजपेयी
2003	अनवन (उप.)	चित्रा मुदगल
2004	कथ गुलाब (उप.)	मृदुला (जैन) गर्ग
2005	कथा सतिसार (उप.)	चन्द्रकान्ता
2006	कविता का अर्थात	परमानन्द श्रीवास्तव
2008	एक कहानी यह भी (उप.)	मन्नु भण्डारी
2009	इन्हीं हथियारों से	अमरकांत
2010	फिर भी कुछ रह जायेंगे	विश्वनाथ प्रसाद तिवारी
2011	आम के पत्ते (काव्य संग्रह)	रामदरश मिश्र
2012	न भूतो न भविष्यति (उप.)	नरेन्द्र कोहली
2013	व्योमकेश दरवेश (संस्मरण)	विश्वनाथ त्रिपाठी
2014	प्रेमचंद की कहानियों का काल-क्रमानुसार अध्ययन	कमल किशोर गोयनका
2015	क्षमा (काव्य संग्रह)	सुनीता जैन
2016	काटना शमी का वृक्ष पद्म-पंखुड़ी की धार से (काव्य संग्रह)	सुरिन्दर वर्मा
2017	आधे अधूरे	ऋषभ जैन

B. काव्यशास्त्र : कथन/ सिद्धान्त/ पुस्तकें

संस्कृत काव्य शास्त्र :

पुस्तकें : नाट्यशास्त्र (भरत), काव्यालंकार (भामह), काव्यादर्श (दण्डी), काव्यालंकारसूत्र (वामन), वक्रोतिजीवितम् (कुन्तक), दशरूपक अवलोक (धनिक), ध्वन्यालोक (आनन्दवर्धन), काव्यप्रकाश (मम्मट), साहित्यदर्पण (विश्वनाथ), अभिनव भारती, ध्वन्यालोकलोचन (अभिनव गुप्त), औचित्य विचार चर्चा (क्षेमेन्द्र), दशरूपक (धनंजय), रस गंगाधर (पंडित जगन्नाथ), काव्यानुशासन (हेमचन्द्र), नाट्यदर्पण (रामचन्द्र गुणचन्द्र), काव्यकौतुक (भट्टतौत), व्यक्ति विवेक (महिम भट्ट), हृदय दर्पण (भट्टनायक), सरस्वतीकण्ठाभरण (भोज)

काव्यलक्षण :

1. संक्षेपाद्वाक्यमिष्टार्थव्यवच्छिन्ना पदावली।
काव्यं स्फुरदलंकारं गुणवद्दोषवर्जितम्।। (अग्निपुराण)
2. मृदुललितपदाढ्यं गूढशब्दार्थहीनम्
जनपदसुखबोध्यम् युक्तिमन्नृत्ययोज्यम्।
बहुरसकृतमार्ग सन्धिसन्धानयुक्तम्
स भवति शुभकाव्यं नाटक प्रेक्षकाणाम्।। (नाट्यशास्त्र)
3. शब्दार्थौ सहितौ काव्यम् (भामह)
4. शरीरं तावदिष्टार्थं व्यवच्छिन्ना पदावली (दण्डी)
5. शब्दार्थशरीरं तावत्काव्यम्। काव्यस्यात्मा ध्वनिः। (आनन्दवर्द्धन)
6. तद्दोषौ शब्दार्थौ सगुणावनलंकृती पुनः क्वापि। (मम्मट)
7. अंगीकरोति यः काव्यं शब्दार्थवनलंकृती।
असौ न मन्यते कस्मादनुष्णमनलंकृति।। (जयदेव)
8. वाक्यं रसात्मकं काव्यम्। (विश्वनाथ)
9. शब्दार्थौ सहितो वक्र कवि व्यापारशालिनि । बन्धे व्यवस्थितौ काव्यम् (कुन्तक)

10. काव्यशब्दोऽयं गुणालंकारसंस्कृतयो शब्दार्थयोर्वर्तते (वामन)
11. अदोषौ सगुणौ सालंकारौ च शब्दार्थौ काव्यम् (हेमचन्द्र)
12. रमणीयार्थप्रतिपादकः शब्दः काव्यम् (पंडितराज जगन्नाथ)

काव्यहेतु :

1. बुद्धिस्तात्कालिकी ज्ञेया मतिरामाभिगोचरा
प्रज्ञानवनवोन्मेषशालिनी प्रतिभा मता।। (भट्टतौत)
2. अपूर्ववस्तु निर्माणक्षमा प्रज्ञा ....। (आनन्दवर्द्धन)
3. कवित्वबीजं प्रतिभानम् (वामन)
4. प्रतिभैव श्रुताभ्याससहितां कवितां प्रति
हेतु : मृदम्बुसम्बद्ध बीजोत्पत्तिः लातामिव।। (जयदेव)
5. प्रतिभैव च कबीनां काव्यकारणकारणम्
व्युत्पत्यभ्यासौ तस्या एवं संस्कारकारकौ न तु काव्यहेतू।। (हेमचन्द्र)
6. शक्तिर्निपुणता लोकशास्त्रकाव्याद्यवेक्षणात्।
काव्यज्ञशिक्षयाभ्यास इति हेतुस्तदुद्भवे।। (मम्मट)

काव्य प्रयोजन :

1. धर्मार्थकाममोक्षेषु वैचक्षण्यं कलासु च ।
करोति कीर्ति प्रीतिं च साधु काव्यनिवेषणम्।। (भामह)
2. काव्यं यशसेऽर्थकृते व्यवहारविदे शिवेतरक्षतये।
सद्यः परनिर्वृत्तये कान्ता सम्मित तयोपदेशयुजे (मम्मट)

रस सम्प्रदाय :

1. रसो वै सः। (तैत्तरीय उपनिषद)
2. विभावनुभावसंचारिसंयोगाद्रसनिष्पत्तिः (नाट्यशास्त्र : भरत का रससूत्र)
3. न हि रसदृतेकश्चिदर्थः प्रवर्तते। (नाट्यशास्त्र)
4. काव्येषु नाटकं रम्यं। (नाट्यशास्त्र)
5. एते ह्यष्टौ रसाः प्राक्ता द्रुहिणेन महात्मना। (नाट्यशास्त्र)
6. आस्वाद्यत्मेव रसः । यथाहिनांनाव्यंजनसंस्कृतमन्नं भुज्जानां रसानास्वादयन्ति सुमनसः पुरूषा : हर्षादीश्चांधिगच्छन्ति तथा नानाभावाभिनय व्यंजितात् वाग्ड्ंसत्वोयेतान् स्थायिभावानास्वादयन्ति सुमनसः प्रेक्षकाः हर्षादींश्चाधिगच्छन्ति (नाट्यशास्त्र)
7. '..... आस्वादयन्ति मनसा तस्मान्नाट्यरसाः स्मृताः' (नाट्यशास्त्र)
8. स्त्वोद्रेकादखण्डस्वप्रकाशानन्दचिन्मयः
वेद्यान्तरस्पर्शशून्यो ब्रह्मास्वादसहोदरः।।
लोकोरचमत्कारप्राणः कैश्चित्प्रमातृभिः
स्वाकारवदभिन्नत्वेनायमास्वाद्यते रसः ।। (विश्वनाथ)
9. सुख दुःखात्मो वै रसः (रामचन्द्र गुणचन्द्र)
10. एको रसः करूण-एव निमित्त भेदात् । (भवभूति)

'रससूत्र' के व्याख्याकार :

1. भट्ट लोल्लट : मीमांसा दर्शन पर आधारित; मतः उत्पत्तिवाद/ आरोपवाद/ प्रतीतिवाद/ उपचयवाद
संयोग = कार्यकरण संबंध, निष्पत्ति = उत्पत्ति
2. शंकुक : न्यायदर्शन पर आधारित; मतः अनुमितिवाद
संयोग = गम्य-गमक भाव, निष्पति = अनुमिति
3. भट्ट नायक : सांख्यदर्शन पर आधारित, मतः भुक्तिवाद
संयोग = भोज्य-भोजक भाव, निष्पत्ति = भुक्ति
इन्होंने सर्वप्रथम साधारणीकरण की परिकल्पना की ।
4. अभिनव गुप्त : शैवाद्वैत दर्शन के आनंदवाद पर आधारित, मतः अभिव्यक्तिवाद
संयोग = व्यंजक-व्यंग्य संबंध, निष्पत्ति = अभिव्यक्ति

ध्वनि सम्प्रदाय : (प्रवर्तक - आनंदवर्द्धन)

1. काव्यस्यात्मा ध्वनिरिति बुधैर्यः समाम्नातपूर्वः
तस्याभावं जगदुरपरे भाक्तमाहुस्तमन्ये
केचिद् वाचां स्थितमविषये तत्वमूचुस्तदीयं
तेन ब्रूमः सहृदयमनः प्रीतये तत्स्वरूपम्।। (आनन्दवर्द्धन)
2. पूर्व-पूर्व वर्णानुभवाहित संस्कारचिवेन अंत्यवर्णानुभवेन अभिव्यंजते स्फोटः (आनन्दवर्द्धन)

अलंकार सम्प्रदाय : (प्रवर्तक - भामह)

1. काव्यशोभाकरान् धर्मान् अलंकारान् प्रचक्षते । (दण्डी)
2. काव्यशोभायाः कमरि धर्मागुणाः। तदृतिशय हेतवस्त्वलंकाराः
काव्यम् ग्राह्यमलंकारात् सौन्दर्यमलंकारः (वामन)
3. शब्दार्थयोरस्थिरा ये धर्माः शोभातिशायिनः (विश्वनाथ)

वक्रोति सम्प्रदाय : (प्रवर्तक - कुन्तक)

1. सैषा। सर्वत्र वक्रोक्तिरनयार्थो विभाव्यते। यत्नोंऽस्यां कविना कार्य कोऽलंकारोऽनया बिना। (भामह)
2. वक्रोक्तिः काव्यजीवितम् । (कुन्तक)
3. वक्रोक्तिश्च रसोक्तिश्च स्वभावोक्तिश्च वाग्ड्मयम्
सर्वासु ग्राहिणी तासु रसोंक्ति प्रतिजानते।। (भोज)

रीति सम्प्रदाय : (प्रवर्तक - वामन)

1. रीतिरात्मा काव्यस्य। विशिष्टापदरचना रीतिः विशेषो गुणात्मा गुणविपर्ययात्मानों दोषः (वामन)
2. वेषविन्यास क्रमः प्रवृत्तिः, विलास विन्यास क्रमः वृन्तिः, वचन विन्यास क्रमः रीतिः (राजशेखर)
3. सम्प्रति तत्र ये मार्गाः कविप्रस्थानहेतवः।
सुकुमारो विचित्रश्च मध्यमश्चोभयात्मकः।। (कुन्तक)

औचित्य सम्प्रदाय : (प्रवर्तक - क्षेमेन्द्र)

1. औचित्यं रससिद्धस्थ स्थिरं काव्यस्य जीवितम् (क्षेमेन्द्र)

पाश्चात्य काव्यशास्त्र

'काव्य' की परिभाषायें :

1. कविता सुस्पष्ट शब्दों में व्यक्त संगीत है। (ड्राइडन)
2. कविता छन्दोमयी वाणी है। (जॉनसन)
3. कविता वह कला है जो कल्पना की सहायता से विवेक द्वारा सत्य और आनंद का संयोजन करती है। (जॉनसन)
4. काव्य संगीतमय विचार (musical thought) है। (कारलॉयल)
5. काव्य अपने मूलरूप में, जीवन की आलोचना है। (मैथ्यू ऑर्नल्ड)
6. प्रबल मनोभावों का सहज उच्छलन ही कविता है। (वर्ड्सवर्थ)
7. सर्वोत्तम शब्दों का सर्वोत्तम क्रम कविता है। (कॉलरिज)
8. सर्वसुखी और सर्वोत्तम मनों के सर्वोत्तम और सर्वाधिक महत्वपूर्ण क्षणों का लेख कविता है। (शेली)

9. कल्पनात्मक मनोवेग (Imaginative passion) कविता है। (ले हण्ट)
10. काव्य सौन्दर्य की लयपूर्ण सृष्टि है। (एडगर एलन पो)

साहित्यिक प्रवृतियाँ और विचारक :

1. क्लासिसिज्म (Classicism) : प्लेटो, अरस्तू, होरेस, होमर, वर्जिल
2. नियो क्लासिसिज्म (Neo-classicism) : बेन जॉनसन, जॉन ड्राइडन, अलेक्जेण्डर पोप, सैमुअल जॉनसन, जॉन रस्किन, मैथ्यू आर्नल्ड, तोलस्तोय
3. रोमांटिसिज्म (Rematicism) : ब्लेक, राबर्ट बर्न्स, वर्ड्सवर्थ, सैमुअल टेलर कॉलरिज
4. कलावाद : मदाम द स्ताल, विक्तर कूजें, यूफ्रे, गोतिए, बॉदलेअर, मलार्मे, जेम्स ह्विसलर, ऑस्कर वाइल्ड, एडगर एलन पो, वाल्टर पेपर, ए॰ सी॰ ब्रैडली, स्विनबर्न, क्रोचे
5. मार्क्सवाद : मार्क्स, एगेंल्स, प्लेखानोव, क्रिस्टोफर कॉडवेल, राल्फ फाक्स, लूकाच
6. नयी समीक्षा : इलियट, जॉन क्रो रैन्सम, टी॰ ई॰ ह्यूम, मिडल्टन मरे, आई॰ए॰ रिचर्ड्स, एफ॰आर॰ लीविस, बैबिट, एलन टेट, एजरा पाउण्ड, क्लीथ ब्रुक्स, डोनाल्ड डेविडसन, मेरिल मूर, राबर्ट पेन वॉरेन, आर॰पी॰ ब्लैकमर, केनेथ बर्क, आइवर विंटर्स
7. साहित्य का समाजशास्त्र : रेमंड विलियम्स, एडोर्नो
8. मिथकवादी आलोचना : फ्रैंक कर्मोड, नार्थ्राथ फ्रॉई, लियो लावेन्थन
9. बिम्बवाद : ह्यूम, एजरा पाउण्ड, आर्लाइंगटन, एमी लॉवेल
10. प्रतीकवाद : बॉदलेअर, वर्ले, रैम्बो, मलार्मे, एडगर एलन पो, येटस, कारलॉयल

प्रमुख विचारक :

1. प्लेटो : अनुकरणवाद पुस्तक 'द रिपब्लिक'
2. अरस्तू : अनुकरणवाद (परन्तु प्लेटो से भिन्न अर्थ में), त्रासदी विवेचन के संबंध में 'विरेचन सिद्धान्त' दिया। पुस्तक 'पोइटिक्स'।
3. लोंजाइनिस : 'उदात्त' सिद्धान्त। पुस्तक 'पेरिइप्सुस' अर्थात 'ऑन द सब्लाइम'।
4. कॉलरिज : आत्मवादी (प्रत्ययवादी) विचारक थे। 'कल्पना' पर महत्वपूर्ण चिंतन किया। पुस्तकें : लिरिकल बैलेडस (वर्डसवर्थ के साथ), पोयक्स, वायोग्राफिया लिटिरेरिया, द फ्रेंड, एड्स टु रिलेक्शन, चर्च एंड स्टेट, कंफेशंज ऑफ एन एनक्वायरिंग स्पिरिट
5. वर्ड्सवर्थ : कविता की भाषा पर विचार किया। पुस्तक : लिरिकल बैलेड्स
6. मैक्यू आर्नल्ड : पुस्तकें : कल्चर एंड अनार्की, लिटरेचर एंड ड्रामा, एसेज आन चर्च एंड स्टेट, ऐसेज इन क्रिटिसिज्म
7. क्रोंचे : आत्मवादी (प्रत्ययवादी) चिन्तक थे। 'अभिव्यंजनावाद' सिद्धान्त का प्रवर्तन किया। पुस्तकें : एस्थेटिक
8. टी॰ एस॰ इलियट : इनके चिन्तन की महत्वपूर्ण देन है - 'आब्जेक्टिव कोरिलेटिव' की अवधारणा तथा 'परम्परा' संबंधी चिन्तन। 'नयी समीक्षा' के जनक माने जाते हैं।
   पुस्तकें : द सेक्रेड वुड, ट्रेडिशियन एण्ड इण्डिविजुअल टैलेण्ट्स (निबंध), आटर स्ट्रेन्ज गाइड्स (निबंध), कविता के तीन स्वर (निबंध)
9. आई॰ ए॰ रिचर्ड्स : के चिन्तन की महत्वपूर्ण देन है - मूल्य सिद्धान्त, संप्रेषण सिद्धान्त तथा भाषा संबंधी विचार। पुस्तकें - द फाउंडेशन्स ऑफ एस्थेटिक्स, प्रिंसिपल ऑफ लिटरेरी क्रिटिसिज्म, मीनिंग ऑफ मीनिंग, प्रैक्टिकल क्रिटिसिज्म।
10. जॉन क्रो रैन्सम :सन् 1941 में 'नयी समीक्षा' पुस्तक प्रकाशित हुई। यहीं से इस नाम का प्रवृत्ति विशेष के लिए प्रचलन हुआ।

हिन्दी के काव्यशास्त्रीय कथन :

- जदपि सुजाति सुलच्छनी, सुबरन सरस सुवृन्त।
  भूषन बिनु न बिराजई, कविता बनिता मिन्त।। -
  कविप्रिया (केशवदास)
- बतकहाउ रसमै जु है कबित कहावै सोइ।
  - कविकुल कल्पतरू (चिन्तामणि)
- सब्द जीव तिहि अरथ मन, रसमय सुजस सरीर।
  चलत वहै जुग छन्द गति, अलंकार गम्भीर।। काव्यरसायन (देव)
- पंडित और प्रवीनन को जोई चित्त हरै सो कवित्त कहावै। ठाकुर
- हृदय सिंधु मति सीप समाना। स्वाति सारदा कहहिं सुजाना।
  जो बरसैं बर बारि विचारू। होहिं कबित मुक्तामनि चारू।।
  रामचरितमानस (तुलसीदास)
- एक लहैं तपपुंजन के फल ज्यों तुलसी अरू सूर गोसाईं।
  एक लहैं बहुसम्पति केशव भूषण ज्यों बरबीर बडाईं।।
  एकन को जस ही सों प्रयोजन है रसखान रहीम की नाईं।
  दास कवित्तन की चरचा बुधवंतन को सुखदै सब ठाईं।।
  - भिखारीदास
- ज्ञानराशि के संचित कोश का नाम साहित्य है।
  (महावीर प्रसाद द्विवेदी)
- अन्तःकरण की वृत्तियों के चित्र का नाम कविता है।
  (महावीर प्रसाद द्विवेदी : रसज्ञ रंजन)
- जीवन और जगत् की अभिव्यक्ति काव्य है। (रामचन्द्र शुक्ल)
- हृदय की मुक्तावस्था के लिए वाणी जो शब्दविधान करती आई है, वही काव्य है। (रामचन्द्र शुक्ल)
- काव्य आत्मा की संकल्पात्मक अनुभूति है जो श्रेय सत्य को उसके मूलचारूत्व में सहसा ग्रहण कर लेती है। (जयशंकर प्रसाद)
- कविता हमारे परिपूर्ण क्षणों की वाणी है। (पन्त)

C. भाषा - उत्पत्ति एवं क्षेत्र

- आधुनिक आर्यभाषाओं का जन्म सामान्यतः अपभ्रंश के विभिन्न क्षेत्रीय रूपों से इस प्रकार माना जाता है -

	अपभ्रंश	आधुनिक आर्यभाषाएं/ उपभाषाएं
1.	शौरसेनी	पश्चिमी हिन्दी, राजस्थानी, पहाड़ी, गुजराती
2.	मगधी	बिहारी, बांग्ला, उड़िया, असमियां
3.	अर्द्धमागधी	पूर्वी दिल्ली
4.	पैचाशी	लहँदा, पंजाबी
5.	व्राजड़	सिन्धी
6.	महाराष्ट्री	मराठी

हिन्दी की मुख्यतः पांच उपभाषायें हैं -

पश्चिमी हिंदी, पूर्वी हिन्दी, राजस्थानी, पहाड़ी, तथा बिहारी। इसके अन्तर्गत आने वाली बोलियाँ तथा उनके क्षेत्र नीचे दिये जा रहे हैं :

1. **पश्चिमी हिन्दी :** खड़ी बोली/ कौरवी (देहरादून का मैदानी भाग, सहारनपुर, मुजफरनगर, मेरठ, दिल्ली का कुछ भाग, बिजनौर, रामपुर तथा मुरादाबाद), ब्रजभाषा (आगरा, मथुरा, अलीगढ़, धौलपुर, मैनपुरी, एटा, बदायूँ, बरेली तथा आसपास का क्षेत्र), हरियाणवी (हरियाणा, दिल्ली का देहाती भाग), बुन्देली (मध्य प्रदेश तथा उत्तर प्रदेश की सीमारेखा के क्षेत्र अर्थात् झाँसी, छतरपुर, सागर, जालौन, हमीरपुर, ग्वालियर, ओरछा, नृसिंहपुर, सिवनी, होशंगाबाद तथा आसपास का क्षेत्र), कन्नौजी (इटावा, फर्रुखाबाद, शाहजहांपुर, कानपुर, हरदोई, पीलीभीत आदि),।
2. **पूर्वी हिन्दी :** अवधी (लखनऊ, इलाहाबाद, फतेहपुर, मिर्जापुर, उन्नाव, रायबरेली, सीतापुर, फैजाबाद, गोंडा, बस्ती, बहराइच, सुल्तानपुर, प्रतापगढ़, बाराबंकी), बघेली (रीवां, नागौद, शहडोल, सतना, मैहर तथा आसपास का क्षेत्र), छत्तीसगढ़ी (सरगुजा, कौरिया, बिलासपुर, रायगढ़, खैरागढ़, रायपुर, दुर्ग, नन्दगाँव, काकेर)।
3. **राजस्थानी :** पश्चिमी राजस्थानी/ मारवाड़ी (जोधपुर, अजमेर, किशनगढ़, मेवाड़, सिरोही, जैसलमेर, बीकानेर आदि), उत्तरी राजस्थानी/ मेवाती (अलवर, गुड़गाँव, भरतपुर, मेवाती की ही एक मिश्रित बोली अहीरवारी है जो गुड़गाँव, दिल्ली तथा करनाल के पश्चिमी क्षेत्रों में बोली जाती है।), पूर्वी राजस्थानी (अजमेर, किशनगढ़, जयपुर आदि, इसकी प्रतिनिधि बोली जयपुरी या ढूंढाबी है, जिसका केन्द्र जयपुर है।), दक्षिणी राजस्थानी (इन्दौर, उज्जैन, देवास, रतलाम, भोपाल, होशंगाबाद, प्रतिनिधि बोली मालवी है जिसका मुख्य क्षेत्र मालवा है।)
4. **पहाड़ी :** पश्चिमी पहाड़ी (जौनसार, सिरमौर, शिमला, मण्डी, चम्बा तथा आसपास का क्षेत्र), मध्यवर्ती पहाड़ी (गढ़वाल तथा कुमाऊँ)
5. **बिहारी :** भोजपुरी (बनारस, जौनपुर, मिर्जापुर, गाजीपुर, बलिया, आरा, गोरखपुर, देवरिया, आजमगढ़, बस्ती, शाहाबाद, चम्पारन, सारन तथा आसपास का क्षेत्र), मगही (पटना, गया, पलामू, हज़ारीबाग, मुंगेर, भागलपुर तथा आसपास), मैथिली (दरभंगा, मुज़फरपुर, पूर्णिया, मुंगेर आदि।)
6. **ब्रजबुलि :** बंगाल-असम में ब्रजभाषा प्रभावित बंगला-असमिया को 'ब्रजबुलि' कहा गया।

D. इतिहास ग्रन्थ सूची

गार्सा द तासी : 'इस्त्वार द ला लितरेत्यूर ऐंदुई ऐ ऐदुस्तानी' (फ्रेंच) दो भाग - 1839-49 हिन्दी साहित्य का पहला इतिहास है।

शिवसिंह सेंगर : 'शिवसिंह सरोज' 1878, द्वितीय संस्करण : 1883

जार्ज ए॰ ग्रियर्सन : 'द माडर्न वर्नाक्यूलर लिटरेचर ऑफ हिन्दुस्तान' : 1889

मिश्रबन्धु : 'मिश्र बन्धु विनोद' : तीन भाग 1913

रामचन्द्र शुक्ल : 'हिन्दी साहित्य का इतिहास' ('हिन्दी शब्द सागर' की भूमिका में हिन्दी साहित्य का विकास शीर्षक से प्रकाशित : 1929) : 1929, संवर्द्धित संशोधित रूप : 1940

पादरी एफ॰ई॰के॰ : 'अ हिस्ट्री ऑफ हिन्दी लिटरेचर'

हजारीप्रसाद द्विवेदी : हिन्दी साहित्य की भूमिका : 1940 हिन्दी साहित्य : उद्भव और विकास, हिन्दी साहित्य का आदिकाल

रामकुमार वर्मा : हिन्दी साहित्य का आलोचनात्मक इतिहास (1938)

धीरेन्द्र वर्मा : हिन्दी साहित्य (सम्पादित)

नगेन्द्र : हिन्दी साहित्य का इतिहास (सम्पादित) रीतिकाव्य की भूमिका

भगीरथ मिश्र : हिन्दी काव्यशास्त्र का इतिहास

परशुराम चतुर्वेदी : उत्तरी भारत की सन्त परम्परा

प्रभुदयाल मीतल : चैतन्य सम्प्रदाय और उसका साहित्य

विजयेन्द्र स्नातक : राधावल्लभ सम्प्रदाय, सिद्धान्त और साहित्य

विश्वनाथप्रसाद सिंह : हिन्दी साहित्य का अतीत

चन्द्रकान्त बाली : पंजाब प्रान्तीय हिन्दी साहित्य का इतिहास

मोतीलाल मेनारिया : राजस्थानी भाषा और साहित्य, राजस्थानी पिंगल साहित्य

गणपतिचन्द्र गुप्त : हिन्दी साहित्य का वैज्ञानिक इतिहास

रामस्वरूप चतुर्वेदी : हिन्दी साहित्य और संवेदना का विकास

E. सिद्ध पुस्तकों से उद्धृत महत्वपूर्ण कथन

1. हिन्दी साहित्य की भूमिका (हजारीप्रसाद द्विवेदी)

- मैं इस्लाम के महत्व को भूल नहीं रहा हूँ, लेकिन जोर देकर कहना चाहता हूँ कि अगर इस्लाम नहीं आया होता तो भी इस साहित्य (हिन्दी साहित्य) का बारह आना वैसा ही होता, जैसा आज है।
- कविता करना उनका लक्ष्य नहीं था, फिर भी उनकी उक्तियों में कवित्त की ऊँची चीज प्राप्त है। .... वे साधना के क्षेत्र में युगगुरु थे और साहित्य के क्षेत्र में भविष्य के स्रष्टा। संस्कृत के 'कूपजल' को छुड़ाकर उन्होंने भाषा के 'बहते नीर' में सरस्वती को स्नान कराया। उनकी भाषा में बहुत सी बोलियों का मिश्रण है, क्योंकि भाषा उनका लक्ष्य नहीं था और अनजान में वे भाषा की सृष्टि कर रहे थे। (कबीर के बारे में)
- भारतवर्ष का लोकनायक वही हो सकता है, जो समन्वय कर सके। (तुलसीदास के बारे में)
- डॉ॰ ग्रियर्सन ने कहा है कि बुद्धदेव के बाद भारत में सबसे बड़े लोकनायक तुलसीदास थे।
- मै इसी रास्ते सोचने का प्रस्ताव करता हूँ कि मतों, आचार्यों, सम्प्रदायों और दार्शनिक चिन्ताओं के मानदंड से लोकचिंता को नहीं मापना चाहता बल्कि लोकचिंता की अपेक्षा में उन्हें देखने की सिफारिश कर रहा हूँ।

2. **हिन्दी साहित्य उद्भव और विकास** (हजारीप्रसाद द्विवेदी):

- यह बात अत्यंत उपहासास्पद है कि जब मुलसमान लोग उत्तर भारत के मंदिर तोड़ रहे थे, तो उसी समय अपेक्षाकृत निरापद दक्षिण के भक्त लोगों ने भगवान की शरणागति की प्रार्थना की। मुसलमानों के अत्याचार के कारण यदि भक्ति की भावधारा को उमड़ना था तो पहले उसे सिन्ध में और फिर उत्तर भारत में प्रकट होना चाहिए था, पर हुई वह दक्षिण में।
- प्रत्येक को अपने स्वभाव, रुचि और संस्कार के अनुसार भक्ति की साधना की छूट दी। यह महागुरु ही कर सकता है। शिष्य को अपने व्यक्तित्व को विकसित करने का पूर्ण अवसर 'आकाशधर्मा गुरु' ही दे सकता है। (रामानन्द के बारे में)

3. हजारी प्रसाद द्विवेदी के निबंधों से उद्धरण :

- भक्ति भगवान के प्रति अनन्यगामी एकान्त प्रेम का नाम है।
- मनुष्य ही साहित्यकार का लक्ष्य है।
- महाकाल का अकुंठ नृत्य
- मानव की जिजीविषा और उसकी जययात्रा
- दरिद्रनारायण की शक्ति
- समाज की तिरस्कृत और पतित जातियों की प्रतिशोध
- घर छोड़ने की माया
- सीधी लकीर खींचना टेढ़ा काम है। सहज भाषा पाने के लिए कठोर तप आवश्यक है।

4. कबीर (हजारी प्रसाद द्विवेदी) :

- भाषा पर कबीर का जबदस्त अधिकार था। वे वाणी के डिक्टेटर थे।
- यद्यपि कबीर ने कहीं काव्य लिखने की तथापि उनकी आध्यात्मिक रस की गगरी से छलके हुए रस से काव्य की कटोरी में भी कम रस इकट्ठा नहीं हुआ है।

5. त्रिवेणी (आचार्य रामचन्द्र शुक्ल) :

- ऐसे में कुछ भावुक मुसलमान 'प्रेम की पीर' की कहानियाँ लेकर साहित्य क्षेत्र में उतरे।
- कबीर की 'अटपटी बानी' से भी दोनों के दिल साफ न हुए। मनुष्य-मनुष्य के बीच जो रागात्मक संबंध है, वह उसके द्वारा व्यक्त न हुआ। अपने नित्य के व्यवहार से जिस हृदयसाम्य का अनुभव मनुष्य कभी-कभी किया करता है उसकी अभिव्यंजना उससे न हुई ।..................कबीर ने केवल भिन्न प्रतीत होती हुई परोक्ष सत्ता की एकता का आभास दिया था। प्रत्यक्ष जीवन की एकता का दृश्य सामने रखने की आवश्यकता थी, वह जायसी द्वारा पूरी हुई। ('हिन्दी साहित्य का इतिहास' में भी उद्धृत)
- पूर्वार्द्ध तो बिल्कुल कल्पित कहानी है और उत्तरार्द्ध ऐतिहासिक आधार पर है। ('हिन्दी का इतिहास' में भी उद्धृत) (पद्मावत के बारे में)
- मनुष्यता के सौन्दर्यपूर्ण और माधुर्यपूर्ण पक्ष को दिखाकर इन कृष्णोपासक वैष्णव कवियों ने जीवन के प्रति अनुराग जगाया, या कम से कम, जीने की चाह बनी रहने दी।
- वात्सल्य और श्रृंगार के क्षेत्रों का जितना अधिक उदघाटन सूर ने बन्द आँखों से किया है, उतना किसी और कवि ने नहीं। इन क्षेत्रों का कोना-कोना वे झाँक आये। (हिन्दी साहित्य का इतिहास में भी उद्धृत)

  हिन्दी साहित्य में श्रृंगार का रसराजत्व यदि किसी ने पूर्ण रूप से दिखाया तो सूर ने। उनकी उमड़ती हुई वाग्धारा उदाहरण रचने वाले कवियों के समान गिनाये हुए संचारियों से बंधकर चलने वाली नहीं थी।
- सूरसागर किसी पहले से चली आती हुई परम्परा का चाहे वह मौखिक ही रही हो पूर्ण विकास जान पड़ता है, चलने वाली परम्परा का मूलरूप नहीं।
- बाललीला के आगे फिर उस गोचारण का मनोरम दृश्य सामने आता है, जो मनुष्यजाति की अत्यंत प्राचीनवृत्ति होने के कारण उनके देशों में काव्य प्रिय विषय रहा है।

  चित्रकूट की उस सभा की कार्रवाई क्या थी, धर्म के एक-एक अंग की पूर्ण और मनोहर अभिव्यक्ति थी । रामचरितमानस में वह सभा एक 'आध्यात्मिक घटना' है।

6. हिन्दी साहित्य का इतिहास (रामचन्द्र शुक्ल) :

- जबकि प्रत्येक देश का साहित्य वहां की जनता की चित्तवृत्ति का संचित प्रतिबिम्ब होता है तब यह निश्चित है कि जनता की चित्तवृत्ति के परिवर्तन के साथ-साथ साहित्य के स्वरूप में भी परिवर्तन होता चला जाता है। आदि से अन्त तक इन्हीं चित्तवृतियों की परम्परा को परखते हुए साहित्य परम्परा के साथ उनका सामंजस्य दिखाना ही 'साहित्य का इतिहास' कहलाता है।
- प्राकृत की अंतिम अपभ्रंश अवस्था से ही हिन्दी साहित्य का आविर्भाव माना जा सकता है। उस समय जैसे 'गाथा' कहने से प्राकृत का बोध होता था। वैसे ही 'दोहा' या दूहा कहने से अपभ्रंश या प्रचलित काव्यभाषा का पद्य समझा जाता था।
- जब से प्राकृत बोलचाल की भाषा न रह गयी तभी से अपभ्रंश साहित्य का आविर्भाव समझना चाहिए। पहले जैसे 'गाथा' या 'गाहा' कहने से प्राकृत का बोध होता था वैसे ही 'दोहा' या 'दूहा' कहने से अपभ्रंश या लोकप्रचलित काव्यभाषा का बोध होने लगा।
- भक्ति का जो सोता दक्षिण की ओर से धीरे-धीरे उत्तर भारत की ओर पहले से ही आ रहा था उसे राजनीतिक परिवर्तन के कारण शून्य पड़ते हुए जनता के हृदय में फैलने के लिए पूरा स्थान मिला।
- उन्होंने भारतीय ब्रह्मवाद के साथ सूफियों के भावात्मक रहस्यवाद, हठयोगियों के साधनात्मक रहस्यवाद और वैष्णवों के अहिंसावाद तथा प्रपत्तिवाद को मिलाकर के अपना पंथ खड़ा किया।
- इसका पूर्वार्द्ध तो एकांत प्रेममार्ग का ही आभास देता है, पर उत्तरार्द्ध में लोकपक्ष का विधान है।
- वल्लभाचार्य ने अपने 'पुष्टिमार्ग' का प्रवर्तन बहुत कुछ देशकाल देखकर किया।
- यह रचना इतनी प्रगल्भ और काव्यपूर्ण है कि आगे होने वाले कवियों की श्रृंगार और वात्सल्य की उक्तियाँ सूर की जूठी-सी जान पड़ती है। अतः सूरसागर किसी चली आती हुई गीतकाव्यपरम्परा का चाहे वह मौखिक ही रही हो पूर्ण विकास सा प्रतीत होता है।
- सूर की बड़ी भारी विशेषता है नवीन प्रसंगों की उद्भावना करने वाली ऐसी प्रतिभा जिसे हम तुलसी में नहीं पाते।
- केशव को कवि हृदय नहीं मिला था। उनमें वह सहृदयता और भावुकता भी न थी जो एक कवि में होनी चाहिए।
- बिहारी की कृति का मूल्य जो बहुत अधिक आँका गया है उसे अधिकतर रचना की बारीकी या काव्यागों के सूक्ष्म विन्यास की ओर ही मुख्यतः दृष्टि रखने वाले पारखियों के पक्ष से समझना चाहिए। उनके पक्षों से समझना चाहिए जो किसी हाथी-दाँत के टुकड़े पर महीन बेलबूटों देख घंटों वाह-वाह किया करते हैं। पर जो हृदय के अंतःस्थल पर मार्मिक प्रभाव है, किसी भाव की स्वच्छ निर्मलधारा में कुछ देकर अपना मन मग्न रखना चाहते हैं, उनका संतोष बिहारी से नहीं हो सकता।

- शुद्ध ब्रजभाषा का जो चलतापन और सफाई उनकी और घनानंद की रचनाओं में है, वह अन्यत्र दुर्लभ हैं। (रसखान के बारे में)
- 'प्रेम की पीर' ही को लेकर इनकी वाणी का प्रादुर्भाव हुआ। प्रेममार्ग का ऐसा प्रवीण और धीर पथिक तथा जबाँदानी का ऐसा दावा रखनेवाला ब्रजभाषा का दूसरा कवि नहीं हुआ। .... जो कुछ हलचल है वह भीतर की है - बाहर से यह वियोग प्रशांत और गंभीर है न उसमें करवटें बदलना है। न सेज की आग की तरह तपना है, न उछल-उछलकर भागना है। उनकी 'मौनमधि पुकार' है।
- ईसाई संतों के छायाभास (फैंटासमाटा) तथा योरोपीय काव्यक्षेत्र में प्रवर्तित आध्यात्मिक प्रतीकवाद (सिंबालिज्म) के अनुकरण पर रची जाने के कारण बंगला में ऐसी कविताएं 'छायावाद' कही जाने लगीं।
- किसी एक विशाल भावना को रूप देने की ओर भी अंत में प्रसाद जी ने ध्यान दिया, जिसका परिणाम है 'कामायनी'। इसमें उन्होंने अपने प्रिय 'आनन्द' की प्रतिष्ठा दार्शनिकता के ऊपरी आभास के साथ 'कल्पना की मधुमती भूमिका' बनाकर दी है।

7. चिन्तामणि (रामचन्द्र शुक्ल) :

- भक्ति धर्म की रसात्मक अनुभूति है।
- भक्ति का स्थान जहाँ मानव हृदय है - वहीं श्रद्धा और प्रेम के संयोग से उसका प्रादुर्भाव होता है।
- लोभियों का दमन योगियों के दमन से किसी प्रकार कम नहीं होता।
- बैर क्रोध का आचार या मुरब्बा है।
- जिस प्रकार आत्मा की मुक्तावस्था ज्ञानदशा कहलाती है, उसी प्रकार हृदय की यह मुक्तावस्था रसदशा कहलाती है। हृदय की इसी मुक्ति की साधना के लिए मनुष्य की वाणी जो शब्दविधान करती आई है, उसे कविता कहते हैं। इस साधना को हम 'भावयोग' कहते हैं और कर्मयोग एवं ज्ञानयोग का समकक्ष मानते हैं।
- जिस प्रकार जगत् अनेक रूपात्मक है। उसी प्रकार हमारा हृदय भी अनेक भावात्मक है।
- ज्यों-ज्यों हमारी वृत्तियों पर सभ्यता के नए-नए आवरण चढ़ते जाएंगे त्यों-त्यों एक ओर तो कविता की आवश्यकता बढ़ती जाएगी, दूसरी ओर कवि कर्म कठिन होता जाएगा।
- काव्य में अर्थग्रहण मात्र से काम नहीं चलता, बिम्बग्रहण अपेक्षित होता है। यह बिम्बग्रहण निर्दिष्ट, गोचर और मूर्त विषय का ही हो सकता है।
- नाद सौन्दर्य से कविता की आयु बढ़ती है।
- अलंकार क्या है? सूक्ष्म दृष्टिवालों ने काव्यों के सुन्दर-सुन्दर स्थल चुने और उनकी रमणीयता के कारणों की खोज करने लगे। वर्णन-शैली या कथन की पद्धति में ऐसे लोगों को जो-जो विशेषताएं मालूम होती गईं, उनका वे नामकरण करते गए । .... कौन कह सकता है कि काव्यों में जितने रमणीक स्थल हैं, सब ढूँढ़ डाले गए, वर्णन की जितनी सुन्दर प्रणालियाँ हो सकती हैं सब निरूपित हो गईं अथवा जो-जो रमणीय स्थल लगे, उनकी रमणीयता का कारण वर्णन प्रणाली ही थी।
- सत्, चित् और आनन्द-ब्रह्म के उन तीन स्वरूपों में से काव्य और भक्तिमार्ग 'आनन्द' स्वरूप को लेकर चले। विचार करने पर लोक में इस आनन्द की अभिव्यक्ति की दो अवस्थाएं पाई जाएंगी - साधनावस्था और सिद्धावस्था।
- हम काव्यों के दो विभाग कर सकते हैं :
  - ❑ आनन्द की साधनावस्था या प्रयत्न-पक्ष को लेकर चलने वाले
  - ❑ आनन्द की सिद्धावस्था या उपभोग-पक्ष को लेकर चलने वाले
- विरुद्धों का (यही) सामंजस्य कर्मक्षेत्र का सौन्दर्य है।
- वह व्यवस्था या वृत्ति जिससे लोक में मंगल का विधान होता है, 'अभ्युदय' की सिद्धि होती है, धर्म है।
- 'अध्यात्म' शब्द की, मेरी समझ में, काव्य या कला के क्षेत्र में कहीं कोई जरूरत नहीं है।
- जब तक किसी भाव का कोई विषय इस रूप में नहीं लाया जाता कि वह सामान्यतः सबसे उसी भाव का अवलम्बन हो सके, तब तक उसमें रसोद्‌बोधन की पूर्णशक्ति नहीं आती। इसी रूप में लाया जाना हमारे यहां साधारणीकरण कहलाता है।
- लोकहृदय में लीन होने की दशा का नाम रसदशा है।
- बिम्ब जब होगा तब विशेष या व्यक्ति का ही होगा, सामान्य या जाति का नहीं।
- साधारणीकरण आलम्बनत्व धर्म का होता है।
- श्रद्धा और प्रेम के योग का नाम भक्ति है।

—— ❖ —— ❖ —— ❖ ——

वस्तुनिष्ठ प्रश्न

1. 'पउमचरिउ' किसकी रचना है?
A. अब्दुल रहमान B. विद्यापति
C. स्वयम्भू D. चन्द वरदायी

2. गोस्वामी तुलसीदास की रचना 'कवितावली' किस भाषा की रचना है?
A. अवधी B. ब्रजभाषा
C. मैथिली D. बुन्देली

3. 'खड़ी बोली' के लिए सुनीतिकुमार चटर्जी ने किस शब्द का प्रयोग किया है?
A. जनपदीय हिन्दुस्तानी B. वर्नाक्युलर हिन्दुस्तानी
C. कौरवी D. रेख्ता

4. सूफी प्रेमाख्यानक काव्य-परम्परा में 'आराध्य' को प्रायः किस रूप में देखा गया है?
A. गुरु के रूप में B. प्रेमी के रूप में
C. सखा के रूप में D. प्रेमिका के रूप में

5. छायावाद को 'स्थूल के प्रति सूक्ष्म का विद्रोह' किसने कहा है?
A. सुमित्रानन्दन पन्त B. डॉ. नगेन्द्र
C. रामचन्द्र शुक्ल D. जयशंकर प्रसाद

6. निम्नलिखित में से कौन 'मिश्र बन्धुओं' में नहीं हैं?
A. कृष्णबिहारी मिश्र B. श्यामबिहारी मिश्र
C. गणेशबिहारी मिश्र D. शुकदेव बिहारी मिश्र

7. 'रसगंगाधर' के रचयिता कौन हैं?
A. अभिनव गुप्त B. दण्डी
C. पंडितराज जगन्नाथ D. आचार्य विश्वनाथ

8. निम्नलिखित में से कौन 'तार सप्तक' का कवि नहीं है?
A. शमशेर बहादुर सिंह B. गिरिजाकुमार माथुर
C. मुक्तिबोध D. प्रभाकर माचवे

9. 'शिवपालगंज' किस उपन्यास से संबंधित है?
A. बिश्रामपुर का सन्त B. राग दरबारी
C. आधा गाँव D. मैला आँचल

10. भरत मुनि के अनुसार काव्य में कुल कितने गुण होते हैं?
A. दस B. पाँच
C. तीन D. सात

11. हिन्दी वर्णमाला में 'अं' और 'अः' क्या हैं?
A. स्वर B. व्यंजन
C. अयोगवाह D. संयुक्ताक्षर

12. 'अन्धायुग' किस नाट्यविधा के अन्तर्गत आता है?
A. गीतिनाट्य B. नाटक
C. रूपक D. प्रहसन

13. "दो राह, समय के रथ का घर्घर नाद सुनो सिंहासन खाली करो कि जनता आती है।" उपर्युक्त पंक्तियाँ किसकी कविता से उद्धृत हैं?
A. शिवमंगल सिंह 'सुमन' B. रामधारी सिंह दिनकर
C. मैथिलीशरण गुप्त D. जानकीवल्लभ शास्त्री

14. हिन्दी के किस आलोचक ने 'देवरानी जेठानी की कहानी' को हिन्दी का प्रथम उपन्यास माना है?
A. नामवर सिंह B. रामविलास शर्मा
C. विजय मोहन सिंह D. गोपाल राय

15. 'समालोचनादर्श' के शीर्षक से 'एसे ऑन क्रिटिसिज्म' का अनुवाद किसने किया?
A. रामचंद्र शुक्ल B. डॉ. नगेन्द्र
C. जगन्नाथदास 'रत्नाकर' D. रमेश कुन्तल मेघ

16. 'शिखर से सागर तक'– किस रचनाकार की जीवनी है?
A. निराला B. मुक्तिबोध
C. अज्ञेय D. धर्मवीर भारती

17. (a) हिन्दी में भक्ति धारा का उदय बाहरी आक्रमण की प्रतिक्रिया है।
(b) यह भारतीय साधना परम्परा का स्वतः स्फूर्त विकास है।
इनमें से
A. (a) और (b) दोनों सही
B. (a) सही और (b) गलत
C. (a) गलत और (b) सही
D. (a) और (b) दोनों आंशिक सही

18. (a) 'विभावन व्यापार' रस प्रक्रिया की सुदृढ़ भूमिका है।
(b) विभाव ही रस का हेतु है।
A. (a) आंशिक सही और (b) गलत
B. (a) और (b) दोनों सही
C. (a) गलत और (b) आंशिक सही
D. (a) सही और (b) आंशिक सही

19. (a) 'छायावाद' और 'रहस्यवाद' में तात्त्विक भेद नहीं है।
(b) 'छायावाद' में अभिव्यक्ति की सूक्ष्मता और 'रहस्यवाद' में अज्ञात के प्रति जिज्ञासा है।
A. (a) गलत और (b) सही
B. (a) सही और (b) गलत
C. (a) आंशिक सही और (b) सही
D. (a) सही और (b) आंशिक सही

20. (a) 'नयी कविता' में निरूपित मनुष्य मात्र द्वन्द्वग्रस्त है।
(b) 'नयी कविता' मात्र व्यक्ति-चेतना की कविता नहीं है।
A. (a) और (b) दोनों सही
B. (a) सही और (b) गलत

C. (a) आंशिक सही और (b) सही

D. (a) सही और (b) आंशिक सही

21. निम्नलिखित इतिहास ग्रन्थों का कालक्रमानुसार सही क्रम कौन-सा है?

A. मिश्रबन्धु विनोद–मॉडर्न वर्नाक्युलर लिटरेचर ऑफ नार्दर्न हिन्दुस्तान–शिवसिंह सरोज–इस्त्वार द ला लितरेत्यूर ऐंदुई ऐ ऐंदूस्तानी

B. इस्त्वार द ला लितरेत्यूर ऐंदुई ऐ ऐंदूस्तानी–शिवसिंह सरोज–मॉडर्न वर्नाक्युलर लिटरेचर ऑफ नार्दर्न हिन्दुस्तान–मिश्रबन्धु विनोद

C. शिवसिंह सरोज–इस्त्वार द ला लितरेत्यूर ऐंदुई ऐ ऐंदूस्तानी–मिश्रबन्धु विनोद–मॉडर्न वर्नाक्युलर लिटरेचर ऑफ नार्दर्न हिन्दुस्तान

D. मॉडर्न वर्नाक्युलर लिटरेचर ऑफ नार्दर्न हिन्दुस्तान–इस्त्वार द ला लितरेत्यूर ऐंदुई ऐ ऐंदूस्तानी–शिवसिंह सरोज-मिश्रबन्धु विनोद

22. नवजागरण कालीन सुधारवादी संस्थाओं की शुरूआत का सही क्रम कौन-सा है?

A. ब्रह्म समाज–प्रार्थना समाज–आर्य समाज–रामकृष्ण मिशन

B. रामकृष्ण मिशन–आर्य समाज–ब्रह्म समाज–प्रार्थना समाज

C. प्रार्थना समाज–आर्य समाज–रामकृष्ण मिशन-ब्रह्म समाज

D. आर्य समाज–ब्रह्म समाज–प्रार्थना समाज–रामकृष्ण मिशन

23. छायावादी काव्यधारा के प्रमुख स्तम्भों का जन्मतिथि के आधार पर सही क्रम कौन-सा है?

A. सुमित्रानन्दन पंत–जयशंकर प्रसाद–सूर्यकांत त्रिपाठी 'निराला'–महादेवी वर्मा

B. जयशंकर प्रसाद–सूर्यकांत त्रिपाठी 'निराला'–सुमित्रानन्दन पंत–महादेवी वर्मा

C. सूर्यकांत त्रिपाठी 'निराला'–महादेवी वर्मा–जयशंकर प्रसाद–सुमित्रानन्दन पंत

D. महादेवी वर्मा–जयशंकर प्रसाद–सूर्यकांत त्रिपाठी 'निराला'–सुमित्रानन्दन पंत

24. प्रकाशन की दृष्टि से निम्न काव्य कृतियों का सही क्रम क्या है?

A. गीत फरोश–युगवाणी–हरी घास पर क्षण भर–कुकरमुत्ता

B. कुकुरमुत्ता–हरी घास पर क्षण भर–युगवाणी–गीत फरोश

C. हरी घास पर क्षण भर–कुकुरमुत्ता–युगवाणी–गीत फरोश

D. युगवाणी–कुकुरमुत्ता–हरी घास पर क्षण भर–गीत फरोश

25. निराला के उपन्यासों का प्रकाशन की दृष्टि से सही अनुक्रम कौन-सा है?

A. अप्सरा–अलका–निरुपमा–प्रभावती

B. प्रभावती–निरूपमा–अप्सरा–अलका

C. निरूपमा–अलका–प्रभावती–अप्सरा

D. अलका–अप्सरा–निरूपमा–प्रभावती

26. आधुनिक हिन्दी कविता के प्रमुख आन्दोलनों का सही अनुक्रम कौन-सा है?

A. प्रगतिवाद–प्रयोगवाद–नयी कविता– अकविता

B. प्रयोगवाद–प्रगतिवाद–अकविता– नयी कविता

C. नयी कविता–प्रगतिवाद–प्रयोगवाद–अकविता

D. अकविता–प्रगतिवाद–प्रयोगवाद–नयी कविता

27. भारतीय काव्यशास्त्र के प्रमुख काव्यशास्त्रियों का सही क्रम क्या है?

A. आनन्दवर्धन–भरत मुनि–जगन्नाथ– विश्वनाथ

B. भरत मुनि–आनन्दवर्धन–विश्वनाथ–जगन्नाथ

C. जगन्नाथ–विश्वनाथ–आनन्दवर्धन–भरत मुनि

D. विश्वनाथ–आनन्दवर्धन–भरत मुनि–जगन्नाथ

28. प्रकाशन वर्ष के आधार पर निम्नलिखित उपन्यासों का सही अनुक्रम क्या है?

A. आवाँ–चाक–आपका बंटी–रूकोगी नहीं राधिका

B. आपका बंटी–आवाँ–रूकोगी नहीं राधिका–चाक

C. रूकोगी नहीं राधिका–आपका बंटी–चाक–आवाँ

D. चाक–आवाँ–रूकोगी नहीं राधिका–आपका बंटी

29. प्रेमाख्यान काव्य परम्परा की प्रमुख रचनाओं का सही क्रम क्या है?

A. चन्दायन–मृगावती–पद्मावत–मधुमालती

B. मधुमालती–मृगावती–चन्दायन–पद्मावत

C. पद्मावत–चन्दायन–मृगावती– मधुमालती

D. मृगावती–पद्मावत–मधुमालती–चन्दायन

30. निम्नलिखित रचनाकारों के साथ उनकी रचनाओं का सुमेलन कीजियेः

सूची-I	**सूची-II**
(a) राजा शिवप्रसाद 'सितारे हिन्द'	(i) भाषा और संवेदना
(b) लक्ष्मीसागर वार्ष्णेय	(ii) फोर्ट विलियम कॉलेज
(c) मिश्रबंधु	(iii) भारतीय संस्कृति और हिन्दी प्रदेश
(d) रामविलास शर्मा	(iv) भूगोल हस्तामलक
	(v) हिन्दी नवरत्न

कूटः

	(a)	*(b)*	*(c)*	*(d)*
A.	(i)	(iv)	(iii)	(ii)
B.	(ii)	(iii)	(i)	(v)
C.	(iv)	(ii)	(v)	(iii)
D.	(i)	(iii)	(iv)	(v)

31. निम्नलिखित रचनाकारों के साथ उनकी रचनाओं का सुमेलन कीजिएः

सूची-I	**सूची-II**
(a) ज्योतिरीश्वर ठाकुर	(i) राउल वेल
(b) दामोदर भट्ट	(ii) उक्ति व्यक्ति प्रकरण
(c) नरपति नाल्ह	(iii) बीसलदेव रासो
(d) रोड	(iv) वर्ण रत्नाकर
	(v) खुमान रासो

कूटः

	(a)	(b)	(c)	(d)
A.	(iv)	(ii)	(iii)	(i)
B.	(i)	(iii)	(iv)	(ii)
C.	(ii)	(i)	(iii)	(iv)
D.	(iii)	(ii)	(i)	(iv)

32. निम्नलिखित कवियों को उनकी कृतियों के साथ सुमेलित कीजिएः

सूची-I	सूची-II
(a) सुमित्रानन्दन पंत	(i) कविप्रिया
(b) घनानन्द	(ii) मृगावती
(c) केशवदास	(iii) इश्कलता
(d) कुतुबन	(iv) ग्राम्या
	(v) लहर

कूटः

	(a)	(b)	(c)	(d)
A.	(i)	(ii)	(iii)	(iv)
B.	(iv)	(iii)	(ii)	(i)
C.	(ii)	(i)	(iv)	(v)
D.	(iv)	(iii)	(i)	(ii)

33. निम्नलिखित कवियों को उनकी कृतियों के साथ सुमेलित कीजिएः

सूची-I	सूची-II
(a) रघुवीर सहाय	(i) माया दर्पण
(b) श्रीकान्त वर्मा	(ii) फूल नहीं रंग बोलते हैं
(c) दिनकर	(iii) आत्महत्या के विरूद्ध
(d) केदारनाथ अग्रवाल	(iv) अनामिका
	(v) परशुराम की प्रतीक्षा

कूटः

	(a)	(b)	(c)	(d)
A.	(iii)	(i)	(v)	(ii)
B.	(i)	(ii)	(iii)	(iv)
C.	(v)	(iv)	(iii)	(i)
D.	(ii)	(iii)	(iv)	(i)

34. निम्नलिखित कवियों को उनकी कृतियों के साथ सुमेलित कीजिएः

सूची-I	सूची-II
(a) नागार्जुन	(i) संशय की एक रात
(b) नरेश मेहता	(ii) अकाल में सारस
(c) भवानीप्रसाद मिश्र	(iii) सतपुड़ा के जंगल
(d) केदारनाथ सिंह	(iv) युगधारा
	(v) आत्मजयी

कूटः

	(a)	(b)	(c)	(d)
A.	(iii)	(iv)	(v)	(ii)
B.	(iv)	(i)	(iii)	(ii)
C.	(ii)	(iii)	(v)	(i)
D.	(i)	(ii)	(iii)	(iv)

35. निम्नलिखित गद्यकृतियों को उनके लेखकों के साथ सुमेलित कीजिएः

सूची-I	सूची-II
(a) साहित्यालोचन	(i) रामचन्द्र शुक्ल
(b) रस मीमांसा	(ii) विद्यानिवास मिश्र
(c) ठेले पर हिमालय	(iii) धर्मवीर भारती
(d) तमाल के झरोखे से	(iv) श्याम सुन्दर दास
	(v) विवेकी राय

कूटः

	(a)	(b)	(c)	(d)
A.	(i)	(ii)	(iii)	(v)
B.	(v)	(iv)	(ii)	(i)
C.	(ii)	(i)	(iii)	(iv)
D.	(iv)	(i)	(iii)	(ii)

36. निम्नलिखित कथाकारों को उनकी कृतियों के साथ सुमेलित कीजियेः

सूची-I	सूची-II
(a) कृष्णा सोबती	(i) कितने पाकिस्तान
(b) श्रीलाल शुक्ल	(ii) टोपी शुक्ला
(c) राही मासूम रजा	(iii) समय सरगम
(d) कमलेश्वर	(iv) विस्त्रामपुर का सन्त
	(v) जुलूस

कूटः

	(a)	(b)	(c)	(d)
A.	(iii)	(iv)	(ii)	(i)
B.	(i)	(ii)	(v)	(iv)
C.	(ii)	(i)	(iii)	(i)
D.	(iv)	(v)	(iii)	(i)

37. निम्नलिखित कहानीकारों को उनकी कहानियों के साथ समुलित कीजिएः

सूची-I	सूची-II
(a) चन्द्रधर शर्मा गुलेरी	(i) परदा
(b) रामचन्द्र शुक्ल	(ii) बुद्ध का काँटा
(c) यशपाल	(iii) दोपहर का भोजन
(d) अमरकान्त	(iv) ग्यारह वर्ष का समय
	(v) एक और जिन्दगी

कूटः

	(a)	(b)	(c)	(d)
A.	(i)	(iii)	(v)	(iv)
B.	(iv)	(v)	(i)	(ii)
C.	(ii)	(iv)	(i)	(iii)
D.	(iii)	(v)	(iv)	(i)

38. निम्नलिखित कहानीकारों को उनकी कहानियों के साथ सुमेलित कीजिएः

सूची-I	सूची-II
(a) निर्मल वर्मा	(i) कोसी का घटवार
(b) मार्कण्डेय	(ii) कसाईबाड़ा
(c) शिवमूर्ति	(iii) हंसा जाइ अकेला
(d) शेखर जोशी	(iv) लन्दन की एक रात
	(v) पालगोमरा का स्कूटर

कूटः

	(*a*)	(*b*)	(*c*)	(*d*)
A.	(iii)	(v)	(iv)	(i)
B.	(i)	(ii)	(iii)	(iv)
C.	(iv)	(iii)	(ii)	(i)
D.	(v)	(ii)	(i)	(iii)

39. निम्नलिखित पंक्तियों के साथ कवियों का सुमेलन कीजिए:

सूची-I	**सूची-II**
(*a*) ज्यों ज्यों निहारिये नेरे है नैननि	(i) पद्माकर
(*b*) ऊँचे घोर मन्दर के अन्दर रहनवारी	(ii) घनानन्द
(*c*) नैन नचाई कह्यौ मुसकाइ	(iii) मतिराम
(*d*) रावरे रूप की रीति अनूप	(iv) भूषण
	(v) ठाकुर

कूटः

	(*a*)	(*b*)	(*c*)	(*d*)
A.	(iii)	(iv)	(i)	(ii)
B.	(ii)	(iii)	(iv)	(v)
C.	(v)	(ii)	(i)	(iii)
D.	(i)	(ii)	(iii)	(iv)

40. स्थापना (Assertion) (A) : शासन की पहुँच प्रवृत्ति और निवृत्ति की बाहरी व्यवस्था तक ही होती है।

तर्क (Reason) (R) : भीतरी या सच्ची प्रवृत्ति निवृत्ति को जागृत रखने वाली शक्ति शासन में नहीं होती।

A. (A) सही (R) सही B. (A) गलत (R) गलत
C. (A) गलत (R) सही D. (A) सही (R) गलत

41. स्थापना (Assertion) (A) : कवि-वाणी के प्रसार से हम संसार के सुख-दुख, आनन्द-क्लेश आदि का शुद्ध स्वार्थमुक्त रूप में अनुभव करते हैं।

तर्क (Reason) (R) : इस प्रकार के अनुभव के अभ्यास से हृदय का बन्धन नहीं खुलता।

A. (A) सही (R) सही B. (A) सही (R) गलत
C. (A) गलत (R) सही D. (A) गलत (R) गलत

42. स्थापना (Assertion) (A) : भक्ति में लेन-देन का भाव नहीं रहता।

तर्क (Reason) (R): समपूर्ण भक्ति का मूल है।

A. (A) गलत (R) सही B. (A) गलत (R) गलत
C. (A) सही (R) गलत D. (A) सही (R) सही

43. स्थापना (Assertion) (A) : प्रिय के वियोग से जो दुःख होता है, उसमें कभी-कभी दया या करूणा का भी कुछ अंश मिला रहता है।

तर्क (Reason) (R): प्रिय के वियोग पर उत्पन्न करूणा का विषय प्रिय के सुख का निश्चय है।

A. (A) सही (R) गलत B. (A) गलत (R) गलत
C. (A) सही (R) सही D. (A) गलत (R) सही

44. स्थापना (Assertion) (A) : दुष्कर्म के अनेक अप्रिय फलों में से एक अपमान है।

तर्क (Reason) (R): दुष्कर्म से उत्पन्न अपमान के प्रति स्वयं को चरित्रवान सिद्ध करना सदाचरण है।

A. (A) गलत (R) सही B. (A) सही (R) गलत
C. (A) गलत (R) गलत D. (A) सही (R) सही

45. स्थापना (Assertion) (A) : प्रेम का समाजीकरण होता है तो उसे भक्ति कहते हैं।

तर्क (Reason) (R): प्रेम सामाजिक भाव नहीं है।

A. (A) सही (R) गलत B. (A) गलत (R) सही
C. (A) सही (R) सही D. (A) गलत (R) गलत

निर्देश (प्र.सं. 46 से 50 तक) : *निम्नलिखित अवतरण को ध्यानपूर्वक पढ़ें और उससे सम्बन्धित प्रश्नों के उत्तरों के दिये गये बहु-विकल्पों में से सही विकल्प का चयन करें:*

प्राचीन और मध्यकालीन आर्य भाषाओं–संस्कृत, प्राकृत, अपभ्रंश का क्षेत्र सार्वदेशिक था। जिस रूप में वे उपलब्ध हैं उस रूप में उनका व्याकरणिक ढाँचा भी अलग था। इन भाषाओं में प्रादेशिक निष्ठा नहीं थी, किन्तु जातीय भाषाओं में यह निष्ठा बढ़ी। संस्कृत से प्राकृत, प्राकृत से अपभ्रंश और अपभ्रंश से उत्तर भारत की आधुनिक आर्य भाषाओं का विकास हुआ। ऐसा विश्वास किया जाता रहा है और इसके लिये सिद्धान्त भी गढ़े गये थे। किन्तु अब यह धारणा कि हिन्दी या बंगला आदि अपभ्रंश से निकली, खंडित हो चुकी हैं। किन्तु, जातीय भाषाओं ने संस्कृत और अपभ्रंश से बहुत कुछ लिया है। हिन्दी ने उनकी विरासत को सबसे अधिक ग्रहण किया–विशेष रूप से अपभ्रंश की विरासत को। शब्द-समूह, उच्चारण तथा व्याकरणिक ढाँचे के अलग होने से अपभ्रंश साहित्य को हिन्दी साहित्य का अंग नहीं माना जा सकता। किंतु सांस्कृतिक नैरन्तर्य के लिये उसका अध्ययन आवश्यक है।

46. संस्कृत का क्षेत्र किस सीमा तक विस्तृत था?

A. प्रादेशिक B. सार्वदेशिक
C. मध्यदेशीय D. क्षेत्रीय

47. सांस्कृतिक नैरन्तर्य के लिए किसका अध्ययन आवश्यक नहीं है?

A. संस्कृत B. प्राकृत
C. ब्रजभाषा D. हिन्दी

48. जातीय भाषा के रूप में आज किस भाषा को मान्यता प्राप्त है?

A. प्राकृत B. बंगला
C. अपभ्रंश D. संस्कृत

49. अपभ्रंश को हिन्दी साहित्य के इतिहास का अंग मानने के लिये क्या आधार होना चाहिए?

A. शब्द-समूह में भिन्नता होनी चाहिए।
B. व्याकरणिक ढाँचे में भिन्नता होनी चाहिए।
C. उच्चारण में भिन्नता होनी चाहिए।
D. जातीयता में भिन्नता होनी चाहिए।

50. संस्कृत से सीधा संबंध किस भाषा का है?

A. प्राकृत B. अपभ्रंश
C. आधुनिक भारतीय भाषाएँ D. हिन्दी

51. ब्रजभाषा का विकास किससे हुआ?
A. मागधी B. पैशाची
C. शौरसैनी D. अर्धमागधी

52. अपभ्रंश की उत्तरकालीन अवस्था का नाम है:
A. पालि B. प्राकृत
C. संस्कृत D. अवहट्ट

53. अपभ्रंश में कुल कितने स्वर थे?
A. आठ B. बारह
C. दस D. नौ

54. 'मगही' किस हिन्दी प्रदेश की बोली है?
A. मध्य प्रदेश B. बिहार
C. राजस्थान D. छत्तीसगढ़

55. भाषाओं के पारिवारिक वर्गीकरण का आधार है:
A. रूपरचना B. ध्वनि
C. इतिहास D. अर्थ

56. पुष्पदंत किस शताब्दी के कवि थे?
A. आठवीं शताब्दी B. सातवीं शताब्दी
C. दसवीं शताब्दी D. ग्यारहवीं शताब्दी

57. 'दोहाकोश' किसकी रचना है?
A. विद्याधर B. सरहपा
C. पुष्पदंत D. शबरपा

58. 'काव्य की रीति सिखी सुकबीन सों देखी सुनी बहुलोक की बातें'– इस काव्योक्ति के कवि हैं:
A. केशवदास B. मतिराम
C. पद्माकर D. भिखारीदास

59. "हरि रस पीया जानिए, जे कबहूं न जाय खुमार। मैमंता घूमत फिरै, नाहीं तन की सार।।"– इन काव्य पंक्तियों के कवि हैं:
A. सूरदास B. कबीरदास
C. रसखान D. नन्ददास

60. देवकवि की रचना है:
A. काव्यनिर्णय B. रसराज
C. श्रृंगार निर्णय D. भावविलास

61. 'साहित्य लहरी' के रचनाकार हैं:
A. तुलसीदास B. सूरदास
C. कृष्णदास D. सुन्दरदास

62. अष्टछाप की स्थापना किसने की?
A. विट्ठलनाथ B. वल्लभाचार्य
C. सूरदास D. रमानंद

63. सखी-सम्प्रदाय के संस्थापक हैं:
A. हित हरिवंश B. वल्लभाचार्य
C. स्वामी हरिदास D. मध्वाचार्य

64. गोस्वामी तुलसीदास की अन्तिम रचना कौन-सी है?
A. विनयपत्रिका B. दोहावली
C. कवितावली D. हनुमानबाहुक

65. मृगावती किसकी रचना है?
A. उसमान B. कुतुबन
C. मंझन D. जायसी

66. निम्नलिखित काव्योक्ति तुलसी की किस रचना से है?
"श्रुति सम्मत हरिभक्ति पथ संजुत विरति विवेक।"
A. रामचरितमानस B. कवितावली
C. विनयपत्रिका D. गीतावली

67. शब्दशक्ति के विषय में निम्नलिखित कथन किसका है?
"अभिधा उत्तम काव्य है, मध्य लक्षणा हीन।
अधम व्यंजना रस विरस, उलटी कहत नवीन।।"
A. केशवदास B. भिखारीदास
C. देवकवि D. चिंतामणि

68. निम्नलिखित में से कौन-सा मतिराम का ग्रंथ नहीं है?
A. रसराज B. रसविलास
C. ललित ललाम D. छंदसार

69. निम्नलिखित में से कौन रीतिमुक्त कवि नहीं हैं?
A. बोधा B. ठाकुर
C. पद्माकर D. आलम

70. 'चंडी चरित्र' किसकी रचना है?
A. गुरु गोविन्दसिंह B. भूषण
C. लालकवि D. सूदन

71. "ज्यौं-ज्यौं बसे जात दूरि-दूरि प्रिय प्राण मूरि।
त्यौं-त्यौं धसे जात मन मुकुर हमारे मैं।।"
भ्रमरगीत प्रसंग से सम्बन्धित उपर्युक्त पंक्तियों के कवि हैं:
A. नन्ददास B. सूरदास
C. सत्यनारायण कविरत्न D. जगन्नाथदास रत्नाकर

72. निम्नलिखित में से किस गद्य कृति का निर्माण फोर्ट विलियम कॉलेज में हुआ था?
A. भाषा योग वाशिष्ठ B. भाषा पद्म पुराण
C. नासिकेतोपाख्यान D. दृष्टान्त सागर

73. 'निःसहाय हिंदू' उपन्यास के लेखक हैं:
A. श्रीनिवास दास B. राधाकृष्ण दास
C. बालकृष्ण भट्ट D. राधाचरण गोस्वामी

74. निम्नलिखित में से कौन-सा नाटक श्रीनिवास दास का नहीं है?
A. रणधीर प्रेममोहिनी B. महरानी पद्मावती
C. तप्ता-संवरण D. संयोगिता स्वयंवर

75. राजा लक्ष्मणसिंह ने 'अभिज्ञानशाकुन्तलम्' का अनुवाद कब किया?
A. 1863 ई. B. 1880 ई.
C. 1876 ई. D. 1881 ई.

76. निम्नलिखित में से भारतेन्दु का कौन-सा नाटक 'प्रबोध' चन्द्रोदय' की प्रतीकात्मक शैली से प्रभावित है?
A. अंधेरी नगरी B. विषस्यविषमौषधम
C. भारत दुर्दशा D. वैदिकी हिंसा हिंसा न भवति

77. बालकृष्ण भट्ट किसके सम्पादन कर्म से जुड़े थे?
A. ब्राह्मण B. सरस्वती
C. कविवचन सुधा D. हिंदी प्रदीप

78. निम्नलिखित में से कौन-सी रचना कृष्णकथा पर आधारित नहीं है?
A. प्रियप्रवास B. अग्निलीक
C. भ्रमरदूत D. अंधायुग

79. 'शिवशंभू के चिट्ठे' के निबन्धकार हैं:
A. बालमुकुन्द गुप्त B. बालकृष्ण भट्ट
C. अध्यापक पूर्णसिंह D. चन्द्रधर शर्मा गुलेरी

80. "जो घनीभूत पीड़ा थी, मस्तक में स्मृति-सी छाई, दुर्दिन में आँसू बनकर, वह आज बरसने आई।"
उपर्युक्त काव्य-पंक्तियाँ किस कवि की हैं?
A. मैथिलीशरण गुप्त B. महादेवी वर्मा
C. जयशंकर प्रसाद D. नरेन्द्र शर्मा

81. "धिक्! धाए तुम यों अनाहूत,
धो दिया श्रेष्ठ कुल-धर्म धूत,
राम के नहीं, काम के सूत कहलाए।"
उपर्युक्त काव्य-पंक्तियों का सम्बन्ध किस काव्य रचना से है?
A. साकेत B. तुलसीदास
C. राम की शक्तिपूजा D. संशय की एक रात

82. 'कविता दो शब्दों के बीच की नीरवता में रहती है।' काव्य-भाषा के सम्बन्ध में उपर्युक्त मत किसका है?
A. नामवर सिंह B. रामस्वरूप चतुर्वेदी
C. शमशेर बहादुर सिंह D. अज्ञेय

83. 'अनन्तदेवी' प्रसाद के किस नाटक की पात्र है?
A. राज्यश्री B. स्कन्दगुप्त
C. ध्रुवस्वामिनी D. विशाख

84. निम्नलिखित में से कौन-सा खण्डकाव्य रामनरेश त्रिपाठी का नहीं है?
A. मिलन B. पथिक
C. नहुष D. स्वप्न

85. 'मुन्नी मोबाइल' किसका उपन्यास है?
A. प्रदीप सौरभ B. महुआ माजी
C. ऋता शुक्ला D. तुलसीराम

86. 'पिंजरे में मैना' किसकी आत्मकथा है?
A. चित्रा मुद्गल B. मैत्रेयी पुष्पा
C. चन्द्रकिरण सोनेरिक्सा D. मृदुला गर्ग

87. 'मंगल का विधान करने वाले दो भाव हैं'–किसका कथन है?
A. श्यामसुंदर दास B. रामचन्द्र शुक्ल
C. हजारीप्रसाद द्विवेदी D. नन्ददुलारे वाजपेयी

88. 'आलोचना का विषय कवि नहीं, कविता है'–किसका कथन है?
A. ड्राइडन B. टी.एस. इलियट
C. क्रोचे D. लांजाइनस

89. "सत्त्वोद्रेकाद खण्ड स्वप्रकाशानन्द चिन्मयः।
वेद्यान्तरस्पर्शशून्यों ब्रह्मास्वादसहोदरः।
लोकोत्तर चमत्कार प्राणः कैश्चित्प्रमातृभिः।
स्वाकारवद भिन्नत्वेनायमास्वाद्यते रसः।"
रस के विषय में उपर्युक्त स्थापना किस आचार्य की है?
A. आचार्य भरत B. आचार्य भट्टनायक
C. आचार्य अभिनवगुप्त D. आचार्य विश्वनाथ

90. निम्नलिखित में से कौन-सा नाटक कालिदास के चरित्र से सम्बन्धित नहीं है?
A. आठवाँ सर्ग B. कन्धे पर बैठा था शाप
C. शकुन्तला की अँगूठी D. आषाढ़ का एक दिन

91. निम्नलिखित साहित्यिक वादों का सही अनुक्रम बताइएः
A. छायावाद, प्रगतिवाद, प्रपद्यवाद, प्रयोगवाद
B. छायावाद, प्रयोगवाद, प्रपद्यवाद, प्रगतिवाद
C. प्रपद्यवाद, छायावाद, प्रयोगवाद, प्रगतिवाद
D. छायावाद, प्रगतिवाद, प्रयोगवाद, प्रपद्यवाद

92. जीवनकाल की दृष्टि से निम्नलिखित कवियों का सही अनुक्रम है:
A. सोहनलाल द्विवेदी, सूरदास, केशवदास, जगन्नाथदास रत्नाकर
B. जगन्नाथदास रत्नाकर, सोहनलाल द्विवेदी, सूरदास, केशवदास
C. सूरदास, केशवदास, जगन्नाथदास रत्नाकर, सोहनलाल द्विवेदी
D. केशवदास, सूरदास, जगन्नाथदास रत्नाकर, सोहनलाल द्विवेदी

93. रचनाकाल की दृष्टि से निम्नलिखित कृतियों का सही अनुक्रम हैं:
A. कुवलयमालाकथा, राउलवेल, उक्तिव्यक्ति प्रकरण, वर्णरत्नाकर
B. राउलवेल, कुवलयमालाकथा, उक्तिव्यक्ति प्रकरण, वर्णरत्नाकर
C. उक्तिव्यक्ति प्रकरण, राउलवेल, कुवलयमालाकथा, वर्णरत्नाकर
D. वर्णरत्नाकर, उक्तिव्यक्ति प्रकरण, राउलवेल, कुवलयमालाकथा

94. रचनाकाल की दृष्टि से निम्नलिखित कृतियों का सही अनुक्रम बताइएः
A. साकेत, प्रियप्रवास, तुलसीदास, कृष्णायन
B. प्रियप्रवास, साकेत, तुलसीदास, कृष्णायन
C. कृष्णायन, प्रियप्रवास, साकेत, तुलसीदास
D. तुलसीदास, प्रियप्रवास, साकेत, कृष्णायन

95. रचनाकाल के आधार पर दिनकर की निम्नलिखित कृतियों का सही अनुक्रम है:
A. दिनकर की डायरी, वट पीपल, संस्कृति के चार अध्याय, मिट्टी की ओर
B. वट पीपल, संस्कृति के चार अध्याय, मिट्टी की ओर, दिनकर की डायरी
C. मिट्टी की ओर, संस्कृति के चार अध्याय, वट पीपल, दिनकर की डायरी
D. संस्कृति के चार अध्याय, मिट्टी की ओर, वट पीपल, दिनकर की डायरी

96. रचनाकाल की दृष्टि से निम्नलिखित कृतियों का सही अनुक्रम बताइएः

A. चित्रलेखा, विराटा की पद्मिनी, बूँद और समुद्र, सुहाग के नूपुर
B. विराटा की पद्मिनी, चित्रलेखा, बूँद और समुद्र, सुहाग के नूपुर
C. सुहाग के नूपुर, चित्रलेखा, विराटा की पद्मिनी, बूँद और समुद्र
D. बूँद और समुद्र, चित्रलेखा, सुहाग के नूपुर, विराटा की पद्मिनी

97. रचनाकाल की दृष्टि से प्रेमचन्द के उपन्यासों का सही अनुक्रम है:
A. गबन, गोदान, सेवासदन, रंगभूमि
B. रंगभूमि, गोदान, गबन, सेवासदन
C. गोदान, गबन, सेवासदन, रंगभूमि
D. सेवासदन, रंगभूमि, गबन, गोदान

98. रचनाकाल की दृष्टि से निम्नलिखित कहानियों का सही अनुक्रम है:
A. बड़े भाई साहब, वापसी, डेफोडिल जल रहे हैं, पाल गोमरा का स्कूटर
B. वापसी, बड़े भाई साहब, पाल गोमरा का स्कूटर, डेफोडिल जल रहे हैं
C. डेफोडिल जल रहे हैं, पाल गोमरा का स्कूटर, बड़े भाई साहब, वापसी
D. बड़े भाई साहब, डेफोडिल जल रहे हैं, वापसी, पाल गोमरा का स्कूटर

99. रचनाकाल की दृष्टि से सुरेन्द्र वर्मा के निम्नलिखित नाटकों का सही अनुक्रम बताइये:
A. छोटे सैयद बड़े सैयद, द्रौपदी, आठवाँ सर्ग, शकुंतला की अँगूठी
B. शकुंतला की अँगूठी, द्रौपदी, आठवाँ सर्ग, छोटे सैयद बड़े सैयद
C. द्रौपदी, आठवाँ सर्ग, छोटे सैयद बड़े सैयद, शकुंतला की अंगूठी
D. आठवाँ सर्ग, द्रौपदी, छोटे सैयद बड़े सैयद, शकुंतला की अँगूठी

100. रचनाकाल की दृष्टि से निम्नलिखित कृतियों का सही अनुक्रम है:
A. कुकुरमुत्ता, दीपशिखा, पल्लव, कामायनी
B. दीपशिखा, पल्लव, कामायनी, कुकुरमुत्ता
C. कामायनी, पल्लव, दीपशिखा, कुकुरमुत्ता
D. पल्लव, कामायनी, दीपशिखा, कुकुरमुत्ता

101. रचनाकाल के आधार पर अज्ञेय की निम्नलिखित रचनाओं का सही अनुक्रम है:
A. आँगन के पार द्वार, हरी घास पर क्षण भर, भग्नदूत, बावरा अहेरी
B. भग्नदूत, हरी घास पर क्षण भर, बावरा अहेरी, आँगन के पार द्वार
C. हरी घास पर क्षण भर, भग्नदूत, बावरा अहेरी, आँगन के पार द्वार
D. बावरा अहेरी, हरी घास पर क्षण भर, भग्नदूत, आँगन के पार द्वार

102. जीवनकाल की दृष्टि से निम्नलिखित रचनाकारों का सही अनुक्रम है:
A. श्रीधर पाठक, मैथिलीशरण गुप्त, दिनकर, अज्ञेय
B. मैथिलीशरण गुप्त, श्रीधर पाठक, दिनकर, अज्ञेय
C. श्रीधर पाठक, दिनकर, मैथिलीशरण गुप्त, अज्ञेय
D. श्रीधर पाठक, अज्ञेय, दिनकर, मैथिलीशरण गुप्त

103. रचनाकाल की दृष्टि से निम्नलिखित कविताओं का सही अनुक्रम बताइए:
A. अंधेरे में, असाध्यवीणा, सरोज-स्मृति, पटकथा
B. असाध्यवीणा, सरोज-स्मृति, पटकथा, अंधेरे में
C. सरोज-स्मृति, असाध्यवीणा, अंधेरे में, पटकथा
D. पटकथा, सरोज-स्मृति, असाध्यवीणा, अंधेरे में

104. रचनाकाल की दृष्टि से निम्नलिखित कृतियों का सही अनुक्रम है:
A. सतरंगे पंखों वाली, युग की गंगा, फूल नहीं रंग बोलते हैं, मिट्टी की बारात
B. युग की गंगा, सतरंगे पंखों वाली, फूल नहीं रंग बोलते हैं, मिट्टी की बारात
C. मिट्टी की बारात, युग की गंगा, सतरंगे पंखों वाली, फूल नहीं रंग बोलते हैं
D. फूल नहीं रंग बोलते हैं, युग की गंगा, मिट्टी की बारात, सतरंगे पंखों वाली

105. ब्राह्मी लिपि के विकास का अनुक्रम है:
A. ब्राह्मी लिपि, गुप्त लिपि, कुटिल लिपि, देवनागरी लिपि
B. कुटिल लिपि, ब्राह्मी लिपि, गुप्त लिपि, देवनागरी लिपि
C. ब्राह्मी लिपि, देवनागरी लिपि, गुप्त लिपि, कुटिल लिपि
D. देवनागरी लिपि, ब्राह्मी लिपि, कुटिल लिपि, गुप्त लिपि

106. **स्थापना (Assertion) (A) :** बिम्ब में अर्थ की सम्भाव्यता निहित होती है।

तर्क (Reason) (R): क्योंकि अर्थ हमेशा निश्चित होता है।

A. (A) और (R) दोनों सही B. (A) गलत (R) सही
C. (A) सही (R) गलत D. (A) और (R) दोनों गलत

107. **स्थापना (Assertion) (A) :** जिस प्रकार आत्मा की मुक्तावस्था ज्ञानदशा कहलाती है, उसी प्रकार हृदय की मुक्तावस्था रसदशा कहलाती है।

तर्क (Reason) (R) : क्योंकि कविता में कवि हृदय लोक-सामान्य की भूमि पर पहुँच जाता है।

A. (A) अंशतः सही (R) सही B. (A) और (R) दोनों सही
C. (A) सही (R) गलत D. (A) गलत (R) सही

108. **स्थापना (Assertion) (A) :** प्रेमचन्द यथार्थवाद से आदर्शवाद को श्रेष्ठ समझते थे।

तर्क (Reason) (R) : क्योंकि आदर्शवाद उनकी दृष्टि से सम्पूर्ण जीवन-दृष्टि है।

A. (A) सही (R) गलत B. (A) और (R) दोनों गलत
C. (A) और (R) दोनों सही D. (A) गलत (R) सही

109. **स्थापना (Assertion) (A) :** कलामात्र के लिए वही साहित्य हो सकता है जो विचारशून्य हो।

तर्क (Reason) (R) : क्योंकि कला विचारों से पलायन है।
A. (A) और (R) दोनों सही B. (A) और (R) दोनों गलत
C. (A) सही (R) गलत D. (A) गलत (R) सही

110. स्थापना (Assertion) (A) : कहानी छोटे मुँह बड़ी बात करती है।

तर्क (Reason) (R) : क्योंकि कहानी लघुजीवन खण्ड के माध्यम से एक सम्पूर्ण जीवनबोध या सत्य को प्रकाशित करती है।
A. (A) गलत (R) गलत B. (A) गलत (R) सही
C. (A) और (R) दोनों सही D. (A) सही (R) गलत

111. स्थापना (Assertion) (A) : नाटक केवल चाक्षुष यज्ञ है।

तर्क (Reason) (R) : क्योंकि आधुनिक मान्यता है कि नाटक में दृश्य की तुलना में श्रव्य तत्त्व कम महत्वपूर्ण होता है।
A. (A) और (R) दोनों सही B. (A) और (R) दोनों गलत
C. (A) गलत (R) सही D. (A) सही (R) गलत

112. स्थापना (Assertion) (A) : साहित्य जनसमूह के हृदय का विकास है।

तर्क (Reason) (R) : क्योंकि साहित्य का लक्ष्य केवल मनुष्य का चरित्र निर्माण है।
A. (A) सही (R) सही B. (A) और (R) दोनों गलत
C. (A) गलत (R) सही D. (A) सही (R) गलत

113. स्थापना (Assertion) (A) : काव्य आत्मा की संकल्पात्मक अनुभूति है। जिसका सम्बन्ध विश्लेषण, विकल्प या विज्ञान से नहीं है।

तर्क (Reason) (R) : क्योंकि विज्ञान का सम्बन्ध संवेदना से नहीं होता।
A. (A) और (R) दोनों गलत B. (A) गलत (R) सही
C. (A) सही (R) गलत D. (A) और (R) दोनों सही

114. स्थापना (Assertion) (A) : संस्कृति के विकास के लिए मानसिक स्वतंत्रता अनिवार्य है।

तर्क (Reason) (R) : क्योंकि संस्कृति एक मानसिक व्यापार है।
A. (A) और (R) दोनों गलत B. (A) गलत (R) सही
C. (A) सही (R) गलत D. (A) और (R) दोनों सही

115. स्थापना (Assertion) (A) : स्त्री पैदा नहीं होती बनाई जाती है।

तर्क (Reason) (R) : क्योंकि समाज उसे जन्म से वहीं संस्कार प्रदान करता है।
A. (A) सही (R) गलत B. (A) और (R) दोनों सही
C. (A) गलत (R) सही D. (A) और (R) दोनों गलत

116. निम्नलिखित पंक्तियों को उनके कवियों के साथ सुमेलित कीजिए:

(*a*) शलभ मैं शापमय वर हूँ (i) सुमित्रानंदन पंत
(*b*) दुःख ही जीवन की कथा रही (ii) बच्चन
(*c*) वियोगी होगा पहला कवि (iii) निराला
(*d*) जो बीत गयी सो बात गयी (iv) महादेवी वर्मा
(v) जयशंकर प्रसाद

	(*a*)	(*b*)	(*c*)	(*d*)
A.	(ii)	(i)	(iv)	(iii)
B.	(iii)	(iv)	(ii)	(i)
C.	(iv)	(iii)	(i)	(ii)
D.	(i)	(iv)	(iii)	(ii)

117. निम्नलिखित पात्रों को उनके नाटकों के साथ सुमेलित कीजिए:

(*a*) मल्लिका (i) देहान्तर
(*b*) देवसेना (ii) आषाढ़ का एक दिन
(*c*) शीलवती (iii) स्कंदगुप्त
(*d*) शर्मिष्ठा (iv) कोमल गांधार
(v) सूर्य की अंतिम किरण से सूर्य की पहली किरण तक

	(*a*)	(*b*)	(*c*)	(*d*)
A.	(v)	(ii)	(i)	(iii)
B.	(iii)	(ii)	(i)	(v)
C.	(ii)	(iii)	(v)	(i)
D.	(i)	(ii)	(iii)	(v)

118. निम्नलिखित आंचलिक उपन्यासों को उनके लेखकों के साथ सुमेलित कीजिए:

(*a*) रतिनाथ की चाची (i) रांगेय राघव
(*b*) परती परिकथा (ii) नागार्जुन
(*c*) कब तक पुकारूँ (iii) रामदरश मिश्र
(*d*) पानी के प्राचीर (iv) फणीश्वरनाथ रेणु
(v) हिमांशु श्रीवास्तव

	(*a*)	(*b*)	(*c*)	(*d*)
A.	(i)	(iii)	(iv)	(v)
B.	(ii)	(iv)	(v)	(iii)
C.	(iii)	(i)	(v)	(ii)
D.	(ii)	(iv)	(i)	(iii)

119. निम्नलिखित कवियों के साथ उनकी कृतियों को सुमेलित कीजिए:

(*a*) चिंतामणि (i) छत्रसाल दशक
(*b*) मतिराम (ii) काव्य मंजरी
(*c*) भूषण (iii) वृत्त कौमुदी
(*d*) बोधा (iv) विरह वारीश
(v) कविकुल कल्पतरु

	(*a*)	(*b*)	(*c*)	(*d*)
A.	(iii)	(ii)	(iv)	(v)
B.	(v)	(iii)	(i)	(iv)
C.	(iv)	(iii)	(i)	(ii)
D.	(ii)	(i)	(v)	(iv)

120. निम्नलिखित आचार्यों को उनके सिद्धान्तों के साथ सुमेलित कीजिए:

(*a*) वल्लभाचार्य (i) विशिष्टाद्वैतवाद
(*b*) निम्बार्काचार्य (ii) अद्वैतवाद
(*c*) रामानुजाचार्य (iii) द्वैतवाद
(*d*) मध्वाचार्य (iv) द्वैताद्वैतवाद
(v) शुद्धाद्वैतवाद

	(a)	(b)	(c)	(d)
A.	(v)	(iv)	(i)	(iii)
B.	(i)	(ii)	(iv)	(iii)
C.	(iii)	(iv)	(i)	(ii)
D.	(ii)	(i)	(iv)	(v)

121. निम्नलिखित कृतियों को उनके कवियों के साथ सुमेलित कीजिएः

(a) चांदायन	(i) कुतुबन
(b) मृगावती	(ii) मंझन
(c) अखरावट	(iii) मुल्ला दाउद
(d) मधुमालती	(iv) जायसी
	(v) दामोदर कवि

	(a)	(b)	(c)	(d)
A.	(ii)	(iii)	(i)	(v)
B.	(i)	(ii)	(iii)	(iv)
C.	(ii)	(iv)	(v)	(i)
D.	(iii)	(i)	(iv)	(ii)

122. निम्नलिखित कवियों को उनकी कृतियों के साथ सुमेलित कीजिएः

(a) स्वयंभू	(i) संदेशरासक
(b) पुष्पदंत	(ii) पउम चरिउ
(c) अब्दुल रहमान	(iii) महापुराण
(d) शबरपा	(iv) राउलवेल
	(v) चर्यापाद

	(a)	(b)	(c)	(d)
A.	(i)	(ii)	(iii)	(iv)
B.	(ii)	(iii)	(i)	(v)
C.	(v)	(ii)	(iii)	(i)
D.	(iii)	(ii)	(i)	(iv)

123. भाषा की उत्पत्ति के संबंध में निम्नलिखित सिद्धान्तों को उनके प्रतिपादकों के साथ सुमेलित कीजिएः

(a) धातु सिद्धान्त	(i) स्वीट
(b) यो हे हो सिद्धान्त	(ii) रेवेज
(c) इंगित सिद्धान्त	(iii) राये
(d) सम्पर्क सिद्धान्त	(iv) न्वायर
	(v) हेज

	(a)	(b)	(c)	(d)
A.	(iii)	(ii)	(iv)	(v)
B.	(iv)	(v)	(iii)	(ii)
C.	(v)	(iv)	(iii)	(ii)
D.	(ii)	(iv)	(v)	(iii)

124. निम्नलिखित आचार्यों को उनके सिद्धान्तों के साथ सुमेलित कीजिएः

(a) भट्ट लोल्लट	(i) अनुमितिवाद
(b) शंकुक	(ii) अभिव्यक्तिवाद
(c) भट्टनायक	(iii) भुक्तिवाद
(d) अभिनव गुप्त	(iv) अभिव्यंजनवाद
	(v) उत्पत्तिवाद

	(a)	(b)	(c)	(d)
A.	(i)	(v)	(iii)	(ii)
B.	(v)	(i)	(iii)	(ii)
C.	(iii)	(ii)	(v)	(i)
D.	(ii)	(iii)	(i)	(v)

125. निम्नलिखित पत्रिकाओं को उनके संपादकों के साथ सुमेलित कीजिएः

(a) प्रतीक	(i) बनारसीदास चतुर्वेदी
(b) विशाल भारत	(ii) अज्ञेय
(c) कर्मवीर	(iii) महादेवी वर्मा
(d) चाँद	(iv) माखनलाल चतुर्वेदी
	(v) प्रेमचंद

	(a)	(b)	(c)	(d)
A.	(iv)	(iii)	(ii)	(i)
B.	(iii)	(i)	(iv)	(iii)
C.	(i)	(ii)	(iii)	(iv)
D.	(ii)	(i)	(iv)	(iii)

126. 'सरहपा' का सम्बन्ध निम्न में से किससे है?

A. सिद्ध साहित्य　　B. रासो काव्य
C. नाथ साहित्य　　D. जैन काव्य

127. निम्नलिखित में से कौन अष्टछाप के कवि नहीं हैं?

A. सूरदास　　B. कुंभनदास
C. नन्ददास　　D. सुन्दरदास

128. बिहारी किस धारा के कवि हैं?

A. रीतिसिद्ध　　B. रीतिमुक्त
C. स्वच्छन्द　　D. रीतिबद्ध

129. प्रेमचंद किस प्रवृत्ति के उपन्यासकार हैं?

A. आदर्शवादी　　B. यथार्थवादी
C. आदर्शोन्मुख यथार्थवादी　　D. यथार्थोन्मुख आदर्शवादी

130. अमृतलाल नागर के जीवनीपरक उपन्यास 'खंजन नयन' में किसके जीवन का चित्रण किया गया है?

A. सूरदास　　B. तुलसीदास
C. रैदास　　D. मीराबाई

131. अंग्रेजी स्वच्छन्दतावादी काव्य का प्रभाव हिन्दी की किस काव्यधारा पर दिखाई देता है?

A. प्रगतिवाद　　B. प्रयोगवाद
C. छायावाद　　D. नई कविता

132. "दुःख ही जीवन की कथा रही,
क्या कहूँ आज जो नहीं कही।"
उपर्युक्त पंक्तियाँ किस कविता से उद्धृत हैं?

A. सरोज स्मृति　　B. राम की शक्तिपूजा
C. तुलसीदास　　D. कुकुरमुत्ता

133. 'रस आखेटक' के रचनाकार हैंः

A. हजारी प्रसाद द्विवेदी　　B. विद्यानिवास मिश्र
C. कुबेरनाथ राय　　D. शरद जोशी

134. निम्न में से कौन-सी हरिशंकर परसाई की रचना नहीं है?
A. विकलांग श्रद्धा का दौर B. ठिठुरता हुआ गणतन्त्र
C. प्रेमचन्द के फटे जूते D. जीप पर सवार इल्लियाँ

135. 'एक बूँद सहसा उछली' किस विधा की रचना है?
A. यात्रा-वृत्तान्त B. संस्मरण
C. रेखाचित्र D. निबंध

136. 'आलोचक के मुख से' किस आलोचक के व्याख्यानों का संकलन है?
A. नन्ददुलारे वाजपेयी B. रामस्वरूप चतुर्वेदी
C. नामवर सिंह D. प्रभाकर श्रोत्रिय

137. 'समय देवता' किस कवि की कविता है?
A. केदारनाथ अग्रवाल B. नागार्जुन
C. माखनलाल चतुर्वेदी D. नरेश मेहता

138. 'ऑफ ग्रैमेटॉलोजी' के लेखक कौन हैं?
A. जैक देरिदा B. रिचर्ड रोर्टी
C. फ्रेडरिक जेमसन D. पॉल दि मान

139. निम्नलिखित में से कौन मार्क्सवादी आलोचक नहीं है?
A. शिवदान सिंह चौहान B. शिवकुमार मिश्र
C. प्रकाशचंद्र गुप्त D. रामस्वरूप चतुर्वेदी

140. 'मेरे राम का मुकुट भीग रहा है' किसकी रचना है?
A. विद्यानिवास मिश्र B. विष्णुकान्त शास्त्री
C. कुबेरनाथ राय D. गुलाब राय

141. निम्नलिखित में से कौन-सी आलोचना कृति विजयदेव नारायण साही की है?
A. जायसी B. सूरदास
C. साहित्यालोचन D. रस मीमांसा

142. खड़ी बोली के विकास में फोर्ट विलियम कॉलेज का विशिष्ट योगदान है, क्योंकि :
(a) अंग्रेजों ने खड़ी बोली के विकास को प्रमुखता दी।
(b) खड़ी बोली के प्रशिक्षण से विविध साहित्यिक विधाओं में सृजन हुआ।
(c) खड़ी बोली में साहित्यिक लेखन युग की आवश्यकता थी।
A. (a) और (b) सही, (c) गलत
B. (a) और (c) सही, (b) गलत
C. (b) और (c) सही, (a) गलत
D. (c) सही, (a) और (b) गलत

143. (a) ब्रजभाषा में गीतात्मकता स्वाभाविक रूप से आ जाती है।
(b) ब्रजभाषा में परुष वर्णों का अभाव है।
A. (a) और (b) दोनों सही
B. (a) आंशिक सही, (b) सही
C. (a) और (b) दोनों गलत
D. (a) सही, (b) आंशिक सही

144. (a) नयी कविता में नये मनुष्य की प्रतिष्ठा हुई है।
(b) नयी कविता में व्यक्त मनुष्य का द्वन्द्व अंशतः आयातित है।
A. (a) सही, (b) गलत
B. (a) और (b) दोनों सही
C. (a) सही, (b) आंशिक सही
D. (a) गलत, (b) सही

145. छायावाद की निम्नलिखित विशेषताएँ हैं :
(a) आत्मानुभूति की अभिव्यक्ति।
(b) साम्राज्यवाद के प्रति विद्रोह।
(c) सौन्दर्य के प्रति अत्यधिक आकर्षण।
(d) छायावाद रहस्यवाद का पर्याय है।
A. सभी सही
B. (a), (c), (d) सही, (b) आंशिक सही
C. (c) आंशिक सही, (a), (b), (d) सही
D. (a), (b), (c) सही, (d) आंशिक सही

146. निम्नलिखित इतिहास ग्रन्थों का कालक्रमानुसार सही क्रम क्या है?
A. हिन्दी साहित्य का आलोचनात्मक इतिहास–हिन्दी साहित्य की भूमिका–हिन्दी साहित्य का इतिहास– मिश्रबंधु विनोद
B. हिन्दी साहित्य का इतिहास–हिन्दी साहित्य की भूमिका–मिश्रबंधु विनोद–हिन्दी साहित्य का आलोचनात्मक इतिहास
C. हिन्दी साहित्य की भूमिका–हिन्दी साहित्य का इतिहास–मिश्रबंधु विनोद–हिन्दी साहित्य का आलोचनात्मक इतिहास
D. मिश्रबंधु विनोद–हिन्दी साहित्य का इतिहास–हिन्दी साहित्य की भूमिका–हिन्दी साहित्य का आलोचनात्मक इतिहास

147. गोस्वामी तुलसीदास की रचनाओं का सही क्रम कौन-सा है?
A. गीतावली–दोहावली–विनय पत्रिका–रामचरित मानस
B. रामचरित मानस–दोहावली–गीतावली–विनय पत्रिका
C. दोहावली–गीतावली–रामचरित मानस–विनय पत्रिका
D. विनय पत्रिका–दोहावली–गीतावली–रामचरित मानस

148. जन्मतिथि की दृष्टि से द्विवेदी युगीन कवियों का सही क्रम कौन-सा है?
A. श्रीधर पाठक–अयोध्या सिंह उपाध्याय हरिऔध– मैथिलीशरण गुप्त–रामनरेश त्रिपाठी
B. मैथिलीशरण गुप्त–अयोध्या सिंह उपाध्याय हरिऔध– श्रीधर पाठक–रामनरेश त्रिपाठी
C. रामनरेश त्रिपाठी–श्रीधर पाठक–अयोध्या सिंह उपाध्याय हरिऔध–मैथिलीशरण गुप्त
D. अयोध्या सिंह उपाध्याय हरिऔध– मैथिलीशरण गुप्त–श्रीधर पाठक–रामनरेश त्रिपाठी

149. आधुनिक हिन्दी की निम्नलिखित कृतियों का प्रकाशन काल की दृष्टि से सही अनुक्रम क्या है?
A. आत्मजयी–कनुप्रिया–उर्वशी–यशोधरा
B. कनुप्रिया–उर्वशी–आत्मजयी–यशोधरा
C. उर्वशी–कनुप्रिया–यशोधरा–आत्मजयी
D. यशोधरा–उर्वशी–कनुप्रिया–आत्मजयी

150. निम्नलिखित पाश्चात्य समीक्षकों का जन्म की दृष्टि से सही अनुक्रम क्या है?
A. अरस्तू–प्लेटो–लोंजाइनस–कॉलरिज
B. प्लेटो–अरस्तू–लोंजाइनस–कॉलरिज
C. कॉलरिज–प्लेटो–अरस्तू–लोंजाइनस
D. लोंजाइनस–अरस्तू–प्लेटो–कॉलरिज

151. प्रकाशन वर्ष की दृष्टि से निम्न पत्रिकाओं का सही क्रम क्या है?
A. कवि वचन सुधा–सरस्वती–चाँद–हंस
B. सरस्वती–हंस–चाँद–कवि वचन सुधा
C. हंस–चाँद–कवि वचन सुधा–सरस्वती
D. चाँद–हंस–सरस्वती–कवि वचन सुधा

152. निम्नलिखित उपन्यासों का प्रकाशन की दृष्टि से सही अनुक्रम कौन-सा है?
A. तमस–सूखा बरगद–आधा गांव–झूठा सच
B. झूठा सच–आधा गांव–सूखा बरगद–तमस
C. सूखा बरगद–झूठा सच–आधा गांव–तमस
D. झूठा सच–आधा गांव–तमस–सूखा बरगद

153. निम्नलिखित कवियों का सही क्रम क्या है?
A. पद्माकर–बिहारी–चिन्तामणि–केशवदास
B. बिहारी–पद्माकर–केशवदास–चिन्तामणि
C. चिन्तामणि–केशवदास–बिहारी–पद्माकर
D. केशवदास–चिन्तामणि–बिहारी–पद्माकर

154. निम्नलिखित काव्यों का सही अनुक्रम कौन-सा है?
A. लोकायतन–राम की शक्तिपूजा–झरना–प्रिय प्रवास
B. झरना–प्रिय प्रवास–लोकायतन–राम की शक्तिपूजा
C. प्रिय प्रवास–झरना–राम की शक्तिपूजा–लोकायतन
D. राम की शक्तिपूजा–लोकायतन–झरना–प्रिय प्रवास

155. निम्नलिखित पंक्तियों के साथ कवियों का सुमेलन कीजिए:

सूची-I	सूची-II
(*a*) घुन खाये शहतीरों पर	(i) केदारनाथ अग्रवाल
(*b*) एक बीते के बराबर	(ii) नागार्जुन
(*c*) किंतु हम हैं द्वीप	(iii) धूमिल
(*d*) भूख से रिरियाती हुई	(iv) अज्ञेय
	(v) लीलाधर जगूड़ी

कूटः

	(*a*)	(*b*)	(*c*)	(*d*)
A.	(ii)	(iii)	(iv)	(i)
B.	(v)	(iv)	(iii)	(i)
C.	(i)	(ii)	(iii)	(v)
D.	(ii)	(i)	(iv)	(iii)

156. निम्नलिखित सम्पादकों को उनकी पत्रिकाओं के साथ सुमेलित कीजिए :

सूची-I	सूची-II
(*a*) श्यामसुन्दर सेन	(i) कवि वचन सुधा
(*b*) राजा लक्ष्मण सिंह	(ii) समाचार सुधावर्षण
(*c*) भारतेन्दु हरिश्चंद्र	(iii) आनन्द कादम्बिनी
(*d*) बदरी नारायण चौधरी 'प्रेमघन'	(iv) प्रजा हितैषी
	(v) मतवाला

कूटः

	(*a*)	(*b*)	(*c*)	(*d*)
A.	(ii)	(iv)	(i)	(iii)
B.	(i)	(ii)	(iii)	(iv)
C.	(ii)	(iii)	(iv)	(i)
D.	(v)	(ii)	(i)	(iii)

157. निम्नलिखित पत्रिकाओं को उनके प्रकाशन वर्ष के साथ सुमेलित कीजिए :

सूची-I	सूची-II
(*a*) सार सुधा निधि	(i) 1877
(*b*) बंग दूत	(ii) 1930
(*c*) भारत मित्र	(iii) 1879
(*d*) हंस	(iv) 1829
	(v) 1931

कूटः

	(*a*)	(*b*)	(*c*)	(*d*)
A.	(i)	(iii)	(v)	(iv)
B.	(ii)	(i)	(iii)	(v)
C.	(i)	(ii)	(iii)	(iv)
D.	(iii)	(iv)	(i)	(ii)

158. निम्नलिखित आलोचनात्मक कृतियों को उनके लेखकों के साथ सुमेलित कीजिए :

सूची-I	सूची-II
(*a*) दूसरी परम्परा की खोज	(i) रामधारी सिंह दिनकर
(*b*) नये साहित्य का सौन्दर्यशास्त्र	(ii) नामवर सिंह
(*c*) हिन्दी साहित्य का आदिकाल	(iii) गजानन माधव मुक्तिबोध
(*d*) नया साहित्य : नये प्रश्न	(iv) नन्ददुलारे वाजपेयी
	(v) हजारी प्रसाद द्विवेदी

कूटः

	(*a*)	(*b*)	(*c*)	(*d*)
A.	(ii)	(iii)	(v)	(iv)
B.	(i)	(ii)	(iii)	(iv)
C.	(ii)	(i)	(v)	(iii)
D.	(iii)	(ii)	(v)	(iv)

159. निम्नलिखित कथनों को उनके लेखकों के साथ सुमेलित कीजिए :

सूची-I	सूची-II
(*a*) करुणा दुःखात्मक वर्ग में आने वाला मनोविकार है।	(i) डॉ. नगेन्द्र
(*b*) मनुष्य की श्रेष्ठ साधनाएं ही संस्कृति है।	(ii) हजारी प्रसाद द्विवेदी
(*c*) छायावाद स्थूल के प्रति सूक्ष्म का विद्रोह है।	(iii) रामचन्द्र शुक्ल
(*d*) भक्ति आन्दोलन एक जातीय और जनवादी आन्दोलन है।	(iv) रामविलास शर्मा
	(v) रामस्वरूप चतुर्वेदी

कूटः

	(a)	(b)	(c)	(d)
A.	(i)	(iii)	(v)	(iv)
B.	(iii)	(ii)	(i)	(iv)
C.	(iv)	(v)	(iii)	(ii)
D.	(ii)	(iv)	(i)	(v)

160. निम्नलिखित कृतियों को उनकी विधा के साथ सुमेलित कीजिएः

सूची-I	सूची-II
(a) लहरों के राजहंस	(i) नाटक
(b) आधा गांव	(ii) निबंध
(c) तुम चन्दन हम पानी	(iii) आत्मकथा
(d) मुर्दहिया	(iv) रेखाचित्र
	(v) उपन्यास

कूटः

	(a)	(b)	(c)	(d)
A.	(ii)	(v)	(iv)	(i)
B.	(v)	(iv)	(iii)	(i)
C.	(ii)	(iii)	(i)	(v)
D.	(i)	(v)	(ii)	(iii)

161. निम्नलिखित उपन्यासों को उनके पात्रों के साथ सुमेलित कीजिए :

सूची-I	सूची-II
(a) ग़बन	(i) मृणाल
(b) नदी के द्वीप	(ii) डॉ. प्रशान्त
(c) मैला आंचल	(iii) जालपा
(d) बाणभट्ट की आत्मकथा	(iv) भुवन
	(v) निपुणिका

कूटः

	(a)	(b)	(c)	(d)
A.	(iii)	(iv)	(ii)	(v)
B.	(ii)	(i)	(v)	(iii)
C.	(i)	(ii)	(iii)	(iv)
D.	(iv)	(v)	(ii)	(i)

162. निम्नलिखित पात्रों को नाटकों के साथ समुलित कीजिएः

सूची-I	सूची-II
(a) सिंहरण	(i) आधे-अधूरे
(b) युयुत्सु	(ii) हानूश
(c) जुनेजा	(iii) चन्द्रगुप्त
(d) दक्ष	(iv) अंधायुग
	(v) एक कंठ विषपायी

कूटः

	(a)	(b)	(c)	(d)
A.	(ii)	(i)	(iii)	(iv)
B.	(iv)	(iii)	(ii)	(i)
C.	(iii)	(iv)	(i)	(v)
D.	(i)	(ii)	(iii)	(iv)

163. निम्नलिखित आचार्यों को उनके सिद्धान्तों के साथ सुमेलित कीजिएः

सूची-I	सूची-II
(a) भट्ट लोल्लट	(i) स्फोटवाद
(b) शंकुक	(ii) अभिव्यक्तिवाद
(c) अभिनवगुप्त	(iii) अनुमितिवाद
(d) भट्ट नायक	(iv) आरोपवाद
	(v) भुक्तिवाद

कूटः

	(a)	(b)	(c)	(d)
A.	(iv)	(iii)	(ii)	(v)
B.	(i)	(ii)	(v)	(iv)
C.	(iv)	(iii)	(i)	(ii)
D.	(ii)	(i)	(iii)	(v)

164. निम्नलिखित आचार्यों को उनके कालखंड के साथ सुमेलित कीजिएः

सूची-I	सूची-II
(a) भामह	(i) दसवीं सदी
(b) क्षेमेन्द्र	(ii) सत्रहवीं सदी
(c) विश्वनाथ	(ii) ग्यारहवीं सदी
(d) पंडितराज जगन्नाथ	(iv) चौदहवीं सदी
	(v) छठी सदी

कूटः

	(a)	(b)	(c)	(d)
A.	(i)	(ii)	(v)	(iv)
B.	(v)	(iii)	(iv)	(ii)
C.	(iii)	(ii)	(i)	(v)
D.	(iv)	(i)	(iii)	(ii)

165. **स्थापना (Assertion) (A) :** किसी व्यक्ति का लोभ उस व्यक्ति से केवल बाह्य सम्पर्क रखकर ही तुष्ट नहीं हो सकता, उसके हृदय का सम्पर्क भी चाहता है।

तर्क (Reason) (R) : लोभ प्रेम का मूल है।

A. (A) गलत, (R) सही B. (A) सही, (R) सही
C. (A) सही, (R) गलत D. (A) और (R) दोनों गलत

166. **स्थापना (Assertion) (A) :** भरत मुनि के अनुसार स्थायी भाव ही रस रूप में परिणत होता है।

तर्क (Reason) (R) : उनके प्रसिद्ध रससूत्र में स्थायी भाव का स्पष्ट उल्लेख है।

A. (A) सही, (R) सही B. (A) सही, (R) गलत
C. (A) गलत, (R) गलत D. (A) गलत, (R) सही

167. **स्थापना (Assertion) (A) :** "बिनु पग चलै सुनै बिनु काना"—असंगति अलंकार का उदाहरण है।

तर्क (Reason) (R): असंगति अलंकार में कारण के बिना कार्य हो जाता है।

A. (A) गलत, (R) गलत B. (A) सही, (R) गलत
C. (A) सही, (R) सही D. (A) गलत, (R) सही

168. **स्थापना (Assertion) (A) :** भाषा वैज्ञानिकों की दृष्टि में हिन्दी और उर्दू अलग-अलग भाषाएँ हैं।

तर्क (Reason) (R): उनका व्याकरण एक ही है।

A. (A) सही, (R) सही
B. (A) गलत, (R) गलत
C. (A) गलत, (R) सही
D. (A) सही, (R) गलत

169. **स्थापना (Assertion) (A) :** मैथिली संविधान की आठवीं अनुसूची में शामिल भाषा है।

तर्क (Reason) (R): इसके शामिल होने से हिन्दी भाषियों की संख्या में वृद्धि हुई है।

A. (A) गलत, (R) सही
B. (A) गलत, (R) गलत
C. (A) सही, (R) सही
D. (A) सही, (R) गलत

170. **स्थापना (Assertion) (A) :** "हमारे मत में हिन्दी और उर्दू दो बोली न्यारी-न्यारी है।"–यह कथन राजा शिवप्रसाद 'सितारे हिन्द' का है।

तर्क (Reason) (R): यह कथन ईस्ट इंडिया कम्पनी की भाषा नीति के विरुद्ध है।

A. (A) सही, (R) गलत
B. (A) गलत, (R) सही
C. (A) गलत, (R) गलत
D. (A) सही, (R) सही

निर्देश (प्र.सं. 171 से 175 तक) : *निम्नलिखित अवतरण को ध्यानपूर्वक पढ़ें और उससे सम्बन्धित प्रश्नों के उत्तरों के दिये गए बहु-विकल्पों में से सही विकल्प का चयन करें:*

यूरोपीय उपन्यास के विकास में पूँजीवादी अर्थतन्त्र और मध्य वर्ग का योगदान बहुत महत्वपूर्ण माना जाता है और अक्सर इस अवधारणा को हिन्दी उपन्यास के इतिहास पर भी चस्पाँ कर दिया जाता है। पर हिन्दी क्षेत्र की परिस्थितियों को देखते हुए हिन्दी उपन्यास के सम्बन्ध में इस सामान्यीकरण को संगत नहीं माना जा सकता। 1870-90 की अवधि में हिन्दी क्षेत्र में न तो पूँजीवादी अर्थतन्त्र का कोई वर्चस्व था, न ही कोई मजबूत मध्य वर्ग पैदा हुआ था। इस समय भारत ब्रिटिश उपनिवेशवाद के चंगुल में तड़फड़ा रहा था और एक विदेशी पूँजीवादी उसका चौतरफा शोषण कर रहा था। इस विदेशी पूँजीवाद की भाषा अंग्रेजी थी। इस व्यवस्था के पोषक और सहायक के रूप में अंग्रेजी पढ़ा-लिखा मध्य वर्ग वज ूद में आ रहा था, पर वह अधिकतर अहिन्दी भाषी, विशेष रूप से बंगला भाषी था। दरअसल हिन्दी उपन्यास हिन्दी भाषी जनता की राष्ट्रीय आकांक्षाओं की अभिव्यक्ति था।

171. पूँजीवादी अर्थतन्त्र और मध्य वर्ग ने साहित्य की किस विधा के विकास में महत्वपूर्ण योगदान दिया?

A. यूरोपीय उपन्यास
B. भारतीय उपन्यास
C. हिन्दी उपन्यास
D. बंगला उपन्यास

172. हिन्दी उपन्यास के सम्बन्ध में किस सामान्यीकरण को संगत नहीं माना जा सकता?

A. हिन्दी उपन्यास के विकास पर पश्चिमी उपन्यासों का भी प्रभाव है।
B. हिन्दी उपन्यास पूँजीवाद की देन है।
C. हिन्दी उपन्यास में परम्परा से चली आती कथा का भी योगदान है।
D. हिन्दी उपन्यास भारतीय जनता की राष्ट्रीय आकांक्षाओं की अभिव्यक्ति है।

173. 1870-90 की अवधि में हिन्दी क्षेत्र में किस अर्थतन्त्र का वजूद नहीं था?

A. सामन्तवादी अर्थतन्त्र
B. जमींदारी अर्थतन्त्र
C. पूँजीवादी अर्थतन्त्र
D. वाणिज्यिक अर्थतन्त्र

174. 1870-90 की अवधि में भारत किसके चंगुल में तड़फड़ा रहा था?

A. ब्रिटिश उपनिवेशवाद
B. फ्रांसीसी उपनिवेशवाद
C. जर्मन उपनिवेशवाद
D. ब्रिटिश राष्ट्रवाद

175. हिन्दी उपन्यास किसकी राष्ट्रीय आकांक्षाओं की अभिव्यक्ति था?

A. हिन्दी भाषी जनता
B. अहिन्दी भाषी
C. अंग्रेजी पढ़ा-लिखा वर्ग
D. मध्य वर्ग

176. अपभ्रंश का मुख्य छंद है :

A. दोहा
B. बरवै
C. कुंडलिया
D. सवैया

177. आगरा का बोली-क्षेत्र है :

A. अवधी
B. खड़ी बोली
C. ब्रज
D. छत्तीसगढ़ी

178. अभिव्यंजनावाद सिद्धांत के प्रवर्तक कौन माने जाते हैं?

A. इलियट
B. क्रोचे
C. आर्नल्ड
D. वर्ड्सवर्थ

179. 'परमात्मप्रकाश' के रचनाकार हैं :

A. रामसिंह
B. योगीन्द्र
C. हेमचन्द्र
D. मेरुतुंग

180. 'गोरखबानी' के सम्पादक हैं :

A. रामचन्द्र शुक्ल
B. हजारी प्रसाद द्विवेदी
C. श्यामसुंदर दास
D. पीताम्बर दत्त बड़थ्वाल

181. किस रचना का दूसरा नाम 'आल्हा खंड' है?

A. पृथ्वीराज रासो
B. परमाल रासो
C. विजयपाल रासो
D. हम्मीर रासो

182. 'सजन सकारे जाँयगें नैन मरेंगे रोय' उक्ति है :

A. अमीर खुसरो
B. कबीर
C. दादूदयाल
D. रहीम

183. 'अष्टछाप' के कवि हैं :

A. स्वामी हरिदास
B. हित हरिवंश
C. प्रियादास
D. कुंभनदास

184. 'हेरी म्हा तो दरद दिवाणी म्हाराँ दरद न जाण्याँ कोय' उक्ति है :

A. सहजोबाई
B. मीराबाई
C. दयाबाई
D. मुक्ताबाई

185. 'माँगि के खैबो मसीत के सोइबो, लैबो को एक न दैबो को दोऊ।' पंक्ति का संबंध तुलसीदास की किस रचना से है?
A. रामचरितमानस
B. विनयपत्रिका
C. गीतावली
D. कवितावली

186. मुल्ला वजही की रचना है :
A. कुतुब मुश्तरी
B. कदमराव व पदमराव
C. शिकारनामा
D. इरशादनामा

187. प्रतापसाहि की रचना नहीं है :
A. काव्य विलास
B. व्यंग्यार्थ कौमुदी
C. नवरस तरंग
D. शृंगार मंजरी

188. 'छत्रप्रकाश' प्रबंध काव्य के रचनाकार हैं :
A. सूदन
B. लालकवि
C. भूषण
D. पद्माकर

189. निम्नलिखित में से कौन नीतिकार कवि नहीं है?
A. रहीमदास
B. गिरधर कविराय
C. दीनदयाल गिरि
D. गिरिधर दास

190. निम्नलिखित में से किन लेखकों का संबंध 'फोर्ट विलियम कॉलेज' से था?
A. राजा लक्ष्मण सिंह, शिवप्रसाद सिंह 'सितारे हिंद'
B. रामप्रसाद निरंजनी, वैकुंठनाथ मिश्र
C. जुगलकिशोर, बालमुकुंद गुप्त
D. लल्लूलाल, सदल मिश्र

191. 'गार्सां द तासी' ने 'हिन्दुस्तानी साहित्य का इतिहास' किस भाषा में लिखा है?
A. फ्रांसीसी
B. जर्मन
C. अंग्रेजी
D. हिन्दी

192. अंग्रेजी सरकार की ओर से अदालत का कामकाज देश की प्रचलित भाषाओं में करने का 'इश्तहारनामा' किस सन् में निकला?
A. सन् 1816
B. सन् 1826
C. सन् 1836
D. सन् 1946

193. 'लोगन कवित्त कीबो खेल करि जानो है' किसकी उक्ति है?
A. ठाकुर
B. घनानंद
C. केशवदास
D. मतिराम

194. इनमें से कौन-सी रचना तुलसीदास की है?
A. रामध्यान मंजरी
B. रामसतसई
C. कृष्णगीतावली
D. श्री रामार्चन पद्धति

195. यह काव्य पंक्ति–'हिन्दू मग पर पाँव न राखेउँ। का जौ बहुतै हिंदी भाखेउ।' किसकी है?
A. जायसी
B. नूर मुहम्मद
C. मंझन
D. कुतुबन

196. 'कबीर कानि राखी नहीं, वर्णाश्रम षट दरसनी' किसने कहा है?
A. रैदास
B. मलूकदास
C. नाभादास
D. प्रियादास

197. इनमें से किसका समय सबसे पहले है?
A. कबीरदास
B. रैदास
C. धर्मदास
D. दादूदयाल

198. इनमें किसका समय सबसे बाद में है?
A. केशवदास
B. रहीमदास
C. घनानंद
D. पद्माकर

199. इनमें से कौन-सा नाटक भारतेन्दु का नहीं है?
A. भारत जननी
B. भारत दुर्दशा
C. भारत सौभाग्य
D. अंधेर नगरी

200. इनमें से कौन-सी पत्रिका मासिक नहीं थी?
A. बालाबोधिनी
B. हिन्दी प्रदीप
C. सरस्वती
D. नागरी प्रचारिणी

201. निम्नलिखित में से कौन-सा उपन्यास काशीनाथ सिंह का है?
A. रेहन पर रग्घू
B. चाक
C. एक ब्रेक के बाद
D. ग्लोबल गाँव के देवता

202. निम्नलिखित में से किन साहित्यकारों का जन्म शताब्दी वर्ष सन् 2011 था?
A. बच्चन, दिनकर, रामकुमार वर्मा, सुभद्राकुमारी चौहान
B. अज्ञेय, त्रिलोचन, मुक्तिबोध, महादेवी वर्मा
C. नागार्जुन, अज्ञेय, केदारनाथ अग्रवाल, शमशेर
D. नागार्जुन, भैरवप्रसाद गुप्त, उपेन्द्रनाथ अश्क, भीष्म साहनी

203. 'दृग उरझत टूटत कुटुम, जुरत चतुर चित प्रीत' में कौन-सा अलंकार है?
A. विरोधाभास
B. असंगति
C. विभावना
D. निदर्शना

204. निम्नलिखित में से 'दस द्वारे का पिंजरा' उपन्यास के रचनाकार हैं :
A. अनामिका
B. अलका सरावगी
C. मधु काँकरिया
D. नासिरा शर्मा

205. 'कथासतीसर' की लेखिका हैं :
A. चित्रा मुद्गल
B. क्षमा शर्मा
C. नीलाक्षी सिंह
D. चन्द्रकांता

206. 'रससूत्र' के व्याख्याता कौन हैं?
A. भरत मुनि, महिम भट्ट, मम्मट, विश्वनाथ
B. लोल्लट, शंकुक, भट्टनायक, अभिनवगुप्त
C. विश्वनाथ, पं. जगन्नाथ, महिम भट्ट, अप्पय दीक्षित
D. केशव मिश्र, विद्याधर, राजशेखर, जयदेव

207. हिन्दी दैनिक 'समाचार सुधावर्षण' के सम्पादक हैं :
A. जुगल किशोर
B. श्यामसुंदर सेन
C. बालमुकुंद गुप्त
D. राधाकृष्ण दास

208. 'द न्यू क्रिटिसिज्म' पुस्तक के लेखक हैं :
A. जॉन क्रो रैंसम
B. जाक देरीदा
C. रोला बार्थ
D. सॉस्यूर

209. 'राइटिंग एंड डिफरेंस' पुस्तक किस आलोचक की है?
A. मिशेल फूको
B. वर्जीनिया वुल्फ
C. सिमोन द बुआ
D. जाक देरीदा

210. '' 'साधारणीकरण' आलम्बनत्व धर्म का होता है'' कथन किसका है?
A. आचार्य विश्वनाथ
B. आचार्य अभिनवगुप्त
C. आचार्य रामचन्द्र शुक्ल
D. आचार्य विश्वनाथ प्रसाद मिश्र

211. 'सूअरदान' के लेखक हैं :
A. मनोज सोनकर
B. रूपनारायण सोनकर
C. तुलसीराम
D. जयप्रकाश कर्दम

212. 'अन्न हैं मेरे शब्द' किस कवि की कृति है?
A. स्वप्निल श्रीवास्तव
B. रवीन्द्र श्रीवास्तव
C. आलोक श्रीवास्तव
D. एकान्त श्रीवास्तव

213. 'अनारो' किसका उपन्यास है?
A. ममता कालिया
B. चित्रा मुद्गल
C. मंजुल भगत
D. राजीसेठ

214. 'व्योमकेश दरवेश' किस विधा की रचना है?
A. आत्मकथा
B. संस्मरण
C. जीवनी
D. डायरी

215. 'सुचरिता' का संबंध किस उपन्यास से है?
A. शेखर एक जीवनी
B. बाणभट्ट की आत्मकथा
C. पहला गिरमिटिया
D. राग दरबारी

216. रचनाकाल की दृष्टि से निम्नलिखित रचनाओं का सही अनुक्रम बताइए :
A. कृष्णायन, कीर्तिपताका, रामचरितमानस, रामचन्द्रिका
B. कीर्तिपताका, रामचरितमानस, रामचन्द्रिका, कृष्णायन
C. रामचरितमानस, रामचन्द्रिका, कृष्णायन, कीर्तिपताका
D. रामचन्द्रिका, रामचरितमानस, कीर्तिपताका, कृष्णायन

217. रचनाकाल के आधार पर निम्नलिखित कृतियों का सही अनुक्रम है :
A. साकेत, कामायनी, कुरुक्षेत्र, अंधायुग
B. कामायनी, कुरुक्षेत्र, साकेत, अंधायुग
C. साकेत, कुरुक्षेत्र, अंधायुग, कामायनी
D. अंधायुग, कुरुक्षेत्र, साकेत, कामायनी

218. रचनाकाल की दृष्टि से निम्नलिखित ग्रन्थों का सही अनुक्रम है :
A. अनुराग बाँसुरी, मृगावती, ज्ञानदीप, इंद्रावती
B. ज्ञानदीप, मृगावती, अनुराग बाँसुरी, इंद्रावती
C. मृगावती, ज्ञानदीप, इंद्रावती, अनुराग बाँसुरी
D. इंद्रावती, मृगावती, ज्ञानदीप, अनुराग बाँसुरी

219. जीवनकाल की दृष्टि से निम्नलिखित निबन्धकारों का सही अनुक्रम बताइए :
A. रामचन्द्र शुक्ल, महावीर प्रसाद द्विवेदी, विद्यानिवास मिश्र, हजारी प्रसाद द्विवेदी
B. महावीर प्रसाद द्विवेदी, रामचन्द्र शुक्ल, हजारी प्रसाद द्विवेदी, विद्यानिवास मिश्र
C. हजारी प्रसाद द्विवेदी, महावीर प्रसाद द्विवेदी, रामचन्द्र शुक्ल, विद्यानिवास मिश्र
D. विद्यानिवास मिश्र, महावीर प्रसाद द्विवेदी, रामचन्द्र शुक्ल, हजारी प्रसाद द्विवेदी

220. रचनाकाल के आधार पर निम्नलिखित निबन्ध संग्रहों का सही अनुक्रम है :
A. अशोक के फूल, अर्द्धनारीश्वर, आत्मनेपद, शृंखला की कड़ियाँ
B. अर्द्धनारीश्वर, आत्मनेपद, शृंखला की कड़ियाँ, अशोक के फूल
C. आत्मनेपद, शृंखला की कड़ियाँ, अशोक के फूल, अर्द्धनारीश्वर
D. शृंखला की कड़ियाँ, अशोक के फूल, अर्द्धनारीश्वर, आत्मनेपद

221. रचनाकाल की दृष्टि से निम्नलिखित उपन्यासों का सही अनुक्रम बताइए:
A. परीक्षा गुरु, निस्सहाय हिन्दू, ठेठ हिन्दी का ठाठ, देहाती दुनिया
B. निस्सहाय हिन्दू, परीक्षा गुरु, ठेठ हिन्दी का ठाठ, देहाती दुनिया
C. देहाती दुनिया, परीक्षा गुरु, निस्सहाय हिन्दू, ठेठ हिन्दी का ठाठ
D. ठेठ हिन्दी का ठाठ, देहाती दुनिया, परीक्षा गुरु, निस्सहाय हिन्दू

222. रचनाकाल के आधार पर हजारी प्रसाद द्विवेदी के निम्नलिखित उपन्यासों का सही अनुक्रम बताइए :
A. अनामदास का पोथा, पुनर्नवा, बाणभट्ट की आत्मकथा, चारुचन्द्र लेख
B. पुनर्नवा, बाणभट्ट की आत्मकथा, चारुचन्द्र लेख, अनामदास का पोथा,
C. बाणभट्ट की आत्मकथा, चारुचन्द्र लेख, पुनर्नवा, अनामदास का पोथा
D. चारुचन्द्र लेख, बाणभट्ट की आत्मकथा, पुनर्नवा, अनामदास का पोथा

223. रचनाकाल की दृष्टि से निम्नलिखित कहानियों का सही अनुक्रम है:
A. ग्यारह वर्ष का समय, दुलाई वाली, पंच परमेश्वर, दोपहर का भोजन
B. दुलाई वाली, ग्यारह वर्ष का समय, पंच परमेश्वर, दोपहर का भोजन
C. दोपहर का भोजन, पंच परमेश्वर, दुलाई वाली, ग्यारह वर्ष का समय
D. पंच परमेश्वर, दुलाई वाली, ग्यारह वर्ष का समय, दोपहर का भोजन

224. रचनाकाल के आधार पर निम्नलिखित नाटकों का सही अनुक्रम है :
A. स्कंदगुप्त, झाँसी की रानी, चंद्रावली, कबिरा खड़ा बाजार में
B. चंद्रावली, कबिरा खड़ा बाजार में, स्कंदगुप्त, झाँसी की रानी
C. झाँसी की रानी, स्कंदगुप्त, चंद्रावली, कबिरा खड़ा बाजार में
D. चंद्रावली, स्कंदगुप्त, झाँसी की रानी, कबिरा खड़ा बाजार में

225. रचनाकाल के आधार पर प्रसाद के निम्नलिखित नाटकों का सही अनुक्रम है :
A. चन्द्रगुप्त, अजातशत्रु, राज्यश्री, ध्रुवस्वामिनी
B. अजातशत्रु, राज्यश्री, चन्द्रगुप्त, ध्रुवस्वामिनी
C. राज्यश्री, अजातशत्रु, चन्द्रगुप्त, ध्रुवस्वामिनी
D. अजातशत्रु, राज्यश्री, ध्रुवस्वामिनी, चन्द्रगुप्त

226. अभिव्यंजनावाद को भारतीय वक्रोक्तिवाद का विलायती उत्थान मानने वाले विद्वान कौन हैं?
A. रामचन्द्र गुणचन्द्र B. हजारी प्रसाद द्विवेदी
C. महावीर प्रसाद द्विवेदी D. रामचन्द्र शुक्ल

227. रचनाकाल के आधार पर निम्नलिखित कृतियों का सही अनुक्रम है :
A. भारत भारती, रस कलश, उर्वशी, शम्बूक
B. रस कलश, भारत भारती, उर्वशी, शम्बूक
C. उर्वशी, शम्बूक, भारत भारती, रस कलश
D. शम्बूक, रस कलश, भारत भारती, उर्वशी

228. रचनाकाल की दृष्टि से निराला की निम्नलिखित कृतियों का सही अनुक्रम है :
A. तुलसीदास, परिमल, नए पत्ते, आराधना
B. आराधना, परिमल, नए पत्ते, तुलसीदास
C. नए पत्ते, आराधना, परिमल, तुलसीदास
D. परिमल, तुलसीदास, नए पत्ते, आराधना

229. रचनाकाल के आधार पर निम्नलिखित उपन्यासों का सही अनुक्रम है:
A. राग दरबारी, धरती धन न अपना, महाभोज, झीनी झीनी बीनी चदरिया
B. महाभोज, राग दरबारी, धरती धन न अपना, झीनी झीनी बीनी चदरिया
C. धरती धन न अपना, झीनी झीनी बीनी चदरिया, महाभोज, राग दरबारी
D. राग दरबारी, महाभोज, धरती धन न अपना, झीनी झीनी बीनी चदरिया

230. हिन्दी भाषा के विकास का सही क्रम है :
A. पालि, प्राकृत, संस्कृत, अपभ्रंश
B. संस्कृत, पालि, प्राकृत, अपभ्रंश
C. संस्कृत, अपभ्रंश, पालि, प्राकृत
D. अपभ्रंश, संस्कृत, प्राकृत, पालि

231. **स्थापना (Assertion) (A) :** साहित्य सामूहिक अवचेतन का निषेध है।
तर्क (Reason) (R): क्योंकि साहित्य में सिर्फ व्यक्ति मन की अभिव्यक्ति होती है।
A. (A) और (R) दोनों सही B. (A) और (R) दोनों गलत
C. (A) सही, (R) गलत D. (A) गलत, (R) सही

232. **स्थापना (Assertion) (A) :** विषमता और दुख-सुख का द्वंद्व विकास का मूलाधार है।
तर्क (Reason) (R) : क्योंकि समता से विकास असंभव है।
A. (A) सही, (R) गलत B. (A) और (R) दोनों गलत
C. (A) और (R) दोनों सही D. (A) गलत, (R) सही

233. **स्थापना (Assertion) (A) :** कला सामाजिक अनुपयोगिता की अनुभूति के विरुद्ध अपने को प्रणामित करने का प्रयत्न है।
तर्क (Reason) (R) : क्योंकि कलाकार सामाजिक अभावों के खिलाफ संघर्ष करता है।
A. (A) और (R) दोनों गलत B. (A) गलत, (R) सही
C. (A) सही, (R) गलत D. (A) और (R) दोनों सही

234. **स्थापना (Assertion) (A) :** सौन्दर्य बाहर की कोई वस्तु नहीं, मन के भीतर की वस्तु है।
तर्क (Reason) (R) : कारण कि सौन्दर्य की सत्ता मन के बाहर नहीं होती है।
A. (A) और (R) दोनों गलत B. (A) गलत, (R) सही
C. (A) सही, (R) गलत D. (A) और (R) दोनों सही

235. **स्थापना (Assertion) (A) :** नारीवाद का एक उद्देश्य पुरुष-सत्ता का निषेध है।
तर्क (Reason) (R) : क्योंकि नारीवाद का एकमात्र उद्देश्य यही है।
A. (A) सही, (R) गलत B. (A) गलत, (R) सही
C. (A) और (R) दोनों सही D. (A) और (R) दोनों गलत

236. **स्थापना (Assertion) (A) :** प्रेम न बाड़ी उपजै प्रेम न हाट बिकाय।
तर्क (Reason) (R) : क्योंकि प्रेम दो कौड़ी का होता है।
A. (A) और (R) दोनों गलत B. (A) और (R) दोनों सही
C. (A) सही, (R) गलत D. (A) गलत, (R) सही

237. **स्थापना (Assertion) (A) :** स्थायी साहित्य जीवन की चिरन्तन समस्याओं का समाधान है।
तर्क (Reason) (R) : क्योंकि स्थायी साहित्य का लोक जीवन की तात्कालिक समस्याओं से कोई संबंध नहीं होता।
A. (A) और (R) दोनों सही B. (A) और (R) दोनों गलत
C. (A) सही, (R) गलत D. (A) गलत, (R) सही

238. **स्थापना (Assertion) (A) :** लोकहृदय में हृदय के लीन होने का नाम रसदशा है।
तर्क (Reason) (R) : इसलिए साधारणीकरण के लिए कवि का लोकधर्मी होना आवश्यक नहीं है।
A. (A) सही, (R) गलत B. (A) गलत, (R) सही
C. (A) और (R) दोनों सही D. (A) और (R) दोनों गलत

239. **स्थापना (Assertion) (A) :** भारतेन्दु युग आधुनिकता का प्रवेशद्वार है।
तर्क (Reason) (R) : क्योंकि भारतेन्दुयुगीन कविता में मध्यकालीन भावबोध का नितांत अभाव है।
A. (A) सही, (R) गलत B. (A) गलत, (R) सही
C. (A) और (R) दोनों सही D. (A) और (R) दोनों गलत

240. स्थापना (Assertion) (A) : रस ब्रह्मास्वाद सहोदर है।
तर्क (Reason) (R) : क्योंकि रस में लौकिक विषयों का सर्वथा तिरोभाव होता है।
A. (A) और (R) दोनों सही B. (A) सही, (R) गलत
C. (A) और, (R) दोनों गलत D. (A) गलत, (R) सही

241. निम्नलिखित कवियों को उनके काव्य-संग्रहों के साथ सुमेलित कीजिए :
(*a*) बालकृष्ण शर्मा नवीन (i) हिमतरंगिणी
(*b*) रामनरेश त्रिपाठी (ii) प्रवासी के गीत
(*c*) माखनलाल चतुर्वेदी (iii) हम विषपायी जनम के
(*d*) सोहनलाल द्विवेदी (iv) पथिक
(v) भैरवी

	(*a*)	(*b*)	(*c*)	(*d*)
A.	(v)	(iv)	(iii)	(ii)
B.	(i)	(ii)	(iii)	(iv)
C.	(iii)	(iv)	(i)	(v)
D.	(ii)	(i)	(iii)	(iv)

242. निम्नलिखित साहित्यकारों को उनके द्वारा सम्पादित पत्रिकाओं के साथ सुमेलित कीजिए :
(*a*) भारतेन्दु हरिश्चन्द्र (i) आनंद कादम्बिनी
(*b*) अंबिकादत्त व्यास (ii) हिन्दी प्रदीप
(*c*) बदरीनारायण चौधरी 'प्रेमघन' (iii) ब्राह्मण
(*d*) बालकृष्ण भट्ट (iv) कवि वचन सुधा
(v) पीयूष प्रवाह

	(*a*)	(*b*)	(*c*)	(*d*)
A.	(iv)	(v)	(i)	(ii)
B.	(i)	(ii)	(iii)	(iv)
C.	(ii)	(iii)	(i)	(v)
D.	(iii)	(i)	(ii)	(iv)

243. निम्नलिखित उपन्यासकारों को उनके उपन्यासों के साथ सुमेलित कीजिए :
(*a*) भीष्म साहनी (i) कटरा बी आरजू
(*b*) श्रीलाल शुक्ल (ii) तमस
(*c*) राही मासूम रजा (iii) शहर में कर्फ्यू
(*d*) शिवप्रसाद सिंह (iv) राग दरबारी
(v) अलग-अलग वैतरणी

	(*a*)	(*b*)	(*c*)	(*d*)
A.	(ii)	(i)	(iii)	(iv)
B.	(i)	(iii)	(iv)	(v)
C.	(ii)	(iv)	(i)	(v)
D.	(iii)	(ii)	(i)	(v)

244. निम्नलिखित आलोचना ग्रंथों को उनके आलोचकों के साथ सुमेलित कीजिए :
(*a*) रस मीमांसा (i) हजारी प्रसाद द्विवेदी
(*b*) नाथ सम्प्रदाय (ii) नंददुलारे वाजपेयी
(*c*) आस्था और सौन्दर्य (iii) रामचंद्र शुक्ल
(*d*) हिन्दी साहित्य : बीसवीं शताब्दी (iv) रामविलास शर्मा
(v) देवीशंकर अवस्थी

	(*a*)	(*b*)	(*c*)	(*d*)
A.	(i)	(ii)	(iii)	(v)
B.	(iii)	(i)	(iv)	(ii)
C.	(ii)	(iii)	(iv)	(v)
D.	(iv)	(i)	(ii)	(iii)

245. निम्नलिखित पात्रों को उनके उपन्यासों के साथ सुमेलित कीजिए:
(*a*) गोबर (i) नदी के द्वीप
(*b*) भुवन (ii) बाणभट्ट की आत्मकथा
(*c*) महामाया (iii) मृगनयनी
(*d*) कुमारगिरि (iv) गोदान
(v) चित्रलेखा

	(*a*)	(*b*)	(*c*)	(*d*)
A.	(iv)	(i)	(ii)	(v)
B.	(iii)	(ii)	(i)	(iv)
C.	(v)	(iv)	(iii)	(ii)
D.	(iv)	(iii)	(v)	(ii)

246. निम्नलिखित पात्रों को उनके काव्यों के साथ सुमेलित कीजिए :
(*a*) प्रियंवद (i) प्रलय की छाया
(*b*) कमला (ii) उर्वशी
(*c*) औशीनरी (iii) आत्मजयी
(*d*) नचिकेता (iv) असाध्यवीणा
(v) अंधायुग

	(*a*)	(*b*)	(*c*)	(*d*)
A.	(iii)	(ii)	(iv)	(v)
B.	(iv)	(i)	(ii)	(iii)
C.	(i)	(ii)	(iii)	(iv)
D.	(ii)	(iii)	(v)	(i)

247. निम्नलिखित सिद्धांतों को उनके विचारकों के साथ सुमेलित कीजिए:
(*a*) अभिव्यंजनावाद (i) टी.एस. इलियट
(*b*) अभिजात्यवाद (ii) सार्त्र
(*c*) अस्तित्ववाद (iii) जाक देरीदा
(*d*) विखण्डनवाद (iv) क्रोचे
(v) मैथ्यू आर्नल्ड

	(*a*)	(*b*)	(*c*)	(*d*)
A.	(i)	(ii)	(iii)	(iv)
B.	(iv)	(iii)	(ii)	(i)
C.	(v)	(iii)	(ii)	(i)
D.	(iv)	(i)	(ii)	(iii)

248. निम्नलिखित कहानीकारों को उनकी कहानियों के साथ सुमेलित कीजिए :
(*a*) फणीश्वरनाथ रेणु (i) दोपहर का भोजन
(*b*) अमरकांत (ii) ठेस
(*c*) उषा प्रियंवदा (iii) परदा
(*d*) यशपाल (iv) वापसी
(v) पुरस्कार

	(a)	(b)	(c)	(d)
A.	(i)	(v)	(iv)	(iii)
B.	(ii)	(i)	(iv)	(iii)
C.	(ii)	(v)	(iv)	(iii)
D.	(ii)	(v)	(iv)	(i)

249. निम्नलिखित निबंधों को उनके निबंधकारों के साथ सुमेलित कीजिए:

(a) मजदूरी और प्रेम — (i) कुबेरनाथ राय
(b) कुटज — (ii) अध्यापक पूर्णसिंह
(c) मेरे राम का मुकुट भीग रहा है — (iii) विद्यानिवास मिश्र
(d) लोभ और प्रीति — (iv) हजारी प्रसाद द्विवेदी
(v) रामचंद्र शुक्ल

	(a)	(b)	(c)	(d)
A.	(ii)	(iv)	(iii)	(v)
B.	(iv)	(ii)	(iii)	(i)
C.	(v)	(ii)	(iv)	(iii)
D.	(iv)	(ii)	(iii)	(v)

250. निम्नलिखित उक्तियों को उनके लेखकों के साथ सुमेलित कीजिए:

(a) मैं उपन्यास को मानव चरित्र का चित्र समझता हूँ। — (i) महादेवी वर्मा
(b) अधिकार सुख कितना मादक और सारहीन है। — (ii) हजारी प्रसाद द्विवेदी
(c) करुणा संत का सौदा नहीं है। — (iii) प्रेमचंद
(d) मनुष्य ही साहित्य का लक्ष्य है। — (iv) जयशंकर प्रसाद
(v) रामचंद्र शुक्ल

	(a)	(b)	(c)	(d)
A.	(iii)	(iv)	(v)	(ii)
B.	(ii)	(iii)	(i)	(iv)
C.	(v)	(iv)	(iii)	(ii)
D.	(i)	(ii)	(iv)	(iii)

251. 'वट पीपल' के लेखक कौन हैं?
A. हरिवंशराय बच्चन B. निर्मल वर्मा
C. रामधारी सिंह दिनकर D. रामकुमार वर्मा

252. 'समांतर कहानी' के पुरस्कृता हैं :
A. महीप सिंह B. कमलेश्वर
C. मोहन राकेश D. राजेन्द्र यादव

253. 'शेषयात्रा' की लेखिका कौन हैं?
A. उषा प्रियंवदा B. कृष्णा सोबती
C. नासिरा शर्मा D. मन्नू भण्डारी

254. हिन्दी साहित्य के प्रथम इतिहासकार हैं :
A. जॉर्ज ग्रियर्सन B. रामचन्द्र शुक्ल
C. शिवसिंह सेंगर D. गार्सा द तासी

255. 'कुमारपाल प्रतिबोध' के रचनाकार कौन हैं?
A. हेमचन्द्र B. सारंगधर
C. सोमप्रभु सूरि D. विद्याधर

256. निम्नलिखित में कौन-सी रचना उपन्यास नहीं है?
A. अजय की डायरी B. एक साहित्यिक की डायरी
C. जयवर्धन D. पहला गिरमिटिया

257. इनमें से कौन नागरी प्रचारिणी सभा के संस्थापकों में नहीं हैं?
A. रामनारायण मिश्र B. श्यामसुन्दर दास
C. रामचन्द्र शुक्ल D. ठाकुर शिवकुमार सिंह

258. इनमें कौन वैष्णव भक्ति का आचार्य नहीं हैं?
A. शंकराचार्य B. रामानुजाचार्य
C. वल्लभाचार्य D. मध्वाचार्य

259. जगनिक की रचना कही जाती है :
A. बीसलदेव रासो B. परमाल रासो
C. पृथ्वीराज रासो D. आल्ह खण्ड

260. 'झोपड़ी से राजभवन तक' के लेखक कौन हैं?
A. नैमिलराय B. माताप्रसाद
C. कंवल भारती D. सूरजपाल चौहान

261. 'राम की शक्तिपूजा' की यौगिक प्रक्रिया का स्रोत क्या है?
A. वेदान्त B. योगवाशिष्ठ
C. नव वेदान्त D. हठ योग

262. इनमें से कौन 'तार सप्तक' के कवि नहीं हैं?
A. भारत भूषण अग्रवाल B. भवानी प्रसाद मिश्र
C. प्रभाकर माचवे D. गिरिजाकुमार माथुर

263. 'एक हथौड़ा वाला घर में और हुआ' किसकी पंक्ति है?
A. केदारनाथ अग्रवाल B. रामदरश मिश्र
C. रामकुमार वर्मा D. शिवमंगलसिंह सुमन

264. प्रयोगवाद को 'बैठे ठाले का धंधा' किसने कहा है?
A. नगेन्द्र B. शिवदानसिंह चौहान
C. रामकुमार वर्मा D. नन्ददुलारे वाजपेई

265. 'अगले जनम मोहि बिटिया न कीजो' की लेखिका कौन हैं?
A. मधु कांकरिया B. अनामिका
C. उषा राजे सक्सेना D. मृणाल पाण्डेय

266. 'अग्निपथ के पार चंदन-चांदनी का देश' किसकी पंक्ति है?
A. हरिवंशराय बच्चन B. महादेवी वर्मा
C. रामनरेश त्रिपाठी D. नरेन्द्र शर्मा

267. 'आनंद कादम्बिनी' के संपादक कौन थे?
A. बाबू महादेव सेठ
B. चन्द्रधर शर्मा गुलेरी
C. बदरीनारायण चौधरी 'प्रेमधन'
D. अम्बिका प्रसाद व्यास

268. 'गोबर गणेश' उपन्यास के लेखक कौन हैं?
A. रमेशचन्द्र शाह B. विवेकीराय
C. शिवप्रसाद सिंह D. शैलेश मटियानी

269. 'फादर कामिल बुल्के' को हिन्दी साहित्य में महत्त्व दिए जाने का कारण है :

A. कोश निर्माण B. ये सभी
C. रामकथा लेखन D. तुलसी साहित्य के विशेषज्ञ

270. 'आत्माराम की टें–टें' निबन्ध में आत्माराम के प्रतीक हैं :

A. गोविन्द नारायण मिश्र B. गोपालराम 'गहमरी'
C. महावीर प्रसाद द्विवेदी D. बालमुकुन्द गुप्त

271. प्रकाशन के अनुसार इन आलोचना ग्रंथों का सही अनुक्रम कौन-सा है?

A. प्रेमचंद और उनका युग–हिन्दी साहित्य के अस्सी वर्ष–छायावाद–हिन्दी नवरत्न
B. हिन्दी नवरत्न–प्रेमचंद और उनका युग–हिन्दी साहित्य के अस्सी वर्ष–छायावाद
C. हिन्दी साहित्य के अस्सी वर्ष–छायावाद–हिन्दी नवरत्न–प्रेमचंद और उनका युग
D. छायावाद–हिन्दी नवरत्न–प्रेमचंद और उनका युग–हिन्दी साहित्य के अस्सी वर्ष

272. जन्म के आधार पर इन निबंधकारों का सही अनुक्रम कौन-सा है?

A. रामवृक्ष बेनीपुरी–वासुदेवशरण अग्रवाल–भगवतशरण उपाध्याय–डॉ. संपूर्णानन्द
B. वासुदेवशरण अग्रवाल–भगवतशरण उपाध्याय–डॉ. संपूर्णानन्द–रामवृक्ष बेनीपुरी
C. भगवतशरण उपाध्याय–डॉ. संपूर्णानन्द–रामवृक्ष बेनीपुरी–वासुदेवशरण अग्रवाल
D. डॉ. संपूर्णानन्द–रामवृक्ष बेनीपुरी–वासुदेवशरण अग्रवाल–भगवतशरण उपाध्याय

273. प्रकाशन वर्ष के आधार पर इन उपन्यासों का सही अनुक्रम क्या है?

A. रुकोगी नहीं, राधिका–आपका बंटी–सूरजमुखी अँधेरे के–चित्तकोबरा
B. आपका बंटी–सूरजमुखी अँधेरे के–चित्तकोबरा –रुकोगी नहीं, राधिका
C. सूरजमुखी अँधेरे के–चित्तकोबरा–रुकोगी नहीं, राधिका–आपका बंटी
D. चित्तकोबरा–रुकोगी नहीं, राधिका–आपका बंटी– सूरजमुखी अँधेरे के

274. प्रसाद के नाटकों का सही अनुक्रम कौन-सा है?

A. विशाख–अजातशत्रु–स्कन्दगुप्त–राज्यश्री
B. अजातशत्रु–स्कन्दगुप्त–राज्यश्री–विशाख
C. राज्यश्री–विशाख–अजातशत्रु–स्कन्दगुप्त
D. स्कन्दगुप्त–राज्यश्री–विशाख–अजातशत्रु

275. जैनेन्द्रकुमार के उपन्यासों का सही अनुक्रम कौन-सा है?

A. त्यागपत्र–कल्याणी–सुखदा–सुनीता
B. सुनीता–त्यागपत्र–कल्याणी–सुखदा
C. कल्याणी–सुखदा–सुनीता–त्यागपत्र
D. सुखदा–सुनीता–त्यागपत्र–कल्याणी

276. काल के अनुसार निम्नलिखित आचार्यों का सही अनुक्रम क्या है?

A. भामह–दण्डी–आनन्दवर्द्धन–अभिनवगुप्त
B. दण्डी–आनन्दवर्द्धन–अभिनवगुप्त–भामह
C. आनन्दवर्द्धन–अभिनवगुप्त–भामह–दण्डी
D. अभिनवगुप्त–भामह–दण्डी–आनन्दवर्द्धन

277. चरण में वर्णों की संख्या (कम से अधिक) के आधार पर इन वर्णिक छंदों का सही अनुक्रम कौन-सा है?

A. वसन्त तिलका–मन्दाक्रान्ता–शार्दूल विक्रीडित–इन्द्रवज्रा
B. मन्दाक्रान्ता–शार्दूल विक्रीडित–इन्द्रवज्रा–वसन्त तिलका
C. शार्दूल विक्रीडित–इन्द्रवज्रा–वसन्त तिलका–मन्दाक्रान्ता
D. इन्द्रवज्रा–वसन्त तिलका–मन्दाक्रान्ता–शार्दूल विक्रीडित

278. आदिकाल के निम्नलिखित रचनाकारों का सही अनुक्रम क्या है?

A. गोरखनाथ–अमीर खुसरो–विद्यापति–सरहपा
B. अमीर खुसरो–विद्यापति–सरहपा–गोरखनाथ
C. सरहपा–गोरखनाथ–अमीर खुसरो–विद्यापति
D. विद्यापति–सरहपा–गोरखनाथ–अमीर खुसरो

279. स्थापना के आधार पर इन हिन्दी संस्थाओं का सही अनुक्रम कौन-सा है?

A. काशी नागरी प्रचारणी सभा–हिन्दी साहित्य सम्मेलन, प्रयाग–राष्ट्रभाषा प्रचार समिति, वर्धा–साहित्य अकादमी
B. हिन्दी साहित्य सम्मेलन, प्रयाग–राष्ट्रभाषा प्रचार समिति, वर्धा–साहित्य अकादमी–काशी नागरी प्रचारणी सभा
C. राष्ट्रभाषा प्रचार समिति, वर्धा–साहित्य अकादमी– काशी नागरी प्रचारणी सभा–हिन्दी साहित्य सम्मेलन, प्रयाग
D. साहित्य अकादमी–काशी नागरी प्रचारणी सभा–हिन्दी साहित्य सम्मेलन, प्रयाग–राष्ट्रभाषा प्रचार समिति, वर्धा

280. जन्म के आधार पर इन कवियों का सही अनुक्रम क्या है?

A. सूरदास–परमानंद दास–कृष्णदास–कुंभनदास
B. कुंभनदास–सूरदास–परमानंद दास–कृष्णदास
C. परमानंद दास–कृष्णदास–कुंभनदास–सूरदास
D. कृष्णदास–कुंभनदास–सूरदास–परमानंद दास

281. निम्नलिखित भाषा रूपों और उनके प्रयोक्ताओं को सुमेलित कीजिए:

सूची-I	**सूची-II**
(*a*) दक्खिनी	(*i*) दामोदर पंडित
(*b*) कोसली	(*ii*) कुतुबशाह
(*c*) ब्रजबुलि	(*iii*) सरहदपाद
(*d*) संधाभाषा	(*iv*) शंकर देव अवतरे
	(*v*) कुतुबन

कूट :

	(*a*)	(*b*)	(*c*)	(*d*)
A.	(*i*)	(*ii*)	(*iii*)	(*iv*)
B.	(*ii*)	(*i*)	(*iv*)	(*iii*)
C.	(*ii*)	(*iii*)	(*iv*)	(*v*)
D.	(*v*)	(*iv*)	(*ii*)	(*i*)

282. निम्नलिखित इतिहासग्रंथों को उनके लेखकों से सुमेलित कीजिए :

सूची-I	सूची-II
(*a*) हिन्दी साहित्य का अतीत	(*i*) रामस्वरूप चतुर्वेदी
(*b*) हिन्दी साहित्य और संवेदना का विकास	(*ii*) गणपति चन्द्र गुप्त
(*c*) हिन्दी साहित्य का वैज्ञानिक इतिहास	(*iii*) रामकुमार वर्मा
(*d*) हिन्दी साहित्य का आलोचनात्मक इतिहास	(*iv*) विश्वनाथ प्रसाद मिश्र
	(*v*) डॉ. नगेन्द्र

कूट :

	(*a*)	(*b*)	(*c*)	(*d*)
A.	(*i*)	(*ii*)	(*iii*)	(*v*)
B.	(*ii*)	(*i*)	(*iv*)	(*iii*)
C.	(*iv*)	(*i*)	(*ii*)	(*iii*)
D.	(*iii*)	(*ii*)	(*i*)	(*iv*)

283. निम्नलिखित रचनाओं को उनके कवियों के साथ सुमेलित कीजिए:

सूची-I	सूची-II
(*a*) बीजक	(*i*) जायसी
(*b*) अखरावट	(*ii*) कबीर
(*c*) भक्तमाल	(*iii*) नन्ददास
(*d*) श्याम सगाई	(*iv*) नाभादास
	(*v*) हितहरिवंश

कूट :

	(*a*)	(*b*)	(*c*)	(*d*)
A.	(*i*)	(*iv*)	(*iii*)	(*ii*)
B.	(*iii*)	(*i*)	(*iv*)	(*ii*)
C.	(*ii*)	(*i*)	(*iv*)	(*iii*)
D.	(*iv*)	(*iii*)	(*ii*)	(*i*)

284. निम्नलिखित रचनाओं को उनके कवियों के साथ सुमेलित कीजिए:

सूची-I	सूची-II
(*a*) छत्रसाल दशक	(*i*) घनानन्द
(*b*) कवि कुल कल्पतरू	(*ii*) देव
(*c*) भाव विलास	(*iii*) भूषण
(*d*) इश्कलता	(*iv*) चिन्तामणि
	(*v*) सूरदास

कूट :

	(*a*)	(*b*)	(*c*)	(*d*)
A.	(*ii*)	(*i*)	(*iii*)	(*iv*)
B.	(*i*)	(*iii*)	(*iv*)	(*ii*)
C.	(*iv*)	(*i*)	(*ii*)	(*iii*)
D.	(*iii*)	(*iv*)	(*ii*)	(*i*)

285. निम्नलिखित काव्य छंदों को उनके प्रयोक्ता कवियों के साथ सुमेलित कीजिए:

सूची-I	सूची-II
(*a*) सॉनेट	(*i*) अज्ञेय
(*b*) हाइकू	(*ii*) त्रिलोचन
(*c*) सवैया	(*iii*) गया प्रसाद शुक्ल 'सनेही'
(*d*) कवित्त	(*iv*) अयोध्यासिंह उपाध्याय 'हरिऔध'
	(*v*) मंगलेश डबराल

कूट :

	(*a*)	(*b*)	(*c*)	(*d*)
A.	(*iii*)	(*i*)	(*iv*)	(*ii*)
B.	(*i*)	(*iii*)	(*ii*)	(*iv*)
C.	(*iv*)	(*ii*)	(*v*)	(*i*)
D.	(*ii*)	(*i*)	(*iii*)	(*iv*)

286. निम्नलिखित काव्य पंक्तियों के साथ उनके कवियों को सुमेलित कीजिए:

सूची-I	सूची-II
(*a*) चिर सजग आँखें उनींदी आज कैसा व्यस्त बाना	(*i*) महावीर प्रसाद द्विवेदी
(*b*) रूपोद्यान प्रफुल्लप्राय कलिका राकेंदु बिम्बानना	(*ii*) मैथिलीशरण गुप्त
(*c*) वेदने! तू भी भली बनी	(*iii*) महादेवी वर्मा
(*d*) सुरम्य रम्ये, रस राशि रंजिते	(*iv*) अयोध्यासिंह उपाध्याय 'हरिऔध'
	(*v*) सुभद्राकुमारी चौहान

कूट :

	(*a*)	(*b*)	(*c*)	(*d*)
A.	(*iii*)	(*iv*)	(*ii*)	(*i*)
B.	(*v*)	(*iii*)	(*i*)	(*ii*)
C.	(*ii*)	(*i*)	(*v*)	(*iv*)
D.	(*iii*)	(*ii*)	(*i*)	(*v*)

287. निम्नलिखित नाटकों को उनके नाटककारों के साथ सुमेलित कीजिए:

सूची-I	सूची-II
(*a*) बंधन अपने-अपने	(*i*) सुरेन्द्र वर्मा
(*b*) सिन्दूर की होली	(*ii*) शंकर शेष
(*c*) अशोक का शोक	(*iii*) लक्ष्मी नारायण मिश्र
(*d*) नायक, खलनायक, विदूषक	(*iv*) मोहन राकेश
	(*v*) रामकुमार वर्मा

कूट :

	(*a*)	(*b*)	(*c*)	(*d*)
A.	(*i*)	(*iv*)	(*ii*)	(*iii*)
B.	(*ii*)	(*iii*)	(*v*)	(*i*)
C.	(*v*)	(*i*)	(*iii*)	(*ii*)
D.	(*iii*)	(*ii*)	(*i*)	(*v*)

288. निम्नलिखित कहानियों को उनके कहानीकारों के साथ सुमेलित कीजिए:

सूची-I	सूची-II
(*a*) लाल पान की बेगम	(*i*) रामदरश मिश्र
(*b*) एक औरत की जिन्दगी	(*ii*) निर्मल वर्मा
(*c*) लन्दन की एक रात	(*iii*) फणीश्वरनाथ रेणु
(*d*) शवयात्रा	(*iv*) श्रीकांत वर्मा
	(*v*) कृष्ण बलदेव वैद

कूट :

	(*a*)	(*b*)	(*c*)	(*d*)
A.	(*i*)	(*iii*)	(*iv*)	(*ii*)
B.	(*ii*)	(*i*)	(*iii*)	(*iv*)
C.	(*iv*)	(*iii*)	(*i*)	(*v*)
D.	(*iii*)	(*i*)	(*ii*)	(*iv*)

289. निम्नलिखित पंक्तियों को उनके लेखकों के साथ सुमेलित कीजिए:

सूची-I	**सूची-II**
(*a*) भक्ति धर्म की रसात्मक अनुभूति है।	(*i*) हजारी प्रसाद द्विवेदी
(*b*) श्रद्धेय बनने का मतलब है 'नान परसन' अव्यक्ति हो जाना।	(*ii*) रामचन्द्र शुक्ल
(*c*) काव्य आत्मा की संकल्पात्मक अनुभूति है।	(*iii*) बालमुकुन्द गुप्त
(*d*) पंडिताई भी एक बोझ है।	(*iv*) हरिशंकर परसाई
	(*v*) जयशंकर प्रसाद

कूट :

	(*a*)	(*b*)	(*c*)	(*d*)
A.	(*i*)	(*ii*)	(*iii*)	(*iv*)
B.	(*ii*)	(*iii*)	(*i*)	(*v*)
C.	(*ii*)	(*v*)	(*iv*)	(*iii*)
D.	(*ii*)	(*iv*)	(*v*)	(*i*)

290. निम्नलिखित अवधारणाओं के साथ उनके संस्थापकों को सुमेलित कीजिए:

सूची-I	**सूची-II**
(*a*) सहृदय	(*i*) भट्टनायक
(*b*) साधारणीकरण	(*ii*) आनन्दवर्धन
(*c*) मधुमती भूमिका	(*iii*) जगदीश गुप्त
(*d*) अर्थ की लय	(*iv*) केशवप्रसाद मिश्र
	(*v*) अभिनवगुप्त

कूट :

	(*a*)	(*b*)	(*c*)	(*d*)
A.	(*i*)	(*ii*)	(*iii*)	(*v*)
B.	(*iii*)	(*ii*)	(*i*)	(*iv*)
C.	(*ii*)	(*i*)	(*iv*)	(*iii*)
D.	(*i*)	(*ii*)	(*iii*)	(*iv*)

291. **स्थापना (Assertion) A :** उपमान को अप्रस्तुत विधान मानना हिन्दी का प्राचीन सिद्धान्त है।

तर्क (Reason) R : यह स्थापना आचार्य रामचन्द्र शुक्ल की है अर्थात् यह नवीन सिद्धान्त है।

A. A सही, R गलत B. A गलत, R सही
C. A और R दोनों सही D. A और R दोनों गलत

292. **स्थापना (Assertion) A :** अस्तित्ववाद विज्ञान विरोधी दर्शन है।

तर्क (Reason) R: यह 'चयन' की अगाध छूट देता है और अराजकता, अनास्था तथा अतिस्वच्छन्दता को प्रश्रय देता है। विज्ञान का भी यह अंध समर्थन नहीं करता।

A. A और R दोनों सही B. A और R दोनों गलत
C. A सही, R गलत D. A गलत, R सही

293. **स्थापना (Assertion) A :** काव्य का सर्वस्व है 'काव्यालंकार'। इसके रहते अन्य किसी की आवश्यकता नहीं।

तर्क (Reason) R: काव्यालंकार में 'रसध्वनि', 'रसवदलंकार' आदि समस्त सम्प्रदायों का स्वतः सन्निवेश हो जाता है। वही सच्चे अर्थों में शोभाकारक धर्म है।

A. A और R दोनों सही B. A और R दोनों गलत
C. A सही, R गलत D. A गलत, R सही

294. **स्थापना (Assertion) A :** बिंब का मुख्य ध्येय होता है, वर्ण्य विषय का ऐन्द्रिय प्रतिबिंबन।

तर्क (Reason) R: बिंब-विधायक रचनाकार ज्ञानेन्द्रियों के माध्यम से अपने भावों का सम्मूर्तन करके उनका संप्रेषण करता है और अपने बिंब से पाठक को जोड़ता है।

A. A सही, R गलत B. A गलत, R सही
C. A और R दोनों सही D. A और R दोनों गलत

295. **स्थापना (Assertion) A :** 'स्वच्छंदवाद' न छायावाद है, न रहस्यवाद।

तर्क (Reason) R: यह शास्त्रीय जड़ता की प्रतिक्रिया से उत्पन्न वैयक्तिक कल्पनातिरेक और निजी रहस्यानुभूति की उपज है।

A. A और R दोनों सही B. A और R दोनों गलत
C. A सही, R गलत D. A गलत, R सही

निर्देश *(प्र.सं. 296 से 300 तक) : निम्नलिखित अवतरण को ध्यानपूर्वक पढ़ें और उससे सम्बन्धित प्रश्नों के दिए गए बहु-विकल्पों में से सही विकल्प का चयन करें:*

व्यक्ति-सम्बन्ध-हीन सिद्धान्त-मार्ग निश्चयात्मिका बुद्धि को चाहे व्यक्त हो, पर प्रवर्तक मन को अव्यक्त रहते हैं। वे मनोरंजनकारी तभी लगते हैं, जब किसी व्यक्ति के जीवन-क्रम के रूप में देखे जाते हैं। शील की विभूतियाँ अनन्त रूपों में दिखाई पड़ती हैं। मनुष्य जाति ने जब से होश सँभाला, तब से वह इन अनन्त रूपों को महात्माओं के आचरणों तथा आख्यानों और चरित्र-सम्बन्धी पुस्तकों में देखती चली आ रही है। जब इन रूपों पर मनुष्य मोहित होता है, तब सात्विक शील की ओर आप से आप आकर्षित होता है। शून्य सिद्धान्त वाक्यों में कोई आकर्षण-शक्ति या प्रवृत्तिकारिणी क्षमता नहीं होती। 'सदा सत्य बोलो', 'दूसरों की भलाई करो', 'क्षमा करना सीखो' – ऐसे-ऐसे सिद्धान्त वाक्य किसी को बार-बार बकते सुन वैसा ही क्रोध आता है जैसे किसी बेहूदे की बात सुनकर। जो इस प्रकार की बातें करता चला जाय उससे चट कहना चाहिए– 'बस चुप रहो, तुम्हें बोलने की तमीज नहीं, तुम बच्चों या कोल-भीलों के पास जाओ। ये बातें हम पहले से जानते हैं। मानव-जीवन के बीच हम इसके सौन्दर्य का विकास देखना चाहते हैं। यदि तुम्हें दिखाने की प्रतिभा या शक्ति हो तो दिखाओ, नहीं तो चुपचाप अपना रास्ता लो।' गुण प्रत्यक्ष नहीं होता, उसके आश्रय और परिणाम प्रत्यक्ष होते हैं। अनुभावात्मक मन को आकर्षित करनेवाले आश्रय और परिणाम हैं, गुण नहीं। ये ही अनुभूति के विषय हैं। अनुभूति पर प्रवृत्ति और निवृत्ति निर्भर हैं। अनुभूति मन की पहली क्रिया है, संकल्प-विकल्प दूसरी। अतः सिद्धान्त-पथों के सम्बन्ध में जो आनन्दानुभव करने की बातें हैं, जो अच्छी लगने की बातें हैं, वे पथिकों में तथा उनके चारों ओर पाई जाएँगी। सत्पथ के दीपक उन्हीं के हाथ में हैं–या वे ही सत्पथ के दीपक हैं। सत्वोन्मुख प्राणियों के लिए ऐसे पथिकों के सामीप्य-लाभ की कामना करना स्वाभाविक ही है।

296. मनुष्य सात्विक शील की ओर आप ही आप आकर्षित कब होता है?

A. जब शील की विभूतियों के अनन्त रूपों पर मोहित होता है।
B. शून्य सिद्धान्त वाक्यों को सुनकर।

C. जब वह काव्य गुणों को पढ़ता है।
D. निश्चयात्मक बुद्धि का जब उदय होता है।

297. प्रवृत्ति और निवृत्ति किस पर निर्भर हैं?
A. कविता के आस्वादन पर। B. कविता के गुणों पर।
C. अनुभूति पर। D. महात्माओं के आचरण पर।

298. मन की दूसरी क्रिया क्या है?
A. अनुभूति B. सौन्दर्य
C. प्रत्यक्षानुभूति D. संकल्प-विकल्प

299. व्यक्ति-सम्बन्धहीन सिद्धांत मार्ग मनोरंजनकारी कब लगते हैं?
A. निश्चयात्मक बुद्धि के अभाव में
B. सिद्धांतकारी वाक्यों को सुनकर
C. जब वे किसी व्यक्ति के जीवनक्रम के रूप में देखे जाते हैं
D. सत्वोन्मुख प्राणियों के वचन सुनकर

300. मानव-जीवन के बीच हम किस सौन्दर्य का विकास देखना चाहते हैं?
A. संकल्प-विकल्प का
B. सिद्धांत-वाक्यों में निहित बातों का
C. बच्चों को अच्छे-अच्छे सिद्धांत वाक्य सुनाने का
D. गुण-कथन का

301. 'आल्हा' किस ऋतु में गाए जाते हैं?
A. वसन्त ऋतु में B. वर्षा ऋतु में
C. ग्रीष्म ऋतु में D. हेमन्त ऋतु में

302. आचार्य रामचन्द्र शुक्ल ने हिन्दी साहित्य का आविर्भाव किससे माना है?
A. प्राकृत से
B. संस्कृत से
C. पालि से
D. प्राकृत की अंतिम अपभ्रंश अवस्था से

303. नाट्यवृत्तियों की संख्या कितनी हैं?
A. पाँच B. सात
C. चार D. नौ

304. रस निष्पत्ति के सन्दर्भ में 'अनुमितिवाद' की स्थापना किसने की?
A. भट्ट लोल्लट B. अभिनव गुप्त
C. शंकुक D. भट्टनायक

305. 'साधारणीकरण आलम्बनत्व धर्म का होता है।' यह मान्यता किसकी है?
A. आचार्य विश्वनाथ B. आचार्य नगेन्द्र
C. आचार्य अभिनव गुप्त D. आचार्य रामचन्द्र शुक्ल

306. 'रणमल्ल छंद' नामक काव्य किसने रचा?
A. जगनिक ने B. श्रीधर ने
C. नरपति नाल्ह ने D. भट्ट केदार ने

307. 'गोरख जगायो जोग, भगति भगायो लोग'–यह उक्ति किसकी है?
A. गोरखनाथ की B. कबीरदास की
C. विट्ठलनाथ की D. तुलसीदास की

308. जयदेव से प्रभावित विद्यापति की कौन-सी रचना है?
A. पदावली B. कीर्तिलता
C. कीर्तिपताका D. कोई नहीं

309. 'उज्ज्वलनीलमणि' के रचयिता हैं :
A. वल्लभाचार्य B. स्वामी अग्रदास
C. रूप गोस्वामी D. नाभादास

310. आचार्य भरत के अनुसार नाट्य मंच कितने प्रकार के हैं?
A. तीन B. चार
C. पाँच D. छह

311. मीराबाई की उपासना किस प्रकार की थी?
A. सख्यभाव की B. दास्यभाव की
C. माधुर्यभाव की D. शान्तभाव की

312. निम्नलिखित में से कौन ज्ञानाश्रयी शाखा का कवि नहीं है?
A. सुन्दरदास B. मलूकदास
C. कबीरदास D. कुंभनदास

313. मधुमालती किसके काव्य की नायिका है?
A. उसमान B. मंझन
C. जायसी D. नूर मुहम्मद

314. भ्रमरगीत प्रसंग की कथा का वर्णन भागवत के किस स्कन्ध में है?
A. द्वादश स्कन्ध में B. दशम स्कन्ध में
C. नवम् स्कन्ध में D. अष्ट्म स्कन्ध में

315. "कर्म जोग पुनि ज्ञान उपासन सब ही भ्रम भरमायो।
श्री बल्लभ गुरु तत्व सुनायो लीला भेद बतायो।।"
यह काव्योक्ति किसकी है?
A. तुलसीदास की B. कबीरदास की
C. कुंभनदास की D. सूरदास की

316. 'रामाज्ञा प्रश्नावली' किसकी रचना है?
A. नाभादास B. अग्रदास
C. तुलसीदास D. हृदयराम

317. मलिक मुहम्मद जायसी ने 'आखिरी कलाम' में किस बादशाह की प्रशंसा की?
A. बाबर B. शेरशाह
C. हुमायूँ D. जहाँगीर

318. सूरदास की किस रचना में अलंकारों और नायिका भेदों के उदाहरण प्रस्तुत करने वाले कूट पद हैं?
A. सूर सारावली B. सूरसागर
C. साहित्यलहरी D. उपर्युक्त में से कोई नहीं

319. रसखान किसके शिष्य थे?
A. स्वामी हरिदास B. गोस्वामी विट्ठलनाथ
C. वल्लभाचार्य D. गोविन्दस्वामी

320. 'शब्दार्थौ सहितौ काव्यम्'–काव्य लक्षण के प्रणेता हैं :
A. दण्डी B. वामन
C. आनन्दवर्द्धन D. भामह

321. बिहारीलाल किस राजा के आश्रित कवि थे?
A. महाराज भावसिंह B. महाराज जसवंत सिंह
C. महाराज जयसिंह D. महाराज देवीसिंह

322. "अभिधा उत्तम काव्य है; मध्य लक्षणा लीन।
अधम व्यंजना रस बिरस, उलटी कहत नवीन।।"
इस उक्ति में अभिधा, लक्षणा आदि शब्द शक्तियों का निरूपण किस रीति काव्य ने किया?
A. मतिराम B. कुलपति मिश्र
C. देव D. सुखदेव मिश्र

323. "अमिय, हलाहल, मदभरे, सेत स्याम रतनार।
जियत, मरत, झुकि झुकि परत, जेहि चितवत इकबार।।"
यह दोहा किस पुस्तक में वर्णित है?
A. अंग दर्पण B. रयपीयूषनिधि
C. बिहारी सतसई D. रसविलास

324. घनानंद किस वैष्णव सम्प्रदाय के थे?
A. राधा वल्लभ B. माधव सम्प्रदाय
C. सखी सम्प्रदाय D. निंबार्क सम्प्रदाय

325. "अपनी कहानी का आरंभ ही उन्होंने इस ढंग से किया है जैसे लखनऊ के भाँड़ घोड़ा कुदाते हुए महफिल में आते हैं।" आचार्य रामचन्द्र शुक्ल ने यह मत किसके सन्दर्भ में कहा?
A. मुंशी सदासुखलाल 'नियाज' B. सदल मिश्र
C. इंशा अल्ला खाँ D. लल्लू लाल जी

326. 'सखा प्यारे कृष्ण के गुलाम राधा रानी के'–यह पंक्ति किस कवि के बारे में है?
A. घनानन्द B. भारतेन्दु हरिश्चन्द्र
C. गोपालचन्द्र 'गिरिधरदास' D. प्रेमघन

327. 'कृष्णायन' किस विधा की रचना है?
A. नाटक B. महाकाव्य
C. उपन्यास D. खण्डकाव्य

328. निम्नलिखित में से कौन भारतेन्दु का परवर्ती गद्यकार है?
A. प्रताप नारायण मिश्र B. राजा लक्ष्मण सिंह
C. राजा शिवप्रसाद सितारेहिन्द D. श्रद्धाराम फुल्लौरी

329. निम्नलिखित में से कौन कालिदास के मेघदूत का अनुवादक नहीं है?
A. लाला सीताराम B. हजारीप्रसाद द्विवेदी
C. मोहन राकेश D. नागार्जुन

330. निम्नलिखित में से कौन-सा नाटक श्रीनिवासदास का नहीं है?
A. संयोगिता स्वयंवर B. महाराणा प्रताप
C. तप्ता संवरण D. रणधीर प्रेममोहिणी

331. 'भाग्यवती' किस प्रकार का उपन्यास है?
A. ऐतिहासिक B. मनोविश्लेषणात्मक
C. तिलस्मी-ऐयारी D. सामाजिक

332. खड़ी बोली में लिखित हिन्दी का प्रथम महाकाव्य कौन-सा है?
A. लोकायतन B. साकेत
C. प्रियप्रवास D. कामायनी

333. 'भारत भारती' का रचनाकाल है :
A. सन् 1909 ई. B. सन् 1910 ई.
C. सन् 1911 ई. D. सन् 1912 ई.

334. 'साधारणीकरण और व्यक्ति वैचित्र्यवाद' किसका निबन्ध है?
A. रामचन्द्र शुक्ल B. हजारीप्रसाद द्विवेदी
C. रामविलास शर्मा D. नन्ददुलारे वाजपेयी

335. 'इस करुणा कलित हृदय में
अब विकल रागिनी बजती
क्यों हाहाकार स्वरों में
वेदना असीम गरजती।'
–इन काव्य पंक्तियों के कवि हैं :
A. सूर्यकान्त त्रिपाठी 'निराला' B. हरिवंशराय बच्चन
C. जयशंकर प्रसाद D. महादेवी वर्मा

336. रंगदर्शन के लेखक हैं :
A. सीताराम चतुर्वेदी B. बलवन्त गार्गी
C. नेमिचन्द जैन D. सुरेश अवस्थी

337. 'हिन्दी जाति' की अवधारणा के प्रवर्तक हैं :
A. रामचन्द्र शुक्ल B. रामविलास शर्मा
C. हजारी प्रसाद द्विवेदी D. नगेन्द्र

338. निम्नलिखित में से कौन गांधीवादी साहित्यकार नहीं है?
A. उपेन्द्रनाथ अश्क B. प्रेमचन्द
C. विष्णु प्रभाकर D. जैनेन्द्र

339. कुन्तक ने वक्रोक्ति के कितने प्रधान भेद माने हैं?
A. सात B. चार
C. छह D. दो

340. प्रतीकवादी आन्दोलन का उदय कहाँ हुआ?
A. जर्मनी में B. फ्रांस में
C. इंग्लैंड में D. स्वीडन में

341. कालक्रमानुसार लल्लू लाल जी की रचनाओं का सही अनुक्रम है :
A. ब्रजभाषा व्याकरण, लाल चंद्रिका, प्रेमसागर, सिंहासन बत्तीसी
B. प्रेमसागर, ब्रजभाषा व्याकरण, सिंहासन बत्तीसी, लाल चंद्रिका
C. लाल चंद्रिका, प्रेमसागर, सिंहासन बत्तीसी, ब्रजभाषा व्याकरण
D. सिंहासन बत्तीसी, लाल चंद्रिका, प्रेमसागर, ब्रजभाषा व्याकरण

342. जीवनकाल के क्रमानुसार निम्नांकित कवियों का सही अनुक्रम है :
A. जगन्नाथदास रत्नाकर, रामनरेश त्रिपाठी, जयशंकर प्रसाद, सूर्यकांत त्रिपाठी 'निराला'
B. रामनरेश त्रिपाठी, सूर्यकांत त्रिपाठी 'निराला', जयशंकर प्रसाद, जगन्नाथदास रत्नाकर
C. सूर्यकांत त्रिपाठी 'निराला', जयशंकर प्रसाद, रामनरेश त्रिपाठी, जगन्नाथदास रत्नाकर
D. जयशंकर प्रसाद, सूर्यकांत त्रिपाठी 'निराला', रामनरेश त्रिपाठी, जगन्नाथदास रत्नाकर

343. जैनेन्द्र कुमार के निम्नांकित उपन्यासों का प्रकाशन काल के क्रम से सही अनुक्रम है :

A. सुनीता, दशार्क, परख, कल्याणी
B. कल्याणी, परख, दशार्क, सुनीता
C. परख, सुनीता, कल्याणी, दशार्क
D. दशार्क, परख, सुनीता, कल्याणी

344. जीवनकाल के क्रम से संस्कृत काव्यशास्त्र के निम्नांकित आचार्यों का सही अनुक्रम है :
A. भरतमुनि, शंकुक, भट्टनायक, भट्ट लोल्लट
B. भट्टनायक, भरतमुनि, भट्ट लोल्लट, शंकुक
C. भरतमुनि, भट्ट लोल्लट, शंकुक, भट्टनायक
D. शंकुक, भट्ट लोल्लट, भरतमुनि, भट्टनायक

345. प्रकाशन वर्ष के अनुसार निम्नांकित आंचलिक उपन्यासों का सही अनुक्रम है :
A. बलचनमा, मैला आंचल, देहाती दुनिया, सागर लहरें और मनुष्य
B. मैला आंचल, सागर लहरें और मनुष्य, बलचनमा, देहाती दुनिया
C. सागर लहरें और मनुष्य, देहाती दुनिया, मैला आंचल, बलचनमा
D. देहाती दुनिया, बलचनमा, मैला आंचल, सागर लहरें और मनुष्य

346. प्रकाशन वर्ष के अनुसार निम्नांकित पत्र-संग्रहों का सही अनुक्रम है :
A. चिट्ठी-पत्री, फाइल प्रोफाइल, दो सौ पत्र बच्चन के नाम, प्रसाद के नाम पत्र
B. फाइल प्रोफाइल, प्रसाद के नाम पत्र, चिट्ठी-पत्री, दो सौ पत्र बच्चन के नाम
C. प्रसाद के नाम पत्र, दो सौ पत्र बच्चन के नाम, चिट्ठी-पत्री, फाइल-प्रोफाइल
D. दो सौ पत्र बच्चन के नाम, फाइल प्रोफाइल, चिट्ठी-पत्री, प्रसाद के नाम पत्र

347. प्रकाशन वर्ष के अनुसार निम्नांकित साक्षात्कारों का सही अनुक्रम है :
A. रत्नाकर से बातचीत, मैं उनसे मिला, अपरोक्ष, बातों बातों में
B. मैं उनसे मिला, अपरोक्ष, रत्नाकर से बातचीत, बातों बातों में
C. बातों बातों में, रत्नाकर से बातचीत, अपरोक्ष, मैं उनसे मिला
D. अपरोक्ष, बातों बातों में, मैं उनसे मिला, रत्नाकर से बातचीत

348. प्रकाशन वर्ष के अनुसार निम्नांकित रिपोर्ताजों का सही अनुक्रम है :
A. वे तो लड़ेंगे हजारों साल, ऋण जल-धन जल, तूफानों के बीच, युद्ध यात्रा
B. तूफानों के बीच, वे तो लड़ेंगे हजारों साल, युद्ध यात्रा, ऋण जल-धन जल
C. तूफानों के बीच, ऋण जल-धन जल, युद्ध यात्रा, वे तो लड़ेंगे हजारों साल
D. वे तो लड़ेंगे हजारों साल, तूफानों के बीच, ऋण जल-धन जल, युद्ध यात्रा

349. सूर्यकांत त्रिपाठी 'निराला' की निम्नांकित रचनाओं का प्रकाशन-वर्ष के अनुसार सही अनुक्रम है :
A. अनामिका, तुलसीदास, अपरा, जूही की कली
B. जूही की कली, अपरा, तुलसीदास, अनामिका
C. अपरा, तुलसीदास, जूही की कली, अनामिका
D. जूही की कली, अनामिका, तुलसीदास, अपरा

350. निम्नांकित उपन्यासों का प्रकाशन-वर्ष के क्रमानुसार सही अनुक्रम है :
A. बहती गंगा, कंदील और कुहासे, सोया हुआ जल, सूरज का सातवाँ घोड़ा
B. कंदील और कुहासे, सूरज का सातवाँ घोड़ा, बहती गंगा, सोया हुआ जल
C. सोया हुआ जल, बहती गंगा, सूरज का सातवाँ घोड़ा, कंदील और कुहासे
D. सूरज का सातवाँ घोड़ा, बहती गंगा, सोया हुआ जल, कंदील और कुहासे

351. निम्नलिखित समाचार-पत्रों का प्रकाशन-वर्ष के क्रमानुसार सही क्रम है :
A. उदंत मार्तंड, प्रजामित्र, प्रजा हितैषी, आगरा अखबार
B. उदंत मार्तंड, प्रजा हितैषी, आगरा अखबार, प्रजामित्र
C. प्रजामित्र, उदंत मार्तंड, आगरा अखबार, प्रजा हितैषी
D. उदंत मार्तंड, आगरा अखबार, प्रजा हितैषी, प्रजामित्र

352. कुबेरनाथ राय के निबंधों का प्रकाशन-काल के क्रमानुसार सही अनुक्रम है :
A. गंध मादन, आगम की नाव, रस आखेटक, निषाद बांसुरी
B. निषाद बांसुरी, गंध मादन, आगम की नाव, रस आखेटक
C. रस आखेटक, गंध मादन, निषाद बांसुरी, आगम की नाव
D. रस आखेटक, आगम की नाव, निषाद बांसुरी, गंध मादन

353. जीवन-काल की दृष्टि से निम्नांकित निबंधकारों का सही अनुक्रम है :
A. बाल मुकुंद गुप्त, महावीर प्रसाद द्विवेदी, रामचंद्र शुक्ल, सरदार पूर्ण सिंह
B. रामचंद्र शुक्ल, सरदार पूर्ण सिंह, बाल मुकुंद गुप्त, महावीर प्रसाद द्विवेदी
C. महावीर प्रसाद द्विवेदी, बाल मुकुंद गुप्त, सरदार पूर्ण सिंह, रामचंद्र शुक्ल
D. सरदार पूर्ण सिंह, बाल मुकुंद गुप्त, महावीर प्रसाद द्विवेदी, रामचंद्र शुक्ल

354. हरिशंकर परसाई के निबंध-संग्रहों का प्रकाशन वर्ष के अनुसार सही अनुक्रम है :
A. पगडंडियों का जमाना, सदाचार का ताबीज, ठिठुरता हुआ गणतंत्र, सुनो भाई साधो
B. सदाचार का ताबीज, सुनो भाई साधो, ठिठुरता हुआ गणतंत्र, पगडंडियों का जमाना
C. ठिठुरता हुआ गणतंत्र, सुनो भाई साधो, पगडंडियों का जमाना, सदाचार का ताबीज
D. सुनो भाई साधो, पगडंडियों का जमाना, ठिठुरता हुआ गणतंत्र, सदाचार का ताबीज

355. निर्मल वर्मा के निम्नांकित निबंध संकलनों का प्रकाशन-वर्ष के अनुसार सही अनुक्रम है :
A. आदि अंत और प्रारम्भ, शब्द और स्मृति, शताब्दी के ढलते वर्षों में, कला का जोखिम

B. कला का जोखिम, आदि अंत और प्रारम्भ, शब्द और स्मृति, शताब्दी के ढलते वर्षों में
C. शब्द और स्मृति, कला का जोखिम, शताब्दी के ढलते वर्षों में, आदि अंत और प्रारम्भ
D. शताब्दी के ढलते वर्षों में, आदि अंत और प्रारम्भ, शब्द और स्मृति, कला का जोखिम

356. स्थापना (Assertion) A : रस ही ब्रह्म है। इस रस को पाकर पुरुष आनंदित हो जाता है। यह रस सब को आनंदित करता है।
तर्क (Reason) R : क्योंकि करुण रस की अनुभूति केवल पुरुष को होती है।
A. A गलत, R सही B. A सही, R गलत
C. A और R दोनों गलत D. A और R दोनों सही

357. स्थापना (Assertion) A : हिन्दी में स्वच्छन्दतावाद की अवधारणा इतनी व्यापक है कि वह सम्पूर्ण छायावादी कविताओं को अपने में समाविष्ट कर लेती है।
तर्क (Reason) R : क्योंकि छायावादी कविताओं में केवल रोमानियत की अभिव्यक्ति हुई है।
A. A और R दोनों सही B. A गलत, R सही
C. A सही R गलत D. A और R दोनों गलत

358. स्थापना (Assertion) A : काव्य का सत्य जीवन की परिधि में सौन्दर्य के माध्यम द्वारा व्यक्त अखंड सत्य है।
तर्क (Reason) R : क्योंकि सौन्दर्य कलामात्र का सत्य है।
A. A और R दोनों सही B. A गलत, R सही
C. A और R दोनों गलत D. A सही R गलत

359. स्थापना (Assertion) A : क्लासिक साहित्य जीवन की चिरन्तन समस्याओं का समाधान है।
तर्क (Reason) R : क्योंकि जीवन की मूल्य व्यवस्था अपरिवर्तनशील होती है।
A. A गलत R सही B. A और R दोनों सही
C. A सही R गलत D. A और R दोनों गलत

360. स्थापना (Assertion) A : नायक की मानसिक अवस्था की अनुकृति नाटक का लक्षण है।
तर्क (Reason) R : क्योंकि नाटक में नायक के जीवन की कार्यावस्थाओं का प्रदर्शन होता है।
A. A और R दोनों सही B. A और R दोनों गलत
C. A गलत R सही D. A सही R गलत

361. स्थापना (Assertion) A : दुष्कर कर्म करने की भावना ही उत्साह का आलम्बन है।
तर्क (Reason) R : क्योंकि दुष्कर कर्म का दायरा उत्साह तक सीमित है।
A. A गलत R सही B. A और R दोनों गलत
C. A और R दोनों सही D. A सही R गलत

362. स्थापना (Assertion) A : कृष्ण काव्य वृत्ति के उत्कर्ष का दर्शन है।
तर्क (Reason) R : क्योंकि कृष्णकाव्य अन्ततः भगवद् आसक्ति का समर्थन करता है।
A. A और R दोनों सही B. A और R दोनों गलत
C. A गलत R सही D. A सही R गलत

363. स्थापना (Assertion) A : अद्वैतवाद अनात्म को भ्रम कहता है।
तर्क (Reason) R : क्योंकि वह प्रकृति की सत्ता को स्वीकार नहीं करता।
A. A गलत R सही B. A और R दोनों गलत
C. A और R दोनों सही D. A सही R गलत

364. स्थापना (Assertion) A : आदर्शोन्मुख यथार्थवाद में यथार्थ और आदर्श का समावेश होता है।
तर्क (Reason) R : कारण कि आदर्श का जन्म यथार्थ से होता है।
A. A और R दोनों सही B. A गलत R सही
C. A सही R गलत D. A और R दोनों गलत

365. स्थापना (Assertion) A : प्रगतिवाद कलाकार की स्वतंत्रता का नहीं, परतंत्रता का शत्रु है।
तर्क (Reason) R : क्योंकि प्रगतिवाद कलाकार को समाज निरपेक्ष सच्चाई को अभिव्यक्त करने की स्वतंत्रता देता है।
A. A गलत R सही B. A सही R गलत
C. A और R दोनों गलत D. A और R दोनों सही

366. निम्नलिखित कवियों को उनकी कविताओं के साथ सुमेलित कीजिए:

सूची-I	**सूची-II**
(*a*) सुभद्राकुमारी चौहान	(*i*) भैंसागाड़ी
(*b*) महादेवी वर्मा	(*ii*) वीरों का कैसा हो वसन्त
(*c*) माखनलाल चतुर्वेदी	(*iii*) कैदी और कोकिला
(*d*) भगवतीचरण वर्मा	(*iv*) रश्मि
	(*v*) तुम और मैं

कूट :

	(*a*)	(*b*)	(*c*)	(*d*)
A.	(*iii*)	(*ii*)	(*v*)	(*iv*)
B.	(*iv*)	(*i*)	(*iii*)	(*ii*)
C.	(*ii*)	(*v*)	(*iv*)	(*iii*)
D.	(*ii*)	(*iv*)	(*iii*)	(*i*)

367. निम्नलिखित पत्रिकाओं को उनके सम्पादकों के साथ सुमेलित कीजिए:

सूची-I	**सूची-II**
(*a*) समालोचक	(*i*) अंबिका प्रसाद गुप्त
(*b*) इंदु	(*ii*) गणेश शंकर विद्यार्थी
(*c*) अभ्युदय	(*iii*) देवकी नन्दन खत्री
(*d*) प्रताप	(*iv*) मदन मोहन मालवीय
	(*v*) चन्द्रधर शर्मा गुलेरी

कूट :

	(*a*)	(*b*)	(*c*)	(*d*)
A.	(*v*)	(*i*)	(*iv*)	(*ii*)
B.	(*iv*)	(*v*)	(*i*)	(*iii*)
C.	(*i*)	(*iii*)	(*iv*)	(*ii*)
D.	(*ii*)	(*i*)	(*iii*)	(*v*)

368. निम्नलिखित उपन्यासकारों को उनके उपन्यासों के साथ सुमेलित कीजिए:

सूची-I	**सूची-II**
(*a*) मन्नू भंडारी	(*i*) चित्तकोबरा
(*b*) कृष्णा सोबती	(*ii*) छिन्नमस्ता
(*c*) मृदुला गर्ग	(*iii*) महाभोज
(*d*) प्रभा खेतान	(*iv*) आँवा
	(*v*) सूरजमुखी अंधेरे के

कूट :

	(*a*)	(*b*)	(*c*)	(*d*)
A.	(*ii*)	(*v*)	(*i*)	(*iii*)
B.	(*i*)	(*iii*)	(*iv*)	(*v*)
C.	(*iii*)	(*v*)	(*i*)	(*ii*)
D.	(*v*)	(*ii*)	(*iii*)	(*iv*)

369. निम्नलिखित आलोचनाग्रन्थों को उनके आलोचकों के साथ सुमेलित कीजिए:

सूची-I	**सूची-II**
(*a*) साहित्यालोचन	(*i*) रामकुमार वर्मा
(*b*) साहित्य समालोचना	(*ii*) रामविलास शर्मा
(*c*) निराला की साहित्य साधना	(*iii*) श्याम सुन्दर दास
(*d*) आलोचनादर्श	(*iv*) गुलाब राय
	(*v*) रमाशंकर शुक्ल 'रसाल'

कूट :

	(*a*)	(*b*)	(*c*)	(*d*)
A.	(*iv*)	(*v*)	(*ii*)	(*i*)
B.	(*iii*)	(*ii*)	(*i*)	(*v*)
C.	(*iii*)	(*i*)	(*ii*)	(*v*)
D.	(*v*)	(*iv*)	(*iii*)	(*ii*)

370. निम्नलिखित पात्रों को उनके उपन्यासों के साथ सुमेलित कीजिए:

सूची-I	**सूची-II**
(*a*) जालपा	(*i*) त्यागपत्र
(*b*) वर्षा	(*ii*) पर्दे की रानी
(*c*) मृणालिनी	(*iii*) अपने अपने अजनबी
(*d*) सेल्मा	(*iv*) गबन
	(*v*) मुझे चाँद चाहिए

कूट :

	(*a*)	(*b*)	(*c*)	(*d*)
A.	(*iv*)	(*v*)	(*i*)	(*iii*)
B.	(*v*)	(*i*)	(*ii*)	(*iv*)
C.	(*ii*)	(*iv*)	(*v*)	(*i*)
D.	(*iii*)	(*iv*)	(*ii*)	(*v*)

371. निम्नलिखित चरित्रों को उनके काव्यों के साथ सुमेलित कीजिए:

सूची-I	**सूची-II**
(*a*) मानव	(*i*) अंधायुग
(*b*) पुरुरवा	(*ii*) कामायनी
(*c*) युयुत्सु	(*iii*) प्रियप्रवास
(*d*) राधा	(*iv*) उर्वशी
	(*v*) अग्निलीक

कूट :

	(*a*)	(*b*)	(*c*)	(*d*)
A.	(*v*)	(*i*)	(*iii*)	(*ii*)
B.	(*ii*)	(*iv*)	(*i*)	(*iii*)
C.	(*ii*)	(*iii*)	(*i*)	(*iv*)
D.	(*i*)	(*ii*)	(*iii*)	(*iv*)

372. निम्नलिखित सिद्धान्तों को उनके विचारकों के साथ सुमेलित कीजिए:

सूची-I	**सूची-II**
(*a*) उदात्ततत्व	(*i*) जाक देरिदा
(*b*) संरचनावाद	(*ii*) लोंजाइनस
(*c*) विखंडनवाद	(*iii*) सार्त्र
(*d*) निर्वैयक्तिकता	(*iv*) सस्यूर
	(*v*) इलियट

कूट :

	(*a*)	(*b*)	(*c*)	(*d*)
A.	(*i*)	(*ii*)	(*iii*)	(*iv*)
B.	(*iii*)	(*ii*)	(*iv*)	(*v*)
C.	(*ii*)	(*iv*)	(*i*)	(*v*)
D.	(*v*)	(*iii*)	(*iv*)	(*i*)

373. निम्नलिखित कहानीकारों को उनकी कहानियों के साथ सुमेलित कीजिए:

सूची-I	**सूची-II**
(*a*) जैनेन्द्र कुमार	(*i*) ग्रामोफोन
(*b*) अज्ञेय	(*ii*) रोज
(*c*) भीष्म साहनी	(*iii*) चीफ की दावत
(*d*) मोहन राकेश	(*iv*) मिसपाल
	(*v*) ठेस

कूट :

	(*a*)	(*b*)	(*c*)	(*d*)
A.	(*ii*)	(*v*)	(*i*)	(*iii*)
B.	(*i*)	(*iv*)	(*v*)	(*ii*)
C.	(*iv*)	(*ii*)	(*i*)	(*v*)
D.	(*i*)	(*ii*)	(*iii*)	(*iv*)

374. निम्नलिखित निबन्धों को उनके निबन्धकारों के साथ सुमेलित कीजिए:

सूची-I	**सूची-II**
(*a*) कछुआधर्म	(*i*) बालकृष्ण भट्ट
(*b*) आचरण की सभ्यता	(*ii*) हजारी प्रसाद द्विवेदी
(*c*) तुम चंदन हम पानी	(*iii*) सरदार पूर्ण सिंह
(*d*) भारतीय संस्कृति की देन	(*iv*) विद्यानिवास मिश्र
	(*v*) चन्द्रधर शर्मा गुलेरी

कूट :

	(*a*)	(*b*)	(*c*)	(*d*)
A.	(*iv*)	(*v*)	(*iii*)	(*i*)
B.	(*ii*)	(*iii*)	(*v*)	(*i*)
C.	(*v*)	(*iii*)	(*iv*)	(*ii*)
D.	(*v*)	(*ii*)	(*i*)	(*iv*)

375. निम्नलिखित रसों को उनके स्थायीभावों के साथ सुमेलित कीजिए:

सूची-I	**सूची-II**
(*a*) रौद्र	(*i*) जुगुप्सा
(*b*) वीभत्स	(*ii*) विस्मय
(*c*) अद्भुत	(*iii*) क्रोध
(*d*) शान्त	(*iv*) शोक
	(*v*) निर्वेद

कूट :

	(*a*)	(*b*)	(*c*)	(*d*)
A.	(*iv*)	(*v*)	(*iii*)	(*i*)
B.	(*iii*)	(*i*)	(*ii*)	(*v*)
C.	(*iv*)	(*iii*)	(*ii*)	(*v*)
D.	(*ii*)	(*v*)	(*iv*)	(*iii*)

376. अपभ्रंश को 'प्राकृताभास' हिन्दी किसने कहा है?
A. चन्द्रधर शर्मा गुलेरी
B. राहुल सांकृत्यायन
C. रामचन्द्र शुक्ल
D. हजारी प्रसाद द्विवेदी

377. 'हिन्दी काव्यधारा' के सम्पादक हैं
A. राहुल सांकृत्यायन
B. पीताम्बर दत्त बड़थ्वाल
C. श्री रामशर्मा
D. रामचन्द्र शुक्ल

378. 'हबकि न बेलिबा ठबकि न चलिबा। धीरे धरिबा पावँ।' पंक्ति है
A. मत्स्येन्द्रनाथ
B. गोरखनाथ
C. जालंधरनाथ
D. निवृत्तनाथ

379. 'अस्त्रीय जनम कांइ दीधउ महेस। अवर जनम थारइ घणा रे नरेश' पंक्ति का संबंध किस कृति से है?
A. पृथ्वीराज रासो
B. विजयपाल रासो
C. बीसलदेव रासो
D. आल्ह खंड

380. 'कबीर की उक्तियों में कहीं-कहीं विलक्षण प्रभाव और चमत्कार है।' यह कथन है
A. रामचन्द्र शुक्ल
B. हजारी प्रसाद द्विवेदी
C. धर्मवीर
D. श्यामसुंदर दास

381. 'जेइ मुख देखा तेइ हँसा सुनि तेहि आउस आँसु' पंक्ति भक्तिकाल के किस कवि के बारे में है?
A. कबीर
B. जायसी
C. सूरदास
D. तुलसीदास

382. 'कलि कुटिल जीव निस्तार हित बाल्मीकि तुलसी भयो' कथन है
A. रामचरण दास
B. नाभादास
C. रघुवर दास
D. हरिराम व्यास

383. 'अष्टछाप' के संस्थापक इनमें से कौन हैं?
A. वल्लभाचार्य
B. गोकुलनाथ
C. विट्ठलनाथ
D. निम्बार्काचार्य

384. 'खेती न किसान को, भिखारी को न भीख,
बलि बनिक को न बनिज न चाकर को चाकरी'
पंक्ति तुलसी की किस कृति से संबद्ध है?
A. रामचरित मानस
B. कवितावली
C. विनयपत्रिका
D. गीतावली

385. 'जहाँगीर-जस-चन्द्रिका' रचना किसकी है?
A. केशवदास
B. मतिराम
C. भूषण
D. देव

386. 'ब्रजभाषा हेत ब्रजवास ही न अनुमानो' कथन रीतिकाल के किस कवि का है?
A. केशवदास
B. कालिदास त्रिवेदी
C. भिखारीदास
D. पद्माकर

387. 'देव की ध्वनि संवेदनशीलता समूचे रीतिकाल में अप्रतिम है' –कथन है
A. नगेन्द्र
B. विश्वनाथ प्रसाद मिश्र
C. बच्चन सिंह
D. रामस्वरूप चतुर्वेदी

388. हिन्दी के बारे में यह कथन किसका है कि–'रस्मोरिवाज भाषा का दुनिया से उठ गया'?
A. लल्लूलाल
B. सदल मिश्र
C. इंशा अल्ला खाँ
D. मुंशी सदासुख

389. निम्नलिखित में से कौन-सा नाटक भारतेंदु द्वारा अंग्रेजी से अनूदित है?
A. विद्यासुंदर
B. पाखंड-विडंबन
C. मुद्राराक्षस
D. दुर्लभ बंधु

390. 'उपन्यास मासिक पुस्तक' का प्रकाशन किस सन् से शुरू हुआ?
A. सन् 1901
B. सन् 1905
C. सन् 1907
D. सन् 1910

391. 'सम्पत्तिशास्त्र की भूमिका' लेख किस पत्रिका में छपा था?
A. हिन्दी प्रदीप
B. सरस्वती
C. ब्राह्मण
D. बिहार बंधु

392. 'भारत भारती' लिखने में उर्दू के किस ग्रंथ की प्रेरणा थी?
A. गुल-ए-नगमा
B. दीवान-ए-मीर
C. दीवान-ए-गालिब
D. मुसद्दसे-हाली

393. 'छायावाद' स्थूल के प्रति सूक्ष्म का विद्रोह है–यह स्थापना किसकी है?
A. नंददुलारे वाजपेयी
B. नगेन्द्र
C. रामविलास शर्मा
D. नामवर सिंह

394. 'प्रेम का पयोधि तो उमड़ता है। सदा ही निस्सीम भू पर' यह पंक्ति किस छायावादी कवि की है?
A. प्रसाद
B. पंत
C. निराला
D. महादेवी वर्मा

395. 'प्राचीन भारत के भाषा परिवार और हिन्दी' किस आलोचक का ग्रंथ है?
A. रामविलास शर्मा
B. धीरेन्द्र शर्मा
C. रामकुमार वर्मा
D. शिवकुमार मिश्र

396. नागार्जुन के उपन्यासों का सही कालानुक्रम है
A. बलचनमा, रतिनाथ की चाची, कुंभीपाक, वरुण के बेटे
B. रतिनाथ की चाची, बलचनमा, वरुण के बेटे, कुंभीपाक
C. रतिनाथ की चाची, कुंभीपाक, बलचनमा, वरुण के बेटे
D. वरुण के बेटे, बलचनमा, कुंभीपाक, रतिनाथ की चाची

397. जीवनकाल की दृष्टि से निम्नलिखित नाटककारों का सही क्रम है :
A. मोहन राकेश, भुवनेश्वर, सुरेन्द्र वर्मा, मीराकांत
B. मोहन राकेश, सुरेन्द्र वर्मा, भुवनेश्वर, मीराकांत
C. भुवनेश्वर, मोहन राकेश, सुरेन्द्र वर्मा, मीराकांत
D. मीराकांत, मोहन राकेश, सुरेन्द्र वर्मा, भुवनेश्वर

398. हिन्दी के मार्क्सवादी आलोचकों का सही कालानुक्रम है :
A. रामविलास शर्मा, शिवदान सिंह चौहान, नामवर सिंह, अमृतराय
B. अमृतराय, शिवदान सिंह चौहान, रामविलास शर्मा, नामवर सिंह
C. शिवदान सिंह चौहान, अमृतराय, रामविलास शर्मा, नामवर सिंह
D. शिवदान सिंह चौहान, रामविलास शर्मा, अमृतराय, नामवर सिंह

399. निम्नलिखित आत्मकथाओं का सही कालानुक्रम कौन-सा है?
A. लगता नहीं है दिल मेरा, कस्तूरी कुंडल बसै, हादसे, शिकंजे का दर्द
B. कस्तूरी कुंडल बसै, हादसे, शिकंजे का दर्द, लगता नहीं है दिल मेरा
C. शिकंजे का दर्द, हादसे, कस्तूरी कुंडल बसै, लगता नहीं है दिल मेरा
D. हादसे, शिकंजे का दर्द, कस्तूरी कुंडल बसै, लगता नहीं है दिल मेरा

400. निम्नलिखित यात्रा-वृतान्तों का प्रकाशन की दृष्टि से सही अनुक्रम है :
A. पैरों में पंख बाँधकर, मेरी तिब्बत यात्रा, एक बूँद सहसा उछली, चीड़ों पर चाँदनी
B. मेरी तिब्बत यात्रा, पैरों में पंख बाँधकर, एक बूँद सहसा उछली, चीड़ों पर चाँदनी
C. चीड़ों पर चाँदनी, मेरी तिब्बत यात्रा, एक बूँद सहसा उछली, पैरों में पंख बाँधकर
D. मेरी तिब्बत यात्रा, चीड़ों पर चाँदनी, पैरों में पंख बाँधकर, एक बूँद सहसा उछली

401. निम्नलिखित संस्मरण-कृतियों का सही कालानुक्रम कौन-सा है?
A. हम हशमत, काशी का अस्सी, तुम्हारा परसाई, लौट आ ओ धार
B. लौट आ ओ धार, काशी का अस्सी, हम हशमत, तुम्हारा परसाई
C. काशी का अस्सी, लौट आ ओ धार, तुम्हारा परसाई, हम हशमत
D. लौट आ ओ धार, हम हशमत, काशी का अस्सी, तुम्हारा परसाई

402. निम्नलिखित उपन्यासों का सही कालानुक्रम है :
A. परीक्षागुरु, नूतन ब्रह्मचारी, निस्सहाय हिन्दू, चंद्रकांता
B. चंद्रकांता, नूतन ब्रह्मचारी, परीक्षागुरु, निस्सहाय हिन्दू
C. निस्सहाय हिन्दू, परीक्षागुरु, नूतन ब्रह्मचारी, चंद्रकांता
D. नूतन ब्रह्मचारी, परीक्षागुरु, चंद्रकांता, निस्सहाय हिन्दू

403. निम्नलिखित संस्कृत आचार्यों का सही कालानुक्रम कौन-सा है?
A. मम्मट, दण्डी, विश्वनाथ, जयदेव
B. दण्डी, जयदेव, विश्वनाथ, मम्मट
C. दण्डी, मम्मट, जयदेव, विश्वनाथ
D. जयदेव, मम्मट, दण्डी, विश्वनाथ

404. निम्नलिखित पाश्चात्यवादों का सही कालानुक्रम है :
A. संरचनावाद, मार्क्सवाद, अस्तित्ववाद, स्वच्छंदतावाद
B. स्वच्छंदतावाद, मार्क्सवाद, अस्तित्ववाद, संरचनावाद
C. मार्क्सवाद, स्वच्छंदतावाद, संरचनावाद, अस्तित्ववाद
D. स्वच्छंदतावाद, अस्तित्ववाद, मार्क्सवाद, संरचनावाद

405. निम्नलिखित हिन्दी काव्यशास्त्रीय कृतियों का सही अनुक्रम कौन-सा है?
A. काव्यविवेक, भाषाभूषण, रसराज, काव्यरसायन
B. भाषाभूषण, काव्यविवेक, रसराज, काव्यरसायन
C. काव्यरसायन, काव्यविवेक, भाषाभूषण, रसराज
D. रसराज, भाषाभूषण, काव्यविवेक, काव्यरसायन

406. निम्नलिखित अलंकारों को उनके वर्ग के साथ सुमेलित कीजिएः

सूची-I	सूची-II
(*a*) उत्प्रेक्षा	(*i*) विरोध गर्भ
(*b*) वक्रोक्ति	(*ii*) औपम्यगर्भ
(*c*) विशेषोक्ति	(*iii*) सादृश्यमूलक
(*d*) श्लेष	(*iv*) गूढ़ार्थ प्रतीतिमूलक
	(*v*) न्यायमूलक

कूट :

	(*a*)	(*b*)	(*c*)	(*d*)
A.	(*v*)	(*iv*)	(*i*)	(*iii*)
B.	(*iii*)	(*ii*)	(*v*)	(*i*)
C.	(*iii*)	(*iv*)	(*i*)	(*ii*)
D.	(*iii*)	(*i*)	(*iv*)	(*ii*)

407. निम्नलिखित विशेषताओं को उनके वादों के साथ सुमेलत कीजिए

सूची-I	सूची-II
(*a*) प्रकृति और प्राचीन यूनानी ग्रंथों का अनुकरण	(*i*) अस्तित्ववाद
(*b*) बाह्य यथार्थ से व्यक्तिगत अनुभव को ज्यादा महत्व देना	(*ii*) स्वच्छंदतावाद
(*c*) चेतना को पदार्थ के अधीन मानना	(*iii*) आभिजात्यवाद
(*d*) व्यक्तिगत स्वातंत्र्य को विशेष महत्व देना	(*iv*) नव्यशास्त्रवाद
	(*v*) मार्क्सवाद

कूट :

	(*a*)	(*b*)	(*c*)	(*d*)
A.	(*iv*)	(*ii*)	(*v*)	(*i*)
B.	(*i*)	(*ii*)	(*v*)	(*iii*)
C.	(*iii*)	(*ii*)	(*i*)	(*v*)
D.	(*v*)	(*iii*)	(*ii*)	(*i*)

408. निम्नलिखित पत्रिकाओं को उनके सम्पादकों के साथ सुमेलत कीजिए

सूची-I	सूची-II
(*a*) भारतेन्दु हरिश्चन्द्र	(*i*) आनंद कादम्बिनी
(*b*) धर्मवीर भारती	(*ii*) ब्राह्मण
(*c*) प्रतापनारायण मिश्र	(*iii*) धर्मयुग
(*d*) बदरीनारायण चौधरी 'प्रेमघन'	(*iv*) बनारस अखबार
	(*v*) बालाबोधिनी

कूट :

	(a)	(b)	(c)	(d)
A.	(iii)	(ii)	(v)	(i)
B.	(v)	(iii)	(ii)	(i)
C.	(i)	(iv)	(v)	(iii)
D.	(ii)	(iii)	(v)	(iv)

409. निम्नलिखित काव्यकृतियों को उनके रचनाकारों के साथ सुमेलित कीजिए :

सूची-I	सूची-II
(a) भूरी भूरी खाक धूल	(i) कात्यायनी
(b) गंगातट	(ii) मुक्तिबोध
(c) स्त्री मेरे भीतर	(iii) ज्ञानेन्द्र पति
(d) इस पौरुषपूर्ण समय में	(iv) पवनकरण
	(v) उदय प्रकाश

कूट :

	(a)	(b)	(c)	(d)
A.	(v)	(iv)	(iii)	(ii)
B.	(i)	(ii)	(iii)	(v)
C.	(v)	(iii)	(ii)	(iv)
D.	(ii)	(iii)	(iv)	(i)

410. निम्नलिखित आलोचनात्मक पुस्तकों को उनके लेखकों के साथ सुमेलित कीजिए :

सूची-I	सूची-II
(a) कविता के नये प्रतिमान	(i) रघुवंश
(b) आलोचना के मान	(ii) लक्ष्मीकांत वर्मा
(c) नई कविता के प्रतिमान	(iii) शिवदानसिंह चौहान
(d) साहित्य का नया परिप्रेक्ष्य	(iv) नामवर सिंह
	(v) बच्चन सिंह

कूट :

	(a)	(b)	(c)	(d)
A.	(iv)	(ii)	(i)	(v)
B.	(iii)	(i)	(v)	(ii)
C.	(iv)	(iii)	(ii)	(i)
D.	(v)	(iv)	(iii)	(ii)

411. निम्नलिखित इतिहासग्रंथों को उनके लेखकों के साथ सुमेलित कीजिए :

सूची-I	सूची-II
(a) हिन्दी साहित्य का दूसरा इतिहास	(i) हजारी प्रसाद द्विवेदी
(b) हिन्दी साहित्य का उद्भव और विकास	(ii) रामकुमार वर्मा
(c) हिन्दी साहित्य का आलोचनात्मक इतिहास	(iii) सुमन राजे
(d) हिन्दी साहित्य का आधा इतिहास	(iv) बच्चन सिंह
	(v) नगेन्द्र

कूट :

	(a)	(b)	(c)	(d)
A.	(iv)	(ii)	(i)	(v)
B.	(v)	(ii)	(i)	(iii)
C.	(iv)	(i)	(ii)	(iii)
D.	(iii)	(ii)	(v)	(i)

412. निम्नलिखित निबन्ध संग्रहों को उनके लेखकों के साथ सुमेलित कीजिए :

सूची-I	सूची-II
(a) त्रिशंकु	(i) निर्मल वर्मा
(b) ठेले पर हिमालय	(ii) शिवप्रसाद सिंह
(c) कस्तूरी मृग	(iii) धर्मवीर भारती
(d) शब्द और स्मृति	(iv) अज्ञेय
	(v) कुबेरनाथ राय

कूट :

	(a)	(b)	(c)	(d)
A.	(ii)	(iii)	(i)	(v)
B.	(i)	(v)	(iii)	(ii)
C.	(v)	(i)	(iii)	(ii)
D.	(iv)	(iii)	(ii)	(i)

413. निम्नलिखित नाटककारों को उनकी नाट्यकृतियों के साथ सुमेलित कीजिए :

सूची-I	सूची-II
(a) मीराकांत	(i) ठहरा हुआ पानी
(b) कुसुम कुमार	(ii) जो राम रचि राखा
(c) मृणाल पाण्डेय	(iii) ईहामृग
(d) शांति महरोत्रा	(iv) दिल्ली ऊँचा सुनती है
	(v) बिना दीवारों का घर

कूट :

	(a)	(b)	(c)	(d)
A.	(v)	(iii)	(ii)	(iv)
B.	(iv)	(ii)	(v)	(iii)
C.	(iii)	(iv)	(ii)	(i)
D.	(iii)	(v)	(i)	(ii)

414. निम्नलिखित काव्यशास्त्रियों को उनकी कृतियों के साथ सुमेलित कीजिए :

सूची-I	सूची-II
(a) आई.ए. रिचर्ड्स	(i) सेवन टाइप्स ऑफ एंबिगुइटी
(b) विलियम एम्पसन	(ii) गॉड विदाउट थंडर
(c) जॉन क्रो रैंसम	(iii) ऑन द लिमिट्स ऑफ पोएट्री
(d) एलेन टेट	(iv) द फिलॉसफी ऑफ रेटरिक
	(v) सेलेक्टेड एसेज

कूट :

	(a)	(b)	(c)	(d)
A.	(ii)	(iii)	(i)	(v)
B.	(iv)	(i)	(ii)	(iii)
C.	(v)	(iv)	(iii)	(i)
D.	(ii)	(iv)	(v)	(iii)

415. निम्नलिखित काव्यशास्त्रीय आचार्यों को उनकी कृतियों के साथ सुमेलित कीजिए :

सूची-I	सूची-II
(a) राजशेखर	(i) ध्वन्यालोकलोचन
(b) अभिनव गुप्त	(ii) सरस्वती कण्ठाभरण
(c) भोजराज	(iii) नाट्यदर्पण
(d) रामचन्द्र गुणचन्द्र	(iv) काव्य मीमांसा
	(v) रस तरंगिणी

कूट :

	(*a*)	(*b*)	(*c*)	(*d*)
A.	(*iv*)	(*i*)	(*ii*)	(*iii*)
B.	(*i*)	(*iv*)	(*iii*)	(*ii*)
C.	(*v*)	(*ii*)	(*iii*)	(*i*)
D.	(*iv*)	(*iii*)	(*ii*)	(*v*)

416. स्थापना (Assertion) (A) : शाश्वत चेतनता जब श्रेय ज्ञान को मूल चारुत्व में ग्रहण करती है तब काव्य का सृजन होता है।
तर्क (Reason) (R) : क्योंकि काव्य में सिर्फ श्रेय अपेक्षित है न कि चारुत्व।

A. (A) गलत, (R) सही
B. (A) सही, (R) गलत
C. (A) सही (R) सही
D. (A) गलत (R) गलत

417. स्थापना (Assertion) (A) : रस स्थायीभाव से विलक्षण होता है।
तर्क (Reason) (R) : क्योंकि रस स्मृति, अनुमान और लौकिक अनुभव से परे होता है।

A. (A) गलत (R) गलत
B. (A) सही, (R) गलत
C. (A) सही (R) सही
D. (A) गलत, (R) सही

418. स्थापना (Assertion) (A) : क्षुद्र भावों के विरेचन द्वारा त्रासदी नैतिक प्रभाव उत्पन्न करती है।
तर्क (Reason) (R) : क्योंकि नैतिक प्रभाव उत्पन्न करने के लिए किसी भाव की जरूरत नहीं है।

A. (A) सही (R) सही
B. (A) गलत, (R) सही
C. (A) सही, (R) गलत
D. (A) गलत (R) गलत

419. स्थापना (Assertion) (A) : रसात्मक वाक्य ही काव्य है।
तर्क (Reason) (R) : क्योंकि हर वाक्य रसात्मक होता है, इसलिए वह काव्य कहलाने के योग्य होता है।

A. (A) गलत, (R) सही
B. (A) सही (R) सही
C. (A) गलत (R) गलत
D. (A) सही, (R) गलत

420. स्थापना (Assertion) (A) : ज्ञान राशि के संचित कोश को साहित्य कहते हैं।
तर्क (Reason) (R) : क्योंकि साहित्य में हृदय के लिए कोई जगह नहीं है।

A. (A) गलत (R) गलत
B. (A) सही (R) सही
C. (A) सही, (R) गलत
D. (A) गलत, (R) सही

उत्तरमाला

1	**2**	**3**	**4**	**5**	**6**	**7**	**8**	**9**	**10**
C	B	A	D	B	A	C	A	B	A
11	**12**	**13**	**14**	**15**	**16**	**17**	**18**	**19**	**20**
C	A	B	D	C	C	D	D	C	C
21	**22**	**23**	**24**	**25**	**26**	**27**	**28**	**29**	**30**
B	A	B	D	A	A	B	C	A	C
31	**32**	**33**	**34**	**35**	**36**	**37**	**38**	**39**	**40**
A	D	A	B	D	A	C	C	A	A
41	**42**	**43**	**44**	**45**	**46**	**47**	**48**	**49**	**50**
B	D	A	B	A	B	C	B	D	A
51	**52**	**53**	**54**	**55**	**56**	**57**	**58**	**59**	**60**
C	D	A	B	C	C	B	D	B	D
61	**62**	**63**	**64**	**65**	**66**	**67**	**68**	**69**	**70**
B	A	C	D	B	A	C	B	C	A
71	**72**	**73**	**74**	**75**	**76**	**77**	**78**	**79**	**80**
D	C	B	B	A	C	D	B	A	C
81	**82**	**83**	**84**	**85**	**86**	**87**	**88**	**89**	**90**
B	D	B	C	A	C	B	B	D	C
91	**92**	**93**	**94**	**95**	**96**	**97**	**98**	**99**	**100**
D	C	A	B	C	B	D	A	C	D
101	**102**	**103**	**104**	**105**	**106**	**107**	**108**	**109**	**110**
B	A	C	B	A	C	B	A	B	C
111	**112**	**113**	**114**	**115**	**116**	**117**	**118**	**119**	**120**
B	D	B	D	D	C	C	D	B	A
121	**122**	**123**	**124**	**125**	**126**	**127**	**128**	**129**	**130**
D	B	C	B	D	A	D	A	C	A
131	**132**	**133**	**134**	**135**	**136**	**137**	**138**	**139**	**140**
C	A	C	D	A	C	D	A	D	A
141	**142**	**143**	**144**	**145**	**146**	**147**	**148**	**149**	**150**
A	B	B	B	D	D	C	A	D	B
151	**152**	**153**	**154**	**155**	**156**	**157**	**158**	**159**	**160**
A	D	D	C	D	A	D	A	B	D

161	**162**	**163**	**164**	**165**	**166**	**167**	**168**	**169**	**170**
A	C	A	B	C	B	A	C	D	C
171	**172**	**173**	**174**	**175**	**176**	**177**	**178**	**179**	**180**
A	B	C	A	A	A	C	B	B	D
181	**182**	**183**	**184**	**185**	**186**	**187**	**188**	**189**	**190**
B	A	D	B	D	A	C	B	D	D
191	**192**	**193**	**194**	**195**	**196**	**197**	**198**	**199**	**200**
A	C	A	C	B	C	B	D	C	D
201	**202**	**203**	**204**	**205**	**206**	**207**	**208**	**209**	**210**
A	C	B	A	D	B	B	A	D	C
211	**212**	**213**	**214**	**215**	**216**	**217**	**218**	**219**	**220**
B	D	C	C	B	B	A	C	B	D
221	**222**	**223**	**224**	**225**	**226**	**227**	**228**	**229**	**230**
A	C	A	D	C	D	A	D	A	B
231	**232**	**233**	**234**	**235**	**236**	**237**	**238**	**239**	**240**
B	A	D	C	A	C	C	A	A	B
241	**242**	**243**	**244**	**245**	**246**	**247**	**248**	**249**	**250**
C	A	C	B	A	B	D	B	A	A
251	**252**	**253**	**254**	**255**	**256**	**257**	**258**	**259**	**260**
C	B	A	D	C	B	C	A	D	B
261	**262**	**263**	**264**	**265**	**266**	**267**	**268**	**269**	**270**
C	B	A	D	D	B	C	A	B	D
271	**272**	**273**	**274**	**275**	**276**	**277**	**278**	**279**	**280**
B	D	A	C	B	A	D	C	A	B
281	**282**	**283**	**284**	**285**	**286**	**287**	**288**	**289**	**290**
B	C	C	D	D	A	B	D	D	C
291	**292**	**293**	**294**	**295**	**296**	**297**	**298**	**299**	**300**
B	A	B	C	A	A	C	D	C	B
301	**302**	**303**	**304**	**305**	**306**	**307**	**308**	**309**	**310**
B	D	C	C	D	B	D	A	C	A
311	**312**	**313**	**314**	**315**	**316**	**317**	**318**	**319**	**320**
C	D	B	B	D	C	A	C	B	D
321	**322**	**323**	**324**	**325**	**326**	**327**	**328**	**329**	**330**
C	C	A	D	C	B	B	A	C	B
331	**332**	**333**	**334**	**335**	**336**	**337**	**338**	**339**	**340**
D	C	D	A	C	C	B	A	C	B
341	**342**	**343**	**344**	**345**	**346**	**347**	**348**	**349**	**350**
B	A	C	C	D	A	A	B	D	A
351	**352**	**353**	**354**	**355**	**356**	**357**	**358**	**359**	**360**
A	C	C	A	C	B	D	A	C	B
361	**362**	**363**	**364**	**365**	**366**	**367**	**368**	**369**	**370**
D	A	C	C	B	D	A	C	C	A
371	**372**	**373**	**374**	**375**	**376**	**377**	**378**	**379**	**380**
B	C	D	C	B	C	A	B	C	A
381	**382**	**383**	**384**	**385**	**386**	**387**	**388**	**389**	**390**
B	B	C	B	A	C	D	D	D	A
391	**392**	**393**	**394**	**395**	**396**	**397**	**398**	**399**	**400**
B	D	B	C	A	B	C	D	A	B
401	**402**	**403**	**404**	**405**	**406**	**407**	**408**	**409**	**410**
D	A	C	B	A	C	A	B	D	C
411	**412**	**413**	**414**	**415**	**416**	**417**	**418**	**419**	**420**
C	D	C	B	A	B	B	C	D	A

——❖——❖——❖——

हिन्दी व्याकरण

अध्याय 1 गद्यांश आधारित प्रश्न

नीचे कुछ विशिष्ट विद्वानों, लेखकों एवं विचारकों की लिखी सुप्रसिद्ध पुस्तकों अथवा परिज्ञान गद्यांश अथवा उनके निबंधों के अवतरण इस उद्देश्य से दिए गए हैं ताकि विद्यार्थी/प्रतियोगी स्वयं श्रेष्ठ लेखकों की रचनाओं को पढ़ने की प्रेरणा प्राप्त कर सकें और जब कभी उनसे ऐसे लेखकों की कृतियों अथवा उनकी विद्या के बारे में पूछा जाए तो वे सरलता से उनका उत्तर दे सकें। प्राय: अवतरण पर कई प्रकार के प्रश्न पूछे जाते हैं; जैसे—

(i) अवतरण का आशय अपने शब्दों में लिखिए, *(ii)* अवतरण का अर्थ स्पष्ट कीजिए, *(iii)* अवतरण का उपयुक्त शीर्षक बताइए तथा *(iv)* अवतरण में विशिष्ट शब्दों के अर्थ लिखिए। यदा-कदा अवतरण के लेखक अथवा उस पुस्तक के बारे में भी पूछा जाता है जिससे अवतरण लिया गया होता है।

अवतरण प्राय: गद्य में होते हैं। यदि प्रतियोगी को किसी अवतरण के बारे में सम्यक् ज्ञान नहीं है तो उसे अवतरण के बारे में अनुमान मात्र से लिखने की चेष्टा नहीं करनी चाहिए। बुझौवल अथवा अटकलों से सफलता मिलने की संभावना बहुत कम होती है।

यहाँ जो अवतरण दिए गए हैं वे प्रतियोगी के लिए अपेक्षित बौद्धिक स्तर को ध्यान में रखकर संग्रहीत किए गए हैं। ये अवतरण न बहुत क्लिष्ट हैं और न ऐसी अज्ञात पुस्तकों से लिए गए हैं जिनका प्रकाशन अर्द्धशती पूर्व हुआ था। अवतरणों के चयन में चेष्टा यह रही है कि ये ऐसी पुस्तकों से लिए जाएँ जिनको किसी-न-किसी पाठ्यक्रम में स्वीकृत किया गया है अथवा जो विषय सहज बोधगम्यता के कारण लोकप्रिय हो चुके हैं।

अभ्यास 1

प्रेममार्गी शाखा के प्रमुख कवि मलिक मोहम्मद जायसी संसार से इतने विरक्त नहीं थे। वे लोक तथा परलोक दोनों की साधना चाहते थे। उन्होंने अपने 'पद्मावत' में मसनवी परम्परा के अनुकूल शेरशाह की वंदना की है। उन्होंने लौकिक प्रेमगाथाओं के रूपक द्वारा परमार्थिक प्रेम की साधना की है। पद्मावती की प्रेम-कथा जो पृथ्वीराज रासो में वीर रस के आश्रित गौण थी, वह जायसी की 'पद्मावत' में मुख्यता प्राप्त कर लेती है। पद्मावत में कथा भी है और रूपक के द्वारा अलौकिक तत्त्वों की व्यंजना भी है। यद्यपि जायसी मुसलमान थे तथापि वे भारतीय संस्कृति से पूर्णतया परिचित थे। थोड़े बहुत हेर-फेर के साथ उनके काव्य में भारतीय अन्तर-कथाओं और धार्मिक परम्पराओं का उल्लेख हुआ है। उसमें रासो की अपेक्षा अन्विति अधिक है और आरंभ से लेकर अन्त तक शैली और भाषा की एकरसता है। पद्मावत प्रबंधकाव्य का एक अच्छा उदाहरण कहा जा सकता है।

1. मलिक मोहम्मद जायसी थे :
A. अवधी भाषा के प्रथम कवि
B. सूफी सन्त कवि
C. शेरशाह सूरी के सभासद्
D. जायस के नागरिक

2. जायसी के सर्वोत्कृष्ट ग्रंथ का नाम है :
A. आखिरी कलाम B. अखरा बट
C. पद्मावत D. मधुमालती

3. उक्त गद्य खण्ड का उपयुक्त शीर्षक हो सकता है :
A. पद्मावत का कथानक
B. पद्मावत परिचय
C. जायसी और उनका पद्मावत
D. कविवर जायसी

4. पद्मावत महाकाव्य की भाषा है :
A. ब्रजभाषा B. भोजपुरी
C. खड़ी बोली D. अवधी

5. अवधी भाषा के सर्वाधिक लोकप्रिय महाकाव्य का नाम है :
A. रामचरितमानस B. पद्मावत
C. मधुमालती D. मृगावती

अभ्यास 2

सामान्य दुष्टों की वन्दना में या तो भय रहता है, या व्यंग्य। परन्तु जहाँ हम हानि होने के पहले ही हानि के कारण की वन्दना करने लगते हैं वहाँ हमारी वन्दना के मूल में भय नहीं बल्कि उसकी स्थायी

दशा की आशंका है। इस वंदना में दुष्टों को थपकी देकर सुलाने की चाल है जिसमें विघ्न-बाधाओं से जान बच सके। आशंका से उत्पन्न यह नम्रता गोस्वामी जी को आश्रय से आलंबन बना देती है। जब स्फुट अंशों के संचारीभावों तथा अनुभवों को छोड़कर वंदना के पीछे निहित भावना की दृष्टि से देखते हैं तो यह आश्रय से संक्रमित आलंबन का उदाहरण बन जाता है। सन्तों, देवताओं तथा राम की वन्दना पर्याप्त नहीं इसलिए दुष्टों की भी वन्दना की जाती है। इससे दुष्टों के महत्त्व की मायिक सृष्टि होती है और वह उन्हें और भी उपहास्य बना देती है।

1. दुष्ट वन्दना के पीछे कवि का उद्देश्य है :
   A. दुष्टों को लज्जित करना
   B. दुष्टों को थपकी देकर सुलाना
   C. दुष्टों से अपना बचाव करना
   D. दुष्टों का सहयोग प्राप्त करना

2. रामचरितमानस एक भक्ति काव्य है। इसमें दुष्ट वंदना का रहस्य है :
   A. तुलसी की व्यापक दृष्टि
   B. तुलसी का सभी को राममय देखना
   C. तुलसी की उदारता
   D. तुलसी का शील-सौजन्य

3. उपरोक्त अवतरण का उपयुक्त शीर्षक हो सकता है :
   A. तुलसी की दुष्ट वंदना
   B. तुलसी की उदारता
   C. तुलसी का मानवीय दृष्टिकोण
   D. उपर्युक्त तीनों

4. देवताओं, महापुरुषों, सज्जनों के साथ दुष्टों की वंदना इसलिए सार्थक कही जाएगी कि महाकवि तुलसी :
   A. संत कवि थे
   B. उदार चेता थे
   C. हित-अनहित और अपने पराये की भावना से ऊपर उठ चुके थे
   D. निर्वैरता चाहते थे

5. जीवन में हास्य का महत्त्व इसलिए है कि वह जीवन को :
   A. प्रेरणा देता है
   B. आनन्दित करता है
   C. आगे बढ़ाता है
   D. सरस बनाता है

अभ्यास 3

महाकवि सूरदास का 'सूर-सागर' भागवत के आधार पर लिखा हुआ ग्रंथ है। इसीलिए महाकवि 'सूर' ने भी ब्रह्म का यही स्वरूप ग्रहण किया और भगवान श्रीकृष्ण को अपनी उपासना का केन्द्र मानकर वैष्णव सम्प्रदाय के सिद्धान्तों का ही प्रतिपादन किया है। वास्तव में वैदिक ऋचाओं में वर्णित सिद्धान्त ही वैदिक धर्म के प्रकाण्ड आचार्यों द्वारा प्रचारित हुए हैं। काल और स्थिति के अनुसार धार्मिक सिद्धान्तों में भी परिवर्तन होना आवश्यक है। सर्वप्रथम दृष्टि से भगवान कृष्ण ने इन वैदिक सिद्धान्तों में कुछ परिवर्तन कर सूरकालीन वैष्णव धर्म का शिलान्यास किया। अतः भगवान कृष्ण को ही वैष्णव धर्म का प्रथम आचार्य कहना अनुचित न होगा। धार्मिक और ऐतिहासिक अनुसंधानों के अनुसार वेदों और संहिताओं की रचना भिन्न-भिन्न काल में हुई है। उदाहरणार्थ—यजुर्वेद संहिता में केशी नामक राक्षस का कृष्ण द्वारा वध किए जाने का उल्लेख है। इससे प्रमाणित होता है कि यह संहिता कृष्ण जन्म के बाद लिखी गई है।

1. उक्त गद्यांश का सारांश एक पंक्ति में इस प्रकार हो सकता है:
   A. श्रीमद्भागवत ग्रंथ सूर-सागर की रचना का आधार है
   B. श्रीमद्भागवत नहीं अपितु ब्रह्म वैवर्त्त पुराण सूर-सागर का आधार है
   C. महाभारत ग्रंथ सूर-सागर का आधार है
   D. वैदिक ऋचाएँ सूर-सागर का आधार है

2. हिन्दी साहित्य में भक्ति तथा रीति काल को सम्मिलित करके तीन उत्तम कवि माने गए हैं, जिनमें प्रथम स्थान :
   A. सूरदास का है   B. तुलसीदास का है
   C. केशवदास का है   D. देव का है

3. महाकवि सूरदास भक्तिकाल में सगुण भक्ति की :
   A. कृष्ण भक्ति शाखा के कवि थे
   B. राम कृष्ण दोनों की भक्ति शाखा के कवि थे
   C. स्मार्त्त कवि थे
   D. उपर्युक्त किसी शाखा के कवि नहीं थे

4. इस गद्यांश का उपयुक्त शीर्षक हो सकता है :
   A. सूर-सागर का प्रणयन
   B. वैष्णव धर्म के प्रथम आचार्य श्रीकृष्ण
   C. परब्रह्म श्रीकृष्ण
   D. वैष्णव धर्म का शिलान्यास

5. सूर-सागर की कथा श्रीमद्भागवत के :
   A. दशम स्कंध से ली गई है
   B. एकादश स्कंध से ली गई है
   C. नवम स्कंध से ली गई है
   D. उपर्युक्त किसी स्कंध से नहीं ली गई है।

अभ्यास 4

आचार्य शुक्ल जी के गंभीर निबंध 'चिंतामणि' में संग्रहीत हैं। उनमें दो प्रकार के निबंध हैं, एक तो भावों के विश्लेषण से सम्बन्ध रखने वाले निबंध जो भाव-विषयक होते हुए भी आवश्यक नहीं हैं वरन् उच्चकोटि के विचारात्मक हैं, दूसरे साहित्यिक जिनमें कुछ सैद्धांतिक आलोचना से संबंध रखते हैं, जैसे—'साधनीकरण और व्यक्ति वैचित्र्यवाद' और कुछ व्यावहारिक आलोचनाओं के हैं, जैसे 'भारतेन्दु हरिश्चन्द्र'। आचार्य शुक्ल जी के मनोवैज्ञानिक निबंधों की भी अन्विति उनकी आलोचनाओं से की जा सकती है, वे भारतीय रस सिद्धान्त पर अवलम्बित हैं और उनका सम्बन्ध जीवन सागर के निजी अवगाहन से है। इन निबंधों के भावों का विश्लेषण पर्याप्त मात्रा में हुआ है, किन्तु जीवन से चुने हुए उपयुक्त उदाहरणों के कारण यह विश्लेषण दुरूह नहीं होने पाया है। 'लज्जा और ग्लानि' का आधार भारत की आत्मग्लानि है, 'लोभ और प्रीति' का अन्तर समझ लेने पर जायसी के 'रत्नसेन' के प्रेम की आलोचना भली प्रकार समझी जा सकती है।

1. उक्त गद्यांश का सम्यक् अनुशीलन करने से पता चलता है कि लेखक ने :
   A. शुक्ल जी को समझने में काफी प्रयास किया था
   B. शुक्ल जी के साहित्य का सम्यक् अध्ययन किया था
   C. शुक्ल जी से दिशाबोध ग्रहण किया था
   D. शुक्ल जी को समीप से देखा था
2. डॉ. गुलाब राय की शैली थी :
   A. कथा शैली B. भावना प्रवण शैली
   C. विवेचना प्रधान शैली D. विश्लेषणात्मक शैली
3. डॉ. गुलाब राय ने आचार्य शुक्ल की शैलियों का जो वर्गीकरण किया है वह :
   A. अत्यन्त वैज्ञानिक है B. शोधपूर्ण है
   C. सर्वांगीण है D. यथातथ्य है
4. उक्त गद्यांश के लिए उचित शीर्षक होगा :
   A. आचार्य शुक्ल की निबंध-शैली
   B. शुक्ल जी की निबंध-कला
   C. निबंध कला और शुक्ल जी
   D. हिन्दी के श्रेष्ठ निबंधकार शुक्ल जी
5. अन्विति का अर्थ है :
   A. अनुरक्ति B. तालमेल
   C. आलोचना D. अर्चना

अभ्यास 5

चीन में न तो वर्ण व्यवस्था थी न जाति-पाति का भेदभाव। परम्परा के अनुसार सम्मान के मुख्य पात्र क्रमशः विद्वान्, राज्य पदाधिकारी, योद्धा और अध्यापक थे। साधारण लोगों में नौ श्रेणियाँ थीं। अन्न उत्पन्न करने वाले, माली, लकड़हारे, पशु-पक्षी पालने वाले, बुनकर, नौकर-चाकर, कारीगर, व्यापारी और फुटकर काम करने वाले। कुलीनों तथा साधारण लोगों में अथवा श्रेणियों और व्यवसायों में ऊँच-नीच का भेद कायम था। पर यह विभेद नगण्य-सा था। अपनी योग्यता के अनुसार मनुष्य का स्थान घटता-बढ़ता था। लोग आपस में विवाह आदि बिना किसी बाधा के करते थे। चीनियों में विद्वान् और सेनापति विशेष आदर के पात्र समझे जाते थे। हिजड़े, भाँड, गुलाम, हरकारे, वेश्याएँ नीचे के स्तर के लोग थे। चीन में गुलामों की दशा उतनी खराब नहीं थी जितनी रोम तथा यूरोप के देशों के मध्य युग में थी। गुलामों से घरेलू काम कराये जाते थे। उनकी विशेष जाति नहीं थी। उन्हें यद्यपि खरीदा-बेचा जा सकता था तथापि उनसे न तो नीच काम कराए जाते थे और न उन्हें सताया जाता था।

1. उक्त उद्धरण के अध्ययन से पता चलता है कि मध्यकालीन चीन में :
   A. जाति प्रथा प्रचलित थी
   B. सामाजिक जीवन काफी समुन्नत था
   C. सामाजिक जीवन वैभवपूर्ण था
   D. वर्ण-व्यवस्था से रहित था
2. उक्त उद्धरण का उपयुक्त शीर्षक हो सकता है :
   A. मध्यकालीन चीन का सामाजिक जीवन
   B. मध्यकालीन चीन में सामाजिक व्यवस्था
   C. चीनी समाज में विविधता
   D. चीनी समाज में गिरावट
3. उक्त गद्य खण्ड का सारांश एक पंक्ति में इस प्रकार व्यक्त किया जा सकता है :
   A. अन्य तत्कालीन समाजों की तुलना में मध्यकाल में चीन का सामाजिक जीवन समुन्नत था
   B. चीन का मध्यकालीन समाज विकास के शिखर पर था
   C. चीन मध्यकालीन राज्यों में अग्रणी था
   D. मध्यकालीन चीन का सामाजिक जीवन विकासोन्मुख था
4. चीन के सामाजिक इतिहास का अनुशीलन करने से पता चलता है कि चीन में :
   A. सामाजिक भेदभाव अवश्य था भले ही वहाँ वर्ण-व्यवस्था नहीं थी
   B. समाज के सभी सदस्य एक-सा जीवन नहीं जीते थे
   C. चीनी समाज गुलामों को उत्पीड़ित करता था
   D. मध्यकालीन चीन में नागरिक सुविधाओं का अभाव था
5. चीन में विशेष आदर के पात्र समझे जाते थे :
   A. हिजड़े और भाँड B. विद्वान् और वेश्याएँ
   C. विद्वान् और सेनापति D. कारीगर और व्यापारी

अभ्यास 6

मनुष्य जब नई-नई सच्चाइयों को देखता है तब वह अपना नैतिक कर्त्तव्य समझता है कि उनके अनुसार व्यवहार करे परन्तु ऐसे मौकों पर धर्म उसके रास्ते में रुकावट बनकर खड़ा होता रहा है। जब गैलीलियो ने इस बात का पता लगाया कि सूर्य पृथ्वी के इर्द-गिर्द नहीं घूमता, पृथ्वी सूर्य के गिर्द घूमती है, तो उसने अपना नैतिक कर्त्तव्य समझा कि सच्चाई को जाहिर करे। उसने जब इस सत्य को प्रकट किया तो धर्म के ठेकेदारों ने उसे जेल में डाल दिया, और उसे तब छोड़ा जब उसने कह दिया कि उसका विचार गलत था। संसार का इतिहास इस बात का साक्षी था कि धर्म सत्य को दबाता रहा है। रूढ़िवाद ने बुद्धिवाद का विरोध किया। इस दृष्टि से धर्म और विज्ञान की लड़ाई एक तरह से धर्म और नीति की लड़ाई है।

1. ''धर्म और विज्ञान की लड़ाई, धर्म और नीति की लड़ाई है।'' इस कथन का आशय है :
   A. धर्म ने सत्य को स्वीकार नहीं किया
   B. धर्म और नीति ने मिलकर सत्य को दबाया
   C. धर्म और नीति ने सत्य को स्वीकार नहीं किया
   D. रूढ़िवाद ने बुद्धिवाद को नकारा
2. उक्त गद्यांश का आशय है :
   A. धर्म और सत्य का सनातन संघर्ष
   B. ज्ञान के रास्ते में धर्म बाधक
   C. धर्म और नीति द्वारा विज्ञान की अवहेलना
   D. विज्ञान द्वारा धर्म और नैतिकता का पर्दाफाश
3. इस गद्यांश का उपयुक्त शीर्षक हो सकता है :
   A. धर्म और विज्ञान
   B. धर्म और नैतिकता पर विज्ञान का प्रभाव

C. विज्ञान की लड़ाई

D. नैतिकता

4. समाजशास्त्र का अध्ययन आवश्यक है :

A. जीवन की सफलता के लिए

B. सामाजिक पुनर्निर्माण के लिए

C. सामाजिक सुव्यवस्था के लिए

D. उपर्युक्त किसी के लिए नहीं

5. 'जाहिर' से अभिप्राय है :

A. प्रकाशित B. धूमिल

C. स्थापित D. उजागर/प्रकट

अभ्यास 7

बहुत-से लोग कहेंगे कि उर्दू की उत्पत्ति हिन्दी से हुई है तो तब यदि हिन्दी उसी ढंग से लिखी गई तो इसमें दोष ही क्या? यह ठीक है, परन्तु व्यक्ति का यही कर्त्तव्य है कि वह निज जन्मदाता के गुण ग्रहण करे, विशेषत: जबकि जन्मदाता सर्वगुण सम्पन्न हो। हिन्दी सर्वगुण सम्पन्न संस्कृत से जन्मी है। संस्कृत का अनुकरण करने में ही इसकी शोभा तथा गौरव है। हिन्दुस्तानी या उर्दू का भी इसी में नाम है कि निज पोषक से सम्बन्ध बढ़ावे क्योंकि जैसे कोई निज पोषक बिना निरवलम्ब हो जाता है वैसे ही उर्दू भी हिन्दी की सहायता बिना अवयवविहीन होकर किसी काम की नहीं रहेगी। भाषा की रचना में क्रिया ही प्रधान है। क्रियाविहीन कोई वाक्य हो ही नहीं सकता। उर्दू में यावत क्रिया है उन सबकी सहायक व पोषक हिन्दी भाषा है। इस पर भी यदि वह निज पोषक और जन्मदाता का अनुकरण न करे तो वह अवश्य की निन्दास्पद है।

1. उर्दू के ऊपर हिन्दी का अधिक प्रभाव होना चाहिए था, लेखक का यह कथन :

A. बिल्कुल सही है

B. किसी सीमा तक सही है

C. तार्किक दृष्टि से ठीक है

D. कुछेक अपवादों को छोड़कर काफी सही है

2. उर्दू को हिन्दी की एक शैली मानना काफी हद तक ठीक है किन्तु इसको एक संकुचित दायरे में बाँध कर लोगों ने इसका प्रचलन घटाने में काफी मदद की है। इसलिए इसे हम :

A. अब हिन्दी की शैली नहीं कह सकते

B. एक प्रकार से हिन्दी की शैली मान सकते हैं

C. यदि देवनागरी लिपि में लिखना शुरू कर दें तो यह हिन्दी की ही एक शैली बन जाएगी

D. एक वर्ग की भाषा समझ बैठे हैं जिसके कारण ये हिन्दी की शैली नहीं रही

3. उक्त गद्यांश का सारांश एक पंक्ति में यह हो सकता है :

A. उर्दू में क्रिया व्यापार हिन्दी का-सा है इसलिए इसे हिन्दी की प्रकृति अपना लेनी चाहिए

B. उर्दू में अनावश्यक रूप से फारसी प्रयोग में लाई जाती है जबकि इसे हिन्दी के शब्द लेकर अपना भण्डार बढ़ाना चाहिए

C. उर्दू को क्षति इसलिए उठानी पड़ रही है कि उसने अपनी जननी से ही घृणा करनी शुरू कर दी

D. उर्दू हिन्दी विवाद लिप्यन्तरण द्वारा दूर किया जा सकता है

4. इस गद्यांश के लिए उपयुक्त शीर्षक हो सकता है :

A. हिन्दी-उर्दू विवाद

B. उर्दू पर बाहरी प्रभाव

C. उर्दू भाषा हिन्दी की पुत्री है

D. उर्दू गलत दिशा की ओर

5. 'निन्दास्पद' से अभिप्राय है :

A. दूसरों की निन्दा करने वाला

B. निन्दा की चिन्ता न करने वाला

C. अपकीर्ति का पात्र

D. आलोचना के योग्य

अभ्यास 8

हम विज्ञान युग में जी रहे हैं। हमसे ये आशा नहीं की जाती कि हम अविश्वसनीय मतों अथवा एकांतिक दैवी-संदेशों को सोचे-समझे बगैर आसानी से स्वीकार कर लेंगे। आज के युग में विज्ञान और प्रौद्योगिकी के नित-नूतन आविष्कार हो रहे हैं। प्रकृति के रहस्यों पर से आवरण क्रमश: हटता जा रहा है। यह युग मानववाद का भी है, जिसमें वे धर्म जो मानवीय बुराइयों तथा सामाजिक अपराधों के प्रति संवेदनशील नहीं हैं, आधुनिक व्यक्ति के गले नहीं उतरते। वे धर्म जो विभेद, वैमनस्य और अनैतिकता को बढ़ावा देते हैं तथा एकता, सद्भावना और सामंजस्य को प्रोत्साहित नहीं करते, वे मनुष्य को मनुष्य से लड़ाकर धर्मद्रोहियों के हाथ में अस्त्र बन जाते हैं। विज्ञान की प्रकृति कभी धर्म-विरोधी नहीं रही है। धार्मिक मतों के पक्ष में मुख्य तर्क प्राय: ब्रह्मांड संबंधी वस्तुपरक विचारों पर आधारित होते हैं। प्राकृतिक धर्म कभी भी किन्हीं आप्त स्रोतों, इल्हामों या परंपराओं पर निर्भर नहीं करता, वह तो अनुभूत अनुभव सिद्ध प्रत्यक्ष तथ्यों के अध्ययन और व्यावहारिकता पर अवलंबित होता है। वैज्ञानिक विधि का अनुसरण करते हुए, प्राकृतिक तथ्यों का सर्वेक्षण करके, युक्तियुक्त तर्क देकर परमसत्ता-विषयक सिद्धान्त का प्रतिपादन किया जाता है। वैज्ञानिक धर्म में ब्रह्मांड को समझने की जिज्ञासा पर बल दिया जाता है। प्राकृतिक ऊर्जा व पदार्थों के जन्म तथा विनाश को समझ सकने की इच्छा होती है। विकास का क्रम ऊर्ध्वमुखी रहा है : यह अप्राण से सप्राण तक; सप्राण से संवेदनशील तक; संवेदनशील से सज्ञान जीवन तक विकसित होता है। सज्ञान प्राणी को आध्यात्मिक प्राणी के रूप में आत्मविकास करना पड़ता है। आध्यात्मिक प्राणी—विशुद्ध ज्ञानी या विचारवान् प्राणी से उतना ऊँचा होता है जितना ज्ञानवान प्राणी संवेदनशील प्राणी से उन्नत होता है। विज्ञान की चेतना में कहीं यह संकेत नहीं मिलता कि पदार्थ से ही सृष्टि का आरंभ हुआ था। परमाणु को विखंडित करने वाले मनुष्य का मन निश्चय ही परमाणु से कहीं अधिक श्रेष्ठ है। प्रकृति की व्यवस्था और प्रगति के अवलोकन से स्पष्ट हो जाता है कि अगणित क्रमबद्ध प्रणालियों का संचालन, किसी सर्वद्रष्टा परम-आत्मा द्वारा किया जा रहा है।

1. नीचे दिए गए विकल्पों में से कौनसा उपर्युक्त गद्यांश की विषय-वस्तु का सही प्रतिपादन करता है?

A. वैज्ञानिक गुण B. धर्म के गुण दोष

C. मानव-विकास D. वैज्ञानिक मानव धर्म

2. वर्तमान युग का मनुष्य कैसे धर्म को सही समझ सकता है?

A. जो भय पैदा करे

B. वैज्ञानिक व सद्भावना पैदा करने वाला हो

C. जो वैमनस्य और अनैतिकता को बढ़ावा दे

D. जो परंपरा पर आधारित हो

3. प्रकृति के रहस्यों पर से आवरण हटाने में कौनसा कारक प्रमुख है?

A. विज्ञान B. धर्म

C. मानववाद D. दैवी-संदेश

4. 'सामंजस्य' शब्द का सही अर्थ चयन करें :

A. सामना करना

B. आलस्य दूर करना

C. भेद-भाव हटाकर एक करना

D. अपना पक्ष प्रबल करना

5. 'विखंडित' का अर्थ स्पष्ट करें।

A. बहुमंजिला B. विभाजित

C. पराजित D. विकसित

उत्तरमाला

अभ्यास 1

1	2	3	4	5
B	C	C	D	A

अभ्यास 2

1	2	3	4	5
B	B	A	B	D

अभ्यास 3

1	2	3	4	5
A	B	A	B	A

अभ्यास 4

1	2	3	4	5
B	C	D	A	B

अभ्यास 5

1	2	3	4	5
D	B	A	A	C

अभ्यास 6

1	2	3	4	5
D	B	A	B	D

अभ्यास 7

1	2	3	4	5
D	C	A	A	C

अभ्यास 8

1	2	3	4	5
D	B	A	C	B

अध्याय 2 गद्यांश में रिक्त स्थानों की पूर्ति

अभ्यास 1

उपन्यास कहानी मात्र नहीं है, उसमें पात्रों के भाव और विचार भी रहते हैं। उपन्यास के विचार लेखक के विचारों की प्रतिध्वनि होते हैं। लेखक का जीवन के प्रति एक विशेष दृष्टिकोण होता है, उसी दृष्टिकोण से वह जीवन की व्याख्या करता है और उसी के अनुकूल उसके विचार होते हैं। उपन्यास में बिखरे हुए विचारों में भी एक विशेष ...(1)... रहती है। विचारों के विभिन्न पक्ष दिखाए जाते हैं किन्तु उनमें **प्रमुखता** उन विचारों की ही होती है जो लेखक के दृष्टिकोण के अनुकूल होते हैं। कभी-कभी लेखक का उद्देश्य जानना कठिन हो जाता है। विचारों में प्राय: लेखक और नायक का ...(2)... होता है। यह बात नाटक और महाकाव्य में भी होती है। रामायण में जितने विचार आए हैं वे सब तुलसीदास के सिर नहीं मढ़े जा सकते। 'ढोल, गँवार, शूद्र, पशु, नारी, ये सब ताड़न के अधिकारी॥' यह समुद्र के दीनता में कहे हुए वचन हैं, गोस्वामी जी के ...(3)... नहीं हैं। किन्तु रामचन्द्र और वशिष्ठ जी द्वारा कही हुई बातों के साथ हम गोस्वामी जी का तादात्म्य कर सकते हैं। उपन्यास के पात्रों के चरित्र-चित्रण की भाँति ...(4)... के भी दो प्रकार हो सकते हैं। एक सीधा-सा विश्लेषणात्मक जिसमें कि लेखक अपने दृष्टिकोण से जीवन की व्याख्या स्वयं करता है और दूसरा परोक्ष ...(5)... या नाटकीय जिसमें वह जीवन की झाँकीमात्र ही देता है।

1. A. मिलावट B. अनुरक्ति
C. अन्विति D. सहयोगिता

2. A. गुम्फन B. तादात्म्य
C. सामंजस्य D. एकाकार

3. A. विषय-विवेचन B. विशिष्ट कथन
C. सूत्र कथन D. सिद्धान्ताचन

4. A. उद्देश्य-निरूपण B. लक्ष्य निर्धारण
C. तात्पर्य कथन D. इष्ट की अभिव्यक्ति

5. A. बाधा सहित B. विघ्नों सहित
C. सव्यवधान D. मुश्किलों के साथ

अभ्यास 2

''मैं उस रसिक समाज से बिलकुल बाहर हूँ मिस्टर खन्ना, सच कहता हूँ। मुझमें जितनी बुद्धि, जितना बल है, वह इस इलाके के प्रबन्ध में ही खर्च हो जाता है। मेरे सारे भाई शराब-कबाब में मस्त थे। मैं अपने को रोक न सका। जेल गया और लाखों रुपये की ...(1)... उठाई, अभी तक उसका ...(2)... दे रहा हूँ। मुझे उसका पछतावा नहीं, बिल्कुल नहीं। मुझे उसका गर्व है। मैं उस आदमी को आदमी नहीं समझता जो देश और समाज की भलाई के लिए ...(3)... न करे और बलिदान न करे। मुझे क्या यह अच्छा लगता है कि निर्जीव किसानों का खून चूसूँ और अपने परिचय वालों की ...(4)... की तृप्ति के साधन जुटाऊँ, मगर करूँ क्या? जिस ...(5)... में पला और जिया, उससे घृणा होने पर भी उसका मोह त्याग नहीं सकता।''

1. A. कसक B. क्षति
C. हानि D. जेरबारी

2. A. तावान B. जुर्माना
C. महसूल D. सूद

3. A. श्रम B. उद्योग
C. प्रयास D. धंधा

4. A. इच्छा B. ज्ञान
C. वासनाओं D. संस्कार

5. A. निर्धनता B. वैभव
C. अवस्था D. दयनीयता

अभ्यास 3

''गाछ गए सिरे से ...(1)... गया। कोई बकरी दो बच्चों समेत गाछ की छाया में डोल-डोल कर घास चबा रही थी। शाम ढलते ही बच्चों का झुंड खेलने के लिए जमा हो गया। अनगिनत चिड़ियाँ चहचहा कर शान्त हो गईं। रात उतर आई। ...(2)... काले आकाश में अनगिनत तारे जगमगा उठे। मन्द हवा बह रही थी। पत्तियाँ हिलोरें ले रही थीं—रोज की तरह। मैदान के चारों तरफ के मकानों से तरह-तरह की आवाजें आ रही थीं। उनमें रोशनी जल रही थी। धीरे-धीरे रात बढ़ती गई और रुक-रुक कर मकान शान्त पड़ते गए।

बत्तियाँ बुझ गईं। धीरे-धीरे चारों तरफ घना अँधेरा छा गया। अंधकार और ...(3)...। सर के ऊपर करोड़ों नक्षत्रों को लिए हुए गाछ खड़ा रहा। एक समय हवा बन्द हो गई। पत्तियों का हिलना भी बन्द हो गया। ऐसे समय घने अंधकार में दिन की रोशनी की तरह ...(4)... सब कुछ साफ-साफ देखने लगा। गाछ ने देखा, वह पूरब की तरफ से आ रही थी। ...(5)... को उसने कमर से लपेट रखा था। जूड़े से फूलमाला को उतार दिया था। मानो लड़ने आ रही थी। फूल की माला की क्या बात—हाथ में तेज धार वाली कुल्हाड़ी देखकर गाछ सिहर उठा।''

1. A. बेहोश हो B. चिन्तित हो
   C. भयभीत हो D. सहम
2. A. शान्त B. निर्मेघ
   C. श्यामल घन D. किंचित् मेघाच्छन्न
3. A. सन्नाटा B. घनघोर
   C. नीरवता D. शोर-शराबा
4. A. गाछ B. वन
   C. पादप D. पादपदल
5. A. चादर B. आँचल
   C. दुपट्टे D. शाल

अभ्यास 4

''प्रेम वह गणना है जिसमें एक और एक मिलकर एक होते हैं दो नहीं। प्रेम वह ऐनक है जिसके लगाने पर प्रेमी को सर्वत्र अपने ...(1)... का ही दर्शन होता है। इतना ही नहीं, सच तो यह है कि प्रेमी की दृष्टि में सृष्टि जैसी वस्तु रह ही नहीं जाती क्योंकि प्रेम की ...(2)... तभी होती है जब मानव ...(3)... से रहित होकर समस्त कामनाओं से मुक्त हो जाता है। अत: प्रेम का सम्पादन करने के लिए आवश्यक ...(4)... की पूर्ति, कामना की ...(5)... के लिए ही है, परन्तु यह तभी संभव होगा जब प्रवृत्ति अपने लक्ष्य पर दृष्टि रखते हुए पवित्र भाव से की जाए–उद्देश्यरहित प्रवृत्ति का अन्त प्रवृत्ति में ही होता है।''

1. A. रूप B. आकार
   C. साहस D. प्रेमास्पद
2. A. संवेदना B. अभिव्यक्ति
   C. अनुभूति D. सृष्टि
3. A. आत्म गौरव B. लज्जाशीलता
   C. देहाभिमान D. निरभिमान
4. A. अभीष्ट B. उत्कंठा
   C. चाह D. कामना
5. A. आवृत्ति B. पलायन
   C. निवृत्ति D. मुक्ति

अभ्यास 5

किन्तु दुर्दिन होने पर भी एथेन्स की सांस्कृतिक और मानसिक प्रगति सर्वथा नष्ट न हुई। इसका प्रमाण वहाँ के दार्शनिक साक्रिटीज (सुकरात) तथा प्लेटो (अफलातून) हैं। यूनान के राज्यों में परस्पर युद्ध होने के कारण सभी राज्य निर्बल हो गए। उनको पुन: संयुक्त करने वाला कोई न रहा। राजा का शासन केवल मकदूनिया, स्पार्टा और एपटिस में रह गया। अन्य राज्यों की दशा बहुत अव्यवस्थित हो गई। कहीं अत्याचारियों का, कहीं जनता का तो कहीं ...(1)... का ...(2)... स्थापित हो गया। ऐसा कोई राज्य नहीं था जहाँ आपसी दल-बन्दियों के कारण लड़ाई-झगड़ा न होता हो। ...(3)... की इतनी प्रचण्ड अग्नि भड़की कि मित्र, पुत्र, पिता, भ्राता किसी का किसी को विश्वास न रहा। ऐसे अव्यवस्थित राज्यों का अधिक काल तक ...(4)... रहना असंभव था। फारस के साम्राज्यों ने यूनान के राज्यों की आपस की लड़ाई को ...(5)... देकर उन पर अपना ऐसा प्रभाव जमाना शुरू कर दिया कि यूनान में शान्ति और अशांति स्थापित करने की कुंजी उसके हाथ में चली गई।

1. A. मजदूर वर्ग B. पुजारी वर्ग
   C. वणिक वर्ग D. अभिजात्यों
2. A. साम्राज्य B. आधिपत्य
   C. अमल D. कुशासन
3. A. वैमनस्य B. युद्ध
   C. क्रान्ति D. अराजकता
4. A. जमा हुआ B. रुका हुआ
   C. कायम D. स्थिर
5. A. अशान्ति B. शक्ति
   C. महत्त्व D. उत्तेजना

उत्तरमाला

अभ्यास 1

1	2	3	4	5
C	B	D	A	C

अभ्यास 2

1	2	3	4	5
D	A	B	C	C

अभ्यास 3

1	2	3	4	5
D	B	C	A	B

अभ्यास 4

1	2	3	4	5
D	B	C	D	C

अभ्यास 5

1	2	3	4	5
D	B	A	C	D

अध्याय

3 वाक्य में रिक्त स्थानों की पूर्ति

प्रायः देखा गया है कि परीक्षार्थी वाक्यों में रिक्त स्थानों की पूर्ति करते समय भारी गलतियां करते हैं। इसका मूल कारण है शब्दावली का अभाव तथा व्याकरण की सामान्य जानकारी की कमी। अतः उनके मार्गदर्शन के लिए हम कुछ वाक्य दे रहे हैं।

निर्देशः निम्नलिखित वाक्यों में उपयुक्त शब्दों द्वारा रिक्त स्थान की पूर्ति के लिए चार-चार विकल्प दिए गए हैं। इनमें एक विकल्प ठीक है; उसका चयन कीजिए।

1. परदेश में रहने वाला व्यक्ति ...... कहलाता है।
A. परदेसी B. प्रवासी
C. अजनबी D. अन्तेवासी

2. वह ...... व्यक्ति किसी भी समस्या का हल तत्काल सोच सकता है।
A. होनहार B. प्रतिभाशाली
C. सतोगुणी D. प्रत्युत्पन्नमति

3. यह ...... शीशा है जिसके आर-पार देखा जा सकता है।
A. स्वच्छ B. महंगा
C. पारदर्शक D. पारभासी

4. फिजूलखर्च करने वाले व्यक्ति ...... पुरुष से दूर रहना चाहते हैं।
A. मितव्ययी B. धनी
C. चरित्रवान D. निर्धन

5. उस महिला को कोई बच्चा नहीं हुआ है। इसलिए कुछ मूर्ख लोग उसे ...... कह कर खिजाते हैं।
A. हीजड़ी B. वेश्या
C. विधवा D. वन्ध्या

6. पच्चीस वर्ष पूरे करने के उपलक्ष में कल हमारा विद्यालय ...... मनाएगा।
A. स्वर्ण जयन्ती B. रजत जयन्ती
C. कांस्य जयन्ती D. हीरक जयन्ती

7. गणेशजी का एक नाम ...... भी है।
A. माखनचोर B. पर्वतलंघी
C. लम्बोदर D. संहारक

8. ...... का आचरण आमतौर पर अवहेलनापूर्ण होता है।
A. विमाताओं B. माताओं
C. चाचियों D. दादियों

9. वैदिक धर्म को ...... धर्म माना जाता है।
A. लौकिक B. पारलौकिक
C. सार्वभौमिक D. शाश्वत

10. सूर्य ...... है।
A. जंगम B. कम्पनशील
C. स्थावर D. शीतल

11. नेहरु के ...... शरीर को जलाया गया था।
A. आध्यात्मिक B. मृतक
C. भौतिक D. पार्थिव

12. हमें अपने ...... को पूरा स्नेह देना चाहिए।
A. पूर्वजों B. अग्रजों
C. अनुजों D. शत्रुओं

13. ऐसा कौनसा व्यापारी है जिसमें ...... का अभाव हो?
A. लिप्सा B. जुगुप्सा
C. वासना D. जिज्ञासा

14. सुभाष चन्द्र बोस में ...... साहस था।
A. अकाट्य B. असह्य
C. अक्षम्य D. अदम्य

15. मैं ...... में विश्वास नहीं करता हूं बल्कि वास्तविक गुणों का पक्षपाती हूं।
A. अदृश्य B. आडम्बर
C. रंग-रोगन D. तड़क-भड़क

16. ...... व्यक्ति हमेशा कुढ़ता रहता है।
A. ईर्ष्यालु B. कंजूस
C. झगड़ालू D. मितव्ययी

17. अहिंसा ...... उज्ज्वलतम रूप है।
A. न्याय का B. क्षमता का
C. निश्चय का D. वीरता का

18. न्यायालयों में न्याय पाना बड़ा ...... हो गया है।
A. असम्भव B. कठिन
C. किंचित D. असंशय

19. त्यौहार मनुष्य की ...... महत्त्वपूर्ण अंग हैं।
A. संस्कृति का B. सम्मति का
C. स्मृति का D. विकृति का

20. आपका अपराध ...... है क्योंकि आपने एक वृद्ध पुरुष को ठगा है।
A. अकर्मण्य B. अक्षम्य
C. अदृश्य D. अस्पृश्य

21. क्या तू जानता है कि तेरे ...... का उसके मन पर क्या प्रभाव पड़ा होगा?
A. प्रसंग B. प्रमाद
C. उपहास D. उपचार

22. उत्सव आदि में विलम्ब से पहुंचना हमारे ...... में शामिल हो गया है।
A. स्वभाव B. नियम
C. खून D. आडम्बर

23. संस्कृत भाषा को ...... की संज्ञा दी जाती है।
A. जगज्जननी B. मृत भाषा
C. दिवंगत भाषा D. गीर्वाण वाणी

24. चरित्र ही दूसरे शब्दों में ...... है।
A. पर्व B. कर्म
C. धर्म D. मर्म

25. मुझे ...... व्यक्ति पसंद हैं।
A. असत्यभाषी B. छद्मवंशी
C. प्रप ची D. स्पष्टभाषी

26. मैं उस ...... व्यक्ति का समूचे हृदय से आदर करता हूं।
A. मठकर B. कर्मठ
C. गोपनीय D. घृणित

27. उसके ...... व्यक्तित्व ने मुझे बेहद प्रभावित किया है।
A. कलंकित B. दूषित
C. कुत्सित D. चुम्बकीय

28. गद्यपद्यमयी साहित्य ...... कहलाता है।
A. गीतिकाव्य B. पौराणिक साहित्य
C. लौकिक साहित्य D. चम्पू

29. उस ...... का क्या कहना, वह तो अपनी मम्मी के चरित्र पर भी नुकताचीनी कर सकता है।
A. हत्यारे B. छिद्रान्वेषी
C. आलोचक D. अवलोढ़क

30. जिसमें अनेक इच्छाएं आबद्ध रहती हैं उसे ...... व्यक्तित्व कहते हैं।
A. विशिष्ट B. विश्लिष्ट
C. संश्लिष्ट D. प्रश्लिष्ट

31. काश्मीर की समस्या अब शीघ्र ...... योग्य बन गई है।
A. समाधान B. विधान
C. अनुदान D. संदान

32. भारतीय राजनीति में भी भक्ति और पूजा के लिए, प्रायः हर दल में एक ...... की जरूरत होती है।
A. नियोजक B. सर्वेसर्वा
C. व्यक्तित्व D. चर्चा

33. खूब सोच-विचार करने के बावजूद भी हम किसी ..... पर नहीं पहुंच सके।
A. निदान B. प्रमाण
C. परिणाम D. परिमाण

34. हास्यानंद की काम के प्रति लगन और निष्ठा ...... है।
A. अनुक्रमणीय B. अवज्ञेय
C. शोचनीय D. हास्यास्पद

35. अवधी भाषा के सर्वाधिक लोकप्रिय महाकाव्य का नाम ...... है।
A. पदमावत B. रामचरितमानस
C. कादम्बरी D. मधुमालती

36. विद्या की अधिष्ठातृ देवी ...... है।
A. लक्ष्मी B. दुर्गा
C. सरस्वती D. कात्यायनी

37. पश्चिम के देशों में समय की ...... अनिवार्य है।
A. कुताई B. पाबंदी
C. शिथिलता D. अवज्ञा

38. सन्ध्या और रात्रि के बीच का समय ...... समय कहलाता है।
A. गोधूलि B. रात्रिमुख
C. दिनावसान D. गोमुख

39. सरकार नियमों का ...... करने वालों को दण्ड देती है।
A. प्रतिपालन B. अनुकरण
C. उल्लंघन D. अनुपालन

40. आजकल समाचार-पत्रों में ...... समाचार कम छपते हैं।
A. निर्धनों के B. धनाढ्यों के
C. धार्मिक D. जनहित के

41. भारतीय साहित्य की सराहनीय विशेषता उसमें धार्मिक भावों की ...... है।
A. अनुदारता B. प्रचुरता
C. न्यूनता D. अपरिपक्वता

42. प्राचीनकाल में राजा लोग वेश बदलकर ...... किया करते थे।
A. यज्ञ-हवन B. संचरण
C. देशाटन D. उद्घाटन

43. आपकी ...... बातों पर कौन विश्वास करेगा?
A. निर्दम्भ B. निराधार
C. निरूपम D. निर्मम

44. छोटे-छोटे जीवों में भी ...... पाई जाती है।
A. जिज्ञासा B. पिपासा
C. लालसा D. जिजीविषा

45. आपका आचरण सर्वथा ...... है।
A. अनुकरणीय B. ग्राह्य
C. अवज्ञेय D. प्राप्य

46. मैंने यह पुस्तक ...... पढ़ी है।
A. आद्यन्त B. सान्त
C. आद्योपान्त D. सर्वथा

47. मैं वह ...... भूमि नहीं खरीदूंगा।
A. गोचर B. दाय
C. उपजाऊ D. ऊसर

48. पतंगा तो ...... ही है दीपक भी जलता है।
A. जीता B. मरता
C. उड़ता D. जलता

49. परिवार ...... पर आधारित वृत्तचित्र दिखाना लाभप्रद होगा।
A. आयोजन B. संयोजन
C. नियोजन D. वियोजन

50. प्रिय बंधु! यह ...... तुम्हें ले डूबेगी।
A. कुसंगति B. संगति
C. सत्संगति D. विसंगति

उत्तरमाला

1	2	3	4	5	6	7	8	9	10
B	D	C	A	D	B	C	A	D	C
11	**12**	**13**	**14**	**15**	**16**	**17**	**18**	**19**	**20**
D	C	A	D	B	A	D	B	A	B
21	**22**	**23**	**24**	**25**	**26**	**27**	**28**	**29**	**30**
C	A	D	C	D	B	D	D	B	C
31	**32**	**33**	**34**	**35**	**36**	**37**	**38**	**39**	**40**
A	C	C	D	B	C	B	A	C	D
41	**42**	**43**	**44**	**45**	**46**	**47**	**48**	**49**	**50**
B	C	B	D	A	C	D	D	C	A

अध्याय 4

वाक्य क्रम–स्थापन

वर्तमान में वाक्यक्रम-स्थापन सम्बन्धी प्रश्न पूछने का प्रचलन बढ़ता जा रहा है। परीक्षाओं की वर्तमान प्रकृति एवं प्रवृत्ति को देखते हुए यहाँ कुछ चुने हुए वाक्य दिए जा रहे हैं।

निर्देशः 1-45 निम्नलिखित वाक्यों के प्रथम और अंतिम भागों को क्रमशः 1 और 6 की संज्ञा दी गई है। उनके बीच आने वाले अंशों को चार भागों में बांटकर य र ल व की संज्ञा दी गई है। चारों भाग उचित क्रम में नहीं हैं। इन अंशों को उचित क्रमानुसार व्यवस्थित करना है। वाक्य को ध्यान से पढ़कर दिए गए विकल्पों में से इनका उचित क्रम चुनिए और निर्देशानुसार चिन्ह लगाइए।

1. 1. सीमित खर्च करने को
य. रुपयों पैसों की नहीं। घर की वस्तुमात्र
र. कम खर्च करना चाहिए। कम आय वाले गृहस्थ को
ल. को ही समझदारी के साथ यथा संभव
व. मितव्ययिता कहते हैं। मितव्ययिता केवल
6. आकस्मिक विपदा के लिए खर्च बचाकर रखना चाहिए।

A. व य ल र B. र ल व य
C. य र ल व D. ल व य र

2. 1. सामान्यतः दुष्टों की वन्दना में
य. वहां हमारी वन्दना के मूल में भय नहीं, बल्कि उसकी स्थायी दशा
र. या तो भय रहता है, या व्यंग्य। परन्तु जहां हम हानि होने के
ल. की आशंका है। इस वंदना में दुष्टों को थपकी देकर सुलाने की चाल है जिससे
व. पहले ही हानि के भय के कारण वन्दना करने लगते हैं
6. विघ्न बाधाओं से जान बच सके।

A. व य ल र B. य ल र व
C. ल र व य D. र व य ल

3. 1. जो अपने विरोधी के सब अपराधों
य. शिशुपाल का वध किया था। श्री कृष्ण का मौसेरा भाई
र. को सहन करता है, वह क्षमाशील कहलाता है
ल. होने पर भी वह उनसे द्वेष करता था और उनके प्रति
व. कृष्ण की क्षमाशीलता का वर्णन महाभारत में है जब उन्होंने
6. अपमानजनक शब्द कहता था।

A. य ल र व B. र व य ल
C. व र ल य D. ल य व र

4. 1. ईश्वर की अनुकम्पा से आपकी हर इच्छा पूरी हुई है
य. तो मैं जानता हूं
र. और आज जबकि आप
ल. कि आप अपने मन में कोई अधूरी
व. इस संसार से विदा हो रहे हैं
6. इच्छा लेकर तो यहां से नहीं जा रहे हैं।

A. र व य ल B. य व र ल
C. ल र य व D. व र य ल

5. 1. मनुष्य मननशील प्राणी है
य. शक्ति रखता है। वह सदा अपने जीवन में इस
र. जिससे उसकी उन्नति एवं विकास हो और उसका
ल. वह अपना भला बुरा सोचने की
व. प्रकार के कार्यों में लगे रहने का प्रयत्न करता है
6. जीवन सुख समृद्धि से पूर्ण हो सके

A. य व र ल B. र ल व य
C. व र य ल D. ल य व र

6. 1. सुन्दरता सामंजस्य से पैदा होती है
य. उस वस्तु को सुन्दर बनाता है। सामंजस्य का न होना
र. यथा ऊंचाई-निचाई का उचित अनुपात में होना ही
ल. अर्थात् वस्तु के विभिन्न अवयवों में अनुपात का
व. किसी वस्तु के विभिन्न अवयवों
6. सही न होना कुरूपता को जन्म देता है।

A. य र ल व B. व र य ल
C. र ल व य D. ल य र व

7. 1. अहिंसा को आचार-सूत्र बना देना एक गलती है
य. ऊपर से आरोपित व्यवहार की भांति
र. जो बौद्धिक विचारधारा के रूप में
ल. जिसके कारण अहिंसा भी एक शास्त्र बन गई है
व. मनोविलास का साधन बन कर
6. प्राणहीन निषेधों का संकाय मात्र बनकर रह गई है।
A. र व य ल B. व र य ल
C. य र व ल D. ल र व य

8. 1. भारत माता के मुख मंडल की
य. श्मशान-तुल्य शांति नहीं थी इसमें कायरता
र. संबल का परिचायक थी यह धर्म, भक्ति और
ल. और भय का लेशमात्र नहीं था यह तो निर्बलों के
व. यह अलौकिक शांति निर्वीय एवं निस्सत्वों की
6. सत्य से उद्भूत थी।
A. य र व ल B. र व ल य
C. व य ल र D. ल र य व

9. 1. उपन्यास कहानी मात्र नहीं है
य. प्रतिध्वनि होते हैं लेखक का जीवन के प्रति एक
र. उसमें पात्रों के भाव और विचार भी रहते हैं
ल. विशेष दृष्टिकोण होता है उसी दृष्टिकोण से वह
व. उपन्यास के विचार लेखक के ही विचारों की
6. जीवन की व्याख्या करता है।
A. र व य ल B. व य ल र
C. य र व ल D. ल य र व

10. 1. हे मृग-लांछन
य. किसी न किसी दिन उजागर हो ही जाता है
र. कुछ मोटे नहीं हो गए। घटने बढ़ने का
ल. पाप छिपाए नहीं छिपता
व. करोड़ों वियोगियों का रूधिर पान कर तुम
6. असाध्य रोग भी दूर नहीं हुआ।
A. र व य ल B. ल य व र
C. य र ल व D. व ल र य

11. 1. सैनिक शिक्षा से हमारे भीतर
य. परिवर्तित होने लगेगा और
र. अनुशासन की भावना आ जाएगी,
ल. जिससे हमारा जीवन क्रमबद्ध
व. व सुव्यवस्थित रूप से
6. एक आदर्श जीवन बन जाएगा।
A. व य ल र B. र ल व य
C. य र ल व D. ल व र य

12. 1. शान्ति के समय में भी जब
य. पड़ती है तो हमारे सैनिक जी-जान
र. के निवारण के लिए सहायता की आवश्यकता
ल. बाढ़, सूखा, महामारी
व. और हड़तालों आदि समस्याओं
6. से देशवासियों की सहायता करते हैं।
A. र ल व य B. व य ल र
C. ल व र य D. य र ल व

13. 1. प्रत्येक अध्यादेश का
य. द्वारा पदाक्रान्त हो अपनी आज़ादी
र. क्योंकि इस के अभाव में शत्रु
ल. पालन करना भारतीय
व. नागरिक का परम कर्तव्य है,
6. खोने का डर रहता है।
A. ल व र य B. य र ल व
C. व य ल र D. र ल व य

14. 1. शिक्षा के क्षेत्र में आचारवान
य. प्रभाव से विद्यार्थियों को
र. व महान शिक्षाशास्त्रियों को ही
ल. सुपथ पर ला सकें और उन्हें जीने
व. स्थान देना चाहिए जो अपने व्यक्तिगत
6. की सही राह दिखा सकें।
A. व य ल र B. य र ल व
C. ल र व य D. र व य ल

15. 1. घरेलू खेल शतरंज, ताश, चौपड़ और कैरम बोर्ड
य. इन का प्रत्यक्ष रूप में
र. बुद्धि का विकास कम करते हैं
ल. आदि मनोरंजन अधिक देते हैं, परन्तु
व. तथा शरीर के विकास से तो
6. कुछ सम्बन्ध होता ही नहीं है।
A. ल र व य B. य र ल व
C. व य ल र D. र व य ल

16. 1. स्वस्थ मानव की बुद्धि ठीक रहती है
य. मन्द हो जाती है जिस से उस की
र. स्मरण शक्ति के चले जाने से
ल. स्मरण शक्ति खत्म हो जाती है तथा
व. और अस्वस्थ मानव की बुद्धि
6. अनेक प्रकार की बुराइयां आ जाती हैं।
A. व य ल र B. य र ल व
C. ल र व य D. र व य ल

17. 1. व्यायाम से रोगों की उत्पत्ति
य. करने से रक्त में रहने वाले
र. और वे रोग पैदा करने वाले
ल. कीटाणु सबल हो जाते हैं
व. नहीं हो पाती है, क्योंकि व्यायाम
6. कीटाणुओं को नष्ट कर देते हैं।
A. र व य ल B. ल र व य
C. य र ल व D. व य ल र

18. 1. आज से लगभग एक शताब्दी पूर्व
य. एडीसन नामक अमेरिकन
र. प्रकाश की किरणों से कुछ
ल. छाया चित्र प्रस्तुत कर के

व. विद्वान ने समतल दीवार पर
6. चलचित्र को जन्म दिया था।
A. र व य ल B. य व र ल
C. ल र य व D. व र य ल

19. 1. वनस्पति विज्ञान, जीव विज्ञान, मत्स्य
य. और मत्स्य आदि के क्रमिक
र. लताओं, वृक्षों, कीटाणुओं
ल. विकास को चलचित्रों में देख कर
व. विज्ञान आदि से सम्बन्धित
6. सरलता से समझा जा सकता है।
A. य व र ल B. ल र य व
C. व र य ल D. र व य ल

20. 1. चलचित्र के अनेक लाभों के साथ-साथ
य. आज के अश्लील चित्र घृणा की
र. हैं और काम वासना की
ल. प्रधानता जनता के स्वास्थ्य
व. भावना को उपजाते
6. पर कुप्रभाव डाल रही है।
A. ल र व य B. व र य ल
C. र व य ल D. य व र ल

21. 1. यदि आधुनिक चलचित्र
य. लग जाएं तो वे
र. उपयोगी शिक्षाएं देने
ल. अपव्यय नहीं, अपितु
व. हमें धार्मिक शिक्षा के साथ-साथ
6. हमारे जीवन विकास के साधन हैं।
A. व र य ल B. ल र व य
C. य व र ल D. र व य ल

22. 1. पुरातन काल में जहां
य. सामान्य गृहस्थ अपने सामर्थ्य
र. के अनुसार दान दे कर
ल. अपना कार्य चला लेता था,
व. आज उस के लिए वह 'दान'
6. न होकर 'अर्थदण्ड' बन चुका है।
A. व य ल र B. य र ल व
C. ल र व य D. र य व ल

23. 1. कोई नववधू दहेज द्वारा
य. आत्महत्या कर लेती है
र. ससुराल वालों को सन्तुष्ट
ल. और किसी को मिट्टी का तेल
व. न कर सकने के कारण
6. छिड़क कर जला दिया जाता है।
A. य ल र व B. ल र व य
C. र व य ल D. व य ल र

24. 1. इस दहेज रूपी दानव ने कितने ही
य. तो पूर्ण समाज कुछ
र. ही दिनों में उसके मुंह
ल. हरे-भरे घर वीरान कर दिए,
व. यदि इसका अन्त नहीं किया गया
6. का ग्रास बन जाएगा।
A. र व य ल B. ल व य र
C. य व र ल D. व र य ल

25. 1. मुगल सम्राट शाहजहां के गद्दी पर
य. रही थी और वह अश्रुपूर्ण
र. उसकी प्रियतमा मुमताज महल
ल. अपने जीवन की अन्तिम घड़ियां गिन
व. आसीन होने के तीन वर्ष बाद ही
6. नेत्रों से उसके पास बैठा हुआ था।
A. य ल र व B. र व य ल
C. व र ल य D. ल य व र

26. 1. ताजमहल के अन्दर, कुरान की आयतें
य. कब्र पर दिखाई देंगी,
र. केवल प्रेयसी मुमताज की ही
ल. पवित्र आयतों का इस तरह
व. क्योंकि सादगी पसन्द औरंगजेब
6. लिखा जाना अपवित्र समझता था।
A. य ल र व B. र य व ल
C. ल व य र D. व र ल य

27. 1. कहा जाता है कि भगवान
य. उसी घाट का नाम
र. यमुना के जिस घाट पर
ल. कृष्ण ने दुष्ट कंस को मार कर
व. विश्राम किया था,
6. 'विश्राम घाट' पड़ गया।
A. व य ल र B. य ल र व
C. ल र व य D. र व य ल

28. 1. घोर अमावस्या की रात्रि के अंधकार को
य. अन्धकार को ज्ञान, आशा
र. जिस तरह खिलखिलाती दीपावली दूर कर
ल. देती है उसी तरह मनुष्य के निराशा व दुःख के
व. और सुख की
6. दीप रश्मियां दूर कर देती हैं।
A. र ल य व B. व य ल र
C. य व र ल D. ल र व य

29. 1. पुरातन युग में व्यापारी जलयानों में बैठकर
य. पर्व पर वे अपने घर वापस आकर
र. सागर पार जाया करते थे और अपनी
ल. परिवार के सदस्यों के साथ
व. व्यापारिक यात्रा के बाद दीपावली के शुभ
6. मिलकर आनन्दोत्सव मनाया करते थे।
A. व र ल य B. य ल र व
C. ल य व र D. र व य ल

30. 1. सर्वप्रथम मुंशी प्रेमचन्द ने उर्दू में कलम उठाई,
य. दस उपन्यास और
र. 300 कहानियां लिखकर
ल. आए और उच्च कोटि के
व. किन्तु बाद में हिन्दी के क्षेत्र में
6. हिन्दी साहित्य को अमर बनाया।
A. य र व ल B. र व य ल
C. व ल य र D. ल य र व

31. 1. शिक्षित पत्नी के अभाव में अधिकांश
य. परिवार इस युग में नरक
र. कारण ही भारतीय संस्कृति दिन-दिन
ल. के समान बन रहे हैं और
व. सच्चा सहयोग न मिलने के
6. अवनति की ओर जा रही है।
A. र व य ल B. य ल व र
C. व ल र य D. ल य व र

32. 1. दीपावली के पुनीत पर्व पर
य. अन्यथा यह असाध्य रोग भावी
र. दर्दनाक जुए का अन्त करना चाहिए
ल. साथ जुड़े हुए
व. गणेश-लक्ष्मी की पूजा के
6. पीढ़ियों के लिए कष्टदायक होगा।
A. व ल र य B. र य ल व
C. य ल र व D. ल व र य

33. 1. बालक कृष्ण की नाना प्रकार की
य. मक्खन लपेटना, आदि
र. से चलना, लड़खड़ाना, मुख पर
ल. क्रीड़ाओं का, नन्हें-नन्हें पाँव पर
व. बातों का चित्रण सूर न बड़े,
6. अनूठे ढंग से किया है।
A. ल र य व B. व र य ल
C. य ल व र D. र य ल व

34. 1. स्वतंत्रता प्राप्ति के समय समूचे देश में व्याप्त
य. विषम परिस्थितियों के साथ जूझने
र. के लिए जननायक जवाहरलाल नेहरू
ल. ने कांटों के ताज को अपने
व. सिर पर धारण कर के
6. प्रधान मन्त्री के पद को सुशोभित किया।
A. य र ल व B. ल व य र
C. र ल व य D. व य र ल

35. 1. परतन्त्रता के बाद जब
य. प्राणीमात्र में एक नई चेतना
र. का उदय होता है क्योंकि
ल. स्वतंत्रता मानव की जन्मजात
व. स्वतंत्रता मिलती है, तो
6. प्रवृत्ति तथा बुनियादी आवश्यकता है।
A. र ल व य B. व य र ल
C. य र ल व D. ल व य र

36. 1. स्वतन्त्रता दिवस हमारे लिए सबसे महत्त्वपूर्ण
य. भेदभाव को विस्मृत कर के
र. राष्ट्रीय पर्व है क्योंकि इस दिन हिन्दू,
ल. मुसलमान, सिक्ख और ईसाई
व. आदि सभी सम्प्रदाय
6. एक साथ मिल कर इस पर्व को मनाते हैं।
A. ल व य र B. य र ल व
C. व य र ल D. र ल व य

37. 1. समाज की उन्नति के लिए यह अत्यन्त
य. इन उद्देश्यों के अनुसार ही
र. पाठ्यक्रम, शिक्षा पद्धति और विद्यालय
ल. आवश्यक है कि शिक्षा में उचित
व. उद्देश्यों को अपनाया जाए और
6. संगठन की व्यवस्था की जाए।
A. य र ल व B. व य र ल
C. ल व य र D. र ल व य

38. 1. श्रेष्ठ तथा समुचित ज्ञान के
य. अभाव में चरित्र-निर्माण भी
र. अपने जीवन में उचित मार्ग का
ल. एक अज्ञानी या अल्पज्ञानी व्यक्ति
व. सम्भव नहीं है, क्योंकि
6. चयन करने में असमर्थ रहता है।
A. य व ल र B. र ल य व
C. ल य र व D. व र ल य

39. 1. ज्ञान-प्राप्ति, शिक्षा का एक महत्त्वपूर्ण
य. उद्देश्य माना गया है, किन्तु
र. यह उस समय दोषपूर्ण
ल. हो जाता है जब इसे
व. शिक्षा का एकमात्र उद्देश्य
6. समझ लिया जाता है।
A. व य र ल B. र ल व य
C. य र ल व D. ल व य र

40. 1. शिक्षा के द्वारा ऐसे नागरिक
य. कल्याण के लिए
र. अपना सर्वस्व बलिदान
ल. तैयार होने चाहिए जो
व. समाज कल्याण व राष्ट्र
6. करने को तैयार रहें।
A. र ल व य B. य र ल व
C. ल व य र D. व य र ल

41. 1. यदि चरित्र को एक व्यापक अर्थ
य. शिक्षा का एक उचित उद्देश्य
र. माना जा सकता है क्योंकि
ल. अच्छे चरित्र में व्यक्तित्व के

व. प्रदान किया जाए तो वह
6. सभी गुण सम्मिलित होते हैं।

A. ल व य र B. व य र ल
C. र ल व य D. य र ल व

42. 1. आधुनिक भारत में नवयुवकों
य. पड़ता है तथा सामाजिक और
र. आर्थिक चिन्ताएँ उसे हर समय
ल. को रोजगार केन्द्रों की दिनों-दिन
व. खाक छानकर भी निराश होना
6. फाड़ खाने को दौड़ती हैं।

A. य र ल व B. ल व य र
C. र ल व य D. व य र ल

43. 1. भारत सरकार ने पंचवर्षीय
य. कुटीर उद्योग व अन्य सहायक
र. योजनाएँ आरम्भ कर के
ल. कृषि पर पड़े भार को
व. कम करने का प्रयास किया है,
6. धन्धों को भी प्रोत्साहन दिया है।

A. र ल व य B. व य र ल
C. य र ल व D. ल व य र

44. 1. रोजगारी के सुअवसरों को बढ़ाने और
य. देने हेतु कामदिलाऊ कार्यालयों की
र. व्यावसायिक समायोजना की कठिनाइयों
ल. को कम करने के लिए तथा
व. राष्ट्रीय रोजगार सेवा को प्रोत्साहन
6. संख्या भी अब बढ़ रही है।

A. ल व य र B. य र ल व
C. व य र ल D. र ल व य

45. 1. हम समूचे विश्व के साथ मधुर सम्बन्ध बना कर
य. समझ कर अनुचित विधि से
र. दबाने का प्रयास किया तो उसे
ल. रखना चाहेंगे; किन्तु इस पर भी विश्व की
व. किसी शक्ति ने हमें निर्बल और अहिंसक
6. पाकिस्तान के समान ही मुंह की खानी पड़ेगी।

A. य र ल व B. व य र ल
C. ल व य र D. र ल व य

उत्तरमाला

1	2	3	4	5	6	7	8	9	10
A	D	B	A	D	B	D	C	A	B
11	**12**	**13**	**14**	**15**	**16**	**17**	**18**	**19**	**20**
B	C	A	D	A	A	D	B	C	D
21	**22**	**23**	**24**	**25**	**26**	**27**	**28**	**29**	**30**
A	B	C	B	C	B	C	A	D	C
31	**32**	**33**	**34**	**35**	**36**	**37**	**38**	**39**	**40**
B	A	A	A	B	D	C	A	C	C
41	**42**	**43**	**44**	**45**					
B	B	A	D	C					

अध्याय 5 उपसर्ग और प्रत्यय

उपसर्ग

उपसर्ग (prefix) शब्दांश होते हैं। इनका प्रयोग स्वतंत्र रूप से नहीं किया जा सकता। किसी शब्द के प्रारंभ में उपसर्ग जोड़ने से उस शब्द का अर्थ बदल जाता है। हिन्दी का शब्द **अज्ञान** है। इसमें अ उपसर्ग है। ज्ञान शब्द में अ उपसर्ग जोड़ कर अज्ञान बना है। अ उपसर्ग जोड़ने से ज्ञान शब्द का अर्थ उल्टा हो गया है। इसी प्रकार कर्म शब्द में कु उपसर्ग जोड़ने से कुकर्म शब्द बन जाता है, जिसका अर्थ कर्म से भिन्न हो गया है। गुण शब्द में अव उपसर्ग जोड़ने से अवगुण शब्द बनता है। उपसर्ग लगाकर नए-नए शब्द बनाये जाते हैं। अतः इसका अध्ययन महत्त्वपूर्ण है।

चूँकि हिन्दी में संस्कृत और अरबी-फारसी के शब्दों का भी प्रयोग होता है, अतः इनके उपसर्गों के बारे में भी जानना आवश्यक है।

1. संस्कृत उपसर्ग

यहाँ संस्कृत के केवल उन्हीं उपसर्गों को दिया जा रहा है, जिनका प्रयोग हिन्दी में बिना झिझक होता है।

अति (अर्थ = अधिक या परे)–अतिवृष्टि, अतिक्रमण, अतिमानव, अतिशय

अधिक (अर्थ = ऊपर या अधिक)–अधिराज, अधिनायक, अधिकरण, अधिमास

अनु (अर्थ = पीछे या समान)–अनुताप, अनुकरण, अनुज, अनुकूल, अनुचर

अप (अर्थ = बुरा, उल्टा)–अपयश, अपशकुन, अपव्यय अपकर्ष, अपशब्द

अभि (अर्थ = विशेष, पास)–अभिवादन, अभिभाषण, अभिमुख, अभीष्ट, अभिशंसा, अभिराम

अव (अर्थ = बुरा, उल्टा)–अवगुण, अवरोध, अवलोकन, अवनति, अवसाद, अवज्ञा

आ (अर्थ = तक, से)–आजन्म, आमरण, आरंभ, आकर्षण, आमोद

उत् (अर्थ = ऊपर, श्रेष्ठ)–उत्कर्ष, उन्माद, उल्लास, उत्थान, उत्कृष्ट, उत्सर्ग, उन्नति

उप (अर्थ = पास (निकट), सहायक (छोटा)–उपनिषद, उपन्यास, उपमंत्री, उप-समिति, उपभेद

दुः (अर्थ = कठिन, बुरा, विपरीत)–दुर्गम, दुर्जेय, दुर्लभ दुर्जन, दुर्गुण, दुर्गति, दुस्साहस, दुर्दशा, दुराश

नि (अर्थ = विशेष, निषेध)–निपुण, निवास, नियोजन, निषेध, निरोध, निलम्बन

निः (अर्थ = बिना)–निरादर, निर्दोष, निराकार, निरुपाय, निर्बल, नीरव, निर्विरोध, निष्फल

परि (अर्थ = चारों ओर)–परिक्रमा, परिधान, परिधि, पर्यावरण

प्र (अर्थ = आगे, अधिक)–प्रगति, प्रचार, प्रचुर, प्रगाढ़, प्रबल

प्रति (अर्थ = विपरीत, प्रत्येक)–प्रतिवादी, प्रतिकूल, प्रतिवाद, प्रतिदिन, प्रत्येक, प्रतिशत

वि (अर्थ = विशेष)–विख्यात, विज्ञान, विभेद, विकृत

सम् (अर्थ = पूर्ण, शुद्ध, साथ)–सम्पूर्ण, सन्तोष, सन्लग्न, सम्पर्क, समन्वय

सु (अर्थ = अच्छा, विशद)–सुमार्ग, सुगन्ध, सुजन, सुगति, सुलभ, सुशील, सुपरिचित

2. अरबी-फारसी के उपसर्ग

अल – अलमस्त
ऐन (अर्थ = ठीक) – ऐनवक्त, ऐनमौका
कम (अर्थ = न्यून) – कमअक्ल, कमसिन
खुश (अर्थ = अच्छा) – खुशखबरी, खुशबू, खुशकिस्मत
गैर (अर्थ = बिना) – गैर-कानूनी, गैर-जिम्मेदार
ब (अर्थ = साथ) – बमुश्किल, बदस्तूर, बतौर, बखूबी
बद (अर्थ = बुरा) – बदचलन, बदनाम, बदबू, बदकिस्मत
बा (अर्थ = के साथ) – बाकायदा, बाअदब, बाइज़्ज़त
बे (अर्थ = बिना) – बेहद, बेदर्द, बेचारा, बेलाग, बेवफा
ला (अर्थ = बिना) – लापता, लावारिस, लाइलाज

ना (अर्थ = बिना) – नाखुश, नापाक, नापसन्द, नालायक
हम (अर्थ = समान) – हमदर्द, हमवतन, हमसफर

3. हिन्दी उपसर्ग

अ (अर्थ = नहीं, बिना, विहीन) – अचेत, अपच, अचल, अटल
अन (अर्थ = बिना) – अनहित, अनमेल, अनपढ़, अनहोनी
अध (अर्थ = आधा) – अधपका, अधमरा, अधजला
कु (अर्थ = बुरा) – कुपूत, कुठौर
नि (अर्थ = बिना) – निडर, निकम्मा
सु (अर्थ = अच्छा) – सुजन, सुघड़, सुडौल
भर (अर्थ = पूरा, भरके) – भरपूर, भरपेट, भरसक

प्रत्यय

उपसर्ग (prefix) की ही भाँति प्रत्यय (suffix) भी स्वतंत्र रूप से प्रयोग में नहीं आते, पर शब्द के बाद में इनको जोड़ देने से शब्द के अर्थ में परिवर्तन आ जाता है। उपसर्गों की भाँति ही प्रत्यय लगाकर नए-नए शब्द बनाये जाते हैं। अतः इनका अध्ययन महत्त्वपूर्ण है।

प्रत्यय दो प्रकार के होते हैं–**कृत् प्रत्यय** और **तद्धित प्रत्यय।** कृत प्रत्यय धातु के अन्त में लगते हैं और उनसे निर्मित शब्दों को कृदन्त कहा जाता है। तद्धित प्रत्यय संज्ञा, सर्वनाम और विशेषण के अन्त में लगते हैं और उनसे बनने वाले शब्द तद्धितान्त कहलाते हैं।

कृत प्रत्यय

हिन्दी में 5 प्रकार के कृत प्रत्यय हैं–(1) कर्तृवाचक, (2) कर्मवाचक, (3) कारकवाचक, (4) भाववाचक, (5) क्रियावाचक।

1. कर्तृवाचक

अक = जात से जातक
पाठ से पाठक
आऊ = चल से चलाऊ
टिक से टिकाऊ
आकू = लड़ से लड़ाकू
पढ़ से पढ़ाकू
ई = हँस से हँसी
बोल से बोली
ता = दा से दाता
भा से भाता

2. कर्मवाचक

औना = खेल से खिलौना
बिछ से बिछौना
ना = गा से गाना
दा से दाना
नी = चल से चलनी
ओढ़ से ओढ़नी

3. करणवाचक

आ = झूल से झूला
मेल से मेला
ई = गागर से गगरी
रेत से रेती
ऊ = झाड़ से झाड़ू
बाजार से बाजारू
न = चुभ से चुभन
झाड़ से झाड़न
नी = लेख ने लेखनी
छल से छलनी

4. भाववाचक

अत = बच से बचत
पढ़ से पढ़त
अन = चल से चलन
घुट से घुटन
आऊ = बिक से बिकाऊ
टिक से टिकाऊ
आई = लिख से लिखाई
चढ़ से चढ़ाई

5. क्रियावाचक

हुआ = पढ़ से पढ़ता हुआ
सुन से सुनता हुआ

तद्धित प्रत्यय

तद्धित प्रत्यय छह प्रकार के हैं–(1) कर्त्तावाचक (2) भाववाचक (3) गुणवाचक, (4) अपत्यवाचक, (5) ऊनतावाचक, (6) स्त्रीवाचक

1. कर्त्तावाचक

आर = लोहा से लुहार
सोना से सुनार
ई = तेल से तेली
भेद से भेदी
ची = खजान से खजानची
नकल से नकलची
वाला = घर से घरवाला
दूध से दूधवाला

2. भाववाचक

आई = भला से भलाई
चौड़ा से चौड़ाई
आपा = बूढ़ा से बुढ़ापा
मोटा से मुटापा
आस = खट्टा से खटास
मीठा से मिठास
इमा = लाल से लालिमा
अरुण से अरुणिमा
ई = खुश से खुशी
लाल से लाली
त = बढ़ से बढ़त
रंग से रंगत

ता = लघु से लघुता
मित्र से मित्रता

त्व = बन्धु से बन्धुत्व
गुरु से गुरुत्व

पन = भोला से भोलापन
पागल से पागलपन

3. गुणवाचक

आ = भूख से भूखा
प्यास से प्यासा

इन = कठ से कठिन
मल से मलिन

आलु = दया से दयालु
कृपा से कृपालु

इक = देव से दैविक
मूल से मौलिक

इत = द्रव से द्रवित
फल से फलित

इष्णु = सह से सहिष्णु
प्रभाव से प्रभविष्णु

ई = हठ से हठी
दुख से दुखी

ईला = रस से रसीला
हठ से हठीला

ईय = मानव से मानवीय
राष्ट्र से राष्ट्रीय

उक = भाव से भावुक
भिक्षु से भिक्षुक

मान = बुद्धि से बुद्धिमान
मूर्ति से मूर्तिमान

वान = धन से धनवान
गुण से गुणवान

4. अपत्यवाचक

अ = वसुदेव से वासुदेव
पाण्डु से पाण्डव

इ = दशरथ से दाशरथि
मारुत से मारुति

एय = गंगा से गांगेय
कुन्ती से कौन्तेय

5. ऊनतावाचक

आ = बाबू से बबुआ

इया = बेटी से बिटिया
डिब्बा से डिबिया

ड़ा, ड़ी = दुख से दुखड़ा
आँत से अँतड़ी

6. स्त्रीवाचक

आ = प्रिय से प्रिया
सुत से सुता

आइन = पंडित से पंडिताइन
ठाकुर से ठकुराइन

आनी = नौकर से नौकरानी
इन्द्र से इन्द्राणी

इका = लेखक से लेखिका
अध्यापक से अध्यापिका

इया = कुत्ता से कुतिया
बन्दर से बन्दरिया

ई = देव से देवी
घोड़ा से घोड़ी

नी = नट से नटनी
शेर से शेरनी

अन्य महत्त्वपूर्ण प्रत्यय

कर = दिन से दिनकर
रुचि से रुचिकर

चर = जल से जलचर
थल से थलचर

चित = कदा से कदाचित
कः से कश्चित

ज = अम्बु से अम्बुज
नीर से नीरज

जा = गिरि से गिरिजा
शैल से शैलजा

ज्ञ = सर्व से सर्वज्ञ
मर्म से मर्मज्ञ

तः = मूल से मूलतः
अन्त से अन्ततः

द = जल से जलद
नीर से नीरद

इ, ई, ए, ऐ = विराग से वैराग्य
विधव से वैधव्य

उ, ऊ, ओ, औ = सुन्दर से सौन्दर्य
उदार से औदार्य

ल = मंजु से मंजुल
उर्मि से उर्मिल

स्थ = तट से तटस्थ
कण्ठ से कण्ठस्थ

अध्याय 6

संधि/संधि विच्छेद

संधि

दो वर्णों के मेल को संधि कहते हैं। संधि तीन प्रकार की होती हैं–

स्वर संधि : जिसमें दो स्वरों का मेल होता है।

व्यंजन संधि : जिसमें दो व्यंजनों का मेल होता है।

विसर्ग संधि : विसर्ग के साथ स्वर या व्यंजन के मेल को विसर्ग संधि कहते हैं।

इन उपर्युक्त तीनों प्रकार की संधियों की संक्षिप्त व्याख्या नीचे दी जा रही है–

1. स्वर संधि

अ से औ तक जिसमें ऋ तथा लृ भी सम्मिलित हैं, स्वर कहलाते हैं। इनके परस्पर मेल को स्वर संधि कहते हैं। इसके सात भेद हैं–दीर्घ, गुण, वृद्धि, पररूप, पूर्वरूप, यण्, अयादि।

दीर्घ संधि : अब अ + अ का योग हो, तो 'आ' हो जाता है; जब अ + आ का योग हो, तो 'आ' हो जाता है; जब आ + आ का योग हो तो 'आ' हो जाता है; जब आ + अ का योग हो तो 'आ' हो जाता है। इसी प्रकार, जब इ + इ का योग हो, तो 'ई' हो जाता है; जब इ + ई का योग हो, तो 'ई' हो जाता है; जब ई + ई का योग हो, तो 'ई' हो जाता है; जब ई + इ का योग हो, तो 'ई' हो जाता है जब उ + उ को योग हो, तो 'ऊ' हो जाता है जब उ + ऊ का योग हो तो ऊ हो जाता है; जब ऊ + ऊ का योग हो, तो 'ऊ' हो जाता है; जब ऊ + उ का योग हो तो 'ऊ' हो जाता है। नीचे इनके उदाहरण देकर समझाया गया है। जैसे–

अ + अ = आ → धर्म + अर्थ = धर्मार्थ
अ + आ = आ → परम + आनन्द = परमानन्द
आ + आ = आ → नाना + आकार = नानाकार
आ + अ = आ → महा + अर्णव = महार्णव
इ + इ = ई → रवि + इन्द्र = रवीन्द्र
इ + ई = ई → कपि + ईश = कपीश
ई + ई = ई → मही + ईश = महीश
ई + इ = ई → मही + इन्द्र = महीन्द्र
उ + उ = ऊ → लघु + उत्तम = लघूत्तम
उ + ऊ = ऊ → सिंधु + ऊर्मि = सिंधूर्मि
ऊ + ऊ = ऊ → भू + ऊर्जा = भूर्जा
ऊ + उ = ऊ → वधू + उत्सव = वधूत्सव

गुण संधि : जब अ + इ का योग हो, तो 'ए' हो जाता है; जब अ + ई का योग हो, तो 'ए' हो जाता है; जब आ + इ का योग हो, तो 'ए' हो जाता है; जब आ + ई का योग हो, तो 'ए' हो जाता है; जब अ + उ को योग हो, तो 'ओ' हो जाता है; जब अ + ऊ का योग हो, तो 'ओ' हो जाता है; जब आ + उ का योग हो, तो 'औ' हो जाता है, जब अ + ऋ का योग हो, तो 'अर्' हो जाता है, जब आ + ऋ का योग हो तो 'अर' हो जाता है। नीचे इनके उदाहरण देकर समझाया गया है, जैसे–

अ + इ = ए → देव + इन्द्र = देवेन्द्र
अ + ई = ए → सुर + ईश = सुरेश
आ + इ = ए → महा + इन्द्र = महेन्द्र
आ + ई = ए → उमा + ईश = उमेश
अ + उ = ओ → देव + उत्सव = देवोत्सव
अ + ऊ = ओ → सागर + ऊर्मि = सागरोर्मि
आ + उ = ओ → महा + उत्सव = महोत्सव
आ + ऊ = ओ → महा + ऊर्जा = महोर्जा
अ + ऋ = अर् → देव + ऋषि = देवर्षि
आ + ऋ = अर् → महा + ऋषि = महर्षि

वृद्धि संधि : जब अ + ए का योग हो, तो 'ऐ' हो जाता है; जब आ + ए का योग हो, तो 'ऐ' हो जाता है; जब आ + ऐ का योग हो तो 'ऐ' हो जाता है; जब अ + ओ का योग हो, तो 'औ' हो जाता है; जब आ + औ का योग हो, तो 'औ' हो जाता है। नीचे इनके उदाहरण देकर समझाया गया है, जैसे–

अ + ए = ऐ → एक + एक = एकैक
आ + ए = ऐ → सदा + एव = सदैव
आ + ऐ = ऐ → महा + ऐश्वर्य = महैश्वर्य
अ + ओ = औ → पक्व + ओदन = पक्वौदन
आ + औ = औ → महा + औषधि = महौषधि

पररूप संधि : जब अ + ए का योग हो, तो 'ए' हो जाता है, और जब अ + ओ का योग हो, तो 'ओ' हो जाता है। नीचे इनके उदाहरण देकर समझाया गया है, जैसे–

अ + ए = ए → सप + एरा = सपेरा
अ + ओ = ओ → दन्त + ओष्ठ = दन्तोष्ठ

पूर्वरूप संधि : जब ए + अ का योग हो, तो 'एऽ' हो जाता है; जब इ + अ का योग हो, तो 'ओऽ' हो जाता है, जैसे–

ए + अ = एऽ → ते + अपि = तेऽपि
ओ + अ = ओऽ → सो + अनुमानै = सोऽनुमानै

नोट : हिन्दी में पररूप सन्धि और पूर्वरूप सन्धि से निर्मित शब्दों का प्रयोग नहीं के बराबर होता है।

यण् संधि: जब इ + अ का योग हो, तो 'य' हो जाता है; जब इ + आ का योग हो, तो 'या' हो जाता है; जब इ + उ का योग हो, तो 'यु' हो जाता है; जब इ + ए का योग हो, तो 'ये' हो जाता है; जब उ + अ का योग हो, तो 'व' हो जाता है; जब उ + आ का योग हो, तो 'वा' हो जाता है; जब उ + ए का योग हो, तो 'वे' हो जाता है; और जब ऋ + आ का योग हो, तो 'रा' हो जाता है। नीचे इनके उदाहरण देकर समझाया गया है, जैसे–

इ + अ = य → यदि + अपि = यद्यपि
इ + आ = या → इति + आदि = इत्यादि
इ + उ = यु → प्रति + उपकार = प्रत्युपकार
इ + ए = ये → प्रति + एक = प्रत्येक
उ + अ = व → अनु + अर्थ = अन्वर्थ
उ + आ = वा → सु + आगत = स्वागत
उ + ए = वे → अनु + एषण = अन्वेषण
ऋ + आ = रा → मातृ + आनन्द = मात्रानन्द

अयादि सन्धि : जब ए + अ का योग हो, तो 'अय' हो जाता है; जब ऐ + अ का योग हो, तो 'आय' हो जाता है; जब ऐ + इ का योग हो, तो 'आयि' हो जाता है; जब ओ + अ का योग हो, तो 'अव' हो जाता है; जब ओ + इ का योग हो, तो 'अवि' हो जाता है; जब ओ + ई का योग हो, तो 'अवी' हो जाता है, जब औ + अ का योग हो, तो 'आव' हो जाता है; जब औ + इ का योग हो, तो 'आवि' हो जाता है; जब औ + उ का योग हो, तो 'आउ' हो जाता है। नीचे इनके उदाहरण देकर समझाया गया है, जैसे–

ए + अ = अय → ने + अन = नयन
ऐ + अ = आय → नै + अक = नायक
ऐ + इ = आयि → नै + इका = नायिका
ओ + अ = अव → पो + अन = पवन
ओ + इ = अवि → पो + इत्र = पवित्र
ओ + ई = अवी → गो + ईश = गवीश
औ + अ = आव → पौ + अक = पावक
औ + इ = आवि → नौ + इक = नाविक
औ + उ = आउ → भौ + उक = भावुक

2. व्यंजन संधि

व्यंजन के साथ किसी व्यंजन अथवा स्वर के मेल (योग) को व्यंजन संधि कहते हैं। इसके उदाहरण निम्नलिखित हैं–

यदि क्, च्, ट्, प् के साथ अनुनासिक के अतिरिक्त कोई स्वर अथवा वर्ग का तीसरा, चौथा अथवा पाँचवाँ अक्षर आता हैं तो उसके स्थान पर वर्ग का तीसरा अक्षर हो जाता है, जैसे–

वाक् + मय = वाङ्मय षट् + मास = षण्मास
जगत् + नाथ = जगन्नाथ

त्, व्, द्, के आगे च, व, छ हो तो त्, व्, द् के स्थान में 'च' होता है; ज अथवा झ आए तो 'ज' होता है; ट, व, ठ हो तो 'ट्'; ड, व, ढ हो तो 'ड्' तथा 'ल' आए तो ल् हो जाता है, यथा–

उत् + चरण = उच्चारण बृहत् + टीका = बृहट्टीका
शरद् + चन्द्र = शरच्चन्द्र उत् + डयन = उड्डयन
विपद् + जाल = विपज्जाल उत् + लास = उल्लास

त्, वा, द् के आगे यदि 'श' आवे तो त् व द् के स्थान पर 'च्' और श की जगह 'छ' हो जाता है और ह हो तो त्, व, द् की जगह 'द्' तथा ह की जगह 'ध' हो जाता है, यथा–

उत् + शिष्ट = उच्छिष्ट तत् + हित = तद्धित

छ के पूर्व यदि स्वर हो तो छ के स्थान पर 'च्छ' हो जाता है, जैसे–

परि + छेद = परिच्छेद स्व + छन्द = स्वच्छन्द

म् के आगे यदि व्यंजन हो तो म के बदले अनुस्वार अथवा उसी वर्ग का अनुनासिक व्यंजन हो जाता है, यथा–

अलम् + कार = अलङ्कार (अलंकार); किम् + चित् = किञ्चित (किंचित)

'म' के आगे यदि ऊष्म वर्ण, श, ष, स, ह अथवा अन्तस्थ वर्ण य, र, ल, व आवें तो 'म' अनुस्वार में बदल जाता है, जैसे–

सम् + शय = संशय सम् + सार = संसार
सम् + हार = संहार सम् + योग = संयोग
सम् + रक्षक = संरक्षक सम् + लग्न = संलग्न
सम् + वाद = संवाद

यदि ऋ, र अथवा ष के आगे 'न' आवे तो स्वर, कवर्ग एवं अन्तस्थ य र ल व ऊष्म 'ह' के बीच में रुकावट होने पर भी र्, या ष् से परे न् का ण् हो जाता है, यथा–

परि + नाम = परिणाम ऋ + न = ऋण

'स' से प्रारम्भ होने वाले शब्दों से पूर्व 'अ' व 'आ' को छोड़कर यदि कोई स्वर आता है तो 'स' के स्थान पर साधारणतया 'ष' हो जाता है, जैसे–

वि + सम = विषम सु + सुप्ति = सुषुप्ति

इस नियम के अपवाद भी हैं, जैसे–

अनु + स्वार = अनुस्वार वि + स्मरण = विस्मरण

ष के बाद 'त' व 'थ' वर्ण आने पर उनके स्थान में क्रमशः ट व ठ हो जाता है, जैसे–

पुष् + त = पुष्ट पृष + थ = पृष्ठ

ह्स्व के बाद र् से परे यदि र् हो तो पहले र् का लोप हो जाता है और पहला ह्स्व स्वर दीर्घ हो जाता है, जैसे–

निर् + रस = नीरस निर् + रोग = नीरोग

3. विसर्ग संधि

विसर्ग के साथ स्वर या व्यंजन के मेल को विसर्ग संधि कहते हैं। विसर्ग के सामने यदि च या छ से प्रारम्भ होने वाले शब्द आवें तो विसर्ग 'श' में बदल जाता है, सामने ट व ठ आवें तो विसर्ग 'ष' में बदलते हैं तथा सामने त व थ वर्ण हों तो विसर्ग का 'स' हो जाता है, यथा–

निः + चिन्त = निश्चिन्त निः + छल = निश्छल
धनु + टंकार = धनुष्टंकार निः + ठुर = निष्ठुर
दुः + तर = दुस्तर प्रियः + थल = प्रियस्थल

विसर्ग के बाद यदि श, ष, स वर्ण हों तो विसर्ग यथावत् बना रहता है अथवा उसके स्थान पर उक्त तीनों वर्ण अपने-अपने स्थान पर ड्योढ़े हो जाते हैं, जैसे–

दुः + शासन = (दुःशासन) अथवा दुश्शासन
निः + संशय = (निःसंशय) अथवा निस्संशय
दुः + षण्ड = (दुःषण्ड) अथवा दुष्षंड

यदि विसर्ग के पूर्व अ हो तथा उसके आगे क, ख और प, फ हों तो विसर्ग में परिवर्तन नहीं होता; जैसे–

रजः + कण = रजःकण पयः + पान = पयःपान

विसर्ग से पहले ई अथवा उ हो और उसके आगे क, ख और प, फ हो तो विसर्ग 'ष' में बदल जाता है, जैसे–

निः + कलंक = निष्कलंक निः + फल = निष्फल
निः + पाप = निष्पाप

विसर्ग से पूर्व अ और उसके आगे घोष व्यंजन (वर्ग का 3रा, 4था तथा 5वां वर्ण तथा य र ल व ह) होने पर विसर्ग की जगह 'ओ' हो जाता है, जैसे–

अधः + गति = अधोगति तमः + गुण = तमोगुण
मनः + रथ = मनोरथ तपः + वन = तपोवन

विसर्ग से पहले अ, आ को छोड़कर कोई अन्य स्वर होने पर विसर्ग 'र' में बदल जाता है, जैसे–

निः + गुण = निर्गुण दुः + दशा = दुर्दशा

अन्त का अक्षर 'र' होने पर आगे अघोष व्यंजन आवे तो र् के बदले विसर्ग हो जाता है; जैसे–

अन्तर् + करण = अन्तःकरण
पुनर् + संस्कार = पुनःसंस्कार
अन्तर् + पुर = अन्तःपुर

संधि विच्छेद

1. 'मृत्यु + उपरांत' में संधि करने से एक शब्द होगा–
A. मृत्यूपरांत B. मृत्योपरांत
C. मृत्युपर्यन्त D. मर्त्योपरांत

2. 'अनधिकृत' शब्द का संधि-विग्रह होगा–
A. अन + अधिकृत B. अन् + अधिकृत
C. अन्य + अधिकृत D. अन्नधि + कृत

3. 'कपि + ईश' का सही संधि-संयोजन कीजिए–
A. कपिश B. कपीश
C. कपेश D. कपिशि

4. विसर्ग के साथ स्वर अथवा व्यंजन के संयोग से जो विकार उत्पन्न होता है, उसे किस संधि के नाम से जानते हैं?
A. स्वर संधि B. व्यंजन संधि
C. विसर्ग संधि D. इनमें से कोई नहीं

5. 'परोपकार' शब्द का संधि-विच्छेद होगा–
A. परा + उपकार B. परो + पकार
C. परोप + कार D. पर + उपकार

6. 'मनः + रमा' में संधि करने से जो शब्द बनेगा, उसका सम्बन्ध किस संधि से होगा?
A. विसर्ग संधि B. स्वर संधि
C. व्यंजन संधि D. भाव संधि

7. 'चन्द्रोदय' में कौन-सी संधि है?
A. यण संधि B. दीर्घ संधि
C. वृद्धि संधि D. गुण संधि

8. निम्नलिखित में से 'वृद्धि स्वर संधि' किस शब्द में है?
A. रजनीश B. महौषध
C. यतीन्द्र D. शोधार्थी

9. 'सदाशय' का सही संधि-विच्छेद होगा–
A. सद + आशय B. सतत + आशय
C. सत् + आशय D. सदा + आशय

10. 'सन्मार्ग' में कौन-सी संधि है?
A. स्वर संधि B. व्यंजन संधि
C. विसर्ग संधि D. इनमें से कोई नहीं

11. 'ज्ञानोदय' में कौन-सी संधि है?
A. स्वर संधि B. व्यंजन संधि
C. विसर्ग संधि D. इनमें से कोई नहीं

12. 'निराधार' में कौन-सी संधि है?
A. स्वर संधि B. व्यंजन संधि
C. विसर्ग संधि D. इनमें से कोई नहीं

13. निम्नलिखित शब्दों में से किसमें विसर्ग संधि है?
A. अतएव B. नरेन्द्र
C. सज्जन D. सदैव

14. निम्नलिखित शब्दों में से किसमें व्यंजन संधि है?
A. सप्तर्षि B. निराधार
C. सत्कार D. हिमालय

15. 'जगन्नाथ' किस संधि का उदाहरण है?
A. व्यंजन संधि B. विसर्ग संधि
C. दीर्घ स्वर संधि D. यण स्वर संधि

16. निम्नलिखित शब्द का संधि-विच्छेद क्या होगा?
भानूदय
A. भानु + उदय B. भानू + उदय
C. भानू + ऊदय D. भानु + ऊदय

17. 'निर्गुण' का संधि-विच्छेद होगा–
A. निर + गुण B. नि + गुण
C. निः + गुण D. निर + गुण

18. 'महेन्द्र' का संधि विच्छेद है–
A. मही + इन्द्र B. महो + इन्द्र
C. महा + इन्द्र D. इनमें से कोई नहीं

19. 'यद्यपि' का संधि विच्छेद है–
A. यदि + अपि B. यद् + द्यपि
C. यद्यि + अपि D. यद + अपि

20. निम्नलिखित में 'भारतेंदु' का सही संधि-विच्छेद है–
A. भारत + तेन्दु B. भार + तेन्दु
C. भारत + एन्दु D. भारत + इन्दु

21. 'उद्घाटन' शब्द का सही संधि-विच्छेद होगा–
A. उत् + घाटन B. उद् + घाटन
C. उद्ध + आटन D. इनमें से कोई नहीं

22. 'सत्कर्म' का संधि-विच्छेद है–
A. सत + कर्म B. सतत् + कर्म
C. सत् + कर्म D. सम + कर्म

23. 'अत्यन्त' शब्द का सही संधि-विग्रह है–
A. अत् + यन्त B. अति + यन्त
C. अति + अन्त D. अत् + अन्त

24. निम्नलिखित शब्द का सही संधि-विच्छेद चुनिए–
ब्रह्माण्ड
A. ब्रह्मा + अंड B. ब्रह्मण + अंड
C. बृहत् + अंड D. बृह + माण्ड

25. 'निरपेक्ष' शब्द का संधि-विच्छेद होगा–
A. निर् + पेक्ष B. नि + पेंक्ष
C. निर + पेक्ष D. निः + अपेक्ष

26. तत् + शंकर की संधि होगी–
A. तत्शंकर B. तच्छंकर
C. तक्षंकर D. उपर्युक्त में से कोई नहीं

27. 'कठोपनिषद्' का संधि-विच्छेद होगा–
A. कटु + उपनिषद् B. कठो + उपनिषद्
C. कठोप + निषद् D. कठ + उपनिषद्

28. 'भावुक' का संधि-विच्छेद होगा–
A. भाव + उक B. भो + ऊक
C. भव्य + उक D. भौ + उक

29. 'विद्यामंदिर' का विग्रह होगा–
A. विद्या का मंदिर B. विद्या के लिए मंदिर
C. विद्या और मंदिर D. विद्या के समान मंदिर

30. 'उत्कोच' का संधि विच्छेद होगा–
A. उद् + कोच B. उत् + कोच
C. उत + कोच D. उद + कोच

31. कौन-सा शब्द विसर्ग संधि का नहीं है?
A. यशोगान B. निष्कपट
C. मनोहर D. अभिषेक

32. 'मनीषा' का संधि-विच्छेद है–
A. मनि + ईषा B. मनी + ईषा
C. मनस् + ईषा D. मणि + ईशा

33. निम्नलिखित में से दीर्घ संधि का उदाहरण कौन-सा है?
A. नरेश B. नेति
C. मध्वाचार्य D. कामायनी

34. 'अति + उक्ति' शब्दों की संधि करने पर शब्द होगा–
A. अत्युक्ति B. अत्योक्ति
C. अतियुक्ति D. अतिउक्ति

35. 'निराधार' शब्द का संधि-विच्छेद है–
A. निः + आधार B. निरा + आधार
C. निरम् + आधार D. निर् + आधार

36. 'अन्वेषण' का संधि-विच्छेद होगा–
A. अन + वेषण B. अनु + एषण
C. अनु + ऐषण D. अन् + वेषण

37. 'सज्जन' का संधि-विच्छेद होगा–
A. सज् + जन B. सद् + जन
C. सत् + जन D. स + ज् + जन

38. 'इत्यादि' का सन्धि-विच्छेद होगा–
A. इत + आदि B. इति + यादि
C. इति + आदि D. इत्य + आदि

39. 'दुर्जन' का सन्धि-विच्छेद होगा–
A. दुर + जन B. दु + जन
C. दुः + जन D. दु + रजन

40. 'नमस्ते' शब्द का सन्धि-विच्छेद है–
A. नम + स्ते B. नमस् + ते
C. नमः + स्ते D. नमः + ते

41. 'महोत्सव' का संधि-विच्छेद है–
A. महा + उत्सव B. महो + उत्सव
C. मह + ओत्सव D. मही + उत्सव

42. 'पवन' का शुद्ध सन्धि-विच्छेद है–
A. पो + अन B. पव + अन
C. पः + अवन D. पव + न्

43. 'विष्णवे' का संधि-विच्छेद है–
A. विष्णु + ए B. विष्णो + ए
C. विष्णु + अए D. विष्णु + अवे

44. 'स्वागतम्' में कौन-सी संधि है?
A. गुण संधि B. यण् संधि
C. वृद्धि संधि D. दीर्घ संधि

45. 'उच्चारण' में कौन-सी संधि है?
A. व्यंजन संधि B. स्वर संधि
C. विसर्ग संधि D. विलोम संधि

46. 'उल्लेख' का संधि-विच्छेद है–
A. उल् + लेख B. उत् + लेख
C. उल्ल + लेख D. उ + आलेख

47. 'अत्याचार' का शुद्ध संधि-विच्छेद है–
A. अत्य + आचार B. अति + चार
C. अत्या + चार D. अति + आचार

48. 'दिगम्बर' का संधि-विच्छेद क्या होगा?
A. दिग् + अम्बर B. दिक् + अम्बर
C. दिग + अम्बर D. दिक + अम्बर

49. 'पावक' का शुद्ध संधि-विच्छेद होगा–
A. पौ + अक B. पा + अवक
C. पव + अक् D. पाव + अक

50. 'उपैति' का संधि-विच्छेद बताइए–
A. अप + इति B. उपै + इति
C. उप + ऐति D. उप + एति

51. 'नवोढ़ा' का सन्धि-विच्छेद है–
A. नव + उढ़ा B. नवो + ढ़ा
C. नव + ऊढ़ा D. न + ओढ़ा

52. 'उड्डयनम' का सन्धि-विच्छेद होगा–
A. उत + डयनम् B. उद् + डयनम्
C. उड + अयनम् D. उड् + डयनम्

53. 'दिंगत' शब्द का संधि-विच्छेद होगा–
A. दिक् + अंत B. दिग् + अंत
C. दि + गंत D. दिग + अंत

54. 'परिच्छेद' में कौन-सी सन्धि है?
A. व्यंजन संधि B. दीर्घ संधि
C. विसर्ग संधि D. वृद्धि संधि

55. 'अन्यान्य' शब्द का संधि-विच्छेद होगा–
A. अ + न्यान्य B. अन्य + अन्य
C. अन् + यान्य D. अन्या + आन्य

56. व्यंजन संधि का उदाहरण नहीं है–
A. उत् + चारणम् = उच्चारणम्
B. रामस् + टीकते = रामष्टीकते
C. गंगा + उदकम = गंगोदकम्
D. सत् + चित् = सच्चित्

57. स्वस्त्यस्तु का संधि-विच्छेद होगा–
A. स्वस्ति + अस्तु B. स्वः + अस्त्यस्तु
C. स्वस्त्य + अस्तु D. स्व + स्त्यस्तु

58. 'तेजोमय' का सही सन्धि-विच्छेद है–
A. तेज + ओमय B. तेजः + अमय
C. तेजः + मय D. तेजो + मय

59. 'तथेति' का सन्धि-विच्छेद होगा–
A. तथ + इति B. ता + थेति
C. तथा + इति D. तथा + इत

60. 'वृहस्पति' का संधि-विच्छेद है–
A. वृहस + पति B. वृहस् + पति
C. वृहः + पति D. वृहश् + पति

61. 'व्याप्त' में संधि है–
A. गुण संधि B. दीर्घ संधि
C. यण् संधि D. अयादि संधि

62. 'पित्राकृतिः' का शुद्ध संधि विच्छेद है–
A. पितृ + आकृतिः B. पित्र + आकृतिः
C. पित्रृ + आकृतिः D. पितु + आकृतिः

63. 'न्यून' का संधि विच्छेद होगा–
A. नि + ऊन B. न्यू + नन
C. नव + ऊन D. नवी + नन

64. 'षडानन' में कौन-सी संधि है?
A. दीर्घ संधि B. वृद्धि संधि
C. यण संधि D. गुण संधि

65. 'धर्मात्मा' में कौन-सी संधि है?
A. स्वर संधि B. व्यंजन संधि
C. विसर्ग संधि D. यण संधि

66. 'रेखांकित' में प्रयुक्त संधि है–
A. गुण संधि B. वृद्धि संधि
C. दीर्घ संधि D. स्वर संधि

67. 'निश्छल' में कौन-सी संधि है?
A. गुण संधि B. स्वर संधि
C. दीर्घ संधि D. वृद्धि संधि

68. 'दुरुपयोग' में प्रयुक्त संधि है–
A. स्वर संधि B. यण संधि
C. गुण संधि D. दीर्घ संधि

69. 'अत्यावश्यक' का संधि विच्छेद है–
A. अ + आवश्यक B. अति + आवश्यक
C. अत्य + आवश्यक D. अत्या + वश्यक

70. 'वाङ्मय' का संधि विच्छेद है–
A. वांग + मय B. वाक् + मय
C. वान् + मय D. इनमें से कोई नहीं

71. 'उपर्युक्त' का संधि विच्छेद क्या है?
A. उप + रूक्त B. उपरि + उक्त
C. उपर + युक्त D. उपः + युक्त

72. 'चन्द्रोदय' शब्द में है–
A. स्वर संधि
B. व्यंजन संधि
C. विसर्ग संधि
D. इनमें से कोई नहीं

73. 'निष्कपट' का संधि विच्छेद है–
A. निः + कपट
B. निष + कपट
C. नि + कपट
D. इनमें से कोई नहीं

74. 'प्रत्युपकार' का सही संधि विच्छेद है–
A. प्रत्युप + कार B. प्रति + उपकार
C. प्रत्यु + उपकार D. प्रत्य + उपकार

75. 'स्वागत' शब्द का संधि विच्छेद है–
A. स्वा + गत B. स्व + आगत
C. सु् + वागत D. सु + आगत

76. 'प्रत्यंग' शब्द में कौन-सी संधि है?
A. वृद्धि संधि B. दीर्घ संधि
C. गुण संधि D. यण संधि

उत्तरमाला

1	**2**	**3**	**4**	**5**	**6**	**7**	**8**	**9**	**10**
A	A	B	C	D	A	D	B	C	B
11	**12**	**13**	**14**	**15**	**16**	**17**	**18**	**19**	**20**
A	C	A	C	A	A	C	C	A	D
21	**22**	**23**	**24**	**25**	**26**	**27**	**28**	**29**	**30**
A	C	C	A	A	B	D	D	A	B
31	**32**	**33**	**34**	**35**	**36**	**37**	**38**	**39**	**40**
D	C	C	A	A	B	C	C	C	D
41	**42**	**43**	**44**	**45**	**46**	**47**	**48**	**49**	**50**
A	A	B	B	A	B	D	B	A	C
51	**52**	**53**	**54**	**55**	**56**	**57**	**58**	**59**	**60**
C	A	A	A	B	C	A	C	C	C
61	**62**	**63**	**64**	**65**	**66**	**67**	**68**	**69**	**70**
C	A	A	A	A	C	B	A	B	B
71	**72**	**73**	**74**	**75**	**76**				
B	A	A	B	D	D				

अध्याय 7

पर्यायवाची शब्द

एकार्थ बोधक शब्दों को पर्यायवाची शब्द कहा जाता है। पर्यायवाची शब्दों में से कुछ पूर्ण पर्याय तथा कुछ अपूर्ण पर्याय की श्रेणी में आते हैं। पूर्ण पर्याय—कपि, वानर, मर्कट, प्लवंग आदि बन्दर के पर्याय हैं। अपूर्ण पर्याय—कृपा, दया, करुणा को कहा जाता है, किन्तु इनके प्रयोग में बहुत अन्तर है। भाषा के सूक्ष्म अध्ययन की दृष्टि से अपूर्ण पर्यायों के मध्य सूक्ष्म अन्तर होता है। इस अन्तर को देखते हुए ही उनका प्रयोग किया जाता है। हिन्दी के शब्द-भंडार की पर्याप्त वृद्धि हुई है। हमारे देश में संस्कृत समृद्ध भाषा है जिससे हिन्दी को बहुत-से शब्द प्राप्त हुए हैं, अतएव पर्यायवाची शब्दों की दृष्टि से हिन्दी समृद्ध है। नीचे कुछ उपयोगी पर्यायवाची शब्द दिए गए हैं :

अंक : क्रोड़, गोद, पार्श्व

अंगिका : अंगिया, कंचुकी, चोली

अश्व : घोड़ा, तुरंग, हय, घोटक, वाजि

अग्नि : अरुण, अनल, कृशानु, धनंजय, पावक, वह्नि, वैश्वानर, हुताशन, हव्यवाहन

अन्तःपुर : जनानखाना, भोगपुर, रनिवास, राजमहिषीनिवास, हरम

अंधकार : अंधियारा, अंधेरा, तम, तिमिर, ध्वान्त

अतिथि : अभ्यागत, आगन्तुक, पाहुन, मेहमान

अध्यापक : अवबोधक, आचार्य, गुरु, प्रवक्ता, व्याख्याता, शिक्षक, उपाध्याय

अनाज : अन्न, गल्ला, धान्य, शस्य

अर्जुन : गुडाकेश, गाण्डीवधारी, धनंजय, पार्थ, भारत, सव्यसाची

अमृत : अमिय, पीयूष, सुधा, सोम

आकाश : अभ्र, अम्बर, अन्तरिक्ष, अनंत, गगन, घनवास, नभ, पुष्कार, व्योम, वियत, शून्य

आकांक्षा : इच्छा, अभिलाषा, चाह, कामना

आभूषण : अलंकार, आभरण, गहना, जेवर, भूषण, विभूषण

आम : अति-सौरभ, आम्र, पिकवल्लभ, फलश्रेष्ठ, फलराज, रसाल, सहकार, रसघट

इन्द्राणी : इन्द्रा, इन्द्रवधू, पुलोमजा, पौलोमी, माहेन्द्री, शची

इन्द्र : पाकशासन, पुरन्दर, पुरुहूत, वासव, बृत्रहा, शक्र, शचीपति, सुरपति, सुराता

इन्द्रधनुष : इन्द्रायुध, ऋजुरोहित, शक्रचाप, सप्तवर्ण, सुरधनु

ईश : अज, ईश्वर, त्रिलोकीनाथ, परमात्मा, परमेश्वर, परमानन्द, ब्रह्मा, भगवान्, महेश्वर

उत्पत्ति : आविर्भाव, उद्‌भव, जनन, जन्म, पैदाइश, प्रसूति

ऊँट : उष्ट्र, क्रमेलक, महाग्रीव, लम्बोष्ठ

एकान्त : अकेला, एकाकी, निर्जन, शून्य, सुनसान, सूना

ऐक्य : एकता, बराबरी, सादृश्य, समानता

ऐश्वर्य : भूति, लक्ष्मी, वैभव, विभूति, श्री, सम्पदा, सम्पत्ति

ऐरावत : अभ्रमातंग, इन्द्रवाहन, गजेन्द्र

ओष्ठ : अधर, दशनच्छद, रदनच्छद, ओंठ

ओस : तुहिनकण, तुषार, प्रालेय, हिम बिन्दु, हिमसीकर, हिमकण

औषधि : दवा, दवाई, भेषज, गदह

कटि : मध्य, कमर, करहावं, अवलग्न, उदर, नाभि भाग, श्रोणि

कण्ठ : ग्रीवा, शिरोधरा, गला

कपूर : कर्पूर, घनसार, हिमवालुका

कमल : अरविन्द, अम्बुज, अम्भोज, अम्भोरुह, इन्दीवर, उत्पलकंज, कुशेशय, कुवलय, जलज, तामरस, नलिन, नीरज, पंकज, वारिजात, सरोज, सरसिज

कर : अग्रहस्त, पाणि, भुज, बाहु, हस्त

कर्त्तव्य : कृत्य, कार्य, विधेय, अनुष्ठेय, करणीय, आचरणीय

करुणा : कृपा, दया, प्रसाद, अनुग्रह, अनुकम्पा, आनुकूल्य, अनुक्रोश

कल्याण : मंगल, भद्र, क्षेम, शुभ, शिव, श्रेय, निःश्रेयस्

कल्पवृक्ष : पारिजात, देवद्रुम, कल्पद्रुम, मन्दार, हरिचन्दन, कल्पतरु

कली : कलिका, मुकुल

कस्तूरी : मृगमद, मदलता, मृगनाभि
कष्ट : पीड़ा, वेदना, व्यथा, कृच्छ, संकट, विपत्ति, आर्ति, आपत्ति, आपदा, दुःख
काक : काग, कौआ, एकाक्ष, वायस, द्रोण
कान्ति : छटा, शोभा, द्युति, प्रभा, विभा, आभा, सुषमा
कामदेव : अनंग, अतनु, काम, कंदर्प, पंचशर, पंचवाण, मदन, मन्मथ, मीनकेतु, मनोभव, मयन, मनसिज, मार, मकरध्वज, मनोज, रतिपति, स्मर
कायाकल्प : शरीर शोधन, पुनर्रचना, पुनर्निर्माण, जीर्णोद्धार, परिवर्तन
किरण : रश्मि, मरीचि, मयूख, कर, अंशु
कुबेर : धनद, किन्नरेश, धनाधिप, श्रीद, जनेश्वर, यक्षपति, राजेश्वर
कुमारी : कन्या, अनूदा, अविवाहिता
कुशल : दक्ष, निपुण, प्रवीण, सिद्धहस्त, पटु, चतुर
कुहरा : कुहेलिका, कुहा, कुहासा, कुहर, प्रालेय, कुहरधूम
केला : कदली, गजवासा, रम्भाफल, मोचा, भानुफल, कुंजरासना
केश : बाल, कच, शिरोरुह, कुन्तल, अलक, मूर्धज
केशर : कुंकुम, कश्मीरज, परिमल, जाफरान
कृपा : दया, अनुग्रह, अनुकम्पा
कृष्ण : केशव, गिरधर, कंसारि, गोपीनाथ, माधव, मुरलीधर, द्वारिकाधीश, ब्रजभूषण, दामोदर, यदुनन्दन, मुकुन्द, गोपीवल्लभ, राधावल्लभ, रुक्मिणीवल्लभ, ब्रजवल्लभ, वंशीधर
कोयल : कोकिला, वासंती, पिक, वनप्रिया, मंजुघोषी, कलकंठ, कुहूकंठ, वसन्तदूत, मदालापी
क्रूर : निर्दय, भयावना, भयंकर, नीच, दुष्ट
क्रोध : कोप, रोष, गुस्सा, कोह, तैश, आवेश
क्षिति : पृथ्वी, धरा, वसुंधरा, भूमि, प्रलय काल, गोरोचन
क्षितिज : मंगलग्रह, केंचुआ, नरकासुर, वृक्ष, दिशान्त, आकाश
क्षुद्र : कृपण, अधम, नीच, अल्प, निर्धन
क्षुब्ध : क्रुद्ध, चंचल, चपल, कुपित, व्याकुल, विह्वल
खग : पक्षी, पंछी, चिड़िया, वाण, तीर, गंधर्व, ग्रह, तारा, चन्द्रमा, सूर्य, देवता, बादल, वायुयान
खर : खच्चर, गधा, सख्त, तिनका, मूर्ख, अमांगलिक
खल : नीच, दुष्ट, पाजी, कमीना, बदमाश, चुगलखोर, निर्लज्ज, खलिहान, खली
खेल : क्रीड़ा, केलि, तमाशा, अभिनय, विहार, खिलवाड़
खोज : तलाश, अनुसंधान, अन्वेषण, निशान, चिह्न
गंगा : भागीरथी, मंदाकिनी, जाह्नवी, सुरनदी, देवनदी, देवापगा, सुरसरि, विष्णुपदी, त्रिपथगा, त्रिधारा
गण : झुंड, समूह, समुदाय, जत्था, श्रेणी, सेवक, दूत, अनुचर, अनुयायी
गणेश : गणनायक, गणपति, विघ्नेश, गजानन, एकदन्त, लम्बोदर, भालचन्द्र, विघ्नहरण, शंकरसूत, गिरिजानन्दन, सुरश्रेष्ठ, सिद्धिदाता
गज : कुंजर, हस्ति, द्विप, करि, हाथी
गुप्त : छिपा, अप्रत्यक्ष, परोक्ष, रहस्यपूर्ण, गूढ़ वैश्य
गुरु : शिक्षक, आचार्य, अध्यापक, उपदेशक, उपाध्याय, बड़े आकार का
गृह : घर, गेह, निवास, मकान, वंश, खानदान, निकेत, आलय, धाम, सदन भवन, परिवास
गेंद : कन्दुक, गेन्दुक, गिरिक, कंदु, गोय
गौ : कपिला, गऊ, गाय, गैया, जननी, माता, धात्री, सुरभी, इला, पावनी
गौरव : महत्त्व, बड़प्पन, स्वाभिमान, सम्मान, आदर, अभ्युत्थान, गुरुता
गौरी : पार्वती, गिरिजा, कन्या, तुलसी, शुभ्रा, गौ, हल्दी, गंगा, गौरवर्णी
ग्रह : नक्षत्र, चन्द्र या सूर्यग्रहण, तंग करने वाला, अनुग्रह या कृपा
घट : घड़ा, शरीर, मन, हृदय, कुम्भराशि, कलश, जलपात्र
घमंड : अभिमान, गर्व, अहंकार, सहारा, भरोसा, दंभ
घी : घृत, क्षीरसार, जीवन, घिड, नवोद्धृत, हविष्य, अमृतसार
चन्दन : मलय, हरिगंध, हरिभूषण, चन्द्रकान्त, दारुसार, दिव्यगंध
चन्द्रमा : शशि, हिमांशु, इन्दु, कलाधर, अंशुमाली, सोमराज, निशाकर, रजनीपति, सुधांशु
चन्द्रिका : ज्योत्सना, कौमुदी, चाँदनी, उजियारी, चन्द्रप्रभा, चन्द्रछटा, वितान, तोरण
चेटक : सेवक, नौकर, दूत, जादू, माया
चेतन : आत्मा, जीव, मनुष्य, प्राणी, परमेश्वर, ब्रह्मज्ञान
छल : कपट, प्रपंच, धोखा, छद्म, धूर्तता
छाया : कान्ति, दीप्ति, अँधेरा, प्रतिबिम्ब
जंगल : विपिन, अरण्य, वन, कानन, विजन, द्रुमालय
जनक : पिता, बाप, जन्मदाता, उत्पादक, विदेह, मिथिलाधिपति, सीता के पिता
जननी : माता, माँ, जन्मदात्री, धात्री
जुगनू : खद्योत, पटबीजना, प्रभाकीट, ज्योतिरिंगण
ज्योति : प्रभा, प्रकाश, उजाला, लपट, लौ, अग्निशिखा, किरण
झंडा : पताका, निशान, ध्वजा, ध्वज, केतुक, चिह्न
झूठा : असत्यवादी, मिथ्यावादी, अयथार्थवादी, मृषाभाषी, गलत, कल्पित, अन्यथा
झूला : हिंडोला, झोंका, आगे-पीछे हिलना-डुलना, एक प्रकार का ढीला कुर्ता
टंकार : ध्वनि, शब्द, कीर्ति, प्रसिद्धि
ठग : धूर्त, छली, वंचक, धोखेबाज
डिंब : अंडा, हलचल, पुकार, दंगा, लड़ाई, फेफडा, प्लीहा
तन्तु : सूत, डोरा, धागा, ग्राह, सन्तान, विस्तार, वंशपरम्परा
तरुण : युवा, जवान, नया, नूतन, नवीन
तोता : शुक, सुआ, कीर, प्रियदर्शन, फलाशन, हरि, सुग्गा, सुवना, सुवटा

थल	: पृथ्वी, स्थान, जगह, भूमि, ठिकाना, धरती	**बंग**	: एक धातु, बंगाल, उद्दंड

थल : पृथ्वी, स्थान, जगह, भूमि, ठिकाना, धरती

दधिसुत : कमल, मोती, मुक्ता, चन्द्रमा, जालंधर, दैत्य, विष, मक्खन, नवनीत

द्रोण : द्रोणाचार्य (कौरव-पांडवों के गुरु), द्रोणाचल, भारद्वाज, कुम्भ, योनि, कुम्भज, कौआ, वृक्ष

द्विज : ब्राह्मण, चन्द्रमा, दाँत, पक्षी, प्राणी, अंडज, तोता

धनुष : धनु, चाप, कमान, धन्वा

धर्म : सदाचार, पंथ, सम्प्रदाय, मत, नीति, न्याय व्यवस्था, स्वभाव, व्यवहार, प्रकृति, कर्त्तव्य

धात्री : माँ, माता, गंगा, आँवला, भूमि, पृथ्वी, सेना, फौज, गाय, आया, उपमाता

ध्रुव : एक राजा का नाम (उत्तानपाद का पुत्र), दृढ़, पक्का, धुरा, अटल, ध्रुवतारा, बरगद, विष्णु, हर

नन्दन : शिव, केसर, चन्दन, विष्णु, बादल, स्वर्ग-उद्यान, पुत्र

नाग : सर्प, साँप, शार्क, हाथी, बादल, खूँटी, राँगा, पान, धूर्त, दुष्ट

निशाचर : राक्षस, उल्लू, शृंगाल, सर्प, चक्रवाक, निशिचर, पिशाच

निशीथ : रात्रि, अर्धरात्रि

निष्ठा : श्रद्धा, धर्म, मृत्यु, निपुणता, उत्कृष्टता, विश्वास, निर्वाह, निश्चय

नीति : नय, राजविद्या, ढंग, रीति, आचार-पद्धति, हिकमत, तरकीब

नीरद : घन, बादल, जलद, वारिद

नृप : राजा, नरपति, महिपाल, भूपति, भूपाल, महीपति

पंचम : पाँचवाँ, सुन्दर, मधुर, रुचिर, सरगम का पंचम स्वर

पक्षिराज : गरुड़, पक्षीपति, पक्षीन्द्र, खगराज, उरगारि, नागारि

पति : स्वामी, प्राणनाथ, नाथ, कान्त, भर्त्ता, दूल्हा, प्रियतम, ईश्वर, शिव

पय : दूध, क्षीर, दुग्ध, जल, पानी

पयोधर : स्तन, बादल, नारियल, पर्वत, तालाब, समुद्र, ईख

परिणय : पाणिग्रहण, विवाह, ग्रंथिबंधन, शादी

पाणि : हाथ, हस्त, कर, विवाह, करतल, हस्ततल

पायक : सेवक, अनुचर, हरकारा, दूत, पदाति, सिपाही, पीने वाला

पार्वती : उमा, कुमारी, गिरजा, शिवा, भवानी, गौरी, सर्वमंगला, शैलात्मजा, शैला, जया, त्रिपुर सुन्दरी

पिता : जनक, तात, पितृ, जनिता, बाप

पिशाच : पिशाचक, भूत, प्रेत, विधर्मी, देवयोनि, दुराचारी, अनाचारी, बातुल

पुरन्दर : इन्द्र, विष्णु, चोर, ज्येष्ठा नक्षत्र, मिर्च

पौलस्त्य : पुलस्त्य का वंशज, कुबेर, रावण, कुंभकर्ण, विभीषण, चन्द्र

प्रदीप्ति : आभा, चमक, प्रकाश, रोशनी, दीप्ति

प्रभु : अधिपति, ईश्वर, नायक, पारद, स्वामी

प्लवंग : वानर, मृग, पाकर वृक्ष

फणि : सर्प, नाग, फनियर, अन्नत, साँप

बंग : एक धातु, बंगाल, उद्दंड

बनज : कमल, शंख, मछली, वन्यप्राणी

बहिन : भगिनी, सहोदरा, अनुजा

बालिका : कन्या, पुत्री, बेटी, छोटी इलायची

बिम्ब : प्रतिबिम्ब, छाया, कुंदरु, सूर्यमण्डल, चन्द्रमण्डल, आभा, झलक

बिजली : विद्युत्, चपला, तड़ित्, दामिनी, सौदामिनी, घनबाम, घनज्वाला, सूर्यपुत्री, क्षणदा, अचिर, प्रभा

बिहान : सबेरा, प्रातः, भोर, भिनसार

ब्रह्मा : विधाता, सृष्टिकर्ता

ब्राह्मण : द्विज, विप्र, अग्नि, प्रथमवर्णा, विष्णु, अग्नि, मन्त्र से रहित वेदांश

ब्राह्मी : रोहिणी नक्षत्र, एक बूटी, वाणी, शक्ति, सरस्वती

भंगिमा : कुटिलता, टेढ़ापन, अंग, निवेश, अन्दाज, लहर, कल्लोल, भंग, ब्याज, प्रतिकृति

भक्ति : ईश्वरानुराग, श्रद्धा, विश्वास, आस्था, सेवा, सुश्रूषा, स्नेह, अंग, भाग, देवी

भर्त्ता : पति, स्वामी, अधिपति, विष्णु, रक्षक, प्रतिपालक

मंगल : एक ग्रह, कल्याण, सप्ताह के दिन का नाम, विष्णु, शुभ, कुशल, क्षेम

मतंग : एक ऋषि, हाथी, बादल

मनीषी : पंडित, ज्ञानी, बुद्धिमान्, चिन्तनशील

मरुत् : पवन, प्राण, सौन्दर्य, वायु

मषि : सुरमा, काजल, स्याही रोशनाई (मसि)

मित्र : सुहृत, मीत, साथी, संगी, सखा, सहवासी, हितैषी, सूर्य, आतीस, स्नेही

मिश्र : मिला हुआ, ब्राह्मणों की एक उपजाति, पूज्य, श्रेष्ठ, मिश्रित, सन्निपात वैद्य

मीनाक्षी : एक देवी मछली के समान सुन्दर नेत्र वाली, कुबेर-कन्या, गाड़र दूब, ब्राह्मी बूटी

मुक्ति : मोचन, उद्धार, परित्राण, निस्सार, परमगति, परमधाम, परमफल, मोक्ष, ब्रह्मगति, सिद्धि, आत्म-सिद्धि, निःश्रेयस, अपवर्ग, परमार्थ, परमपद

मेखला : करधनी, तगड़ी, किंकिणी, अलफी, नर्मदा नदी, यज्ञवेष्टन-सूत्र, क्षुद्र-घंटिका, करगदा, मौञ्जी

मोक्ष : बंधनमुक्ति, चार पुरुषार्थों में से एक, छुटकारा, मुक्ति, परमानन्द की प्राप्ति, मृत्यु, पांडर वृक्ष

मृग : हरिण, कुरंग, सारंग, सुरभी, चीतल, हिरन

यंत्र : मशीन, वाद्य, ताला, बन्दूक, वीणा, नियंत्रण

यंत्रणा : कष्ट, यातना, दर्द, पीड़ा, वेदना, दुःख

यज्ञ : याग, अध्वर, मख, ऋतु, जाग, होम, तीर्थ, हरिकर्म, जाक, सुधासूति, अनुष्ठान, ज्योतिष्टोम

यम : यमज, जुड़वाँ, कौआ, शनि, विष्णु, यमराज, दण्ड, सोम, मन तथा इन्द्रियों को वशीभूत करना, दक्षिण-दिशा

यवन : वेग, मुसलमान, म्लेच्छ, घोड़ा, यमन

योनि : शरीर, उत्पत्ति, स्थान, भग, जल, गर्भाशय, अन्तःकरण, मदनसदन, स्त्रीलिंग

रक्त : रुधिर, लहू, खून, शोणित, लाल, कमल, सिन्दूर, अनुरक्त, प्राणद, बंधक, कुसुम्भ, ताम्बा, हिंगुल

रज : पराग, धूल, जल, बादल, भुवन, रात, ज्योति

रजनी : निशा, रात, हल्दी, लाख, यामिनी, रम्या, तमी, निशीथिनी

रत्नाकर : समुद्र, सागर, महोदधि, जलधि, रत्नसमूह

रसाल : आम, गन्ना, कटहल, गेहूँ, अम्लबेत, मधुर, रसिक

रहस्य : गुप्त, भेदपूर्ण, गूढ़, मर्म, हँसी-ठट्ठा

राक्षस : दैत्य, असुर, निशाचर, दुष्ट प्राणी, सर्प, यातुधान, पिशाच, म्लेच्छ, माँसाहारी, दस्यु, सुरारि, अमानुष

राग : प्रेम, अनुराग, संगीत की लय, महावर, लाल रंग, मोह, सूर्य

राघव : श्रीराम, पद्म, हाथी, एक प्रकार की मछली, धारीदार, एक प्रकार का छन्द जिसे माला छन्द भी कहते हैं।

राधा : ब्रजरानी, वृषभानुजा, हरिप्रिया, राधिका, वृषभानु सुता

लक्ष्मण : रामानुज, चिह्न, नाग, सारस, लक्षणयुत, भाग्यवान

लक्ष्मी : विष्णु-पत्नी, कमला, रमा, इन्दिरा, श्री, उदधिसुता, लोकमाता, हरि-वल्लभा, नारायणी, कमलालय

लिंग : चिह्न, प्रतीक, निशान, शिश्न, शिवलिंग

लोकनाथ : ब्रह्मा, लोकपाल, बुद्ध, राजा, विष्णु, शिव, लोकप, लोकनेता, लोकाधिपति, ईश्वर, परमात्मा, लोकेश्वर

लौ : दीपशिखा, लपट, लगन, आशा, ज्वाला

बंचक : धूर्त, दुष्ट, कपटी, ठग, चोर, प्रतारक, शृंगाल

वणिक : वैश्य, व्यापारी, बनिया

वत्स : बछड़ा, शिशु, बालक, छाती

वाणी : सरस्वती, रसना, जिह्वा, शब्द, स्वर, वाक्शक्ति

विद्रुम : प्रबाल, मूँगा, कोंपल, रत्नविशेष

विप्रलम्भ : वियोग, विरह, छल, धोखा, धूर्तता, बुरा काम

विभु : महान्, परमेश्वर, ब्रह्म, शक्तिशाली, स्वामी, सर्वव्यापक

विभूति : विभव, ऐश्वर्य, धन, सम्पत्ति, लक्ष्मी, भस्मी

विश्वकर्मा : उपयोगी कलाविज्ञ (बढ़ई, लोहार, कुम्हार आदि), ईश्वर, शिव (तैंतीस करोड़ देवताओं में से एक जो निर्माण कार्य करते हैं।)

विष्णु : उपेन्द्र, जनार्दन, पद्मनाभ, श्रीपति, चक्रपाणि, विश्वम्भर, जगत्पति

विहंग : पक्षी, खग, चिड़िया, वाण, मेघ, चन्द्रमा, ग्रह

वृषल : सम्राट चन्द्रगुप्त, जाति विशेष, शूद्र, दुराचारी, घोड़ा, गाजर, शलजम

वृष्णि : श्रीकृष्ण, यदुवंश, मेघ, बादल, इन्द्र, अग्नि, वायु, ज्योति, गौ, मेढ़ा

वेद : सर्वाधिक प्राचीन धर्म ग्रन्थ, ज्ञान, वृत्त, यज्ञांग, आम्नाय

वेदी : हवन अथवा यज्ञ स्थली, सरस्वती, पंडित, ज्ञानी

वैदेही : विदेह नन्दिनी, जानकी, सीता, श्रीरामवल्लभा, रोचना, पिप्पली, पीपल

व्योम : आकाश, अन्तरिक्ष, गगन, मेघ, बादल, जल

व्रीड़ा : लज्जा, शर्म, संकोच, लाज, हया

शंकर : भोलेनाथ, शिव, महादेव, शम्भू, आशुतोष, उमापति, चन्द्रमौलि, वृषभध्वज, शुभ, मंगलकारक, लाभप्रद, धूर्जटी, पिनाकी, नीलकंठ

शाम्बरी : माला, इन्द्रजाल, जादूगरनी, मायाविनी, चन्दन विशेष, मूषकर्णी, लोध्र

शार्दूल : बाघ, शेर, चीता, राक्षस, पक्षी-विशेष, चित्रक वृक्ष, सर्वश्रेष्ठ, सर्वोत्तम

शिक्षक : गुरु, उस्ताद, अध्यापक, विद्यादाता, सिखाने वाला, उपदेशक

शिखि : मयूरी, अग्नि, कामदेव

शिष्टाचार : सभ्याचरण, उत्तम व्यवहार, आवभगत, विनय, नम्रता, सत्कार

षड्ऋतु : छः ऋतुएँ—बसन्त, ग्रीष्म, वर्षा, शरद्, हेमन्त, शिशिर

सन्तान : बाल-बच्चे, सन्तति, वंश, कल्पवृक्ष, विस्तार

सर्प : अहि, भुजंग, साँप, विषधर, नाग

सरस्वती : वाग्देवी, शारदा, वाणी, वागीश्वरी, भारती, वीणा-वादिनी, रागिनी, ब्राह्मी, सोमलता, विद्या

सागर : समुद्र, जलधि, जलाशय, बड़ा तालाब, झील, एक मृग, उदधि, पयोधि, अर्णव

सारंग : कोमल, सूर्य, सिंह, हंस, मयूर, अश्व, गज, कपूर, श्रीकृष्ण, चन्द्रमा, जल, स्वर्ण, नक्षत्र, आकाश, दादुर, मौक्तिक, आभूषण, आदि

सुरभि : पृथ्वी, गौ, सुगंधि, तुलसी, श्रेष्ठ, शराब, मौलसिरी

सोना : स्वर्ण, कंचन, कनक, हेम, हाटक, धतूरा, गेरु

स्तुति : स्तवन, प्रशंसा, बड़ाई, दुर्गा

स्तन : कुच, उरोज, पयोधर, वक्षोज, पन, चूची

स्थावर : अचल, स्थिर, पर्वत, पहाड़, सम्पत्ति

हंस : एक आकर्षक पक्षी, प्राण वायु, सारंग, शिव, विष्णु, ब्रह्मा, सूर्य, कामदेव

हवा : पवन, वायु, भूत-प्रेत, यश, अफवाह, कीर्ति

हनुमान : पवनसुत, कपीश, महावीर, मारुति, आंजनेय, वात्तात्मज, रामदूत

हिम : बर्फ, शीत, जाड़ा, चन्दन, कर्पूर, चन्द्रमा, मोती, गंगा, ताजा मक्खन, कमल, हिमालय पर्वत

हिमालय : नगपति, पर्वतराज, हिमाचल, गिरीश, हिमगिरि, गिरीन्द्र, हिमाद्रि, नगाधिराज

ह्रस्व : लघु, छोटा, तनिक, थोड़ा, कम, नीच

अध्याय 8 विपरीतार्थक/विलोम शब्द

विपरीतार्थक शब्द

ऐसे शब्दों को विपरीतार्थक, विलोमार्थी अथवा विरोधी शब्द कहा जाता है जो किसी शब्द के ठीक विपरीत अर्थ प्रकट करते हैं। अंग्रेजी में जिन शब्दों को एण्टानिम्स (Antonyms) कहा जाता है हिन्दी में वही शब्द विलोमार्थी अथवा प्रतिकूल अर्थ के बोधक कहे जाते हैं। अतएव विलोमार्थी शब्दों को यदि हम परिभाषाबद्ध करना चाहें तो कह सकते हैं कि—'किसी एक शब्द के ठीक विपरीत अर्थ प्रकट करने वाले शब्द विलोम कहे जाते हैं। इन शब्दों को विपर्याय के रूप में भी जाना जाता है।'

नीचे उदाहरणार्थ विलोम शब्द दिये जा रहे हैं।

अन्दर–बाहर
अंतरंग–बहिरंग
अच्छा–बुरा
अनुराग–विराग
अपमान–सम्मान
अनाथ–सनाथ
अंधकार–प्रकाश
अगम–सुगम
अथ–इति
अमृत–विष
अवनति–उन्नति
अनिवार्य–वैकल्पिक
अगला–पिछला
अभिज्ञ–अनभिज्ञ
अनुकूल–प्रतिकूल
अभिमान–निराभिमान
अधुनातन–पुरातन
अमावस्या–पूर्णिमा
अनागत–विगत
अर्पण–ग्रहण
अंत–आदि
अवनि–अम्बर
अनुलोम–प्रतिलोम

अमर–मर्त्य
अनुग्रह–विग्रह
अतिवृष्टि–अनावृष्टि
अदोष–सदोष
अर्जन–विसर्जन
अलभ्य–लभ्य
अस्त–उदय
अल्पज्ञ–बहुज्ञ
अल्पायु–दीर्घायु
अर्थ–अनर्थ
अभ्यास–अनभ्यास
अंतर्द्वन्द्व–बहिर्द्वन्द्व
अंतर्मुखी–बहिर्मुखी
अपेक्षा–उपेक्षा
अग्रज–अनुज
अस्वस्थ–स्वस्थ
अग्र–पश्च
अतल–वितल
अकाल–सुकाल
अल्पसंख्यक–बहुसंख्यक
आदर–अनादर
आश्रित–अनाश्रित
आदत्त–प्रदत्त

आलोक–अंधकार
आलस्य–स्फूर्ति
आहार–निराहार
आदान–प्रदान
आकर्षण–विकर्षण
आकाश–पाताल
आपत्ति–सम्पत्ति
आतुर–अनातुर
आगमन–प्रस्थान
आजादी–गुलामी
आत्मीय–अनात्मीय
आद्र–शुष्क
आविर्भाव–तिरोभाव
आगत–अनागत
आग्रह–दुराग्रह
आचार–अनाचार, दुराचार
आस्था–अनास्था
आहूत–अनाहूत
आशीर्वाद–अभिशाप
आध्यात्मिक–भौतिक
आत्मा–परमात्मा
आयात–निर्यात
आरम्भ–अंत

आग–पानी
आस्तिक–नास्तिक
आवरण–अनावरण
आनन्द–शोक
आर्य–अनार्य
आय–व्यय
आरोह–अवरोह
आन्तरिक–बाह्य
इच्छा–अनिच्छा
इहलोक–परलोक
इकट्ठा–अलग
इष्ट–अनिष्ट
ईश–अनीश
ईश्वर–अनीश्वर, जीव
ईमानदार–बेईमान
ईषत्–अलभ्
ईद–मुहर्रम
उग्र–शान्त
उत्थान–पतन
उत्कर्ष–अपकर्ष
उत्कृष्ट–निकृष्ट
उदार–अनुदार
उपकार–अपकार

उपसर्ग–प्रत्यय
उपस्थित–अनुपस्थित
उपजाऊ–अनुपजाऊ
उन्मीलन–निमीलन
उपमेय–अनुपमेय
उद्यम–निरुद्यम
उपयुक्त–अनुपयुक्त
उतार–चढ़ाव
उदयाचल–अस्ताचल
उत्तरायण–दक्षिणायन
उच्च–निम्न
उन्नयन–पलायन
उत्तम–अधम
उधार–नकद
उनका–अपना
उत्तर–दक्षिण
उत्तीर्ण–अनुत्तीर्ण
उचित–अनुचित
ऊपर–नीचे
ऊँच–नीच
एक–अनेक
एकता–अनेकता
एड़ी–चोटी
एकतन्त्र–बहुतन्त्र
एकत्र–विस्तीर्ण
ऐक्य–अनैक्य
ओढ़ना–बिछौना
ओजस्वी–ओजहीन
औना–पौना–पूर्ण
औरत–मर्द
औचित्य–अनौचित्य
औदात्य–अनौदात्य
औपचारिक–अनौपचारिक
ऋत–अमृत
ऋजु–वक्र, कुटिल
ऋणात्मक–धनात्मक
कर्म–अकर्म
कपट–निष्कपट
कड़वा–मीठा
कच्चा–पक्का
कंटकित–अकंटकित
कर्कशा–कोमल

कपूत–सपूत
क्रम–अक्रम
कलुष–निष्कलुष
कुलदीप–कुलघाती
कोमल–कठोर
कृश–स्थूल
कलहप्रिय–शान्तिप्रिय
कृत्रिम–प्राकृत
क्रूर–अक्रूर
कुकृत्य–सुकृत्य
कड़ा–मुलायम
कमी–अधिकता
कोप–कृपा
कुमार्ग–सुमार्ग
क्रोध–क्षमा
कटु–मृदु
कनिष्ठ–वरिष्ठ
कायर–वीर
कीर्ति–अपकीर्ति
कुख्यात–विख्यात
कृतज्ञ–कृतघ्न
क्रय–विक्रय
खण्डन–मण्डन
खिन्न–प्रसन्न
खल–सज्जन
खाद्य–अखाद्य
खेद–प्रसन्नता, हर्ष
खीझना–रीझना
खरीद–बिक्री
खरा–खोटा
खास–आम
गद्य–पद्य
गरल–सुधा
गुण–अवगुण
गौण–मुख्य
ग्राह्य–अग्राह्य
गम्भीर–वाचाल, उथला
गमन–आगमन
गत–आगत
ग्रस्त–मुक्त
गहरा–छिछला
गीला–सूखा

गुप्त–प्रकट
गगन–पृथ्वी
गोचर–अगोचर
गेय–अगेय
गुरु–लघु
गृही–त्यागी
गृहस्थ–संन्यासी
गरमी–सर्दी
घरेलू–बाहरी
घनिष्ठ–दूरस्थ
घृणा–प्रेम
घात–प्रतिघात
घन–तरल
घर–बाहर
घाटा–फायदा
घटाना–जोड़ना
चुस्त–सुस्त
चेतन–अचेतन
चर–अचर
चढ़ान–उतार
चाह–अनचाह
चोर–साधु
चिरायु–अल्पायु
चेष्ट–निश्चेष्ट
चिरन्तन–नश्वर
छल–निश्छल
छाया–धूप
छोटा–बड़ा
जंगम–स्थावर
जड़–चेतन
जन्म–मृत्यु
जीवन–मरण
जय–पराजय
जल–स्थल
जाति–कुजाति
जागरण–निद्रा
जटिल–सरल
जेय–अजेय
जवानी–बुढ़ापा
ज्योति–तम
जोड़–घटाव
झोंपड़ी–महल

झूठ–सच
ठोस–खोखला
डर–निडर
तेज–धीमा
तीव्र–मंद
तीक्ष्ण–कुंठित
तद्भव–तत्सम
ताना–बाना
तृप्त–अतृप्त
तम–आलोक
तरल–ठोस
तामसिक–सात्विक
तिक्त–मधुर
तुकान्त–अतुकान्त
तुच्छ–महान्
तरुण–वृद्ध
त्याज्य–ग्राह्य
तृष्णा–वितृष्णा
थोक–खुदरा
थोड़ा–ज्यादा
थल–जल
दास–स्वामी
दुर्जन–सज्जन
दुर्लभ–सुलभ
दुर्गम–सुगम
दिन–रात
दुखद–सुखद
दुःखान्त–सुखान्त
दुर्भाग्य–सौभाग्य
दूर–निकट
दोष–गुण
दोषी–निर्दोष
देय–अदेय
दीर्घकाय–कृशकाय
दैत्य–देव
दुर्बल–सबल
दुःशील–सुशील
दैहिक–एहिक
दृश्य–अदृश्य
दण्ड–पुरस्कार
दरिद्र–धनी, सम्पन्न
धनवान्–निर्धन

धर्म–अधर्म
धीर–अधीर
धूप–छाँव
धार्मिक–अधार्मिक
धृष्ट–विनम्र
धरा–गगन
धनी–निर्धन
ध्वंस–निर्माण
धवल–कृष्ण
धैर्य–अधैर्य
नख–शिख
नरक–स्वर्ग
निंदा–स्तुति
निरर्थक–सार्थक
निष्काम–सकाम
निर्माण–विनाश
नैतिक–अनैतिक
न्याय–अन्याय
न्यून–अधिक
नास्तिक–आस्तिक
निंद्य–अनिंद्य
निरपेक्ष–सापेक्ष
निरामिष–सामिष
निर्विघ्न–विघ्न
निसि–वासर
नवीन–प्राचीन
नारी–नर
निरक्षर–साक्षर
नियमित–अनियमित
नैसर्गिक–कृत्रिम
नकली–असली
निषिद्ध–विहित
निराकार–साकार
नीति–अनीति
पक्ष–विपक्ष
प्रथम–अन्तिम
परकीय–स्वकीय
परतंत्र–स्वतंत्र
परोक्ष–प्रत्यक्ष
पाश्चात्य–प्राच्य
प्रेम–घृणा
पतन–उत्थान

परमार्थ–स्वार्थ
पाताल–आकाश
पाप–पुण्य
पुण्यात्मा–पापात्मा
पूर्णमासी–अमावस्या
प्रकाश–अन्धकार
प्रजा–राजा
प्रतिकूल–अनुकूल
प्रतिहिंसा–हिंसा
प्रतिवादी–वादी
प्रीति–वैर
प्रभूत–अल्प
प्रख्यात–कुख्यात
पण्डित–मूर्ख
परुष–कोमल
पेय–अपेय
पाठक–श्रोता
परिश्रम–विश्राम
प्रसाद–विषाद
पालक–संहारक
पुरस्कार–तिरस्कार
फुर्तीला–सुस्त
वरदान–अभिशाप
बाधक–साधक
बर्बर–सभ्य
बुराई–भलाई
बन्धन–मोक्ष
बढ़िया–घटिया
बद्ध–मुक्त
बाढ़–सूखा
बहिष्कार–स्वीकार
बहिरंग–अंतरंग
बलवान्–निर्बल
बाह्य–आभ्यन्तर
भक्षक–रक्षक
भद्र–अभद्र
भविष्य–भूत
भयभीत–निर्भय
भारी–हल्का
भय–साहस
भला–बुरा
भूगोल–खगोल

भौतिक–आध्यात्मिक
भ्रान्त–निर्भ्रान्त
भोगी–योगी
भोला–चालाक
मधुर–कटु
मंद–तीव्र
मर्त्य–अमर्त्य
महत्तम–लघुत्तम
मानव–दानव
मित्र–शत्रु
मैत्री–वैर
मृदु–कठोर
मनुज–दनुज
मूक–वाचाल
मसृण–रूक्ष
माता–पिता
मुख–प्रतिमुख
मालिक–नौकर
महँगा–सस्ता
मिलन–विरह
मुनाफा–नुकसान
मुख्य–गौण
मंगल–अमंगल
मेहनती–आलसी
यद्यपि–तथापि
यश–अपयश
योग्य–अयोग्य
योग–वियोग
युग्म–एकल
यौवन–वार्धक्य
योगी–भोगी
रक्षक–भक्षक
रंक–राजा
रसिक–अरसिक
रिष्ट–अरिष्ट
रत–विरत
राहत–प्रकोप
रचना–ध्वंस
रंगीन–रंगहीन
रिक्त–पूर्ण
राम–रावण
रात्रि–दिन

रीझ–खीझ
लघु–दीर्घ
लभ्य–अलभ्य
लाभ–हानि
लिप्त–अलिप्त
लोभी–उदार
लिखित–अलिखित
लुप्त–व्यक्त
लौकिक–अलौकिक
वश–विवश
वांछित–अवांछित
विकल्प–संकल्प
विवेक–अविवेक
विजय–पराजय
विधवा–सधवा
विषम–सम
विष–अमृत
व्यक्त–अव्यक्त
विराग–अनुराग
व्यय–आय
वन–मरु
वन्य–पालित
वैतनिक–अवैतनिक
वक्र–ऋजु
वृष्टि–अनावृष्टि
व्यावहारिक–अव्यावहारिक
व्यावसायिक–अव्यावसायिक
विज्ञ–अज्ञ
विरत–निरत
विशाल–क्षुद्र
विपन्न–सम्पन्न
शक्त–अशक्त
शक्य–अशक्य
शत्रु–मित्र
शाप–वरदान
शिष्ट–अशिष्ट
शुभ–अशुभ
शासक–शासित
श्वेत–श्याम
शीर्ष–तल
श्यामा–गौरी
शयन–जागरण

शालीन–मलिन
शकुन–अपशकुन
शोषण–पोषण
श्लील–अश्लील
संक्षेप–विस्तार
संहार–सृजन
सगुण–निर्गुण
सदुपयोग–दुरुपयोग
सुख–दुःख
सुमति–कुमति
सत्–असत्

सधवा–विधवा
संतोष–असंतोष
संदिग्ध–असंदिग्ध
सभ्य–असभ्य
समर्थ–असमर्थ
सम्भव–असम्भव
साकार–निराकार
सुकाल–अकाल
सेवक–स्वामी
सोरठा–दोहा
सौभाग्य–दुर्भाग्य

स्थिर–अस्थिर
स्थूल–सूक्ष्म
स्वार्थ–परमार्थ
संधि–विग्रह
सुगन्ध–दुर्गन्ध
सुनाम–बदनाम
सकाम–निष्काम
सापेक्ष–निरपेक्ष
सामान्य–विशिष्ट
सामाजिक–असामाजिक

स्वजाति–विजाति
स्वतन्त्र–परतन्त्र
हर्ष–विषाद
हार–जीत
हानि–लाभ
हिंसा–प्रतिहिंसा
हित–अहित
क्षय–अक्षय
ज्ञात–अज्ञात
ज्ञेय–अज्ञेय

अध्याय 9 अनेकार्थी/समानार्थी शब्द

अनेकार्थी शब्द–एक परिचय

जैसा कि नाम से ही स्पष्ट हो जाता है—अनेकार्थी शब्द वे शब्द कहे जाते हैं जिनके अनेक अर्थ होते हैं। हिन्दी भाषा में कई ऐसे शब्द हैं, जिनके पूरे अर्थ शब्दकोष देख कर ही जाने जा सकते हैं। सूरदास के पदों में से उनके दृष्टकूटों में प्रयुक्त शब्द अपने अनेकार्थी होने के कारण प्रहेलिका बन जाते हैं किन्तु वे कौतूहलकारी भी हैं। पर्यायवाची शब्द तथा अनेकार्थी शब्दों में अन्तर यह होता है कि एक वस्तु को जब अनेक नामों से पुकारा जाता है तो उसे पर्यायवाची कहा जाता है; जैसे—मयंक, शशि, कलाधर, हिमांशु, उडुपति आदि चन्द्रमा के लिए प्रयुक्त हुए हैं, इसलिए ये चन्द्रमा के पर्यायवाची शब्द हैं। अनेकार्थी शब्द वह शब्द कहा जाता है जब एक ही शब्द अनेक वस्तुओं के लिए अलग-अलग प्रयोग में आता है; जैसे द्विजराज, कनक, सारंग आदि। यहाँ द्विजराज का अर्थ ब्राह्मण, चन्द्रमा, गरुड़ आदि है अर्थात् एक शब्द का उपयोग अनेक वस्तुओं के लिए किया गया है। इसी प्रकार कनक स्वर्ण को भी कहा जाता है तथा धतूरे को भी। 'सारंग' शब्द का प्रयोग करीब 25 से अधिक वस्तुओं के लिए किया जाता है। हिन्दी शब्द सागर में ये प्रयोग मिल जाते हैं। इसी प्रकार 'हरि' शब्द भी कई अर्थों में प्रयुक्त होता है। अनेकार्थी शब्दों का काव्य में श्लेष अलंकार से निकट का सम्बन्ध है तथा यमक अलंकार भी इनमें आत्मसात् हो जाता है।

अनेकार्थी शब्द जहाँ हमारे ज्ञान में वृद्धि करते है वहीं वे किसी कविता अथवा कथन का आशय समझने में सहायक भी होते हैं। कवियों की पैनी दीठि तथा उक्ति को हृदयंगम करने के लिए अनेकार्थी शब्दों का विशेष महत्त्व माना जाता है। हिन्दी भाषा में अनेकार्थी शब्दों का प्रयोग लघु छन्दों, दोहा, सोरठा आदि में विशेष रूप से किया गया है। इस प्रसंग में एक उदाहरण यहाँ दिया जाता है—

चरण धरत चिन्ता करत चितवत चारिहुँ ओर।
सुबरन को ढूँढत फिरत कवि, व्यभिचारी, चोर॥

उक्त दोहे में काले अक्षरों में 'सुबरन' शब्द अनेकार्थी शब्द है जो क्रमशः अच्छे शब्द, अच्छे रूप रंग एवं स्वर्ण (कंचन, सोना) के लिए प्रयुक्त किया गया है। इसी प्रकार बिहारी के एक दोहे में 'काननचारी' शब्द का द्विअर्थी प्रयोग भी द्रष्टव्य है—

खेलन सिखए अलि भले चतुर अहेरी मार।
काननचारी नैन मृग नागर नरनु शिवार॥

यहाँ काननचारी नयनों के साथ आकर्णदीर्घनयना कामिनी के लिए तथा मृग के साथ 'वनों में विचरण करने वाले' के लिए प्रयोग में आता है।

केशवदास की कविता का आस्वादन तभी संभव है जब आप अनेकार्थी शब्दों को जानते हों। हिन्दी के प्रायः सभी सिद्धहस्त कवियों ने अनेकार्थी शब्दों का प्रयोग किया है। अंग्रेजी साहित्य में भी ऐसे शब्दों के प्रयोग दुर्लभ नहीं है।

जहाँ तक प्रतियोगिता परीक्षाओं का सम्बन्ध है, जानकारी की दृष्टि से कभी-कभी ऐसे वस्तुनिष्ठ प्रकार के प्रश्न पूछे जाते हैं जिनसे यह थाह लेने की कोशिश की जाती है कि परीक्षार्थी को शब्दों का ज्ञान कितना अधिक है। प्रश्न का स्वरूप कुछ इस प्रकार का होता है कि उसमें प्रयुक्त अनेकार्थी शब्द का सही प्रयोग रेखांकित करना पड़ता है।

अनेकार्थी शब्द

अंक : चिह्न, लेख, अक्षर, भाग्य, धब्बा, गोद, पाप, वार, गिनती के अंक, अध्याय

अंकुर : नया उगा हुआ तृण, आँख, कोंपल, नोक, रक्त, रोआँ, जल

अंग : शरीर, भाग, भेद, सहायक, प्रकृति, उपाय, जन्मलग्न

अंगज : पुत्र, पसीना, केश, काम-क्रोध आदि भाव, कामदेव, रोग, मद

अक्ष : जुआ खेलने का पासा, छकड़ा, गाड़ी, व्यवहार, सोहागा, आँख, बछेड़ा, साँप, गरुड़, आत्मा, रावण का पुत्र, जन्मान्ध, आँवला

अज : कामदेव, बकरा, मेंढ़ा, माया, ब्रह्मा, विष्णु, शिव, शक्ति, दशरथ के पिता

अनन्त : असीम, अविनाशी, विष्णु, शेषनाग, लक्ष्मण, बलराम, आकाश, अभ्रक

अनी : नोक, माथा, खेद, झुण्ड, नाव अथवा जलयान का अग्र भाग

अन्वय : संयोग मेल, अवकाश, खाली स्थान, कार्य तथा कारण का सम्बन्ध, खानदान
अपेक्षा : इच्छा, आश्रय, आवश्यकता, तुलना, अनुरोध
अक्षर : अविनाशी, सत्य, मोक्ष, जल, ब्रह्मा, विष्णु, शिव, तपस्या, धर्म, अकारादि वर्ण
अतिथि : अभ्यागत, मुनि, अपरिचित, अग्नि, यात्री, कुश का पुत्र
अधिष्ठान : निवास-स्थान, नगर, जनपद, पड़ाव, सहारा, अधिकार, लाभ के लिए व्यापार
अन्न : खाद्य पदार्थ, अनाज, सूर्य, विष्णु, पृथ्वी, प्राण, विरुद्ध
अयन : गमन, ज्योतिषशास्त्र, सेना की गति, मार्ग, स्थान, आश्रम, समय, अंश
अर्क : सूर्य, इन्द्र, विष्णु, पंडित, क्वाथ, बड़ा, रविवार, अन्न, वज्र, मन्त्र, वृक्ष, आग, रस, सप्तमी तिथि
अर्थ : अभिप्राय, मतलब, काम, इष्ट, हेतु, धन, शब्द, रस, रूप
अर्ह : योग्य, उपयुक्त, पूज्य, विष्णु, इन्द्र, सोना
अवग्रह : रुकावट, अनावृष्टि, बोध, वेद, संधिविच्छेद, स्वभाव, शाप, गजसमूह, प्रतिबंधक
अहि : सर्प, राहु, वृत्रासुर, खल, पृथ्वी, सूर्य, पथिक, कष्ट
अलि : कोयल, भौंरा, कौवा, बिच्छू, कुत्ता, मदिरा, सखी
अरुण : सूर्य, गरुड़, संध्या की लालिमा, सूर्य का सारथी, लाल रंग, प्रातःकाल, अफीम, मजीठ, सिंदूर
अशोक : एक वृक्ष का नाम, पारा, एक सम्राट का नाम, शोक-रहित
आकर : खानि, खजाना, भेद, जाति, श्रेष्ठ, कुशल, गुण
आगा : अग्र भाग, छाती, मुख, ललाट, सेना का अग्र भाग, आगड़ा, आँचल, भविष्य, परिणाम
आड़ : ओट, रक्षा, रोक, धूनी, बिच्छू का डंक, स्त्रियों के माथे पर लगाने की टिकुली
आत्मा : जीव, चित्त, मन, बुद्धि, अहंकार, ब्रह्म, देह, सूर्य, अग्नि, स्वभाव, पुत्र
आराम : बाग, सुख, स्वास्थ्य, विश्राम
आशंसा : इच्छा, आशा, संदेह, प्रशंसा, आदर-सत्कार
आम : साधारण, आम का फल, प्रसिद्ध
इन्द्र : ऐश्वर्यवान्, एक वैदिक देवता, सूर्य, बिजली, मालिक, चौदह की संख्या, रात, जीव
इड़ा : पृथ्वी, गाय, वाणी, स्तुति, एक यज्ञ पात्र, अन्न, नभ, दुर्गा, एक नाड़ी का नाम
ईश : मालिक, ईश्वर, राजा, शिव, ग्यारह की संख्या, आर्द्रा नक्षत्र
कंक : सफेद चील, बकुला, यमराज, एक प्रकार का बड़ा आम, युधिष्ठिर का एक नाम
कम् : जल, सोना, अग्नि, मस्तक, काम
कंचन : सोना, धन, धतूरा, नीरोग, स्वच्छ, सुन्दर
कंटक : काँटा, सुई की नोक, बाधा, दुःख पहुँचाने वाला कार्य, रोमांच, कवच
कंद : बिना रेशे की गूदेदार जड़, चीनी, मिश्री
कनक : स्वर्ण, पलास, नाग-केशर, खजूर, गेहूँ का आटा, धतूरा, चंपा
कक्ष : कोख, काँछ, कच्छ, कास, जंगल, सूखी घास, भूमि, कमरा, दोष, अंचल, श्रेणी, लता, पेटी
कर्ण : कान, कुमारी कुन्ती का पुत्र, त्रिभुज की एक भुजा, नाव की पतवार
कर्क : केकड़ा, एक राशि का नाम, अग्नि, दर्पण, घड़ा
काम : इच्छा, महादेव, कामदेव, सहवास की इच्छा, चार वर्गों में से एक
कला : अंश, भाग, सूद, नौका, जिह्वा, शिव, वर्ण, मात्रा, खेल, तेज, ढंग, यन्त्र
कल : सुन्दर, मधुर, चैन, आरोग्यता, संतोष, बीता हुआ दिन
काल : समय, मृत्यु, यमराज, नियत समय, अवसर, अकाल, काला साँप, लोहा, शनि
कोटि : धनुष का सिरा, धार, श्रेणी, करोड़, उत्तमता
केलि : खेल, स्त्री-प्रसंग, परिहास, पृथ्वी
कुल : वंश, जाति, समूह, भवन, वाम मार्ग, तमाम
कलाप : समूह, मोर पंख, बाण, कमर बंद, चन्द्रमा, कलाकार, व्यापार, आभूषण, एक रागिनी
खम् : खाली स्थान, छिद्र, आकाश, शून्य, स्वर्ग, इन्द्रियसुख, मोक्ष, अभ्रक, ब्रह्मा
खंड : टुकड़ा, देश, नौ की संख्या, चीनी, दिशा, काला नमक
खत : पत्र, रेखा, लिखावट, हजामत, माथे का ऊपरी भाग
खर : गधा, खच्चर, तिनका, कौवा, रावण का भाई, तेज, हानिकारक
खग : पक्षी, तीर, गंधर्व, ग्रह, बादल, देवता, सूर्य, चन्द्रमा, वायु
खल : क्रूर, नीच, दुष्ट, निर्लज्ज, धतूरा, दवा कूटने का खरल, पृथ्वी, सूर्य, तलछट, विश्वासघाती
ख्याल : ध्यान, अनुमान, विचार, आदर, एक गान
गंठ : कपोल, कनपटी, फोड़ा, चिह्न, गाँठ
गंधर्व : देवताओं का एक वर्ग, मृग, घोड़ा, एक रोग, विधवा स्त्री का एक पति
गण : समूह, श्रेणी, दूत, सेवक, अनुचरों का दल, छंदशास्त्र के अनुसार तीन वर्णों का समूह, अनुयायी
गो : गाय, किरण, वृष राशि, इन्द्रिय, वाणी, सरस्वती, आँख, बिजली, पृथ्वी, दिशा, स्वर्ग, वज्र
ग्रहण : सूर्य अथवा चन्द्र को राहु द्वारा ग्रसित किया जाना, पकड़ना, स्वीकार, अर्थ
गौरी : गोरे रंग की स्त्री, पार्वती, आठ वर्ष की कन्या, तुलसी, सफेद गौ, गंगा नदी, हल्दी, शरीर की एक नाड़ी
गुरु : बड़े आकार का, शिक्षक, आचार्य, भारी, ग्रह विशेष, श्रेष्ठ, वृहस्पति
गोलक : गोलोक, गोलपिंड, विधवा का जारज पुत्र, मिट्टी का बड़ा कूँड़ा, आँख की पुतली, गुम्बद, गुल्लक
गति : हरकत, चाल, अवस्था, वेश, प्रवेश, अंतिम उपाय, सहारा, लीला, ढंग, मृतक का क्रियाकर्म, मोक्ष

गुण : धर्म, निपुणता, कला, असर, अच्छाई, विशेषता, प्रकृति, रस्सी
घट : घड़ा, शरीर, मन, कुम्भ राशि
घन : बादल, बड़ा हथौड़ा, लोहा, मुख, समूह, कपूर, घंटा, घना, पिंड
घात : प्रहार, हत्या, अहित, गुणनफल, प्रवेश
घोर : भयंकर, सघन, कठिन, गहरा, बुरा, बहुत अधिक
घोष : अहीर, बंगाली, गोशाला, शब्द, गरज
चंड : तेज, उग्र, बलवान्, कठिन, क्रोधी
चन्द्र : चन्द्रमा, एक की संख्या, कपूर, जल, सोना, बिंदी
चंद्रिका : चाँदनी, बड़ी इलायची, मेथी, बेंदी
चक : चकवा पक्षी, चक्र नामक अस्त्र, पहिया, जमीन का बड़ा टुकड़ा, छोटा गाँव, सोने का एक गहना
चक्र : पहिया, कुम्हार का चाक, चक्की, घेरा, सेना का व्यूह, चकवा पक्षी, समूह
चपला : लक्ष्मी, बिजली, जीभ, भांग, दुश्चरित्र स्त्री, मदिरा
चलना : गमन करना, हिलना-डुलना, निभना, प्रवाहित होना, वृद्धि पर होना, प्रचलित होना
छन्द : वेद, एक प्रकार की रचना, अभिलाषा, मनमाना आचरण, बंधन, छल, चाल, एकान्त, आवरण, पत्ती
छाया : प्रकाश का अभाव, प्रतिकृति, अनुकरण, नकल, कान्ति, अंधकार, पंक्ति, रागिनी
जक : यक्ष, कंजूस, हठ, धुन, हार, हानि, डर
जन : लोक, प्रजा, अनुयायी, समूह, सात लोकों में से पाँचवाँ लोक
जननी : उत्पन्न करने वाली, माता, जूही का पेड़, कुटकी, चमगादड़, कृपा
जन्मज : कमल, शंख, मछली, सेवार, जलजन्तु, मोती, चन्द्रमा
जलद : मेघ, मोथा, कपूर
जात : जन्म, पुत्र, जीव,
जिएणु : विष्णु, इन्द्र, अर्जुन, सूर्य, वसु
जाल : बुनावट, जाला, षड्यन्त्र, समूह, एक प्रकार का तोप, झरोखा, क्षार, अहंकार
जाहक : गिरगिट, जोंक, बिस्तर, घोंघा
जीवन : प्राणधारण, जिंदगी, परमप्रिय, वृत्ति, जल, वायु, मज्जा, घी, पुत्र, परमेश्वर, गंगा
ज्येष्ठ : बड़ा, पति का बड़ा भाई, एक महीना, पद, प्राण, ईश्वर
टंक : सिक्का, कुल्हाड़ी, तलवार, टाँग, क्रोध, अभिमान, सुहागा, खजाना, म्यान
ठाकुर : देवता, पूज्य व्यक्ति, राजपूत, स्वामी, जमींदार
तनु : दुबला, थोड़ा, कोमल, सुन्दर, स्त्री, केंचुली, शरीर, चमड़ा
तंत्र : तंतु, सूत, जुलाहा, वस्त्र, प्रमाण, औषध, काम, राज्य, सेना, प्रबन्ध, समूह, धन, प्रसन्नता, दल
तात : पिता, भाई, पुत्र, मित्र, प्रिय
तारा : आँख की पुतली, नक्षत्र, वृहस्पति की पत्नी, बालि की पत्नी, भाग्य
ताल : हथेली, एक वृक्ष (ताड़), बेल, ताला, तलवार की मूठ, महादेव
दंड : डंडा, एक प्रकार की कसरत, दमन, मथानी, हल की लम्बी लकड़ी, विष्णु, शिव, सेना, घोड़ा, हाथी का सूँड, यमराज
दल : पौधों का पत्ता, फूल की पंखुड़ी, समूह, सेना, कोष, धन, जल में होने वाला तृण
द्रव्य : वस्तु, सामग्री, धन, पीतल, औषध, गोंद, लेप
द्विज : दाँत, ब्राह्मण, पक्षी, चन्द्रमा, हिन्दुओं में ब्राह्मण, क्षत्रिय और वैश्य वर्ण के पुरुष
दर्शन : बुद्धि, दर्पण, देखना, शास्त्र विशेष, नेत्र, भेंट
धन : मूल, द्रव्य, योग, सम्पत्ति, अत्यन्त प्रिय व्यक्ति
धाम : एक प्रकार के देवता, विष्णु, घर, देह, लगाम, देव स्थान, शोभा, प्रभाव, जन्म, ज्योति, तेज, स्वर्ग, अवस्था
धारा : घोड़े की चाल, बहाव, झरना, धार, समूह, सेना, संतान, रथ का पहिया, यश, रेखा
धर्म : प्रकृति, स्वभाव, कर्त्तव्य, सम्प्रदाय
धर्मराज : युधिष्ठिर, यमराज, न्यायाधीश
धात्री : माता, उपमाता, गंगा, आँवला, भूमि, सेना, गाय
धान्य : धनिया, एक प्रकार का नागरमोथा, धान, अन्नमात्र, प्राचीनकाल का एक अस्त्र
धुर : बैलों के कंधे पर रखा जाने वाला जुआ, बोझ, धुरा, खूँटी, उँगली, चिनगारी, भाग, धन
ध्रुव : निश्चित, अटल, तारे का नाम, धरती के उत्तरी-दक्षिणी सिरे, बरगद, कील, पर्वत
ध्वजी : पर्वत, ब्राह्मण, रण, साँप, घोड़ा, मोर, सीपी
नंदिनी : कन्या, उमा, पति की बहन, दुर्गा का एक नाम, पत्नी
नग : स्थिर, पर्वत, वृक्ष, सूर्य, रत्न विशेष, सर्प
नभ : आकाश, शून्य, भादों का महीना, शिव, अभ्रक, जल, बादल, वर्षा
नाक : स्वर्ग, नासिका, प्रतिष्ठा, नाशपाती
नाग : साँप, हाथी, जलजीव, निष्ठुर आदमी, बादल, खूँटी, पान, एक प्रकार की घास
निकृत : तिरस्कृत, स्थानान्तरित, नीचता, दुःखी, दुष्ट
निराला : एकान्त, विचित्र, अनूठा, हिन्दी के एक कवि
निशाचर : राक्षस, गीदड़, उल्लू, सर्प, चक्रवाक, भूत, चोर, बिल्ली
निष्ठा : स्थिति, निर्वाह, विश्वास, समाप्ति, नाश, योग्यता, याचना, कष्ट, धर्म
पक्ष : पंख, पन्द्रह दिन का समय, बल, सहायक, फौज, मकान, कोष्ठक, शुद्धता, हाथ में पहनने का कड़ा
पत्र : पत्ता, पंख, चिट्ठी, पृष्ठ, अखबार, चिड़िया, पंखुड़ी, सवारी
पट्ट : पट्टी, मुकुट, रेशम, पगड़ी, राजसिंहासन, कुर्सी, ढाल, चौराहा, नगर

पतंग : चिड़िया, सूर्य, टिड्डी, मधुमक्षिका, शलभ, नौका, चिनगारी, शरीर
पाद : पाँव, मंत्र, वृक्ष का मूल, तल, चिकित्सा के चार अंग—वैद्य, रोगी, उपचारक और औषध, किरण, शिव
परुष : कर्कश, अप्रिय, निष्ठुर, उग्र, आलसी, गंदा
पयोधर : स्तन, बादल, नारियल, पर्वत, मदार, तालाब
पद : काम, पैर, चिह्न, वस्तु, शब्द, प्रदेश, उपाधि, विनय गीत, मोक्ष
पानी : जल, इज्जत, चमक, मुलम्मा, बार, अवसर
पारावार : आर-पार, हद (सीमा), समुद्र
पार्थिव : पृथ्वी-संबंधी, राजसी, मिट्टी का शिवलिंग, मिट्टी का बरतन, मंगल ग्रह
पावन : पवित्र, तप, जल, गोबर, रुद्राक्ष, चंदन
पोत : जहाज, कपड़ा, नौका, पशु, पारी
फणी : सर्प, केतु नाम का ग्रह, सीसा, सर्पिणी, औषध
फल : बीजकोश, परिणाम, लाभ, गुण, बाण का अग्र भाग, ढाल
फेर : चक्कर, परिवर्तन, झंझट, भ्रम, धूर्तता, अदला-बदला, हानि, भूत-प्रेत का प्रभाव
बलि : राजा का नाम, बलिदान, उपहार, भेंट, प्रह्लाद का पौत्र, भोग, पूजा की सामग्री
बल : शक्ति, सहारा, भरोसा, सेना, पार्श्व, लचक
बिहार : एक प्रदेश का नाम, शोभा, एक राग, आनन्द
भद्र : सभ्य, कल्याणकारी, श्रेष्ठ, चंदन, महादेव, बैल, खंजन पक्षी, पर्वत, सोना, मोथा
भास : चमक, किरण, इच्छा, गोशाला, गीध, कुक्कुट, स्वाद
भीत : दीवार, चटाई, छत, खंड, दरार, स्थान, कसर, अवसर
मद : आनन्द, कस्तूरी, नशा, शराब, शहद, गर्व, कामदेव, एक दैत्य का नाम
मधु : शहद, पानी, शराब, अमृत, मक्खन, दूध, मिसरी, वसन्त
मल : मैल, दोष, पाप
मकर : घड़ियाल, मछली, राशि का नाम, माघ मास, एक पर्वत का नाम, छल
माता : माँ, गौ, भूमि, विभूति, लक्ष्मी, खेती
महावीर : हनुमान, गरुड़, देवता, सिंह, गौतम बुद्ध, सफेद घोड़ा, बाज पक्षी, जैन तीर्थंकर
माधव : विष्णु, वैशाख, वसन्त, कृष्ण
मुद्रा : सिक्का, चेहरा, मुहर, भाव-भंगिमा
यन्त्र : मशीन, बाजा, ताला, बन्दूक, वाद्य-संगीत, वीणा, नियंत्रण
युक्ति : उपाय, कौशल, न्याय, अनुमान, तर्क, मिलन
योग : संयोग, उपाय, ध्यान, प्रेम, छल, प्रयोग, धन, लाभ, दूत, नाम, कौशल, बैलगाड़ी
योग्य : उपयुक्त अधिकारी, समर्थ, श्रेष्ठ, उचित, सुन्दर
रस : आनन्द, प्रेम, काम, उमंग, गुण, जल, भष्म, स्वाद, सार, पारा, प्रेम
रक्त : खून, केसर, कमल, लाल रंग, अनुरक्त, मग्न
राग : प्रेम, कष्ट, मोह, राजा, सूर्य, महावर
लक्षण : रोग की पहचान, नाम, परिभाषा, दर्शन, सारस पक्षी, चाल-ढाल
लक्ष्य : निशाना, उद्देश्य
लम्ब : नाचने वाला, पति, अंग, एक दैत्य का नाम
लय : प्रलय, प्रेम, गाने का ढंग, नाश
वन : जंगल, बगीचा, जल, घर, रश्मि
वरा : त्रिफला, गुरुय, बैंगन, अड़हुल, हल्दी, मद्य
वार : दरवाजा, रोक, आवरण, अवसर, क्षण, सप्ताह का एक दिन, क्रम, आघात, प्रहार
वंश : बाँस, रीढ़, खानदान, युद्ध सामग्री, विष्णु, फूल
विग्रह : विस्तार, देवता की मूर्ति, शरीर, लड़ाई
विषय : भोग-विलास, सम्पत्ति, देश, पाँच की संख्या
वाज : घी, यज्ञ, अन्न, जल, संग्राम, बल, पलक, वेग, मुनि, शब्द
विधि : ढंग, ब्रह्मा, भाग्य, रीति, नियम
शंकु : कील, भाला, विष, शिव, राक्षस, हंस, कामदेव, पाप
शिव : मंगल, एक देवता, भाग्यशाली, महादेव, लिंग
शुद्ध : पवित्र, स्वच्छ, ठीक, जिसमें मिलावट न हो
श्री : सरस्वती, धन, ऐश्वर्य, शोभा, सुन्दरता, सम्पत्ति, चन्दन, सिद्धि
श्रुति : कान, ऋचा, वेद, नाम, विद्या, विद्वता
सर : तालाब, बाण, सिर, पराजित, चिता
सार : मूलभाग, निष्कर्ष, रस, जल, गूदा, परिणाम, धन, बल
सारंग : मृग, कोयल, बाज, सूर्य, सिंह, हंस, मयूर, चातक, घोड़ा, छाता, हाथी, शंख, कमल, भौंरा, ताल, सोना, कपूर, श्रीकृष्ण, चन्द्रमा, बाण, शंकर, साँप
सोम : चन्द्रमा, सोमवार, अमृत, जल, कुबेर, यम, वायु, एक वानर का नाम
हंस : सूर्य, पक्षीविशेष, प्राण, जीवात्मा, विष्णु, शिव
हरि : विष्णु, शिव, बंदर, अग्नि, श्रीकृष्ण, इन्द्र, घोड़ा, सिंह, सूर्य, किरण, चन्द्रमा, मेंढक, कोयल, सर्प, वायु
हार : पराजय, थकावट, मनोहर, हानि, माला
हीन : निकृष्ट, दीन, रहित
हेम : हिम, सोना, कैथ, नाग केसर, बादामी रंग का घोड़ा

अध्याय 10

मुहावरे एवं लोकोक्तियां

मुहावरे

मुहावरा ऐसा शब्द-समूह होता है, जो अपने शब्दों के निहित अर्थ न देकर उससे भिन्न, किन्तु एक रूढ़ अर्थ देता है। मुहावरा अभिधेय अर्थ का अनुसरण नहीं करता : वह अपना विलक्षण अर्थ प्रकट करता है। चूँकि मुहावरा लोक-मानस की स्वाभाविक अभिव्यक्ति होता है, अत: इसमें दुरूहता नहीं होती। मुहावरा अपने लोक-परम्परागत रूप में ही शोभायमान और सार्थक होता है। इसका रूप और अर्थ दोनों ही प्राय: रूढ़ होते हैं।

मुहावरे का सम्बन्ध साहित्य से कम और भाषा से अधिक होता है। यह भाषा के सामर्थ्य का प्रतीक होता है। इसका सटीक अर्थ और निर्दिष्ट अर्थ होता है। मुहावरों के माध्यम से भाषा ऊर्जस्वी बनती है और अर्थ का सटीक सम्प्रेषण होता है। मुहावरेदार भाषा असरदार होती है।

मुहावरे एक दृष्टि से 'गागर में सागर' होते हैं। गुल खिलना, रंग में भंग होना, नौ-दो ग्यारह होना, गप हाँकना, चिकना घड़ा होना, नानी मरना आदि मुहावरे व्यापक अर्थ में परिपूर्ण हैं। इनका प्रयोग सुनते ही मन में इनका अर्थ अपने आप उभरने लगता है।

लोकोक्तियाँ

जैसाकि शब्द से ही स्पष्ट है लोकोक्ति का अर्थ है लो + उक्ति; अर्थात् लोक में प्रचलित उक्ति। जो उक्ति समाज में चिरकाल से प्रचलित होती है, उसे लोक प्रचलित उक्ति अर्थात् लोकोक्ति कहते हैं। लोकोक्तियाँ भूतकाल के अनुभव और प्रेक्षण का संचय होती हैं। लोकोक्तियों में लोक-बोध, लोक-मान्यता और लोक-स्वीकृति होती है। कुछ लोकोक्तियाँ किसी अन्तर्कथा को अभिव्यक्त करती हैं। लोकोक्तियों के उद्भव को किसी स्थान या काल से नहीं जोड़ा जा सकता।

लोकोक्तियाँ अपने आप में पूर्ण वाक्य होती हैं। इनका उद्देश्य उक्ति चमत्कार पैदा करना नहीं होता। इनका अभिधात्मक अर्थ ही लिया जाता है। अत: इनके शाब्दिक अर्थ और सांकेतिक अर्थ में समानता होती है। इनका प्रयोग प्राय: दृष्टांत के लिए अथवा किसी बात का समर्थन करने के लिए किया जाता है। ये अभिव्यक्ति के सशक्त साधन हैं।

मुहावरों और लोकोक्तियों में अन्तर

मुहावरों और लोकोक्तियों में रूप सम्बन्धी और अर्थ सम्बन्धी भी अन्तर होता है।

रूप सम्बन्धी पहला अन्तर यह है कि मुहावरों के अन्त में अधिकांशत: **ना** होता है, जैसे सिर धुन**ना**, आँख लग**ना**, टेढ़ी खीर हो**ना**, मक्खी मार**ना**, आसमान सिर पर उठा**ना** आदि जबकि लोकोक्तियों के अन्त में **ना** नहीं होता; जैसे—आ बैल मुझे मार, का वर्षा जब कृषि सुखानी, दीवार के भी कान होते हैं, और धोबी का कुत्ता, घर का न घाट का, आदि।

रूप सम्बन्धी दूसरा अन्तर यह होता है कि मुहावरे मात्र शब्द-समूह होते हैं, जैसे 'गुल खिलाना'; इसे स्वतन्त्र रूप से प्रयोग में नहीं लाया जा सकता, किसी वाक्य में इसे उपयुक्त ढंग से प्रयुक्त किया जाता है; जैसे—'उस बूढ़ी औरत ने क्या गुल खिलाया'; इसके विपरीत लोकोक्ति का प्रयोग स्वतंत्र वाक्य के रूप में किया जा सकता है; जैसे—'न रहेगा बाँस, न बजेगी बाँसुरी'।

अर्थ की दृष्टि से मुहावरों और लोकोक्तियों का अन्तर बताया जा चुका है। मुहावरों में शब्दार्थ न लेकर लाक्षणिक अर्थ लिया जाता है; जैसे—नौ-दो ग्यारह होने का अर्थ है—भाग जाना। किन्तु लोकोक्तियों में शब्दों का वही अर्थ होता है; जैसे—'आम के आम, गुठलियों के दाम' का अर्थ है—दोहरा लाभ।

प्रमुख मुहावरे

अंग-अंग ढीला होना—*बहुत थक जाना*—अपनी बहिन की शादी में काम करते-करते मेरा ***अंग-अंग ढीला*** हो गया।

अंगारे उगलना—*क्रोध में अति कठोर शब्द कहना*—जब औरंगजेब के दरबार में शिवाजी ने अपना अपमान होते देखा तो वे ***अंगारे उगलने*** लगे।

अँगूठा दिखाना—*इनकार करना*—स्वार्थी मित्र संकट के समय सहायता माँगे जाने पर ***अँगूठा दिखाकर*** चले जाते हैं।

अंधे की लकड़ी होना—*एकमात्र सहारा*—अब तो बेटा तुम ही हमारे लिए ***अन्धे की लकड़ी*** के समान हो।

अँधेरे घर का उजाला होना—*इकलौता बेटा*—रामू मेरे छोटे भाई की एकमात्र संतान है। वही उसके ***अँधेरे घर का उजाला*** है।

अक्ल के पीछे लाठी लिए फिरना—*हमेशा उल्टा काम करना*—हमारा एक साथी तो हर समय ***अक्ल के पीछे लाठी लिए फिरता*** है।

अक्ल पर पत्थर पड़ना—*बुद्धि नष्ट हो जाना*—तुम्हारी तो ***अक्ल पर पत्थर पड़*** गए हैं जो तुम मेरी बात समझते ही नहीं।

अपना उल्लू सीधा करना—*स्वार्थ सिद्ध करना*—वह ***अपना उल्लू सीधा करके*** चलता बना।

अपना-सा मुँह लेकर रह जाना—*लज्जित होना*—हम वहाँ बड़ी उम्मीद लेकर गए थे, किन्तु उसने ऐसी निराशापूर्ण बात कही जिससे हमें ***अपना-सा मुँह लेकर रह जाना*** पड़ा।

अपनी खिचड़ी आप पकाना—*सबसे अलग रहना*—कुछ लोग ऐसे स्वभाव के होते हैं कि वे किसी से मिलना ही नहीं चाहते; ***अपनी खिचड़ी आप ही पकाते*** हैं।

अपने मुँह मियाँ मिट्ठू बनना—*अपनी प्रशंसा स्वयं करना*—***अपने मुँह मियाँ मिट्ठू*** बनने से क्या होता है, दूसरे लोग तुम्हारी प्रशंसा करें तब बात है।

अपने पैरों पर खड़े होना—*आत्मनिर्भर होना*—जब तक तुम इस योग्य न हो जाओ कि ***अपने पैरों पर खड़े हो*** सको तब तक तुम्हें विवाह के बारे में सोचना भी नहीं चाहिए।

आँख की किरकिरी होना—*अप्रिय होना*—राम व्यर्थ में ही मुझे अपनी ***आँख की किरकिरी*** समझता है।

आँख चुराना—*सामने आने से घबराना*—जब से उसने मेरा पेन लिया है, तब से वह ***आँखें चुराता*** फिरता है।

आँखें नीली-पीली करना—*क्रोध में आना*—मैंने ऐसा कोई गलत काम नहीं किया है; आप व्यर्थ में ***आँखें नीली-पीली न करें***।

आँखें फेर लेना—*उपेक्षा करना*—स्वार्थी मित्र संकट के समय में ***आँखें फेर लेते*** हैं।

आँखों का तारा होना—*अत्यन्त प्रिय*—कृष्ण अपने माँ-बाप की ***आँखों का तारा*** है।

आँखों का पानी ढल जाना—*बेशर्म हो जाना*—उसके माँ-बाप उसे बहुतेरा समझाते-बुझाते हैं, किन्तु उसकी ***आँखों का तो पानी ढल*** गया है। उस पर किसी बात का असर होता ही नहीं।

आँखों में धूल झोंकना—*धोखा देना*—जो लोग दूसरों की ***आँखों में धूल झोंकने*** की कोशिश करते हैं, वे वस्तुत: अपने को ही धोखा देते हैं।

आकाश-पाताल एक करना—*बहुत अधिक परिश्रम करना*—राम ने नौकरी प्राप्त करने के लिए ***आकाश-पाताल एक कर*** दिया।

आग पर घी डालना—*क्रोध को बढ़ाना*—तुम्हारा टोकना तो ***आग पर घी डालने*** जैसा था।

आटे-दाल का भाव मालूम होना—*जीवन में कष्टों का अनुभव करना*—अब तक तो तुम अकेले थे, कुछ पता ही नहीं चला; अब तुम्हें ***आटे-दाल का भाव मालूम होगा***।

आम के आम और गुठलियों के दाम—*दोहरा लाभ*—मूँगफली के व्यापार में ***आम के आम और गुठलियों के दाम*** मिलते हैं; क्योंकि उसकी गिरी से तेल निकाल कर खली बिक जाती है और मूँगफली का छिलका भी बिक जाता है।

आस्तीन का साँप—*विश्वासघाती*—उस पर कभी विश्वास मत करो, वह ***आस्तीन का साँप*** है।

ईंट से ईंट बजाना—*नष्ट-भ्रष्ट कर देना*—शिवाजी ने मुगल साम्राज्य की ***ईंट से ईंट बजा*** दी।

ईद का चाँद होना—*बहुत कम दिखाई पड़ना*—तुम तो ***ईद के चाँद हो गए*** हो; कभी इधर आते ही नहीं।

उड़ती चिड़िया पहचानना—*मन की बात ताड़ लेना*—मुझसे क्यों छिपाते हो, ***मैं उड़ती चिड़िया पहचान*** लेता हूँ।

उल्लू सीधा करना—*काम निकालना*—अधिकांश लोग ***उल्लू सीधा*** होते ही बात नहीं करते।

ऊँट के मुँह में जीरा—*आवश्यकता से बहुत कम देना*—एक रोटी से उसका क्या बनेगा, यह तो उसके लिए ***ऊँट के मुँह में जीरा*** की तरह है।

एक अनार सौ बीमार—*किसी चीज की माँग आपूर्ति से अधिक होना*—यह वस्तु मैं किस-किस को दूँ, इसके माँगने वाले इतने अधिक हैं कि यह ***एक अनार सौ बीमार*** वाली बात हो रही है।

एक तीर से दो शिकार करना—*एक साथ दो मतलब पूरे करना*—तुम्हारे ऐसा कहने से ***एक तीर से दो शिकार*** होंगे, सबके सामने उसकी पोल खुल जाएगी और तुम्हारा काम भी बन जाएगा।

एक थैली के चट्टे-बट्टे होना—*एक ही स्वभाव के*—तुम सब ***एक ही थैली के चट्टे-बट्टे हो***, कोई किसी से कम नहीं।

एक हाथ से ताली न बजना—*किसी काम के लिए एक ही व्यक्ति उत्तरदायी नहीं होता*—***एक हाथ से ताली नहीं बजती***, तुमने भी अवश्य कुछ-न-कुछ ऐसी बात जरूर की होगी, जिसका यह परिणाम निकला।

ओखली में सिर देना—*जानते हुए किसी कष्ट में पड़ना*—अब तो ***ओखली में सिर दे ही दिया*** है, इस काम को पूरा करना ही है।

कच्ची गोलियाँ खेलना—*अनुभव की कमी होना*—मैंने कोई ***कच्ची गोलियाँ नहीं खेली*** हैं, जो मैं तुम्हारी बातों में आ जाऊँ।

कटे पर नमक छिड़कना—*दु:खी को और दु:खी करना*—तुम यह बात कह कर ***कटे पर नमक छिड़कना*** चाहते हो।

कठपुतली की तरह नाचना—*किसी के कहने के अनुसार कार्य करते रहना*—पता नहीं उसने महेश पर कैसा जादू किया है कि वह उसके सामने ***कठपुतली की तरह नाचता*** रहता है।

कब्र के मुर्दे उखाड़ना—*पुरानी बातों की याद दिलाना*—जो बात हो गई सो हो गई; ***कब्र के मुर्दे उखाड़ने*** से क्या लाभ।

कलई खुलना—*सच्ची बात प्रकट हो जाना*—तुम कब तक अपने फेल होने की बात को छिपाओगे, एक न एक दिन तो ***कलई खुलेगी*** ही।

कलेजा दो टूक होना—*बहुत दु:खी होना*—तुमने आज जैसी बातें कही हैं, उनसे मेरा ***कलेजा दो टूक हो*** गया है।

कलेजे पर साँप लोटना—*डाह से जलना*—मेरी तरक्की देखकर उसके ***कलेजे पर साँप लोट*** गया।

काँटे बिछाना—*रुकावटें पैदा करना*—जो दूसरे के मार्ग में ***काँटे बिछाता*** है, वह स्वयं ही उसमें उलझता है।

काटो तो खून नहीं—*डर से पीला पड़ जाना*—चोरी करते पकड़े जाने पर उसकी दशा ऐसी हो गई कि ***काटो तो खून नहीं***।

काठ का उल्लू—*मूर्ख*—वह पढ़ा-लिखा तो बहुत है, किन्तु सांसारिक मामलों में ***काठ का उल्लू*** है।

कान का कच्चा—*बिना जाँच किये प्रत्येक बात पर विश्वास कर लेना*—जो व्यक्ति ***कान के कच्चे*** होते हैं वे मित्र बनाने योग्य नहीं होते।

कान पर जूँ न रेंगना—*तनिक भी ध्यान न देना*—मैंने उसे बार-बार समझाया कि पढ़ाई-लिखाई की ओर ध्यान दो, परन्तु उसके ***कान पर जूँ तक न रेंगी***।

कान में तेल डालना—*किसी की बात न सुनना*—कृष्णा के नौकरी कर लेने पर सबने उसकी टीका-टिप्पणी की, किन्तु वह ***कान में तेल डाले*** रही।

किताब का कीड़ा होना—*दिन-रात पढ़ते रहना*—रवीन्द्र किसी बात से मतलब नहीं रखता, वह तो ***किताब का कीड़ा*** है।

किस खेत की मूली—*अत्यन्त तुच्छ*—तुम हो ***किस खेत की मूली***, मैं तुम जैसों की बिल्कुल परवाह नहीं करता।

कोल्हू का बैल बनना—*दिन-रात काम में लगे रहना*—तुम तो हर समय ***कोल्हू के बैल ही बने*** रहते हो, तभी तो तुम्हारा स्वास्थ्य ठीक नहीं रहता।

कौड़ी-कौड़ी को मोहताज होना—*पास में एक पैसा न होना*—जब से उसकी नौकरी छूटी है, तबसे वह ***कौड़ी-कौड़ी को मोहताज*** हो गया है।

खटाई में पड़ना—*उलझ जाना*—तुम्हारी तरक्की का मामला ***खटाई में पड़*** गया है।

खाने दौड़ना—*झल्ला उठना*—मैंने कुछ कहा भी है कि आप ***खाने दौड़*** रहे हैं।

खून-पसीना एक करना—*अत्यधिक परिश्रम करना*—तुम्हारे इस मामले में तो कृष्ण ने ***खून-पसीना एक कर*** दिया।

गंगाजली उठाना—*हाथ में गंगाजल लेकर सौगन्ध खाना*—मैं ***गंगाजली उठाकर*** कहता हूँ कि मैं बिल्कुल निर्दोष हूँ।

गज-भर की छाती होना—*उत्साह से भर जाना*—अपनी पुत्री के परीक्षा में प्रथम आने से उसकी ***गज-भर की छाती हो*** गई।

गहरा हाथ मारना—*बहुत माल प्राप्त करना*—जगदीश ने अपने पुत्र के विवाह में ***गहरा हाथ मारा*** है।

गाँठ का पूरा—*धनी व्यक्ति*—वह ऊपर से कैसा ही प्रतीत हो, किन्तु है ***गाँठ का पूरा।***

गागर में सागर भरना—*थोड़े शब्दों में बहुत-कुछ कह देना*—वह बहुत कम बोलता है किन्तु जब भी बोलता है तो उसकी बातों में ***गागर में सागर भरा*** होता है।

गाजर-मूली समझना—*बहुत तुच्छ समझना*—शिवाजी मुगल सैनिकों को ***गाजर-मूली की तरह समझते*** थे।

गाढ़े पसीने की कमाई—*मेहनत से कमाया हुआ धन*—यह मेरे ***गाढ़े पसीने की कमाई*** है, मैं नहीं चाहता कि इसे व्यर्थ में पानी की तरह बहाया जाए।

गिरगिट की तरह रंग बदलना—*कभी कुछ कहना और कभी कुछ*—आजकल विधान सभाओं के अनेक सदस्य ***गिरगिट की तरह रंग बदलते*** दिखाई देते रहते हैं।

गुड़ गोबर करना—*बना काम बिगाड़ देना*—तुमने ये शब्द कहकर सारा ***गुड़ गोबर कर*** दिया।

गुल खिलना—*नयी-नयी बातें सामने आना*—देखते जाओ कि उसकी इस विभेद की नीति से क्या-क्या ***गुल खिलते*** हैं।

गोबर गणेश—*मूर्ख*—तुम बिल्कुल ***गोबर गणेश*** हो, अपने हित की बात ही नहीं समझते।

घड़ों पानी पड़ना—*अति लज्जित होना*—चुगली करने की बात खुल जाने पर उस पर ***घड़ों पानी पड़*** गया।

घर का दीया बुझ जाना—*इकलौते पुत्र की मृत्यु होना*—दीपक उसका इकलौता पुत्र था, उसके मर जाने से उसके ***घर का दिया ही बुझ*** गया।

घाट-घाट का पानी पीना—*जगह-जगह से अनुभव प्राप्त करना*—मुसीबत के दिनों में उसे ***घाट-घाट का पानी पीना*** पड़ा है।

घाव पर नमक छिड़कना—*दुःखी को (कठोर शब्दों से) और दुःखी करना*—तुम्हारे ये शब्द ***घाव पर नमक छिड़कने*** का काम कर रहे हैं।

घास काटना—*किसी काम को लापरवाही से करना*—***घास मत काटो,*** जरा धीरे-धीरे अच्छी तरह पढ़ो।

घी के दीये जलाना—*खूब खुशियाँ मनाना*—जिस दिन मेरे भाई की नौकरी लग जायेगी उस दिन मैं ***घी के दीये जलाऊँगा***।

घुटने टेक देना—*हार मान लेना*—सैल्युकस ने चन्द्रगुप्त मौर्य के आगे ***घुटने टेक दिये***।

घोड़े बेचकर सोना—*निश्चिन्त होकर सोना*—बहिन का विवाह करने के पश्चात् वह ऐसे सो गया मानो ***घोड़े बेचकर सोया*** हो।

चलता पुर्जा—*चालाक व्यक्ति*—चन्द्र बड़ा ही ***चलता पुर्जा*** है, उससे बचकर रहना।

चाँदी का जूता मारना—*रुपये के बल पर दबाना*—वह तो ***चाँदी का जूता मारती*** है और सबसे अपना काम करा लेती है।

चाँदी होना—*अत्यधिक लाभ होना*—आजकल महँगाई के जमाने में व्यापारियों की ***चाँदी*** है।

चादर देखकर पाँव फैलाना—*अपनी शक्ति के अनुसार कार्य करना*—बुद्धिमानी इसी में है कि ***चादर देखकर पाँव फैलाये*** जायें अन्यथा जीवन में बड़ी कठिनाई का सामना करना पड़ता है।

चार चाँद लगना—*शोभा बढ़ना*—वह सुन्दर तो है ही, पर इस साड़ी को पहनने पर उसकी सुन्दरता में ***चार चाँद लग*** जाते हैं।

चार दिन की चाँदनी—*थोड़े दिनों का सुख*—तुम इतना घमण्ड क्यों करते हो, यह सुख तो ***चार दिन की चाँदनी*** है, कभी दुःख के दिन भी आ सकते हैं।

चिकना घड़ा होना—*किसी बात का असर न पड़ना*—वह तो बिल्कुल ***चिकना घड़ा हो*** गया है, उस पर कहे-सुने का असर पड़ता ही नहीं।

चिकनी-चुपड़ी बातें बनाना—*बनावटी बातें करना*—कुछ लोग ***चिकनी-चुपड़ी बातें बनाकर*** अपना काम बनाने में बड़े पटु होते हैं।

चिराग लेकर ढूँढना—*बहुत छानबीन करना*—तुम यदि ***चिराग लेकर भी ढूँढो,*** तब भी तुम्हें ऐसा सज्जन नहीं मिलेगा।

चुल्लू भर पानी में डूब मरना—*मुँह दिखाने योग्य न रहना*—तीसरी बार भी परीक्षा में फेल होने पर उसे ***चुल्लू भर पानी में डूब मरना*** चाहिए।

चूना लगाना—*धोखा देना*—कितनी ही सावधानी से काम लो, किन्तु कभी-कभी दुकानदार ***चूना लगा*** ही देते हैं।

चोली-दामन का साथ होना—*अटूट सम्बन्ध होना*—भारत और नेपाल का ***चोली दामन का साथ*** है।

छक्के छूटना—*हिम्मत हार जाना*—भारतीयों की वीरता देखकर पाकिस्तानी सैनिकों के ***छक्के छूट*** गए।

छठी का दूध याद आना—*घोर कष्ट में पड़ना*—मैं तुम्हें ऐसी मार लगाऊँगा कि ***छठी का दूध याद आ*** जायेगा।

छप्पर फाड़कर देना—*बिना परिश्रम किए धन मिलना*—भगवान् जब देता है तो ***छप्पर फाड़कर देता*** है।

छाती पर मूँग दलना—*हमेशा दु:ख देना*—तू इस तरह ***छाती पर मूँग ही दलता*** रहेगा या कहीं जाकर कुछ काम खोजने की कोशिश भी करेगा?

जरा-सा मुँह निकल आना—*दुर्बल हो जाना*—उस पर इन दिनों इतना काम पड़ा है कि उसका ***जरा-सा मुँह निकल आया*** है।

जली-कटी कहना—*कठोर बातें कहना*—वह हमेशा ***जली-कटी कहता*** रहता है, पता नहीं वह क्या चाहता है।

जहर का घूँट पीकर रह जाना—*अपमान को चुपचाप सहन कर लेना*—यद्यपि उसने सबके सामने मेरा अपमान किया किन्तु फिर भी मैं आपका ख्याल करके ***जहर का घूँट पीकर रह*** गया।

जहर की पुड़िया—*उपद्रवी व्यक्ति*—वह सीधी नहीं है, ***जहर की पुड़िया*** है।

झंडा गाड़ना—*अधिकार करना*—शिवाजी ने तोरण के किले को जीतकर उस पर अपना ***झंडा गाड़*** दिया।

टट्टी की आड़ में शिकार खेलना—*छिपे ढंग से चाल चलना*—***टट्टी की आड़ में शिकार खेलने*** में क्या बहादुरी है, हिम्मत है तो सामने आकर मुकाबला करो।

टोपी उछालना—*अपमानित करना*—महेश ने सबके सामने मेरी ***टोपी उछाली,*** यह उसने ठीक नहीं किया।

ठोकना-बजाना—*अच्छी तरह परखना*—जिस तरह तुम हरेक वस्तु परख कर खरीदते हो उसी तरह मित्र भी ***ठोक-बजाकर*** बनाना चाहिए।

डंके की चोट पर—*खुल्लमखुल्ला स्पष्ट शब्दों में कहना*—मैं ***डंके की चोट पर*** कहता हूँ कि किसी भी हालत में उसका साथ नहीं छोड़ूँगा।

डूबते को तिनके का सहारा—*असहाय को थोड़ी सहायता भी काफी काम कर जाती है*—तुम्हारी थोड़ी सहायता ही ***डूबते को तिनके का सहारा*** के समान सिद्ध हुई।

डेढ़ चावल की खिचड़ी पकाना—*सबसे अलग रहकर कार्य करना*—कुछ लोग ऐसे होते हैं जो ***डेढ़ चावल की खिचड़ी पकाना*** चाहते हैं, परन्तु समाज ऐसे लोगों का सम्मान नहीं करता।

ढेर हो जाना—*मर जाना*—उसने डाकू पर लाठी का एक ही प्रहार किया कि वह ***ढेर हो*** गया।

तलवार के घाट उतारना—*तलवार से मारना*—हल्दीघाटी के मैदान में राजपूतों ने असंख्य मुगल सैनिकों को ***तलवार के घाट उतार*** दिया।

तारे गिनना—*रात-भर जागना*—मैं उसकी स्मृति में रात-भर ***तारे गिनता*** रहा, एक पल को भी नींद नहीं आई।

तिल का ताड़ बनाना—*छोटी-सी बात को बहुत बढ़ाना*—बहुत लोगों को ***तिल का ताड़ बनाने*** में बड़ा आनन्द आता है।

तिलों में तेल न होना—*कोई आशा न होना*—तुम किससे पार्टी (दावत) माँग रहे हो; इन ***तिलों में तेल नहीं*** है।

तेली का बैल होना—*रात-दिन काम में लगा रहना*—तुम तो हमेशा ***तेली के बैल*** के समान काम में लगे रहते हो।

थाली का बैंगन होना—*स्वार्थवश कभी किसी का साथ देना और कभी किसी का*—तुम तो बिल्कुल ***थाली के बैंगन हो***, तुम्हारा कोई भरोसा नहीं।

दाँत काटी रोटी—*गहरी मित्रता*—जोशी और कैलाश में ***दाँत काटी रोटी*** थी किन्तु पता नहीं क्यों आजकल वे एक-दूसरे से दूर-दूर रहते हैं।

दाँत खट्टे करना—*हरा देना*—शिवाजी ने औरंगजेब की सेना के ***दाँत खट्टे कर*** दिए।

दाल में काला होना—*किसी बात की शंका होना*—वह बार-बार इधर आता है, अवश्य कुछ ***दाल में काला*** है।

दिन दूनी रात चौगुनी—*बहुत तेज गति से*—स्वतन्त्रता मिलने के उपरान्त भारत ने ***दिन दूनी रात चौगुनी*** उन्नति की है।

दूध का दूध पानी का पानी—*सच्चा न्याय*—राजा विक्रमादित्य अत्यन्त पेचीदे मामलों में भी ***दूध का दूध पानी का पानी*** कर देते थे।

दो नावों में पैर रखना—*दोनों पक्षों का समर्थन करना*—जो लोग ***दो नावों पर पैर रखते*** हैं, वे किसी के भले नहीं बन पाते।

धूप में बाल सफेद न करना—*बहुत अनुभवी होना*—मेरे ***बाल धूप में सफेद नहीं*** हुए हैं, मैं सब कुछ जानता हूँ।

नाक पर मक्खी न बैठने देना—*किसी को कुछ कहने का अवसर न देना*—वह बहुत ही सिद्धान्तवादी है, ***नाक पर मक्खी भी नहीं बैठने*** देता।

पाँचों उँगलियाँ घी में होना—*बहुत लाभ होना*—आजकल व्यापारियों की ***पाँचों उँगलियाँ घी*** में हैं।

पाँव उखड़ जाना—*हारकर भागना*—राणा सांगा की विशाल सेना को देखकर बाबर की सेना के ***पाँव उखड़*** गए।

पापड़ बेलना—*मुसीबत झेलना (परिश्रम करना)*—मैंने अपनी जिन्दगी में बड़े ***पापड़ बेले*** हैं, तब कहीं जाकर यह दिन देखने को मिला है।

पेट का हल्का होना—*किसी बात को छिपा न सकना*—जो मनुष्य ***पेट के हल्के होते*** हैं, वे सबके बुरे बन जाते हैं।

पौ बारह होना—*लाभ ही लाभ होना*—आजकल व्यापारियों की ***पौ बारह*** है।

बाल की खाल निकालना—*सूक्ष्म विवेचन करना*—तर्क करने वाले प्रत्येक बात में ***बाल की खाल निकालते*** हैं।

बाल बाँका न होना—*तनिक भी हानि न होना*—आग में प्रहलाद का तो ***बाल भी बाँका न हुआ*** किन्तु उसकी बुआ होलिका जल कर भस्म हो गई।

मुँह में पानी भर आना—*लालच आना*—लोमड़ी ने जब अंगूर लटकते हुए देखे तो उसके ***मुँह में पानी भर आया***।

मुट्ठी गरम करना—*रिश्वत देना*—तुम्हें इस काम के लिए अधिकारियों की ***मुट्ठी गरम करनी*** पड़ेगी।

रंग में भंग पड़ना—*मजा किरकिरा होना*—उत्सव के समय यकायक पानी बरसने से ***रंग में भंग पड़*** गया।

लकीर का फकीर होना—*पुरानी रीति पर चलना*—तुम तो बिल्कुल ***लकीर के फकीर हो,*** किसी बात को तर्क की कसौटी पर कसना ही नहीं चाहते।

लोहा मान लेना—*किसी की श्रेष्ठता स्वीकार कर लेना*—सिकन्दर ने पोरस के विरुद्ध युद्ध में भारतीय वीरों का ***लोहा मान लिया*** था।

शेर बकरी का एक घाट पानी पीना—*अन्याय का न होना*—अशोक के राज्य में ***शेर बकरी एक घाट पर पानी पीते*** थे।

सफेद झूठ बोलना—*सरासर झूठ बोलना*—तुम ***सफेद झूठ बोलते*** हो; ऐसा कभी नहीं हो सकता।

सिर पर कफन बाँधना—*मरने के लिए तैयार होना*—भारत को स्वतन्त्र कराने के लिए अनेक वीरों ने ***सिर पर कफन बाँध*** लिया था।

सिर पर भूत सवार होना—*किसी धुन पर अड़े होना*—जब शान्ति के ***सिर पर भूत सवार होता*** है, तो फिर उसे कोई नहीं समझा सकता।

सूर्य को दीपक दिखाना—*महान् व्यक्ति का परिचय देने की कोशिश करना*—स्वामी विवेकानन्द के सम्बन्ध में कुछ कहना ***सूर्य को दीपक दिखाना*** ही है।

सूर्य पर थूकना—*किसी महान् व्यक्ति को कलंकित करने के प्रयास में स्वयं बुरा बन जाना*—अपने ऋषि-मुनियों पर किसी प्रकार का आक्षेप लगाना ***सूर्य पर थूकना*** है।

हाथ धोकर पीछे पड़ना—*बुरी तरह सताना*—वह तो ***हाथ धोकर मेरे पीछे पड़*** गया है, मैं कितना ही अच्छा काम करूँ, वह कोई-न-कोई गलती निकाल ही देता है।

हाथ-पाँव फूल जाना—*बहुत घबरा जाना*—दंगाइयों के अचानक घर में घुस जाने पर मेरे ***हाथ-पाँव फूल*** गए।

हाथों के तोते उड़ जाना—*सुध-बुध खोना*—दुकान खोलते ही जब सेठ जी ने देखा कि तिजोरी खुली पड़ी है, तो उनके ***हाथ के तोते उड़*** गए।

प्रसिद्ध लोकोक्तियाँ

अकेला चना भाड़ नहीं फोड़ता—एक अकेला व्यक्ति बहुत से मनुष्यों के करने योग्य कार्य को नहीं कर सकता।

अन्धों में काना राजा—मूर्ख समुदाय में थोड़ी समझ वाला भी पूज्य होता है।

अकल बड़ी या भैंस—शारीरिक बल और बुद्धि के बीच बुद्धि ही श्रेष्ठ होती है।

अन्धा बाँटे रेवड़ी फिर-फिर अपनों को दे—संकीर्ण हृदय वाले मनुष्य न्याय को छोड़कर अपनों का ही भला करते हैं।

अन्धे के हाथ बटेर लगना—अनायास किसी अयोग्य मनुष्य को कोई उत्तम वस्तु मिल जाना।

अपना दाम खोटा तो परखने वाले का क्या दोष—अपने स्वजन के दोषों की सत्य आलोचना पर दूसरों से झगड़ा ठीक नहीं।

अपनी-अपनी ढपली, अपना-अपना राग—व्यवस्था और नियम का अभाव होना।

आँख बची माल दोस्तों का—अपनी ही सावधानी से अपनी वस्तु की रक्षा होती है। असावधान व्यक्ति को परिचित ही हानि पहुँचाते हैं।

आँख फूटी पीर गई—सदा कष्ट देने वाली वस्तु के एक बार त्याग देने पर बार-बार का कष्ट मिट जाता है।

आम खाने या पेड़ गिनने—मतलब की बात करनी चाहिए, बेमतलब नहीं।

उल्टा चोर कोतवाल को डाँटे—अपराधी का उल्टे निरपराधी को दबाना।

ऊँची दुकान फीका पकवान—बाहरी ठाट-बाट अधिक, परन्तु असल वस्तु का निकम्मी होना।

ऊँट किस करवट बैठता है—न जाने क्या निर्णय होता है।

तेते पाँव पसारिये जेती लंबी सौर—अपनी सामर्थ्य को देख कर कार्य करना चाहिए।

ऐसे गये जैसे गधे के सिर से सींग—चुपचाप लुप्त हो जाना।

काठ की हाँडी एक बार चढ़ती है—कपट से एक ही बार काम बन सकता है।

कौवा चला हंस की चाल, भूल गया अपनी भी चाल—नकल करके अपने योग्य सत्कार को भी खो देना।

कोयले की दलाली में हाथ काले—बुरे की संगत में बुराई ही मिलती है।

कंगाली में आटा गीला—कष्ट पर कष्ट पड़ते हैं।

कुत्ता भी दुम हिलाकर बैठता है—स्वच्छता सबको प्रिय है।

करेला कड़वा तिस पर नीम चढ़ा—दोषी को और दोष मिल जाना।

का वर्षा जब कृषि सुखानी—समय निकल जाने पर सहायता व्यर्थ है।

कहीं की ईंट कहीं का रोड़ा, भानुमती ने कुनबा जोड़ा—असम्बद्ध मेल उत्पन्न करना।

करत-करत अभ्यास के जड़मति होत सुजान—बार-बार उद्योग करने से कठिन कार्य भी सरल हो जाते हैं।

कोउ नृप होउ हमें का हानि—किसी को लाभ हो पर हमें तो कुछ मिलना नहीं।

खरबूजे को देखकर खरबूजा रंग बदलता है—संगति का असर अवश्य पड़ता है।

खोदा पहाड़ निकली चुहिया—बहुत परिश्रम करने पर भी साधारण लाभ होना।

गाय को अपने सींग भारी नहीं होते—अपने परिवार के मनुष्य किसी को बोझ नहीं लगते।

गुड़ खाये गुलगुलों से परहेज—पाखण्डपूर्ण अरुचि प्रकट करना।

गुड़ से मरे तो जहर क्यों दे—समझाने से मान जाए तो दण्ड का क्या प्रयोजन?

घर का जोगी जोगना आन गाँव का सिद्ध—परिचितों के बीच किसी गुणी की समुचित प्रतिष्ठा नहीं होती।

घर खीर तो बाहर भी खीर—घर पर सम्पन्नता हो, तो हर जगह आदर-सत्कार होता है।

घोड़ा घास से यारी करके क्या खाये—भोजन पर दया करोगे, तो खाओगे क्या।

चलती का नाम गाड़ी—काम चलता रहे, वही अच्छा है।

चुपड़ी और दो-दो—कीमती वस्तु का अभाव ही हुआ करता है।

चोट्टी कुतिया जलेबी की रखवाली—बुरे मनुष्य को प्रबंधक बनाना।

चोर की दाढ़ी में तिनका—पापी सशंकित रहता है।

चोर के पैर नहीं होते—दोषी अपने को निर्दोष साबित करने के लिए बयान बदलता रहता है।

चोर से कहे चोरी कर, शाह से कहे जागता रह—दोनों पक्षों को उकसाना। दोनों पक्षों का भले बने रहना।

चौबे चले छब्बे होने, रह गये दुब्बे ही—लाभ के बदले हानि उठाना।

जंगल में मोर नाचा किसने देखा—एकान्त में गुण प्रदर्शन से क्या लाभ?

जल में रहकर मगर से बैर—जिसके अधीन रहना उसी से झगड़ना।

जहाँ जावे भूखा, वहीं पड़े सूखा—दुःखी और भाग्यहीन जहाँ जाता है दुःख पाता है।

जाके पाँव न फटी बिवाई, सो क्या जाने पीर पराई—जब तक मनुष्य स्वयं दुःख नहीं सहता, तब तक उसे दुःखी के दुःखों का अनुभव नहीं होता।

जिसकी लाठी उसकी भैंस—बलवान् के सदा पौ बारह रहते हैं।

टके की हाँडी फूटी, पर कुत्ते की जात पहचानी गई—थोड़ी हानि उठाकर नीच व्यक्ति के स्वभाव से परिचित हो जाना।

थोथा चना बाजे घना—कार्य न करने वाला मनुष्य अधिक बकवादी होता है।

दबी बिल्ली चूहों से कान कटवाती है—मजबूरी में अपने अधीन मनुष्य से भी दबना पड़ता है।

देशी कुतिया विलायती बोली—मूर्ख द्वारा विदेशी भाषा का प्रयोग।

आधी तज सारी को धावे, आधी मिले न सारी पावे—लालच बुरी होती है।

धोबी का कुत्ता घर का न घाट का—निकम्मा मनुष्य।

न नौ मन तेल होगा, न राधा नाचेगी—असम्भव शर्त।

न रहेगा बाँस न बजेगी बाँसुरी—हानिकर वस्तु का अस्तित्व मिटा देना ही उचित है।

नाई-नाई बाल कितने, जजमान आगे ही आ जावेंगे—तुरन्त घटित होने वाली घटना।

नाच न जाने आँगन टेढ़ा—काम करने में अयोग्य होने पर बहाने बनाना।

नाचने निकले तो घूँघट कैसा—अपना पेशा कमाने में लज्जा क्या।

नौ नकद न तेरह उधार—अधिक लाभ के चक्कर में उधार बेचने से बेहतर है कि कम लाभ लेकर नकद बेचा जाए।

नौ सौ चूहे खाय बिल्ली हज को चली—पापी मनुष्य द्वारा परोपकार का ढोंग।

पाँचों उँगलियाँ बराबर नहीं होतीं—सब मनुष्य एक से नहीं होते।

पानी मथने से घी नहीं निकलता—कंजूस से कुछ प्राप्त नहीं और मूर्ख पर उपदेश का प्रभाव नहीं।

पूत के पाँव पालने में ही पहचान लिए जाते हैं—होनहार के चिह्न पहले ही दिख जाते हैं।

बकरे की माँ कब तक खैर मनायेगी—जिसके भाग्य में जो है, सो तो होगा ही। दुआ या प्रार्थना के बल पर उसे अधिक समय तक बचाया नहीं जा सकता।

बद अच्छा बदनाम बुरा—बुरा आदमी तो बुरा होता ही है; पर यदि अच्छे आदमी की बदनामी हो जाये तो यह बहुत बुरी बात होती है।

यदि किसी व्यक्ति के बुरे कामों की जग-चर्चा न हो तो उसकी बदनामी नहीं होती। पर जो आदमी बदनाम हो (भले ही वह बुरा न हो) उसे अच्छा नहीं समझा जाता।

बासी बचे न कुत्ते खायें—जब कोई वस्तु आवश्यकता से अधिक होती है, तभी उसकी बरबादी होती है। आवश्यकता से अधिक नहीं होगी, तो उसकी बरबादी का प्रश्न ही नहीं उठेगा।

बिल्ली के भाग्य से छींका टूटा—संयोग से ऐसे कोई घटना हो जाना जो अभीष्ट हो अन्यथा वह घटना (काम या बात) होने की कोई अपेक्षा नहीं थी।

भागते भूत की लंगोटी ही सही—भूत यानी दुष्ट। जिस दुष्ट व्यक्ति से कुछ भी मिलने की आशा न हो, उससे चलते-चलाते यदि थोड़ा भी मिल जाये, तो वही बड़ी बात है।

भुस में आग लगाय, जमालो दूर खड़ी—औरों को आपस में लड़ाकर स्वयं को (लड़ाने वाला शैतान व्यक्ति) झगड़े से अलग रखना, जैसे उसका झगड़े से कुछ लेना-देना नहीं।

भेड़ जहाँ जायेगी, वहीं मूँड़ी जायेगी—अत्यन्त सीधे-सादे व्यक्ति के पास यदि कोई मूल्यवान् वस्तु होती है तो वह सुरक्षित नहीं रह पाती। हर व्यक्ति उस व्यक्ति से वह वस्तु लेने का प्रयत्न करता ही है।

मन चंगा, तो कठौती में गंगा—मन में शुद्धता हो (मन साफ हो) तो तीर्थ-स्थान और अन्य स्थानों में कोई अन्तर नहीं होता। पवित्र मन वाले के लिए तीर्थ-यात्रा पर जाना जरूरी नहीं होता।

महाजनो येन गतः, स पंथा—जिस मार्ग पर महापुरुष चलें, वही सपंथ (सुमार्ग) है।

मियाँ की जूती, मियाँ के सिर—अपने विरोधी (या किसी शरारती) को उसकी ही युक्ति (शराफत) से परास्त करना।

मुँह में राम बगल में छुरी—ऊपर से मित्रता या अपनापन दिखाना पर मन में शत्रुता (हानि पहुँचाने की इच्छा) रखना।

मेंढकी को भी जुकाम होना—जब अति सामान्य, सीधा-सादा और छोटा व्यक्ति भी बड़ों की तरह इतराने या नखरे करने लग जाये, तो कहा जायेगा कि मेंढकी को भी जुकाम हो गया है।

मेरी बिल्ली मुझी से म्याऊँ—जिसका खाये, उसी पर गुर्राये या जिसकी कृपा पर पल रहा हो, उसी को आँख दिखाये, तब कहा जायेगा, मेरी बिल्ली मुझी से म्याऊँ।

मुर्गा नहीं बोलेगा, तो क्या सवेरा नहीं होगा—यदि कोई व्यक्ति घमंड में यह मान बैठे कि वह अपने साथी, सम्बन्धी या मित्र की सहायता-मदद नहीं करेगा, तो उसका काम तो हो ही नहीं पायेगा; ऐसी अवस्था में उस घमंडी व्यक्ति के घमंड को तोड़ने के लिए यह कहा जाता है कि मुर्गा नहीं बोलेगा तो क्या सवेरा ही नहीं होगा।

राम मिलाई जोड़ी, एक अन्धा एक कोढ़ी—जब संयोग से एक दुष्ट स्वभाव वाले व्यक्ति का साथ किसी दुष्ट स्वभाव वाले व्यक्ति के साथ हो जाये, तब यह कहावत कही जाती है।

लातों के भूत बातों से नहीं मानते—दुष्ट लोग तभी सही रास्ते पर रहते हैं जब उन्हें दण्ड या ताड़ना मिलती रहे।

समरथ को नहिं दोष गुसाईं—समर्थ व्यक्ति (धनी, अधिकार-सम्पन्न या बलवान्) यदि अनर्थ या अन्याय भी करे, तो उसे कोई दोषी ठहराने की हिम्मत नहीं करता।

सहज पके सो मीठा होय—उतावलेपन या जल्दी-जल्दी में किया गया काम खराब हो जाता है। धीरज से काम करते रहने से अच्छा फल मिलता है।

साँप मरे न लाठी टूटे—काम भी हो जाये और कोई हानि न उठानी पड़े।

साँप निकल गया, लकीर पीटने से क्या?—वक्त पर चूक जाने के बाद किसी कार्य की कोई सार्थकता नहीं रह जाती।

सात-पाँच की लकड़ी, एक जने का बोझ—थोड़ा-बहुत सहयोग देने से किसी भी बड़े काम को पूरा किया जा सकता है। थोड़ा-थोड़ा मिलने से निर्धन का गुजारा हो जाता है।

सिखाये चूहे दरबार नहीं चढ़ते—झूठे गवाहों से जीत नहीं होती।

सिर मुंड़ाते ही ओले पड़े—किसी कार्य को शुरू करते ही बाधाओं के आ जाने पर ही इस कहावत का प्रयोग किया जाता है।

सीधी उँगली से घी नहीं निकलता—सज्जन बने रहने से काम नहीं बनता।

सौ सुनार की एक लुहार की—अपने से बहुत अधिक शक्तिशाली व्यक्ति के साथ बार-बार छोटी-छोटी छेड़खानी मत करो; क्योंकि यदि वह गुस्से में आकर एक बार भी आक्रमण करेगा, तो तुम्हारा कचूमर निकल जायेगा।

हाथ कंगन को आरसी क्या?—प्रत्यक्ष को प्रमाण की आवश्यकता नहीं।

हाथी के दाँत खाने के और दिखाने के और—कपटी मनुष्य के बाहरी व्यवहार और उसके मन के कपट में कोई समानता नहीं दिखती। वह बाह्य व्यवहार से कुछ और दिखता है पर उसके मन में कुछ और (कुटिलता) होता है।

हींग लगे न फिटकरी रंग चोखा—बिना पूरा परिश्रम (अपेक्षित मेहनत) किये काम बढ़िया ढंग से पूरा होना।

अध्याय 7

तत्सम/तद्भव शब्द

उत्पत्ति के अनुसार शब्दों का वर्गीकरण निम्नलिखित है : (क) तत्सम (ख) तद्भव (ग) देशज (घ) विदेशज

(क) तत्सम : तत्सम मूलतः संस्कृत के शब्द हैं। संस्कृत के इन शब्दों के प्रयोग हिन्दी में ज्यों-के-त्यों होते हैं। जैसेः- कवि, घृत, अग्नि, रवि, माता, भ्राता, पिता, अमृत, महान् आदि।

(ख) तद्भव : तद्भव वे शब्द हैं जिनका विकास संस्कृत के शब्दों से हुआ है। तद्भव का अर्थ है- 'तत्' (तस्य) = उसके अर्थात् 'संस्कृत से' और 'भव' अर्थात् उत्पन्न। जैसे- घृतः = घी, अग्नि = आग, कर्म = काम, दाद्य = दही, अमृत = अमरित, कार्य = कारज, दुग्ध = दूध, जन्म = जनम, धर्म = धरम आदि।

(ग) देशज : देशज का अर्थ है– देश में उत्पन्न। हिन्दी भाषा के वे शब्द जो भारत की विभिन्न बोलियों एवं भाषाओं से आए हैं, देशज कहे जाते हैं। जैसे- कटोरी, थाली, पेट, पैर, पेड़, लोटा, डोरी आदि।

(घ) विदेशज : हिन्दी भाषा के वे शब्द जिनका आगम विदेशी भाषाओं से हुआ है, विदेशज शब्द कहे जाते हैं। जैसे- चाकू, मोटर, ट्रेन, स्टेशन, आदमी, अमीर, फालतू, किताब, तारीख़, तकिया, गवाह, देहात, जहर, बाल्टी, चेहरा, लगाम, कालीन, कैंची, बेग़म, तम्बाकू, बहादुर, प्रेस, पार्टी, स्टेशन, गजट, डायरी, रेडियो, नम्बर, नोटिस आदि।

(3) अर्थ के आधार पर

अर्थ के अनुसार शब्दों के दो भेद हैं : (क) सार्थक (ख) निरर्थक

(क) सार्थक : सार्थक शब्द वे हैं, जिनका कुछ अर्थ होता है। जैसे- घर, घोड़ा, कमल, कलम, पुस्तक आदि। ये सभी शब्द सार्थक हैं, क्योंकि इन शब्दों के कहने से किसी परिचित पदार्थ का बिम्ब बनता है। जैसे– पुस्तक कहने से पढ़ने के काम में आने वाली किताब का बोध होता है। इस प्रकार ऊपर सभी शब्द सार्थक हैं।

(ख) निरर्थक : निरर्थक शब्द वे हैं जिनका कुछ भी अर्थ नहीं होता है। जैसे– अल्ल, बल्ल, गर्र, फर्र, मलक, नीपा, धदू आदि।

(4) विकार के आधार पर

विकार के अनुसार सार्थक शब्दों के दो भेद किए गए हैं : (क) विकारी (ख) अविकारी

(क) विकारी शब्द : विकारी शब्द वे शब्द हैं, जिनके रूप में विकार या परिवर्तन होता है। यह विकार लिंग, वचन और कारक में होता है। जैसे– घोड़ा।

लिंग के कारण परिवर्तन	घोड़ा से घोड़ी।
वचन के कारण परिवर्तन	घोड़ा से घोड़े, घोड़ों।
कारक के कारण परिवर्तन	घोड़ा से घोड़ों ने, घोड़े से आदि।

विकारी शब्दों के भेद

विकारी शब्दों के चार भेद हैं : (i) संज्ञा (ii) सर्वनाम (iii) विशेषण (iv) क्रिया

(i) संज्ञा : संज्ञा का अर्थ है नाम। किसी वस्तु, व्यक्ति, स्थान आदि के नाम को संज्ञा कहते हैं। जैसे- घर, पटना, कलम, बुढ़ापा आदि।

(ii) सर्वनाम : सर्वनाम उन शब्दों को कहते हैं जिनका प्रयोग संज्ञा के स्थान पर होता है। जैसे- वह, मैं, तुम, उस, आप, वे आदि।

(iii) विशेषण : संज्ञा अथवा सर्वनाम की विशेषता प्रकट करने वाले शब्द को विशेषण कहते हैं। जैसे- सुन्दर, मोटा, लाल, काला, दुबला आदि।

(iv) क्रिया : क्रिया उन शब्दों को कहते हैं जिनसे किसी काम का होना या करना प्रकट हो, जैसे- खाना, रोना, हँसना, लिखना आदि।

(ख) **अविकारी शब्द :** वे शब्द जिनके रूप में विकार अथवा परिवर्तन नहीं होता है, अविकारी शब्द कहलाते हैं, अर्थात लिंग वचन और कारक की दृष्टि से कोई परिवर्तन या विकार नहीं होता है। अविकारी शब्द 'अव्यय' भी कहलाते हैं।

अविकारी शब्दों के चार भेद हैं-

(i) क्रिया विशेषण (ii) समुच्चय बोधक (iii) सम्बन्ध बोधक (iv) विस्मयादि बोधक

(i) **क्रिया विशेषण :** क्रिया की विशेषता प्रकट करने वाले शब्द क्रिया विशेषण कहलाते हैं। जैसे- धीरे-धीरे, जल्दी-जल्दी आदि।

(ii) **समुच्चय बोधक :** समुच्चय बोधक शब्द वे हैं जो दो शब्दों, वाक्यों या वाक्यांशों को परस्पर जोड़ते हैं। जैसे- परन्तु, किन्तु, तथा और आदि।

(iii) **सम्बन्ध बोधक :** सम्बन्ध बोधक वे अव्यय हैं जो एक शब्द का दूसरे शब्द से सम्बन्ध स्थापित करते हैं। जैसे- ऊपर, नीचे, समीप, पास, निकट आदि।

(iv) **विस्मयादि बोधक :** विस्मय, हर्ष, शोक, घृणा, आदि भावों को प्रकट करने के लिए जिन शब्दों का प्रयोग किया जाता है, उन्हें विस्मयादि बोधक अव्यय कहते हैं। जैसे- हाय! छिः! अरे! हे! आदि।

प्रमुख विदेशी शब्द

अंग्रेजी भाषा के शब्द : अफसर, अपील, अस्पताल, ऑर्डर, ऑर्डरली, इंच, इंजन, इन्जीनियर, इन्सपेक्टर, एजेन्ट, एजेन्सी, कप्तान, कम्पनी, कमिश्नर, कमीशन, कैम्प, कोर्ट, क्वार्टर, क्रिकेट, केबिन, गार्ड, गजट, गवर्नर, गारंटी, जेलर, जेल, डॉक्टर, डायरी, डेयरी, डिप्टी, डिस्ट्रिक्ट, ट्यूशन, टीचर, पेन, पेंसिल, पॉकेट, नोटिस, नर्स, नम्बर, पार्टी, पार्सल, प्लेट, पाउडर, मीटिंग, मिनिस्टर, मोनीटर, मेनेजमेंट, मार्केट, म्युनिस्पेलटी, पार्लियामेंट, क्वालिटी, कॉलेज, कस्टमर, टिकट, चेन, चैलेंज, टेलीविजन, रेडियो, कम्प्यूटर, मीडिया, मेम्बर, ट्राफिक, ट्रेन, प्लेटफार्म, ड्रेस, ड्रामा, कार्बन, हेलिकॉप्टर, कॉर्पोरेशन आदि।

अरबी भाषा के शब्द : अमीर, अजीब, अजब, अहमियत, आखिर, आदमी, अक्ल, असर, आदत, इनाम, इज्जत, इमारत, इलाज, ईनाम, औरत, औलाद, कसूर, कदम, कर्ज, किस्त, किस्मत, कसम, कीमत, कसरत, कुर्सी, किताब, खबर, खत्म, खराब, गरीब, जवाब, तकदीर, तारीख, तकिया, तमाशा, तरक्की, दिमाग, दवा, दावा, दावत, दावात, दफ्तर, दुकान, दौलत, नतीजा, नशा, नकद, नकल, नहर, फकीर, फैसला, बहस, मुहावरा, माल, मालूम, मल्लाह, मवाद, मौसम, मुसाफिर, लिफाफा, लायक, वकील, शराब, हिम्मत, हैजा, कैद, हक, हुक्म, हाल, हवालात, हाकिम आदि।

तुर्की भाषा के शब्द : उर्दू, कालीन, कैंची, कुली, कुर्की, चेचक, चमचा, चुगली, चकमक, तमगा, तलाश, तोप, बहादुर, बेगम, लफंगा, लाश, सुराग, कुर्ता, खच्चर, दारोगा, बारूद आदि।

पुर्तगाली भाषा के शब्द : अलकतरा, अनन्नास, आया, आलपीन, आलमारी, इंसान, इस्तिरी, कमीज, किरानी, कमरा, काजू, गमला, गोदाम, गोभी, चाभी, तम्बाकू, तौलिया, नीलाम, पादरी, पिस्तौल, फीता, मेज, लबादा, साया आदि।

फारसी भाषा के शब्द

आराम, आमदनी, अफसोस, आतिशबाजी, आवारा, आफत, आवाज, आईना, उम्मीद, कबूतर, कमीना, कुश्ती, किशमिश, कमरबन्द, किनारा, खाल, खुद, खामोश, खरगोश, खुश, खुराक, खूब, गल्ला, गवाह, गिरफ्तार, गरम, गुलाब, चाबुक, चिराग, चश्मा, चर्खा, चूंकि, चेहरा, जहर, जिन्दगी, जादू, जान, जुर्माना, जोश, तमाशा, तेज, तीर, ताक, ताजा, दीवार, देहात, दुकान, दरबान, दंगल, दिल, दवा, नाव, पलंग, पैदावार, पलक, पुल, पारा, पेशा, बहरा, बीमार, मुफ्त, मोर्चा, मुर्गा, मरहम, याद, यार, रंग, रात, लेकिन, शादी, शोर, सितारा, सरदार, सरकार, सूद, सौदागर आदि।

तत्सम-तद्भव शब्द

तत्सम	तद्भव	तत्सम	तद्भव
आम्र	आम	अग्नि	आग
उष्ट्र	ऊँट	वत्स	बच्चा
नव	नौ	मध्य	में
शलाका	सलाई	गृह	घर
पुष्प	फूल	मयूर	मोर
नारिकेल	नारियल	हरिद्रा	हल्दी
कर्पूर	कपूर	घृत	घी
सक्तु	सत्तू	हस्त	हाथ
चतुर्दश	चौदह	क्षीर	खीर
घोटक	घोड़ा	दुग्ध	दूध
चंचु	चोंच	मेघ	मेह
शत	सौ	कार्य	काज
क्षेत्र	खेत	कर्ण	कान
हस्ति	हाथी	दन्त	दाँत
तिक्त	तीता	वधू	बहू
कर्म	काम	स्वर्णकार	सोनार
चत्वारि	चार	अक्षि	आँख
पर्यंक	पलंग	कच्छप	कछुआ
अग्रणी	अगाड़ी	उपवास	उपास
अक्षर	आखर	उच्च	ऊँचा
अट्टालिका	अटारी	कोटि	करोड़
अगणित	अनगिनत	चित्रक	चीता
आमसक	आँवला	चतुष्पाद	चौपाया
आलस्य	आलस	चतुर्वेदी	चौवे
कपाट	किवाड़	चैत्र	चैत
कुम्भकार	कुम्हार	चतुर्थ	चौथा
चन्द्रिका	चाँदनी	क्षुर	छुरा
कोकिल	कोयल	छिद्र	छेद
कंकण	कंगन	कुपुत्र	कपूत
कुष्ठ	कोढ़	चणक	चना

तत्सम	तद्भव	तत्सम	तद्भव
काक	कौआ	चर्मकार	चमार
कार्तिक	कातिक	घट	घड़ा
आश्चर्य	अचरज	चक्रवाक	चकवा
आदित्यवार	इतवार	तीक्ष्ण	तीखा
दधि	दही	पुस्तिका	पोथी
घृणा	घिन	पाषाण	पाहन
गृहणी	घरनी	मिष्ट	मीठा
ग्राहक	गाहक	पृष्ठ	पीठ
ग्राम	गाँव	पूर्ण	पूरा
गंभीर	गहरा	प्रतिच्छाया	परछाई
गर्त	गड्ढ़ा	पश्चाताप	पछतावा
युक्ति	जुगत	पर्पट	पापड़
जंघा	जाँघ	पार्श्व	पास
दंश	डंक	धान्य	धान
नव्य	नया	मुक्ता	मोती
पौत्र	पोता	मित्र	मीत
दूर्वा	दूब	मृत्यु	मौत
दृष्टि	दीठि	रिक्त	रीता
धरित्री	धरती	रक्षिका	राखी
स्थाल	थाली	पंक्ति	पाँत
प्रस्तर	पत्थर	पाद	पाँव
ग्रन्थि	गाँठ	ज्येष्ठ	जेठ
क्षुद्र	छोटा	यम	जम
द्यूत	जुआ	त्वरित	तुरत
तादृश	तैसा	स्थल	थल
रात्रि	रात	नृत्य	नाच
वारिद	बादल	नासिका	नाक
विद्युत	बिजली	पूप	पूआ

तत्सम	तद्भव	तत्सम	तद्भव
वंशी	बाँसुरी	ध्वनि	धुन
भद्र	भला	गर्दभ	गदहा
भ्रातृ	भाई	निर्झर	झरना
भिक्षा	भीख	दण्ड	डण्डा
भ्रू	भौंह	तृण	तिनका
भक्त	भगत	निर्वाह	निबाह
वंश	बाँस	ताम्र	ताम्बा
लवण	नोन	योद्धा	जोधा
यज्ञोपवीत	जनेऊ	युवक	जवान
निमंत्रण	न्योता	शर्करा	शक्कर
श्वसुर	ससुर	शून्य	सूना
शृंगार	सिंगार	श्रावण	सावन
सर्व	सब	उल्लास	हुलास
हरित	हरा	सूर्य	सूरज
शृंगाल	सियार	शिंशपा	शीशम
स्रोत	सोत	भ्रमर	भौंरा
स्वर्ण	सोना	महिषी	भैंस
स्वामी	साईं	श्मशान	मसान
शृंग	सींग	मत्स्य	मछली
संध्या	सांझ	मस्तक	माथा
श्वाँस	साँस	मशक	मच्छर
स्वजन	साजन	शूचि	सूई
शिक्षा	सीख	शूकर	सूअर
सूत्र	सूत	सर्प	साँप
शय्या	सेज	हट्ट	हाट
हरिण	हिरन	ओष्ठ	होंठ
हीरक	हीरा	शाक	साग
श्रेणी	सीढ़ी	स्वप्न	सपना
साक्षी	साखी		

भाषा (LANGUAGES)

ENGLISH

1

Comprehension Passages

ENGLISH LANGUAGE COMPREHENSION

The objective of language comprehension test is to ascertain the ability of the candidates to understand the passage properly.

Therefore candidates are required to take notice of the following points:

1. Read the full passage very attentively and intelligently.
2. Try to comprehend the gist of it.
3. Make a mental note of all the important details and points given in the passage.
4. Read the passage for the second time in case you have not been able to understand it satisfactorily.
5. Divide the time proportionately for all the passages.
6. Answer the questions on the basis of facts, as given in the paragraph.
7. Don't waste much time in answering the questions of any one passage.
8. Check all the answers once again, very carefully, to see whether any question is left unanswered by mistake.

MODEL QUESTIONS (FOR PRACTICE)

Directions: *Each of the following passages is followed by five questions. Read the passage carefully and then answer the questions that follow each. For each question, four probable answers A, B, C and D are given. Only one out of these is correct. Choose the correct answer.*

PASSAGE-1

The use of words like 'welcome', 'thank you', 'please', etc., at the right moment reflects a polite nature. The civic sense also lies within the scope of good manners. We should not shout or talk loudly in public places like hospitals and libraries and create disturbance. We should not cheat people or make fun of them. Cleanliness is also necessary. We must not throw the waste on roads and make use of dustbins. We should not harm the public property as it belongs to all of us. While in a queue, discipline should be maintained. We must give fair chance to others.

1. Expressions like 'welcome' 'thank you' and 'please' reflect
   A. happiness B. discipline
   C. civic sense D. polite nature

2. While in a library, we should
   A. respect others B. avoid arguments
   C. talk in low tone D. be courteous

3. A public property belongs to
   A. nobody B. all of us
   C. government D. one who maintains it

4. Discipline is
   A. the rule of proper conduct or action
   B. the rule of road sense
   C. making use of dustbins
   D. forming a queue

5. The most appropriate title for this passage would be
   A. Polite Nature B. Courtesy
   C. Good Manners D. Civic Sense

PASSAGE-2

There is an old proverb 'Early to bed and early to rise makes a man healthy and wise.' I am in the habit of getting up early in the morning and have formed the habit of taking long morning walks in the past two years. It is a light exercise and best for physical fitness. The morning air which is fresh and pure is beneficial for the lungs. The early rays of the rising sun are good for healthy skin. 'Health is wealth' and doctors also recommend morning walk to their patients for gaining sound health and freshness of energy.

1. What is good for lungs?
   A. Sunrays B. Fresh air
   C. Sound sleep D. Light exercise

2. What is a light exercise?
   A. Early to bed B. Early to rise
   C. Morning walk D. Gaining sound health

3. What is good for skin?
   A. Fresh air B. Morning air
   C. Morning walk D. Rising sun's rays

4. What is best for physical fitness?
   A. Light exercise B. Long morning walk
   C. Early to rise D. Fresh and pure air

5. Long morning walk
   A. bring sound sleep
   B. ensures physical fitness
   C. ensures healthy skin
   D. keeps healthy, wealthy and wise

PASSAGE-3

Mahatma Gandhi lived a splendid long life and has set great moral standards before us. He showed to the world the true way to peace. He wished to see India prosper but he became a martyr for the noble cause of Hindu-Muslim unity at the time of partition when a religious fanatic, Nathuram Godse, shot him dead on January 30, 1948. His last words were 'Hey Ram'. He lived and died for his country and countryman.

1. Mahatma Gandhi showed the world the true way to
A. prosperity B. love
C. truth D. peace

2. Mahatma Gandhi became a martyr for the noble cause of
A. truth B. non-violence
C. freedom of India D. Hindu-Muslim unity

3. Mahatma Gandhi was shot dead
A. before India achieved independence
B. by a mad man
C. by an intolerant religious person
D. by a non-religious person

4. Mahatma Gandhi set great moral standards. It means
A. he was a great religious teacher
B. he was a great moralist
C. he made India morally stronger
D. moral was everything to him

5. Gandhiji lived and died for his country and countryman. It means
A. he was born in India and died in India
B. he was a patriot
C. he was a great moralist
D. he sacrified his life for India and her people

PASSAGE-4

On one hot day a crow felt very thirsty. He flew from one place to another in search of water. After long hours of labour he found a pitcher. Eagerly, he perched on the mouth of the pitcher. He found that the water was at the bottom of the vessel. He tried his best to dip his beak but did not succeed. He did not know what to do. Suddenly some pebbles lying nearby gave him an idea. One by one he dropped the pebbles with his beak into the pitcher. The level of water slowly came up to the mouth of the pitcher. The crow then drank the water and quenched his thirst.

1. The crow found a pitcher
A. as it flew
B. after many hours of labour
C. full of water
D. which was empty

2. What is the moral of the passage?
A. No pains, no gains
B. God helps those who help themselves
C. Necessity is the mother of invention
D. Try and try again, you will succeed at last

3. The crow flew from place to place
A. in search of pitcher B. in search of pebbles
C. in search of water D. in search of a vessel

4. The pitcher, the crow found
A. was full of water
B. was dry
C. had little water in the bottom
D. had water up to its mouth

5. As the crow dropped pebbles into the pitcher, what happend?
A. The pitcher broke down
B. The water leaked one of the pitcher
C. The level of water into the pitcher rose up slowly
D. Water level immediately rose to the mouth of the pitcher

PASSAGE-5

Once upon a time a crane and a fox lived in a forest. They were good friend. One day the fox invited the crane to a feast. He made a tasty food and served it before the crane on a plate. The crane could not eat anything because of the long beak. But the fox licked all his food. The crane felt insulted. He decided to teach the fox a lesson. Next day he invited the fox. He prepared the same tasty food and placed it in front of the fox inside a narrow glass. The crane ate easily while the fox looked on. Now, it was the fox's turn to remain hungry.

1. What is the moral of the passage?
A. Beware of the wicked
B. One good turn deserves another
C. Be contented with what you have
D. Tit for tat

2. The crane could not eat tasty food because the
A. food was served in a shallow plate
B. food was very hot
C. food was served in a long jar
D. crane was not hungry

3. The fox had to remain hungry because
A. the food served was not enough in quantity
B. the food was served inside a narrow glass
C. the food served was not tasty
D. the food was all liquid

4. Why did the crane feel insulted?
A. Because he was invited to feast but he could not eat anything
B. Because the food was served in a shallow plate and he could not eat
C. Because the food was too hot
D. Because the fox gulped all the food quickly

5. The crane successfully taught a lesson to the fox when he invited the fox to a feast and served the food
A. in a narrow glass B. in a large plate
C. in a broken plate D. in a long jar

PASSAGE-6

The family set down at the table and began to talk about the summer holidays. They had to decide a place to visit during the vacation. Should they go to their village or to a hill station? The parents preferred the village while the children wished to go the hill station. After few moments of discussion the elders decided to visit both the places. First they shall go to the village for a week and then stay at the hill station for the remaining days. For the first time the family shall be together during the holidays. The children were happy with the holiday plan.

1. The purpose for which the family set down at the table was
   A. to decide a place to visit during the vacation
   B. to educate the children how to carry articles during a visit to a hill station
   C. to decide the date when they should start their journey
   D. to tell the children that they will visit a hill station during this vacation
2. The final plan was to visit
   A. their village
   B. a hill station
   C. their village as well as a hill station
   D. their home town
3. The final decision was made by
   A. the boys B. the girls
   C. the women D. the elders
4. They decided first to go to their village and stay there for
   A. a day B. a week
   C. ten days D. a fortnight
5. Why were children happy?
   A. Because a hill station was included in their holiday plan
   B. Because a visit to their village was excluded from their holiday plan
   C. Because their choice prevailed
   D. Because they were going all alone to the hill station

PASSAGE-7

Once Govind intended to go on pilgrimage with his family. He asked Mirind to accompany. But for his trade's reason, he did not go with him. So Govind thought it safe to leave the box of his jewellery with him, as it was dangerous to leave it in a lone house or take it on the journey. So he went to him with the box. He took him to a lonely place under a tree and handed it over to him. He told Mirind, "Keep it safe with you. I shall return from the journey after six month then I shall take it back from you." Mirind said, "Don't worry, I shall keep it as safe as own."

1. Govind intended to go
   A. for a business trip
   B. to a hill station
   C. on a long journey to a sacred place
   D. to his home town for a long period
2. Why did Govind leave his box of jewellery with Mirind?
   A. Because it was not safe to take the box with him on a long journey
   B. Because Mirind was his fast friend
   C. Because the box was very heavy
   D. Because his house was unsafe
3. Why did Govind take Mirind to a lonely place?
   A. To tell him that the box contained valuable jewellery
   B. So that no third person could see box
   C. To show him what was within the box
   D. To tell him that the box will remain with him
4. Where did Govind hand over the box of jewellery to Mirind?
   A. At Mirind's house
   B. At his own house
   C. In a lonely place
   D. In a lonely place under a tree
5. It was not safe to leave the box in a lone house. Here the word 'lone house' means
   A. a house in a deserted place
   B. a house where none lives
   C. a house without door and lock
   D. a house near the forest

PASSAGE-8

Zahir-ud-din Babar was the first Mughal emperor of India. A descendent of Timur on father's side and Changez Khan on his mother's side, Babar was a brave warrior. After defeating Ibrahim Lodhi in the First Battle of Panipat in 1526 he entered Delhi and soon gained control over Agra. After many more battles with Rajputs he extended his empire over Punjab, Uttar Pradesh and north Bihar. He died at a young age of 48 years in 1530 at his capital Agra without getting much time to consolidate his victories.

1. Zahir-ud-din Babar was the first
   A. Muslim ruler of India B. Mughal ruler of India
   C. Afghan ruler of India D. Turk ruler of India
2. Babar was born in the years
   A. 1480 B. 1482
   C. 1492 D. 1962
3. Babar first occupied
   A. Punjab B. Agra
   C. Delhi D. Panipat
4. Babar was a brave warrior. Here brave warrior means
   A. courageous soldier B. a kind hearted soldier
   C. a clever fighter D. a victorious general
5. Babar extended his empire over Punjab and Uttar Pradesh after many more battles with the
   A. Afghans B. Rajputs
   C. Mughals D. Lodhies

PASSAGE-9

Our National Flag is tricolour. It has three equal horizontal strips. The strip at the top is saffron, in the middle is white and at the bottom is green. The ratio of width to length of the flag is 2 : 3. In the centre of the white strip is a wheel in navy blue. The wheel represents the *chakra.* Its design is similar to the wheel which appears on the abacus of the Sarnath Lion Capital of Ashoka. Its diameter approximates to the width of the white strip. The wheel has 24 spokes. It was adopted by Constituent Assembly on July 22, 1947. We love our national flag. We respect it. We are ready to sacrifice our life to protect its honour. It represents the nation. So it is a symbol of national honour.

1. In our national flag the wheel is located in the centre of

A. saffron strip B. white strip

C. green strip D. blue strip

2. In our national flag which of the strips is at the bottom in our national flag

A. blue C. saffron

B. white D. green

3. Why do we love our national flag?

A. Because it is tricolour

B. Because it has three strips

C. Because it has a wheel at the centre

D. Because it is a symbol of national honour

4. Our national flag was approved by

A. President

B. Lok Sabha

C. Parliament

D. Constituent Assembly

5. The diameter approximates to the width of the white strip. Here the word 'approximates' means

A. is more or less equal

B. is exactly equal

C. is not equal

D. is related

PASSAGE-10

Distance in large cities are long. All the people do not have their own means of transport. They have to depend upon the state or private buses. The number of bus users is very large. Every bus stop is, therefore, crowded. The number of buses is not adequate. Thus people suffer the torture of long wait at the bus stop. Some bus stops are quite orderly. People form queues and get into the buses turn by turn. However, often this order is forgotten and confusion spreads when the bus comes and the law of jungle prevails.

1. Why are the bus stops crowded?

A. Because they are small is size

B. Because the number of passengers is very large

C. Because they are situated at some busy centre

D. Because people do not form queues

2. Long wait at the bus stop is the result of

A. over-crowding in the buses

B. late running of buses

C. shortage of buses

D. slow speed of buses

3. Some bus stops are quite orderly where

A. there is no crowd

B. the number of buses is adequate

C. people do not have to wait for long

D. people form queues and enter the buses one by one

4. Most of the people who travel by buses are

A. non-working

B. do not have their own vehicles

C. have to go a long distance

D. live in large cities

5. What happens when people do not have their own transport?

A. They have to wait for a bus at a bus stop

B. They have to depend upon the state or private buses

C. They have to travel long distances

D. They form queues and get into buses one by one

ANSWERS

	1	2	3	4	5
Passage 1.	D	C	B	A	C
Passage 2.	B	C	D	B	B
Passage 3.	D	D	C	B	D
Passage 4.	B	C	C	C	C
Passage 5.	D	A	B	B	A
Passage 6.	A	C	D	B	A
Passage 7.	C	A	B	D	B
Passage 8.	B	B	C	A	B
Passage 9.	B	D	D	D	A
Passage 10.	B	C	D	B	B

●●●

2

English Grammar

PARTS OF SPEECH

Part of speech	Definition or Function	Examples
Noun	Name of a person, place, animal, quality or thing	Ram, boy, dog pen, sun, Delhi, truth, honesty
Pronoun	Used in place of a noun	I, you, he she, they
Articles & Determiners	Points out indefinite and definite nouns	a, an, the, few, some
Adjective	Describes a noun or pronoun	big, honest, wooden valuable, quiet, deep, soft, narrow
Adverb	Describes a verb, an adjective or another adverb	silently, widely, softly, quietly, very, carefully
Verb	Tells about action or state of something or someone	is, am, was, have, do, like, walk, work, make, throw, tell
Conjuction	Joins words, clauses or sentences	and, but, when, yet, while, else
Preposition	Links a noun or pronoun to another word	at, to, after, on for, under, over, with
Interjection	Expresses sudden feelings or emotions	Ah!, Alas!, oh!, ouch!, hi!, well!, Hurrah!

NOUNS

A word which denotes a person, a thing, an animal or a place is said to be a noun.

There are two noun numbers in English — the *Singular* and the *Plural.*

Singular Numbers : A noun that denotes one person or one thing, is said to be in the Singular number. For example — book, pencil, bird, dog, hen etc. are in singular number.

Plural Number : A noun that denotes more than one person or one thing is said to be in plural number. For example — boys, pens, lions, girls, men etc. are in plural number.

REMEMBER

Singular	*Plural*	*Singular*	*Plural*
Cat	Cats	Book	Books
Pen	Pens	Room	Rooms
Tree	Trees	Bus	Buses
Bush	Bushes	Box	Boxes
Glass	Glasses	Dish	Dishes
Judge	Judges	Tax	Taxes
Watch	Watches	Calf	Calves
Thief	Thieves	Knife	Knives
Scarf	Scarves	Wife	Wives
Leaf	Leaves	Wolf	Wolves
Half	Halves	Monarch	Monarchs
Roof	Roofs	Hoof	Hoofs
Gulf	Gulfs	Staff	Staffs
Radio	Radios	Bamboo	Bamboos
Folio	Folios	Hero	Heroes
Volcano	Volcanoes	Mango	Mangoes
Potato	Potatoes	Photo	Photos
Piano	Pianos	Baby	Babies
Fly	Flies	Country	Countries
Lady	Ladies	Boy	Boys
Monkey	Monkeys	Ox	Oxen
Child	Children	Man	Men
Woman	Women	Tooth	Teeth
Axis	Axes	Basis	Bases
Foot	Feet	Goose	Geese
Englishman	Englishmen	Radius	Radii
Vertex	Vertices	Stimulus	Stimuli

1. Note the plurals of the following nouns:

Singular	*Plural*	*Singular*	*Plural*
copy	copies	cry	cries
baby	babies	duty	duties
body	bodies	country	countries
family	families	diary	diaries
fly	flies	fairy	fairies
city	cities	spy	spies
army	armies	storey	storeys
bay	bays	monkey	monkeys

2. The following nouns do not undergo any change in plural form, in general.

Singular	*Plural*	*Singular*	*Plural*
deer	deer	sheep	sheep
thousand	thousand	pair	pair
hundred	hundred	score	score
dozen	dozen	gross	gross

Note: We can write—

(*a*) thousands of men; (*b*) two pairs of shoes; (*c*) dozens of mangoes; (*d*) scores of people etc. But—
(*a*) two thousand rupees; (*b*) three hundred men; (*c*) five dozen eggs, etc.

3. The following nouns are usually used in plural forms. They take a plural verb after them—

eatables	fetters	surroundings
riches	alms	spectacles
trousers	pants	scissors
premises	thanks	annals
congratulations	goods	shorts
tongs	pains	arms
breeches	(for troubles)	

4. The following are the nouns which are plural in appearance but are usually used in singular number. They are followed by a singular verb—

news	politics	physics
mathematics	economics	ethics
politics	classics	gallows
statistics	athletics	innings
mechanics	summons	mumps

5. Collective nouns often used as plurals—

public	police	cattle
audience	clergy	folk
people	poultry	nation
elite	gentry	glitterati

6. The nouns that are usually used in singular forms—

advice	hair	rice
fuel	alphabet	machinery
offspring	issue	furniture
mischief	stationery	luggage
bedding	information	abuse

7. Material nouns are always used in singular number—

gold	copper	milk
water	silk	wool

Note: They may be used in plural with a different meaning. copper coins (coppers), chains or fetters (irons), cans made of tin (tins).

GENDERS

The difference in sex is denoted by Gender in grammar. The various genders are as follows :

1. **Masculine Gender :** A noun that denotes a male is said to be of the masculine gender, as man, uncle, ox, boy etc.
2. **Feminine Gender :** A noun that denotes a female is said to be of feminine gender, as woman, aunt, princess, cow etc.
3. **Common Gender :** Nouns which denote both males and females are said to be of the common gender, as friend, cousin, person, parent, baby etc.
4. **Neuter Gender :** A noun that denotes the name of object without life is said to be of neuter gender, as file, table, pencil.

REMEMBER

Masculine	***Feminine***
Boy	Girl
Son	Daughter
Brother	Sister
Murderer	Murderess
Sorcerer	Sorceress
Son-in-law	Daughter-in-law
Father-in-law	Mother-in-law
Man-servant	Maid-servant
Land-lord	Land-lady
Bachelor	Maid
Gentleman	Lady
Monk	Nun
Earl	Countess
Lad	Lass
Sir	Madam
Duke	Dutchess
Emperor	Empress
Milk-man	Milk-maid
Pea-cock	Pea-hen
Step-father	Step-mother
Hero	Heroine
Viceroy	Vicerine
Mr.	Mrs.
Governor	Governess
Master	Mistress
Wizard	Witch
Heir	Heiress
Host	Hostess
Lion	Lioness
Mayor	Mayoress
Actor	Actress
Buck	Doe
Colt	Filly
Dog	Bitch
Horse	Mare
Count	Countess
Hunter	Huntress
Prince	Princess
Abbot	Abbess
God	Goddess
Author	Authoress
Ox	Cow
Widower	Widow
Grand-father	Grand-mother
He-goat	She-goat
Milk-man	Milk-woman
Bridegroom	Bride
Tiger	Tigress
Priest	Priestess
Poet	Poetess
Shepherd	Shepherdess
Nephew	Niece
Stag	Hind

PRONOUNS

The repetition of a noun in a sentence or a set of sentences is really boring. So, instead of repeating the noun, we can use a word (for that noun) called the pronoun.

"A pronoun is a word that we use instead of a noun".

Example:

This is *Sachin. He* plays cricket.

Note: *He* is the pronoun used in place of *Sachin.*

Kinds of Pronouns

1. **Personal pronouns :** A pronoun which is used instead of the name of a person is known as a 'Personal Pronoun'. A list of the 'Personal pronouns' is listed below :

   I, my, mine, me, we (First Person)
   You, your, yours (Second Person)
   He, his, him, she, her, hers, it,
   its, they, their, theirs, them (Third Person)

2. **Demonstrative, Indefinite and Distributive Pronouns :**

   (a) Demonstrative Pronouns : Pronouns used to point out the objects to which they refer are called Demonstrative Pronouns.

   Examples :
   (i) *This* is a present from my uncle.
   (ii) *These* are merely excuses.
   (iii) Bembay mangoes are better than *those* of Bangaluru.

   (b) Indefinite Pronouns : All pronouns which refer to persons or things in a general way and do not refer to any particular person or thing are called Indefinite Pronouns.

   Examples :
   (i) *Somebody* has stolen my watch.
   (ii) *Few* escaped unhurt.
   (iii) Did you ask *anybody* to come?

   (c) Distributive Pronouns : Each, either, neither are called distributive pronouns because they refer to persons or things one at a time. For this reason they are always singular and followed by the verb in singular.

   Examples :
   (i) *Each* of the men received a reward.
   (ii) *These* men received *each* a reward.
   (iii) *Either* of you can go.

3. **Relative Pronouns :** A relative pronoun refers or relates to some noun going before, which is called its Antecedent.

   Examples :
   (i) I met Hari *who* used to live here.
   (ii) I have found the pen *which* I had lost.
   (iii) Here is the book *that* you lent me.

4. **Interrogative Pronouns :** These pronouns, are used for asking questions.

   Examples :
   (i) *Whose* book is this?
   (ii) *What* will all the neighbours say?
   (iii) *Which* do you prefer, tea or coffee?

Note : Interrogative pronouns can also be used in asking indirect questions. Consider the following examples :
(i) I asked *who* was speaking.
(ii) Tell me *what* you have done.
(iii) Say *which* you would like best.

Behaviour of the Pronouns

1. If three pronouns are used together in the same sentence they are arranged in the following order :

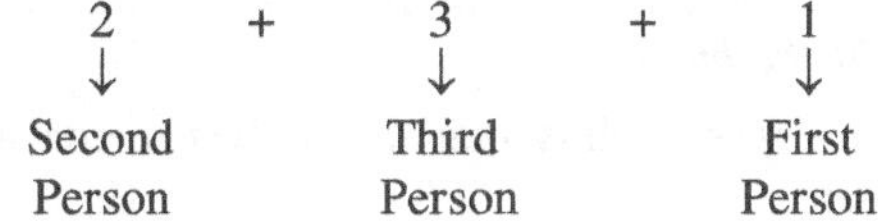

   Examples :
   I, you and he must help *that* poor man. (Incorrect)
   You, he and I must help *that* poor man. Correct)

2. When two or more singular nouns are joined by and, the pronoun used for them should be plural.

   Examples :
   Mohan and Sohan are friends. *They* play football. *They* live at Lajpat Nagar.

3. But if these nouns joined by and refer to the same person or thing, the pronoun used should be singular.

   Examples :
   (i) Delhi, the beautiful city and the capital of India, is famous for *its* historical monuments.
   (ii) The manager and owner of the firm expressed *his* views on the demands of the workers.

4. When two nouns are used with as well as, the pronoun agrees with the first subject.

   Examples :
   (a) Mohan as well as his friends is doing *his* work.
   (b) The students as well as their teachers are doing *their* work.

5. When two singular nouns joined by 'and' are preceded by *each* or *every,* the pronoun used must be singular and should agree in gender with the second noun.

   Examples :
   (a) Every man and every woman will do *her* best for the nation.
   (b) Each boy and each girl went to *her* house.

6. When two nouns are joined by using 'with', the pronoun agrees with the noun coming before 'with'.

   Examples :
   (a) The boy with *his* parents has gone to see a movie.
   (b) The children with *their* parents have gone to picnic.

7. When two different nouns are joined by either.......... or; neither .... nor, the pronoun is used according to the number and gender of the second noun.

Examples :

(a) Either your sister or you have done *your* work.

(b) Neither the students nor the teacher was in *his* class.

8. The pronoun coming after '*than*' must be in the same case as that coming before '*than*'.

Examples :

(a) She plays better than *me*. (Incorrect)
She plays better than *I*. (Correct)

(b) His elder brother is more intelligent than *him*. (Incorrect)
His elder brother is more intelligent than *he*. (Correct)

9. 'Many a' always takes a singular pronoun and singular verb.

Example :

Many a soldier has met *his* death in the battle field.

10. 'Who', 'Whose', 'Whom' are used only for persons.

Examples :

(a) *Who* is knocking at the door?

(b) *Whose* pen is this?

(c) *What* do you want?

11. 'Which' is used for things.

Example : *Which* game do you like?

MULTIPLE CHOICE QUESTIONS

Directions: *In the following questions choose the correct options to fill the blanks.*

1. The place was so dirty that ..... wished to run away from there.
A. everybody B. anybody
C. few D. some

2. ..... was there to help me.
A. Somebody B. Anything
C. Anybody D. Nobody

3. Is there .... to eat?
A. some B. something
C. any D. few

4. ..... of the students were making a great noise.
A. Anyone B. Somebody
C. Many D. Nobody

5. ..... of the students can solve this sum.
A. Someone B. Anybody
C. Somebody D. None

6. ...... of us should try our best to make India a heaven.
A. Any B. Somebody
C. Anybody D. All

7. ...... of us do not know the real meaning of our lives.
A. Any B. Something
C. Several D. Many

8. My .... black.
A. hairs are B. hair is
C. hairs shall D. hair will

9. She saw two .... on the last Sunday.
A. thiefs B. theifs
C. thieves D. theives

10. My sister is a ....
A. bacheloress B. bachelor
C. unmaried D. spinster

11. One is supposed to do ....
A. our duty B. their duty
C. one's duty D. his duty

12. Take anything .... you want.
A. that B. which
C. than D. then

13. I cannot tolerate ....
A. separated you B. your separation
C. separation from you D. you separated

14. He is .... faithful partner.
A. Yours B. You
C. Your D. Your's

15. Ajay is more smart than ....
A. her B. hers
C. herself D. she

16. Vivek works harder than ....
A. me B. I
C. her D. his

17. They should help ....
A. the poor people B. the poor
C. the poor persons D. the poor peoples

18. .... are mad.
A. All his sons B. His all sons
C. Sons all his D. All sons his

19. The poor fellow .... to fate.
A. resigned B. resigned himself
C. resigned itself D. resigned themselves

20. Nobody will help you but ....
A. I B. me
C. ours D. his

21. It is a good chance, You must avail .... this opportunity.
A. of B. yourself of
C. for D. from

22. The person who is elected .... my relative.
A. is B. he is
C. his D. him

23. He made ....
A. yours mention B. mention of you
C. mention for you D. mention about you

24. .... I know, he is quite faithful.
A. As far as B. So far as
C. So far this D. So far so

25. It is a duty of a person to take .... for his family.
A. pain B. pains
C. pain-killers D. pained

26. She does not love .... husband.
A. his B. her
C. its D. their

27. Let .... work together.
A. him and me B. he and I
C. he and him D. I and me

28. Copper, Silver and Gold ....
A. each will do B. either will do
C. any one will do D. any will do

29. Jessica and Roma are very irregular .... habits.
A. in her B. in their
C. in its D. in every

30. One likes to enjoy .... who was a great poet.
A. The sonnets of Shakespeare
B. Shakespeare's sonnets
C. Sonnets
D. Shakespeare

ANSWERS

1	2	3	4	5	6	7	8	9	10
A	D	B	C	D	D	D	B	C	D
11	**12**	**13**	**14**	**15**	**16**	**17**	**18**	**19**	**20**
C	A	C	C	D	B	B	A	B	B
21	**22**	**23**	**24**	**25**	**26**	**27**	**28**	**29**	**30**
B	A	B	A	B	B	A	C	B	A

ARTICLES

The family of the articles has only three members. They are : A, An and The. However, they fall under two groups :
(a) Definite Article *(b)* Indefinite Article

'The' is known as definite article whereas 'a' and 'an' are known as indefinite articles.

Use of the Definite Article 'The'

'The' is used before

1. The superlative degree :
He is the ablest man of the town.
(ablest is a superlative degree)
2. The name of states, countries etc. having a descriptive name :
(i) The J & K is a small state. (J & K is a descriptive name)
(ii) He lives in the U.S.A. (U.S.A. is a descriptive name)
(But the Delhi and the America are wrong because neither Delhi nor America is a descriptive name)
3. The names of the scriptures :
The Gita is a holy book. (Gita is a scripture)
4. Name of newspapers :
The Tribune is published from Chandigarh.
5. Name of rivers, canals, seas, oceans, bays, gulfs, groups of islands etc. :
(i) The Ganga is a holy river.
(ii) The Indian Ocean is the deepest ocean.
(iii) The Persian Gulf is a narrow gulf.
6. The name of famous buildings :
The Taj is one of the best buildings in India.
7. The names of nationals, sects and communities:
(i) The English defeated the Germans in the World War.
(ii) The rich should help the poor.
(iii) The Hindus believe in the caste system.
8. Proper nouns used as common nouns :
(i) Kalidas is the Shakespeare of India.
(ii) Delhi is the London of India.
9. Famous historical events :
The Industrial Revolution changed the face of England.
10. The directions and the celestial bodies:
The sun rises in the east.
11. Titles : Akbar, the Great was loved by his subjects.

Do not use 'the'

1. Before languages :
The English is an international language. (Incorrect)
English is an international language. (Correct)
2. Before the names of games :
The hockey is a popular game. (Incorrect)
Hockey is a popular game. (Correct)

Use of the Indefinite Articles 'A' and 'An'

'A' is used before :

1. All singular common nouns beginning with a consonant :
(i) A boy sings a song.
(ii) A black and a white cow were grazing in the field.
2. If a word begins with a vowel but gives the sound of a consonant, 'a' should be used before it :
(i) He was helped in his work by a European.
(ii) He is a one-eyed man.
(iii) It is a useful work.

'An' is used as follows :

1. All singular common nouns beginning with a vowel (*i.e.*, a, e, i, o, u) :
   (i) He is an artist. (ii) He is an old man. (iii) I intend to buy an umbrella.
2. If a word starts with a consonant but gives the sound of a vowel, "an" should be used before it :
   (i) Brutus is an honourable man.
   (ii) He is an honour to his profession.
   (iii) He is an L.L.B.

Demonstratives, that, these and those

1. The demonstrative adjectives and pronouns are for objects nearby the speaker:
   this (singular) those (plural)
   and for objects far away from the speaker.
   That (singular) those (plural)
2. Demonstratives are the only adjectives that agree in number with their nouns.
   That hat is nice.
   Those hats are nice.
3. When there is the idea of selection, the pronoun "one" (or "ones") often follows the demonstrative.
   I want a book. I'll get this (one).
   If the demonstrative is followed by an adjective, "one"(or "ones") must be used.
   I want a book. I'll get this big one.

MULTIPLE CHOICE QUESTIONS

Directions: *In the following questions choose the correct options to fill the blanks.*

1. .... will have to be paid for this material.
A. Half rupee B. Half a rupee
C. A half rupee D. An half rupee

2. .... is taking keen interest in India.
A. The USA B. USA
C. An USA D. A USA

3. Only .... can save our country.
A. the Hitler B. a Hitler
C. Hitler D. an Hitler

4. I can run for ....
A. hundred miles B. the hundred miles
C. a hundred miles D. an hundred miles.

5. .... man-eater has been killed.
A. The B. A
C. An D. Either A or B

6. What .... fine idea!
A. the B. an
C. a D. No article

7. .... earth is moving around the sun.
A. An B. A
C. The D. No article

8. This is .... first example while I got.
A. the B. a
C. an D. No article

9. This is .... house which was built during earthquake.
A. a B. an
C. the D. No article

10. .... America is a rich country.
A. The B. An
C. A D. No article

11. .... U.S.A. is a developed country.
A. A B. An
C. The D. No article

12. .... Bible is a holy book.
A. A B. The
C. An D. No article

13. .... rich should help the poor.
A. The B. A
C. An D. No article

14. .... Gold is a costly metal.
A. The B. A
C. An D. No article

15. Kalidas is .... Shakespeare of India.
A. a B. an
C. the D. No article

16. I cannot do .... difficult work.
A. a such B. the such
C. such the D. such a

17. How foolish .... plan it is!
A. a B. an
C. the D. No article

18. An ink is .... useful article.
A. an B. a
C. the D. No article

19. There are .... husband and wife.
A. a B. an
C. the D. No article

20. He is learning .... French
A. the B. a
C. an D. No article

ANSWERS

1	2	3	4	5	6	7	8	9	10
B	A	B	C	D	C	C	A	C	D
11	**12**	**13**	**14**	**15**	**16**	**17**	**18**	**19**	**20**
C	B	A	D	C	D	A	B	D	D

ADJECTIVES & ADVERBS

An Adjective is a word which adds something to the meaning of a noun or a pronoun.

Mridula is an *intelligent* girl. He has a *black* goat.
He is a *brilliant* student. She is a *clever* girl.
It is a *beautiful* picture.

In the sentences given above, the words in italics are adjectives.

An Adverb is a word which qualifies the meaning of a Verb, an Adjective or another Adverb.

(*i*) He talks *slowly.*
(*ii*) He is a *very* good student.
(*iii*) He talks *very* slowly.

In sentence (*i*), *slowly* qualifies the verb *talks.*
In sentence (*ii*), *very* qualifies the adjective *good.*
In sentence (*iii*), *very* qualifies the adverb *slowly.*

Adjectives have three degrees of comparison :

1. **Positive Degree :** It expresses the common form of an adjective.

   Example :

   Ram is a *tall* boy.

   In the above sentence *tall* is an adjective and expresses the common form.

2. **Comparative Degree :** It expresses the more of the same form.

   Example :

   Ram is *taller* than Mahesh.

   In the above sentence *taller* is an adjective that expresses the more of the common form of the adjective *tall.*

   "When and How to Use" Comparative Degree?

   (a) Comparative Degree is used when two persons or two groups of persons or things are compared.

   Examples :

   (a)He is *wiser* than his younger brother.
   (b)This glass is *cleaner* than the other.

   (b) When two different qualities in the same person are compared, more is used instead of 'er' to form the comparative. The formula used in this case should be :

   More + Positive Degree

   She is *fairer* than polite. (Incorrect)
   She is *more fair* than polite. (Correct)

   (c) When selection of one out of two persons or things is meant, the degree of comparison is followed by of and *the* is used before it.

   Example :

   Zia is abler of *the* two sisters.

   (d) If two comparatives are used in the same sentence to impress upon an idea, both should be preceded by the definite article.

   Examples :

   (i) The higher you go, the cooler it is.
   (ii) The more we get, the more we desire.

   (e) When one person or thing is compared with another of the same kind, other is used after the comparative degree. In such sentences other is normally preceded by any or all.

   Examples :

   (i) Kalidas is greater than any dramatist.
   (Incorrect)
   Kalidas is greater than any other dramatist.
   (Correct)
   (ii) Lead is heavier than all metals.
   (Incorrect)
   Lead is heavier than all other metals.
   (Correct)

   (f) Senior, junior, superior, inferior, prior, anterior (earlier than) and posterior (later than) are always followed by 'to'.

   Examples :

   (i) Ram is senior *to* Mohan by three years.
   (ii) That pen is inferior *to* that.
   (iii) He is junior *to* me in rank.
   (iv) This event was posterior *to* that.

   Note: Never use *than* after the above mentioned adjectives.

Important Information

(a) 'Preferable' is also used as an adjective of the comparative degree. As such, it is always followed by *to* and not *a*.

Death is preferable than dishonour. (Incorrect)
Death is preferable *to* dishonour. (Correct)

(b) To intensify the Degree of comparison, we use *far* or *much* before the comparative.

Examples :

(i) This book is *far* better than that.
(ii) His performance was *much* better than Mohan's.

Warning : Always avoid the use of double comparatives.

Don't say : Ram is more cleverer than his younger brother.

Say: Ram is cleverer than his younger brother.

3. **Superlative Degree :** It expresses the most of the common form of an adjective.

   Example :

   He is the ablest man of the town.

How and when to use the Superlative Degree?

(a) The Superlative Degree is used when more than two persons or things are compared.

(b) The Superlative Degree is generally preceded by 'the' and followed by 'of' in most of the cases or otherwise.

(c) When an adjective of the superlative degree is preceded by a Possessive Adjective or a Noun in the Possessive case, 'the' should not be used before it.

Example :

Which is Kalidas' best play?

It will be a blunder to use 'the' before the Superlative Degree in such cases.
Don't say : Which is Kalidas' the best play.

(d) To intensify the degree of comparison, *by far* is used before the superlative degree.
Example :
India is *by far* the most beautiful country of the world.
Note: Always avoid the use of double superlatives.
Don't say : He is the most strongest boy in the class.
Say : He is the strongest boy in the class.

Use of some Important Adjectives

1. (a) **'Some'** is used as follows :
   (i) With countable nouns where it means— a little, a small quantity.
   (ii) In a question which shows some request.
   Examples :
   (i) There is some water in the bottle.
   (ii) Some of the students were absent yesterday.
   (iii) Will you have some milk?
   (iv) Will you buy some fruit for me?

   (b) **'Any'** is used as follows :
   (i) In negative sentences.
   (ii) In interrogative sentences.
   (iii) After 'Hardly', 'Scarcely' and 'Barely'.
   (iv) After 'If'.
   Examples :
   (i) There is not any sugar in the pot.
   (ii) We haven't any rice in the house.
   (iii) I have hardly any money.
   (iv) There are scarcely any plants in this field.
   (v) If there is any danger, blow the whistle.

2. (a) **Older :** Older (and oldest) are used for persons animals and things. But 'Older' and 'Oldest' refer to the persons who do not belong to the same family.
   Examples :
   (i) Radha is older than Shyama.
   (ii) John is the oldest member of the staff.
   'Older' and 'Oldest' refer to the persons who do not belong to the same family.

   (b) **Elder** (and **eldest**) are used in respect of the members of the same family like sons, daughters, brothers, sisters.
   Examples :
   (i) My elder sister is a lecturer.
   (ii) Meenakshi is the eldest of the three sisters.
   Note :
   (i) 'Elder' is not followed by 'than'.
   (ii) 'Elder' and 'Eldest' cannot be used for things.

3. (a) **'Few'** is negative and is the opposite of 'Many'. It means 'not many'.
   (b) **'A few'** is positive and means 'some at least'. It is the opposite of 'None'.
   (c) **'The few'** means 'minority' and suggests 'whether there is'.
   Examples :
   (i) We have few holidays in school.
   (ii) Only a few boys will fail in the examination.
   (iii) The few poems that he wrote are very popular.

4. (a) **Further** means 'something additional'.
   (b) **Farther** means 'a greater distance'.
   Examples :
   (i) Further discussion will be held in the office of the principal.
   (ii) Amritsar is farther from Delhi than Ambala.

5. (a) **Little** is negative. It means, 'not much', or 'hardly any'.
   (b) **A little** is positive. It means 'some quantity'.
   (c) **The little** denotes quantity. It means, 'not much but all that is, or whatever quantity there is'.
   Examples :
   (i) There is little hope of his success.
   (ii) He knows a little of everything.
   (iii) I have spent the little money I had.
   (iv) The little knowledge of shoe-making proved very useful to me.

6. (a) '**Much**' expresses 'quantity'.
   (b) '**Many**' expresses 'number'.
   (c) **'Many a'**—'Singular noun' and 'Singular verb' are used with 'many a'.
   Examples :
   (i) There is not *much* water in the jug.
   (ii) *Many* boys are absent today.
   (iii) *Many* a battle has been fought on the soil of India.

7. (a) '**Less**' denotes 'in a small degree'.
   (b) '**Fewer**' denotes 'number'.
   Examples :
   (i) He devotes less time to his studies.
   (ii) There are no fewer than ten chairs in this room.

8. (a) '**Each**' is used for a single number of 'two persons' or 'things'.
   (b) '**Every**' is used for a single number of 'many persons' or 'things'.
   Examples :
   (i) Each boy must take part in games.
   (ii) There are only two poets. Each poet recited his poem.
   (iii) Every man dies in this world.
   (iv) Every man is expected to do his duty.

9. (a) '**Either**' means one of the two or both.
   (b) '**Neither**' is negative of the either.
   Examples :
   (i) You may buy either of these two chairs.
   (ii) Neither of them could speak on the stage.

10. (a) '**Later**' expresses 'late in time'.
   (b) '**Latter**' means 'second in position or order'.
   Examples :
   (i) My father reached later than I expected.
   (ii) The latter position was better than the former.

Use of some Important Adverbs

1. (a) Also, too, enough:
   (i) He taught English. Also, he edited the school magazine
   (ii) He is a writer and also he is a painter.
   (iii) He is too obstinate to listen to any reason.
   (iv) This is too difficult a piece for the junior students.
   (v) Sarla was kind enough to help the poor.
   (vi) He is brave enough to help the truth.
   Note: 'Too' is used in a negative sense, but enough is used in a positive sense.

   (b) Fairly and rather: Both suggest the meaning 'moderately'. But, mainly 'fairly' is used with the words that denote a positive meaning and rather is used with the words that denote a negative meaning:
   (i) Rita did fairly well in that competition, but her performance was rather poor in sports.
   (ii) Mona is fairly rich, but she is rather stingy.
   Note: 'Rather' can also be used in a positive sense.
   (i) This is a rather interesting job.
   (ii) That boy is rather smart.

   (c) Hardly, barely, scarcely: These words mostly convey the negative suggestions and are almost similar.
   (i) I have hardly any strength now.
   (ii) There was barely any supply to the township,
   (iii) There were scarcely a hundred guests present.
   Note: With slight variance in the meaning, the words given above convey the idea of 'very little', 'not enough', 'lack of quantity and number'.

   (d) Yet, Still: These adverbs can often be used to connect the sentence units:
   (i) He has been defeated many times in the contest; still he wants to be a competitor.
   (ii) Mona was sick; yet she went on doing her work.

   (e) Alone:
   (i) He alone (none else) is capable of handling that fire,
   (ii) He hunted all alone in the forest. (not in any company)

Special Note:

(a) Apart from their conventional positions the adverbs might be used in different positions with different meanings and angles.
   (i) He had only four books.
   (ii) John only contacted his friend in need.
   (iii) He greeted me only.
   (iv) Only he greeted me there.

(b) Inversion: Some adverbs can be inverted *i.e.* placed in the beginning of the sentence and then be followed by an interrogative form. The most common of these adverb are: so, seldom, never, nowhere, under no circumstances, hardly, scarcely etc.
   (i) So big was the bus that it could not enter the narrow lane.
   (ii) Hardly had he reached the station when he received the message.

MULTIPLE CHOICE QUESTIONS

Directions: *In the following questions choose the correct options to fill the blanks.*

1. The girl whom you met is the .... sister of Ravi.
A. eldest B. elder
C. older D. oldest

2. The historical place is ....
A. seeing worth B. worthy of seeing
C. worth seeing D. worthy seeing

3. These flowers smell ....
A. sweet B. sweetly
C. more sweetly D. sweetest

4. .... aspirant cannot pass the entrance examination.
A. Each B. Every
C. All D. No

5. Harivansh Rai .... second Shakespeare.
A. is a B. is
C. is the D. is an

6. .... student in the class got prizes.
A. Each and every B. Every and each
C. Every D. Never

7. It is .... picture than the one we saw last Monday.
A. interesting B. much interesting
C. more interesting D. most interesting

8. She is clever ....
A. that her mother is B. as her mother is
C. to her mother is D. than her mother is

9. They will get ....
A. Red, green and black paper
B. Red, green black paper
C. Red and green and black paper
D. Red green black paper

10. Health is .... wealth.
A. preferable to B. more preferable than
C. more preferable to D. most preferable then

11. .... water that was in the jug evaporated.
A. Little B. The little
C. Small D. A small

12. He has not sung .... songs.
A. much B. most
C. more D. many

13. Srishti has searched .... office.
A. whole the B. the whole
C. a whole D. some whole

14. Premchand was .... best and .... famous writer.
A. a, the most B. the, a most
C. the, more D. the, the most

15. William Shakespeare is famous as ....
A. a poet and a dramatist
B. a poet and dramatist
C. the poet and the dramatist
D. a poet and the dramatist

16. What does .... leader suggest?
A. other B. another
C. others D. anothers

17. He .... money.
A. has few B. have few
C. has little D. have little

18. The .... boys are rewarded.
A. first two B. two first
C. firsts two D. two's first

19. He is .... brave.
A. stronger than
B. stronger then
C. more strong then
D. more strong than

20. No sooner said ....
A. so done B. and done
C. then done D. but done

21. She returned .... than I had thought.
A. quickly B. more quicker
C. more quickly D. quicker

22. He is .... foolish person.
A. rather the B. a rather
C. rather a D. rather

23. This pen .... rupees.
A. costs twenty B. twenty costs only
C. costs only twenty D. only costs twenty

24. It is .... pride.
A. nothing else but B. nothing else than
C. else nothing than D. but

25. This tea is .... to drink.
A. too hot B. very hot
C. enough hot D. much hot

ANSWERS

1	2	3	4	5	6	7	8	9	10
A	C	A	B	A	C	C	C	A	A
11	**12**	**13**	**14**	**15**	**16**	**17**	**18**	**19**	**20**
B	D	B	D	B	B	C	A	D	C
21	**22**	**23**	**24**	**25**					
C	C	C	A	A					

DETERMINERS

Determiners are actually Adjectives. They are always followed by nouns.

Determiners are of the following kinds:

1. **Demonstrative Determiners :** this, that, these, those
2. **Possessive Determiners :** my, our, your, his, her, its, their
3. **Quantitative Determiners :** some, any, much, enough, sufficient, whole, a little, the little, little, all, both
4. **Numerical Determiners:** a few, some, few, the few, any, several, many, no, etc.
   One, two, three ... (Cardinals)
   First, second, third ... (Ordinals)
5. **Distributive Determiners:** either, neither
6. **Articles: Indefinite:** a, an, **Definite:** the

MULTIPLE CHOICE QUESTIONS

Directions: *In the following questions choose the correct options to fill the blanks.*

1. Give me .... rice.
A. some B. few
C. a few D. any

2. ...... sheep grazing on the slope of the hill had gone away.
A. Any B. The few
C. This D. Much

3. Have you got .... magazines to read?
A. all B. much
C. some D. little

4. I have .... money that I want to spend on shares.
A. any B. much
C. less D. some

5. There is .... owl on the branch of the tree.
A. a B. the
C. an D. some

6. My brother is .... MBA.
A. a B. an
C. the D. any

7. Have you got .... cheese?
A. some B. many
C. a few D. few

8. No, I have not got .... cheese.
A. many B. few
C. any D. some

9. There is only .... milk left in the bottle.
A. enough B. few
C. much D. a little

10. There is .... hope of his recovery.
A. any B. little
C. many D. few

11. .... dogs were barking at the strangers.
A. Some B. Any
C. Much D. Less

12. The girl bought her father .... juice.
A. few B. some
C. any D. many

13. You should take .... honey everyday.
A. any B. many
C. a little D. a few

14. .... boy was punished by the teacher.
A. Either B. All
C. Any D. Many

15. .... girl was asked to join the army.
A. None B. Neither
C. All D. Any

16. .... water in the jug has been drunk by Mohan.
A. The little B. The few
C. A few D. Few

17. I shall play .... piano at the party.
A. some B. any
C. the D. few

18. .... labourers were found dead in the mine.
A. Any B. Fewer
C. Many D. Less

19. Could I borrow .... umbrella?
A. our B. your
C. yours D. my

20. My brother is standing in the .... row.
A. any B. many
C. some D. first

ANSWERS

1	2	3	4	5	6	7	8	9	10
A	B	C	D	C	B	A	C	D	B
11	**12**	**13**	**14**	**15**	**16**	**17**	**18**	**19**	**20**
A	B	C	A	B	A	C	C	B	D

THE VERB

A Verb is a word that tells something about the action or state of or happenning to a person or thing.

A Verb tells the following:

1. What a person or thing does.
Sachin goes to school daily.
The bell *rang* loudly.
Many birds fly in the sky.
She *sang* a song.

2. What a person or thing is.
India *is* the biggest democracy in the world.
Ram Mehar *is* very rich.
They *are* happy.

3. What is done to a person or thing.
You *are liked* by all.
Two thieves *were arrested.*
Four students *were punished* by the teacher.

4. What happens to a person or thing.
His maternal uncle *died* last week.
Two ships *sank* yesterday.
Leaves *turn* yellow in autumn.

5. What a person or thing has, had, and so on.
I *have* a new car.
He *had* a scooter last year.
He *has* several cows and goats.

It goes without saying that a verb is the most important part of a sentence. No sentence is complete without a Verb.

Important Information

1. If two or more singular nouns are joined by 'and' the verb used will be plural.
Example:
(i) He and I were going to the market.
(ii) Ram and Mohan are friends.

2. If two singular nouns joined by 'and' points out to the same thing or person, the verb used must be singular.
Example:
(i) Rice and curry is the favourite food of the Punjabis.
(ii) The Collector and District Magistrate is away.

3. In case two subjects are joined by 'as well as' the verb agrees with the first subject.
Example :
(i) Kanta as well as her children is playing.
(ii) Children as well as their mother are playing.
In the case of first sentence the verb (is) agrees with Kanta and in the case of second sentence the verb (are) agrees with the children.

4. 'Neither', 'Either', 'Every', 'Each', 'Everyone', and 'Many a' are followed by a singular verb.
Example :
(i) Either of the plans is to be adopted.
(ii) Neither of the two brothers is sure to pass.
(iii) Every student is expected to be obedient.
(iv) Everyone of them desires this.
(v) Many a person is drowned in the sea.

5. If two subjects are joined by 'Either .... or' / 'Neither .... nor', the verb agrees with the subject near to it.
   Example :
   (i) Either my brother or I am to do this work.
   (ii) Neither he nor they are prepared to do this work.
6. 'A great many' is always followed by a 'plural noun' and a 'plural verb'. For example :
   A great many students have been declared successful.
7. Similarly if two subjects are joined by 'with', 'together with', 'no less than', in addition to 'and not', etc. the verb agrees with the first subject.
   Example :
   (i) The boy with his parents has arrived.
   (ii) He, no less than I, is to blame.
8. Nouns, plural in form, but singular in meaning, take a singular verb.
   Example :
   This news was broadcast from television yesterday.

MULTIPLE CHOICE QUESTIONS

Directions: *In the following questions choose the correct options to fill the blanks.*

1. The bus with all its passengers .... lost.
A. were B. was
C. are D. would

2. You as well as I .... responsible for this work.
A. am B. are
C. was D. is

3. Raghava like all his companions .... a spoiled child.
A. are B. were
C. is D. will be

4. Pen and ink .... required for me.
A. are B. were
C. is D. has required

5. Every girl and every boy .... attended the seminar.
A. have B. has
C. is D. are

6. Not only she but all her sisters ...... been married.
A. has B. have
C. is D. are

7. There .... nothing but miseries in life.
A. is B. are
C. were D. will be

8. Neither prose nor poem .... given.
A. were B. was
C. has D. have

9. Either he or I .... wrong.
A. is B. are
C. am D. were

10. Either Sulekha or Rekha .... coming here.
A. are B. is
C. were D. have

11. .... the child or his parents to blame?
A. Is B. Are
C. Were D. Has

12. You and I .... neighbours.
A. am B. are
C. was D. has

13. The house with all its belongings ..... sold away.
A. were B. are
C. was D. must

14. Either water or juice .... required.
A. is B. are
C. were D. has

15. There were not as many tables as .... required.
A. was B. were
C. is D. are

16. They each .... a book.
A. have B. are
C. has D. is

17. He and I .... class friends.
A. is B. am
C. was D. are

18. She as well as I .... guilty.
A. is B. are
C. am D. must be

19. Purushottam .... not read more on this chapter.
A. needs
B. has been need
C. need
D. had been need

20. He came .... to his aunt.
A. run B. running
C. to run D. in run

ANSWERS

1	2	3	4	5	6	7	8	9	10
B	B	C	C	B	B	A	B	C	B
11	**12**	**13**	**14**	**15**	**16**	**17**	**18**	**19**	**20**
A	B	C	A	B	A	D	A	C	B

CONJUNCTIONS

A conjunction is a word which connects words, clauses or sentences.

Look at the following sentences.

(i) He bought apples *and* mangoes.

(ii) God made the country *and* man made the town.

(iii) The door was open *but* there was no one in the house.

(iv) He knows that I am here *and* that I want to see him.

In the sentence (i), *and* connects two words—*apples* and *mangoes.*

In the sentence (ii), *and* connects two sentences—*God made the country* and *man made the town.*

In the sentence (iii), *but* connects two sentences— *The door was open* and *there was no one in the house.*

In the sentence (iv), *and* connects two clauses—*that I am here* and *that I want to see him.*

The main coordinating conjunctions are:

and, but, for, or, nor, also, either ..... or, neither ..... nor.

There are some conjunctions which are used in pairs. They are:

either .... or, ... neither .... nor, both .... and, though .... yet, whether .... or, not only .... but also.

Example: *Either* take it *or* leave it.

It is *neither* useful *nor* ornamental.

They *both* like *and* respect me.

Though he is suffering from high fever, *yet* he does not cry.

He does not care *whether* you go *or* stay.

He is *not only* doltish, *but also* obstinate.

The conjunctions which are used in pairs in this way, are called correlative conjunctions, or merely correlatives.

Use of Important Conjunctions

1. **As soon as :** As soon as denotes simultaneous time.
   Example : As soon as he saw his enemy, he took to his heels.
2. **No sooner .... than :**
   (a) 'No sooner' is always followed by 'than'.
   (b) Please remember that 'No sooner' is always followed by do/does/did. As such only first form of the verb should be used after the subject.
   Example :
   No sooner did he see his enemy than he took to his heels.
3. **Hardly :** Hardly is followed by when.
   Examples :
   (i) Hardly had I left the house when it started raining.
   (ii) We had hardly come into the room when his father began chastising him.
   Note :
   A. Hardly is never followed by than.
   B. 'Scarcely' can also be used in the sense and manner of 'Hardly'.
4. **Lest :** Lest is used in the sense of so that .... not. It is always followed by should. Lest is negative in sense. Hence 'not' should never be used with it.
   Example :
   Work hard lest you should fail.
   Note : 'Lest' is always followed by 'should' and not 'may'.
5. **Unless :** Unless expresses condition. It is also used in the negative sense. Use of 'not' is not allowed with unless because unless is already in the negative sense.
   Example :
   Unless you labour hard you will not pass.
6. **Until :** 'Until' expresses time. It means 'till not'.
   Example : Wait here until I return.
   Note : Until is in the negative sense. So 'not' should not be used with it. Example :
   Wait here until I do not return. (Incorrect)
   Wait here until I return. (Correct)
7. **As well as :** When two subjects are joined by 'as well as', the verb always agrees with the first subject.
   Examples :
   (i) The teacher as well as students is playing.
   (ii) Students as well as the teacher are playing.
   Note : 'Both' and 'as well as' cannot be used together in the same sentence.
   Examples :
   Both Sita as well as Kanta are beautiful. (Incorrect)
   Sita as well as Kanta is beautiful. (Correct)
   Both Sita and Kanta are beautiful. (Correct)
8. **As if :** 'As if' is used in the sense of pretension. While using 'as if' in a sentence, we should see that even the third person singular subject gets 'were'.
   Example : He talks as if he were mad.
9. **Till :** Till expresses time. Till is always used in the affirmative.
   Example :
   We did not come back till sunset.
10. **Rather than :** 'Rather than' is used in the sense of 'preference'. 'Rather' is always followed by 'than'.
    Example :
    I would rather die than submit.
11. **As long as/so long as :** Both express time during which an action or event takes place.
    Example :
    As long as there is life, there is hope.
12. **However :** It is both a subordinate and co-ordinate clause.
    Examples :
    (a) Mala worked hard, she however, failed.
    (b) However hard he may work, he cannot pass.
13. **Such as :** 'Such as' gives us the sense of 'like'. Such is always followed by 'as'.
    Example :
    Life is such a puzzle as cannot be solved.

MULTIPLE CHOICE QUESTIONS

Directions: *In the following questions choose the correct options to fill the blanks.*

1. Neither he .... his friend is good.
A. or B. and
C. but D. nor

2. The officer asked the peon .... why he was late.
A. that B. if
C. but D. No word needed

3. Both Ajay .... Vijay are intelligent.
A. or B. nor
C. and D. No word needed

4. No Sooner did the thief see the public .... he ran away.
A. then B. and
C. but D. than

5. Abhinav .... his brothers was going to Mumbai.
A. but
B. yet
C. No word needed
D. together with

6. He behaves .... he were the captain of the team.
A. as if B. as
C. No word needed D. that

7. Either Rupali .... Sonali is going to attend the meeting.
A. and B. but
C. nor D. or

8. Neither Nirmal .... Ashwinee is going to listen the speech.
A. and B. but
C. nor D. or

9. Ravi .... Prakash are going to Kolkata.
A. or B. nor
C. but D. and

10. Rice .... curry is my usual breakfast.
A. and B. but
C. then D. than

11. Hardly had he left .... his brother came.
A. then B. than
C. when D. that

12. I would rather have a copy .... a book.
A. then B. than
C. when D. that

13. He is no other .... my friend.
A. then B. than
C. when D. but

14. He saw a snake ....he awoke.
A. then B. when
C. than D. No word needed

15. Ten years have passed .... my grandmother died.
A. since B. when
C. then D. than

16. She is .... good .... bad.
A. either, not B. neither, or
C. neither, nor D. neither, than

17. The cellphone is both cheap .... best.
A. than B. and
C. then D. or

18. No sooner did the rogue see the police .... he disappeared.
A. then B. than
C. so D. because

19. Srishti will go .... Sanju goes.
A. if B. than
C. then D. although

20. She is wise .... timid.
A. and B. yet
C. but D. however

21. Make hay .... the sun shines.
A. though B. while
C. after D. before

22. He is so weak .... he cannot walk.
A. but B. that
C. then D. so

23. Although he is rich, ... he is unhappy.
A. but B. yet
C. so D. still

24. Wait here .... I come back.
A. till B. until
C. before D. after

25. He is my friend .... I shall help him.
A. so B. hence
C. that is why D. therefore

26. He must go away .... he will be beaten.
A. otherwise B. and
C. or D. else

27. God loves good men .... good men love God.
A. and B. or
C. that D. those

28. He was late .... he was not punished.
A. but B. yet
C. still D. therefore

29. Walk slowly ...., you may fall.
A. and B. or
C. so D. otherwise

30. Work hard, ... you will fail.
A. and B. or
C. otherwise D. else

ANSWERS

1	2	3	4	5	6	7	8	9	10
D	D	C	D	D	A	D	C	D	A
11	**12**	**13**	**14**	**15**	**16**	**17**	**18**	**19**	**20**
C	B	B	B	A	C	B	B	A	C
21	**22**	**23**	**24**	**25**	**26**	**27**	**28**	**29**	**30**
B	B	B	A	B	C	A	C	D	D

PREPOSITIONS

A *Preposition* is a word which is placed before a noun or a pronoun to show its relation to some other word in the sentence.

1. I saw a goat *in* the field.
2. I am fond *of* hot coffee.

In sentence 1, the word *in* shows the relation between two things—*goat* and *field.*

In sentence 2, the word *of* shows the relation between the attribute expressed by the adjective *found* and *tea.*

The words *in* and *of* are here used as prepositions.

The noun or pronoun which is used with a preposition is called its object. The noun or pronoun is in the objective case. It is governed by the preposition. Now it is absolutely clear that in sentence 1, the noun *field* is in the objective case. The word *field* is governed by the preposition *in.*

A preposition may have two or more objects.

The road runs over *hill* and *plain.*

Here, the words *hill* and *plain* are used as objects.

Use of Important Prepositions

1. Among, Between

'**Among**' is used for more than two persons or things; '**Between**' is used only for two.

Examples :

(i) Distribute these sweets *among* the poor students of the class.

(ii) Distribute these books *between* Ram and Shyam.

2. Among, In

'**Among**' is used before collective plural nouns. '**In**' is used before collective singular nouns.

Examples :

(i) I found him standing *among* the crowd.

(ii) I saw him in the crowd.

3. Beside, Besides

'**Beside**' means 'by the side of'. '**Besides**' means 'in addition to'.

Examples :

(i) The daughter was sitting *beside* her mother.

(ii) *Besides* his relatives, he invited his friends also.

4. In, Within

'**In**' means at the expiry of a period of time in future, '**Within**' means before the expiry of a period of time in any tense.

Examples :

(i) She will return *in* a week.

(ii) I shall finish my work *within* a weak.

5. On, Upon

'**On**' is used for things at rest; '**Upon**' is used for things in motion.

Examples :

(i) He is sitting *on* the floor.

(ii) The dog sprang *upon* the table.

6. By, With

'**By**' denotes the agent or doer, '**With**' denotes the instrument with which anything is done.

Examples :

(i) The bird was killed *by* the hunter with an arrow.

(ii) He beat the dog *with* a stick.

(iii) I shall reach here *by* five o'clock.

7. After, In

'**After**' means at the end of a period of time in the past. '**In**' means at the end of a period of time in future.

Examples :

(i) I shall return your book *in* a week.

(ii) He returned the book *after* a week.

8. For, From, Since

'**For**' is used before a noun denoting a period of time with all the tenses. '**From**' is used before a noun or phrase denoting a point of time, it is used in all the tenses. '**Since**' is used before a noun or phrase denoting some point of time and is always produced by a verb in the perfect continuous tense or third form of a verb.

Examples :

(i) We have been playing cards *for* two hours.

(ii) She stayed with her uncle *from* the 15th of March to the 15th of May.

(iii) I have been reading this book *since* morning.

9. Above, Over

'**Above**' means 'higher from', **Over** is used in the following four senses :

(i) In the sense of 'above' :
At noon, the sun is *over* our heads.

(ii) In the sense of 'beyond' :
I cannot get *over* my disappointment.

(iii) In the sense of 'Superiority' :
God *over* all blesses for ever more.

(iv) In the sense of 'Conclusion' :
It is all *over* with me.

10. At, Towards

'**At**' denotes the idea of aim, '**Towards**' denotes the idea of destination.

Examples :

(i) He threw the stone *at* the cat.

(ii) He went *towards* the house.

11. At, In, On

'At' is used as follows :

(i) '**At**' is used with small towns and villages. **Examples:**

(a) He was born *at* Sonepat.

(b) He lives *at* village Bangra. (Bangra is a village)

(ii) '**At'** is used before a noun denoting a definite point of time.

Example :

He called on me *at* 9 p.m. yesterday.

'In' is used as follows :

(iii) '**In**' is used with the names of big cities, provinces and countries.

Examples :

(a) His father lives *in* England.

(b) His younger brother lives *in* Calcutta.

(iv) '**In**' is used before the names of months and years.

Example :

His elder sister was born *in* 1972 *in* the month of May.

'On' is used with dates and names of days. **Examples:**

(a) I joined college *on* the 26th April.

(b) He will leave for Kolkata *on* Wednesday next.

Important Information

1. '**In**' is also used in the following phrases :
   In the morning; In the evening, In winter, In summer.
2. '**In**' also denotes a place inside anything.
   He travelled *in* a crowded bus.
3. '**At'** is used in the following phrases :
   At home, *At* the station, *At* work, *At* play.

12. Below, Beneath

Below means 'of lower level in position, dignity and expectation' etc. *Beneath* means 'under'.

Examples :

(i) It is *below* my dignity to talk to her.

(ii) They rested *beneath* the shade of a tree.

13. In, Into, To

'**In**' expresses Rest or Motion inside anything. '**Into**' expresses Motion towards the inside of anything or change from one medium to another. '**To**' denotes motion from one place to another.

Examples :

(i) The boys are *in* the room.

(ii) Translate this passage from English *into* Hindi.

(iii) Every morning he goes *to* the temple.

14. Till, By, Of, Off

- 'Till' means upto or not earlier than.
- 'By' means not later than.
- 'Of' shows cause, source, separation, quality, contents, possession, apposition, point of reference, space in time etc.
- 'Off' shows separation at a near distance, and detached condition.

Consider the following examples:

(i) I shall work *till* 5 a.m.

(ii) Madhu died *of* cancer.

(iii) The nib *of* the pen is made *of* gold.

(iv) He presented me a bottle *of* perfume.

(v) Our principal is a man *of* principle.

(vi) He lived in the house *of* his friend.

(vii) *By* this time tomorrow, I'll have finished my job.

(viii) My house is *off* the road.

(ix) The book fell *off* the table.

MULTIPLE CHOICE QUESTIONS

Directions: *Tick the correct preposition for the blank in each of the following sentences.*

1. He applied ...... the manager.
A. for B. to
C. with D. by

2. Trust ...... God and do the right.
A. in B. for
C. to D. with

3. She is worthy ...... a prize.
A. with B. for
C. to D. of

4. Mr. Gomes has no taste ...... music.
A. of B. for
C. with D. to

5. You are hard ...... hearing.
A. at B. of
C. with D. for

6. He is sure ...... his success
A. for B. with
C. on D. of

7. Preeti was warned ...... the danger ahead.
A. for B. at
C. of D. about

8. I am thankful ...... you for a good advice.
A. for B. with
C. to D. of

9. Deepak would not surrender ...... the police.
A. with B. to
C. for D. on

10. The small plant in your lawn is very sensitive ...... touch.
A. on B. with
C. to D. about

11. Divya was sure to succeed ..... the examination.
A. for B. in
C. to D. with

12. Geeta was jealous ...... Ravina's beauty.
A. to B. with
C. for D. of

13. He was ignorant ..... what was happening there.
A. for B. of
C. to D. with

14. Your pen is inferior ...... mine.
A. than B. with
C. from D. to

15. Reenu is no match ...... Meenu.
A. to B. for
C. with D. upon

16. It is necessary ...... you to apply for this job.
A. on B. with
C. for D. to

17. Be loyal ...... your country.
A. for B. to
C. on D. with

18. Mukesh is junior ...... me.
A. than B. to
C. from D. of

19. Deepika was innocent ...... the crime.
A. of B. with
C. from D. to

20. I am desirous.... joining the Indian cricket team.
A. for B. of
C. to D. on

ANSWERS

1	2	3	4	5	6	7	8	9	10
B	A	D	B	B	D	D	D	B	D
11	**12**	**13**	**14**	**15**	**16**	**17**	**18**	**19**	**20**
B	D	B	D	B	D	B	B	A	B

SYNONYMS

A synonym is a word which conveys a meaning similar to the given word.

REMEMBER

Words	*Synonyms*
Add	Increase
Adequate	Enough
Adjust	Adapt
All	Aggregate
Allow	Permit
Abode	Dwelling
Apt	Proper
Assess	Appraise
Accuse	Calumniate
Abashed	Timid
Annoy	Displease
Ample	Enough, Sufficient
Amplify	Increase
Apathetic	Unenthusiastic
Accost	Address
Authentic	True
Adjust	Fit
Approve	Assent, Allow, Accept
Adapt	Conform
Adversary	Opponent, Rival, Competitor
Beat	Whack
Benign	Kind
Breeze	Zephyr
Baffle	Puzzle
Booty	Spoil

Words	*Synonyms*
Beauty	Charm
Beast	Animal
Bandit	Robber
Blaze	Shine
Bond	Tie
Bend	Twist
Bate	Diminish
Beg	Plead
Barbaric	Wild, Savage
Bashful	Shy, Reserved
Begin	Start
Blend	Mix, Mingle
Bizarre	Funny
Below	Under
Bedevil	Confuse
Bemoan	Lament
Babble	Nonsense
Blame	Fault
Behaviour	Demeanour
Call	Accost
Copy	Imitate
Close	Shut
Caress	Love
Camp	Stay
Connect	Attach
Cut	Injure, Curtail
Cling	Stick
Conical	Funny
Convey	Carry
Conspicuous	Prominent
Cheerful	Happy, Pleasant

Words	*Synonyms*
Curtail	Decrease
Cheerless	Sad, Dejected
Curious	Strange
Circumstance	Factor, Situation, Condition
Competent	Capable
Congruent	Overlapping
Cope	Deal, Endure
Confident	Sure
Complex	Intricate
Cajole	Coax, Flatter
Cunning	Crafty
Delectable	Joyful, Delightful
Devilish	Diabolical
Delicate	Soft
Devil	Fiend
Delay	Postpone
Dislike	Repugnance
Destroy	Ruin
Dwell	Live, Dilate
Declare	Pronounce
Drunk	Flushed
Deficient	Lacking
Damn	Condemn, Curse
Decrease	Diminish
Destruction	Devastation
Efficient	Competent
Ethnic	Racial
Enthral	Enslave
Earnest	Serious
Envious	Jealous
Ending	Final
Egg	Incite
Extempore	At once
Extensive	Far-ranging
Extra	Surplus
Existence	Life
Exceed	Overstep
Enormous	Vast
Excessive	Superfluous
Free	Unhindered
Frigid	Cold
Feed	Cater
Fame	Reputation
Frame	Make
First	Initial
Frighten	Terrorise, Intimidate
Fervent	Fervid
Fall	Decline
Feeble	Frail
Fickle	Changeable
Finish	Conclude
Fraud	Deception
Forgiving	Placable

Words	*Synonyms*
Grow	Develop
Greed	Avidity
Greet	Welcome
Grave	Serious
Group	Constellation
Given	Bestowed
Gratitude	Thankfulness
Have	Possess
Hire	Rent
Hit	Strike
Handsome	Beautiful
Hinder	Prevent
Heap	Pile
Hope	Expect
Hard	Harsh
Help	Aid
Hymn	Song
Henpecked	Enslaved
Hoodwink	Mystify, Cheat
Humble	Polite, Urbane, Modest
Harass	Vex, Trouble
Impart	Instil
Intact	Untouched
Instal	Establish
Indict	Impeach
Imitate	Ape
Instigate	Incite
Initiate	Start, Introduce
Inimical	Unfriendly
Insufferable	Intolerable
Impartiality	Justice
Jolly	Merry
Joyful	Delectable
Join	Conjoin
Kind	Benign
Kill	Murder
Kindred	Similar
Kinship	Relationship
Keen	Sharp
Knowledge	Scholarship
Lazy	Slothful
Large	Substantial, Gargantuan
Listless	Careless, Lackadaisical
Lax	Loose
Little	Small
Lifelike	Realistic
Lofty	High
Lenient	Soft, Gentle
Lacking	Deficient, Wanting
Lessen	Decrease
Middleclass	Bourgeois
Mitigate	Lessen, Abate
Modesty	Humility, Lowliness

Words	Synonyms
Mix	Mingle, Blend
Mixture	Mingling
Mixed	Assorted
Modify	Decrease
Mean	Imply
Multifarious	Varied
Miscarry	Abort
Note	Notice
Noble	Stately
Native	Indigenous
Needful	Necessary
Notify	Declare
Nervous	Shaky, Tremulous, Timid
Natural	Spontaneous
Near	Close
Normal	Natural
Offend	Displease
Oppress	Persecute, Tyrannize
Opponent	Adversary
Obstruct	Hinder, Check
Offence	Fault
Offender	Villain
Overstep	Exceed
Overlapping	Congruent
Occult	Mystic
Profane	Unholy
Patience	Forbearance
Pornographic	Obscene
Plenitude	Abundance
Prominent	Important
Prodigal	Spender
Procrastinate	Postpone
Promote	Develop, Honour
Persecute	Tyrannise
Profess	Claim
Pliant	Flexible
Plebian	Common
Polished	Sophisticated
Quake	Shake
Quit	Leave
Queer	Eccentric
Quell	Suppress
Quantify	Allot
Reply	Answer
Relinquish	Retire
Read	Peruse
Relation	Reference
Render	Do
Remainder	Residuals
Repeat	Reiterate
Repentant	Contrite
Retaliative	Retaliatory
Rumour	Hearsay
Reveal	Divulge

Words	Synonyms
Ritualistic	Ceremonious
Soft	Delicate
Sort	Kind, Choose, Select
Selfish	Egoistic
Sensual	Earthly
Suppress	Quell, Check
Stimulate	Provoke
Tasteless	Insipid
Travel	Journey
True	Authentic, Faithful, Truthful
Turbulence	Turmoil
Tragedy	Calamity
Tasteful	Tasty, Delicious
Touching	Painful
Thankful	Grateful
Tremendous	Great, Huge
Tough	Strong
Terminate	Conclude, End
Theory	Doctrine
Tell	Relate
Tremble	Shake, Shiver
Urge	Spur
Unbeaten	Unsubdued
Use	Utilize, Practise
Underhand	Unfair, Undue
Unfair	Unjust
Unravel	Reveal, Divulge
Unimportant	Common
Unconcerned	Apathetic
Unimitated	Inimitable
Unfortunate	Unlucky
Understand	Perceive, Comprehend
Vain	Proud, Haughty, Conceited, Shameless
Vale	Valley, Dale, Dell
Vice	Fault
Virtue	Quality
Veracity	Reality
Value	Price, Prize
Vex	Tease
Vibrate	Quiver, Shake
Violent	Excessive
Vivid	Clear, Lucid
Victory	Triumph
Vulgar	Indecent
Virtuous	Honest
Variegated	Varied, Multifarious
Well	Good
Yell	Cry, Shout
Yonder	There
Yearn	Wish, Desire
Yoke	Slavery
Zest	Earnestness, Enthusiasm
Zealous	Earnest

ANTONYMS

A antonym is a word which conveys a meaning opposite to the given word.

REMEMBER

Words	*Antonyms*
Abhor	Love
Abnormal	Normal
Able	Unable
Acceptable	Unacceptable
Adequate	Inadequate
Amusing	Boring
Angry	Calm
Apex	Bottom
Attract	Repel
Bad	Good
Barren	Fertile
Beautiful	Ugly
Bitter	Sweet
Brave	Cowardly
Brief	Lengthy
Bright	Dull
Calm	Violent
Careful	Careless
Clear	Vague, Cloudy
Cold	Hot
Cruel	Kind
Dear	Cheap
Deep	Shallow
Difficult	Easy
Direct	Indirect
Dishonest	Honest
Disobey	Obey
Encourage	Discourage
Enormous	Tiny
Excellent	Bad
Expensive	Cheap
Eat	Fast
Fair	Unfair
Fake	Authentic
False	True
Famous	Notorious
Fool	Genius
Generous	Miserly
Genius	Fool
Genuine	Unauthentic
Gigantic	Tiny
Glad	Depressed
Good	Bad
Great	Little
Happy	Sad
Hard	Soft
Hate	Love
Honest	Dishonest
Idle	Busy

Words	*Antonyms*
Immoral	Moral
Include	Exclude
Incorrect	Correct
Intelligent	Unintelligent
Kind	Cruel
Like	Dislike
Long	Short
Lucid	Vague
Major	Minor
Naive	Experienced
Nadir	Apex
Neat	Clumsy
Obedient	Disobedient
Obscure	Clear
Oppose	Support
Optimistic	Pessimistic
Out	In
Patience	Impatience
Peaceful	Belligerent
Pious	Impious
Polite	Impolite
Potent	Impotent
Prominent	Unimportant
Proper	Improper
Pure	Impure
Quick	Slow
Quiet	Disturbance
Real	False, Unreal
Reject	Select, Choose
Reliable	Unreliable
Respect	Disrespect
Right	Wrong
Robust	Feeble, Weak
Sad	Happy
Secret	Open
Sensible	Insensible
Severe	Mild
Sharp	Blunt
Simple	Complex
Sociable	Unsociable
Tall	Short
Tidy	Untidy
Uncanny	Canny
Violent	Calm
Vivid	Vague
Strong	Weak
Big	Small
Easy	Difficult
Fast	Slow
High	Low
Catchy	Unattractive
Ugly	Handsome, Beautiful, Tidy
Tasty	Insipid
Sonorous	Harsh

MULTIPLE CHOICE QUESTIONS

Directions (Qs. 1 to 20): *In the following questions choose the word which best expresses the meaning of the given word.*

1. ABSURD
A. Foolish B. Simple
C. Courageous D. Silly

2. ABANDON
A. Lose B. Profit
C. Vacate D. Foil

3. CAJOLE
A. Pause B. Lenient
C. Blast D. Lure

4. COMBAT
A. Fight B. Conflict
C. Shoot D. Quarrel

5. LAMENT
A. Condone B. Console
C. Complain D. Contribution

6. DEBACLE
A. Disgrace B. Defeat
C. Collapse D. Decline

7. SHIVER
A. Fear B. Tremble
C. Shake D. Ache

8. TORTURE
A. Terror B. Harassment
C. Torment D. Tranquility

9. LAUDABLE
A. Lovable B. Commendable
C. Profitable D. Oblivious

10. FIXED
A. Sterile B. Static
C. Stubborn D. Parennial

11. QUEER
A. Unfamiliar B. Cute
C. Curious D. Strange

12. SUFFICIENT
A. Fit B. Proper
C. Adequate D. Vast

13. GLOSS
A. Brightness B. Soothing
C. Rubbing D. Miracle

14. LONGING
A. Prune B. Apathy
C. Curtail D. Craving

15. JEER
A. Applaud B. Magnanimity
C. Avoid D. Scoff

16. ZENITH
A. Minimum B. Nadir
C. Plant D. Peak

17. GARB
A. Distort B. Dress
C. Trivial D. Rage

18. ABHOR
A. Rude B. Reconcile
C. Crave D. Detest

19. YIELD
A. Shum B. Incisive
C. Retain D. Surrender

20. YOKE
A. Twist B. Release
C. Link D. Extra

Directions (Qs. 21 to 26): *In the following questions choose the word which best expresses the opposite of the given word.*

21. TRAGIC
A. Dramatic B. Strong
C. Gentle D. Comic

22. ORAL
A. Verbal B. Sane
C. Minor D. Written

23. ADMIRE
A. Hate B. Unlike
C. Dislike D. Enough

24. VIOLENT
A. Gentle B. Savage
C. Haughty D. Decline

25. ADVERSITY
A. Windfall B. Inprosperity
C. Prosperity D. Slave

26. GENUINE
A. Spurious B. Obscure
C. Countless D. Apathetic

ANSWERS

1	2	3	4	5	6	7	8	9	10
D	C	D	A	C	C	B	C	B	B
11	**12**	**13**	**14**	**15**	**16**	**17**	**18**	**19**	**20**
D	C	A	D	D	D	B	D	D	C
21	**22**	**23**	**24**	**25**	**26**				
D	D	C	A	C	A				

●●●

3

Sentence Completion

It is such an exercise which starts with the primary schools and continues in the highest level of competitive examinations. One must practise it regularly to score well.

Directions (Qs. 1 to 15): *Pick out the most effective word(s) from the given words to fill in the blanks to make the sentence meaningfully complete.*

1. The student ...... that book from the library to study at home.
A. issued B. borrowed
C. hired D. lent

2. I wish I ...... a king.
A. was B. am
C. should be D. were

3. He ...... to listen to my arguments and walked away.
A. denied B. disliked
C. objected D. refused

4. The flow of blood was so ...... that the patient died.
A. intense B. adequate
C. profuse D. extensive

5. When I met her yesterday, it was the first time I ...... her since Christmas.
A. saw B. have seen
C. had seen D. have been seing

6. Can you pay ...... all these articles?
A. for B. of
C. off D. out

7. I ...... you to be at the party this evening.
A. expect B. hope
C. look forward to D. desire

8. ...... being a handicapped person, he is very cooperative and self-reliant.
A. Because B. Although
C. Since D. Despite

9. The child broke ...... from his mother and ran towards the painting.
A. away B. after
C. down D. with

10. With his ...... income, he finds it difficult to live a comfortable life.
A. brief
B. sufficient
C. meagre
D. huge

11. He could ...... a lot of money in such a short time by using his intelligence and working hard.
A. spend
B. spoil
C. exchange
D. accumulate

12. Though the brothers are twins, they look ......
A. alike B. handsome
C. indifferent D. different

13. Unfavourable weather conditions can ..... illness.
A. cure B. detect
C. treat D. enhance

14. No sooner did the bell ring, ... the actor started singing.
A. when B. than
C. after D. before

15. If I ...... realised it, I would not have acted on his advice.
A. was B. had
C. were D. have

Directions (Qs. 16 to 25): *In each question, an incomplete statement (Stem) followed by four fillers is given. Pick out the best one which can complete the incomplete stem correctly and meaningfully.*

16. Unless you work harder you will fail, means .....
A. if you fail you will work harder.
B. you must at least plan well than you will not fail.
C. hardly you will fail if you do not desire so.
D. if you do not put more efforts, then you will fail.

17. Even if it rains I shall come, means .....
A. if I come it will not rain.
B. if it rains I shall not come.
C. I will certainly come whether it rains or not.
D. whenever there is rain I shall come.

18. Dinesh is as stupid as he is lazy means .....
A. Dinesh is stupid because he is lazy.
B. Dinesh is lazy because he is stupid.
C. Dinesh is either stupid or lazy.
D. Dinesh is equally stupid and lazy.

19. He is so lazy that he .....
A. cannot depend on others for getting his work done.
B. cannot delay the schedule of completing the work.
C. can seldom complete his work on time.
D. dislike to postpone the work that he undertakes to do.

20. He always stammers in public meetings, but his today's speech .....
A. was fairly audible to everyone present in the hall.
B. was not received satisfactorily.
C. could not be understood properly.
D. was free from that defect.

21. In order to raise the company's profit, the employees.....
A. demanded two additional increments.
B. decided to go on paid holidays.
C. requested the management to implement new welfare schemes.
D. offered to work overtime without any compensation.

22. Although, he is reputed for making very candid statements, ...
A. his today's speech was not fairly audible.
B. his promises had always been realistic.
C. his speech was very interesting.
D. his today's statements were very ambiguous.

23. I felt somewhat more relaxed .....
A. but tense as compared to earlier.
B. and tense as compared to earlier.
C. as there was already no tension at all.
D. and tension-free as compared to earlier.

24. With great efforts his son succeeded in convincing him not to donate his entire wealth to an orphanage ....
A. and lead the life of a wealthy merchant.
B. but to a home for the forsaken children.
C. and make an orphan of himself.
D. as the orphanage needed a lot of donations.

25. Even though it is a very large house, ...
A. there is a lot of space available in it for children.
B. there is hardly any space available for children.
C. there is no dearth of space for children.
D. the servants take a long time to clean it.

ANSWERS

1	**2**	**3**	**4**	**5**	**6**	**7**	**8**	**9**	**10**
B	D	D	C	C	A	A	D	A	C
11	**12**	**13**	**14**	**15**	**16**	**17**	**18**	**19**	**20**
D	D	D	B	B	D	C	D	C	D
21	**22**	**23**	**24**	**25**					
D	D	D	C	B					

●●●

4

Spotting Errors

The most common errors in English are of spellings, grammar and usage of words. By regular practice, the errors can be easily spotted and minimised.

MULTIPLE CHOICE QUESTIONS

Directions: *In the following questions some of the sentences have errors and some are correct. Find out which part of a sentence has an error, the number of that part is your answer. If a sentence is free from errors, then your answer is D i.e., No error.*

1. (A) Either Ram or/(B) you is responsible/(C) for this action./(D) No error.

2. (A) The student flatly denied/(B) that he had copied/(C) in the examination hall./(D) No error.

3. (A) By the time you arrive tomorrow/(B) I have finished/(C) my work./(D) No error.

4. (A) The captain with the members of his team/(B) are returning/(C) after a fortnight./(D) No error.

5. (A) After returning from/(B) an all-India tour/(C) I had to describe about it./(D) No error.

6. (A) The teacher asked his students/(B) if they had gone through/(C) either of the three chapters included in the prescribed text./(D) No error.

7. (A) Do you know/(B) how old were you/(C) when you came here?/(D) No error.

8. (A) Beware of/(B) a fair-weather friend/(C) who is neither a friend in need nor a friend indeed./(D) No error.

9. (A) Copernicus proved/(B) that Earth/(C) moves round the Sun./(D) No error.

10. (A) The property/(B) was divided/(C) among the two brothers./(D) No error.

11. (A) I am quite certain/(B) that the lady is not only greedy/(C) but miserly./(D) No error.

12. (A) The brilliant success in the examination/(B) as well as his record in sports/(C) deserves high praise./(D) No error.

13. (A) I cannot find/(B) where has he gone/(C) though I have tried may best./(D) No error.

14. (A) If I was/(B) the Prime Minister of India/(C) I would work wonders/(D) No error.

15. (A) If it weren't/(B) for you,/(C) I wouldn't be alive today./(D) No error.

16. (A) He looked like a lion/(B) baulked from/(C) its prey./(D) No error.

17. (A) Widespread flooding/(B) is affecting/(C) large areas of the villages./(D) No error.

18. (A) If we really set to/(B) we can get the whole house/(C) cleaned in an afternoon./(D) No error.

ANSWERS

1	2	3	4	5	6	7	8	9	10
B	D	B	B	C	C	D	D	B	C
11	**12**	**13**	**14**	**15**	**16**	**17**	**18**	**19**	**20**
C	D	B	A	C	C	C	A	A	C

EXPLANATORY ANSWERS

1. Replace 'is' by 'are'.
2. No error.
3. Replace 'have' by 'would have'.
4. Replace 'are' by 'is'.
5. Replace 'had to describe' by 'described'.
6. Replace 'either' by 'any'.
7. No error.
8. No error.
9. Omit 'that'.
10. Replace 'among' by 'between'.
11. Add 'also'.
12. No error.
13. Replace 'has he' by 'he has'.
14. Replace 'was' by 'were'.
15. Replace 'wouldn't be' by 'would not have been'.
16. Replace 'its' by 'his'.
17. Replace 'areas' by 'area'.
18. Replace 'set to' by 'set on'.

●●●

5

One Word Substitution

There are many single words in English language which can be perfectly used for a number of words. These words help in expressing ideas in a short and correct manner for the right occasion. Such words not only increase the vocabulary but also enable you to economise in the use of words to a great extent.

Multiple Word Expression	*Substitution*
One who always looks towards the bright side of things	Optimist
One who always looks towards the dark side of things	Pessimist
The time when one develops from a child into an adult	Adolescence
The process of growing more plants in order to form a forest.	Afforestation
The science which deals with farming	Agriculture
From some other country or place etc.	Alien
A term, etc. giving more than one meaning	Ambiguous
A vehicle which is used to carry sick persons	Ambulance
An animal which can live both in water and on land	Amphibian
A lawless situation when there is no government	Anarchy
Belonging to the history of thousands of years old	Ancient
Once a year	Annual
A very old object but still valuable	Antique
Words of opposite meanings	Antonyms
Words of similar meanings	Synonyms
Signatures of a famous person	Autograph
A government led by one person with absolute authority	Autocracy
A written work of one's own life history	Autobiography
A person who has never been married	Bachelor
A person usually having no hair on his head	Bald
A place where one can deposit money and get interest	Bank
A person who cuts our hair	Barber
A building/group of buildings where soldiers live	Barracks
A person who makes buns and biscuits	Baker
A person who lives by asking people for food and money without doing any useful job	Beggar
The crime of having married to two persons at the same time	Bigamy
The branch of science which deals with the study of plants	Botany
Able to speak two languages	Bilingual
Able to speak more than two languages	Polyglot
The branch of science which deals with the living organisms	Biology
A powerful snow storm	Blizzard
A great successful book or movie	Blockbuster
A short news on the radio or TV	Bulletin
A system in which the most important works are organised by the government officials	Bureaucracy
A person who has no vision in his eyes	Blind
A page or a series of pages on which the information of days, weeks, months, etc. is given	Calendar
A person who eats human flesh	Cannibal
A complete list of items often arranged alphabetically	Catalogue
A sudden disaster	Catastrophe
A period of 100 years	Century

Multiple Word Expression	*Substitution*
A branch of science which deals with chemicals	Chemistry
A printed leaf usually issued by banks that we sign to carry certain financial deal	Cheque
A person who makes or mends shoes	Cobbler
A group of people who has been chosen by others to make decisions on their own	Committee
A building in which nuns live	Convent
An animal which feeds on other animals	Carnivorous
A person who does criticism	Critic
A person who cannot hear	Deaf
A condition in which one loses a lot of water from one's body because of vomiting, etc.	Dehydration
A system of government in which the people cast their votes to elect their leaders	Democracy
The study of skin problems	Dermatology
A long piece of land covered with sand	Desert
The art of managing relationships between countries	Diplomacy
A piece of information about the words in a book form	Dictionary
A piece of information about the telephone numbers of the people in a book from	Directory
A person in charge of a newspapers, magazine etc.	Editor
A person who thinks he is better than the others	Egoist
To leave your country and settle in some other country	Emigrate
A book or series of books giving almost all knowledge about an area or some persons etc.	Encyclopaedia
Study of insects	Entomology
Time when day and night are of the same duration	Equinox
To sell things out of the country	Export
To purchase things from some other country	Import
A plant or animal no longer in existence	Extinct
A situation when there is a shortage of food for a long period of time	Famine
An amount of money that we pay for some action or services	Fee
Related to women	Feminine
An animal strong and aggressive	Ferocious
A piece of land where plants grow easily from the soil that is favourable to them	Fertile
A work of literature having some imaginary events	Fiction
A large amount of water covering certain area	Flood
A person who sells flowers	Florist
A religious ceremony for burying or cremating a dead person	Funeral
A substance which kills fungus	Fungicide
A person studying or having studied the diseases and the related things of female reproductory system	Gynaecologist
The murder of the person of the same group race or country	Genocide
A substance which kills germs	Germicide
A situation in which many people die because of fire during war	Holocaust
The act of killing a person deliberately	Homicide
A word having the pronunciation as the other one does but it differs in meaning	Homophone
A word having the same spelling as the other one does but it is pronounced in some other way	Homonym
A person who is attracted towards the person of the same sex	Homosexual
Go across and parallel to the ground	Horizontal
A substance which kills the insects	Insecticide
That cannot be corrected	Incorrigible
That cannot be defeated	Invincible
That cannot be eaten	Inedible
That cannot be seen	Invisible
A place in a school or college where books are kept for the benefit of students, teachers etc.	Library
A place in a school or college where scientific experiments are performed	Laboratory

Multiple Word Expression	*Substitution*
An official who is a judge in the lowest court	Magistrate
A piece of music or a book before it is printed	Manuscript
Related to men	Masculine
One who believes in the existence of God	A theist
One who does not believe in the existence of good	An atheist
That can be believed	Credible
That cannot be believed	Incredible
That which dissolves in a solvent	Soluble
That which does not dissolves in a solvent	Insoluble
Hard writing that can be read	Legible
Hard writing that cannot be read	Illegible
A person who does jobs beneficial to mankind	Philanthropist
A person who goes on foot	Pedestrian
A person who fights for his own country	Patriot
An act of killing oneself	Suicide
A woman whose husband is dead	Widow
A man whose wife is dead	Widower
A person who eats vegetarian and non-vegetarian diets	Omnivorous
Something which is everywhere at the same time	Omnipresent
One who knows everything	Omniscient
A child who does not have parents	Orphan
An award etc. given after the death of the person	Posthumous
The place where animals are kept for amusement and to increase the knowledge of the public	Zoo
The science which deals with the study of animals	Zoology

MULTIPLE CHOICE QUESTIONS

Directions: *In questions given below, out of the four alternatives, choose the one which can be substituted for the given words/sentences.*

1. Something that relates to everyone in the world
A. General B. Common
C. Usual D. Universal

2. An expression of mild disapproval
A. Warning B. Denigration
C. Impertinence D. Reproof

3. One who is not easily pleased by anything
A. Maiden B. Medieval
C. Precarious D. Fastidious

4. Murder of a king
A. Infanticide B. Matricide
C. Genocide D. Regicide

5. A remedy for all diseases
A. Stoic B. Marvel
C. Panacea D. Recompense

6. A dramatic performance
A. Mask B. Mosque
C. Masque D. Mascot

7. Study of birds
A. Orology B. Optology
C. Ophthalmology D. Ornithology

8. Ready to believe
A. Credulous B. Credible
C. Creditable D. Incredible

9. Incapable of being seen through
A. Ductile B. Opaque
C. Obsolete D. Potable

10. One who eats everything
A. Omnivorous B. Omniscient
C. Irresistible D. Insolvent

11. A place where bees are kept is called
A. An apiary B. A mole
C. A hive D. A sanctuary

12. One who cannot be corrected
A. Incurable B. Incorrigible
C. Hardened D. Invulnerable

13. One who is in charge of a museum
A. Curator B. Supervisor
C. Caretaker D. Warden

14. Continuing fight between parties, families, clans, etc.
A. Enmity B. Feud
C. Quarrel D. Skirmish

15. A voice loud enough to be heard
A. Audible B. Applaudable
C. Laudable D. Oral

16. A paper written by hand
A. Handicraft B. Manuscript
C. Handiwork D. Thesis

17. Habitually silent or talking little
A. Serville B. Unequivocal
C. Taciturn D. Synoptic

18. To slap with a flat object
A. Chop B. Hew
C. Gnaw D. Swat

19. A person who speaks many languages
A. Linguist B. Monolingual
C. Polyglot D. Bilingual

20. A light sailing-boat built specially for racing
A. Canoe B. Yacht
C. Frigate D. Dinghy

21. A fixed orbit in space in relation to earth
A. Geological B. Geo-synchronous
C. Geo-centric D. Geo-stationary

22. A style in which a writer makes a display of his knowledge
A. Pedantic B. Verbose
C. Pompous D. Ornate

23. A religious discourse
A. Preach B. Stanza
C. Sanctorum D. Sermon

24. A place that provides refuge
A. Asylum B. Sanatorium
C. Shelter D. Orphanage

25. Detailed plan of a journey
A. Travelogue B. Travelkit
C. Schedule D. Itinerary

26. A person who insists on something
A. Disciplinarian B. Stickler
C. Instantaneous D. Boaster

27. A drawing on transparent paper
A. Red print B. Blue print
C. Negative D. Transparency

28. One who believes that all things and events in life are predetermined is a
A. Fatalist B. Puritan
C. Egoist D. Tyrant

29. A school boy who cuts classes frequently is a
A. Defeatist B. Sycophant
C. Truant D. Martinet

30. The act of violating the sanctity of the church is
A. Blasphemy B. Heresy
C. Sacrilege D. Desecration

31. A place where monks live as a secluded community
A. Cathedral B. Diocese
C. Convent D. Monastery

32. One who is fond of fighting
A. Bellicose B. Aggressive
C. Belligerent D. Militant

33. Tending to move away from the centre or axis
A. Centrifugal B. Centripetal
C. Axiomatic D. Awry

34. Words inscribed on tomb
A. Epitome B. Epistle
C. Epilogue D. Epitaph

35. Leave or remove from a place considered dangerous
A. Evade B. Evacuate
C. Avoid D. Exterminate

36. Original inhabitants of a country
A. Abroge B. Aborger
C. Aborgory D. Aborigins

37. Government by the officials
A. Theocracy B. Plutocracy
C. Bureaucracy D. Democracy

38. Incapable of being exhausted
A. Inexhaustible B. Inaexhaustible
C. Exhaustable D. Non-tired

39. A person of good understanding, knowledge and reasoning power
A. Expert B. Intellectual
C. Snob D. Literate

40. One absorbed in his own thoughts and feelings rather than in things outside
A. Scholar B. Recluse
C. Introvert D. Intellectual

ANSWERS

1	2	3	4	5	6	7	8	9	10
D	D	D	D	C	C	D	A	B	A
11	**12**	**13**	**14**	**15**	**16**	**17**	**18**	**19**	**20**
A	B	A	B	A	B	C	D	A	B
21	**22**	**23**	**24**	**25**	**26**	**27**	**28**	**29**	**30**
D	A	D	A	D	B	D	A	C	C
31	**32**	**33**	**34**	**35**	**36**	**37**	**38**	**39**	**40**
D	A	A	D	B	B	C	A	B	C

●●●

6

Spelling Errors

There are thousands of words in English language. It is difficult to remember the spellings and meanings of all at once. Try to learn as many as you can. Use a dictionary regularly.

Directions: *Find the correctly spelt words.*

1. A. Damage B. Dammage C. Damaige D. Dammege
2. A. Efficiant B. Effecient C. Efficient D. Eficient
3. A. Schedule B. Schdule C. Schedale D. Schedeule
4. A. Occurad B. Occurred C. Ocurred D. Occured
5. A. Grieff B. Grief C. Grieef D. Grrief
6. A. Guarantee B. Garuntee C. Guaruntee D. Gaurantee
7. A. Meddicine B. Medicine C. Medicene D. Medicinne
8. A. Benefeted B. Benefitted C. Benifited D. Benefited
9. A. Acommodation B. Acomodation C. Accomodation D. Accommodation
10. A. Querrelsome B. Quarrelsame C. Quarrelsome D. Querralsome
11. A. Sympathetic B. Smypathetic C. Sympothetic D. Sympethetic
12. A. Prograssive B. Progressive C. Progresive D. Prograsive
13. A. Uncivilized B. Uncevilized C. Uncivillized D. Uncevelized
14. A. Extravagant B. Extreragent C. Extreregant D. Extravegent
15. A. Missunderstood B. Miesunderstood C. Misunderstood D. Misunderstod
16. A. Belligerent B. Beligirent C. Belligarant D. Belligerrent
17. A. Astonished B. Astronished C. Astoneshed D. Asstonished
18. A. Sincerely B. Sencerely C. Sincerelly D. Sincerrely
19. A. Rigourous B. Rigerous C. Rigorous D. Regerous
20. A. Satellite B. Sattellite C. Satelite D. Sattelite
21. A. Pesanger B. Passenger C. Pessenger D. Pasanger
22. A. Humurous B. Humorous C. Humoreus D. Humorrous
23. A. Exeggerate B. Exaggerate C. Exadgerate D. Exagerate
24. A. Fariegn B. Forein C. Foriegn D. Foreign
25. A. Excesive B. Excessive C. Exccessive D. Exccesive
26. A. Forcaust B. Forcast C. Forecast D. Forecaste
27. A. Paralleted B. Paralelled C. Parralleled D. Parallelled
28. A. Ocasion B. Occassion C. Occasion D. Ocassion
29. A. Boquet B. Bouquet C. Bouquete D. Bouquette
30. A. Chettering B. Chaterring C. Chattering D. Chatering
31. A. Discourage B. Disscourage C. Discourege D. Discaurage
32. A. Curageous B. Courageous C. Courrageous D. Couregeous
33. A. Abandon B. Abanddon C. Abendon D. Abbandon
34. A. Embarassment B. Emberrassement C. Embarrassment D. Embbaresment
35. A. Eccintric B. Eccentrie C. Eccentric D. Eccintrie
36. A. Occasional B. Occassional C. Occesional D. Occessional
37. A. Querrel B. Querral C. Quarrel D. Quarel
38. A. Contrebution B. Contribution C. Contributtion D. Conterbution

39. A. Desgrace B. Disgrece
C. Disgrice D. Disgrace

40. A. Harassment B. Herassment
C. Harasment D. Harassmient

41. A. Imaginative B. Imeginative
C. Imagenative D. Imaginetive

42. A. Suficient B. Suficiant
C. Sufficient D. Sufficiant

43. A. Adequate B. Edequate
C. Adaquete D. Edaquete

44. A. Exparienced B. Experianced
C. Experienced D. Experrienced

45. A. Flatering B. Fletering
C. Flattering D. Fletaring

46. A. Cuttiveted B. Culltrivated
C. Cultivated D. Caltivated

47. A. Praiceworthy B. Peiseworthy
C. Praiseworthy D. Praisaworthy

48. A. Profesional B. Professionel
C. Professional D. Profissional

49. A. Ameteur B. Amateur
C. Amataur D. Amateor

50. A. Unfevourable B. Unfevaurable
C. Unfavourable D. Unfivourable

ANSWERS

1	2	3	4	5	6	7	8	9	10
A	C	A	B	B	A	B	B	D	C
11	**12**	**13**	**14**	**15**	**16**	**17**	**18**	**19**	**20**
A	B	A	A	C	A	A	A	C	A
21	**22**	**23**	**24**	**25**	**26**	**27**	**28**	**29**	**30**
B	B	B	D	B	C	A	C	B	C
31	**32**	**33**	**34**	**35**	**36**	**37**	**38**	**39**	**40**
A	B	A	C	C	A	C	B	D	A
41	**42**	**43**	**44**	**45**	**46**	**47**	**48**	**49**	**50**
A	C	A	C	A	C	C	C	B	C

●●●

हिन्दी

व्याकरण

व्याकरण वह शास्त्र है जिसके द्वारा किसी भी भाषा के शब्दों और वाक्यों के शुद्ध स्वरूपों एवं शुद्ध प्रयोगों का ज्ञान कराया जाता है।

व्याकरण के चार अंग हैं : (i) वर्ण विचार (ii) शब्द विचार (iii) पद विचार और (iv) वाक्य विचार

भाषा : भाषा अभिव्यक्ति का एक ऐसा साधन है जिसके द्वारा मनुष्य अपने विचारों को दूसरों पर प्रकट कर सकता है और दूसरों के विचार जान सकता है। भाषा के दो रूप हैं–(i) मौखिक और (ii) लिखित।

बोली : भाषा का क्षेत्रीय रूप बोली कहलाता है।

लिपि : किसी भी भाषा के लिखने की विधि को लिपि कहते हैं।

वर्ण : हिन्दी भाषा में प्रयुक्त सबसे छोटी ध्वनि वर्ण कहलाती है। जैसे–अ, आ, ई, क्, ख्, आदि

वर्णमाला : वर्णों के समुदाय को वर्णमाला कहते हैं। हिन्दी वर्णमाला में 44 वर्ण हैं। जिनमें 11 स्वर तथा 33 व्यंजन हैं।

स्वरवर्ण : उन वर्णों को कहते हैं, जिनका उच्चारण बिना किसी दूसरे वर्ण की सहायता से होता है। हिन्दी में 11 स्वर हैं–अ, आ, इ, ई, उ, ऊ, ए, ऐ, ओ, औ, ऋ।

व्यंजन वर्ण : उन वर्णों को कहते हैं, जिनका उच्चारण स्वर वर्णों की सहायता के बिना नहीं हो सकता है। इनकी संख्या 33 है–

क ख ग घ ङ च छ ज झ ञ ट ठ

ड ढ़ ण त थ द ध न प फ ब भ

म य र ल व श ष स ह।

वर्ण : एक या अधिक वर्णों से बनी हुई स्वतन्त्र सार्थक ध्वनि शब्द कहलाती है।

शब्दों को तत्सम, तद्भव, देशज और विदेशी भागों में बाँटा जाता है।

तत्सम : जो शब्द संस्कृत भाषा से हिन्दी में बिना किसी परिवर्तन के लिए जाते हैं वे तत्सम कहलाते हैं, जैसे– अग्नि, क्षेत्र, मित्र, नासिका आदि।

तद्भव : उन शब्दों को कहते हैं, जो संस्कृत से ही लिए गए हैं, परन्तु हिन्दी में आने पर जिनका रूप बदल गया है। जैसे–आग, खेत, रात आदि।

देशज : उन शब्दों को कहते हैं, जो बोलचाल तथा देश की अन्य भाषाओं से लिए गए हैं। जैसे–कटोरा, झंझत, डिबिया, लोटा आदि।

विदेशज या विदेशी : उन शब्दों को कहते हैं, जो किसी विदेशी भाषा से आए हैं। जैसे–स्कूल, कार, कमरा, खुदा, जोश, सरकार आदि।

शब्द सम्पदा

तत्सम शब्दों के तद्भव रूप

तत्सम	तद्भव	तत्सम	तद्भव
अग्नि	आग	अद्य	आज
अष्ट	आठ	अक्षि	आँख
अर्ध	आधा	अस्थि	हड्डी
अश्रु	आँसू	आम्र	आम
ग्राम	गाँव	गर्दभ	गधा
गृध्र	गीध	गौर	गोरा
गृह	घर	घट	घड़ा
धातु	धात	धृत	घी
लक्ष	लाख	सप्त	सात
त्वम्	तुम	दुग्ध	दूध
रत्न	रतन	वर्ष	बरस
भक्त	भगत	मर्कट	बन्दर
रात्रि	रात	उलूक	उल्लू
अन्धकार	अन्धेरा	क्षीर	खीर
निद्रा	नींद	पृष्ठ	पीठ
ज्येष्ठ	जेठ	स्वर्ण	सोना
श्वास	साँस	काक	काग
कार्य	काज	कर्ण	कान

तत्सम	तद्भव	तत्सम	तद्भव
पाद	पाँव	हस्त	हाथ
नासिका	नाक	कंटक	काँटा
दश	दस	दधि	दही
दीप	दीया	निद्रा	नींद
नव	नौ	पत्र	पत्ता
प्रस्तर	पत्थर	जिह्वा	जीभ
हस्ती	हाथी	दन्त	दाँत
क्षेत्र	खेत	नृत्य	नाच
सूचिका	सूई	स्वर्णकार	सुनार
लोक	लोग	पर्यड़्क	पलंग
स्वप्न	सपना	कातर	कायर
पुत्र	पूत	मानव	मनुष्य
शत	सौ	पुष्प	फूल
पक्व	पक्का	कृषक	किसान
कर्म	कार्य	आम्र	आम
कर्ण	कान	अष्ट	आठ
घंटिका	घंटी	चन्द्र	चन्द
यव	जौ	धूम्र	धुआँ

विराम चिह्न

विराम का अर्थ रुकना। अपने विचारों को ठीक ढंग से प्रकट करने के पढ़ते अथवा लिखते समय हमें कुछ रुकना पड़ता है। इस प्रकार के रुकने को विराम कहते हैं।

प्रत्येक-विराम के लिए अलग-अलग चिह्न हैं–

पूर्ण विराम	[।]
अल्प विराम	[,]
अर्ध विराम	[;]
प्रश्न बोधक	[?]
विस्मयादि बोधक	[!]
योजक	[–]
उद्धरण	[“ ”]

कारक

कारक शब्द उस रूप को कहते हैं, जिससे संज्ञा या सर्वनाम वाक्य के साथ सम्बन्ध जाना जाता है। जैसे–शीला कलम **से** लिखती है।

यह सीमा **की** पुस्तक है।

कारक के भेद विभक्ति चिह्नों सहित

कारक	**विभक्ति**
कर्त्ता	ने
कर्म	को
करण	से
सम्प्रदान	के लिए
अपादान	से
सम्बन्ध	का, के, की
अधिकरण	में, पर
सम्बोधन	हे, अरे!

पर्यायवाची शब्द

जिन शब्दों से एक समान अर्थ का बोध होता है, उन्हें पर्यायवाची या समानार्थी शब्द कहते हैं।

कुछ पर्यायवाची शब्दों के उदाहरण निम्नलिखित हैं–

आग – अग्नि, अनल, पावक, हुताशन, ज्वाला।
आकाश – नभ, आसमान, गगन, लोभ।
असुर – राक्षस, दानव, निशाचर, दैत्य।
अमृत – अभिय, पीयूष, सुधा, सोम।
अन्धकार – अन्धेरा, तिमिर, तम, तमिस्त्र।
आँख – नेत्र, नयन, लोचन, चक्षु, दृग।
कमल – जलज, पंकज, नीरज, राजीव।
इन्द्र – सुरपति, देवेन्द्र, सुरेन्द्र, देवेश।
ईश्वर – प्रभु, भगवान, जगदीश, दीनबन्धु।
पक्षी – खग, विहग, चिड़िया, नभचर।
बादल – घन, जलधर, वारिद, नीरद।
गंगा – सुरसरि, जाह्नवी, त्रिपथगा, देवनदी, विष्णुपदी।
चन्द्रमा – शशि, मयंक, निशाकर, सुधाकर, सुधांशु, सोम हिमांशु, राकेश।
जल – पानी, नीर, लोभ, अम्बु, सलिल, क्षीर, वारि।
फूल – पुष्प, कुसुम, सुमन, प्रसून, सारंग।
पृथ्वी – भू, भूमि, धरा, वसुन्धरा, वसुधा, धरती क्षमा, लोक।
कपड़ा – पट, वस्त्र, चीर, अम्बर, दुकूल।
घर – गृह, गेह, निकेतन, आलय, निलय, भवन, शाला, धाम, सदन।
जंगल – वन, कानन, अरण्य, विपिन।
तालाब – सरोवर, ताल, जलाशय, तड़ाग।
दिन – दिवस, वासर, वार।
पहाड़ – गिरि, पर्वत, गूधर, नग, महीधर, मेरू।
पत्थर – पहाड़, प्रस्तर, पाहन।
पवन – वायु, समीर, हवा, मारुत, अनिल।
पुत्र – सुत, तनय, पूत, आत्मज।
बिजली – तड़ित, चपला, दामिनी।
वृक्ष – तरू, रूख, विटप, पेड़।
मनुष्य – नर, मानव, मनुज, आदमी।
हाथी – करि, हस्ती, गज।
मित्र – सखा, मीत, सहचर, दोस्त।
राजा – नरेश, नृप, महीप, भूप।
समुद्र – सागर, सिन्धु, जलधि, नीरधि।
सरस्वती – शारदा, वागेश्वरी, भारती, महाश्वेता।
साँप – पन्नग, सर्प, विषधर, अहि, व्याल।
सूर्य – दिनकर, दिवाकर, रवि, भानु, भास्कर।
स्त्री – नारी, महिला, दारा, वामा।
शरीर – देह, तन, काया, गात, बदन।
गणेश – गजानन, गणपति, विनायक, एकदन्त, गजवदन लम्बोदर, विघ्न नाशक।
घोड़ा – तुरंग, बाजि, हय, अश्व, घोटक।
युद्ध – समर, रण, संग्राम।
सिंह – केसरी, मृगराज, केहरी।
शत्रु – अरि, रिपु, बैरी।
विष्णु – हरि, कमलेश, रमापति, चक्रपाणि, केशव, माधव, पीताम्बर।
कोष – खजाना, भण्डार, निधि।
धन – दौलत, द्रव्य, मुद्रा।

तलवार – कृपाण, असि, खड्ग।
अंग – भाग, हिस्सा, अवयव।
चोर – तस्कर, दस्यु, रजनीचर।
पत्नी – भार्या, दारा, गृहिणी।
पुत्र – तनय, सुत, लड़का, बेटा।
पुत्री – तनया, सुता, लड़की, बेटी।
माता – जननी, अम्बा, अम्बिका, अम्मा, माँ, धात्री।
मोर – शिखी, नीलकण्ठ, मयूर।
मृत्यु – मौत, काल, देहान्त।
रक्त – रुधिर, शोणित, खून, लहू।
विष – जहर, हलाहल, गरल।
सोना – कंचन, स्वर्ण, कनक।
हृदय – उर, छाती, वक्ष, वक्षस्थल, हिय, हिया।
सभा – अधिवेशन, परिषद्, बैठक, महासभा, समागम, समिति, सम्मेलन।
यमुना – कालिन्दी, कृष्णा, जमुना, रविसुता तरणि-तनुजा।

विलोम-शब्द

शब्दों के अपने निश्चित अर्थ होते हैं। उन अर्थों के विपरीत अर्थ देने वाले शब्द को विलोम-शब्द कहते हैं।

शब्द	विलोम	शब्द	विलोम
अमृत	विष	उदार	संकीर्ण
अनुकूल	प्रतिकूल	अनुराग	विराग
आदि	अन्त	उत्थान	पतन
इच्छा	अनिच्छा	उचित	अनुचित
अल्पायु	दीर्घायु	अनुज	अग्रज
उन्नति	अवनति	आकाश	पाताल
अधिक	न्यून	आयात	निर्यात
एक	अनेक	अन्धकार	प्रकाश
अर्थ	अनर्थ	उदय	अस्त
परकीया	स्वकीया	जड़	चेतन
जय	पराजय	अनिवार्य	वैकल्पिक
नकद	उधार	अपेक्षा	उपेक्षा
उपस्थित	अनुपस्थित	आदर	अनादर
अन्धेरा	उजाला	अपना	पराया
उत्तम	अधम	आय	व्यय
सुपुत्र	कुपुत्र	स्वाधीन	पराधीन
आहार	निराहार	कठोर	कोमल
दाता	याचक	दोषी	निर्दोषि
खेद	प्रसन्नता	धनी	निर्धन
निकट	दूर	चर	अचर
देव	दानव	खरा	खोटा
गरीब	अमीर	प्रेम	घृणा
जीवन	मृत्यु	बुरा	भला
सजीव	निर्जीव	मित्र	शत्रु
सुगन्ध	दुर्गन्ध	मौखिक	लिखित
संक्षेप	विस्तार	कटु	मधुर
आरम्भ	अन्त	कड़वा	मीठा
कृतज्ञ	कृतघ्न	दिन	रात
साक्षर	निरक्षर	पवित्र	अपवित्र
पाप	पुण्य	जल	थल
धीर	अधीर	निर्मल	मलिन

शब्द	विलोम	शब्द	विलोम
गुण	अवगुण	नश्वर	अनश्वर
निन्दा	स्तुति	भारी	हल्का
मनुष्यता	पशुता	सरस	नीरस
मान	अपमान	क्रय	विक्रय
धर्म	अधर्म	गहरा	उथला
गुरु	शिष्य	पक्ष	विपक्ष
जन्म	मृत्यु	बन्धन	मुक्ति
यश	अपयश	ज्ञान	अज्ञान
आदर	अनादर	पूर्ण	अपूर्ण
सफल	असफल	शान्त	अशान्त
कीर्ति	अपकीर्ति	वादी	प्रतिवादी
आस्तिक	नास्तिक	स्वदेश	परदेश
सज्जन	दुर्जन	राग	द्वेष
ऊसर	उर्वर	उदार	कृपण
अगला	पिछला	अगम	सुगम
अग्नि	जल	अति	अल्प
अर्थ	अनर्थ	अतल	वितल
अत्यधिक	स्वल्प	अद्यः	उपरि
अधिकतम	न्यूनतम	अतिवृष्टि	अनावृष्टि
अनाथ	सनाथ	ईश्वर	जीव
अनुलोम	विलोम	अर्पण	ग्रहण
अवनि	अम्बर	अस्त	उदय
आकर्षण	विकर्षण	आगे	पीछे
आजाद	गुलाम	आदान	प्रदान
आधुनिक	प्राचीन	आना	जाना
आय	व्यय	आयात	निर्यात
आवश्यक	अनावश्यक	आशा	निराशा
आस्था	अनास्था	इहलोक	परलोक
उच्च	निम्न	उत्थान	पतन
उपकार	अपकार	उपयोग	दुरुपयोग
एकता	अनेकता	कल	आज
कृत्रिम	प्राकृत	कृष्ण	शुक्ल
कपूत	सपूत	कोमल	कठोर
गगन	धरा	ज्ञान	अज्ञान

लिंग

लिंग का अर्थ है 'चिह्न'। लिंग शब्द उस चिह्न को कहते हैं जिससे वस्तु के पुरुष या स्त्री होने की कल्पना हो। लिंग दो प्रकार के होते हैं— (1) पुल्लिंग (2) स्त्रीलिंग

पुल्लिंग–पुल्लिंग संज्ञा के उस रूप को कहते हैं जिससे उसके पुरुष होने का ज्ञान होता है। जैसे–राम, श्याम, घोड़ा, हाथी, कुत्ता आदि।
स्त्रीलिंग–स्त्रीलिंग संज्ञा के उस रूप को कहते हैं जिससे उसके स्त्री होने का ज्ञान हो। जैसे–भैंस, गाय, बकरी, सीता, रमा इत्यादि।

पुल्लिंग	स्त्रीलिंग	पुल्लिंग	स्त्रीलिंग
इन्द्र	इन्द्राणी	मेहतर	मेहतरानी
नौकर	नौकरानी	जेठ	जेठानी
देवर	देवरानी	सेठ	सेठानी
पण्डित	पण्डिताइन	ओझा	ओझाइन
बनिया	बनियाइन	दुबे	दुबाइन
हलवाई	हलवाइन	चौबे	चौबाइन
गुरु	गुरुआइन	लड़का	लड़की
दास	दासी	कबूतर	कबूतरी
हिरण	हिरणी	क्षत्रिय	क्षत्राणी
मुगल	मुगलानी	हिन्दू	हिन्दुआनी
चौधरी	चौधरानी	भव	भवानी
लाला	ललाइन	पण्डा	पण्डाइन
ठाकुर	ठकुराइन	बाबू	बबुआइन
घोड़ा	घोड़ी	गूँगा	गूँगी
बच्चा	बच्ची	चाचा	चाची
बकरा	बकरी	मामा	मामी
मुर्गा	मुर्गी	साला	साली
चींटा	चींटी	रस्सा	रस्सी
देव	देवी	ब्राह्मण	ब्राह्मणी
बेटा	बेटी	बूढ़ा	बुढ़िया
चूहा	चुहिया	डिब्बा	डिबिया
गुड्डा	गुड़िया	कुम्हार	कुम्हारिन
सुनार	सुनारिन	नाती	नातिन
जुलाहा	जुलाहिन	दर्जी	दर्जिन
पापी	पापिन	हाथी	हथिनी

पुल्लिंग	स्त्रीलिंग	पुल्लिंग	स्त्रीलिंग
पिता	माता	बैल	गाय
कवि	कवयित्री	विधुर	विधवा
बाप	माँ	बादशाह	बेगम
नर	मादा	मर्द	औरत
युवक	युवती	वर	वधू
सम्राट्	सम्राज्ञी	साढ़ू	साली
फूफा	बुआ	पुत्र	पुत्री
पहाड़	पहाड़ी	गोप	गोपी
गधा	गधी	तरुण	तरुणी
नर्तक	नर्तकी	बेटा	बिटिया
बछड़ा	बछिया	चिड़ा	चिड़िया
बन्दर	बन्दरिया	कुत्ता	कुतिया
नाई	नाइन	धोबी	धोबिन
ग्वाला	ग्वालिन	भंगी	भंगिन
स्वामी	स्वामिनी	विद्वान्	विदुषी
साधु	साध्वी	पुरुष	स्त्री
पति	पत्नी	वीर	वीरांगना
साहब	मेम	सास	ससुर
मियाँ	बीबी	राजा	रानी
बिलाड़	बिल्ली	अनुज	अनुजा
छात्र	छात्रा	महोदय	महोदया
प्रिय	प्रिया	मामा	मामी
लोटा	लुटिया	मोर	मोरनी
शेर	शेरनी	जाट	जाटिन
डाक्टर	डाक्टरनी	मालिक	मालकिन
माली	मालिन	बाघ	बाघिन
हाथी	हथिनी	स्वामी	स्वामिनी
बालक	बालिका	धनवान	धनवती
धावक	धाविका	नेता	नेत्री
गुणवान	गुणवती	नर	मादा
अभिनेता	अभिनेत्री	प्राचार्य	प्राचार्या
प्रबन्धकर्ता	प्रबन्धकर्ती	दाता	दात्री
ननदोई	ननद	अध्यापक	अध्यापिका

वचन

शब्द के जिस रूप से उसके एक अथवा अनेक होने का बोध हो, उसे वचन कहते हैं।

हिन्दी में दो वचन होते हैं–

(1) एकवचन और (2) बहुवचन

एकवचन–शब्द के जिस रूप से एक ही वस्तु का बोध हो, उसे एकवचन कहते हैं। जैसे–लड़का, गाय, बकरी, घोड़ा, राम, सीता आदि।

बहुवचन–शब्द के जिस रूप से अनेकता का बोध हो उसे बहुवचन कहते हैं। जैसे–लड़के, कपड़े, गायें आदि।

एकवचन	बहुवचन	एकवचन	बहुवचन
लड़का	लड़के	कौवा	कौवे
बेटा	बेटे	कमरा	कमरे
कपड़ा	कपड़े	बहन	बहनें
चीज	चीजें	गधा	गधे
रुपया	रुपये	घोड़ा	घोड़े
नहर	नहरें	रात	रातें
बात	बातें	सड़क	सड़कें
दाना	दाने	लोटा	लोटे
पैसा	पैसे	पुस्तक	पुस्तकें
कन्या	कन्याएँ	वधू	वधुएँ
नारी	नारियाँ	लड़की	लड़कियाँ
मुर्गा	मुर्गे	घण्टा	घण्टे
गद्दा	गद्दे	हीरा	हीरे
बच्चा	बच्चे	प्याला	प्याले
छाता	छाते	गाय	गायें
कथा	कथाएँ	कविता	कविताएँ
बहू	बहुएँ	टोपी	टोपियाँ
नाली	नालियाँ	बेटा	बेटे
ताला	ताले	जूता	जूते

एकवचन	बहुवचन	एकवचन	बहुवचन
डिबिया	डिबियाँ	नाक	नाकें
पूँछ	पूँछें	मूँछ	मूँछें
चिड़िया	चिड़ियाँ	सरिता	सरिताएँ
बालिका	बालिकाएँ	चाभी	चाभियाँ
कहानी	कहानियाँ	दरवाजा	दरवाजे
कलम	कलमें	कुटिया	कुटियाँ
रानी	रानियाँ	नाई	नाइयों
माता	माताएँ	बाल	बालों
हाथ	हाथों	मुख	मुख
कोट	कोट	दाँत	दाँतों
नाखून	नाखूनों	पैर	पैरों
बैल	बैलों	माली	मालियों
राजा	राजाओं	पिता	पिता
चन्द्रमा	चन्द्रमा	कवि	कवियों
मुनि	मुनियों	कौआ	कौए
छात्रा	छात्राएँ	सेना	सेनाएँ
दिशा	दिशाएँ	गुड़िया	गुड़ियाँ
मेज	मेजें	भैंस	भैंसें
अंगूर	अंगूरों	समुद्र	समुद्र

अनेक शब्दों के लिए एक शब्द

जिसकी कोई उपमा न हो : **अनुपम**
तेज बुद्धि वाला : **कुशाग्रबुद्धि**
कल्पना से परे हो : **कल्पनातीत**
जो उपकार नहीं मानता है : **कृतघ्न**
जो उपकार मानता है : **कृतज्ञ**
किसी की हँसी उड़ाना : **उपहास**
ऊपर कहा हुआ : **उपर्युक्त**
ऊपर लिखा हुआ : **उपरलिखित**
जिस पर उपकार किया गया हो : **उपकृत**
इतिहास का ज्ञाता : **इतिहासज्ञ**
आलोचना करने वाला : **आलोचक**
ईश्वर में आस्था रखने वाला : **आस्तिक**
बिना वेतन का : **अवैतनिक**
जो कहा न जा सके : **अकथनीय**
जो गिना न जा सके : **अगणित**
जिसका कोई शत्रु ही न जन्मा हो : **अजातशत्रु**
जिसके समान कोई दूसरा न हो : **अद्वितीय**
जो परिचित न हो : **अपरिचित**
आकाश में उड़ने वाला : **नभचर**
जो टुकड़े-टुकड़े हो गया हो : **खण्डित**

मछली की तरह आँखों वाली : **मीनाक्षी**
मयूर की तरह आँखों वाली : **मयूराक्षी**
बच्चों के लिए काम की वस्तु : **बालोपयोगी**
जिसकी बहुत अधिक चर्चा हो : **बहुचर्चित**
जिस स्त्री को कभी सन्तान न हुई हो : **बन्ध्या (बाँझ)**
फेन से भरा हुआ : **फेनिल**
प्रिय बोलने वाली स्त्री : **प्रियम्वदा**
जिसकी उपमा न हो : **निरुपम**
जो थोड़ी देर पहले पैदा हुआ हो : **नवजात**
जिसका कोई आधार न हो : **निराधार**
नगर में वास करने वाला : **नागरिक**
रात में घूमने वाला : **निशाचर**
ईश्वर में विश्वास न रखने वाला : **नास्तिक**
माँस न खाने वाला : **निरामिष**
बिल्कुल बर्बाद हो गया : **ध्वस्त**
जिसकी धर्म में निष्ठा हो : **धर्मनिष्ठ**
देखने योग्य : **दर्शनीय**
बहुत तेज चलने वाला : **द्रुतगामी**
जो किसी पक्ष में न रहे : **तटस्थ**
तत्त्व को जानने वाला : **तत्त्वज्ञ**

तप करने वाला : **तपस्वी**
जिसे देखकर डर लगे : **डरावना**
जो जन्म से अन्ध हो : **जन्मान्ध**
जीने की प्रबल इच्छा : **जिजीविषा**
जिसने इन्द्रियों को जीत लिया हो : **जितेन्द्रिय**
चिन्ता में डूबा हुआ : **चिन्तित**
जो बहुत समय तक ठहरे : **चिरस्थायी**
जिसकी चार भुजाएँ हों : **चतुर्भुज**
जिसके हाथ में चक्र हों : **चक्रपाणि**
जिससे घृणा की जाए : **घृणित**
जिसे गुप्त रखा जाए : **गोपनीय**
गणित ज्ञाता : **गणितज्ञ**
आकाश को चूमने वाला : **गगनचुम्बी**
जिसका आदि न हो : **अनादि**
जो कुछ न जानता हो : **अज्ञ**
जो अनुकरण करने योग्य हो : **अनुकरणीय**
जिसका अन्त न हो : **अनन्त**
जो कभी न मरे : **अमर**
जो कम बोलता हो : **अल्पभाषी**
जिसका इलाज न हो : **लाइलाज**
जिसका कोई नाथ न हो : **अनाथ**
कम जानने वाला : **अल्पज्ञ**
जहाँ जाना सम्भव न हो : **अगम**
बड़ा भाई : **अग्रज**
कम खाने वाला : **अल्पाहारी**
जो बात पहले कभी न हुई हो : **अभूतपूर्व**
दूसरों के पीछे चलने वाला : **अनुचर**
जो पहले न पढ़ा हो : **अपठित**
जिसके आर-पार दिखाई देता हो : **पारदर्शी**
आज्ञा पालन करने वाला : **आज्ञाकारी**
काम से जी चुराने वाला : **कामचोर**
प्रतिदिन होने वाला : **दैनिक**
जिसका कोई अर्थ न हो : **निरर्थक**
हाथ से लिखा हुआ : **हस्तलिखित**
आँखों के सामने होने वाला : **प्रत्यक्ष**
जिसका आचरण अच्छा हो : **सदाचारी**
वह पुरुष जिसकी पत्नी मर गई हो : **विधुर**
वह स्त्री जिसका पति मर गया हो : **विधवा**
जिसका रूप अच्छा न हो : **कुरूप**
सदा सत्य बोलने वाला : **सत्यवादी**
बड़ी इमारत के टूटे-फूटे भाग : **खण्डहर**
प्रशंसा के योग्य : **प्रशंसनीय**

जहाँ अनाथ रहते हों : **अनाथालय**
प्रत्येक मास होने वाला : **मासिक**
जहाँ पानी के जहाज आकर रुकते हैं : **बन्दरगाह**
प्रत्येक सप्ताह होने वाला : **साप्ताहिक**
प्रत्येक वर्ष होने वाला : **वार्षिक**
जो कठिनाई से मिले : **दुर्लभ**
जिसका आकार हो : **साकार**
जिसका आकार न हो : **निराकार**
जो कभी बूढ़ा न हो : **अजर**
बहुत बोलने वाला : **वाचाल**
पृथ्वी पर रहने वाला : **थलचर**
जल में रहने वाला : **जलचर**
नभ में विचरण करने वाला : **नभचर**
जल-थल दोनों में रहने वाला : **उभयचर**
जिसमें रस न हो : **नीरस**
पढ़ने वाला : **पाठक**
जो भाषण देता हो : **वक्ता**
जो साथ में पढ़ता हो : **सहपाठी**
जिसके नीचे रेखा खींची हो : **रेखांकित**
जानने की इच्छा रखने वाला : **जिज्ञासु**
जिसकी कोई सन्तान न हो : **निःसन्तान**
जिसका कोई मूल्य न हो : **अमूल्य**
जो वन में घूमता हो : **वनचर**
जो इस लोक के बाहर की बात हो : **अलौकिक**
जो इस लोक की बात हो : **लौकिक**
जिसका सम्बन्ध पश्चिम से हो : **पाश्चात्य**
जो स्थिर रहे : **स्थावर**
दुःखान्त नाटक : **त्रासदी**
ज्ञान देने वाली : **ज्ञानदा**
भूत, वर्तमान भविष्य को देखने वाला : **त्रिकालदर्शी**
जो क्षमा के योग्य हो : **क्षम्य**
हिंसा करने वाला : **हिंसक**
हित चाहने वाला : **हितैषी**
सब कुछ जानने वाला : **सर्वज्ञ**
जो स्वयं पैदा हुआ हो : **स्वयंभू**
जो शरण में आया हो : **शरणागत**
जिसका वर्णन न किया जा सके : **वर्णनातीत**
व्याकरण जानने वाला : **वैयाकरण**
रचना करने वाला : **रचयिता**
खून से रंगा हुआ : **रक्तरंजित**
अत्यन्त सुन्दर स्त्री : **रूपसी**
कीर्तिमान पुरुष : **यशस्वी**

महत्त्वपूर्ण शब्दों की भाववाचक संज्ञा

शब्द	भाववाचक संज्ञा	शब्द	भाववाचक संज्ञा
दास	दासता	क्षत्रिय	क्षत्रियत्व
पशु	पशुता	बालक	बालकपन
बन्धु	बन्धुत्व	मित्र	मित्रता
बूढ़ा	बुढ़ापा	सती	सतीत्व
सेवक	सेवा	शिशु	शैशव
अपना	अपनत्व	पराया	परायापन
पण्डित	पाण्डित्य	पुरुष	पुरुषत्व
ब्राह्मण	ब्राह्मणत्व	बच्चा	बचपन
प्रभु	प्रभुता	नारी	नारीत्व
देव	देवत्व	लड़का	लड़कपन
मनुष्य	मनुष्यता	दानव	दानवता
निज	निजता	स्व	स्वत्व

शब्द	भाववाचक संज्ञा	शब्द	भाववाचक संज्ञा
अहं	अहंकार	अपना	अपनापन
व्यक्ति	व्यक्तित्व	मीठा	मिठास
गरीब	गरीबी	सफल	सफलता
बुरा	बुराई	स्वस्थ	स्वास्थ्य
सरल	सरलता	कंजुस	कंजुसी
कमजोर	कमजोरी	हरा	हरियाली
गर्म	गर्मी	मोटा	मोटाई
चालाक	चालाकी	गम्भीर	गम्भीरता
पढ़ना	पढ़ाई	लिखना	लिखाई
थकना	थकावट	लिखना	लिखावट
लूटना	लूट	लड़ना	लड़ाई
हँसना	हँसी	आप	अपनत्व

महत्त्वपूर्ण शब्दों के विशेषण

शब्द	विशेषण	शब्द	विशेषण
अंक	अंकित	अर्थ	आर्थिक
इतिहास	ऐतिहासिक	उदासी	उदास
कलंक	कलंकित	कुसुम	कुसुमित
जटा	जटिल	भार	भारी
बनारस	बनारसी	बाजार	बाजारू
प्यास	प्यासा	पुराण	पौराणिक
पंक	पंकित	पक्ष	पाक्षिक
धन	धनी	दो	दूसरा
तीन	तीसरा	झगड़ा	झगड़ालू
ठण्ड	ठण्डा	जाति	जातीय
काँटा	कँटीला	विदेश	विदेशी
रोज	रोजाना	भूगोल	भौगोलिक
पीड़ा	पीड़ित	पुत्र	पुत्रवान
आलस्य	आलसी	अंतर	आंतरिक
ईर्ष्या	ईर्ष्यालु	कर्म	कर्मठ
करुणा	कारुणिक	कृपा	कृपालु
गुण	गुणी	जल	जलमय
जीव	जैविक	तट	तटस्थ
तर्क	तार्किक	धर्म	धार्मिक
नमक	नमकीन	पत्थर	पथरीला
पल्लव	पल्लवित	पान	पनवाड़ी
मुख	मुखर	मिठास	मीठा
मास	मासिक	मद	मादक
रक्त	रक्तिम	रस	रसीला

शब्द	विशेषण	शब्द	विशेषण
वन	वन्य	विष्णु	वैष्णव
शहर	शहरी	तप	तपस्वी
जापान	जापानी	तेज	तेजस्वी
तत्त्व	तात्त्विक	दया	दयालु
देव	दैविक	निंदा	निंदक
नव	नवीन	पोषण	पोषक
पेट	पेटू	पाप	पापी
पूजा	पूज्य	भूख	भूखा
फेन	फेनिल	भारत	भारतीय
माया	मायावी	रंग	रंगीन
विष	विषैला	श्री	श्रीमान
सुर	सुरीला	विवाह	वैवाहिक
आदर	आदरणीय	ऋण	ऋणी
किताब	किताबी	क्रम	क्रमिक
ग्राम	ग्रामीण	घर	घरेलू
चतुर	चतुरता	जहर	जहरीला
सप्ताह	साप्ताहिक	अनुभव	अनुभवी
ओज	ओजस्वी	कल्पना	काल्पनिक
कुल	कुलीन	गाँव	गँवार
चमक	चमकीला	चाचा	चचेरा
दीन	दीनता	नगर	नागरिक
नागपुर	नागपुरी	परिवार	पारिवारिक
पुष्प	पुष्पित	पिता	पैतृक
फ्रांस	फ्रांसीसी	बाहर	बाहरी

शब्द	विशेषण	शब्द	विशेषण
भय	भयभीत	मधु	मधुर
मौन	मौनी	मन	मानसिक
मानव	मानवीय	रक्षा	रक्षक
रघु	राघव	रोग	रोगी
वर्ष	वार्षिक	शक्ति	शक्तिशाली
श्रम	श्रमिक	अंत	अंतिम
कागज	कागजी	मर्म	मार्मिक
शब्द	शाब्दिक	अज्ञान	अज्ञानी
गुलाब	गुलाबी	प्रकृति	प्राकृतिक
परिचय	परिचित	पूजा	पुजारी
रोग	रोगी	ग्राम	ग्रामीण
सुगंध	सुगंधित	मैं	मेरा
जो	जैसा	आप	आप-सा
तुम	तुम्हारा	कौन	कैसा
वह	वैसा	पढ़ना	पढ़ाकू

शब्द	विशेषण	शब्द	विशेषण
गाना	गायक	बेचना	बिकाऊ
भागना	भगोड़ा	वन्द	वन्दनीय
चलना	चलती	घूमना	घुमक्कड़
चलना	चालू	मरना	मरियल
भूलना	भुलक्कड़	पीछे	पिछला
भीतर	भीतरी	नीचे	निम्न
अणु	आणविक	अधिकार	आधिकारिक
अनुभव	अनुभवी	अन्याय	अन्यायी
अपमान	अपमानित	अभ्यास	अभ्यासी
अवश्य	आवश्यक	आदि	आदिम
आयु	आयुष्मान्	उदय	उदित
उपज	उपजाऊ	एकता	एक
अंत	अंतिम	कुल	कुलीन
खर्च	खर्चीला	खून	खूनी
गुण	गुणी		

श्रुतिसम भिन्नार्थक शब्द

शब्द	अर्थ	शब्द	अर्थ
आदि	आरम्भ	आदी	अभ्यस्त
कुल	वंश	कूल	किनारा
अरि	शत्रु	अरी	सम्बोधन
अगम	दुर्गम	आगम	शास्त्र
अयश	अपकीर्ति	अयस्क	लोहा
अपेक्षा	चाहना, तुलना में	उपेक्षा	निरादर
अनिल	हवा	अनल	आग
अवधि	काल, समय	अवधी	अवध की भाषा
आयात	बाहर से आना	आयत	एक आकृति
चिर	पुराना	चीर	कपड़ा
तनु	पतला	तनू	पुत्र, गाय
तरंग	लहर	तुरंग	घोड़ा
दारा	स्त्री	द्वार	दरवाजा
दूत	संदेशवाहक	द्यूत	जुआ
जलद	बादल	जलज	कमल
प्रदीप	दीपक	प्रतीप	उल्टा
प्रसाद	कृपा	प्रासाद	महल
पास	निकट	पाश	बन्धन
द्विप	हाथी	द्वीप	टापू
देव	देवता	दैव	भाग्य
नीर	जल	नीड़	घोंसला
पवन	वायु	पावन	पवित्र

शब्द	अर्थ	शब्द	अर्थ
बन्द	खुला नहीं	बद	बुरा
पथ	रास्ता	पथ्य	रोगी का भोजन
पुर	नगर	पूर	बाढ़
भवन	महल	भुवन	संसार
लक्ष्य	उद्देश्य	लक्ष	लाख
सर	तालाब	शर	बाण
सर्ग	अध्याय	स्वर्ग	एक लोक
कर्म	कार्य	क्रम	सिलसिला
चिता	शव जलाने के लिए लकड़ियों का ढेर	चीता	बाघ
शव	लाश	शब	रात
शस्त्र	हथियार	शास्त्र	ग्रन्थ
श्रवण	सुनना	श्रमण	बौद्ध संन्यासी
मत	विचार	मत्त	मस्त
शोक	दुःख	शौक	चाव
ग्रह	नक्षत्र	गृह	घर
कपट	धोखा	कपाट	दरवाजा
उपयुक्त	ठीक	उपर्युक्त	ऊपर कहा गया
सुत	बेटा	सूत	धागा
शूर	वीर	सूर	अंधा
श्याम	कृष्ण	शाम	संध्या
दिन	वार	दीन	गरीब
कटिबद्ध	तैयार रहना	करबद्ध	हाथ जोड़ना

अनेकार्थक शब्द

शब्द	विभिन्न अर्थ
अंक	संख्या, गोद
अक्षर	वर्ण, ईश्वर
पानी	जल, प्रतिष्ठा
अचल	पवर्त, स्थिर
आम	फल, सामान्य
अंबर	वस्त्र, आकाश
अवस्था	आयु, दशा
उत्तर	दिशा, जबाव
विधि	तरीका, भाग्य
कर	हाथ, टैक्स
कनक	सोना, धतुरा
गुरु	श्रेष्ठ, शिक्षक
हान	भारी हथौड़ा, बादल
जड़	मूर्ख, मूल
कल	मशीन, आनेवाला कल, चैन
सुर	देवता, स्वर
द्विज	पक्षी, ब्राह्मण
तीर	किनारा, बाण
प्रकृति	स्वभाव, कुदरत
पत्र	चिट्ठी, पत्र
पद	पैर, उपाधि
फल	परिणाम, फल
तनु	पतला, कोमल
वर्ण	रंग, जाति
हल	समाधान, खेत जोतने का साधन
अशोक	राजा, वृक्ष
आभीर	अहीर, एक राग
एकाक्ष	काना, कौआ
खल	दुष्ट, खलिहान
घट	घड़ा, हृदय
जलज	कमल, मछली
हेम	सोना, जल

सामान्य अशुद्धियाँ

अशुद्ध	शुद्ध	अशुद्ध	शुद्ध
दुनियां	दुनिया	श्रीमति	श्रीमती
सामिग्री	सामग्री	वापिस	वापस
प्रदर्शिनी	प्रदर्शनी	द्वारिका	द्वारका
ऊत्थान	उत्थान	दुसरा	दूसरा
प्रशाद	प्रसाद	अमावश्या	अमावस्या
बसंत	वसंत	बर्ष	वर्ष
विना	बिना	बन	वन
दाइत्व	दायित्व	सम्वाद	संवाद
कुन्डली	कुण्डली	मॉसिक	मानसिक
कन्ठ	कण्ठ	अगामी	आगामी
सप्ताहिक	साप्ताहिक	संसारिक	सांसारिक
आधीन	अधीन	हस्ताक्षेप	हस्तक्षेप
बरात	बारात	क्षत्रीय	क्षत्रिय
तिथी	तिथि	कालीदास	कालिदास
पुर्ती	पूर्ति	अतिथी	अतिथि
नीती	नीति	ग्रहणी	गृहिणी
क्यूँ	क्यों	साधू	साधु
वधु	वधू	रेणू	रेणु
नुपुर	नूपुर	निर्वान	निर्वाण
जादु	जादू	द्रश्य	दृश्य
अनुग्रहीत	अनुगृहीत	बृज	ब्रज
बनस्पति	वनस्पति	श्राप	शाप
सैना	सेना	सेनिक	सैनिक
इतिहासिक	ऐतिहासिक	प्रथक	पृथक
सम्पति	सम्पत्ति	कृतघन	कृतघ्न
बिमारी	बीमारी	व्यक्तिक	वैयक्तिक
वितीत	व्यतीत	निस्वार्थ	निःस्वार्थ
परिस्थित	परिस्थिति	रचियता	रचयिता
मैथिलिशरण	मैथिलीशरण	आर्शिवाद	आशीर्वाद
निरिक्षण	निरीक्षण	पत्नि	पत्नी
शताब्दि	शताब्दी	लड़ायी	लड़ाई
स्थाई	स्थायी	लिखायी	लिखाई
अलोकिक	अलौकिक	कृप्या	कृपया
गंवार	गँवार	असोक	अशोक
दुस्कर	दुष्कर	मूल्यावान	मूल्यवान्
नवम्	नवम	क्षात्र	छात्र
छमा	क्षमा	प्रन्तु	परन्तु
प्रीक्षा	परीक्षा	मरयादा	मर्यादा
दुदर्शा	दुर्दशा	विषेश	विशेष
उज्वल	उज्ज्वल	आल्हाद	आहलाद्

अशुद्ध	शुद्ध	अशुद्ध	शुद्ध
महत्व	महत्त्व	उपलक्ष	उपलक्ष्य
लीये	लिये	पिओ	पियो
हुये	हुए	कवित्री	कवयित्री
प्रमात्मा	परमात्मा	घनिष्ट	घनिष्ठ
यथेष्ठ	यथेष्ट	पियास	प्यास
व्यस्क	वयस्क	त्यौहार	त्योहार
मुसलिम	मुस्लिम	ऐनक	ऐनक
नोकरी	नौकरी	कल्यान	कल्याण
पाणी	पानी	आसा	आशा
हुदय	हृदय	घ्रणा	घृणा
श्रंगार	शृंगार	हिन्दुस्थान	हिन्दुस्तान
प्रशन	प्रश्न	ग्यान	ज्ञान
अन्धेरा	अँधेरा	पेड	पेड़
महयान्ह्न	मध्यान्ह	मेंहदी	मेहंदी
शमशान	श्मशान	चिन्ह	चिह्न
कुंज	कुञ्ज	ग्रहस्थ	गृहस्थ
अजोध्या	अयोध्या	अनधिकार	अनाधिकार
अनिष्ठा	अनिष्ट	अनुकुल	अनुकूल
अनुसंगिक	आनुषंगिक	अनुशरण	अनुसरण
अभिसेक	अभिषेक	अरमाण	अरमान
अहिल्या	अहल्या	आदरनीय	आदरणीय
आविस्कार	आविष्कार	उँचाई	ऊँचाई
उत्तरदाई	उत्तरदायी	उपर	ऊपर
उपरोक्त	उपर्युक्त	उश्रृंखल	उच्छृंखल
कलस	कलश	कल्यान	कल्याण
गनित	गणित	जबाब	जवाब
तत्व	तत्त्व	तलाब	तालाब
तिरष्कार	तिरस्कार	त्रिवार्षिक	त्रैवार्षिक
दिपिका	दीपिका	देहिक	दैहिक
द्वन्द	द्वन्द्व	नरायन	नारायण
निरव	नीरव	निरोग	नीरोग
पुष्टी	पुष्टि	पुस्प	पुष्प
पेत्रिक	पैतृक	प्रनय	प्रणय

अशुद्ध	शुद्ध	अशुद्ध	शुद्ध
प्रनाम	प्रणाम	प्रयाप्त	पर्याप्त
प्रसंशा	प्रशंसा	प्रांगन	प्रांगण
प्रान	प्राण	पृष्ट	पृष्ठ
ब्रत	व्रत	भगीरथी	भागीरथी
भरथ	भरत	भष्म	भस्म
मंत्रीमंडल	मंत्रिमण्डल	रसायण	रसायन
राज्यमहल	राजमहल	रामायन	रामायण
वनोवास	वनवास	वानी	वाणी
वाल्मीकी	वाल्मीकि	वास्प	वाष्प
व्योहार	व्यवहार	सन्यासी	संन्यासी
सम्राज	साम्राज्य	सविनयपूर्वक	सविनय
सिंदुर	सिंदूर	स्त्रवण	श्रवण
हरीश्चन्द्र	हरिश्चन्द्र	हिन्दु	हिन्दू
हिन्दूस्तान	हिन्दुस्तान	बुद्धिवान	बुद्धिमान्
भाग्यमान	भाग्यवान	विद्वान	विद्वान्
श्रीमान	श्रीमान्	आंख	आँख
ऊंट	ऊँट	कंगना	कँगना
गँगा	गंगा	गांधी	गाँधी
जांच	जाँच	तांगा	ताँगा
दांत	दाँत	मंहगा	महँगा
मांस	माँस	मुंह	मुँह
सांप	साँप	सांस	साँस
हुँकार	हुंकार	निर्पेक्ष	निरपेक्ष
भाष्कर	भास्कर	सन्मुख	सम्मुख
माताहीन	मातृहीन	विद्यार्थि	विद्यार्थी
गुणि	गुणी	द्वैवाषिक	द्विवार्षिक
पूज्यनीय	पूजनीय	अकाश	आकाश
इद	ईद	इसलाम	इस्लाम
ऐसा	ऐसा	दोसरा	दूसरा
पुत्रि	पुत्री	प्रस्तूत	प्रस्तुत
हरयाली	हरियाली	दिवाली	दीवाली
राष्ट्रिय	राष्ट्रीय	एकहरा	इकहरा
एतबार	इतबार		

वाक्यगत अशुद्धियाँ

अशुद्ध	शुद्ध
हम अच्छी भाषण दिए थे।	हमने अच्छा भाषण दिया था।
आप खाए कि नहीं?	आपने खाया कि नहीं?
वह मुझे देखा तो घबरा गया।	उसने मुझे देखा तो घबरा गया।
मैं किताब पढ़ा हूँ।	मैंने किताब पढ़ी है।
मैं सारी पुस्तक पढ़ डाली।	मैंने सारी पुस्तक पढ़ डाली।
सीता भात खायी।	सीता ने भात खाया।

अशुद्ध	शुद्ध
राम रोटी खाया।	राम ने रोटी खायी।
लड़की ने दही गिरा दी।	लड़की ने दही गिरा दिया।
शुद्ध गाय की घी दो।	गाय का शुद्ध घी दो।
तुम, मैं और वह चलेगा।	तुम, वह और मैं चलूँगा।
राम और सीता आयी थी।	राम और सीता आए थे।
भाई-बहन जा रही हैं।	भाई-बहन जा रहे हैं।

अशुद्ध	शुद्ध
वह लड़की को बुलाओ।	उस लड़की को बुलाओ।
मेरे लिए पढ़ता हूँ।	अपने लिए पढ़ता हूँ।
सीता राम की आज्ञाकारी पत्नी थी।	सीता राम की आज्ञाकारिणी पत्नी थीं।
देरी न करना।	देर न करना।
उसे मृत्युदण्ड की सजा मिली।	उसे मृत्युदण्ड मिला।
हमारे शिक्षक प्रश्न पूछते हैं।	हमारे शिक्षक प्रश्न करते हैं।
कै बजे? तीन बजा।	कितना बजा? तीन बजे।
उसका प्राण उड़ गया।	उसके प्राण उड़ गये।
मैंने आँख से देखा।	मैंने आँखों से देखा।
अपन को पढ़ना है।	मुझे पढ़ना है।
पुस्तक फट गया।	पुस्तक फट गई है।
घोड़ी तेज दौड़ता है।	घोड़ी तेज दौड़ती है।
मेरा प्रणम स्वीकार करो।	मेरा प्रणाम स्वीकार करो।
दो बालक खेलता है।	दो बालक खेलते हैं।

अशुद्ध	शुद्ध
ये सब मेरा पुस्तक है।	ये सब मेरी पुस्तकें हैं।
सूरज पूरब में उगते हैं।	सूरज पूर्व में उगता है।
वह लौट आए।	वे लौट आए।
वहाँ अनेकों लोग थे।	वहाँ अनेक लोग थे।
मेरे को मत मारो।	मुझे मत मारो।
मोहन ने पत्र को पढ़ा।	मोहन ने पत्र पढ़ा।
पुस्तक पर नहीं लिखो।	पुस्तक पर मत लिखो।
वह सज्जन पुरुष है।	वह सज्जन है।
आप हमारे घर आओ।	आप हमारे घर आइए।
हम आपसे कुछ कहे थे।	हमने आपसे कुछ कहा था।
मकान की दायीं ओर सड़क है।	मकान के दायीं ओर सड़क है।
पिताजी घर नहीं हैं।	पिताजी घर पर नहीं हैं।
घर पर सब कुशल हैं।	घर में सब कुशल हैं।
उसे भारी दुःख हुआ।	उसे बहुत दुःख हुआ।
सड़क में मत खेलो।	सड़क पर मत खेलो।

मुहावरे तथा लोकोक्तियाँ

- अँगूठी का नगीना–अत्यन्त महत्त्वपूर्ण।
- अंधा दरबार–न्यायहीन स्थान।
- अंधेर नगरी–न्याय का अभाव।
- अक्ल का दुश्मन–मूर्ख।
- अक्ल का दुम–मूर्ख।
- आँख का तारा–अतिप्रिय।
- ईद का चाँद–बहुत दिनों के बाद दिखाई देना।
- कछुआ चाल–धीमी गति।
- काला नाग–दुष्ट आदमी।
- किताबी कीड़ा–सदैव कुछ-न-कुछ पढ़ना।
- किस्मत का मारा–भाग्य का मन्द।
- कोल्हू का बैल–बहुत कठिन परिश्रम करनेवाला।
- कोड़ी का तीन–तुच्छ।
- खाली हाथ–पैसे का अभाव।
- गाजर-मूली–अशक्त।
- गुलर का फूल–दुर्लभ वस्तु।
- गोबर-गणेश–निरामूर्ख।
- घर का उजाला–कुल-दीपक।
- घड़ियाली आँसू–बनावटी शोक।
- चलता-पुरजा–चालाक।
- चाँद का टुकड़ा–परम सुन्दर वस्तु या व्यक्ति।
- चाँदी का जूता–रिश्वत।
- चार दिन की चाँदनी–थोड़े समय का सुख।
- जलती आँख–क्रोधाभिभूत।
- जीभ का पतला–लालची।
- टेढ़ी खीर–विकट काम।
- ठिकाने की बात–न्यायसंगत बात।
- अढ़ाई दिन की हुकूमत–थोड़े समय का ऐश्वर्य।
- तकदीर का सिकन्दर–भाग्य का बलवान्।
- थाली का बैंगन–मत बदलते रहना।
- दाँत कटी रोटी–घनिष्ठता।
- दाहिना हाथ–सहायक।
- दिल का बादशाह–बहुत बड़ा उदार।
- दूध का दूध और पानी का पानी–उचित न्याय।
- दूध का धोआ–निर्दोष।
- दो दिन का मेहमान–बहुत थोड़े समय ठहरने वाला।
- धरती का फूल–ऐसा व्यक्ति जो हाल में अमीर हुआ है।
- धोबी का कुत्ता–निकम्मा।
- नसीब का मारा–बुरे दिन देखनेवाला।
- निन्यानबे का फेरा–धन बढ़ाने की चिन्ता।
- पत्थर का कलेजा–हर दुःख सहने की शक्ति।
- पत्थर की लकीर–चिरस्थायी सदा सत्य।
- फूलों की सेज–आनन्ददायक कार्य।
- बगुला-भगत–कपटी व्यक्ति।

- बच्चों का खेल–साधारण काम।
- बलि का बकरा–निःसहाय व्यक्ति।
- बरसाती बादल–अस्थायी।
- बात का पक्का–सत्यवादी।
- बायें हाथ का खेल–सरल काम।
- बिन बादल बरसात–असमय लाभ।
- बे-पेंदी का लोटा–बे ठिकाने का आदमी।
- भागीरथ प्रयत्न–अत्यधिक परिश्रम।
- भीष्म प्रतिज्ञा–दृढ़ संकल्प।
- मक्खी चूस–कंजूस।
- मिट्टी के मोल–बहुत सस्ता।
- मोटा असामी–मूर्ख मालदार।
- राम कहानी–आत्मवृतान्त।
- लँगोटिया यार– बचपन का मित्र।
- हवाई महल–कोरी कल्पना।
- आँख लगना–नींद आना।
- आँख खुलना–होश में आना।
- आँखें दिखाना–क्रोध से घूरना।
- आँसू पोंछना–धैर्य बँधाना।
- अन्धे की लकड़ी–एकमात्र सहारा।
- कान भरना–चुगली करना।
- कान पर जूँ न रेंगना–कोई असर न होना।
- नाक कटना–प्रतिष्ठा खत्म होना।
- नाक रगड़ना–दीनता दिखाना।
- नाकों चने चबवाना–खूब सताना।
- मुँह की खाना–बुरी तरह हारना।
- आस्तीन का साँप–विश्वासघाती मित्र।
- कन्धे से कन्धा मिलाना–पूरा सहयोग करना।
- ईंट से ईंट बजाना–पूरी तरह नष्ट कर देना।
- नौ दो ग्यारह होना–भाग जाना।
- दाँत खट्टे करना–बुरी तरह हराना।
- हाथ मलना–पछताना।
- खून का प्यासा–जानी दुश्मन।
- घी के दिए जलाना–खुशी मनाना।
- चार चाँद लगाना–प्रतिष्ठा बढ़ाना।
- तीन तेरह होना–अलग-अलग होना।
- पानी फेर देना–नाश कर देना।
- गाल बजाना–डींगे मारना।
- जान से हाथ धो बैठना–मारा जाना।
- पानी-पानी होना–बहुत लज्जित होना।
- फूला न समाना–बहुत प्रसन्न होना।
- अपना उल्लू सीधा करना–अपना मतलब निकालना।
- आँखें चुरा लेना–अनदेखा कर देना।
- अन्धे की लाठी–एकमात्र सहारा।
- आसमान पर चढ़ना–बहुत अभिमान करना।
- आँखें खुलना–होश आना।
- चोरी और सीना जोरी–दोषी होकर धमकाना।
- आग में घी डालना–क्रोध को भड़काना।
- अँगुली पर नचाना– अच्छी तरह वश में करना।
- एक आँख से देखना–समान दृष्टि से देखना।
- एक ही थैले के चट्टे-बट्टे–एक जैसे।
- ओखली में सिर देना–जान-बूझकर आपत्ति मोल लेना।
- कलेजा मुँह को आना–बहुत दुःखी होना।
- कफन बाँधकर चलना–मौत से न घबराना।
- काँटे बिछाना–बाधा डालना।
- कलेजा ठण्डा होना–सन्तोष होना।
- कमर कसना–तैयार होना।
- खून खौलना–जोश में आना।
- खाक छानना–मारे-मारे फिरना।
- गागर में सागर भरना–थोड़े शब्दों में बहुत कुछ कह देना।
- घाव पर नमक छिड़कना–दुखी को अधिक दुखी करना।
- घी के दिए जलाना–खुशी मनाना।
- घोड़े बेचकर सोना–गहरी नींद में सोना।
- चल बसना–परलोक सिधारना।
- छठी का दूध याद आना–भारी संकट में पड़ना।
- छाती पर साँप लोटना–बहुत ईर्ष्या होना।
- जमीन पर पैर न रखना–अधिक घमण्ड होना।
- झक मारना–व्यर्थ समय खोना।
- टेढ़ी खीर–कठिन काम।
- डींग मारना–अपनी झूठी प्रशंसा करना।
- डूब मरना–बहुत लज्जित होना।
- तलवे चाटना–चापलूसी करना।
- ताक में रहना–मौका ढूँढ़ते रहना।
- दंग रह जाना–आश्चर्य में पड़ जाना।
- दाल न गलना–वश न चलना।
- दाल में काला होना–संदेह होना।
- पीठ दिखाना–हारकर भागना।
- मुँह तोड़ उत्तर देना–खरा उत्तर देना।

वस्तुनिष्ठ प्रश्न

अभ्यास-1

निर्देशः *नीचे प्रत्येक शुद्ध शब्द की वर्तनी के लिए चार विकल्प दिए गए हैं। आपको सही विकल्प का चयन करना है।*

1. A. ऋषि B. ऋषी C. रिषी D. ऋसि
2. A. विषेसन B. विशेषण C. विसेशन D. विशेशन
3. A. दुशासन B. दुसाशन C. दूशाषण D. दुःशासन
4. A. संस्कृति B. संसकृति C. संष्कृति D. संस्कृती
5. A. दूनियां B. दुनियां C. दुनिया D. दूनिआ
6. A. टिपनी B. टिप्पणि C. टिप्पणी D. टिप्पनी
7. A. शाषण B. साशन C. शासन D. शाशन
8. A. किसमस B. किरसमस C. क्रिसमूस D. कृसमस
9. A. अनुग्रहित B. अनुग्रहीत C. अनुगृहीत D. अनुग्रहित
10. A. पराकम B. प्राक्रम C. पराक्रम D. प्राकर्म
11. A. नायका B. नाइका C. नाइक D. नायिका
12. A. समरिधी B. समद्धी C. समृद्धि D. समरिद्धि
13. A. युधिष्ठर B. यूधिष्ठर C. युधिष्ठिर D. युधिष्टर
14. A. वाल्मीकि B. बाल्मीकि C. बालमीकि D. बाल्मिक
15. A. परलोकिक B. प्रलौकिक C. पारलौकिक D. परलौकिक
16. A. त्रितीय B. तर्तीय C. तृतीय D. तिरतीय
17. A. व्योहार B. व्यौहार C. व्यवहार D. ब्यवहार
18. A. अहिल्या B. अहल्या C. अहिलया D. अहीलया
19. A. आदरनीय B. आदरणीय C. आदरनीया D. आदरणीया
20. A. आर्द B. आद्र C. आर्द्र D. आर्दृ
21. A. आधीन B. अधिन C. अधीन D. अधीम
22. A. आविस्कार B. आविष्कार C. आवीस्कार D. आविश्कार
23. A. आसा B. आषा C. आशा D. अशा
24. A. उज्वल B. उजज्ज्वल C. उजज्वल D. उज्ज्वल
25. A. उन्नती B. उन्नित C. उन्नति D. उन्नती
26. A. कलस B. कलष C. कलश D. कलशा
27. A. गनीत B. गनित C. गणीत D. गणित
28. A. तलाव B. तालाव C. तलाब D. तालाब
29. A. दुष्ट B. दूष्ट C. दुस्त D. दुश्त
30. A. निरोग B. निररोग C. नीरोग D. नीरोगी

उत्तरमाला

1. A	2. B	3. D	4. A	5. C
6. C	7. C	8. C	9. C	10. C
11. D	12. C	13. C	14. A	15. C
16. C	17. C	18. B	19. B	20. C
21. C	22. B	23. C	24. D	25. C
26. C	27. D	28. D	29. A	30. C

अभ्यास-2

निर्देशः *नीचे कुछ शब्द दिए गए हैं। प्रत्येक के पर्यायवाची के चार विकल्प दिए गए हैं। इनमें से एक विकल्प सही पर्यायवाची है, उसका चयन कीजिए :*

1. **अग्नि**
   A. अनिल B. अनल C. गर्म D. ताप
2. **अमृत**
   A. पीयूष B. गरल C. सरस D. जीवनदायनी

3. आँख
A. लोचन B. आस्थि
C. वदन D. जलज

4. आकाश
A. अनन्त B. पाताल
C. वितल D. तल

5. कपड़ा
A. परिधान B. पटिका
C. पीताम्बर D. लँहगा

6. कमल
A. सरोज B. सरोवर
C. पंक D. पुष्प

7. गंगा
A. पाताल नदी B. हिमनदी
C. भागीरथ D. त्रिपथगा

8. चाँद
A. मयंक B. भानु
C. दिनकर D. रवि

9. नदी
A. सरिता B. प्रवाह
C. धारा D. जलधर

10. पर्वत
A. पत्थर B. चट्टान
C. शिखर D. मेरू

11. पवन
A. अनिल B. अनल
C. अग D. विहग

12. पति
A. साजन B. प्रिया
C. भार्या D. दारा

13. पानी
A. मही B. मेदिनी
C. अम्बु D. तरणी

14. पुत्र
A. आत्मज B. तनया
C. सुता D. आत्मजा

15. पुत्री
A. सुता B. सुत
C. आत्मज D. नन्दन

16. फूल
A. बहार B. मधु
C. माधव D. सुमन

17. वृक्ष
A. विटप B. अम्र
C. प्रसून D. रसा

18. बादल
A. अज B. व्यामोह
C. नीरद D. मधुप

19. बिजली
A. चंचला B. खटका
C. त्रास D. संत्रास

20. माता
A. धात्री B. धरणी
C. धरित्री D. श्यामा

21. घोषणा
A. आवाज B. पुकारना
C. ऐलान D. ललकारना

22. उत्कर्ष
A. आकर्षण B. विकर्षण
C. उन्नति D. निष्कर्ष

23. उदय
A. अन्त B. विकास
C. प्रगट D. व्यस्त

24. दक्ष
A. निपुण B. समर्थ
C. कर्मठ D. मेहनती

25. संवाद
A. विवाद B. झगड़ा
C. सम्बोधन D. वार्तालाप

उत्तरमाला

1. B	**2.** A	**3.** A	**4.** A	**5.** A
6. A	**7.** D	**8.** A	**9.** A	**10.** D
11. A	**12.** A	**13.** C	**14.** A	**15.** A
16. D	**17.** A	**18.** C	**19.** A	**20.** A
21. C	**22.** C	**23.** C	**24.** A	**25.** D

अभ्यास-3

निर्देशः *नीचे चार-चार शब्दों के समूह दिए गए हैं। प्रत्येक समूह में एक शब्द बेमेल है तथा शेष तीन शब्द पर्यायवाची हैं, आपको उस शब्द का चयन करना है, जो बेमेल है :*

1. A. तम B. अंधकार
C. तिमिर D. अंश

2. A. अनल B. आग
C. दहन D. तमिस्त्रा

3. A. अतुल B. अद्वितीय
C. अनुपम D. शुष्मा

4. A. अहं B. अहंकार
C. दर्प D. निराला

5. A. पता B. खोज
C. जाँच D. शोध

6. A. गरल B. पीयूष
C. सुधा D. सोम

7. A. कानन B. जंगल
C. पादप D. वन

8. A. अश्व B. गज
C. घोड़ा D. तुरंग

9. A. दानव B. मानव
C. दैत्य D. राक्षस

10. A. आँख B. चक्षु
C. नयन D. मुख

11. A. अन्तरिक्ष B. वसुन्धरा
C. आसमान D. गगन

12. A. इच्छा B. अभिलाषा
C. कामना D. प्रयोजन

13. A. कपड़ा B. चीर
C. वसन D. पोशाक

14. A. अब्ज B. कमल
C. राजीव D. आम्र

15. A. कोयल B. पिक
C. काग D. वनप्रिय

16. A. गंगा B. देवनदी
C. गोदावरी D. भागीरथी

17. A. गणेश B. एकदन्त
C. देवराज D. गणपति

18. A. घर B. निलय
C. निकेतन D. झोपड़ी

19. A. चाँद B. हिमांशु
C. विनायक D. सुधांशु

20. A. नदी B. तरणी
C. तटिनी D. सरिता

21. A. पक्षी B. चिड़िया
C. सुमन D. विहग

22. A. पवन B. अचला
C. वात D. वायु

23. A. समीर B. पृथ्वी
C. भू D. भूमि

24. A. पानी B. समीर
C. अम्बु D. जल

25. A. पुत्र B. तनया
C. तनय D. सुत

26. A. पुत्र B. तनया
C. सुता D. कन्या

27. A. गृहिणी B. आदमी
C. पुरुष D. नर

28. A. मधु B. फूल
C. पुष्प D. सुमन

29. A. माधव B. तरु
C. पेड़ D. वृक्ष

30. A. माता B. अम्बु
C. अम्मा D. जननी

उत्तरमाला

1. D	2. D	3. D	4. D	5. A
6. A	7. C	8. B	9. B	10. D
11. B	12. D	13. D	14. D	15. C
16. C	17. C	18. D	19. C	20. B
21. C	22. B	23. A	24. B	25. B
26. A	27. A	28. A	29. A	30. B

अभ्यास-4

निर्देशः ***गहरे काले शब्द*** *के विलोम शब्द का चयन कीजिएः*

1. उसे हर काम में **सफलता** मिल रही है।
A. असफलता B. सफल
C. कुशलता D. निपुणता

2. कभी किसी की **निन्दा** नहीं करनी चाहिए।
A. गुणगान B. स्तुति
C. प्रशंसा D. यशोगान

3. आलस्य व्यक्ति का सबसे बड़ा **दुश्मन** है।
A. शत्रु B. घातक
C. मित्र D. सहायक

4. वे बुढ़ापे से **दुखी** हैं।
A. अप्रसन्न B. सुखी
C. खुश D. नाराज

5. यहाँ उसकी **चतुराई** नहीं चली।
A. चालाकी B. बहादुरी
C. निपुणता D. मूर्खता

6. शहद की **मिठास** कम नहीं होती।
A. मीठा B. तीखा
C. कड़ुवा D. खट्टा

7. साहसी के **साहस** को देखकर मैं चकित रह गया।
A. हिम्मत B. बहादुरी
C. निडर D. भय

8. फिल्मोत्सव में सर्वश्रेष्ठ **अभिनेता** को पुरस्कार प्रदान किया गया।
A. हीरोइन B. नेत्री
C. मीनाक्षी D. अभिनेत्री

9. नाटक में नायक और **नायिका** की भूमिका महत्वपूर्ण होती है:
A. हीरो B. नायक
C. नेत्र D. नेता

10. कवि-सम्मेलन में एक कवि और एक **कवयित्री** को आमंत्रित किया गया था।
A. लेखक B. सम्पादक
C. नेता D. कवि

11. विद्यालय के वार्षिकोत्सव के लिए नेता और एक **नेत्री** को आमंत्रित किया गया।
A. अभिनेता B. विद्वान्
C. विदुषी D. नेता

12. मोहन बहुत **चतुर** है।
A. निपुण B. तेज
C. सुस्त D. मूर्ख

13. सोहन अब पूर्ण **स्वस्थ** है।
A. प्रसन्न B. खुश
C. अस्वस्थ D. अप्रसन्न

14. पक्षी **आकाश** में उड़ते हैं :
A. गगन B. नभ
C. धरती D. पाताल

15. वह विद्यालय में देर से आया और **अनुपस्थित** हो गया।
A. पूर्व B. उपस्थित
C. प्रवेश D. समयपूर्व

16. **बालक** चाँद की ओर देख रहा है।
A. बालिका B. लड़का
C. बच्चा D. बच्ची

17. मैं उसके विचार से बिल्कुल **सहमत** नहीं हूँ।
A. समर्थन B. सहमति
C. असहमत D. प्रशंसक

18. उसकी हालत **अधिक** खराब है।
A. बहुत B. कम
C. ठीक D. कुशल

19. **धर्म** की सर्वत्र विजय होती है:
A. अधर्म B. ज्ञान
C. भक्ति D. ईमानदारी

20. अच्छे चरित्र के बिना जीवन **निरर्थक** है:
A. व्यर्थ B. अर्थपूर्ण
C. सार्थक D. कुशल

21. **ईमानदारी** बड़ी दुर्लभ वस्तु है:
A. सच्चाई B. भलाई
C. बेइमानी D. परोपकारी

22. एवरेस्ट संसार का सबसे **ऊँचा** पर्वत है:
A. नीचा B. वितल
C. पाताल D. मध्यम

23. वह विश्वास के **योग्य** नहीं है:
A. काबिल B. विश्वासी
C. अयोग्य D. बेकार

24. क्या वह इतना **मूर्ख** है?
A. चालाक B. विद्वान्
C. बुद्धिमान D. धूर्त

25. कितना सुहावना **दृश्य** है!
A. अदृश्य B. दर्शनीय
C. सुन्दर D. व्यर्थ

उत्तरमाला

1. A	**2.** C	**3.** C	**4.** B	**5.** D
6. C	**7.** D	**8.** D	**9.** B	**10.** D
11. D	**12.** D	**13.** C	**14.** D	**15.** B
16. A	**17.** C	**18.** B	**19.** A	**20.** C
21. C	**22.** A	**23.** C	**24.** C	**25.** A

अभ्यास-5

निर्देशः नीचे प्रत्येक **काले गहरे शब्द** के चार विलोम दिए गए हैं। इनमें सही विलोम का चयन कीजिए :

1. अग्नि
A. आग B. अनल
C. दहन D. जल

2. अग्रज
A. अनुज B. भ्राता
C. भाई D. अम्बा

3. अच्छा
A. बुरा B. खराब
C. गंदा D. भ्रष्ट

4. अंत
A. प्रारम्भ B. समाप्त
C. शेष D. अल्प

5. अचल
A. विचल B. वितल
C. सजल D. चल

6. अति

A. अधिक B. बहुत
C. अल्प D. कम

7. अत्यधिक

A. अल्प B. अधिक
C. स्वल्प D. न्यूनतम

8. अंधकार

A. अंधेरा B. प्रकाश
C. रात्रि D. दिन

9. अतिवृष्टि

A. अनावृष्टि B. वृष्टि
C. वर्षा D. वर्षण

10. अनाथ

A. नाथ B. स्वामी
C. मासिक D. सनाथ

11. अनुकूल

A. मनोकूल B. प्रतिकूल
C. अनुकरण D. मनस्वी

12. अनुराग

A. राग B. विराग
C. विग्रह D. स्नेह

13. अन्त

A. श्री गणेश B. आदि
C. शुरुआत D. समाप्त

14. अपना

A. अपनत्व B. पराया
C. मित्र D. शत्रु

15. अपमान

A. मान B. सम्मान
C. वर्तमान D. स्वाभिमान

16. अपेक्षा

A. इच्छा B. स्वेच्छा
C. प्रविच्छा D. उपेक्षा

17. अमर

A. मर्त्य B. मृत्यु
C. सुधा D. गरल

18. अल्पायु

A. चिरायु B. उमरदराज
C. नश्वर D. सनातन

19. अस्त

A. उदय B. विकास
C. निर्माण D. सृष्टि

20. आकर्षण

A. प्रतिकर्षण B. विकर्षण
C. सम्मोहन D. विरत

21. आकाश

A. गगन B. नभ
C. वसुन्धरा D. पाताल

22. आगे

A. पीछे B. पूर्व
C. पृष्ट D. पृष्ठ

23. आजाद

A. स्वतंत्र B. स्वतंत्रतता
C. परतंत्र D. गुलाम

24. आदान

A. आयात B. निर्यात
C. प्रदान D. निदान

25. आधुनिक

A. अर्वाचीन B. नूतन
C. प्राचीन D. वर्तमान

उत्तरमाला

1. D	**2.** A	**3.** A	**4.** A	**5.** D
6. D	**7.** C	**8.** B	**9.** A	**10.** D
11. B	**12.** B	**13.** A	**14.** B	**15.** B
16. D	**17.** A	**18.** A	**19.** A	**20.** B
21. D	**22.** A	**23.** D	**24.** C	**25.** C

अभ्यास-6

निर्देशः *नीचे कुछ शब्द दिए गए हैं प्रत्येक शब्द के चार वैकल्पिक अर्थ दिए गए हैं। सही अर्थ का चयन कीजिए :*

1. सुरक्षित

A. कुशल B. घटना
C. दुर्घटना D. बचाव

2. प्रतिभाशाली

A. सज्जन B. कुशाग्र
C. विद्वान् D. वैभवशाली

3. आत्मसमर्पण

A. अपने आप को सौंपना B. समर्पण
C. अर्पण D. त्यागज

4. सिद्धहस्त

A. निपुण B. कर्मठ
C. मेहनती D. परिश्रमी

5. सुशोभित

A. मजेदार B. सुस्वागतम्
C. अच्छा D. शोभा पाना

6. स्वादिष्ट

A. मजेदार B. बेकार
C. मीठा D. तीखा

7. **स्वावलम्बी**
A. निर्भर B. परालंबी
C. आत्मनिर्भर D. अतिथि

8. **उपकरण**
A. साधन B. युक्ति
C. यंत्र D. मशीन

9. **कीमत**
A. क्रय B. विक्रय
C. मूल्य D. बिक्री

10. **संगठन**
A. एकता B. अनेकता
C. समूह D. संस्था

11. **विपत्ति**
A. दुख B. विपदा
C. मुसीबत D. सुख

12. **तृण**
A. तिनका B. धूल
C. धूप D. लकड़ी

13. **आश्चर्य**
A. निरीक्षण B. दृष्टिगोचर
C. हैरानी D. थकावट

14. **हार्दिक**
A. हृदय से B. शरीर से
C. मन से D. मस्तिष्क से

15. **नियति**
A. भाग्य B. किनारा
C. समय D. पवित्र

16. **सुगन्धित**
A. दुर्गन्ध B. खुशबू वाला
C. फूल D. कमल

17. **उत्साह**
A. होश B. हवास
C. जोश D. हिम्मत

18. **सहयोग**
A. मिलन सार B. मेहनती
C. परोपकारी D. आपसी सहायता

19. **मुसीबत**
A. विपत्ति B. सुशोभित
C. सहायता D. मदद

20. **निरक्षर**
A. साक्षर B. दर्शनीय
C. पठनीय D. अनपढ़

21. **उपवन**
A. वन B. तीर
C. जंगल D. बाग

22. **मेघ**
A. बादल B. पंकज
C. राजीव D. मेघनाद

23. **आधुनिक**
A. प्राचीन B. पुरातन
C. भूतकाल D. आज का

24. **तीर**
A. वाण B. धनुष
C. किनारा D. नदी

25. **परीक्षण**
A. जाँच B. पड़ताल
C. परीक्षा D. इम्तहान

26. **अभिवादन**
A. नमस्ते B. प्रणाम
C. बधाई D. शुभकामना

27. **सर्वत्र**
A. नश्वर B. सजीव
C. ईश्वर D. सभी जगह

28. **हलवाहा**
A. चरवाहा B. किसान
C. मजदूर D. हल चलाने वाला

29. **शिखर**
A. पर्वत B. पहाड़
C. टीला D. चोटी

30. **भयानक**
A. डरावना B. भयभीत
C. डरना D. खूँखार

उत्तरमाला

1. D	**2.** B	**3.** A	**4.** A	**5.** D
6. A	**7.** C	**8.** C	**9.** C	**10.** A
11. C	**12.** A	**13.** C	**14.** A	**15.** A
16. B	**17.** C	**18.** D	**19.** A	**20.** D
21. D	**22.** A	**23.** D	**24.** A	**25.** A
26. B	**27.** D	**28.** D	**29.** D	**30.** A

अभ्यास-7

निर्देशः *नीचे कुछ शब्द दिए जा रहे हैं। प्रत्येक शब्द के* **उपसर्ग** *के सन्दर्भ में चार विकल्प दिए गए हैं। आपको सही विकल्प का चयन करना है :*

1. अलबत्ता
A. अ B. अल
C. लब D. त्ता

2. अलगरज
A. अल B. लग
C. गर D. रज

3. कमसिन
A. क B. कम
C. सि D. सिन

4. अनमोल
A. अ B. अन
C. मो D. मोल

5. अनजान
A. अ B. अन
C. जा D. जान

6. अनपढ़
A. अ B. पढ़
C. प D. अन

7. अधखिला
A. अ B. अध
C. ला D. खिला

8. अधजला
A. अ B. ज
C. अध D. ला

9. अधपका
A. अ B. अध
C. पका D. का

10. अघखिला
A. अ B. अघ
C. खिला D. ला

11. उन्नीस
A. उन B. उन्
C. नीस D. स

12. उनसठ
A. उ B. उन
C. सठ D. ठ

13. दुकाल
A. द B. दुक
C. दु D. काल

14. दुबला
A. दब B. दुब
C. ला D. दु

15. निकम्मा
A. नि B. निक
C. कम्मा D. मा

16. निर्लज्ज
A. निर B. निल
C. नि D. लज्ज

17. बिनब्याहा
A. बि B. बिन
C. ब्याहा D. हा

18. भरपेट
A. भर B. पेट
C. पे D. ट

19. भरपाई
A. भ B. र
C. पा D. भर

20. कुपात्र
A. कु B. कुप
C. पा D. पात्र

21. सुजान
A. सु B. सुज
C. सुजा D. जान

22. गैर कानूनी
A. गै B. गैर
C. कानु D. नुनी

23. गैरसरकारी
A. गैर B. सर
C. का D. कारी

24. अपमान
A. अ B. अप
C. मा D. मान

25. अनुशासन
A. अ B. शासन
C. सन D. अनु

26. अविनीत
A. अवि B. अ
C. नी D. नीत

27. अभिमान
A. अभि B. अ
C. मा D. मान

28. अभियान
A. अ B. मान
C. यान D. अभि

29. अध्ययन
A. अध् B. अधि
C. यन D. न

30. निश्चल
A. नि B. निर
C. निस D. चल

उत्तरमाला

1. B	2. A	3. B	4. B	5. B
6. D	7. B	8. C	9. B	10. B
11. A	12. B	13. C	14. D	15. B
16. A	17. B	18. A	19. D	20. A
21. A	22. B	23. A	24. B	25. D
26. B	27. A	28. D	29. B	30. A

अभ्यास-8

निर्देशः *निम्नलिखित शब्दों में प्रयुक्त प्रत्यय सम्बन्धी चार विकल्प दिए गए हैं, सही विकल्प का चयन कीजिए :*

1. भलाई
   A. ई B. लाई
   C. आई D. भला
2. चतुराई
   A. चतु B. रा
   C. ई D. आई
3. भूखा
   A. भू B. भूख
   C. खा D. आ
4. भिड़न्त
   A. भिड़् B. भि
   C. न्त D. अन्त
5. प्यासा
   A. आस B. सा
   C. आसा D. सा
6. बिकाऊ
   A. बिक B. काऊ
   C. आऊ D. ऊ
7. तैराक
   A. तै B. तैर
   C. राक D. आक
8. सन्नाटा
   A. सन् B. सन्ना
   C. नाटा D. आटा
9. लोहार
   A. लोह B. आरा
   C. आरी D. आर
10. मिलान
    A. आना B. आने
    C. आनी D. आन
11. चढ़ाव
    A. चढ़ B. चढ़ा
    C. आव D. व
12. लगाव
    A. लग B. अव
    C. आव D. गाव
13. लिखावट
    A. लिख B. लिखा
    C. वट D. आवट
14. मिलावट
    A. मिल B. वट
    C. आवट D. ट
15. मिठास
    A. मिठ B. ठास
    C. आस D. स
16. चिकनाहट
    A. चिक B. नाह्ट
    C. हट D. आहट
17. सड़ियल
    A. सड़ B. यल
    C. ड़ियल D. इयल
18. मरियल
    A. मर B. यल
    C. मरि D. इयल
19. गड़रिया
    A. गड़ B. इया
    C. रिया D. या
20. सजीला
    A. ईला B. इला
    C. ला D. स
21. लुटेरा
    A. लुट B. एरा
    C. ऐरा D. रा
22. लठैत
    A. ए B. ऐ
    C. ऐत D. त
23. भगोड़ा
    A. ओ B. ओड़ा
    C. ड़ा D. भगो
24. खपत
    A. ख B. प
    C. त D. पत
25. जीवट
    A. व B. अट
    C. जीव D. जी

उत्तरमाला

1. C	**2.** D	**3.** D	**4.** D	**5.** D
6. C	**7.** D	**8.** D	**9.** D	**10.** D
11. C	**12.** C	**13.** D	**14.** C	**15.** C
16. D	**17.** D	**18.** D	**19.** B	**20.** A
21. B	**22.** C	**23.** B	**24.** C	**25.** B

अभ्यास-9

निर्देशः *नीचे कुछ मुहावरे दिए गए हैं। प्रत्येक के अर्थ के लिए चार विकल्प दिए गए हैं। आपको सही विकल्प का चयन करना है :*

1. अक्ल पर पत्थर पड़ना
A. बुद्धि काम न करना B. दुविधा होना
C. संकट में होना D. परेशान होना

2. अपना उल्लू सीधा करना
A. अवसर देखना B. काम निकालना
C. मतलब साधना D. मूर्ख बनाना

3. अपने मुँह मियाँ-मिट्ठू बनना
A. मिठाई खाना B. प्रशंसा करना
C. निंदा करना D. अपनी प्रशंसा स्वयं करना

4. अपने पाँव पर आप कुल्हाड़ी मारना
A. हानि पहुँचाना B. खेद होना
C. अपना पैर काटना D. अपनी हानि स्वयं करना

5. आँखें चुरा लेना
A. भाग जाना B. छिप जाना
C. अनदेखा करना D. मिल जाना

6. अक्ल का दुश्मन
A. मित्र होना B. शत्रु होना
C. महामूर्ख D. महाविद्वान्

7. अंधे की लाठी
A. एक मात्र सहारा B. मित्र होना
C. शत्रु होना D. दुख पहुँचाना

8. आकाश-पाताल एक करना
A. भाग-दौड़ करना B. परेशान होना
C. थक जाना D. कठिन परिश्रम करना

9. घड़ों पानी पड़ना
A. लज्जित होना B. तुच्छ समझना
C. लाभ होना D. थकावट

10. अगर-मगर करना
A. नुकसान करना B. बहाने बनाना
C. बदनाम करना D. कपट करना

11. मुँह की खाना
A. गिर जाना B. हार जाना
C. भाग जाना D. व्यर्थ होना

12. आस्तीन का साँप होना
A. शत्रु B. मित्र
C. कपटी मित्र D. दयालु

13. एक आँख से देखना
A. बुरा व्यवहार B. समान व्यवहार
C. कपट करना D. लज्जित होना

14. बाल-बाँका न होना
A. घायल होना B. साफ बच जाना
C. क्रोधित होना D. स्वस्थ होना

15. दाँतों तले उँगली दबाना
A. उँगली काटना B. चिंतित हो जाना
C. चकित रह जाना D. प्रसन्न हो जाना

16. जान के लाले पड़ना
A. मरने का खतरा होना B. भाग जाना
C. हार जाना D. मुश्किल में पड़ना

17. बोली मारना
A. ताना देना B. सताना
C. मजाक करना D. याद दिलाना

18. अंधों में काना राजा
A. मूर्खों में अल्पज्ञ को विद्वान् माना जाना
B. सबको मूर्ख समझना
C. अत्यधिक महत्त्वपूर्ण
D. काना राजा

19. अक्ल के घोड़े दौड़ाना
A. बुद्धि लड़ाना
B. कल्पना करना
C. तरह-तरह के उपाय सोचना
D. ज्ञान-प्राप्त करना

20. पानी उतर जाना
A. शर्म करना B. लज्जित न होना
C. भाग जाना D. इज्जत करना

21. तीन-पाँच करना
A. तितर-बितर करना
B. वचन देकर फिर जाना
C. घुमा-फिरा कर बातें करना
D. परेशान करना

22. हथियार डाल देना
A. हार जाना B. जीत जाना
C. धोखा देना D. विजय होना

23. आँख खुलना
A. होश में आना B. अत्यन्त प्यार होना
C. उल्टा काम करना D. क्रोध करना

24. कमर सीधी करना
A. थक जाना B. थकावट दूर करना
C. काम करना D. परिश्रम करना

25. पगड़ी रखना
A. चैन की सांस लेना B. अपमान करना
C. दया की भीख माँगना D. अपमान होना

26. लोहा मानना
A. संघर्ष करना B. विजय होना
C. श्रेष्ठता स्वीकार करना D. खुशामद करना

27. काठ मार जाना
A. दुःखी होना B. चुप होना
C. सफल होना D. मर जाना

28. चाँद पर थूकना
A. अपमान करना
B. बढ़कर बातें करना
C. महान पुरुष पर लांछन लगाना
D. महत्त्वाकांक्षी होना

29. उगल देना
A. अपराध स्वीकार कर लेना
B. सच बोलना
C. उल्टी करना
D. अनपच होना

30. हाथ मलना
A. पश्चाताप करना B. सर्दी मिटाना
C. दुख करना D. तैयार होना

उत्तरमाला

1. A	2. C	3. D	4. D	5. C
6. C	7. A	8. D	9. A	10. B
11. B	12. C	13. B	14. B	15. C
16. D	17. A	18. A	19. A	20. B
21. C	22. A	23. A	24. B	25. C
26. C	27. B	28. C	29. A	30. A

अभ्यास-10

निर्देशः *नीचे कुछ वाक्य खण्ड दिए गए हैं, पूरे वाक्य खण्ड के लिए एक शब्द का चयन कीजिए।*

1. जिसका आदि न हो
A. अनंत B. अमर
C. शाश्वत D. अनादि

2. जो कुछ न जानता हो
A. मूर्ख B. महामूर्ख
C. ज्ञानी D. अज्ञ

3. जो अनुकरण करने योग्य हो
A. अनुकरणीय B. अद्वितीय
C. आदरणीय D. अगम

4. जिसका अंत न हो
A. अनंत B. अनादि
C. आदि D. परलोक

5. जो कभी न मरे
A. मर्त्य B. मुर्त्त
C. अर्मुत्त D. अमर

6. जिसके समान दूसरा न हो
A. अनुकूल B. प्रतिकूल
C. कृतज्ञ D. अद्वितीय

7. जो कम बोलता हो
A. मृदुभाषी B. वाचाल
C. अल्पभाषी D. अल्पज्ञ

8. जिसका इलाज न हो
A. मरणशील B. अमरत्व
C. बिमारी D. लाइलाज

9. जिस का विश्वास न किया जा सके
A. विश्वसनीय B. अविश्वसनीय
C. विश्वासी D. धूर्त

10. जिसका कोई नाथ न हो
A. सनाथ B. स्वामी
C. नाथ D. अनाथ

11. कम जानने वाला
A. अल्पज्ञ B. अज्ञ
C. विद् D. विद्वान

12. जहाँ जाना संभव न हो
A. दुर्गम B. अगम
C. तल D. वितल

13. कम खाने वाला
A. बहुभोजी B. पेटु
C. कंजूस D. अल्पाहारी

14. जो बात पहले कभी न हुई हो
A. भूतपूर्व B. अभूतपूर्व
C. प्राचीन D. अर्वाचीन

15. जिस स्त्री के सन्तान न हों
A. बाँझ B. कुलटा
C. पतिता D. विधवा

16. जो कहा न जा सके
A. अकथनीय B. अकथ्य
C. करणीय D. सम्भव

17. एहसान न मानने वाला
A. कृतज्ञ B. कृतघ्न
C. आस्तिक D. विश्वासी

18. जिसने देश के साथ विश्वासघात किया हो
A. विश्वासघाती B. द्रोही
C. आतंकवादी D. देश द्रोही

19. जिसने राष्ट्र के हित में अपना जीवन बलिदान कर दिया हो
A. देशभक्त B. शहीद
C. राष्ट्रभूत D. भारतपुत्र

20. वह जमीन जिसमें कुछ भी पैदा न हो
A. ऊसर B. बंजर
C. उर्वर D. पथरीला

21. वह वस्तु जिसकी चाह हो
A. श्रेष्ठ B. आवश्यक
C. इच्छित D. अभीष्ट

22. दूसरों के पीछे चलने वाला
A. अनुयायी B. अनुज
C. अनुचर D. अनुकरणीय

23. जो पहले न पढ़ा हो
A. पठित B. अपठित
C. पठनीय D. अपठनीय

24. जिसके आर-पार दिखाई देता हो
A. अपारदर्शी B. गम्य
C. अगम्य D. पारदर्शी

25. आज्ञा पालन करने वाला
A. शिष्य B. शिष्या
C. अनुचर D. आज्ञाकारी

26. काम से जी चुराने वाला
A. कामचोर B. आलसी
C. कर्मठ D. परिश्रमी

27. प्रतिदिन होने वाला
A. दैनिक B. शाश्वत
C. सनातन D. अमर

28. जिसका कोई अर्थ न हो
A. सार्थक B. निरर्थक
C. आर्थिक D. अनार्थिक

29. उपकार मानने वाला
A. कृतज्ञ B. कृतघ्न
C. विश्वासी D. अनुयायी

30. हाथ से लिखा हुआ
A. पठनीय B. अपठनीय
C. स्पष्ट D. हस्तलिखित

उत्तरमाला

1. D	**2.** D	**3.** A	**4.** A	**5.** D
6. D	**7.** C	**8.** D	**9.** B	**10.** D
11. A	**12.** A	**13.** D	**14.** B	**15.** A
16. A	**17.** B	**18.** D	**19.** B	**20.** A
21. C	**22.** C	**23.** B	**24.** D	**25.** D
26. A	**27.** A	**28.** B	**29.** A	**30.** D

अभ्यास-11

निर्देशः *नीचे कुछ संज्ञा शब्द दिए जा रहे हैं। प्रत्येक के संज्ञा-भेद के लिए चार विकल्प दिए गये है। सही विकल्प का चयन कीजिए :*

1. तुलसीदास
A. जातिवाचक B. भाववाचक
C. व्यक्तिवाचक D. समूहवाचक

2. यमुना
A. व्यक्तिवाचक B. जातिवाचक
C. समूहवाचक D. भाववाचक

3. बच्चा
A. जातिवाचक B. समूहवाचक
C. भाववाचक D. व्यक्तिवाचक

4. मानवता
A. भाववाचक B. जातिवाचक
C. द्रव्यवाचक D. समूहवाचक

5. हिमालय
A. व्यक्तिवाचक B. जातिवाचक
C. भाववाचक D. समूहवाचक

6. भारत
A. जातिवाचक B. भाववाचक
C. व्यक्तिवाचक D. समूहवाचक

7. एशिया
A. व्यक्तिवाचक B. भाववाचक
C. द्रव्यवाचक D. समूहवाचक

8. महाराष्ट्र
A. जातिवाचक B. व्यक्तिवाचक
C. समूहवाचक D. द्रव्यवाचक

9. सूर सागर
A. व्यक्तिवाचक B. भाववाचक
C. द्रव्यवाचक D. समूहवाचक

10. सोमवार
A. जातिवाचक B. व्यक्तिवाचक
C. द्रव्यवाचक D. समूहवाचक

11. खटमल
A. जातिवाचक B. व्यक्तिवाचक
C. द्रव्यवाचक D. समूहवाचक

12. मैना
A. जातिवाचक B. व्यक्तिवाचक
C. द्रव्यवाचक D. समूहवाचक

13. चाँदी
A. द्रव्यवाचक B. समूहवाचक
C. भाववाचक D. व्यक्तिवाचक

14. अच्छाई
A. भाववाचक B. समूहवाचक
C. जातिवाचक D. व्यक्तिवाचक

15. पीतल
A. द्रव्यवाचक B. भाववाचक
C. व्यक्तिवाचक D. जातिवाचक

16. वीरता
A. भाववाचक B. जातिवाचक
C. द्रव्यवाचक D. समूहवाचक

17. रूस
A. जातिवाचक B. व्यक्तिवाचक
C. भाववाचक D. द्रव्यवाचक

18. लम्बाई
    A. भाववाचक B. समूहवाचक
    C. द्रव्यवाचक D. व्यक्तिवाचक
19. दल
    A. जातिवाचक B. व्यक्तिवाचक
    C. समूहवाचक D. द्रव्यवाचक
20. मार्च
    A. समूहवाचक B. व्यक्तिवाचक
    C. द्रव्यवाचक D. जातिवाचक
21. झुण्ड
    A. समूहवाचक B. जातिवाचक
    C. व्यक्तिवाचक D. द्रव्यवाचक
22. टोली
    A. जातिवाचक B. व्यक्तिवाचक
    C. समूहवाचक D. द्रव्यवाचक
23. सुभाष चौक
    A. जातिवाचक B. समूहवाचक
    C. व्यक्तिवाचक D. भाववाचक
24. संघ
    A. जातिवाचक B. द्रव्यवाचक
    C. समूहवाचक D. भाववाचक
25. गिरोह
    A. समूहवाचक B. द्रव्यवाचक
    C. जातिवाचक D. भाववाचक

उत्तरमाला

1. C	**2.** A	**3.** A	**4.** A	**5.** A
6. C	**7.** A	**8.** B	**9.** A	**10.** B
11. A	**12.** A	**13.** A	**14.** A	**15.** A
16. A	**17.** B	**18.** A	**19.** C	**20.** B
21. A	**22.** C	**23.** C	**24.** C	**25.** A

अभ्यास-12

निर्देशः *नीचे दिए गए वाक्य में रिक्त स्थान है। प्रत्येक वाक्य के नीचे कारक चिह्न दिए गए हैं। रिक्त स्थान की पूर्ति के लिए उपयुक्त कारक चिह्न का चयन कीजिए :*

1. निम्नलिखित शब्दों........अर्थ बताइए
    A. का B. के
    C. से D. पर
2. सरकार मुझे नौकरी........मत निकालिए
    A. पर B. में
    C. से D. को
3. इस कथन........पुष्टि कीजिए
    A. को B. से
    C. की D. ने
4. छात्र-छात्राएँ राष्ट्र........सम्पत्ति और उसके भावी कर्णधार होते हैं
    A. के B. की
    C. को D. में
5. प्रत्येक प्रश्न........चार सम्भावित उत्तर दिए गए हैं
    A. के लिए B. में
    C. के D. से
6. माता बच्चे........पढ़ाती है
    A. को B. के
    C. की D. से
7. गुरुजी........सबसे छोटे लड़के को एक नारंगी दी
    A. ने B. को
    C. से D. के लिए
8. मोहन सोहन से मिलने........गया है
    A. से B. के
    C. को D. के लिए
9. उसने कलम........लिखा
    A. के B. में
    C. पर D. से
10. मैं ड्राइवर........गाड़ी चलवाता हूँ
    A. के B. पर
    C. में D. से
11. शिक्षक छात्रों........पुस्तक पढ़वाते हैं
    A. के लिए B. मैं
    C. पर D. से
12. मैंने दाढ़ी........उसे मुसलमान समझ लिया
    A. से B. के
    C. को D. के लिए
13. श्याम अपने भाई हरि........आम लाया है
    A. के B. के लिए
    C. का D. पर
14. मोहन घर........आता है
    A. में B. पर
    C. से D. का
15. उसे पाँच दिनों........मूर्च्छा आया करती है
    A. पर B. से
    C. के D. को
16. मेधावी छात्र परीक्षा........चोरी नहीं करते
    A. में B. पर
    C. से D. के लिए

उत्तरमाला

1. A	**2.** C	**3.** C	**4.** B	**5.** C
6. A	**7.** A	**8.** D	**9.** D	**10.** D
11. D	**12.** A	**13.** B	**14.** C	**15.** B
16. D				

गद्यांश (अपठित-बोध)

गद्यांश 1

यदि हम निरन्तर प्रयत्न करेंगे तो निश्चय ही अपने सभी लक्ष्यों को प्राप्त कर लेंगे, किन्तु प्रायः देखा जाता है कि अधिक आशावादी लोग थोड़ा सा प्रयत्न करके अधिक फल की कामना करने लगते हैं और मनोवांछित फल प्राप्त न होने पर निराश हो जाते हैं। अतः जीवन में सफलता प्राप्त करने के लिए परिस्थितियों के समक्ष घुटने न टेकें, बल्कि दृढ़ता से उनका मुकाबला करें। याद रखें, जितना कठोर हमारा परिश्रम होगा उसका फल भी उतना ही मीठा होगा।

उपर्युक्त गद्यांश को ध्यानपूर्वक पढ़ें और निम्न प्रश्नों के उत्तर के लिए सही विकल्प को चुनें:

1. फल न मिलने पर कौन निराश हो जाते हैं?
   A. आशावादी लोग B. कम आशावादी लोग
   C. अधिक आशावादी लोग D. निराशावादी लोग
2. लक्ष्य प्राप्ति के लिए क्या किया जाना चाहिए?
   A. फल की कामना B. हिम्मत से मुकाबला
   C. निरन्तर प्रयत्न D. परिस्थितियों से मुकाबला
3. आशावादी शब्द का विलोम शब्द है:
   A. निराश B. निराशावादी
   B. दुखी D. अप्रसन्न
4. मनोवांछित शब्द का क्या अर्थ है?
   A. इच्छित B. परीक्षित
   C. लाभदायक D. मन को खुश करने वाले
5. परिश्रम शब्द का अर्थ है:
   A. साहस B. हिम्मत
   C. काम D. कठिन मेहनत

गद्यांश 2

पन्द्रह अगस्त 1947 को हमारा देश स्वतंत्र हुआ। स्वतन्त्रता प्राप्ति के बाद विश्व के दूसरे देशों के साथ भारत के राजनयिक एवं सांस्कृतिक सम्बन्ध जुड़े। पर्यटकों के साथ-साथ राजनीतिज्ञों और साहित्यकारों को भी विदेश यात्रा के पर्याप्त अवसर मिले। विभिन्न प्रकार की छात्रवृत्तियों के माध्यम से बहुत से लोग विदेशों में पढ़ने गए। बहुत से लोगों ने विदेशों में उपलब्ध आजीविका के अवसरों का लाभ उठाया। इन सबके परिणामस्वरूप प्रचुर मात्रा में यात्रावृत्तांत लिखे गए। विदेश-विषयक यात्रावृतांत्तों में रूस और स्वदेश-विषयक यात्रावृतांत्तों में लेखकों की दृष्टि कश्मीर से कन्याकुमारी तक व्याप्त हुई।

उपर्युक्त गद्यांश को ध्यानपूर्वक पढ़ें और निम्नलिखित प्रश्नों के उत्तर के लिए सही विकल्प को चुनें:

1. भारत कब स्वतंत्र हुआ?
   A. 15 अगस्त 1947 B. 15 अगस्त 1946
   C. 15 अगस्त 1948 D. 15 अगस्त 1949
2. स्वतंत्र भारत के अन्य देशों के साथ किस प्रकार के संबंध जुड़े?
   A. राजनीतिक
   B. राजनयिक
   C. धार्मिक
   D. राजनयिक एवं सांस्कृतिक
3. आजीविका का क्या अर्थ है?
   A. उपार्जन B. वेतन
   C. मेहनत D. रोजगार
4. यात्रा-वृत्तांत का क्या अर्थ है?
   A. भ्रमण B. पर्यटन
   C. सफरनामा D. विदेशभ्रमण
5. स्वतंत्र का विलोम शब्द है:
   A. परतंत्र B. आजाद
   C. गुलामी D. मुक्ति

गद्यांश 3

युवा वर्ग का मस्तिष्क नई-नई बातों की ओर ज्यादा तेज दौड़ता है। उसमें अन्य वर्ग के व्यक्तियों से अधिक आवेश और शक्ति होती है। इस अवस्था में यदि सही शिक्षा और उचित मार्ग-दर्शन न मिले तो यही शक्ति प्रेरणा और निर्माण के स्थान पर विनाश की ओर ले जाती है। बिगड़ने और बनने की यही आयु होती है। दुर्भाग्य से हमारे देश में शिक्षा पद्धति केवल उपाधि बाँटने का काम ही करती है। एक सम्पूर्ण व्यक्तित्वपूर्ण मनुष्य बनाना आज की शिक्षा पद्धति के लिए मुश्किल है।

उपर्युक्त गद्यांश को ध्यानपूर्वक पढ़ें और निम्नलिखित प्रश्नों के उत्तर के लिए सही विकल्प को चुनें।

1. निर्माण का विलोम शब्द क्या हैं?
   A. रचना B. बनावट
   C. विनाश D. सृजन
2. मार्ग-दर्शन का क्या अर्थ है?
   A. उपाधि B. रास्ता
   C. उद्देश्य D. रास्ता दिखलाना
3. शक्ति विनाश की ओर कब अग्रसर होती है?
   A. अधिक आवेश और शक्ति के अभाव में
   B. सही शिक्षा और उचित मार्ग दर्शन के अभाव में
   C. दुर्भाग्यपूर्ण शिक्षा पद्धति के कारण
   D. इनमें से कोई नहीं
4. हमारे देश की शिक्षा पद्धति क्या कार्य करती है?
   A. मार्ग-दर्शन B. शक्ति प्रेरणा
   C. उपाधि देना D. उपर्युक्त सभी
5. दुर्भाग्य का विपरीत शब्द है:
   A. भाग्य B. सौभाग्य
   C. भाग्यशाली D. भाग्यवान

गद्यांश 4

भिखारी की भाँति गिड़गिड़ाना प्रेम की भाषा नहीं है। यहाँ तक कि मुक्ति के लिए भगवान् की उपासना करना भी अधम उपासना में गिना जाता है। प्रेम कोई पुरस्कार नहीं चाहता। प्रेम सर्वथा प्रेम के लिए ही होता है। भक्त इसलिए प्रेम करता है कि बिना प्रेम किए वह रह ही नहीं सकता। जब तुम किसी मनोहर प्राकृतिक दृश्य को देखकर उस पर मोहित हो जाते हो तो तुम किसी फल की याचना नहीं करते और न वह दृश्य ही तुमसे कुछ माँगता है। फिर भी उस दृश्य का दर्शन तुम्हारे मन को आनंद से भर देता है।

उपर्युक्त गद्यांश को ध्यानपूर्वक पढ़ें और निम्नलिखित प्रश्नों के उत्तर के लिए सही विकल्प का चयन करें:

1. प्रेम का उद्देश्य क्या होता है?
   A. मुक्ति B. उपासना
   C. भक्ति D. प्रेम
2. मुक्ति का अर्थ है:
   A. आजादी B. स्वतंत्रता
   C. परतंत्र D. निर्वाण
3. कैसी उपासना अधम मानी गई है?
   A. प्रेम की उपासना B. भगवान की उपासना
   C. मुक्ति की उपासना D. भक्ति की उपासना
4. मनोहर शब्द हैः
   A. विशेषण B. संज्ञा
   C. सर्वनाम D. अव्यव
5. प्राकृतिक शब्द का अर्थ है:
   A. ईश्वरीय B. मानव संबंधी
   C. प्रकृति संबंधी D. प्रेम संबंधी

गद्यांश 5

कुछ लोग भाग्यवादी होते हैं और सब-कुछ भाग्य के सहारे छोड़कर कर्म से विरत हो जाते हैं। ऐसे लोग समाज के लिए बोझ हैं। वे कभी कोई बड़ा काम नहीं कर पाते। बड़ी-बड़ी खोज, बड़े-बड़े आविष्कार और बड़े-बड़े निर्माण कार्य कर्मशील लोगों के द्वारा ही संभव हो सके हैं। हम अपनी बुद्धि और प्रतिभा तथा कार्य-क्षमता के बल पर सही मार्ग पर चल सकते हैं, किन्तु बिना कठिन श्रम के अपने लक्ष्य तक नहीं पहुँच सकते। कठिन परिश्रम करने के बाद पाई गई सफलता हमारे मन को अलौकिक आनंद से भर देती है। यदि हम अपने कार्य में अपेक्षित श्रम नहीं करते तो हमारा मन ग्लानि का अनुभव करता है।

उपर्युक्त गद्यांश को ध्यानपूर्वक पढ़ें और निम्नलिखित प्रश्नों के उत्तर के लिए सही विकल्प चुनें:

1. "आविष्कार" शब्द का अर्थ है :
   A. अनुसंधान B. खोज
   C. निर्माण D. विनाश
2. **अलौकिक** शब्द का क्या अर्थ है?
   A. संसारिक B. भौतिक
   C. अमानुषी D. प्राकृतिक
3. सफलता का विलोम क्या है?
   A. सफल B. असफल
   C. सफलतापूर्वक D. असफलता
4. परिश्रम करने और न करने से हमारे जीवन पर क्या प्रभाव पड़ता है?
   A. लोग भाग्यवादी बन जाते हैं
   B. कर्म से विरत हो जाते हैं
   C. मन में ग्लानि का अनुभव होता है
   D. इनमें से कोई नहीं
5. किस प्रकार के लोग समाज के लिए बोझ हैं?
   A. भाग्यवादी B. कर्मठ
   C. परिश्रमी D. प्रतिभाशाली

गद्यांश 6

वैदिक काल से हिमालय के पहाड़ बहुत पवित्र माने जाते हैं। इसमें कोई सन्देह नहीं कि हिमालय के पहाड़ों का दृश्य अति सुन्दर है। उसकी विशालता को देखकर मन में आनन्द और कृतज्ञता की लहर उठती है। ऐसा लगता है कि यह विशाल सृष्टि प्रभु की अनुपम देन है। सारी सृष्टि के प्रति समभाव जाग्रत होता है। वस्तुतः यह दृष्टि कोरी कल्पनात्मक या आध्यात्मिक नहीं है। देखा जाए तो सारे भारत की जलवायु का समतोल करने वाले यह हिमालय के पहाड़ हैं, विशेषकर उत्तरी भारत को वर्षा और पानी देने वाले ये ही हैं। गंगोत्री, यमुनोत्री, बद्री, केदार को तीर्थ माना जाता है, जो व्यर्थ कल्पना नहीं है। उन स्थानों से निकलने वाली पवित्र नदियाँ ही वास्तव में हमारी प्राणदात्री रही हैं।

उपर्युक्त गद्यांश को ध्यानपूर्वक पढ़ें और निम्नलिखित प्रश्नों के उत्तर के लिए सही विकल्प चुनें :

1. हिमालय के पर्वत बहुत पवित्र कब से माने जाते हैं?
   A. पाषाण काल से B. वैदिक काल से
   C. प्राचीन काल से D. आधुनिक काल से
2. विशालता शब्द है :
   A. जातिवाचक B. भाववाचक
   C. विशेषण D. सर्वनाम
3. भारत की जलवायु को समतोल कौन करता है?
   A. गंगोत्री B. यमुनोत्री
   C. केदार D. हिमालय
4. सृष्टि का समानार्थक शब्द है :
   A. सृजन B. रचना
   C. प्रकृति D. संसार
5. प्राणदात्री का क्या अर्थ है?
   A. गंगोत्री
   B. यमुनोत्री
   C. प्राणसंचार करने वाली
   D. समभाव जाग्रत करने वाली

गद्यांश 7

सच्चा मित्र एक शिक्षक की भाँति होता है। जिस प्रकार शिक्षक अपने छात्र को सन्मार्ग की ही ओर अग्रसर करता है, उसी प्रकार एक सच्चा मित्र अपने मित्र को पाप के गर्त में गिरने से बचाता है। मानव-जीवन अधिक रहस्यपूर्ण है। कभी-कभी जीवन में ऐसे अवसर उपस्थित हो जाते हैं, जब मनुष्य की धर्मबुद्धि नष्ट हो जाती है और उसका मन द्रुत गति से पाप की ओर दौड़ता है। ऐसे समय में मित्र का ही उपदेश अधिक कल्याणकारी सिद्ध होता है। मित्र के उपदेश का जितना प्रभाव हृदय पर पड़ता है, उतना और किसी का नहीं पड़ता है।

उपर्युक्त गद्यांश को ध्यानपूर्वक पढ़ें और निम्नलिखित प्रश्नों के उत्तर के लिए सही विकल्प चुनें :

1. सच्चा मित्र किस प्रकार का होता है?
   A. विपत्ति में सहायता देने वाला
   B. गलत मार्ग पर चलने से रोकने वाला
   C. शिक्षक के भाँति
   D. धार्मिक गुरु की तरह
2. सन्मार्ग शब्द का विपरीत शब्द है :
   A. अग्रसर B. कुमार्ग
   C. सुमार्ग D. मार्गदर्शक
3. व्यक्ति को पाप के गर्त्त में गिरने से कौन बचाता है?
   A. शिक्षक B. भाई
   C. पिता D. सच्चा मित्र
4. मानव पाप की ओर कब दौड़ता है?
   A. जब स्वार्थी बन जाता है
   B. जब धर्म-बुद्धि नष्ट हो जाती है
   C. जब सच्चामित्र साथ छोड़ देता है
   D. जब धनवान बन जाता है
5. उपदेश में कौन-सा उपसर्ग है?
   A. उ B. उप
   C. दे D. देश

गद्यांश 8

सब तरह के भावों को प्रकट करने की योग्यता रखने वाली और निर्दोष होने पर भी यदि कोई भाषा अपना निज का साहित्य नहीं रखती, तो वह रूपवती भिखारिन की तरह कदापि आदरणीय नहीं हो सकती। उनकी शोभा, उसकी बड़ी सम्पन्नता, उसकी मान-मर्यादा उसके साहित्य पर ही अवलम्बित रहती है। उसके विचारों और राजनैतिक स्थितियों का प्रतिबिम्ब देखने को यदि कहीं मिल सकता है, तो उसके ग्रन्थ साहित्य में मिल सकता है। सामाजिक शक्ति या सजीवता, सामाजिक अशक्ति या निर्जीवता और सामाजिक सभ्यता तथा असभ्यता का निर्णायक एकमात्र साहित्य है।

उपर्युक्त गद्यांश को ध्यानपूर्वक पढ़ें और निम्नलिखित प्रश्नों के उत्तर के लिए सही विकल्प चुनें :

1. साहित्य विहीन भाषा किस प्रकार की होती है?
   A. आदरणीय B. भिखारिन
   C. रूपवती D. रूपवती भिखारिन
2. रूपवती का पुल्लिंग रूप है:
   A. रूपवान B. सुन्दर
   C. सुन्दरी D. रूपवत
3. भाषा की मान मर्यादा किस पर निर्भर करती है?
   A. लिपि पर B. साहित्यकार पर
   C. भक्ति पर D. साहित्य पर
4. "सम्पन्नता" शब्द का विपरीत शब्द है:
   A. गरीबी B. विपन्न
   C. अमीर D. विपन्नता
5. राजनैतिक, सामाजिक शक्ति का दर्शन हमें किसमें मिलता है?
   A. समाज B. राज्य
   C. नेता D. साहित्य

गद्यांश 9

स्वतंत्र भारत का सम्पूर्ण दायित्व आज विद्यार्थियों के ही ऊपर है, क्योंकि आज जो विद्यार्थी हैं, वे ही कल स्वतंत्र भारत के नागरिक होंगे। भारत की उन्नति, उसका उत्थान उन्हीं की उन्नति और उत्थान पर निर्भर करता है। अतः विद्यार्थियों को चाहिए कि वे अपने भावी जीवन का निर्माण बड़ी सतर्कता और सावधानी के साथ करें। उन्हें प्रत्येक क्षण अपने राष्ट्र, अपने समाज, अपने धर्म, अपनी संस्कृति को अपनी आँखों के सामने रखना चाहिए, जिससे उनके जीवन से राष्ट्र को कुछ बल प्राप्त हो सके। जो विद्यार्थी राष्ट्रीय दृष्टिकोण से अपने जीवन का निर्माण नहीं करते, वे राष्ट्र और समाज के लिए भार-स्वरूप हैं।

उपर्युक्त गद्यांश को ध्यानपूर्वक पढ़ें और निम्नलिखित प्रश्नों के उत्तर के लिए सही विकल्प चुनें :

1. भारत की उन्नति किस पर निर्भर करती है?
   A. युवाओं पर B. नेताओं पर
   C. साहित्यकारों पर D. विद्यार्थियों पर
2. **उन्नति** का समानार्थक शब्द है :
   A. पतन B. उत्थान
   C. विकास D. उदय
3. **उत्थान** का विपरीत शब्द है :
   A. उदय B. पतन
   C. पराजय D. हार
4. किसे अपने जीवन का निर्माण सतर्कता और सावधानी से करना चाहिए?
   A. युवाओं को B. नेताओं को
   C. बच्चों को D. विद्यार्थियों को
5. धर्म, संस्कृति तथा समाज का रक्षक कौन है?
   A. नागरिक B. ग्रामीण
   C. विद्यार्थी D. युवा

गद्यांश 10

हास्य एक ऐसा माध्यम है, जो नीरस-जीवन को भी सुखद बना देता है। हास्य का जादू इतना प्रभावशाली होता है कि वह छूत के रोग की तरह चारों ओर फैल जाता है। जिसने कभी हँसना नहीं सीखा, सचमुच उसने जीना नहीं सीखा। सामान्यतः मनुष्य को जीवन में इतनी मुसीबतें झेलनी पड़ती हैं कि वह अपने जीवन को पहाड़ समझने लगता है। ऐसे दूभर जीवन को यदि जीने योग्य बनाना हो तो उसके लिए आवश्यक है कि जीवन में हँसने की गुंजाइश हो। हँसी के सहारे मनुष्य अपने कष्टों को भुलाने का प्रयत्न करता है। संघर्ष, तनाव, व्यस्तता, घुटन यदि आज के जीवन की सहज देन हैं, तो इनसे बचने के लिए यह आवश्यक है कि हम हँसना सीखें।

उपर्युक्त गद्यांश को ध्यानपूर्वक पढ़ें और निम्नलिखित प्रश्नों के उत्तर के लिए सही विकल्प चुनें :

1. नीरस जीवन को कौन सुखद बना देता है?
   A. संगीत B. गीत
   C. आमोद प्रमोद D. हास्य
2. **नीरस** का संधि विच्छेद है :
   A. नी + रस B. नि + रस
   C. निः + रस D. नीः + रस
3. किसका जीवन व्यर्थ है?
   A. जिसने रोना नहीं सीखा
   B. जिसने हँसना नहीं सीखा
   C. जिसने गाना नहीं सीखा
   D. इनमें से कोई नहीं
4. **हँसना** शब्द है :
   A. संज्ञा B. विशेषण
   C. क्रिया विशेषण D. क्रिया
5. तनाव और घुटन से बचने के लिए क्या करना चाहिए?
   A. रोना चाहिए B. गाना चाहिए
   C. हँसना चाहिए D. काम करना चाहिए

गद्यांश 11

किसी पुस्तक को पढ़ने में जल्दी नहीं करनी चाहिए, जो कुछ लेखक कहता है, उसे समझने की चेष्टा करनी चाहिए। प्रत्येक शब्द का अर्थ समझने की चेष्टा करनी चाहिए। यदि लेखक योग्य है, तो दूसरी बार वह पुस्तक और अधिक आनन्द देगी और तीसरी बार और अधिक। प्रत्येक बार अध्ययन करने पर आपको नवीन सुन्दर और नए विचार मिलेंगे और उसे आप जितना ही पढ़ेंगे, उतना ही स्नेह करने लगेंगे। सहस्रों व्यक्तियों ने गीता और रामायण तथा कुरान और बाइबिल को बार-बार पढ़ा है। उनका अनुभव है कि प्रत्येक बार उन्हें नई सूझ और नए विचार मिलते गए। कुछ लोग तो इस बात पर गर्व करते हैं कि उन्होंने अमुक पुस्तक को अनेक बार पढ़ा है, उन्हें कंठस्थ हो गई है।

उपर्युक्त गद्यांश को ध्यानपूर्वक पढ़ें और निम्नलिखित प्रश्नों के उत्तर के लिए सही विकल्प चुनें :

1. किसे समझने की चेष्टा करनी चाहिए?
   A. पुस्तक B. रामायण
   C. महाभारत D. गीता
2. पुस्तक की सजीवता किस पर निर्भर करती है?
   A. लेखक B. प्रकाशक
   C. पाठक D. चिन्तक
3. **आनन्द** का विपरीत शब्द है :
   A. शोक B. दुख
   C. संताप D. खुशी
4. नवीन, सुन्दर और नए विचार हमें कहाँ से प्राप्त होता हैं?
   A. पुस्तक को बार-बार पढ़कर
   B. सुनकर
   C. भाषण से
   D. अच्छे व्यक्तियों से मिलने पर
5. **कंठस्थ** शब्द का शब्दार्थ है :
   A. कंठ में स्थित B. सुंदर कंठ
   C. जबानी याद D. पंडित जी

गद्यांश 12

अहिंसा परम धर्म है और हिंसा आपद् धर्म। मनुष्य बराबर अहिंसा की ओर चलना चाहता है, किन्तु परिस्थितियाँ उससे हिंसा कराती है, अर्थात् परमधर्म की रक्षा के लिए आदमी बराबर आपद्धर्म से काम लेता रहा है। भारत अपनी सेनाओं को विघटित कर दे, तब भी उसका अपमान उससे अधिक होने वाला नहीं, जितना नेफा में हुआ। किन्तु परमधर्म पर टिकने की सामर्थ्य अगर भारत में नहीं है, तो आपद्धर्म पर उसे आना चाहिए। व्यवहारतः आपद्धर्म परमधर्म का विरोधी नहीं, उसका रक्षक है।

उपर्युक्त गद्यांश को ध्यानपूर्वक पढ़ें और निम्नलिखित प्रश्नों के उत्तर के लिए सही विकल्प चुनें :

1. **परमधर्म** का विपरीत शब्द है :
   A. महान धर्म B. आपद्धर्म
   C. सच्चाधर्म D. इनमें से कोई नहीं
2. आपद्धर्म किसे कहा जाता है?
   A. अहिंसा B. सत्याग्रह
   C. विपत्ति D. हिंसा
3. मानव से हिंसा कौन करवाती है?
   A. लोभ B. स्वार्थ
   C. द्वेष D. परिस्थितियाँ
4. **सामर्थ्य** का शब्दार्थ है :
   A. संघर्ष B. परिश्रम
   C. शक्ति D. पराक्रम
5. **परमधर्म** की रक्षा कौन करता है?
   A. अहिंसा B. हिंसा
   C. आपदधर्म D. युद्ध

गद्यांश 13

वर्तमान काल विज्ञापन का युग माना जाता है। समाचार-पत्रों के अतिरिक्त रेडियो और टेलीविजन भी विज्ञापन के सफल साधन हैं। विज्ञापन का मूल उद्देश्य उत्पादक और भोक्ता में सीधा सम्पर्क स्थापित करना होता है। जितना अधिक विज्ञापन किसी पदार्थ का होगा, उतनी ही उसकी लोकप्रियता बढ़ेगी। इन विज्ञापनों पर धन तो अधिक व्यय होता है, पर इनसे बिक्री बढ़ जाती है। ग्राहक जब इन आकर्षक विज्ञापनों को देखता है तो वह उस वस्तु-विशेष के प्रति आकृष्ट होकर उसे खरीदने को बाध्य हो जाता है।

उपर्युक्त गद्यांश को ध्यानपूर्वक पढ़ें और निम्नलिखित प्रश्नों के उत्तर के लिए सही विकल्प चुनें :

1. वर्तमान को किसका युग माना जाता है?

   A. फैशन B. विज्ञापन
   C. संगीत D. धन

2. उत्पादक तथा भोक्ता के बीच कौन संबंध स्थापित करता है?

   A. टेलीविजन B. समाचार-पत्र
   C. रेडियो D. विज्ञापन

3. **वर्तमान** शब्द का विपरीत शब्द है :

   A. अर्वाचीन B. आधुनिक
   C. आजकल D. प्राचीन

4. **आकर्षक** का शब्दार्थ है :

   A. विकर्षक B. सुन्दर
   C. मनमोहक D. आश्चर्यजनक

5. भोक्ता किस कारण वस्तुओं को खरीदने के लिए बाध्य हो जाता है?

   A. विज्ञापन
   B. आकर्षक विज्ञापन
   C. लोकप्रियता के कारण
   D. आसानी से उपलब्ध होना

गद्यांश 14

लगभग दो सौ वर्ष की गुलामी ने भारत के राष्ट्रीय स्वाभिमान को पैरों से रौंद डाला, हमारी संस्कृति को समाप्त कर दिया, हमारे विश्वासों को हिला दिया और हमारे आत्मविश्वास को चकनाचूर कर दिया, किन्तु अपने इस बूढ़े देश से प्यार करने वाले, इसके एक सामान्य संकेत पर प्राण न्यौछावर करने वाले दीवानों का अभाव न था। एक आवाज उठी और देखते ही देखते राष्ट्र का दबा हुआ आत्माभिमान उन्मत्त हो उठा। इतिहास साक्षी है जाने और अनजाने सहस्त्रों देशभक्त स्वतंत्रता की अनमोल निधि को पाने के लिए शहीद हो गए।

उपर्युक्त गद्यांश को ध्यानपूर्वक पढ़ें और निम्नलिखित प्रश्नों के उत्तर के लिए सही विकल्प चुनें :

1. **स्वाभिमान** का संधि विच्छेद है:

   A. स्वा + भिमान B. स्वः + अभिमान
   C. स्व + अभिमान D. स्वा + अभिमान

2. भारत का राष्ट्रीय स्वाभिमान किस कारण समाप्त हो गया था?

   A. लम्बे गुलामी से B. निरंकुश शासक से
   C. स्वार्थी मानव से D. धर्म के विनाश से

3. **आत्मविश्वास** का शब्दार्थ है

   A. घमण्ड B. गर्व
   C. अपने पर विश्वास D. अभिमान

4. भारत की अनमोल निधि को पाने के लिए कौन शहीद हो गए?

   A. देशभक्त B. नेता
   C. युवा D. युवती

5. **अनमोल निधि** का शब्दार्थ है:

   A. अनन्त खजाना B. अमूल्य खजाना
   C. बहुमूल्य D. स्वतंत्रता

गद्यांश 15

दुनिया के विभिन्न देशों के विकास पर विहंगम दृष्टि डालने से यह स्पष्ट हो जाता है कि आज जिस देश ने वैज्ञानिक उपलब्धियों के सहारे अपना औद्योगीकरण कर लिया, उसी को उन्नत देश कहा जाता है। जिस देश में औद्योगीकरण का स्तर नीचा है, वह पिछड़ा हुआ देश कहा जाता है। वैज्ञानिक आविष्कारों और औद्योगीकरण के आधार पर ही किसी देश की प्रगति को आँका जाता रहा है। विज्ञान ने मानव को पूरी तरह बदल दिया है।

उपर्युक्त गद्यांश को ध्यानपूर्वक पढ़ें और निम्नलिखित प्रश्नों के उत्तर के लिए सही विकल्प चुनें :

1. **विहंगम दृष्टि** का क्या अर्थ है?

   A. एक झलक B. गहन दृष्टि
   C. गहन चिन्तन D. इनमें से कोई नहीं

2. **विकास** का विपरीत शब्द है :

   A. उत्थान B. उदय
   C. पतन D. विनाश

3. **वैज्ञानिक** शब्द में कौन-सा प्रत्यय हैं?

   A. निक B. वै
   C. ईक D. इक

4. मानव जीवन को किसने बदल दिया है :

   A. विकास B. वैज्ञानिक
   C. विज्ञान D. उद्योग

5. किसी भी देश की स्तर को किससे नापा जाता है?

   A. उपलब्धियों पर B. औद्योगीकरण से
   C. वैज्ञानिकों से D. आविष्कारों से

गद्यांश 16

विश्व का वर्तमान उन्नत रूप मानव-श्रम की ही कहानी कह रहा है। गगन चुंबी अट्टालिकाएँ, लंबी-चौड़ी सड़कें, बड़े-बड़े विशाल नगर आकाश में उड़ते वायुयान तथा मानव-जीवन को सुखी और समृद्ध बनाने में योगदान करने वाले ज्ञान-विज्ञान के अनन्त रूप-ये सभी मनुष्य के श्रम का जयघोष करते हैं। स्पष्ट है कि मनुष्य और उसका शरीर विधाता की अनुपम रचना है जो निश्चय ही महान उद्देश्यों की संपूर्ति के

लिए दिया गया है। इस दुर्लभ तन को यदि हम आलस्य, प्रसाद अथवा घटिया कामों में गँवा देते हैं तो उस विधाता के प्रति अन्याय करते हैं।

उपर्युक्त गद्यांश को ध्यानपूर्वक पढ़ें और निम्नलिखित प्रश्नों के उत्तर के लिए सही विकल्प चुनें :

1. विश्व का वर्तमान रूप किसका उद्योतक है?
A. चिन्तक का B. नेता का
C. वैज्ञानिक का D. मानव श्रम

2. **गगन चुंबी अट्टालिकाएँ** का अर्थ है :
A. आकाश में उड़ने वाला B. आकाश को छूने वाला
C. बहुमंजिली इमारत D. इनमें से कोई नहीं

3. आकाश का समानार्थक शब्द है :
A. वसुन्धरा B. धरा
C. पयोद D. गगन

4. **सुखी** का विपरीत शब्द है :
A. प्रसन्न B. अप्रसन्न
C. दुखी D. उदासी

5. विधाता की अनुपम रचना क्या है?
A. मानव शरीर B. समुद्र
C. वन D. पृथ्वी

गद्यांश 17

हमारे देश में एक ऐसा भी युग था जब नैतिक और आध्यात्मिक विकास ही जीवन का वास्तविक लक्ष्य माना जाता था। अहिंसा की भावना सर्वोपरि थी। आज पूरा जीवन दर्शन ही बदल गया है। सर्वत्र पैसे की हाय-हाय तथा धन का उपार्जन ही मुख्य ध्येय हो गया है, भले ही धन-उपार्जन के तरीके गलत ही क्यों न हों? इन सबका असर मनुष्य के प्रतिदिन के जीवन पर पड़ रहा है। समाज का वातावरण दूषित हो गया है—

बाह्य वातावरण तो दूषित है ही, आज सब जानते हैं पर्यावरण की समस्याएँ कितनी चिन्तनीय हो उठी है। इन सबके कारण मानसिक और शारीरिक तनाव-खिंचाव और व्याधियाँ पैदा हो रही हैं।

उपर्युक्त गद्यांश को ध्यानपूर्वक पढ़ें और निम्नलिखित प्रश्नों के उत्तर के लिए सही विकल्प चुनें :

1. भारत का प्राचीन आदर्श था :
A. सत्य और अहिंसा B. नैतिक और आध्यात्मिक विकास
C. धन उपार्जन D. इनमें से कोई नहीं

2. **अहिंसा** का विपरीत शब्द है :
A. हिंसा B. सत्याग्रह
C. विनम्रता D. नैतिकता

3. जीवन दर्शन क्यों बदल गया है?
A. हिंसा के कारण B. अहिंसा के कारण
C. धन लिप्सा के कारण D. आध्यात्मिक विकास के कारण

4. समाज का वातावरण दूषित क्यों हो गया है?
A. शारीरिक तनाव B. मानसिक व्याधियाँ
C. पर्यावरण की समस्याएँ D. धन उपार्जन के गलत तरीके

5. **पर्यावरण** का शब्दार्थ है:
A. जलमंडल B. स्थलमंडल
C. वायुमंडल D. वातावरण

उत्तरमाला

गद्यांश 1

1. C **2.** D **3.** B **4.** A **5.** D

गद्यांश 2

1. A **2.** D **3.** D **4.** C **5.** A

गद्यांश 3

1. C **2.** D **3.** B **4.** C **5.** B

गद्यांश 4

1. D **2.** D **3.** C **4.** A **5.** C

गद्यांश 5

1. B **2.** D **3.** D **4.** C **5.** A

गद्यांश 6

1. B **2.** B **3.** D **4.** A **5.** C

गद्यांश 7

1. C **2.** B **3.** D **4.** B **5.** B

गद्यांश 8

1. D **2.** A **3.** D **4.** D **5.** D

गद्यांश 9

1. D **2.** B **3.** B **4.** D **5.** C

गद्यांश 10

1. D **2.** C **3.** B **4.** D **5.** C

गद्यांश 11

1. A **2.** A **3.** A **4.** A **5.** C

गद्यांश 12

1. B **2.** D **3.** D **4.** C **5.** C

गद्यांश 13

1. B **2.** D **3.** D **4.** C **5.** B

गद्यांश 14

1. C **2.** A **3.** C **4.** A **5.** B

गद्यांश 15

1. A **2.** D **3.** C **4.** C **5.** B

गद्यांश 16

1. D **2.** C **3.** D **4.** C **5.** A

गद्यांश 17

1. B **2.** A **3.** C **4.** D **5.** D

●●●

सामान्य अध्ययन (GENERAL STUDIES)

संख्यात्मक अभियोग्यता

1

संख्याएँ (Number)

एक संख्या हमें बताती है कि दी हुई मात्रा में कितनी इकाइयां हैं। अतः यह एक या एक से अधिक इकाइयों को प्रकट करती है। या एक ही प्रकारकी एक या अधिक भिन्न वस्तुओं को प्रकट करती है। जैसे–दो गाय, चार बकरी, आठ भैंस आदि। वे शब्द जो काले दर्शाये गये हैं, संख्याओं को प्रदर्शित करते हैं।

1. **पूर्ण संख्याएं :** संख्याएं 0, 1, 2, 3, 4, 5, 6, 7, 8, 9,.....आदि संख्याओं को **''पूर्ण संख्याएं''** या **''पूर्णांक''** कहते हैं। जैसे 84 एक पूर्णांक है। जबकि $\frac{61}{4}$ पूर्णांक नहीं है।
2. **सम संख्याएं :** वे संख्याएं जो 2 से पूर्णतः विभाजित हो जाती हैं उन्हें **''सम संख्याएं''** कहते हैं। जैसे–2, 4, 32, 64, 108.... आदि ''सम संख्याएं'' हैं।
3. **विषम संख्याएं :** वे संख्याएं जो 2 से पूर्णतः विभाजित नहीं होती हैं उन्हें **''विषम संख्याएं''** कहते हैं। जैसे–1, 3, 5, 7, 11, 17, 21, 23.... आदि ''विषम संख्याएं'' हैं।
4. **अभाज्य संख्याएं :** वे संख्याएं जो स्वयं और 1 के अतिरिक्त किसी अन्य संख्याओं से पूर्णतः विभाजित न हों, उन्हें **''अभाज्य संख्याएं''** कहते हैं। जैसे–2, 3, 7, 11, 13, 17.... आदि ''अभाज्य संख्याएं'' हैं।
5. **भाज्य संख्याएं :** वे संख्याएं जो स्वयं और 1 के अतिरिक्त किसी अन्य संख्याओं से पूर्णतः विभाजित हो जाती हों तो उन्हें **''भाज्य संख्याएं''** कहते हैं। जैसे– 4, 6, 9, 10, 12, 15....आदि ''भाज्य संख्याएं'' हैं।

नोट :

1. संख्या 1 न तो भाज्य है और न ही अभाज्य।

2. वह संख्या जो सम भी हो और अभाज्य भी, केवल 2 है।

- **आरोही क्रम (Ascending Order) :** बाईं ओर से दायीं ओर लिखने पर प्राकृतिक संख्याएं मान के अनुसार बढ़ते हुए क्रम में हों तो इस क्रम को **''आरोही क्रम''** कहते हैं। जैसे–25, 30, 41, 50 आदि संख्याएं आरोही क्रम में होंगी।
- **अवरोही क्रम (Descending Order):** बाईं ओर से दाईं ओर लिखने पर प्राकृतिक संख्याएं मान के अनुसार घटते हुए क्रम में हों, तो इस क्रम को **''अवरोही क्रम''** कहते हैं। जैसे–50, 41, 30, 25 आदि संख्याएं अवरोही क्रम में होंगी।

स्थानीय मान और जातीय (वास्तविक) मान

- **स्थानीय मान :** किसी अंक (Number) का जो मान (Value) उसके स्थान के कारण होता है, उसे उस अंक का **स्थानीय मान** कहते हैं। जैसे–32 में इकाई के स्थान पर 2 तथा दहाई के स्थान पर 3 है। इसमें 3 का स्थानीय मान = 3 × 10 = 30 तथा 2 का स्थानीय मान = 2 × 1 = 2 होगा।
- **जातीय (वास्तविक) मान :** हर अंक का अपना जातीय मान होता है। जैसे– 2 का 2, 5 का 5, 7 का 7, 9 का 9 आदि। जैसा कि हम ऊपर बता चुके हैं कि 32 में 3 का **स्थानीय मान** 30 है। परन्तु 32 में 3 का **जातीय मान** 3 होगा। इस प्रकार 32 में 3 के स्थानीय मान तथा जातीय मान के बीच अन्तर = 30 – 3 = 27 होगा। अतः किसी संख्या में किसी अंक का स्थानीय मान प्राप्त करने के लिए सरल तरीका यह है कि पहले उस अंक को लिख लें और उसके बाद उसमें उतने शून्य लगा दें, जितने कि उस अंक के बाद अंक हों।

उदाहरण 1 : 35011 में से 5 का स्थानीय मान क्या होगा?

हल : सबसे पहले 5 लिखें फिर देखें कि संख्या 5 के बाद कितने अंक हैं। अतः उपरोक्त दी हुई संख्या से स्पष्ट है कि 5 के बाद तीन अंक हैं। फिर 5 के बाद तीन शून्य लिख दें। 5000, इस प्रकार 35011 में 5 का **स्थानीय मान** = 5000 हुआ।

नोट : प्रत्येक पूर्ण संख्या को अभाज्य संख्याओं के गुणनफल के रूप में लिखा जा सकता है।

एक संख्या के अभाज्य गुणनखण्ड किस प्रकार लिख सकते हैं:

(*i*) संख्या को 2 से भाग करो, यदि सम्भव हो, और 2 से भाग करते रहो जब तक कि ऐसा गुणनखण्ड न आ जाए जो 2 से विभाजित न हो।

(*ii*) प्राप्त परिणाम (*i*) को 3 से भाग करो, यदि सम्भव हो और 3 से भाग करते रहो जब तक कि ऐसा गुणनखण्ड न आ जाए जो 3 से विभाजित न हो।

(*iii*) प्राप्त परिणाम (*ii*) को 5 से भाग करो, यदि सम्भव हो और 5 से भाग करते रहो जब तक कि ऐसा गुणनखण्ड न आ जाए जो 5 से विभाजित न हो।

(*iv*) प्राप्त परिणामों में इसी प्रकार 7, 11, 13 आदि संख्याओं से भाग करते रहो जब तक कि सारे गुणनखण्ड अभाज्य गुणनखण्ड न हो जाएं।

प्रश्नमाला

1. 1 से 100 के बीच अभाज्य संख्याएं होंगी:

A. 20 B. 30
C. 22 D. 25

2. ऐसी संख्या जो अभाज्य भी है और सम भी:

A. 1 B. 2
C. 98 D. 79

3. निम्न में से कौन-सी संख्या अभाज्य संख्या होगी?

A. 149 B. 159
C. 117 D. 147

4. चार अंकों की छोटी-से-छोटी संख्या होगी?

A. 1002 B. 1001
C. 9999 D. 1000

5. 43014 में 3 का स्थानीय मान क्या होगा?
A. 3 B. 3000
C. 300 D. 30

6. 81752 में 2 के स्थानीय मान और जातीय मान में अन्तर क्या होगा?
A. 2 B. 0
C. 1 D. 20

7. संख्या 3125 में से क्या घटाया जाए ताकि शेष संख्या 13 से पूर्णतः विभाजित हो सके?
A. 5 B. 8
C. 10 D. 12

8. निम्नलिखित में से कौन-सी संख्या 3 से पूर्णतः विभाजित होगी?
A. 491 B. 371
C. 591 D. 571

9. भाग के प्रश्न में भाजक 16, भागफल 9 तथा शेष 1 हो, तो भाज्य कितना होगा?
A. 145 B. 136
C. 144 D. 152

10. 1 से 50 तक पूर्णांकों का योग कितना होगा?
A. 1275 B. 1375
C. 1225 D. 1365

11. संख्या 30, 70, 584 में अंक 7 के स्थानीय मान लिखो।
A. 700 B. 7000
C. 70,000 D. 700,000

12. 3589 में क्या जोड़ें कि यह पांच अंकों की सबसे छोटी संख्या बन जाए?
A. 6413 B. 6412
C. 6411 D. 6311

13. 2756 और तीन अंकों की सबसे बड़ी संख्या का योगफल ज्ञात करो।
A. 3655 B. 3755
C. 3756 D. 3656

14. पांच अंकों की सबसे बड़ी और छः अंकों की सबसे छोटी संख्याओं का अन्तर ज्ञात करो।
A. 1 B. 3
C. 3 D. 4

15. संख्या 36795 में अंक 6 के स्थान पर 9 तथा 9 के स्थान पर 6 बदल देने से इन संख्याओं के मान में कितना अन्तर हो जाएगा।
A. 2970 B. 3071
C. 2971 D. 3071

16. चार अंकों की बड़ी-से-बड़ी व छोटी-से- छोटी संख्याओं का योग ज्ञात करो।
A. 10990 B. 11999
C. 10909 D. 10999

उत्तरमाला

1	2	3	4	5	6	7	8	9	10
D	B	A	D	B	B	A	C	A	A
11	**12**	**13**	**14**	**15**	**16**				
C	C	B	A	A	D				

व्याख्यात्मक उत्तर

1. चूंकि 1 से 100 के बीच अभाज्य संख्याएं क्रमशः 2, 3, 5, 7, 11, 13, 17, 19, 23, 29, 31, 37, 41, 43, 47, 53, 59, 61, 67, 71, 73, 79, 83, 89 तथा 97 होंगी। अतः स्पष्ट है कि 1 से 100 तक के बीच अभाज्य संख्याओं की गिनती = 25 हैं।

2. ऐसी संख्या जो अभाज्य भी है और सम भी, केवल 2 है।

3. दिये गये विकल्प A में 149 एक अभाज्य है, क्योंकि यह किसी अन्य संख्या से पूर्णतः विभाजित नहीं है।

4. चार अंकों की छोटी-से-छोटी संख्या = 1000 होगी। अतः आपका उत्तर विकल्प D है।

5. $\because$ संख्या 43014 में 3 का अंक हजार के स्थान पर है
$\therefore$ संख्या में 3 का स्थानीय मान
$= 3 \times 1000 = 3000$ होगा।

6. $\because$ संख्या 81752 में 2 का अंक इकाई के स्थान पर है।
$\therefore$ संख्या में 2 का स्थानीय मान $= 2 \times 1 = 2$ तथा संख्या में 2 का जातीय मान = 2 होगा। 2 के स्थानीय मान तथा जातीय मान के बीच अन्तर $= 2 - 2 = 0$ होगा।

7. चूंकि संख्या 3125 में 13 से भाग देने पर शेष 5 बचता है।
$\therefore$ संख्या 3125 को 13 से पूर्णतः विभाजित होने के लिए इसमें से 5 घटाया जाये।

8. विकल्प C में दी गई संख्या 591, 3 से पूर्णतः विभाजित होगी, क्योंकि संख्या के अंकों का योग 3 से विभाजित हैं।

9. $\because$ भाज्य = भाजक × भागफल + शेष
$= 16 \times 9 + 1 = 144 + 1 = 145.$

10. 1 से 50 तक के पूर्णांकों का योग
$= \frac{n(n+1)}{2}$ जहां n पदों की संख्या हैं।
$$= \frac{50(50+1)}{2} = \frac{50 \times 51}{2} = 1275$$

11. संख्या 3070584 में
अंक 7 का स्थानीय मान = 7 दस हजार = 70,000

15. 39765; मान में अंतर 2970

16. चार अंकों की सबसे बड़ी संख्या = 9999
चार अंकों की सबसे छोटी संख्या = 1000
$\therefore$ अभीष्ट योग $= 9999 + 1000 = 10999$

●●●

2

दशमलव (Decimals)

दशमलव बिन्दु के अंकों के समूह को **दशमलव भिन्न** कहते है। जैसे– 0.513, 0.317, 0.219, 0.6 आदि। प्रत्येक दशमलव एक भिन्न को दर्शाता है।

दशमलव भिन्न को साधारण भिन्न में बदलनाः

(*i*) एक ऐसी भिन्न लो जिसका हर 10 हो तथा अंश दशमलव के बाद दायीं ओर का पहला अंक हो।

(*ii*) एक ऐसी भिन्न लो जिसका हर 100 हो तथा अंश दशमलव के बाद दायीं ओर का दूसरा अंक हो।

(*iii*) इस प्रक्रिया को दोहराइये जब तक दशमलव के बाद के अंक समाप्त नहीं हो जाते। प्रत्येक दशा में हर, पहले हर का दस गुणा होगा।

(*iv*) इस प्रकार प्राप्त भिन्नों का योग जो परिणाम (*i*), (*ii*) और (*iii*) के योग से प्राप्त होता है, दशमलव भिन्न को प्रकट करता है।

जैसे :

$$0.317 = \frac{3}{10} + \frac{1}{100} + \frac{7}{1000}$$

$$= \frac{300}{1000} + \frac{10}{1000} + \frac{7}{1000} = \frac{317}{1000}$$

नोटः शून्यों से बनी कोई संख्या दशमलव के दाईं ओर बिना परिवर्तन किये लिखी जाती है।

प्रश्नमाला

1. कौन-सी भिन्न $\frac{15}{25}$ के समान है?

A. $\frac{150}{25}$ B. $\frac{15}{250}$

C. $\frac{3}{5}$ D. $\frac{60}{75}$

2. कौन-सी भिन्न $\frac{13}{20}$ के समान नहीं है?

A. $\frac{26}{40}$ B. $\frac{130}{200}$

C. $\frac{39}{60}$ D. $\frac{52}{60}$

3. एक घंटे के $\frac{5}{6}$ भाग का मान हैः

A. आधा घण्टा

B. 40 मिनट

C. 50 मिनट

D. 55 मिनट

4. एक वायुयान 1250 कि.मी. यात्रा में 2/5 भाग ईंधन खपत करता है। शेष ईंधन में यात्रा पूरी करेगाः

A. 1875 कि.मी. B. 2125 कि.मी.

C. 250 कि.मी. D. 475 कि.मी.

5. निम्नलिखित में से कौन-सी भिन्न सबसे बड़ी है?

A. $\frac{3}{15}$ B. $\frac{5}{20}$

C. $\frac{8}{64}$ D. $\frac{25}{1000}$

6. निम्नलिखित में से कौन-सी भिन्न सबसे छोटी है?

A. $\frac{1}{10}$ B. $\frac{1}{100}$

C. $\frac{9}{1000}$ D. $\frac{500}{10,000}$

7. $.001 \times 1000 = ?$

A. .1 B. 1

C. .01 D. 10

8. $1.01 \times .1 = ?$

A. 1.01 B. 10.1

C. .101 D. .0101

9. $\frac{20 + 8 \times 0.5}{20 - ?} = 12$

A. 12 B. 4

C. 18 D. 2

10. $.01 \times 100 \div 2.5 = ?$

A. 4 B. .4

C. .04 D. 5

11. दी हुई भिन्नों $\frac{5}{8}, \frac{21}{35}, \frac{9}{16}, \frac{6}{7}$ में सबसे बड़ी और सबसे छोटी भिन्न के बीच अन्तर है?

A. $\frac{33}{112}$ B. $\frac{112}{33}$

C. $\frac{32}{112}$ D. $\frac{112}{32}$

12. यदि किसी संख्या तथा उसके $\frac{1}{5}$ भाग में अन्तर 20 है, तो वह संख्या क्या है?

A. 23 B. 25

C. 24 D. 26

उत्तरमाला

1	2	3	4	5	6	7	8	9	10
C	D	C	A	B	C	B	C	C	B
11	**12**								
A	B								

व्याख्यात्मक उत्तर

1. $\frac{15}{25}=\frac{3\times5}{5\times5}=\frac{3}{5}$

2. $\frac{26}{40}=\frac{2\times13}{2\times20}=\frac{13}{20},\ \frac{39}{60}$

$=\frac{13\times3}{20\times3}=\frac{13}{20}$

$\frac{130}{200}=\frac{13\times10}{20\times10}=\frac{13}{20},\ \frac{52}{60}=\frac{13\times4}{20\times3}=\frac{13}{20}\times\frac{4}{3}$

अतः $\frac{52}{60}\neq\frac{13}{20}$

3. 1 घण्टे का $\frac{5}{6}$ भाग

$=\frac{5}{6}\times60$ मिनट $=50$ मिनट।

4. शेष ईंधन $=1-\frac{2}{5}=\frac{5-2}{5}=\frac{3}{5}$

$\frac{2}{5}$ ईंधन में तय की गई दूरी

$=1250$ कि.मी.

पूरे ईंधन में तय की गई दूरी

$=\frac{1250}{2/5}=\frac{1250\times5}{2}$ कि.मी.

$\frac{3}{5}$ ईंधन में तय की गई दूरी

$=\frac{1250\times5}{2}\times\frac{3}{5}=1875$ कि.मी.

5. $\frac{3}{15}=\frac{1}{5},\ \frac{8}{64}=\frac{1}{8}$

$\Rightarrow \frac{5}{20}=\frac{1}{4},\ \frac{25}{1000}=\frac{1}{40}$

$\frac{1}{5},\ \frac{1}{4},\ \frac{1}{8},\ \frac{1}{40}$

$\Rightarrow \frac{8,\ 10,\ 5,\ 1}{40}$

$\therefore$ सबसे बड़ी भिन्न $=\frac{1}{4}=\frac{5}{20}$

6. $\frac{1}{10}=.1,\ \frac{9}{1000}=.009$

$\frac{1}{100}=.01,\ \frac{500}{10,000}=\frac{5}{100}=.05$

$\therefore$ सबसे छोटी भिन्न $=0.09=\frac{9}{1000}$

7. $.001\times1000=001.000=1$

8. $1.01\times.1=\frac{101\times1}{100\times10}=\frac{101}{1000}=.101$

9. $\because \frac{20+8\times0.5}{20-?}\Rightarrow\frac{20+4}{20-?}$

$12\Rightarrow\frac{24}{12}=2$

$\Rightarrow 2=20-?\Rightarrow ?=20-2=18$

10. $.01\times100\div2.5=.01\times\frac{100}{2.5}=.01\times40=.4$

11. 8, 35, 16 और 7 का लघुत्तम समापवर्तक = 560

$\therefore \frac{5}{8}=\frac{5\times70}{8\times70}=\frac{350}{560}$

$\frac{21}{35}=\frac{21\times16}{35\times16}=\frac{336}{560}$

$\frac{9}{16}=\frac{9\times35}{16\times35}=\frac{315}{560}$

$\frac{6}{7}=\frac{6\times80}{7\times80}=\frac{480}{560}$

$\therefore$ सबसे बड़ी भिन्न $=\frac{6}{7}$

तथा सबसे छोटी भिन्न $=\frac{9}{16}$

$\therefore$ अन्तर $=\frac{6}{7}-\frac{9}{16}=\frac{96-63}{112}=\frac{33}{112}$

12. माना संख्या 1 है।

$\therefore$ 1 का $\frac{1}{5}=\frac{1}{5}$

$\therefore 1-\frac{1}{5}=\frac{4}{5}$

$\therefore$ संख्या $=20\div\frac{4}{5}=20\times\frac{5}{4}=25$

●●●

3

सरलीकरण (Simplification)

साधारण या दशमलव भिन्नों के जटिल व्यंजक को एक साधारण भिन्न या दशमलव भिन्न में बदलने की क्रिया को ''सरलीकरण'' कहते हैं। इस प्रकार के व्यंजक में ''कोष्ठक'', ''का'', (÷), (×), (+) तथा (–) आदि चिह्न अलग-अलग या एक साथ प्रदर्शित होते हैं। अतः ऐसे व्यंजक का ''सरलीकरण'' करने में **"BODMAS"** शब्द का प्रयोग किया जाता है। **"BODMAS"** शब्द का क्रमानुसार आशय निम्नलिखित है।

"BODMAS"

B	ब्रैकेट (कोष्ठक)	$\left[\left\{\left(\overline{\ }\right)\right\}\right]$
O	ऑफ (का)	का
D	डिवीजन (भाग)	÷
M	मल्टीप्लिकेशन (गुणा)	×
A	ऐडीशन (जोड़)	+
S	सब्ट्रेक्शन (घटाना)	–

अतः किसी भी जटिल व्यंजक को **"BODMAS"** शब्द के क्रमानुसार सरल किया जाता है। अर्थात् सबसे पहले ''कोष्ठक'' उसके बाद ''का'' फिर ''भाग'' फिर ''गुणा'' उसके बाद ''जोड़'' और अन्त में ''घटाना'' सरल होता है। इस क्रम को याद रखना परम आवश्यक है क्योंकि ऐसा न करने पर सरलीकरण की क्रियाएं गलत हो जाती हैं।

महत्वपूर्ण नोट :

(*i*) कोष्ठक चार प्रकार के होते हैं :

1. रेखा कोष्ठक जिसे बन्धनी रेखा (–) भी कहते हैं।

2. छोटा कोष्ठक(()),

3. मझला कोष्ठक ({}),

4. बड़ा कोष्ठक ([]),

अतः कोष्ठक के प्रश्नों में सबसे पहले रेखा कोष्ठक (–), उसके बाद छोटा कोष्ठक (()), उसके बाद मझला कोष्ठक ({}), और अन्त में बड़े कोष्ठक ([]) को सरल करना चाहिए।

(*ii*) O (का) का सामान्य अर्थ गुणा होता है।

प्रश्नमाला

1. $\frac{7}{4}-\frac{4}{7}=\frac{5}{28}+?$

A. 2 B. $\frac{1}{7}$

C. $\frac{2}{9}$ D. 1

2. $22\times5=22$ का ?%

A. 4500 B. 5000

C. 500 D. 750

3. 200 का $\frac{1}{25}\div8=?$

A. 1 B. 3

C. 8 D. 5

4. $\frac{40\times0.4\times0.04}{4+4\div4}=?$

A. .128 B. .148

C. .15 D. .248

5. $50\div5\div5=?$

A. 2 B. 10

C. 1/5 D. 4

6. $\frac{40\times15+25}{26+4\div4-2}=?$

A. 25 B. 30

C. 31 D. 42

7. $\frac{1.4\times3.6-1.2}{0.4\times1.2}=?$

A. 8 B. 2

C. 4 D. 3

8. $14\times3.2-2\times2.1+0.8=?$

A. 1.08 B. 2.18

C. 1.18 D. 2.08

9. $5\div\frac{3}{4}+\frac{2}{3}\times\frac{3}{4}-\frac{2}{3}$ का $\frac{13}{7}=?$

A. $4\frac{12}{11}$ B. $5\frac{13}{14}$

C. $5\frac{13}{17}$ D. $6\frac{13}{14}$

10. $(9+9+9)\div9\times9=?$

A. 27 B. 24

C. 21 D. 32

11. $2-\left[3-\left\{6-\left(5-\overline{4-3}\right)\right\}\right]$ को सरल करो।

A. 1 B. 2

C. 3 D. इनमें से कोई नहीं

12. सरल करो—

$\frac{3}{11}+\frac{4}{3}\div\frac{10}{11}\times\frac{5}{11}-\frac{28}{33}$ का $1\frac{2}{7}$

A. $\frac{5}{13}$ B. $\frac{-5}{33}$

C. $\frac{5}{33}$ D. $\frac{-5}{13}$

13. $4.51\times\frac{2}{5}+\frac{3}{5}\times4.51+4.51$ को सरल करो।

A. 9.02 B. 90.2

C. 0.902 D. 902

14. $\frac{15.72\times15.72-5.72\times5.72}{15.72+5.72}$ को सरल करो।

A. 9 B. 10

C. 8 D. 11

उत्तरमाला

1	2	3	4	5	6	7	8	9	10
D	C	A	A	A	A	A	A	B	A
11	**12**	**13**	**14**						
A	B	A	B						

व्याख्यात्मक उत्तर

1. $\frac{7}{4}-\frac{4}{7}=\frac{5}{28}+? \Rightarrow \frac{7\times7-4\times4}{4\times7}=\frac{5}{28}+?$

$\Rightarrow\frac{49-16}{28}=\frac{5}{28}+?\Rightarrow\frac{33}{28}=\frac{5}{28}+?$

$\Rightarrow1\frac{5}{28}=\frac{5}{28}+? \quad \Rightarrow1+\frac{5}{28}=\frac{5}{28}+? \quad \therefore ?=1$

2. $\because$ $22\times5=22$ का ?%

$\Rightarrow110=22\times\frac{?}{100}\Rightarrow\frac{110\times100}{22}=? \quad \therefore \; ?=500$

3. $\because$ 200 का $\frac{1}{25}\div8=?$

$\Rightarrow 8\div8=?\Rightarrow\frac{8}{8}=?\Rightarrow1=?$

4. $\because$ $\frac{40\times0.4\times0.04}{4+4\div4}=?\Rightarrow\frac{.64}{4+\frac{4}{4}}=?$

$\Rightarrow\frac{.64}{4+1}=?\Rightarrow\frac{.64}{5}=? \Rightarrow .128=?$

5. $\because$ $50\div5\div5=?\Rightarrow\frac{50}{5}\div5=?$

$\Rightarrow10\div5=?\Rightarrow\frac{10}{5}=? \quad \Rightarrow2=?$

6. $\because$ $\frac{40\times15+25}{26+4\div4-2}=? \quad \Rightarrow\frac{600+25}{26+\frac{4}{4}-2}=?$

$\Rightarrow\frac{625}{26+1-2}=? \quad \Rightarrow \quad \frac{625}{25}=?\Rightarrow25=?$

7. $\frac{1.4\times3.6-1.2}{0.4\times1.2}=\frac{5.04-1.2}{.48}=\frac{3.84}{.48}=8.$

8. "BODMAS" नियम के अनुसार पहले गुणा उसके बाद जोड़ और अन्त में घटाव की क्रिया करें।

$\therefore 1.4\times3.2-2\times2.1+0.8=4.48-4.2+0.8=1.08$

9. "BODMAS" नियम के अनुसार सबसे पहले का, फिर भाग, उसके बाद गुणा, फिर जोड़ और अन्त में घटाव की क्रिया करें।

$\therefore \; 5\div\frac{3}{4}+\frac{2}{3}\times\frac{3}{4}-\frac{2}{3}$ का $\frac{13}{7} \; = \; 5\div\frac{3}{4}+\frac{2}{3}\times\frac{3}{4}-\frac{26}{21}$

$=\frac{20}{3}+\frac{2}{3}\times\frac{3}{4}-\frac{26}{21}=\frac{20}{3}+\frac{1}{2}-\frac{26}{21}$

$=\frac{280+21-52}{42}=\frac{249}{42}=5\frac{39}{42}=5\frac{13}{14}$

10. "BODMAS" नियम के अनुसार पहले कोष्ठक के अन्दर की संख्याओं को सरल करें, फिर भाग, उसके बाद गुणा करें।

$\therefore \; (9+9+9)\div9\times9=27\div9\times9 \; = \; \frac{27}{9}\times9=27.$

11. $2-\left[3-\left\{6-\left(5-\overline{4-3}\right)\right\}\right]=2-[3-\{6-(5-1)\}]$

$=2-[3-\{6-4\}]=2-[3-2]=2-1=1$

12. दिया गया व्यजंक

$=\frac{3}{11}+\frac{4}{3}\div\frac{10}{11}\times\frac{5}{11}-\frac{28}{33}$ का $1\frac{2}{7}$

$=\frac{3}{11}+\frac{4}{3}\div\frac{10}{11}\times\frac{5}{11}-\frac{28}{33}\times\frac{9}{7}$

$=\frac{3}{11}+\frac{4}{3}\times\frac{11}{10}\times\frac{5}{11}-\frac{28}{33}\times\frac{9}{7}$

$=\frac{3}{11}+\frac{2}{3}-\frac{12}{11}=\frac{9+22-36}{33}=\frac{-5}{33}$

13. व्यंजक $=4.51\times\frac{2}{5}+\frac{3}{5}\times4.51+4.51$

$=4.51\left(\frac{2}{5}+\frac{3}{5}+1\right)=4.51\left(\frac{2+3+5}{5}\right)$

$=4.51\times\frac{10}{5}=4.51\times2=9.02$

14. $\frac{15.72\times15.72-5.72\times5.72}{15.72+5.72}=\frac{(15.72+5.72)\,(15.72-5.72)}{(15.72+5.72)}$

$=15.72-5.72=10$

●●●

4

महत्तम समापवर्तक और लघुत्तम समापवर्त्य (H.C.F. and L.C.M.)

- **महत्तम समापवर्तक :** किन्हीं दो या दो से अधिक दी हुई संख्याओं का महत्तम समापवर्तक (म. स. प.) वह बड़ी-से-बड़ी संख्या है जो प्रत्येक दी हुई संख्याओं को पूरा-पूरा विभाजित करे।
- **लघुत्तम समापवर्त्य :** किन्हीं दो या दो से अधिक दी हुई संख्याओं का लघुत्तम समापवर्त्य (ल. स. व.) वह छोटी-से-छोटी संख्या है जो प्रत्येक दी हुई संख्या से पूरी-पूरी विभाजित हो।

प्रश्नों से संबंधित समस्याओं को हल करने के लिए निम्नलिखित सूत्रों को ध्यान में रखिये :

(*i*) भिन्नों का महत्तम समापवर्तक (म. स. प.) = अंशों का महत्तम lekiorl / हरों का लघुत्तम समापवर्त्य

(*ii*) भिन्नों का लघुत्तम समापवर्त्य (ल. स. व.) = अंशों का लघुत्तम समापवर्त्य / हरों का महत्तम समापवर्तक

(*iii*) दो संख्याओं का गुणनफल = म. स. प. × ल. स. व.

उदाहरण 1 : 18, 24 तथा 60 का महत्तम समापवर्तक निकालिए।

हल : ∵ $18 = \underline{2} \times 3 \times \underline{3}$

$24 = \underline{2} \times 2 \times 2 \times 3$ तथा $60 = 2 \times 2 \times \underline{3} \times 5$

∵ उपरोक्त दी हुई संख्याओं के अभाज्य गुणनखण्डों से स्पष्ट है कि तीनों संख्याओं के अभाज्य गुणनखण्डों में 2×3 उभयनिष्ठ है।

∴ अभीष्ट महत्तम समापवर्तक = 6 होगा।

प्रश्नमाला

1. 12, 24 व 36 का महत्तम समापवर्तक कितना होगा?
A. 16 B. 18
C. 12 D. 36

2. 70, 20 व 14 का लघुत्तम समापवर्त्य क्या है?
A. 120 B. 140
C. 280 D. 70

3. दो संख्याओं का अनुपात 11 : 15 है। यदि उनका म॰स॰प॰ 13 हो, तो वे संख्याएं क्रमशः क्या होंगी?
A. 143 व 195 B. 195 व 143
C. 110 व 150 D. 121 व 165

4. वह छोटी-से-छोटी पूर्ण वर्ग संख्या क्या होगी जो 56, 21 तथा 36 से पूर्णतः विभाजित हो सके?
A. 7056 B. 8056
C. 7040 D. 8100

5. वह बड़ी-से-बड़ी संख्या क्या होगी, जिससे यदि 27, 33 तथा 39 को भाग दें तो क्रमशः 2, 3 तथा 4 शेष बचे?
A. 4 B. 5
C. 3 D. 7

6. 5 अंकों की वह छोटी-से-छोटी संख्या क्या होगी जो 12, 15 तथा 18 से पूर्णतः विभाजित हो?
A. 10080 B. 10800
C. 11820 D. 12080

7. दो संख्याओं का गुणनफल 27 है। उनका महत्तम समापवर्तक 3 है, तो उनका लघुत्तम समापवर्त्य क्या होगा?
A. 81 B. 54
C. 9 D. 6

8. चार अंकों की वह बड़ी-से-बड़ी संख्या क्या है जो 2, 3, 4, 5, 6 और 7 से पूरी-पूरी विभाजित हो जाती है?
A. 9729 B. 9760
C. 9579 D. 9660

9. दो संख्याओं का गुणनफल 54 है। उनका महत्तम समापवर्तक 3 है, तो उनका लघुत्तम समापवर्त्य क्या होगा?
A. 18 B. 21
C. 9 D. 24

10. $\frac{10}{21}, \frac{25}{27}$ और $\frac{35}{24}$ का महत्तम समापवर्तक क्या है?
A. $\frac{5}{216}$ B. $\frac{5}{1080}$
C. $\frac{5}{1512}$ D. $\frac{5}{638}$

11. 27, 15, 72 का लघुत्तम ज्ञात करो।
A. 1020 B. 1080
C. 1050 D. 1060

12. 77, 88, 132 का लघुत्तम ज्ञात करो।
A. 1860 B. 1858
C. 1850 D. 1848

13. 135, 120, 90 का लघुत्तम ज्ञात करो।
A. 1050 B. 1020
C. 1080 D. 1060

14. 4, 6, 9, 12 का लघुत्तम ज्ञात करो।
A. 36 B. 38
C. 34 D. 40

उत्तरमाला

1	2	3	4	5	6	7	8	9	10
C	B	A	A	B	A	C	D	A	C
11	**12**	**13**	**14**						
B	D	C	A						

व्याख्यात्मक उत्तर

1. ∵ $12 = \underline{2 \times 2 \times 3}$
$24 = 2 \times \underline{2 \times 2 \times 3}$
तथा $36 = \underline{2 \times 2 \times 3} \times 3$
∴ अभीष्ट महत्तम समापवर्तक $= 2 \times 2 \times 3 = 12$ होगा।

2. ∵ $70 = 2 \times 5 \times 7$
$20 = 2 \times 2 \times 5$
तथा $14 = 2 \times 7$
∴ अभीष्ट लघुत्तम समापवर्त्य $= 2 \times 2 \times 5 \times 7 = 140$

3. माना कि वे संख्याएं क्रमशः $11x$ व $15x$ हैं।
प्रश्नानुसार, दोनों संख्याओं का म॰स॰प॰ = 13 (दिया हुआ है)। अतः स्पष्ट होता है कि x के स्थान पर मान 13 होगा, क्योंकि 11×13 तथा 15×13 का म॰स॰प॰ 13 है। अतः वे संख्याएं क्रमशः $11 \times 13 = 143$ तथा $15 \times 13 = 195$ होंगी।

4. सबसे पहले 56, 21 तथा 36 का ल॰स॰व॰ ज्ञात करना है।
∵ $56 = 2 \times 2 \times 2 \times 7$
$21 = 3 \times 7$
तथा $36 = 2 \times 2 \times 3 \times 3$
∴ अभीष्ट ल॰स॰व॰ $= 2 \times 2 \times 2 \times 3 \times 3 \times 7$
चूंकि यह पूर्ण वर्ग संख्या नहीं है। अतः अभीष्ट ल॰स॰व॰ को पूर्ण वर्ग बनाने के लिए इसमें कम-से-कम 2×7 अर्थात् 14 से गुणा करना होगा।
∴ वह छोटी-से-छोटी पूर्ण वर्ग संख्या
$= 2 \times 2 \times 2 \times 3 \times 3 \times 7 \times 2 \times 7 = 7056$ होगी।

5. इस प्रकार के प्रश्नों में पहले शेषफल को संख्याओं में से घटाया जाता है फिर उन संख्याओं का म॰स॰प॰ ज्ञात किया जाता है।
∴ $27 - 2 = 25$
$33 - 3 = 30$
तथा $39 - 4 = 35$
अतः 25, 30 तथा 35 का म॰स॰प॰ ज्ञात करना है।
∵ $25 = 5 \times 5$
$30 = 2 \times 3 \times 5$
तथा $35 = 5 \times 7$
∴ अभीष्ट म॰स॰प॰ = 5
∴ वह-बड़ी-से बड़ी संख्या = 5 होगी।

6. सबसे पहले 12, 15 तथा 18 का ल॰स॰व॰ ज्ञात करना है।
∵ $12 = 2 \times 2 \times 3$
$15 = 3 \times 5$
तथा $18 = 2 \times 3 \times 3$
∴ अभीष्ट ल॰स॰व॰ $= 2 \times 2 \times 3 \times 3 \times 5 = 180$
तथा 5 अंकों की छोटी-से-छोटी संख्या = 10000
$= 180 \times 55 + 100$
तथा स्पष्ट है कि 5 अंकों की छोटी-से-छोटी संख्या जो 12, 15 तथा 18 से पूर्णतः विभाजित होगी $= 180 \times 56 = 10080$

7. लघुत्तम समापवर्त्य

$$= \frac{\text{दोनों संख्याओं का गुणनफल}}{\text{उनका महत्तम समापवर्तक}} = \frac{27}{3} = 9$$

8. 2, 3, 4, 5, 6 और 7 का लघुत्तम समापवर्त्य
$= 2 \times 2 \times 3 \times 5 \times 7 = 420$
चार अंकों की सबसे बड़ी संख्या = 9999
9999 को 420 से विभाजित करें तो शेष = 339
∴ अभीष्ट संख्या $= 9999 - 339 = 9660$

9. उनका लघुत्तम समापवर्त्य

$$= \frac{\text{दोनों संख्याओं का गुणनफल}}{\text{उनका महत्तम समापवर्तक}} = \frac{54}{3} = 18$$

10. भिन्नों का महत्तम समापवर्तक

$$= \frac{\text{अंशों का महत्तम समापवर्तक}}{\text{हरों का लघुत्तम समापवर्त्य}}$$

$$= \frac{\text{10, 25 और 35 का महत्तम समापवर्तक}}{\text{21, 27 और 24 का लघुत्तम समापवर्त्य}} = \frac{5}{1512}$$

11. ल. स.

2	27, 15, 72
2	27, 15, 36
2	27, 15, 18
3	27, 15, 9
3	9, 5, 3
3	3, 5, 1
5	1, 5, 1
	1, 1, 1

अतः दी गई संख्याओं का लघुत्तम समापवर्त्य
$2 \times 2 \times 2 \times 3 \times 3 \times 3 \times 5 = 1080$

14. ल. स.

2	4, 6, 9, 12
2	2, 3, 9, 6
3	1, 3, 9, 3
3	1, 1, 3, 1
	1, 1, 1, 1

अतः दी गई संख्याओं का लघुत्तम समापवर्त्य $= 2 \times 2 \times 3 \times 3 = 36$.

●●●

5

घातांक (Indices)

हम जानते हैं कि $x \times x = x^2$, $x \times x \times x = x^3$, $x \times x \times x \times x = x^4$ ...., $x \times x \times x \times x \times x \times x$ .... n गुणनखण्डों तक $= x^n$ को "x की घात n" पढ़ा जाता है। इस प्रकार हम कह सकते हैं कि

2 की घात 3 $= 2^3 = 2 \times 2 \times 2 = 8$

3 की घात 3 $= 3^3 = 3 \times 3 \times 3 = 27$

5 की घात 4 $= 5^4 = 5 \times 5 \times 5 \times 5 = 625$

8 की घात 2 $= 8^2 = 8 \times 8 = 64$.

$\left(\frac{x}{y}\right)$ की घात 3 $= \left(\frac{x}{y}\right)^3 = \frac{x \times x \times x}{y \times y \times y} = \frac{x^3}{y^3}$

x^2 की घात 5 $= (x^2)^5 = x^2 \times x^2 \times x^2 \times x^2 \times x^2 = x^{10}$

घातांक से सम्बन्धित आवश्यक नियम

नियम 1. यदि m और n धन पूर्णांक हों तथा x, y कोई भी संख्याएं हैं तो $x^m \times x^n = x^{m+n}$

नियम 2. यदि m और n धन पूर्णांक हों तथा x, y कोई भी संख्याएं हैं तो,

$$x^m \div x^n = \frac{x^m}{x^n} = x^{m-n}$$

जबकि $m > n$ **या**

$$x^m \div x^n = \frac{x^m}{x^n} = \frac{1}{x^{n-m}} \quad \text{जबकि } n > m$$

नियम 3.यदि m और n धन पूर्णांक हों तथा x, y कोई भी संख्याएं हैं तो $(x^m)^n = x^{mn}$

नियम 4. यदि m और n धन पूर्णांक हों तथा x, y कोई भी संख्याएं हैं तो $(xy)^m = x^m \times y^m$

मूल : यदि कोई संख्या 'x की घात n' है तथा इसका परिणाम a अर्थात् $x^n = a$ है तो इसका अर्थ यह होता है कि a का n वां मूल x है। जिसे प्राय: इस प्रकार लिखा जाता है

$$x^n = a \Rightarrow x = \sqrt[n]{a} = (a)^{1/n}$$

इसी प्रकार यदि भिन्नात्मक घातांक $x^{p/q} = a$ है तो इसका अर्थ यह होगा कि x का q वां मूल बराबर है a का p वां मूल के, अर्थात्

$x^{p/q} = a \Rightarrow \left(x^{1/q}\right)^p$

$a \Rightarrow x^{1/q} = a^{1/p}$

$\Rightarrow \sqrt[q]{x} = \sqrt[p]{a}$

अत: दूसरे मूल को हम वर्गमूल तथा तीसरे मूल को घनमूल भी कहते हैं।

महत्त्वपूर्ण नोट : यदि किसी संख्या या राशि की घात ''शून्य'' है, तो उस संख्या या राशि का मान सदैव 1 के बराबर होगा। अर्थात् $x^0 = y^0 = z^0 = 2^0 = 5^0 = 8^0 = 1$ होगा।

प्रश्नमाला

1. $a^5 \times a^7$ का मान कितना होगा?

A. a^{35} B. a^2
C. a^{12} D. $a^{5/7}$

2. $(x^{2/3})^{-3/4}$ का मान कितना होगा?

A. $\frac{1}{x}$ B. $\frac{1}{\sqrt{x}}$
C. $\frac{1}{x^2}$ D. $\frac{1}{x^{-2}}$

3. 4 की घात 3 निम्न में से किस संख्या के बराबर होगी?

A. 64 B. 81
C. 12 D. 49

4. 2 की घात 3 तथा 3 की घात 2 में कितना अन्तर होगा?

A. 2 B. 5
C. 3 D. 1

5. $\left(-\frac{1}{125}\right)^{-\frac{2}{3}}$ का मान कितना होगा?

A. $\frac{1}{25}$ B. 25
C. 5 D. $\frac{1}{5}$

6. $(8)^{-(2^{-2})}$ का मान कितना होगा?

A. $2^{-1/4}$ B. $2^{-3/4}$
C. $2^{3/4}$ D. $2^{-1/2}$

7. यदि $\sqrt{2^n} = 64$ है, तो n का मान क्या होगा?

A. 8 B. 4
C. 12 D. 16

8. $(100)^0$ का मान कितना होगा?

A. 0 B. 10
C. 1 D. 100

9. यदि $10^{2/5} \times 10^{8/5} = 10^n$ है, तो n का मान क्या होगा?

A. 2 B. 3
C. 6 D. 4

10. $27^3 \times 3^4 \div 3^{10}$ का मान कितना होगा?

A. 9 B. 27

C. 81 D. $\frac{1}{27}$

11. व्यंजक $\frac{(-1)^{132}}{5^{-1}+3^{-1}}$ का मान कितना होगा?

A. $\frac{16}{9}$ B. $-\frac{15}{8}$

C. $\frac{15}{8}$ D. $\frac{17}{8}$

12. $6a^3b^3c^2 \div 2ab^2c$ का मान कितना होगा?

A. $3a^2bc$ B. $3ab^2c$

C. $3a^2b^2c^2$ D. $3a^3b^3c^3$

13. $\sqrt{\frac{1}{\left(\frac{3}{4}\right)^{-2}}} + \sqrt[3]{\frac{27}{64}}$ का मान क्या होगा?

A. $\frac{2}{3}$ B. $\frac{4}{5}$

C. $\frac{13}{12}$ D. $\frac{3}{2}$

उत्तरमाला

1	2	3	4	5	6	7	8	9	10
C	B	A	D	B	B	C	C	A	B
11	**12**	**13**							
C	A	D							

व्याख्यात्मक उत्तर

1. $\because a^5 \times a^7 = a^{5+7} = a^{12}$. $[\because x^m \times x^n = x^{m+n}]$

2. $\because \left(x^{\frac{2}{3}}\right)^{-\frac{3}{4}} = x^{\frac{2}{3}\times -\frac{3}{4}} = x^{-\frac{1}{2}} = \frac{1}{x^{\frac{1}{2}}} = \frac{1}{\sqrt{x}}$. $[\because (x^m)^n = x^{mn}]$

3. $\because$ 4 की घात 3 = $4^3 = 4 \times 4 \times 4 = 64$.

4. $\because$ 2 की घात 3 = $2^3 = 2 \times 2 \times 2 = 8$.
तथा 3 की घात 2 = $3^2 = 3 \times 3 = 9$
$\therefore$ अन्तर = $9 - 8 = 1$.

5. $\left(-\frac{1}{125}\right)^{-\frac{2}{3}} = \frac{1}{\left(-\frac{1}{125}\right)^{\frac{2}{3}}} = (-125)^{\frac{2}{3}}$
$= [(-125)^{1/3}]^2 = [(-5 \times -5 \times -5)^{1/3}]^2$
$= (-5^2) = -5 \times -5 = 25$.

6. $\because 8^{-(2^{-2})} = 8^{-\left(\frac{1}{2^2}\right)} = 8^{-\frac{1}{4}} = \frac{1}{8^{\frac{1}{4}}}$

$= \frac{1}{(2\times2\times2)^{\frac{1}{4}}} = \frac{1}{(2)^{\frac{3}{4}}} = 2^{-\frac{3}{4}}$.

7. $\because \sqrt{2^n} = 64 \Rightarrow 2^n = (64)^2$
$\Rightarrow 2^n = (2\times2\times2\times2\times2\times2)^2 \Rightarrow 2^n = (2^6)^2$
$\Rightarrow 2^n = 2^{6\times2} = 2^{12} \Rightarrow n = 12$ अत: n का मान 12 होगा।

8. यहां विद्यार्थियों को स्मरण रखना चाहिए कि यदि किसी संख्या या राशि की घात ''शून्य'' हो तो उस संख्या या राशि का मान हमेशा 1 के बराबर होगा। अत: स्पष्ट है कि $(100)^0$ का मान = 1 होगा।

9. $\because 10^{2/5} \times 10^{8/5} = 10^n$
$\Rightarrow 10^{2/5+8/5} = 10^n \Rightarrow 10^{10/5} = 10^n$
$\Rightarrow 10^2 = 10^n \Rightarrow n = 2$
अत: n का मान 2 होगा।

10. $\because 27^3 \times 3^4 \div 3^{10} = 27^3 \times \frac{3^4}{3^{10}}$

$\frac{(3\times3\times3)^3\times3^4}{3^{10}} = \frac{(3^3)^3\times3^4}{3^{10}}$

$= \frac{3^9\times3^4}{3^{10}} = \frac{3^{9+4}}{3^{10}} = \frac{3^{13}}{3^{10}} = 3^{13-10} = 3^3 = 3\times3\times3 = 27$.

11. $\because \frac{(-1)^{132}}{5^{-1}+3^{-1}} = \frac{\left((-1)^2\right)^{66}}{5^{-1}+3^{-1}}$

$= \frac{(1)^{66}}{5^{-1}+3^{-1}} = \frac{1}{\frac{1}{5}+\frac{1}{3}} = \frac{1}{\frac{3+5}{15}} = \frac{1}{\frac{8}{15}} = \frac{15}{8}$.

12. $\because 6a^3b^3c^2 \div 2ab^2c$

$= \frac{6a^3b^3c^2}{2ab^2c} = 3a^{3-1}b^{3-2}c^{2-1} = 3a^2bc$.

13. $\because \sqrt{\frac{1}{\left(\frac{3}{4}\right)^{-2}}} + \sqrt[3]{\frac{27}{64}} = \sqrt{\left(\frac{3}{4}\right)^2} + \sqrt[3]{\frac{3\times3\times3}{4\times4\times4}}$

$= \sqrt{\left(\frac{3}{4}\right)^2} + \sqrt[3]{\left(\frac{3}{4}\right)^3} = \frac{3}{4}+\frac{3}{4} = \frac{6}{4} = \frac{3}{2}$.

●●●

6

करणी (Surds)

प्राय: सभी संख्याओं के वर्गमूल सदैव पूर्ण संख्या नहीं होते, जैसे– $\sqrt{9} = 3$ परन्तु $\sqrt{15} = 3.873$, जो कि पूर्ण संख्या नहीं है, अर्थात् 15 का वर्गमूल पूर्ण संख्या नहीं है। अत: ऐसी संख्यायें जिनके वर्गमूल पूर्ण संख्या नहीं होते, जैसे– $\sqrt{3}$, $\sqrt{7}$, $2+\sqrt{11}$, $4+\sqrt{13}$.... इत्यादि संख्यायें **करणी** कहलाती हैं।

प्रश्नों को हल करने के लिए निम्नलिखित सूत्रों का प्रयोग कीजिए :

1. $\sqrt{a} \times \sqrt{a} = a$
2. $\sqrt{a} \times \sqrt{b} = \sqrt{ab}$
3. $\left(\sqrt{a}+\sqrt{b}\right)^2 = a+b+2\sqrt{ab}$
4. $\left(\sqrt{a}-\sqrt{b}\right)^2 = a+b-2\sqrt{ab}$
5. $x\sqrt{a}+x\sqrt{b} = x\left(\sqrt{a}+\sqrt{b}\right)$
6. $\dfrac{1}{\sqrt{a}+\sqrt{b}} = \dfrac{1}{\sqrt{a}+\sqrt{b}} \times \dfrac{\sqrt{a}-\sqrt{b}}{\sqrt{a}-\sqrt{b}}$
   $= \dfrac{\sqrt{a}-\sqrt{b}}{a-b}$
7. $\dfrac{1}{\sqrt{a}-\sqrt{b}} = \dfrac{1}{\sqrt{a}-\sqrt{b}} \times \dfrac{\sqrt{a}+\sqrt{b}}{\sqrt{a}+\sqrt{b}}$
   $= \dfrac{\sqrt{a}+\sqrt{b}}{a-b}$
8. $a+\sqrt{b} = c+\sqrt{d} \Rightarrow a = c$ तथा $b = d$
9. $\sqrt{2} = 1.41421$, $\sqrt{3} = 1.73205$,
   $\sqrt{5} = 2.23607$, $\sqrt{6} = 2.4494$,
   $\sqrt{7} = 2.64575$, $\sqrt{8} = 2.82842$,
   $\sqrt{10} = 3.16227$, $\sqrt{11} = 3.31662$

प्रश्नमाला

1. $\dfrac{1}{\sqrt{3}}$ का मान दशमलव के तीन स्थानों तक होगा—
A. 0.577 B. 0.477
C. 0.673 D. 0.575

2. यदि $\sqrt{2} = 1.4142$ हो, तो $\dfrac{1}{2}\left(\dfrac{\sqrt{2}-1}{\sqrt{2}+1}\right)$ का मान कितना होगा?
A. .0768 B. .0658
C. .0858 D. .0458

3. यदि $\sqrt{1936} = 44$ हो, तो $\sqrt{19.36} + \sqrt{0.1936} + \sqrt{.001936}$ का मान दशमलव के तीन स्थानों तक होगा—
A. 5.679 B. 4.884
C. 9.884 D. 6.778

4. $\sqrt{\left(5+\dfrac{4}{9}\right)}$ का मान होगा?
A. $3\frac{1}{3}$ B. $2\frac{1}{6}$
C. $4\frac{1}{3}$ D. $2\frac{1}{3}$

5. $\dfrac{\sqrt{2}-1}{\sqrt{2}+1}$ का मान दशमलव के तीन स्थानों तक होगा—
A. 0.172 B. 0.158
C. 0.176 D. 0.188

6. $\sqrt[3]{8^4}$ का मान कितना होगा?
A. 15 B. 9
C. 16 D. 25

7. यदि $\sqrt{6} = 2.45$, तो $\sqrt{\dfrac{2}{3}} + 3\sqrt{\dfrac{3}{2}}$ का मान किसके बराबर होगा?
A. 3.942 B. 4.492
C. 4.942 D. 9.345

8. $\sqrt{72}$ का मान किसके बराबर होगा?
A. $3\sqrt{5}$ B. $6\sqrt{2}$
C. $8\sqrt{2}$ D. $7\sqrt{3}$

9. हर के परिमेयीकरण के पश्चात व्यंजक $\dfrac{\sqrt{2}}{\sqrt{2}+\sqrt{3}-\sqrt{5}}$ का रूप होगा—
A. $\dfrac{3+\sqrt{6}+\sqrt{15}}{6}$ B. $\dfrac{3-\sqrt{6}-\sqrt{5}}{6}$
C. $\dfrac{3+\sqrt{6}+\sqrt{5}}{3}$ D. $\dfrac{2+\sqrt{6}-\sqrt{15}}{6}$

10. $\left(\sqrt{80} + 3\times\sqrt{245} - \sqrt{125}\right)$ का मान कितना होगा?
A. $18\sqrt{5}$ B. $20\sqrt{5}$
C. $22\sqrt{5}$ D. $28\sqrt{2}$

11. $\left(\frac{\sqrt{5}+\sqrt{3}}{\sqrt{5}-\sqrt{3}}\right)$ का मान कितना होगा?

A. $4+\sqrt{15}$ B. $3-\sqrt{15}$

C. $2+\sqrt{15}$ D. $4-\sqrt{15}$

12. $3^{\frac{1}{5}}, 5^{\frac{3}{5}}, 7^{\frac{4}{5}}$ को आरोही क्रम में किस प्रकार से लिखा जा सकता है?

A. $5^{\frac{3}{5}} < 3^{\frac{1}{5}} < 7^{\frac{4}{5}}$ B. $3^{\frac{1}{5}} < 5^{\frac{3}{5}} < 7^{\frac{4}{5}}$

C. $7^{\frac{4}{5}} < 3^{\frac{1}{5}} < 5^{\frac{3}{5}}$ D. $3^{\frac{1}{5}} < 7^{\frac{4}{5}} < 5^{\frac{3}{5}}$

उत्तरमाला

1	2	3	4	5	6	7	8	9	10
A	C	B	D	A	C	B	B	A	B
11	**12**								
A	B								

व्याख्यात्मक उत्तर

1. $\because \frac{1}{\sqrt{3}} = \frac{1}{\sqrt{3}} \times \frac{\sqrt{3}}{\sqrt{3}} = \frac{\sqrt{3}}{3} = \frac{1.732}{3} = 0.577.$

2. $\because \frac{1}{2}\left(\frac{\sqrt{2}-1}{\sqrt{2}+1}\right) = \frac{1}{2} \times \frac{\sqrt{2}-1}{\sqrt{2}+1} \times \frac{\sqrt{2}-1}{\sqrt{2}-1}$

$= \frac{1}{2} \times \frac{(\sqrt{2}-1)^2}{(\sqrt{2})^2 - 1^2} = \frac{1}{2} \times \frac{2+1-2\sqrt{2}}{2-1}$

$= \frac{1}{2} \times \frac{3-2\sqrt{2}}{1} = \frac{1}{2} \times (3 - 2 \times 1.4142)$

$= \frac{1}{2} \times 0.1716 = 0.0858.$

3. $\because \sqrt{1936} = 44 \Rightarrow \sqrt{19.36} = 4.4 \Rightarrow \sqrt{0.1936} = 0.44$

$\Rightarrow \sqrt{.001936} = .044 \therefore \sqrt{19.36} + \sqrt{0.1936} + \sqrt{.001936}$
$= 4.4 + 0.44 + 0.044 = 4.884.$

4. $\because \sqrt{5+\frac{4}{9}} = \sqrt{\frac{45+4}{9}} = \sqrt{\frac{49}{9}} = \frac{7}{3} = 2\frac{1}{3}.$

5. $\because \frac{\sqrt{2}-1}{\sqrt{2}+1} = \frac{\sqrt{2}-1}{\sqrt{2}+1} \times \frac{\sqrt{2}-1}{\sqrt{2}-1} = \frac{(\sqrt{2}-1)^2}{(\sqrt{2})^2 - (1)^2}$

$= \frac{2+1-2\sqrt{2}}{2-1} = \frac{3-2\sqrt{2}}{1} = 3 - 2 \times 1.414 = 0.172.$

6. $\because \sqrt[3]{8^4} = (8)^{\frac{4}{3}} = (2^3)^{\frac{4}{3}} = 2^{3\times\frac{4}{3}} = 2^4 = 16.$

7. $\because \sqrt{\frac{2}{3}} + 3\sqrt{\frac{3}{2}} = \frac{\sqrt{2}}{\sqrt{3}} \times \frac{\sqrt{3}}{\sqrt{3}} + 3 \times \frac{\sqrt{3}}{\sqrt{2}} \times \frac{\sqrt{2}}{\sqrt{2}}$

$= \frac{\sqrt{6}}{3} + \frac{3\sqrt{6}}{2} = \sqrt{6}\left[\frac{1}{3}+\frac{3}{2}\right] = \sqrt{6} \times \frac{11}{6} = \frac{11}{6} \times 2.45$
$= 4.492.$

8. $\because \sqrt{72} = \sqrt{6 \times 6 \times 2} = \sqrt{6^2 \times 2} = 6\sqrt{2}.$

9. $\frac{\sqrt{2}}{\sqrt{2}+\sqrt{3}-\sqrt{5}} = \frac{\sqrt{2}}{\sqrt{2}+\sqrt{3}-\sqrt{5}} \times \frac{\sqrt{2}+\sqrt{3}+\sqrt{5}}{\sqrt{2}+\sqrt{3}+\sqrt{5}}$

$= \frac{\sqrt{2}(\sqrt{2}+\sqrt{3}+\sqrt{5})}{(\sqrt{2}+\sqrt{3})^2 - (\sqrt{5})^2} = \frac{2+\sqrt{6}+\sqrt{10}}{2\sqrt{6}}$

$= \frac{2+\sqrt{6}+\sqrt{10}}{2\sqrt{6}} \times \frac{\sqrt{6}}{\sqrt{6}} = \frac{2\sqrt{6}+6+\sqrt{60}}{12}$

$= \frac{3+\sqrt{6}+\sqrt{15}}{6}.$

10. $\because \sqrt{80} + 3 \times \sqrt{245} - \sqrt{125}$

$= \sqrt{16 \times 5} + 3 \times \sqrt{49 \times 5} - \sqrt{25 \times 5}$

$= 4\sqrt{5} + 21\sqrt{5} - 5\sqrt{5} = 20\sqrt{5}.$

11. $\because \frac{\sqrt{5}+\sqrt{3}}{\sqrt{5}-\sqrt{3}} = \frac{\sqrt{5}+\sqrt{3}}{\sqrt{5}-\sqrt{3}} \times \frac{\sqrt{5}+\sqrt{3}}{\sqrt{5}+\sqrt{3}}$

$= \frac{(\sqrt{5}+\sqrt{3})^2}{(\sqrt{5})^2 - (\sqrt{3})^2} = \frac{5+3+2\sqrt{15}}{5-3} = \frac{8+2\sqrt{15}}{2}$

$= 4+\sqrt{15}.$

12. $\because 3^{\frac{1}{5}} = (3)^{\frac{1}{5}}$

$5^{\frac{3}{5}} = (5^3)^{\frac{1}{5}} = (125)^{\frac{1}{5}}$

तथा $7^{\frac{4}{5}} = (7^4)^{\frac{1}{5}} = (2401)^{\frac{1}{5}}$

अत: स्पष्ट है कि $(3)^{\frac{1}{5}} < (125)^{\frac{1}{5}} < (2401)^{\frac{1}{5}}$

अत: $3^{\frac{1}{5}} < 5^{\frac{3}{5}} < 7^{\frac{4}{5}}$ आरोही क्रम में होगी।

●●●

7

औसत (Average)

औसत निकालने के लिए पहले उन सब राशियों को जोड़ लें जिनका औसत निकालना हो; उसके बाद उस योगफल में उन राशियों की कुल संख्या से भाग दे दें। उदाहरण के लिए यदि आपको 8, 10, 12, और 14 का औसत निकालना है, तो पहले इन्हें जोड़ दें। 8 + 10 + 12 + 14 = 44 जिनका औसत निकालना है, वे संख्याएं 4 हैं। अतः 44 में 4 से भाग दे दें। 44 ÷ 4 $= \frac{44}{4} = 11$ औसत आया।

इसके लिए सूत्र हैं:

(i) $\frac{\text{राशियों का योगफल}}{\text{राशियों की संख्या}} = \text{औसत}$

(ii) औसत × राशियों की संख्या = राशियों का योगफल

(iii) $\frac{\text{राशियों का जोड़}}{\text{औसत}} = \text{राशियों की संख्या}$

उदाहरण 1 : किसी कक्षा में 5 दिनों की दैनिक उपस्थिति 26, 23, 30, 29 और 17 थी। बताओ दैनिक औसत उपस्थिति क्या थी?

हल : ∵ 5 दिनों की कुल उपस्थिति

= 26 + 23 + 30 + 29 + 17 = 125 थी।

∴ 1 दिन की औसत उपस्थिति

$= \frac{\text{राशियों का योगफल}}{\text{राशियों की संख्या}} = \frac{125}{5} = 25$

प्रश्नमाला

1. 5 विद्यार्थियों की ऊँचाइयां (सेंमी में) 140, 135, 142, 138 व 140 है। उनकी औसत ऊँचाई है:

A. 136 B. 138
C. 139 D. 140

2. 10 विद्यार्थियों द्वारा प्राप्तांक 22, 35, 37, 38, 29, 27, 34, 36, 28 और 34 हैं। उनके औसत अंक हैं:

A. 30 B. 31
C. 32 D. 34

3. एक लड़का जिसकी ऊँचाई 165 सेंमी है, के स्थान पर नया लड़का आ जाने से 34 लड़कों के एक समूह की औसत ऊँचाई 1 सेंमी कम हो जाती है। नये लड़के की ऊँचाई है:

A. 132 सेंमी B. 129 सेंमी
C. 130 सेंमी D. 131 सेंमी

4. 2 से प्रारम्भ करके पांच लगातार सम संख्याओं का औसत है:

A. 4 B. 6
C: 7 D. 5

5. 5 गेंदों का भार (ग्राम में) क्रमशः 50, 54, 53, 56 और 52 है। उनका औसत भार है:

A. 53 B. 54
C. 52 D. 51

6. एक रस्सी के 5 टुकड़ों की लम्बाइयां (सेंमी में) 5, 5.2, 6.3, 7.2 और 6.3 हैं। टुकड़े की औसत लम्बाई है:

A. 5.8
B. 6.0
C. 6.1
D. 6.2

7. 7 के प्रथम पांच गुणजों (Multiples) का औसत क्या होगा?

A. 21 B. 23
C. 24 D. 28

8. चार संख्याओं का औसत 18 है। यदि उनमें से पहली तीन संख्याएं क्रमशः 16, 22 व 28 हों, तो बताइये अन्तिम संख्या क्या होगी?

A. 5 B. 8
C. 6 D. 9

9. 12 संख्याओं का औसत मान 30 है। यदि प्रत्येक संख्या में 3 से गुणा कर दिया जाये, तो बताइये नई संख्याओं का औसत मान कितना होगा?

A. 70 B. 80
C. 90 D. 100

10. एक व्यक्ति 50 रु. प्रति पुस्तक के हिसाब से 4 पुस्तकें, 60 रु. प्रति पुस्तक के हिसाब से 5 पुस्तकें, तथा 70 रु. प्रति पुस्तक के हिसाब से 6 पुस्तकें खरीदता है। बताइये पुस्तक का औसत मूल्य कितना होगा?

A. 62.33 रु. B. 41.50 रु.
C. 61.33 रु. D. 61.75 रु.

11. 25 राशियों का औसत 15 है, उनमें से 15 राशियों का औसत 17 है, तो शेष राशियों का औसत ज्ञात करो।

A. 10 B. 13
C. 11 D. 12

12. एक कक्षा में 23 छात्रों की औसत आयु 16 वर्ष है। यदि अध्यापक की आयु भी सम्मिलित कर ली जाए, तो औसत आयु एक वर्ष बढ़ जाती है। अध्यापक की आयु क्या है?

A. 35 वर्ष B. 40 वर्ष
C. 50 वर्ष D. 30 वर्ष

उत्तरमाला

1	2	3	4	5	6	7	8	9	10
C	C	D	B	A	B	A	C	C	C
11	**12**								
D	B								

व्याख्यात्मक उत्तर

1. औसत ऊँचाई

$= \frac{140+135+142+138+140}{5} = \frac{695}{5} = 139.$

2. औसत अंक

$= \frac{22+35+37+38+29+27+34+36+28+34}{10}$

$= \frac{320}{10} = 32.$

3. 34 लड़कों की ऊँचाई में औसत कमी = 1 सेंमी

34 लड़कों की ऊँचाई में कुल कमी = 34 सेंमी

$\therefore$नये लड़के की ऊँचाई = 165 – 34 = 131 सेंमी

4. 2 से प्रारम्भ करके 5 लगातार सम संख्याओं का औसत

$= \frac{2+4+6+8+10}{5} = \frac{30}{5} = 6.$

5. औसत भार $= \frac{50+54+53+56+52}{5} = \frac{265}{5} = 53.$

6. औसत लम्बाई

$= \frac{5+5.2+6.3+7.2+6.3}{5} = \frac{30.0}{5} = 6.0$

7. $\because$ 7 के प्रथम 5 गुणज :

7, 14, 21, 28 व 35

$\therefore$ इनका औसत $= \frac{7+14+21+28+35}{5} = \frac{105}{5} = 21.$

8. $\because$ चार संख्याओं का औसत = 18

$\therefore$ चारों संख्याओं का योग = 18 × 4 = 72

प्रश्नानुसार, उनमें से पहली तीन संख्याएं क्रमशः 16, 22 व 28 हैं।

$\therefore$ अन्तिम संख्या = चारों संख्याओं का योग –(16+22+28)

= 72 – 66 = 6.

9. $\because$ 12 संख्याओं का औसत मान = 30

$\therefore$ 12 संख्याओं का कुल योग = 30 × 12 = 360

प्रश्नानुसार, प्रत्येक संख्या में 3 से गुणा करने पर 12 संख्याओं का कुल योग = 360 × 3 = 1080

12 नई संख्याओं का औसत मान $= \frac{1080}{12} = 90.$

10. $\because$ 50 रु. प्रति पुस्तक के हिसाब से 4 पुस्तकों का क्रय मूल्य = 200 रु.

60 रु. प्रति पुस्तक के हिसाब से 5 पुस्तकों का क्रय मूल्य = 300 रु.

तथा 70 रु. प्रति पुस्तक के हिसाब से 6 पुस्तकों का क्रय मूल्य = 420 रु.

$\therefore$ 15 पुस्तकों का कुल क्रय मूल्य = 200 + 300 + 420 = 920 रु.

$\therefore$ औसत मूल्य $= \frac{920}{15} = 61.33$ रु.।

11. $\because$ 25 राशियों का औसत = 15

$\therefore$ 25 राशियों का योग = 25 × 15 = 375

इनमें से 15 राशियों का औसत = 17

$\therefore$ इन 15 राशियों का योग

= 15 × 17 = 255

$\therefore$ शेष 25 –15 = 10 राशियों का योग

= 375 – 255 = 120

$\therefore$शेष राशियों का औसत

$= \frac{120}{10} = 12$

सूत्र द्वारा—

शेष 10 राशियों का औसत

$= \frac{25\times15-15\times17}{25-15} = \frac{375-255}{10}$

$= \frac{120}{10} = 12.$

12. $\therefore$ 23 छात्रों की आयु का औसत = 16 वर्ष

$\therefore$ 23 छात्रों की आयु का योग

= 23 × 16 = 368 वर्ष

$\therefore$ 23 + 1 = 24 जनों की आयु का औसत

= 16 + 1 = 17 वर्ष

$\therefore$ इनकी आयु का योग

= 24 × 17 = 408 वर्ष

$\therefore$ अध्यापक की आयु

= 408 – 368 = 40 वर्ष।

●●●

8

प्रतिशत (Percentage)

1. प्रतिशत का अर्थ है–प्रत्येक सौ पर 1–इसका चिन्ह् है–%. 5% का अर्थ है–प्रत्येक सौ पर 5.
2. प्रतिशत को भिन्न में बदलने के लिए उसे 100 से भाग देते हैं। जैसे–20% = $\frac{20}{100}=\frac{1}{5}$
3. साधारण भिन्न को प्रतिशत में बदलने के लिए उसे 100 से गुणा करते हैं। जैसे–$\frac{1}{10}\times100=10\%$

प्रतिशत को दशमलव में बदलने की विधि

प्रतिशत का चिह्न हटाकर बाईं ओर दो अंकों के बाद दशमलव का चिन्ह् लगाते हैं।

उदाहरण : 25% को दशमलव में बदलें।

25% = .25 (बाईं ओर दो अंकों के बाद दशमलव बिन्दु लगा दिया।)

उदाहरण :1.5% को दशमलव में बदलिये।

1.5% = .015 (बाईं ओर दो अंकों के बाद दशमलव बिन्दु लगा दिया, यहां एक शून्य लगाकर दो अंक पूरे करने पड़े।)

दशमलव को प्रतिशत में बदलने की विधि

दशमलव बिन्दु के दाहिनी ओर दो अंक बढ़ा देते हैं और उसके बाद % का निशान लगाते हैं।

उदाहरण : .24 को प्रतिशत में बदलें।

हल : .24 = 24% (दशमलव बिन्दु के दाहिनी ओर दो अंक आगे बढ़ाने पर 24 बनेगा, अतः दशमलव बिन्दु (.) लगाने की जरूरत नहीं है।)

प्रश्नमाला

1. निम्नलिखित में से 20% का मान किसके बराबर होगा?

A. $\frac{1}{4}$ B. $\frac{1}{2}$

C. $\frac{1}{5}$ D. $\frac{1}{8}$

2. 36% का मान दशमलव भिन्न में होगा–

A. .36 B. .036

C. 3.6 D. .0036

3. $\frac{4}{5}$ को प्रतिशत भिन्न में बदलने पर मान होगा–

A. 80% B. 70%

C. 60% D. 40%

4. 36 का कितने %, 24 के बराबर होगा?

A. $16\frac{2}{3}\%$ B. $66\frac{2}{3}\%$

C. $11\frac{1}{9}\%$ D. $31\frac{1}{9}\%$

5. 3 मीटर का 15%, किसके बराबर होगा?

A. 44 सेंमी B. 45 सेंमी

C. 40 सेंमी D. 38 सेंमी

6. 26 का 18% = ?

A. 4.88 B. 4.65

C. 3.68 D. 4.68

7. 10% का 10% कितने % होगा?

A. 7 B. 6

C. 1 D. 5

8. किसी शहर की जनसंख्या 50,000 से बढ़कर 52,000 हो जाती हो, तो बताइये कितने प्रतिशत की वृद्धि होगी?

A. 3% B. 6%

C. 4% D. 5%

9. एक आदमी अपने वेतन का 75% खर्च करता है और 150 रु. मासिक बचाता है तो उसका मासिक वेतन है:

A. 750 रु. B. 600 रु.

C. 400 रु. D. 300 रु.

10. किसी विद्यालय में 97% विद्यार्थी उपस्थित थे और 18 विद्यार्थी अनुपस्थित थे। विद्यालय में कुल विद्यार्थियों की संख्या है:

A. 400 B. 450

C. 500 D. 600

11. किसी राशि का 7%, 35 रुपये है तो वह राशि ज्ञात कीजिए।

A. 550 रु. B. 700 रु.

C. 600 रु. D. 500 रु.

12. 3 किग्रा. कितने किग्रा. का 5% है:

A. 60 किग्रा. B. 50 किग्रा.

C. 65 किग्रा. D. 70 किग्रा.

13. किसी राशि का 5%, 500 रुपए के 12% के बराबर है तो राशि ज्ञात कीजिए।

A. 1100 रु.

B. 1200 रु.

C. 1150 रु.

D. 1250 रु.

14. अनिल ने अपनी पूंजी का 65% मशीनरी में तथा 20% कच्चा माल खरीदने में खर्च कर दिया। यदि उसके पास अब 1305 रुपये बचे हों, तो उसने कितना खर्च कर दिया?

A. 7395 रु. B. 7350 रु.
C. 7390 रु. D. 7380 रु.

15. किसी पुस्तकालय में 20% पुस्तकें अंग्रेजी भाषा में हैं तथा शेष की 50% पुस्तकें हिन्दी भाषा में हैं। यदि शेष 900 पुस्तकें अन्य क्षेत्रीय भाषा में हैं, तो पुस्तकालय में कुल कितनी पुस्तकें हैं?

A. 2300 B. 2250
C. 2290 D. 2280

उत्तरमाला

1	2	3	4	5	6	7	8	9	10
C	A	A	B	B	D	C	C	B	D
11	**12**	**13**	**14**	**15**					
D	A	B	A	B					

व्याख्यात्मक उत्तर

1. $\because 20\% = \frac{20}{100} = \frac{1}{5}$ $\therefore$ 20% का मान, $\frac{1}{5}$ के बराबर होगा।

2. $\because 36\% = \frac{36}{100} = .36$

$\therefore$ 36% का मान दशमलव भिन्न में .36 होगा।

3. चूंकि किसी भी साधारण या दशमलव भिन्न को प्रतिशत भिन्न में बदलने के लिए उसमें 100% से गुणा करना होता है अर्थात् $\frac{4}{5} = \frac{4}{5} \times 100\% = 80\%$

अतः $\frac{4}{5}$ का प्रतिशत भिन्न में मान = 80% होगा।

4. माना कि 36 का x % = 24

$\therefore \quad 36 \times \frac{x}{100} = 24 \Rightarrow x = \frac{24 \times 100}{36} = 66\frac{2}{3}$

अतः 36 का $66\frac{2}{3}\%$, 24 के बराबर होगा।

5. $\because$ 3 मीटर का 15% = 300 सेंमी. $\times \frac{15}{100}$

= 45 सेंमी. [$\because$ 3 मी. = 300 सेंमी.]

अतः 3 मीटर का 15%, 45 सेंमी. के बराबर होगा।

6. $\because$ 26 का 18% = $26 \times \frac{18}{100} = 4.68$

$\therefore$ (?) चिन्ह् के स्थान पर 4.68 होना चाहिए।

7. $\because$ 10% का 10% = $\frac{10}{100} \times \frac{10}{100} = \frac{1}{100} = 1\%$

अतः 10% का 10%, 1% के बराबर होगा।

8. प्रश्नानुसार, शहर की प्रारम्भिक जनसंख्या = 50,000

तथा शहर की वर्तमान जनसंख्या = 52,000

$\therefore$ जनसंख्या में वृद्धि = 52,000 – 50,000 = 2,000

$\therefore$ प्रतिशत वृद्धि = $\frac{2000}{50000} \times 100 = 4\%$

अतः शहर की जनसंख्या में 4% वृद्धि होगी।

9. बचत = 100% – 75% = 25% = 150 रु.

कुल वेतन = $\frac{100}{25} \times 150$ = 600 रु.।

10. अनुपस्थित विद्यार्थी = 100% – 97% = 3% = 18

माना कि कुल विद्यार्थियों की संख्या = x

तो, $x \times \frac{3}{100} = 18 \therefore x = \frac{1800}{3} = 600.$

11. राशि का 7% = 35 रुपये

राशि = $\frac{35}{7\%} = \frac{35}{\frac{7}{100}} = \frac{35}{7} \times 100$ = 500 रुपये।

12. भार का 5% = 3 किग्रा.

भार = $\frac{3}{5\%} = \frac{3}{\frac{5}{100}} = \frac{3}{5} \times 100$ = 60 किग्रा. होगा।

13. 500 रुपये का 12% = $\frac{12}{100} \times 500$ रु. = 60 रुपये

$\because$ अभीष्ट राशि = 5% = 60 रुपये

$\therefore$ राशि = $\frac{60}{5\%} = \frac{60}{\frac{5}{100}} = \frac{60 \times 100}{5}$ = 1200 रुपये।

14. बची राशि की प्रतिशत संख्या = 100 – (65 + 20) = 15

$\because$ 15 रुपये बचते हैं तो खर्च की हुई राशि = 85 रुपये

$\therefore$ 1305 रुपये बचते हैं तो खर्च की हुई राशि

= $\frac{85 \times 1305}{15}$ = 7395 रुपये।

15. माना कुल पुस्तकें = 100

अतः अंग्रेजी भाषा की पुस्तकें = 20 पुस्तकें

शेष पुस्तकें = 100 – 20 = 80

हिन्दी भाषा की पुस्तकें = 80 का 50% = $80 \times \frac{50}{100} = 40$

शेष पुस्तकें = 100 – (20 + 40) = 40 पुस्तकें।

$\because$ 40 पुस्तकें अन्य क्षेत्रीय भाषाओं की है तो कुल पुस्तकें = 100

$\therefore$ 900 पुस्तकें अन्य क्षेत्रीय भाषाओं की है तो कुल पुस्तकें

= $\frac{100}{40} \times 900$ = 2250 पुस्तकें।

●●●

9

साधारण ब्याज (Simple Interest)

ब्याज वह राशि है जो हमें दूसरों का धन प्रयोग करने के बदले में देनी पड़ती है। यदि यह वार्षिक देनी पड़े तो दर प्रतिशत वार्षिक कहते हैं। इस प्रकार 6% वार्षिक का अर्थ है कि 100 रु. पर 1 वर्ष में 6 रु. ब्याज है। जो धन उधार लिया जाता है उसे मूलधन कहते हैं। मूलधन और ब्याज के योग को समस्त धन (मिश्रधन) कहते हैं।

साधारण ब्याज के प्रश्नों के सूत्रः

$$\text{साधारण ब्याज} = \frac{\text{मूलधन} \times \text{दर\%} \times \text{समय (वर्षों में)}}{100}$$

समस्त धन = मूलधन + ब्याज

जब समय, दर % और ब्याज दिए गए हों, तो

$$\text{मूलधन} = \frac{\text{ब्याज} \times 100}{\text{दर} \times \text{समय}}$$

जब मूलधन, ब्याज और समय दिया गया हो, तो

$$\text{दर} = \frac{\text{ब्याज} \times 100}{\text{मूलधन} \times \text{समय}}$$

जब मूलधन, ब्याज और दर दी गई हो, तो

$$\text{समय} = \frac{\text{ब्याज} \times 100}{\text{मूलधन} \times \text{दर}}$$

प्रश्नमाला

1. किस धनराशि पर 4% वार्षिक ब्याज की दर से 5 वर्ष का साधारण ब्याज 64 रु. होगा?
A. 220 रु. B. 280 रु.
C. 320 रु. D. 300 रु.

2. 450 रु. पर 6% वार्षिक ब्याज दर से 4 मास का ब्याज कितना होगा?
A. 9 रु. B. 8 रु.
C. 6 रु. D. 5 रु.

3. कितने समय में 3600 रु. पर 6% वार्षिक दर से साधारण ब्याज 432 रु. होगा?
A. 1 वर्ष B. 2 वर्ष
C. $1\frac{1}{2}$ वर्ष D. $2\frac{1}{4}$ वर्ष

4. किस राशि पर 3% वार्षिक ब्याज की दर से 2 वर्ष का ब्याज 36 रु. होगा?
A. 500 रु. B. 575 रु.
C. 590 रु. D. 600 रु.

5. ब्याज की किस दर से कोई राशि 16 वर्षों में दोगुनी हो जाएगी?
A. $5\frac{1}{2}$ % B. $6\frac{1}{4}$ %
C. $4\frac{1}{3}$ % D. $2\frac{1}{2}$ %

6. 5000 रु. की राशि पर 10% वार्षिक दर से 5 वर्ष का साधारण ब्याज कितना होगा?
A. 2200 रु. B. 2500 रु.
C. 2300 रु. D. 2600 रु.

7. किस राशि का 6% वार्षिक ब्याज दर से 10 वर्ष का साधारण ब्याज 3 रु. होगा?
A. 4 रु. B. 8 रु.
C. 5 रु. D. 6 रु.

8. कितने वर्षों में कोई राशि 10% वार्षिक दर से अपने से दोगुनी हो जाएगी?
A. 10 वर्ष B. 8 वर्ष
C. 5 वर्ष D. 12 वर्ष

9. किस राशि का 5% दर से 5 वर्ष का साधारण ब्याज 80 रु. होगा?
A. 330 रु. B. 320 रु.
C. 340 रु. D. 380 रु.

10. यदि 5000 रु. पर 2 वर्ष का साधारण ब्याज 500 रु. हो, तो समस्त धन अर्थात् मिश्रधन कितना होगा?
A. 5600 रु. B. 5800 रु.
C. 5500 रु. D. 6000 रु.

11. 2000 रुपये पर $6\frac{1}{2}$ प्रतिशत वार्षिक ब्याज की दर से 8 महीने का साधारण ब्याज ज्ञात कीजिए।
A. $86\frac{2}{3}$ रु. B. $86\frac{3}{4}$ रु.
C. $86\frac{1}{3}$ रु. D. $86\frac{1}{2}$ रु.

12. कितने समय में 450 रुपये का 8% वार्षिक ब्याज की दर से साधारण ब्याज 90 रुपये हो जाएगा?
A. 2 वर्ष B. $2\frac{3}{4}$ वर्ष
C. $2\frac{1}{2}$ वर्ष D. 3 वर्ष

13. घनश्याम ने 2000 रुपये अपने मित्र से 5% सालाना ब्याज पर लिए और उसने पूरा पैसा 8 माह बाद चुका दिया। बताइये उसने कुल कितना धन चुकाया?

A. 2060.66 रु. B. 2066.66 रु.
C. 2066 रु. D. 2060 रु.

14. एक आदमी ने 600 रुपये 6 प्रतिशत वार्षिक ब्याज पर उधार लिए। 5 वर्ष बाद उसने 300 रुपये कीमत की एक घड़ी व कुछ धन उसको लौटाया तो बताओ उसने कितना धन लौटाया।

A. 480 रु. B. 485 रु.
C. 490 रु. D. 500 रु.

उत्तरमाला

1	2	3	4	5	6	7	8	9	10
C	A	B	D	B	B	C	A	B	C
11	**12**	**13**	**14**						
A	C	B	A						

व्याख्यात्मक उत्तर

1. ∵ साधारण ब्याज = 64 रु., समय = 5 वर्ष तथा दर = 4%

∴ मूलधन (धनराशि)

$$= \frac{\text{साधारण ब्याज} \times 100}{\text{समय} \times \text{दर}} = \frac{64 \times 100}{5 \times 4} = 320 \text{ रु.}$$

2. ∵ मूलधन = 450 रु., दर = 6% वार्षिक, समय = 4 मास = $\frac{1}{3}$ वर्ष

∴ साधारण ब्याज

$$= \frac{\text{मूलधन} \times \text{समय} \times \text{दर}}{100} = \frac{450 \times \frac{1}{3} \times 6}{100} = 9 \text{ रु.}$$

3. ∵ $\text{समय} = \frac{\text{साधारण ब्याज} \times 100}{\text{मूलधन} \times \text{दर}} = \frac{432 \times 100}{6 \times 3600} = 2 \text{ वर्ष}$

4. ∵ $\text{मूलधन} = \frac{\text{साधारण ब्याज} \times 100}{\text{समय} \times \text{दर}} = \frac{36 \times 100}{2 \times 3} = 600 \text{ रु.}$

5. ∵ माना कि वह राशि = 100 रु.

प्रश्नानुसार, 16 वर्षों बाद मिश्रधन = 200 रु.

∴ साधारण ब्याज

= मिश्रधन – मूलधन (राशि) = 200 – 100 = 100 रु.

$$\therefore \quad \text{दर} = \frac{\text{साधारण ब्याज} \times 100}{\text{मूलधन} \times \text{समय}} = \frac{100 \times 100}{100 \times 16} = 6\frac{1}{4}\%$$

6. ∵ साधारण ब्याज

$$= \frac{\text{मूलधन} \times \text{समय} \times \text{दर}}{100} = \frac{5000 \times 5 \times 10}{100} = 2500 \text{ रु.}$$

7. ∵ मूलधन (राशि)

$$= \frac{\text{साधारण ब्याज} \times 100}{\text{समय} \times \text{दर}} = \frac{3 \times 100}{10 \times 6} = 5 \text{ रु.}$$

8. ∵ माना कि वह राशि = 100 रु. तथा मिश्रधन = 2 × 100 = 200 रु.

∴ साधारण ब्याज = 200 – 100 = 100 रु.,

दर = 10%

$$\therefore \quad \text{समय} = \frac{\text{साधारण ब्याज} \times 100}{\text{मूलधन (राशि)} \times \text{दर}} = \frac{100 \times 100}{100 \times 10} = 10 \text{ वर्ष}$$

9. ∵ मूलधन (राशि)

$$= \frac{\text{साधारण ब्याज} \times 100}{\text{समय} \times \text{दर}} = \frac{80 \times 100}{5 \times 5} = 320 \text{ रु.}$$

10. ∵ समस्त धन अर्थात् मिश्रधन

= मूलधन + साधारण ब्याज = 5000 + 500 = 5500 रु.

11. दर $6\frac{1}{2} = \frac{13}{2}\%$, समय = 8 महीने = $\frac{8}{12}$ वर्ष = $\frac{2}{3}$ वर्ष

साधारण ब्याज

$$= \frac{\text{मूलधन} \times \text{दर} \times \text{समय}}{100} = \frac{2000 \times 13 \times 2}{100 \times 2 \times 3}$$

$$= \frac{260}{3} = 86\frac{2}{3} \text{ रुपये।}$$

12. $\text{समय} = \frac{\text{साधारण ब्याज} \times 100}{\text{मूलधन} \times \text{दर}} = \frac{90 \times 100}{450 \times 8} = \frac{5}{2} = 2\frac{1}{2} \text{वर्ष}$

13. समय = 8 माह = $\frac{8}{12}$ वर्ष = $\frac{2}{3}$ वर्ष

साधारण ब्याज

$$= \frac{\text{मूलधन} \times \text{दर} \times \text{समय}}{100} = \frac{2000 \times 2 \times 5}{3 \times 100} = \frac{200}{3} \text{ रुपये}$$

मिश्रधन = मूलधन + साधारण ब्याज

$$= \frac{2000}{1} + \frac{200}{3} = \frac{6000 + 200}{3} = \frac{6200}{3} \text{ रुपये}$$

= 2066.66 रुपये

14. 600 रुपये का 6% वार्षिक ब्याज से 5 वर्ष का ब्याज

$$= \frac{600 \times 6 \times 5}{100} = 180 \text{ रुपये}$$

मिश्रधन = 600 + 180 = 780 रुपये

अत: उसको 780 रुपये लौटाने चाहिए थे, परन्तु 300 रु. की घड़ी उसने उसे दी तो उसका अतिरिक्त धन

= 780 – 300 = 480 रुपये

●●●

10

चक्रवृद्धि ब्याज (Compound Interest)

ब्याज की वह गणना, जिसमें ब्याज को मूलधन में जोड़कर प्राप्त मिश्रधन पर ब्याज लगाया जाए, **चक्रवृद्धि ब्याज** कहलाती है।

महत्वपूर्ण सूत्र :

1. चक्रवृद्धि मिश्रधन

$$= \text{मूलधन}\left(1+\frac{\text{दर}}{100}\right)^{\text{समय वर्ष में}}$$

2. चक्रवृद्धि ब्याज

= चक्रवृद्धि मिश्रधन – मूलधन

$$= \text{मूलधन}\left[\left(1+\frac{\text{दर}}{100}\right)^{\text{समय}} -1\right]$$

3. यदि चक्रवृद्धि ब्याज की दर प्रत्येक वर्ष में बदल रही हो तो—

मिश्रधन

$$= \text{मूलधन}\left(1+\frac{(\text{दर})\ 1}{100}\right)\left(1+\frac{(\text{दर})\ 2}{100}\right)\left(1+\frac{(\text{दर})\ 3}{100}\right)$$

[$\therefore$ समय, प्रत्येक दर के लिए 1 वर्ष है]

4. *(i)* यदि ब्याज की गणना **अर्द्धवार्षिक** है तो दर आधी तथा समय दुगुना कर दिया जाता है।

(ii) यदि ब्याज की गणना त्रैमासिक है तो दर को 4 से भाग तथा समय को 4 से गुणा करते हैं।

नोट : एक वर्ष के लिए साधारण ब्याज तथा चक्रवृद्धि ब्याज बराबर होते हैं, जबकि ब्याज की दर वार्षिक हो।

प्रश्नमाला

1. 400 रु. की राशि पर 5% प्रतिवर्ष की दर से 2 वर्ष का चक्रवृद्धि ब्याज कितना होगा?

A. 40 रु. B. 41 रु.
C. 42 रु. D. 43 रु.

2. किसी राशि पर 6% चक्रवृद्धि ब्याज की दर से पहले वर्ष का ब्याज 60 रु. है, तो दूसरे वर्ष का ब्याज कितना होगा?

A. 120 रु. B. 66.60 रु.
C. 63.60 रु. D. 63 रु.

3. वह धनराशि ज्ञात करो, जिसका 5% ब्याज की दर से 2 वर्ष का चक्रवृद्धि ब्याज तथा साधारण ब्याज का अन्तर 3 रु. हो?

A. 1400 रु. B. 1500 रु.
C. 1350 रु. D. 1200 रु.

4. किस धन का 10% प्रतिवर्ष चक्रवृद्धि ब्याज की दर से 3 वर्ष में मिश्रधन 1331 रु. होगा?

A. 2000 रु. B. 1500 रु.
C. 1000 रु. D. 800 रु.

5. 2500 रु. का 6% ब्याज की दर से 2 वर्ष का चक्रवृद्धि ब्याज कितना होगा?

A. 306 रु. B. 150 रु.
C. 309 रु. D. 300 रु.

6. कोई राशि चक्रवृद्धि ब्याज की दर से 2 वर्ष में चार गुनी हो जाती है, तो कितने वर्ष में वह राशि 8 गुनी हो जायेगी?

A. 4 वर्ष B. $2\frac{1}{2}$ वर्ष
C. 3 वर्ष D. $3\frac{1}{2}$ वर्ष

7. 2400 रुपये पर 5% प्रतिवर्ष ब्याज की दर से 2 वर्ष में साधारण ब्याज तथा चक्रवृद्धि ब्याज का अन्तर होगा?

A. 8 रु. B. 10 रु.
C. 9 रु. D. 6 रु.

8. 8000 रु. की राशि पर 5% प्रतिवर्ष ब्याज की दर से 3 वर्ष का चक्रवृद्धि ब्याज कितना होगा?

A. 1361 रु. B. 1261 रु.
C. 1141 रु. D. 1241 रु.

9. 2000 रु. का 2 वर्ष में किस चक्रवृद्धि ब्याज की दर से मिश्रधन 2205 रु. हो जायेगा?

A. 3% B. 4%
C. 5% D. 6%

10. 3200 रु. का 10% प्रतिवर्ष चक्रवृद्धि ब्याज की दर से कितने समय में चक्रवृद्धि ब्याज 672 रु. हो जायेगा?

A. 2½वर्ष B. 1½वर्ष
C. 2 वर्ष D. 3½वर्ष

उत्तरमाला

1	2	3	4	5	6	7	8	9	10
B	C	D	C	C	C	D	B	C	C

व्याख्यात्मक उत्तर

1. मूलधन = 400 रु., दर = 5%, समय = 2 वर्ष

$\therefore$ चक्रवृद्धि ब्याज = मूलधन $\left[\left(1+\frac{\text{दर}}{100}\right)^{\text{समय}}-1\right]$

$\therefore$ चक्रवृद्धि ब्याज = $400\left[\left(1+\frac{5}{100}\right)^2-1\right]$

$= 400\left[\left(\frac{21}{20}\right)^2-1\right] = 400\left[\frac{21}{20}\times\frac{21}{20}-1\right] = 400\times\frac{41}{400}$

= 41 रु.

2. पहले वर्ष का साधारण ब्याज तथा चक्रवृद्धि ब्याज बराबर होगा

$\therefore \quad 60 = \frac{\text{मूलधन}\times 6\times 1}{100}$ $\therefore$ मूलधन = 1000 रु.

$\therefore$ दूसरे वर्ष के लिए मूलधन = 1000 + 60 = 1060 रु.

$\therefore \quad$ ब्याज $= \frac{1060\times 6\times 1}{100} = 63.60$ रु.

3. माना कि धनराशि x रु. है।

$\therefore$ 5% वार्षिक ब्याज की दर से 2 वर्ष का साधारण ब्याज

$= \frac{x\times 5\times 2}{100} = \frac{x}{10}$ रु.

तथा चक्रवृद्धि ब्याज $= x\left[\left(1+\frac{5}{100}\right)^2-1\right] = x\left[\left(\frac{21}{20}\right)^2-1\right]$

$= x\left[\frac{21}{20}\times\frac{21}{20}-1\right] = \frac{x\times 41}{400}$ रु.

प्रश्नानुसार— $\frac{41x}{400}-\frac{x}{10}=3$ $\therefore 41x-40x = 400\times 3$

या x = 1200 रु. अत: वह धनराशि 1200 रु. है।

4. माना वह धनराशि x रु. है

$\therefore$ मिश्रधन = मूलधन $\left(1+\frac{\text{दर}}{100}\right)^{\text{समय}}$ या $1331 = x\left(1+\frac{10}{100}\right)^3$

$\therefore \quad 1331 = x\times\frac{11}{10}\times\frac{11}{10}\times\frac{11}{10}$

$\therefore \quad x = \frac{1331\times 10\times 10\times 10}{11\times 11\times 11} = 1000$ रु.

5. चक्रवृद्धि ब्याज $= 2500\left[\left(1+\frac{6}{100}\right)^2-1\right] = 2500\left[\left(\frac{53}{50}\right)^2-1\right]$

$= 2500\left[\frac{53}{50}\times\frac{53}{50}-1\right] = 2500\left[\frac{2809-2500}{2500}\right]$

$= \frac{2500\times 309}{2500} = 309$ रु.

6. माना वह राशि x रु. है

$\therefore$ मिश्रधन = मूलधन $\left(1+\frac{\text{दर}}{100}\right)^{\text{समय}}$

प्रश्नानुसार—

$\therefore \quad 4x = x\left(1+\frac{\text{दर}}{100}\right)^2$ या $4 = \left(1+\frac{\text{दर}}{100}\right)^2$

या $\quad (2)^2 = \left(1+\frac{\text{दर}}{100}\right)^2$ या $2 = \left(1+\frac{\text{दर}}{100}\right)$

$\therefore$ मिश्रधन को 8 गुना करने के लिए

$\therefore \quad (2)^3 = \left(1+\frac{\text{दर}}{100}\right)^3$ $\therefore 8 = \left(1+\frac{\text{दर}}{100}\right)^3$

अत : स्पष्ट है कि मिश्रधन को 8 गुना होने में लगा समय = 3 वर्ष

7. साधारण ब्याज $= \frac{2400\times 5\times 2}{100} = 240$ रु.

चक्रवृद्धि ब्याज $= 2400\left[\left(1+\frac{5}{100}\right)^2-1\right]$

$= 2400\left[\frac{21}{20}\times\frac{21}{20}-1\right] = \frac{2400\times 41}{400} = 246$ रु.

$\therefore$ अन्तर = 246 – 240 = 6 रु.

8. चक्रवृद्धि ब्याज

$= 8000\left[\left(1+\frac{5}{100}\right)^3-1\right] = 8000\left[\frac{21}{20}\times\frac{21}{20}\times\frac{21}{20}-1\right]$

$= 8000\left[\frac{9261-8000}{8000}\right] = \frac{8000\times 1261}{8000} = 1261$ रु.

9. $2205 = 2000\left(1+\frac{\text{दर}}{100}\right)^2$

या $\frac{2205}{2000} = \left(1+\frac{\text{दर}}{100}\right)^2$ या $\frac{441}{400} = \left(1+\frac{\text{दर}}{100}\right)^2$

या $\left(\frac{21}{20}\right)^2 = \left(1+\frac{\text{दर}}{100}\right)^2$ या $\frac{21}{20} = 1+\frac{\text{दर}}{100}$

$\frac{\text{दर}}{100} = \frac{21}{20}-1 = \frac{1}{20}$ या दर $= \frac{100}{20} = 5\%$

10. मूलधन = 3200 रु., चक्रवृद्धि ब्याज = 672 रु.

$\therefore$ चक्रवृद्धि मिश्रधन = मूलधन + चक्रवृद्धि ब्याज

= 3200 + 672 = 3872 रु.

$\therefore$ चक्रवृद्धि मिश्रधन = मूलधन $\left(1+\frac{\text{दर}}{100}\right)^{\text{समय}}$

$\therefore \quad 3872 = 3200\left(1+\frac{10}{100}\right)$ या $\frac{3872}{3200} = \left(\frac{11}{10}\right)$

या $\frac{121}{100} = \left(\frac{11}{10}\right)$ या $\left(\frac{11}{10}\right)^2 = \left(\frac{11}{10}\right)$ $\therefore$ समय = 2 वर्ष

●●●

11

लाभ तथा हानि (Profit and Loss)

लाभ और हानि शब्द साधारणतया व्यापार में इस्तेमाल किए जाते हैं। प्रत्येक व्यापार का उद्देश्य लाभ कमाना होता है। लाभ और हानि से संबंधित सभी तरह के प्रश्नों को हल करने से पहले निम्नलिखित बातों को जानना आवश्यक है।

1. कोई वस्तु जिस मूल्य पर खरीदी जाती है उसे उस वस्तु का **लागत मूल्य** या **क्रय मूल्य** (Cost Price) कहते हैं। इसे क्रय मूल्य (C.P.) द्वारा भी निर्दिष्ट किया जाता है।
2. कोई वस्तु जिस मूल्य पर बेची जाती है, उसे उस वस्तु का **विक्रय मूल्य** (Sale Price) कहते हैं। इसे विक्रय मूल्य (S.P.) द्वारा भी निर्दिष्ट किया जाता है।
3. यदि वस्तु का क्रय मूल्य (Cost Price), वस्तु के विक्रय मूल्य (Sale Price) से अधिक हो, तो उस वस्तु पर हमेशा **हानि** होगी। अर्थात्
   हानि = क्रय मूल्य – विक्रय मूल्य
4. यदि किसी वस्तु का विक्रय मूल्य (Sale Price) वस्तु के क्रय मूल्य (Cost Price) से अधिक हो, तो उस वस्तु पर हमेशा **लाभ** होगा। अर्थात्
   लाभ = विक्रय मूल्य – क्रय मूल्य
5. लाभ और हानि दो प्रकार से व्यक्त किए जाते हैं:
   (i) रुपयों में; *(ii)* प्रतिशत में।

उदाहरण : यदि किसी वस्तु का क्रय मूल्य 100 रु॰ तथा उसका विक्रय मूल्य 95 रु॰ हो, तो वस्तु पर लाभ या हानि कितनी होगी?

हल : चूंकि वस्तु का क्रय मूल्य और उसके विक्रय मूल्य से अधिक है, इसलिए वस्तु पर हानि होगी। अर्थात् हानि = क्रय मूल्य – विक्रय मूल्य = 100 – 95 = 5 रु॰ हानि।

उपरोक्त उदाहरण में हमने वस्तु पर लाभ और हानि को रुपयों में समझाया है। अब हम लाभ-हानि को प्रतिशत में व्यक्त करते हैं।

लाभ-हानि को प्रतिशत लाभ और प्रतिशत हानि में बदलने के लिए निम्नलिखित सूत्रों को याद रखें।

1. $\text{लाभ}\% = \dfrac{\text{लाभ} \times 100}{\text{क्रय मूल्य}}$ 2. $\text{हानि}\% = \dfrac{\text{हानि} \times 100}{\text{क्रय मूल्य}}$

प्रश्नमाला

1. एक आदमी कोई वस्तु 25 रु॰ में खरीदकर 30 रु॰ में बेचता है। तो बताइये उसका लाभ क्या होगा?
   A. 6 रु॰ B. 7.50 रु॰
   C. 5 रु॰ D. 8.10 रु॰
2. यदि 15 रु॰ वाली कोई वस्तु 12 रु॰ में बेच दी जाए, तो कितने प्रतिशत हानि होगी?
   A. 20% B. 16%
   C. 22% D. 25%
3. यदि किसी वस्तु को 21 रु॰ में बेचने पर 12% का लाभ होता हो, तो बताइये उस वस्तु का क्रय मूल्य कितना होगा?
   A. 15.50 रु॰ B. 20.15 रु॰
   C. 18.75 रु॰ D. 17.50 रु॰
4. यदि किसी वस्तु को 2040 रु॰ में बेचने पर 15% की हानि होती हो, तो बताइये उस वस्तु का क्रय मूल्य कितना होगा?
   A. 2300 रु॰ B. 2400 रु॰
   C. 2475 रु॰ D. 2800 रु॰
5. एक वस्तु का क्रय मूल्य 150 रु॰ है। यदि इसे 13% लाभ पर बेचा जाए, तो बताइये वस्तु का विक्रय मूल्य कितना होगा?
   A. 170.75 रु॰ B. 169.50 रु॰
   C. 160.50 रु॰ D. 174.75 रु॰
6. किसी वस्तु को 250 रु॰ में खरीदकर 300 रु॰ में बेच दिया गया। बताइये उस पर कितने प्रतिशत लाभ हुआ?
   A. 16% B. 20%
   C. 18% D. 17%
7. एक वस्तु को 38 रु॰ में बेचने पर 5% हानि होती है। यदि इसे 42 रु॰ में बेचा जाए, तो कितने प्रतिशत लाभ या हानि होगी?
   A. 6% लाभ B. 5% लाभ
   C. 8% हानि D. 4% हानि
8. यदि किसी वस्तु को 5% हानि पर बेचने पर 3990 रु॰ मिले हों, तो उस वस्तु का क्रय मूल्य कितना होगा?
   A. 4100 रु॰ B. 4200 रु॰
   C. 3890 रु॰ D. 4400 रु॰
9. यदि 10 पेनों का क्रय मूल्य, 8 पेनों के विक्रय मूल्य के बराबर हो, तो प्रतिशत लाभ कितना होगा?
   A. 20% B. 16%
   C. 25% D. 30%
10. राम ने एक टी॰वी॰ 2475 रु॰ में खरीदकर उसे 3090 रु॰ में बेच दिया हो, तो उसे कितने प्रतिशत लाभ हुआ?
    A. 23.8% B. 34.5%
    C. 37.6% D. 24.8%

11. एक फल विक्रेता ने 20 दर्जन केले 100 रुपये में खरीदकर 6 रुपये प्रति दर्जन के भाव से बेच दिए। उसका लाभ अथवा हानि ज्ञात करो।

A. 20 रु. B. 30 रु.
C. 25 रु. D. 35 रु.

12. एक ठेकेदार ने 7500 रुपये में एक खाली जमीन खरीदी और उस पर 2,65,000 रुपये खर्च कर मकान तैयार किया। यदि अब उस मकान को 3,25,000 रु. में बेच दिया, तो उसका लाभ अथवा हानि ज्ञात करो।

A. 15550 रु. हानि B. 15550 रु. लाभ
C. 15000 रु. हानि D. 15000 रु. लाभ

उत्तरमाला

1	2	3	4	5	6	7	8	9	10
C	A	C	B	B	B	B	B	C	D
11	**12**								
A	C								

व्याख्यात्मक उत्तर

1. ∵ वस्तु का विक्रय मूल्य, उसके क्रय मूल्य से अधिक है।

∴ लाभ = विक्रय मूल्य – क्रय मूल्य = 30 – 25 = 5 रु.।

2. ∵ वस्तु का क्रय मूल्य, उसके विक्रय मूल्य से अधिक है।

∴ हानि = क्रय मूल्य – विक्रय मूल्य = 15 – 12 = 3 रु.

$$\therefore \text{प्रतिशत हानि} = \frac{\text{हानि} \times 100}{\text{क्रय मूल्य}} = \frac{3\times100}{15} = 20\%.$$

3. ∵ वस्तु का विक्रय मूल्य = 21 रु. तथा लाभ % = 12%

$$\therefore \text{क्रय मूल्य} = \text{विक्रय मूल्य}\left(\frac{100}{100+\text{लाभ}\%}\right)$$

$$= 21\left(\frac{100}{100+12}\right) = \frac{21\times100}{112} = 18.75 \text{ रु.।}$$

4. ∵ वस्तु का विक्रय मूल्य = 2040 रु.

तथा हानि % = 15%

$$\therefore \text{क्रय मूल्य} = \text{विक्रय मूल्य}\left(\frac{100}{100-\%\text{हानि}}\right)$$

$$= 2040\left(\frac{100}{100-15}\right) = \frac{2040\times100}{85} = 2400 \text{ रु.।}$$

5. ∵ वस्तु का क्रय मूल्य = 150 रु. तथा

लाभ % = 13%

$$\therefore \text{वस्तु का विक्रय मूल्य} = \text{क्रय मूल्य}\left(\frac{100+\text{ लाभ}\%}{100}\right)$$

$$= 150\times\left(\frac{100+13}{100}\right) = \frac{150\times113}{100} = 169.50 \text{ रु.।}$$

6. ∵ वस्तु का क्रय मूल्य = 250 रु.

तथा वस्तु का विक्रय मूल्य = 300 रु.

∴ लाभ = 300 – 250 = 50 रु.

$$\therefore \text{प्रतिशत लाभ} = \frac{\text{लाभ}\times100}{\text{क्रय मूल्य}} = \frac{50\times100}{250} = 20\%.$$

7. **पहली स्थिति में,** वस्तु का विक्रय मूल्य = 38 रु., हानि % = 5%

$$\therefore \text{वस्तु का क्रय मूल्य} = \text{विक्रय मूल्य}\left(\frac{100}{100-\text{हानि}\%}\right)$$

$$= 38\left(\frac{100}{100-5}\right) = \frac{38\times100}{95} = 40 \text{ रु.}$$

दूसरी स्थिति में, क्रय मूल्य = 40 रु., विक्रय मूल्य = 42 रु.

∴ लाभ = विक्रय मूल्य – क्रय मूल्य = 42 – 40 = 2 रु.

$$\therefore \text{प्रतिशत लाभ} = \frac{\text{लाभ}\times100}{\text{क्रय मूल्य}} = \left(\frac{2\times100}{40}\right) = 5\%.$$

8. ∴ वस्तु का विक्रय मूल्य = 3990 रु., तथा हानि % = 5%

∴ वस्तु का क्रय मूल्य

$$= \text{विक्रय मूल्य}\left(\frac{100}{100-5}\right) = 3990\times\frac{100}{95} = 4200 \text{ रु.।}$$

9. माना कि 10 पेनों का क्रय मूल्य = x रु.

प्रश्नानुसार, 8 पेनों का विक्रय मूल्य = x रु.

$$\therefore 1 \text{ पेन का क्रय मूल्य} = \frac{x}{10} \text{ रु.}$$

$$\text{तथा } 1 \text{ पेन का विक्रय मूल्य} = \frac{x}{8} \text{ रु.}$$

$$\therefore \text{लाभ} = \text{विक्रय मूल्य} - \text{क्रय मूल्य} = \frac{x}{8}-\frac{x}{10} = \frac{x}{40} \text{ रु.}$$

$$\therefore \text{प्रतिशत लाभ} = \frac{\text{लाभ}\times100}{\text{क्रय मूल्य}} = \frac{\frac{x}{40}\times100}{\frac{x}{10}} = 25\%.$$

10. ∵ टी.वी. का खरीद मूल्य या क्रय मूल्य = 2475 रु.

तथा विक्रय मूल्य = 3090 रु.

लाभ = विक्रय मूल्य – क्रय मूल्य = 3090 – 2475 = 615 रु.

$$\text{प्रतिशत लाभ} = \frac{\text{हानि}\times100}{\text{क्रय मूल्य}} = \frac{615\times100}{2475} = 24.8\%.$$

11. 20 दर्जन केलों का क्रय मूल्य = 100 रुपये

20 दर्जन केलों का विक्रय मूल्य = 6 × 20 = 120 रुपये

लाभ = विक्रय मूल्य – क्रय मूल्य

= 120 – 100 = 20 रुपये लाभ।

12. ठेकेदार का वास्तविक क्रय मूल्य

= 75000 + 2,65,000 = 3,40,000 रुपये

∵ उसका विक्रय मूल्य उसके क्रय मूल्य से कम है अत: हानि होगी।

हानि = क्रय मूल्य – विक्रय मूल्य

= 3,40,000 – 3,25,000 = 15,000 रुपये हानि।

●●●

12

अनुपात एवं समानुपात (Ratio and Proportion)

अनुपात

अनुपात सदैव दो सजातीय राशियों में होता है। एक राशि का, दूसरी सजातीय राशि में भाग देने पर अनुपात ज्ञात होता है या जब हम एक ही प्रकार की दो वस्तुओं की तुलना करते हैं और यह देखते हैं कि एक वस्तु, दूसरी वस्तु का कौन-सा भाग है तो उन दोनों के बीच पारस्परिक सम्बन्ध को अनुपात कहते हैं।

समानुपात

जब दो अनुपात बराबर होते हैं तो उनकी बराबरी को समानुपात कहते हैं। जैसे $a : b = c : d$ हो, तो इसका अर्थ यह है कि $\frac{a}{b}$ समानुपात में है $\frac{c}{d}$ के और इसे हम निम्न प्रकार से लिख सकते हैं।

अतः $a : b : : c : d$ में a, b, c तथा d को क्रमशः प्रथम, द्वितीय, तृतीय और चतुर्थ अनुपाती कहते हैं। इस प्रकार समानुपात में चार पद होते हैं।

नियम : समानुपात $a : b : : c : d$ में सिरे वाले दोनों पदों के गुणनफल, मध्य वाले दोनों पदों के गुणनफल के बराबर होता है।

अर्थात् $a \times d = b \times c$

साझा

साझा दो प्रकार का होता है:

1. **साधारण साझा** : वह साझा जिसमें दो या दो से अधिक व्यापारी अपनी-अपनी पूंजी का इस्तेमाल एक समान अवधि के लिए करते हैं, उसे **साधारण साझा** कहते हैं।
2. **मिश्रित साझा** : वह साझा जिसमें दो या दो से अधिक व्यापारी अपनी-अपनी पूंजी का इस्तेमाल अलग-अलग अवधि के लिए करते हैं उसे **मिश्रित साझा** कहते हैं।

महत्त्वपूर्ण नोट : 1. साधारण साझे से सम्बन्धित प्रश्नों में व्यापार में हुए लाभ अथवा हानि को उनकी पूंजियों के अनुपात में विभाजित करते हैं। 2. मिश्रित साझे से सम्बन्धित प्रश्नों में व्यापार में हुए लाभ अथवा हानि को उनकी पूंजियों तथा समय के गुणनफलों के अनुपात में बांटा जाता है।

प्रश्नमाला

1. यदि $3 : 8 = 9 : x$, तो x का मान कितना होगा?
A. 20 B. 27
C. 24 D. 25

2. यदि A : B = 3 : 4 तथा B : C = 5 : 6, तो A : B : C में क्या अनुपात होगा?
A. 20 : 15 : 24 B. 15 : 20 : 24
C. 15 : 24 : 20 D. 20 : 24 : 15

3. यदि $18 : x = x : 8$ हो, तो x किसके बराबर होगा?
A. 11 B. 10
C. 16 D. 12

4. 8 : 12 : 10 : : ? है, तो प्रश्न चिन्ह (?) के स्थान पर क्या मान होगा?
A. 14 B. 15
C. 16 D. 18

5. 5 और 125 का मध्य समानुपात कितना है?
A. 20 B. 25
C. 28 D. 27

6. 3, 4 और 15 का चौथा अनुपात होगा?
A. 16 B. 18
C. 20 D. 15

7. 12 और 30 का तृतीय समानुपात कितना होगा?
A. 75 B. 125
C. 60 D. 70

8. दो संख्याओं का अनुपात 3 : 4 है। यदि दोनों संख्याओं का योग 490 हो, तो वे संख्याएं क्रमशः क्या होंगी?
A. 220, 270 B. 210, 280
C. 120, 160 D. 180, 290

9. यदि एक त्रिभुज के कोणों में 1 : 2 : 3 का अनुपात हो, तो उस त्रिभुज के सबसे बड़े कोण का मान होगा।
A. 90° B. 70°
C. 105° D. 110°

10. यदि किसी अनुपात का दूसरा पद 15 तथा अनुपात का मान $\frac{3}{5}$ हो, तो उस अनुपात का पहला पद क्या होगा?
A. 8 B. 14
C. 9 D. 12

11. 1100 रुपये को सुधा, कमला और सलमा में इस प्रकार बांटो कि उनके धन में $\frac{1}{3} : \frac{2}{5} : \frac{1}{2}$ का अनुपात हो, तो सुधा को मिलने वाला धन क्या है?
A. 300 रु. B. 350 रु.
C. 250 रु. D. 200 रु.

12. एक मिश्रधातु में तांबा, जस्ता और लोहा 7 : 6 : 9 के अनुपात में हैं। यदि मिश्रण में तांबे की मात्रा 560 ग्राम हो, तो मिश्रधातु का कुल भार ज्ञात करो।
A. 1 किग्रा. 600 ग्रा. B. 2 किग्रा. 760 ग्रा.
C. 1 किग्रा. 760 ग्रा. D. 1 किग्रा. 700 ग्रा.

उत्तरमाला

1	2	3	4	5	6	7	8	9	10
C	B	D	B	B	C	A	B	A	C
11	**12**								
A	C								

व्याख्यात्मक उत्तर

1. $\because 3:8 = 9:x \Rightarrow \frac{3}{8} = \frac{9}{x} \Rightarrow x = \frac{8\times 9}{3} = 24$

अतः x का मान = 24 होगा।

2. $\because$ दिया हुआ है:

A : B = 3 : 4 तथा B : C = 5 : 6

दोनों अनुपातों में B को बराबर करने के लिए पहले अनुपात में 5 से तथा दूसरे अनुपात में 4 से गुणा करने पर,

$\therefore$ A : B = 3 : 4 = 3 × 5 : 4 × 5 = 15 : 20

तथा B : C = 5 : 6 = 5 × 4 : 6 × 4 = 20 : 24

$\therefore$ A : B : C = 15 : 20 : 24

3. $\because \quad 18 : x = x : 8 \Rightarrow \frac{18}{x} = \frac{x}{8}$

$\Rightarrow \quad x \times x = 18 \times 8 \Rightarrow x^2 = 144 \Rightarrow x = \sqrt{144} = 12$

अतः x, 12 के बराबर होगा।

4. चूंकि समानुपात में दोनों बाहरी संख्याओं का गुणनफल, मध्य की दोनों संख्याओं के गुणनफल के बराबर होता है।

$\because$ 8 : 12 : : 10 : ?

$\therefore \quad 8 \times ? = 12 \times 10 \Rightarrow ? = \frac{12\times 10}{8} = 15$

अतः प्रश्न चिन्ह् (?) के स्थान पर मान = 15 होगा।

5. माना कि 5 और 125 का मध्य समानुपात = x है

$\therefore 5 : x : : x : 125$

$\therefore \quad x \times x = 5 \times 125$

$\Rightarrow \quad x^2 = 625 \Rightarrow x = \sqrt{625} = 25$

अतः 5 और 125 का मध्य समानुपात = 25 है।

6. माना कि 3, 4 और 15 का चौथा अनुपात = x

$\therefore \quad 3 : 4 = 15 : x$

$\therefore \quad x \times 3 = 4 \times 15$

$\therefore \quad x = \frac{4\times 15}{3} = 20$

अतः 3, 4 और 15 का चौथा अनुपात = 20 होगा।

7. माना कि 12 और 30 का तृतीय अनुपात = x

$\therefore \quad 12 : 30 = 30 : x$

$\therefore \quad 12 \times x = 30 \times 30$

$\Rightarrow \quad x = \frac{30\times 30}{12} = 75$

अतः 12 और 30 का तृतीय अनुपात = 75 होगा।

8. माना कि वे संख्याएं क्रमशः $3x$ व $4x$ हैं।

प्रश्नानुसार,

$3x + 4x = 490$

$\Rightarrow \quad 7x = 490$

$\Rightarrow \quad x = \frac{490}{7} = 70$

अतः वे संख्याएं क्रमशः (3 × 70 = 210) व (4 × 70 = 280) होंगी।

9. चूंकि त्रिभुज के कोणों में अनुपात = 1 : 2 : 3

$\therefore$ अनुपात संख्याओं का योग = 1 + 2 + 3 = 6

परन्तु त्रिभुज के तीनों कोणों का योग = 180°

$\therefore$ सबसे बड़े कोण का मान = $\frac{3}{6} \times 180° = 90°$

अतः सबसे बड़े कोण का मान = 90° होगा।

10. माना कि अनुपात का पहला पद = x

प्रश्नानुसार,

$x : 15 = \frac{3}{5} = 3 : 5$ या, $\frac{x}{15} = \frac{3}{5}$

$\therefore \quad x \times 5 = 15 \times 3$

$\Rightarrow \quad x = \frac{15\times 3}{5} = 9$

अतः अनुपात का पहला पद = 9 होगा।

11. सुधा : कमला : सलमा

$\frac{1}{3} : \frac{2}{5} : \frac{1}{2}$

सरल करने पर, अनुपात = 10 : 12 : 15

अनुपातों का योग = 10 + 12 + 15 = 37

$\therefore$ सुधा का भाग = $\frac{1110}{37} \times 10$ = 300 रुपये

कमला का भाग = $\frac{1110}{37} \times 12$ = 360 रुपये

सलमा का भाग = $\frac{1110}{37} \times 15$ = 450 रुपये।

12. तांबा : जस्ता : लोहा

अनुपातों का योग = 7 + 6 + 9 = 22

मिश्रधातु का कुल भार = $\frac{560}{7} \times 22$

= 1760 ग्राम = 1 किलोग्राम 760 ग्राम।

●●●

13

चाल, समय एवं दूरी (Speed, Time and Distance)

याद रखें :

(i) दूरी निकालने के लिए चाल में समय से गुणा करें,
अर्थात् दूरी = चाल × समय

(ii) चाल निकालने के लिए दूरी में समय से भाग दें,

$$\text{अर्थात् चाल} = \frac{\text{दूरी}}{\text{समय}}$$

(iii) समय निकालने के लिए दूरी में चाल से भाग दें,

$$\text{अर्थात् समय} = \frac{\text{दूरी}}{\text{चाल}}$$

(iv) गाड़ी को खम्भा या वृक्ष पार करने में केवल अपनी लम्बाई पार करनी होती है।

(v) गाड़ी को पुल या प्लेटफार्म पार करने में अपनी लम्बाई और पुल या प्लेटफार्म की लम्बाई दोनों पार करनी होती है।

(vi) जब दो गाड़ियां एक ही दिशा में जा रही हों, तो उनकी आपेक्षिक गति (एक-दूसरे को पार करने की गति) निकालने के लिए दोनों गाड़ियों की गति का अंतर निकाला जाता है।

(vii) जब दो गाड़ियां विपरीत दिशा में जा रही हों, तो उनकी आपेक्षिक गति (एक-दूसरे को पार करने की गति) निकालने के लिए दोनों गाड़ियों की गति को जोड़ दिया जाता है।

प्रश्नमाला

1. एक गतिमान कार की चाल 36 कि॰मी॰ प्रति घंटा है। इसकी चाल मी॰/से॰ में है:

A. 10 मी॰/से॰ B. 15 मी॰/से॰
C. 20 मी॰/से॰ D. 25 मी॰/से॰

2. दो रेलगाड़ियां एक ही समय दो स्टेशनों X तथा Y से, जिनके मध्य 900 कि॰मी॰ की दूरी है, एक-दूसरे की ओर चलना शुरू करती हैं। यदि उनकी औसत चाल क्रमशः 38 तथा 22 कि॰मी॰/घं॰ हो, तो वे एक-दूसरे को कितने समय बाद मिलेंगी?

A. 12 घण्टे B. 13 घण्टे
C. 14 घण्टे D. 15 घण्टे

3. 100 मी॰ लम्बी रेलगाड़ी 60 कि॰मी॰ प्रति घंटा की चाल से जा रही है। इसे एक तार चौकी को पार करने में समय लगेगा:

A. 4 सेकेण्ड B. 5 सेकेण्ड
C. 6 सेकेण्ड D. 8 सेकेण्ड

4. 150 मी॰ लम्बी एक रेलगाड़ी 90 कि॰मी॰ प्रति घंटा की चाल से जा रही है। इसे एक पेड़ को पार करने में समय लगेगा:

A. 3 सेकेण्ड B. 4 सेकेण्ड
C. 6 सेकेण्ड D. 8 सेकेण्ड

5. 100 मी॰ लम्बी एक रेलगाड़ी 65 कि॰मी॰ प्रति घंटा की चाल से जा रही है। यह एक व्यक्ति को जो 5 कि॰मी॰/घंटा की चाल से रेलगाड़ी की दिशा में जा रहा है, कितने समय में पार करेगी?

A. 8 सेकेण्ड B. 6 सेकेण्ड
C. 4 सेकेण्ड D. 2 सेकेण्ड

6. एक व्यक्ति नदी के बहाव की दिशा में 6 कि॰मी॰ प्रति/घं॰ तथा विपरीत दिशा में 3 कि॰मी॰ प्रति/घं॰ की चाल से नाव चलाता है। स्थिर पानी में नाव की चाल है:

A. 9 कि॰मी॰/घं॰ B. 4.5 कि॰मी॰/घं॰
C. 1.5 कि॰मी॰/घं॰ D. 1.0 कि॰मी॰/घं॰

7. प्रश्न 6 में नदी के बहाव की चाल है

A. 1.5 कि॰मी॰/घं॰ B. 2.5 कि॰मी॰/घं॰
C. 4.5 कि॰मी॰/घं॰ D. 18.0 कि॰मी॰/घं॰

8. एक साइकिल सवार 3 मिनट में 1.2 किलोमीटर दूरी तय करता है, तो उसकी गति प्रति घंटा क्या होगी?

A. 24 कि॰मी॰/घंटा B. 24 मी॰/घंटा
C. 24 मी॰/से॰ D. 24 कि॰मी॰/मिनट

9. एक 100 मीटर लम्बी गाड़ी 90 कि॰मी॰/घ॰ की चाल से चल रही है। गाड़ी को पेड़ को पार करने में कितना समय लगेगा?

A. 4 से॰ B. 8 से॰
C. 11 से॰ D. 12 से॰

10. एक रेलगाड़ी जो 90 कि॰मी॰/घं॰ की गति से चली जा रही है। एक खम्भे को पार करने में 10 सेकेण्ड का समय लेती है। बताइये उस रेलगाड़ी की लम्बाई (मीटर में) कितनी होगी?

A. 250 B. 240
C. 280 D. 270

11. 18 किमी प्रति घंटा की चाल को मीटर प्रति सेकेण्ड में बदलिए।

A. 7 मी॰/से॰ B. 4 मी॰/से॰
C. 6 मी॰/से॰ D. 5 मी॰/से॰

12. 3 मीटर प्रति सेकेण्ड की चाल को किमी प्रति घण्टा में बदलिए।

A. 10 किमी॰/घंटा B. 10.8 किमी॰/घंटा
C. 8 किमी॰/घंटा D. 8.10 किमी॰/घंटा

13. 500 मीटर लम्बी रेलगाड़ी 220 मीटर लम्बे प्लेटफार्म को 36 सेकेण्ड में पार कर लेती है, तो गाड़ी की चाल किमी प्रति घण्टा ज्ञात करो

A. 60 किमी॰/घंटा B. 65 किमी॰/घंटा
C. 72 किमी॰/घंटा D. 70 किमी॰/घंटा

14. एक आदमी 5 किमी प्रति घण्टा की चाल से P से Q स्थान तक जाता है और 3 किमी प्रति घण्टा की चाल से Q से P स्थान पर वापस आ जाता है। उसकी सारी यात्रा में औसत चाल क्या रही?

A. $4\frac{3}{4}$ किमी॰/घंटा B. $3\frac{3}{4}$ किमी॰/घंटा
C. 4 किमी॰/घंटा D. 3 किमी॰/घंटा

उत्तरमाला

1	2	3	4	5	6	7	8	9	10
A	D	C	C	B	B	A	A	A	A
11	**12**	**13**	**14**						
D	B	C	B						

व्याख्यात्मक उत्तर

1. चाल $= \frac{36 \text{ कि.मी.}}{\text{घंटा}} = \frac{36000 \text{ मी.}}{3600 \text{ से.}} = 10$ मी./से.

2. दो रेलगाड़ियों द्वारा 1 घंटे में तय की गई दूरी
$= 38 + 22 = 60$ कि.मी.

कुल दूरी = 900 कि.मी., समय $= \frac{900}{60} = 15$ घंटे।

3. दूरी = 100 मी.

चाल $= \frac{60 \text{ कि.मी.}}{\text{घंटा}} = \frac{60000 \text{ मी.}}{3600 \text{ से.}} = \frac{50}{3}$ मी./से.

समय $= \frac{\text{दूरी}}{\text{चाल}} = \frac{100}{50/3} = \frac{100 \times 3}{50} = 6$ से.

4. चाल $= \frac{90 \text{ कि.मी.}}{\text{घंटा}} = \frac{90000 \text{ मी.}}{3600 \text{ से.}} = 25$ मी./से.

दूरी = 150 मी., समय $= \frac{\text{दूरी}}{\text{चाल}} = \frac{150}{25} = 6$ से.

5. वास्तविक चाल = रेलगाड़ी की चाल – व्यक्ति की चाल
$= 65 - 5 = 60$ कि.मी./घं.

चाल $= \frac{60 \text{ कि.मी.}}{\text{घंटा}} = \frac{60000 \text{ मी.}}{3600 \text{ से.}} = \frac{50}{3}$ मी./से.

समय $= \frac{\text{दूरी}}{\text{चाल}} = \frac{100}{50/3} = \frac{100 \times 3}{50} = 6$ से.

7. नदी के बहाव की चाल $= \frac{6-3}{2} = \frac{3}{2} = 1.5$ कि.मी./घंटा

8. गति $= \frac{\text{दूरी}}{\text{समय}}$, दूरी = 1.2 कि.मी., समय = 3 मिनट $= \frac{3}{60}$ घंटा

गति $= \frac{\text{दूरी}}{\text{समय}} = \frac{1.2}{\frac{3}{60}} = \frac{1.2 \times 60}{3} = 24$ कि.मी./घंटा

9. चूंकि रेलगाड़ी सिर्फ पेड़ को पार करती है।
∴ पेड़ को पार करने में लगा समय

$= \frac{100 \text{ मी.}}{90 \text{ कि.मी./ घं.}} = \frac{100 \text{ मी.}}{90 \times \frac{5 \text{ मी.}}{18 \text{ से.}}} = 4$ सेकेण्ड

10. चूंकि रेलगाड़ी सिर्फ खम्भे को पार करती है।

∴ खम्भे को पार करने में लगा समय $= \frac{\text{रेलगाड़ी की लम्बाई}}{\text{रेलगाड़ी की चाल}}$

$\therefore 10 = \frac{\text{रेलगाड़ी की लम्बाई}}{90 \times \frac{5}{18} \text{ मी./से.}}$

∴ रेलगाड़ी की लम्बाई $= 10 \times 90 \times \frac{5}{18} = 250$ मीटर।

11. ∵ 1 किमी = 1000 मीटर और 1 घण्टा = 3600 सेकेण्ड

∴ 18 किमी प्रतिघण्टा $= \frac{18 \times 1000}{3600} = 5$ मीटर/सेकेण्ड।

12. 3 मीटर/सेकेण्ड $= \frac{3 \times 3600}{1000} = 10.8$ किमी/घण्टा।

13. गाड़ी द्वारा प्लेटफार्म को पार करने में तय की गई दूरी = 500 + 220 = 720 मीटर, समय = 36 सेकेण्ड

∴ चाल $= \frac{\text{दूरी}}{\text{समय}}$

∴ गाड़ी की चाल

$= \frac{720}{36}$ मीटर प्रति सेकेण्ड $= \frac{720 \times 3600}{36 \times 1000} = 72$ किमी/घण्टा।

14. माना P से Q स्थान की दूरी 15 किमी
(3 और 5 का ल.स.प. 15 है, अत: गणना की सुविधा के लिए 15 किमी दूरी मानी है।)

∴ जाने में लगा समय $= \frac{15}{3} = 5$ घण्टे

और वापस आने में लगा समय $= \frac{15}{3} = 5$ घण्टे

कुल दूरी = 15 + 15 = 30 किमी
कुल समय = 3 + 5 = 8 घण्टे

औसत चाल $\frac{30}{8} = \frac{15}{4} = 3\frac{3}{4}$ किमी प्रति घण्टा।

●●●

14

समय एवं कार्य (Time and Work)

ऐकिक नियम के प्रश्नों में पहले इकाई वस्तु का मूल्य ज्ञात करके प्रश्न में दी गई संख्या का मूल्य निकालते हैं। उदाहरण के लिए प्रश्न है–

7 बकरियों की कीमत 630 रु. है, तो 20 बकरियों की कीमत क्या होगी?

ऐकिक नियम विधि से इस प्रश्न को हल करने में पहले एक बकरी की कीमत निकालनी होगी। उसके बाद 20 बकरियों की कीमत निकाली जायेगी।

ऐसे प्रश्नों को हल करते समय जो भाषा लिखी जाती है, उसमें जिस राशि या मद का उत्तर निकालना हो, उसे सबसे बाद में लिखा जाता है।

नोटः

(i) यदि एक आदमी एक काम को 10 दिनों में करता है, तो उसका एक दिन का काम होगा = $\frac{1}{10}$ भाग

(ii) यदि किसी आदमी का एक दिन का काम $\frac{1}{10}$ हो, तो वह पूरा काम 10 दिनों में करेगा।

(iii) ऐसे प्रश्नों में पहले एक दिन का काम निकाला जाता है।

(iv) यदि काम करने वाले आदमी बढ़ जायें, तो काम कम समय (कम दिनों) में पूरा होगा और यदि काम करने वाले आदमी कम हो जायें, तो काम अधिक समय (अधिक दिनों) में पूरा होगा।

प्रश्नमाला

1. A एक काम को 6 दिन में तथा B उसे 10 दिन में कर सकता है। A तथा B मिलकर उसे पूरा करेंगे।

A. 10 दिन से कम तथा 6 दिन से अधिक दिनों में
B. 10 दिन से अधिक दिनों में
C. 6 दिन से कम दिनों में
D. 2 दिन में

2. A एक मेज को 3 दिन में तथा उसका मित्र उसे 6 दिन में बना सकता है। A और उसका मित्र मिलकर उसे पूरा बनाएंगेः

A. 3 दिन में B. 2 दिन में
C. 1 दिन में D. $\frac{1}{2}$ दिन में

3. X और Y मिलकर किसी कार्य को 10 दिन में कर सकते हैं। X अकेला उसे 15 दिन में कर सकता है, तो Y उसे कितने दिन में करेगा?

A. 15 दिन B. 20 दिन
C. 25 दिन D. 30 दिन

4. 24 आदमी एक मशीन को 12 दिन में तैयार करते हैं, तो 36 आदमी उसे कितने दिनों में तैयार करेंगे?

A. 8 दिन B. 12 दिन
C. 16 दिन D. 20 दिन

5. X, Y और Z किसी काम को क्रमशः 8, 10 और 8 दिन में कर सकते हैं। तीनों मिलकर उस कार्य को कितने दिनों में कर सकेंगे?

A. $2\frac{1}{7}$ दिन B. $2\frac{3}{7}$ दिन
C. $2\frac{5}{7}$ दिन D. $2\frac{6}{7}$ दिन

6. A एक काम को 5 दिन में तथा B उसी काम को 10 दिन में पूरा करता है, तो बताइये (A + B) उस काम को कितने दिनों में पूरा करेंगे?

A. $2\frac{3}{4}$ दिन B. $3\frac{3}{4}$ दिन
C. $3\frac{1}{3}$ दिन D. $2\frac{1}{4}$ दिन

7. 3 पेन और 5 पैन्सिलों का मूल्य 14 रु. है। 12 पेन और 20 पेन्सिलों का क्या मूल्य होगा?

A. 42 रु. B. 56 रु.
C. 20 रु. D. 112 रु.

8. *x*, *y* और *z* मिलकर एक कार्य को 8 दिन में पूरा कर सकते हैं। यदि *x* और *z* मिलकर उस कार्य को 12 दिन में पूरा कर सकते हों, तो बताइये *y* अकेला उस कार्य को पूरा कितने दिन में करेगा?

A. 22 दिन B. 24 दिन
C. $17\frac{1}{4}$ दिन D. 23 दिन

9. यदि 75 संतरों की एक पेटी का मूल्य 60 रु. है, तो 50 संतरों का मूल्य होगाः

A. 30 रु. B. 40 रु.
C. 50 रु. D. 60 रु.

10. एक नल एक हौज को 4 घण्टे में तथा दूसरा नल उस हौज को 5 घण्टे में भर सकता है। यदि दोनों नल एक साथ खोल दिए जाएं, तो हौज को भरने में कितने घण्टे लगेंगे?

A. $3\frac{2}{9}$ घण्टे B. $2\frac{2}{9}$ घण्टे
C. $2\frac{1}{9}$ घण्टे D. $3\frac{5}{9}$ घण्टे

11. यदि 210 रुपए में 6 बाल्टियां खरीदी जा सकती हैं, तो 140 रुपए में कितनी बाल्टियां खरीदी जा सकेंगी।

A. 4 B. 3
C. 5 D. 6

12. गणित की 14 पुस्तकों का मूल्य 105 रुपए है, तो बताइए ऐसी ही 24 पुस्तकों के लिए क्या मूल्य देना होगा?

A. 170 रु. B. 175 रु.
C. 180 रु. D. 185 रु.

उत्तरमाला

1	2	3	4	5	6	7	8	9	10
C	B	D	A	D	C	B	B	B	B
11	**12**								
A	C								

व्याख्यात्मक उत्तर

1. A का 1 दिन का काम $= \frac{1}{6}$; B का 1 दिन का काम $= \frac{1}{10}$

(A + B) का 1 दिन का काम $= \frac{1}{6}+\frac{1}{10}=\frac{8}{30}$

$\therefore$ A + B मिलकर उसे $\frac{30}{8}$ दिन में करेंगे

$= 3\frac{6}{8}$ दिन $= 3\frac{3}{4}$ दिन जो 6 दिन से कम है।

2. A तथा उसके मित्र द्वारा 1 दिन में किया गया कार्य $= \frac{1}{3}+\frac{1}{6}=\frac{3}{6}$

$\therefore$ दोनों मिलकर उसे पूरा करेंगे $= \frac{6}{3} = 2$ दिन में।

3. X और Y का दिन का काम $= \frac{1}{10}$

अकेले X का 1 दिन का काम $= \frac{1}{15}$

अकेले Y का 1 दिन का काम $= \frac{1}{10}-\frac{1}{15}=\frac{1}{30}$

$\therefore$ Y अकेला उस काम को 30 दिन में करेगा।

4. $\because$ 24 व्यक्ति एक मशीन को बनाते हैं = 12 दिन में

$\therefore$ 1 व्यक्ति एक मशीन को बनाता है $= 24 \times 12$ दिन में।

$\therefore$ 36 व्यक्ति एक मशीन को बनाते हैं $= \frac{24\times12}{36} = 8$ दिन में।

5. X + Y + Z का 1 दिन का काम $= \frac{1}{8}+\frac{1}{10}+\frac{1}{8}=\frac{7}{20}$

$\therefore$ X + Y + Z उसे पूरा करेंगे $= \frac{20}{7}$ दिन $= 2\frac{6}{7}$ दिन में

6. $\because$ A का 1 दिन का काम $= \frac{1}{5}$ तथा B का 1 दिन का काम $= \frac{1}{10}$

$\therefore$ (A + B) का 1 दिन का काम $= \frac{1}{5}+\frac{1}{10}=\frac{2+1}{10}=\frac{3}{10}$

चूंकि $\frac{3}{10}$ काम (A + B) करते हैं = 1 दिन में

$\therefore$ पूरा काम (A + B) करेंगे $= \frac{10}{3} = 3\frac{1}{3}$ दिन में

7. $\because$ 3 पेन तथा 5 पेन्सिलों का मूल्य = 14 रु.

$\therefore$ 1 पेन तथा 1 पेन्सिल का मूल्य $= \frac{14}{\text{3 पेन तथा 5 पेन्सिल}}$

$\therefore$ 4 × (3 पेन तथा 5 पेन्सिलों) का मूल्य

$= \frac{14\times4\times(\text{3 पेन तथा 5 पेंसिल})}{\text{3 पेन तथा 5 पेंसिल}}$ = 56 रुपये।

8. $\because$ $(x+y+z)$ का 1 दिन का काम $= \frac{1}{8}$

तथा $(x+z)$ का 1 दिन का काम $= \frac{1}{12}$

$\therefore$ y का 1 दिन का काम $= \frac{1}{8}-\frac{1}{12}=\frac{3-2}{24}=\frac{1}{24}$

चूंकि $\frac{1}{24}$ काम y करता है = 1 दिन में

$\therefore$ पूरा काम y करेगा 24 दिन में।

9. $\because$ 75 संतरों का मूल्य = 60 रु. $\because$ 1 संतरे का मूल्य $= \frac{60}{75}$

$\therefore$ 50 संतरों का मूल्य $= \frac{60}{75}\times50 = 40$ रु.

10. पहले नल द्वारा 1 घण्टे में हौज का भरा भाग $= \frac{1}{4}$

तथा दूसरे नल द्वारा 1 घण्टे में हौज का भरा भाग $= \frac{1}{5}$

$\therefore$ (पहले + दूसरे) नल द्वारा 1 घण्टे में हौज का भरा भाग

$= \frac{1}{4}+\frac{1}{5}=\frac{5+4}{20}=\frac{9}{20}$

चूंकि हौज का $\frac{9}{20}$ भाग (पहले + दूसरे) नल भरते हैं = 1 घण्टे में

$\therefore$ पूरा भाग (पहले + दूसरे) नल भरेंगे $\frac{20}{9} = 2\frac{2}{9}$ घण्टे में।

11.

रुपए	बाल्टियां
210	6
140	?

$\because$ 210 रुपए में खरीदी जाने वाली बाल्टियों की संख्या = 6

$\therefore$ 1 रुपए में खरीदी जाने वाली बाल्टियां $= \frac{6}{210}$

$\therefore$ 140 रुपए में खरीदी जाने वाली बाल्टियां

$= \frac{6}{210}\times140 = 4$ बाल्टियां

अत: 140 रुपए में 4 बाल्टियां खरीदी जा सकेंगी।

●●●

15

समय एवं दूरी (Time and Distance)

समय पर आधारित प्रश्नों के उत्तर देने के लिए निम्न बातें जानना आवश्यक है।

(i) 12 मध्यरात्रि से 12 मध्याह्न के समय पूर्वाह्न तथा 12 मध्याह्न से 12 मध्यरात्रि तक के समय को अपराह्न कहा जाता है।

(ii) 12 मध्यरात्रि को 24:00 बजे या 00:00 बजे लिखा जाता है।

(iii) 12 मध्यरात्रि को 12:00 बजे लिखा जाता है।

(iv) दाईं ओर के दो अंकों से बनने वाली संख्या मिनटों की संख्या दर्शाती है।

जैसे–10 : 15

(v) यदि बाईं ओर के दो अंकों से बनने वाली संख्या 12 से कम हो तो यह (मध्यरात्रि के बाद का समय) पूर्वाह्न कहलाती है। जैसे–

10:30 बजे = 10:30 पूर्वाह्न

11:45 बजे = 11:45 पूर्वाह्न

(vi) यदि बाईं ओर के दो अंकों से बनने वाली संख्या 12 से अधिक हो तो यह (दोपहर के बाद का समय) अपराह्न कहलाती है, जैसे–

18 : 15 बजे = 6 : 15 अपराह्न

20 : 30 बजे = 8 : 30 अपराह्न

उदाहरण 1. एक रेलगाड़ी सायं 5:40 बजे मुम्बई से चलती है और अगले दिन प्रातः 10:55 बजे नई दिल्ली पहुंचती है। रेलगाड़ी द्वारा तय यात्रा में लिया गया समय है।

हलः मुम्बई से प्रस्थान समय = 5:40

नई दिल्ली आगमन समय = 10:55 (अगले दिन)

कुल समय

= 5:40 से 5:40 (अगले दिन) = 12 घंटा

तथा 5:40 से 10:55 तक

= 5 घंटे 15 मिनट = 17 घंटे 15 मिनट

प्रश्नमाला

1. वैशाली सुपर फास्ट गाड़ी दिल्ली से 19:45 बजे रवाना होती है और अगले दिन 15:20 बजे मुज़फ्फरपुर पहुंचती है। बताओ यह मुज़फ्फरपुर पहुंचने में कितना समय लेती है?

A. 19 घंटा 25 मिनट
B. 18 घंटा 35 मिनट
C. 19 घंटा 35 मिनट
D. 18 घंटा 20 मिनट

2. मनु किसी सोमवार को रात में 9:30 पर सोया और अगले दिन 5:50 पर जागा। उसके सोने की अवधि कितनी थी?

A. 8 घंटे 20 मिनट   B. 8 घंटे 10 मिनट
C. 7 घंटे 40 मिनट   D. 7 घंटे 20 मिनट

3. इन्टरसिटी रेलगाड़ी रक्सौल से सुबह 9:15 पर चलती है तथा उसी दिन 11 बजे पीपरा पहुंचती है। रेलगाड़ी द्वारा यात्रा में लिया गया कुल समय है?

A. 1 घंटा 15 मिनट
B. 10 घंटे 45 मिनट
C. 1 घंटा 45 मिनट
D. 10 घंटे 15 मिनट

4. यदि किसी दिन सूर्य 6:20 पूर्वाह्न पर उदय हो तथा 6:57 अपराह्न पर अस्त हो, तो उस दिन की लम्बाई होगी।

A. 12 घंटे 27 मिनट   B. 12 घंटे 17 मिनट
C. 12 घंटे 37 मिनट   D. 12 घंटे

5. 9 घंटे 30 मिनट बराबर है।

A. 0.90 बजे   B. 9:30 पूर्व॰ के
C. 8 घंटे 90 मिनट के   D. 9:30 अप॰ के

6. एक बस शिमला से दिल्ली के लिए 7:20 बजे प्रातः प्रस्थान करती है और दिल्ली पहुंचने में 9 घंटे का समय लेती है। बस कितने बजे दिल्ली पहुंचती है?

A. 4:20 बजे अप॰   B. 3:30 बजे अप॰
C. 6:30 बजे अप॰   D. 7:30 बजे अप॰

7. एक वायुयान मुम्बई से 7:50 बजे उड़ान भरता है। यह चेन्नई 10:30 बजे हवाई हड्डे पर उतरता है। यह चेन्नई पहुंचने में कितना समय लेता है।

A. 2 घंटे 30 मिनट
B. 2 घंटे
C. 3 घंटे लगभग
D. 2 घंटे 40 मिनट

8. एक लड़का रात्रि 8:30 बजे सोने के लिए गया तथा प्रातः 6:15 पर जागा। वह लड़का कितनी देर तक सोया?

A. 9 घंटे 45 मिनट
B. 9 घंटे 15 मिनट
C. 2 घंटे 15 मिनट
D. 4 घंटे 45 मिनट

9. एक छात्र अपने घर से विद्यालय के लिए प्रातः 8:30 बजे साइकिल से चला। वह विद्यालय से पढ़ाई करने के बाद सांय 4:50 बजे घर वापस आया। वह कितने समय तक घर से बाहर रहा।

A. 7 घंटे 20 मिनट B. 8 घंटे 20 मिनट

C. 9 घंटे 20 मिनट D. 7 घंटे 90 मिनट

10. एक स्कूल की वार्षिक परीक्षा 18 मार्च, 2002 को आरम्भ हुई और 23 मार्च, 2002 को समाप्त हुई। परीक्षा कितने दिन तक चली?

A. एक सप्ताह B. 8 दिन

C. 6 दिन D. 1 महीना

उत्तरमाला

1	2	3	4	5	6	7	8	9	10
C	A	C	C	B	A	D	A	B	C

व्याख्यात्मक उत्तर

1. दिल्ली से प्रस्थान का समय = 19:45
मुज़फ्फरपुर में आगमन समय = 15:20
कुल समय = 19:45 से 24:00
= 4 घंटे 15 मिनट
= 00:00 से 15:20
= 15 घंटे 20 मिनट
= 19 घंटे 35 मिनट

2. सोने का समय = 9:30
जागने का समय = 5:50
कुल समय = 9:30 से 12:00 बजे मध्य रात्रि तक
= 2 घंटे 30 मिनट
= 12:00 से 5:50 बजे सुबह तक
= 5 घंटे 50 मिनट
अर्थात् 7 घंटे 80 मिनट = 8 घंटे 20 मिनट

3. रक्सौल से प्रस्थान समय = 9:15
पीपरा में आगमन समय = 11:00
कुल समय = आगमन समय – प्रस्थान समय
= 11:00 – 9:15 = 1 घंटा 45 मिनट

4. सूर्योदय होने का समय = 6:20
अस्त होने का समय = 6:57
कुल समय = प्रातः 6:20 से 6:20 शाम तक
= 12 घंटे
= शेष 37 मिनट
कुल समय = 12 घंटे 37 मिनट

5. दो अंकों से बनने वाली संख्या 12 से कम हो, तो वह पूर्वाह्न कहलाती है।
इस प्रकार 9:30 दर्शाता है 9:30 पूर्वाह्न

6. शिमला से प्रस्थान का समय = 7:20 प्रातः
दिल्ली पहुंचने में लगा समय = 9 घंटे
= 7:20 से 7:20 तक = 12 घंटे
9 घंटे के लिए = 7:20 – 3 = 4 : 20 अप.

7. मुम्बई से उड़ान भरने का समय = 7:50
चेन्नई पहुंचने का समय = 10:30
कुल समय = आगमन का समय – प्रस्थान का समय
= 10:30 – 7:50
= 2 घंटे 40 मिनट

8. सोने का समय = 8:30 शाम
जागने का समय = 6:15 सुबह
कुल समय = 8:30 से 12 बजे रात तक
= 3 घंटे 30 मिनट
= 12 बजे रात से 6:15 सुबह तक
= 6 घंटे 15 मिनट
कुल समय = 9 घंटे 45 मिनट

9. विद्यालय जाने का समय = 8:30 प्रातः
वापस आने का समय = 4:50 शाम
= 8:30 से 12 बजे दिन तक
= 3:30
= 12 बजे दिन से 4:50 बजे शाम तक
= 4:50
अर्थात् 7:80 = 8 घंटे 20 मिनट

10. परीक्षा की शुरुआत = 18 मार्च, 2002
परीक्षा की समाप्ति = 23 मार्च, 2002
कुल समय = 23 मार्च, 2002 से — 18 मार्च, 2002 तक
= 6 दिन

●●●

16

क्षेत्रमिति : रेखीय आकृति एवं वृत्त
(Mensuration : Plane Figures and Circles)

क्षेत्रमिति से सम्बंधित प्रश्नों को हल करने के लिए निम्नलिखित प्रमुख सूत्रों का जानना आवश्यक होता है :

1. आयत:

(*a*) आयत का क्षेत्रफल = लम्बाई × चौड़ाई

(*b*) आयत की परिमिति = 2 (लम्बाई + चौड़ाई)

(*c*) आयत का विकर्ण = $\sqrt{(\text{लं.})^2 + (\text{चौ.})^2}$

2. वर्ग:

(*a*) वर्ग का क्षेत्रफल = (भुजा)^2 (*b*) वर्ग का परिमाप = 4 × भुजा

(*c*) वर्ग का विकर्ण = $\sqrt{2}$ × भुजा

3. वृत्त:

(*a*) वृत्त का क्षेत्रफल = π × (त्रिज्या)^2

(*b*) वृत्त की परिधि = 2π × (त्रिज्या)

(*c*) त्रिज्या = $\frac{\text{व्यास}}{2}$ या व्यास = 2 × त्रिज्या

4. त्रिभुज : (*a*) त्रिभुज का क्षेत्रफल

$= \sqrt{s(s-a)(s-b)(s-c)}$ जहां $s = \frac{a+b+c}{2}$

(*b*) यदि त्रिभुज समकोण हो, तब

क्षेत्रफल = $\frac{1}{2}$ × आधार (*b*) × ऊंचाई (*h*)

(*c*) समबाहु त्रिभुज का क्षेत्रफल = $\frac{\sqrt{3}}{4}$ × (भुजा)^2

5. चतुर्भुज:

(*a*) चतुर्भुज का क्षेत्रफल = $\frac{1}{2}$ × विकर्ण × (शीर्ष लम्बों का योग)

(*b*) समान्तर चतुर्भुज का क्षेत्रफल = आधार × ऊंचाई

(*c*) सम चतुर्भुज का क्षेत्रफल = $\frac{1}{2}$ × विकर्णों का गुणनफल

(*d*) समलम्ब चतर्भुज का क्षेत्रफल

= $\frac{1}{2}$ × ऊंचाई × समान्तर भुजाओं का योग

6. चार दीवारों का:

(*a*) चार दीवारों का क्षेत्रफल = 2 × ऊंचाई (लम्बाई + चौड़ाई)

(*b*) ऊंचाई = $\frac{\text{क्षेत्रफल}}{2(\text{लम्बाई}+\text{चौड़ाई})}$

प्रश्नमाला

1. एक आयत की लम्बाई व चौड़ाई क्रमश: 50 सेंमी. व 25 सेंमी. है, तो उसका क्षेत्रफल कितना होगा?

A. 1150 वर्ग सेंमी. B. 1250 वर्ग सेंमी.
C. 1275 वर्ग सेंमी. D. 1280 वर्ग सेंमी.

2. एक वर्गाकार मैदान का परिमाप 580 मी. है, तो बताइये उस मैदान का क्षेत्रफल कितना होगा?

A. 21025 वर्ग मी. B. 20225 वर्ग मी.
C. 30025 वर्ग मी. D. 19975 वर्ग मी.

3. एक वर्ग की प्रत्येक भुजा 20 सेंमी. है, तो इसका क्षेत्रफल कितना होगा?

A. 300 वर्ग सेंमी. B. 380 वर्ग सेंमी.
C. 360 वर्ग सेंमी. D. 400 वर्ग सेंमी.

4. एक वृत्त का क्षेत्रफल 154 वर्ग सेंमी. है। वृत्त की परिधि कितनी होगी?

A. 44 सेंमी. B. 48 सेंमी.
C. 54 सेंमी. D. 68 सेंमी.

5. यदि किसी त्रिभुज का आधार 8 सेमी तथा ऊंचाई 10 सेंमी. हो, तो उस त्रिभुज का क्षेत्रफल कितना होगा?

A. 40 वर्ग सेंमी. B. 20 वर्ग सेंमी.
C. 49 वर्ग सेंमी. D. 64 वर्ग सेंमी.

6. एक समलम्ब चतुर्भज की समान्तर भुजाएं क्रमश: 15 मी. तथा 25 मी. हैं तथा उनके बीच की दूरी 10 मी. है, तो इसका क्षेत्रफल क्या होगा?

A. 150 वर्ग मी. B. 225 वर्ग मी.
C. 200 वर्ग मी. D. 270 वर्ग मी.

7. एक आयताकार खेत का परिमाप 760 मी. है तथा उसकी लम्बाई व चौड़ाई में 11 : 8 का अनुपात है। तो बताइये आयताकार खेत का क्षेत्रफल क्या होगा?

A. 35200 वर्ग मी. B. 34700 वर्ग मी.
C. 35600 वर्ग मी. D. 45200 वर्ग मी.

8. यदि किसी वर्ग की भुजा में 50% की कमी कर दी जाये, तो उसका क्षेत्रफल कितने प्रतिशत घट जायेगा?

A. 50% B. 75%
C. 80% D. 60%

9. उस वर्ग की एक भुजा की लम्बाई क्या होगी जिसका क्षेत्रफल क्रमश: 6.4 मी. लम्बे तथा 2.5 मी. चौड़े आयत के क्षेत्रफल के बराबर हो?

A. 8 मी. B. 5.4 मी.
C. 3.8 मी. D. 4 मी.

10. यदि एक समकोण त्रिभुज का परिमाप उसकी सबसे छोटी भुजा का छ: गुना हो, तो उस त्रिभुज की तीनों भुजाओं के बीच क्या अनुपात होगा?

A. 13 : 5 : 12 B. 13 : 12 : 5
C. 12 : 5 : 13 D. 13 : 5 : 10

उत्तरमाला

1	2	3	4	5	6	7	8	9	10
B	A	D	A	A	C	A	B	D	B

व्याख्यात्मक उत्तर

1. आयत का क्षेत्रफल = लम्बाई × चौड़ाई = 50 × 25 = 1250 वर्ग सेंमी.।

2. ∴ वर्गाकार मैदान का परिमाप = 4 × भुजा

प्रश्नानुसार,

∴ 4 × भुजा = 580 ⇒ भुजा = $\frac{580}{4}$ = 145 सेंमी.

∴ क्षेत्रफल = (भुजा)^2 = $(145)^2$ = 21025 वर्ग सेंमी.।

3. वर्ग का क्षेत्रफल = (भुजा)^2 = $(20)^2$

= 400 वर्ग सेंमी.

4. ∴ वृत्त का क्षेत्रफल= π × (त्रिज्या)^2

∴ π × (त्रिज्या)^2 = 154

⇒ (त्रिज्या)^2 = $\frac{154}{\pi} = \frac{154}{\frac{22}{7}}$ ⇒ (त्रिज्या)^2 = $\frac{154 \times 7}{22}$

= 7 × 7 ⇒ त्रिज्या = 7 सेंमी.

∴ वृत्त की परिधि = 2π × (त्रिज्या) = 2 × $\frac{22}{7}$ × 7 = 44 सेंमी.।

5. त्रिभुज का क्षेत्रफल = $\frac{1}{2}$ × आधार × ऊंचाई

= $\frac{1}{2}$ × 8 × 10 = 40 वर्ग सेंमी.।

6. चूंकि समलम्ब चतुर्भुज का क्षेत्रफल

= $\frac{1}{2}$ × ऊंचाई × समानान्तर भुजाओं का योग

∴ क्षेत्रफल = $\frac{1}{2} \times 10 \times (15 + 25) = \frac{1}{2} \times 10 \times 40$

= 200 वर्ग मी।

7. माना कि आयताकार खेत की लम्बाई व चौड़ाई क्रमशः $11x$ मी. व $8x$ मी. है

∴ खेत का परिमाप = $2(11x + 8x) = 2 \times 19x = 38x$ मी.

प्रश्नानुसार, आयताकार खेत का परिमाप = 760 है

∴ $38x = 760$

⇒ $x = \frac{760}{38} = 20$

∴ खेत की लम्बाई व चौड़ाई क्रमशः (11 × 20 = 220 मी.) व (8 × 20 = 160 मी.) होगी।

∴ आयताकार खेत का क्षेत्रफल

= 220 × 160 = 35200 वर्ग मी.।

8. माना कि वर्ग की भुजा x मी. है

∴ **पहली स्थिति में,** वर्ग का क्षेत्रफल = x^2 वर्ग मी.

दूसरी स्थिति में, वर्ग की भुजा में 50% की कमी के कारण

नए वर्ग की भुजा= $x - x$ का 50% = $\frac{x}{2}$ मी.

∴ नए वर्ग का क्षेत्रफल = $\left(\frac{x}{2}\right)^2 = \frac{x^2}{4}$ वर्ग मी.

∴ वर्ग के क्षेत्रफल में कमी = $x^2 - \frac{x^2}{4} = \frac{3x^2}{4}$ वर्ग मी.

∴ प्रतिशत कमी = $\frac{\frac{3x^2}{4}}{x^2} \times 100 = 75\%$

अत: वर्ग का क्षेत्रफल 75% घट जायेगा।

9. ∴ आयत का क्षेत्रफल = 6.4 × 2.5 = 16.00 वर्ग मी.

प्रश्नानुसार,

वर्ग का क्षेत्रफल = आयत का क्षेत्रफल

∴ वर्ग का क्षेत्रफल = 16 वर्ग मी.

∴ वर्ग की भुजा = $\sqrt{16} = \sqrt{4 \times 4}$ = 4 मी.।

10. माना कि समकोण त्रिभुज की तीन भुजाओं a, b और c में से सबसे बड़ी व सबसे छोटी भुजा क्रमशः a व c हैं

∴ $a^2 = b^2 + c^2$ ... (i)

तथा समकोण त्रिभुज का परिमाप = $a + b + c$

प्रश्नानुसार, $(a + b + c) = c \times 6 \Rightarrow a + b = 5c$ ... (ii)

समीकरण (i) से, $a^2 - b^2 = c^2$

⇒ $(a + b)(a - b) = c^2$

⇒ $5c(a - b) = c^2$

⇒ $a - b = \frac{c}{5}$ ... (iii) [∵ $a + b = 5c$]

समीकरण (ii) व (iii) से,

$a + b = 5c$

$a - b = \frac{c}{5}$

⇒ $2a = 5c + \frac{c}{5} = \frac{26c}{5} \Rightarrow a = \frac{13}{5}c$

⇒ $a : c = 13 : 5$

a का मान समीकरण (ii) में रखने पर,

$b = 5c - \frac{13c}{5} = \frac{12c}{5} \Rightarrow b : c = 12 : 5$

अत: समकोण त्रिभुज की तीनों भुजाओं में क्रमशः 13 : 12 : 5.

●●●

17

क्षेत्रमिति : ठोस आकृतियाँ
(Mensuration : Solid Figures)

ठोस : कोई वस्तु जो स्थान घेरती है, भार रखती है तथा जिसका आकार निश्चित होता है, ठोस कहलाती है। इस प्रकार ठोस में तीन मापें होती हैं— 1. लम्बाई 2. चौड़ाई 3. ऊंचाई (मोटाई)।

आयतन : ठोस के तलों द्वारा घिरी हुई जगह ठोस का आयतन कहलाती है।
घनाभ : एक ठोस जो 6 आयताकार तलों द्वारा घिरा होता है, घनाभ कहलाता है। **घन :** एक ठोस जो 6 वर्गाकार तलों द्वारा घिरा होता है, घन कहलाता है।

ठोस आकृतियों से संबंधित समस्याओं को हल करने के लिए निम्नलिखित सूत्रों का जानना आवश्यक है :

1. गोला : (*a*) गोले का आयतन = $\frac{4}{3}\pi r^3$ (जहां r गोले की त्रिज्या है)
(*b*) गोले के धरातल का क्षेत्रफल या वक्रपृष्ठ का क्षेत्रफल = $4\pi r^2$

2. घनाभ : (*a*) घनाभ का आयतन = लम्बाई × चौड़ाई × ऊंचाई
(*b*) घनाभ का पृष्ठ = $2(l \times b + b \times h + h \times l)$ जहां l = लं., b = चौ., h = ऊं.
(*c*) किसी घनाभ का सबसे लम्बा विकर्ण = $\sqrt{l^2+b^2+h^2}$

3. घन : (*a*) घन का आयतन = (भुजा)^3 ∵ [भुजा = ल. = चौ = ऊं.]
(*b*) घन का पृष्ठ = 6 × (भुजा)^2
(*c*) किसी घन का सबसे लम्बा विकर्ण = $\sqrt{3}$ × भुजा

4. लम्ब वृत्तीय बेलन :
(*a*) बेलन का आयतन = आधार (वृत्त) का क्षेत्रफल × ऊँ.
$= \pi r^2 \times h = \pi r^2 h$
(*b*) बेलन का वक्रपृष्ठ = आधार (वृत्त) की परिधि × ऊँचाई
$= 2\pi r \times h = 2\pi rh$
(*c*) बेलन का सम्पूर्ण पृष्ठ = वक्र पृष्ठ + दोनों सिरों का क्षेत्रफल
$= 2\pi rh + 2\pi r^2 = 2\pi r(h + r)$

5. शंकु : (*a*) शंकु का आयतन = $\frac{1}{3}\pi r^2 h$
(*b*) शंकु की तिर्यक ऊंचाई = $\sqrt{r^2+h^2}$
(*c*) शंकु के वक्र पृष्ठ का क्षेत्रफल
$= \pi r$ × तिर्यक ऊंचाई = $\pi r\sqrt{r^2+h^2}$

प्रश्नमाला

1. एक घनाभ की कोरें क्रमशः 4 सेंमी., 3 सेंमी. तथा 2 सेंमी. हैं, तो उस घनाभ का आयतन कितना होगा?
A. 20 घन सेंमी. B. 22 घन सेंमी.
C. 28 घन सेंमी. D. 24 घन सेंमी.

2. एक टंकी 3 मी. लम्बी, 2 मी. चौड़ी तथा 1 मी. गहरी है । उसकी क्षमता (ली. में) क्या होगी?
A. 8000 ली. B. 10000 ली.
C. 6500 ली. D. 6000 ली.

3. एक घन का पृष्ठ क्षेत्रफल 1014 वर्ग सेंमी. है। इसका आयतन कितना होगा?
A. 2197 घन सेंमी. B. 2297 घन सेंमी.
C. 2179 घन सेंमी. D. 2117 घन सेंमी.

4. यदि दो घनाकृतियों के आयतन में 8 : 1 का अनुपात हो, तो उनकी कोरों में क्या अनुपात होगा?
A. 1 : 2 B. 2 : 1
C. 4 : 1 D. 2 : 3

5. दो गोलों के पृष्ठ क्षेत्रफल में 9 : 16 का अनुपात है, तो बताइये उनके आयतनों में क्या अनुपात होगा?
A. 64 : 27 B. 27 : 64
C. 16 : 27 D. 11 : 27

6. एक कमरे की लं., चौ. व ऊँ. क्रमशः 12 मी., 9 मी. तथा 8 मी. है, तो बताइये उस छड़ की अधिक-से-अधिक लम्बाई क्या होगी जो कमरे में ठीक प्रकार रखी जा सके?
A. 17 मी. B. 18 मी.
C. 25 मी. D. 16 मी.

7. किसी लम्बवृत्तीय शंकु की त्रिज्या तथा ऊंचाई में 3 : 5 का अनुपात है। यदि शंकु का आयतन 120π घन मी. हो, तो उसकी तिरछी ऊँचाई कितनी होगी?
A. $3\sqrt{34}$ मी. B. $2\sqrt{28}$ मी.
C. $2\sqrt{44}$ मी. D. $2\sqrt{34}$ मी.

8. यदि किसी बेलन के आधार की परिधि 88 सेंमी. तथा ऊंचाई 42 सेंमी. हो, तो उस बेलन का आयतन कितना होगा?
A. 25872 घन सेंमी. B. 28572 घन सेंमी.
C. 25870 घन सेंमी. D. 22584 घन सेंमी.

9. 10 सेंमी. भुजा के दो घनों को आपस में सटाकर रखने से प्राप्त घनाभ का पृष्ठ क्या होगा?
A. 1200 वर्ग सेंमी. B. 5000 वर्ग सेंमी.
C. 1000 वर्ग सेंमी. D. 1250 वर्ग सेंमी.

10. एक आयताकार कागज के टुकड़े की लम्बाई व चौड़ाई क्रमशः 30 सेंमी. तथा 20 सेंमी. है। यदि कागज को मोड़कर एक बेलन का वक्रपृष्ठ बनाया जाये, तो बेलन कितने तरीके से बनाया जा सकता है?
A. तीन तरीके से B. दो तरीके से
C. एक तरीके से D. चार तरीके से

उत्तरमाला

1	2	3	4	5	6	7	8	9	10
D	D	A	B	B	A	D	A	C	B

व्याख्यात्मक उत्तर

1. $\because$ घनाभ का आयतन = लं. × चौ. × ऊं. = 4 × 3 ×2 = 24 घन सेंमी.

2. टंकी का आयतन = लं. × चौ. × ऊं. = 3 × 2 × 1 = 6 घन मी.

($\because$ 1 घन मी. = 1000 ली.)

$\therefore$ टंकी की क्षमता = 6 × 1000 = 6000 ली.।

3. $\because$ घन का पृष्ठ क्षेत्रफल = 6 × (भुजा)^2

$\therefore$ 6 × (भुजा)^2 = 1014 ⇒ (भुजा)^2 = $\frac{1014}{6} = 169$

$\therefore$ घन की भुजा = $\sqrt{169}$ = 13 सेंमी.

$\therefore$ घन का आयतन = (भुजा)^3 = $(13)^3$ सेंमी. = 2197 घन सेंमी.

4. माना दो घनों की भुजा क्रमशः a_1 व a_2 है।

$\therefore$ दोनों घनों का आयतन क्रमशः a_1^3 व a_2^3 होगा

प्रश्नानुसार,

$$a_1^3 : a_2^3 = 8 : 1$$

$$\therefore \frac{a_1^3}{a_2^3} = \frac{8}{1} \therefore \left(\frac{a_1}{a_2}\right)^3 = \left(\frac{2}{1}\right)^3 \Rightarrow a_1 : a_2 = 2 : 1$$

अतः उनकी कोरों में 2 : 1 का अनुपात होगा।

5. माना कि दो गोलों की त्रिज्या क्रमशः r_1 व r_2 है

दोनों गोलों का पृष्ठ क्षेत्रफल क्रमशः $4\pi r_1^2$ व $4\pi r_2^2$

प्रश्नानुसार,

$$4\pi r_1^2 : 4\pi r_2^2 = 9 : 16 \Rightarrow r_1^2 : r_2^2 = 9 : 16$$

$$\Rightarrow \frac{r_1^2}{r_2^2} = \frac{9}{16} \Rightarrow \left(\frac{r_1}{r_2}\right)^2 = \left(\frac{3}{4}\right)^2 \Rightarrow r_1 : r_2 = 3 : 4$$

$$\Rightarrow \left(\frac{r_1}{r_2}\right)^3 = \left(\frac{3}{4}\right)^3 \Rightarrow \frac{r_1^3}{r_2^3} = \frac{27}{64} \Rightarrow r_1^3 : r_2^3 = 27 : 64$$

$\because$ उनके आयतनों का अनुपात = $\frac{4}{3}\pi r_1^3 : \frac{4}{3}\pi r_2^3$

$$\Rightarrow r_1^3 : r_2^3 = 27 : 64$$

6. $\because$ अधिक-से-अधिक लम्बाई की छड़

= घनाभ के विकर्ण की लम्बाई

$= \sqrt{(\ \ )^2 + (\ \ )^2 + (\ \ )^2} = \sqrt{(12)^2 + (9)^2 + (8)^2}$

$= \sqrt{144 + 81 + 64} = \sqrt{289}$ = 17 मी.

अतः उस छड़ की अधिक-से-अधिक लम्बाई जो ठीक प्रकार से कमरे में रखी जा सके 17 मी. होगी।

7. माना कि लम्बवृत्तीय शंकु की त्रिज्या व ऊंचाई क्रमशः $3x$ मी. व $5x$ मी. है

$\therefore$ शंकु का आयतन = $\frac{1}{3}\pi r^2 h = \frac{1}{3}\pi \times (3x)^2 \times 5x$ घन मी.

प्रश्नानुसार,

शंकु का आयतन = 120π घन मी. (दिया है)

$$\therefore \frac{1}{3}\pi \times 9x^2 \times 5x = 120\pi \Rightarrow x^3 = \frac{120 \times 3}{9 \times 5}$$

$$\Rightarrow x^3 = 8 \Rightarrow x^3 = (2)^3 \Rightarrow x = 2 \text{ मी.}$$

$\therefore$ लम्बवृत्तीय शंकु की त्रिज्या व ऊंचाई क्रमशः 3 × 2 = 6 मी. तथा 5 × 2 = 10 मी. होगी।

$\therefore$ तिर्यक ऊंचाई = $\sqrt{(\text{त्रिज्या})^2 + (\text{ऊँचाई})^2} = \sqrt{(6)^2 + (10)^2}$

$= \sqrt{36 + 100} = \sqrt{136} = 2\sqrt{34}$ मी.।

8. माना कि बेलन के आधार की त्रिज्या = r सेंमी.

$\therefore$ बेलन के आधार की परिधि = $2\pi r$ सेंमी.

प्रश्नानुसार, $2\pi r = 88$

$$\Rightarrow r = \frac{88}{2\pi} = \frac{88}{2 \times \frac{22}{7}} = \frac{88 \times 7}{2 \times 22} = 14 \text{ सेंमी.}$$

$\therefore$ बेलन का आयतन = $\pi r^2 h = \frac{22}{7} \times (14)^2 \times 42$

= 22 × 2 × 14 × 42 = 25872 घन सेंमी.।

9. विद्यार्थियों को इस प्रकार के प्रश्नों में हमेशा ध्यान रखना चाहिए कि दो घनों को आपस में सटाकर रखने पर प्राप्त घनाभ की भुजाओं में केवल लम्बाई में ही वृद्धि होगी। उसकी चौड़ाई तथा ऊंचाई घन की भुजा के ही बराबर होगी।

$\therefore$ घनाभ की लम्बाई = पहले घन की भुजा की लम्बाई + दूसरे घन की भुजा की लम्बाई

अर्थात् घनाभ की लम्बाई = 10 + 10 = 20 सेंमी. होगी।

$\therefore$ घनाभ का पृष्ठ = 2(20 × 10 + 10 × 10 + 10 × 20)

= 2(200 + 100 + 200) = 2 × 500 = 1000 वर्ग सेंमी.।

10. कागज के टुकड़े को दो तरीके से मोड़कर बेलन बनाया जा सकता है।

1. आयताकार कागज को इस प्रकार मोड़ा जाए ताकि उसकी लम्बाई 30 सेंमी. तथा चौड़ाई 20 सेंमी. बेलन की क्रमशः वृत्तीय आधार की परिधि तथा ऊंचाई हो।
2. पुनः आयताकार कागज को इस प्रकार से मोड़ा जाये ताकि उसकी लम्बाई 30 सेंमी. तथा चौड़ाई 20 सेंमी. बेलन की क्रमशः ऊंचाई व वृत्तीय आधार की परिधि हो।

●●●

तर्कशक्ति

1

शृंखला (Series)

अक्षर शृंखला (Letter Series)

अक्षर शृंखला में निहित अक्षरों का एक निश्चित क्रम होता है। दी गई अक्षर शृंखला में अक्षर वर्णमाला के सीधे क्रम में भी हो सकते हैं और वर्णमाला के विपरीत क्रम में भी।

वर्णमाला के सीधे क्रम में अक्षरों की शृंखला है :

A B C D E F G H I J K L M N O P Q R S T U V W X Y Z

A ↓ पहला, E ↓ 5वाँ, J ↓ 10वाँ, O ↓ 15वाँ, T ↓ 20वाँ, Y ↓ 25वाँ

वर्णमाला के विपरीत या उल्टे क्रम में अक्षरों की शृंखला है :

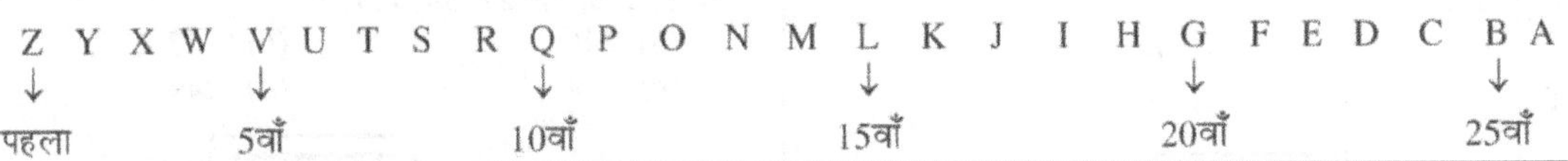

टिप्पणी : Z पर पहुंचकर शृंखला A से पुन: शुरू होती है और A पर पहुंचकर शृंखला Z से पुन: शुरू होती है।

अभ्यास

निर्देश : *नीचे दी गई प्रत्येक शृंखला में अक्षरों का क्रम निर्धारित करें। तत्पश्चात् दिए गए विकल्पों में से उस विकल्प का चयन करें जिससे दी गई शृंखला में प्रश्न चिह्न प्रतिस्थापित होता हो।*

1. B Y C X D W E ?
(*a*) S (*b*) T
(*c*) U (*d*) V

2. A D C G E ?
(*a*) G (*b*) J
(*c*) I (*d*) L

3. X O I F ?
(*a*) D (*b*) F
(*c*) B (*d*) E

4. Z A A Y B B X C ?
(*a*) W (*b*) C
(*c*) V (*d*) D

5. A Z Y B X W C V U D T S E ?
(*a*) R S (*b*) S T
(*c*) R Q (*d*) Q R

उत्तरमाला

1	2	3	4	5
(*d*)	(*b*)	(*b*)	(*b*)	(*c*)

व्याख्यात्मक उत्तर

1. दी गई शृंखला में बारी-बारी से दो अक्षर शृंखलाएं अंतर्निहित हैं।

B Y C X D W E V (B→C→D→E: +1, +1, +1; Y→X→W→V: −1, −1, −1)

शृंखला I : BCDE (वर्णमाला के सीधे क्रम में)
शृंखला II : YXWV (वर्णमाला के विपरीत क्रम में)

3. शृंखला में दो सन्निकट अक्षरों के बीच वर्णमाला के विपरीत क्रम में क्रमश: 3 की कमी होती जाती है, अर्थात्

X O I F F (−9, −6, −3, −0)

5. शृंखला में बारी-बारी से दो शृंखलाएं अंतर्निहित हैं।

A Z Y B X W C V U D T S E R Q (+1, +1, +1, +1; −1 −1 −1 −1 −1 −1 −1 −1 −1)

शृंखला I : ABCDE (वर्णमाला के सीधे क्रम में)
शृंखला II : ZY XW VU TS RQ (वर्णमाला के विपरीत क्रम में एक साथ दो अक्षर)

गलत या बेमेल अक्षर-शृंखला (Wrong Letter Series)

इस प्रकार के प्रश्नों में दी गई शृंखला में अभ्यर्थियों को ऐसे अक्षर या अक्षर-समूह ज्ञात करने की आवश्यकता नहीं होती जिससे दी गई शृंखला पूर्ण होती है बल्कि उन्हें ऐसे अक्षर का पता लगाना होता है जो शृंखला में गलत या बेमेल हो।

अभ्यास

निर्देश : *नीचे के प्रत्येक प्रश्न में दी गई अक्षर-शृंखला में कौन-सा अक्षर या अक्षर-समूह गलत या बेमेल है?*

1. C H M S W B
(*a*) C (*b*) S
(*c*) B (*d*) W

2. Z A W B X C
(*a*) D (*b*) C
(*c*) X (*d*) W

3. D K R Y F L
(*a*) L (*b*) D
(*c*) R (*d*) Y

4. XW, DC, CB, NM, PQ
(*a*) NM (*b*) CB
(*c*) PQ (*d*) XW

5. Z T P K H F
(*a*) Z (*b*) P
(*c*) T (*d*) F

उत्तरमाला

1	2	3	4	5
(*b*)	(*d*)	(*a*)	(*c*)	(*b*)

व्याख्यात्मक उत्तर

1. शृंखला में दो सन्निकट अक्षरों के बीच वर्णमाला के सीधे क्रम में +5 का अंतर है।

C H M R W B
+5 +5 +5 +5 +5

अतः शृंखला में S के स्थान पर R होना चाहिए। (शृंखला Z पर पहुंचने के बाद A से पुनः शुरू होती है।)

4. शृंखला कोई भी दो क्रमागत अक्षरों को वर्णमाला के विपरीत क्रम में शामिल करके निर्मित की गई है।

XW DC CB NM QP
← ← ← ← ←

संख्या-शृंखला (Number Series)

इस प्रकार की शृंखला में दी गई संख्याओं के समुच्चय एक दूसरे से एक विशेष पैटर्न या रुप में संबधित होते हैं। संख्याओं के बीच संबंध—

(*i*) क्रमागत विषम/सम संख्याओं;
(*ii*) क्रमागत अविभाज्य संख्याओं;
(*iii*) किसी संख्या (या संख्याओं) का वर्गफल/घनफल जिसमें किसी संख्या को जोड़ने या घटाने पर परिवर्तन होता है/नहीं होता;
(*iv*) पूर्ववर्ती संख्याओं का योग/गुणनफल/अंतर;
(*v*) किसी संख्या से योग/घटाव/गुणा/भाग; और
(*vi*) उपर्युक्त संबंधों के अनेक और भी संयोजनों पर आधारित होता है।

अभ्यास

निर्देश : *शृंखलाओं को पूरा करने के लिए दिए गए विकल्पों में से लुप्त पद/संख्या ज्ञात करें।*

1. 1, 6, 12, 19, 27, ?
(*a*) 38 (*b*) 35
(*c*) 36 (*d*) 54

2. 2, 3, 6, 18, 108, ?
(*a*) 1944 (*b*) 1658
(*c*) 648 (*d*) 1008

3. 3, 8, 13, 24, 41, ?
(*a*) 65 (*b*) 75
(*c*) 70 (*d*) 80

4. 0, 5, 22, 57, ?, 205
(*a*) 198 (*b*) 116
(*c*) 172 (*d*) 92

5. 1, 2, 5, 12, 27, 58, 121, ?
(*a*) 246 (*b*) 247
(*c*) 248 (*d*) 249

उत्तरमाला

1	2	3	4	5
(*c*)	(*a*)	(*c*)	(*b*)	(*c*)

व्याख्यात्मक उत्तर

1. शृंखला के आरंभिक पदों अर्थात् 1 और 6 के बीच 5 का अंतर है और तत्पश्चात् शृंखला की आनुक्रमिक संख्याओं के बीच अंतर में क्रमशः 1 की वृद्धि होती जाती है।

1 6 12 19 27 36
+5 +6 +7 +8 +9

4. शृंखला निम्नलिखित पैटर्न का अनुपालन करती है :
1 से आरंभ करके प्राकृतिक संख्याओं का घनफल घटा 1 से आरंभ करके एकांतर विषम संख्याएं

0	5	22	57	116	205
↓	↓	↓	↓	↓	↓
1^3-1	2^3-3	3^3-5	4^3-7	5^3-9	6^3-11

आवृत्ति शृंखला (Repetitive Series)

इस प्रकार की शृंखला में अक्षरों का समुच्चय निर्मित करने के लिए अंग्रेजी वर्णमाला के छोटे अक्षरों का प्रयोग किया जाता है जिनकी शृंखला में पुनरावृत्ति होती है।

अभ्यास

निर्देश : *दी गई अक्षर-शृंखलाओं को पूरा करने के लिए दिए गए अक्षर-समूहों के विकल्पों में से सही विकल्प का चयन करें।*

1. ab---b-bbaa-
(*a*) babba (*b*) abaab
(*c*) abbab (*d*) baaab

2. aa-ab--aaa-a
(*a*) baaa (*b*) abab
(*c*) aaab (*d*) aabb

3. -baa-aab-a-a
(a) baab (b) abab
(c) aaba (d) aabb

4. -a cca-ccca-acccc-aaa
(a) ccaa (b) acca
(c) caac (d) caaa

5. c-bbb--abbbb-abbb-
(a) abccb (b) bacbb
(c) aabcb (d) abacb

उत्तरमाला

1	2	3	4	5
(d)	(c)	(b)	(d)	(a)

व्याख्यात्मक उत्तर

2. दी गई अक्षर शृंखला है : aaaaba, aaaaba
4. दी गई अक्षर शृंखला है : c, a, cc, aa, ccc, aaa, cccc, aaaa
5. दी गई अक्षर शृंखला है : cabbbb, cabbbb, cabbbb

●●●

2 सादृश्य या संबंध (Analogies or Relationships)

शब्द सादृश्य (Word Analogy)

संबंध या सादृश्य परीक्षा में दिए गए दो शब्दों के बीच संबंध स्थापित किया जाता है और उसी संबंध को दिए गए अन्य शब्दों पर अनुप्रयुक्त किया जाता है। दिए गए दो शब्दों के बीच विभिन्न प्रकार के संबंध हो सकते हैं, अत: इस प्रकार के प्रश्नों को हल करते समय सर्वप्रथम यह ज्ञात करना होता है कि दिए गए दो शब्दों के बीच किस प्रकार का संबंध है।

अभ्यास

निर्देश (प्र.सं. 1–5): *पूछे गए प्रत्येक प्रश्न में पहले दिए गए दो शब्दों के बीच संबंध स्थापित करें। तत्पश्चात् दिए गए विकल्पों में से उस विकल्प का चयन करें जिसके शब्द और प्रश्न में दिए गए तीसरे शब्द के बीच ठीक वैसा ही संबंध या सादृश्य हो जैसा कि पहले के दो शब्दों के बीच है।*

1. जो संबंध 'उन्माद' और 'सनक' में है वही संबंध 'भय' और निम्नलिखित में से किसमें है?
(a) इच्छा (b) शौक
(c) आवश्यकता (d) डर

2. 'हकलाना' जिस प्रकार 'वाणी' से संबंधित है उसी प्रकार 'बहरापन' का संबंध निम्नलिखित में से किससे है?
(a) कान (b) सुनना
(c) शोर (d) चुप्पी

3. जिस प्रकार 'नेता', 'अनुयायी' से संबंधित है, उसी प्रकार .... संबंधित है सिपाही से।
(a) कैप्टन (b) यूनिट
(c) सेना (d) बैरक

4. जिस प्रकार 'चिल्लाहट', 'फुसफुसाहट' से संबंधित है, उसी प्रकार 'मारना' निम्नलिखित में से किससे संबंधित है?
(a) थप्पड़ मारने (b) छूना
(c) क्रोध (d) शोरगुल

5. जिस प्रकार 'पंजा', 'बिल्ली' से संबंधित है उसी प्रकार 'खुर' निम्नलिखित में से किससे संबंधित है?
(a) घोड़ा (b) मेमना
(c) हाथी (d) शेर

निर्देश (प्र.सं. 6–10): *नीचे दिए गए प्रत्येक प्रश्न में :: चिह्न की बाईं ओर दो शब्द दिए गए हैं। इन दोनों शब्दों में कुछ संबंध है। वैसा ही संबंध :: चिह्न की दाईं ओर के दो शब्दों में है जिनमें से एक शब्द के स्थान पर प्रश्नवाचक चिह्न (?) है। प्रश्नवाचक चिह्न (?) के स्थान पर दिए गए विकल्पों में से एक उपयुक्त विकल्प का चयन करें।*

6. शिकारी : बंदूक :: लेखक : ?
(a) पुस्तक (b) कलम
(c) कविता (d) पृष्ठ

7. भोजन : आमाशय :: ईंधन : ?
(a) इंजन (b) ऑटोमोबाइल
(c) रेल (d) वायुयान

8. जल : रेत :: महासागर : ?
(a) द्वीप (b) नदी
(c) मरुभूमि (d) तरंगें

9. वयस्क : बच्चा :: फूल : ?
(a) बीज (b) कली
(c) फल (d) तितली

10. मोती : कंठहार :: फूल : ?
(a) पौधा (b) बगीचा
(c) पँखुड़ी (d) गुलदस्ता

निर्देश (प्र.सं. 11–15): *दिए गए विकल्पों में से उस शब्द-युग्म का चयन कीजिए जिसमें युग्म के शब्दों के बीच ठीक उसी प्रकार का संबंध हो जिस प्रकार का संबंध प्रश्न में दिए गए मूल शब्द-युग्म के बीच है।*

11. राज्य : निर्वासन
(*a*) पुलिस : गिरफ्तार (*b*) न्यायाधीश : अभियुक्त
(*c*) संविधान : संशोधन (*d*) चर्च : धर्म-बहिष्करण

12. चंचलता : विश्वसनीयता
(*a*) तात्कालिक : भविष्य सूचक (*b*) अविश्वसनीय : अमानवीय
(*c*) दृढ़निश्चयी : व्यवहार्यता (*d*) स्वेच्छाचारी : सनकी

13. अनिच्छुक : बल-प्रयोग
(*a*) घृणित : दुलारा (*b*) चिढ़ना : प्यार करना
(*c*) क्रुद्ध : प्रतिरोध (*d*) विमुख : मान-मनोव्वल

14. शल्क : मछली
(*a*) महिला : ड्रेस (*b*) पेड़ : पत्तियां
(*c*) पक्षी : पंख (*d*) त्वचा : मुनष्य

15. वृक्ष : बालवृक्ष
(*a*) झोंपड़ी : महल (*b*) लंबा-तगड़ा : बौना
(*c*) घोड़ा : बछेड़ा (*d*) चींटी : हाथी

उत्तरमाला

1	2	3	4	5
(*d*)	(*b*)	(*a*)	(*b*)	(*a*)
6	7	8	9	10
(*b*)	(*a*)	(*c*)	(*b*)	(*d*)
11	12	13	14	15
(*d*)	(*d*)	(*d*)	(*d*)	(*c*)

व्याख्यात्मक उत्तर

1. संबंधित शब्द पर्यायवाची हैं।

3. जिस प्रकार 'अनुयायी' अपने 'नेता' से मार्ग-दर्शन प्राप्त करते हैं उसी प्रकार 'सिपाही' को अपने 'कैप्टन' से मार्गदर्शन प्राप्त होता है।

5. 'बिल्ली' के 'पैर में' 'पंजा' होता है जबकि 'घोड़ा' के पैर में 'खुर' होता है।

6. 'शिकारी' का हथियार 'बंदूक' है और 'लेखक' का हथियार 'कलम' है।

9. 'बच्चा' विकसित होकर 'वयस्क' बनता है और 'कली' खिलकर 'फूल' बनती है।

11. राज्य से बाहर कर देना 'निर्वासन' और चर्च से बाहर कर देना 'धर्म-बहिष्करण' कहलाता है।

14. मछली का शरीर 'शल्कों' से ढका होता है और मनुष्य का शरीर उसकी 'त्वचा' से ढका होता है।

15. नवजात वृक्ष को 'बालवृक्ष' कहते हैं और नवजात घोड़े को 'बछेड़ा' कहते हैं।

अक्षर सादृश्य (Letter Analogy)

इस प्रकार के सादृश्य में अक्षरों के दो दिए गए समुच्चयों के बीच संबंध स्थापित किया जाता है और तत्पश्चात् अक्षरों के दिए गए तीसरे समुच्चय पर पहले दो अक्षर समुच्चयों के बीच के संबंध को अनुप्रयुक्त करके अक्षरों के चौथे अपेक्षित समुच्चय को ज्ञात किया जाता है।

अभ्यास

निर्देश: *नीचे के प्रत्येक प्रश्न में एक लुप्त पद है। प्रश्न में :: चिह्न की बायीं ओर के दो अक्षर-समूहों में जो समानता या सादृश्य है वैसी ही समानता या सादृश्य :: चिह्न की दायीं ओर के दो अक्षर समूहों में है जिनमें से एक अक्षर समूह के स्थान पर प्रश्नवाचक चिह्न (?) लगा है। प्रश्न-वाचक चिह्न (?) के स्थान पर लुप्त पद ज्ञात करें।*

1. BCF : DEG : : MNQ : ?
(*a*) OPR (*b*) PQS
(*c*) OPP (*d*) QRT

2. NATION : ANITNO : : HUNGRY : ?
(*a*) HNUGRY (*b*) UNHGYR
(*c*) YRNGUH (*d*) UHGNYR

3. ACE : FGH : : LNP : ?
(*a*) QRS (*b*) PQR
(*c*) QST (*d*) MOQ

4. BOQD : ERTG : : ANPC : ?
(*a*) DQSF (*b*) FSHU
(*c*) SHFU (*d*) DSQF

5. RUX : TRP : : BEH : ?
(*a*) SQN (*b*) QON
(*c*) QOM (*d*) QNL

6. BCDE : WVUT : : QRST : ?
(*a*) EFHG (*b*) JIHG
(*c*) POML (*d*) GEDC

7. ABC : ZYX : : IJK : ?
(*a*) RST (*b*) RQP
(*c*) RTS (*d*) RPQ

8. CIRCLE : RICELC : : SQUARE : ?
(*a*) UQSERA (*b*) QUSERA
(*c*) QSUERA (*d*) UQSAER

9. PSQR : CFED : : JMKL : ?
(*a*) UXVW (*b*) WZYX
(*c*) YVXZ (*d*) YZWX

10. FHJL : VTRP : : MOQS : ?
(*a*) JHFD (*b*) IGFD
(*c*) IGED (*d*) JHED

उत्तरमाला

1	2	3	4	5
(*a*)	(*d*)	(*a*)	(*a*)	(*c*)
6	7	8	9	10
(*b*)	(*b*)	(*a*)	(*b*)	(*a*)

व्याख्यात्मक उत्तर

2. पहले समूह के अक्षरों को दो-दो अक्षरों के खंडों में विभाजित करके प्रत्येक खंड के अक्षरों को उल्टे क्रम में लिखने पर दूसरा अक्षर-समूह प्राप्त होता है।

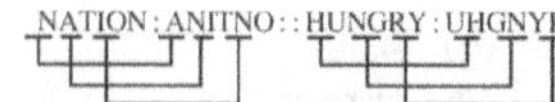

4. प्रत्येक अक्षर समूह में पहले और चौथे अक्षरों के बीच एक अक्षर छूटा हुआ है तथा दूसरे और तीसरे अक्षरों के बीच भी एक अक्षर छूटा हुआ है।

BOQD : ERTG :: ANPC : DQSF
(P, C) (S, F) (O, B) (R, E)

5. पहले समूह के अक्षरों में +3 का और दूसरे समूह के अक्षरों में –2 का अंतर है।

RUX : TRP :: BEH : QOM
+3 +3   –2 –2   +3+3   –2 –2

7. पहले अक्षर समूह में क्रमागत अक्षर वर्णमाला के सीधे क्रम में हैं और दूसरे अक्षर समूह में अक्षर वर्णमाला के विपरीत क्रम में समस्थानिक अक्षर हैं।

ABC → : ZYX ← :: IJK → : RQP ←

8. प्रथम अक्षर-समूह को दो बराबर खंडों में विभक्त करके प्रत्येक खंड के अक्षरों को उल्टे क्रम में लिखने पर दूसरा अक्षर-समूह प्राप्त होता है।

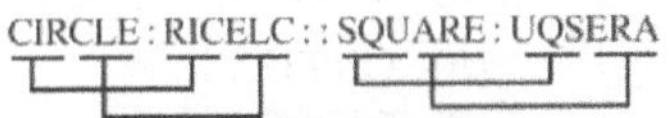

संख्या सादृश्य (Number Analogy)

संख्या सादृश्य में भी पहले दो दी गई संख्याओं के बीच संबंध स्थापित किया जाता है और तत्पश्चात् इस ज्ञात संबंध को संख्याओं के दूसरे जोड़े पर प्रयुक्त करके उसके लुप्त पद को ज्ञात किया जाता है। संख्याओं के बीच संबंध किसी भी एक पैटर्न पर आधारित हो सकता है,

अभ्यास

निर्देश : *नीचे के प्रत्येक प्रश्न में चिह्न ': :' के पहले दो संख्याएं दी गई हैं जिनमें आपस में एक संबंध है तथा ': :' चिह्न के बाद में एक तीसरी संख्या दी गई है। दिए गए विकल्पों में से उस संख्या का चयन करें जिसका तीसरी संख्या के साथ वैसा ही संबंध हो जैसा संबंध संख्याओं के पहले जोड़े के बीच है।*

1. 14 : 20 : : 16 : ?
   (*a*) 23 (*b*) 10
   (*c*) 48 (*d*) 32
2. 0.16 : 0.0016 : : 1.02 : ?
   (*a*) 10.20 (*b*) 0.102
   (*c*) 0.0102 (*d*) 1.020
3. 5 : 24 : : 8 : ?
   (*a*) 65 (*b*) 63
   (*c*) 62 (*d*) 64
4. 65 : 30 : : 44 : ?
   (*a*) 79 (*b*) 62
   (*c*) 28 (*d*) 16
5. 30 : 42 : : 56 : ?
   (*a*) 92 (*b*) 21
   (*c*) 38 (*d*) 72
6. 6 : 18 : : 4 : ?
   (*a*) 2 (*b*) 6
   (*c*) 8 (*d*) 16
7. 162 : 9 : : 310 : ?
   (*a*) 33 (*b*) 27
   (*c*) 16 (*d*) 4
8. 123 : 149 : : 201 : ?
   (*a*) 202 (*b*) 404
   (*c*) 401 (*d*) 227
9. 6 : 21 : : 14 : ?
   (*a*) 82 (*b*) 75
   (*c*) 60 (*d*) 41

उत्तरमाला

1	2	3	4	5
(*a*)	(*c*)	(*b*)	(*d*)	(*d*)
6	**7**	**8**	**9**	
(*c*)	(*d*)	(*c*)	(*a*)	

व्याख्यात्मक उत्तर

1. संख्याओं के बीच संबंध निम्नवत् है:

14 : 20 :: 16 : 23
↓ ↓ ↓ ↓
7×2 $(7 \times 3)-1$ 8×2 $(8 \times 3)-1$

4. दूसरी संख्या पहली संख्या के अंकों का गुणनफल है:

$$\frac{60:30}{(6\times5)} :: \frac{44:16}{(4\times4)}$$

7. पहली संख्या के अंकों का योगफल दूसरी संख्या के बराबर है:

162 : 9 :: 310 : 4
1 + 6 + 2   3 + 1 + 0

●●●

3

वर्गीकरण या विजातीय छांटना (Classification or Odd One Out)

विजातीय छांटना–शब्दों पर आधारित समस्याएं

इस प्रकार के वर्गीकरण में चार शब्द दिए जाते हैं जिनमें से तीन शब्द तथ्य या अर्थ की दृष्टि से या अन्य किसी न किसी रूप में आपस में संबंधित होते हुए एक समूह बनाते हैं जबकि शेष केवल एक शब्द अन्य तीनों से भिन्न होता है।

अभ्यास

निर्देश : *यहां दिए गए प्रत्येक प्रश्न में तीन शब्द किसी न किसी प्रकार से समान हैं और इस कारण वे एक समूह बनाते हैं जबकि एक शब्द अन्य तीनों से भिन्न है। इस भिन्न या विजातीय शब्द को ज्ञात करें।*

1. (*a*) अस्तबल (*b*) बिल
(*c*) डोंगी (*d*) सूअर-बाड़ा

2. (*a*) खुश (*b*) उदास
(*c*) प्रसन्नचित्त (*d*) प्रसन्न

3. (*a*) सीसा (*b*) पारद
(*c*) तांबा (*d*) लोहा

4. (*a*) अतिवृष्टि (*b*) अनावृष्टि
(*c*) भूस्खलन (*d*) युद्ध

5. (*a*) सिंहशावक (*b*) चूजा
(*c*) सूअर (*d*) पिल्ला

6. (*a*) खरगोश (*b*) मगरमच्छ
(*c*) केंचुआ (*d*) घोंघा

7. (*a*) पेड़ (*b*) पत्ता
(*c*) झाड़ी (*d*) शाकीय पौधे

8. (*a*) अलंकृत करना (*b*) रमणीय
(*c*) सजाना (*d*) सुंदर बनाना

9. (*a*) ट्यूटर (*b*) प्रिंसिपल
(*c*) छात्र (*d*) प्रोफेसर

10. (*a*) निवेदित भाव (*b*) शुल्क
(*c*) कर (*d*) चुंगी

उत्तरमाला

1	2	3	4	5
(*c*)	(*b*)	(*b*)	(*d*)	(*c*)
6	**7**	**8**	**9**	**10**
(*a*)	(*b*)	(*b*)	(*c*)	(*a*)

व्याख्यात्मक उत्तर

1. डोंगी एक छोटी नाव होती है। अन्य सभी पशु-पक्षियों के निवासस्थलों के नाम हैं।

2. अन्य सभी आनन्द की अनुभूति को अभिव्यक्त करते हैं।

3. अन्य सभी ठोस धातुएं हैं।

5. अन्य सभी शब्द विभिन्न जंतुओं के शिशुओं के नाम हैं।

9. अन्य सभी शिक्षा प्रदान करते हैं जबकि छात्र इन सभी से शिक्षा प्राप्त करता है।

10. अन्य सभी विभिन्न प्रकार के कर हैं।

विजातीय छांटना–अक्षरों पर आधारित समस्याएं

इस कोटि के अंतर्गत विकल्प के रूप में चार अक्षर-समूह या अक्षरों की एक शृंखला दी जाती है। परीक्षार्थी को इनमें से ऐसे विकल्प का चयन करना होता है जो अन्यों से भिन्न अर्थात् विजातीय हो।

अभ्यास

निर्देश : *नीचे के प्रत्येक प्रश्न में अक्षर समूहों के रूप में चार विकल्प दिए गए हैं जिनमें से तीन में किसी न किसी प्रकार की समानता है और इस कारण वे एक समूह बनाते हैं। उस अक्षर समूह का चयन करें जो समूह से संबंधित नहीं है।*

1. (*a*) ACE (*b*) LOR
(*c*) GIK (*d*) VXZ

2. (*a*) EFLM (*b*) KJSR
(*c*) XWHG (*d*) EDYX

3. (*a*) JOPK (*b*) BOPC
(*c*) QOPR (*d*) TOPS

4. (*a*) BdfH (*b*) FHJL
(*c*) RTvX (*d*) uVwX

5. (*a*) MKGA (*b*) PNID
(*c*) RPLF (*d*) VTPJ

6. (*a*) ABJNM (*b*) QRTUZ
(*c*) IXYOQ (*d*) WGFPO

7. (*a*) CFIL (*b*) ABCD
(*c*) ACDF (*d*) EFGH

8. (*a*) KNOS (*b*) QTUY
(*c*) DFGJ (*d*) BEFJ

9. (*a*) FKP (*b*) LPU
(*c*) HMR (*d*) DIN

10. (*a*) TBVD (*b*) JOKQ
(*c*) AXCZ (*d*) FRHT

उत्तरमाला

1	2	3	4	5
(*b*)	(*a*)	(*d*)	(*d*)	(*b*)
6	**7**	**8**	**9**	**10**
(*c*)	(*c*)	(*c*)	(*b*)	(*b*)

व्याख्यात्मक उत्तर

1. शेष सभी अक्षर समूहों में अगला अक्षर अपने पूर्ववर्ती अक्षर से वर्णमाला के सीधे क्रम में 2 अक्षर आगे का है जबकि विकल्प (*b*) के अक्षर समूह में +3 अनुक्रम का पालन होता है।

A B C D E (+2, +2) L M N O P Q R (+3, +3)

G H I J K (+2, +2) V W X Y Z (+2, +2)

6. शेष समूहों में कम से कम दो जोड़े अक्षर वर्णमाला के क्रम में हैं, अर्थात्

A B J N M ; Q R T U Z ; W G F P O

विकल्प (*c*) में केवल एक जोड़ा अक्षर-ही वर्णमाला के क्रम में है।

I X Y O Q

9. शेष सभी अक्षर समूहों में +5 पैटर्न का अनुपालन होता है।

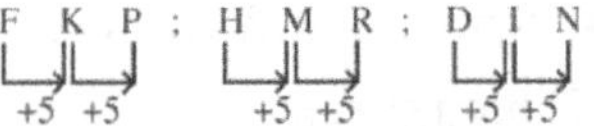

विकल्प (*b*) में +4, +5 पैटर्न का अनुपालन होता है।

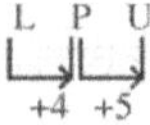

10. शेष समूहों में तीसरा अक्षर पहले अक्षर से और चौथा अक्षर दूसरे अक्षर से वर्णमाला के सीधे क्रम में 2 अक्षर आगे का अक्षर है। अर्थात् :

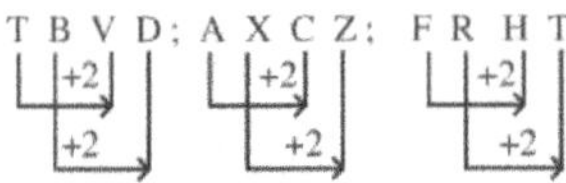

विकल्प (*b*) में निम्नवत् पैटर्न दिखाई पड़ता है :

विजातीय छांटना–संख्याओं पर आधारित समस्याएं

इस प्रकार के वर्गीकरण में विकल्पों के रूप में विभिन्न संख्याएं दी जाती हैं। इन संख्याओं में से एक को छोड़कर जो अन्य से भिन्न होती है, शेष किसी न किसी रूप में आपस में संबंधित होती हैं और इस प्रकार एक समूह बनाती हैं।

अभ्यास

निर्देश : *यहां प्रत्येक प्रश्न में चार विकल्प दिए गए हैं जिनमें से तीन किसी न किसी रूप में आपस में संबंधित होते हुए एक समूह बनाते हैं, जबकि शेष एक संख्या अन्य से भिन्न है। उस भिन्न संख्या का चयन करें जो समूह से संबंधित नहीं है।*

1. (*a*) 1948 (*b*) 2401
(*c*) 966 (*d*) 1449

2. (*a*) 182 (*b*) 169
(*c*) 130 (*d*) 158

3. (*a*) 3215 (*b*) 9309
(*c*) 4721 (*d*) 2850

4. (*a*) 1776 (*b*) 2364
(*c*) 1976 (*d*) 3776

5. (*a*) 7658 (*b*) 1234
(*c*) 9876 (*d*) 6543

6. (*a*) 18 (*b*) 12
(*c*) 30 (*d*) 20

7. (*a*) 9875432 (*b*) 98765
(*c*) 98756 (*d*) 9876543

8. (*a*) 5243 (*b*) 9251
(*c*) 4256 (*d*) 3257

9. (*a*) 2553 (*b*) 1224
(*c*) 7992 (*d*) 3885

10. (*a*) 3223 (*b*) 4554
(*c*) 6116 (*d*) 9887

उत्तरमाला

1	2	3	4	5
(*a*)	(*d*)	(*b*)	(*b*)	(*a*)
6	**7**	**8**	**9**	**10**
(*a*)	(*c*)	(*a*)	(*b*)	(*d*)

व्याख्यात्मक उत्तर

1. शेष संख्याएं 7 से विभाज्य हैं।

2. शेष संख्याएं 13 का गुणज हैं।

4. शेष संख्याओं में आखिरी दो अंक एक से हैं।

8. शेष सभी संख्याओं में 25 बीच में है और सिरे के दो अंकों का योग 10 के बराबर है।

10. शेष सभी संख्याओं में अंतिम दो अंक पहले दो अंकों को उलटे क्रम में लिखने पर प्राप्त होते हैं।

विजातीय छांटना–शब्द समूहों से संबंधित समस्याएं

शब्दों, अक्षरों या संख्याओं के समूह का वर्गीकरण एकल शब्द, अक्षर या संख्या के वर्गीकरण से अधिक भिन्न नहीं होता।

अभ्यास

निर्देश : *नीचे के प्रत्येक प्रश्न में शब्दों के उस जोड़े का चयन करें जो शेष तीन जोड़ों से भिन्न हो।*

1. (*a*) कुर्सी-फर्नीचर (*b*) शर्ट-वस्त्र
(*c*) कंठहार-आभूषण (*d*) बोगी-इंजन

2. (*a*) चित्रांकनी-कागज (*b*) पेंसिल-लेड
(*c*) कलम-स्याही (*d*) बुरुश-रंग

3. (*a*) युद्ध-शांति (*b*) वास्तविक-सहज
(*c*) अग्रगण्य-प्रथम (*d*) क्रोध-गुस्सा

4. (*a*) दिन-रात (*b*) चालाक-मूर्ख
(*c*) स्पष्ट-धुंधला (*d*) पहुंचना-आना

5. (*a*) भतीजी-भतीजा (*b*) भाई-बहन
(*c*) पति-पत्नी (*d*) पिता-माता

6. (*a*) पेट्रोल-कार (*b*) तेल-लैम्प
(*c*) डीजल-लकड़ी (*d*) मोम-मोमबत्ती

7. (*a*) गंगा-नर्मदा (*b*) थार-गोबी
(*c*) आमाशय-हाथ (*d*) एवरेस्ट-पर्वत

8. (*a*) औषधि-चिकित्सक (*b*) फूल-कलाकार
(*c*) जूता-मोची (*d*) त्वचा-त्वचारोग विशेषज्ञ

9. (*a*) प्राधिकार-मंजूरी (*b*) प्रतिकर्षण-आकर्षण
(*c*) तुनकमिजाज-दुस्तोषणीय (*d*) श्वास-अस्तित्व

10. (*a*) पोलो-बर्फ का मैदान (रिंक)
(*b*) गोल्फ-लॉन
(*c*) टेनिस-कोर्ट
(*d*) शतरंज-बोर्ड

उत्तरमाला

1	2	3	4	5
(*d*)	(*a*)	(*a*)	(*d*)	(*a*)
6	7	8	9	10
(*c*)	(*d*)	(*b*)	(*b*)	(*a*)

व्याख्यात्मक उत्तर

1. बोगी रेलगाड़ी का एक हिस्सा होता है जो परिवहन का एक साधन है। कुर्सी, शर्ट और कंठहार क्रमशः फर्नीचर, वस्त्र और आभूषण हैं।
3. शेष सभी शब्द-युग्म समानार्थक शब्दों के युग्म हैं जबकि विकल्प (*a*) में दिया गया शब्द-युग्म विपरीतार्थक शब्दों का युग्म है।
4. शेष शब्द-युग्म एक दूसरे के विपरीतार्थक हैं।
5. संबंधित शब्द-युग्मों में पहला पुल्लिंग और दूसरा स्त्रीलिंग है। विकल्प (*a*) में पहले स्त्रीलिंग और तत्पश्चात् पुल्लिंग दिया गया है।
8. चिकित्सक का औषधि, मोची का जूता और त्वचारोग विशेषज्ञ का संबंध त्वचारोग से है। फूलों की देख-रेख करने वाले व्यक्ति को माली कहते हैं।

●●●

4

सांकेतिक भाषा परीक्षण (Coding and Decoding)

भाग-I

कूटलेखन या 'कोडिंग' संवाद-संप्रेषण की एक प्रक्रिया है जिसमें एक गुप्त भाषा का प्रयोग वास्तविक तथ्यों शब्दों/मूल्यों की अभिव्यक्ति या प्रस्तुतिकरण को एक ऐसी भाषा में परिवर्तित करने के लिए किया जाता है जिसे संवाद के प्रेषक और प्राप्तकर्ता के अतिरिक्त कोई तीसरा व्यक्ति समझ न सके।

अभ्यास

निर्देश : *निम्नलिखित प्रश्नों में दिए गए शब्दों या अक्षरों के लिए इंगित कूटभाषा के शब्द या अक्षर ज्ञात करें।*

1. यदि किसी कूट भाषा में CHAIR को FKDLU के रूप में लिखा जाए तो उसी कूटभाषा में RAID शब्द को किस प्रकार लिखा जाएगा?
   (*a*) ULGD (*b*) ULKG
   (*c*) ULDG (*d*) UDLG
2. किसी कूटभाषा में COME को XLNV और ABLE को ZYOV लिखा जाता है। इसी कूटभाषा में MOLLY किस प्रकार लिखा जाएगा?
   (*a*) NLOBO (*b*) NLBOO
   (*c*) LNOOB (*d*) NLOOB
3. यदि किसी कूटभाषा में ACTION को ZXGRLM लिखा जाता हो तो उसी कूटभाषा में HEALTH को कैसे लिखा जाएगा?
   (*a*) SVZOGS (*b*) TVZOGT
   (*c*) RUZPGR (*d*) QVGOZQ
4. यदि PHILOSOPHY को HPLISOPOYH लिखा जाता हो तो ORNAMENTAL कैसे लिखा जाएगा?
   (*a*) ROANEMNTLA
   (*b*) ONRAMNEALT
   (*c*) ROANEMTNLA
   (*d*) ROANEMNATL
5. यदि किसी कूटभाषा में लिखे गए शब्द OPFGBCST का अर्थवाचन NEAR के रूप में किया जाता हो तो उसी कूटभाषा में कूटबद्ध IJVWHI का अर्थ निम्नलिखित में से क्या होगा?
   (*a*) HAG (*b*) HUG
   (*c*) HUT (*d*) KEG
6. किसी विशेष कूटलिपि में PUNCTUAL को 16598623 के रूप में कूटबद्ध किया जाता है। इसी कूटलिपि में ACTUPULN निम्नलिखित में से किस प्रकार लिखा जाएगा?
   (*a*) 29861653 (*b*) 29861635
   (*c*) 28916135 (*d*) 29851536
7. यदि BAD को 7 के रूप में और HIS को 9 के रूप में कूटबद्ध किया जाए तो LOW निम्नलिखित में से किसके द्वारा सूचित किया जाएगा?
   (*a*) 50 (*b*) 8
   (*c*) 23 (*d*) 5
8. किसी विशेष कूटभाषा में REGISTRY को VAKEWPVU लिखा जाता है। इसी कूटभाषा में ENTRY कैसे लिखा जाएगा?
   (*a*) IJXNC (*b*) ARPVW
   (*c*) ARPVU (*d*) IJXMC
9. निम्नलिखित शब्दों में अक्षरों के संख्या कोड दिए गए हैं : BRAIN–12345, GRADE–72308, DRAIN–02345, STATE–78388। इन शब्दों में 'D' के लिए किस संख्या कोड का प्रयोग किया गया है?
   (*a*) 3 (*b*) 2
   (*c*) 0 (*d*) 4

उत्तरमाला

1	2	3	4	5
(*d*)	(*d*)	(*a*)	(*c*)	(*b*)
6	7	8	9	
(*b*)	(*d*)	(*a*)	(*c*)	

व्याख्यात्मक उत्तर

1. शब्द को कूटबद्ध करने के लिए उसके अक्षरों से वर्णमाला के क्रम में +3 चरण आगे के अक्षर लिए गए हैं।

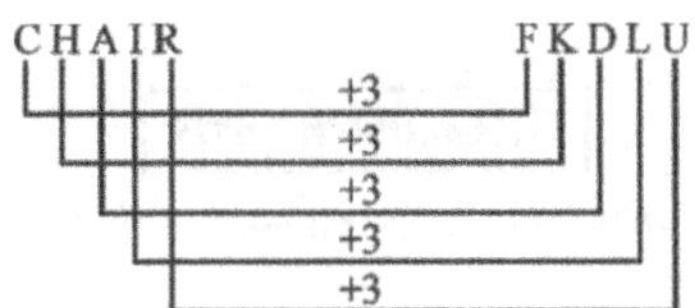

इसी प्रकार,

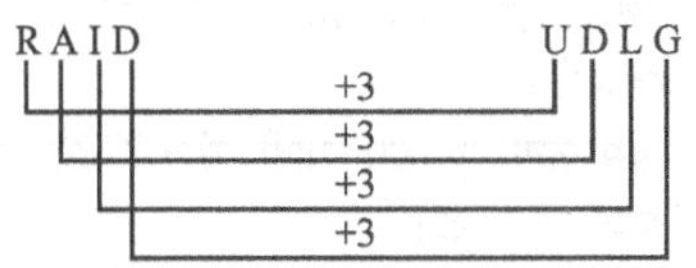

4. शब्द को कूटबद्ध करने के लिए उसके दो क्रमागत अक्षरों को एक दूसरे के स्थान पर लिखा जाता है।

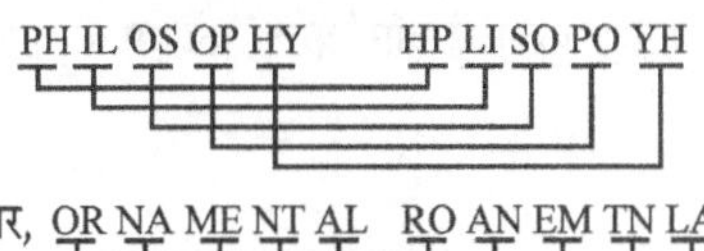

इसी प्रकार, OR NA ME NT AL RO AN EM TN LA

5. कूटबद्ध शब्द का अर्थ-निर्वचन निम्नलिखित रूप में किया गया है :

↓OP ↓ FG ↓ BC ↓ ST → कूट

N E A R → दिया गया शब्द

अत: कूटबद्ध शब्द का अर्थ-निर्वचन करने के लिए वर्णमाला के अनुक्रम में दो क्रमागत अक्षरों से पहले के अक्षर लिए जाते हैं।

इसी प्रकार,

↓ IJ ↓ VW↓ HI→ दिया गया शब्द

H U G → उत्तर शब्द

6. शब्द PUNCTUAL के अक्षरों को यादृच्छिक क्रम में लेकर ACTUPULN शब्द लिखा गया है।

इसी प्रकार संख्या कूट भी लिखा जाएगा

P U N C T U A L→ दिया गया शब्द

1 6 5 9 8 6 2 3 → कूट

इसी प्रकार,

A C T U P U L N → कूटबद्ध किया जाने वाला शब्द

2 9 8 6 1 6 3 5 → उत्तर कोड

9. जिन शब्दों में D का अक्षर निहित है, वे शब्द हैं :

G R A D E और D R A I N → अक्षर

7 2 3 0 8   0 2 3 4 5 → कूट

अत: यह स्पष्ट है कि 'D' का कूट '0' है।

भाग-II

एक अन्य प्रकार के कूट लेखन में किसी शब्द को कूट नाम दिए जाते हैं जिन्हें आगे भी कूटबद्ध किया जाता है। इस पैटर्न पर आधारित प्रश्न अर्थहीन प्रतीत हो सकते हैं किंतु कूट यथार्थता की बुनियादी बातों से हटकर नहीं होने चाहिए।

अभ्यास

निर्देश : *प्रत्येक प्रश्न में दी गई कूटबद्ध सूचना को अच्छी तरह समझें और दिए गए विकल्पों में से सही उत्तर का चयन करें।*

1. यदि किसी कूटभाषा में 'पानी' को 'नीला', 'नीला' को 'लाल', 'लाल' को 'सफेद', 'सफेद' को 'आकाश', 'आकाश' को 'वर्षा', 'वर्षा' को 'हरा', 'हरा' को 'हवा' और 'हवा' को 'मेज' कहा जाए, तो इस कूटभाषा में दूध के रंग को क्या कहेंगे?

   (*a*) सफेद (*b*) वर्षा
   (*c*) आकाश (*d*) हरा

2. यदि किसी कूटभाषा में 'प्रकाश' को 'अंधकार', 'अंधकार' को 'हरा', 'हरा' को 'नीला', 'नीला' को 'लाल', 'लाल' को 'सफेद' और 'सफेद' को 'पीला' कहा जाता हो तो इस कूटभाषा में रक्त का रंग क्या कहलाएगा?

   (*a*) लाल (*b*) अंधकार
   (*c*) सफेद (*d*) पीला

3. यदि किसी कूटभाषा में 'आकाश' को 'समुद्र', 'समुद्र' को 'पानी', 'पानी' को 'हवा', 'हवा' को 'बादल' और 'बादल' को 'नदी' कहा जाता हो तो प्यास लगने पर इस कूटभाषा में पीने के लिए किस चीज की मांग करेंगे?

   (*a*) आकाश (*b*) हवा
   (*c*) पानी (*d*) समुद्र

4. यदि किसी कूटभाषा में 'पीला' का अर्थ 'लाल', 'सफेद' का अर्थ 'हरा', 'लाल' का अर्थ 'नारंगी', 'नीला' का अर्थ 'सफेद' और 'हरा' का अर्थ 'नीला' हो तो उस कूटभाषा में आकाश का रंग क्या है?

   (*a*) सफेद (*b*) हरा
   (*c*) नीला (*d*) पीला

5. यदि किसी कूटभाषा में 'घर' को 'झोपड़ी', 'झोपड़ी' को 'नहर', 'नहर' को 'स्कूल', 'स्कूल' को 'मैदान', 'मैदान' को 'सुराही' और 'सुराही' को 'तार' कहा जाए तो इस कूटभाषा में छात्रों के पढ़ने की जगह को क्या कहेंगे?

   (*a*) मैदान (*b*) सुराही
   (*c*) झोपड़ी (*d*) स्कूल

6. यदि किसी कूटभाषा में 'बिल्ली' को 'घोड़ा', 'घोड़ा' को 'चूहा', 'कुत्ता' को 'खरगोश', 'खरगोश' को 'बिल्ली', 'चूहा' को 'कुत्ता' और 'शेर' को 'चींटी' कहा जाए तो इस कूटभाषा मे प्रयुक्त कूटों के आधार पर भौंकने वाले पशु को क्या कहेंगे?

   (*a*) कुत्ता (*b*) बिल्ली
   (*c*) शेर (*d*) खरगोश

7. यदि 'भूमि' को 'झील', 'झील' को 'पत्थर', 'पत्थर' को 'भारी', 'भारी' को 'स्टेडियम', 'स्टेडियम' को 'महासागर', 'महासागर' को 'वर्षा' और 'वर्षा' को 'आग' कहा जाए तो क्रिकेट के टेस्ट मैच खेले जाने वाले स्थान क्या कहलाते हैं?

   (*a*) भारी (*b*) महासागर
   (*c*) पत्थर (*d*) भूमि

8. यदि किसी कूटभाषा में 'चिड़िया' को 'राजा', 'राजा' को 'फूल', 'फूल' को 'घन', 'घन' को 'मेज', 'मेज' को 'मनुष्य' और 'मनुष्य' को 'चिड़िया' कहा जाए तो इस कूटभाषा में 'गुलाब' क्या है?
   (*a*) मेज (*b*) फूल
   (*c*) घन (*d*) मनुष्य

9. यदि किसी कूटभाषा में 'पानी' को 'पत्थर', 'पत्थर' को 'तेल', 'तेल' को 'हवा', 'हवा' को 'लकड़ी', 'लकड़ी' को 'गैस' और 'गैस' को 'द्रव' कहा जाए तो इस कूटभाषा में फर्नीचर किस चीज से बनता है?
   (*a*) गैस (*b*) हवा
   (*c*) तेल (*d*) द्रव

10. यदि किसी कूटभाषा में 'पिंजड़ा' को 'रॉकेट', 'रॉकेट' को 'फंदा', 'फंदा' को 'ग्रह', 'ग्रह' को 'हवाई जहाज', 'हवाई जहाज' को 'साइकिल' और 'साइकिल' को 'कार' कहा जाए तो इस कूटभाषा में पृथ्वी को क्या कहेंगे?
   (*a*) साइकिल (*b*) रॉकेट
   (*c*) ग्रह (*d*) हवाई जहाज

उत्तरमाला

1	2	3	4	5
(*c*)	(*c*)	(*b*)	(*a*)	(*a*)
6	7	8	9	10
(*d*)	(*b*)	(*c*)	(*a*)	(*d*)

व्याख्यात्मक उत्तर

1. दूध का रंग 'सफेद' होता है और इस कूटभाषा में 'सफेद' को 'आकाश' कहते हैं।
2. रक्त का रंग 'लाल' होता है और इस कूटभाषा में 'लाल' को 'सफेद' कहते हैं।
3. प्यास लगने पर हम 'पानी' पीते हैं और इस कूटभाषा में 'पानी' को 'हवा' कहते हैं।
4. आकाश का रंग 'नीला' होता है और नीला का अर्थ 'सफेद' है।
5. छात्र 'स्कूल' में पढ़ते हैं और 'स्कूल' को इस कूटभाषा में 'मैदान' कहा जाता है।
6. भौंकने वाला पशु 'कुत्ता' है और 'कुत्ता' को इस कूटभाषा में 'खरगोश' कहते हैं।

●●●

5
कथन विश्लेषण (Statement Analysis)

तर्कबुद्धि परीक्षण से संबंधित इस प्रकार के प्रश्नों में कुछ कथन दिए जाते हैं। इन कथनों में कतिपय तथ्यों को अलग-अलग रूपों में तोड़-मरोड़ कर प्रस्तुत किया जाता है। ऐसे प्रश्नों को हल करने के लिए अभ्यर्थियों से यह अपेक्षा की जाती है कि वे दिए गए कथनों का विश्लेषण करें, दिए गए तथ्यों को सुव्यवस्थित और वर्गीकृत करें तथा तत्पश्चात् दिए गए कथनों से संबंधित प्रश्नों के उत्तर दें।

अभ्यास

1. A, B, C, D और E पांच मित्र हैं जिनमें से A का वजन B से अधिक है, C का वजन D से कम है, B का वजन D से कम है किंतु E से अधिक है। इनमें से किसका वजन सबसे अधिक है?
   (*a*) B (*b*) C
   (*c*) A (*d*) कहा नहीं जा सकता

2. विपुल, हंस से लंबा है। हंस, आनंद से लंबा है। आलोक, अशोक से लंबा है। अशोक, हंस से लंबा है। इन पांचों मित्रों से कौन सबसे अधिक लंबा है?
   (*a*) विपुल (*b*) आलोक
   (*c*) अशोक (*d*) कहा नहीं जा सकता

3. प्रमोद, गोपाल से लंबा है। गोपाल, मधु से कम लंबा है। यह जानने के लिए कि इनमें सबसे अधिक लंबा कौन है, निम्नलिखित में से कौन-सी अतिरिक्त जानकारी आवश्यक है?
   (*a*) मधु, गोपाल से लंबी है
   (*b*) मधु, प्रमोद के भाई से कम लंबी है
   (*c*) प्रमोद, मधु से लंबा है
   (*d*) प्रमोद, मधु के भाई से लंबा है

4. विक्रम की लंबाई राजन से अधिक किंतु ऐनी से कम है। जमाल, ऐनी से अधिक लंबा है। सीता, विक्रम से अधिक लंबी है। राजन, सीता से कम लंबा है। इस समूह में सबसे कम लंबाई किसकी है?
   (*a*) सीता (*b*) राजन
   (*c*) विक्रम (*d*) कहा नहीं जा सकता

5. प्रमोद आयु में जयेश और सुधीर से बड़ा है। विकास, अनिल से छोटा है। इनमें किसकी आयु सब से अधिक है, यह जानने के लिए निम्नलिखित में से कौन-सी अतिरिक्त जानकारी अपेक्षित है?
   (*a*) सुधीर, जयेश से बड़ा है (*b*) अनिल, जयेश से बड़ा है
   (*c*) विकास, प्रमोद से बड़ा है (*d*) विकास, प्रमोद से छोटा है

निर्देश (प्र.सं. 6 और 7): *(A) गोपाल की लंबाई अशोक से कम किंतु केशव से अधिक है; (B) नवीन की लंबाई केशव से कम है; (C) जयेश की लंबाई नवीन से अधिक है; (D) अशोक की लंबाई जयेश से अधिक है।*

6. इनमें सबसे अधिक लंबा कौन है?
   (*a*) गोपाल (*b*) अशोक
   (*c*) जयेश (*d*) नवीन

7. उपर्युक्त प्रश्न का उत्तर देने के लिए निम्नलिखित में से कौन-सी सूचना आवश्यक नहीं है ?
   (*a*) A (*b*) B
   (*c*) C (*d*) D

निर्देश (प्र.सं. 8–10): *नीचे उल्लिखित कथन को ध्यानपूर्वक पढ़ें और पूछे गए प्रश्नों के उत्तर दें:*

एक समूह में A, B, C, D और E पांच व्यक्ति हैं। इनमें से दो पुरुष हैं। केवल तीन व्यक्ति तैरना जानते हैं जिनमें एक पुरुष है। इस समूह में एक विवाहित जोड़ा भी है जिसमें पति को तैरना आता है। A, D की छोटी बहन है और B, E का पति है। C तैराकी का चैम्पियन है।

8. समूह में अविवाहित पुरुष कौन है ?
   (*a*) C (*b*) B
   (*c*) A (*d*) D

9. निम्नलिखित में से कौन-सी दो महिलाएं तैरना जानती हैं ?
   (*a*) A और C (*b*) C और D
   (*c*) D और E (*d*) A और E

10. निम्नलिखित में से किन दो व्यक्तियों को तैरना नहीं आता ?
   (*a*) B और D
   (*b*) D और E
   (*c*) A और E
   (*d*) A और D

उत्तरमाला

1	2	3	4	5
(*d*)	(*d*)	(*c*)	(*b*)	(*c*)
6	**7**	**8**	**9**	**10**
(*b*)	(*c*)	(*d*)	(*a*)	(*b*)

व्याख्यात्मक उत्तर

1. वजन के घटते क्रम में इन मित्रों को निम्नवत् श्रेणीबद्ध किया जा सकता है : A/D, B/C, E या A/D, B, C/E अत: इन मित्रों में से A या D का वजन सबसे अधिक है।
2. लंबाई के घटते क्रम में इन व्यक्तियों के नाम हैं: विपुल/आलोक, अशोक, हंस, आनंद। अत: विपुल या आलोक में से कोई एक सबसे अधिक लंबा है।
4. लंबाई के घटते क्रम में इन व्यक्तियों को निम्नवत् विन्यस्त किया जा सकता है :
   जमाल/सीमा, ऐनी, विक्रम, राजन *या*
   जमाल, सीता/ऐनी, विक्रम, राजन
6. लंबाई के घटते क्रम में इन व्यक्तियों को निम्नवत् विन्यस्त किया जा सकता है :
   अशोक, गोपाल/जयेश, केशव, नवीन *या*
   अशोक, गोपाल, केशव/जयेश, नवीन

प्रश्न संख्या 8 से 10 तक के प्रश्नों के उत्तर के लिए सूचना चार्ट नीचे दिया गया है :

A. महिला (D की छोटी बहन) : तैराकी जानती है।
B. पुरुष (E का पति) : तैराकी जानता है।
C. महिला : तैराकी की चैम्पियन
D. पुरुष (A का भाई)
E. महिला (B की पत्नी)

विवाहित जोड़े B और E में से पति (B) तैराकी जानता है। C तैराकी की एक चैम्पियन है। तीन व्यक्ति तैरना जानते हैं जिनमें केवल B ही पुरुष है। अत: तैराकी जानने वाली दो महिलाएं C और A (D की छोटी बहन) हैं। पांच व्यक्तियों के इस समूह में दो पुरुष हैं जिनमें एक B है और दूसरा D होगा।

●●●

6

स्थान व्यवस्थीकरण (Place Arrangement)

स्थान व्यवस्थीकरण का सामान्य अर्थ है दी गई सूचनाओं के आधार पर व्यक्तियों या वस्तुओं का स्थान-क्रम निर्धारित करना। इसके लिए आवश्यक है कि स्थान-क्रम को अच्छी तरह समझा जाए और तत्पश्चात् दिए गए प्रश्नों को उपलब्ध कराई गई सूचना के आधार पर हल करने का प्रयास किया जाए।

अभ्यास

निर्देश (प्र.सं. 1–6): *निम्नलिखित प्रश्नों में व्यवस्थीकरण के पैटर्न को समझें और तत्पश्चात् दिए गए विकल्पों में से सही उत्तर का चयन करें:*

1. मिनी, रजनी के दाएं और अनंता के बाएं बैठी है। सत्या, मिनी के दाएं बैठी है किंतु वह जया के बाएं है। यदि सभी लड़कियां उत्तर दिशा की ओर मुंह किए बैठी हों तो इनमें से सबसे बाएं छोर पर कौन बैठी है ?
   (*a*) जया (*b*) मिनी
   (*c*) रजनी (*d*) सत्या

2. A, B, C, D और E एक दूसरे के पीछे दौड़ रहे हैं। C, E के निकट नहीं है और A, D के निकट नहीं है। B, A के पीछे है और E, D के निकट नहीं है। इनके बीच में कौन व्यक्ति है ?
   (*a*) B (*b*) E
   (*c*) A (*d*) कहा नहीं जा सकता

3. O, P, Q, R, S और T एक बेंच पर अपनी लंबाई के घटते क्रम में खड़े हैं। P, O से अधिक लंबा है किंतु S से उसकी लंबाई कम है। केवल S ही T से अधिक लंबा है। R, P से कम लंबा है किंतु वह Q से अधिक लंबा है। इनमें किसकी लंबाई सबसे कम है ?

(*a*) O (*b*) Q
(*c*) P (*d*) कहा नहीं जा सकता

4. छह मित्र एक गोल घेरे में बैठकर ताश खेल रहे हैं। केनी, डैनी की बायीं ओर बैठा है। माइकल, बॉब और जॉन के बीच बैठा है। रॉजर, केनी और बॉब के बीच बैठा है। माइकल की दाहिनी ओर कौन बैठा है?

(*a*) डैनी (*b*) जॉन
(*c*) केनी (*d*) बॉब

5. 10 पुस्तकों के एक ढेर में 3 पुस्तकें इतिहास की, 3 हिंदी की, 2 गणित की और 2 अंग्रेजी की पुस्तकें हैं। यदि ऊपर से देखा जाए तो इतिहास और गणित की एक-एक पुस्तकों के बीच अंग्रेजी की एक पुस्तक है, गणित और अंग्रेजी की एक-एक पुस्तकों के बीच इतिहास की एक पुस्तक है, अंग्रेजी और गणित की एक-एक पुस्तकों के बीच एक हिंदी की पुस्तक है, हिंदी की दो पुस्तकों के बीच गणित की एक पुस्तक है तथा गणित और इतिहास की एक-एक पुस्तकों के बीच हिंदी की दो पुस्तकें हैं। इस ढेर में किस विषय की पुस्तक ऊपर से छठे स्थान पर है?

(*a*) अंग्रेजी (*b*) हिंदी
(*c*) इतिहास (*d*) गणित

6. छह मित्र A, B, C, D, E और F एक गोल घेरे में खड़े हैं। B, F और C के बीच में है, A, E और D के बीच में है, F, D की बायीं ओर है। A और F के बीच कौन है?

(*a*) C (*b*) B
(*c*) D (*d*) E

निर्देश (प्र.सं. 7 और 8): *निम्नलिखित कथनों को सावधानी पूर्वक पढ़ें और पूछे गए प्रश्नों के उत्तर दें :*

एक शेल्फ में पांच कमीजें एक ढेर में एक के ऊपर एक रखी हुई हैं। इस ढेर में लाल कमीज नीली कमीज के ऊपर रखी गई है और हरे रंग की कमीज नारंगी रंग की कमीज के नीचे रखी गई है। नीली कमीज नारंगी रंग की कमीज के ऊपर तथा सफेद कमीज हरी कमीज के नीचे रखी गई है।

7. लाल और नारंगी रंग की कमीजों के बीच रखी कमीज किस रंग की है?

(*a*) सफेद रंग की (*b*) हरे रंग की
(*c*) नीले रंग की (*d*) आंकड़े अपर्याप्त हैं

8. सबसे नीचे किस रंग की कमीज है?

(*a*) लाल (*b*) सफेद
(*c*) नारंगी (*d*) कहा नहीं जा सकता

उत्तरमाला

1	2	3	4	5
(*c*)	(*a*)	(*d*)	(*d*)	(*b*)
6	**7**	**8**		
(*c*)	(*c*)	(*b*)		

व्याख्यात्मक उत्तर

2. दौड़ते समय ये व्यक्ति निम्नलिखित क्रम में एक दूसरे के पीछे होंगे :

E		E
A		A
B	या	B
C		D
D		C

4. इन छह मित्रों के बैठने का निम्नलिखित क्रम है :

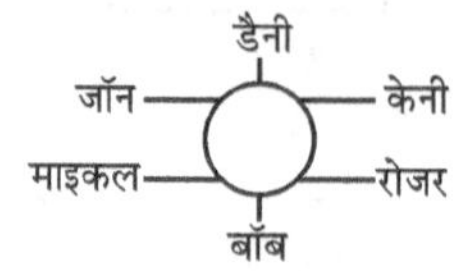

6. ये मित्र निम्नलिखित क्रम में एक दूसरे की बगल में खड़े हैं

D F
A B
E C

●●●

7
दिशा ज्ञान परीक्षण (Direction Sense)

इस प्रकार के प्रश्न अभ्यर्थियों की सही दिशा-निर्देशों को समझने की योग्यता की जांच करने हेतु पूछे जाते हैं। ऐसे प्रश्न दिशा-चार्ट पर आधारित होते हैं :

विभिन्न दिशाओं का बोध बाएं या दाएं मोड़ या कोणीय मोड़ों द्वारा निर्देशित होता है।

अभ्यास

निर्देश : *नीचे के प्रत्येक प्रश्न में सही दिशा/ दूरी दर्शाने के लिए दिए गए विकल्पों से सही उत्तर का चयन करें।*

1. एक व्यक्ति पश्चिम दिशा में अपनी गाड़ी चला रहा है। वह दक्षिण दिशा में चले इसके लिए उसे निम्नलिखित में से कौन से मोड़ मुड़ने चाहिए?
(*a*) बायीं ओर, दायीं ओर, दायीं ओर
(*b*) दायीं ओर, दायीं ओर, बायीं ओर
(*c*) बायीं ओर, बायीं ओर, बायीं ओर
(*d*) दायीं ओर, दायीं ओर, दायीं ओर

2. ऋचा अपनी गाड़ी से दक्षिण दिशा में 8 किमी आगे चलकर बायीं ओर मुड़ जाती है और 5 किमी. आगे चलती है। वहां वह एक बार फिर से बायीं ओर मुड़कर 8 किमी. आगे चलती है। अब वह अपने शुरू के स्थान से कितनी दूरी पर है?
(*a*) 3 किमी. (*b*) 5 किमी.
(*c*) 8 किमी. (*d*) 13 किमी.

3. देबू पहले पूर्व की ओर और तब उत्तर की ओर चलता है तथा वहां वह 45° दायें मुड़कर कुछ देर आगे चलता है और अंतत: बायीं ओर मुड़ जाता है। अब वह किस दिशा में चल रहा है?
(*a*) उत्तर (*b*) पूर्व
(*c*) दक्षिण-पूर्व (*d*) उत्तर-पश्चिम

4. मैं अपने घर से उत्तर दिशा में चला और तब बायीं ओर मुड़ गया। अब कुछ देर तक आगे चलने के बाद मैं फिर से बायीं ओर मुड़ा और तब दायीं ओर मुड़ गया। बाद में आगे चलते हुए मैं बायीं ओर और एक बार फिर से बायीं ओर मुड़ा। बताइए कि अब मैं किस दिशा में चल रहा हूँ?
(*a*) उत्तर (*b*) दक्षिण
(*c*) पूर्व (*d*) पश्चिम

5. राज पश्चिम दिशा में चल रहा है। वह आगे चलते हुए अपने दाएं, फिर दाएं और तब बाएं, हर बार 45° के कोण पर मुड़ा। बताइए कि अब वह किस दिशा में चल रहा है?
(*a*) उत्तर-पूर्व (*b*) दक्षिण-पूर्व
(*c*) पूर्व (*d*) पश्चिम

6. एक महिला उत्तर दिशा में 12 किमी. चलती है, तब वह दक्षिण दिशा में 6 किमी. चलती है और तत्पश्चात् पूर्व दिशा में 8 किमी चलती है। इस समय वह अपने आरंभिक बिंदु से कितनी दूरी पर है और किस दिशा में चल रही है?
(*a*) 5 किमी., उत्तर-पूर्व (*b*) 5 किमी., पूर्व
(*c*) 10 किमी., उत्तर-पूर्व (*d*) 10 किमी., पश्चिम

7. रवि अपनी गाड़ी से पश्चिम दिशा में 12 किमी. जाता है। वहां वह दक्षिण दिशा में मुड़कर 3 किमी. आगे की यात्रा करता है, जहां वह पूर्व दिशा में मुड़कर 8 किमी. की यात्रा करता है। बताइए कि इस समय वह अपने आरंभिक बिंदु से कितनी दूरी पर है?
(*a*) 3 किमी. (*b*) 5 किमी.
(*c*) 7 किमी. (*d*) 11 किमी.

8. यदि सभी दिशाएं घूम जाएं अर्थात् यदि उत्तर दिशा घूमकर पश्चिम दिशा हो जाए और पूर्व दिशा घूमकर उत्तर दिशा हो जाए तथा इसी प्रकार अन्य दिशाएं भी घूम जाएं तो उत्तर-पश्चिम दिशा बदल कर कौन-सी दिशा हो जाएगी?
(*a*) दक्षिण-पश्चिम (*b*) उत्तर-पूर्व
(*c*) पूर्व-उत्तर (*d*) पूर्व-पश्चिम

9. A और B किसी एक बिंदु से एक साथ चलना आरंभ करते हैं। वे उत्तर दिशा में 10 किमी. जाते हैं। वहां A बायीं ओर मुड़ कर 5 किमी. आगे जाता है जबकि B दायीं ओर मुड़कर 3 किमी. आगे जाता है जहां से A एक बार फिर से बायीं ओर मुड़कर 15 किमी. आगे जाता है और B दायीं ओर मुड़कर 15 किमी. आगे जाता है। बताइए कि अब A और B एक दूसरे से कितनी दूरी पर हैं?
(*a*) 18 किमी. (*b*) 10 किमी.
(*c*) 5 किमी. (*d*) 8 किमी.

10. तरुण पूर्व दिशा में चल रहा है। यदि वह उत्तर दिशा में चलना चाहता है तो उसे निम्नलिखित से में कौन से मोड़ नहीं मुड़ने चाहिए?
(*a*) दायां, दायां, बायां, दायां, दायां
(*b*) दायां, दायां, बायां, बायां, बायां
(*c*) दायां, दायां, दायां
(*d*) दायां, बायां, दायां, बायां

11. सोनी और मोनी किसी एक स्थान से चलना शुरू करती हैं। सोनी पश्चिम दिशा में और मोनी दक्षिण दिशा में चलती है। 20 किमी. आगे जाने के बाद सोनी बायीं ओर मुड़ जाती है और 15 किमी. आगे बढ़ती है। मोनी 10 किमी. आगे जाने के बाद बायीं ओर मुड़ती है और तब 5 किमी. आगे जाती है। इसी समय सोनी अपने स्थान से बायीं ओर मुड़कर 25 किमी. आगे जाती है जबकि मोनी अपने स्थान से दाहिनी ओर मुड़ती है और 5 किमी. आगे जाती है। बताइए कि यहां सोनी और मोनी एक दूसरे से कितनी दूरी पर हैं।
(*a*) 5 किमी.
(*b*) वे अपने आरंभिक बिंदु पर वापस पहुंच गए हैं
(*c*) वे अपनी यात्रा समाप्ति पर एक ही स्थान पर पहुंचती हैं
(*d*) दी गई सूचना अपर्याप्त है

12. सीता के घर का मुख्य दरवाजा दक्षिण दिशा में खुलता है। वह अपने घर से निकलकर सामने की दिशा में 10 मीटर जाती है, वहां से बायीं ओर मुड़कर वह 5 मीटर आगे जाती है और तब फिर से बायें मुड़कर 15 मीटर आगे जाती है और तब एक बार फिर से बायें मुड़कर 10 मीटर आगे जाती है। अंतत: वह दायें मुड़ती है और 5 मीटर आगे जाकर अपने मित्र के घर पहुंचती है। सीता के मित्र के घर का मुख्य दरवाजा किस दिशा में खुलता है?
(*a*) उत्तर (*b*) दक्षिण
(*c*) पश्चिम (*d*) पूर्व

उत्तरमाला

1	2	3	4	5	6
(*d*)	(*b*)	(*d*)	(*c*)	(*a*)	(*c*)
7	**8**	**9**	**10**	**11**	**12**
(*b*)	(*a*)	(*d*)	(*d*)	(*c*)	(*b*)

व्याख्यात्मक उत्तर

1.

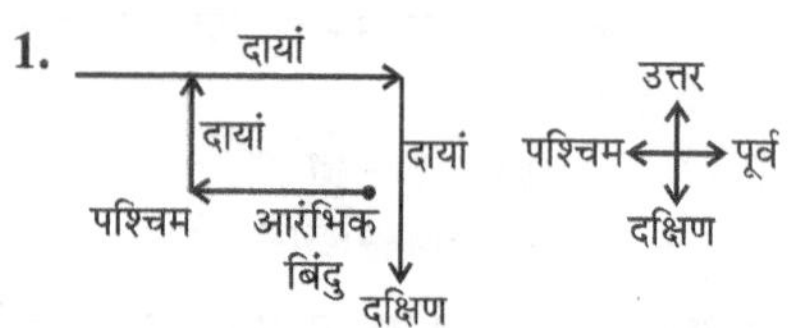

2.

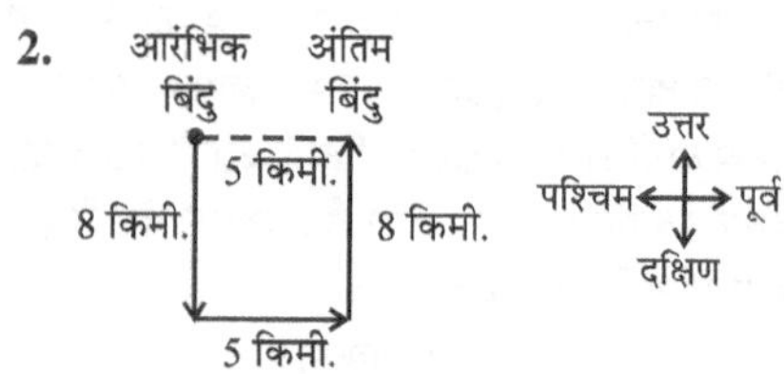

3.

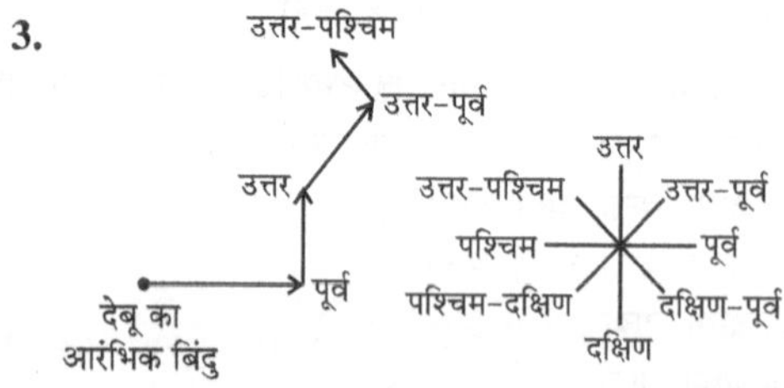

4.

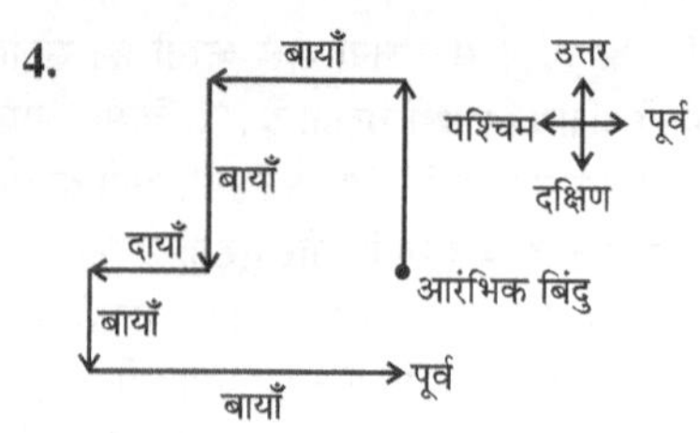

7. 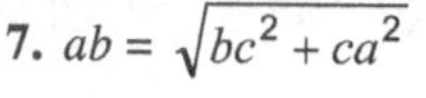

$ab = \sqrt{bc^2 + ca^2}$

$ab = \sqrt{3^2 + 4^2} = \sqrt{9+16} = \sqrt{25} = 5$

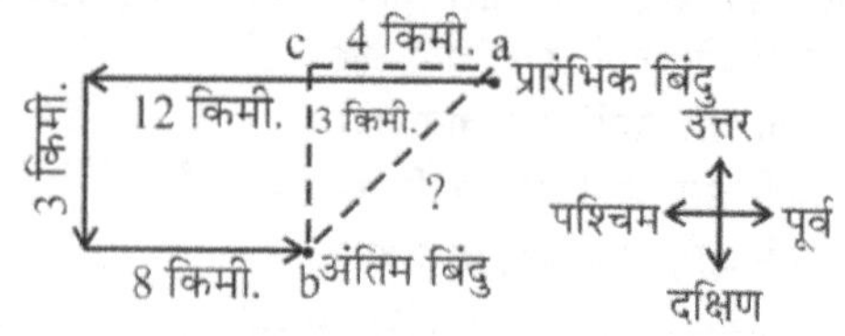

9.

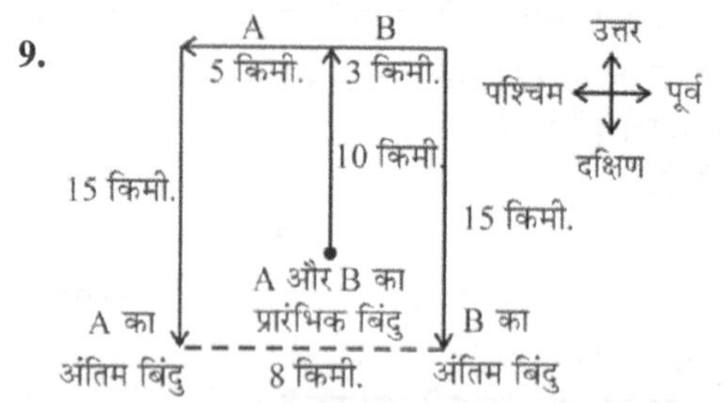

12.

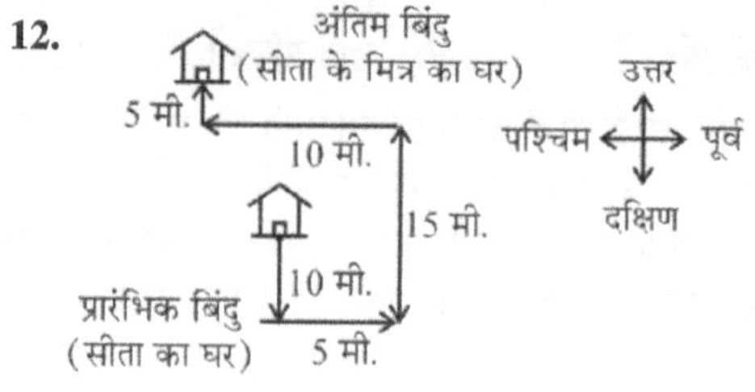

●●●

8

रक्त संबंधी परीक्षण (Blood Relationships)

रक्त संबंधों पर आधारित प्रश्नों को हल करने के लिए यह आवश्यक है कि परीक्षार्थी रिश्तों की जटिलता को तत्काल समझ सकें और किन्हीं दो व्यक्तियों के बीच किस प्रकार के संबंध हो सकते हैं, इस बारे में उन्हें स्पष्ट जानकारी हो। इस प्रकार के प्रश्नों को पूछने का अभिप्राय मुख्यत: यह सुनिश्चित करना है कि परीक्षार्थी कतिपय जटिल भाषा में व्यक्त रिश्तों को कितनी तत्परता से समझ सकते हैं और उत्तर के रूप में सही विकल्प का चयन कर सकते हैं।

अभ्यास

निर्देश: *नीचे के प्रत्येक प्रश्न में व्यक्तियों के बीच उल्लिखित संबंधों को सावधानीपूर्वक समझें और तब दिए गए विकल्पों में से सही उत्तर का चयन करें:*

1. A, B और C का पिता है। B, A का पुत्र है किंतु C, A का पुत्र नहीं है। C का A से क्या संबंध है?

(*a*) पुत्री (*b*) पुत्र
(*c*) भतीजी (*d*) भतीजा

2. एक महिला ने कहा, ''वहां खड़ी लड़की मेरे दादा जी के एकमात्र पुत्र की पुत्री है''। उस महिला का उस लड़की से क्या संबंध है?

(*a*) बहन (*b*) मां
(*c*) चाची (*d*) भतीजा

3. अजय, विजय का भाई है। शुभा, अजय की बहन है। संजय, राहुल का भाई है और मेहुल विजय की पुत्री है। संजय का चाचा कौन है?

(*a*) राहुल (*b*) अजय
(*c*) मेहुल (*d*) दी गई सूचना अपर्याप्त है

4. आदित्य, रवि का भाई है। भरत, जयंत के पिता हैं। ईला, रवि की मां है। आदित्य और जयंत आपस में भाई हैं। ईला का भरत से क्या संबंध है?

(*a*) बहन (*b*) मां
(*c*) पुत्री (*d*) पत्नी

5. वरुण ने अरुण की ओर संकेत करते हुए कहा, ''वह मेरी बहन के एकमात्र भाई का पुत्र है।'' अरुण का वरूण से क्या संबंध है?

(*a*) पुत्र (*b*) भाई
(*c*) भतीजा (*d*) दी गई सूचना अपर्याप्त है

6. एक व्यक्ति की ओर संकेत करते हुए एक महिला ने कहा ''उसके भाई के पिता मेरे दादाजी के एकमात्र पुत्र हैं।'' वह महिला उस व्यक्ति की क्या लगती है?

(*a*) मां (*b*) बहन
(*c*) पुत्री (*d*) चाची

7. विद्या, गोपी की पत्नी है और गोपी, अखिल का भाई है। अखिल, विजय का चाचा है। विजय, विद्या का कौन है?

(*a*) पुत्र (*b*) भतीजा
(*c*) देवर (*d*) भाई

8. यदि अमित के पिता बिल्लू के पिता के एकमात्र पुत्र हैं और बिल्लू का कोई भी भाई नहीं है और न ही उसकी कोई पुत्री है तो अमित और बिल्लू के बीच क्या संबंध है?

(*a*) चाचा-भतीजा (*b*) पिता-पुत्री
(*c*) पिता-पुत्र (*d*) चचेरा भाई

9. A, B की बहन है। B, C का पुत्र है तथा E, D की पुत्री और A की बहन है। D, C का कौन है?

(*a*) भाई (*b*) पति
(*c*) पत्नी (*d*) दी गई सूचना अपर्याप्त है

10. यदि M + N का अर्थ है कि 'M', 'N' का भाई है,
M – N का अर्थ है कि 'M', 'N' की बहन है,
M × N का अर्थ है कि 'M', 'N' की मां है और
M ÷ N का अर्थ है कि 'M', 'N' का पिता है, तो निम्नलिखित में से किसका अर्थ यह होगा कि E, F की बुआ है?

(*a*) E – G ÷ F (*b*) E + G × F
(*c*) E × F – G (*d*) F × G + E

उत्तरमाला

1	2	3	4	5
(*a*)	(*a*)	(*d*)	(*d*)	(*a*)
6	**7**	**8**	**9**	**10**
(*b*)	(*b*)	(*c*)	(*d*)	(*a*)

व्याख्यात्मक उत्तर

1.

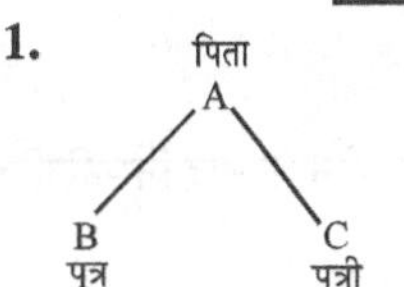

C, A का पुत्र नहीं है किंतु A, C का पिता है। अत: C, A की पुत्री है।

2.

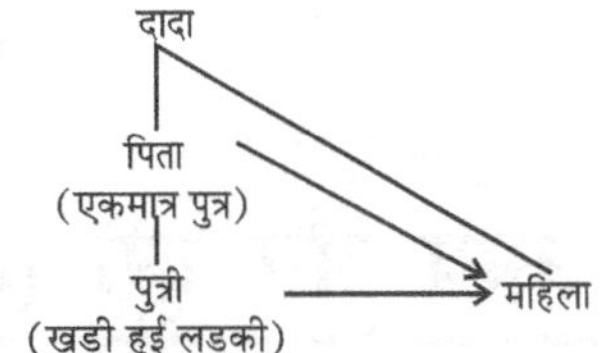

उस महिला के दादा का पुत्र उसके पिता हैं तथा पिता की पुत्री निश्चित ही उस महिला की बहन होगी।

3. 1. शुभा ⟶ अजय ⟶ विजय
↓
मेहुल
(पुत्री)

2. संजय ⟶ राहुल
(भाई)

यहां दो संबंध-समुच्चयों का उल्लेख किया गया है। दी गई सूचना अपर्याप्त है और इन दो भिन्न संबंध-समुच्चयों के बीच कोई संबंध स्थापित नहीं किया जा सकता।

5.

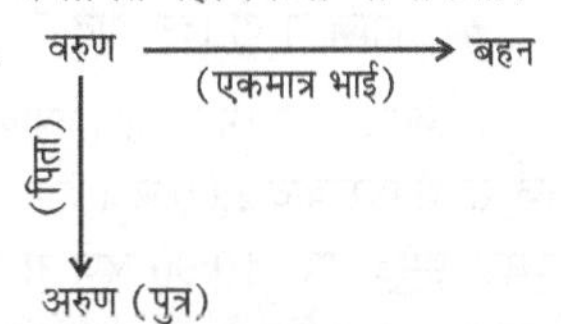

वरुण की बहन का एकमात्र भाई स्वयं वरुण है और उसका पुत्र अरुण है।

8. प्रश्न पर आधारित संबंध-चार्ट है :

अमित के पिता बिल्लू के पिता के एकमात्र पुत्र हैं, और बिल्लू अपने पिता का एकमात्र पुत्र है (बिल्लू का कोई भाई नहीं है)। इससे यह स्पष्ट होता है कि बिल्लू ही अमित का पिता है। चूंकि बिल्लू की कोई पुत्री नहीं है, अत: अमित ही उसका एकमात्र पुत्र है।

9.

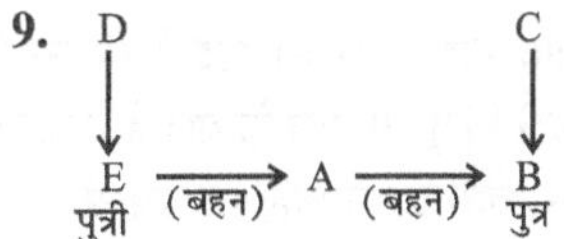

D और C के बीच संबंध नहीं बताया गया है, अत: इनके बीच कोई संबंध नहीं बताया जा सकता है।

10. E – G का अर्थ है 'E, G की बहन है' और G ÷ F का अर्थ है कि 'G, F का पिता है।'

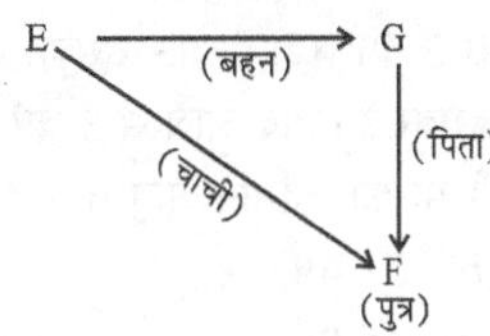

कैलेंडर, घड़ी, समय और दूरी (Calendar, Clock, Time and Distance)

इस प्रकार की गणितीय तर्क बुद्धि परीक्षा घड़ी या कैलेंडर द्वारा समय के परिकलन तथा गतिमान वस्तु की चाल या उसके द्वारा तय की गई दूरी के परिकलन के संबंध में अभ्यर्थियों की योग्यता की जांच करने के लिए आयोजित की जाती है।

अभ्यास

1. यदि परसों बृहस्पतिवार था तो रविवार कब होगा?

(*a*) कल (*b*) परसों
(*c*) आज (*d*) आज से दो दिन बाद

2. किसी कार्यालय में बीस व्यक्ति कार्य करते हैं। इनमें से पांच व्यक्तियों का पहला समूह प्रात: 8:00 बजे से दोपहर बाद 2:00 बजे तक काम करता है। दस व्यक्तियों का दूसरा समूह प्रात: 10:00 बजे से शाम 4:00 बजे तक काम करता है तथा पांच व्यक्तियों का तीसरा समूह दोपहर 12:00 बजे से संध्या 6:00 बजे तक काम करता है। इस कार्यालय में तीन कंप्यूटर हैं जिन्हें सभी कर्मचारी बार-बार प्रयोग में लाते हैं। बताइए कि निम्नलिखित में से किस समय के दौरान कंप्यूटर पर सर्वाधिक काम होगा?

(*a*) दोपहर बाद 1:00 बजे से 3:00 बजे के बीच
(*b*) दोपहर 12:00 बजे से दोपहर बाद 2:00 बजे के बीच
(*c*) दोपहर बाद 2:00 बजे से शाम 4:00 बजे के बीच
(*d*) प्रात: 10:00 बजे से दोपहर 12:00 बजे के बीच

3. यदि किसी माह का सातवां दिन शुक्रवार से तीन दिन पहले का दिन हो तो उस माह का उन्नीसवां दिन सप्ताह का कौन-सा दिन होगा?

(*a*) रविवार (*b*) सोमवार
(*c*) बुधवार (*d*) शुक्रवार

4. राधा को याद है कि उसके पिता का जन्मदिन 16 मार्च के बाद किंतु 21 मार्च से पहले है जबकि उसके भाई मंगेश को याद है कि उनके पिता का जन्मदिन 22 मार्च से पहले किंतु 19 मार्च के बाद है। बताइए कि उनके पिता का जन्मदिन किस तारीख को निश्चित रूप से है?

(*a*) 19 मार्च
(*b*) 20 मार्च
(*c*) 21 मार्च
(*d*) कहा नहीं जा सकता

5. एक व्यक्ति आयु में अपनी पत्नी से 3 वर्ष बड़ा है और उसकी आयु उसके पुत्र की आयु के 4 गुने के बराबर है। यदि आज से 3 वर्ष बाद पुत्र की आयु 15 वर्ष हो तो उसकी मां की वर्तमान आयु क्या है?

(*a*) 60 वर्ष (*b*) 51 वर्ष
(*c*) 48 वर्ष (*d*) 45 वर्ष

6. एक घड़ी इस प्रकार रखी गई है कि दोपहर ठीक 12.00 बजे इसकी मिनट की सूई उत्तर-पूर्व दिशा को सूचित करती है। दोपहर बाद 1.30 बजे इस घड़ी की घंटे की सूई किस दिशा को सूचित करेगी?

(*a*) पूर्व (*b*) पश्चिम
(*c*) उत्तर (*d*) दक्षिण

7. दो भाइयों को एक ही दिन घर वापस लौटना था। रजत पूर्व निर्धारित दिन से 3 दिन पहले घर लौटा जबकि रोहित निर्धारित दिन से चार दिन बाद घर लौटा। यदि रजत वृहस्पतिवार को घर लौटा हो तो उनके घर लौटने का पूर्व-निर्धारित दिन क्या था तथा रोहित किस दिन घर लौटा?

(*a*) बुधवार, रविवार (*b*) बृहस्पतिवार, सोमवार
(*c*) रविवार, बृहस्पतिवार (*d*) सोमवार, शुक्रवार

निर्देश (प्र.सं. 8–10): *निम्नलिखित सूचना को ध्यानपूर्वक पढ़ें और नीचे पूछे गए प्रश्नों के उत्तर दें :*

(*i*) एक सिटी बस कंपनी M, N, O, P, Q, R और S सात बसें चलाती है जिनमें से प्रत्येक बस शहर के दर्शनीय स्थलों के टूर पर प्रतिदिन एक बार 4 घंटे के लिए रवाना होती है।

(*ii*) सोमवार से शुक्रवार तक पहली बस ठीक आठ बजे रवाना होती है जिसके बाद की बसें बारी-बारी से 45 मिनट, जिसके बाद 30 मिनट और फिर 45 मिनट, जिसके बाद 35 मिनट और फिर 45 मिनट और उसके बाद 40 मिनट के अंतराल पर रवाना होती हैं।

(*iii*) शनिवार और रविवार को पहली बस प्रात: 7:30 बजे रवाना होती है और उसके बाद की बसें बारी-बारी से एक-एक घंटे के अंतर पर रवाना होती हैं।

(*iv*) बस 'Q' बस 'M' के ठीक बाद रवाना होती है जिसके ठीक बाद बस 'S' रवाना होती है।

(*v*) बस 'O' अंतिम बस है जिसके बाद और कोई बस नहीं जाती।

(*vi*) बस 'R' बस 'M' से ठीक पहले रवाना होती है किंतु यह बस 'P' के ठीक बाद नहीं जाती।

8. शनिवार को बस 'M' कितने बजे रवाना होती है?

(*a*) प्रात: 10 बजे
(*b*) प्रात: 9:45 बजे
(*c*) प्रात: 10:30 बजे
(*d*) सूचना अपर्याप्त है

9. रविवार को बस 'P' द्वारा अपना टूर पूरा कर लेने के बाद निम्नलिखित में से कौन-सी बस रवाना होती है?

(*a*) Q (*b*) S
(*c*) O (*d*) सूचना अपर्याप्त है

10. यदि शनिवार-रविवार को बस 'M' के रवाना होने के बाद दूसरी बसों के रवाना होने के समय-अंतराल में 30 मिनट की वृद्धि कर दी जाए, तो बस 'O' का टूर कितने बजे पूरा होगा?
   (*a*) दोपहर बाद 3:00 बजे   (*b*) दोपहर बाद 2:00 बजे
   (*c*) शाम 6:00 बजे   (*d*) शाम 7:00 बजे

उत्तरमाला

1	2	3	4	5
(*a*)	(*b*)	(*a*)	(*b*)	(*d*)
6	**7**	**8**	**9**	**10**
(*a*)	(*c*)	(*c*)	(*a*)	(*d*)

व्याख्यात्मक उत्तर

1. बृहस्पतिवार —बीता परसों
   शुक्रवार —बीता कल
   शनिवार —आज
   रविवार — आने वाला कल

4. पिता का जन्मदिन

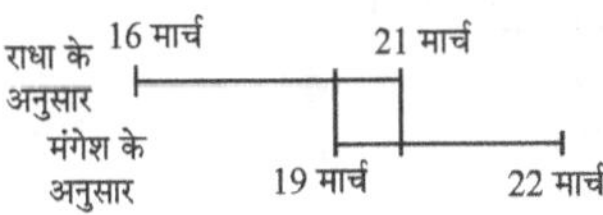

∴ अत: उनके पिता का जन्मदिन 20 मार्च को है।

6. 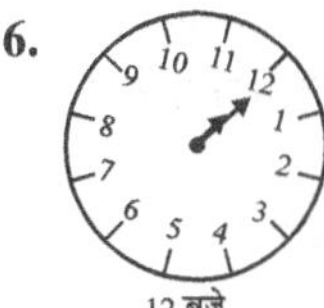

8-10.

बसों के रवाना होने का क्रम	सोमवार से शुक्रवार तक रवानगी का समय	शनिवार और रविवार को रवानगी का समय
P	प्रात: 8:00 बजे	प्रात: 7:30 बजे
N	प्रात: 8:45 बजे	प्रात: 8:30 बजे
R	प्रात: 9:15 बजे	प्रात: 9:30 बजे
M	प्रात: 10 बजे	प्रात: 10:30 बजे
Q	प्रात: 10:35	प्रात: 11:30 बजे
S	प्रात: 11:20 बजे	दोपहर बाद 12:30 बजे
O	दोपहर 12 बजे	दोपहर बाद 1:30 बजे

10. बस M प्रात: 10:30 बजे रवाना होती है। यदि 1 घंटे के समय अंतराल में 30 मिनट की वृद्धि कर दी जाए तो बस Q दोपहर 12:00 बजे रवाना होगी, बस S दोपहर बाद 1:30 बजे और बस O दोपहर बाद 3:00 बजे रवाना होगी। बस O अपना चार घंटे का टूर शाम 7:00 बजे पूरा करेगी।

●●●

10
श्रेणी एवं क्रम (Rows and Ranks)

इस प्रकार के प्रश्न किसी पंक्ति या लाइन में व्यवस्थित वस्तुओं की संख्या या कुछ छात्रों की एक कक्षा में किसी छात्र के क्रम-स्थान (कोटि) या कक्षा में छात्रों की कुल संख्या ज्ञात करने के लिए कतिपय सरल गणितीय परिकलनों पर आधारित होते हैं।

अभ्यास

1. पेड़ों की एक पंक्ति में कोई एक पेड़ पंक्ति के दोनों छोरों से पांचवें स्थान पर है। इस पंक्ति में कुल कितने पेड़ हैं?
   (*a*) 11   (*b*) 8
   (*c*) 10   (*d*) 9

2. 53 छात्रों की एक कक्षा में जया का योग्यता-क्रम में 5 वां स्थान है। कक्षा में योग्यता-क्रम में नीचे से उसका क्रम-स्थान क्या है?
   (*a*) 49 वां   (*b*) 48 वां
   (*c*) 47 वां   (*d*) 50 वां

3. पैंसठ छात्रों की एक कक्षा में योग्यता-क्रम में मोहन का क्रम स्थान इक्कीसवां है। यदि योग्यता-क्रम में सबसे नीचे के छात्र का क्रम-स्थान 1 माना जाए तो योग्यता-क्रम में नीचे से मोहन का क्रम-स्थान क्या होगा?
   (*a*) 44 वां   (*b*) 45 वां
   (*c*) 46 वां   (*d*) दी गई सूचना अपर्याप्त है

4. लड़कों की एक पंक्ति में राहुल दाहिने से 12 वें स्थान पर और बाएं से चौथे स्थान पर खड़ा है। इस पंक्ति में और कितने लड़कों को शामिल करने पर पंक्ति में लड़कों की कुल संख्या 28 हो जाएगी?
   (*a*) 12   (*b*) 14
   (*c*) 20   (*d*) 13

5. लड़कों की एक पंक्ति में राजन दाहिने से दसवें स्थान पर है और सूरज बाएं से दसवें स्थान पर है। यदि राजन और सूरज आपस में अपना स्थान बदल लें तो सूरज बाएं से सताइसवें स्थान पर आ जाएगा। राजन अब पंक्ति में दाहिने से कितने स्थान पर खड़ा है?
   (*a*) दसवें   (*b*) छब्बीसवें
   (*c*) उन्तीसवें   (*d*) सताइसवें

6. 41 छात्रों की एक कक्षा में महेश और सुरेश योग्यता-क्रम में ऊपर से क्रमशः 11 वें और 12 वें स्थान पर हैं। योग्यता-क्रम में नीचे से इनका क्रम-स्थान क्या है?

(*a*) 32 वां और 33 वां (*b*) 29 वां और 30 वां
(*c*) 30 वां और 31 वां (*d*) 31 वां और 30 वां

7. किसी कक्षा में उमा योग्यता-क्रम में ऊपर से 8 वें और नीचे से 37 वें स्थान पर है। इस कक्षा में कुल कितने छात्र हैं?

(*a*) 47 (*b*) 46
(*c*) 45 (*d*) 44

8. एक पंक्ति में सादिक सामने से 14 वें स्थान पर और जोसफ अंत से 17 वें स्थान पर खड़ा है जबकि जेन, सादिक और जोसफ के बीच खड़ा है। यदि सादिक, जोसफ से आगे खड़ा है और पंक्ति में कुल 48 व्यक्ति खड़ें हो, तो सादिक और जेन के बीच पंक्ति में कितने व्यक्ति खड़े हैं?

(*a*) 5 (*b*) 6
(*c*) 7 (*d*) 8

9. किसी कक्षा में वार्षिक परीक्षा में उत्तीर्ण हुए छात्रों में योग्यता-क्रम में रोहन नीचे से सताइसवें स्थान पर और ऊपर से ग्यारहवें स्थान पर आया। यदि वार्षिक परीक्षा में इस कक्षा के 12 छात्र अनुत्तीर्ण घोषित किए गए हों तो परीक्षा में इस कक्षा के कितने छात्र शामिल हुए थे?

(*a*) 48 (*b*) 49
(*c*) 50 (*d*) कहा नहीं जा सकता

10. कुछ लड़के एक पंक्ति में बैठे हैं। P पंक्ति में बाएं से चौदहवें स्थान पर और Q दाहिने से सातवें स्थान पर बैठा है। यदि P और Q के बीच चार लड़के बैठे हों, तो इस पंक्ति में कुल कितने लड़के हैं?

(*a*) 19 (*b*) 21
(*c*) 25 (*d*) 23

निर्देश (प्र.सं. 11 से 15): *प्रत्येक दिए गए विकल्पों से उस एक शब्द का चयन करें जिसे प्रश्न में दिए गए शब्द के अक्षरों का प्रयोग करके लिखा नहीं जा सकता।*

11. ROTATION
(*a*) TORN (*b*) NOTE
(*c*) TART (*d*) RAIN

12. INSUFFICIENT
(*a*) ENTICE (*b*) SCENT
(*c*) SUFFICE (*d*) THENCE

13. CATASTROPHE
(*a*) TASTE (*b*) CHEAP
(*c*) POUCH (*d*) STARE

14. MASTERPIECE
(*a*) MINCE (*b*) TRAMP
(*c*) PESTER (*d*) SPRITE

15. PROGNOSTICATION
(*a*) RONTGEN (*b*) SPITOON
(*c*) ROGATION (*d*) START

निर्देश (प्र.सं. 16 से 20): *यहाँ प्रत्येक प्रश्न में दिए गए विकल्पों से उस एक शब्द का चयन करें जिसे प्रश्न के आरंभ में दिए गए शब्द के अक्षरों का प्रयोग करके लिखा जा सकता है।*

16. INVESTIGATE
(*a*) INVERT (*b*) GLIDE
(*c*) STING (*d*) ACTED

17. ADVENTURE
(*a*) AWARE (*b*) EVENT
(*c*) TRUCE (*d*) DRIED

18. THANKSGIVING
(*a*) AVENGE (*b*) HAUNTS
(*c*) GRAINS (*d*) SAVING

19. BLANDISHMENT
(*a*) BOARD (*b*) METAL
(*c*) SHAPE (*d*) CRASH

20. UNDISCHARGED
(*a*) CHANGED (*b*) DISARMED
(*c*) GROUNDED (*d*) SHARPEN

उत्तरमाला

1	2	3	4	5
(*d*)	(*a*)	(*b*)	(*d*)	(*d*)
6	**7**	**8**	**9**	**10**
(*d*)	(*d*)	(*d*)	(*b*)	(*c*)
11	**12**	**13**	**14**	**15**
(*b*)	(*d*)	(*c*)	(*a*)	(*a*)
16	**17**	**18**	**19**	**20**
(*c*)	(*b*)	(*d*)	(*b*)	(*a*)

व्याख्यात्मक उत्तर

1.

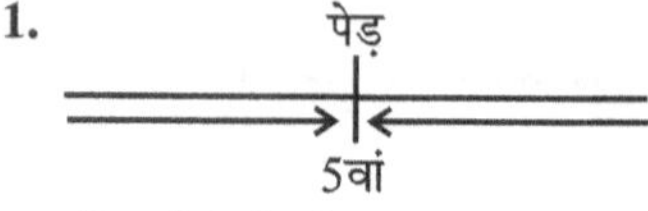

पंक्ति में पेड़ों की कुल संख्या
$= (5 + 5) - 1 = 9$

2.

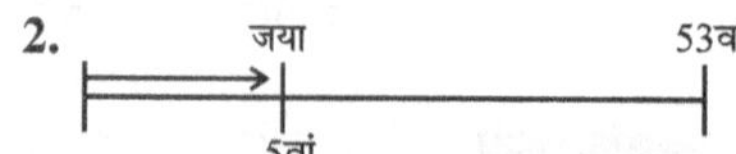

योग्यता-क्रम में नीचे से जया का स्थान
$= (53 - 5) + 1 = 49$ वां

7.

उमा
8वां 37वां

कक्षा में छात्रों की कुल संख्या $= (8 + 37) - 1 = 44$

10.

P Q
4
14वां 7वां

पंक्ति में लड़कों की संख्या $= (14 + 4 + 7) = 25$

●●●

11

प्रतीक (चिह्न) प्रतिस्थापन (Symbol Substitution)

इस प्रकार के प्रश्नों को हल करना अत्यधिक सरल है। ऐसे प्रश्नों को हल करने की एकमात्र अपेक्षा यह है कि उम्मीदवार दिए गए प्रतीकों या चिह्नों को प्रतिस्थापित करने और परिकलन की विद्या में पारंगत हों और अत्यधिक त्वरित गति से दिए गए प्रश्नों का हल ज्ञात कर सके। इस श्रेणी में पूछे गए कुछ सामान्य प्रकार के प्रश्न नीचे हल किए गए हैं।

अभ्यास

1. यदि "+" का अर्थ "–" हो; "–" का अर्थ "×" हो; "×" का अर्थ "÷" हो और "÷" का अर्थ "+" हो, तो
   $15 \times 5 \div 10 + 5 - 3 = ?$
   (*a*) 9.5 (*b*) 0
   (*c*) – 2 (*d*) 24
2. यदि "+" का अर्थ "–" हो; "–" का अर्थ "×" हो; "×" का अर्थ "÷" हो; और "÷" का अर्थ "+" हो, तो
   $15 \times 3 \div 15 + 5 - 2 = ?$
   (*a*) 0 (*b*) 10
   (*c*) 20 (*d*) 6
3. यदि "+" का अर्थ "÷" हो; "×" का अर्थ "–" हो; "÷" का अर्थ "+" हो और "–" का अर्थ "×" हो, तो
   $16 \div 8 \times 6 - 2 + 12 = ?$
   (*a*) 22 (*b*) 24
   (*c*) 23 (*d*) 20
4. यदि "+" का अर्थ "×" हो; "–" का अर्थ "÷" हो; "×" का अर्थ "–" हो और "÷" का अर्थ "+" हो, तो
   $5 + 8 - 4 \times 2 \div 9 = ?$
   (*a*) 15 (*b*) 13
   (*c*) 17 (*d*) 11
5. यदि × का आशय जोड़ की संक्रिया से हो, ÷ का आशय घटाव की संक्रिया से हो, + का आशय गुणा की संक्रिया से हो और – का आशय भाग की संक्रिया से हो तो $(20 \times 6 \div 6 \times 4)$ निम्नलिखित में से किसके बराबर है?
   (*a*) 5 (*b*) 24
   (*c*) 25 (*d*) 80

उत्तरमाला

1	2	3	4	5
(*c*)	(*b*)	(*c*)	(*c*)	(*b*)

व्याख्यात्मक उत्तर

1. $15 \div 5 + 10 - 5 \times 3$
   $3 + 10 - 15 = -2$
3. $16 + 8 - 6 \times 2 \div 12$
   $16 + 8 - 1 = 23$
4. $5 \times 8 \div 4 - 2 + 9,$
   $10 - 2 + 9 = 17$
5. $20 + 6 - 6 + 4 = 24$

●●●

12

कृत्रिम मान और लुप्त संख्याएँ (Artificial Values and Missing Numbers)

इस प्रकार के प्रश्नों को हल करने के लिए संख्या संबंधी प्रश्नों को हल करने में निपुणता और गणितीय कौशल का होना अपेक्षित है। उत्तर प्राप्त करने के लिए अभ्यर्थियों के लिए यह अपेक्षित है कि वे अंकगणितीय चिह्नों या प्रतीकों के सही संयोजन का चयन करें जिसे दिए गए प्रश्नों में प्रश्न चिह्न के स्थान पर प्रतिस्थापित किया जा सके।

अभ्यास

निर्देश : *नीचे दिए गए प्रत्येक प्रश्न में बताएँ कि प्रश्न चिह्न (?) के स्थान पर कौन-सी संख्या रखी जा सकती है?*

1. 

   (*a*) 693 (*b*) 939
   (*c*) 981 (*d*) 993
2. 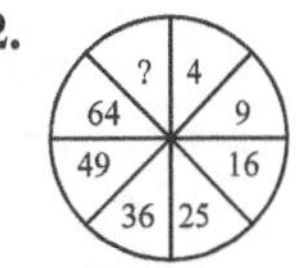

   (*a*) 68 (*b*) 100
   (*c*) 72 (*d*) 81

3.

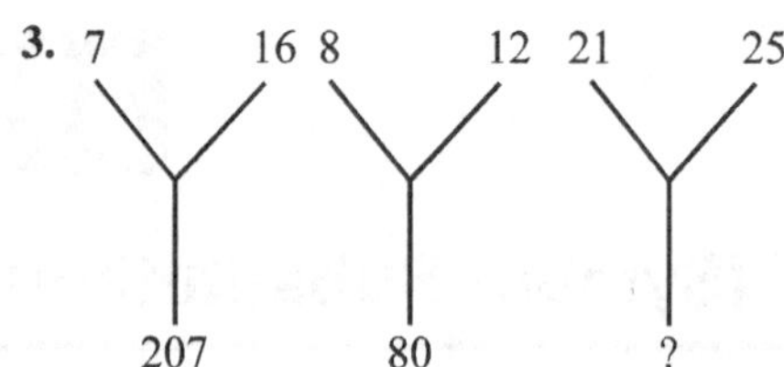

(*a*) 425 (*b*) 184
(*c*) 241 (*d*) 210

4.

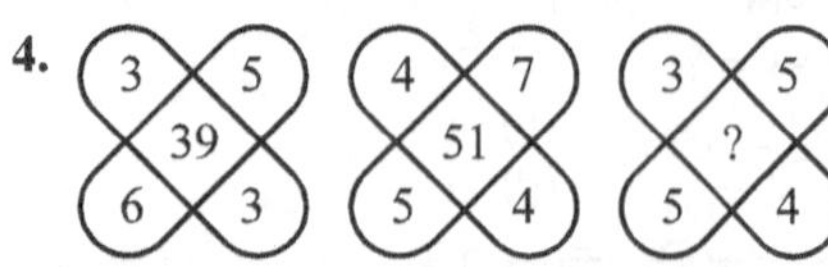

(*a*) 35 (*b*) 37
(*c*) 45 (*d*) 48

5.

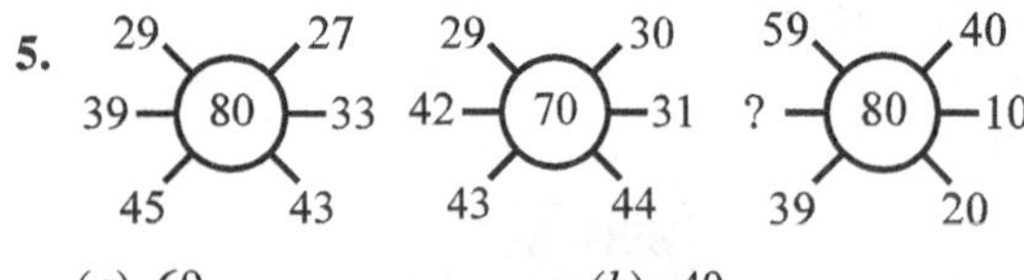

(*a*) 69 (*b*) 49
(*c*) 50 (*d*) 60

6.

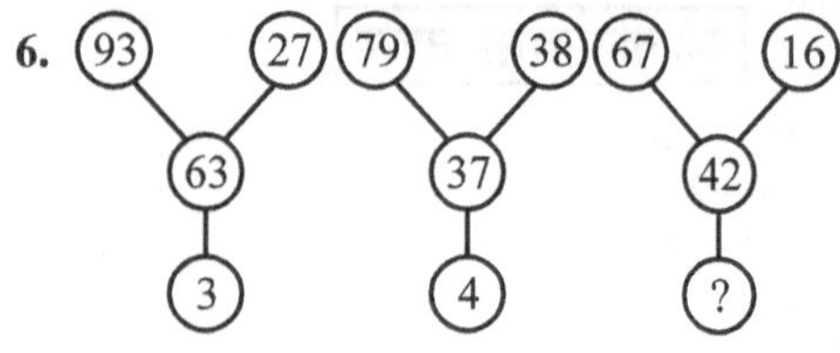

(*a*) 5 (*b*) 6
(*c*) 8 (*d*) 9

7.

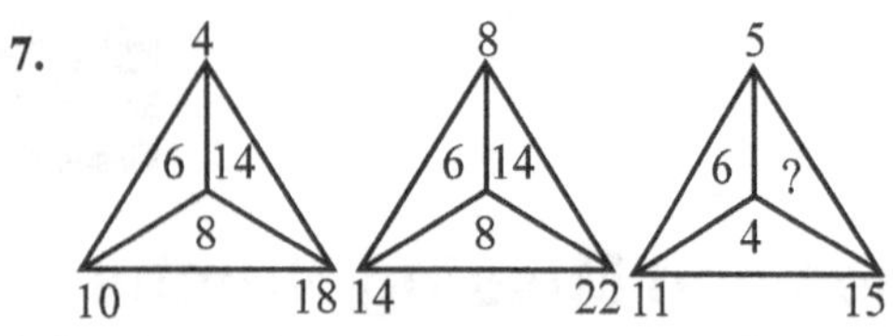

(*a*) 8 (*b*) 14
(*c*) 10 (*d*) 6

8.

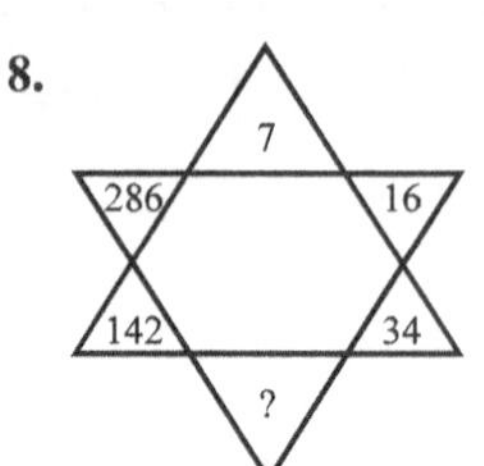

(*a*) 70 (*b*) 68
(*c*) 56 (*d*) 92

9.

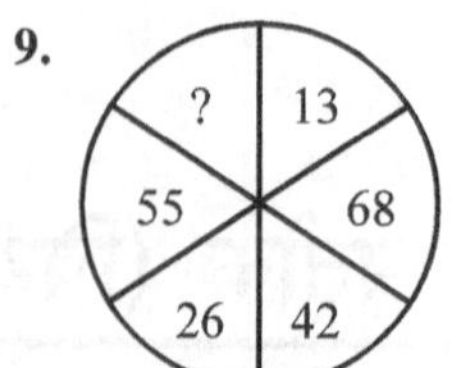

(*a*) 41 (*b*) 37
(*c*) 29 (*d*) 25

10.

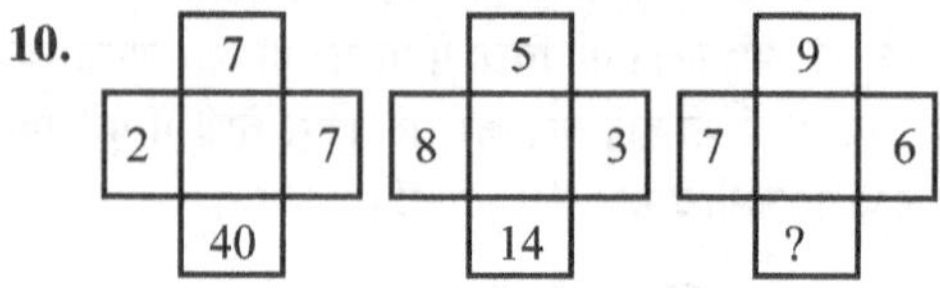

(*a*) 72 (*b*) 68
(*c*) 82 (*d*) 96

उत्तरमाला

1	2	3	4	5
(*c*)	(*d*)	(*b*)	(*b*)	(*a*)
6	**7**	**8**	**9**	**10**
(*d*)	(*c*)	(*a*)	(*c*)	(*b*)

व्याख्यात्मक उत्तर

1. उलटे बने त्रिभुज के ऊपरी भाग के दोनों खानों में दी गई संख्याओं के वर्ग को एक दूसरे की बगल में रखने पर त्रिभुज के निचले शीर्ष की संख्या प्राप्त होती है, अर्थात्

6^2 और $3^2 = 369$, 2^2 और $5^2 = 425$,

इसी प्रकार 3^2 और $9^2 = 981$.

2. 4 से आरंभ करके प्रत्येक अनुवर्ती संख्या क्रमागत प्राकृतिक संख्या का वर्ग है। अर्थात् $2^2 = 4, 3^2 = 9, 4^2 = 16, \ldots 9^2 = 81$

3. नीचे की संख्या ऊपर की दोनों संख्याओं के वर्गों का अंतर है, अर्थात्

$16^2 - 7^2 = 256 - 49 = 207$

$12^2 - 8^2 = 144 - 64 = 80$, इसी प्रकार

$25^2 - 21^2 = 625 - 441 = 184$

4. बीच की संख्या विकर्णतः सम्मुख संख्याओं के गुणनफलों का योग है, अर्थात् $(3 \times 3) + (5 \times 6) = 39$

$(4 \times 4) + (7 \times 5) = 51$,

इसी प्रकार $(3 \times 4) + (5 \times 5) = 37$

5. किसी भी एक आकृति में सरेखीय तीनों संख्याओं का योगफल समान है, अर्थात्

$29 + 80 + 43$ या $39 + 80 + 33$ या $45 + 80 + 27 = 152$

$29 + 70 + 44$ या $42 + 70 + 31$

या $43 + 70 + 30 = 143$, इसी प्रकार

$59 + 80 + 20$ या $39 + 80 + 40 = 159$.

अतः लुप्त संख्या है : $159 - (80 + 10) = 69$

6. प्रत्येक आकृति में दाहिने और बीच के घेरों की संख्याओं के योगफल को बायीं ओर के घेरे की संख्या से घटाने पर आकृति में सबसे नीचे के घेरे की संख्या प्राप्त होती है, अर्थात्

$93 - (27 + 63) = 3$

$79 - (38 + 37) = 4$, इसी प्रकार

$67 - (16 + 42) = 9$

8. दी गई आकृति में 7 की संख्या से आरंभ करके दक्षिणावर्त अगली संख्या पहली संख्या के दोगुने से 2 अधिक है, अर्थात्

$(7 \times 2) + 2 = 16$

$(16 \times 2) + 2 = 34 \ldots$, इसी प्रकार

$(34 \times 2) + 2 = 70$

$(70 \times 2) + 2 = 142$

$(142 \times 2) + 2 = 286$

9. दी गई आकृति में सम्मुख त्रिज्यखंडों में दी गई संख्याओं का अंतर 13 है, अर्थात्

$26 - 13 = 13$

$68 - 55 = 13$,

इसी प्रकार

अत: लुप्त संख्या है : $42 - 13 = 29$

($42 + 13 = 55$ विकल्पों में नहीं दिया गया है)

10. प्रत्येक आकृति में मध्यस्थ ग्रिड रेखा में दी गई संख्याओं के योगफल को ऊपर स्थित संख्या के वर्ग से घटाने पर आकृति में नीचे की संख्या प्राप्त होती है, अर्थात्

$7^2 - (2 + 7) = 40$

$5^2 - (8 + 3) = 14$,

इसी प्रकार $9^2 - (7 + 6) = 68$.

●●●

13

अंग्रेजी वर्णक्रम पर आधारित प्रश्न
(Problems Based on English Alphabet)

अंग्रेजी वर्णमाला पर आधारित प्रश्नों को हल करना अत्यधिक सरल है। इस प्रकार के प्रश्न वर्णमाला के सीधे क्रम में और साथ ही उलटे क्रम में भी दी गई शृंखलाओं पर आधारित होते हैं। शृंखला Z पर पहुँचने के बाद A से पुन: आरंभ होती है और उलटे क्रम में A पर पहुँचने के बाद Z से पुन: आरंभ होती है। इस शृंखला में A E I O U स्वर और शेष अक्षर व्यंजन कहलाते हैं।

अभ्यास

निर्देश: *निम्नलिखित प्रश्न वर्णमाला के सीधे या उलटे क्रम में लिखी गई शृंखला पर तथा दिए गए शब्द में अक्षरों के स्थान परिवर्तन पर आधारित हैं।*

1. वर्णमाला के सीधे क्रम में लिखी गई शृंखला में बाएँ छोर से छठे अक्षर के ठीक पहले कौन-सा अक्षर होता है?
(*a*) U (*b*) E
(*c*) F (*d*) V

2. यदि अंग्रेजी वर्णमाला में प्रथम अर्द्धांश के अक्षरों को उलटे क्रम में लिखा जाए तो दायीं ओर से नौवें अक्षर की बायीं ओर का नौवाँ अक्षर कौन-सा होगा?
(*a*) I (*b*) D
(*c*) F (*d*) E

3. यदि अंग्रेजी वर्णमाला को उलटे क्रम में लिखा जाए, तो दायीं और से सातवें अक्षर की बायीं ओर का आठवाँ अक्षर कौन-सा होगा?
(*a*) O (*b*) P
(*c*) N (*d*) Q

4. यदि अंग्रेजी वर्णमाला को उलटे क्रम में लिखा जाए तो P के दाएँ से छठा अक्षर कौन-सा होगा?
(*a*) J (*b*) W
(*c*) K (*d*) V

5. यदि अंग्रेजी वर्णमाला को दो बराबर हिस्सों में बाँट दिया जाए जिनमें पहले अर्द्धांश में A से M तक के और दूसरे अर्द्धांश में N से Z तक के अक्षर निहित हों, तो बाद वाले अर्द्धांश का कौन-सा अक्षर पहले वाले अर्द्धांश के J अक्षर के संगत होगा?
(*a*) W (*b*) Q
(*c*) V (*d*) R

उत्तरमाला

1	2	3	4	5
(*b*)	(*d*)	(*a*)	(*a*)	(*a*)

व्याख्यात्मक उत्तर

1. A E F Z
छठा

बाएँ से छठा अक्षर 'F' है और 'F' से ठीक पहले का अक्षर 'E' है।

2. MLKJIGHFEDCBANOPQRSTUVWXYZ
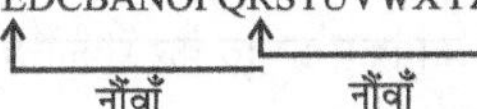

5. A B C D E F G H I J K L M
N O P Q R S T U V W X Y Z

●●●

14

वेन आरेख विश्लेषण (Venn Diagram Analysis)

आरेख विश्लेषण

इस प्रकार के परीक्षण में आरेखों द्वारा निरूपित दो या दो से अधिक वस्तुओं या तथ्यों या मदों के बीच संबंध स्थापित करना होता है।

आरेखों द्वारा निरूपित मदें कोई पृथक वस्तु या प्राणी या व्यक्तियों का कोई विशिष्ट दल/वर्ग आदि हो सकती हैं।

अभ्यास

1. निम्नलिखित आरेख में कौन-सी संख्या केवल दो ज्यामितीय आकृतियों में उभयनिष्ठ है?

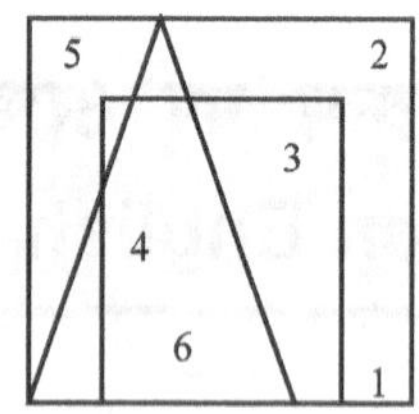

(*a*) 4 (*b*) 3
(*c*) 5 (*d*) 2

निर्देश (प्रश्न 2 और 3) : *नीचे के आरेख में आयत हिंदी के उद्घोषकों को निरूपित करता है, वृत्त अंग्रेजी भाषा के उद्घोषकों को निरूपित करता है, वर्ग फ्रांसीसी भाषा के उद्घोषकों को निरूपित करता है और त्रिभुज जर्मन भाषा के उद्घोषकों को निरूपित करता है।*

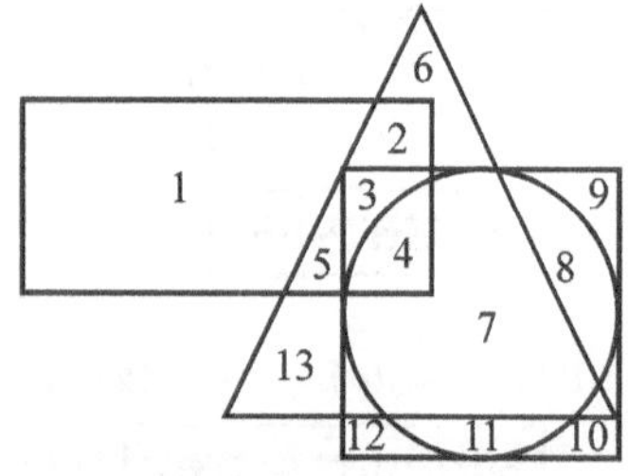

2. कौन-सा क्षेत्र उन उद्घोषकों को निरूपित करता है जो हिंदी, फ्रांसीसी और जर्मन भाषाओं में कार्यक्रम प्रस्तुत कर सकते हैं?
(*a*) 1 (*b*) 2
(*c*) 3 (*d*) 4

3. कौन-सा क्षेत्र उन उद्घोषकों को निरूपित करता है जो केवल फ्रांसीसी और अंग्रेजी भाषा में कार्यक्रम प्रस्तुत कर सकते हैं?
(*a*) 7
(*b*) 9
(*c*) 11
(*d*) 13

निर्देश (प्रश्न 4 और 5) : *नीचे दिए गए आरेख के आधार पर प्रश्न संख्या 4 और 5 के उत्तर दें :*

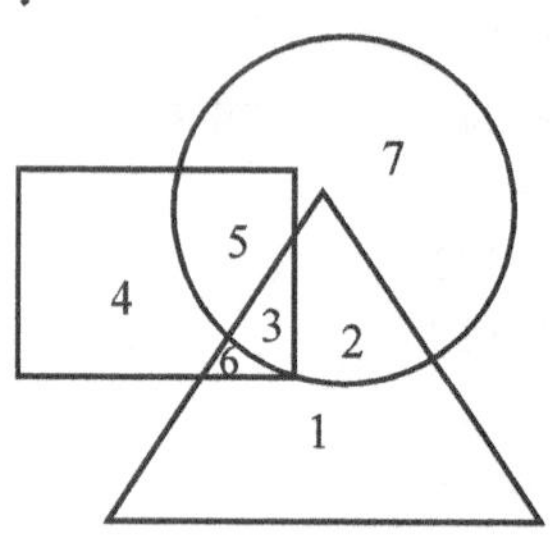

4. कौन-सी संख्या सभी ज्यामितीय आकृतियों में अंतर्निहित है?
(*a*) 5 (*b*) 6
(*c*) 2 (*d*) 3

5. संख्या 6 निम्नलिखित में से किसमें अंतर्निहित है?
(*a*) आयत और त्रिभुज
(*b*) वृत्त और त्रिभुज
(*c*) आयत और वृत्त
(*d*) केवल आयत

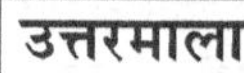

1	2	3	4	5
(*b*)	(*c*)	(*c*)	(*d*)	(*a*)

व्याख्यात्मक उत्तर

प्रश्न 2 और 3 के लिए

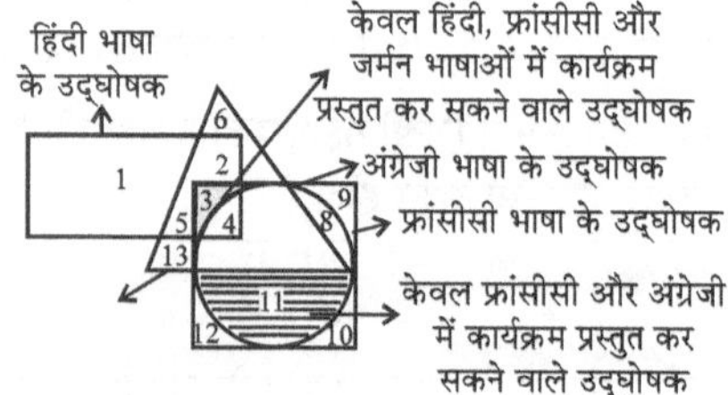

प्रश्न 4 और 5 के लिए

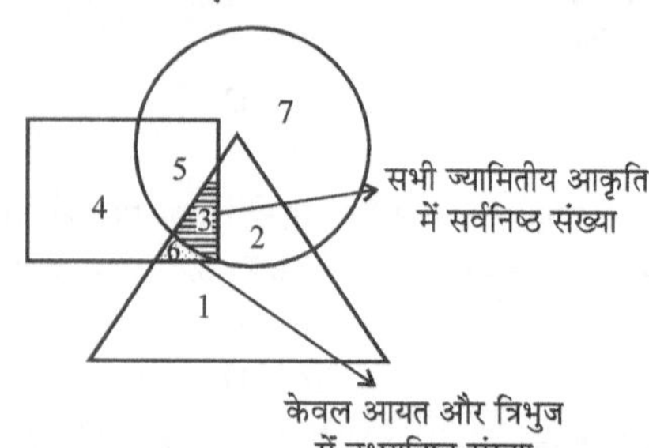

कथन एवं वेन आरेख

इस प्रकार के प्रश्नों में विकल्प के रूप में पाँच भिन्न-भिन्न आकृतियों का समुच्चय दिया जाता है। प्रत्येक आकृति संबंधित शब्दों के कुछ समूहों का एक तार्किक पैटर्न निरूपित करती है जिनमें प्रत्येक शब्द एक वर्ग को निरूपित करता है।

अभ्यास

निर्देश : *नीचे दिए गए पाँच तर्क आरेखों में से उस आरेख (आकृति) का चयन करें जो प्रश्न में दिए गए तीनों वर्गों के बीच संबंध को सर्वाधिक सुस्पष्ट रूप में प्रदर्शित करता है।*

(*a*) (*b*) (*c*)

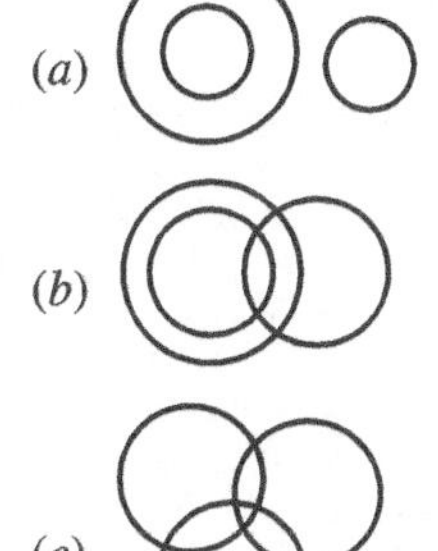

(*d*)

(*e*)

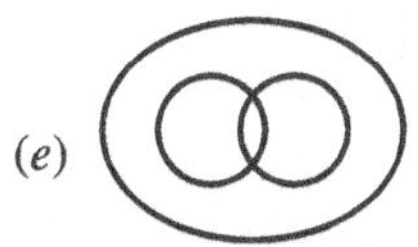

1. पक्षी, फल, आम
2. अपराधी, वकील, डकैत
3. तैराक, कुँआरा, पुरुष
4. स्मार्ट, इंजीनियर, महिला
5. सब्जियाँ, आलू, बैंगन
6. अंगूर, मीठा, फल
7. डॉक्टर, वास्तुकार, मनुष्य
8. विद्वान, व्यक्ति, भारतीय
9. बच्चे, शरारती, अध्ययनशील
10. कलम, पेंसिल, स्टेशनरी

उत्तरमाला

1	2	3	4	5
(*a*)	(*a*)	(*b*)	(*c*)	(*d*)
6	**7**	**8**	**9**	**10**
(*b*)	(*d*)	(*e*)	(*c*)	(*d*)

व्याख्यात्मक उत्तर

1.

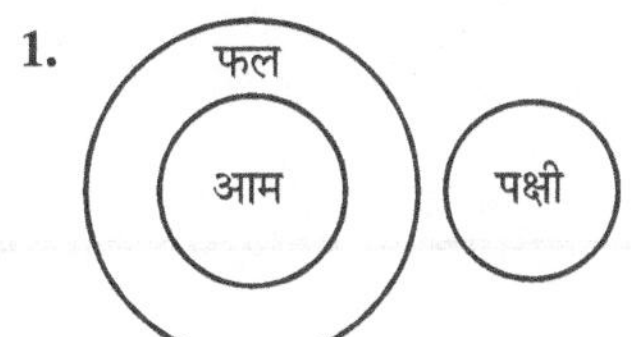

सभी आम फल हैं किंतु फल और आम में से कोई भी पक्षी नहीं है।

2.

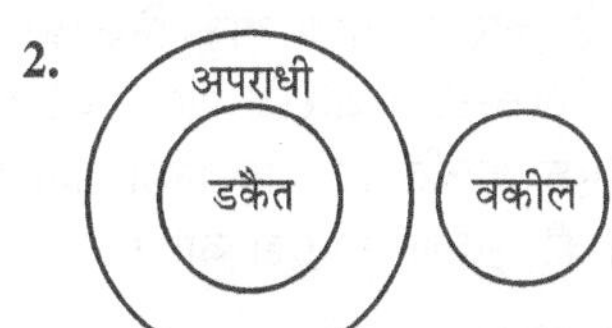

सभी डकैत अपराधी हैं किंतु अपराधी और डकैत में से कोई भी वकील नहीं हो सकता।

3.

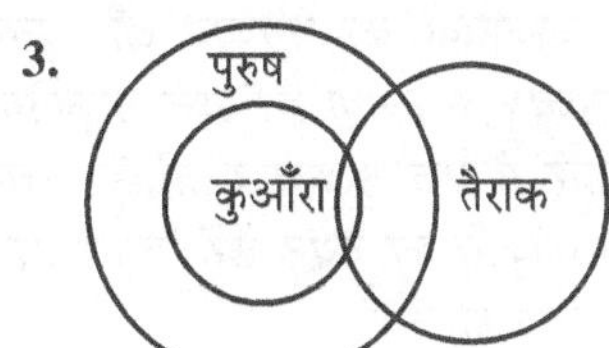

सभी कुँआरे पुरुष होते हैं तथा कुछ पुरुष और कुँआरे तैराक हो सकते हैं।

6.

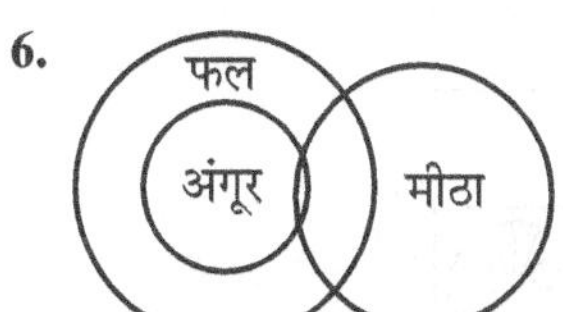

कुछ अंगूर मीठे हैं और सभी अंगूर फल हैं। किंतु सभी मीठी चीजें फल नहीं हैं।

8.

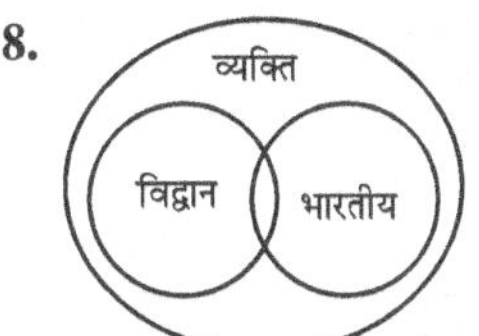

कुछ भारतीय विद्वान हो सकते हैं और कुछ विद्वान भारतीय हो सकते हैं। विद्वान और भारतीय दोनों ही व्यक्ति की श्रेणी में आते हैं।

10.

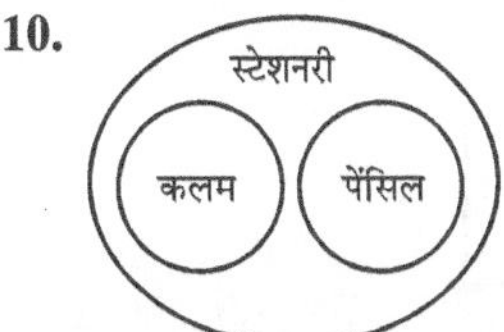

कलम और पेंसिल दोनों स्टेशनरी की मदें हैं। कुछ स्टेशनरी कलम और पेंसिल हैं किंतु कलम और पेंसिल दो अलग-अलग वर्ग हैं।

●●●

15

श्रृंखला (Series)

इस प्रकार की अभाषिक श्रृंखला (Non-Verbal Series) में, जो सर्वाधिक सामान्य प्रकार की श्रृंखला होती है, चार या पांच आनुक्रमिक प्रश्न आकृतियां एक निश्चित अनुक्रम निर्मित करते हैं और अभ्यर्थियों को दी गई उत्तर आकृतियों के सेट से उस एक आकृति का चयन करना होता है जिससे प्रश्न आकृतियों के समुच्चय की श्रृंखला सतत् हो जाए।

अभ्यास

निर्देश : *नीचे के प्रत्येक प्रश्न में आकृतियों के दो समुच्चय दिए गए हैं जिनमें से एक समुच्चय को* **प्रश्न आकृतियों** *का समुच्चय और दूसरे समुच्चय को* **उत्तर आकृतियों** *का समुच्चय कहा गया है। प्रश्न आकृतियों के समुच्चय से किसी न किसी प्रकार से एक श्रृंखला बनती है। उत्तर आकृतियों के समुच्चय से उस एक आकृति का चयन करें जिससे प्रश्न आकृतियों के समुच्चय की श्रृंखला संतत हो जाए।*

1. प्रश्न आकृतियां

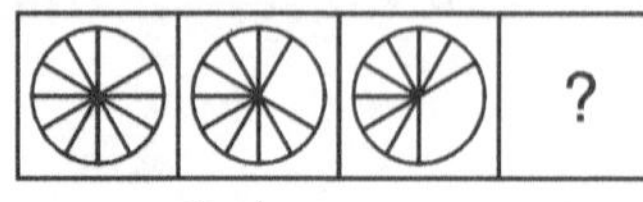

उत्तर आकृतियां

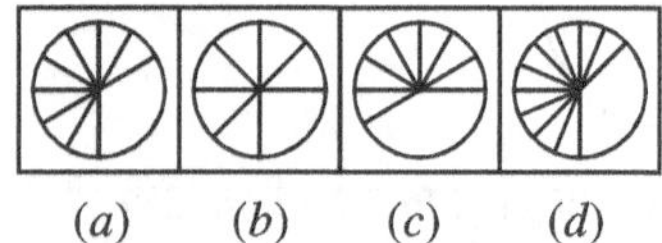

(*a*) (*b*) (*c*) (*d*)

2. प्रश्न आकृतियां

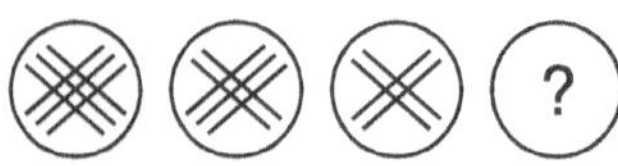

उत्तर आकृतियां

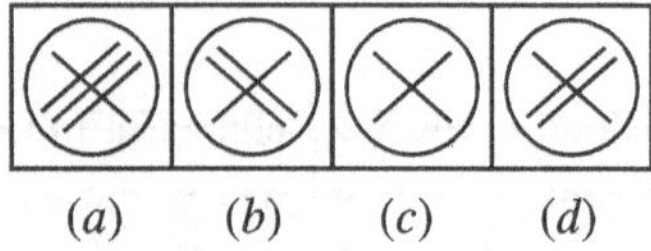

(*a*) (*b*) (*c*) (*d*)

3. प्रश्न आकृतियां

उत्तर आकृतियां

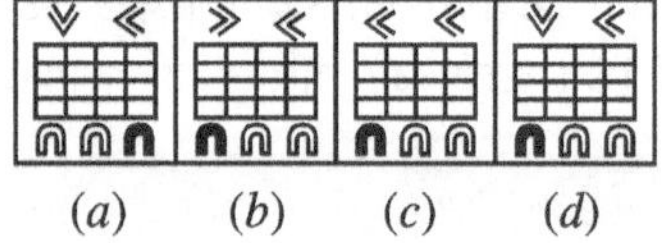

(*a*) (*b*) (*c*) (*d*)

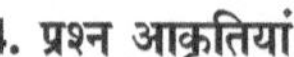

4. प्रश्न आकृतियां

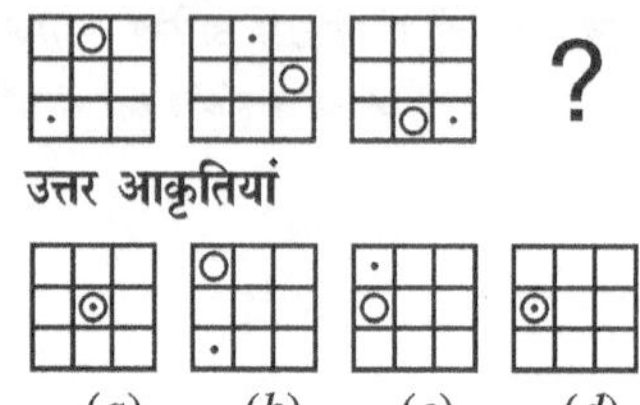

उत्तर आकृतियां

(*a*) (*b*) (*c*) (*d*)

5. प्रश्न आकृतियां

उत्तर आकृतियां

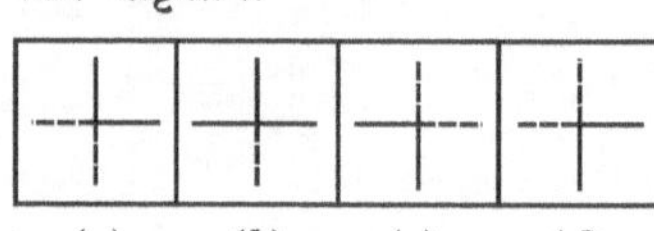

(*a*) (*b*) (*c*) (*d*)

6. प्रश्न आकृतियां

उत्तर आकृतियां

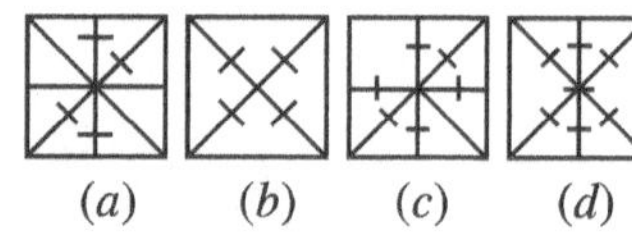

(*a*) (*b*) (*c*) (*d*)

7. प्रश्न आकृतियां

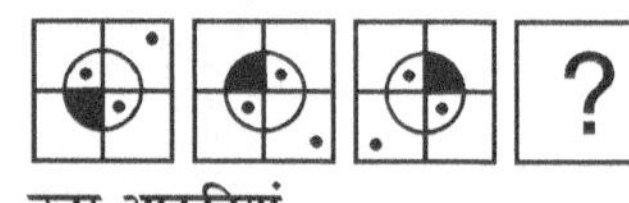

उत्तर आकृतियां

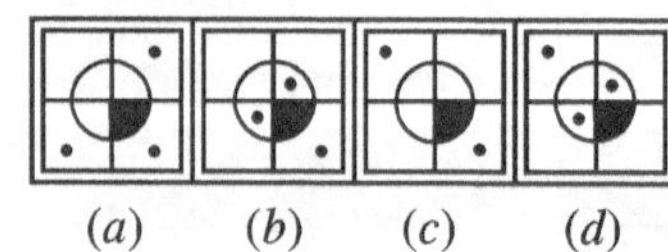

(*a*) (*b*) (*c*) (*d*)

8. प्रश्न आकृतियां

उत्तर आकृतियां

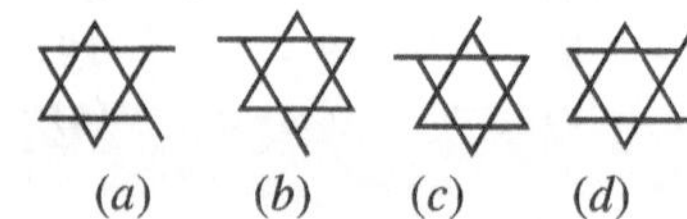

(*a*) (*b*) (*c*) (*d*)

9. प्रश्न आकृतियां

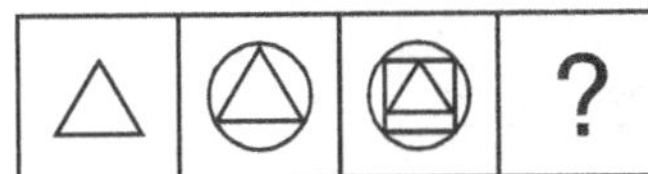

उत्तर आकृतियां

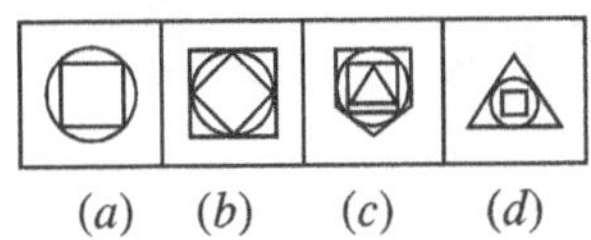

(a) (b) (c) (d)

10. प्रश्न आकृतियां

उत्तर आकृतियां

(a) (b) (c) (d)

उत्तरमाला

1	2	3	4	5
(c)	(d)	(d)	(d)	(a)
6	**7**	**8**	**9**	**10**
(a)	(d)	(d)	(c)	(a)

व्याख्यात्मक उत्तर

1. एक आकृति से दूसरी आकृति में वृत्त क्रमशः दक्षिणावर्त 30° के कोण से घूम जाता है और प्रत्येक चरण में वृत्त के भीतर स्थित एक त्रिज्यीय रेखाखण्ड लुप्त होता जाता है।
2. तिरछे या विकर्णी रेखाखण्ड एक-एक करके एक निश्चित क्रम में लुप्त होते जाते हैं।
4. वृत्त (गोल घेरा) और बिंदु अगली आकृति में दक्षिणावर्त क्रमशः दो और तीन खंड आगे खिसक जाते हैं।
5. प्रत्येक चरण में क्रॉस का चिह्न दक्षिणावर्त 90° के कोण से घूम जाता है।
7. प्रत्येक चरण पर संपूर्ण आकृति दक्षिणावर्त 90° के कोण से घूम जाती है।
9. प्रत्येक चरण पर पूर्ववर्ती आकृति-समुच्चय में एक नई आकृति जुड़ती जाती है।
10. पहली आकृति में सबसे बाहरी संरचना अगली आकृति में सबसे भीतर चली जाती है।

●●●

16

सादृश्य या संबंध (Analogies or Relationships)

अभाषिक सादृश्य के प्रश्नों में दो प्रकार की आकृतियां दी जाती हैं जो (i) प्रश्न आकृतियां और (ii) उत्तर आकृतियां कहलाती हैं। प्रश्न आकृतियां दो भागों में विभाजित होती हैं। प्रश्न आकृतियों के नीचे उत्तर आकृतियां दी जाती है।

अभ्यास

निर्देश : *प्रश्न आकृतियों में :: चिह्न के बाएं दी गई दो आकृतियों में से दूसरी आकृति का पहली आकृति के साथ एक विशेष संबंध है। :: चिह्न की दाईं ओर की दो आकृतियों के बीच भी ऐसा ही संबंध है। दिए गए विकल्पों से उस आकृति का चयन करें जिसे प्रश्न आकृतियों में प्रश्न चिह्न के स्थान पर रखा जा सकता है और जिसका :: चिह्न की दाईं ओर की पहली आकृति के साथ ठीक वैसा ही संबंध है जैसा कि :: चिह्न की बाईं ओर की दो आकृतियों के बीच है।*

1. प्रश्न आकृतियां

उत्तर आकृतियां

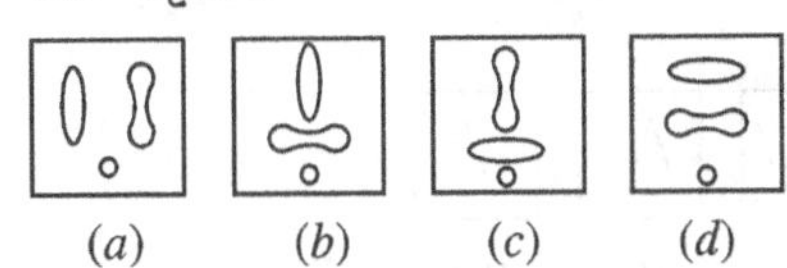

(a) (b) (c) (d)

2. प्रश्न आकृतियां

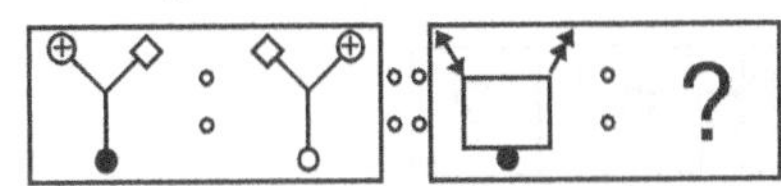

उत्तर आकृतियां

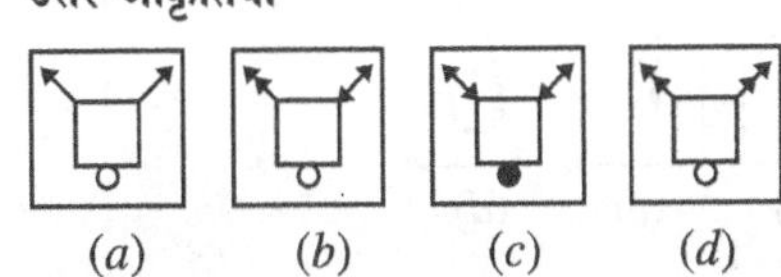

(a) (b) (c) (d)

3. प्रश्न आकृतियां

उत्तर आकृतियां

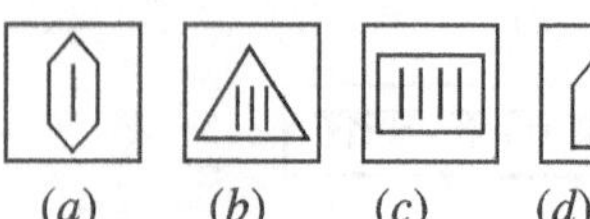

(a) (b) (c) (d)

4. प्रश्न आकृतियां

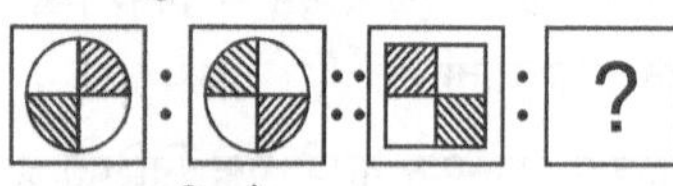

उत्तर आकृतियां

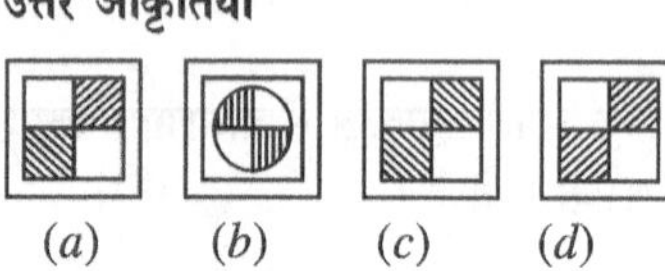

(a) (b) (c) (d)

5. प्रश्न आकृतियां

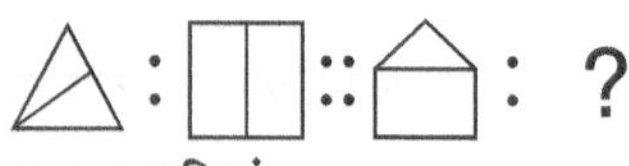

उत्तर आकृतियां

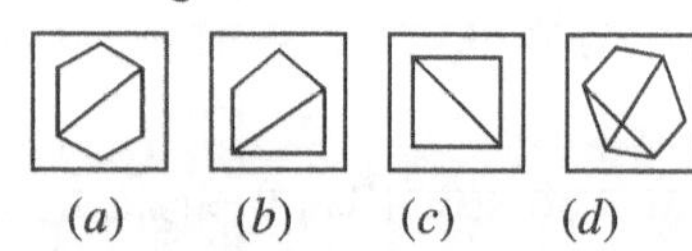

(a) (b) (c) (d)

6. प्रश्न आकृतियां

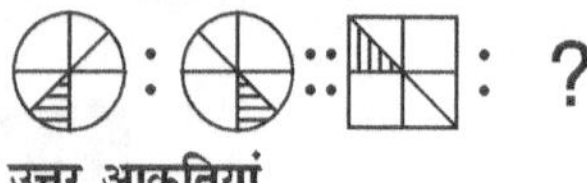

उत्तर आकृतियां

(a) (b) (c) (d)

7. प्रश्न आकृतियां

उत्तर आकृतियां

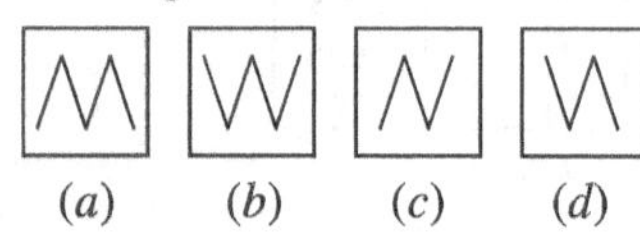

(a) (b) (c) (d)

8. प्रश्न आकृतियां

उत्तर आकृतियां

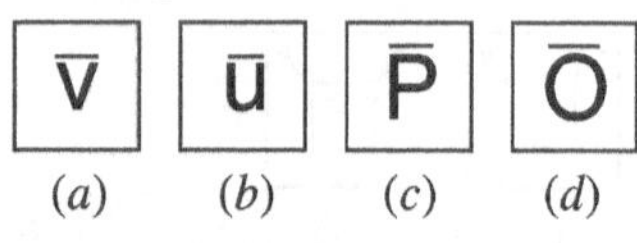

(a) (b) (c) (d)

9. प्रश्न आकृतियां

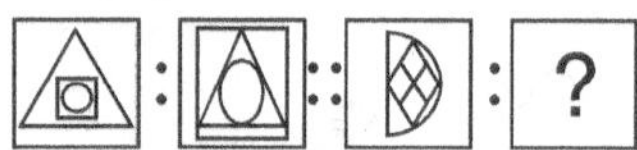

उत्तर आकृतियां

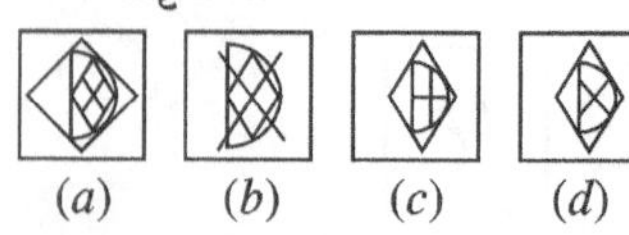

(a) (b) (c) (d)

10. प्रश्न आकृतियां

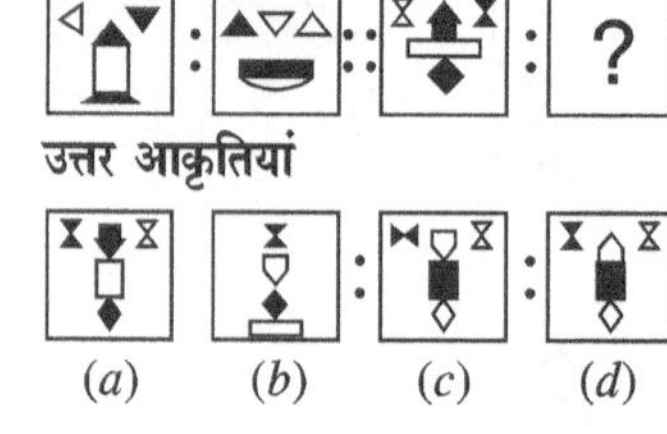

उत्तर आकृतियां

(a) (b) (c) (d)

उत्तरमाला

1	2	3	4	5
(b)	(b)	(a)	(a)	(a)
6	**7**	**8**	**9**	**10**
(c)	(a)	(b)	(d)	(c)

व्याख्यात्मक उत्तर

2. दूसरी आकृति में ऊपर के दो अवयव अपना स्थान बदल कर एक दूसरे के स्थान पर आ जाते हैं और वृत्त के भीतर का छायांकित भाग छायारहित हो जाता है।

3. पहली आकृति से दूसरी आकृति में एक ऊर्ध्वाधरतः रेखा कम हो जाती है और आकृति को निर्मित करने वाली रेखाओं की संख्या में एक की वृद्धि होती है।

4. पहली आकृति को वामावर्त 90° के कोण से घुमाने पर दूसरी आकृति प्राप्त होती है।

5. पहली आकृति से दूसरी आकृति में आकृति को निर्मित करने वाली रेखाओं की संख्या में एक की वृद्धि होती है।

6. पहली आकृति से दूसरी आकृति में विकर्णी रेखा 90° के कोण से घूम जाती है और रेखाखण्ड क्षैतिजतया सम्मुख खण्ड में चले जाते हैं।

7. पहली आकृति का डिजाइन दूसरी आकृति में दोगुना हो जाता है।

8. पहली आकृति का डिजाइन दूसरी आकृति में ऊर्ध्वाधरतः उलट जाता है।

9. बीच के और सबसे भीतरी अवयव के आकार में वृद्धि होती है और सबसे बाहरी अवयव छोटा होकर दो बढ़े हुए अवयवों के बीच में आ जाता है।

10. पहली आकृति से दूसरी आकृति में ऊपरी बाईं ओर का अवयव 90° के कोण से घूम जाता है और ऊपरी दाईं ओर का अवयव ऊर्ध्वाधरतः उलट जाता है। ऊर्ध्वाधर डिजाइन का ऊपरी भाग ऊर्ध्वाधरतः उलट जाता है और अलग हो जाता है, बीच का हिस्सा छोटा/बड़ा हो जाता है और 90° के कोण से घूम जाता है तथा निचला हिस्सा ऊर्ध्वाधरतः उलट जाता है। उपर्युक्त सभी परिवर्तनों के अतिरिक्त एक आकृति से दूसरी आकृति में छायांकित भाग छाया रहित हो जाता है और छाया रहित भाग छायांकित हो जाता है।

●●●

17

विजातीय का चयन (Odd-One Out)

अभाषिक वर्गीकरण संबंधी तर्कबुद्धि परीक्षण विषयक प्रश्नों में आकृतियों का एक समूह दिया जाता है तथा अभ्यर्थियों से यह अपेक्षा की जाती है कि वे दी गई आकृतियों को उनके विशिष्ट गुणों या विशेषताओं के आधार पर अलग-अलग समूहों या वर्गों में वर्गीकृत करें। आकृतियों या मदों को उनकी बनावट, आकार, प्रतिरूप, संरचना, प्रकार, क्रम, रूप-रंग, कोटि, शैली, संघटक अवयवों और अन्य प्रकार की विशेषताओं में समानता के आधार पर समूहों या वर्गों में वर्गीकृत करना होता है और तत्पश्चात् उस समूह से भिन्न अर्थात् विजातीय आकृति की पहचान करनी होती है।

अभ्यास

निर्देश: *नीचे के प्रत्येक प्रश्न में एक आकृति को छोड़कर अन्य सभी आकृतियाँ किसी-न-किसी रूप में आपस में संबंधित हैं और इस कारण वे एक समूह बनाती हैं। प्रत्येक प्रश्न में उस एक भिन्न आकृति का चयन करें जो अन्यों से संबंधित नहीं है अर्थात् जो भिन्न अथवा विजातीय है।*

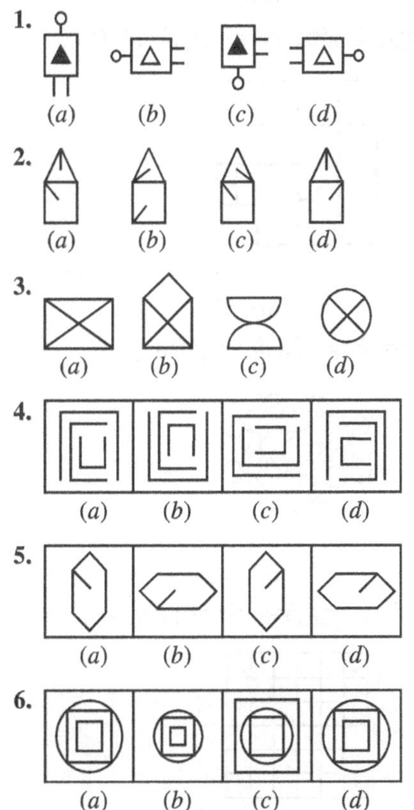

7. (a) (b) (c) (d)

8. (a) (b) (c) (d)

9. (a) (b) (c) (d)

10. (a) (b) (c) (d)

उत्तरमाला

1	2	3	4	5
(c)	(c)	(c)	(d)	(c)
6	**7**	**8**	**9**	**10**
(c)	(a)	(d)	(a)	(c)

व्याख्यात्मक उत्तर

1. अन्य सभी आकृतियों में वृत्त युक्त रेखा और दो रेखाखंड वर्ग की सम्मुख भुजाओं पर अवस्थित हैं।

3. शेष सभी आकृतियाँ चार भागों में विभक्त हैं।

6. शेष सभी आकृतियों में बीच का और मध्यस्थ अवयव एक से हैं।

7. केवल इसी आकृति में रेखाखंडों की संख्या विषम है।

8. केवल इसी आकृति में दो अलग-अलग आकृतियाँ हैं जो दो समान भागों में विभाजित हैं।

9. केवल इसी आकृति में दो सदृश अवयव (वृत्त) निहित हैं।

10. शेष सभी आकृतियों को घुमाकर एक-दूसरी आकृतियाँ प्राप्त की जा सकती हैं।

●●●

18

आरेखों पर आधारित प्रश्न (Diagrammatic Puzzles)

इस प्रकार के प्रश्नों में किसी दी गई जटिल आकृति में निहित ज्यामितीय आकृतियों की संख्या ज्ञात करनी होती है। अभ्यर्थियों के लिए यह अनिवार्य है कि वे प्रश्न आकृति का अत्यंत सावधानीपूर्वक प्रेक्षण करें और तत्पश्चात् उसमें निहित ज्यामितीय आकृतियों को गिनें।

अभ्यास

1. नीचे दी गई आकृति में कुल कितने त्रिभुज हैं?

(*a*) 24 (*b*) 27
(*c*) 25 (*d*) 26

2. इस आकृति में कुल कितने त्रिभुज हैं?

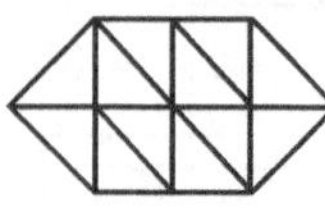

(*a*) 16 (*b*) 17
(*c*) 18 (*d*) 19

3. इस आकृति में कुल कितने वर्ग छिपे हैं?

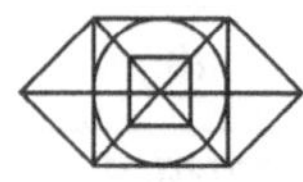

(*a*) 7 (*b*) 8
(*c*) 9 (*d*) 10

4. इस आकृति में निहित त्रिभुजों की संख्या कितनी है?

(*a*) 19 (*b*) 16
(*c*) 21 (*d*) 15

5. इस आकृति में वृत्तों की कुल कितनी संख्या है?

(*a*) 6 (*b*) 5
(*c*) 2 (*d*) 3

6. नीचे की आकृति में कुल कितने त्रिभुज निहित हैं?

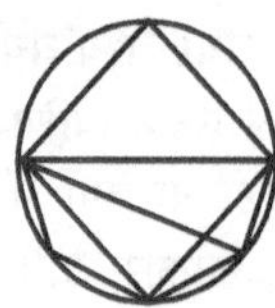

(*a*) 7 (*b*) 8
(*c*) 9 (*d*) 10

7. नीचे की आकृति में कुल कितने वर्ग हैं?

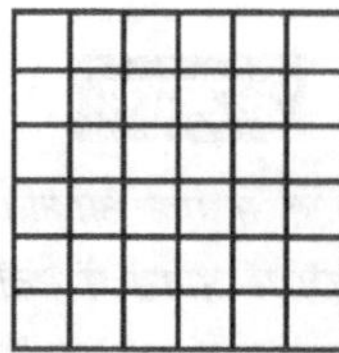

(*a*) 36 (*b*) 60
(*c*) 77 (*d*) 91

8. नीचे दी गई आकृति में अधिकतम कुल कितने वर्ग हैं?

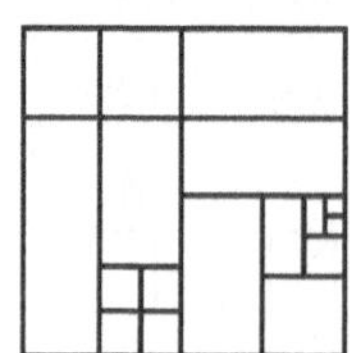

(*a*) 14 (*b*) 15
(*c*) 16 (*d*) 17

9. नीचे दी गई आकृति में कुल कितने वृत निहित हैं?

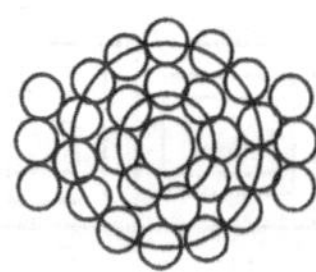

(*a*) 29 (*b*) 31
(*c*) 30 (*d*) 28

10. नीचे दी गई आकृति में कुल कितने त्रिभुज निहित हैं?

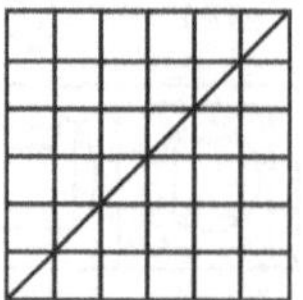

(*a*) 42 (*b*) 41
(*c*) 40 (*d*) 39

11. नीचे दी गई आकृति में कुल कितने त्रिभुज निहित हैं?

(*a*) 18 (*b*) 16
(*c*) 20 (*d*) 22

12. नीचे दी गई आकृति में निहित कुल आयतों की संख्या बताइए।

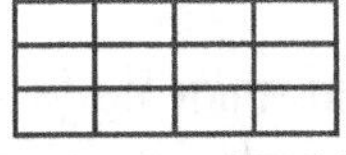

(*a*) 60 (*b*) 56
(*c*) 37 (*d*) 20

13. नीचे दी गई आकृति में निहित समांतर चतुर्भुजों की कुल संख्या ज्ञात करें।

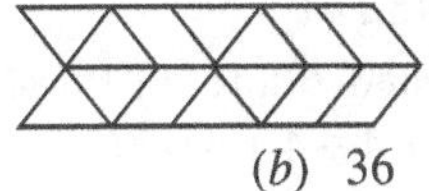

(*a*) 35 (*b*) 36
(*c*) 37 (*d*) 38

14. नीचे दी गई आकृति में निहित त्रिभुजों की कुल संख्या बताइए ?

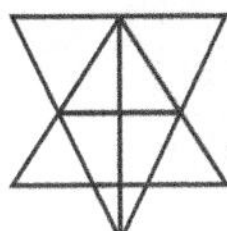

(*a*) 19 (*b*) 21
(*c*) 20 (*d*) 22

15. नीचे दी गई आकृति में कुल कितने षड्भुज निहित हैं ?

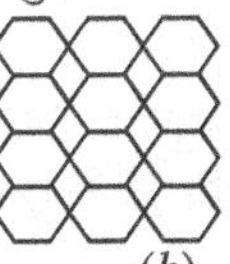

(*a*) 13 (*b*) 14
(*c*) 15 (*d*) 16

उत्तरमाला

1	2	3	4	5
(*b*)	(*a*)	(*d*)	(*b*)	(*a*)
6	**7**	**8**	**9**	**10**
(*b*)	(*d*)	(*a*)	(*b*)	(*a*)
11	**12**	**13**	**14**	**15**
(*c*)	(*a*)	(*b*)	(*b*)	(*c*)

व्याख्यात्मक उत्तर

2.

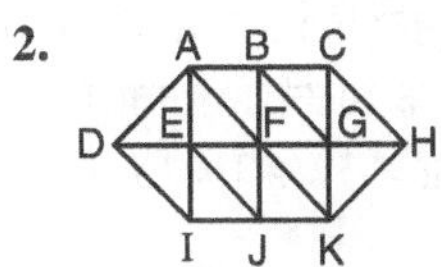

आकृति में सर्वाधिक सरलतापूर्वक दृष्टिगोचर होनेवाले त्रिभुज हैं: ADE, DEI, AEF, ABF, EIJ, EFJ, BFG, BCG, FJK, FGK, CGH और GHK, अर्थात् 12 त्रिभुज।

समद्विभाजित त्रिभुज हैं: ADI और CHK अर्थात् 2 त्रिभुज।

AIK और ACK अन्य त्रिभुज हैं, अर्थात 2 त्रिभुज।

अतः आकृति में निहित त्रिभुजों की कुल संख्या
= 12 + 2 + 2 = 16

3.

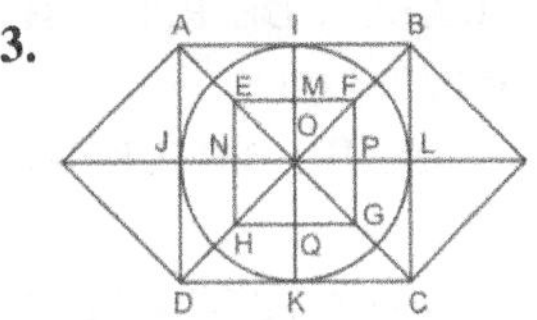

आकृति में निहित मुख्य वर्ग हैं : ABCD और EFGH, अर्थात् 2 वर्ग।

सरलतम बाह्य वर्ग हैं। AIOJ, IBLO, JOKD, और OLCK, अर्थात् 4 वर्ग।

सरलतम आंतरिक वर्ग हैं: EMON, NOQH, MFPO और OPGQ, अर्थात् 4 वर्ग।

आकृति में अन्य कोई वर्ग निहित नहीं हैं।

अतः उपर्युक्त आकृति में निहित वर्गों की कुल संख्या
= 2 + 4 + 4 = 10

5.

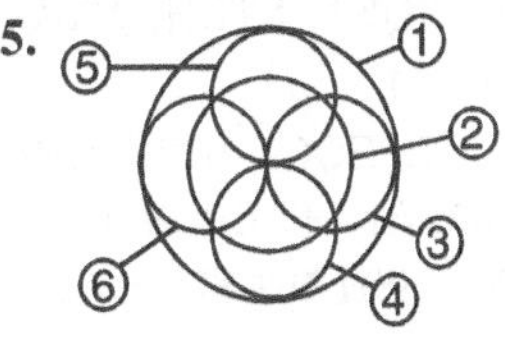

आकृति में दो मुख्य वृत्त हैं और चार छोटे वृत्त हैं और ये सभी एक-दूसरे को प्रतिच्छेदित कर रहे हैं।

∴ आकृति में निहित कुल वृत्त
= 2 + 4 = 6.

6. आकृति में निहित सरलतम त्रिभुज हैं: ABC, BDE, BEG, BGC, CGF और GFE, अर्थात् 6 त्रिभुज

समद्विभाजित त्रिभुज हैं: BCE और CEF, अर्थात् 2 त्रिभुज।

अतः आकृति में निहित त्रिभुजों की कुल संख्या
= 6 + 2 = 8.

9.

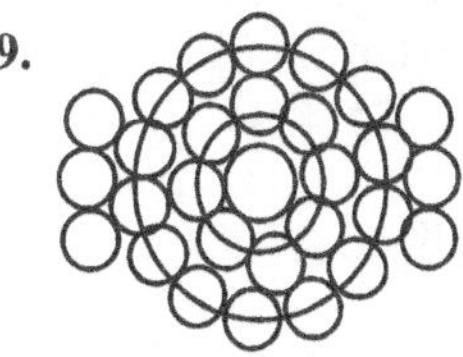

आकृति में 3 संकेंद्रिक वृत्त हैं, बीच के वृत्त की परिधि पर 8 छोटे वृत्त हैं, बाहरी वृत्त की परिधि पर 14 छोटे वृत्त हैं तथा सबसे बाहरी संकेंद्रिक वृत्त से बाहर उसकी दोनों ओर तीन-तीन वृत्त अर्थात् कुल 6 वृत्त हैं।

अतः वृत्तों की कुल संख्या
= 3 + 8 + 14 + 6 = 31.

11. 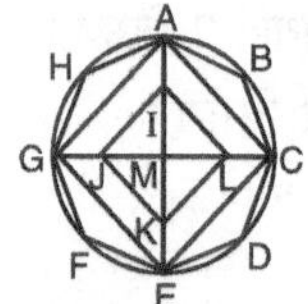

आकृति में निहित सरलतम त्रिभुज हैं: ABC, CDE, EFG, GHA, JIM, IML, MLK और JMK, अर्थात् 8 त्रिभुज।

दो भागों में विभाजित त्रिभुज हैं: JIK, IJL, IKL और JLK, अर्थात् 4 त्रिभुज।

दो भागों में विभाजित अन्य त्रिभुज हैं: AGM, AMC, GME और MCE, अर्थात् 4 त्रिभुज।

आकृति में निहित अन्य त्रिभुज हैं: AGC, AGE, ACE और GCE, अर्थात् 4 त्रिभुज।

अतः त्रिभुजों की कुल संख्या = 8 + 4 + 4 + 4 = 20

12. 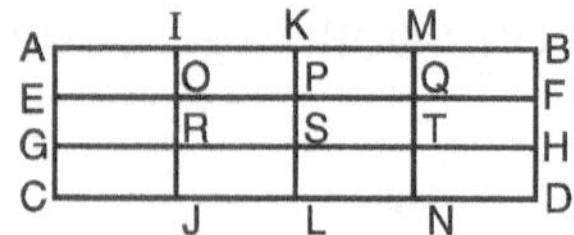

आकृति में निहित मुख्य आयत ABCD है, अर्थात् 1 आयत।

आकृति में निहित सरलतम आयत हैं: AIEO, EOGR, GRCJ, IKOP, OPRS, RSJL, KMPQ, PQST, STLN, MBQF, QFTH और THND, अर्थात् 12 आयत।

दो भागों में विभाजित आयत हैं: AIGR, EOCJ, IKRS, OPJL, KMST, PQLN, MBTH, QFND, AKEP, EPGS, GSCL, IMOQ, OQRT, RTJN, KBPF, PFSH और SHLD, अर्थात् 17 आयत।

तीन भागों में विभाजित आयत हैं: AICJ, IKJL, KMLN, MBND, AMEQ, EQGT, GTCN, IBOF, OFRH और RHJD, अर्थात् 10 आयत।

चार भागों में विभाजित आयत हैं: AKGS, EPCL, IMRT, OQJN, KBSH, PFLD, ABEF, EFGH और GHCD, अर्थात् 9 आयत।

छह भागों में विभाजित आयत हैं: AKCL, IMJN, KBLD AMGT, EQCN, IBRH और OFJD, अर्थात् 7 आयत।

आकृति में निहित अन्य आयत हैं: ABGH, EFCD, AMCN और IBJD, अर्थात् 4 आयत।

अतः इस आकृति में निहित आयतों की कुल संख्या
= 1 + 12 + 17 + 10 + 9 + 7 + 4 = 60

13. 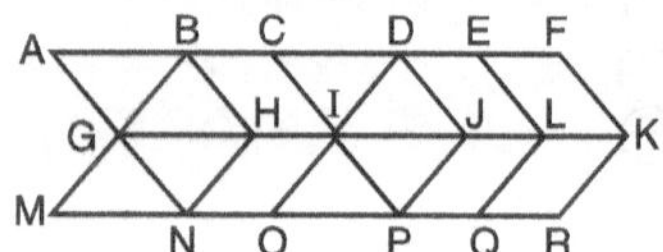

आकृति में निहित मुख्य समांतर चतुर्भुज AFGK और GKMR, है अर्थात् 2 समांतर चतुर्भुज।

आकृति में निहित सरलतम समांतर चतुर्भुज हैं: BCHI, DEJL, EFLK, HINO, JLPQ और LKQR, अर्थात् 6 समांतर चतुर्भुज।

दो भागों में विभाजित समांतर चतुर्भुज हैं: ABGH, CDIJ, DFJK, GHMN, IJOP, JKPR, GBNH और IDPJ, अर्थात् 8 समांतर चतुर्भुज।

तीन भागों में विभाजित समांतर चतुर्भुज हैं: ACGI, BDGI, BDHJ, CEIL, GIMO, GINP, HJNP और ILOQ, अर्थात् 8 समांतर चतुर्भुज।

चार भागों में विभाजित समांतर चतुर्भुज हैं: BEHL, CFIK, HLNQ और IKOR, अर्थात् 4 समांतर चतुर्भुज।

पाँच भागों में विभाजित समांतर चतुर्भुज हैं: ADGI, BFHK, GJMP और HKNR, अर्थात् 4 समांतर चतुर्भुज।

अन्य समांतर चतुर्भुज हैं: AEGL, GLMQ, ACNP और BDMO, अर्थात् 4 समांतर चतुर्भुज।

अतः आकृति में निहित समांतर चतुर्भुजों की कुल संख्या
= 2 + 6 + 8 + 8 + 4 + 4 + 4 = 36

14. 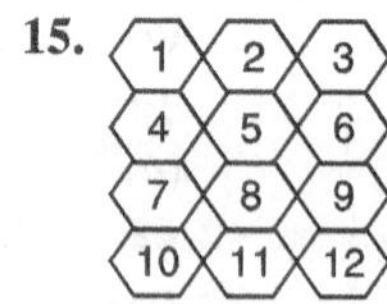

मुख्य त्रिभुज हैं: ABC और DEF, अर्थात् 2 त्रिभुज।

सरलतम त्रिभुज हैं: ADG, DGH, DHI, DBI, GEJ, JKC, KLC और ILF, अर्थात् 8 त्रिभुज।

दो भागों में विभाजित त्रिभुज हैं: DGI और JLC अर्थात् 2 त्रिभुज।

तीन भागों में विभाजित त्रिभुज हैं: DGC, DIC, DEK और DKF, अर्थात् 4 त्रिभुज।

अन्य त्रिभुज हैं: ADC, DBC, GIC, GHC और HIC, अर्थात् 5 त्रिभुज।

अतः आकृति में निहित त्रिभुजों की कुल संख्या
= 2 + 8 + 2 + 4 + 5 = 21

15.

1	2	3
4	5	6
7	8	9
10	11	12

12 षड्भुज एक साथ रखे गये हैं जिनसे 3 और षड्भुज निर्मित होते हैं जिन में से पहला षड्भुज 2 और 5 संख्याकित षड्भुजों के मिलने से, दूसरा षड्भुज 5 और 8 संख्याकित षड्भुजों के मिलने से और तीसरा षड्भुज 8 और 11 संख्याकित षड्भुजों के मिलने से बनता हैं।

∴ आकृति में षड्भुजों की कुल संख्या = 12 + 3 = 15

●●●

हरियाणा
सामान्य ज्ञान एवं सचेतता

वस्तुनिष्ठ प्रश्नोत्तर

1. प्राचीन काल में हरियाणा राज्य अन्य किस नाम से जाना जाता था?
A. ब्रह्मावर्त प्रदेश B. ब्रह्मर्षि प्रदेश
C. ब्रह्मा की उत्तरवेदी D. सभी से

2. किस भरतवंशी शासक ने हरियाणा प्रदेश से अपना विजय अभियान शुरू किया था?
A. सुदास B. अर्जुन
C. भरत D. भीष्म

3. महाभारत का प्रसिद्ध युद्ध प्रदेश में किस स्थान पर लड़ा गया था?
A. पानीपत B. कुरुक्षेत्र
C. झज्जर D. बल्लभगढ़

4. मुगलकाल में इस प्रदेश में जनपदों का स्थान किसने लिया था?
A. गण संघ ने B. गण-व्यवस्था ने
C. खापों ने D. पंचायत ने

5. बौद्धकाल के किन महाजनपदों में आधुनिक हरियाणा के भाग शामिल थे?
A. कुरु और पांचाल B. कौशल और वज्जी
C. सूरसेन और अवन्ती D. अस्सक और वत्स

6. प्रदेश का कौन-सा स्थान, अग्रेयगण की राजधानी था?
A. रिवाड़ी B. सिरसा
C. हांसी D. अग्रोहा

7. महमूद गजनवी ने थानेश्वर पर कब आक्रमण किया था?
A. 1013 ई॰ में B. 1014 ई॰ में
C. 1016 ई॰ में D. 1017 ई॰ में

8. प्रदेश का थानेश्वर नामक नगर किस प्रसिद्ध राजा की राजधानी था?
A. हर्षवर्धन B. अशोक
C. चन्द्रगुप्त विक्रमादित्य D. कनिष्क

9. बारहवीं शताब्दी में किस चौहान शासक ने हरियाणा प्रदेश पर आक्रमण कर तोमरों को पराजित किया था?
A. विग्रहराज VI B. विग्रहराज II
C. अर्णोराजा D. पृथ्वीराज चौहान

10. गुलाम वंश के शासक बलबन ने हरियाणा के शक्तिशाली मेवों की शक्ति को नष्ट करने का प्रयास कब किया था?
A. 1260 ई॰ में B. 1265 ई॰ में
C. 1266 ई॰ में D. 1267 ई॰ में

11. तुगलक शासक फिरोज तुगलक ने प्रदेश में कौन-सा नगर बसाया था?
A. टोहाना B. हांसी
C. सिवानी D. फतेहाबाद

12. निम्नलिखित में से प्रदेश के किस नगर पर तैमूर ने आक्रमण किया था?
A. सिरसा B. फतेहाबाद
C. हिसार D. सभी पर

13. 1526 ई॰ में हरियाणा में किस स्थान पर बाबर और इब्राहीम लोदी के बीच प्रसिद्ध युद्ध हुआ था?
A. पानीपत B. कुरुक्षेत्र
C. तावडू D. जीन्द

14. प्रसिद्ध मुगल शासक अकबर के समय में रिवाड़ी का शासक कौन था?
A. तुलाराम B. कर्णसिंह
C. हेमचन्द्र (हेमू) D. फूलसिंह

15. अकबर और हेमचन्द्र (हेमू) के बीच पानीपत का प्रसिद्ध द्वितीय युद्ध कब लड़ा गया था?
A. 1550 ई॰ में B. 1552 ई॰ में
C. 1554 ई॰ में D. 1556 ई॰ में

16. मराठों और अहमदशाह अब्दाली के बीच प्रदेश में कौन-सा प्रसिद्ध युद्ध लड़ा गया था?
A. पानीपत का तृतीय युद्ध B. पानीपत का द्वितीय युद्ध
C. पानीपत का प्रथम युद्ध D. कोई नहीं

17. प्रदेश के किस स्थान को जार्ज टॉमस ने अपनी राजधानी बनाया था?
A. रानिया B. टोहाना
C. हांसी का दुर्ग D. बहरामपुर

18. 1802 ई॰ में जार्ज टॉमस की मृत्यु प्रदेश में किस स्थान पर हुई थी?
A. महेन्द्रगढ़ B. बहरामपुर
C. नारनौल D. बावल

19. सन् 1809-10 में समस्त हरियाणा किसके अधिकार में था?
A. मराठों के B. सतनामियों के
C. मुगलों के D. अंग्रेजों के

20. आधुनिक हरियाणा राज्य का निर्माण कब किया गया था?
A. 1 नवम्बर, 1966 B. 5 जनवरी, 1967
C. 1 नवम्बर, 1958 D. 15 अगस्त, 1947

21. प्राग्हड़प्पा, हड़प्पा, परवर्ती हड़प्पा आदि संस्कृतियों के प्रमाण हरियाणा में किस स्थान से प्राप्त हुए हैं?
A. वणावली B. सोसवाल
C. मिर्जापुर D. सभी से

22. महाभारत-काल से शताब्दियों पूर्व हुए आर्यवंशी कुरुओं ने इस प्रदेश में किस युग का प्रारम्भ किया था?

A. कृषि-युग B. ताम्र-युग
C. लोह-युग D. धातु-युग

23. भगवान श्रीकृष्ण द्वारा विश्व प्रसिद्ध गीता का उपदेश हरियाणा में किस स्थान पर दिया गया था?
A. रेवाड़ी B. पेहवा
C. कुरुक्षेत्र D. पानीपत

24. यौधेय-काल में हरियाणा प्रदेश को निम्नलिखित में से किस नाम की संज्ञा दी गई?
A. यौधेय गणराज्य B. बहुधान्यक-प्रदेश
C. मत्स्य प्रदेश D. गण-प्रदेश

25. प्रसिद्ध चीनी यात्री ह्वेनसांग ने अपनी पुस्तक में हरियाणा के किस नगर के वैभव और समृद्धि का वर्णन किया है?
A. स्थाण्वीश्वर (थानेश्वर) B. पानीपत
C. रोहतक D. अम्बाला

26. तोमर शासकों के शासनकाल में हरियाणा में व्यापार, कला व संस्कृति की उन्नति की जानकारी किस ग्रन्थ से मिलती है?
A. तहकीक-ए-हिन्द B. हर्षचरित
C. कादम्बरी D. यशस्तिलक चम्पू

27. 1526-27 में बाबर के आक्रमण के समय तावडू के परगने का शासक कौन था?
A. हसन खाँ B. मोहन सिंह मंढ़ार
C. फैजल खाँ D. जलाल खाँ

28. निम्नलिखित कथनों पर विचार कीजिए :
(*a*) नडा साहिब गुरुद्वारा अम्बाला में है।
(*b*) नडा साहिब गुरुद्वारा घग्गर नदी के तट पर है।
उपर्युक्त में से कौन-सा/से कथन सही है/हैं?
A. केवल (*b*) B. (*a*) और (*b*) दोनों
C. न तो (*a*) और न ही (*b*) D. केवल (*a*)

29. 1756-57 में हरियाणा निम्नलिखित में से किसके अधिकार क्षेत्र में रहा?
A. मुगलों के B. सिक्खों के
C. मराठों के D. सतनामियों के

30. अहमदशाह अब्दाली ने अपने देश लौटते समय हरियाणा का उत्तरी भाग (अम्बाला, जीन्द, कुरुक्षेत्र, करनाल जिला) किसको सौंप दिया?
A. मुगलों को
B. सिक्खों को
C. सरहिन्द के गवर्नर जैन खाँ को
D. दुर्रानी के गवर्नर गेन खाँ को

31. 1857 के मेरठ-विद्रोह में जिन सैनिकों ने भाग लिया था उनमें से अधिकतर हरियाणा के किस जिले से सम्बन्धित थे?
A. गुरुग्राम B. रोहतक
C. हिसार D. सभी से

32. हरियाणा का कौन वीर सेनानी मेरठ क्रान्ति के समय मेरठ का नायब कोतवाल था?
A. अब्दुस समद खान B. विक्रमसिंह
C. रावकृष्ण गोपाल D. रामेश्वर दयाल

33. नारनौल के समीप नसीबपुर नामक गांव में लड़े गये (स्वाधीनता-संग्राम के) युद्ध में अंग्रेजों ने किन तीन शक्तियों को नष्ट किया था?
A. रिवाड़ी, झज्जर और जोधपुर
B. गुड़गांव, रिवाड़ी और जोधपुर
C. जींद, जगादरी और पेहवा
D. पानीपत, झज्जर और तावडू

34. प्रथम स्वाधीनता संग्राम में बल्लभगढ़ के किस राजा ने दिल्ली में क्रान्तिकारी सेनाओं का नेतृत्व किया था?
A. राजा कर्णसिंह B. राजा नाहन सिंह
C. राजा सूरजभान D. राजा सत्यपाल

35. निम्नलिखित में से प्रदेश की किस रियासत ने 1857 की जन-क्रान्ति में अंग्रेजों को महत्त्वपूर्ण सहयोग दिया था?
A. बहादुरगढ़ B. तावडू
C. झज्जर D. जींद

36. कांग्रेस के दूसरे 1886 के कलकत्ता अधिवेशन में हरियाणा का प्रतिनिधित्व किसने किया था?
A. पं. दीनदयाल शर्मा B. लाला मुरलीधर
C. बालमुकन्द गुप्त D. सभी ने

37. लाला लाजपत राय ने हरियाणा के किस स्थान को अपना राजनीतिक और सामाजिक, कार्य-क्षेत्र बनाया था?
A. हिसार B. सोनीपत
C. गुरुग्राम D. नूह

38. सन् 1888 में इलाहाबाद में आयोजित हुए कांग्रेस के चौथे अधिवेशन में किस महत्त्वपूर्ण राष्ट्र नेता ने जिला हिसार के प्रतिनिधि के रूप में भाग लिया था?
A. लाला सुल्तान सिंह B. बलदेव सिंह
C. लाला लाजपत राय D. बैनी सिंह

39. 8 अप्रैल, 1919 के दिन गांधी जी हरियाणा में कहां से गिरफ्तार हुए थे?
A. कैथल B. पलवल
C. गुहला D. अम्बाला

40. रोहतक में पं. रामभजदत्त की अध्यक्षता में सम्मेलन का आयोजन कब हुआ था, जिसमें गांधीजी के असहयोग आन्दोलन को कार्यरूप देने का निर्णय लिया गया था?
A. जनवरी, 1919 में B. नवम्बर, 1919 में
C. नवम्बर, 1920 में D. सितम्बर, 1921 में

41. कांग्रेस के नागपुर में हुए वार्षिक अधिवेशन में हरियाणा प्रान्त का प्रतिनिधित्व किसने किया था?
A. सरदार बूटा सिंह B. लाला उग्रसेन
C. बाबू श्याम लाल D. पं. नेकीराम शर्मा

42. पंजाब प्रदेश-कांग्रेस के आदेश पर पूरे हरियाणा में स्वतंत्रता दिवस कब मनाया गया?
A. 12 जनवरी, 1932 B. 10 दिसम्बर, 1932
C. 15 अगस्त, 1935 D. 26 जनवरी, 1932

43. हरियाणा में कांग्रेस की स्वर्ण-जयन्ती कब मनाई गई थी?
A. 18 अगस्त, 1930 को B. 30 जनवरी, 1935 को
C. 28 दिसम्बर, 1935 को D. 10 दिसम्बर, 1936 को

44. आजाद हिन्द फौज से सम्बन्धित हरियाणा का वह शूरवीर कौन था, जिसने मणिपुर की भूमि पर सबसे पहले तिरंगा फहराया था?

A. मेजर प्रतापसिंह B. मेजर सूरजमल
C. दरबारा सिंह D. भजनलाल

45. हरियाणवी क्षेत्रों में यूनियनिस्ट पार्टी को लोकप्रिय बनाने के लिए चौधरी छोटूराम ने जोरदार अभियान चलाया। प्रदेश में इसे किस नाम से पुकारा जाता था?

A. 'जमींदारी लीग' B. जमींदारी प्रथा
C. हिन्दू-मुस्लिम D. कोई नहीं

46. सन् 1916 में चौधरी छोटूराम ने रोहतक में किस साप्ताहिक का संपादन शुरू किया था?

A. हिन्दू गजट B. सिख गजट
C. जाट गजट D. कोई नहीं

47. श्री फजली हुसैन के साथ मिलकर चौधरी छोटूराम ने पंजाब में यूनियनिस्ट पार्टी की स्थापना कब की थी?

A. 1919 में B. 1921 में
C. 1922 में D. 1923 में

48. पटियाला, जींद और नाभा रियासतों में राजनैतिक गतिविधियों पर अंकुश रखने के लिए संवत् 1988 विक्रमी में एक कानून लागू किया गया था, उसका नाम क्या रखा गया था?

A. हिदायत संवत B. हिजरी संवत
C. विक्रम संवत D. शक संवत

49. सन् 1938 में जींद प्रजामण्डल की नींव जींद की राजधानी संगरूर में किस प्रसिद्ध देशभक्त ने डाली थी?

A. राजेन्द्र कुमार जैन ने B. साधूराम ने
C. हंसराज रहबर ने D. नन्दकिशोर ने

50. गांधी जी पलवल में कब गिरफ्तार हुए थे?

A. 5 जनवरी, 1919 में B. 8 मई, 1920 में
C. 8 अप्रैल, 1919 में D. 17 अप्रैल, 1921 में

51. सनातन धर्म को पूरे उत्तर भारत में लोकप्रिय बनाने में महत्त्वपूर्ण योगदान देने वाले पं॰ दीनदयाल शर्मा हरियाणा में कहाँ के रहने वाले थे?

A. झज्जर B. कैथल
C. हिसार D. जीन्द

52. सन् 1892 के लाहौर अधिवेशन में हिसार का प्रतिनिधित्व किस प्रसिद्ध जन नेता ने किया था?

A. बालमुकुन्द गुप्त B. लाला मुरलीधर
C. लाला लाजपत राय D. पं॰ दीनदयाल शर्मा

53. लाला लाजपतराय और सरदार अजीतसिंह को ब्रिटिश सरकार द्वारा गिरफ्तार करके मांडले जेल में कब भेजा गया था?

A. सन् 1907 में B. सन् 1895 में
C. सन् 1902 में D. सन् 1896 में

54. महात्मा गांधी, मुहम्मद अली तथा शौकत अली के साथ रोहतक कब आये थे?

A. 10 जनवरी, 1919 को B. 8 अक्टूबर, 1920 को
C. 1 अक्टूबर, 1920 को D. 18 मार्च, 1920 को

55. अम्बाला मण्डल की डिवीजनल पोलिटिकल कान्फ्रेंस, जिसमें महात्मा गांधी अली भाइयों के साथ आये थे, भिवानी में कब हुई थी?

A. मार्च 1918 में B. जून 1920 में
C. अक्टूबर 1919 में D. अक्टूबर 1920 में

56. 1947 में भारत के स्वतन्त्र होने के पश्चात तक हरियाणा किस प्रान्त का भाग था?

A. दिल्ली B. पंजाब
C. उत्तर प्रदेश D. राजस्थान

57. 1955 में भारत सरकार द्वारा गठित राज्य पुनर्गठन आयोग ने किन दो स्थानों को हरियाणा क्षेत्र में शामिल करने की सिफारिश की थी?

A. महेन्द्रगढ़ व जीन्द B. पटियाला व हिसार
C. पानीपत व कैथल D. रोहतक व गुडगांव

58. हरियाणा राज्य की स्थापना कब हुई?

A. 10 नवम्बर, 1966 में B. 26 जनवरी, 1966 में
C. 1 नवम्बर, 1966 में D. 5 जून, 1966 में

59. हरियाणा के प्रथम राज्यपाल कौन बनाये गये?

A. श्री सत्यपाल B. श्री धर्मवीर
C. श्री देवीलाल D. श्री बंसीलाल

60. 24 मार्च, 1967 को बने हरियाणा के प्रथम गैर-कांग्रेसी मुख्यमंत्री का नाम बताइये।

A. चौधरी भजनलाल B. देवीलाल
C. बंसीलाल D. राव वीरेन्द्र सिंह

61. प्रदेश के किस प्रसिद्ध प्राचीन नगर की विस्तार से जानकारी चीनी यात्री ह्यूनसांग के वृत्तान्त से मिलती है?

A. रोहतक B. अम्बाला
C. थानेश्वर D. भिवानी

62. प्रदेश के थानेश्वर नगर की प्रसिद्धि निम्नलिखित में से किस काल में सर्वाधिक थी?

A. वर्धनकाल में B. गुप्तकाल में
C. शुंगकाल में D. मौर्यकाल में

63. 1526 ई॰ में बाबर और इब्राहिम लोदी के बीच युद्ध हरियाणा में किस स्थान पर लड़ा गया था?

A. झज्जर B. कुरुक्षेत्र
C. रोहतक D. पानीपत

64. पानीपत नगर को जिले का दर्जा कब मिला था?

A. 1 जनवरी, 1988 को B. 1 नवम्बर, 1989 को
C. 1 दिसम्बर, 1990 को D. 1 अगस्त, 1991 को

65. रेवाड़ी जिला कब बना था?

A. 10 जून, 1977 को B. 5 फरवरी, 1979 को
C. 1 नवम्बर, 1989 को D. 17 जून, 1980 को

66. हिसार नगर निम्नलिखित में से किस प्रसिद्ध शासक की जन्मभूमि है?

A. शेरशाह सूरी B. अकबर
C. मुहम्मद तुगलक D. फिरोज तुगलक

67. वर्तमान समय में किस नगर में प्रदेश का सबसे बड़ा पशुधन फार्म स्थित है?
A. नारनौल B. हिसार
C. पानीपत D. करनाल

68. सन् 1354 में किस प्रसिद्ध मध्यकालीन शासक ने हिसार की एक दुर्ग के रूप में स्थापना की थी?
A. मुहम्मद तुगलक B. बलबन
C. फिरोज तुगलक D. अलाउद्दीन खिलजी

69. प्रदेश का महेन्द्रगढ़ नामक नगर प्राचीन काल में निम्नलिखित में से किस नाम से जाना जाता था?
A. जानोवा B. कर्णपुर
C. महिपगढ़ D. कानौड

70. बल्लभगढ़ के अन्तिम राजा का नाम बताइये जो कि सन् 1857 के स्वतंत्रता संग्राम में शहीद हुआ था?
A. नाहर सिंह B. विजय सिंह
C. प्रताप सिंह D. महर सिंह

71. बल्लभगढ़ नामक नगर प्रदेश के किस जिले के अंतर्गत आता है?
A. रोहतक B. फरीदाबाद
C. गुरुग्राम D. करनाल

72. पलवल किस जिले से अलग होकर नया जिला बना है?
A. जींद B. हिसार
C. फरीदाबाद D. करनाल

73. प्रसिद्ध गुलाम शासिका रज़िया सुल्ताना की कब्र प्रदेश के किस जिले में स्थित है?
A. कैथल B. गुरुग्राम
C. अम्बाला D. फरीदाबाद

74. प्रदेश का कौन-सा नगर विश्व के मानचित्र में ''धान का कटोरा'' तथा ''हरियाणा का पैरिस'' जैसे उपमानों से जाना जाता है?
A. रोहतक B. सोनीपत
C. फरीदाबाद D. करनाल

75. 1607 ई॰ में फरीदाबाद नगर की स्थापना किसके द्वारा की गई थी?
A. फिरोजशाह B. मुबारकशाह
C. बाबा फरीद D. मनसूब अली

76. महाभारत काल में सिरसा किस नाम से जाना जाता था?
A. शिषिरा B. शैरीषकम
C. सोरीश D. सिरसा

77. गोहाना नगर प्राचीनकाल में किस नाम से जाना जाता था?
A. गवभ भवाना B. गढ़ना
C. गपत जमाना D. इनमें से कोई नहीं

78. प्राचीनकाल में बहादुरगढ़ नामक नगर किस नाम से जाना जाता था?
A. बहावलगढ़ B. शफीराबाद
C. शरफाबाद D. बलरामगढ़

79. अंग्रेजों ने बहादुरगढ़ को सिन्धिया राजा से छीन कर झज्जर के नवाब के भाई को कब जागीर के रूप में दिया था?
A. 1800 ई॰ में B. 1801 ई॰ में
C. 1805 ई॰ में D. 1803 ई॰ में

80. प्रदेश के किस नगर की स्थापना 14वीं शताब्दी में अम्बा नामक राजपूत द्वारा की गई थी?
A. झज्जर B. रोहतक
C. अम्बाला D. भिवानी

81. अब्दुररहमान खाँ, जिसने अंग्रेजों से टक्कर लेते हुए देश प्रेम के लिए अपना बलिदान दिया था, हरियाणा में किस नगर का नवाब था?
A. कुरुक्षेत्र B. झज्जर
C. फर्रुखनगर D. रेवाड़ी

82. फर्रुखनगर की स्थापना किस बिलोच शासक द्वारा की गई थी?
A. दलेल खाँ (फौजदार खाँ) B. शफूद्दीन खाँ
C. बदरखाँ D. जमालुद्दीन खाँ

83. बिलोच शासक दलेल खां (फौजदार खां) ने किस बादशाह के नाम पर फर्रुखनगर नगर बसाया था?
A. फखरुद्दीन अहमद B. फारूख अली
C. फिरोजशाह तुगलक D. फर्रुखसीयर

84. महर्षि वेदव्यास द्वारा अमर काव्य ''महाभारत'' की रचना हरियाणा के किस नगर में की गई थी?
A. पानीपत B. रेवाड़ी
C. कुरुक्षेत्र D. हिसार

85. शक्तिशाली वर्धन वंश का उदय हरियाणा में कहां पर हुआ था?
A. थानेसर (स्थाण्वीश्वर) B. रोहतक
C. पानीपत D. कुरुक्षेत्र

86. 1556 ई॰ में अकबर और रेवाड़ी के हेमचन्द्र (हेमू) के मध्य हरियाणा में किस स्थान पर प्रसिद्ध युद्ध हुआ था?
A. रेवाड़ी B. जीन्द
C. कुरुक्षेत्र D. पानीपत

87. 1761 ई॰ में पानीपत का तीसरा युद्ध किनके मध्य हुआ था?
A. बाबर और इब्राहिम लोदी के मध्य
B. अकबर और हेमचन्द्र (हेमू) के मध्य
C. अहमद शाह अब्दाली और मराठों के मध्य
D. अंग्रेजों और सिक्खों के मध्य

88. पानीपत नगर 31 अक्टूबर, 1989 तक हरियाणा के किस जिले के अन्तर्गत था?
A. रेवाड़ी B. अम्बाला
C. करनाल D. हिसार

89. निम्नलिखित में से प्रदेश का कौन-सा जिला 1989 से पूर्व गुरुग्राम और महेन्द्रगढ़ जिलों के अन्तर्गत था?
A. महेन्द्रगढ़ B. फरीदाबाद
C. जीन्द D. रेवाड़ी

90. जीन्द को जिले का दर्जा कब मिला?
A. 1966 में B. 1972 में
C. 1968 में D. 1975 में

91. हरियाणा का ऐसा कौन-सा जिला है जिसका जिला मुख्यालय नारनौल नगर में स्थित है?
A. हिसार B. फरीदाबाद
C. महेन्द्रगढ़ D. करनाल

92. सन् 1818 में राजा अनुरूप सिंह की विधवा ने अपने पति की स्मृति में कहाँ पर एक छतरी व पक्के तालाब का निर्माण करवाया था?
A. करनाल B. बल्लभगढ़
C. सोनीपत D. कैथल

93. पलवल को जिले का दर्जा किस वर्ष मिला?
A. 2006 में B. 2005 में
C. 2008 में D. 2007 में

94. महाभारत काल में राजा युधिष्ठिर द्वारा निम्नलिखित में से कौन-सा स्थान अपने धर्मगुरु द्रोणाचार्य को उपहार स्वरूप दिया गया था?
A. गुरुग्राम गांव B. कैथल
C. होडल D. सिरसा

95. 1857 के स्वतंत्रता संग्राम के समय गुरुग्राम के कलेक्टर का नाम क्या था?
A. हेनरी B. सर हेली
C. जान मार्शल D. श्री फोर्ड

96. 1858 ई॰ में हरियाणा का कौन-सा जिला पंजाब प्रान्त में सम्मिलित कर दिया गया था?
A. फरीदाबाद B. गुरुग्राम
C. हिसार D. महेन्द्रगढ़

97. फरीदाबाद हरियाणा के 12वें जिले के रूप में कब अस्तित्व में आया?
A. 15 अगस्त, 1970 को B. 15 अगस्त, 1979 को
C. 26 जनवरी, 1979 को D. 8 मार्च, 1982 को

98. बहादुरगढ़ नगर हरियाणा के किस जिले के अन्तर्गत आता है?
A. झज्जर B. करनाल
C. यमुनानगर D. फरीदाबाद

99. गोहाना नामक ऐतिहासिक कस्बा हरियाणा के किस जिले में स्थित है?
A. पानीपत B. सिरसा
C. सोनीपत D. रेवाड़ी

100. हरियाणा का 22वाँ जिला कौन-सा है?
A. लोहारू B. चरखी दादरी
C. तोशाम D. बादड़ा

101. चरखी दादरी का नाम सन् 1939 में डालमिया दादरी रखा गया, इस कस्बे का नाम पुनः चरखी दादरी कब पड़ा?
A. सन् 1940 में B. सन् 1946 में
C. सन् 1958 में D. सन् 1968 में

102. जिला भिवानी में स्थित तोशाम नामक कस्बे को उपमण्डल का दर्जा कब मिला?
A. 27 अप्रैल, 1993 को B. 10 जून, 1995 को
C. 5 मार्च, 1997 को D. 27 अप्रैल, 1998 को

103. पूर्वी हरियाणा और उत्तर प्रदेश की सीमा पर निम्न में से कौन-सी नदी बहती है?
A. गंगा नदी B. सरस्वती नदी
C. घग्घर नदी D. यमुना नदी

104. हरियाणा प्रदेश भारत के उत्तर-पश्चिम में 27° 39' से 30° 55' उत्तर अक्षांश पर स्थित है। बताइये कि वह कितने पूर्व रेखांश के बीच स्थित है?
A. 74° 28' से 77° 36' B. 65° 33' से 77° 28'
C. 50° 28' से 64° 36' D. 84° 42' से 89° 41'

105. हरियाणा के उत्तर में निम्नलिखित में से कौन-सा प्रदेश स्थित है?
A. उत्तर प्रदेश B. पंजाब
C. हिमाचल प्रदेश D. राजस्थान

106. हरियाणा के पश्चिम में निम्नलिखित में से कौन-सा प्रदेश स्थित है?
A. पंजाब B. राजस्थान
C. उत्तर प्रदेश D. हिमाचल प्रदेश

107. हरियाणा में 1 नवम्बर किस रूप में मनाया जाता है?
A. गरीबी उन्मूलन दिवस B. हरियाणा दिवस
C. हरियाणा स्वतंत्रता दिवस D. हरियाणा पर्यावरण दिवस

108. निम्नलिखित प्रदेशों में से कौन-सा प्रदेश क्षेत्रफल की दृष्टि से हरियाणा से बड़ा नहीं है?
A. मेघालय B. बिहार
C. हिमाचल प्रदेश D. पंजाब

109. हरियाणा की आबादी निम्नलिखित में से किस प्रदेश से अधिक है?
A. अरुणाचल प्रदेश B. सिक्किम
C. नगालैंड D. सभी से

110. हरियाणा का मैदानी भाग समुद्रतल से कितनी ऊँचाई पर स्थित है?
A. 700 से 900 फीट B. 750 से 880 फीट
C. 800 से 1000 फीट D. 900 से 1100 फीट

111. हरियाणा के किस भाग में शिवालिक पर्वत श्रेणियां स्थित हैं?
A. उत्तर-पश्चिमी B. उत्तरी-पूर्वी
C. दक्षिणी-पश्चिमी D. दक्षिणी-पूर्वी

112. शिवालिक की पहाड़ियों से हरियाणा प्रदेश की कौन-सी नदी निकलती है?
A. घग्घर B. मारकण्डा
C. टांगरी D. सभी

113. हरियाणा का निम्नलिखित में से कौन-सा प्राकृतिक भाग सबसे बड़ा है?
A. शिवालिक का पहाड़ी भाग
B. रेतीला भाग
C. मैदानी भाग
D. अरावली की पहाड़ियों का शुष्क मैदानी भाग

114. प्रसिद्ध वीवीपुर व नजफगढ़ नामक झीलें हरियाणा के किस प्राकृतिक क्षेत्र में स्थित हैं?
A. मैदानी क्षेत्र
B. रेतीला क्षेत्र
C. शिवालिक का पहाड़ी क्षेत्र
D. अरावली की पहाड़ियों का शुष्क मैदानी क्षेत्र

115. हरियाणा की जलवायु है :
A. महाद्वीपीय प्रकार
B. अल्पार्द्र शीतोष्णीय प्रकार
C. उपोष्णीय शुष्क महाद्वीपीय प्रकार
D. अल्पार्द्र उपोष्णीय प्रकार

116. हरियाणा के किस भाग में वर्षा अधिक होती है?
A. दक्षिण-पश्चिमी भाग B. उत्तरी-पूर्वी भाग
C. उत्तरी-पश्चिमी भाग D. दक्षिणी-पूर्वी भाग

117. प्रदेश के किस भाग में वर्षा कम होती है?
A. उत्तरी-पूर्वी भाग B. दक्षिणी-पूर्वी भाग
C. उत्तरी-पश्चिमी भाग D. दक्षिणी-पश्चिमी भाग

118. प्रदेश में मोरनी की पहाड़ियों पर किस प्रकार की मिट्टी पाई जाती है?
A. रेतीली मिट्टी B. भूरे रंग की मिट्टी
C. पथरीली मिट्टी D. बलुई दोमट मिट्टी

119. हरियाणा के मैदानी भाग में अधिकांशतः किस प्रकार की मिट्टी पाई जाती है?
A. पीले भूरे रंग की उपजाऊ मिट्टी
B. पथरीली मिट्टी
C. रेतीली मिट्टी
D. बलुई दोमट मिट्टी

120. हरियाणा के निम्नलिखित में से किस जिले में लाल चैसटनट मिट्टी पाई जाती है?
A. रोहतक जिले में B. सिरसा जिले में
C. यमुनानगर जिले में D. भिवानी जिले में

121. प्रदेश की कौन-सी नदी मुलाना के समीप मारकण्डा नदी में मिलती है?
A. साहिबी नदी B. टांगरी नदी
C. कृष्णावती नदी D. दोहन नदी

122. हरियाणा की सबसे प्राचीन व प्रमुख नहर कौन-सी है?
A. गुड़गांव नहर B. भिवानी नहर
C. भाखड़ा नहर D. पश्चिमी यमुना नहर

123. प्रदेश की कौन-सी नहर जगाधरी-पोंटा सड़क पर स्थित ताजेवाला नामक स्थान से यमुना नदी से निकलती है?
A. भाखड़ा नहर B. पश्चिमी व पूर्वी यमुना नहर
C. जवाहर लाल नेहरू नहर D. कोई नहीं

124. हरियाणा की जवाहर लाल नेहरू नहर किस नहर से निकाली गई है?
A. भाखड़ा नहर से B. भिवानी नहर से
C. गुड़गांव नहर से D. यमुना नहर से

125. निम्नलिखित में से कौन-सी झील हरियाणा में स्थित है?
A. दमदमा झील B. कोटला झील
C. खलीलपुर झील D. सभी

126. प्रदेश के फरुखनगर खण्ड में निम्नलिखित में से कौन-सी झील स्थित है?
A. सुल्तानपुर झील B. दमदमा झील
C. खलीलपुर झील D. कोटला झील

127. प्रसिद्ध बड़खल झील हरियाणा के किस जिले में स्थित है?
A. गुरुग्राम B. भिवानी
C. फरीदाबाद D. रोहतक

128. हरियाणा की कौन-सी नहर दिल्ली में ओखला नामक स्थान से यमुना नदी से निकाली गई है?
A. भाखड़ा नहर B. गुड़गांव नहर
C. पूर्वी यमुना नहर D. कोई नहीं

129. भाखड़ा नहर द्वारा प्रदेश के किस जिले में सिंचाई कार्य किया जाता है?
A. सिरसा B. हिसार
C. रोहतक D. सभी में

130. 'ओटू' बांध हरियाणा में किस नदी पर है?
A. साहिबा B. टांगरी
C. घग्गर D. यमुना

131. प्रदेश में भिवानी नहर किस नहर से निकाली गई है?
A. भाखड़ा नहर से B. गुड़गांव नहर से
C. पश्चिमी यमुना नहर से D. पूर्वी यमुना नहर से

132. हरियाणा की प्रसिद्ध बड़खल झील का निर्माण कब किया गया था?
A. वर्ष 1940 में B. वर्ष 1950 में
C. वर्ष 1974 में D. वर्ष 1947 में

133. हरियाणा का कुल क्षेत्रफल कितने वर्ग कि॰मी॰ है?
A. 38,150 वर्ग कि॰मी॰ B. 44,212 वर्ग कि॰मी॰
C. 50,210 वर्ग कि॰मी॰ D. 52,300 वर्ग कि॰मी॰

134. हरियाणा में जनवरी 2025 तक कुल कितने मण्डल हैं?
A. 6 B. 5
C. 4 D. 8

135. हरियाणा प्रदेश में जनवरी 2025 तक में कुल उप-मण्डल कितने हैं?
A. 60 B. 65
C. 68 D. 80

136. हरियाणा में जनवरी 2025 तक कुल कितनी तहसीलें हैं?
A. 94 B. 68
C. 70 D. 85

137. हरियाणा प्रदेश में जनवरी 2025 तक उप-तहसीलों की कुल संख्या कितनी है?
A. 30 B. 31
C. 49 D. 40

138. हरियाणा प्रदेश में जनवरी 2025 तक कुल कितने खण्ड हैं?
A. 95 B. 143
C. 115 D. 119

139. सम्पूर्ण हरियाणा में गाँव (2011 जनगणना) कितने हैं?
A. 4,390 B. 4,950
C. 5,845 D. 6,841

140. 2011 की जनगणना के अनुसार हरियाणा की कुल जनसंख्या कितनी है?
A. 2,53,51,462 B. 2,40,55,400
C. 2,25,83,912 D. 2,20,45,657

141. हरियाणा साहित्य अकादमी की पत्रिका है :
A. हरियाणा संवाद B. हरियाणा संदेश
C. हरिगंधा D. पाञ्चजन्य

142. हरियाणा के किस जिले में तेल शोधक कारखाना स्थित है?
A. रोहतक B. पानीपत
C. रेवाड़ी D. अम्बाला

143. जिला महेन्द्रगढ़ में निम्नलिखित में से कौन-सा खनिज पदार्थ अधिक मात्रा में मिलता है?
A. चूने का पत्थर B. चीनी मिट्टी
C. तांबा D. उपरोक्त सभी

144. जिला रेवाड़ी में किस स्थान पर स्लेट-पत्थर बहुत मात्रा में मिलता है?
A. कुण्ड नामक स्थान पर B. बावल नामक स्थान पर
C. कुसल नामक स्थान पर D. खोल नामक स्थान पर

145. वह कौन-सा खनिज पदार्थ है जो भारत में सिर्फ हरियाणा के गांव कलियाणा में उपलब्ध होता है?
A. स्लेट का पत्थर B. रेत
C. हिलना पत्थर D. क्वार्ट्ज

146. जिला भिवानी में किस स्थान पर 'ग्रेनाइट' नामक पत्थर मिलता है?
A. गांव निगाणाकलां B. देल्हेड़ी
C. रिवासा D. उपरोक्त सभी में

147. हरियाणा में राष्ट्रीय मधुमक्खी पालन एवं शहद मिशन (NBHM) योजना की शुरुआत किस वर्ष में हुई?
A. 2020 B. 2018
C. 2019 D. 2017

148. हरियाणा के कितने प्रतिशत भू-भाग में वन क्षेत्र हैं?
A. 2.54 प्रतिशत B. 3.65 प्रतिशत
C. 5 प्रतिशत D. 6.58 प्रतिशत

149. किस वर्ष मॉडल के रूप में हरियाणा प्रदेश में "ग्रीनिंग ऑफ हरियाणा" नाम से वृक्षारोपण की व्यापक योजना शुरू की गई थी?
A. वर्ष 1982-83 में B. वर्ष 1985-86 में
C. वर्ष 1989-90 में D. वर्ष 1994-95 में

150. हरियाणा प्रदेश के किस जिले में सबसे ज्यादा वन हैं?
A. पंचकुला B. हिसार
C. रोहतक D. जीन्द

151. प्रदेश के किस जिले में 'चौधरी देवीलाल प्राकृतिक पार्क' विकसित किया गया है?
A. भिवानी B. रोहतक
C. पानीपत D. यमुनानगर

152. रणदीप हुड्डा की ख्याति किस विधा के कारण है?
A. अभिनय B. सांग परम्परा
C. खेलकूद D. समाज सेवा

153. निम्नलिखित में से कौन-सा वृक्ष हरियाणा का राज्य वृक्ष है?
A. पवित्र अंजीर B. आम का वृक्ष
C. साल का वृक्ष D. बरगद का वृक्ष

154. हरियाणा में राष्ट्रीय खाद्य सुरक्षा योजना के तहत 'दाल-रोटी' योजना की शुरुआत किस वर्ष की गई?
A. वर्ष 2011 में B. वर्ष 2013 में
C. वर्ष 2010 में D. वर्ष 2012 में

155. जिला हिसार व करनाल में निम्नलिखित में से कौन-सा खनिज पदार्थ उपलब्ध होता है?
A. कच्चा लोहा B. अभ्रक
C. शोरा D. संगमरमर

156. जिला रोहतक में निम्नलिखित में से कौन-सा खनिज पदार्थ पाया जाता है?
A. चूना B. तांबा
C. मैंगनीज़ D. अभ्रक

157. हरियाणा के जीन्द जिले में निम्नलिखित में से कौन-से वृक्ष अधिक मात्रा में पाये जाते हैं?
A. शीशम B. कीकर
C. सफेदा D. उपरोक्त सभी

158. हरियाणा प्रदेश के कृषि विश्वविद्यालय हिसार में 'धान' पर शोधकार्य कब शुरू किया गया?
A. 1966 में B. 1970 में
C. 1974 में D. 1989 में

159. हरियाणा में सरस्वती वन्यजीव अभ्यारण्य किस जिले में स्थित है?
A. गुरुग्राम B. रेवाड़ी
C. जीन्द D. कैथल

160. हरियाणा का कौन-सा जिला खुम्बी की फसल के उत्पादन में भारत में अग्रणी है?
A. अम्बाला B. सिरसा
C. सोनीपत D. यमुनानगर

161. जिला रोहतक में निम्न में से किस चीज की खेती की जाती है?
A. गेहूँ B. ज्वार
C. गन्ना D. उपरोक्त सभी की

162. कुरुक्षेत्र में किस स्थान पर गन्ना मिल है?
A. पेहवा B. शाहबाद मारकण्डा
C. लाडवा D. बबैन

163. हरियाणा के किस जिले को बासमती चावल के उत्पादन में विश्व प्रसिद्ध होने के कारण "धान का कटोरा" नाम से जाना जाता है?
A. हिसार B. कुरुक्षेत्र
C. करनाल D. जीन्द

164. निम्नलिखित में से कौन हरियाणा के प्रमुख कपास उत्पादक जिलों में से एक नहीं है?
A. सोनीपत B. अम्बाला
C. रेवाड़ी D. सिरसा

165. हरियाणा का निम्नलिखित में से कौन-सा जिला अपनी सीमा किसी अन्य राज्य के साथ साझा नहीं करता?
A. चरखी दादरी B. गुरुग्राम
C. पलवल D. जींद

166. हरियाणा में किस फसल का उत्पादन सबसे ज्यादा होता है?
A. चावल B. गेहूँ
C. चना D. सरसों

167. हरियाणा की सबसे ऊँची पहाड़ी शृंखला मोरनी हिल्स अवस्थित है :
A. अम्बाला में B. जींद में
C. यमुनानगर में D. पंचकुला में

168. निम्नलिखित कथनों पर विचार कीजिए :
(*a*) सोनीपत और झज्जर की सीमा दिल्ली के साथ लगती है।
(*b*) रोहतक की सीमा दिल्ली से नहीं लगती है।
उपर्युक्त में से कौन-सा/से कथन सही है/हैं?
A. केवल (*b*) B. (*a*) और (*b*) दोनों
C. न तो (*a*) और न ही (*b*) D. केवल (*a*)

169. प्रदेश में जिला अम्बाला में नहरी सिंचाई सुविधा किस सिंचाई परियोजना के बनने से उपलब्ध हुई है?
A. नंगल उठान सिंचाई परियोजना
B. हथनी कुण्ड बैराज परियोजना
C. जवाहरलाल नेहरू सिंचाई परियोजना
D. सेवानी लिफ्ट सिंचाई परियोजना

170. हरियाणा के रेतीले भाग में सिंचाई का साधन क्या है?
A. नहरों द्वारा
B. कुओं द्वारा
C. नलकूप की सहायता से फव्वारों द्वारा
D. वर्षा द्वारा

171. पश्चिमी यमुना नहर द्वारा हरियाणा के निम्नलिखित में से किस जिले में सिंचाई की जाती है?
A. करनाल B. सोनीपत
C. रोहतक D. उपरोक्त सभी जिलों में

172. गुरुग्राम के अतिरिक्त किस जिले में ''गुड़गांव नहर'' द्वारा सिंचाई की जाती है?
A. पानीपत B. फरीदाबाद
C. सोनीपत D. कैथल

173. हथनी कुण्ड बैराज परियोजना हरियाणा के किस जिले से सम्बन्धित है?
A. यमुनानगर B. गुरुग्राम
C. रोहतक D. फरीदाबाद

174. महेन्द्रगढ़ जिले में कृषि की उन्नति के लिए कौन-सी सिंचाई परियोजना चलाई गई?
A. लोहारू लिफ्ट सिंचाई परियोजना
B. पश्चिमी यमुना नहर योजना
C. जे॰एल॰एन॰उठान सिंचाई परियोजना
D. हथनी कुण्ड बैराज परियोजना

175. हरियाणा की कौन-सी नहर दिल्ली में ओखला नामक स्थान से यमुना नदी से निकाली गई है?
A. गुड़गाँव नहर B. भाखड़ा नहर
C. पूर्वी यमुना नहर D. इनमें से कोई नहीं

176. हरियाणा की किस सिंचाई योजना द्वारा स्वरूप कलौदा, खुर्ल कलां, भीखेवाला, खरडवाला नेहरा, फुलिया कलां आदि गांवों को सिंचाई सुविधा प्राप्त हुई थी?
A. झज्जर उत्थान सिंचाई योजना
B. नखाना की सिंचाई परियोजना
C. नंगल उठान सिंचाई परियोजना
D. जवाहरलाल नेहरू सिंचाई योजना

177. हरियाणा के अहरिवाल क्षेत्र में सिंचाई सुविधा के अन्तर्गत निम्न में कौन-सी सिंचाई स्कीम प्रारम्भ की गई है?
A. रेवाड़ी लिफ्ट सिंचाई स्कीम
B. हथनी-कुण्ड बैराज सिंचाई स्कीम
C. मेवात उठान सिंचाई स्कीम
D. भाखड़ा नहर सिंचाई स्कीम

178. शिवालिक विकास एजेन्सी का मुख्यालय निम्न में कहाँ पर स्थित है?
A. रोहतक में B. अम्बाला में
C. पंचकुला में D. जीन्द में

179. हरियाणा की किस नस्ल की भैंसे सारे भारत में प्रसिद्ध हैं?
A. मुर्रा B. तुरा
C. पुस्प D. चस्सा

180. हरियाणा में निम्नलिखित में से किस स्थान पर सहकारी दूध संयन्त्र खुले हुए हैं?
A. अम्बाला B. भिवानी
C. जीन्द D. उपरोक्त सभी स्थानों पर

181. निम्नलिखित कथनों पर विचार कीजिए :
(*a*) रोहतक में पुलिस आयुक्तालय स्थित है।
(*b*) सोनीपत में पुलिस आयुक्तालय स्थित है।
उपर्युक्त में से कौन-सा/से कथन सही है/हैं?
A. केवल (*b*) B. (*a*) और (*b*) दोनों
C. न तो (*a*) और न ही (*b*) D. केवल (*a*)

182. हरियाणा में नीलोखेड़ी के अतिरिक्त निम्नलिखित में से किस स्थान पर पोल्ट्री का प्रशिक्षण दिया जाता है?
A. अम्बाला B. करनाल
C. हिसार D. कैथल

183. जिला फतेहाबाद में कहाँ पर अश्व स्टेलियन केन्द्र कार्यरत है?
A. टोहाना B. रतिया
C. भूना D. कूलां

184. जिला भिवानी में सघन पशु विकास परियोजना कब आरम्भ की गई थी?
A. वर्ष 1966 में B. वर्ष 1970 में
C. वर्ष 1972 में D. वर्ष 1978 में

185. हरियाणा में सर्वाधिक जनसंख्या वाला जिला कौन-सा है?
A. महेन्द्रगढ़ B. फरीदाबाद
C. हिसार D. रोहतक

186. जिला भिवानी में पशु रोगों के निदान हेतु, जिला ग्रामीण विकास निकाय द्वारा, ''पशु रोग निदान प्रयोगशाला' की स्थापना कब की गई?
A. 1978 में B. 1980 में
C. 1984 में D. 1990 में

187. निम्न में कौन हरियाणा के मुख्यमंत्री नहीं रहे?
A. बंसीलाल B. देवीलाल
C. भजनलाल D. श्रीचन्द

188. कालका तहसील किस जिले में स्थित है?
A. पंचकुला B. अम्बाला
C. कैथल D. करनाल

189. हरियाणा में पहली स्थायी लोक अदालत की स्थापना कब हुई?
A. 17 जनवरी, 1955 B. 10 मई, 2005
C. 1 नवम्बर, 1966 D. 7 अगस्त, 1998

190. 2010 में किस भाषा को हरियाणा की दूसरी राजभाषा का दर्जा दिया गया?
A. अंग्रेजी B. उर्दू
C. हरियाणवी D. पंजाबी

191. सरस्वती शुगर मिल, हरियाणा के किस जिले में स्थित है?
A. रोहतक B. पानीपत
C. यमुनानगर D. फरीदाबाद

192. यमुनानगर में यमुना गैसेस लि॰ की स्थापना कब की गई?
A. 1973 में B. 1975 में
C. 1980 में D. 1981 में

193. यमुनानगर में यमुना गैसेस लि॰ कम्पनी को गैसों के उत्पादन में अग्रणी स्थान प्राप्त करने का गौरव कब मिला?
A. वर्ष 1969 में B. वर्ष 1973 में
C. वर्ष 1972 में D. वर्ष 1975 में

194. भारत स्टॉर्च कैमिकल लि॰ की स्थापना यमुनानगर में कब हुई थी?
A. 1929 में B. 1932 में
C. 1938 में D. 1948 में

195. यमुनानगर की टिम्बर मार्किट (मण्डी) वर्ष 1947 से पूर्व किस नाम से प्रसिद्ध थी?
A. अब्दुल्लापुर मण्डी B. सादापुर मण्डी
C. यमुनानगर मण्डी D. यमुनापुर मण्डी

196. जिला सोनीपत का एटलस साइकिल उद्योग विश्व के कितने प्रमुख साइकिल निर्माण प्रतिष्ठानों में से एक है?
A. तीन B. पाँच
C. सात D. नौ

197. हरियाणा में ''भिवानी टैक्सटाइल मिल'' की स्थापना कब हुई थी?
A. 1930 में B. 1937 में
C. 1942 में D. 1950 में

198. गिद्ध संरक्षण एवं प्रजनन केन्द्र कहाँ पर स्थित है?
A. पिन्जौर में B. कैरू में
C. मोरनी में D. झाबुआ में

199. गुरुग्राम महानगरीय विकास प्राधिकरण की स्थापना कब की गई थी?
A. वर्ष 2014 में B. वर्ष 2015 में
C. वर्ष 2016 में D. वर्ष 2017 में

200. हरियाणा की चरखी दादरी स्थित सीमेंट फैक्टरी का निर्माण सन् 1939 में जर्मन-इंजीनियरों के सहयोग से किसके द्वारा किया गया था?
A. सेठ सिंघानिया
B. सेठ करोड़ीमल
C. सेठ रामकृष्ण डालमिया
D. सेठ रामकुमार बिड़ला

201. हरियाणा के चरखी दादरी स्थित, सीमेंट फैक्टरी के भारत सरकार के उपक्रम भारतीय सीमेंट निगम ने अपने अधिकार में कब लिया था?
A. 5 अप्रैल, 1980 को B. 23 जून, 1981 को
C. 10 जून, 1984 को D. 23 जून, 1988 को

202. निम्नलिखित में से कौन-सी फसल 'भावान्तर भरपायी योजना' के अन्तर्गत सम्मिलित नहीं है?
A. आलू B. प्याज
C. टमाटर D. गन्ना

203. हरियाणा के निम्नलिखित में से किस जिले में कैप्टिव विद्युत संयंत्र की स्थापना की गई है?
A. पानीपत में B. हिसार में
C. रोहतक में D. करनाल में

204. जिला पानीपत के बाहौली क्षेत्र में कौन-सा कारखाना स्थापित किया गया है?
A. कपड़े बनाने का कारखाना
B. कृषि यन्त्र बनाने का कारखाना
C. तेल शोधक कारखाना
D. हवाई चप्पल बनाने का कारखाना

205. हरियाणा के निम्नलिखित में से किस जिले में ''अमोनिया प्लांट'' स्थापित है?
A. पानीपत B. कैथल
C. गुरुग्राम D. करनाल

206. जिला महेन्द्रगढ़ का किस चीज के उत्पादन में हरियाणा राज्य में प्रथम स्थान है?
A. चावल के उत्पादन में B. बर्तनों के उत्पादन में
C. सरसों के उत्पादन में D. साइकिलों के उत्पादन में

207. हरियाणा के किस जिले की सीमा अन्य राज्यों से नहीं लगती?
A. रेवाड़ी B. रोहतक
C. अम्बाला D. फरीदाबाद

208. रेवाड़ी जिले का निम्नलिखित में से कौन-सा उद्योग भारत भर में प्रसिद्ध है?
A. तिल्ला जूती उद्योग
B. पीतल बर्तन उद्योग
C. हीरो होण्डा मोटर साइकिल फैक्टरी
D. उपरोक्त सभी

209. 'टिक्कर झील' हरियाणा के किस जिले में स्थित है?
A. रोहतक B. करनाल
C. पंचकुला D. कैथल

210. हरियाणा शब्द किस कृति में प्राप्त हुआ है?
A. पासणा हचरिउ B. महापुराण
C. A और B D. इनमें से कोई नहीं

211. लकड़ी का विकल्प तैयार करने वाला, "न्यूवुड लकड़ी उद्योग" कहाँ पर स्थापित है?
A. बरवाला उपमण्डल में B. टोहाना उपमण्डल में
C. हांसी उपमण्डल में D. सिवानी उपमण्डल में

212. निम्न में से किस स्थान पर हरियाणा सरकार द्वारा फूड पार्क स्थापित किए गए हैं?
A. नरवाना B. साहा
C. राई D. उपरोक्त सभी में

213. जिला कुरुक्षेत्र की शाहबाद सहकारी चीनी मिल की स्थापना कब की गई थी?
A. 1976-77 में B. 1984-85 में
C. 1991-92 में D. 1994-95 में

214. जिला फरीदाबाद में निम्नलिखित में से किस चीज का कारखाना स्थापित है?
A. ट्रैक्टर B. रेफ्रीजरेटर
C. रबड़ टायर D. उपरोक्त सभी

215. किस शहर को 'हरियाणा का दिल' कहा जाता है?
A. जींद B. पानीपत
C. रोहतक D. करनाल

216. मारुति कारों का निर्माण कार्य हरियाणा में कहां पर होता है?
A. गुरुग्राम B. अम्बाला
C. फरीदाबाद D. हिसार

217. दिव्यावदान में किन नगरों का उल्लेख हुआ है?
A. रोहतक B. अग्रोहा
C. A और B D. सोनीपत

218. हरियाणा सरकार द्वारा स्वतंत्रता सेनानियों को सम्मानित करने का निर्णय किस वर्ष लिया गया था?
A. वर्ष 1980 में B. वर्ष 1981 में
C. वर्ष 1985 में D. वर्ष 1997 में

219. 'खोड़िया नृत्य' हरियाणा में किस अवसर पर किया जाता है?
A. शादी के अवसर पर
B. होली के अवसर पर
C. तीज के अवसर पर
D. गोगा नवमी के अवसर पर

220. प्रदेश में परमवीर चक्र प्राप्त सैनिकों को कितनी धनराशि एकमुश्त प्रदान की जाती है?
A. 1 करोड़ रुपये B. 3 करोड़ रुपये
C. 2 करोड़ रुपये D. 5 करोड़ रुपये

221. युद्ध सेवा मैडल प्राप्त करने वाले सैनिकों को नकद राशि, वार्षिकी और भूमि के बदले नकद राशि देने की स्कीम 1988 में बंद कर दी गई थी, उसे बंसी लाल की सरकार द्वारा पुनः कब चालू किया गया?
A. अप्रैल, 1995 में B. अप्रैल 1997 में
C. अप्रैल, 1996 में D. अप्रैल, 1998 में

222. किस वेद में हरियाणा की दो प्राचीन नदियों का उल्लेख है जो आज लुप्त हैं?
A. सामवेद B. यजुर्वेद
C. अथर्ववेद D. ऋग्वेद

223. अशोक का तोपरा स्तम्भ किस जिले में प्राप्त हुआ है?
A. अम्बाला B. रोहतक
C. सोनीपत D. हिसार

224. हरियाणा में दिसम्बर, 2024 तक कितने वृद्ध नागरिकों को वृद्धावस्था सम्मान भत्ता दिया जा रहा है?
A. 12,60,090 B. 13,08,045
C. 20,85,967 D. 25,18,145

225. हरियाणा की नई खेल नीति के अनुसार ओलंपिक में स्वर्ण पदक विजेता को कितनी राशि प्रदान की जाती है?
A. ₹ 6 करोड़ B. ₹ 4 करोड़
C. ₹ 3 करोड़ D. ₹ 2 करोड़

226. प्रदेश में अस्वच्छ व्यवसाय में लगे अनुसूचित जाति के बच्चों के लिए किस स्थान पर छात्रावास है?
A. करनाल B. फरीदाबाद
C. अम्बाला D. सभी में

227. विमुक्त जाति के बच्चों के लिए प्रदेश में किस स्थान पर छात्रावास खोला गया है?
A. रोहतक B. जीन्द
C. फरीदाबाद D. गुरुग्राम

228. हरियाणा में शराबबन्दी कानून कब लागू किया गया था?
A. 1 दिसम्बर, 1991 में B. 1 जून, 1993 में
C. 1 जुलाई, 1996 में D. 1 मई, 1997 में

229. प्रदेश सरकार द्वारा शराबबन्दी कानून कब समाप्त किया गया?
A. 1 मार्च, 1996 में B. 1 मई, 1997 में
C. 1 फरवरी, 1996 में D. 1 अप्रैल, 1998 में

230. निम्नलिखित में से कौन-सी बाल विकास परियोजना हरियाणा राज्य से सम्बन्धित है?
A. समेकित बाल विकास परियोजना
B. बाल स्वास्थ्य परियोजना
C. शिशु पोषण परियोजना
D. असहाय बाल विकास परियोजना

231. हरियाणा में गरीब लड़कियों के कल्याण हेतु निम्नलिखित में से कौन-सी परियोजना चलाई जा रही है?
A. पराया धन पराई बेटी B. अपनी बेटी पराया धन
C. अपनी बेटी अपना धन D. कोई नहीं

232. हरियाणा में रैपिड मेट्रो की शुरुआत सर्वप्रथम किस शहर में हुई?
A. फरीदाबाद B. गुरुग्राम
C. पानीपत D. सोनीपत

233. हरियाणा राज्य में प्रत्येक गांव में बिजली पहुँचाने का कार्य कब पूर्ण किया गया?

A. 10 जून, 1966 को B. 25 मार्च, 1971 को
C. 15 अप्रैल, 1968 को D. 29 नवम्बर, 1970 को

234. हरियाणा में विद्युत उपभोक्ताओं की कुल संख्या दिसम्बर, 2024 तक कितनी थी?

A. 81.34 लाख B. 85 लाख
C. 90 लाख D. 95 लाख

235. अशोक के स्तम्भ लेख की लिपि कौन-सी थी?

A. फारसी B. देवनागरी
C. ब्राह्मी D. इनमें से कोई नहीं

236. इंदिरा गांधी अति ऊष्मीय शक्ति परियोजना हरियाणा के किस जिले में है?

A. सिरसा B. हिसार
C. जिंद D. झज्जर

237. हरियाणा में निम्नलिखित में से किस तरल स्थान पर आधारित 25-25 मैगावाट के बिजली संयन्त्र की स्थापना की गई है।

A. गुरुग्राम में B. फरीदाबाद में
C. करनाल में D. रोहतक में

238. हरियाणा में अपने बिजली उत्पादन संयन्त्रों से बिजली का उत्पादन वर्तमान समय में लगभग कितने मेगावाट है?

A. 1500 मेगावाट B. 1800 मेगावाट
C. 2,582.4 मेगावाट D. 3000 मेगावाट

239. किसानों की मांग पर नलकूपों की गहराई के आधार पर बिजली की कौन-सी प्रणाली पूरे प्रदेश में लागू की गई है?

A. स्टैव प्रणाली B. विद्युत नापन प्रणाली
C. टैस्ट प्रणाली D. इनमें से कोई नहीं

240. हरियाणा में निम्नलिखित में से किस स्थान पर ताप बिजलीघर स्थित है?

A. हिसार B. कैथल
C. जीन्द D. फरीदाबाद

241. प्रदेश में एन॰टी॰पी॰सी॰ द्वारा गैस पर आधारित 432 मैगावाट का पावर प्लान्ट कहाँ पर लगाया गया?

A. गुरुग्राम B. फरीदाबाद
C. पानीपत D. करनाल

242. हरियाणा में नवम्बर, 2024 तक सड़कों की कुल लम्बाई किलोमीटर में कितनी है?

A. 33,543 कि॰मी॰ B. 24,065 कि॰मी॰
C. 25,074 कि॰मी॰ D. 35,560 कि॰मी॰

243. प्रदेश में बड़े परिवहन बस डिपो की संख्या कितनी है?

A. 12 B. 13
C. 24 D. 30

244. हरियाणा का निम्नलिखित में से कौन-सा शहर राष्ट्रीय राजधानी क्षेत्र का हिस्सा नहीं है?

A. सोनीपत B. फरीदाबाद
C. हिसार D. गुरुग्राम

245. हरियाणा सरकार द्वारा यात्री-परिवहन का सम्पूर्ण राष्ट्रीयकरण कब किया गया?

A. सन् 1972 में B. सन् 1976 में
C. सन् 1980 में D. सन् 1985 में

246. हरियाणा को किस साल खुले में शौच मुक्त घोषित किया गया?

A. 2014 B. 2015
C. 2016 D. 2017

247. किस वर्ष हरियाणा विधानसभा की अधिकतम कुल संख्या 90 की गई?

A. 1977 B. 1967
C. 1971 D. 1985

248. दिल्ली से फिरोजपुर राष्ट्रीय मार्ग पर यात्रा करने पर हरियाणा का कौन-सा प्रमुख नगर पड़ता है?

A. रोहतक B. सिरसा
C. हिसार D. उपरोक्त सभी

249. हरियाणा में नवम्बर, 2024 तक राष्ट्रीय राजमार्गों की कुल लम्बाई कितने किमी है?

A. 1900 किमी B. 1200 किमी
C. 1600 किमी D. 3391 किमी

250. निम्नलिखित में से किस स्थान पर हरियाणा सिविल विमानन संस्थान का फ्लाइंग प्रशिक्षण केन्द्र स्थित है?

A. करनाल B. पिंजौर
C. A और B दोनों जगह D. इनमें से कोई नहीं

251. हरियाणा में निम्नलिखित में से कहाँ सिविल हवाई पट्टी स्थित है?

A. करनाल B. पिंजौर
C. हिसार D. उपरोक्त सभी जगह

252. कलेसर राष्ट्रीय उद्यान अवस्थित है :

A. यमुनानगर जिले में B. कुरुक्षेत्र जिले में
C. अंबाला जिले में D. पंचकुला जिले में

253. हरियाणा में भारी वाहन चालक प्रशिक्षण संस्थान निम्नलिखित में से किस स्थान पर स्थित है?

A. मुरथल B. चरखी दादरी
C. अम्बाला D. तावडू

254. हरियाणा की शिवालिक पहाड़ियों में पिंजौर-कालका के निकट किस काल के उपकरण प्राप्त हुए हैं?

A. पाषाण काल B. उत्तरवैदिक काल
C. हड़प्पा काल D. पूर्ववैदिक काल

255. मानव-जाति के जनक माने जाने वाले वैवस्त मनु को "अवन्ति सुन्दरी कथा" नामक ग्रन्थ में, किस स्थान का निवासी माना गया है?

A. पानीपत B. रोहतक
C. स्थाण्वीश्वर D. पंचकुला

256. हरियाणा के वणावली, सीसवाल, कुणाल, मिर्जापुर, दौलतपुर और भगवानपुरा नामक स्थानों के उत्खननों से किस काल की संस्कृतियों के प्रमाण मिले हैं?

A. आद्यैतिहासकालीन-प्रागहड़प्पा
B. हड़प्पा
C. परवर्ती हड़प्पा
D. उपरोक्त सभी कालों के

257. हरियाणा में पुरातात्विक अन्वेषण, सर्वप्रथम किसने आरम्भ किया था?
A. जॉनसर B. एलेक्जेण्डर कनिंघम
C. लार्ड मुनरो D. जॉन मार्शल

258. हरियाणा में पुरातात्विक अन्वेषण का आरम्भ कब हुआ?
A. 1862 ई. में B. 1892 ई. में
C. 1900 ई. में D. 1905 ई. में

259. डॉ सूरजभान के निर्देशन में हरियाणा में किस स्थान की खुदाई से महत्त्वपूर्ण ऐतिहासिक सामग्री प्राप्त हुई है?
A. मिथाथल B. दादरी
C. ऐलनाबाद D. सफीदों

260. हरियाणा में हड़प्पा परवर्ती संस्कृति व चित्रित स्लेटी पात्र सभयताओं के लोगों के साथ-साथ रहने का सर्वप्रथम प्रमाण कहाँ मिला है?
A. नारनौल B. भगवानपुरा
C. सिरसा D. महेन्द्रगढ़

261. हरियाणा में हड़प्पा संस्कृति का एक विराट टीला जीन्द के समीप किस स्थान पर है?
A. सफीदों B. उचाना
C. नरवाना D. राखीगढ़ी

262. जगाधरी से तीन कि.मी. पूर्व की ओर चनेती में एक स्तूप के अवशेष मिले हैं, इस स्तूप की ऊँचाई 8 मीटर है। बताइये इसकी परिधि कितने मीटर है?
A. 20 मीटर B. 30 मीटर
C. 45 मीटर D. 50 मीटर

263. आमीन जिला कुरुक्षेत्र से प्राप्त दो स्तम्भ किस काल की कला को दर्शाते हैं?
A. मौर्यकाल B. वर्धनकाल
C. गुप्तकाल D. शुंगकाल

264. समुद्रगुप्त का एक परशु प्रकार का सोने का सिक्का हरियाणा में कहाँ पर मिला है?
A. कोसली B. रोहाना
C. मिथाथल D. रानिया

265. हरियाणा के किस इलाके में तीसरी शताब्दी में यौधेयों का बोलबाला था?
A. पानीपत के इलाके में B. रोहतक के इलाके में
C. हिसार के इलाके में D. अम्बाला के इलाके में

266. जगाधरी से किस शासक की सोने की मुद्रा प्राप्त हुई है?
A. कनिष्क B. कुमारगुप्त
C. पुष्पमित्रशुंग D. समुद्रगुप्त

267. हरियाणा के किस स्थान से हर्षवर्धन की तांबे की मुद्रा मिली है जिसमें थानेश्वर के पुष्पमूर्ति वंशावली का वृत्तान्त मिलता है?
A. सोनीपत B. सिरसा
C. गुरुग्राम D. कैथल

268. भारतीय पुरातत्व सर्वेक्षण के एच.एल. श्रीवास्तव द्वारा हिसार में किस स्थान पर खुदाई कार्य करवाया गया था?
A. उकलाना B. बरवाला
C. अग्रोहा D. आदमपुर

269. हरियाणा प्रदेश में वर्ष 2023-24 तक मान्यता प्राप्त प्राथमिक/पूर्व प्राथमिक स्कूलों की संख्या कितनी है?
A. 9,872 B. 10,605
C. 11,582 D. 8,780

270. प्रदेश में 2023-24 तक मान्यता प्राप्त माध्यमिक स्कूलों की संख्या कितनी है?
A. 1,215 B. 2,312
C. 5,640 D. 3,850

271. हरियाणा में 2023-24 तक उच्च/वरिष्ठ माध्यमिक विद्यालयों की संख्या कितनी है?
A. 6,460 B. 9,354
C. 5,870 D. 4,960

272. हरियाणा के किस जिले की साक्षरता दर सबसे ज्यादा है?
A. गुरुग्राम B. झज्जर
C. रोहतक D. पलवल

273. प्रदेश के किस जिले की साक्षरता दर सबसे कम है?
A. करनाल B. कैथल
C. पानीपत D. नूंह

274. हरियाणा प्रदेश में 2022-23 तक कितने अध्यापक प्रशिक्षण महाविद्यालय हैं?
A. 489 B. 400
C. 300 D. 350

275. प्रदेश में कुल साक्षर जनसंख्या कितनी है?
A. 1,66,25,728 B. 1,65,98,988
C. 78,10,882 D. 1,32,58,652

276. प्रदेश में वर्ष 2023-24 तक कितने मान्यता प्राप्त विश्वविद्यालय हैं?
A. 58 B. 40
C. 35 D. 38

277. प्रदेश में निम्नलिखित में से किस स्थान पर नवोदय विद्यालय स्थित है?
A. तितरम B. ओढ़ा
C. देवराला D. उपरोक्त सभी में

278. हरियाणा सरकार द्वारा किस वर्ष 10+2+3 शिक्षा प्रणाली लागू की गई?
A. 1980-81 में B. 1976-77 में
C. 1988-89 में D. 1985-86 में

279. "महर्षि दयानन्द विश्वविद्यालय" हरियाणा के किस नगर में स्थित है?
A. रोहतक B. हिसार
C. फरीदाबाद D. रेवाड़ी

280. "चौधरी चरणसिंह कृषि विश्वविद्यालय" प्रदेश के किस नगर में स्थित है?
A. जीन्द B. गुरुग्राम
C. हिसार D. कुरुक्षेत्र

281. हरियाणा में पंजाबी भाषा को बढ़ावा देने के उद्देश्य से पंजाबी भाषा को किस स्थान पर रखा गया है?
A. प्रथम B. द्वितीय
C. तृतीय D. चतुर्थ

282. हरियाणा में चौधरी देवीलाल विश्वविद्यालय निम्नलिखित में से किस स्थान पर स्थित है?
A. कुरुक्षेत्र B. हिसार
C. रोहतक D. सिरसा

283. हरियाणा में खेलों को बढ़ावा देने के उद्देश्य से प्रदेश सरकार द्वारा कौन-सी महत्त्वपूर्ण योजना चलाई जा रही है?
A. खेल संस्थाओं को अनुदान B. प्रशिक्षण योजना
C. खेल स्टेडियम D. उपरोक्त सभी

284. खिलाड़ियों को आधुनिक और वैज्ञानिक ढंग से प्रशिक्षण देने के लिए हरियाणा में किस स्थान पर खेल छात्रावास की स्थापना की गई है?
A. गुरुग्राम में B. रोहतक में
C. फरीदाबाद में D. पानीपत में

285. हरियाणा के सोनीपत जिले के राई नामक स्थान पर एक खेलकूद स्कूल है, उसका नाम बताइये?
A. जवाहरलाल नेहरू खेलकूद स्कूल
B. इन्दिरा गांधी खेलकूद स्कूल
C. मोतीलाल नेहरू खेलकूद स्कूल
D. राजीव गांधी खेलकूद स्कूल

286. सोनीपत जिले के राई नामक स्थान पर स्थित मोतीलाल नेहरू खेलकूद स्कूल में स्थित कमला नेहरू नामक स्कूल की स्थापना कब की गई थी?
A. वर्ष 1970 में B. वर्ष 1974 में
C. वर्ष 1982 में D. वर्ष 1986 में

287. सुश्री सोनिया लाठेर किस खेल से संबंधित हैं?
A. कुश्ती B. कबड्डी
C. एथलेटिक्स D. मुक्केबाजी

288. टोक्यो ओलंपिक 2020 में हरियाणा के किस पहलवान ने रजत पदक प्राप्त किया था?
A. बजरंग पुनिया B. विनेश फोगाट
C. रवि कुमार दहिया D. बबिता कुमारी

289. जुलाई-अगस्त 2022 में बर्मिंघम में हुए 22वें राष्ट्रमंडल खेलों में हरियाणा के खिलाड़ियों ने कितने पदक प्राप्त किए थे?
A. 24 B. 12
C. 15 D. 20

290. हरियाणा के प्रसिद्ध खिलाड़ी नीरज चोपड़ा किस खेल से संबंधित हैं?
A. जिमनास्टिक B. भाला फेंक
C. बैडमिंटन D. टेनिस

291. पेरिस ओलंपिक 2024 में कांस्य पदक जीतने वाली मनु भाकर का सम्बन्ध किस खेल से है?
A. निशानेबाजी B. कबड्डी
C. जूडो D. हैंडबाल

292. हिन्दी के प्रसिद्ध कहानीकार श्री विशम्भरनाथ कौशिक का जन्म हरियाणा में कहां पर हुआ था?
A. अम्बाला छावनी में B. सिरसा में
C. पंचकूला में D. रोहतक में

293. हरियाणा के प्रसिद्ध लेखक पं॰ नेकीराम शर्मा ने भिवानी से कौन-सा पत्र हिन्दी में प्रकाशित किया था?
A. संवाहक B. सन्देश
C. निवारण D. वाणी

294. निम्नलिखित में से भारतीय क्रिकेट का कौन-सा पूर्व खिलाड़ी हरियाणा से सम्बन्धित है?
A. कपिल देव B. सुनील गावस्कर
C. अजय जडेजा D. अजहरुद्दीन

295. सूरजकुंड क्राफ्ट मेला प्रथम बार किस वर्ष आरम्भ हुआ था?
A. 1991 B. 1961
C. 1987 D. 2001

296. पेरिस ओलंपिक 2024 में निम्न में से हरियाणा के किस खिलाड़ी ने शूटिंग में कांस्य पदक जीता?
A. रमेश अवाना B. सरबजोत सिंह
C. राजेश कुमार D. मनदीप सिंह

297. टोक्यो ओलंपिक 2020 में हरियाणा के किस खिलाड़ी ने स्वर्ण पदक जीता था?
A. बजरंग पुनिया B. बबिता कुमारी
C. जितेन्द्र कुमार D. नीरज चोपड़ा

298. निम्नलिखित में से किस प्रमुख आदिकवि को हरियाणा का माना जाता है?
A. गोस्वामी तुलसीदास B. कबीरदास
C. कवि चन्दबरदाई D. रहीम दास

299. निम्नलिखित में से हरियाणा के किस मुस्लिम संत ने हिन्दी साहित्य के विकास में महत्त्वपूर्ण योगदान दिया?
A. शेख-यू-अलीशाह कलन्दर B. सन्त सादुल्ला
C. शेख बहाउद्दीन चिश्ती D. उपरोक्त सभी ने

300. निम्नलिखित में से कौन-सा प्राचीन कवि हरियाणा से सम्बन्धित नहीं है?
A. वीरभान B. महात्मा हरिदास
C. बनारसीदास D. नरोत्तम दास

301. हरियाणा राज्य को पूर्ण राज्य का दर्जा कब मिला?
A. 1 नवम्बर, 1964 को B. 10 दिसम्बर, 1965 को
C. 1 नवम्बर, 1966 को D. 15 जून, 1968 को

302. हरियाणा की राजधानी कौन-सा नगर है?
A. चण्डीगढ़ B. रोहतक
C. करनाल D. यमुनानगर

303. राज्यपाल जिलाधीश की नियुक्ति करता है-
A. केन्द्रीय सरकार की सलाह पर
B. राज्य की मंत्रिपरिषद की सलाह पर
C. राष्ट्रपति की सलाह पर
D. प्रधानमंत्री की सलाह पर

304. वर्तमान समय में हरियाणा में कितने जिले हैं?
A. 16 B. 17
C. 18 D. 22

305. प्रसिद्ध भोंडसी आश्रम हरियाणा के किस जिले में स्थित है?
A. पानीपत B. फतेहाबाद
C. गुरुग्राम D. कैथल

306. 'नरवाना' विधान सभा क्षेत्र किस जिले में स्थित है?
A. जींद B. फरीदाबाद
C. नूंह D. गुरुग्राम

307. 'किलोई' विधान सभा क्षेत्र किस जिले में स्थित है?
A. सोनीपत B. पानीपत
C. रोहतक D. करनाल

308. हरियाणा का 22वाँ जिला कौन सा है?
A. डबवाली B. चरखी दादरी
C. होडल D. नरवाना

309. निम्न में से कौन लोकसभा क्षेत्र अनुसूचित जाति के लिए आरक्षित है?
A. अम्बाला B. भिवानी
C. फरीदाबाद D. हिसार

310. निम्न में से कौन लोकसभा क्षेत्र अनुसूचित जाति के लिए आरक्षित है?
A. सोनीपत B. महेन्द्रगढ़
C. रोहतक D. सिरसा

311. हरियाणा प्रदेश में पुरुषों द्वारा पहनी जाने वाली पगड़ी क्या कहलाती है?
A. खंडवा B. पग्गड़
C. तोडा D. पगड़ी

312. प्रदेश में राजपूती ढंग की बड़ी पगड़ी को क्या कहते हैं?
A. साफा B. टोपी
C. पाग D. दोहरा

313. हरियाणा में चार नीले तथा चार लाल धागों की बुनाई वाले खद्दर से बना बिना कली का घाघरा क्या कहलाता है?
A. धारणा B. खारा
C. थारा D. कचारा

314. हरियाणा में महिलाओं द्वारा बुजली गहना शरीर के किस भाग में पहना जाता है?
A. माथा B. पैर
C. नाक D. कान

315. प्रदेश में निम्नलिखित में से कौन-सा आभूषण मुंह और सिर पर पहना जाता है?
A. सिंगार पट्टी B. तग्गा
C. बेस्सर D. उपरोक्त सभी

316. प्रदेश में प्रचलित आभूषणों में निम्नलिखित में से कौन-सा आभूषण नाक में नहीं पहना जाता है?
A. नांथ B. पुरली
C. ढेडे D. कोक्का

317. प्रदेश में प्रचलित निम्नलिखित में से कौन-सा आभूषण हाथों में नहीं पहना जाता है?
A. पौहची B. कडूल्ला
C. पछेल्ली D. बांकड़ी

318. प्रदेश में प्रचलित शकुन-अपशकुनों में निम्नलिखित में से किसे शकुन माना जाता है?
A. पानी भरा घड़ा B. हिरण दर्शन
C. मेहतर (झाडू लिए हुए) D. उपरोक्त सभी

319. प्रदेश में प्रचलित शकुन-अपशकुनों में निम्नलिखित में से किसे अपशकुन माना जाता है?
A. खाली घड़ा B. दूब का दर्शन
C. पैर का खुजाना D. भिस्ती का जल लिए मिलना

320. प्रदेश में पारम्परिक आभूषणों में निम्नलिखित में से कौन-सा आभूषण पुरुषों द्वारा पहना जाता है?
A. गोफ B. तागड़ी
C. नाड़ा D. कड़ी

321. हरियाणा में निम्नलिखित में से किस धार्मिक स्थान पर, सूर्य ग्रहण के अवसर पर भारत भर से लाखों यात्री स्नान व धर्मानुष्ठान के लिए आते हैं?
A. गुरुग्राम B. कुरुक्षेत्र
C. जगाधरी D. इनमें से कोई नहीं

322. गुरुग्राम जिले में इस्लामपुर नामक स्थान पर भादों मास के नौवें दिन कौन-सा मेला लगता है?
A. गूगा नौमी B. नागपूजा
C. यमुना स्नान D. शिव मेला

323. गुरुग्राम में चैत्र व आषाढ़ मास में प्रत्येक सोमवार व मंगलवार को निम्नलिखित में से कौन सा प्रसिद्ध मेला लगता है?
A. बुद्धो माता का मेला B. शिवजी का मेला
C. शीतला माता का मेला D. मेला बाबा बूढ़ा

324. हरियाणा के किस जिले में रामसराय और भूतेश्वर के प्रसिद्ध मेले लगते हैं?
A. फरीदाबाद जिले में B. जीन्द जिले में
C. रोहतक जिले में D. झज्जर जिले में

325. रोहतक के अस्थल बोहर में मठ में फरवरी-मार्च के महीने में कौन-सा मेला लगता है?
A. बाबा मस्तनाथ का मेला B. कपाल मोचन का मेला
C. देवी मेला D. पाथरी माता का मेला

326. जगाधरी के समीप बिलासपुर नामक स्थान पर कार्तिक पूर्णिमा के दिन कौन-सा मेला लगता है?
A. आदि बद्री मेला B. मेला काली माई
C. कपाल मोचन का मेला D. पंचमुखी मेला

327. रोहतक जिले में लाखन माजरा नामक स्थान पर "मंजी साहब का गुरुद्वारा" स्थित है यहां पर निम्नलिखित में से कौन-सा त्यौहार मनाया जाता है?
A. मेला सत्वा तीज B. मोहोला हल्ला का त्योहार
C. बावन द्वादशी D. माणु मेला

328. जिला पानीपत के पाथरी नामक स्थान पर चैत्र व आषाढ़ मास के हर बुधवार को कौन-सा मेला लगता है?

A. माता का मेला B. शिव मेला
C. मेला देहाती D. पाथरी माता का मेला

329. जीन्द जिले के खरक रामजी नामक स्थान पर होली के दिन कौन-सा मेला लगता है?

A. माता का मेला B. नागदेवता का मेला
C. बाबा भालूनाथ का मेला D. मेला सच्चा सौदा

330. रोहतक जिले के दुबलधन माजरा नामक स्थान पर फाल्गुन सुदी द्वादशी (फरवरी- मार्च) को कौन-सा मेला लगता है?

A. मेला माता B. मेला देवी
C. मेला श्यामजी D. मेला बाबा बूढ़ा

331. जिला गुरुग्राम के खोरी नामक स्थान पर अप्रैल, मई में कौन-सा मेला लगता है?

A. शाहचोखा खोरी मेला B. शिव का मेला
C. नागपूजा मेला D. बाबा मस्तनाथ का मेला

332. जिला सोनीपत में किस स्थान पर फाल्गुन सुदी-9 (फरवरी, मार्च) में डेरा नग्न बालकनाथ का मेला लगता है?

A. बेगा (तहसील सोनीपत) B. मेहरीपुर (तहसील सोनीपत)
C. रभड़ा (तहसील गोहाना) D. चुलकाना (तहसील सोनीपत)

333. जिला सोनीपत के खुबडु नामक स्थान पर फाल्गुन की पूर्णमासी (फरवरी, मार्च) को कौन-सा मेला लगता है?

A. सतकुम्भा मेला B. मेला बाबा शमकशाह
C. मेला सांझी D. देवी मेला

334. फरीदाबाद जिले के अलावलपुर नामक स्थान पर स्थित बाबा उदासनाथ की समाधि पर मेला कब लगता है?

A. भादों सुदी नवमी को B. चैत्र बदी दूज को
C. लगते फाल्गुन बदी चौदस को D. फाल्गुन बदी अमावस्या को

335. जिला भिवानी में किस स्थान पर रक्षा बंधन के दिन बाबा खेडेवाला का मेला लगता है?

A. नौरंगाबाद B. खरक कलां
C. रिवासा D. तोशाम

336. हरियाणा प्रदेश में मंगलमय ''पीलिया'' लोकगीत किस अवसर पर गाया जाता है?

A. सावन के महीने पर B. पुत्र-जन्म के अवसर पर
C. विवाह के अवसर पर D. फागुन के महीने में

337. हरियाणा प्रदेश में निम्नलिखित में से किस अवसर पर लोकगीत गाये जाते हैं?

A. पुत्र जन्म के समय B. सावन के महीने में
C. पर्व-त्यौहार के अवसर पर D. उपरोक्त सभी अवसरों पर

338. प्रदेश में पुरुषों द्वारा बीनों, खंजरी, तुम्बे, बांसुरी, खड़ताल पर, चांदनी रात में खुले मैदान में निम्नलिखित में से कौन-सा नृत्य किया जाता है?

A. धमाल नृत्य B. मंजीरा नृत्य
C. लूर नृत्य D. डमरु नृत्य

339. हरियाणा के मेवात क्षेत्र में बड़े-बड़े नक्कारों, डफ और मंजीरों के साथ निम्नलिखित में से कौन-सा नृत्य प्रचलित है?

A. घोड़ा नृत्य B. धमाल नृत्य
C. मंजीरा नृत्य D. छठी नृत्य

340. हरियाणा के बागर क्षेत्र में होली के मौसम में निम्नलिखित में से कौन-सा नृत्य किया जाता है?

A. डमरु नृत्य B. मंजीरा नृत्य
C. घोड़ा नृत्य D. लूर नृत्य

341. हरियाणा में प्रचलित घोड़ा लोकनृत्य का आयोजन प्रमुख रुप से किस अवसर पर किया जाता है?

A. विवाह के अवसर पर B. फागुन माह में
C. पुत्र-जन्म के अवसर पर D. सावन माह में

342. प्रदेश में भादों के महीने की नौमी के दिन गुग्गापीर की पूजा के बाद निम्नलिखित में से कौन-सा नृत्य किया जाता है?

A. धमाल नृत्य B. छड़ी नृत्य
C. लूर नृत्य D. डमरु नृत्य

343. प्रदेश में प्रचलित लोकनृत्यों में से कौन-सा नृत्य स्त्रियों द्वारा किया जाता है?

A. तीज नृत्य B. धमाल नृत्य
C. डमरु नृत्य D. मंजीरा नृत्य

344. प्रदेश में प्रचलित लोक नृत्यों में से कौन-सा नृत्य पुरुषों द्वारा किया जाता है?

A. छठी नृत्य B. तीज का नृत्य
C. डमरु नृत्य D. खोडिया नृत्य

345. हरियाणा में प्रचलित लोकनृत्यों में से कौन-सा नृत्य स्त्री-पुरुष दोनों के द्वारा किया जाता है?

A. तीज नृत्य B. लूर नृत्य
C. खोडिया नृत्य D. फाग नृत्य

346. हरियाणा के कैथल नगर में प्रताप गेट के निकट निम्नलिखित में से कौन-सा गुरुद्वारा स्थित है?

A. गुरुद्वारा नीम साहिब B. गुरुद्वारा नौवीं पातशाही
C. रागधार गुरुद्वारा D. गुरुद्वारा छठी पातशाही

347. गुरुद्वारा मंजी साहिब हरियाणा के किस नगर में स्थित है?

A. करनाल B. पानीपत
C. कैथल D. अम्बाला

348. हरियाणा में किस स्थान को, ''नवग्रह कुण्डों'' के स्थित होने के कारण ''छोटी काशी'' भी कहा जाता है?

A. नारनौल को B. कैथल को
C. गुरुग्राम को D. कुरुक्षेत्र को

349. हरियाणा में कैथल से कुछ दूरी पर किस महापुरुष की समाधि स्थित है, जिस पर प्रत्येक वर्ष दशहरे से अगले दिन भारी मेला लगता है?

A. बाबा काली कमली वाले की B. बाबा हरिदास की
C. बाबा लदाना की D. बाबा रामदास की

350. कुरुक्षेत्र में थानेसर सिटी स्टेशन के समीप निम्नलिखित में से कौन-सा प्रसिद्ध तीर्थ स्थल है?
A. ब्रह्म सरोवर B. हटकेश्वर
C. ढोसी तीर्थ स्थल D. पूण्डरीक सरोवर

351. कुरुक्षेत्र रेलवे स्टेशन के समीप कुरुक्षेत्र-पेहवा रोड पर निम्नलिखित में से कौन-सा तीर्थ स्थल स्थित है, जिसे भगवान विष्णु का स्थाई निवास स्थल माना जाता है?
A. ब्रह्म सरोवर B. कालेश्वर तीर्थ
C. सन्निहित तीर्थ D. मारकाण्डेय तीर्थ

352. जिला कुरुक्षेत्र में किस तीर्थ स्थान पर श्रीकृष्ण ने अर्जुन को गीता का उपदेश दिया था?
A. ब्रह्म सरोवर B. कमल नाभ तीर्थ
C. प्राचीतीर्थ D. ज्योतिसर सरोवर

353. जिला कुरुक्षेत्र में स्थित ज्योतिसर सरोवर के समीप स्थित अक्षयवट के चारों ओर पक्के चबूतरे का निर्माण महाराज दरभंगा द्वारा कब करवाया गया था?
A. सन् 1924 में B. सन् 1930 में
C. सन् 1932 में D. सन् 1949 में

354. जिला कुरुक्षेत्र में स्थित ज्योतिसर सरोवर के निकट एक कृष्ण-अर्जुन रथ तथा शंकराचार्य के मन्दिर का निर्माण किसने करवाया था?
A. महाराज दरभंगा ने
B. कामकोटि पीठ के शंकराचार्य ने
C. कश्मीर के राजा ने
D. स्वामी विशुद्धानन्द महाराज ने

355. जिला कुरुक्षेत्र में स्थित प्रसिद्ध तीर्थ ज्योतिसर सरोवर की लम्बाई कितनी है?
A. 1000 फुट B. 1500 फुट
C. 2000 फुट D. 2500 फुट

356. जिला कुरुक्षेत्र में स्थित ''बाबा काली कमली वाले का डेरा' नामक धार्मिक स्थल के संस्थापक कौन थे?
A. स्वामी रामतीर्थ
B. श्री स्वामी विशुद्धानन्द महाराज
C. कामकोटि पीठ के शंकराचार्य
D. स्वामी परमानन्द महाराज

357. भक्तिकाल से सम्बन्धित गौड़ीय मठ नामक धार्मिक स्थल हरियाणा के किस जिले में स्थित है?
A. अम्बाला जिले में B. जीन्द जिले में
C. कुरुक्षेत्र जिले में D. महेन्द्रगढ़ जिले में

358. कुरुक्षेत्र जिले में वह कौन-सा धार्मिक स्थल है जहां पर बाबा लक्ष्मण गिरि महाराज द्वारा जीवित समाधि ली गई थी?
A. बाण गंगा B. प्राची तीर्थ
C. गौड़ीय मठ D. बाल्मिकि आश्रम

359. राजघाट गुरुद्वारा हरियाणा में कहाँ पर स्थित है?
A. कुरुक्षेत्र में B. यमुनानगर में
C. कैथल में D. भिवानी में

360. निम्नलिखित में से कौन-सा तीर्थस्थल हरियाणा के जिला कुरुक्षेत्र में स्थित नहीं है?
A. कालेश्वर तीर्थ B. प्राची तीर्थ
C. ढोसी तीर्थ D. कुबेर तीर्थ

361. जिला कुरुक्षेत्र के कुरुक्षेत्र विश्वविद्यालय के उत्तर-पश्चिम में एक कि॰मी॰ की दूरी पर से कौन-सा प्राचीन तीर्थ स्थल स्थित है?
A. मारकाण्डेय तीर्थ B. नरकातारी (अनरक तीर्थ)
C. प्राची तीर्थ D. कुबेर तीर्थ

362. हरियाणा में थानेसर से 25 कि॰मी॰ पश्चिम में कौन-सा महत्त्वपूर्ण तीर्थ स्थल स्थित है जिसको हरियाणा और उसके समीपवर्ती क्षेत्रों में वही स्थान प्राप्त है जो पूर्व में गया तीर्थ को है?
A. पेहोवा B. पंचवटी
C. सफीदों D. पाण्डू-पिण्डारा

363. जिला पलवल के होडल क्षेत्र में निम्नलिखित में से कौन-सा धार्मिक स्थल स्थित है?
A. पंचवटी B. रामराय
C. सती का स्थान D. कालेश्वर महादेव मठ

364. 'पंचवटी' नामक तीर्थस्थल किस जिले में स्थित है?
A. अम्बाला B. पंचकुला
C. कुरुक्षेत्र D. पलवल में

365. जिला जीन्द के समीप जीन्द-गोहाना मार्ग पर कौन-सा प्राचीन धर्म-स्थल है जहां पर प्रत्येक वर्ष सोमवती अमावस्या के दिन मेला लगता है?
A. पाण्डू-पिण्डारा B. सफीदों
C. हंसडैहर D. उपरोक्त में से कोई नहीं

366. थानेसर नगर से कुछ दूर स्थित स्थानेश्वर महादेव मन्दिर का निर्माण सम्राट हर्षवर्धन के किस पूर्वज राजा द्वारा करवाया गया था?
A. पुष्यभूति B. आधित्यवर्धन
C. नरवर्धन D. प्रभाकरवर्धन

367. महमूद गजनवी अपने भारत आक्रमण के दौरान हरियाणा के निम्नलिखित में से किस प्राचीन मन्दिर की मूर्ति को अपने साथ गजनी ले गया था?
A. दुखभंजनेश्वर मन्दिर (कुरुक्षेत्र)
B. भगवान शिव मन्दिर (नारनौल)
C. सर्वेश्वर महादेव मन्दिर (कुरुक्षेत्र)
D. स्थानेश्वर महादेव मन्दिर (थानेसर)

368. हरियाणा के स्थानेश्वर मन्दिर का पुनर्निर्माण निम्नलिखित में से किसके द्वारा करवाया गया था?
A. मराठा सदाशिव राव द्वारा B. चन्द्रगुप्त विक्रमादित्य द्वारा
C. हर्षवर्धन द्वारा D. नरवर्धन द्वारा

369. देवीकूप (भद्रकाली मन्दिर) भारत के 51 शक्तिपीठों में से एक है यह मन्दिर प्रदेश में कहाँ पर स्थित है?
A. रोहतक B. कुरुक्षेत्र
C. पानीपत D. थानेसर

370. कुरुक्षेत्र में सन्निहित सरोवर के समीप निम्नलिखित में से कौन-सा मन्दिर स्थित नहीं है?
A. नारायण मन्दिर B. लक्ष्मी नारायण मन्दिर
C. दुखभंजनेश्वर मन्दिर D. बिरला मन्दिर

371. कुरुक्षेत्र का निम्नलिखित में से कौन-सा मन्दिर गिरि सम्प्रदाय के सिद्ध फकीर बाबा शिव गिरि महाराज द्वारा बनवाया गया था?
A. सर्वेश्वर महादेव मन्दिर B. नारायण मन्दिर
C. लक्ष्मी नारायण मन्दिर D. दुखभंजनेश्वर मन्दिर

372. कुरुक्षेत्र के प्रसिद्ध 'सर्वेश्वर महादेव मन्दिर' को किसने बनवाया था?
A. बाबा श्रवण नाथ ने B. बाबा शिवगिरि ने
C. बाबा तारकनाथ ने D. श्री जुगल किशोर बिरला ने

373. कुरुक्षेत्र-पेहोवा मार्ग पर स्थित बिरला मन्दिर को श्री जुगल किशोर बिरला द्वारा कब बनवाया गया था?
A. 1950 में B. 1955 में
C. 1965 में D. 1978 में

374. ग्यारह रुद्री शिव मन्दिर हरियाणा के किस नगर में स्थित है?
A. जीन्द B. पानीपत
C. हिसार D. कैथल

375. मराठा सरदार मंगल रघुनाथ जी ने पानीपत की तीसरी लड़ाई के बाद पानीपत में निम्नलिखित में से कौन-सा मन्दिर बनवाया था?
A. देवी तालाब का शिव मन्दिर B. हनुमान मन्दिर
C. देवी मन्दिर D. रुद्र मन्दिर

376. अमीन नामक गांव में निम्नलिखित में से कौन-सा प्राचीन मन्दिर स्थित है?
A. पंचवटी मन्दिर B. शिव मन्दिर
C. अदिति का मन्दिर D. दाऊ जी का मन्दिर

377. फरीदाबाद से लगभग 55 कि॰मी॰ की दूरी पर स्थित वंचारी गांव में निम्नलिखित में से कौन-सा प्राचीन मन्दिर स्थित है?
A. दाऊजी का मन्दिर B. अदिति का मन्दिर
C. पंचवटी मन्दिर D. चामुण्डा देवी का मन्दिर

378. माता शीतला देवी का प्रसिद्ध और प्राचीन मन्दिर हरियाणा में कहां पर स्थित है?
A. रेवाड़ी में B. गुरुग्राम में
C. नारनौल में D. जीन्द में

379. गुरुग्राम गांव में स्थित माता शीतला देवी का मन्दिर महाराज भरतपुर द्वारा कब बनवाया गया था?
A. सन् 1620 में B. सन् 1645 में
C. सन् 1648 में D. सन् 1650 में

380. प्राचीन शिव मन्दिर जहां पर बाबा ठण्डीपुरी की समाधि भी है प्रदेश में कहां स्थित है?
A. पूण्डरीक तीर्थ B. गुरुग्राम
C. हिसार D. रोहतक

381. पिंजोर की प्राचीन विरासत को बढ़ावा देने के लिए प्रतिवर्ष दो महोत्सव मनाए जाते हैं, एक त्योहार तो पिंजोर विरासत महोत्सव है; दूसरा महोत्सव कौन-सा है?
A. खजूर महोत्सव B. आम महोत्सव
C. नींबू महोत्सव D. संतरा महोत्सव

382. झज्जर जिले में स्थित बेरी गांव के रूढ़मल मन्दिर में स्थित शिवालय की ऊँचाई कितनी है?
A. 116 फुट B. 122 फुट
C. 132 फुट D. 140 फुट

383. झज्जर जिले के बेरी गांव के रूढ़मल मन्दिर में स्थित शिवालय का निर्माण कब करवाया गया था?
A. सन् 1842 में B. सन् 1850 में
C. सन् 1892 में D. सन् 1899 में

384. झज्जर जिले में स्थित बेरी गांव के रूढ़ीमल मन्दिर के शिवालय का पहली बार जीर्णोद्धार कब करवाया गया था?
A. सन् 1943 में B. सन् 1945 में
C. सन् 1950 में D. सन् 1953 में

385. नारनौल नगर में स्थित चामुण्डा देवी के मन्दिर का निर्माण व जीर्णोद्धार किसके द्वारा करवाया गया था?
A. राजा परीक्षत द्वारा B. राजा दिलीप द्वारा
C. राजा नूरकरण द्वारा D. पांडवों द्वारा

386. हरियाणा में चिश्ती सम्प्रदाय की स्थापना किसके द्वारा की गई थी?
A. बू अलीशाह कलंदर
B. शेख फरीद (फरीदुद्दीन शकरगंज)
C. अल्ताफ हुसैन
D. इब्राहिम अबीदुल्ला

387. चिश्ती सम्प्रदाय के प्रमुख सूफी संत बू अलीशाह कलंदर ने प्रदेश में किस स्थान को अपनी साधना का प्रमुख केन्द्र बनाया था?
A. पानीपत B. रोहतक
C. सोनीपत D. गुरुग्राम

388. सूफी संत अल्ताफ हुसैन हाली की दरगाह हरियाणा में कहां पर स्थित है?
A. झज्जर B. रेवाड़ी
C. पानीपत D. रोहतक

389. पानीपत की किस दरगाह पर श्रद्धालुओं द्वारा माथा टेकने पर ही अजमेर के ख्वाजा का उर्स पूरा होता है? ऐसी धारणा है-
A. ख्वाजा शम्सुद्दीन मख्दूम जलालुद्दीन की दरगाह
B. शेख उसमान जिंदापीर की दरगाह
C. गौस अलीशाह की दरगाह
D. बू अलीशाह कलंदर की दरगाह

390. नारनौल से करीब दस कि॰मी॰ दूर गांव धरसूं में किस प्रसिद्ध संत की दरगाह स्थित है?
A. हजरत शाह कलमुद्दीन हमज़ापीर हुसैन
B. मीर शाह (बाबा शाहखान)
C. शेख निजामुद्दीन
D. शेख जुनैद

391. फतेहाबाद में स्थित किस सूफी संत की मज़ार के प्रांगण में एक पत्थर पर बादशाह हुमायूं का अभिलेख उत्कीर्ण है?
A. मीरतकी खान B. मीर जुनैदी
C. शेख निज़ामुद्दीन D. मीरशाह (बाबा शाहखान)

392. हरियाणा के किस मकबरे को पुरातत्वीय स्थल और अवशेष अधिनियम, 1958 के अधीन राष्ट्रीय महत्त्व का स्मारक घोषित किया गया है?
A. शेख चेहली
B. बू अलीशाह कलंदर
C. शेख फरीद (फरीदुद्दीन शकरगंज)
D. पीर जमाल

393. बाबा शाह कमाल की मज़ार प्रदेश में कहां पर स्थित है?
A. गोहाना में B. फतेहाबाद में
C. कैथल में D. रोहतक में

394. प्रदेश में किस स्थान पर निम्नलिखित चार सूफी संतों (कुतुबशेख जमालुद्दीन अहमद, कुतुब मौलाना, बसोहद्दीन सूफी कुतुबद्दीन मन्नवर, कुतुब नुरुद्दीन) की मज़ार एक स्थान पर स्थित है?
A. करनाल में B. हिसार में
C. पलवल में D. हांसी में

395. शाहाबाद और अम्बाला के बीच किसकी मज़ार है, जिस पर मनोकामना पूरी होने पर घड़ी चढ़ाई जाती है?
A. पीर नागौजी B. हमज़ा पीर
C. पीर नौगज़ा D. इब्राहिम अबीदुल्ला

396. रोहतक में स्थित किस मस्जिद को, जो पहले मन्दिर था, औरंगजेब के शासनकाल में मस्जिद का रूप दिया गया था?
A. काज़ी की मस्जिद B. दीनी मस्जिद
C. लाल मस्जिद D. इनमें कोई नहीं

397. रोहतक में स्थित लाल मस्जिद को प्रसिद्ध व्यापारी हाजी आशिक अली द्वारा कब बनवाया गया था?
A. सन् 1930 में B. सन् 1931 में
C. सन् 1935 में D. सन् 1939 में

398. गुरुग्राम जिले में स्थित सराय अलावरदी गांव की मस्जिद किस शासक के काल में बनवायी गई थी?
A. बाबर B. जहाँगीर
C. शाहजहाँ D. अलाउद्दीन खिलजी

399. झज्जर जिले के गांव दुजाना में कौन-सी प्राचीन, ऐतिहासिक मस्जिद स्थित है?
A. लाल मस्जिद B. काजी की मस्जिद
C. करीम जी की मस्जिद D. जामा मस्जिद

400. रेवाड़ी की प्रसिद्ध ऐतिहासिक लाल मस्जिद किस मुगल शासक के काल में बनवाई गई थी?
A. बाबर B. हुमायूं
C. अकबर D. जहाँगीर

401. नारनौल, पानीपत, अम्बाला के अतिरिक्त सूफी संतों ने हरियाणा के किस नगर को सूफी विचारधारा का इस्लाम प्रचार केन्द्र बनाया?
A. कैथल B. थानेसर
C. करनाल D. सोनीपत

402. हरियाणा में रहकर सूफी मत का प्रचार करने वाले अधिकांश सूफी संत निम्नलिखित में से किस सम्प्रदाय के थे?
A. चिश्ती B. नक्शबंदी
C. कादरी D. उपरोक्त सभी

403. हरियाणा का ताजमहल कहा जाने वाला, प्रसिद्ध सूफी संत शेख चेहली का मकबरा किस नगर में स्थित है?
A. हिसार B. फतेहाबाद
C. थानेसर D. पानीपत

404. चरखी दादरी जिले के कलियाणा गांव में किस संत की दरगाह स्थित है, जिस पर प्रत्येक बुधवार को मेला लगता है?
A. पीर मुबारकशाह B. शेख उसमान जिंदापीर
C. शेख निज़ामुद्दीन D. मुहम्मद अफज़ल

405. मीरां साहब का मकबरा हरियाणा के किस नगर में स्थित है?
A. अम्बाला B. पानीपत
C. करनाल D. कैथल

406. भगवान कृष्ण ने अर्जुन को गीता का प्रेरणादायक संदेश हरियाणा में किस स्थान पर दिया था?
A. पानीपत B. कुरुक्षेत्र
C. होडल D. थानेश्वर

407. प्रदेश का निम्नलिखित में से कौन-सा नगर प्राचीन काल में श्रीकंठ जनपद की राजधानी था?
A. थानेश्वर B. चण्डीगढ़
C. रोहतक D. गुड़गाँव

408. यमुनानगर जिले में स्थित 'सढौरा' नामक ऐतिहासिक कस्बे में निम्नलिखित में से कौन- सा प्रसिद्ध मन्दिर है?
A. मनोकामना B. गागरवाला
C. तोरांवाला D. उपरोक्त तीनों

409. जिला यमुनानगर के किस ऐतिहासिक कस्बे में 'पीर बुद्धुशाह' का गुरुद्वारा है, जिन्होंने भागनी युद्ध में गुरु गोविन्द सिंह की सहायता की थी?
A. सढौरा B. रादौर
C. बिलासपुर D. छछरौली

410. हरियाणा के बहादुरगढ़ नामक ऐतिहासिक कस्बे का प्राचीन नाम क्या था?
A. चरखाबाद B. हसीनपुर
C. शरफाबाद D. बेतवाबाद

411. महम नामक ऐतिहासिक कस्बा प्रदेश के किस जिले में स्थित है?
A. भिवानी जिले में B. रोहतक जिले में
C. यमुनानगर जिले में D. झज्जर जिले में

412. जिला रोहतक में स्थित महम नामक कस्बे का पुनः निर्माण बनिया जाति के पेशोरा नामक व्यक्ति द्वारा कब करवाया गया था?
A. सन् 1266 में B. सन् 1295 में
C. सन् 1298 में D. सन् 1299 में

413. जिला सिरसा में स्थित ऐलनाबाद नामक कस्बा पहले किस नाम से जाना जाता था?
A. एलिसाबाद B. चाविपुर
C. कलिसाबाद D. खड़ियल

414. सिरसा जिले में स्थित 'रानियां' नामक ऐतिहासिक कस्बे का प्राचीन नाम क्या था?
A. राजबपुर B. साजूपुर
C. रजिपुर D. रतिपुर

415. जिला अम्बाला में स्थित किस कस्बे को सिरमौर (हिमाचल प्रदेश) के राजा लक्ष्मी नारायण ने बसाया था?

A. बराड़ा B. मुलाना
C. नारायणगढ़ D. रायपुर रानी

416. सोनीपत जिले में स्थित किस प्राचीन ऐतिहासिक कस्बे में की गई खुदाई से महाभारत कालीन मिट्टी के बर्तन प्राप्त हुए हैं?

A. राई B. खेड़ी गुज्जर
C. गन्कौर D. गोहाना

417. आदि बद्री नामक पौराणिक गांव किस जिले में स्थित है?

A. यमुनानगर B. भिवानी
C. सिरसा D. रेवाड़ी

418. जिला यमुनानगर में स्थित किस ऐतिहासिक गांव का सम्बन्ध महाभारत कालीन राजा शान्तनु से माना जाता है?

A. छछरौली B. आदिबद्री
C. बसन्तर D. किसी का नहीं

419. 'जननायक देवीलाल पुरस्कार' का संबंध है-

A. पशुधन विकास B. कृषि पैदावार
C. उद्योग D. शिक्षा

420. जिला करनाल के अन्तर्गत आने वाले किस स्थान को पानीपत के तीसरे युद्ध से पूर्व अहमदशाह अब्दाली ने अपने सरदारों के लिए एक शक्तिशाली केन्द्र बनाया था?

A. घरौडा B. नील्पेखेड़ी
C. असन्ध D. कुन्जपुरा

उत्तरमाला

1	2	3	4	5	6	7	8	9	10
D	A	B	C	A	D	B	A	C	B
11	**12**	**13**	**14**	**15**	**16**	**17**	**18**	**19**	**20**
D	D	A	C	D	A	C	B	D	A
21	**22**	**23**	**24**	**25**	**26**	**27**	**28**	**29**	**30**
D	A	C	B	A	D	D	A	C	C
31	**32**	**33**	**34**	**35**	**36**	**37**	**38**	**39**	**40**
D	C	A	B	D	D	A	C	B	C
41	**42**	**43**	**44**	**45**	**46**	**47**	**48**	**49**	**50**
D	A	C	B	A	C	D	A	C	C
51	**52**	**53**	**54**	**55**	**56**	**57**	**58**	**59**	**60**
A	C	A	B	D	B	A	C	B	D
61	**62**	**63**	**64**	**65**	**66**	**67**	**68**	**69**	**70**
C	A	D	B	C	A	B	C	D	A
71	**72**	**73**	**74**	**75**	**76**	**77**	**78**	**79**	**80**
B	C	A	D	C	B	A	C	D	C
81	**82**	**83**	**84**	**85**	**86**	**87**	**88**	**89**	**90**
B	A	D	C	A	D	C	C	D	A
91	**92**	**93**	**94**	**95**	**96**	**97**	**98**	**99**	**100**
C	B	C	A	D	B	B	A	C	B
101	**102**	**103**	**104**	**105**	**106**	**107**	**108**	**109**	**110**
C	A	D	A	C	A	B	A	D	A
111	**112**	**113**	**114**	**115**	**116**	**117**	**118**	**119**	**120**
B	D	C	A	C	B	D	C	A	C
121	**122**	**123**	**124**	**125**	**126**	**127**	**128**	**129**	**130**
B	D	B	A	D	A	C	B	D	C
131	**132**	**133**	**134**	**135**	**136**	**137**	**138**	**139**	**140**
A	D	B	A	D	A	C	B	D	A
141	**142**	**143**	**144**	**145**	**146**	**147**	**148**	**149**	**150**
C	B	D	A	C	D	A	B	C	A
151	**152**	**153**	**154**	**155**	**156**	**157**	**158**	**159**	**160**
D	A	A	B	C	A	D	B	D	C
161	**162**	**163**	**164**	**165**	**166**	**167**	**168**	**169**	**170**
D	B	C	B	A	B	D	B	A	C

171	**172**	**173**	**174**	**175**	**176**	**177**	**178**	**179**	**180**
D	B	A	C	A	B	A	B	A	D
181	**182**	**183**	**184**	**185**	**186**	**187**	**188**	**189**	**190**
A	B	A	C	B	A	D	A	D	D
191	**192**	**193**	**194**	**195**	**196**	**197**	**198**	**199**	**200**
C	A	D	C	A	A	B	A	D	C
201	**202**	**203**	**204**	**205**	**206**	**207**	**208**	**209**	**210**
B	D	A	C	A	C	B	D	C	A
211	**212**	**213**	**214**	**215**	**216**	**217**	**218**	**219**	**220**
B	D	B	D	A	A	C	B	A	C
221	**222**	**223**	**224**	**225**	**226**	**227**	**228**	**229**	**230**
B	D	A	C	A	D	B	C	D	A
231	**232**	**233**	**234**	**235**	**236**	**237**	**238**	**239**	**240**
C	B	D	A	C	D	A	C	A	D
241	**242**	**243**	**244**	**245**	**246**	**247**	**248**	**249**	**250**
B	A	C	C	A	D	A	D	D	C
251	**252**	**253**	**254**	**255**	**256**	**257**	**258**	**259**	**260**
D	A	A	A	C	D	B	A	A	B
261	**262**	**263**	**264**	**265**	**266**	**267**	**268**	**269**	**270**
D	A	D	C	B	D	A	C	A	C
271	**272**	**273**	**274**	**275**	**276**	**277**	**278**	**279**	**280**
B	A	D	A	B	A	D	D	A	C
281	**282**	**283**	**284**	**285**	**286**	**287**	**288**	**289**	**290**
B	D	D	A	C	B	D	C	A	B
291	**292**	**293**	**294**	**295**	**296**	**297**	**298**	**299**	**300**
A	A	B	A	C	B	D	C	D	D
301	**302**	**303**	**304**	**305**	**306**	**307**	**308**	**309**	**310**
C	A	B	D	C	A	C	B	A	D
311	**312**	**313**	**314**	**315**	**316**	**317**	**318**	**319**	**320**
A	C	B	D	D	C	D	D	A	A
321	**322**	**323**	**324**	**325**	**326**	**327**	**328**	**329**	**330**
B	A	C	B	A	C	B	D	C	C
331	**332**	**333**	**334**	**335**	**336**	**337**	**338**	**339**	**340**
A	C	B	D	A	B	D	A	C	D
341	**342**	**343**	**344**	**345**	**346**	**347**	**348**	**349**	**350**
A	B	A	C	D	A	C	B	C	A
351	**352**	**353**	**354**	**355**	**356**	**357**	**358**	**359**	**360**
C	D	A	B	A	B	C	D	A	C
361	**362**	**363**	**364**	**365**	**366**	**367**	**368**	**369**	**370**
B	A	C	D	A	A	D	A	B	D
371	**372**	**373**	**374**	**375**	**376**	**377**	**378**	**379**	**380**
C	A	B	D	A	C	A	B	D	A
381	**382**	**383**	**384**	**385**	**386**	**387**	**388**	**389**	**390**
B	A	C	D	C	B	A	C	D	A
391	**392**	**393**	**394**	**395**	**396**	**397**	**398**	**399**	**400**
D	A	C	D	C	B	D	D	B	C
401	**402**	**403**	**404**	**405**	**406**	**407**	**408**	**409**	**410**
B	D	C	A	C	B	A	D	A	C
411	**412**	**413**	**414**	**415**	**416**	**417**	**418**	**419**	**420**
B	A	D	A	C	B	A	C	B	D